코로나19 바이러스
"친환경 99.9% 항균잉크 인쇄"
전격 도입

언제 끝날지 모를 코로나19 바이러스
99.9% 항균잉크(V−CLEAN99)를 도입하여 「안심도서」로
독자분들의 건강과 안전을 위해 노력하겠습니다.

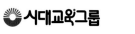

본 도서는 항균잉크로 인쇄하였습니다.

항균➕
99.9%
안심도서

항균잉크(V–CLEAN99)**의 특징**

- 바이러스, 박테리아, 곰팡이 등에 항균효과가 있는 산화아연을 적용

- 산화아연은 한국의 식약처와 미국의 FDA에서 식품첨가물로 인증받아 **강력한 항균력을** 구현하는 소재

- 황색포도상구균과 대장균에 대한 테스트를 완료하여 **99.9%의 강력한 항균효과** 확인

- 잉크 내 중금속, 잔류성 오염물질 등 **유해 물질 저감**

TEST REPORT

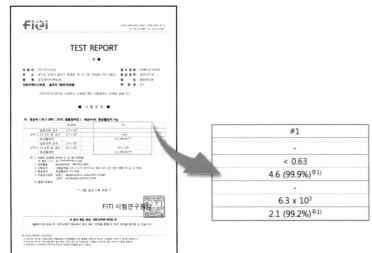

#1
-
< 0.63
4.6 (99.9%)주1)
-
6.3 x 10³
2.1 (99.2%)주1)

Clean Zone

시대교왕그룹

변호사시험

민사법

선택형 **진도별**

9개년 기출문제해설

머리말

법조인 양성의 산실인 사법시험이 2017년을 끝으로 폐지되었다. 한편, 사법시험에 대한 대안으로 법학교육의 실질화 및 법조인의 다양화를 위하여 2009년에 로스쿨제도가 도입되었고, 로스쿨 수료자만을 응시대상으로 규정한 변호사시험법에 따라 시행된 변호사시험이 10회째를 앞두고 있다.

기존의 수험가에서 출간되는 변호사시험 기출문제와 모의고사문제를 엮은 기출문제집은, 해가 지날수록 늘어나는 학습분량으로 인하여 수험생들의 부담을 가중시켰고, 결국 로스쿨 재학기간 동안 제대로 된 선택형 기출문제집 하나 풀어 보지 못하는 경우마저 생겨나고 있다. 이에 우리 시대법학연구소는 변호사시험 수험생들의 학습량에 대한 부담을 줄이고자, 민법과 상법 그리고 민사소송법 기출문제만으로 구성된 「2021 변호사시험 9개년 선택형 기출문제해설 민사법」을 출간하게 되었다.

변호사시험을 준비하는 데 있어 가장 중요한 점은 "얼마나 많이 알고 있는가"가 아닌, "얼마나 정확히 알고 있는가"이므로, 기출지문이 반복되어 출제되는 변호사시험의 특성을 고려하여 수험생들을 위하여 몇 가지 첨언하건대, 첫째 본 교재의 내용을 전부 암기하고, 둘째 최신 판례를 적극적으로 숙지하며, 셋째 기출문제를 통하여 출제유형을 파악한다면, 선택형 문제에 대한 준비는 충분하리라 판단된다.

「2021 변호사시험 9개년 선택형 기출문제해설 민사법」은 다음 사항에 집중하여 작업하였다.

첫째, 정확하면서도 적당한 해설분량을 제시하는 데 공을 들였다. 판례의 경우에도 해설만으로 문제를 이해할 수 있되 너무 장황하지 아니하도록 분량을 조절하였고, 문제에 대응되는 핵심적인 부분에는 밑줄을 그어 학습의 편의성을 높였다.

둘째, 모든 지문에 빠짐없이 해설을 달아 다른 교재를 찾아보아야 하는 수고로움을 덜도록 하였다.

셋째, 출제 이후 변경된 부분까지 고려하여 현시점에서 가장 정확한 해설이 되도록, 최신 개정법령과 변경된 판례를 반영하였다.

부족한 부분은 개정판을 통하여 꾸준히 보완해 나갈 것을 약속드리며, 본 교재가 변호사시험을 준비하는 수험생 여러분에게 합격을 위한 좋은 안내서가 되기를 기원한다.

시대법학연구소

이 책의 구성과 특징

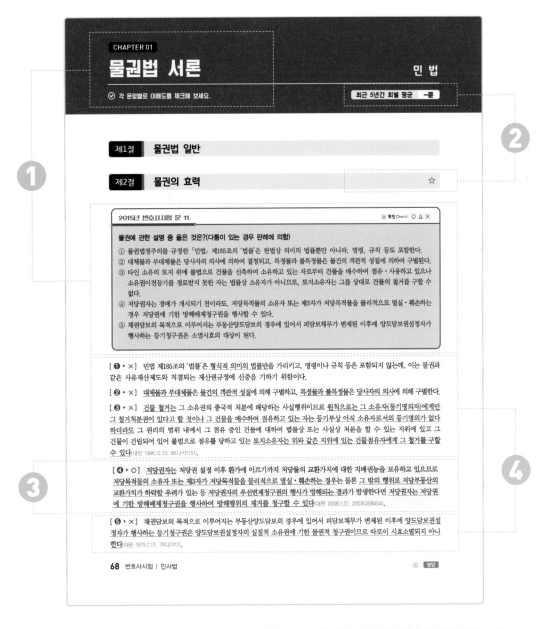

① 현재까지 출제된 모든 기출문제를 진도별로 구성하여 도서에 대한 접근성과 학습의 효율성을 높였다.

② 각 장별 출제빈도와 각 절별 출제문제수(☆=1문, ★=2문)를 표시하여 학습에 앞서 중요도를 확인할 수 있도록 하였다.

③ 정답해설 및 주요해설을 먹색으로 강조하여 반복학습에 도움이 되도록 하였다.

④ 최신 개정법령과 관련 판례를 완벽하게 반영하여 모든 지문에 상세한 해설을 수록하였다.

최근 5개년 출제경향 분석표

○ 민법

구분	2020	2019	2018	2017	2016	계	출제 비율	회별 출제
PART 01 민법총칙								
CHAPTER 01 법률관계와 권리 · 의무	–	–	–	–	–	–	–	–
CHAPTER 02 권리의 주체	1	1	2	1	2	7	2%	1.4
CHAPTER 03 권리의 객체	–	–	–	–	–	–	–	–
CHAPTER 04 권리의 변동	4	2	3	3	3	15	4.3%	3
CHAPTER 05 기간과 소멸시효	1	1	1	1	1	5	1.4%	1
PART 02 물권법								
CHAPTER 01 물권법 서론	–	–	–	–	–	–	–	–
CHAPTER 02 물권의 변동	2	2	3	1	2	10	2.9%	2
CHAPTER 03 기본물권	4	4	4	4	4	20	5.7%	4
CHAPTER 04 용익물권	2	2	1	–	2	7	2%	1.4
CHAPTER 05 담보물권	2	3	4	3	3	15	4.3%	3
PART 03 채권총론								
CHAPTER 01 채권의 발생 및 목적	–	1	–	1	1	3	0.9%	0.6
CHAPTER 02 채권관계의 장애	2	–	2	2	1	7	2%	1.4
CHAPTER 03 책임재산의 보전	2	3	3	2	3	13	3.7%	2.6
CHAPTER 04 다수당사자의 채권관계	2	1	2	1	1	7	2%	1.4
CHAPTER 05 채권양도와 채무인수	1	2	2	2	2	9	2.6%	1.8
CHAPTER 06 채권의 소멸	2	2	2	1	3	10	2.8%	2
PART 04 채권각론								
CHAPTER 01 계약총론	1	4	1	3	1	10	2.8%	2
CHAPTER 02 계약각론	2	1	2	3	2	10	2.8%	2
CHAPTER 03 법정채권관계	3	3	2	2	2	12	3.4%	2.4
PART 05 친족 · 상속법								
CHAPTER 01 친족법	2	2	2	3	2	11	3.1%	2.2
CHAPTER 02 상속법	2	2	2	2	2	10	2.8%	2

20 15 10 5

2%
4.3%
1.4%

2.9%
5.7%
2%
4.3%

0.9%
2%
3.7%
2%
2.6%
2.8%

2.8%
2.8%
3.4%

3.1%
2.8%

○ 상법

20　15　10　5

구분	2020	2019	2018	2017	2016	계	출제 비율	회별 출제
PART 01 상법총칙								
CHAPTER 01 상법 서설	–	–	–	–	–	–	–	–
CHAPTER 02 기업의 인적 요소	–	1	–	–	–	1	0.3%	0.2
CHAPTER 03 기업의 물적 요소	2	0	2	1	1	6	1.7%	1.2
PART 02 상행위법								
CHAPTER 01 상행위법 총설	1	1	2	–	–	4	1.1%	0.8
CHAPTER 02 상사매매	–	–	1	–	1	2	0.6%	0.4
CHAPTER 03 상호계산	–	1	–	1	–	2	0.6%	0.4
CHAPTER 04 익명조합	–	–	–	1	–	1	0.3%	0.2
CHAPTER 05 상행위법 각칙	–	1	–	1	1	3	0.9%	0.6
PART 03 회사법								
CHAPTER 01 회사법 통칙	–	–	–	–	–	–	–	–
CHAPTER 02 주식회사의 설립	–	1	–	1	–	2	0.6%	0.4
CHAPTER 03 주식과 주주	1	1	1	6	5	14	4%	2.8
CHAPTER 04 주식회사의 기관	9	8	4	5	7	33	9.3%	6.6
CHAPTER 05 기업재무	–	1	3	–	1	5	1.4%	1
CHAPTER 06 기업구조조정	2	2	1	–	1	6	1.7%	1.2
CHAPTER 07 주식회사 외의 회사	–	1	1	–	–	2	0.6%	0.4
PART 04 어음 · 수표법								
CHAPTER 01 어음 · 수표법 서설	–	–	–	–	–	–	–	–
CHAPTER 02 어음 · 수표행위	1	–	–	–	1	2	0.6%	0.4
CHAPTER 03 어음 · 수표상의 권리의무의 발생	1	1	1	1	–	4	1.1%	0.8
CHAPTER 04 어음 · 수표상의 권리의 이전	–	1	1	1	1	4	1.1%	0.8
CHAPTER 05 어음 · 수표상의 권리의 소멸	–	–	–	–	–	–	–	–
CHAPTER 06 어음 · 수표법의 특수한 쟁점	2	–	–	–	–	2	0.6%	0.4
PART 05 보험법								
CHAPTER 01 보험과 보험법	–	–	–	–	–	–	–	–
CHAPTER 02 보험계약	–	1	–	1	1	3	0.9%	0.6
CHAPTER 03 손해보험	1	–	1	–	1	3	0.9%	0.6
CHAPTER 04 인보험	–	–	–	–	–	–	–	–
PART 06 해상 · 항공운송법								
CHAPTER 01 해상 · 항공운송법	–	–	–	–	–	–	–	–

막대그래프 (출제 비율):
0.3%, 1.7%, 1.1%, 0.6%, 0.6%, 0.3%, 0.9%, 0.6%, 4%, 9.3%, 1.4%, 1.7%, 0.6%, 0.6%, 1.1%, 1.1%, 0.6%, 0.9%, 0.9%

최근 5개년 출제경향 분석표

● 민사소송법

구분	2020	2019	2018	2017	2016	계	출제 비율	회별 출제
PART 01 총 설								
CHAPTER 01 민사소송	–	–	–	–	–	–	–	–
CHAPTER 02 민사소송법	–	–	–	–	–	–	–	–
PART 02 소송의 주체								
CHAPTER 01 법 원	–	–	1	–	2	3	0.9%	0.6
CHAPTER 02 당사자	2	1	2	2	–	7	2%	1.4
PART 03 제1심 소송절차								
CHAPTER 01 소송의 개시와 심리의 대상	3	2	2	2	–	9	2.6%	1.8
CHAPTER 02 변 론	–	5	4	2	4	15	4.3%	3
CHAPTER 03 증 거	1	1	2	3	1	8	2.3%	1.6
PART 04 소송의 종료								
CHAPTER 01 서 설	–	–	–	–	–	–	–	–
CHAPTER 02 당사자의 행위에 의한 소송종료	2	–	1	–	–	3	0.9%	0.6
CHAPTER 03 종국판결에 의한 소송종료	3	1	–	1	1	6	1.7%	1.2
PART 05 병합소송								
CHAPTER 01 복수청구소송	–	–	–	1	1	2	0.6%	0.4
CHAPTER 02 다수당사자소송	1	1	1	3	1	7	2%	1.4
PART 06 상소심절차								
CHAPTER 01 서 설	–	1	1	–	–	2	0.6%	0.4
CHAPTER 02 항 소	–	–	–	–	–	–	–	–
CHAPTER 03 상 고	–	1	–	–	–	1	0.3%	0.2
CHAPTER 04 항 고	–	–	–	–	–	–	–	–
PART 07 재심절차								
CHAPTER 01 적법요건	–	–	1	–	–	1	0.3%	0.2
PART 08 민사집행법 관련 문제								
CHAPTER 01 민사집행법 관련 문제	3	–	–	1	2	6	1.7%	1.2

이 책의 차례

민 법

CONTENTS

이 책의 차례

상 법

이 책의 차례

민사소송법

CONTENTS

이 책의 차례

민사법

민법 + 상법 + 민사소송법

민 법

● 최근 5개년 출제경향

구 분	2020	2019	2018	2017	2016	계	출제 비율	회별 출제
PART 01 민법총칙								
CHAPTER 01 법률관계와 권리 · 의무	–	–	–	–	–	–	–	–
CHAPTER 02 권리의 주체	1	1	2	1	2	7	2%	1.4
CHAPTER 03 권리의 객체	–	–	–	–	–	–	–	–
CHAPTER 04 권리의 변동	4	2	3	3	3	15	4.3%	3
CHAPTER 05 기간과 소멸시효	1	1	1	1	1	5	1.4%	1
PART 02 물권법								
CHAPTER 01 물권법 서론	–	–	–	–	–	–	–	–
CHAPTER 02 물권의 변동	2	2	3	1	2	10	2.9%	2
CHAPTER 03 기본물권	4	4	4	4	4	20	5.7%	4
CHAPTER 04 용익물권	2	2	1	–	2	7	2%	1.4
CHAPTER 05 담보물권	2	3	4	3	3	15	4.3%	3
PART 03 채권총론								
CHAPTER 01 채권의 발생 및 목적	–	1	–	1	1	3	0.9%	0.6
CHAPTER 02 채권관계의 장애	2	–	2	2	1	7	2%	1.4
CHAPTER 03 책임재산의 보전	2	3	3	2	3	13	3.7%	2.6
CHAPTER 04 다수당사자의 채권관계	2	1	2	1	1	7	2%	1.4
CHAPTER 05 채권양도와 채무인수	1	2	2	2	2	9	2.6%	1.8
CHAPTER 06 채권의 소멸	2	2	1	2	3	10	2.8%	2
PART 04 채권각론								
CHAPTER 01 계약총론	1	4	1	3	1	10	2.8%	2
CHAPTER 02 계약각론	2	1	2	3	2	10	2.8%	2
CHAPTER 03 법정채권관계	3	3	2	2	2	12	3.4%	2.4
PART 05 친족 · 상속법								
CHAPTER 01 친족법	2	2	2	3	2	11	3.1%	2.2
CHAPTER 02 상속법	2	2	2	2	2	10	2.8%	2

20 15 10 5

2%
4.3%
1.4%

2.9%
5.7%
2%
4.3%

0.9%
2%
3.7%
2%
2.6%
2.8%

2.8%
2.8%
3.4%

3.1%
2.8%

PART
01 민법총칙

CHAPTER 01 법률관계와 권리·의무

CHAPTER 02 권리의 주체

CHAPTER 03 권리의 객체

CHAPTER 04 권리의 변동

CHAPTER 05 기간과 소멸시효

제1절 법률관계 ……………………………………… –
제2절 신의성실의 원칙 ………………………… ☆

제1절 총 설 ……………………………………… –
제2절 자연인 ……………………………………… ★★
제3절 법 인 ……………………………………… ★★★★☆

제1절 권리의 객체 ……………………………… ☆

제1절 법률행위의 목적과 해석 …………… ★★
제2절 의사표시 ………………………………… ★★★★
제3절 법률행위의 대리 ……………………… ★★★☆
제4절 법률행위의 무효와 취소 ………… ★★★
제5절 법률행위의 부관 ……………………… ★

제1절 기 간 ……………………………………… –
제2절 소멸시효 ………………………………… ★★★★

법률관계와 권리·의무

민 법

✓ 각 문항별로 이해도를 체크해 보세요.

최근 5년간 회별 평균 **一문**

제1절 **법률관계**

제2절 **신의성실의 원칙** ☆

2014년 변호사시험 문 1.

☑ 확인 Check! ○ △ ✕

A회사는 토지소유자인 乙의 동의 없이 그 토지의 상공에 고압송전선이 통과하도록 시설을 설치하여 사용하고 있으며, 甲은 이러한 사실을 알면서 乙로부터 그 토지를 매수하여 소유권이전등기를 경료하고 이를 농지로 이용하고 있다. 甲이 토지를 취득한 때부터 13년이 경과한 시점에 A회사를 상대로 송전선의 철거를 구하고자 한다. 이와 관련한 법률관계에 대한 설명으로 옳지 않은 것은?(다툼이 있는 경우에는 판례에 의함)

① 甲이 송전선의 철거를 구하는 것은 소유권에 기한 물권적 청구권을 행사하는 것이므로 소멸시효에 걸리지 않는다.

② 甲이 송전선이 토지 위를 통과하고 있다는 점을 알고서 토지를 취득하였다고 하여 그 토지에 대한 소유권의 행사가 제한된 상태를 용인하였다고 할 수 없으므로, 甲이 송전선 철거를 구하는 것은 신의성실의 원칙에 반하지 않는다.

③ 甲의 권리행사에 실효의 법리를 적용하기 위해서는 종전 토지소유자인 乙이 자신의 권리를 행사하지 아니하였다는 사정을 고려하여 판단하여야 한다.

④ 甲의 권리행사가 권리남용에 해당하기 위해서는 그러한 권리행사가 주관적으로는 그 목적이 오로지 상대방에게 고통을 주고 손해를 입히려는 데 있을 뿐만 아니라 객관적으로는 사회질서에 위반된 것으로 인정되어야 한다.

⑤ 甲이 송전선의 철거를 구하는 소송을 제기한 경우, 법원은 A회사의 주장이 없더라도 甲의 청구가 권리남용에 해당하는지 여부를 직권으로 판단할 수 있다.

[❶ ▸ ○] 매매계약이 합의해제된 경우에도 매수인에게 이전되었던 소유권은 당연히 매도인에게 복귀하는 것이므로 <u>합의해제에 따른 매도인의 원상회복청구권은 소유권에 기한 물권적 청구권이라고 할 것이고 이는 소멸시효의 대상이 되지 아니한다</u>(대판 1982.7.27. 80다2968).

[❷ ▸ ○] 송전선이 토지 위를 통과하고 있다는 점을 알고서 토지를 취득하였다고 하여 그 취득자가 그 소유 토지에 대한 소유권의 행사가 제한된 상태를 용인하였다고 할 수 없으므로, 그 취득자의 송전선철거청구 등 <u>권리행사가 신의성실의 원칙에 반하지 않는다</u>(대판 1995.8.25. 94다27069).

[❸ ▸ ✕] 실효의 원칙이라 함은 권리자가 장기간에 걸쳐 그 권리를 행사하지 아니함에 따라 그 의무자인 상대방이 더 이상 권리자가 그 권리를 행사하지 아니할 것으로 신뢰할 만한 정당한 기대를 가지게 되는 경우에 새삼스럽게 권리자가 그 권리를 행사하는 것은 법질서 전체를 지배하는 신의성실의 원칙에 위반되어 허용되지 않는다는 것을 의미하는 것이므로, <u>종전 토지소유자가 자신의 권리를 행사하지 않았다는 사정은 그 토지의 소유권을 적법하게 취득한 새로운 권리자에게 실효의 원칙을 적용함에 있어서 고려하여야 할 것은 아니다</u>(대판 1995.8.25. 94다27069).

③ 정답

[❹ ▸ ○] 권리행사가 권리의 남용에 해당한다고 할 수 있으려면, 주관적으로 그 권리행사의 목적이 오직 상대방에게 고통을 주고 손해를 입히려는 데 있을 뿐 행사하는 사람에게 아무런 이익이 없는 경우이어야 하고, 객관적으로는 그 권리행사가 사회질서에 위반된다고 볼 수 있어야 하는 것이며, 이와 같은 경우에 해당하지 않는 한 비록 그 권리의 행사에 의하여 권리행사자가 얻는 이익보다 상대방이 잃을 손해가 현저히 크다 하여도 그러한 사정만으로는 이를 권리남용이라 할 수 없고, 다만 이러한 주관적 요건은 권리자의 정당한 이익을 결여한 권리행사로 보여지는 객관적인 사정에 의하여 추인할 수 있다(대판 1998.6.26. 97다42823).

[❺ ▸ ○] 신의성실의 원칙에 반하는 것 또는 권리남용은 강행규정에 위배되는 것이므로 당사자의 주장이 없더라도 법원은 직권으로 판단할 수 있다(대판 1995.12.22. 94다42129).

제1절 **총 설**

제2절 **자연인** ★★

2015년 변호사시험 문 30. ☑ 확인 Check! ○ △ ✕

법률행위의 취소에 관한 설명 중 옳지 않은 것은?(다툼이 있는 경우 판례에 의함)

① 제한능력자의 상대방이 제한능력자가 능력자가 된 후에 그에게 1개월 이상의 기간을 정하여 그 취소할 수 있는 행위를 추인할 것인지 여부의 확답을 촉구한 경우, 능력자로 된 사람이 그 기간 내에 확답을 발송하지 아니하면 그 행위를 추인한 것으로 본다.

② 제한능력자가 맺은 계약은 추인이 있을 때까지 상대방이 그 의사표시를 철회할 수 있지만, 상대방이 계약 당시에 제한능력자임을 알았을 경우에는 그러하지 아니하다.

③ 제한능력자의 법률행위가 취소된 경우, 제한능력자는 그 행위로 인하여 받은 이익이 현존하는 한도에서는 상환할 책임이 있다.

④ 피성년후견인이 행한 법률행위가 일상생활에 필요하고 그 대가가 과도하지 아니한 경우, 성년후견인은 이를 취소할 수 없다.

⑤ 매매계약의 당사자가 사기 또는 강박 등을 이유로 매매계약을 취소한 경우, 상대방에 대하여 채무불이행으로 인한 손해배상책임을 부담할 수 있다.

[**❶** ▶ ○] 제한능력자의 상대방은 제한능력자가 능력자가 된 후에 그에게 1개월 이상의 기간을 정하여 그 취소할 수 있는 행위를 추인할 것인지 여부의 확답을 촉구할 수 있다. 능력자로 된 사람이 그 기간 내에 확답을 발송하지 아니하면 그 행위를 추인한 것으로 본다(민법 제15조 제1항).

[**❷** ▶ ○] 제한능력자가 맺은 계약은 추인이 있을 때까지 상대방이 그 의사표시를 철회할 수 있다. 다만, 상대방이 계약 당시에 제한능력자임을 알았을 경우에는 그러하지 아니하다(민법 제16조 제1항).

[**❸** ▶ ○] 취소된 법률행위는 처음부터 무효인 것으로 본다. 다만, 제한능력자는 그 행위로 인하여 받은 이익이 현존하는 한도에서 상환할 책임이 있다(민법 제141조).

[**❹** ▶ ○] 민법 제10조 제1항·제4항 참조

법령 ▶ **피성년후견인의 행위와 취소(민법 제10조)** ① 피성년후견인의 법률행위는 취소할 수 있다.
④ 제1항에도 불구하고 일용품의 구입 등 일상생활에 필요하고 그 대가가 과도하지 아니한 법률행위는 성년후견인이 취소할 수 없다.

[**❺** ▶ ×] 매매계약의 당사자가 사기 또는 강박 등을 이유로 매매계약을 취소하면, 매매는 소급해서 무효가 된다(민법 제141조 참조). 따라서 매매계약의 유효를 전제로 한 채무불이행으로 인한 손해배상책임을 부담하지 않는다.

2018년 변호사시험 문 2.   ☑확인 Check! ○ △ ×

미성년자에 관한 설명 중 옳지 않은 것은?(각 지문은 독립적이며, 다툼이 있는 경우 판례에 의함)

① 미성년자 甲이 법정대리인 乙의 동의 없이 신용카드회사 丙과 신용카드이용계약을 체결하고 그 카드를 이용하여 丁으로부터 구입한 물품의 대금을 丙이 지급한 이후에 甲이 丙과의 신용카드이용계약을 취소하더라도 이는 신의칙에 위배되지 않으며, 이 경우 甲이 丁과의 매매계약을 취소하지 않고 위 물품을 모두 소비하였다면 더 이상 현존이익이 존재하지 않으므로 甲은 丙에게 부당이득반환의무를 부담하지 않는다.

② 미성년자 甲 소유의 부동산에 관해 증여를 원인으로 하여 甲의 친권자 乙 명의의 소유권이전등기가 경료된 경우에는, 이를 위해 필요한 특별대리인 선임이 있었던 것으로 추정된다.

③ 공동상속인인 친권자가 다른 공동상속인인 수인의 미성년자의 법정대리인인 경우, 그 친권자의 대리행위에 의하여 성립된 상속재산분할협의는 공동상속인인 수인의 미성년자 전원에 의한 적법한 추인이 없는 한 무효이다.

④ 미성년자 甲 소유의 부동산에 대해 법정대리인 乙이 자신의 유흥비를 마련하기 위해 시세보다 훨씬 저렴한 가격으로 甲을 대리하여 丙과 매매계약을 체결한 경우, 丙이 그러한 사정을 알았거나 알 수 있었다면 그 매매계약의 효력은 甲에게 미치지 않는다.

⑤ 미성년자 甲이 불법행위의 피해자인 경우에는 다른 특별한 사정이 없는 한 甲의 법정대리인 乙이 甲의 손해 및 그에 대한 가해자를 알아야 甲의 손해배상청구권의 소멸시효가 진행한다.

[**❶** ▶ ×] 대판 2007.11.16. 2005다71659, 대판 2005.4.15. 2003다60297 참조

판례

• 미성년자의 법률행위에 법정대리인의 동의를 요하도록 하는 것은 강행규정인데, 위 규정에 반하여 이루어진 신용구매계약을 미성년자 스스로 취소하는 것을 신의칙 위반을 이유로 배척한다면, 이는 오히려 위 규정에 의해 배제하려는 결과를 실현시키는 셈이 되어 미성년자제도의 입법취지를 몰각시킬 우려가 있으므로, 법정대리인의 동의 없이 신용구매계약을 체결한 미성년자가 사후에 법정대리인의 동의 없음을 사유로 들어 이를 취소하는 것이 신의칙에 위배된 것이라고 할 수 없다(대판 2007.11.16. 2005다71659).

• 미성년자가 신용카드발행인과 사이에 신용카드이용계약을 체결하여 신용카드거래를 하다가 신용카드이용계약을 취소하는 경우 미성년자는 그 행위로 인하여 받은 이익이 현존하는 한도에서 상환할 책임이 있는바, 신용카드이용계약이 취소됨에도 불구하고 신용카드회원과 해당 가맹점 사이에 체결된 개별적인 매매계약은 특별한 사정이 없는 한 신용카드이용계약 취소와 무관하게 유효하게 존속한다 할 것이고, 신용카드발행인이 가맹점들에 대하여 그 신용카드사용대금을 지급한 것은 신용카드이용계약과는 별개로 신용카드발행인과 가맹점 사이에 체결된 가맹점계약에 따른 것으로서 유효하므로, 신용카드발행인의 가맹점에 대한 신용카드이용대금의 지급으로써 신용카드회원은 자신의 가맹점에 대한 매매대금지급채무를 법률상 원인 없이 면제받는 이익을 얻었으며, 이러한 이익은 금전상의 이득으로서 특별한 사정이 없는 한 현존하는 것으로 추정된다(대판 2005.4.15. 2003다60297).

[**❷** ▶ ○] 전 등기명의인이 미성년자이고 당해 부동산을 친권자에게 증여하는 행위가 이해상반행위라 하더라도 일단 친권자에게 이전등기가 경료된 이상, 특별한 사정이 없는 한, 그 이전등기에 관하여 필요한 절차를 적법하게 거친 것으로 추정된다(대판 2002.2.5. 2001다72029).

정답 ①

[**❸ ▶ ○**] 민법 제921조의 "이해상반행위"란 행위의 객관적 성질상 친권자와 자 사이 또는 친권에 복종하는 수인의 자 사이에 이해의 대립이 생길 우려가 있는 행위를 가리키는 것으로서 친권자의 의도나 그 행위의 결과 실제로 이해의 대립이 생겼는가의 여부는 묻지 아니한다. 공동상속재산분할협의는 행위의 객관적 성질상 상속인 상호 간에 이해의 대립이 생길 우려가 있는 행위라고 할 것이므로 공동상속인인 친권자와 미성년인 수인의 자 사이에 상속재산분할협의를 하게 되는 경우에는 미성년자 각자마다 특별대리인을 선임하여 각 특별대리인이 각 미성년자인 자를 대리하여 상속재산분할의 협의를 하여야 한다. 친권자가 수인의 미성년자의 법정대리인으로서 상속재산분할협의를 한 것이라면 이는 민법 제921조에 위반된 것으로서 이러한 대리행위에 의하여 성립된 상속재산분할협의는 피대리자 전원에 의한 추인이 없는 한 무효이다(대판 1993.4.13. 92다54524).

[**❹ ▶ ○**] 진의 아닌 의사표시가 대리인에 의하여 이루어지고 대리인의 진의가 본인의 이익이나 의사에 반하여 자기 또는 제3자의 이익을 위한 배임적인 것임을 상대방이 알았거나 알 수 있었을 경우에는 민법 제107조 제1항 단서의 유추해석상 대리인의 행위에 대하여 본인은 아무런 책임을 지지 않는다고 보아야 하고, 상대방이 대리인의 표시의사가 진의 아님을 알았거나 알 수 있었는지는 표의자인 대리인과 상대방 사이에 있었던 의사표시형성과정과 내용 및 그로 인하여 나타나는 효과 등을 객관적인 사정에 따라 합리적으로 판단하여야 한다. 그리고 미성년자의 법정대리인인 친권자의 법률행위에서도 마찬가지라 할 것이므로, 법정대리인인 친권자의 대리행위가 객관적으로 볼 때 미성년자 본인에게는 경제적인 손실만을 초래하는 반면, 친권자나 제3자에게는 경제적인 이익을 가져오는 행위이고 그 행위의 상대방이 이러한 사실을 알았거나 알 수 있었을 때에는 민법 제107조 제1항 단서의 규정을 유추적용하여 행위의 효과가 자(子)에게는 미치지 않는다고 해석함이 타당하다(대판 2011.12.22. 2011다64669).

[**❺ ▶ ○**] 불법행위의 피해자가 미성년자로 행위능력이 제한된 자인 경우에는 다른 특별한 사정이 없는 한 그 법정대리인이 손해 및 가해자를 알아야 민법 제766조 제1항의 소멸시효가 진행한다고 할 것이다(대판 2010.2.11. 2009다79897).

2016년 변호사시험 문 6. ☑ 확인Check! ○ △ ✕

미성년자에 관한 설명 중 옳은 것을 모두 고른 것은?(다툼이 있는 경우 판례에 의함)

ㄱ. 미성년자가 법률행위를 할 때 단순히 자신이 성년자라고 말하였을 뿐 그 이상의 적극적인 속임수를 사용하지 않은 경우 법정대리인은 위 법률행위를 취소할 수 없다.

ㄴ. 미성년자가 법정대리인으로부터 허락을 얻은 특정한 영업에 관해서는 법정대리인의 대리권이 소멸하고, 법정대리인은 그가 한 허락을 취소할 수 없다.

ㄷ. 미성년자의 친권자인 모(母)가 자기 오빠의 제3자에 대한 채무의 담보로 미성년자 소유의 부동산에 근저당권을 설정하는 행위는 특별대리인 선임을 필요로 하는 이해상반행위에 해당하지 않는다.

ㄹ. 공동상속인인 친권자와 미성년인 수인의 자(子) 사이에 상속재산분할협의를 하게 되는 경우에는 미성년자 각자마다 특별대리인을 선임하여 그 각 특별대리인이 각 미성년자인 자(子)를 대리하여 상속재산분할의 협의를 해야 한다.

① ㄱ, ㄹ   ② ㄴ, ㄷ   ③ ㄷ, ㄹ
④ ㄱ, ㄴ, ㄹ   ⑤ ㄴ, ㄷ, ㄹ

[**ㄱ ▶ ✕**] 제한능력자가 속임수로써 자기를 능력자로 믿게 한 경우에는 그 행위를 취소할 수 없는데(민법 제17조 제1항 참조), 판례에 따르면 미성년자가 단순히 자신을 성년자라고 말한 것은 속임수를 쓴 것이라고 할 수 없다.

판례 제17조에 이른바 '무능력자가 사술로써 능력자로 믿게 한 때'에 있어서의 사술을 쓴 것이라 함은 적극적으로 사기수단을 쓴 것을 말하는 것이고 단순히 자기가 능력자라 사언함은 사술을 쓴 것이라고 할 수 없다(대판 1971.12.14. 71다2045).

[ㄴ ▶ ✕] 민법 제8조 제1항·제2항 참조

 법령 **영업의 허락(민법 제8조)** ① 미성년자가 법정대리인으로부터 허락을 얻은 특정한 영업에 관하여는 성년자와 동일한 행위능력이 있다.
② 법정대리인은 전항의 허락을 취소 또는 제한할 수 있다. 그러나 선의의 제삼자에게 대항하지 못한다.

[ㄷ ▶ ○] 미성년자의 친권자인 모가 자기 오빠의 제3자에 대한 채무의 담보로 미성년자 소유의 부동산에 근저당권을 설정하는 행위가, 채무자를 위한 것으로서 미성년자에게는 불이익만을 주는 것이라고 하더라도, 민법 제921조 제1항에 규정된 "법정대리인인 친권자와 그 자 사이에 이해상반되는 행위"라고 볼 수는 없다(대판 1991.11.26. 91다32466).

[ㄹ ▶ ○] 민법 제921조의 '이해상반행위'란 행위의 객관적 성질상 친권자와 자 사이 또는 친권에 복종하는 수인의 자 사이에 이해의 대립이 생길 우려가 있는 행위를 가리키는 것으로서 친권자의 의도나 그 행위의 결과 실제로 이해의 대립이 생겼는가의 여부는 묻지 아니한다. 공동상속재산분할협의는 행위의 객관적 성질상 상속인 상호 간에 이해의 대립이 생길 우려가 있는 행위라고 할 것이므로 공동상속인인 친권자와 미성년인 수인의 자 사이에 상속재산분할협의를 하게 되는 경우에는 미성년자 각자마다 특별대리인을 선임하여 각 특별대리인이 각 미성년자인 자를 대리하여 상속재산분할의 협의를 하여야 한다(대판 1993.4.13. 92다54524).

2014년 변호사시험 문 4.

☑ 확인Check! ○ △ ✕

미성년자에 관련된 설명 중 옳지 않은 것을 모두 고른 것은?

ㄱ. 법정대리인이 재산의 범위를 정하여 미성년자에게 처분을 허락하였다면, 법정대리인은 그 재산의 처분에 관하여 스스로 유효한 대리행위를 할 수 없다.

ㄴ. 법정대리인이 미성년자에게 영업의 종류를 특정하여 영업을 허락하였다면, 법정대리인은 허락한 영업과 관련된 행위를 스스로 대리할 수 없다.

ㄷ. 피후견인의 신상과 재산에 관한 모든 사정을 고려하여, 성년후견인과 마찬가지로 미성년후견인도 여러 명 둘 수 있다.

ㄹ. 후견인과 피후견인인 미성년자 사이에 이해상반되는 행위를 하는 경우, 후견감독인이 선임된 때에도 후견인은 특별대리인의 선임을 청구하여야 한다.

ㅁ. 제한능력자가 속임수로써 법정대리인의 동의가 있는 것으로 믿게 하여 법률행위를 한 경우, 그 행위를 취소할 수 없다.

① ㄱ, ㄴ, ㄷ ② ㄱ, ㄷ, ㅁ ③ ㄱ, ㄹ, ㅁ
④ ㄱ, ㄷ, ㄹ, ㅁ ⑤ ㄴ, ㄷ, ㄹ, ㅁ

[ㄱ ▸ ✕] 법정대리인이 범위를 정하여 처분을 허락한 재산은 미성년자가 임의로 처분할 수 있지만(민법 제6조 참조), 그렇다고 하여 법정대리인의 대리권이 제한되는 것은 아니다.

[ㄴ ▸ ○] 미성년자가 법정대리인으로부터 허락을 얻은 특정한 영업에 관하여는 성년자와 동일한 행위능력이 있게 되므로(민법 제8조 제1항 참조), 법정대리인은 허락한 영업과 관련된 행위의 범위 내에서는 대리권이 소멸한다.

[ㄷ ▸ ✕] 민법 제930조 제1항·제2항 참조

 후견인의 수와 자격(민법 제930조)　　① 미성년후견인의 수(數)는 한 명으로 한다.
② 성년후견인은 피성년후견인의 신상과 재산에 관한 모든 사정을 고려하여 여러 명을 둘 수 있다.

[ㄹ ▸ ✕] 민법 제949조의3, 제921조 참조

 이해상반행위(민법 제949조의3)　　후견인에 대하여는 제921조를 준용한다. 다만, 후견감독인이 있는 경우에는 그러하지 아니하다.
친권자와 그 자 간 또는 수인의 자 간의 이해상반행위(민법 제921조)　　① 법정대리인인 친권자와 그 자 사이에 이해상반되는 행위를 함에는 친권자는 법원에 그 자의 특별대리인의 선임을 청구하여야 한다.

[ㅁ ▸ ✕] 제한능력자가 속임수로써 동의 있는 것으로 믿게 하였더라도, 제한능력자 중 미성년자나 피한정후견인이 아닌 피성년후견인인 때에는, 취소권이 배제되지 않는다.

 제한능력자의 속임수(민법 제17조)　　① 제한능력자가 속임수로써 자기를 능력자로 믿게 한 경우에는 그 행위를 취소할 수 없다.
② 미성년자나 피한정후견인이 속임수로써 법정대리인의 동의가 있는 것으로 믿게 한 경우에도 제1항과 같다.

제3절   법 인   ★★★★☆

제1항   법인 아닌 사단과 재단

2020년 변호사시험 문 3.   ☑ 확인Check! ○ △ ✕

甲종중(이하 '甲'이라 함)은 비법인사단이고 그 대표자는 丙이다. 甲의 대표자 丙은 乙과 종중회관 신축에 관한 도급계약을 체결하였다. 이에 관한 설명 중 옳지 않은 것은?(다툼이 있는 경우 판례에 의함)

① 甲은 자기 명의로 신축건물의 소유권보존등기를 마칠 수 있다.

② 丙이 甲의 대표자로서 乙의 제3자에 대한 채무를 보증하는 행위는 甲의 재산 그 자체의 관리·처분이 따르지 아니하는 단순한 채무부담행위에 불과하므로 종중총회의 결의가 필요한 총유물의 관리·처분행위라고 할 수 없다.

③ 甲으로부터 도급계약상의 보수(報酬)를 받지 못한 乙은 甲에 대한 집행권원을 얻어 甲의 재산에 대해 강제집행을 할 수 있다.

④ 丙이 甲의 직무를 행하면서 타인에게 손해를 가하였더라도 甲은 권리의무의 주체가 아니므로 불법행위로 인한 손해배상책임을 부담하지 않는다.

⑤ 甲의 정관에서 대표자가 건물 신축에 관한 도급계약을 체결할 때에는 임원회의 결의를 거치도록 하였으나, 丙이 임원회의 결의를 거치지 않았다 하더라도 乙이 그 사실을 알았거나 알 수 있었을 경우가 아니라면 위 계약은 유효하다.

[❶ ▸ ○]   종중(宗中), 문중(門中), 그 밖에 대표자나 관리인이 있는 법인 아닌 사단(社團)이나 재단(財團)에 속하는 부동산의 등기에 관하여는 그 사단이나 재단을 등기권리자 또는 등기의무자로 한다(부동산등기법 제26조 제1항).

[❷ ▸ ○]   민법 제275조, 제276조 제1항에서 말하는 총유물의 관리 및 처분이라 함은 총유물 그 자체에 관한 이용·개량행위나 법률적·사실적 처분행위를 의미하는 것이므로, 비법인사단이 타인 간의 금전채무를 보증하는 행위는 총유물 그 자체의 관리·처분이 따르지 아니하는 단순한 채무부담행위에 불과하여 이를 총유물의 관리·처분행위라고 볼 수는 없다(대판 2007.4.19. 2004다60072 [전합]).

[❸ ▸ ○]   대표자가 있는 甲종중은 소송상 당사자가 될 수 있고, 집행력의 주관적 범위는 원칙적으로 기판력의 범위에 준하므로, 乙은 甲에 대한 집행권원을 얻어 甲의 재산에 대해 강제집행을 할 수 있다.

법령   법인이 아닌 사단 등의 당사자능력(민사소송법 제52조)   법인이 아닌 사단이나 재단은 대표자 또는 관리인이 있는 경우에는 그 사단이나 재단의 이름으로 당사자가 될 수 있다.

판례   확정판결의 기판력은 변론을 종결한 뒤의 승계인(변론 없이 한 판결의 경우에는 판결을 선고한 뒤의 승계인) 또는 그를 위하여 청구의 목적물을 소지한 사람 등 법률에 따로 규정되어 있는 경우 외에는 특별한 사정이 없는 한 당해 판결에 표시된 당사자 사이에만 미치고(민사소송법 제218조 참조), 집행력의 범위도 원칙적으로 기판력의 범위에 준한다(대판 2018.9.13. 2018다231031).

[❹ ▸ ✕]   주택조합과 같은 비법인사단의 대표자가 직무에 관하여 타인에게 손해를 가한 경우 그 사단은 민법 제35조 제1항의 유추적용에 의하여 그 손해를 배상할 책임이 있으며, 비법인사단의 대표자의 행위가 대표자 개인의 사리를 도모하기 위한 것이었거나 혹은 법령의 규정에 위배된 것이었다 하더라도 외관상, 객관적으로 직무에 관한 행위라고 인정할 수 있는 것이라면 민법 제35조 제1항의 직무에 관한 행위에 해당한다(대판 2003.7.25. 2002다27088).

정답 ④   CHAPTER 02 권리의 주체 **11**

[**❺ ▶ O**]　비법인사단인 재건축조합의 조합장이 채무보증계약을 체결하면서 조합규약에서 정한 조합임원회의 결의를 거치지 아니하였다거나 조합원총회결의를 거치지 않았다고 하더라도 그것만으로 바로 그 보증계약이 무효라고 할 수는 없다. 다만, 이와 같은 경우에 조합임원회의 결의 등을 거치도록 한 조합규약은 조합장의 대표권을 제한하는 규정에 해당하는 것이므로, 거래상대방이 그와 같은 대표권 제한 및 그 위반사실을 알았거나 과실로 인하여 이를 알지 못한 때에는 그 거래행위가 무효로 된다고 봄이 상당하며, 이 경우 그 거래상대방이 대표권 제한 및 그 위반사실을 알았거나 알지 못한 데에 과실이 있다는 사정은 그 거래의 무효를 주장하는 측이 이를 주장·입증하여야 한다(대판 2007.4.19. 2004다60072 [전합]).

2016년 변호사시험 문 4.

☑ 확인Check! ○ △ ✕

법인 아닌 사단의 법률관계에 관한 설명 중 옳은 것을 모두 고른 것은?(다툼이 있는 경우 판례에 의함)

ㄱ. 법인 아닌 사단은 대표자가 있는 경우에는 그 사단의 이름으로 민사소송의 당사자가 될 수 있다.

ㄴ. 대표자가 있는 법인 아닌 사단에 속하는 부동산의 등기에 관하여는 그 사단을 등기권리자 또는 등기의무자로 한다.

ㄷ. 법인 아닌 사단의 구성원들의 집단적 탈퇴로써 사단이 2개로 분열되고 분열되기 전 사단의 재산이 분열된 각 사단들의 구성원들에게 각각 총유적으로 귀속되는 결과를 초래하는 형태의 법인 아닌 사단의 분열은 허용되지 않는다.

ㄹ. 법인 아닌 사단의 대표자가 그 사단이 타인 간의 금전채무를 보증한다는 내용의 계약을 체결하면서 사원총회의 결의를 거치지 않았다면 특별한 사정이 없는 한 위 계약은 무효가 된다.

① ㄴ, ㄷ
② ㄷ, ㄹ
③ ㄱ, ㄴ, ㄷ
④ ㄱ, ㄴ, ㄹ
⑤ ㄱ, ㄴ, ㄷ, ㄹ

[**ㄱ ▶ O**]　법인이 아닌 사단이나 재단은 대표자 또는 관리인이 있는 경우에는 그 사단이나 재단의 이름으로 당사자가 될 수 있다(민사소송법 제52조).

[**ㄴ ▶ O**]　종중(宗中), 문중(門中), 그 밖에 대표자나 관리인이 있는 법인 아닌 사단(社團)이나 재단(財團)에 속하는 부동산의 등기에 관하여는 그 사단이나 재단을 등기권리자 또는 등기의무자로 한다(부동산등기법 제26조 제1항).

[**ㄷ ▶ O**]　우리 민법이 사단법인에 있어서 구성원의 탈퇴나 해산은 인정하지만 사단법인의 구성원들이 2개의 법인으로 나뉘어 각각 독립한 법인으로 존속하면서 종전 사단법인에게 귀속되었던 재산을 소유하는 방식의 사단법인의 분열은 인정하지 아니한다. 그 법리는 법인 아닌 사단에 대하여도 동일하게 적용되며, 법인 아닌 사단의 구성원들의 집단적 탈퇴로써 사단이 2개로 분열되고 분열되기 전 사단의 재산이 분열된 각 사단들의 구성원들에게 각각 총유적으로 귀속되는 결과를 초래하는 형태의 법인 아닌 사단의 분열은 허용되지 않는다(대판 2006.4.20. 2004다37775 [전합]).

[**ㄹ ▶ ✕**]　민법 제275조, 제276조 제1항에서 말하는 총유물의 관리 및 처분이라 함은 총유물 그 자체에 관한 이용·개량 행위나 법률적·사실적 처분행위를 의미하는 것이므로, 비법인사단이 타인 간의 금전채무를 보증하는 행위는 총유물 그 자체의 관리·처분이 따르지 아니하는 단순한 채무부담행위에 불과하여 이를 총유물의 관리·처분행위라고 볼 수는 없다. 따라서 비법인사단인 재건축조합의 조합장이 채무보증계약을 체결하면서 조합규약에서 정한 조합임원회의 결의를 거치지 아니하였다거나 조합원총회결의를 거치지 않았다고 하더라도 그것만으로 바로 그 보증계약이 무효라고 할 수는 없다(대판 2007.4.19. 2004다60072 [전합]).

③ **정답**

2012년 변호사시험 문 24.

☑ 확인 Check! ○ △ ×

다음 중 권리능력 없는 사단에 관한 판례의 입장과 다른 것은?

① 부도난 회사의 채권자들이 채권단을 조직하여 대표자를 선임하고 채권 회수에 관한 권한을 위임하였더라도, 정관을 제정하거나 사단으로서 실체를 가지기 위한 조직행위가 없었다면 그 채권단을 권리능력 없는 사단으로 볼 수 없다.

② 권리능력 없는 사단은 특별한 규정이 있는 경우를 제외하고는 일반적으로 법인격이 인정되지 아니하므로, 법원은 임시이사의 선임에 관한 민법 제63조를 준용하여 임시이사를 선임할 수 없다.

③ 권리능력 없는 사단이 당사자인 소송에서 대표자에게 적법한 대표권이 있는지 여부는 소송요건에 관한 것으로서 법원의 직권조사사항이므로, 법원에게 판단의 기초자료인 사실과 증거를 직권으로 탐지할 의무까지는 없다 하더라도, 이미 제출된 자료에 의하여 대표권의 적법성에 의심이 갈 만한 사정이 엿보인다면 법원은 그에 관하여 심리・조사할 의무가 있다.

④ 권리능력 없는 사단인 교회의 소속 교인의 일부가 종전의 교회에서 탈퇴하여 별도의 교회를 설립하고 새로운 교단에 들어가는 경우, 사단법인 정관 변경에 준하여 의결권을 가진 교인 3분의 2 이상의 찬성에 의한 결의의 요건을 갖추었다면, 종전 교회의 재산은 탈퇴한 교인들의 총유로 귀속된다.

⑤ 권리능력 없는 사단의 대표자가 직무에 관하여 타인에게 손해를 가한 경우, 그 사단은 그로 인하여 타인이 입은 손해를 배상할 책임이 있다.

[❶ ▸ ○] 원래의 채권단은 소외 회사의 채권자 133인이 채권을 회수할 목적으로 구성한 단체로서, <u>대표자 10인을 선임하여 채권 회수를 위한 일체의 권한을 위임하였을 뿐, 정관 또는 규약을 제정하거나 사단으로서의 실체를 갖추기 위한 일체의 조직행위가 없었고, 사단으로서의 실체를 인정할 만한 조직, 그 재정적 기초, 총회의 운영, 재산의 관리 기타 단체로서의 활동에 관한 입증도 없으므로, 이를 비법인사단으로 볼 수 없다</u>(대판 1999.4.23. 99다4504).

[❷ ▸ ×] <u>민법 제63조는 법인의 조직과 활동에 관한 것으로서 법인격을 전제로 하는 조항이 아니고</u>, 법인 아닌 사단이나 재단의 경우에도 이사가 없거나 결원이 생길 수 있으며, 통상의 절차에 따른 새로운 이사의 선임이 극히 곤란하고 종전 이사의 긴급처리권도 인정되지 아니하는 경우에는 사단이나 재단 또는 타인에게 손해가 생길 염려가 있을 수 있으므로, <u>민법 제63조는 법인 아닌 사단이나 재단에도 유추적용할 수 있다</u>(대결 2009.11.19. 2008마699 [전합]).

[❸ ▸ ○] 종중이 당사자인 사건에 있어서 그 종중의 대표자에게 적법한 대표권이 있는지 여부는 소송요건에 관한 것으로서 <u>법원의 직권조사사항이므로, 법원으로서는 그 판단의 기초자료인 사실과 증거를 직권으로 탐지할 의무까지는 없다</u> 하더라도, 이미 제출된 자료들에 의하여 그 대표권의 적법성에 의심이 갈만한 사정이 엿보인다면 상대방이 이를 구체적으로 지적하여 다투지 않더라도 이에 관하여 심리, 조사할 의무가 있다(대판 1991.10.11. 91다21039).

[❹ ▸ ○] 특정 교단에 가입한 지교회가 교단이 정한 헌법을 지교회 자신의 자치규범으로 받아들였다고 인정되는 경우에는 소속 교단의 변경은 실질적으로 지교회 자신의 규약에 해당하는 자치규범을 변경하는 결과를 초래하고, 만약 지교회 자신의 규약을 갖춘 경우에는 교단 변경으로 인하여 지교회의 명칭이나 목적 등 지교회의 규약에 포함된 사항의 변경까지 수반하기 때문에, 소속 교단에서의 탈퇴 내지 소속 교단의 변경은 사단법인 정관 변경에 준하여 의결권을 가진 교인 2/3 이상의 찬성에 의한 결의를 필요로 하고, 그 결의요건을 갖추어 소속 교단을 탈퇴하거나 다른 교단으로 변경한 경우에 종전 교회의 실체는 이와 같이 교단을 탈퇴한 교회로서 존속하고 종전 교회재산은 위 탈퇴한 교회 소속 교인들의 총유로 <u>귀속된다</u>(대판 2006.4.20. 2004다37775 [전합]).

[❺ ▸ ○] <u>주택조합과 같은 비법인사단의 대표자가 직무에 관하여 타인에게 손해를 가한 경우 그 사단은 민법 제35조 제1항의 유추적용에 의하여 그 손해를 배상할 책임이 있으며</u>, 비법인사단의 대표자의 행위가 대표자 개인의 사리를 도모하기 위한 것이었거나 혹은 법령의 규정에 위배된 것이었다 하더라도 외관상, 객관적으로 직무에 관한 행위라고 인정할 수 있는 것이라면 민법 제35조 제1항의 직무에 관한 행위에 해당한다(대판 2003.7.25. 2002다27088).

법인 아닌 사단에 관한 설명 중 옳지 않은 것은?(다툼이 있는 경우 판례에 의함)

① 법인 아닌 사단의 사원이 존재하지 않게 된 경우에도 그 법인 아닌 사단은 청산사무가 완료될 때까지 청산의 목적범위 내에서 권리의무의 주체가 된다.

② 법인 아닌 사단의 대표자가 정관에 규정된 대표권 제한에 위반하여 법률행위를 한 경우, 그 상대방이 대표권 제한 및 그 위반사실을 알았거나 과실로 인해 알지 못한 때에는 그 법률행위는 무효이다.

③ 법인 아닌 사단의 정관에 특별한 규정이 없는 경우 법인 아닌 사단의 대표자가 타인 간의 금전채무를 보증하기 위해 사원총회결의를 거칠 필요는 없다.

④ 법인 아닌 사단의 총회소집권자가 총회 소집을 철회하는 경우 반드시 총회 소집과 동일한 방식으로 통지해야 할 필요는 없고, 총회구성원들에게 소집 철회의 결정이 있었음이 알려질 수 있는 적절한 조치를 취하는 것으로 충분하다.

⑤ 법인 아닌 사단의 채권자가 채권자대위권에 기하여 법인 아닌 사단의 총유재산에 대한 권리를 대위행사하는 경우, 사원 총회의 결의 등 법인 아닌 사단의 내부적 의사결정절차를 거쳐야 한다.

[❶ ▶ ○] 법인 아닌 사단에 대하여는 사단법인에 관한 민법 규정 가운데서 법인격을 전제로 하는 것을 제외하고는 이를 유추적용하여야 할 것인바, 사단법인에 있어서는 사원이 없게 된다고 하더라도 이는 해산사유가 될 뿐 막바로 권리능력이 소멸하는 것이 아니므로 법인 아닌 사단에 있어서도 구성원이 없게 되었다 하여 막바로 그 사단이 소멸하여 소송상의 당사자능력을 상실하였다고 할 수는 없고 청산사무가 완료되어야 비로소 그 당사자능력이 소멸하는 것이다(대판 1992.10.9. 92다23087).

[❷ ▶ ○] 비법인사단인 재건축조합의 조합장이 채무보증계약을 체결하면서 조합규약에서 정한 조합임원회의 결의를 거치지 아니하였다거나 조합원총회결의를 거치지 않았다고 하더라도 그것만으로 바로 그 보증계약이 무효라고 할 수는 없다. 다만, 이와 같은 경우에 조합임원회의의 결의 등을 거치도록 한 조합규약은 조합장의 대표권을 제한하는 규정에 해당하는 것이므로, 거래상대방이 그와 같은 대표권 제한 및 그 위반사실을 알았거나 과실로 인하여 이를 알지 못한 때에는 그 거래행위가 무효로 된다고 봄이 상당하며, 이 경우 그 거래상대방이 대표권 제한 및 그 위반사실을 알았거나 알지 못한 데에 과실이 있다는 사정은 그 거래의 무효를 주장하는 측이 이를 주장·입증하여야 한다(대판 2007.4.19. 2004다60072 [전합]).

[❸ ▶ ○] 대판 2007.4.19. 2004다60072 [전합], 민법 제276조 제1항 참조

> **판례** 민법 제275조, 제276조 제1항에서 말하는 총유물의 관리 및 처분이라 함은 총유물 그 자체에 관한 이용·개량 행위나 법률적·사실적 처분행위를 의미하는 것이므로, 비법인사단이 타인 간의 금전채무를 보증하는 행위는 총유물 그 자체의 관리·처분이 따르지 아니하는 단순한 채무부담행위에 불과하여 이를 총유물의 관리·처분 행위라고 볼 수는 없다(대판 2007.4.19. 2004다60072 [전합]).

> **법령** 총유물의 관리, 처분과 사용, 수익(민법 제276조) ① 총유물의 관리 및 처분은 사원총회의 결의에 의한다.

[❹ ▶ ○] 법인이나 법인 아닌 사단의 총회에 있어서 총회의 소집권자가 총회의 소집을 철회·취소하는 경우에는 반드시 총회의 소집과 동일한 방식으로 그 철회·취소를 총회구성원들에게 통지하여야 할 필요는 없고, 총회구성원들에게 소집의 철회·취소결정이 있었음이 알려질 수 있는 적절한 조치가 취하여지는 것으로써 충분히 그 소집 철회·취소의 효력이 발생한다(대판 2007.4.12. 2006다77593).

⑤ **정답**

[**⑤ ▶ ✕**] 채권자대위권은 채무자가 스스로 자기의 권리를 행사하지 아니하는 때에 채권자가 채무자에 대한 채권을 보전하기 위하여 채무자의 의사와는 상관없이 채무자의 권리를 대위하여 행사할 수 있는 권리로서 그 권리행사에 채무자의 동의를 필요로 하는 것은 아니므로, 비법인사단이 총유재산에 관한 권리를 행사하지 아니하고 있어 비법인사단의 채권자가 채권자대위권에 기하여 비법인사단의 총유재산에 관한 권리를 대위행사하는 경우에는 사원총회의 결의 등 비법인사단의 내부적인 의사결정절차를 거칠 필요가 없다(대판 2014.9.25. 2014다211336).

제2항　법 인

2019년 변호사시험 문 11.
☑ 확인Check! ○ △ ✕

「민법」상 법인에 관한 설명 중 옳은 것(○)과 옳지 않은 것(✕)을 올바르게 조합한 것은?(다툼이 있는 경우 판례에 의함)

ㄱ. 법인의 정관에 대표권의 제한에 관한 규정이 있으나 그와 같은 취지가 등기되어 있지 않다면, 법인은 그와 거래한 상대방이 그와 같은 정관의 규정에 대하여 선의냐 악의냐에 관계없이 그 상대방에 대하여 위 대표권제한사실로써 대항할 수 없다.
ㄴ. 법인은 언제든지 이사를 해임할 수 있지만, 법인의 정관에 이사의 해임사유에 관한 규정이 있는 경우에는 법인은 이사의 중대한 의무 위반 또는 정상적인 사무 집행 불능 등의 특별한 사정이 없는 한 정관에서 정하지 아니한 사유로는 이사를 해임할 수 없다.
ㄷ. 이사가 없거나 결원이 생겨서 이로 인하여 법인에 손해가 생길 염려 있는 경우뿐만 아니라 법인과 이사의 이익이 상반하는 사항이 생긴 경우에, 법원은 이해관계인이나 검사의 청구에 의하여 특별대리인을 선임하여야 한다.
ㄹ. 법원의 가처분명령에 의해 선임된 이사직무대행자는 그 명령에 다른 정함이 있는 경우 외에는 법원의 허가 없이 법인의 통상사무에 속하지 아니한 행위를 하지 못하고, 만약 위 직무대행자가 그에 위반한 행위를 한 경우 법인은 선의의 제3자에 대하여 책임을 진다.

① ㄱ(○) ㄴ(✕) ㄷ(○) ㄹ(✕)
② ㄱ(○) ㄴ(✕) ㄷ(✕) ㄹ(○)
③ ㄱ(○) ㄴ(○) ㄷ(✕) ㄹ(○)
④ ㄱ(✕) ㄴ(○) ㄷ(✕) ㄹ(○)
⑤ ㄱ(✕) ㄴ(✕) ㄷ(○) ㄹ(✕)

[**ㄱ ▶ ○**] 대판 1992.2.14. 91다24564, 민법 제60조 참조

판례　법인의 정관에 법인대표권의 제한에 관한 규정이 있으나 그와 같은 취지가 등기되어 있지 않다면 법인은 그와 같은 정관의 규정에 대하여 선의냐 악의냐에 관계없이 제3자에 대하여 대항할 수 없다(대판 1992.2.14. 91다24564).

법령　이사의 대표권에 대한 제한의 대항요건(민법 제60조)　　이사의 대표권에 대한 제한은 등기하지 아니하면 제삼자에게 대항하지 못한다.

[ㄴ ▸ ○] 법인과 이사의 법률관계는 신뢰를 기초로 한 위임 유사의 관계로 볼 수 있는데, 민법 제689조 제1항에서는 위임계약은 각 당사자가 언제든지 해지할 수 있다고 규정하고 있으므로, 법인은 원칙적으로 이사의 임기 만료 전에도 이사를 해임할 수 있지만, 이러한 민법의 규정은 임의규정에 불과하므로 법인이 자치법규인 정관으로 이사의 해임사유 및 절차 등에 관하여 별도의 규정을 두는 것도 가능하다. 그리고 이와 같이 법인이 정관에 이사의 해임사유 및 절차 등을 따로 정한 경우 그 규정은 법인과 이사와의 관계를 명확히 함은 물론 이사의 신분을 보장하는 의미도 아울러 가지고 있어 이를 단순히 주의적 규정으로 볼 수는 없다. 따라서 법인의 정관에 이사의 해임사유에 관한 규정이 있는 경우 법인으로서는 이사의 중대한 의무 위반 또는 정상적인 사무 집행 불능 등의 특별한 사정이 없는 이상, 정관에서 정하지 아니한 사유로 이사를 해임할 수 없다(대판 2013.11.28. 2011다41741).

[ㄷ ▸ ✕] 민법 제63조, 제64조 참조

> **임시이사의 선임(민법 제63조)**　　이사가 없거나 결원이 있는 경우에 이로 인하여 손해가 생길 염려 있는 때에는 법원은 이해관계인이나 검사의 청구에 의하여 임시이사를 선임하여야 한다.
>
> **특별대리인의 선임(민법 제64조)**　　법인과 이사의 이익이 상반하는 사항에 관하여는 이사는 대표권이 없다. 이 경우에는 전조의 규정에 의하여 특별대리인을 선임하여야 한다.

[ㄹ ▸ ○] 민법 제60조의2 제1항·제2항 참조

> **직무대행자의 권한(민법 제60조의2)**　　① 제52조의2의 직무대행자는 가처분명령에 다른 정함이 있는 경우 외에는 법인의 통상사무에 속하지 아니한 행위를 하지 못한다. 다만, 법원의 허가를 얻은 경우에는 그러하지 아니하다.
> ② 직무대행자가 제1항의 규정에 위반한 행위를 한 경우에도 법인은 선의의 제3자에 대하여 책임을 진다.

2014년 변호사시험 문 3.

☑ 확인 Check! ○ △ ✕

甲법인의 대표자가 乙에게 대표자의 모든 권한을 포괄적으로 위임하여 乙이 실질적으로 법인의 대표자로서 그 법인의 사무를 집행하고 있었다. 그러던 중 乙이 외관상 직무에 관한 행위로 丙에게 손해를 가하였다. 이에 대한 설명 중 옳지 않은 것을 모두 고른 것은?(다툼이 있는 경우에는 판례에 의함)

ㄱ. 甲법인의 대표자가 행한 乙에 대한 업무의 포괄적 위임과 포괄적 수임인 乙의 대행행위는 원칙적으로 甲법인에 효력이 미친다.

ㄴ. 만약 乙이 대표자로 등기되어 있지 않다면, 丙은 甲법인을 상대로 민법 제35조에서 정한 법인의 불법행위책임에 따른 손해배상을 청구할 수 없다.

ㄷ. 乙의 행위가 자신의 이익을 도모하기 위한 것이라면 직무관련성이 부정되므로, 丙은 甲법인을 상대로 민법 제35조에서 정한 법인의 불법행위책임에 따른 손해배상을 청구할 수 없다.

ㄹ. 乙의 행위가 실제로 직무에 관한 행위에 해당하지 아니함을 丙이 알았거나 과실로 알지 못한 경우에는 甲법인을 상대로 민법 제35조에서 정한 법인의 불법행위책임에 따른 손해배상을 청구할 수 없다.

① ㄱ, ㄹ　　　　　② ㄷ, ㄹ　　　　　③ ㄱ, ㄴ, ㄷ
④ ㄴ, ㄷ, ㄹ　　　　⑤ ㄱ, ㄴ, ㄷ, ㄹ

[ㄱ ▸ ✕] 민법 제62조, 대판 2011.4.28. 2008다15438 참조

 이사의 대리인 선임(민법 제62조) 이사는 정관 또는 총회의 결의로 금지하지 아니한 사항에 한하여 타인으로 하여금 특정한 행위를 대리하게 할 수 있다.

 민법 제62조의 규정에 비추어 보면 비법인사단의 대표자는 정관 또는 총회의 결의로 금지하지 아니한 사항에 한하여 타인으로 하여금 특정한 행위를 대리하게 할 수 있을 뿐 비법인사단의 제반 업무처리를 포괄적으로 위임할 수는 없으므로 비법인사단 대표자가 행한 타인에 대한 업무의 포괄적 위임과 그에 따른 포괄적 수임인의 대행행위는 민법 제62조의 규정에 위반된 것이어서 비법인사단에 대하여 그 효력이 미치지 아니한다(대판 2011.4.28. 2008다15438).

[ㄴ ▸ ✕] 민법 제35조 제1항은 "법인은 이사 기타 대표자가 그 직무에 관하여 타인에게 가한 손해를 배상할 책임이 있다"라고 정한다. 여기서 '법인의 대표자'에는 그 명칭이나 직위 여하, 또는 대표자로 등기되었는지 여부를 불문하고 당해 법인을 실질적으로 운영하면서 법인을 사실상 대표하여 법인의 사무를 집행하는 사람을 포함한다고 해석함이 상당하다(대판 2011.4.28. 2008다15438).

[ㄷ ▸ ✕] 법인이 그 대표자의 불법행위로 인하여 손해배상의무를 지는 것은 그 대표자의 직무에 관한 행위로 인하여 손해가 발생한 것임을 요한다 할 것이나, 그 직무에 관한 것이라는 의미는 행위의 외형상 법인의 대표자의 직무행위라고 인정할 수 있는 것이라면 설사 그것이 대표자 개인의 사리를 도모하기 위한 것이었거나 혹은 법령의 규정에 위배된 것이었다 하더라도 위의 직무에 관한 행위에 해당한다고 보아야 한다(대판 2004.2.27. 2003다15280).

[ㄹ ▸ ✕] 乙의 행위가 직무에 관한 행위에 해당하지 아니함을 丙이 경과실로 알지 못한 경우에는, 법인에게 손해배상책임을 청구할 수 있다.

 법인의 대표자의 행위가 직무에 관한 행위에 해당하지 아니함을 피해자 자신이 알았거나 또는 중대한 과실로 인하여 알지 못한 경우에는 법인에게 손해배상책임을 물을 수 없다(대판 2004.3.26. 2003다34045).

법인 및 법인 아닌 사단에 관한 설명 중 옳은 것을 모두 고른 것은?(각 지문은 독립적이며, 다툼이 있는 경우 판례에 의함)

ㄱ. 재단법인의 대표자가 법인이 채무를 부담하게 되는 계약을 체결하기 위해서는 이사회의 결의를 거치도록 하는 정관의 규정이 등기되어 있지 않은 경우에도 그 법인은 이러한 제한을 알면서 법인의 대표자와 위 제한에 해당하는 계약을 체결한 상대방에 대해서는 계약의 무효를 주장할 수 있다.

ㄴ. 법인 아닌 사단의 대표자가 당해 법인 아닌 사단이 채무를 부담하게 되는 보증계약을 체결하는 경우에도 이로 인해 총유물에 대한 관리·처분이 따르지 않는 이상 사원총회의 결의를 거치지 않았다는 이유로 그 계약이 무효가 되지는 않는다.

ㄷ. 법인 아닌 사단의 대표자가 대표권을 행사함에 있어서는 사원총회의 결의를 거쳐야 한다는 정관의 규정이 있는 경우, 이에 대해 과실로 알지 못하고 대표자와 계약을 체결한 상대방에 대해서는 그 법인 아닌 사단은 당해 계약의 체결에 있어 사원총회의 결의가 없었음을 이유로 계약이 무효임을 주장할 수 있다.

ㄹ. 甲법인이 丙의 피용자인 丁에 의한 불법행위의 피해자인 경우, 甲법인의 업무에 관하여 일체의 재판상 또는 재판 외의 행위를 할 수 있는 법률상 대리인 乙이 甲법인에 대한 관계에서 이른바 배임적 대리행위를 하는 과정에서 丁의 가해행위가 丙의 사무집행행위에 해당하지 않음을 알았다 하더라도 피해자인 甲법인이 이를 알았다고 볼 수는 없으므로, 이 경우 丙은 甲법인에 대해 사용자책임을 부담한다.

① ㄱ　　　　　　　　　② ㄴ　　　　　　　　　③ ㄱ, ㄹ
④ ㄴ, ㄷ　　　　　　　⑤ ㄴ, ㄷ, ㄹ

[ㄱ ▸ ✕]　재단법인의 대표자가 그 법인의 채무를 부담하는 계약을 함에 있어서 이사회의 결의를 거쳐 노회와 설립자의 승인을 얻고 주무관청의 인가를 받도록 정관에 규정되어 있다면 그와 같은 규정은 법인대표권의 제한에 관한 규정으로서 이러한 제한은 등기하지 아니하면 제3자에게 대항할 수 없다. 법인의 정관에 법인대표권의 제한에 관한 규정이 있으나 그와 같은 취지가 등기되어 있지 않다면 법인은 그와 같은 정관의 규정에 대하여 <u>선의냐 악의냐에 관계없이</u> 제3자에 대하여 <u>대항할 수 없다</u>(대판 1992.2.14. 91다24564).

[ㄴ ▸ ○]　민법 제275조, 제276조 제1항에서 말하는 총유물의 관리 및 처분이라 함은 총유물 그 자체에 관한 이용·개량 행위나 법률적·사실적 처분행위를 의미하는 것이므로, 비법인사단이 타인 간의 금전채무를 보증하는 행위는 총유물 그 자체의 관리·처분이 따르지 아니하는 단순한 채무부담행위에 불과하여 이를 총유물의 관리·처분행위라고 볼 수는 없다. 따라서 비법인사단인 재건축조합의 조합장이 채무보증계약을 체결하면서 조합규약에서 정한 조합임원회의 결의를 거치지 아니하였다거나 조합원총회결의를 거치지 않았다고 하더라도 그것만으로 바로 그 보증계약이 무효라고 할 수는 <u>없다</u>(대판 2007.4.19. 2004다60072 [전합]).

[ㄷ ▸ ○]　<u>비법인사단의 경우에는 대표자의 대표권 제한에 관하여 등기할 방법이 없어 민법 제60조의 규정을 준용할 수 없고</u>, 비법인사단의 대표자가 정관에서 사원총회의 결의를 거쳐야 하도록 규정한 대외적 거래행위에 관하여 이를 거치지 아니한 경우라도, 이와 같은 사원총회결의사항은 비법인사단의 내부적 의사결정에 불과하다 할 것이므로, <u>그 거래상대방이 그와 같은 대표권제한사실을 알았거나 알 수 있었을 경우가 아니라면 그 거래행위는 유효하다고 봄이 상당하고</u>, 이 경우 거래의 상대방이 대표권제한사실을 알았거나 알 수 있었음은 이를 주장하는 비법인사단 측이 주장·입증하여야 한다(대판 2003.7.22. 2002다64780).

[ㄹ ▸ X] 피용자의 불법행위가 외관상 사무 집행의 범위 내에 속하는 것으로 보이는 경우에도 피용자의 행위가 사용자나 사용자에 갈음하여 그 사무를 감독하는 자의 사무집행행위에 해당하지 않음을 피해자 자신이 알았거나 또는 중대한 과실로 알지 못한 경우에는 사용자 또는 사용자에 갈음하여 그 사무를 감독하는 자에 대하여 사용자책임을 물을 수 없다. <u>법인이 피해자인 경우 법인의 업무에 관하여 일체의 재판상 또는 재판 외의 행위를 할 권한이 있는 법률상 대리인이 가해자인 피용자의 행위가 사용자의 사무집행행위에 해당하지 않음을 안 때에는 피해자인 법인이 이를 알았다고 보아야 하고, 이러한 법리는 그 법률상 대리인이 본인인 법인에 대한 관계에서 이른바 배임적 대리행위를 하는 경우에도 마찬가지라고 할 것이다</u> (대판 2005.12.23. 2003다30159).

2014년 변호사시험 문 6.

☑ 확인 Check! ○ △ X

甲은 A재단법인의 설립을 위하여 자신의 전 재산을 출연하기로 하였다. 그런데 A재단법인이 설립되었음에도 출연재산이 현실적으로 이전되지 않고 있는 상황에서 甲이 사망하였다. 출연재산의 귀속시기에 관한 아래의 학설과 관련한 설명 중 옳은 것(○)과 옳지 않은 것(×)을 바르게 고른 것은?

제1설 : 민법 제48조는 민법 제187조의 '기타 법률의 규정'에 해당하므로 현실적인 권리이전절차를 거치지 않더라도 민법 제48조에서 규정하는 시기에 출연재산이 법인에게 귀속된다.
제2설 : 법인의 성립 시에는 단지 법인에게 그 출연재산의 이전청구권만이 생기고, 현실적으로 권리이전절차를 거쳐야 출연재산이 법인에 귀속된다.
제3설 : 출연자와 법인 사이에는 권리이전절차를 요하지 않고, 민법 제48조에서 규정한 시기에 출연재산이 법인에 귀속되나, 법인과 제3자 사이에는 권리이전절차를 거치지 않고는 그 권리 취득을 제3자에게 대항하지 못한다.

ㄱ. 출연재산이 지명채권인 경우에는 어느 학설에 의하더라도 민법 제48조에서 규정한 시기에 권리가 귀속된다.
ㄴ. 제1설에 따르면, 민법 제187조에 규정된 '기타 법률의 규정'이란 당사자의 의사에 기하지 않은 경우를 총칭하는 것이다.
ㄷ. 제3설에 따르면, 출연재산이 부동산이라고 하더라도 다른 이해관계인이 없다면 그 부동산의 소유권은 법인의 성립 시에 법인에 귀속된다.
ㄹ. 제1설에 따르면, 甲의 상속인 乙이 출연재산인 X부동산에 대해 상속등기를 한 후 丙에게 다시 매도하였으나, 丙이 X부동산이 출연재산이라는 사실을 알지 못하였다면 乙을 상대로 계약해제 이외에 손해배상을 청구할 수 있다.
ㅁ. 제2설에 따르면, 甲의 상속인 乙이 출연재산인 X부동산에 대해 상속등기를 한 후 원인 없이 丙 앞으로 소유권이전등기를 마쳐준 경우, A법인은 丙에 대하여 직접 진정명의 회복을 원인으로 한 소유권이전등기청구를 할 수 있다.

① ㄱ(○) ㄴ(×) ㄷ(○) ㄹ(○) ㅁ(×)　　② ㄱ(×) ㄴ(○) ㄷ(×) ㄹ(○) ㅁ(×)
③ ㄱ(×) ㄴ(×) ㄷ(○) ㄹ(○) ㅁ(○)　　④ ㄱ(○) ㄴ(○) ㄷ(○) ㄹ(×) ㅁ(○)
⑤ ㄱ(○) ㄴ(×) ㄷ(×) ㄹ(×) ㅁ(×)

[ㄱ ▸ ○] <u>지명채권의 경우에는 당사자의 합의만으로 지명채권의 양도가 가능하므로, 학설의 대립과 상관없이 민법 제48조에서 규정한 시기에 권리가 귀속된다.</u>

[ㄴ ▸ X] 민법 제187조에 규정된 '기타 법률의 규정'을 당사자의 의사에 기하지 않은 경우를 총칭하는 것으로 보면 출연행위는 당사자의 의사에 기한 것이므로, 결과적으로 제48조는 제187조의 기타 법률의 규정이 아니게 된다. 지문은 제1설의 태도가 아니라 제2설의 입장에서 제1설을 비판하는 내용이다.

법령 **출연재산의 귀속시기(민법 제48조)** ① 생전처분으로 재단법인을 설립하는 때에는 출연재산은 법인이 성립된 때로부터 법인의 재산이 된다.

② 유언으로 재단법인을 설립하는 때에는 출연재산은 유언의 효력이 발생한 때로부터 법인에 귀속한 것으로 본다.

등기를 요하지 아니하는 부동산물권 취득(민법 제187조) 상속, 공용징수, 판결, 경매 기타 법률의 규정에 의한 부동산에 관한 물권의 취득은 등기를 요하지 아니한다. 그러나 등기를 하지 아니하면 이를 처분하지 못한다.

[ㄷ ▸ ○] 대내외관계를 구분하는 제3설의 입장에 의하면, 다른 이해관계인이 없는 경우에는 대외적 관계를 고려할 필요가 없으므로, 제48조의 규정대로 출연재산은 법인의 성립 시에 법인에 귀속된다. 제3설은 판례의 입장이기도 하다.

판례 재단법인의 설립함에 있어서 출연재산은 그 법인이 성립된 때로부터 법인에 귀속된다는 민법 제48조의 규정은 출연자와 법인과의 관계를 상대적으로 결정하는 기준에 불과하여 출연재산이 부동산인 경우에도 출연자와 법인 사이에는 법인의 성립 외에 등기를 필요로 하는 것은 아니지만, 제3자에 대한 관계에 있어서, 출연행위는 법률행위이므로 출연재산의 법인에의 귀속에는 부동산의 권리에 관한 것일 경우 등기를 필요로 한다(대판 1979.12.11. 78다481,482 [전합]).

[ㄹ ▸ ○] 제1설에 따르면, 설문의 경우 재단법인 성립 시에 출연재산인 X부동산이 법인에 귀속되므로, 상속인 乙이 X부동산을 丙에게 매도한 것은 타인권리매매에 해당한다. 타인권리매매의 경우, 매수인이 선의이면 계약해제 외에 손해배상청구도 가능하다.

법령 **타인의 권리의 매매(민법 제569조)** 매매의 목적이 된 권리가 타인에게 속한 경우에는 매도인은 그 권리를 취득하여 매수인에게 이전하여야 한다.

동전-매도인의 담보책임(민법 제570조) 전조의 경우에 매도인이 그 권리를 취득하여 매수인에게 이전할 수 없는 때에는 매수인은 계약을 해제할 수 있다. 그러나 매수인이 계약 당시 그 권리가 매도인에게 속하지 아니함을 안 때에는 손해배상을 청구하지 못한다.

[ㅁ ▸ ✕] 진정한 등기명의의 회복을 위한 소유권이전등기청구를 하기 위해서는 자기 명의로 소유권의 등기가 되어 있었거나 법률에 의하여 소유권을 취득한 진정한 소유자이어야 한다(대판 2003.5.13. 2002다64148 참조). 제2설에 따르면, A법인은 등기를 갖추지 않는 한 출연부동산의 소유권을 취득할 수 없으므로 진정한 소유자라고 할 수 없고, 결국 丙에 대해 진정명의회복을 원인으로 한 소유권이전등기청구권을 행사할 수 없다.

2013년 변호사시험 문 1.

☑ 확인Check! ○ △ ✕

법인에 관한 설명 중 옳지 않은 것은?(다툼이 있는 경우에는 판례에 의함)

① 재단법인의 기본재산의 변경은 정관의 변경을 초래하기 때문에 주무관청의 허가를 받아야 하는데, 기존의 기본재산을 처분하는 행위는 물론 새로이 기본재산으로 편입하는 행위도 주무관청의 허가가 있어야 유효하다.

② 총유재산의 보존행위로서 소를 제기하는 경우, 법인 아닌 사단의 구성원 중 1인에 불과한 甲은 설령 그가 사단의 대표자이거나 사원총회의 결의를 거쳤더라도 그 소송의 당사자가 될 수 없다.

③ 설립자가 그 소유의 부동산을 출연하여 재단법인을 설립하는 경우, 설립등기가 경료되었더라도 그 부동산에 관하여 재단법인 명의의 등기가 경료되기 전이라면, 설립자의 채권자가 그 부동산에 관하여 신청한 강제집행에 대하여 재단법인은 제3자이의의 소를 제기할 수 없다.

④ 법인 아닌 사단에서 이사의 대표권에 대한 제한이 정관에 기재되어 있는 경우, 그 대표권의 제한은 악의의 제3자에 대해서는 대항할 수 있지만, 선의의 제3자에 대해서는 그에게 과실이 있더라도 대항할 수 없다.

⑤ 사단법인의 정관에 그 정관을 변경할 수 없다는 규정이 있더라도 총사원의 동의로 정관을 변경할 수 있다.

[**❶ ▶ ○**] 재단법인의 기본재산에 관한 사항은 정관의 기재사항으로서 <u>기본재산의 변경은 정관의 변경을 초래하기 때문에 주무부장관의 허가를 받아야 하고 따라서 기존의 기본재산을 처분하는 행위는 물론 새로이 기본재산으로 편입하는 행위도 주무부장관의 허가가 있어야만 유효하다</u> 할 것이므로 재단법인 명의로 소유권이전등기가 경료된 부동산이 재단법인의 기본재산에 편입되었다고 인정하기 위해서는 그 편입에 관한 주무부장관의 허가가 있었음이 먼저 입증되어야 한다(대판 1982.9.28. 82다카499).

[**❷ ▶ ○**] 민법 제276조 제1항은 "총유물의 관리 및 처분은 사원총회의 결의에 의한다", 같은 조 제2항은 "각 사원은 정관 기타의 규약에 좇아 총유물을 사용·수익할 수 있다"라고 규정하고 있을 뿐 공유나 합유의 경우처럼 보존행위는 그 구성원 각자가 할 수 있다는 민법 제265조 단서 또는 제272조 단서와 같은 규정을 두고 있지 아니한바, 이는 법인 아닌 사단의 소유형태인 총유가 공유나 합유에 비하여 단체성이 강하고 구성원 개인들의 총유재산에 대한 지분권이 인정되지 아니하는 데에서 나온 당연한 귀결이라고 할 것이므로 <u>총유재산에 관한 소송은 법인 아닌 사단이 그 명의로 사원총회의 결의를 거쳐 하거나 또는 그 구성원 전원이 당사자가 되어 필수적 공동소송의 형태로 할 수 있을 뿐 그 사단의 구성원은 설령 그가 사단의 대표자라거나 사원총회의 결의를 거쳤다 하더라도 그 소송의 당사자가 될 수 없고, 이러한 법리는 총유재산의 보존행위로서 소를 제기하는 경우에도 마찬가지라 할 것이다</u>(대판 2005.9.15. 2004다44971 [전합]).

[**❸ ▶ ○**] 제3자이의의 소는 집행의 목적물에 대해 소유권 등을 가지는 자가 그 재산에 관한 집행을 배제하기 위해 제기하는 소송이다. 그런데 판례의 입장에 의하면, 재단법인 명의의 등기가 경료되기 전에는 재단법인은 제3자인 설립자의 채권자와의 관계에서 소유자라고 볼 수 없으므로, 제3자이의의 소를 제기할 수 없다.

판례 재단법인의 설립함에 있어서 출연재산은 그 법인이 성립된 때로부터 법인에 귀속된다는 민법 제48조의 규정은 출연자와 법인과의 관계를 상대적으로 결정하는 기준에 불과하여 출연재산이 부동산인 경우에도 출연자와 법인 사이에는 법인의 성립 외에 등기를 필요로 하는 것은 아니지만, <u>제3자에 대한 관계에 있어서, 출연행위는 법률행위이므로 출연재산의 법인에의 귀속에는 부동산의 권리에 관한 것일 경우 등기를 필요로 한다</u>(대판 1979.12.11. 78다481,482 [전합]).

[**❹ ▸ ✕**] 비법인사단의 경우에는 대표자의 대표권 제한에 관하여 등기할 방법이 없어 민법 제60조의 규정을 준용할 수 없고, 비법인사단의 대표자가 정관에서 사원총회의 결의를 거쳐야 하도록 규정한 대외적 거래행위에 관하여 이를 거치지 아니한 경우라도, 이와 같은 사원총회결의사항은 비법인사단의 내부적 의사결정에 불과하다 할 것이므로, 그 거래상대방이 그와 같은 대표권제한사실을 알았거나 알 수 있었을 경우가 아니라면 그 거래행위는 유효하다고 봄이 상당하고, 이 경우 거래의 상대방이 대표권제한사실을 알았거나 알 수 있었음은 이를 주장하는 비법인사단 측이 주장·입증하여야 한다(대판 2003.7.22, 2002다64780).

[**❺ ▸ ○**] 사단법인은 자율적 법인이므로 정관 변경이 원칙적으로 가능하다. 따라서 정관에 그 정관을 변경할 수 없다고 규정되어 있더라도, 총사원의 동의로 정관을 변경할 수 있다(통설).

CHAPTER 03

권리의 객체

민 법

⊘ 각 문항별로 이해도를 체크해 보세요.

최근 5년간 회별 평균 **一문**

제1절 **권리의 객체** ☆

2015년 변호사시험 문 28. ☑ 확인Check! ○ △ ✕

권리의 객체에 관한 설명 중 옳지 않은 것을 모두 고른 것은?(다툼이 있는 경우 판례에 의함)

ㄱ. 독립한 물건이라 하더라도 동산이 아닌 경우에는 종물이 될 수 없다.

ㄴ. 종물은 주물의 상용에 공하는 것이면 족하고, 원칙적으로 주물과 종물이 모두 동일한 소유자에게 속하여야 하는 것은 아니다.

ㄷ. 부동산매수인이 매매계약을 체결하고 매도인으로부터 소유권이전등기를 경료받았다고 하여도, 아직 매매대금을 완납하지 않고 부동산을 인도받지 않은 이상 그 부동산으로부터 발생하는 과실은 매도인에게 귀속된다.

ㄹ. 분묘에 안치되어 있는 피상속인의 유체·유골은 매장·관리·제사·공양의 대상이 될 수 있는 유체물로서 그 제사주재자에게 승계된다.

① ㄱ, ㄴ ② ㄱ, ㄷ ③ ㄴ, ㄹ
④ ㄱ, ㄴ, ㄷ ⑤ ㄱ, ㄴ, ㄹ

[ㄱ ▸ ✕] 판례는 부동산도 종물이 될 수 있다는 입장이다.

판례 낡은 가재도구 등의 보관장소로 사용되고 있는 방과 연탄창고 및 공동변소가 본채에서 떨어져 축조되어 있기는 하나 본채의 종물이다(대판 1991.5.14. 91다2779).

[ㄴ ▸ ✕] 종물은 물건의 소유자가 그 물건의 상용에 공하기 위하여 자기 소유인 다른 물건을 이에 부속하게 한 것을 말하므로(민법 제100조 제1항) 주물과 다른 사람의 소유에 속하는 물건은 종물이 될 수 없다(대판 2008.5.8. 2007다36933·36940).

[ㄷ ▸ ○] 대판 1992.4.28. 91다32527, 민법 제587조 참조

판례 부동산 매매에 있어 목적부동산을 제3자가 점유하고 있어 인도받지 아니한 매수인이 명도소송제기의 방편으로 미리 소유권이전등기를 경료받았다고 하여도 아직 매매대금을 완납하지 않은 이상 부동산으로부터 발생하는 과실은 매수인이 아니라 매도인에게 귀속되어야 한다(대판 1992.4.28. 91다32527).

과실의 귀속, 대금의 이자(민법 제587조)　　매매계약 있은 후에도 <u>인도하지 아니한 목적물로부터 생긴 과실은 매도인에게 속한다</u>. 매수인은 목적물의 인도를 받은 날로부터 대금의 이자를 지급하여야 한다. 그러나 대금의 지급에 대하여 기한이 있는 때에는 그러하지 아니하다.

[ㄹ ▸ ○]　사람의 유체・유골은 매장・관리・제사・공양의 대상이 될 수 있는 유체물로서, 분묘에 안치되어 있는 선조의 유체・유골은 민법 제1008조의3 소정의 제사용 재산인 분묘와 함께 그 제사주재자에게 승계되고, <u>피상속인 자신의 유체・유골 역시 위 제사용 재산에 준하여 그 제사주재자에게 승계된다</u>(대판 2008.11.20. 2007다27670 [전합]).

각 문항별로 이해도를 체크해 보세요.

제1절　법률행위의 목적과 해석　★★

2015년 변호사시험 문 35.　　　　　　　☑확인Check! ○ △ ✕

甲은 乙에게 甲 소유의 X토지를 매도하고 중도금까지 지급받은 상태에서 소유권이전등기를 경료하여 주지 않고 있었는데, 이러한 사실을 알고 있던 丙은 甲에게 위 토지를 자신에게 매도하라고 유인하는 등 甲의 배임행위를 적극적으로 교사하였고, 甲도 이에 응하여 丙과 매매계약을 체결하고 丙 명의로 소유권이전등기를 경료하여 주었다. 이 경우 乙에게 인정되는 권리를 모두 고른 것은?(다툼이 있는 경우 판례에 의함)

　ㄱ. 丙에 대한 부당이득반환청구권
　ㄴ. 丙에 대한 소유권이전등기청구권
　ㄷ. 丙에 대한 손해배상청구권
　ㄹ. 甲을 대위하여 행사하는 丙에 대한 소유권이전등기말소청구권
　ㅁ. 甲과 丙 사이의 매매계약에 대한 채권자취소권

① ㄱ, ㄷ　　　　　　　② ㄷ, ㄹ　　　　　　　③ ㄹ, ㅁ
④ ㄴ, ㄹ, ㅁ　　　　　　⑤ ㄷ, ㄹ, ㅁ

제2매수인이 매도인의 배임행위에 적극 가담한 경우, 부동산이중매매는 반사회적 법률행위로서 무효가 된다. 사안에서 제2매수인 丙은 매도인 甲의 배임행위를 적극적으로 교사하였으므로, 甲과 丙 사이의 이중매매계약은 무효이다.

판례　부동산의 이중매매가 반사회적 법률행위로서 무효가 되기 위하여는 매도인의 배임행위와 매수인이 매도인의 배임행위에 적극 가담한 행위로 이루어진 매매로서, 그 적극 가담하는 행위는 매수인이 다른 사람에게 매매목적물이 매도된 것을 안다는 것만으로는 부족하고, 적어도 그 매도사실을 알고도 매도를 요청하여 매매계약에 이르는 정도가 되어야 한다(대판 1994.3.11, 93다55289).

[ㄱ ▸ ✕]　이중매매가 무효인 경우 제1매수인 乙은 여전히 甲에 대하여 소유권이전등기청구권을 보유하고 있으므로, 乙에게 손실이 있다고 볼 수 없다. 따라서 乙의 丙에 대한 부당이득반환청구권은 인정되지 않는다.

[ㄴ ▸ ✕]　乙과 丙은 소유권 이전을 목적으로 하는 채권관계가 없으므로, 乙이 丙에게 직접 소유권이전등기청구권을 행사할 수 없다.

[ㄷ ▸ ○]　丙이 매도인의 배임행위에 적극 가담한 행위는 채권 침해의 고의·과실 및 위법성이 인정되고, 乙의 소유권 취득에 장애를 일으킨 손해가 있으므로, 채권자 乙에 대해 불법행위를 구성한다. 따라서 乙의 丙에 대한 손해배상청구권이 인정된다.

정답 ②

안심Touch

제3자의 행위가 채권자에 대하여 불법행위를 구성한다고 하기 위하여는 단순히 채무자재산의 감소행위에 관여하였다는 것만으로는 부족하고 제3자가 채무자에 대한 채권자의 존재 및 그 채권의 침해사실을 알면서 채무자와 적극 공모하였다거나 채권행사를 방해할 의도로 사회상규에 반하는 부정한 수단을 사용하였다는 등 채권 침해의 고의·과실 및 위법성이 인정되는 경우라야만 할 것이다(대판 2007.9.6. 2005다25021).

[ㄹ▶ ○] 매도인의 매수인에 대한 배임행위에 가담하여 증여를 받아 이를 원인으로 소유권이전등기를 경료한 수증자에 대하여 매수인은 매도인을 대위하여 위 등기의 말소를 청구할 수는 있으나 직접 청구할 수는 없다는 것은 형식주의 아래서의 등기청구권의 성질에 비추어 당연하다(대판 1983.4.26. 83다카57).

[ㅁ▶ ✕] 채권자취소권을 특정물에 대한 소유권이전등기청구권을 보전하기 위하여 행사하는 것은 허용되지 않으므로, 부동산의 제1양수인은 자신의 소유권이전등기청구권 보전을 위하여 양도인과 제3자 사이에서 이루어진 이중양도행위에 대하여 채권자취소권을 행사할 수 없다(대판 1999.4.27. 98다56690).

2012년 변호사시험 문 3. ☑ 확인Check! ○ △ ✕

민법 제104조의 불공정한 법률행위에 관한 설명 중 옳지 않은 것은?(다툼이 있는 경우에는 판례에 의함)

① 대가관계 없는 일방적 급부행위에 대해서는 민법 제104조가 적용되지 않는다.
② 경매에 의한 재산권의 이전에 대해서는 민법 제104조가 적용된다.
③ 매매계약 등 쌍무계약이 불공정한 법률행위에 해당하여 무효인 경우, 그로 인하여 불이익을 입는 당사자로 하여금 그 불공정성을 이유로 제소하지 못하도록 하는 합의도 특별한 사정이 없는 한 무효이다.
④ 대리인에 의한 법률행위에 있어 경솔과 무경험은 대리인을 기준으로 판단하고, 궁박상태에 있었는지의 여부는 본인을 기준으로 판단한다.
⑤ 민법 제104조에 따라 무효인 법률행위는 원칙적으로 추인에 의해서도 유효로 될 수 없다.

[❶ ▶ ○] 민법 제104조가 규정하는 현저히 공정을 잃은 법률행위라 함은 자기의 급부에 비하여 현저하게 균형을 잃은 반대급부를 하게 하여 부당한 재산적 이익을 얻는 행위를 의미하는 것이므로, 증여계약과 같이 아무런 대가관계 없이 당사자 일방이 상대방에게 일방적인 급부를 하는 법률행위는 그 공정성 여부를 논의할 수 있는 성질의 법률행위가 아니다(대판 2000.2.11. 99다56833).

[❷ ▶ ✕] 경매에 있어서는 불공정한 법률행위 또는 채무자에게 불리한 약정에 관한 것으로서 효력이 없다는 민법 제104조, 제608조는 적용될 여지가 없다(대결 1980.3.21. 80마77).

[❸ ▶ ○] 매매계약과 같은 쌍무계약이 급부와 반대급부와의 불균형으로 말미암아 민법 제104조에서 정하는 '불공정한 법률행위'에 해당하여 무효라고 한다면, 그 계약으로 인하여 불이익을 입는 당사자로 하여금 위와 같은 불공정성을 소송 등 사법적 구제수단을 통하여 주장하지 못하도록 하는 부제소합의 역시 다른 특별한 사정이 없는 한 무효이다(대판 2010.7.15. 2009다50308).

[❹ ▶ ○] 매도인의 대리인이 매매한 경우에 있어서 그 매매가 민법 제104조의 불공정한 법률행위인가를 판단함에는 매도인의 경솔, 무경험은 그 대리인을 기준으로 하여 판단하여야 하고 궁박상태에 있었는가의 여부는 매도인 본인의 입장에서 판단되어야 한다(대판 1972.4.25. 71다2255).

[❺ ▶ ○] 불공정한 법률행위로서 무효인 경우에는 추인에 의하여 무효인 법률행위가 유효로 될 수 없다(대판 1994.6.24. 94다10900).

② 정답

2012년 변호사시험 문 8.

☑ 확인Check! ○ △ ✕

甲이 X부동산을 乙에게 매도하기로 약정하고, 계약금 및 중도금을 수령한 뒤 이를 다시 丙에게 매도하고 丙에게 먼저 소유권이전등기를 마쳐 주었다. 다음 설명 중 옳지 않은 것은?(다툼이 있는 경우에는 판례에 의함)

① 乙이 甲을 상대로 소유권이전등기를 구하는 소를 제기한 경우, 甲은 이행불능의 항변으로 대항할 수 있고, 이에 대하여 乙은 계약해제 없이도 전보배상을 구하는 취지로 청구를 변경할 수 있다.

② 乙이 甲에 대하여 채무불이행으로 인한 손해배상청구권과 아울러 불법행위로 인한 손해배상청구권을 취득한 경우, 乙은 그중 어느 쪽의 손해배상청구권이라도 선택적으로 행사할 수 있다.

③ 丙이 甲의 이중매매에 적극 가담한 것으로 인정되는 경우, 乙은 甲을 대위함이 없이 직접 丙을 상대로 소유권이전등기의 말소를 청구할 수 있다.

④ 乙이 甲에 대한 소유권이전등기청구권의 보전을 위하여 甲과 丙 사이의 매매계약에 대하여 채권자취소권을 행사하는 것은 허용되지 않는다.

⑤ 만약 丁이 丙 명의의 소유권이전등기를 신뢰하여 丙으로부터 X를 매수하여 소유권이전등기를 마쳤더라도, 甲과 丙 사이의 매매계약이 사회질서에 반하여 무효인 것으로 인정되면, 丁은 선의의 제3자임을 증명하더라도 보호받을 수 없다.

[❶ ▸ O] 이중매매가 유효하고 매도인이 제2매수인에게 이전등기를 경료한 때에는, 매도인의 제1매수인에 대한 소유권이전등기의무는 이행불능된다. 따라서 乙이 甲을 상대로 소유권이전등기를 구하는 소에서 매도인 甲은 이행불능의 항변으로 대항할 수 있다. 한편, 이행불능의 경우 채권자는 계약을 해제하지 않은 채 이행불능에 기한 전보배상을 청구할 수 있고, 소유권이전등기청구와 그에 갈음하는 전보배상청구의 행사는 청구기초의 동일성이 인정되므로, 청구의 변경은 적법하게 된다.

판례 매도인이 그 매매부동산을 제3자에게 2중양도하고 그 이전등기를 경료한 때는 그 제3자로부터 그 소유권을 회복하여 매수인에게 이전할 수 있는 특별한 사정이 없는 한 매도인의 매수인에 대한 소유권이전등기의무는 이행불능이라고 할 것이므로 매수인의 매도인에 대한 소유권이전등기청구를 기각한 원판결은 정당하다(대판 1981.6.23. 81다225).

법령 청구의 변경(민사소송법 제262조) ① 원고는 청구의 기초가 바뀌지 아니하는 한도 안에서 변론을 종결할 때(변론 없이 한 판결의 경우에는 판결을 선고할 때)까지 청구의 취지 또는 원인을 바꿀 수 있다. 다만, 소송절차를 현저히 지연시키는 경우에는 그러하지 아니하다.

[❷ ▸ O] 본래 채무불이행책임과 불법행위책임은 각각 요건과 효과를 달리하는 별개의 법률관계에서 발생하는 것이므로 하나의 행위가 계약상 채무불이행의 요건을 충족함과 동시에 불법행위의 요건도 충족하는 경우에는 두 개의 손해배상청구권이 경합하여 발생한다고 보는 것이 당연할 뿐 아니라, 두 개의 청구권의 병존을 인정하여 권리자로 하여금 그중 어느 것이든 선택하여 행사할 수 있게 하는 것이 피해자인 권리자를 두텁게 보호하는 길이라는 실제적인 이유에 비추어 보더라도 당원은 위와 같은 당원의 종전 견해를 변경할 필요가 없다고 본다(대판 1983.3.22. 82다카1533 [전합]).

[❸ ▸ ✕] 매도인의 매수인에 대한 배임행위에 가담하여 증여를 받아 이를 원인으로 소유권이전등기를 경료한 수증자에 대하여 매수인은 매도인을 대위하여 위 등기의 말소를 청구할 수는 있으나 직접 청구할 수는 없다는 것은 형식주의 아래서의 등기청구권의 성질에 비추어 당연하다(대판 1983.4.26. 83다카57).

[❹ ▶ O] 채권자취소권을 특정물에 대한 소유권이전등기청구권을 보전하기 위하여 행사하는 것은 허용되지 않으므로, 부동산의 제1양수인은 자신의 소유권이전등기청구권 보전을 위하여 양도인과 제3자 사이에서 이루어진 이중양도행위에 대하여 채권자취소권을 행사할 수 없다(대판 1999.4.27. 98다56690).

[❺ ▶ O] 부동산의 이중매매가 반사회적 법률행위에 해당하는 경우에는 이중매매계약은 절대적으로 무효이므로, 당해 부동산을 제2매수인으로부터 다시 취득한 제3자는 설사 제2매수인이 당해 부동산의 소유권을 유효하게 취득한 것으로 믿었더라도 이중매매계약이 유효하다고 주장할 수 없다(대판 1996.10.25. 96다29151).

2017년 변호사시험 문 30.

☑ 확인Check! ○ △ ✕

법률행위의 해석에 관한 설명 중 옳지 않은 것은?(다툼이 있는 경우 판례에 의함)

① 법률행위의 해석은 당사자가 그 표시행위에 부여한 객관적인 의미를 명백하게 확정하는 것으로서, 당사자의 내심의 의사가 어떤지에 관계없이 그 문언의 내용에 의하여 당사자가 그 표시행위에 부여한 객관적 의미를 합리적으로 해석하여야 하는 것이다.
② 계약당사자 사이에 계약내용이 처분문서로 작성된 경우 문언의 객관적인 의미가 명확하다면 특별한 사정이 없는 한 문언대로 의사표시의 존재와 내용을 인정하여야 한다.
③ 계약당사자 쌍방이 계약의 전제나 기초가 되는 사항에 관하여 같은 내용으로 착오를 하고 이로 인하여 그에 관한 구체적 약정을 하지 않은 경우, 당사자가 그러한 착오가 없을 때에 약정하였을 것으로 보이는 실제 의사 내지 주관적 의사의 내용으로 당사자의 의사를 보충하여 계약을 해석해야 한다.
④ 계약을 체결하는 행위자가 타인의 이름으로 법률행위를 한 경우에 행위자 또는 명의인 가운데 누구를 계약의 당사자로 볼 것인가에 관하여, 행위자와 상대방의 의사가 일치하지 않으면 그 계약체결 전후의 구체적인 제반 사정을 토대로 상대방이 합리적인 사람이라면 누구를 계약당사자로 이해할 것인가에 의하여 당사자를 결정하여야 한다.
⑤ 부동산의 매매계약에 있어 쌍방당사자가 모두 토지 X를 계약의 목적물로 삼았으나 그 목적물의 지번에 관하여 착오를 일으켜 계약서상 그 목적물을 X와는 별개인 토지 Y로 표시하였다 하여도 X를 매매의 목적물로 한다는 쌍방당사자의 의사합치가 있는 이상 위 매매계약은 X에 관하여 성립한 것으로 보아야 한다.

[❶ ▶ O] 법률행위의 해석은 당사자가 그 표시행위에 부여한 객관적인 의미를 명백하게 확정하는 것으로서, 사용된 문언에만 구애받는 것은 아니지만, 어디까지나 당사자의 내심의 의사가 어떤지에 관계없이 그 문언의 내용에 의하여 당사자가 그 표시행위에 부여한 객관적 의미를 합리적으로 해석하여야 하는 것이다(대판 2001.3.23. 2000다40858).

[❷ ▶ O] 계약당사자 사이에 어떠한 계약내용을 처분문서인 서면으로 작성한 경우에 문언의 객관적인 의미가 명확하다면, 특별한 사정이 없는 한 문언대로의 의사표시의 존재와 내용을 인정하여야 하지만, 그 문언의 객관적인 의미가 명확하게 드러나지 않는 경우에는 그 문언의 내용과 계약이 이루어지게 된 동기 및 경위, 당사자가 계약에 의하여 달성하려고 하는 목적과 진정한 의사, 거래의 관행 등을 종합적으로 고찰하여 사회정의와 형평의 이념에 맞도록 논리와 경험의 법칙, 그리고 사회일반의 상식과 거래의 통념에 따라 계약내용을 합리적으로 해석하여야 하고, 특히 당사자 일방이 주장하는 계약의 내용이 상대방에게 중대한 책임을 부과하게 되는 경우에는 그 문언의 내용을 더욱 엄격하게 해석하여야 한다(대판 2002.5.24. 2000다72572).

[❸ ▶ ✕] 계약당사자 쌍방이 계약의 전제나 기초가 되는 사항에 관하여 같은 내용으로 착오가 있고 이로 인하여 그에 관한 구체적 약정을 하지 아니하였다면, 당사자가 그러한 착오가 없을 때에 약정하였을 것으로 보이는 내용으로 당사자의 의사를 보충하여 계약을 해석할 수 있는바, 여기서 보충되는 당사자의 의사는 당사자의 실제 의사 또는 주관적 의사가 아니라 계약의 목적, 거래관행, 적용법규, 신의칙 등에 비추어 객관적으로 추인되는 정당한 이익조정의사를 말한다(대판 2006.11.23. 2005다13288).

③ 정답

[④ ▶ ○] 계약을 체결하는 행위자가 타인의 이름으로 법률행위를 한 경우에 행위자 또는 명의인 가운데 누구를 당사자로 볼 것인가에 관하여는, 우선 행위자와 상대방의 의사가 일치한 경우에는 그 일치한 의사대로 행위자 또는 명의인을 계약의 당사자로 확정하여야 할 것이고, 쌍방의 의사가 일치하지 않는 경우에는 그 계약의 성질·내용·목적·경위 등 계약체결 전후의 구체적인 제반 사정을 토대로 상대방이 합리적인 사람이라면 행위자와 명의인 중 누구를 계약당사자로 이해할 것인가에 의하여 당사자를 결정하여야 한다(대판 1998.3.13. 97다22089).

[⑤ ▶ ○] 부동산의 매매계약에 있어 쌍방당사자가 모두 특정의 갑 토지를 계약의 목적물로 삼았으나 그 목적물의 지번 등에 관하여 착오를 일으켜 계약을 체결함에 있어서는 계약서상 그 목적물을 갑 토지와는 별개인 을 토지로 표시하였다 하여도 갑 토지에 관하여 이를 매매의 목적물로 한다는 쌍방당사자의 의사합치가 있는 이상 위 매매계약은 갑 토지에 관하여 성립한 것으로 보아야 할 것이고 을 토지에 관하여 매매계약이 체결된 것으로 보아서는 안 될 것이며, 만일 을 토지에 관하여 위 매매계약을 원인으로 하여 매수인 명의로 소유권이전등기가 경료되었다면 이는 원인이 없이 경료된 것으로서 무효이다(대판 1993.10.26. 93다2629).

| 제2절 | **의사표시** | ★★★★ |

> **2020년 변호사시험 문 1.**   ☑ 확인 Check! ○ △ ✕
>
> **「민법」상 '제3자'에 관한 설명 중 옳지 않은 것을 모두 고른 것은?(다툼이 있는 경우 판례에 의함)**
>
> ㄱ. 정관에 의한 법인 이사에 대한 대표권제한규정은 등기하지 아니하면 정관규정에 대한 선의, 악의에 관계없이 제3자 에게 대항할 수 없다.
> ㄴ. 제한능력으로 인한 의사표시의 취소는 선의의 제3자에게 대항할 수 없다.
> ㄷ. 당사자의 궁박, 경솔, 무경험으로 인하여 현저하게 공정을 잃은 법률행위의 무효는 선의의 제3자에게 대항할 수 없다.
> ㄹ. 무권대리행위의 추인에 따른 계약의 소급효는 배타적 권리를 취득한 제3자에게도 미친다.
> ㅁ. 상대방 있는 의사표시에 관하여 제3자 甲이 강박을 행한 경우 그 의사표시의 취소는 그 의사표시를 기초로 새로운 이해관계를 맺은 선의의 제3자 乙에게 대항할 수 없다.
>
> ① ㄱ, ㄴ, ㅁ　　　　　② ㄱ, ㄷ, ㄹ　　　　　③ ㄴ, ㄷ, ㄹ
> ④ ㄴ, ㄹ, ㅁ　　　　　⑤ ㄷ, ㄹ, ㅁ

[ㄱ ▶ ○] 재단법인의 대표자가 그 법인의 채무를 부담하는 계약을 함에 있어서 이사회의 결의를 거쳐 노회와 설립자의 승인을 얻고 주무관청의 인가를 받도록 정관에 규정되어 있다면 그와 같은 규정은 법인대표권의 제한에 관한 규정으로서 이러한 제한은 등기하지 아니하면 제3자에게 대항할 수 없다. 법인의 정관에 법인대표권의 제한에 관한 규정이 있으나 그와 같은 취지가 등기되어 있지 않다면 법인은 그와 같은 정관의 규정에 대하여 선의냐 악의냐에 관계없이 제3자에 대하여 대항할 수 없다(대판 1992.2.14. 91다24564).

[ㄴ ▶ ✕] 제한능력으로 인한 의사표시의 취소는 절대적 효력이 있으므로, 선의의 제3자에게도 대항할 수 있다.

[ㄷ ▶ ✕] 대물변제계약이 불공정한 법률행위로서 무효인 경우에는 목적부동산이 제3자에 소유권이전등기가 된 여부에 불구하고 누구에 대하여서도 무효를 주장할 수 있다(대판 1963.11.7. 63다479).

[ㄹ ▶ ✕] 민법 제133조, 대판 1991.11.8. 91다25383 참조

법령 **추인의 효력(민법 제133조)** 추인은 다른 의사표시가 없는 때에는 계약 시에 소급하여 그 효력이 생긴다. 그러나 제삼자의 권리를 해하지 못한다.

판례 민법 제133조 단서의 규정은 무권대리행위에 대한 추인의 경우에 있어 배타적 권리를 취득한 제3자에 대하여 그 추인의 소급효를 제한하고 있는 것으로서 위와 같은 하자 있는 소송행위에 대한 추인의 경우에는 적용될 여지가 없는 것이다(대판 1991.11.8. 91다25383).

[ㅁ ▶ ○] 민법 제110조 제3항, 대판 1997.12.26. 96다44860 참조

법령 **사기, 강박에 의한 의사표시(민법 제110조)** ① 사기나 강박에 의한 의사표시는 취소할 수 있다.
② 상대방 있는 의사표시에 관하여 제삼자가 사기나 강박을 행한 경우에는 상대방이 그 사실을 알았거나 알 수 있었을 경우에 한하여 그 의사표시를 취소할 수 있다.
③ 전2항의 의사표시의 취소는 선의의 제삼자에게 대항하지 못한다.

판례 사기를 이유로 한 법률행위의 취소로써 대항할 수 없는 민법 제110조 제3항 소정의 제3자라 함은 사기에 의한 의사표시의 당사자 및 포괄승계인 이외의 자로서 사기에 의한 의사표시를 기초로 하여 새로운 법률원인으로써 이해관계를 맺은 자를 의미한다(대판 1997.12.26. 96다44860).

2012년 변호사시험 문 5.
☑ 확인 Check! ○ △ ✕

채무초과상태인 甲은 유일한 재산인 X토지에 관하여 채권자 乙이 강제집행할 것을 우려하여 丙과 허위로 매매계약을 체결하고, 丙 명의로 소유권이전등기를 마쳤다. 그 후 丙은 이러한 사정을 모르는 丁에게 X를 매도하고 그에 관한 소유권이전등기를 마쳤다. 한편 丙의 채권자인 戊는 丙이 丁에게 X에 관한 소유권이전등기를 마치기 전에 X에 관하여 근저당권설정등기를 마쳤다. 다음 설명 중 옳지 않은 것은?(다툼이 있는 경우에는 판례에 의함)

① 甲과 丙 사이의 매매계약은 甲이 계약체결 당시 채무초과상태가 아니었더라도 무효이다.
② 甲과 丙 사이의 매매계약이 강제집행을 면탈할 목적으로 체결된 것이라도 선량한 풍속 기타 사회질서에 위반한 법률행위로 볼 수 없으므로, 甲은 丙에게 부당이득의 반환을 청구할 수 있다.
③ 甲과 丙 사이의 매매계약이 무효인 경우, 甲은 丁이 선의라면 그 무효로 丁에게 대항할 수 없고, 丁의 선의는 추정되므로 甲은 丁의 악의를 증명하여야 한다.
④ 甲과 丙 사이의 매매계약이 무효인 경우, 甲은 戊가 선의인지 여부와 관계없이 그 무효로 戊에게 대항할 수 있다.
⑤ 甲과 丙 사이의 매매계약이 무효인 경우에도 채권자 乙은 위 매매계약이 사해행위임을 이유로 채권자취소권을 행사할 수 있다.

④ **정답**

[**❶ ▶ ○**] 甲과 丙 사이의 매매계약은 허위표시에 해당하므로, 채무초과상태로 인한 사해행위가 되지 않더라도 무효에 해당한다.

법령 통정한 허위의 의사표시(민법 제108조)   ① 상대방과 통정한 허위의 의사표시는 무효로 한다.

[**❷ ▶ ○**] 강제집행을 면탈할 목적의 통정허위표시라는 이유만으로 선량한 풍속 기타 사회질서에 위반한 법률행위로 볼 수 없다. 따라서 이에 기한 급부가 불법원인급부에 해당한다고 할 수 없으므로, 급부자 甲은 丙에게 부당이득의 반환을 청구할 수 있다.

판례 강제집행을 면할 목적으로 부동산에 허위의 근저당권설정등기를 경료하는 행위는 <u>민법 제103조의 선량한 풍속 기타 사회질서에 위반한 사항을 내용으로 하는 법률행위로 볼 수 없다</u>(대판 2004.5.28. 2003다70041).

[**❸ ▶ ○**] 민법 제108조 제1항에서 상대방과 통정한 허위의 의사표시를 무효로 규정하고, 제2항에서 그 의사표시의 무효는 선의의 제3자에게 대항하지 못한다고 규정하고 있는데, 여기에서 <u>제3자는 특별한 사정이 없는 한 선의로 추정할 것이므로</u>, 제3자가 악의라는 사실에 관한 주장·입증책임은 그 허위표시의 무효를 주장하는 자에게 있다(대판 2006.3.10. 2002다1321).

[**❹ ▶ ✕**] 戊는 가장매수인 丙으로부터 저당권설정을 받은 자로, 허위표시에 의해 외형상 형성된 법률관계를 토대로 새로운 법률원인으로써 이해관계를 갖게 된 자에 해당한다. 따라서 <u>戊는 제108조 제2항의 제3자에 해당하므로, 戊가 선의인 경우 甲은 통정허위표시의 무효로 戊에게 대항할 수 없다.</u>

[**❺ ▶ ○**] 채무자의 법률행위가 통정허위표시인 경우에도 채권자취소권의 대상이 되고, 한편 <u>채권자취소권의 대상으로 된 채무자의 법률행위라도 통정허위표시의 요건을 갖춘 경우에는 무효라고 할 것이다</u>(대판 1998.2.27. 97다50985).

2014년 변호사시험 문 2.   ☑ 확인 Check! ○ △ ✕

통정허위표시에 관한 민법 제108조 제2항의 '제3자'에 해당하지 않는 자를 모두 고른 것은?(다툼이 있는 경우에는 판례에 의함)

ㄱ. 甲과 乙 사이의 허위의 의사표시에 기한 채무를 보증하고 그에 따라 보증채무자로서 그 채무를 이행한 경우, 보증인 丙

ㄴ. 근로자 甲이 乙회사에 대한 퇴직금채권을 丙에게 가장양도하였으나, 乙회사가 아직 퇴직금을 가장양수인 丙에게 지급하지 않고 있던 중, 위 퇴직금채권이 법원의 전부명령에 의하여 丁에게 이전된 경우, 퇴직금채무자 乙회사

ㄷ. 甲금융기관과 乙 사이의 통정한 허위표시에 따라 甲이 乙에 대하여 취득한 외형상의 채권을 한국자산관리공사 丙이 인수한 경우, 채권양수인 丙

ㄹ. 甲이 상대방 乙과 통정한 허위의 의사표시를 통하여 가장채권을 보유하고 있다가 파산선고를 받은 경우, 파산관재인 丙

ㅁ. 甲이 자신의 소유인 X토지에 관하여 채권자 乙에게 담보가등기를 경료하기로 약정한 상태에서 그 토지를 丙에게 가장양도하고 소유권이전등기를 마친 다음 丙에게 지시하여 乙에게 가등기를 경료케 하여 준 경우, 채권자 乙

① ㄱ, ㄴ   ② ㄱ, ㅁ   ③ ㄴ, ㄷ
④ ㄴ, ㅁ   ⑤ ㄷ, ㄹ

[ㄱ ▸ 해당 O] 보증인이 주채무자의 기망행위에 의하여 주채무가 있는 것으로 믿고 주채무자와 보증계약을 체결한 다음 그에 따라 보증채무자로서 그 채무까지 이행한 경우, 그 보증인은 주채무자의 채권자에 대한 채무부담행위라는 허위표 시에 기초하여 구상권 취득에 관한 법률상 이해관계를 가지게 되었다고 보아야 하므로 민법 제108조 제2항 소정의 '제3자'에 해당한다(대판 2000.7.6. 99다51258).

[ㄴ ▸ 해당 X] 민법 제108조 제2항에서 말하는 제3자는 허위표시의 당사자와 그의 포괄승계인 이외의 자 모두를 가리키는 것이 아니고 그 가운데서 허위표시행위를 기초로 하여 새로운 이해관계를 맺은 자를 한정해서 가리키는 것으로 새겨야 할 것이므로 이 사건 퇴직금채무자인 피고는 원채권자인 소외 (갑)이 소외 (을)에게 퇴직금채권을 양도했다고 하더라도 그 퇴직금을 양수인에게 지급하지 않고 있는 동안에 위 양도계약이 허위표시란 것이 밝혀진 이상 위 허위표시의 선의의 제3자임을 내세워 진정한 퇴직금전부채권자인 원고에게 그 지급을 거절할 수 없다(대판 1983.1.18. 82다594).

[ㄷ ▸ 해당 O] 한국자산관리공사가 금융기관의 출자에 의하여 설립되었다고 하더라도 부실자산을 양도한 금융기관과는 독립하여 고유의 업무를 수행하는 별개의 법인이고, 금융기관으로부터 인수한 채권 등 그 자산에 대하여도 별도의 이해관계 를 가진다고 할 것이므로, 한국자산관리공사가 부실채권 등 자산을 양도한 금융기관과 실질적으로 동일한 지위에 있다고 할 수는 없고, 또 한국자산관리공사가 부실채권 등 금융기관의 부실자산을 인수함에 있어 금융기관과 협의하여 인수가격 등 인수조건을 정하고 이를 유상으로 인수함과 아울러 담보물권까지 이전받는 점에 비추어 보면, 한국자산관리공사는 금융기관과 대출명의인 사이의 통정한 허위표시에 따라 외형상 형성된 법률관계를 토대로 실질적으로 새로운 법률상 이해 관계를 가지게 된 민법 제108조 제2항의 제3자에 해당된다고 할 것이다(대판 2004.1.15. 2002다31537).

[ㄹ ▸ 해당 O] 파산관재인은 파산선고에 따라 파산자와는 독립된 지위에서 파산채권자 전체의 공동이익을 위하여 직무 를 행하게 된 자이므로, 파산자가 상대방과 통정한 허위의 의사표시를 통하여 가장채권을 보유하고 있다가 파산이 선고된 경우 그 허위표시에 따라 외형상 형성된 법률관계를 토대로 실질적으로 새로운 법률관계를 가지게 된 민법 제108조 제2항의 '제3자'에 해당한다(대판 2006.11.23. 2005다60116).

[ㅁ ▸ 해당 X] 통정허위표시의 무효를 대항할 수 없는 제3자란 허위표시의 당사자 및 포괄승계인 이외의 자로서 허위 표시에 의하여 외형상 형성된 법률관계를 토대로 새로운 법률원인으로써 이해관계를 갖게 된 자를 말한다. 따라서, 소외 인 (A)가 부동산의 매수자금을 피고로부터 차용하고 담보조로 가등기를 경료하기로 약정한 후 채권자들의 강제집행을 우려하여 소외인 (B)에게 가장양도한 후 피고 앞으로 가등기를 경료케 한 경우에 있어서 피고는 형식상은 가장 양수인으로 부터 가등기를 경료받은 것으로 되어 있으나 실질적인 새로운 법률원인에 의한 것이 아니므로 통정허위표시에서의 제3자 로 볼 수 없다(대판 1982.5.25. 80다1403).

2018년 변호사시험 문 1.

☑ 확인Check! ○ △ ✕

통정허위표시에 관한 설명 중 옳지 않은 것은?(각 지문은 독립적이며, 다툼이 있는 경우 판례에 의함)

① 甲이 실제 차주인 丙에 대한 여신 제한 등의 규정을 회피하기 위하여 甲 자신 명의로 금융기관 乙과의 소비대차계약서에 서명날인했다 하더라도, 乙과 소비대차에 따른 법률효과를 丙에게 귀속시키기로 약정하거나 乙이 이를 양해하는 등 특별한 사정이 없는 이상, 甲과 乙 사이의 소비대차계약은 통정허위표시가 아니며 甲이 이 소비대차계약에 따른 채무를 부담한다.

② 甲과 乙은 甲 소유의 부동산에 관하여 통정허위표시로 근저당권설정계약을 체결하고 이에 따른 乙 명의의 근저당권설정등기를 마쳤으나, 위 근저당권의 피담보채권을 성립시키는 법률행위는 없었다. 그 뒤 乙의 채권자 丙이 이 근저당권부 채권을 가압류한 경우, 丙은 위 근저당권설정계약이 통정허위표시임을 몰랐다 하더라도 이 근저당권 말소에 대하여 등기상 이해관계인으로서 승낙할 의무가 있다.

③ 甲 은행이 乙과의 통정허위표시에 의한 가장의 대출채권을 보유하던 중 파산한 경우, 법원에 의해 선임된 파산관재인 丙은 통정허위표시에서의 제3자에 해당하며, 丙의 선의·악의는 丙을 기준으로 하는 것이 아니라 총파산채권자를 기준으로 하여야 하므로, 파산채권자 모두가 악의가 아닌 이상 乙은 丙을 상대로 자신에게 대출채무가 존재하지 않는다고 주장할 수 없다.

④ 甲이 부동산의 매수자금을 乙로부터 차용하고 그 담보조로 乙에게 가등기를 해 주기로 약정하였으나 그 부동산에 대한 자신의 다른 채권자들의 강제집행을 우려하여 丙에게 이 부동산을 가장양도한 다음 丙이 乙에게 가등기를 경료해 준 경우, 乙은 통정허위표시에서의 제3자에 해당하지 않는다.

⑤ 甲이 통정허위표시로 乙에게 甲 소유의 부동산에 관한 전세권설정등기를 해 준 이후 丙이 이 전세권을 목적으로 한 근저당권설정등기를 마친 다음 丁이 丙의 전세권근저당권부 채권을 가압류한 경우, 설사 丁이 선의라 하더라도 丙이 악의인 이상 甲은 丁에게 위 전세권이 무효임을 주장할 수 있다.

[**❶ ▶ ○**] 통정허위표시가 성립하기 위해서는 의사표시의 진의와 표시가 일치하지 아니하고 그 불일치에 관하여 상대방과 사이에 합의가 있어야 하는데, 제3자가 금전소비대차약정서 등 대출 관련 서류에 주채무자 또는 연대보증인으로서 직접 서명·날인하였다면 제3자는 자신이 그 소비대차계약의 채무자임을 금융기관에 대하여 표시한 셈이고, 제3자가 금융기관이 정한 여신 제한 등의 규정을 회피하여 타인으로 하여금 제3자 명의로 대출을 받아 이를 사용하도록 할 의사가 있었다거나 그 원리금을 타인의 부담으로 상환하기로 하였더라도, 특별한 사정이 없는 한 이는 소비대차계약에 따른 경제적 효과를 타인에게 귀속시키려는 의사에 불과할 뿐, 그 법률상의 효과까지도 타인에게 귀속시키려는 의사로 볼 수는 없으므로 제3자의 진의와 표시에 불일치가 있다고 보기는 어렵다고 할 것인바, 구체적 사안에서 위와 같은 특별한 사정의 존재를 인정하기 위해서는, 금융기관이 명의대여자와 사이에 당해 대출에 따르는 법률상의 효과까지 실제 차주에게 귀속시키고 명의대여자에게는 그 채무부담을 지우지 않기로 약정 또는 양해하였음이 적극적으로 입증되어야 한다(대판 2015.2.12. 2014다 41223).

[**❷ ▶ ○**] 근저당권은 그 담보할 채무의 최고액만을 정하고, 채무의 확정을 장래에 보류하여 설정하는 저당권으로서, 계속적인 거래관계로부터 발생하는 다수의 불특정채권을 장래의 결산기에서 일정한 한도까지 담보하기 위한 목적으로 설정되는 담보권이므로 근저당권설정행위와는 별도로 근저당권의 피담보채권을 성립시키는 법률행위가 있어야 한다. 근저당권이 있는 채권이 가압류되는 경우, 근저당권설정등기에 부기등기의 방법으로 그 피담보채권의 가압류사실을 기입등기하는 목적은 근저당권의 피담보채권이 가압류되면 담보물권의 수반성에 의하여 종된 권리인 근저당권에도 가압류의 효력이 미치게 되어 피담보채권의 가압류를 공시하기 위한 것이므로, 만일 근저당권의 피담보채권이 존재하지 않는다면 그 가압류명령은 무효라고 할 것이고, 근저당권을 말소하는 경우에 가압류권자는 등기상 이해관계 있는 제3자로서 근저당권의 말소에 대한 승낙의 의사표시를 하여야 할 의무가 있다(대판 2004.5.28. 2003다70041).

[❸ ▶ ○] 파산관재인은 파산선고에 따라 파산자와는 독립된 지위에서 파산채권자 전체의 공동이익을 위하여 직무를 행하게 된 자이므로, 파산자가 상대방과 통정한 허위의 의사표시를 통하여 가장채권을 보유하고 있다가 파산이 선고된 경우 그 허위표시에 따라 외형상 형성된 법률관계를 토대로 실질적으로 새로운 법률관계를 가지게 된 민법 제108조 제2항의 '제3자'에 해당한다. 그리고 이 경우 파산관재인의 선의·악의는 위와 같은 파산관재인의 지위에 비추어 볼 때 파산관재인 개인의 선의·악의를 기준으로 판단할 것이 아니라 총파산채권자를 기준으로 판단하여야 할 것이므로, 파산채권자 모두가 악의로 되지 않는 한 파산관재인은 '선의의 제3자'라고 할 수밖에 없다(대판 2006,11,23, 2005다60116).

[❹ ▶ ○] 통정허위표시의 무효를 대항할 수 없는 제3자란 허위표시의 당사자 및 포괄승계인 이외의 자로서 허위표시에 의하여 외형상 형성된 법률관계를 토대로 새로운 법률원인으로써 이해관계를 갖게 된 자를 말한다. 따라서, 소외인 (A)가 부동산의 매수자금을 피고로부터 차용하고 담보조로 가등기를 경료하기로 약정한 후 채권자들의 강제집행을 우려하여 소외인 (B)에게 가장양도한 후 피고 앞으로 가등기를 경료케 한 경우에 있어서 피고는 형식상은 가장 양수인으로부터 가등기를 경료받은 것으로 되어 있으나 실질적인 새로운 법률원인에 의한 것이 아니므로 통정허위표시에서의 제3자로 볼 수 없다(대판 1982,5,25, 80다1403).

[❺ ▶ ✕] 실제로는 전세권설정계약을 체결하지 아니하였으면서도 임대차계약에 기한 임차보증금반환채권을 담보할 목적 또는 금융기관으로부터 자금을 융통할 목적으로 임차인과 임대인 사이의 합의에 따라 임차인 명의로 전세권설정등기를 경료한 경우에, 위 전세권설정계약이 통정허위표시에 해당하여 무효라 하더라도 위 전세권설정계약에 의하여 형성된 법률관계에 기초하여 새로이 법률상 이해관계를 가지게 된 제3자에 대하여는 그 제3자가 그와 같은 사정을 알고 있었던 경우에만 그 무효를 주장할 수 있다. 그리고 여기에서 선의의 제3자가 보호될 수 있는 법률상 이해관계는 위 전세권설정계약의 당사자를 상대로 하여 직접 법률상 이해관계를 가지는 경우 외에도 그 법률상 이해관계를 바탕으로 하여 다시 위 전세권설정계약에 의하여 형성된 법률관계와 새로이 법률상 이해관계를 가지게 되는 경우도 포함된다(대판 2013,2,15, 2012다49292).

2020년 변호사시험 문 6.

☑ 확인 Check! ○ △ X

착오에 관한 설명 중 옳지 않은 것은?(다툼이 있는 경우 판례에 의함)

① 매매계약내용의 중요 부분에 착오가 있는 경우, 매수인은 매도인의 하자담보책임이 성립하는지와 상관없이 착오를 이유로 매매계약을 취소할 수 있다.

② 매도인이 매수인의 중도금지급채무 불이행을 이유로 매매계약을 적법하게 해제한 후라도 매수인으로서는 착오를 이유로 취소권을 행사하여 매매계약 전체를 무효로 만들 수 있다.

③ 의사표시의 착오가 표의자의 중대한 과실로 발생하였으나 상대방이 표의자의 착오를 알고 이용한 경우, 표의자는 의사표시를 취소할 수 있다.

④ 보험회사가 설명의무를 위반하여 고객이 보험계약의 중요사항에 관하여 제대로 이해하지 못한 채 착오에 빠져 보험계약을 체결한 경우, 그 착오가 동기의 착오에 불과하더라도 착오가 없었다면 보험계약을 체결하지 않았거나 적어도 동일한 내용으로 보험계약을 체결하지 않았을 것임이 명백하다면 이를 이유로 보험계약을 취소할 수 있다.

⑤ 경과실에 의한 착오를 이유로 의사표시를 취소한 자는 상대방이 그 의사표시의 유효를 믿었음으로 인하여 발생한 손해에 대해 불법행위책임을 진다.

⑤ 정답

[❶▶O] 민법 제109조 제1항에 의하면 법률행위내용의 중요 부분에 착오가 있는 경우 착오에 중대한 과실이 없는 표의자는 법률행위를 취소할 수 있고, 민법 제580조 제1항, 제575조 제1항에 의하면 매매의 목적물에 하자가 있는 경우 하자가 있는 사실을 과실 없이 알지 못한 매수인은 매도인에 대하여 하자담보책임을 물어 계약을 해제하거나 손해배상을 청구할 수 있다. 착오로 인한 취소제도와 매도인의 하자담보책임제도는 취지가 서로 다르고, 요건과 효과도 구별된다. 따라서 매매계약내용의 중요 부분에 착오가 있는 경우 매수인은 매도인의 하자담보책임이 성립하는지와 상관없이 착오를 이유로 매매계약을 취소할 수 있다(대판 2018.9.13. 2015다78703).

[❷▶O] 매도인이 매수인의 중도금지급채무 불이행을 이유로 매매계약을 적법하게 해제한 후라도 매수인으로서는 상대방이 한 계약해제의 효과로서 발생하는 손해배상책임을 지거나 매매계약에 따른 계약금의 반환을 받을 수 없는 불이익을 면하기 위하여 착오를 이유로 한 취소권을 행사하여 위 매매계약 전체를 무효로 돌리게 할 수 있다(대판 1991.8.27. 91다11308).

[❸▶O] 민법 제109조 제1항 단서는 의사표시의 착오가 표의자의 중대한 과실로 인한 때에는 그 의사표시를 취소하지 못한다고 규정하고 있는데, 위 단서규정은 표의자의 상대방의 이익을 보호하기 위한 것이므로, 상대방이 표의자의 착오를 알고 이를 이용한 경우에는 착오가 표의자의 중대한 과실로 인한 것이라고 하더라도 표의자는 의사표시를 취소할 수 있다(대판 2014.11.27. 2013다49794).

[❹▶O] 보험회사 또는 보험모집종사자가 설명의무를 위반하여 고객이 보험계약의 중요사항에 관하여 제대로 이해하지 못한 채 착오에 빠져 보험계약을 체결한 경우, 그러한 착오가 동기의 착오에 불과하다고 하더라도 그러한 착오를 일으키지 않았더라면 보험계약을 체결하지 않았거나 아니면 적어도 동일한 내용으로 보험계약을 체결하지 않았을 것이 명백하다면, 위와 같은 착오는 보험계약의 내용의 중요 부분에 관한 것에 해당하므로 이를 이유로 보험계약을 취소할 수 있다(대판 2018.4.12. 2017다229536).

[❺▶✕] 불법행위로 인한 손해배상책임이 성립하기 위하여는 가해자의 고의 또는 과실 이외에 행위의 위법성이 요구되므로, 전문건설공제조합이 계약보증서를 발급하면서 조합원이 수급할 공사의 실제 도급금액을 확인하지 아니한 과실이 있다고 하더라도 민법 제109조에서 중과실이 없는 착오자의 착오를 이유로 한 의사표시의 취소를 허용하고 있는 이상, 전문건설공제조합이 과실로 인하여 착오에 빠져 계약보증서를 발급한 것이나 그 착오를 이유로 보증계약을 취소한 것이 위법하다고 할 수는 없다(대판 1997.8.22. 97다13023).

2016년 변호사시험 문 13.

☑ 확인Check! O △ X

의사표시의 취소에 관한 설명 중 옳은 것을 모두 고른 것은?(다툼이 있는 경우 판례에 의함)

ㄱ. 甲이 제3자의 기망행위에 의하여 신원보증서류에 서명날인한다는 착각에 빠진 상태로 연대보증의 서면에 서명날인하였다면, 甲은 연대보증계약의 상대방이 위 기망행위를 알았거나 알 수 있었을 경우에만 연대보증계약을 취소할 수 있다.

ㄴ. 원고가 피고를 상대로 매매계약의 이행을 청구하는 소송에서 피고가 착오를 이유로 매매계약의 취소를 주장하는 경우, 피고는 착오가 자신의 중대한 과실에 의한 것이 아니라는 점에 대한 증명책임을 진다.

ㄷ. 상대방이 표의자의 착오를 알고 이를 이용한 경우에는 착오가 표의자의 중대한 과실로 인한 것이라고 하더라도 표의자는 의사표시를 취소할 수 있다.

ㄹ. 경과실로 인해 착오에 빠진 표의자가 착오를 이유로 자신의 의사표시를 취소하였더라도 이로 인해 상대방에 대하여 불법행위로 인한 손해배상책임을 지지 않는다.

① ㄱ, ㄴ   ② ㄱ, ㄹ   ③ ㄷ, ㄹ
④ ㄱ, ㄴ, ㄷ   ⑤ ㄴ, ㄷ, ㄹ

정답 ③

[ㄱ ▸ ✕] 사기에 의한 의사표시란 타인의 기망행위로 말미암아 착오에 빠지게 된 결과 어떠한 의사표시를 하게 되는 경우이므로 거기에는 의사와 표시의 불일치가 있을 수 없고, 단지 의사의 형성과정 즉 의사표시의 동기에 착오가 있는 것에 불과하며, 이 점에서 고유한 의미의 착오에 의한 의사표시와 구분되는데, 신원보증서류에 서명날인한다는 착각에 빠진 상태로 연대보증의 서면에 서명날인한 경우, 결국 위와 같은 행위는 강학상 기명날인의 착오(또는 서명의 착오), 즉 어떤 사람이 자신의 의사와 다른 법률효과를 발생시키는 내용의 서면에, 그것을 읽지 않거나 올바르게 이해하지 못한 채 기명날인을 하는 이른바 표시상의 착오에 해당하므로, 비록 위와 같은 착오가 제3자의 기망행위에 의하여 일어난 것이라 하더라도 그에 관하여는 사기에 의한 의사표시에 관한 법리, 특히 상대방이 그러한 제3자의 기망행위사실을 알았거나 알 수 있었을 경우가 아닌 한 의사표시자가 취소권을 행사할 수 없다는 민법 제110조 제2항의 규정을 적용할 것이 아니라, 착오에 의한 의사표시에 관한 법리만을 적용하여 취소권 행사의 가부를 가려야 한다(대판 2005.5.27, 2004다43824).

[ㄴ ▸ ✕] 민법 제109조 제1항 단서에서 규정하는 착오한 표의자의 중대한 과실 유무에 관한 주장과 입증책임은 착오자가 아니라 의사표시를 취소하게 하지 않으려는 상대방에게 있다(대판 2005.5.12, 2005다6228).

[ㄷ ▸ ○] 민법 제109조 제1항 단서는 의사표시의 착오가 표의자의 중대한 과실로 인한 때에는 그 의사표시를 취소하지 못한다고 규정하고 있는데, 위 단서규정은 표의자의 상대방의 이익을 보호하기 위한 것이므로, 상대방이 표의자의 착오를 알고 이를 이용한 경우에는 착오가 표의자의 중대한 과실로 인한 것이라고 하더라도 표의자는 의사표시를 취소할 수 있다(대판 2014.11.27, 2013다49794).

[ㄹ ▸ ○] 불법행위로 인한 손해배상책임이 성립하기 위하여는 가해자의 고의 또는 과실 이외에 행위의 위법성이 요구되므로, 전문건설공제조합이 계약보증서를 발급하면서 조합원이 수급할 공사의 실제 도급금액을 확인하지 아니한 과실이 있다고 하더라도 민법 제109조에서 중과실이 없는 착오자의 착오를 이유로 한 의사표시의 취소를 허용하고 있는 이상, 전문건설공제조합이 과실로 인하여 착오에 빠져 계약보증서를 발급한 것이나 그 착오를 이유로 보증계약을 취소한 것이 위법하다고 할 수는 없다(대판 1997.8.22, 97다13023).

2013년 변호사시험 문 2.   ☑ 확인Check! ○ △ ✕

법률행위에 관한 설명 중 옳지 않은 것은?(다툼이 있는 경우에는 판례에 의함)

① 동기의 착오가 상대방의 부정한 방법에 의하여 유발되었거나 상대방으로부터 제공된 경우에는 동기가 표시되지 않았더라도 표의자는 착오를 이유로 의사표시를 취소할 수 있다.

② 채무자의 법률행위가 가장행위라도 채권자취소권의 대상이 될 수 있고, 채권자취소권의 대상으로 된 채무자의 법률행위라도 통정허위표시의 요건을 갖춘 경우에는 무효이다.

③ 통정한 허위표시에 의하여 외형상 형성된 법률관계로 생긴 채권을 가압류한 경우, 그 가압류권자는 민법 제108조 제2항의 '제3자'에 해당한다.

④ 제3자의 기망행위에 기하여 표의자가 매매계약을 체결한 경우, 그 기망행위가 불법행위를 구성하는 이상 표의자가 불법행위로 인한 손해의 배상을 구하기 위하여 먼저 매매계약을 취소하여야 하는 것은 아니다.

⑤ 파산자 甲이 乙과의 가장소비대차에 기하여 가장채권을 보유하고 있다가 파산이 선고된 경우, 파산관재인은 민법 제108조 제2항의 제3자에 해당하는데, 파산채권자 중 일부라도 악의라면 파산관재인은 '선의의 제3자'라 할 수 없다.

[❶ ▸ ○] 동기의 착오를 이유로 취소하기 위한 요건에 대해 판례는, 원칙적으로 동기가 법률행위의 내용으로 표시되고 법률행위의 해석상 내용으로 되었어야 하나, 동기의 착오가 상대방의 부정한 방법에 의해 유발되었거나 상대방으로부터 제공된 경우에는, 동기의 표시 여부를 불문하고 착오 취소가 가능하다고 본다.

판례 귀속해제된 토지인데도 귀속재산인 줄로 잘못 알고 국가에 증여를 한 경우 이러한 착오는 일종의 동기의 착오라 할 것이나 그 동기를 제공한 것이 관계공무원이었고 그러한 동기의 제공이 없었더라면 위 토지를 선뜻 국가에게 증여하지는 않았을 것이라면 그 동기는 증여행위의 중요 부분을 이룬다고 할 것이므로 뒤늦게 그 착오를 알아차리고 증여계약을 취소했다면 그 취소는 적법하다(대판 1978.7.11. 78다719).

[❷ ▸ O] 채무자의 법률행위가 통정허위표시인 경우에도 채권자취소권의 대상이 되고, 한편 채권자취소권의 대상으로 된 채무자의 법률행위라도 통정허위표시의 요건을 갖춘 경우에는 무효라고 할 것이다(대판 1998.2.27. 97다50985).

[❸ ▸ O] 통정한 허위표시에 의하여 외형상 형성된 법률관계로 생긴 채권을 가압류한 경우, 그 가압류권자는 허위표시에 기초하여 새로운 법률상 이해관계를 가지게 되므로 민법 제108조 제2항의 제3자에 해당한다고 봄이 상당하고, 또한 민법 제108조 제2항의 제3자는 선의이면 족하고 무과실은 요건이 아니다(대판 2004.5.28. 2003다70041).

[❹ ▸ O] 제3자의 사기행위로 인하여 피해자가 주택건설사와 사이에 주택에 관한 분양계약을 체결하였다고 하더라도 제3자의 사기행위 자체가 불법행위를 구성하는 이상, 제3자로서는 그 불법행위로 인하여 피해자가 입은 손해를 배상할 책임을 부담하는 것이므로, 피해자가 제3자를 상대로 손해배상청구를 하기 위하여 반드시 그 분양계약을 취소할 필요는 없다(대판 1998.3.10. 97다55829).

[❺ ▸ ✕] 파산관재인은 파산선고에 따라 파산자와는 독립된 지위에서 파산채권자 전체의 공동이익을 위하여 직무를 행하게 된 자이므로, 파산자가 상대방과 통정한 허위의 의사표시를 통하여 가장채권을 보유하고 있다가 파산이 선고된 경우 그 허위표시에 따라 외형상 형성된 법률관계를 토대로 실질적으로 새로운 법률관계를 가지게 된 민법 제108조 제2항의 '제3자'에 해당한다. 그리고 이 경우 파산관재인의 선의·악의는 위와 같은 파산관재인의 지위에 비추어 볼 때 파산관재인 개인의 선의·악의를 기준으로 판단할 것이 아니라 총파산채권자를 기준으로 판단하여야 할 것이므로, 파산채권자 모두가 악의로 되지 않는 한 파산관재인은 '선의의 제3자'라고 할 수밖에 없다(대판 2006.11.23. 2005다60116).

2018년 변호사시험 문 7.

☑ 확인 Check! ○ △ ✕

甲은 乙의 기망에 의해 신원보증서류에 서명날인한다는 착각에 빠져 乙의 丙에 대한 채무를 보증하는 서면에 서명날인하였다. 이에 관한 설명 중 옳은 것(○)과 옳지 않은 것(✕)을 올바르게 조합한 것은?(각 지문은 독립적이며, 다툼이 있는 경우 판례에 의함)

ㄱ. 丙이 乙의 기망사실을 알았거나 알 수 있었다면 甲은 사기에 의한 의사표시를 이유로 丙과의 보증계약을 취소할 수 있다.
ㄴ. 乙과 丙이 공모하여 甲을 기망하였다면 甲은 상대방에 의해 유발된 동기의 착오를 이유로 丙과의 보증계약을 취소할 수 있다.
ㄷ. 甲이 착각에 빠진 점에 관하여 설사 중과실이 있다 하더라도 丙이 이를 알고 이용한 경우에는 甲은 착오를 이유로 丙과의 보증계약을 취소할 수 있다.
ㄹ. 甲이 착각에 빠진 점에 관하여 경과실이 있는 경우, 甲의 착오를 이유로 한 취소가 허용되어 이로 인해 丙이 손해를 입었다면, 丙은 甲을 상대로 불법행위에 의한 손해배상을 청구할 수 있다.

① ㄱ(○) ㄴ(✕) ㄷ(✕) ㄹ(○)
② ㄱ(○) ㄴ(○) ㄷ(✕) ㄹ(✕)
③ ㄱ(✕) ㄴ(○) ㄷ(✕) ㄹ(○)
④ ㄱ(✕) ㄴ(○) ㄷ(○) ㄹ(✕)
⑤ ㄱ(✕) ㄴ(✕) ㄷ(○) ㄹ(✕)

[ㄱ ▸ X] [ㄴ ▸ X] 판례는 기망행위에 의해 표시상의 착오가 발생한 경우, 사기에 의한 의사표시에 관한 법리가 아닌 착오에 의한 의사표시 법리를 적용해야 한다고 한다. 따라서 甲은 사기에 의한 의사표시를 이유로 丙과의 보증계약을 취소할 수 없다. 또한 표시상의 착오에 해당하므로, 甲은 동기의 착오를 이유로 丙과의 보증계약을 취소할 수도 없다.

판례 사기에 의한 의사표시란 타인의 기망행위로 말미암아 착오에 빠지게 된 결과 어떠한 의사표시를 하게 되는 경우이므로 거기에는 의사와 표시의 불일치가 있을 수 없고, 단지 의사의 형성과정 즉 의사표시의 동기에 착오가 있는 것에 불과하며, 이 점에서 고유한 의미의 착오에 의한 의사표시와 구분되는데, <u>신원보증서류에 서명날인한다는 착각에 빠진 상태로 연대보증의 서면에 서명날인한 경우</u>, 결국 위와 같은 행위는 강학상 기명날인의 착오(또는 서명의 착오), 즉 어떤 사람이 자신의 의사와 다른 법률효과를 발생시키는 내용의 서면에, 그것을 읽지 않거나 올바르게 이해하지 못한 채 기명날인을 하는 이른바 <u>표시상의 착오에 해당하므로</u>, 비록 <u>위와 같은 착오가 제3자의 기망행위에 의하여 일어난 것이라 하더라도 그에 관하여는 사기에 의한 의사표시에 관한 법리, 특히 상대방이 그러한 제3자의 기망행위사실을 알았거나 알 수 있었을 경우가 아닌 한 의사표시자가 취소권을 행사할 수 없다는 민법 제110조 제2항의 규정을 적용할 것이 아니라, 착오에 의한 의사표시에 관한 법리만을 적용하여 취소권 행사의 가부를 가려야 한다</u>(대판 2005.5.27. 2004다43824).

[ㄷ ▸ O] 민법 제109조 제1항 단서는 의사표시의 착오가 표의자의 중대한 과실로 인한 때에는 그 의사표시를 취소하지 못한다고 규정하고 있는데, 위 단서규정은 표의자의 상대방의 이익을 보호하기 위한 것이므로, <u>상대방이 표의자의 착오를 알고 이를 이용한 경우에는 착오가 표의자의 중대한 과실로 인한 것이라고 하더라도 표의자는 의사표시를 취소할 수 있다</u>(대판 2014.11.27. 2013다49794).

[ㄹ ▸ X] 불법행위로 인한 손해배상책임이 성립하기 위하여는 가해자의 고의 또는 과실 이외에 행위의 위법성이 요구되므로, 전문건설공제조합이 계약보증서를 발급하면서 조합원이 수급할 공사의 실제 도급금액을 확인하지 아니한 과실이 있다고 하더라도 민법 제109조에서 중과실이 없는 착오자의 착오를 이유로 한 의사표시의 취소를 허용하고 있는 이상, <u>전문건설공제조합이 과실로 인하여 착오에 빠져 계약보증서를 발급한 것이나 그 착오를 이유로 보증계약을 취소한 것이 위법하다고 할 수는 없다</u>(대판 1997.8.22. 97다13023).

제3절 법률행위의 대리 ★★★☆

2012년 변호사시험 문 4. ☑ 확인Check! ○ △ ✕

甲이 乙의 대리인으로서 丙과 매매계약을 체결하였는데, 甲에게는 매매에 관한 대리권이 없었다. 이 경우의 법률관계에 관한 설명 중 옳지 않은 것은?(다툼이 있는 경우에는 판례에 의함)

① 甲의 대리행위가 권한을 넘은 표현대리에 해당하는지 여부를 판단함에 있어서 정당한 이유의 존부는 甲의 대리행위 시를 기준으로 판단하여야 한다.
② 甲이 乙의 배우자인 경우에는 일상가사대리권을 기본대리권으로 하는 권한을 넘은 표현대리가 성립할 수 있다.
③ 丙이 乙을 상대로 제기한 위 매매계약의 이행청구소송에서 丙이 甲의 행위가 유권대리에 해당한다고 주장한 경우, 그 주장 속에는 甲의 행위가 표현대리에 해당한다는 주장이 포함되어 있는 것으로 볼 수 없다.
④ 만약 甲이 乙의 복대리인인 경우, 甲의 대리행위는 권한을 넘은 표현대리에 해당할 수 없다.
⑤ 甲의 대리행위가 대리권 소멸 후의 표현대리로 인정되는 경우에도 권한을 넘은 표현대리가 성립할 수 있다.

④ **정답**

[❶ ▸ ○] 권한을 넘은 표현대리에 있어서 무권대리인에게 그 권한이 있다고 믿을 만한 정당한 이유가 있는가의 여부는 대리행위(매매계약) 당시를 기준으로 결정하여야 하고 매매계약 성립 이후의 사정은 고려할 것이 아니므로, 무권대리인이 매매계약 후 그 이행단계에서야 비로소 본인의 인감증명과 위임장을 상대방에게 교부한 사정만으로는 상대방이 무권대리인에게 그 권한이 있다고 믿을 만한 정당한 이유가 있었다고 단정할 수 없다(대판 1981.12.8. 81다322).

[❷ ▸ ○] 일반사회통념상 남편이 아내에게 자기 소유의 부동산을 타인에게 근저당권의 설정 또는 소유권이전등기에 관한 등기절차를 이행케 하거나 그 각 등기의 원인되는 법률행위를 함에 필요한 대리권을 수요하는 것은 이례에 속하는 것이므로 아내가 특별한 수권 없이 남편 소유 부동산에 관하여 위와 같은 행위를 하였을 경우에 그것이 민법 제126조 소정의 표현대리가 되려면 그 아내에게 가사대리권이 있었다는 것뿐 아니라 상대방이 남편이 그 아내에게 그 행위에 관한 대리의 권한을 주었다고 믿었음을 정당화할 만한 객관적인 사정이 있어야 한다(대판 1971.1.29. 70다2738).

[❸ ▸ ○] 유권대리에 있어서는 본인이 대리인에게 수여한 대리권의 효력에 의하여 법률효과가 발생하는 반면 표현대리에 있어서는 대리권이 없음에도 불구하고 법률이 특히 거래상대방 보호와 거래안전 유지를 위하여 본래 무효인 무권대리행위의 효과를 본인에게 미치게 한 것으로서 표현대리가 성립된다고 하여 무권대리의 성질이 유권대리로 전환되는 것은 아니므로, 양자의 구성요건해당사실 즉 주요사실은 다르다고 볼 수밖에 없으니 유권대리에 관한 주장 속에 무권대리에 속하는 표현대리의 주장이 포함되어 있다고 볼 수 없다(대판 1983.12.13. 83다카1489 [전합]).

[❹ ▸ ✕] 대리인이 사자 내지 임의로 선임한 복대리인을 통하여 권한 외의 법률행위를 한 경우, 상대방이 그 행위자를 대리권을 가진 대리인으로 믿었고 또한 그렇게 믿는 데에 정당한 이유가 있는 때에는, 복대리인선임권이 없는 대리인에 의하여 선임된 복대리인의 권한도 기본대리권이 될 수 있을 뿐만 아니라, 그 행위자가 사자라고 하더라도 대리행위의 주체가 되는 대리인이 별도로 있고 그들에게 본인으로부터 기본대리권이 수여된 이상, 민법 제126조를 적용함에 있어서 기본대리권의 흠결문제는 생기지 않는다(대판 1998.3.27. 97다48982).

[❺ ▸ ○] 민법 제129조의 대리권 소멸 후의 표현대리로 인정되는 경우에, 그 표현대리의 권한을 넘는 대리행위가 있을 때에는 민법 제126조의 표현대리가 성립될 수 있다(대판 1979.3.27. 79다234).

2015년 변호사시험 문 34. ☑ 확인Check! ○ △ ✕

대리에 관한 설명 중 옳지 않은 것은?(각 지문은 독립적이고, 다툼이 있는 경우 판례에 의함)

① 甲이 乙의 대리인 丙과 매매계약을 체결한 후 丙의 기망행위를 이유로 매매계약을 취소하고자 할 경우, 甲은 乙이 丙의 기망행위를 알았거나 알 수 있었는지의 여부를 불문하고 매매계약을 취소할 수 있다.

② 甲이 乙의 무권대리인 丙과 매매계약을 체결한 경우, 乙은 丙의 무권대리행위를 추인할 수 있고, 乙의 추인이 있을 경우 위 매매계약은 계약체결 당시로 소급하여 효력이 발생한다.

③ 甲의 대리인 乙은 甲의 지시에 따라 丙과 통모하여 甲 소유의 부동산에 관하여 丙과 가장매매계약을 체결하고 丙 명의로 소유권이전등기를 경료하여 주었는데, 그 후 丙이 위 부동산을 丁에게 매도하고 丁 명의로 소유권이전등기를 경료하여 준 경우, 丁이 위 가장매매에 대하여 선의라면 유효하게 위 부동산의 소유권을 취득한다.

④ 甲에 의해 대리인으로 선임된 乙이 甲의 승낙 없이 丙을 복대리인으로 선임하더라도, 丙이 甲의 대리인으로 법률행위를 하면 원칙적으로 그 효과는 甲에게 귀속된다.

⑤ 부동산소유자 甲으로부터 매매계약 체결에 관한 대리권을 수여받은 대리인 乙은 특별한 사정이 없는 한 계약상대방인 丙으로부터 중도금이나 잔금을 수령할 수 있다.

[❶ ▸ ○] 상대방 있는 의사표시에 관하여 제3자가 사기나 강박을 한 경우에는 상대방이 그 사실을 알았거나 알 수 있었을 경우에 한하여 그 의사표시를 취소할 수 있으나, 상대방의 대리인 등 상대방과 동일시할 수 있는 자의 사기나 강박은 제3자의 사기·강박에 해당하지 아니한다(대판 1999.2.23. 98다60828). 따라서 甲은 제110조 제2항이 아닌 제110조 제1항에 따라, 본인 乙이 대리인 丙의 기망행위를 알았거나 알 수 있었는지 여부를 불문하고 매매계약을 취소할 수 있다.

사기, 강박에 의한 의사표시(민법 제110조)   ① 사기나 강박에 의한 의사표시는 취소할 수 있다.
② 상대방 있는 의사표시에 관하여 제삼자가 사기나 강박을 행한 경우에는 상대방이 그 사실을 알았거나
알 수 있었을 경우에 한하여 그 의사표시를 취소할 수 있다.

[❷ ▶ ○] 민법 제130조, 제133조 참조

 무권대리(민법 제130조)   대리권 없는 자가 타인의 대리인으로 한 계약은 본인이 이를 추인하지 아니하면
본인에 대하여 효력이 없다.
추인의 효력(민법 제133조)   추인은 다른 의사표시가 없는 때에는 계약 시에 소급하여 그 효력이 생긴다.
그러나 제삼자의 권리를 해하지 못한다.

[❸ ▶ ○]   대리인 乙이 본인 甲의 지시에 따라 상대방과 통모하여 가장매매계약을 체결한 경우이므로, 본인 甲은 대리인
의 부지를 주장하지 못한다. 따라서 통정허위표시로서 무효이나, 선의의 제3자 丁에게 대항하지 못한다.

 대리행위의 하자(민법 제116조)   ② 특정한 법률행위를 위임한 경우에 대리인이 본인의 지시에 좇아 그
행위를 한 때에는 본인은 자기가 안 사정 또는 과실로 인하여 알지 못한 사정에 관하여 대리인의 부지를
주장하지 못한다.
통정한 허위의 의사표시(민법 제108조)   ① 상대방과 통정한 허위의 의사표시는 무효로 한다.
② 전항의 의사표시의 무효는 선의의 제삼자에게 대항하지 못한다.

[❹ ▶ ✕] 본인의 승낙이 있거나 부득이한 사유가 있다고 볼 특별한 사정이 없는 한, 원칙적으로 임의대리인은 복임권이
없다. 따라서 임의대리인 乙이 본인의 승낙 없이 丙을 복대리인으로 선임한 경우, 부득이한 사유가 있다고 볼 특별한
사정이 없는 한, 丙의 대리행위는 무권대리로서 그 효과가 본인 甲에게 귀속되지 않는다.

 임의대리인의 복임권(민법 제120조)   대리권이 법률행위에 의하여 부여된 경우에는 대리인은 본인의 승낙
이 있거나 부득이한 사유 있는 때가 아니면 복대리인을 선임하지 못한다.

[❺ ▶ ○] 부동산의 소유자로부터 매매계약을 체결할 대리권을 수여받은 대리인은 특별한 사정이 없는 한 그 매매계약에
서 약정한 바에 따라 중도금이나 잔금을 수령할 권한도 있다고 보아야 한다(대판 1994.2.8. 93다39379).

2018년 변호사시험 문 6.

☑ 확인 Check! ○ △ ✕

표현대리에 관한 설명 중 옳지 않은 것은?(다툼이 있는 경우 판례에 의함)

① 표현대리가 성립하는 경우, 본인은 상대방에 대하여 표현대리행위에 따른 전적인 책임을 져야 하고, 상대방에게 과실이 있다고 하더라도 과실상계의 법리는 유추적용되지 아니한다.

② 대리권 수여의 표시에 의한 표현대리는 본인이 무권대리인으로 하여금 대리권의 존재를 추단하게 하는 명칭의 사용을 명시적으로 허락한 경우뿐 아니라 이를 알고 묵인한 경우에도 성립할 수 있다.

③ 대리인이 본인으로부터 복대리인선임권한을 부여받지 않았음에도 불구하고 복대리인을 선임하였다면 그 복대리인의 대리행위와 관련해서는 표현대리가 성립하지 않는다.

④ 「상법」에 의한 등기사항으로 대표이사의 퇴임등기가 이루어진 경우에는 대리권 소멸 후의 표현대리가 성립하지 않는다.

⑤ 어음행위자가 대리문구를 어음상에 기재하지 않고 직접 본인 명의로 기명날인을 한 경우에도 제3자가 어음행위를 실제로 한 자에게 그와 같은 어음행위를 할 수 있는 권한이 있다고 믿을 만한 사유가 있고 본인에게 책임을 질 만한 사유가 있는 때에는, 대리방식에 의한 어음행위의 경우와 마찬가지로 「민법」상의 표현대리규정을 유추적용하여 본인에게 그 책임을 물을 수 있다.

[❶ ▸ ○] 표현대리행위가 성립하는 경우에 본인은 표현대리행위에 기하여 전적인 책임을 져야 하는 것이고 상대방에게 과실이 있다고 하더라도 과실상계의 법리를 유추적용하여 본인의 책임을 감경할 수 없는 것이다(대판 1994.12.22. 94다24985).

[❷ ▸ ○] 민법 제125조가 규정하는 대리권 수여의 표시에 의한 표현대리는 본인과 대리행위를 한 자 사이의 기본적인 법률관계의 성질이나 그 효력의 유무와는 직접적인 관계가 없이 어떤 자가 본인을 대리하여 제3자와 법률행위를 함에 있어 본인이 그 자에게 대리권을 수여하였다는 표시를 제3자에게 한 경우에는 성립될 수가 있고, 또 본인에 의한 대리권 수여의 표시는 반드시 대리권 또는 대리인이라는 말을 사용하여야 하는 것이 아니라 사회통념상 대리권을 추단할 수 있는 직함이나 명칭 등의 사용을 승낙 또는 묵인한 경우에도 대리권 수여의 표시가 있은 것으로 볼 수 있다(대판 1998.6.12. 97다53762).

[❸ ▸ ✕] 대리인이 사자 내지 임의로 선임한 복대리인을 통하여 권한 외의 법률행위를 한 경우, 상대방이 그 행위자를 대리권을 가진 대리인으로 믿었고 또한 그렇게 믿는 데에 정당한 이유가 있는 때에는, 복대리인선임권이 없는 대리인에 의하여 선임된 복대리인의 권한도 기본대리권이 될 수 있을 뿐만 아니라, 그 행위자가 사자라고 하더라도 대리행위의 주체가 되는 대리인이 별도로 있고 그들에게 본인으로부터 기본대리권이 수여된 이상, 민법 제126조를 적용함에 있어서 기본대리권의 흠결문제는 생기지 않는다(대판 1998.3.27. 97다48982).

[❹ ▸ ○] 상법에 의하여 등기할 사항은 이를 등기하지 아니하면 선의의 제3자에게 대항하지 못하나, 이를 등기한 경우에는 제3자가 등기된 사실을 알지 못한 데에 정당한 사유가 없는 한 선의의 제3자에게도 대항할 수 있는 점(상법 제37조) 등에 비추어, 대표이사의 퇴임등기가 된 경우에 대하여 민법 제129조의 적용 내지 유추적용이 있다고 한다면 상업등기에 공시력을 인정한 의의가 상실될 것이어서, 이 경우에는 민법 제129조의 적용 또는 유추적용을 부정할 것이다(대판 2009.12.24. 2009다60244).

[❺ ▸ ○] 다른 사람이 본인을 위하여 한다는 대리문구를 어음상에 기재하지 않고 직접 본인 명의로 기명날인을 하여 어음행위를 하는 이른바 기관방식 또는 서명대리방식의 어음행위가 권한 없는 자에 의하여 행하여졌다면 이는 어음행위의 무권대리가 아니라 어음의 위조에 해당하는 것이기는 하나, 그 경우에도 제3자가 어음행위를 실제로 한 자에게 그와 같은 어음행위를 할 수 있는 권한이 있다고 믿을 만한 사유가 있고, 본인에게 책임을 질 만한 사유가 있는 때에는 대리방식에 의한 어음행위의 경우와 마찬가지로 민법상의 표현대리규정을 유추적용하여 본인에게 그 책임을 물을 수 있다(대판 2000.3.23. 99다50385).

대리에 관한 설명 중 옳지 않은 것은?(다툼이 있는 경우 판례에 의함)

① 대리인이 본인을 대리하여 부동산을 매수함에 있어서 이중매매라는 사정을 잘 알고 매도인의 배임행위에 적극 가담했더라도 본인이 그러한 사정을 몰랐고 알 수도 없었다면 대리인이 한 부동산매매계약을 반사회적 법률행위라고 볼 수 없다.

② 복대리인 선임권이 없는 대리인에 의하여 선임된 복대리인의 권한도 「민법」 제126조의 표현대리의 기본대리권이 될 수 있다.

③ 대리인이 대리권 소멸 후 복대리인을 선임하여 복대리인으로 하여금 상대방과 사이에 대리행위를 하도록 한 경우, 상대방이 대리권소멸사실을 알지 못하여 복대리인에게 적법한 대리권이 있는 것으로 믿었고, 그와 같이 믿은 데 과실이 없었다면 「민법」 제129조의 표현대리가 성립할 수 있다.

④ 어떠한 계약의 체결에 관한 대리권을 수여받은 대리인이 체결된 계약을 해제할 권한까지 가지고 있다고 볼 수는 없다.

⑤ 대주와 차주가 사채알선업자에게 쌍방을 대리하여 금전소비대차계약을 체결하도록 승낙한 경우, 특별한 사정이 없는 한 차주의 변제를 수령할 권한도 사채알선업자에게 인정된다.

[**❶ ▸ ✕**] 대판 1998.2.27. 97다45532, 민법 제116조 참조

판례 대리인이 본인을 대리하여 매매계약을 체결함에 있어서 매매대상토지에 관한 저간의 사정을 잘 알고 그 배임행위에 가담하였다면, 대리행위의 하자 유무는 대리인을 표준으로 판단하여야 하므로, 설사 본인이 미리 그러한 사정을 몰랐거나 반사회성을 야기한 것이 아니라고 할지라도 그로 인하여 매매계약이 가지는 사회질서에 반한다는 장애사유가 부정되는 것은 아니다(대판 1998.2.27. 97다45532).

법령 대리행위의 하자(민법 제116조) ① 의사표시의 효력이 의사의 흠결, 사기, 강박 또는 어느 사정을 알았거나 과실로 알지 못한 것으로 인하여 영향을 받을 경우에 그 사실의 유무는 대리인을 표준하여 결정한다.

[**❷ ▸ ○**] 대리인이 사자 내지 임의로 선임한 복대리인을 통하여 권한 외의 법률행위를 한 경우, 상대방이 그 행위자를 대리권을 가진 대리인으로 믿었고 또한 그렇게 믿는 데에 정당한 이유가 있는 때에는, 복대리인선임권이 없는 대리인에 의하여 선임된 복대리인의 권한도 기본대리권이 될 수 있을 뿐만 아니라, 그 행위자가 사자라고 하더라도 대리행위의 주체가 되는 대리인이 별도로 있고 그들에게 본인으로부터 기본대리권이 수여된 이상, 민법 제126조를 적용함에 있어서 기본대리권의 흠결문제는 생기지 않는다(대판 1998.3.27. 97다48982).

[**❸ ▸ ○**] 대리인이 대리권 소멸 후 직접 상대방과 사이에 대리행위를 하는 경우는 물론 대리인이 대리권 소멸 후 복대리인을 선임하여 복대리인으로 하여금 상대방과 사이에 대리행위를 하도록 한 경우에도, 상대방이 대리권소멸사실을 알지 못하여 복대리인에게 적법한 대리권이 있는 것으로 믿었고 그와 같이 믿은 데 과실이 없다면 민법 제129조에 의한 표현대리가 성립할 수 있다(대판 1998.5.29. 97다55317).

[**❹ ▸ ○**] 어떠한 계약의 체결에 관한 대리권을 수여받은 대리인이 수권된 법률행위를 하게 되면 그것으로 대리권의 원인된 법률관계는 원칙적으로 목적을 달성하여 종료하는 것이고, 법률행위에 의하여 수여된 대리권은 그 원인된 법률관계의 종료에 의하여 소멸하는 것이므로(민법 제128조), 그 계약을 대리하여 체결하였던 대리인이 체결된 계약의 해제 등 일체의 처분권과 상대방의 의사를 수령할 권한까지 가지고 있다고 볼 수는 없다(대판 2015.12.23. 2013다81019).

[❺ ▶ O] 사채알선업자는 소비대차계약의 체결에 있어서 대주(貸主)에 대하여는 차주(借主)의 대리인 역할을 하고, 반대로 차주에 대하여는 대주의 대리인 역할을 하게 되는 것이고, 대주로부터 소비대차계약을 체결할 대리권을 수여받은 대리인은 특별한 사정이 없는 한 그 소비대차계약에서 정한 바에 따라 차주로부터 변제를 수령할 권한도 있다고 봄이 상당하므로 차주가 그 사채알선업자에게 하는 변제는 유효하다(대판 1997.7.8. 97다12273).

2013년 변호사시험 문 3.   ☑ 확인Check! O △ X

대리에 관한 설명 중 옳지 않은 것은?(다툼이 있는 경우에는 판례에 의함)

① 매매계약의 체결과 이행에 관하여 포괄적으로 대리권을 수여받은 대리인이라도 특별한 사정이 없는 한 상대방에 대하여 약정된 매매대금지급기일을 연기해 줄 권한은 갖지 않는다.

② 부동산입찰절차에서 동일한 물건에 관하여 1인이 이해관계를 달리하는 2인 이상의 대리인이 된 경우, 그 대리인이 한 입찰행위는 원칙적으로 무효이다.

③ 甲 소유의 X토지에 관하여 매매계약을 체결할 대리권을 수여받은 乙이 매수인 丙으로부터 잔금을 수령하였다면, 특별한 사정이 없는 한 乙이 잔금을 甲에게 전달하지 않았더라도 丙의 잔금지급채무는 소멸한다.

④ 상대방의 대리인이 표의자를 기망한 경우에는 상대방이 그 사실을 알았거나 알 수 있었는지 여부에 관계없이 표의자는 자신의 의사표시를 취소할 수 있다.

⑤ 민법 제126조의 표현대리가 성립하기 위하여는 기본대리권이 존재하여야 하는데, 법정대리권도 기본대리권에 해당할 수 있다.

[❶ ▶ X] [❸ ▶ O] 부동산의 소유자로부터 매매계약을 체결할 대리권을 수여받은 대리인은 특별한 다른 사정이 없는 한 그 매매계약에서 약정한 바에 따라 중도금이나 잔금을 수령할 수도 있다고 보아야 하고, 매매계약의 체결과 이행에 관하여 포괄적으로 대리권을 수여받은 대리인은 특별한 다른 사정이 없는 한 상대방에 대하여 약정된 매매대금지급기일을 연기하여 줄 권한도 가진다고 보아야 할 것이다(대판 1992.4.14. 91다43107).

[❷ ▶ O] 민법 제124조는 "대리인은 본인의 허락이 없으면 본인을 위하여 자기와 법률행위를 하거나 동일한 법률행위에 관하여 당사자 쌍방을 대리하지 못한다"고 규정하고 있으므로 부동산입찰절차에서 동일 물건에 관하여 이해관계가 다른 2인 이상의 대리인이 된 경우에는 그 대리인이 한 입찰은 무효이다(대결 2004.2.13. 2003마44).

[❹ ▶ O] 상대방 있는 의사표시에 관하여 제3자가 사기나 강박을 한 경우에는 상대방이 그 사실을 알았거나 알 수 있었을 경우에 한하여 그 의사표시를 취소할 수 있으나, 상대방의 대리인 등 상대방과 동일시할 수 있는 자의 사기나 강박은 제3자의 사기·강박에 해당하지 아니한다(대판 1999.2.23. 98다60828). 따라서 표의자는 제110조 제2항이 아닌 제110조 제1항에 따라, 상대방이 대리인의 기망행위를 알았거나 알 수 있었는지 여부에 관계없이 자신의 의사표시를 취소할 수 있다.

[❺ ▶ O] 민법 제126조 소정의 권한을 넘는 표현대리규정은 거래의 안전을 도모하여 거래상대방의 이익을 보호하려는 데에 그 취지가 있으므로 법정대리라고 하여 임의대리와는 달리 그 적용이 없다고 할 수 없고, 따라서 한정치산자의 후견인이 친족회의 동의를 얻지 않고 피후견인의 부동산을 처분하는 행위를 한 경우에도 상대방이 친족회의 동의가 있다고 믿은 데에 정당한 사유가 있는 때에는 본인인 한정치산자에게 그 효력이 미친다(대판 1997.6.27. 97다3828).

안심Touch

甲은 乙로부터 乙 소유인 X토지를 매도할 수 있는 대리권을 수여받은 후 丙에게 X토지를 대금 1억원에 매도하기로 하는 계약(이하 "이 사건 계약"이라고 한다)을 체결하면서 대금지급기일과 소유권이전등기의 이행기일을 2015.3.5.로 정하였다. 이에 관한 법률관계 중 옳은 것(○)과 옳지 않은 것(✕)을 올바르게 조합한 것은?(각 지문은 독립적이고, 다툼이 있는 경우 판례에 의함)

ㄱ. 甲이 乙을 대리할 의사를 가졌으나 乙을 위한 것임을 표시하지는 않고 이 사건 계약을 체결하였다면, 丙이 "甲이 乙의 대리인으로서 본인 乙을 위해 이 사건 계약을 체결하는 것이다"라는 사실을 알 수 있었을 경우에도 乙은 매도인으로서의 의무를 부담하지 않는다.

ㄴ. 甲이 본인 乙을 위한 것임을 표시하여 이 사건 계약을 체결하였고, 2015.3.7. 丙으로부터 대금 1억원을 수령하였다. 그 후 丙은 乙을 상대로 X토지에 관한 소유권이전등기를 청구하였다. 만일 甲이 아직 위 1억원을 乙에게 전달하지 않았다면 특별한 사정이 없는 한 乙은 대금이 지급되지 않았음을 이유로 이행을 거절할 수 있다.

ㄷ. 甲이 乙로부터 대리권을 수여받았음을 이용하여 매매대금을 乙에게 전달하지 않고 자신의 유흥비로 소비할 의도를 가지고 본인 乙을 위한 것임을 표시하여 이 사건 계약을 체결하였고, 2015.3.7. 丙으로부터 대금 1억원을 수령하여 유흥비로 사용하였다면, 丙이 이 사건 계약체결 당시 위와 같은 甲의 의도를 알 수 있었다 하더라도 乙은 丙에 대하여 X토지에 관한 소유권이전등기의무를 부담한다.

① ㄱ(○) ㄴ(○) ㄷ(○) ② ㄱ(○) ㄴ(✕) ㄷ(○)
③ ㄱ(○) ㄴ(✕) ㄷ(✕) ④ ㄱ(✕) ㄴ(○) ㄷ(✕)
⑤ ㄱ(✕) ㄴ(✕) ㄷ(✕)

[ㄱ ▸ ✕] 민법 제114조 제1항, 제115조 참조

대리행위의 효력(민법 제114조) ① 대리인이 그 권한 내에서 본인을 위한 것임을 표시한 의사표시는 직접 본인에게 대하여 효력이 생긴다.

본인을 위한 것임을 표시하지 아니한 행위(민법 제115조) 대리인이 본인을 위한 것임을 표시하지 아니한 때에는 그 의사표시는 자기를 위한 것으로 본다. 그러나 상대방이 대리인으로서 한 것임을 알았거나 알 수 있었을 때에는 전조 제1항의 규정을 준용한다.

[ㄴ ▸ ✕] 계약이 적법한 대리인에 의하여 체결된 경우에 대리인은 다른 특별한 사정이 없는 한 본인을 위하여 계약상 급부를 변제로서 수령할 권한도 가진다. 그리고 대리인이 그 권한에 기하여 계약상 급부를 수령한 경우에, 그 법률효과는 계약 자체에서와 마찬가지로 직접 본인에게 귀속되고 대리인에게 돌아가지 아니한다. 따라서 계약상 채무의 불이행을 이유로 계약이 상대방당사자에 의하여 유효하게 해제되었다면, 해제로 인한 원상회복의무는 대리인이 아니라 계약의 당사자인 본인이 부담한다. 이는 본인이 대리인으로부터 그 수령한 급부를 현실적으로 인도받지 못하였다거나 해제의 원인이 된 계약상 채무의 불이행에 관하여 대리인에게 책임 있는 사유가 있다고 하여도 다른 특별한 사정이 없는 한 마찬가지라고 할 것이다(대판 2011.8.18. 2011다30871).

[ㄷ ▸ ✕] 진의 아닌 의사표시가 대리인에 의하여 이루어지고 그 대리인의 진의가 본인의 이익이나 의사에 반하여 자기 또는 제3자의 이익을 위한 배임적인 것을 그 상대방이 알거나 알 수 있었을 경우에는 민법 제107조 제1항 단서의 유추해석상 그 대리인의 행위는 본인의 대리행위로 성립할 수 없다 하겠으므로 본인은 대리인의 행위에 대하여 아무런 책임이

없다 할 것이며 이때 그 상대방이 대리인의 표시의사가 진의 아님을 알았거나 알 수 있었는가의 여부는 표의자인 대리인과 상대방 사이에 있었던 의사표시의 형성과정과 그 내용 및 그로 인하여 나타나는 효과 등을 객관적인 사정에 따라 합리적으로 판단하여야 한다(대판 1987.7.7. 86다카1004).

2020년 변호사시험 문 10.　　　　　　　　　　　　☑ 확인Check! ○ △ ✕

甲의 대리인이라 칭하는 乙이 甲을 대리하여 丙과 사이에 甲 소유의 X토지를 매도하는 내용의 매매계약을 체결하였다. 이에 관한 설명 중 옳지 않은 것은?(다툼이 있는 경우 판례에 의함)

① 甲이 乙의 대리권 없음을 이유로 丙에게 위 매매계약을 원인으로 마쳐진 소유권이전등기의 말소를 구하는 소를 제기하는 경우, 甲은 乙의 대리권 부존재를 증명하여야 한다.

② 乙이 甲으로부터 매매계약을 체결할 대리권을 수여받은 경우, 乙은 특별한 사정이 없는 한 그 매매계약에서 약정한 바에 따라 중도금이나 잔금을 수령할 권한도 있다.

③ 乙이 甲으로부터 매매계약을 체결할 대리권을 수여받은 후 자기의 이익을 위하여 배임적 대리행위를 한 경우, 丙이 이러한 사실을 과실 없이 알지 못한 때에는 乙의 대리행위는 甲에게 효력이 미친다.

④ 乙이 위 매매계약에 관한 대리권을 증명하지 못하고 甲의 추인도 얻지 못하여 甲에게 대리의 효력이 발생하지 않는 경우, 그 무권대리행위가 제3자 丁의 기망이나 문서 위조 등 위법행위로 야기되었다면 丙은 乙을 상대로 계약의 이행이나 손해배상을 청구할 수 없다.

⑤ 위 매매계약에서 甲의 채무불이행에 대비한 손해배상액이 예정된 경우, 乙이 무권대리인으로서 丙에 대하여 계약이행의 채무를 부담하게 되었으나 이를 이행하지 아니하여 손해배상책임을 진다면, 특별한 사정이 없는 한 그 책임은 위 손해배상액의 예정에 따라 정해진다.

[❶ ▶ ○] 소유권이전등기가 전 등기명의인의 직접적인 처분행위에 의한 것이 아니라 제3자가 그 처분행위에 개입된 경우 현 등기명의인이 그 제3자가 전 등기명의인의 대리인이라고 주장하더라도 현 소유명의인의 등기가 적법히 이루어진 것으로 추정되므로, 그 등기가 원인무효임을 이유로 그 말소를 청구하는 전 소유명의인으로서는 반대사실, 즉 그 제3자에게 전 소유명의인을 대리할 권한이 없었다든가 또는 제3자가 전 소유명의인의 등기서류를 위조하는 등 등기절차가 적법하게 진행되지 아니한 것으로 의심할 만한 사정이 있다는 등의 무효사실에 대한 증명책임을 진다(대판 2009.9.24. 2009다37831).

[❷ ▶ ○] 부동산의 소유자로부터 매매계약을 체결할 대리권을 수여받은 대리인은 특별한 사정이 없는 한 그 매매계약에서 약정한 바에 따라 중도금이나 잔금을 수령할 권한도 있다고 보아야 한다(대판 1994.2.8. 93다39379).

[❸ ▶ ○] 민법 제107조 제1항에서 규정하고 있는 진의 아닌 의사표시가 대리인에 의하여 이루어지고, 그 대리인의 진의가 본인의 이익이나 의사에 반하여 자기 또는 제3자의 이익을 위한 배임적인 것임을 그 상대방이 알았거나 알 수 있었을 경우에는 동항 단서의 유추해석상 그 대리인의 행위는 본인의 행위로 성립할 수 없으므로 본인은 대리인의 행위에 대하여 아무런 책임이 없다 할 것이며, 이때에 그 상대방이 대리인의 표시의사가 진의 아님을 알았거나 알 수 있었는가의 여부는 표의자인 대리인과 상대방 사이에 있었던 의사표시의 형성과정과 그 내용 및 그로 인하여 나타나는 효과 등을 객관적 사정에 따라 합리적으로 판단하여야 한다(대판 1987.11.10. 86다카371).

[❹ ▶ ✕] 민법 제135조 제1항은 "타인의 대리인으로 계약을 한 자가 그 대리권을 증명하지 못하고 또 본인의 추인을 얻지 못한 때에는 상대방의 선택에 좇아 계약의 이행 또는 손해배상의 책임이 있다"고 규정하고 있다. 위 규정에 따른 무권대리인의 상대방에 대한 책임은 무과실책임으로서 대리권의 흠결에 관하여 대리인에게 과실 등의 귀책사유가 있어야만 인정되는 것이 아니고, 무권대리행위가 제3자의 기망이나 문서 위조 등 위법행위로 야기되었다고 하더라도 책임은 부정되지 아니한다(대판 2014.2.27. 2013다213038).

정답 ④　　　　　　　　　　　　　　　　　　　　　　

CHAPTER 04 권리의 변동　**45**

[**❺ ▶ O**] 다른 자의 대리인으로서 계약을 맺은 자가 그 대리권을 증명하지 못하고 또 본인의 추인을 받지 못한 경우에는 그는 상대방의 선택에 따라 계약을 이행할 책임 또는 손해를 배상할 책임이 있다(민법 제135조 제1항). 이때 상대방이 계약의 이행을 선택한 경우 무권대리인은 계약이 본인에게 효력이 발생하였더라면 본인이 상대방에게 부담하였을 것과 같은 내용의 채무를 이행할 책임이 있다. 무권대리인은 마치 자신이 계약의 당사자가 된 것처럼 계약에서 정한 채무를 이행할 책임을 지는 것이다. 무권대리인이 계약에서 정한 채무를 이행하지 않으면 상대방에게 채무불이행에 따른 손해를 배상할 책임을 진다. 위 계약에서 채무불이행에 대비하여 손해배상액의 예정에 관한 조항을 둔 때에는 특별한 사정이 없는 한 무권대리인은 조항에서 정한 바에 따라 산정한 손해액을 지급하여야 한다. 이 경우에도 손해배상액의 예정에 관한 민법 제398조가 적용됨은 물론이다(대판 2018.6.28. 2018다210775).

제4절   법률행위의 무효와 취소   ★★★

2014년 변호사시험 문 5.   ☑ 확인Check! ○ △ ✕

무효행위와 무권대리의 추인에 관한 설명 중 옳지 않은 것을 모두 고른 것은?(다툼이 있는 경우에는 판례에 의함)

ㄱ. 무권대리행위의 추인의 의사표시를 무권대리인에게 한 경우, 상대방은 추인이 있었음을 알지 못하였다고 하더라도 철회할 수 없다.

ㄴ. 타인의 생명보험에서 보험계약 체결 시 피보험자가 서면으로 동의의 의사표시를 하지 아니하였다면 그 보험계약은 무효이지만, 피보험자가 그 보험계약을 추인한 경우에는 그때부터 유효하게 된다.

ㄷ. 종중을 대표할 권한 없는 자가 종중을 대표하여 한 소송행위는 효력이 없으나 나중에 종중이 총회결의에 따라 위 소송행위를 추인하면 그 행위 시로 소급하여 유효하게 되며, 이 경우 무권대리행위에 대한 추인의 경우에 있어 배타적 권리를 취득한 제3자에 대하여 그 추인의 소급효를 제한하고 있는 민법 제133조 단서의 규정은 적용될 여지가 없다.

ㄹ. 무권대리행위의 추인은 무권대리인 또는 무권대리행위의 직접 상대방에게는 할 수 있지만, 그 무권대리행위로 인한 권리 또는 법률관계의 승계인에 대하여는 할 수 없다.

ㅁ. 취득시효 완성 당시 부동산소유자 甲이 그 완성사실을 알면서 그 부동산을 제3자 乙에게 처분하였고 乙 역시 이러한 사정을 알면서 위 처분행위에 적극 가담한 경우 乙 명의로 경료된 등기는 甲이 그 처분행위를 추인하여도 무효이다.

① ㄱ, ㄴ, ㄹ   ② ㄱ, ㄷ, ㅁ   ③ ㄱ, ㄹ, ㅁ
④ ㄴ, ㄷ, ㄹ   ⑤ ㄴ, ㄷ, ㅁ

[**ㄱ ▶ ✕**] 민법 제132조, 제134조 및 대판 1981.4.14. 80다2314 참조

법령   추인, 거절의 상대방(민법 제132조)   추인 또는 거절의 의사표시는 상대방에 대하여 하지 아니하면 그 상대방에 대항하지 못한다. 그러나 상대방이 그 사실을 안 때에는 그러하지 아니하다.

상대방의 철회권(민법 제134조)   대리권 없는 자가 한 계약은 본인의 추인이 있을 때까지 상대방은 본인이나 그 대리인에 대하여 이를 철회할 수 있다. 그러나 계약 당시에 상대방이 대리권 없음을 안 때에는 그러하지 아니하다.

판례 민법 제132조는 본인이 무권대리인에게 무권대리행위를 추인한 경우에 상대방이 이를 알지 못하는 동안에는 본인은 상대방에게 추인의 효과를 주장하지 못한다는 취지이므로 상대방은 그때까지 민법 제134조에 의한 철회를 할 수 있고, 또 무권대리인에의 추인이 있었음을 주장할 수도 있다(대판 1981.4.14. 80다2314).

[ㄴ ▸ ✕] 상법 제731조, 대판 2010.2.11. 2009다74007 참조

 법령 **타인의 생명의 보험(상법 제731조)** ① 타인의 사망을 보험사고로 하는 보험계약에는 보험계약 체결 시에 그 타인의 서면(전자서명법 제2조 제2호에 따른 전자서명이 있는 경우로서 대통령령으로 정하는 바에 따라 본인 확인 및 위조·변조 방지에 대한 신뢰성을 갖춘 전자문서를 포함한다)에 의한 동의를 얻어야 한다. [시행일 : 2020.12.10.]

 판례 상법 제731조 제1항에 의하면 타인의 생명보험에서 피보험자가 서면으로 동의의 의사표시를 하여야 하는 시점은 '보험계약 체결 시까지'이고, 이는 강행규정으로서 이를 위반한 보험계약은 무효이므로, 타인의 생명보험계약 성립 당시 피보험자의 서면동의가 없다면 그 보험계약은 확정적으로 무효가 되고, 피보험자가 이미 무효가 된 보험계약을 추인하였다고 하더라도 그 보험계약이 유효로 될 수 없다(대판 2010.2.11. 2009다74007).

[ㄷ ▸ ○] 대판 1991.11.8. 91다25383, 민사소송법 제60조 및 민법 제133조 참조

 판례 종중을 대표할 권한 없는 자가 종중을 대표하여 한 소송행위는 그 효력이 없으나 나중에 종중이 총회결의에 따라 위 소송행위를 추인하면 그 행위 시로 소급하여 유효하게 되며 이 경우 민법 제133조 단서의 규정은 무권대리행위에 대한 추인의 경우에 있어 배타적 권리를 취득한 제3자에 대하여 그 추인의 소급효를 제한하고 있는 것으로서 위와 같은 하자 있는 소송행위에 대한 추인의 경우에는 적용될 여지가 없는 것이다(대판 1991.11.8. 91다25383).

 법령 **소송능력 등의 흠과 추인(민사소송법 제60조)** 소송능력, 법정대리권 또는 소송행위에 필요한 권한의 수여에 흠이 있는 사람이 소송행위를 한 뒤에 보정된 당사자나 법정대리인이 이를 추인(追認)한 경우에는, 그 소송행위는 이를 한 때에 소급하여 효력이 생긴다.

추인의 효력(민법 제133조) 추인은 다른 의사표시가 없는 때에는 계약 시에 소급하여 그 효력이 생긴다. 그러나 제삼자의 권리를 해하지 못한다.

[ㄹ ▸ ✕] 무권대리행위의 추인에 특별한 방식이 요구되는 것이 아니므로 명시적인 방법만 아니라 묵시적인 방법으로도 할 수 있고, 그 추인은 무권대리인, 무권대리행위의 직접의 상대방 및 그 무권대리행위로 인한 권리 또는 법률관계의 승계인에 대하여도 할 수 있다(대판 1981.4.14. 80다2314).

[ㅁ ▸ ○] 부동산소유자가 취득시효가 완성된 사실을 알고 그 부동산을 제3자에게 처분하여 소유권이전등기를 넘겨줌으로써 취득시효 완성을 원인으로 한 소유권이전등기의무가 이행불능에 빠지게 되어 시효취득을 주장하는 자가 손해를 입었다면 불법행위를 구성한다고 할 것이고, 부동산을 취득한 제3자가 부동산소유자의 이와 같은 불법행위에 적극 가담하였다면 이는 사회질서에 반하는 행위로서 무효라고 할 것이다. 취득시효 완성 후 경료된 무효인 제3자 명의의 등기에 대하여 시효완성 당시의 소유자가 무효행위를 추인하여도 그 제3자 명의의 등기는 그 소유자의 불법행위에 제3자가 적극 가담하여 경료된 것으로서 사회질서에 반하여 무효이다(대판 2002.3.15. 2001다77352).

☑ 확인Check! ○ △ ✕

무효행위의 추인에 관한 설명 중 옳은 것을 모두 고른 것은?(다툼이 있는 경우 판례에 의함)

ㄱ. 무권대리행위의 추인은 무권대리인 또는 상대방의 동의나 승낙을 요하지 않는 단독행위로서 무권대리행위 전부에 대하여 행해져야 하지만, 상대방의 동의를 얻은 경우에는 무권대리행위 일부에 대하여 추인을 하거나 그 내용을 변경하여 추인하는 것도 유효하다.

ㄴ. 무권리자의 처분행위에 대하여 권리자가 추인하는 경우에는 그 처분행위의 효력이 권리자에게 미치므로, 권리자는 무권리자에 대하여 무권리자가 그 처분행위로 인하여 얻은 이득의 반환을 구할 수 없다.

ㄷ. 매매계약이 「민법」 제104조 소정의 '불공정한 법률행위'로 무효가 되더라도 그 당사자가 그 계약에 관한 부제소합의를 한 경우에는 무효행위의 추인에 해당하여 특별한 사정이 없는 한 위 매매계약 체결 시부터 그 매매계약은 유효하게 된다.

ㄹ. 부동산소유자가 취득시효가 완성된 사실을 알고서 그 부동산을 제3자에게 처분하여 소유권이전등기를 마쳐 주었는데, 그 부동산을 취득한 제3자가 부동산소유자의 이와 같은 불법행위에 적극 가담하여 위 처분행위 및 제3자 명의의 등기가 무효인 경우, 시효완성 당시의 소유자가 그 무효행위를 추인하여도 그 제3자 명의의 등기는 무효이다.

① ㄱ, ㄴ   ② ㄱ, ㄷ   ③ ㄱ, ㄹ
④ ㄴ, ㄷ   ⑤ ㄱ, ㄴ, ㄷ

[ㄱ ▸ ○] 무권대리행위의 추인은 무권대리인에 의하여 행하여진 불확정한 행위에 관하여 그 행위의 효과를 자기에게 직접 발생케 하는 것을 목적으로 하는 의사표시이며, 무권대리인 또는 상대방의 동의나 승락을 요하지 않는 단독행위로서 추인은 의사표시의 전부에 대하여 행하여져야 하고, 그 일부에 대하여 추인을 하거나 그 내용을 변경하여 추인을 하였을 경우에는 상대방의 동의를 얻지 못하는 한 무효이다(대판 1982.1.26. 81다카549).

[ㄴ ▸ ✕] 무권리자에 의한 처분행위를 권리자가 추인한 경우에 권리자는 무권리자에 대하여 무권리자가 그 처분행위로 인하여 얻은 이득의 반환을 구할 수 있다고 봄이 상당하므로, 피고는 원고에게 위 협의취득으로 수령한 손실보상금 중 원고지분 상당액을 부당이득으로서 반환할 의무가 있다고 할 것이다(대판 2001.11.9. 2001다44291).

[ㄷ ▸ ✕] 매매계약과 같은 쌍무계약이 급부와 반대급부와의 불균형으로 말미암아 민법 제104조에서 정하는 '불공정한 법률행위'에 해당하여 무효라고 한다면, 그 계약으로 인하여 불이익을 입는 당사자로 하여금 위와 같은 불공정성을 소송 등 사법적 구제수단을 통하여 주장하지 못하도록 하는 부제소합의 역시 다른 특별한 사정이 없는 한 무효이다(대판 2010.7.15. 2009다50308).

[ㄹ ▸ ○] 부동산소유자가 취득시효가 완성된 사실을 알고 그 부동산을 제3자에게 처분하여 소유권이전등기를 넘겨줌으로써 취득시효 완성을 원인으로 한 소유권이전등기의무가 이행불능에 빠지게 되어 시효취득을 주장하는 자가 손해를 입었다면 불법행위를 구성한다고 할 것이고, 부동산을 취득한 제3자가 부동산소유자의 이와 같은 불법행위에 적극 가담하였다면 이는 사회질서에 반하는 행위로서 무효라고 할 것이다. 취득시효 완성 후 경료된 무효인 제3자 명의의 등기에 대하여 시효완성 당시의 소유자가 무효행위를 추인하여도 그 제3자 명의의 등기는 그 소유자의 불법행위에 제3자가 적극 가담하여 경료된 것으로서 사회질서에 반하여 무효이다(대판 2002.3.15. 2001다77352).

③ **정답**

2013년 변호사시험 문 6.

☑ 확인Check! ○ △ ✕

법률행위의 무효에 관한 설명 중 옳지 않은 것은?(다툼이 있는 경우에는 판례에 의함)

① 이미 법률행위가 취소된 경우라도 무효행위의 추인의 요건에 따라 추인할 수 있다.

② 무효인 입양행위라도 그 내용에 맞는 신분관계가 실질적으로 형성되어 당사자 쌍방이 이의 없이 그 신분관계를 계속하여 왔다면 추인의 소급효가 인정될 수 있다.

③ 무효인 가등기를 유효한 등기로 전용하기로 약정하였더라도 그 가등기가 소급하여 유효한 등기로 되지는 않는다.

④ 매매계약이 불공정한 법률행위에 해당하여 무효라고 하더라도, 특별한 사정이 없는 한 그 계약에 관한 부제소합의까지 무효로 되는 것은 아니다.

⑤ 상속재산 전부를 상속인 중 1인에게 상속시킬 방편으로 나머지 상속인들 전원이 상속포기신고를 하였으나, 그 상속포기가 민법 제1019조 제1항의 기간을 도과한 후에 신고된 것이어서 상속포기로서의 효력이 없는 경우에도 상속재산협의분할로서의 효력은 인정될 수 있다.

[❶ ▸ ○] 취소한 법률행위는 처음부터 무효인 것으로 간주되므로 취소할 수 있는 법률행위가 일단 취소된 이상 그 후에는 취소할 수 있는 법률행위의 추인에 의하여 이미 취소되어 무효인 것으로 간주된 당초의 의사표시를 다시 확정적으로 유효하게 할 수는 없고, 다만 무효인 법률행위의 추인의 요건과 효력으로서 추인할 수는 있으나, 무효행위의 추인은 그 무효원인이 소멸한 후에 하여야 그 효력이 있고, 따라서 강박에 의한 의사표시임을 이유로 일단 유효하게 취소되어 당초의 의사표시가 무효로 된 후에 추인한 경우 그 추인이 효력을 가지기 위하여는 그 무효원인이 소멸한 후일 것을 요한다고 할 것인데, 그 무효원인이란 바로 위 의사표시의 취소사유라 할 것이므로 결국 무효원인이 소멸한 후란 것은 당초의 의사표시의 성립과정에 존재하였던 취소의 원인이 종료된 후, 즉 강박상태에서 벗어난 후라고 보아야 한다(대판 1997.12.12. 95다38240).

[❷ ▸ ○] 무효행위의 추인은 원칙적으로 소급효가 없으나(민법 제139조 참조), 판례는 신분행위의 경우 무효인 신고행위에 상응하는 신분관계가 실질적으로 형성되어 있다면, 무효행위의 추인에 소급효를 인정한다.

 판례 친생자출생신고 당시 입양의 실질적 요건을 갖추지 못하여 입양신고로서의 효력이 생기지 아니하였더라도 그 후에 입양의 실질적 요건을 갖추게 된 경우에는 무효인 친생자출생신고는 소급적으로 입양신고로서의 효력을 갖게 된다고 할 것이다(대판 2000.6.9. 99므1633).

[❸ ▸ ○] 무효인 법률행위는 당사자가 무효임을 알고 추인할 경우 새로운 법률행위를 한 것으로 간주할 뿐이고 소급효가 없는 것이므로 무효인 가등기를 유효한 등기로 전용키로 한 약정은 그때부터 유효하고 이로써 위 가등기가 소급하여 유효한 등기로 전환될 수 없다(대판 1992.5.12. 91다26546).

[❹ ▸ ✕] 매매계약과 같은 쌍무계약이 급부와 반대급부와의 불균형으로 말미암아 민법 제104조에서 정하는 '불공정한 법률행위'에 해당하여 무효라고 한다면, 그 계약으로 인하여 불이익을 입는 당사자로 하여금 위와 같은 불공정성을 소송 등 사법적 구제수단을 통하여 주장하지 못하도록 하는 부제소합의 역시 다른 특별한 사정이 없는 한 무효이다(대판 2010.7.15. 2009다50308).

[❺ ▸ ○] 상속재산 전부를 공동상속인 중 1인에게 상속시킬 방편으로 나머지 상속인들이 법원에 한 상속포기신고가 그 법정기간 경과 후에 한 것으로서 재산 상속포기로서의 효력이 생기지 아니하더라도 그에 따라 위 공동상속인들 사이에는 위 1인이 고유의 법정상속분을 초과하여 상속재산 전부를 취득하고 위 잔여상속인들은 이를 전혀 취득하지 않기로 하는 내용의 상속재산에 관한 협의분할이 이루어진 것으로 볼 것이다(대판 1991.12.24. 90누5986).

법률행위의 무효와 취소에 관한 설명 중 옳은 것을 모두 고른 것은?(다툼이 있는 경우 판례에 의함)

ㄱ. 임차권양도계약과 권리금계약이 결합하여 전체가 경제적·사실적으로 일체로서 행하여져 그 계약 전부가 불가분의 관계에 있는 경우, 하나의 계약에 대한 기망 취소의 의사표시는 전체 계약에 대한 취소의 효력이 있다.

ㄴ. 무권리자의 처분행위가 계약으로 이루어진 경우, 그에 대한 권리자의 추인에는 원칙적으로 소급효가 인정되지 않는다.

ㄷ. 무효행위의 추인은 법률행위가 무효임을 알고 그 행위의 효과를 자기에게 귀속시키도록 하는 단독행위로서 묵시적인 방법으로는 할 수 없다.

ㄹ. 토지거래허가구역 내의 토지 매매가 아직 관할청의 허가를 받지 못하여 유동적 무효상태에 있는 경우라면, 매도인은 계약금의 배액을 상환하고 매매계약을 해제할 수 없다.

ㅁ. 취소할 수 있는 법률행위가 취소되면 무효인 것으로 간주되므로 그 후 취소할 수 있는 법률행위의 추인에 의하여는 당초의 의사표시를 다시 확정적으로 유효하게 할 수 없다.

① ㄱ, ㄹ   ② ㄱ, ㅁ   ③ ㄴ, ㄷ

④ ㄴ, ㄹ   ⑤ ㄷ, ㅁ

[ㄱ ▸ O] 각 계약이 전체적으로 경제적, 사실적으로 일체로서 행하여진 것으로 그 하나가 다른 하나의 조건이 되어 어느 하나의 존재 없이는 당사자가 다른 하나를 의욕하지 않았을 것으로 보이는 경우 등에는, 하나의 계약에 대한 기망 취소의 의사표시는 법률행위의 일부무효이론과 궤를 같이하는 법률행위 일부취소의 법리에 따라 전체 계약에 대한 취소의 효력이 있다고 할 것이다. 이 사건 권리금계약은 임차권양도계약과 결합하여 그 전체가 경제적, 사실적으로 일체로서 행하여진 것으로 보아야 할 것이고, 어느 하나의 존재 없이는 당사자가 다른 하나를 의욕하지 않았을 것으로 보이므로, 권리금계약 부분만 따로 떼어 이를 취소할 수는 없다고 할 것이고, 따라서 원심으로서는 권리금계약에 취소사유가 있다고 판단한 경우라면 마땅히 임차권양도계약까지도 취소하였어야 한다(대판 2013.5.9. 2012다115120).

[ㄴ ▸ X] 권리자가 무권리자의 처분을 추인하면 무권대리에 대해 본인이 추인을 한 경우와 당사자들 사이의 이익상황이 유사하므로, 무권대리의 추인에 관한 민법 제130조, 제133조 등을 무권리자의 추인에 유추적용할 수 있다. 따라서 무권리자의 처분이 계약으로 이루어진 경우에 권리자가 이를 추인하면 원칙적으로 계약의 효과가 계약을 체결했을 때에 소급하여 권리자에게 귀속된다고 보아야 한다(대판 2017.6.8. 2017다3499).

[ㄷ ▸ X] 무효인 법률행위를 추인에 의하여 새로운 법률행위로 보기 위하여서는 당사자가 이전의 법률행위가 무효임을 알고 그 행위에 대하여 추인하여야 한다. 한편 추인은 묵시적으로도 가능하나, 묵시적 추인을 인정하기 위해서는 본인이 그 행위로 처하게 된 법적 지위를 충분히 이해하고 그럼에도 진의에 기하여 그 행위의 결과가 자기에게 귀속된다는 것을 승인한 것으로 볼 만한 사정이 있어야 할 것이므로 이를 판단함에 있어서는 관계되는 여러 사정을 종합적으로 검토하여 신중하게 하여야 한다. 위와 같은 법리를 고려하면, 당사자가 이전의 법률행위가 존재함을 알고 그 유효함을 전제로 하여 이에 터 잡은 후속행위를 하였다고 해서 그것만으로 이전의 법률행위를 묵시적으로 추인하였다고 단정할 수는 없고, 묵시적 추인을 인정하기 위해서는 이전의 법률행위가 무효임을 알거나 적어도 무효임을 의심하면서도 그 행위의 효과를 자기에게 귀속시키도록 하는 의사로 후속행위를 하였음이 인정되어야 할 것이다(대판 2014.3.27. 2012다106607).

[ㄹ ▸ X] 매매당사자 일방이 계약 당시 상대방에게 계약금을 교부한 경우 당사자 사이에 다른 약정이 없는 한 당사자 일방이 계약이행에 착수할 때까지 계약금교부자는 이를 포기하고 계약을 해제할 수 있고, 그 상대방은 계약금의 배액을 상환하고 계약을 해제할 수 있음이 계약 일반의 법리인 이상, 특별한 사정이 없는 한 국토이용관리법상의 토지거래허가를 받지 않아 유동적 무효상태인 매매계약에 있어서도 당사자 사이의 매매계약은 매도인이 계약금의 배액을 상환하고 계약을 해제함으로써 적법하게 해제된다(대판 1997.6.27. 97다9369).

[ㅁ ▸ O] 취소한 법률행위는 처음부터 무효인 것으로 간주되므로 취소할 수 있는 법률행위가 일단 취소된 이상 그후에는 취소할 수 있는 법률행위의 추인에 의하여 이미 취소되어 무효인 것으로 간주된 당초의 의사표시를 다시 확정적으로 유효하게 할 수는 없고, 다만 무효인 법률행위의 추인의 요건과 효력으로서 추인할 수는 있으나, 무효행위의 추인은 그 무효원인이 소멸한 후에 하여야 그 효력이 있고, 따라서 강박에 의한 의사표시임을 이유로 일단 유효하게 취소되어 당초의 의사표시가 무효로 된 후에 추인한 경우 그 추인이 효력을 가지기 위하여는 그 무효원인이 소멸한 후일 것을 요한다고 할 것인데, 그 무효원인이란 바로 위 의사표시의 취소사유라 할 것이므로 결국 무효원인이 소멸한 후란 것은 당초의 의사표시의 성립과정에 존재하였던 취소의 원인이 종료된 후, 즉 강박상태에서 벗어난 후라고 보아야 한다(대판 1997.12.12. 95다38240).

2017년 변호사시험 문 33.
☑ 확인Check! O △ X

법률행위의 무효·취소에 관한 설명 중 옳지 않은 것은?(다툼이 있는 경우 판례에 의함)

① 미성년자가 법정대리인의 동의 없이 한 법률행위를 법정대리인이 적법하게 추인한 이후에는 그 미성년자는 자신의 법률행위를 취소할 수 없다.

② 강박에 의한 의사표시임을 이유로 의사표시를 적법하게 취소한 표의자는 강박상태에서 벗어난 후 이미 취소된 의사표시를 무효행위 추인의 요건을 갖추어 추인할 수 있다.

③ 불공정한 법률행위는 절대적 무효이므로 무효행위의 전환이 인정되지 않는다.

④ 「국토의 계획 및 이용에 관한 법률」의 토지거래허가구역 내의 토지에 대하여 관할 관청의 허가 없이 체결된 매매계약이 확정적으로 무효인 경우가 아니라면 그 매매계약의 일방당사자는 상대방당사자에게 공동으로 관할 관청의 허가를 신청하기 위해 필요한 협력의무의 이행을 요구할 수 있다.

⑤ 甲이 乙을 강박하여 乙 소유 건물을 매수한 후 이를 다시 이런 사정을 잘 아는 丙에게 매도한 경우, 乙이 강박을 이유로 매매계약을 취소하려면 丙이 아니라 甲에게 취소의 의사표시를 해야 한다.

[❶ ▸ O] 법정대리인이 적법하게 추인한 이후에는 법률행위는 확정적으로 유효하게 되어 더 이상 취소할 수 없으므로, 미성년자의 취소권도 소멸한다.

법령 **추인의 방법, 효과(민법 제143조)** ① 취소할 수 있는 법률행위는 제140조에 규정한 자가 추인할 수 있고 추인 후에는 취소하지 못한다.
법률행위의 취소권자(민법 제140조) 취소할 수 있는 법률행위는 제한능력자, 착오로 인하거나 사기·강박에 의하여 의사표시를 한 자, 그의 대리인 또는 승계인만이 취소할 수 있다.

[❷ ▸ O] 취소한 법률행위는 처음부터 무효인 것으로 간주되므로 취소할 수 있는 법률행위가 일단 취소된 이상 그 후에는 취소할 수 있는 법률행위의 추인에 의하여 이미 취소되어 무효인 것으로 간주된 당초의 의사표시를 다시 확정적으로 유효하게 할 수는 없고, 다만 무효인 법률행위의 추인의 요건과 효력으로서 추인할 수는 있으나, 무효행위의 추인은 그 무효원인이 소멸한 후에 하여야 그 효력이 있고, 따라서 강박에 의한 의사표시임을 이유로 일단 유효하게 취소되어 당초의 의사표시가 무효로 된 후에 추인한 경우 그 추인이 효력을 가지기 위하여는 그 무효원인이 소멸한 후일 것을 요한다고 할 것인데, 그 무효원인이란 바로 위 의사표시의 취소사유라 할 것이므로 결국 무효원인이 소멸한 후란 것은 당초의 의사표시의 성립과정에 존재하였던 취소의 원인이 종료된 후, 즉 강박상태에서 벗어난 후라고 보아야 한다(대판 1997.12.12. 95다38240).

[**❸** ▸ ×] 매매계약이 약정된 매매대금의 과다로 말미암아 민법 제104조에서 정하는 '불공정한 법률행위'에 해당하여 무효인 경우에도 무효행위의 전환에 관한 민법 제138조가 적용될 수 있다. 따라서 당사자 쌍방이 위와 같은 무효를 알았더라면 대금을 다른 액으로 정하여 매매계약에 합의하였을 것이라고 예외적으로 인정되는 경우에는, 그 대금액을 내용으로 하는 매매계약이 유효하게 성립한다. 이때 당사자의 의사는 매매계약이 무효임을 계약 당시에 알았다면 의욕하였을 가정적(假定的) 효과의사로서, 당사자 본인이 계약체결 시와 같은 구체적 사정 아래 있다고 상정하는 경우에 거래관행을 고려하여 신의성실의 원칙에 비추어 결단하였을 바를 의미한다(대판 2010.7.15, 2009다50308).

[**❹** ▸ ○] 규제지역 내의 토지에 대하여 거래계약이 체결된 경우에 계약을 체결한 당사자 사이에 있어서는 그 계약이 효력 있는 것으로 완성될 수 있도록 서로 협력할 의무가 있음이 당연하므로, 계약의 쌍방당사자는 공동으로 관할 관청의 허가를 신청할 의무가 있고, 이러한 의무에 위배하여 허가신청절차에 협력하지 않는 당사자에 대하여 상대방은 협력의무의 이행을 소송으로써 구할 이익이 있다(대판 1991.12.24, 90다12243 [전합]).

[**❺** ▸ ○] 취소할 수 있는 법률행위의 상대방이 확정한 경우에는 그 취소는 그 상대방에 대한 의사표시로 하여야 하므로(민법 제142조 참조), 취소의 의사표시는 법률행위의 상대방인 甲에게 해야 한다.

2016년 변호사시험 문 2.

☑ 확인Check! ○ △ ✕

甲과 乙은 2010.1.7. 「국토의 계획 및 이용에 관한 법률」상 토지거래허가구역 내에 있는 甲의 X토지를 乙에게 매도하는 매매계약을 체결하면서 "甲과 乙은 2010.2.7.까지 토지거래허가를 받는다. 乙은 甲에게 계약 당일 계약금을, 2010.3.7. 중도금을, 2010.5.7. 잔금을 지급한다. 甲은 乙로부터 잔금을 지급받음과 동시에 乙 앞으로 X토지에 관한 소유권이전등기를 마친다"라는 내용의 약정을 하였다. 이 약정에 따라 乙은 계약 당일 甲에게 계약금을 지급하였다. 다음 설명 중 옳지 않은 것은?(각 지문은 독립적이며, 다툼이 있는 경우 판례에 의함)

① 甲과 乙이 토지거래허가를 신청하여 관할 관청으로부터 토지거래허가를 받은 후에도 甲은 乙이 중도금지급채무의 이행에 착수하기 전에 乙로부터 지급받은 계약금의 배액을 乙에게 지급하고 매매계약을 해제할 수 있다.

② 甲과 乙이 2010.2.7.까지 토지거래허가를 받지 못하였다고 하더라도, 약정된 기간 내에 토지거래허가를 받지 못할 경우 계약해제 등의 절차 없이 곧바로 당해 매매계약을 무효로 하기로 약정하였다는 등의 특별한 사정이 없는 한, 매매계약이 확정적으로 무효가 되는 것은 아니다.

③ 매매계약이 乙의 사기에 의해 체결된 경우라도, 甲은 토지거래허가를 신청하기 전 단계에서는 乙의 사기를 이유로 매매계약의 취소를 주장하여 매매계약을 확정적으로 무효화시킬 수 없다.

④ 甲은 토지거래허가를 받기 전에는 乙이 중도금을 2010.3.7.이 도과할 때까지 지급하지 않았다 하더라도 이를 이유로 매매계약을 해제할 수 없다.

⑤ 甲과 乙은 상대방에 대하여 공동으로 관할 관청의 허가를 신청할 의무를 부담한다. 만일 甲이 이러한 의무에 위배하여 허가신청절차에 협력하지 않으면 乙은 甲에 대하여 협력의무의 이행을 소송으로써 구할 이익이 있다.

[**❶** ▸ ○] 국토의 계획 및 이용에 관한 법률에 정한 토지거래계약에 관한 허가구역으로 지정된 구역 안의 토지에 관하여 매매계약이 체결된 후 계약금만 수수한 상태에서 당사자가 토지거래허가신청을 하고 이에 따라 관할 관청으로부터 그 허가를 받았다 하더라도, 그러한 사정만으로는 아직 이행의 착수가 있다고 볼 수 없어 매도인으로서는 민법 제565조에 의하여 계약금의 배액을 상환하여 매매계약을 해제할 수 있다(대판 2009.4.23, 2008다62427).

[**❷** ▸ ○] 유동적 무효상태에 있는, 토지거래허가구역 내 토지에 관한 매매계약에서 계약의 쌍방당사자는 공동허가신청절차에 협력할 의무가 있고, 이러한 의무에 위배하여 허가신청절차에 협력하지 않는 당사자에 대하여 상대방은 협력의무의 이행을 소구할 수도 있다. 그러므로 매매계약 체결 당시 일정한 기간 안에 토지거래허가를 받기로 약정하였다고 하더라도, 그 약정된 기간 내에 토지거래허가를 받지 못할 경우 계약해제 등의 절차 없이 곧바로 매매계약을 무효로 하기로 약정한

③ **정답**

취지라는 등의 특별한 사정이 없는 한, 이를 쌍무계약에서 이행기를 정한 것과 달리 볼 것이 아니므로 <u>위 약정기간이 경과하였다는 사정만으로 곧바로 매매계약이 확정적으로 무효가 된다고 할 수 없다</u>(대판 2009.4.23. 2008다50615).

[❸ ▶ ×] 국토이용관리법상 규제구역 내에 속하는 토지거래에 관하여 관할 도지사로부터 거래허가를 받지 아니한 거래계약은 처음부터 위 허가를 배제하거나 잠탈하는 내용의 계약이 아닌 한 허가를 받기까지는 유동적 무효의 상태에 있고 거래당사자는 거래허가를 받기 위하여 서로 협력할 의무가 있으나, <u>그 토지거래가 계약당사자의 표시와 불일치한 의사(비진의표시, 허위표시 또는 착오) 또는 사기, 강박과 같은 하자 있는 의사에 의하여 이루어진 경우에는, 이들 사유에 의하여 그 거래의 무효 또는 취소를 주장할 수 있는 당사자는 그러한 거래허가를 신청하기 전 단계에서 이러한 사유를 주장하여 거래허가신청 협력에 대한 거절의사를 일방적으로 명백히 함으로써 그 계약을 확정적으로 무효화시키고 자신의 거래허가절차에 협력할 의무를 면할 수 있다</u>(대판 1997.11.14. 97다36118).

[❹ ▶ ○] 국토이용관리법상 토지거래허가구역 내에 있는 토지에 관하여 소유권 등 권리를 이전 또는 설정하는 내용의 거래계약은 관할 시장·군수 또는 구청장의 허가를 받아야만 효력이 발생하고 허가를 받기 전에는 물권적 효력은 물론 채권적 효력도 발생하지 아니하여 무효라고 보아야 할 것이므로, 따라서 허가받을 것을 전제로 하는 거래계약은 허가를 받을 때까지는 법률상 미완성의 법률행위로서 소유권 등 권리의 이전 또는 설정에 관한 거래의 효력이 전혀 발생하지 않으나 일단 허가를 받으면 그 계약은 소급하여 유효한 계약이 되고, 이와 달리 불허가가 된 때에 무효로 확정되므로 허가를 받기까지는 유동적 무효의 상태에 있다고 볼 것인바, <u>허가를 받을 것을 전제로 한 거래계약은 허가받기 전의 상태에 서는 거래계약의 채권적 효력도 전혀 발생하지 않으므로 권리의 이전 또는 설정에 관한 어떠한 내용의 이행청구도 할 수 없고, 그러한 거래계약의 당사자로서는 허가받기 전의 상태에서 상대방의 거래계약상 채무불이행을 이유로 거래계약을 해제하거나 그로 인한 손해배상을 청구할 수 없다</u>(대판 1997.7.25. 97다4357).

[❺ ▶ ○] 규제지역 내의 토지에 대하여 거래계약이 체결된 경우에 계약을 체결한 당사자 사이에 있어서는 그 계약이 효력 있는 것으로 완성될 수 있도록 서로 협력할 의무가 있음이 당연하므로, <u>계약의 쌍방당사자는 공동으로 관할 관청의 허가를 신청할 의무가 있고, 이러한 의무에 위배하여 허가신청절차에 협력하지 않는 당사자에 대하여 상대방은 협력의무의 이행을 소송으로써 구할 이익이 있다</u>(대판 1991.12.24. 90다12243 [전합]).

제5절 법률행위의 부관 ★

조건 또는 기한에 관한 설명 중 옳지 않은 것은?(다툼이 있는 경우 판례에 의함)

① 법률행위효력의 발생 또는 소멸을 장래의 불확실한 사실의 성부에 의존케 하는 조건을 법률행위에 붙이고자 하는 의사가 있다 하더라도 이를 외부에 표시하지 않으면 법률행위의 동기에 불과한 것이다.

② 조건의 성취로 불이익을 받을 당사자가 신의성실에 반하여 조건의 성취를 방해할 경우 상대방은 조건이 성취된 것으로 주장할 수 있고, 이 경우 조건이 성취된 것으로 의제되는 시점은 방해행위가 없었더라면 조건이 성취되었을 것으로 추산되는 시점이다.

③ 이행기가 도래하지 않았거나 조건이 성취되지 않은 청구권에 관하여 채무자가 미리 채무의 존재를 다투기 때문에 이행기가 도래하거나 조건이 성취되었을 때에 임의이행을 기대할 수 없는 경우, 채권자는 장래이행의 소를 제기할 수 있다.

④ 법률행위에 조건이 붙어 있는지 여부에 대한 증명책임은 그 조건의 존재를 주장하는 자에게 있다.

⑤ 기한은 채무자의 이익을 위한 것으로 의제되므로 당사자 사이에 기한 이익의 상실에 관한 특약을 하여도 효력이 없다.

[❶ ▸ ○] 조건은 법률행위의 효력의 발생 또는 소멸을 장래의 불확실한 사실의 성부에 의존케 하는 법률행위의 부관으로서 당해 법률행위를 구성하는 의사표시의 일체적인 내용을 이루는 것이므로, 의사표시의 일반원칙에 따라 조건을 붙이고자 하는 의사 즉 조건의사와 그 표시가 필요하며, 조건의사가 있더라도 그것이 외부에 표시되지 않으면 법률행위의 동기에 불과할 뿐이고 그것만으로는 법률행위의 부관으로서의 조건이 되는 것은 아니다(대판 2003.5.13. 2003다10797).

[❷ ▸ ○] 조건의 성취로 인하여 불이익을 받을 당사자가 신의성실에 반하여 조건의 성취를 방해한 경우, 조건이 성취된 것으로 의제되는 시점은 이러한 신의성실에 반하는 행위가 없었더라면 조건이 성취되었으리라고 추산되는 시점이다(대판 1998.12.22. 98다42356).

[❸ ▸ ○] 장래이행을 청구하는 소는 미리 청구할 필요가 있는 경우에 한하여 제기할 수 있는바, 여기서 미리 청구할 필요가 있는 경우라 함은 이행기가 도래하지 않았거나 조건 미성취의 청구권에 있어서는 채무자가 미리부터 채무의 존재를 다투기 때문에 이행기가 도래되거나 조건이 성취되었을 때에 임의의 이행을 기대할 수 없는 경우를 말한다(대판 2004.09.03. 2002다37405).

[❹ ▸ ○] 조건은 법률행위의 당사자가 그 의사표시에 의하여 그 법률행위와 동시에 그 법률행위의 내용으로서 부가시켜 그 법률행위의 효력을 제한하는 법률행위의 부관이므로 구체적인 사실관계가 어느 법률행위에 붙은 조건의 성취에 해당하는지 여부는 의사표시의 해석에 속하는 경우도 있다고 할 수 있지만, 어느 법률행위에 어떤 조건이 붙어 있었는지 아닌지는 사실 인정의 문제로서 그 조건의 존재를 주장하는 자가 이를 입증하여야 한다고 할 것이다(대판 2006.11.24. 2006다35766).

[❺ ▸ ✕] 기한은 채무자의 이익을 위한 것으로 추정되므로(민법 제153조 제1항 참조), 당사자 사이에 기한이익 상실의 특약도 유효하게 할 수 있다.

법령 | **기한의 이익과 그 포기(민법 제153조)** ① 기한은 채무자의 이익을 위한 것으로 추정한다.
② 기한의 이익은 이를 포기할 수 있다. 그러나 상대방의 이익을 해하지 못한다.

2019년 변호사시험 문 28.

☑ 확인Check! ○ △ ✕

기한이익의 상실에 관한 설명 중 옳은 것(○)과 옳지 않은 것(✕)을 올바르게 조합한 것은?(다툼이 있는 경우 판례에 의함)

ㄱ. 기한이익의 상실에 관한 「민법」 제388조는 임의규정이므로 당사자 사이에 위 규정과 다른 내용의 약정이 있는 경우에는 그 약정에 따라 기한이익의 상실 여부를 판단하여야 한다.

ㄴ. 일반적으로 기한이익 상실의 특약이 채무자를 위하여 둔 것인 점에 비추어 명백히 형성권적 기한이익 상실의 특약이라고 볼 만한 특별한 사정이 없는 이상 정지조건부 기한이익 상실의 특약으로 추정하는 것이 타당하다.

ㄷ. 형성권적 기한이익 상실의 특약이 있는 할부채무에 있어서는 1회의 불이행이 있더라도 각 할부금에 대해 그 각 변제기의 도래 시마다 그때부터 순차로 소멸시효가 진행하고, 채권자가 특히 잔존채무 전액의 변제를 구하는 취지의 의사를 표시한 경우에 한하여 전액에 대하여 그때부터 소멸시효가 진행한다.

ㄹ. 정지조건부 기한이익 상실의 특약을 하였을 경우에는, 그 특약이 정한 기한이익 상실의 사유가 발생한 이후 특별한 사정이 없는 한 채무자가 채권자로부터 이행청구를 받은 때로부터 이행지체상태에 놓이게 된다.

① ㄱ(○) ㄴ(○) ㄷ(✕) ㄹ(✕) 　　② ㄱ(○) ㄴ(✕) ㄷ(○) ㄹ(✕)
③ ㄱ(○) ㄴ(✕) ㄷ(✕) ㄹ(○) 　　④ ㄱ(✕) ㄴ(○) ㄷ(○) ㄹ(✕)
⑤ ㄱ(✕) ㄴ(✕) ㄷ(○) ㄹ(○)

 법령 **기한의 이익의 상실(민법 제388조)** 　채무자는 다음 각 호의 경우에는 기한의 이익을 주장하지 못한다.
　1. 채무자가 담보를 손상, 감소 또는 멸실하게 한 때
　2. 채무자가 담보 제공의 의무를 이행하지 아니한 때

[ㄱ ▸ ○] 기한의 이익의 상실에 관한 민법 제388조는 임의규정이므로 당사자 사이에 위 규정과 다른 내용의 약정이 있는 경우에는 그 약정에 따라 기한의 이익의 상실 여부를 판단하여야 한다(대판 2001.10.12. 99다56192).

[ㄴ ▸ ✕] 기한이익 상실의 특약은 그 내용에 의하여 일정한 사유가 발생하면 채권자의 청구 등을 요함이 없이 당연히 기한의 이익이 상실되어 이행기가 도래하는 것으로 하는 정지조건부 기한이익 상실의 특약과 일정한 사유가 발생한 후 채권자의 통지나 청구 등 채권자의 의사행위를 기다려 비로소 이행기가 도래하는 것으로 하는 형성권적 기한이익 상실의 특약의 두 가지로 대별할 수 있고, 기한이익 상실의 특약이 위의 양자 중 어느 것에 해당하느냐는 당사자의 의사 해석의 문제이지만 일반적으로 기한이익 상실의 특약이 채권자를 위하여 둔 것인 점에 비추어 명백히 정지조건부 기한이익 상실의 특약이라고 볼 만한 특별한 사정이 없는 이상 형성권적 기한이익 상실의 특약으로 추정하는 것이 타당하다(대판 2002.9.4. 2002다28340).

[ㄷ ▸ ○] 형성권적 기한이익 상실의 특약이 있는 경우에는 그 특약은 채권자의 이익을 위한 것으로서 기한이익의 상실사유가 발생하였다고 하더라도 채권자가 나머지 전액을 일시에 청구할 것인가 또는 종래대로 할부변제를 청구할 것인가를 자유로이 선택할 수 있으므로, 이와 같은 기한이익 상실의 특약이 있는 할부채무에 있어서는 1회의 불이행이 있더라도 각 할부금에 대해 그 각 변제기의 도래 시마다 그때부터 순차로 소멸시효가 진행하고 채권자가 특히 잔존채무 전액의 변제를 구하는 취지의 의사를 표시한 경우에 한하여 전액에 대하여 그때부터 소멸시효가 진행한다(대판 2002.9.4. 2002다28340).

[ㄹ ▸ ✕] 채권자의 별도의 의사표시가 없더라도 바로 이행기가 도래한 것과 같은 효과를 발생케 하는 이른바 정지조건부 기한이익 상실의 특약을 하였을 경우에는 그 특약에 정한 기한의 이익상실사유가 발생함과 동시에 기한의 이익을 상실케 하는 채권자의 의사표시가 없더라도 이행기 도래의 효과가 발생하고, 채무자는 특별한 사정이 없는 한 그때부터 이행지체의 상태에 놓이게 된다(대판 1999.7.9. 99다15184).

제1절 기 간

제2절 소멸시효 ★★★★

2012년 변호사시험 문 17. ☑ 확인 Check! ○ △ ✕

가구상 甲이 乙에게 고가의 가구를 외상으로 판매한 후 乙을 상대로 외상대금의 지급을 청구하는 소를 제기하였다. 다음 설명 중 옳지 않은 것은?(각 지문은 독립적이고, 다툼이 있는 경우에는 판례에 의함)

① 외상대금채권의 소멸시효가 완성되었더라도, 법원은 乙의 원용이 없는 한 직권으로 외상대금채권의 소멸시효가 완성되었다고 인정할 수 없다.

② 위 소송에서 乙이 외상대금채권의 변제기를 2006.4.2.이라고 주장한 경우, 증거조사결과 변제기가 2005.4.2.인 사실이 인정되더라도, 법원은 2005.4.2.을 소멸시효의 기산일로 삼아 소멸시효 완성 여부를 판단할 수 없다.

③ 위 소송에서 乙이 외상대금채권의 변제기를 2006.4.2.이라고 주장한 경우, 증거조사결과 변제기가 2007.4.2.인 사실이 인정된다면, 법원은 2007.4.2.을 소멸시효의 기산일로 삼아 소멸시효 완성 여부를 판단할 수 있다.

④ 외상대금채권의 변제기가 2005.4.2.인데, 甲이 2008.3.27. 乙에게 외상대금을 지급하라고 최고하였으나, 2008.4.14. 乙로부터 그 이행의무의 존부에 관하여 조사할 것이 있으니 기다려 달라는 답변을 받고 다시 2008.4.20. 乙로부터 그 이행을 거절한다는 통지를 받은 후 2008.10.15. 위 소를 제기하였다면, 위 최고 시에 외상대금채권의 소멸시효는 중단된다.

⑤ 위 소송에서 甲과 乙이 외상대금채권의 소멸시효기간을 상법이 정한 5년이라고 주장하였더라도, 법원은 그 소멸시효기간을 민법이 정한 3년으로 판단할 수 있다.

[**❶ ▶ ○**] 민법상 당사자의 원용이 없어도 시효완성의 사실로서 채무는 당연히 소멸되는 것이고 다만 변론주의의 원칙상 소멸시효의 이익을 받을 자가 그것을 포기하지 않고 실제 소송에 있어서 권리를 주장하는 자에 대항하여 시효소멸의 이익을 받겠다는 뜻을 항변을 하지 않는 이상 그 의사에 반하여 재판할 수 없을 뿐이다(대판 1979.2.13. 78다2157).

[**❷ ▶ ○**] [**❸ ▶ ✕**] 소멸시효의 기산일은 채무의 소멸이라고 하는 법률효과 발생의 요건에 해당하는 소멸시효기간 계산의 시발점으로서 소멸시효항변의 법률요건을 구성하는 구체적인 사실에 해당하므로 이는 변론주의의 적용대상이고, 따라서 본래의 소멸시효 기산일과 당사자가 주장하는 기산일이 서로 다른 경우에는 변론주의의 원칙상 법원은 당사자가 주장하는 기산일을 기준으로 소멸시효를 계산하여야 하는데, 이는 당사자가 본래의 기산일보다 뒤의 날짜를 기산일로 하여 주장하는 경우는 물론이고 특별한 사정이 없는 한 그 반대의 경우에 있어서도 마찬가지이다(대판 1995.8.25. 94다35886).

[**❹ ▶ ○**] 甲이 2008.3.27.에 최고를 하였으므로 6월 내에 재판상 청구를 해야 시효중단의 효력이 있으나, 乙이 조사 등을 이유로 이행의 유예를 구한 경우에는, 그 회답을 받은 2008.4.20부터 6월 내에 재판상 청구를 하면 된다. 따라서 甲이 재판상 청구를 한 2008.10.15.은 2008.4.20.부터 6월 내이므로, 최고 시인 2008.3.27.에 외상대금채권의 소멸시효는 중단된다.

판례 소멸시효제도 특히 시효중단제도는 그 제도의 취지에 비추어 볼 때 이에 관한 기산점이나 만료점은 원권리자를 위하여 너그럽게 해석하는 것이 상당하다 할 것이므로, 민법 제174조 소정의 시효중단사유로서의 최고에 있어서 채무이행을 최고받은 채무자가 그 이행의무의 존부 등에 대하여 조사를 해 볼 필요가 있다는 이유로 채권자에 대하여 그 이행의 유예를 구한 경우에는 채권자가 그 회답을 받을 때까지는 최고의 효력이 계속된다고 보아야 하고, 따라서 같은 조에 규정된 6월의 기간은 채권자가 채무자로부터 회답을 받은 때로부터 기산되는 것이라고 해석하여야 할 것이다(대판 2006.6.16. 2005다25632).

 법령 **최고와 시효중단(민법 제174조)**   최고는 6월 내에 재판상의 청구, 파산절차 참가, 화해를 위한 소환, 임의출석, 압류 또는 가압류, 가처분을 하지 아니하면 시효중단의 효력이 없다.

[**⑤ ▸ ○**] 어떤 권리의 소멸시효기간이 얼마나 되는지에 관한 주장은 단순한 법률상의 주장에 불과하므로 변론주의의 적용대상이 되지 않고 법원이 직권으로 판단할 수 있다(대판 2008.3.27. 2006다70929).

2019년 변호사시험 문 2.   ☑ 확인 Check! ○ △ ✕

소멸시효에 관한 설명 중 옳지 않은 것은?(다툼이 있는 경우 판례에 의함)

① 채무자가 소멸시효 완성 후 시효를 원용하지 아니할 것 같은 태도를 보여 권리자로 하여금 이를 신뢰하게 하였고 그 후 채권자가 권리행사를 기대할 수 있는 상당한 기간 내에 권리를 행사한 경우, 채무자가 소멸시효의 완성을 주장하는 것은 허용되지 않는다.

② 체납처분에 의한 채권압류로 인하여 압류채권자의 채무자에 대한 채권의 시효가 중단되었으나 그 후 피압류채권이 기본계약관계의 해지·실효 또는 소멸시효의 완성 등으로 소멸하여 압류 자체가 실효된 경우, 시효중단사유는 종료되고 그때부터 시효가 새로이 진행한다.

③ 동일 당사자 간에 계속적인 거래로 인하여 같은 종류를 목적으로 하는 수개의 채권관계가 성립되어 있는 경우에 채무자가 특정 채무를 지정하지 아니하고 그 일부의 변제를 한 때에도 다른 특별한 사정이 없다면 잔존채무에 대하여도 승인을 한 것으로 보아 시효중단이나 포기의 효력을 인정할 수 있다.

④ 원금채무에 관하여는 소멸시효가 완성되지 아니하였으나 이자채무에 관하여는 소멸시효가 완성된 상태에서 채무자가 채무를 일부변제한 때에는 액수에 관하여 다툼이 없는 한 원금채무에 관하여 묵시적으로 승인하는 한편 이자채무에 관하여 시효완성의 사실을 알고 그 이익을 포기한 것으로 추정된다.

⑤ 법률의 규정에 따른 적법한 가압류가 있었으나 제소기간의 도과로 인하여 가압류가 취소된 경우에는 소멸시효 중단의 효력이 없다.

[**❶ ▸ ○**] 소멸시효를 이유로 한 항변권의 행사도 민법의 대원칙인 신의성실의 원칙과 권리남용금지의 원칙의 지배를 받는 것이어서 채무자가 소멸시효 완성 후 시효를 원용하지 아니할 것 같은 태도를 보여 권리자로 하여금 이를 신뢰하게 하였고, 권리자가 그로부터 권리행사를 기대할 수 있는 상당한 기간 내에 자신의 권리를 행사하였다면, 채무자가 소멸시효 완성을 주장하는 것은 신의성실원칙에 반하는 권리남용으로 허용될 수 없다(대판 2013.5.16. 2012다202819 [전합]).

[**❷ ▸ ○**] 체납처분에 의한 채권압류로 인하여 채권자의 채무자에 대한 채권의 시효가 중단된 경우에 압류에 의한 체납처분절차가 채권추심 등으로 종료된 때뿐만 아니라, 피압류채권이 기본계약관계의 해지·실효 또는 소멸시효 완성 등으로 인하여 소멸함으로써 압류의 대상이 존재하지 않게 되어 압류 자체가 실효된 경우에도 체납처분절차는 더 이상 진행될 수 없으므로 시효중단사유가 종료한 것으로 보아야 하고, 그때부터 시효가 새로이 진행한다(대판 2017.4.28. 2016다239840).

정답 ⑤

CHAPTER 05 기간과 소멸시효 **57**

PART 01

민법총칙

[**❸** ▶ **O**] 동일 당사자 간에 계속적인 거래로 인하여 같은 종류를 목적으로 하는 수개의 채권관계가 성립되어 있는 경우에 채무자가 특정 채무를 지정하지 아니하고 그 일부의 변제를 한 때에도 다른 특별한 사정이 없다면 잔존채무에 대하여도 승인을 한 것으로 보아 시효중단이나 포기의 효력을 인정할 수 있을 것이나, 그 채무가 별개로 성립되어 독립성을 갖고 있는 경우에는 일률적으로 그렇게만 해석할 수는 없을 것이고, 특히 채무자가 가압류목적물에 대한 가압류를 해제받을 목적으로 피보전채권을 변제하는 경우에는 특별한 사정이 없는 한 피보전채권으로 적시되지 아니한 별개의 채무에 대하여 서까지 소멸시효의 이익을 포기한 것이라고 볼 수는 없을 것이다(대판 1993.10.26, 93다14936).

[**❹** ▶ **O**] 원금채무에 관하여는 소멸시효가 완성되지 아니하였으나 이자채무에 관하여는 소멸시효가 완성된 상태에서 채무자가 채무를 일부변제한 때에는 액수에 관하여 다툼이 없는 한 원금채무에 관하여 묵시적으로 승인하는 한편 이자채무 에 관하여 시효완성의 사실을 알고 그 이익을 포기한 것으로 추정되며, 채무자의 변제가 채무 전체를 소멸시키지 못하고 당사자가 변제에 충당할 채무를 지정하지 아니한 때에는 민법 제479조, 제477조에 따른 법정변제충당의 순서에 따라 충당 되어야 한다(대판 2013.5.23, 2013다12464).

[**❺** ▶ **X**] 민법 제175조는 가압류가 '권리자의 청구에 의하여 또는 법률의 규정에 따르지 아니함으로 인하여 취소된 때에는 소멸시효 중단의 효력이 없다'고 규정하고 있고, 이는 그러한 사유가 가압류채권자에게 권리행사의 의사가 없음을 객관적으로 표명하는 행위이거나 또는 처음부터 적법한 권리행사가 있었다고 볼 수 없는 사유에 해당한다고 보기 때문이 므로, 법률의 규정에 따른 적법한 가압류가 있었으나 제소기간의 도과로 인하여 가압류가 취소된 경우에는 위 법조가 정한 소멸시효 중단의 효력이 없는 경우에 해당한다고 볼 수 없다(대판 2011.1.13, 2010다88019).

2017년 변호사시험 문 28.

☑ 확인Check! ○ △ X

소멸시효에 관한 설명 중 옳은 것은?(다툼이 있는 경우 판례에 의함)

① 부동산에 대한 매매대금채권이 소유권이전등기청구권과 동시이행의 관계에 있는 경우, 매수인이 매매목적물인 부동산 을 인도받아 점유하고 있어서 소유권이전등기청구권의 소멸시효가 진행되지 않는 이상 매매대금채권 역시 그 지급기일 이 경과했더라도 소멸시효가 진행되지 않는다.

② 금전채무가 시효소멸한 후 채무자가 미지급이자를 담보하기 위해 자신이 소유한 부동산에 근저당권을 설정해 줌으로써 시효이익을 포기한 경우, 그 후 채무자로부터 그 부동산을 매수한 양수인은 채무자가 한 시효이익 포기의 효력을 부정할 수 있다.

③ 소멸시효 완성 후 시효이익을 받는 당사자인 채무자가 채권자에게 자신의 채무가 있음을 알고 있다는 뜻을 표시하여 채무승인을 한 경우, 시효의 완성으로 인한 법적인 이익을 받지 않겠다는 효과의사가 없더라도 소멸시효이익의 포기로 인정될 수 있다.

④ 채무자가 채권자에게 담보가등기를 경료하고 부동산을 인도하여 준 다음 피담보채권에 대한 이자 또는 지연손해금의 지급에 갈음하여 채권자로 하여금 부동산을 사용·수익하게 한 경우, 채권자가 부동산을 사용·수익하는 동안에도 피담보채권의 소멸시효가 진행된다.

⑤ 소멸시효가 완성된 경우 채무자에 대한 일반채권자는 채권자의 지위에서 독자적으로 시효소멸의 주장을 할 수 없지만 자기의 채권을 보전하기 위하여 필요한 한도 내에서 채무자를 대위하여 시효소멸의 주장을 할 수 있다.

[**❶** ▶ **X**] 부동산에 대한 매매대금채권이 소유권이전등기청구권과 동시이행의 관계에 있다고 할지라도 매도인은 매매대 금의 지급기일 이후 언제라도 그 대금의 지급을 청구할 수 있는 것이며, 다만 매수인은 매도인으로부터 그 이전등기에 관한 이행의 제공을 받기까지 그 지급을 거절할 수 있는 데 지나지 아니하므로 매매대금청구권은 그 지급기일 이후 시효의 진행에 걸린다(대판 1991.3.22, 90다9797).

⑤ 정답

[**❷ ▶ ✕**] 소멸시효이익의 포기는 상대효가 원칙이나, 채무자의 시효이익 포기 이후에 채무자와의 법률관계를 통해 시효 이익을 원용할 이해관계를 형성한 자는, 이미 이루어진 시효이익 포기의 효력을 부정할 수 없다는 것이 판례의 입장이다.

> **판례** 소멸시효이익의 포기는 상대적 효과가 있을 뿐이어서 다른 사람에게는 영향을 미치지 아니함이 원칙이나, 소멸시효이익의 포기 당시에는 권리의 소멸에 의하여 직접 이익을 받을 수 있는 이해관계를 맺은 적이 없다가 나중에 시효이익을 이미 포기한 자와의 법률관계를 통하여 비로소 시효이익을 원용할 이해관계를 형성한 자는 이미 이루어진 시효이익 포기의 효력을 부정할 수 없다. … 소외인[저당권설정자(註)]이 소멸시효 완성의 이익을 포기한 후에 그로부터 이 사건 부동산을 매수한 원고는 소외인이 한 시효이익 포기의 효력을 전제로 하여 근저당권의 제한을 받는 소유권을 취득한 것이어서 소외인이 한 시효이익 포기의 효력을 부정할 수 없다(대판 2015.6.11. 2015다200227).

> **비교** 소멸시효를 원용할 수 있는 사람은 권리의 소멸에 의하여 직접 이익을 받는 사람에 한정되는바, 채권담보의 목적으로 매매예약의 형식을 빌어 소유권이전청구권 보전을 위한 가등기가 경료된 부동산을 양수하여 소유권 이전등기를 마친 제3자는 당해 가등기담보권의 피담보채권의 소멸에 의하여 직접 이익을 받는 자이므로, 그 가등기담보권에 의하여 담보된 채권의 채무자가 아니더라도 그 피담보채권에 관한 소멸시효를 원용할 수 있고, 이와 같은 직접수익자의 소멸시효원용권은 채무자의 소멸시효원용권에 기초한 것이 아닌 독자적인 것으로서 채무를 대위하여서만 시효이익을 원용할 수 있는 것은 아니며, 가사 채무자가 이미 그 가등기에 기한 본등기를 경료하여 시효이익을 포기한 것으로 볼 수 있다고 하더라도 그 시효이익의 포기는 상대적 효과가 있음에 지나지 아니하므로 채무자 이외의 이해관계자에 해당하는 담보부동산의 양수인으로서는 여전히 독자적으로 소멸시효를 원용할 수 있다(대판 1995.7.11. 95다12446).

[**❸ ▶ ✕**] 소멸시효중단사유로서의 채무승인은 시효이익을 받는 당사자인 채무자가 소멸시효의 완성으로 채권을 상실하게 될 자에 대하여 상대방의 권리 또는 자신의 채무가 있음을 알고 있다는 뜻을 표시함으로써 성립하는 이른바 관념의 통지로 여기에 어떠한 효과의사가 필요하지 않다. 이에 반하여 시효완성 후 시효이익의 포기가 인정되려면 시효이익을 받는 채무자가 시효의 완성으로 인한 법적인 이익을 받지 않겠다는 효과의사가 필요하기 때문에 시효완성 후 소멸시효중단 사유에 해당하는 채무의 승인이 있었다 하더라도 그것만으로는 곧바로 소멸시효이익의 포기라는 의사표시가 있었다고 단정할 수 없다(대판 2013.2.28. 2011다21556).

[**❹ ▶ ✕**] 담보가등기를 경료한 부동산을 인도받아 점유하더라도 담보가등기의 피담보채권의 소멸시효가 중단되는 것은 아니지만, 채무의 일부를 변제하는 경우에는 채무 전부에 관하여 시효중단의 효력이 발생하는 것이므로, 채무자가 채권자에게 담보가등기를 경료하고 부동산을 인도하여 준 다음 피담보채권에 대한 이자 또는 지연손해금의 지급에 갈음하여 채권자로 하여금 부동산을 사용수익할 수 있도록 한 경우라면, 채권자가 부동산을 사용수익하는 동안에는 채무자가 계속하여 이자 또는 지연손해금을 채권자에게 변제하고 있는 것으로 볼 수 있으므로 피담보채권의 소멸시효가 중단된다고 보아야 한다(대판 2009.11.12. 2009다51028).

[**❺ ▶ ○**] 소멸시효가 완성된 경우 이를 주장할 수 있는 사람은 시효로 인하여 채무가 소멸되는 결과 직접적인 이익을 받는 사람에 한정되므로, 채무자에 대한 일반채권자는 자기의 채권을 보전하기 위하여 필요한 한도 내에서 채무자를 대위하여 소멸시효주장을 할 수 있을 뿐 채권자의 지위에서 독자적으로 소멸시효의 주장을 할 수 없다(대판 1997.12.26. 97다22676).

소멸시효에 관한 설명 중 옳은 것은?(각 지문은 독립적이며, 다툼이 있는 경우 판례에 의함)

① 甲 소유의 X토지에 丙의 乙에 대한 대여금채무를 피담보채무로 하는 근저당권설정등기가 마쳐진 후 甲은 근저당권자인 乙을 상대로 위 대여금채무가 변제로 인하여 소멸하였음을 이유로 하는 근저당권설정등기말소청구의 소를 제기하였다. 이 소송에서 乙이 적극적으로 응소하여 위 대여금채무가 변제되지 않았다고 다툰 결과 甲의 청구를 기각하는 판결이 선고되었다면 乙의 응소는 위 대여금채무의 소멸시효 중단을 위한 재판상 청구에 해당한다.

② 甲과 乙은 2005.7.1. "甲은 그 소유의 X토지를 乙에게 매도하되, 2005.7.8. 甲이 乙 앞으로 X토지의 소유권이전등기를 마침과 동시에 乙은 甲에게 매매대금을 지급한다"라는 내용의 계약을 체결하였다. 2015.12.28. 현재 甲과 乙이 서로 위 계약의 이행을 위한 아무런 조치를 취하지 않은 상태라면 甲의 乙에 대한 매매대금지급청구권의 소멸시효는 완성되지 않았다.

③ 甲은 그 소유의 X토지를 乙에게 매도 및 인도하였고, 乙은 X토지를 사용·수익하다가 2005.7.8. 丙에게 X토지를 매도 및 인도하였으며, 그 이후 丙이 계속하여 X토지를 사용·수익하였다면, 2015.12.28. 현재 乙의 甲에 대한 X토지의 소유권이전등기청구권의 소멸시효는 완성되었다.

④ 甲은 丙의 乙에 대한 대여금채무를 연대보증하였다. 乙은 丙에 대한 대여금채권을 보전하기 위하여 丙 소유의 X토지에 대한 가압류신청을 하였고 이에 따른 가압류결정과 가압류기입등기가 이루어졌으나, 乙은 이러한 사정을 연대보증인인 甲에게 알리지 않았다. 이 경우 가압류에 의한 시효중단의 효력은 甲에게 미친다.

⑤ 甲은 乙로부터 금원을 차용하면서 차용금채무를 담보하기 위하여 甲 소유의 X토지에 관하여 乙 앞으로 담보가등기를 설정하였고, 그 후 丙이 甲으로부터 X토지의 소유권을 취득하였다. 이 경우 丙은 甲의 乙에 대한 위 차용금채무의 소멸시효를 원용할 수 없다.

[❶ ▸ ✕]　채권자에 대해서는 아무런 채무도 부담하고 있지 않은 물상보증인 甲의 소송에 채권자 乙이 응소한 경우에는, 시효중단사유로서의 재판상 청구에 해당하지 않는다.

> 타인의 채무를 담보하기 위하여 자기의 물건에 담보권을 설정한 물상보증인은 채권자에 대하여 물적 유한책임을 지고 있어 그 피담보채권의 소멸에 의하여 직접 이익을 받는 관계에 있으므로 소멸시효의 완성을 주장할 수 있는 것이지만, 채권자에 대하여는 아무런 채무도 부담하고 있지 아니하므로, 물상보증인이 그 피담보채무의 부존재 또는 소멸을 이유로 제기한 저당권설정등기말소등기절차이행청구소송에서 채권자 겸 저당권자가 청구기각의 판결을 구하고 피담보채권의 존재를 주장하였다고 하더라도 이로써 직접 채무자에 대하여 재판상 청구를 한 것으로 볼 수는 없는 것이므로 피담보채권의 소멸시효에 관하여 규정한 민법 제168조 제1호 소정의 '청구'에 해당하지 아니한다(대판 2004.1.16. 2003다30890).

[❷ ▸ ✕]　동시이행의 항변권이 붙어 있는 채권이라 하더라도, 약정한 이행기부터 소멸시효가 진행한다. 따라서 동시이행의 항변권이 붙어 있는 甲의 乙에 대한 매매대금지급청구권은 2005.7.8.부터 소멸시효가 진행되므로, 2015.12.28. 현재에는 10년이 경과하여 소멸시효가 완성되었다.

> 부동산에 대한 매매대금채권이 소유권이전등기청구권과 동시이행의 관계에 있다고 할지라도 매도인은 매매대금의 지급기일 이후 언제라도 그 대금의 지급을 청구할 수 있는 것이며, 다만 매수인은 매도인으로부터 그 이전등기에 관한 이행의 제공을 받기까지 그 지급을 거절할 수 있는 데 지나지 아니하므로 매매대금청구권은 그 지급기일 이후 시효의 진행에 걸린다(대판 1991.3.22. 90다9797).

[❸ ▸ ✕] 부동산의 미등기매수인 乙이 인도받아 사용·수익한 경우뿐만 아니라, 미등기인 채로 전매하고 점유이전한 경우에도 이전등기청구권의 소멸시효는 진행하지 않는다. 따라서 乙의 甲에 대한 X토지의 소유권이전등기청구권의 소멸시효는 완성되지 않았다.

부동산의 매수인이 그 부동산을 인도받은 이상 이를 사용·수익하다가 그 부동산에 대한 보다 적극적인 권리행사의 일환으로 다른 사람에게 그 부동산을 처분하고 그 점유를 승계하여 준 경우에도 그 이전등기청구권의 행사 여부에 관하여 그가 그 부동산을 스스로 계속 사용·수익만 하고 있는 경우와 특별히 다를 바 없으므로 위 두 어느 경우에나 이전등기청구권의 소멸시효는 진행되지 않는다고 보아야 한다(대판 1999.3.18, 98다32175 [전합]).

[❹ ▸ ○] 주채무자에 대한 시효중단은 보증인에 대해 그 효력이 있으므로, 채권자 乙의 주채무자 丙에 대한 가압류에 의한 시효중단의 효력은, 별도의 통지가 없더라도 보증인 甲에게 미친다.

민법 제169조는 "시효의 중단은 당사자 및 그 승계인 간에만 효력이 있다"고 규정하고 있고, 한편 민법 제440조는 "주채무자에 대한 시효의 중단은 보증인에 대하여 그 효력이 있다"라고 규정하고 있는바, 민법 제440조는 민법 제169조의 예외규정으로서 이는 채권자 보호 내지 채권담보의 확보를 위하여 주채무자에 대한 시효중단의 사유가 발생하였을 때는 그 보증인에 대한 별도의 중단조치가 이루어지지 아니하여도 동시에 시효중단의 효력이 생기도록 한 것이고, 그 시효중단사유가 압류, 가압류 및 가처분이라고 하더라도 이를 보증인에게 통지하여야 비로소 시효중단의 효력이 발생하는 것은 아니다(대판 2005.10.27, 2005다35554).

[❺ ▸ ✕] 담보부동산의 제3취득자 丙은 피담보채권의 소멸에 의해 직접 이익을 받는 자이므로, 甲의 乙에 대한 차용금채무의 소멸시효를 원용할 수 있다.

소멸시효를 원용할 수 있는 사람은 권리의 소멸에 의하여 직접 이익을 받는 사람에 한정되는바, 채권담보의 목적으로 매매예약의 형식을 빌어 소유권이전청구권 보전을 위한 가등기가 경료된 부동산을 양수하여 소유권이전등기를 마친 제3자는 당해 가등기담보권의 피담보채권의 소멸에 의하여 직접 이익을 받는 자이므로, 그 가등기담보권에 의하여 담보된 채권의 채무자가 아니더라도 그 피담보채권에 관한 소멸시효를 원용할 수 있고, 이와 같은 직접수익자의 소멸시효원용권은 채무자의 소멸시효원용권에 기초한 것이 아닌 독자적인 것으로서 채무자를 대위하여서만 시효이익을 원용할 수 있는 것은 아니며, 가사 채무자가 이미 그 가등기에 기한 본등기를 경료하여 시효이익을 포기한 것으로 볼 수 있다고 하더라도 그 시효이익의 포기는 상대적 효과가 있음에 지나지 아니하므로 채무자 이외의 이해관계자에 해당하는 담보부동산의 양수인으로서는 여전히 독자적으로 소멸시효를 원용할 수 있다(대판 1995.7.11, 95다12446).

소멸시효에 관한 설명 중 옳지 않은 것은?(다툼이 있는 경우 판례에 의함)

① 정지조건부 권리의 경우 조건이 성취되지 않은 동안에는 소멸시효가 진행하지 않는다.

② 동시이행의 항변권이 붙어 있는 채권이라 하더라도 약정한 이행기부터 소멸시효가 진행한다.

③ 명의수탁자의 등기가 3자 간 등기명의신탁(중간생략등기형)에 해당하여 무효인 경우, 명의신탁자의 매도인에 대한 소유권이전등기청구권은 명의신탁자가 목적부동산을 인도받아 점유하고 있는 한 소멸시효가 진행하지 않는다.

④ 채권양도의 대항요건을 갖추지 못한 상태에서 채권의 양수인이 채무자를 상대로 양수금의 지급을 재판상 청구하는 경우, 그 양수금채권의 소멸시효는 중단되지 않는다.

⑤ 채권자가 확정판결에 기한 채권의 실현을 위하여 채무자의 제3채무자에 대한 채권에 관하여 압류 및 추심명령을 받아 그 결정이 제3채무자에게 송달되었다면, 채무자의 제3채무자에 대한 채권에 관하여는 소멸시효중단사유인 최고로서의 효력이 있다.

[❶ ▸ ○] 소멸시효는 <u>권리를 행사할 수 있는 때부터 진행</u>하는데(민법 제166조 참조), <u>정지조건 있는 법률행위는 조건이 성취한 때부터 그 효력이 생기므로</u>(민법 제147조 제1항 참조), 정지조건부 권리의 경우 조건이 성취한 때부터 소멸시효가 진행한다.

[❷ ▸ ○] <u>부동산에 대한 매매대금채권이 소유권이전등기청구권과 동시이행의 관계에 있다고 할지라도 매도인은 매매대금의 지급기일 이후 언제라도 그 대금의 지급을 청구할 수 있는 것</u>이며, 다만 매수인은 매도인으로부터 그 이전등기에 관한 이행의 제공을 받기까지 그 지급을 거절할 수 있는 데 지나지 아니하므로 매매대금청구권은 <u>그 지급기일 이후 시효의 진행에 걸린다</u>(대판 1991.3.22. 90다9797).

[❸ ▸ ○] <u>부동산의 매수인이 목적물을 인도받아 계속 점유하는 경우에는 매도인에 대한 소유권이전등기청구권은 소멸시효가 진행되지 않고, 이러한 법리는 3자 간 등기명의신탁에 의한 등기가 유효기간의 경과로 무효로 된 경우에도 마찬가지로 적용된다. 따라서 그 경우 목적부동산을 인도받아 점유하고 있는 명의신탁자의 매도인에 대한 소유권이전등기청구권 역시 소멸시효가 진행되지 않는다</u>(대판 2013.12.12. 2013다26647).

[❹ ▸ ✕] <u>채권양도에 의하여 채권은 그 동일성을 잃지 않고 양도인으로부터 양수인에게 이전되며, 이러한 법리는 채권양도의 대항요건을 갖추지 못하였다고 하더라도 마찬가지인 점</u>, 민법 제149조의 "조건의 성취가 미정한 권리의무는 일반규정에 의하여 처분, 상속, 보존 또는 담보로 할 수 있다"는 규정은 대항요건을 갖추지 못하여 채무자에게 대항하지 못한다고 하더라도 채권양도에 의하여 채권을 이전받은 양수인의 경우에도 그대로 준용될 수 있는 점, 채무자를 상대로 재판상의 청구를 한 채권의 양수인을 '권리 위에 잠자는 자'라고 할 수 없는 점 등에 비추어 보면, 비록 <u>대항요건을 갖추지 못하여 채무자에게 대항하지 못한다고 하더라도 채권의 양수인이 채무자를 상대로 재판상의 청구를 하였다면 이는 소멸시효중단사유인 재판상의 청구에 해당한다고 보아야 한다</u>(대판 2005.11.10. 2005다41818).

[❺ ▸ ○] 소멸시효중단사유의 하나로서 민법 제174조가 규정하고 있는 최고는 채무자에 대하여 채무이행을 구한다는 채권자의 의사통지(준법률행위)로서, 이에는 특별한 형식이 요구되지 아니할 뿐 아니라 행위 당시 당사자가 시효중단의 효과를 발생시킨다는 점을 알거나 의욕하지 않았다 하더라도 이로써 권리행사의 주장을 하는 취지임이 명백하다면 최고에 해당하는 것으로 보아야 할 것이므로, <u>채권자가 확정판결에 기한 채권의 실현을 위하여 채무자의 제3채무자에 대한 채권에 관하여 압류 및 추심명령을 받아 그 결정이 제3채무자에게 송달이 되었다면 거기에 소멸시효중단사유인 최고로서의 효력을 인정하여야 한다</u>(대판 2003.5.13. 2003다16238).

④ **정답**

2015년 변호사시험 문 29.

☑ 확인Check! ○ △ ✕

소멸시효에 관한 설명 중 옳지 않은 것은?(다툼이 있는 경우 판례에 의함)

① 부동산매수인이 매도인으로부터 부동산을 인도받아 사용·수익하다가 이를 타인에게 처분하고 그 점유를 승계하여 준 경우에도 위 부동산매수인의 매도인에 대한 소유권이전등기청구권에 관한 소멸시효는 진행되지 않는다.

② 채권양도의 대항요건이 구비되지 않은 상태에서 양수인이 채무자를 상대로 재판상 청구를 한 경우, 소멸시효는 중단된다.

③ 수급인인 건설회사의 도급인에 대한 공사대금채권은 상거래에 관한 것으로 5년의 단기소멸시효에 걸린다.

④ 사해행위취소소송에서 수익자는 취소채권자의 피보전채권에 대하여 시효소멸을 주장할 수 있다.

⑤ 확정기한부 채권은 반대채권과 동시이행관계에 있는 경우에도 그 기한이 도래한 때부터 소멸시효가 진행된다.

[**❶** ▶ ○] 부동산의 매수인이 그 부동산을 인도받은 이상 이를 사용·수익하다가 그 부동산에 대한 보다 적극적인 권리행사의 일환으로 다른 사람에게 그 부동산을 처분하고 그 점유를 승계하여 준 경우에도 그 이전등기청구권의 행사 여부에 관하여 그가 그 부동산을 스스로 계속 사용·수익만 하고 있는 경우와 특별히 다를 바 없으므로 <u>위 두 어느 경우에나 이전등기청구권의 소멸시효는 진행되지 않는다</u>고 보아야 한다(대판 1999.3.18. 98다32175 [전합]).

[**❷** ▶ ○] 채권양도에 의하여 채권은 그 동일성을 잃지 않고 양도인으로부터 양수인에게 이전되며, 이러한 법리는 채권양도의 대항요건을 갖추지 못하였다고 하더라도 마찬가지인 점, 민법 제149조의 "조건의 성취가 미정한 권리의무는 일반규정에 의하여 처분, 상속, 보존 또는 담보로 할 수 있다"는 규정은 대항요건을 갖추지 못하여 채무자에게 대항하지 못한다고 하더라도 채권양도에 의하여 채권을 이전받은 양수인의 경우에도 그대로 준용될 수 있는 점, 채무자를 상대로 재판상의 청구를 한 채권의 양수인을 '권리 위에 잠자는 자'라고 할 수 없는 점 등에 비추어 보면, 비록 대항요건을 갖추지 못하여 채무자에게 대항하지 못한다고 하더라도 <u>채권의 양수인이 채무자를 상대로 재판상의 청구를 하였다면 이는 소멸시효중단사유인 재판상의 청구에 해당한다</u>고 보아야 한다(대판 2005.11.10. 2005다41818).

[**❸** ▶ ✕] <u>수급인(도급받은 자)의 공사대금채권은 상사시효 5년이 아닌 3년의 단기소멸시효에 걸린다.</u>

 법령 ▶ **3년의 단기소멸시효(민법 제163조)** 다음 각 호의 채권은 3년간 행사하지 아니하면 소멸시효가 완성한다.
 3. 도급받은 자, 기사 기타 공사의 설계 또는 감독에 종사하는 자의 공사에 관한 채권

[**❹** ▶ ○] 사해행위취소소송의 상대방이 된 사해행위의 수익자는, 사해행위가 취소되면 사해행위에 의하여 얻은 이익을 상실하고 사해행위취소권을 행사하는 채권자의 채권이 소멸하면 그와 같은 이익의 상실을 면하는 지위에 있으므로, <u>그 채권의 소멸에 의하여 직접 이익을 받는 자에 해당하는 것으로 보아야 한다</u>(대판 2007.11.29. 2007다54849).

[**❺** ▶ ○] 부동산에 대한 매매대금채권이 소유권이전등기청구권과 동시이행의 관계에 있다고 할지라도 매도인은 매매대금의 지급기일 이후 언제라도 그 대금의 지급을 청구할 수 있는 것이며, 다만 매수인은 매도인으로부터 그 이전등기에 관한 이행의 제공을 받기까지 그 지급을 거절할 수 있는 데 지나지 아니하므로 매매대금청구권은 <u>그 지급기일 이후 시효의 진행에 걸린다</u>(대판 1991.3.22. 90다9797).

> **소멸시효에 관한 설명 중 옳지 않은 것은?** (다툼이 있는 경우에는 판례에 의함)
>
> ① 채무불이행으로 인한 손해배상청구권의 소멸시효기간은 채무불이행 시부터 진행하는데, 그 시효기간은 본래의 채권에 적용될 기간에 의한다.
> ② 실제의 소멸시효 기산일과 당사자가 주장하는 기산일이 다른 경우, 법원은 당사자가 주장하는 기산일을 기준으로 삼아야 한다.
> ③ 시효중단의 효력 있는 승인에는 상대방의 권리에 관한 처분의 능력이나 권한 있음을 요하지 아니한다.
> ④ 유치권이 성립한 부동산의 매수인은 피담보채무의 소멸시효가 완성되면 독자적으로 소멸시효를 원용할 수 있으므로, 유치권의 피담보채권의 소멸시효기간이 확정판결에 의하여 연장되었더라도 종전의 단기소멸시효기간을 원용할 수 있다.
> ⑤ 다른 채권자가 신청한 부동산경매절차에서 채무자 소유 부동산이 매각되고 그 대금이 이미 소멸시효가 완성된 채무를 피담보채무로 하는 근저당권을 가진 채권자에게 배당되어 채무변제에 충당될 때까지 채무자가 아무런 이의를 제기하지 아니하였다면, 경매절차 진행을 채무자가 알지 못하였다는 등 다른 특별한 사정이 없는 한 채무자는 채권에 대한 소멸시효이익을 포기한 것으로 볼 수 있다.

[❶ ▸ ○] 대판 2005.1.14. 2002다57119, 대판 2010.9.9. 2010다28031 참조

판례
• 채무불이행으로 인한 손해배상청구권의 소멸시효는 채무불이행 시로부터 진행한다(대판 2005.1.14. 2002다57119).
• 금전채무에 대한 변제기 이후의 지연손해금은 금전채무의 이행을 지체함으로 인한 손해의 배상으로 지급되는 것이므로, 그 소멸시효기간은 원본채권의 그것과 같다(대판 2010.9.9. 2010다28031).

[❷ ▸ ○] 소멸시효의 기산일은 채무의 소멸이라고 하는 법률효과 발생의 요건에 해당하는 소멸시효기간 계산의 시발점으로서 소멸시효항변의 법률요건을 구성하는 구체적인 사실에 해당하므로 이는 변론주의의 적용대상이고, 따라서 본래의 소멸시효 기산일과 당사자가 주장하는 기산일이 서로 다른 경우에는 변론주의의 원칙상 법원은 당사자가 주장하는 기산일을 기준으로 소멸시효를 계산하여야 하는데, 이는 당사자가 본래의 기산일보다 뒤의 날짜를 기산일로 하여 주장하는 경우는 물론이고 특별한 사정이 없는 한 그 반대의 경우에 있어서도 마찬가지이다(대판 1995.8.25. 94다35886).

[❸ ▸ ○] 시효중단의 효력 있는 승인에는 상대방의 권리에 관한 처분의 능력이나 권한 있음을 요하지 아니한다(민법 제177조).

[❹ ▸ ✕] 유치권이 성립된 부동산의 매수인은 피담보채권의 소멸시효가 완성되면 시효로 인하여 채무가 소멸되는 결과 직접적인 이익을 받는 자에 해당하므로 소멸시효의 완성을 원용할 수 있는 지위에 있다고 할 것이나, 매수인은 유치권자에게 채무자의 채무와는 별개의 독립된 채무를 부담하는 것이 아니라 단지 채무자의 채무를 변제할 책임을 부담하는 점 등에 비추어 보면, 유치권의 피담보채권의 소멸시효기간이 확정판결 등에 의하여 10년으로 연장된 경우 매수인은 그 채권의 소멸시효기간이 연장된 효과를 부정하고 종전의 단기소멸시효기간을 원용할 수는 없다(대판 2009.9.24. 2009다39530).

[❺ ▸ ○] 다른 채권자가 신청한 부동산경매절차에서 채무자 소유 부동산이 매각되고 그 대금이 이미 소멸시효가 완성된 채무를 피담보채무로 하는 근저당권을 가진 채권자에게 배당되어 채무변제에 충당될 때까지 채무자가 아무런 이의를 제기하지 아니하였다면, 경매절차 진행을 채무자가 알지 못하였다는 등 다른 특별한 사정이 없는 한 채무자는 채권에 대한 소멸시효이익을 포기한 것으로 볼 수 있고, 한편 소멸시효이익의 포기는 가분채무 일부에 대하여도 가능하다(대판 2012.5.10. 2011다109500).

2018년 변호사시험 문 4.

☑ 확인 Check! ○ △ X

소멸시효에 관한 설명 중 옳은 것을 모두 고른 것은?(다툼이 있는 경우 판례에 의함)

ㄱ. 채무자가 채권자에게 담보가등기를 경료하고 부동산을 인도하여 준 다음 피담보채권의 이자 또는 지연손해금의 지급에 갈음하여 채권자로 하여금 그 부동산을 사용수익할 수 있도록 한 경우, 이로 인해 피담보채권의 소멸시효가 중단되지는 않는다.

ㄴ. 채권자의 신청에 의한 경매개시결정에 따라 연대채무자 1인 소유의 부동산이 압류된 경우, 이로써 이 연대채무자에 대한 채권의 소멸시효는 중단되지만 다른 연대채무자에 대한 채권의 소멸시효는 중단되지 않는다.

ㄷ. 채무자가 담보가등기가 설정된 자신 소유의 부동산을 양도하여 당해 부동산에 관한 양수인 명의의 소유권이전등기가 경료된 경우, 그 양수인은 채무자를 대위하지 않더라도 그 담보가등기의 피담보채권이 시효로 소멸했다는 주장을 할 수 있다.

ㄹ. 채권자대위소송에서 피고인 제3채무자는 원고인 채권자가 채무자에 대해 가지는 채권이 시효로 소멸했음을 주장할 수 없으며, 채권자취소소송에서도 피고인 수익자나 전득자는 원고인 채권자가 채무자에 대해 가지는 채권이 시효로 소멸했다는 주장을 할 수 없다.

ㅁ. 채무자가 자신 소유의 부동산에 저당권을 설정한 상태에서 당해 부동산을 양도하여 그 부동산에 관한 양수인 명의의 소유권이전등기가 경료된 다음, 채무자가 시효기간 도과 후 자신의 채무를 승인했다 하더라도 이로 인한 시효이익 포기의 효력은 양수인에게 미치지 않는다.

① ㄱ, ㄴ, ㄷ   ② ㄱ, ㄷ, ㅁ   ③ ㄴ, ㄷ, ㄹ
④ ㄴ, ㄷ, ㅁ   ⑤ ㄴ, ㄹ, ㅁ

[ㄱ ▸ X] 담보가등기를 경료한 부동산을 인도받아 점유하더라도 담보가등기의 피담보채권의 소멸시효가 중단되는 것은 아니지만, 채무의 일부를 변제하는 경우에는 채무 전부에 관하여 시효중단의 효력이 발생하는 것이므로, 채무자가 채권자에게 담보가등기를 경료하고 부동산을 인도하여 준 다음 피담보채권에 대한 이자 또는 지연손해금의 지급에 갈음하여 채권자로 하여금 부동산을 사용수익할 수 있도록 한 경우라면, 채권자가 부동산을 사용수익하는 동안에는 채무자가 계속하여 이자 또는 지연손해금을 채권자에게 변제하고 있는 것으로 볼 수 있으므로 피담보채권의 소멸시효가 중단된다고 보아야 한다(대판 2009.11.12, 2009다51028).

[ㄴ ▸ O] 채권자의 신청에 의한 경매개시결정에 따라 연대채무자 1인의 소유 부동산이 압류된 경우, 이로써 위 채무자에 대한 채권의 소멸시효는 중단되지만, 압류에 의한 시효중단의 효력은 다른 연대채무자에게 미치지 아니하므로, 경매개시결정에 의한 시효중단의 효력을 다른 연대채무자에 대하여 주장할 수 없다. 채권자가 연대채무자 1인의 소유 부동산에 대하여 경매신청을 한 경우, 이는 최고로서의 효력을 가지고 있고, 연대채무자에 대한 이행청구는 다른 연대채무자에게도 효력이 있으므로, 채권자가 6월 내에 다른 연대채무자를 상대로 재판상 청구를 하였다면 그 다른 연대채무자에 대한 채권의 소멸시효가 중단되지만, 이로 인하여 중단된 시효는 위 경매절차가 종료된 때가 아니라 재판이 확정된 때로부터 새로 진행된다(대판 2001.8.21, 2001다22840).

[ㄷ▸O] [ㅁ▸O] 소멸시효를 원용할 수 있는 사람은 권리의 소멸에 의하여 직접 이익을 받는 사람에 한정되는바, 채권담보의 목적으로 매매예약의 형식을 빌어 소유권이전청구권 보전을 위한 가등기가 경료된 부동산을 양수하여 소유권 이전등기를 마친 제3자는 당해 가등기담보권의 피담보채권의 소멸에 의하여 직접 이익을 받는 자이므로, 그 가등기담보권 에 의하여 담보된 채권의 채무자가 아니더라도 그 피담보채권에 관한 소멸시효를 원용할 수 있고, 이와 같은 직접수익자의 소멸시효원용권은 채무자의 소멸시효원용권에 기초한 것이 아닌 독자적인 것으로서 채무자를 대위하여서만 시효이익을 원용할 수 있는 것은 아니며, 가사 채무자가 이미 그 가등기에 기한 본등기를 경료하여 시효이익을 포기한 것으로 볼 수 있다고 하더라도 그 시효이익의 포기는 상대적 효과가 있음에 지나지 아니하므로 채무자 이외의 이해관계자에 해당하 는 담보부동산의 양수인으로서는 여전히 독자적으로 소멸시효를 원용할 수 있다(대판 1995.7.11. 95다12446).

[ㄹ▸X] 대판 1998.12.8. 97다31472, 대판 2007.11.29. 2007다54849 참조

- 채권자가 채권자대위권을 행사하여 제3자에 대하여 하는 청구에 있어서, 제3채무자는 채무자가 채권자에 대하여 가지는 항변으로 대항할 수 없고, 채권의 소멸시효가 완성된 경우 이를 원용할 수 있는 자는 원칙적으 로는 시효이익을 직접 받는 자뿐이고, 채권자대위소송의 제3채무자는 이를 행사할 수 없다(대판 1998.12.8. 97다31472).
- 사해행위취소소송의 상대방이 된 사해행위의 수익자는, 사해행위가 취소되면 사해행위에 의하여 얻은 이익 을 상실하고 사해행위취소권을 행사하는 채권자의 채권이 소멸하면 그와 같은 이익의 상실을 면하는 지위에 있으므로, 그 채권의 소멸에 의하여 직접 이익을 받는 자에 해당하는 것으로 보아야 한다(대판 2007.11.29. 2007다 54849).

PART 02 물권법

CHAPTER 01

물권법 서론

민 법

✅ 각 문항별로 이해도를 체크해 보세요.

최근 5년간 회별 평균 **一문**

제1절 **물권법 일반**

제2절 **물권의 효력** ☆

2015년 변호사시험 문 11. ☑ 확인 Check! ○ △ ✕

물권에 관한 설명 중 옳은 것은?(다툼이 있는 경우 판례에 의함)

① 물권법정주의를 규정한 「민법」 제185조의 '법률'은 헌법상 의미의 법률뿐만 아니라, 명령, 규칙 등도 포함한다.

② 대체물과 부대체물은 당사자의 의사에 의하여 결정되고, 특정물과 불특정물은 물건의 객관적 성질에 의하여 구별된다.

③ 타인 소유의 토지 위에 불법으로 건물을 신축하여 소유하고 있는 자로부터 건물을 매수하여 점유·사용하고 있으나 소유권이전등기를 경료받지 못한 자는 법률상 소유자가 아니므로, 토지소유자는 그를 상대로 건물의 철거를 구할 수 없다.

④ 저당권자는 경매가 개시되기 전이라도, 저당목적물의 소유자 또는 제3자가 저당목적물을 물리적으로 멸실·훼손하는 경우 저당권에 기한 방해배제청구권을 행사할 수 있다.

⑤ 채권담보의 목적으로 이루어지는 부동산양도담보의 경우에 있어서 피담보채무가 변제된 이후에 양도담보권설정자가 행사하는 등기청구권은 소멸시효의 대상이 된다.

[❶ ▸ ✕] 민법 제185조의 '법률'은 형식적 의미의 법률만을 가리키고, 명령이나 규칙 등은 포함되지 않는데, 이는 물권과 같은 사유재산제도와 직결되는 재산권규정에 신중을 기하기 위함이다.

[❷ ▸ ✕] 대체물과 부대체물은 물건의 객관적 성질에 의해 구별하고, 특정물과 불특정물은 당사자의 의사에 의해 구별한다.

[❸ ▸ ✕] 건물 철거는 그 소유권의 종국적 처분에 해당하는 사실행위이므로 원칙으로는 그 소유자(등기명의자)에게만 그 철거처분권이 있다고 할 것이나 그 건물을 매수하여 점유하고 있는 자는 등기부상 아직 소유자로서의 등기명의가 없다 하더라도 그 권리의 범위 내에서 그 점유 중인 건물에 대하여 법률상 또는 사실상 처분을 할 수 있는 지위에 있고 그 건물이 건립되어 있어 불법으로 점유를 당하고 있는 토지소유자는 위와 같은 지위에 있는 건물점유자에게 그 철거를 구할 수 있다(대판 1986.12.23. 86다카1751).

[❹ ▸ ○] 저당권자는 저당권 설정 이후 환가에 이르기까지 저당물의 교환가치에 대한 지배권능을 보유하고 있으므로 저당목적물의 소유자 또는 제3자가 저당목적물을 물리적으로 멸실·훼손하는 경우는 물론 그 밖의 행위로 저당부동산의 교환가치가 하락할 우려가 있는 등 저당권자의 우선변제청구권의 행사가 방해되는 결과가 발생한다면 저당권자는 저당권에 기한 방해배제청구권을 행사하여 방해행위의 제거를 청구할 수 있다(대판 2006.1.27. 2003다58454).

[❺ ▸ ✕] 채권담보의 목적으로 이루어지는 부동산양도담보의 경우에 있어서 피담보채무가 변제된 이후에 양도담보권설정자가 행사하는 등기청구권은 양도담보권설정자의 실질적 소유권에 기한 물권적 청구권이므로 따로이 시효소멸되지 아니한다(대판 1979.2.13. 78다2412).

④ **정답**

CHAPTER 02

물권의 변동

민 법

⊘ 각 문항별로 이해도를 체크해 보세요.

최근 5년간 회별 평균 **2문**

제1절 | 물권변동 총설

제2절 | 부동산물권의 변동 ★★★★★★★

제1항 | 등기의 추정력

2012년 변호사시험 문 11.   ☑ 확인Check! ○ △ ✕

등기의 추정적 효력에 관한 다음 설명 중 옳지 않은 것을 모두 고른 것은?(다툼이 있는 경우에는 판례에 의함)

ㄱ. 甲으로부터 乙에게로 소유권이전등기가 마쳐진 경우, 乙은 제3자뿐만 아니라 甲에 대하여도 적법한 등기원인에 의하여 소유권을 취득한 것으로 추정된다.

ㄴ. 신축된 건물의 소유권은 특별한 사정이 없는 한 이를 건축한 사람이 원시취득하는 것이므로, 건물소유권보존등기의 명의자가 이를 신축한 것이 아니라면 그 등기의 권리추정력은 깨어지고, 등기명의자가 스스로 적법하게 그 소유권을 취득한 사실을 증명하여야 한다.

ㄷ. 전 등기명의인이 미성년자이고 당해 부동산을 친권자에게 증여하는 행위가 이해상반행위라면, 일단 친권자에게 이전등기가 마쳐졌더라도 그 이전등기에 관하여 필요한 절차를 적법하게 거친 것으로 추정되지 않는다.

ㄹ. 구 「임야소유권이전등기 등에 관한 특별조치법」(실효)에 의하여 소유권이전등기를 마친 자가 보증서나 확인서의 실체적 기재내용이 허위임을 자인한 경우에는 그 소유권이전등기의 추정력은 깨어진다.

ㅁ. 환매기간을 제한하는 환매특약이 등기부에 기재되어 있더라도 환매특약이 진정하게 성립된 것으로 추정되지 않는다.

① ㄱ, ㄴ, ㄹ   ② ㄱ, ㄷ, ㄹ   ③ ㄴ, ㅁ
④ ㄷ, ㄹ   ⑤ ㄷ, ㅁ

[ㄱ ▸ ○] 부동산에 관하여 소유권이전등기가 경료되어 있는 경우에는 그 등기명의자는 제3자에게 대하여서뿐만 아니라 그 전 소유자에 대하여서도 적법한 등기원인에 의하여 소유권을 취득한 것으로 추정된다(대판 1992.4.24. 91다26379).

[ㄴ ▸ ○] 신축된 건물의 소유권은 이를 건축한 사람이 원시취득하는 것이므로, 건물소유권보존등기의 명의자가 이를 신축한 것이 아니라면 그 등기의 권리추정력은 깨어지고, 등기명의자가 스스로 적법하게 그 소유권을 취득한 사실을 입증하여야 한다(대판 1996.7.30. 95다30734).

[ㄷ ▸ ✕] 전 등기명의인이 미성년자이고 당해 부동산을 친권자에게 증여하는 행위가 이해상반행위라 하더라도 일단 친권자에게 이전등기가 경료된 이상, 특별한 사정이 없는 한, 그 이전등기에 관하여 필요한 절차를 적법하게 거친 것으로 추정된다(대판 2002.2.5. 2001다72029).

정답 ⑤

[ㄹ ▸ O] 특별조치법에 의한 등기의 추정력은 보증서나 확인서의 실체적 기재내용이 허위인 경우 그 추정력이 번복되나, 보증서나 확인서에 기재된 취득원인이 사실과 다른 것만으로는 그 추정력이 번복되지 않는다.

판례 구 임야소유권이전등기 등에 관한 특별조치법(실효)에 의한 등기는 같은 법 소정의 적법한 절차에 따라 마쳐진 것으로서 실체관계에 부합하는 등기로 추정되므로 그 등기의 말소를 소구하는 자에게 추정 번복의 주장·입증책임이 있지만, 상대방이 등기의 기초가 된 보증서나 확인서의 실체적 기재내용이 허위임을 자인하거나 실체적 기재내용이 진실이 아님을 의심할 만큼 증명이 된 때에는 등기의 추정력은 번복된 것으로 보아야 한다(대판 1996.10.11. 95다47992).

비교 구 임야소유권이전등기 등에 관한 특별조치법(실효, 이하 "특별조치법"이라 한다)에 따라 등기를 마친 자가 보증서나 확인서에 기재된 취득원인이 사실과 다름을 인정하더라도 그가 다른 취득원인에 따라 권리를 취득하였음을 주장하는 때에는, 특별조치법의 적용을 받을 수 없는 시점의 취득원인 일자를 내세우는 경우와 같이 그 주장 자체에서 특별조치법에 따른 등기를 마칠 수 없음이 명백하거나 그 주장하는 내용이 구체성이 전혀 없다든지 그 자체로서 허구임이 명백한 경우 등의 특별한 사정이 없는 한 위의 사유만으로 특별조치법에 따라 마쳐진 등기의 추정력이 깨어진다고 볼 수는 없으며, 그 밖의 자료에 의하여 새로이 주장된 취득원인사실에 관하여도 진실이 아님을 의심할 만큼 증명되어야 그 등기의 추정력이 깨어진다고 할 것이다(대판 2001.11.22. 2000다71388 [전합]).

[ㅁ ▸ X] 환매기간을 제한하는 환매특약이 등기부에 기재되어 있는 때에는 반증이 없는 한 등기부 기재와 같은 환매특약이 진정하게 성립된 것으로 추정함이 상당하다(대판 1991.10.11. 91다13700).

2018년 변호사시험 문 10.
☑ 확인Check! O △ X

X토지에 관하여 甲 명의의 소유권보존등기와 乙 명의의 소유권이전등기가 순차로 경료되어 있다는 사실은 아래 각 소송에서 다툼이 없다. 아래 각 소가 모두 적법하다는 전제에서, 이에 관한 설명 중 옳은 것을 모두 고른 것은?(각 지문은 독립적이며, 다툼이 있는 경우 판례에 의함)

ㄱ. 甲은 乙을 상대로 소유권이전등기말소청구의 소를 제기하였다. 이 소송에서 甲은 乙에게 토지를 매도한 적이 없다고 주장하고, 乙은 甲으로부터 X토지를 매수하였다고 주장하였다. 甲과 乙 양측의 위 주장사실이 증명되지 않은 경우 원고 甲이 승소한다.

ㄴ. 甲은 乙을 상대로 소유권이전등기말소청구의 소를 제기하였다. 이 소송에서 乙이 X토지를 甲의 대리인임을 자칭하는 A를 통하여 매수했다는 사실에 대해서는 당사자 사이에 다툼이 없었고, A에게 대리권이 있었는지 여부에 관해서만 다투어졌는데, 이 대리권 존부에 관하여 증명되지 않은 경우 원고 甲이 승소한다.

ㄷ. X토지의 사정명의인은 B이고 丙은 B의 유일한 상속인이라는 사실은 아래 소송에서 당사자 사이에 다툼이 없다. 丙이 甲을 상대로 소유권보존등기말소청구의 소를 제기하였다. 이 소송에서 丙은 甲이 관련 서류를 위조하여 등기하였다고 주장하고 甲은 B 생전에 B로부터 X토지를 매수하고 대금을 모두 지급하였다고 주장하였다. 甲과 丙 양측의 위 주장사실이 증명되지 않은 경우 원고 丙이 승소한다.

① ㄱ　　　　　　　　② ㄴ　　　　　　　　③ ㄷ
④ ㄱ, ㄴ　　　　　　⑤ ㄴ, ㄷ

③ **정답**

[ㄱ ▸ ✕] 부동산에 관하여 소유권이전등기가 경료되어 있는 경우에는 그 등기명의자는 제3자에게 대하여서뿐만 아니라 그 전 소유자에 대하여서도 적법한 등기원인에 의하여 소유권을 취득한 것으로 추정된다(대판 1992.4.24. 91다26379).

[ㄴ ▸ ✕] 전 등기명의인의 직접적인 처분행위에 의한 것이 아니라 제3자가 그 처분행위에 개입된 경우 현 등기명의인이 그 제3자가 전 등기명의인의 대리인이라고 주장하더라도 현 소유명의인의 등기가 적법히 이루어진 것으로 추정된다 할 것이므로 위 등기가 원인무효임을 이유로 그 말소를 청구하는 전 소유명의인으로서는 그 반대사실, 즉 그 제3자에게 전 소유명의인을 대리할 권한이 없었다든지, 또는 제3자가 전 소유명의인의 등기서류를 위조하였다는 등의 무효사실에 대한 입증책임을 진다(대판 1992.4.24. 91다26379).

[ㄷ ▸ ○] 소유권보존등기의 추정력은 그 보존등기명의인 이외의 자가 당해 토지를 사정받은 것으로 밝혀지면 깨어지는 것이어서, 등기명의인이 그 구체적인 승계취득사실을 주장·입증하지 못하는 한 그 등기는 원인무효로 된다. … 소유권보존등기는 소유권이 진실하게 보존되어 있다는 사실에 관하여서만 추정력이 있고 소유권 보존 이외의 권리 변동이 진실하다는 점에 관하여서는 추정력이 없다. 이와 같은 보존등기의 본질에 비추어 보존등기명의인이 원시취득자가 아니라는 점이 증명되면 그 보존등기의 추정력은 깨진다고 보고서 보존등기명의인의 주장과 입증에 따라 그 등기에 대하여 실체적 권리관계에 부합하는지 여부를 가려야 한다(대판 1996.6.28. 96다16247).

제2항 가등기

2019년 변호사시험 문 12.

☑ 확인 Check! ○ △ ✕

가등기에 관한 설명 중 옳지 않은 것은?(다툼이 있는 경우 판례에 의함)

① 가등기는 그 성질상 본등기의 순위 보전의 효력이 있어 후일 본등기가 경료된 때에는 본등기의 순위가 가등기한 때로 소급하지만 본등기에 의한 물권변동의 효력이 가등기한 때로 소급하여 발생하는 것은 아니다.
② 대상토지에 관하여 무효인 중복등기가 존재하는 경우, 가등기권자는 가등기에 따른 본등기가 마쳐지지 않은 이상 현재의 소유자를 대위하지 않고 직접 그 중복등기명의자를 피고로 삼아 그 등기의 말소를 청구할 수는 없다.
③ 가등기에 기하여 본등기가 경료된 경우 가등기의 원인인 법률행위와 본등기의 원인인 법률행위가 명백히 다른 것이 아니면 사해행위요건의 구비 여부는 본등기의 원인된 법률행위 당시를 기준으로 판단하여야 한다.
④ 효력이 상실된 가등기를 유용하기로 합의하고 실제로 그 가등기 이전의 부기등기를 경료하였다면, 그 가등기 이전의 부기등기를 경료받은 제3자로서는 언제든지 부동산의 소유자에 대하여 위 가등기 유용의 합의를 주장하여 가등기의 말소청구에 대항할 수 있고, 다만 그 가등기 이전의 부기등기 이전에 등기부상 이해관계를 가지게 된 자에 대하여는 위 가등기 유용의 합의사실을 들어 그 가등기의 유효를 주장할 수 없다.
⑤ 가등기명의인은 단독으로 가등기의 말소를 신청할 수 있다.

[❶ ▸ ○] 가등기는 본등기순위 보전의 효력만이 있고, 후일 본등기가 마쳐진 때에는 본등기의 순위가 가등기한 때로 소급함으로써 가등기 후 본등기 전에 이루어진 중간처분이 본등기보다 후 순위로 되어 실효될 뿐이고, 본등기에 의한 물권변동의 효력이 가등기한 때로 소급하여 발생하는 것은 아니다(대판 1981.5.26. 80다3117).

[❷ ▸ ○] 가등기는 부동산등기법 제6조 제2항의 규정에 의하여 그 본등기 시에 본등기의 순위를 가등기의 순위에 의하도록 하는 순위보전적 효력만이 있을 뿐이고, 가등기만으로는 아무런 실체법상 효력을 갖지 아니하고 그 본등기를 명하는 판결이 확정된 경우라도 본등기를 경료하기까지는 마찬가지이므로, 중복된 소유권보존등기가 무효이더라도 가등기권리자는 그 말소를 청구할 권리가 없다(대판 2001.3.23. 2000다51285).

[**❸ ▸ ✕**] 가등기에 기하여 본등기가 경료된 경우 가등기의 원인인 법률행위와 본등기의 원인인 법률행위가 명백히 다른 것이 아닌 한 사해행위요건의 구비 여부는 가등기의 원인된 법률행위 당시를 기준으로 하여 판단하여야 한다(대판 2001.7.27. 2000다73377).

[**❹ ▸ ○**] 부동산의 매매예약에 기하여 소유권이전등기청구권의 보전을 위한 가등기가 마쳐진 경우에 그 매매예약완결권이 소멸하였다면 그 가등기 또한 효력을 상실하여 말소되어야 할 것이나, 그 부동산의 소유자가 제3자와 사이에 새로운 매매예약을 체결하고 그에 기한 소유권이전등기청구권의 보전을 위하여 이미 효력이 상실된 가등기를 유용하기로 합의하고 실제로 그 가등기 이전의 부기등기를 마쳤다면, 그 가등기 이전의 부기등기를 마친 제3자로서는 언제든지 부동산의 소유자에 대하여 위 가등기 유용의 합의를 주장하여 가등기의 말소청구에 대항할 수 있고, 다만 그 가등기 이전의 부기등기 전에 등기부상 이해관계를 가지게 된 자에 대하여는 위 가등기 유용의 합의사실을 들어 그 가등기의 유효를 주장할 수는 없다(대판 2009.5.28. 2009다4787).

[**❺ ▸ ○**] 등기신청은 등기권리자와 등기의무자가 공동으로 신청하나, 가등기의 말소는 가등기명의인 단독으로 신청할 수 있다.

법령 가등기의 말소(부동산등기법 제93조)　① 가등기명의인은 제23조 제1항에도 불구하고 단독으로 가등기의 말소를 신청할 수 있다.

등기신청인(부동산등기법 제23조)　① 등기는 법률에 다른 규정이 없는 경우에는 등기권리자와 등기의무자가 공동으로 신청한다.

2017년 변호사시험 문 29.　　☑ 확인Check! ○ △ ✕

토지 X의 등기부에는 시간 순서대로 甲 명의의 소유권이전등기(갑구), 甲과의 매매예약에 기한 乙 명의의 가등기(갑구), 丙 명의의 소유권이전등기(갑구), 丁 명의의 근저당권설정등기(을구)가 기재되어 있다. 이에 관한 설명 중 옳은 것을 모두 고른 것은?(다툼이 있는 경우 판례에 의함)

ㄱ. 乙이 소로써 가등기에 기한 본등기를 청구하려면 그 청구의 상대방은 현재의 소유자 丙이다.
ㄴ. 乙 명의의 가등기에 기하여 본등기가 경료되는 경우 갑구의 丙 명의의 소유권이전등기뿐만 아니라 을구의 丁 명의의 근저당권설정등기도 직권으로 말소된다.
ㄷ. 乙 명의의 가등기에 기하여 본등기가 경료되어 丙 명의의 소유권이전등기가 직권으로 말소된 후 乙 명의의 가등기 및 본등기가 통정허위표시에 의한 것임이 밝혀진 경우, 丙은 乙을 상대로 乙 명의의 가등기 및 본등기의 말소를 청구하는 것 이외에 甲을 상대로 말소된 丙 명의의 등기의 회복등기를 청구해야 한다.

① ㄱ　　　　　② ㄴ　　　　　③ ㄷ
④ ㄱ, ㄴ　　　　⑤ ㄴ, ㄷ

[**ㄱ ▸ ✕**] 가등기 후에 제3자에게 소유권 이전의 본등기가 된 경우에 가등기권리자는 본등기를 경료하지 아니하고는 가등기 이후의 본등기의 말소를 청구할 수 없다. 위의 경우에 가등기권자는 가등기의무자인 전 소유자를 상대로 본등기청구권을 행사할 것이고 제3자를 상대로 할 것이 아니다(대결 1962.12.24. 4294민재항675).

[**ㄴ ▸ ○**] 가등기권자가 소유권 이전의 본등기를 한 경우에는 등기공무원은 부동산등기법 175조 1항, 55조 2호에 의하여 가등기 이후에 한 제3자의 본등기를 직권말소할 수 있다(대결 1962.12.24. 4294민재항675).

[ㄷ ▸ X] 가등기에 기한 소유권 이전의 본등기가 됨으로써 등기공무원이 직권으로 가등기 후에 경료된 제3자의 소유권이전 등기를 말소한 경우에 그 후에 <u>가등기나 그 가등기에 기한 본등기가 원인무효의 등기라 하여 말소될 때에는 결국 위 제3자의 소유권이전등기는 말소되지 아니할 것을 말소한 결과가 되므로 이때는 <u>등기공무원이 직권으로 그 말소등기의 회복등기를 하여야 할 것이므로 그 회복등기를 소구할 이익이 없다</u>(대판 1983.3.8. 82다카1168).

2012년 변호사시험 문 13. ☑ 확인Check! ○ △ X

甲 소유의 X부동산에 관하여 乙의 가등기가 마쳐져 있었는데, 丙은 이를 매수하여 인도받고 그 소유권이전등기를 마친 다음 X를 개량하기 위하여 유익비를 지출하였다. 다음 설명 중 옳은 것은?(다툼이 있는 경우에는 판례에 의함)

① 乙은 가등기에 기하여 본등기를 하기 전이라도 丙을 상대로 하여 소유권이전등기의 말소를 청구할 수 있다.
② 乙의 본등기로 소유권을 상실한 丙은 그 소유자로 등기되었을 당시에 지출한 유익비에 기하여 유치권을 행사할 수 있다.
③ 丙 명의의 소유권이전등기가 마쳐진 이상 乙이 가등기에 기하여 본등기를 청구하려면 丙을 상대로 하여야 한다.
④ 乙의 가등기가 담보가등기인 경우, X에 대한 예약 당시의 시가가 그 피담보채권액에 미치지 못한다고 하더라도, 乙은 본등기를 하면서 甲에게 「가등기담보 등에 관한 법률」에 따른 청산금평가액의 통지 및 청산금 지급 등의 절차를 이행하여야 적법한 소유권을 취득한다.
⑤ 乙의 가등기가 담보가등기인 경우, 「가등기담보 등에 관한 법률」의 규정에 따른 청산절차 진행 전에 신청된 강제경매절차에서 丁이 그 소유권을 취득하였다고 하더라도, 乙이 그 후에 위 법률에 따른 청산절차를 마치면 乙은 적법한 소유권을 취득할 수 있다.

[❶ ▸ X] <u>가등기는</u> 부동산등기법[현 제91조(註)]에 의하여 그 본등기 시에 본등기의 순위를 가등기의 순위에 의하도록 하는 <u>순위보전적 효력만이 있을 뿐이고, 가등기만으로는 아무런 실체법상 효력을 갖지 아니하고 그 본등기를 명하는 판결이 확정된 경우라도 본등기를 경료하기까지는 마찬가지이므로, 중복된 소유권보존등기가 무효이더라도 가등기권리자는 그 말소를 청구할 권리가 없다</u>(대판 2001.3.23. 2000다51285).

[❷ ▸ O] 유치권이 인정되기 위해서는 타인 소유의 물건이어야 하는데(민법 제320조 참조), 판례는 가등기 이후의 저촉되는 등기라 하여 말소를 당한 소유권이전등기의 명의자가 그 부동산에 지출한 비용을, 타인의 물건에 지출된 비용으로 본다.

 판례 가등기가 되어 있는 부동산소유권을 이전받은 '갑'이 그 부동산에 대하여 필요비나 유익비를 지출한 것은 가등기에 의한 본등기가 경유됨으로써 가등기 이후의 저촉되는 등기라 하여 직권으로 말소를 당한 소유권이전등기의 명의자 '갑'과 본등기명의자인 '을' 내지 그 특별승계인인 '병'과의 법률관계는 결과적으로 타인의 물건에 대하여 '갑'이 그 점유기간 내에 비용을 투입한 것이 된다고 보는 것이 상당하다(대판 1976.10.26. 76다2079).

[❸ ▸ X] 가등기 후에 제3자에게 소유권 이전의 본등기가 된 경우에 가등기권리자는 본등기를 경료하지 아니하고는 가등기 이후의 본등기의 말소를 청구할 수 없다. 위의 경우에 <u>가등기권자는 가등기의무자인 전 소유자를 상대로 본등기청구권을 행사할 것이고 제3자를 상대로 할 것이 아니다</u>(대결 1962.12.24. 4294민재항675).

[❹ ▸ X] 가등기담보 등에 관한 법률은 재산권 이전의 예약에 의한 가등기담보에 있어서 그 재산의 예약 당시의 가액이 차용액 및 이에 붙인 이자의 합산액을 초과하는 경우에 한하여 그 적용이 있다 할 것이므로, <u>가등기담보부동산에 대한 예약 당시의 시가가 그 피담보채무액에 미치지 못하는 경우에 있어서는 같은 법 제3, 4조가 정하는 청산금평가액의 통지 및 청산금 지급 등의 절차를 이행할 여지가 없다</u>(대판 1993.10.26. 93다27611).

[**❺ ▸ ✕**] 대판 1992.2.11. 91다36932, 가등기담보 등에 관한 법률 제14조 참조

 판례 가등기담보 등에 관한 법률의 규정에 따른 청산절차 진행 전에 신청된 강제경매에 의하여 제3자에게 소유권이전이 된 이상 담보가등기권자는 더 이상 위 가등기에 기한 본등기를 청구할 수 없다(대판 1992.2.11. 91다36932).

 법령 강제경매등의 경우의 담보가등기(가등기담보 등에 관한 법률 제14조) 담보가등기를 마친 부동산에 대하여 강제경매등의 개시결정이 있는 경우에 그 경매의 신청이 청산금을 지급하기 전에 행하여진 경우(청산금이 없는 경우에는 청산기간이 지나기 전)에는 담보가등기권리자는 그 가등기에 따른 본등기를 청구할 수 없다.

제3항 **중복등기**

2018년 변호사시험 문 61. ☑ 확인Check! ○ △ ✕

A 명의로 1943.6.1. 소유권보존등기가 적법·유효하게 마쳐진 X부동산에 대하여 甲이 등기관계서류를 위조하여 1979.3.5. 甲 명의로 소유권이전등기를 마쳤다. 그 후 X부동산에 대하여 乙이 1980.2.7. 乙 명의로 소유권보존등기를 마쳤고, 이에 터 잡아 丙이 1981.5.4. 丙 명의로 소유권이전등기를 마쳤다. 甲은 소유권에 기하여 乙, 丙을 상대로 위 각 소유권이전등기 말소청구의 소를 제기하였다. 이에 관한 설명 중 옳은 것을 모두 고른 것은?(다툼이 있는 경우 판례에 의함)

ㄱ. 甲 명의의 등기는 원인무효의 등기이므로 설령 乙, 丙 명의의 등기가 말소되어야 할 무효의 등기라고 하더라도 특별한 사정이 없는 한 甲은 乙, 丙에게 말소를 청구할 권원이 없다.
ㄴ. 乙 명의의 소유권보존등기는 나중에 이루어진 중복등기로서 1부동산1등기용지주의를 채택하고 있는「부동산등기법」상 허용될 수 없는 무효의 등기이고, 이에 터 잡아 마쳐진 丙 명의의 소유권이전등기도 무효의 등기이다.
ㄷ. 등기부 취득시효의 완성을 위한 등기는 원인무효의 등기라도 무방하므로, 丙이 취득시효의 완성을 위한 다른 요건을 모두 갖추었다면 丙 명의의 소유권이전등기는 특별한 사정이 없는 한 실체관계에 부합하여 유효하다.
ㄹ. 甲의 채권자가 甲을 대위하여 乙, 丙을 상대로 제기한 소(전소) 계속 중 甲이 乙, 丙을 상대로 동일한 청구를 하는 소(후소)를 제기한 경우, 전소가 소송요건을 명백히 흠결하여 부적법하다면 후소의 변론종결 전에 전소가 취하 또는 각하되지 않더라도 후소는 적법한 것이 된다.

① ㄱ, ㄴ   ② ㄱ, ㄷ   ③ ㄴ, ㄹ
④ ㄱ, ㄴ, ㄷ   ⑤ ㄴ, ㄷ, ㄹ

[**ㄱ ▸ ○**] 원고가 동일 부동산에 관하여 중복되어 경료된 피고들 명의의 소유권보존등기나 소유권이전등기의 말소를 청구하려면 먼저 원고에게 그 말소를 청구할 수 있는 실체적 권리가 있어야 할 것이므로, 원고에게 그와 같은 실체적 권리가 있는 것이 인정되지 않는다면 설사 피고들 명의의 각 등기가 중복되어 경료된 소유권보존등기이거나 그 등기를 기초로 한 소유권이전등기이어서 말소되어야 할 등기라고 하더라도 원고의 청구는 인용될 수 없다(대판 1992.10.27. 92다16522).

[**ㄴ ▸ ○**] 동일한 부동산에 관하여 등기명의인이 다른 소유권보존등기가 중복되어 경료된 경우에 먼저 된 소유권보존등기가 원인이 무효인 등기가 아닌 한, 뒤에 된 소유권보존등기는 1부동산1용지주의를 채택하고 있는 우리 부동산등기법 아래서는 무효라고 해석하여야 한다(대판 1992.10.27. 92다16522).

① **정답**

[ㄷ ▸ X] 민법 제245조 제2항은 부동산의 소유자로 등기한 자가 10년간 소유의 의사로 평온·공연하게 선의이며 과실 없이 그 부동산을 점유한 때에는 소유권을 취득한다고 규정하고 있는바, <u>위 법조항의 '등기'는 부동산등기법 제15조가 규정한 1부동산 1용지주의에 위배되지 아니한 등기를 말하므로, 어느 부동산에 관하여 등기명의인을 달리하여 소유권보존 등기가 2중으로 경료된 경우 먼저 이루어진 소유권보존등기가 원인무효가 아니어서 뒤에 된 소유권보존등기가 무효로 되는 때에는, 뒤에 된 소유권보존등기나 이에 터 잡은 소유권이전등기를 근거로 하여서는 등기부 취득시효의 완성을 주장할 수 없다</u>(대판 1996.10.17. 96다12511 [전합]).

[ㄹ ▸ X] 중복제소 금지는 소송계속으로 인하여 당연히 발생하는 소송요건의 하나로서, <u>이미 동일한 사건에 관하여 전소가 제기되었다면 설령 그 전소가 소송요건을 흠결하여 부적법하다고 할지라도 후소의 변론종결 시까지 취하·각하 등에 의하여 소송계속이 소멸되지 아니하는 한 후소는 중복제소 금지에 위배하여 각하를 면치 못하게 되는바</u>, 이와 같은 법리는 어느 채권자가 채무자를 대위하여 제3채무자를 상대로 제기한 채권자대위소송이 법원에 계속 중 다른 채권자가 같은 채무자를 대위하여 제3채무자를 피고로 하여 동일한 소송물에 관하여 소송을 제기한 경우에도 적용된다(대판 1998.2.27. 97다45532).

2016년 변호사시험 문 14.

☑ 확인Check! ○ △ X

원래 甲 소유이던 X토지에 관하여 1972.4.2. 甲 명의로 소유권보존등기가 마쳐진 후 2012.2.5. 乙 명의로 상속을 원인으로 한 소유권이전등기가 마쳐졌다. 한편 X토지에 관하여 1983.3.5. 丙 명의로 중복하여 소유권보존등기가 마쳐졌고, 丁은 丙으로부터 X토지를 매수하여 2013.10.5. 丁 명의로 소유권이전등기를 마쳤다. 소유권이전등기청구권의 시효소멸의 문제는 발생하지 않는다고 가정한다. 옳은 것을 모두 고른 것은?(각 지문은 독립적이며, 다툼이 있는 경우 판례에 의함)

ㄱ. 丙이 甲으로부터 X토지를 매수하고 대금을 모두 지급한 사실이 증명되면, 丙은 乙에게 소유권이전등기를 청구할 수 있다.
ㄴ. 丙이 甲으로부터 X토지를 매수하고 대금을 모두 지급한 사실이 증명되면, 丁은 乙을 상대로 진정명의 회복을 원인으로 한 소유권이전등기를 청구할 수 있다.
ㄷ. 乙이 丁을 상대로 소유권이전등기의 말소를 청구하는 경우 丁이 20년간 소유의 의사로 평온·공연하게 점유를 계속한 사실이 밝혀지더라도 乙의 청구는 인용된다.

① ㄱ   ② ㄴ   ③ ㄷ
④ ㄱ, ㄴ   ⑤ ㄱ, ㄷ

[ㄱ ▸ O] <u>동일 부동산에 관하여 등기명의인을 달리하여 중복된 소유권보존등기가 경료된 경우에는 먼저 이루어진 소유권보존등기가 원인무효가 되지 아니하는 한 뒤에 된 소유권보존등기는 비록 그 부동산의 매수인에 의하여 이루어진 경우에도 1부동산1용지주의를 채택하고 있는 부동산등기법 아래에서는 무효라고 해석함이 상당하다 할 것인바</u>, 원고가 소외 망인으로부터 그 소유인 토지를 매수하고 이미 망인 명의로 소유권이전등기가 경료되어 있던 위 토지에 관하여 원고 명의의 소유권보존등기를 경료한 경우 망인 명의의 소유권이전등기의 토대가 된 소유권보존등기가 원인무효라고 볼 아무런 주장·입증이 없다면 <u>원고가 위 망인으로부터 위 토지를 매수하였다고 하더라도 위 망인 명의의 소유권이전등 기에 기하여 소유권이전등기를 경료하지 아니하고 소유권보존등기를 경료한 이상 뒤에 경료된 원고 명의의 소유권보존등 기는 이중등기로서 무효라고 할 것이므로 원고는 위 망인의 상속인인 피고들을 상대로 위 부동산에 관하여 위 매매를 원인으로 한 소유권이전등기를 청구할 이익이 있다</u>(대판 1990.11.27. 87다카2961 [전합]).

[ㄴ ▸ X] 동일 부동산에 관하여 등기명의인을 달리하여 중복된 소유권보존등기인 丙의 등기는, 丙이 甲으로부터 X토지를 매수하고 대금을 모두 지급한 사실이 증명되더라도 무효이다. 이에 터 잡아 경료된 丁의 소유권이전등기 역시 무효라고 볼 수밖에 없는 만큼, <u>丁을 진정명의 회복을 구할 수 있는 진정한 소유자라고 볼 수 없다.</u>

- 甲 명의의 소유권이전등기가 경료된 토지에 관하여 제3자 명의로 소유권보존등기가 이중으로 경료되고, 이에 터 잡아 순차로 소유권이전등기가 경료된 경우, <u>위 소유권보존등기에 터 잡은 위 소유권이전등기의 최종등기명의인인 乙이 진정한 등기명의의 회복을 위한 소유권이전등기를 청구할 수 없다</u>(대판 2007.7.12. 2007다14940).

- 진정한 등기명의의 회복을 위한 소유권이전등기청구는 자기 명의로 소유권의 등기가 되어 있었거나 법률에 의하여 소유권을 취득한 진정한 소유자가 현재의 등기명의인을 상대로 그 등기의 말소를 구하는 것에 갈음하여 소유권에 기하여 진정한 등기명의의 회복을 구하는 것이므로, <u>자기 앞으로 소유권의 등기가 되어 있지 않았고 법률에 의하여 소유권을 취득하지도 않은 사람이 소유권자를 대위하여 현재의 등기명의인을 상대로 그 등기의 말소를 청구할 수 있을 뿐인 경우에는 진정한 등기명의의 회복을 위한 소유권이전등기청구를 할 수 없다</u>(대판 2003.5.13. 2002다64148).

[ㄷ ▶ O] 동일 부동산에 관하여 이미 소유권이전등기가 경료되어 있음에도 그 후 중복하여 소유권보존등기를 경료한 자가 그 부동산을 20년간 소유의 의사로 평온·공연하게 점유하여 점유취득시효가 완성되었더라도, 선등기인 소유권이전등기의 토대가 된 소유권보존등기가 원인무효라고 볼 아무런 주장·입증이 없는 이상, <u>뒤에 경료된 소유권보존등기는 실체적 권리관계에 부합하는지의 여부에 관계없이 무효이므로, 뒤에 된 소유권보존등기의 말소를 구하는 것이 신의칙 위반이나 권리남용에 해당한다고 할 수 없다</u>(대판 2008.2.14. 2007다63690).

2020년 변호사시험 문 7.

☑ 확인Check! O △ X

X토지에 관하여 甲 명의의 1996.5.1.자 소유권보존등기와 乙 명의의 1999.5.1.자 소유권보존등기가 각각 마쳐져 있다. 단, 甲 명의 소유권보존등기의 원인무효사유는 없다. 이에 관한 설명 중 옳은 것(O)과 옳지 않은 것(×)을 올바르게 조합한 것은?(다툼이 있는 경우 판례에 의함)

ㄱ. 乙이 甲으로부터 X토지를 매수하고 위 소유권보존등기를 마친 것이라면 乙 명의의 위 등기가 유효하므로 乙은 甲 명의 등기의 말소를 청구할 수 있다.

ㄴ. X토지에 관하여 乙의 점유취득시효가 완성된 경우에는 乙 명의의 위 소유권보존등기가 실체관계에 부합하게 되므로 乙은 甲 명의 등기의 말소를 청구할 수 있다.

ㄷ. 乙이 丙에게 위 토지를 매도하고 소유권이전등기를 마쳐 준 후 丙의 등기부 취득시효가 완성되었더라도 甲은 丙 명의 등기의 말소를 청구할 수 있다.

① ㄱ(×) ㄴ(×) ㄷ(O)
② ㄱ(×) ㄴ(O) ㄷ(×)
③ ㄱ(×) ㄴ(O) ㄷ(O)
④ ㄱ(O) ㄴ(×) ㄷ(×)
⑤ ㄱ(O) ㄴ(O) ㄷ(×)

[ㄱ ▶ ×] 동일 부동산에 관해 등기명의인을 달리하여 중복된 소유권보존등기가 경료된 경우에는, <u>먼저 이루어진 소유권보존등기가 원인무효가 되지 않는 한, 뒤에 된 소유권보존등기는 비록 그 부동산의 매수인에 의해 이루어졌더라도 무효이므로, 乙은 甲 명의 등기의 말소를 청구할 수 없다.</u>

①

판례 동일 부동산에 관하여 등기명의인을 달리하여 중복된 소유권보존등기가 경료된 경우에는 먼저 이루어진 소유권보존등기가 원인무효가 되지 아니하는 한 뒤에 된 소유권보존등기는 비록 그 부동산의 매수인에 의하여 이루어진 경우에도 1부동산1용지주의를 채택하고 있는 부동산등기법 아래에서는 무효라고 해석함이 상당하다 할 것인바, 원고가 소외 망인으로부터 그 소유인 토지를 매수하고 이미 망인 명의로 소유권이전등기가 경료되어 있던 위 토지에 관하여 원고 명의의 소유권보존등기를 경료한 경우 망인 명의의 소유권이전등기의 토대가 된 소유권보존등기가 원인무효라고 볼 아무런 주장·입증이 없다면 원고가 위 망인으로부터 위 토지를 매수하였다고 하더라도 위 망인 명의의 소유권이전등기에 기하여 소유권이전등기를 경료하지 아니하고 소유권보존등기를 경료한 이상 뒤에 경료된 원고 명의의 소유권보존등기는 이중등기로서 무효라고 할 것이므로 원고는 위 망인의 상속인인 피고들을 상대로 위 부동산에 관하여 위 매매를 원인으로 한 소유권이전등기를 청구할 이익이 있다(대판 1990.11.27. 87다카2961 [전합]).

[ㄴ ▶ X] 동일 부동산에 관하여 이미 소유권이전등기가 경료되어 있음에도 그 후 중복하여 소유권보존등기를 경료한 자가 그 부동산을 20년간 소유의 의사로 평온·공연하게 점유하여 점유취득시효가 완성되었더라도, 선등기인 소유권이전등기의 토대가 된 소유권보존등기가 원인무효라고 볼 아무런 주장·입증이 없는 이상, 뒤에 경료된 소유권보존등기는 실체적 권리관계에 부합하는지의 여부에 관계없이 무효이므로, 뒤에 된 소유권보존등기의 말소를 구하는 것이 신의칙 위반이나 권리남용에 해당한다고 할 수 없다(대판 2008.2.14. 2007다63690).

[ㄷ ▶ O] 민법 제245조 제2항은 부동산의 소유자로 등기한 자가 10년간 소유의 의사로 평온·공연하게 선의이며 과실 없이 그 부동산을 점유한 때에는 소유권을 취득한다고 규정하고 있는바, 위 법조항의 '등기'는 부동산등기법 제15조가 규정한 1부동산 1용지주의에 위배되지 아니한 등기를 말하므로, 어느 부동산에 관하여 등기명의인을 달리하여 소유권보존등기가 2중으로 경료된 경우 먼저 이루어진 소유권보존등기가 원인무효가 아니어서 뒤에 된 소유권보존등기가 무효로 되는 때에는, 뒤에 된 소유권보존등기나 이에 터 잡은 소유권이전등기를 근거로 하여서는 등기부 취득시효의 완성을 주장할 수 없다(대판 1996.10.17. 96다12511 [전합]).

제4항 **중간생략등기**

2020년 변호사시험 문 18. ☑ 확인 Check! ○ △ ✕

甲은 자기 소유 X건물을 乙에게 매도하고 乙은 이를 다시 丙에게 매도하기로 하는 매매계약을 각각 체결하였다. 이에 관한 설명 중 옳지 않은 것은?(다툼이 있는 경우 판례에 의함)

① 甲, 乙, 丙이 전원의 의사합치에 따라 甲으로부터 丙에게 직접 소유권이전등기를 넘겨주기로 하는 중간생략등기의 합의를 한 경우, 丙은 甲을 상대로 X건물의 소유권이전등기를 청구할 수 있다.

② 甲, 乙, 丙이 전원의 의사합치에 따라 甲으로부터 丙에게 직접 소유권이전등기를 넘겨주기로 하는 중간생략등기의 합의를 한 경우, 甲은 乙을 상대로 매매대금의 지급을 청구할 수 없다.

③ 甲과 乙, 乙과 丙 사이의 각 매매계약이 적법하게 성립하여 甲으로부터 丙이 X건물에 관하여 소유권이전등기를 마쳤다면, 이들 전원의 중간생략등기에 대한 합의가 없었다는 이유만으로 그 등기를 무효라고 할 수는 없다.

④ 甲이 매수인 乙에게 X건물을 매도함에 있어서, 소유권이전등기 소요 서류 등에 매수인란을 백지로 하여 교부한 경우에는 소유권이전등기에 있어 묵시적 그리고 순차적으로 중간생략등기에 합의한 것으로 볼 수 있다.

⑤ 만일 甲이 X건물을 신축하여 乙에게 매도하면서 매수인 乙과의 합의에 따라 乙 명의로 소유권보존등기가 마쳐졌다면, 그 등기는 실체적 권리관계에 부합하는 적법한 등기로서 효력이 있다.

[**❶ ▸ ○**] 부동산이 전전 양도된 경우에 중간생략등기의 합의가 없는 한 그 최종양수인은 최초양도인에 대하여 직접 자기 명의로의 소유권이전등기를 청구할 수는 없다 할 것이고, 부동산의 양도계약이 순차 이루어져 최종양수인이 중간생략 등기의 합의를 이유로 최초양도인에게 직접 그 소유권이전등기청구권을 행사하기 위하여는 관계당사자 전원의 의사합치, 즉 중간생략등기에 대한 최초양도인과 중간자의 동의가 있는 외에 최초양도인과 최종양수인 사이에도 그 중간등기생략의 합의가 있었음이 요구된다(대판 1991.4.23. 91다5761).

[**❷ ▸ ✕**] 중간생략등기의 합의란 부동산이 전전 매도된 경우 각 매매계약이 유효하게 성립함을 전제로 그 이행의 편의상 최초의 매도인으로부터 최종의 매수인 앞으로 소유권이전등기를 경료하기로 한다는 당사자 사이의 합의에 불과할 뿐이므로, 이러한 합의가 있다고 하여 최초의 매도인이 자신이 당사자가 된 매매계약상의 매수인인 중간자에 대하여 갖고 있는 매매대금청구권의 행사가 제한되는 것은 아니다(대판 2005.4.29. 2003다66431).

[**❸ ▸ ○**] 최종양수인이 중간생략등기의 합의를 이유로 최초양도인에게 직접 중간생략등기를 청구하기 위하여는 관계당 사자 전원의 의사합치가 필요하지만, 당사자 사이에 적법한 원인행위가 성립되어 일단 중간생략등기가 이루어진 이상 중간생략등기에 관한 합의가 없었다는 이유만으로는 중간생략등기가 무효라고 할 수는 없다(대판 2005.9.29. 2003다40651).

[**❹ ▸ ○**] 소유권이전등기 소요 서류 등에 매수인란을 백지로 하여 교부한 경우에는 소유권이전등기에 있어 묵시적 그리 고 순차적으로 중간등기 생략의 합의가 있었다고 봄이 상당하다(대판 1982.7.13. 81다254).

> 최초양도인이 중간등기 생략을 거부하고 있어 매수인란이 공란으로 된 백지의 매도증서와 위임장 및 인감증명 서를 교부한 것만으로는 중간등기 생략에 관한 합의가 있었다고 할 수 없다(대판 1991.4.23. 91다5761).

[**❺ ▸ ○**] 미등기건물을 등기할 때에는 소유권을 원시취득한 자 앞으로 소유권보존등기를 한 다음 이를 양수한 자 앞으로 이전등기를 함이 원칙이라 할 것이나, 원시취득자와 승계취득자 사이의 합치된 의사에 따라 그 주차장에 관하여 승계취득자 앞으로 직접 소유권보존등기를 경료하게 되었다면, 그 소유권보존등기는 실체적 권리관계에 부합되어 적법한 등기로서의 효력을 가진다(대판 1995.12.26. 94다44675).

2012년 변호사시험 문 16.
☑ 확인 Check! ○ △ ✕

甲과 乙은 甲 소유의 X부동산에 관하여 매매대금을 1억원으로 하여 매매계약을 체결하였고, 그 후 乙과 丙은 X에 관하여 매매대금을 1억 2,000만원으로 하여 매매계약을 체결하였다. 다음 설명 중 옳은 것은?(다툼이 있는 경우에는 판례에 의함)

① 丙이 乙로부터 甲에 대한 소유권이전등기청구권을 양수하고 이 사실을 乙이 甲에게 통지하였다면, 丙은 甲에게 X에 관하여 직접 자기 앞으로 소유권이전등기를 해 줄 것을 청구할 수 있다.

② 丙이 乙과 甲 사이의 매매계약에 기한 소유권이전등기청구권을 보전하기 위해 乙을 대위하여 X에 대한 처분금지가처분 결정을 받았고 乙이 그러한 사실을 알고 있었더라도, 甲과 乙은 위 매매계약의 합의해제로 丙에게 대항할 수 있다.

③ 甲, 乙, 丙 사이에 중간생략등기에 관한 합의가 있었다면, 丙은 甲에게 X에 관하여 직접 자기 앞으로 소유권이전등기를 해 줄 것을 청구할 수 있고, 그 후 甲은 乙과 매매대금을 인상하기로 합의하였더라도 그 인상분을 지급받지 아니하였음을 이유로 丙에게 소유권이전등기의무의 이행을 거절할 수 없다.

④ 이미 X에 관하여 甲에서 丙 앞으로 소유권이전등기까지 마쳐지고, 甲과 乙, 乙과 丙 사이에 각각 매매대금이 모두 지급되었다면, 위 소유권이전등기가 丙이 甲 명의의 등기신청서류를 위조하여 직접 丙 앞으로 마친 것이고, 甲, 乙, 丙 사이에 중간생략등기의 합의가 없었더라도, 甲은 丙에게 위 소유권이전등기의 말소를 청구할 수 없다.

⑤ 甲, 乙, 丙 사이의 중간생략등기의 합의에 따라 甲이 X에 관하여 직접 丙 앞으로 소유권이전등기를 마쳐 주었는데, 그 후 甲과 乙 사이의 매매계약이 사기를 이유로 취소되었다면, 甲은 丙이 선의인지 여부와 관계없이 丙에 대하여 위 소유권이전등기의 말소를 청구할 수 있다.

④ **정답**

[**❶** ▸ **✕**] 부동산매매계약에서 매도인과 매수인은 서로 동시이행관계에 있는 일정한 의무를 부담하므로 이행과정에 신뢰관계가 따른다. 특히 매도인으로서는 매매대금 지급을 위한 매수인의 자력, 신용 등 매수인이 누구인지에 따라 계약 유지 여부를 달리 생각할 여지가 있다. 이러한 이유로 매매로 인한 소유권이전등기청구권의 양도는 특별한 사정이 없는 이상 양도가 제한되고 양도에 채무자의 승낙이나 동의를 요한다고 할 것이므로 통상의 채권양도와 달리 양도인의 채무자에 대한 통지만으로는 채무자에 대한 대항력이 생기지 않으며 반드시 채무자의 동의나 승낙을 받아야 대항력이 생긴다(대판 2018.7.12. 2015다36167).

[**❷** ▸ **✕**] 채권자대위권의 행사에 있어서 채무자가 채권자대위권을 행사한 점을 알게 된 이후에는 채무자가 그 권리를 처분하여도 이로써 채권자에게 대항할 수 없으므로, 채권자가 채무자를 대위하여 제3채무자의 부동산에 대한 처분금지가처분을 신청하여 처분금지가처분결정을 받은 경우, 이는 그 부동산에 관한 소유권이전등기청구권을 보전하기 위한 것이므로 피보전권리인 소유권이전등기청구권을 행사한 것과 같이 볼 수 있어, 채무자가 그러한 채권자대위권의 행사사실을 알게 된 이후에 그 부동산에 대한 매매계약을 합의해제함으로써 채권자대위권의 객체인 그 부동산의 소유권이전등기청구권을 소멸시켰다 하더라도 이로써 채권자에게 대항할 수 없다(대판 1996.4.12. 95다54167).

[**❸** ▸ **✕**] 최초매도인과 중간매수인, 중간매수인과 최종매수인 사이에 순차로 매매계약이 체결되고 이들 간에 중간생략등기의 합의가 있은 후에 최초매도인과 중간매수인 간에 매매대금을 인상하는 약정이 체결된 경우, 최초매도인은 인상된 매매대금이 지급되지 않았음을 이유로 최종매수인 명의로의 소유권이전등기의무의 이행을 거절할 수 있다(대판 2005.4.29. 2003다66431).

[**❹** ▸ **〇**] 대판 2005.9.29. 2003다40651, 대판 1967.4.4. 67다133 참조

판례
• 최종양수인이 중간생략등기의 합의를 이유로 최초양도인에게 직접 중간생략등기를 청구하기 위하여는 관계당사자 전원의 의사합치가 필요하지만, 당사자 사이에 적법한 원인행위가 성립되어 일단 중간생략등기가 이루어진 이상 중간생략등기에 관한 합의가 없었다는 이유만으로는 중간생략등기가 무효라고 할 수는 없다 (대판 2005.9.29. 2003다40651).
• 위조된 등기신청서류에 의하여 경유된 소유권이전등기라 할지라도 그 등기가 실체적 권리관계에 부합되는 경우에는 유효하다(대판 1965.5.25. 65다365).

[**❺** ▸ **✕**] 최종매수인 丙이 중간생략등기를 받은 것은, 최초매도인 甲과 매수인 乙 사이의 계약을 기초로 새로운 법률원인으로써 이해관계를 맺은 것이므로, 丙은 선의일 경우 선의의 제3자로 보호된다.

판례
사기를 이유로 한 법률행위의 취소로써 대항할 수 없는 민법 제110조 제3항 소정의 제3자라 함은 사기에 의한 의사표시의 당사자 및 포괄승계인 이외의 자로서 사기에 의한 의사표시를 기초로 하여 새로운 법률원인으로써 이해관계를 맺은 자를 의미한다(대판 1997.12.26. 96다44860).

甲과 乙은 甲 소유 A부동산에 관하여 매매계약을 체결하였고, 그 후 乙은 소유권이전등기를 마치지 않은 상태에서 丙과 A부동산에 관한 매매계약을 체결하였다. 이에 관한 설명 중 옳지 않은 것은?(다툼이 있는 경우 판례에 의함)

① 甲, 乙, 丙 사이에 중간생략등기의 합의가 있었다 하더라도 乙의 甲에 대한 소유권이전등기청구권이 소멸되지는 않는다.

② 甲, 乙, 丙 사이에 중간생략등기의 합의가 없었다면 丙은 직접 甲을 상대로 소유권이전등기를 청구할 수는 없고 乙의 甲에 대한 소유권이전등기청구권을 대위행사하여야 한다.

③ 甲, 乙, 丙 사이에 중간생략등기의 합의가 없었다 하더라도 甲과 乙, 乙과 丙 사이의 매매계약이 모두 유효하고 매매대금도 모두 지급된 경우에는, 甲으로부터 직접 丙 앞으로 이루어진 소유권이전등기는 유효하다.

④ 甲, 乙, 丙 사이에 중간생략등기의 합의가 있은 후에 甲과 乙 사이에 매매대금을 인상하는 약정이 체결된 경우, 甲은 인상된 매매대금이 지급되지 않았음을 이유로 丙으로의 소유권이전등기절차의 이행을 거절할 수 없다.

⑤ 甲, 乙, 丙 사이에 중간생략등기의 합의가 없는 경우 乙이 甲에 대한 A부동산의 소유권이전등기청구권을 丙에게 양도하고 이를 甲에게 통지하였다 하더라도, 甲이 이에 대해 동의 또는 승낙하지 않은 이상 丙은 甲에게 직접 소유권이전등기를 청구할 수는 없다.

[**❶** ▸ ○] 중간생략등기의 합의가 있었다 하더라도 이러한 합의는 중간등기를 생략하여도 당사자 사이에 이의가 없겠고 또 그 등기의 효력에 영향을 미치지 않겠다는 의미가 있을 뿐이지 그러한 합의가 있었다 하여 <u>중간매수인의 소유권이전등기 청구권이 소멸된다거나 첫 매도인의 그 매수인에 대한 소유권이전등기의무가 소멸되는 것은 아니라 할 것이다</u>(대판 1991.12.13. 91다18316).

[**❷** ▸ ○] 중간생략등기의 합의가 없다면 부동산의 전전 매수인은 매도인을 대위하여 그 전 매도인인 등기명의자에게 <u>매도인 앞으로의 소유권이전등기를 구할 수는 있을지언정 직접 자기 앞으로의 소유권이전등기를 구할 수는 없다</u>(대판 1969.10.28. 69다1351).

[**❸** ▸ ○] 최종양수인이 중간생략등기의 합의를 이유로 최초양도인에게 직접 중간생략등기를 청구하기 위하여는 관계당사자 전원의 의사합치가 필요하지만, 당사자 사이에 적법한 원인행위가 성립되어 일단 중간생략등기가 이루어진 이상 중간생략등기에 관한 합의가 없었다는 이유만으로는 중간생략등기가 무효라고 할 수는 없다(대판 2005.9.29. 2003다40651).

[**❹** ▸ ✕] 최초매도인과 중간매수인, 중간매수인과 최종매수인 사이에 순차로 매매계약이 체결되고 이들 간에 <u>중간생 략등기의 합의가 있은 후에 최초매도인과 중간매수인 간에 매매대금을 인상하는 약정이 체결된 경우, 최초매도인은 인상된 매매대금이 지급되지 않았음을 이유로 최종매수인 명의로의 소유권이전등기의무의 이행을 거절할 수 있다</u>(대판 2005.4.29. 2003다66431).

[**❺** ▸ ○] 부동산매매계약에서 매도인과 매수인은 서로 동시이행관계에 있는 일정한 의무를 부담하므로 이행과정에 신뢰 관계가 따른다. 특히 매도인으로서는 매매대금 지급을 위한 매수인의 자력, 신용 등 매수인이 누구인지에 따라 계약 유지 여부를 달리 생각할 여지가 있다. 이러한 이유로 매매로 인한 소유권이전등기청구권의 양도는 특별한 사정이 없는 이상 양도가 제한되고 양도에 채무자의 승낙이나 동의를 요한다고 할 것이므로 통상의 채권양도와 달리 양도인의 채무자에 대한 통지만으로는 채무자에 대한 대항력이 생기지 않으며 반드시 채무자의 동의나 승낙을 받아야 대항력이 생긴다(대판 2018.7.12. 2015다36167).

비교 그러나 <u>취득시효 완성으로 인한 소유권이전등기청구권은 채권자와 채무자 사이에 아무런 계약관계나 신뢰관계가 없고</u>, 그에 따라 채권자가 채무자에게 반대급부로 부담하여야 하는 의무도 없다. 따라서 취득시효 완성으로 인한 소유권이전등기청구권의 양도의 경우에는 <u>매매로 인한 소유권이전등기청구권에 관한 양도 제한의 법리가 적용되지 않는다</u>(대판 2018.7.12. 2015다36167).

2015년 변호사시험 문 9.

☑ 확인Check! ○ △ X

X부동산에 대하여 甲에서 乙로, 乙에서 丙으로 순차적으로 소유권이전등기가 경료되었을 경우, 다음 설명 중 옳은 것은? (각 지문은 독립적이고, 다툼이 있는 경우 판례에 의함)

① 乙 명의의 소유권이전등기 원인이 매매인 경우, 乙은 甲에게 자신의 등기가 유효하다고 주장하기 위해 甲과의 매매계약이 체결되었음을 증명하여야 한다.

② 丙이 乙로부터 부동산을 취득함에 있어 등기부상 기재된 등기원인인 증여에 의하지 않고 다른 원인인 매매에 의하여 적법하게 취득하였다고 주장하는 경우, 그 등기의 추정력은 깨진다.

③ 乙이 서류를 위조하여 자신의 명의로 소유권이전등기를 경료하였고, 다시 丙 명의로 소유권이전등기를 경료한 이후 丙이 등기부 취득시효에 의해서 소유권을 취득한 경우, 甲은 乙에게 소유권이전등기말소의무의 이행불능을 이유로 한 손해배상을 청구할 수 있다.

④ 甲이 丙에 대하여 소유권이전등기말소청구소송을 제기하였으나 패소한 경우에도, 甲의 乙에 대한 소유권이전등기말소청구의 소는 소의 이익이 있다.

⑤ 만약 甲과 乙, 乙과 丙 사이에 순차로 이루어진 각 적법한 매매계약에 근거하여 甲으로부터 丙에게로 직접 등기가 경료되었다면, 중간생략등기에 관한 합의가 없는 한 그 중간생략등기는 무효이다.

[❶ ▸ X] 부동산에 관하여 소유권이전등기가 경료되어 있는 경우에는 그 등기명의자는 제3자에게 대하여서뿐만 아니라 그 전 소유자에 대하여서도 적법한 등기원인에 의하여 소유권을 취득한 것으로 추정된다(대판 1992.4.24. 91다26379).

[❷ ▸ X] 부동산등기는 그것이 형식적으로 존재하는 것 자체로부터 적법한 등기원인에 의하여 마쳐진 것으로 추정되고, 등기명의자가 등기부에 기재된 것과 다른 원인으로 등기명의를 취득하였다고 주장하고 있지만 그 주장사실이 인정되지 않는다 하더라도 그 자체로 등기의 추정력이 깨어진다고 할 수 없으므로, 그와 같은 경우에도 등기가 원인 없이 마쳐진 것이라고 주장하는 쪽에서 그 무효사유를 주장·입증할 책임을 지게 된다(대판 1997.9.30. 95다39526).

[❸ ▸ X] 소유자가 자신의 소유권에 기하여 실체관계에 부합하지 아니하는 등기의 명의인을 상대로 그 등기말소나 진정명의 회복 등을 청구하는 경우에, 그 권리는 물권적 청구권으로서의 방해배제청구권(민법 제214조)의 성질을 가진다. 그러므로 소유자가 그 후에 소유권을 상실함으로써 이제 등기말소 등을 청구할 수 없게 되었다면, 이를 위와 같은 청구권의 실현이 객관적으로 불능이 되었다고 파악하여 등기말소 등 의무자에 대하여 그 권리의 이행불능을 이유로 민법 제390조상의 손해배상청구권을 가진다고 말할 수 없다. 위 법규정에서 정하는 채무불이행을 이유로 하는 손해배상청구권은 계약 또는 법률에 기하여 이미 성립하여 있는 채권관계에서 본래의 채권이 동일성을 유지하면서 그 내용이 확장되거나 변경된 것으로서 발생한다. 그러나 위와 같은 등기말소청구권 등의 물권적 청구권은 그 권리자인 소유자가 소유권을 상실하면 이제 그 발생의 기반이 아예 없게 되어 더 이상 그 존재 자체가 인정되지 아니하는 것이다. 이러한 법리는 선행소송에서 소유권보존등기의 말소등기청구가 확정되었다고 하더라도 그 청구권의 법적 성질이 채권적 청구권으로 바뀌지 아니하므로 마찬가지이다(대판 2012.5.17. 2010다28604 [전합]).

[❹ ▸ O] 순차적으로 소유권이전등기가 경료된 경우 후순위 등기의 말소등기절차이행청구가 패소 확정됨으로써 직접적으로는 그 전순위등기의 말소등기의 실행이 불가능하게 되었다 하더라도 그 전순위등기의 말소를 구할 소의 이익이 없다 할 수 없다(대판 1993.7.13. 93다20955).

[❺ ▸ X] 최종양수인이 중간생략등기의 합의를 이유로 최초양도인에게 직접 중간생략등기를 청구하기 위하여는 관계당사자 전원의 의사합치가 필요하지만, 당사자 사이에 적법한 원인행위가 성립되어 일단 중간생략등기가 이루어진 이상 중간생략등기에 관한 합의가 없었다는 이유만으로는 중간생략등기가 무효라고 할 수는 없다(대판 2005.9.29. 2003다40651).

2016년 변호사시험 문 12. ☑ 확인Check! ○ △ ✕

甲은 X토지를 사정(査定)받은 자의 유일한 상속인이지만 X토지의 소유자로 등기된 적은 없었다. X토지에 관하여 乙 명의로 허위의 소유권보존등기가 마쳐져 있고, 그 이후 이 등기에 터 잡아 丙 및 丁 앞으로 순차 소유권이전등기가 마쳐져 있다. 이에 관한 법률관계 중 옳은 것(○)과 옳지 않은 것(✕)을 올바르게 조합한 것은?(각 지문은 독립적이며, 다툼이 있는 경우 판례에 의함)

ㄱ. 甲이 丁을 상대로 丁 명의의 등기의 말소를 청구함에 있어서는 乙과 丙을 대위할 필요가 없다.

ㄴ. 甲은 자기 명의로 등기를 마친 적이 없으므로 丁을 상대로 진정명의 회복을 원인으로 한 소유권이전등기청구를 할 수 없다.

ㄷ. 丁이 등기부 취득시효항변을 주장하여 법원에서 받아들여진 경우, 甲이 乙 명의의 소유권보존등기의 말소를 청구하는 소송에서 乙이 이를 원용하더라도, 그 때문에 甲의 乙에 대한 청구가 기각되는 것은 아니다.

① ㄱ(○) ㄴ(✕) ㄷ(✕)
② ㄱ(○) ㄴ(○) ㄷ(✕)
③ ㄱ(✕) ㄴ(✕) ㄷ(○)
④ ㄱ(○) ㄴ(✕) ㄷ(○)
⑤ ㄱ(✕) ㄴ(○) ㄷ(○)

[ㄱ ▸ ○] 토지는 사정받은 자가 원시취득하고, 상속의 경우 부동산에 관한 물권의 취득에 등기를 요하지 않는다(민법 제187조 참조). 즉, 甲은 토지를 사정(査定)받은 자의 유일한 상속인이므로, 등기 없이도 소유권을 취득한다. 따라서 소유권자인 甲은 소유권에 기한 방해 배제로써 丁을 상대로 직접 등기말소를 청구할 수 있다.

> **판례** 구 토지조사령에 의한 토지조사부에 토지소유자로 등재되어 있는 자는 재결에 의하여 사정내용이 변경되었다는 등의 반증이 없는 이상 토지소유자로 사정받고 그 사정이 확정된 것으로 추정할 것이므로, 어느 토지에 관하여 토지조사부에 사정받은 자로 등재된 자가 사망하였고 그 재산상속인이 남아 있다면, 그 토지에 관한 사정이 있은 후에 그 소유권이 제3자에게 이전되었다고 볼 만한 사정이 없는 한 <u>사정명의자의 재산상속인이 그 토지의 소유자라고 보아야 할 것이다</u>(대판 2001.3.23. 2000다66522).

[ㄴ ▸ ✕] 상속인 甲은 등기 없이도 소유권을 취득하므로, 소유권에 기한 방해배제청구권으로써 등기명의인 丁을 상대로 진정명의회복을 원인으로 한 소유권이전등기청구를 할 수 있다.

> **판례** 이미 자기 앞으로 소유권을 표상하는 등기가 되어 있었거나 법률에 의하여 소유권을 취득한 자가 진정한 등기명의를 회복하기 위한 방법으로는 현재의 등기명의인을 상대로 그 등기의 말소를 구하는 외에 '진정한 등기명의의 회복'을 원인으로 한 소유권이전등기절차의 이행을 직접 구하는 것도 허용되어야 한다(대판 1990.11.27. 89다카12398 [전합]).

[ㄷ ▸ ✕] <u>선등기명의자의 소유권이전등기가 원인무효라고 하더라도 그 이후의 최종등기명의자가 등기부 시효취득의 항변을 제출하여 법원에서 그것이 받아들여진 경우, 그 전의 등기명의자들이 최종등기명의자의 시효취득사실을 원용하여 원소유자의 소유권 상실을 주장하고 있다면 원소유자의 소유권에 기한 등기말소청구는 배척될 수밖에 없다</u>(대판 1995.3.3. 94다7348).

① **정답**

제6항 무효등기의 유용

2018년 변호사시험 문 15.

☑ 확인Check! ○ △ ✕

甲은 그 소유인 X토지에 관하여 乙과 사이에 매매예약을 체결하고 가등기를 경료하여 주었다. 甲과 乙은 매매예약을 합의
해제하였으나 가등기는 그대로 남아 있었다. 甲은 다시 丙과 매매예약을 체결하고 甲, 乙, 丙 사이에 위 가등기를 유용하기
로 합의하였다. 그 뒤 甲의 채권자 丁이 X토지를 가압류하여 그 가압류기입등기가 마쳐졌고, 이어서 위 유용합의에 따라
丙 앞으로 가등기 이전의 부기등기가 마쳐졌다. 이에 관한 설명 중 옳은 것을 모두 고른 것은?(각 지문은 독립적이며,
다툼이 있는 경우 판례에 의함)

ㄱ. 丙은 가압류채권자 丁에게 대항할 수 없다.
ㄴ. 丁은 직접 丙의 가등기의 말소를 청구할 수 있다.
ㄷ. 丁은 甲을 대위하여 丙의 가등기의 말소를 청구할 수 있다.

① ㄱ   ② ㄴ   ③ ㄷ
④ ㄱ, ㄴ   ⑤ ㄱ, ㄷ

[ㄱ ▸ ○] 부동산의 매매예약에 기하여 소유권이전등기청구권의 보전을 위한 가등기가 마쳐진 경우에 그 매매예약완결
권이 소멸하였다면 그 가등기 또한 효력을 상실하여 말소되어야 할 것이나, 그 부동산의 소유자가 제3자와 사이에 새로운
매매예약을 체결하고 그에 기한 소유권이전등기청구권의 보전을 위하여 이미 효력이 상실된 가등기를 유용하기로 합의하
고 실제로 그 가등기 이전의 부기등기를 마쳤다면, 그 가등기 이전의 부기등기를 마친 제3자로서는 언제든지 부동산의
소유자에 대하여 위 가등기 유용의 합의를 주장하여 가등기의 말소청구에 대항할 수 있고, 다만 그 가등기 이전의 부기등
기 전에 등기부상 이해관계를 가지게 된 자에 대하여는 위 가등기 유용의 합의사실을 들어 그 가등기의 유효를 주장할
수는 없다(대판 2009.5.28. 2009다4787).

[ㄴ ▸ ✕] 가압류채권자 丁은 채권자에 불과할 뿐이므로, 직접 丙의 가등기 말소를 청구할 수 없다.

 판례 원고가 피고에 대하여 피고 명의로 마쳐진 소유권보존등기의 말소를 구하려면 먼저 원고에게 그 말소를 청구할
수 있는 권원이 있음을 적극적으로 주장·입증하여야 하며, 만일 원고에게 이러한 권원이 있음이 인정되지
않는다면 설사 피고 명의의 소유권보존등기가 말소되어야 할 무효의 등기라고 하더라도 원고의 청구를 인용할
수 없다(대판 1999.2.26. 98다17831).

[ㄷ ▸ ✕] 채권자대위권은 채무자의 제3채무자에 대한 권리를 행사하는 것이므로, 제3채무자는 채무자에 대해 가지는
모든 항변사유로 채권자에게 대항할 수 있으나, 채권자는 채무자 자신이 주장할 수 있는 사유의 범위 내에서 주장할 수
있을 뿐 자기와 제3채무자 사이의 독자적인 사정에 기한 사유를 주장할 수는 없다. 채권자가 무효인 소유권이전등기청구권
의 보전을 위한 가등기의 유용합의에 따라 부동산소유자인 채무자로부터 그 가등기 이전의 부기등기를 마친 제3채무자를
상대로 채무자를 대위하여 가등기의 말소를 구한 경우, 채권자가 그 부기등기 전에 부동산을 가압류한 사실을 주장하는
것은 채무자가 아닌 채권자 자신이 제3채무자에 대하여 가지는 사유에 관한 것이어서 허용되지 않는다(대판 2009.5.28. 2009다
4787).

2013년 변호사시험 문 11.   ☑ 확인Check! ○ △ ✕

乙은 甲의 부탁으로 甲 소유인 고장난 기계를 보관하고 있었다. 다음 중 옳은 것을 모두 고른 것은?(다툼이 있는 경우에는 판례에 의함)

ㄱ. 乙은 그 기계가 자신의 것이라고 말하며 기계부품상 丙에게 구입할 의향이 있는지를 타진하였다. 丙은 乙의 무지를 이용하여 사실은 간단한 수리만으로 사용할 수 있음에도 불구하고 그 기계는 고장나서 쓸 수 없다고 속여 헐값으로 매입하고 인도받았다. 그 후 甲과 乙이 함께 丙을 찾아와 기망을 이유로 위 매매계약을 취소하고 인도를 요구하였다. 위 매매 당시 丙은 그 기계가 乙의 소유가 아님을 알지 못했고 알 수도 없었다. 이 경우 丙은 기계의 인도를 거절할 수 있다.

ㄴ. 乙은 그 기계를 자신의 소유인 것처럼 丁에게 임대하고 점유를 이전하여 주었다가 丁의 간곡한 요청으로 丁에게 그 기계를 매도하였다. 그 기계는 매매 당시 丁이 점유하고 있었으므로 별도로 인도할 필요가 없었고, 丁은 그 기계가 乙의 소유가 아님을 알지 못했고 알 수도 없었다. 이 경우 丁은 기계의 소유권을 취득한다.

ㄷ. 乙의 채권자 戊는 그 기계가 乙의 소유가 아님을 알지 못했고 알 수도 없었기 때문에 그 기계에 대하여 경매신청을 하여 스스로 경락받고 집행비용을 제외한 매각대금 전액을 乙의 채권자로서 배당받았다. 이러한 사정을 알게 된 甲이 戊를 상대로 부당이득 반환을 청구하면, 戊는 甲에게 배당금을 부당이득으로 반환할 의무가 있다.

ㄹ. 위 ㄷ에서 甲으로부터 부당이득의 반환을 청구받은 戊는 그 기계의 소유권 취득을 거부하고 甲에게 기계를 반환받아 갈 것을 요구할 수 있다.

① ㄴ, ㄷ   ② ㄴ, ㄹ   ③ ㄱ, ㄹ
④ ㄱ, ㄷ   ⑤ ㄱ, ㄴ

[ㄱ ▸ ✕] 丙의 선의취득이 인정되기 위해서는 유효한 거래행위에 의해 점유를 승계취득했어야 하나, 丙은 乙을 기망하여 매매계약을 한 것이므로 선의취득이 인정되지 않는다.

판례 동산의 선의취득은 양도인이 무권리자라고 하는 점을 제외하고는 아무런 흠이 없는 거래행위이어야 성립한다
(대판 1995.6.29. 94다22071).

[ㄴ ▸ ○] 매매 당시 丁이 점유하고 있었으므로, 간이인도방식에 의한 선의취득이 인정된다.

판례 동산의 선의취득에 필요한 점유의 취득은 이미 현실적인 점유를 하고 있는 양수인에게는 간이인도에 의한 점유취득으로 그 요건은 충족된다(대판 1981.8.20. 80다2530).

법령 동산물권 양도의 효력, 간이인도(민법 제188조)   ② 양수인이 이미 그 동산을 점유한 때에는 당사자의 의사표시만으로 그 효력이 생긴다.

［ ㄷ ▸ O］ 채무자 이외의 자의 소유에 속하는 동산을 경매한 경우에도 경매절차에서 그 동산을 경락받아 경락대금을 납부하고 이를 인도받은 경락인은 특별한 사정이 없는 한 소유권을 선의취득한다고 할 것이지만, 그 동산의 매득금은 채무자의 것이 아니어서 채권자가 이를 배당받았다고 하더라도 채권은 소멸하지 않고 계속 존속한다고 할 것이므로, 배당을 받은 채권자는 이로 인하여 법률상 원인 없는 이득을 얻고 소유자는 경매에 의하여 소유권을 상실하는 손해를 입게 되었다고 할 것이니, 그 동산의 소유자는 배당을 받은 채권자에 대하여 부당이득으로서 배당받은 금원의 반환을 청구할 수 있다(대판 1998.3.27. 97다32680).

［ ㄹ ▸ X］ 채무자 이외의 자의 소유에 속하는 동산을 경매하여 그 매득금을 배당받은 채권자가 그 동산을 경락받아 선의취득자의 지위를 겸하고 있는 경우, 배당받은 채권자가 법률상 원인 없이 이득을 한 것은 배당액이지 선의취득한 동산이 아니므로, 동산의 전 소유자가 임의로 그 동산을 반환받아 가지 아니하는 이상 동산 자체를 반환받아 갈 것을 요구할 수는 없고 단지 배당금을 부당이득으로 반환할 수밖에 없다(대판 1998.6.12. 98다6800).

제4절 **명인방법**

제5절 **물권의 소멸**

제1절	점유권	★

2018년 변호사시험 문 21.　　　　　　　　　　　　　　☑ 확인Check! ○ △ ✕

甲은 X주택과 인근 Y창고를 소유하고 있다. Y창고는 X주택의 부속물·종물이 아니다. 乙은 甲으로부터 X주택을 임차하여 전입신고를 하지 아니하고 사용하면서 점유할 권리 없이 Y창고도 점유·사용하고 있다. 乙은 비용을 들여 X주택과 Y창고를 개량하여 가치를 증가시켰고, 지출된 비용만큼의 가치 증가가 현존하고 있다. 임대차기간 도중에 甲은 X, Y건물 모두를 丙에게 매도하고 소유권이전등기를 마쳐 주었다. 임대차기간이 만료되었고 丙은 乙에게 X, Y건물의 인도를 청구하고 있다. 이에 관한 설명 중 옳은 것을 모두 고른 것은?(각 지문은 독립적이며, 다툼이 있는 경우 판례에 의함)

- ㄱ. 乙은 X주택에 들인 유익비를 丙에게 청구할 수 있다.
- ㄴ. 乙은 Y창고에 들인 유익비를 丙에게 청구할 수 있다.
- ㄷ. (사안을 달리하여) 乙이 공사업자 丁에게 도급하여 X, Y건물의 개량공사가 이루어졌고 乙이 공사대금을 지급하지 아니한 경우, 丁은 甲에게 X주택 가치증가분 상당의 부당이득 반환을 청구할 수 있지만, Y창고 가치증가분 상당의 부당이득 반환은 청구할 수 없다.

① ㄱ　　　　　　　　　② ㄴ　　　　　　　　　③ ㄷ
④ ㄱ, ㄴ　　　　　　　⑤ ㄱ, ㄷ

[ㄱ ▸ ✕] X주택의 경우, 甲과 乙은 임대차관계에 있으므로 유익비의 상환은 임대차규정에 따른다. 따라서 임차인 乙은 임대인 甲에게 유익비상환청구를 할 수 있다(민법 제626조 제2항 참조). 만약 임차인 乙이 대항력을 취득하였다면, 임차주택의 양수인 丙이 임대인의 지위를 승계하고 乙은 丙에게 유익비상환청구를 할 수 있으나(주택임대차보호법 제3조 제1항 참조), 임차인 乙은 전입신고를 하지 않아 대항력이 없으므로 양수인 丙이 아닌 임대인 甲에게 유익비상환청구를 할 수 있을 뿐이다.

판례

민법 제203조 제2항에 의한 점유자의 회복자에 대한 유익비상환청구권은 점유자가 계약관계 등 적법하게 점유할 권리를 가지지 않아 소유자의 소유물반환청구에 응하여야 할 의무가 있는 경우에 성립되는 것으로서, 이 경우 점유자는 그 비용을 지출할 당시의 소유자가 누구이었는지 관계없이 점유 회복 당시의 소유자 즉 회복자에 대하여 비용상환청구권을 행사할 수 있는 것이나, 점유자가 유익비를 지출할 당시 계약관계 등 적법한 점유의 권원을 가진 경우에 그 지출비용의 상환에 관하여는 그 계약관계를 규율하는 법조항이나 법리 등이 적용되는 것이어서, 점유자는 그 계약관계 등의 상대방에 대하여 해당 법조항이나 법리에 따른 비용상환청구권을 행사할 수 있을 뿐 계약관계 등의 상대방이 아닌 점유 회복 당시의 소유자에 대하여 민법 제203조 제2항에 따른 지출비용의 상환을 구할 수는 없다(대판 2003.7.25, 2001다64752).

법령 　임차인의 상환청구권(민법 제626조)　　② 임차인이 유익비를 지출한 경우에는 임대인은 임대차 종료 시에 그 가액의 증가가 현존한 때에 한하여 임차인의 지출한 금액이나 그 증가액을 상환하여야 한다. 이 경우에 법원은 임대인의 청구에 의하여 상당한 상환기간을 허여할 수 있다.

　대항력 등(주택임대차보호법 제3조)　　① 임대차는 그 등기가 없는 경우에도 임차인이 주택의 인도와 주민 등록을 마친 때에는 그 다음 날부터 제삼자에 대하여 효력이 생긴다. 이 경우 전입신고를 한 때에 주민등록이 된 것으로 본다.

　④ 임차주택의 양수인(그 밖에 임대할 권리를 승계한 자를 포함한다)은 임대인의 지위를 승계한 것으로 본다.

[ㄴ ▸ ○]　Y창고의 경우, 乙이 점유의 권원 없이 점유·사용하고 있는 것이므로, 민법 제203조 제2항에 의한 점유자의 회복자에 대한 유익비상환청구권이 인정된다.

 법령 　점유자의 상환청구권(민법 제203조)　　② 점유자가 점유물을 개량하기 위하여 지출한 금액 기타 유익비에 관하여는 그 가액의 증가가 현존한 경우에 한하여 회복자의 선택에 좇아 그 지출금액이나 증가액의 상환을 청구할 수 있다.

[ㄷ ▸ ×]　판례는 전용물소권을 부정하는 입장이다. 따라서 공사업자 丁은 계약상대방이 아닌 甲에게 X주택 및 Y창고 가치증가분 상당의 부당이득 반환을 청구할 수 없고, 또한 수급인 丁은 민법 제203조에 의한 비용상환청구권을 행사할 수 있는 비용지출자에 해당하지도 않는다.

 판례 　계약상의 급부가 계약의 상대방뿐만 아니라 제3자의 이익으로 된 경우에 급부를 한 계약당사자가 계약상대방에 대하여 계약상의 반대급부를 청구할 수 있는 이외에 그 제3자에 대하여 직접 부당이득반환청구를 할 수 있다고 보면, 자기 책임하에 체결된 계약에 따른 위험부담을 제3자에게 전가시키는 것이 되어 계약법의 기본원리에 반하는 결과를 초래할 뿐만 아니라, 채권자인 계약당사자가 채무자인 계약상대방의 일반채권자에 비하여 우대받는 결과가 되어 일반채권자의 이익을 해치게 되고, 수익자인 제3자가 계약상대방에 대하여 가지는 항변권 등을 침해하게 되어 부당하므로, 위와 같은 경우 계약상의 급부를 한 계약당사자는 이익의 귀속주체인 제3자에 대하여 직접 부당이득 반환을 청구할 수는 없다고 보아야 한다. 한편, 유효한 도급계약에 기하여 수급인이 도급인으로부터 제3자 소유 물건의 점유를 이전받아 이를 수리한 결과 그 물건의 가치가 증가한 경우, 도급인이 그 물건을 간접점유하면서 궁극적으로 자신의 계산으로 비용지출과정을 관리한 것이므로, 도급인만이 소유자에 대한 관계에 있어서 민법 제203조에 의한 비용상환청구권을 행사할 수 있는 비용지출자라고 할 것이고, 수급인은 그러한 비용지출자에 해당하지 않는다고 보아야 할 것이다(대판 2002.8.23, 99다66564).

안심Touch

점유권에 관한 설명 중 옳지 않은 것을 모두 고른 것은?(다툼이 있는 경우에는 판례에 의함)

ㄱ. 악의의 점유자는 수취한 과실을 반환하여야 하며 소비하였거나 과실로 인하여 훼손 또는 수취하지 못한 경우에는 그 과실의 대가를 보상하여야 한다.

ㄴ. 점유물이 소유의 의사가 있는 선의의 점유자의 책임 있는 사유로 인하여 멸실 또는 훼손된 때에는 그 점유자는 이익이 현존하는 한도에서 배상하여야 한다.

ㄷ. 점유자가 점유물을 반환할 때에는 회복자에 대하여 점유물에 관하여 지출한 필요비의 상환을 청구할 수 있으나 점유자가 과실을 수취한 경우에는 일체의 필요비 상환을 청구하지 못한다.

ㄹ. 점유자가 점유를 침탈당한 경우, 침탈자의 특별승계인에 대하여 그 물건의 반환을 청구할 수 있을 뿐 손해배상을 청구할 수는 없다.

ㅁ. 점유자가 점유의 침탈을 당한 때에는 간접점유자는 점유자가 그 물건을 반환받기를 원하지 아니하는 경우라도 점유자에게 반환할 것을 청구하여야 한다.

① ㄱ, ㄷ, ㄹ   ② ㄴ, ㄹ, ㅁ   ③ ㄷ, ㄹ, ㅁ

④ ㄱ, ㄴ, ㄷ   ⑤ ㄱ, ㄴ, ㅁ

[ㄱ ▸ ○] 민법 제201조 제2항 참조

법령 **점유자와 과실(민법 제201조)**   ① 선의의 점유자는 점유물의 과실을 취득한다.
② 악의의 점유자는 수취한 과실을 반환하여야 하며 소비하였거나 과실로 인하여 훼손 또는 수취하지 못한 경우에는 그 과실의 대가를 보상하여야 한다.
③ 전항의 규정은 폭력 또는 은비에 의한 점유자에 준용한다.

[ㄴ ▸ ○] 점유물이 점유자의 책임 있는 사유로 인하여 멸실 또는 훼손한 때에는 악의의 점유자는 그 손해의 전부를 배상하여야 하며 선의의 점유자는 이익이 현존하는 한도에서 배상하여야 한다. 소유의 의사가 없는 점유자는 선의인 경우에도 손해의 전부를 배상하여야 한다(민법 제202조).

[ㄷ ▸ X] 점유자가 점유물을 반환할 때에는 회복자에 대하여 점유물을 보존하기 위하여 지출한 금액 기타 필요비의 상환을 청구할 수 있다. 그러나 점유자가 과실을 취득한 경우에는 통상의 필요비는 청구하지 못한다(민법 제203조 제1항).

[ㄹ ▸ X] 특별승계인이 악의인 경우에는, 특별승계인에 대해서도 물건의 반환 및 손해의 배상을 청구할 수 있다.

법령 **점유의 회수(민법 제204조)**   ① 점유자가 점유의 침탈을 당한 때에는 그 물건의 반환 및 손해의 배상을 청구할 수 있다.
② 전항의 청구권은 침탈자의 특별승계인에 대하여는 행사하지 못한다. 그러나 승계인이 악의인 때에는 그러하지 아니하다.

[ㅁ ▸ X] 점유자가 점유의 침탈을 당한 경우에 간접점유자는 그 물건을 점유자에게 반환할 것을 청구할 수 있고 점유자가 그 물건의 반환을 받을 수 없거나 이를 원하지 아니하는 때에는 자기에게 반환할 것을 청구할 수 있다(민법 제207조 제2항).

제1항 부동산소유권의 범위

제2항 소유권의 취득

2020년 변호사시험 문 13. ☑확인Check! ○ △ ✕

甲은 乙 소유의 X토지를 20년간 소유의 의사로 평온·공연하게 점유하여 2018.1.1. 점유취득시효가 완성되었다. 이에 관한 설명 중 옳은 것을 모두 고른 것은?(다툼이 있는 경우 판례에 의함)

ㄱ. 甲이 점유취득시효 완성 전까지 점유로 인하여 얻은 이익에 대하여 乙은 부당이득 반환을 청구할 수 없다.

ㄴ. 2018.4.4. 乙은 甲의 X토지에 관한 취득시효완성사실을 알지 못하고서 K은행으로부터 3억원을 차용하고 당일 K은행에게 근저당권설정등기를 마쳐 준 후 甲이 취득시효 완성을 이유로 X토지에 관하여 소유권이전등기를 마쳤 다면, 甲은 X토지에 설정된 근저당권의 피담보채무를 변제하고 乙에게 변제금액의 구상을 청구할 수 있다.

ㄷ. 2010.4.1. 甲이 X토지의 진정한 소유자가 아님에도 丙으로부터 금원을 차용하면서 X토지에 관하여 丙 명의로 저당권설정등기를 마쳐 준 경우, 2018.4.5. 甲이 취득시효 완성을 이유로 X토지에 관하여 소유권이전등기를 마쳤 다면, 이는 원시취득이므로 丙 명의의 위 저당권은 소멸하게 된다.

ㄹ. 2015.1.2. X토지에 관하여 매매예약을 원인으로 한 丁 명의의 소유권이전청구권 보전을 위한 가등기가 마쳐졌고, 2018.6.5. 위 가등기에 기한 丁 명의의 본등기가 마쳐졌다면, 甲은 丁에 대하여 X토지에 관한 취득시효 완성을 주장할 수 없다.

① ㄱ, ㄹ   ② ㄴ, ㄷ   ③ ㄷ, ㄹ

④ ㄱ, ㄴ, ㄹ   ⑤ ㄴ, ㄷ, ㄹ

[ㄱ ▶ ○] 甲의 시효로 인한 소유권 취득에 소급효가 인정되고 소유권 취득에 법률상 원인이 있으므로, 甲이 점유취득 시효완성 전까지 점유로 인해 얻은 이익에 대해 乙은 부당이득 반환을 청구할 수 없다.

 판례 부동산에 대한 취득시효가 완성되면 점유자는 소유명의자에 대하여 취득시효 완성을 원인으로 한 소유권이전 등기절차의 이행을 청구할 수 있고 소유명의자는 이에 응할 의무가 있으므로 점유자가 그 명의로 소유권이전등 기를 경료하지 아니하여 아직 소유권을 취득하지 못하였다고 하더라도 소유명의자는 점유자에 대하여 점유로 인한 부당이득반환청구를 할 수 없다(대판 1993.5.25, 92다51280).

 법령 소유권 취득의 소급효, 중단사유(민법 제247조)   ① 전2조의 규정에 의한 소유권 취득의 효력은 점유를 개시한 때에 소급한다.

[ㄴ ▶ ✕] 시효취득자로서는 원소유자의 적법한 권리행사로 인한 현상의 변경이나 제한물권의 설정 등이 이루어진 그 토지의 사실상 혹은 법률상 현상 그대로의 상태에서 등기에 의하여 그 소유권을 취득하게 된다. 따라서 시효취득자가 원소유자에 의하여 그 토지에 설정된 근저당권의 피담보채무를 변제하는 것은 시효취득자가 용인하여야 할 그 토지상의 부담을 제거하여 완전한 소유권을 확보하기 위한 것으로서 그 자신의 이익을 위한 행위라 할 것이니, 위 변제액 상당에 대하여 원소유자에게 대위변제를 이유로 구상권을 행사하거나 부당이득을 이유로 그 반환청구권을 행사할 수는 없다(대판 2006.5.12. 2005다75910).

[ㄷ ▶ ✕] 부동산점유취득시효는 원시취득에 해당하므로 특별한 사정이 없는 한 원소유자의 소유권에 가하여진 각종 제한에 의하여 영향을 받지 아니하는 완전한 내용의 소유권을 취득하는 것이지만, 진정한 권리자가 아니었던 채무자 또는 물상보증인이 채권담보의 목적으로 채권자에게 부동산에 관하여 저당권설정등기를 경료해 준 후 그 부동산을 시효취득하는 경우에는, 채무자 또는 물상보증인은 피담보채권의 변제의무 내지 책임이 있는 사람으로서 이미 저당권의 존재를 용인하고 점유하여 온 것이므로, 저당목적물의 시효취득으로 저당권자의 권리는 소멸하지 않는다(대판 2015.2.26. 2014다21649).

[ㄹ ▶ ○] 물권변동의 시기는 본등기가 경료된 때이므로, 丁은 취득시효 완성 후 그 등기 전 소유권을 취득한 제3자에 해당한다. 따라서 甲은 丁에 대해 X토지에 관한 취득시효 완성을 주장할 수 없다.

판례
취득시효 완성에 의한 등기를 하기 전에 먼저 소유권이전등기를 경료하여 부동산소유권을 취득한 제3자에 대하여는 그 제3자 명의의 등기가 무효가 아닌 한 시효취득을 주장할 수 없다고 함이 당원의 판례이고, 한편 가등기는 그 성질상 본등기의 순위 보전의 효력만이 있어 후일 본등기가 경료된 때에는 본등기의 순위가 가등기한 때로 소급하는 것뿐이지 본등기에 의한 물권변동의 효력이 가등기한 때로 소급하여 발생하는 것은 아니므로, 원고들을 위하여 이 사건 토지에 관한 취득시효가 완성된 후 원고들이 그 등기를 하기 전에 피고가 취득시효 완성 전에 이미 설정되어 있던 가등기에 기하여 소유권 이전의 본등기를 경료하였다면 그 가등기나 본등기를 무효로 볼 수 있는 경우가 아닌 한 원고들은 시효완성 후 부동산소유권을 취득한 제3자인 피고에 대하여 시효취득을 주장할 수 없다 할 것이다(대판 1992.9.25. 92다21258).

2017년 변호사시험 문 23.
☑ 확인Check! ○ △ ✕

甲이 부동산 X의 소유권에 기하여 乙 명의의 소유권이전등기가 원인무효임을 이유로 乙을 상대로 소유권이전등기말소청구소송을 제기하였다. 이에 대해 乙이 다음과 같은 이유를 들어 자기 명의의 등기가 유효하다고 주장한다. 乙의 주장 중 타당한 항변으로 볼 수 없는 것은?(다툼이 있는 경우 판례에 의함)

① 乙이 부동산 X를 소유의 의사로 평온, 공연하게 20년 이상 점유하여 왔다고 주장하는 경우

② 甲이 丙에게 부동산 X를 매도할 수 있는 권한을 위임하였다가 이를 철회하였는데, 丙이 甲의 대리인임을 자처하면서 부동산 X를 乙에게 매도하였고, 乙이 선의·무과실로 이를 매수하였으므로 「민법」 제129조의 표현대리가 성립하였다고 주장하는 경우

③ 甲이 원인무효가 아닌 자기 명의의 선행 소유권보존등기가 있음에도 乙 명의의 등기가 후행 소유권보존등기에 기초하여 이루어졌다고 주장함에 대하여, 乙이 자기 명의로 소유권이전등기를 경료한 후 부동산 X를 소유의 의사로 평온, 공연하게 선의이며 과실 없이 10년 이상 점유하여 왔다고 주장하는 경우

④ 甲이 乙 명의 등기의 원인인 매매계약이 무효임에도 乙이 등기서류를 위조하여 등기를 마친 것이라고 주장함에 대하여, 乙이 甲으로부터 증여를 받았다고 주장하는 경우

⑤ 부동산 X는 그 실질적 소유자인 丙종중이 적법하게 甲에게 명의신탁한 것인데, 乙이 丙종중으로부터 매수하여 대금을 완납한 후 소유권이전등기를 경료하였다고 주장하는 경우

③ **정답**

[**❶ ▸ ○**] 실체상의 권리관계에 부합하지 아니한 무효인 회복에 인한 소유권이전등기를 바탕으로 하여 경료된 이전등기라고 하여도 20년간의 취득시효기간이 만료할 때까지 그 부동산에 관하여 등기상 이해관계를 가지는 제3자가 없었을 경우에는 그의 이전등기는 취득기간 만료와 동시에 실체관계에 부합하는 유효한 등기가 된 것으로 보아야 한다(대판 1983.8.23. 83다카848).

[**❷ ▸ ○**] 丙의 대리권 소멸에 대해 乙이 선의·무과실인 경우, 민법 제129조의 표현대리성립주장은 타당한 항변이 된다.

대리권 소멸 후의 표현대리(민법 제129조)   대리권의 소멸은 <u>선의의 제삼자에게 대항하지 못한다</u>. 그러나 제삼자가 과실로 인하여 그 사실을 알지 못한 때에는 그러하지 아니하다.

[**❸ ▸ ×**] 후행 중복보존등기나 이에 터 잡은 소유권이전등기를 근거로는 등기부 취득시효를 주장할 수 없다.

민법 제245조 제2항은 부동산의 소유자로 등기한 자가 10년간 소유의 의사로 평온·공연하게 선의이며 과실 없이 그 부동산을 점유한 때에는 소유권을 취득한다고 규정하고 있는바, <u>위 법조항의 '등기'는 부동산등기법 제15조가 규정한 1부동산 1용지주의에 위배되지 아니한 등기를 말하므로, 어느 부동산에 관하여 등기명의인을 달리하여 소유권보존등기가 2중으로 경료된 경우 먼저 이루어진 소유권보존등기가 원인무효가 아니어서 뒤에 된 소유권보존등기가 무효로 되는 때에는, 뒤에 된 소유권보존등기나 이에 터 잡은 소유권이전등기를 근거로 하여서는 등기부 취득시효의 완성을 주장할 수 없다</u>(대판 1996.10.17. 96다12511 [전합]).

[**❹ ▸ ○**] 부동산등기는 현실의 권리관계에 부합하는 한 그 권리 취득의 경위나 방법 등이 사실과 다르다고 하더라도 그 등기의 효력에는 아무런 영향이 없는 것이므로 증여에 의하여 부동산을 취득하였지만 등기원인을 매매로 기재하였다고 하더라도 그 등기의 효력에는 아무런 하자가 없다(대판 1980.7.22. 80다791).

[**❺ ▸ ○**] 명의신탁한 부동산을 명의신탁자가 매도하는 경우에 명의신탁자는 그 부동산을 사실상 처분할 수 있을 뿐 아니라 법률상으로도 처분할 수 있는 권원에 의하여 매도한 것이므로 이를 민법 제569조 소정의 타인의 권리의 매매라고 할 수 없다(대판 1996.8.20. 96다18656).

안심Touch

乙은 1970.1. A토지에 대한 소유명의자 甲으로부터 이를 매수하여 이전등기를 마치지 않은 상태로 파, 시금치 등을 재배하였고, 이후 그 지상에 B건물도 신축하여 보존등기를 마치지 않은 채 이를 점유·사용하여 왔다. 乙은 1990.5. 丙에게 A토지와 B건물을 매도하였고, 丙도 이들 부동산 모두에 관해 등기를 마치지 않은 채 인도받아 점유·사용하여 오고 있다. 2000.8. 甲의 상속인 丁이 A토지를 상속받아 2016.2. A토지 위에 자신의 채권자 戊를 위해 저당권설정등기를 경료하였다. 이에 관한 설명 중 옳은 것을 모두 고른 것은?(다툼이 있는 경우 판례에 의함)

> ㄱ. B건물에 대해서는 乙에게만 처분권이 있으므로 丁이 丙을 상대로 건물철거청구의 소를 제기하는 것은 허용되지 않는다.
> ㄴ. A토지의 매매는 등기를 수반하지 않았으므로, 부동산물권 변동에 관하여 형식주의를 취하는 현행 민법 아래에서 丙의 A토지에 대한 점유는 타주점유로 보아야 한다.
> ㄷ. 丙이 A토지에 관해 점유취득시효의 완성을 이유로 丁을 상대로 소유권이전등기청구의 소를 제기하여 승소하더라도 특별한 사정이 없는 한 戊를 상대로 저당권말소등기를 청구하는 것은 허용되지 않는다.
> ㄹ. 丙은 A토지에 대한 소유권이전등기를 마쳐야 비로소 이를 시효취득할 수 있으므로, 丁은 丙이 이전등기를 마치기 전까지 丙에 대하여 점유로 인한 부당이득 반환을 청구할 수 있다.
> ㅁ. 丙은 A토지에 대하여 소유권이전등기를 받지 않았더라도, A토지에 대한 점유·사용권이 있다.

① ㄱ, ㄷ　　　　　　　② ㄴ, ㄷ　　　　　　　③ ㄴ, ㄹ
④ ㄷ, ㅁ　　　　　　　⑤ ㄹ, ㅁ

[ㄱ ▸ X]　건물 철거는 그 소유권의 종국적 처분에 해당하는 사실행위이므로 원칙으로는 그 소유자(등기명의자)에게만 그 철거처분권이 있다고 할 것이나 그 건물을 매수하여 점유하고 있는 자는 등기부상 아직 소유자로서의 등기명의가 없다하더라도 그 권리의 범위 내에서는 그 점유 중인 건물에 대하여 법률상 또는 사실상 처분을 할 수 있는 지위에 있고 그 건물이 건립되어 있어 불법으로 점유를 당하고 있는 토지소유자는 위와 같은 건물점유자에게 그 철거를 구할 수 있다(대판 1986.12.23. 86다카1751).

[ㄴ ▸ X]　현행 우리 민법은 법률행위로 인한 부동산물권의 득실 변경에 관하여 등기라는 공시방법을 갖추어야만 비로소 그 효력이 생긴다는 형식주의를 채택하고 있음에도 불구하고 등기에 공신력이 인정되지 아니하고, 또 현행 민법의 시행 이후에도 법생활의 실태에 있어서는 상당 기간 동안 의사주의를 채택한 구 민법에 따른 부동산거래의 관행이 잔존하고 있었던 점 등에 비추어 보면, 토지의 매수인이 매매계약에 의하여 목적토지의 점유를 취득한 경우 설사 그것이 타인의 토지의 매매에 해당하여 그에 의하여 곧바로 소유권을 취득할 수 없다고 하더라도 그것만으로 매수인이 점유권원의 성질상 소유의 의사가 없는 것으로 보이는 권원에 바탕을 두고 점유를 취득한 사실이 증명되었다고 단정할 수 없을 뿐만 아니라, 매도인에게 처분권한이 없다는 것을 잘 알면서 이를 매수하였다는 등의 다른 특별한 사정이 입증되지 않는 한, 그 사실만으로 바로 그 매수인의 점유가 소유의 의사가 있는 점유라는 추정이 깨어지는 것이라고 할 수 없고, 민법 제197조 제1항이 규정하고 있는 점유자에게 추정되는 소유의 의사는 사실상 소유할 의사가 있는 것으로 충분한 것이지 반드시 등기를 수반하여야 하는 것은 아니므로 등기를 수반하지 아니한 점유임이 밝혀졌다고 하여 이 사실만 가지고 바로 점유권원의 성질상 소유의 의사가 결여된 타주점유라고 할 수 없다(대판 2000.3.16. 97다37661 [전합]).

[ㄷ ▸ O]　戊는 취득시효 완성 후 등기 전에 저당권을 취득하였으므로, 丙은 戊를 상대로 저당권말소등기를 청구할 수 없다.

④ 정답

판례 원소유자가 취득시효의 완성 이후 그 등기가 있기 전에 그 토지를 제3자에게 처분하거나 제한물권의 설정, 토지의 현상 변경 등 소유자로서의 권리를 행사하였다 하여 시효취득자에 대한 관계에서 불법행위가 성립하는 것이 아님은 물론 위 처분행위를 통하여 그 토지의 소유권이나 제한물권 등을 취득한 제3자에 대하여 취득시효의 완성 및 그 권리 취득의 소급효를 들어 대항할 수도 없다 할 것이니, 이 경우 시효취득자로서는 원소유자의 적법한 권리행사로 인한 현상의 변경이나 제한물권의 설정 등이 이루어진 그 토지의 사실상 혹은 법률상 현상 그대로의 상태에서 등기에 의하여 그 소유권을 취득하게 된다(대판 2006.5.12, 2005다75910).

[ㄹ▸X] 부동산에 대한 취득시효가 완성되면 점유자는 소유명의자에 대하여 취득시효 완성을 원인으로 한 소유권이전등기절차의 이행을 청구할 수 있고 소유명의자는 이에 응할 의무가 있으므로 점유자가 그 명의로 소유권이전등기를 경료하지 아니하여 아직 소유권을 취득하지 못하였다고 하더라도 소유명의자는 점유자에 대하여 점유로 인한 부당이득반환청구를 할 수 없다(대판 1993.5.25, 92다51280).

[ㅁ▸O] 토지의 매수인이 아직 소유권이전등기를 경료받지 아니하였다 하여도 매매계약의 이행으로 그 토지를 인도받은 때에는 매매계약의 효력으로서 이를 점유·사용할 권리가 생기게 된 것으로 보아야 하고, 또 매수인으로부터 위 토지를 다시 매수한 자는 위와 같은 토지의 점유사용권을 취득한 것으로 봄이 상당하므로 매도인은 매수인으로부터 다시 위 토지를 매수한 자에 대하여 토지소유권에 기한 물권적 청구권을 행사하거나 그 점유·사용을 법률상 원인이 없는 이익이라고 하여 부당이득반환청구를 할 수는 없다(대판 2001.12.11, 2001다45355).

2019년 변호사시험 문 62.
☑ 확인Check! O △ X

취득시효에 관한 설명 중 옳지 않은 것은?(다툼이 있는 경우 판례에 의함)

① 법원은 당사자의 주장에 구애됨이 없이 소송자료에 의하여 부동산취득시효의 요건인 진정한 점유의 개시시기를 인정할 수 있다.

② 취득시효 완성을 원인으로 하는 소유권이전등기청구권을 피보전권리로 하는 부동산처분금지가처분등기가 마쳐진 후에 가처분채권자가 가처분채무자를 상대로 가처분의 피보전권리에 기한 소유권이전등기를 청구하면서, 가처분등기 후 가처분채무자로부터 소유권이전등기를 넘겨받은 제3자를 상대로 가처분채무자와 제3자 사이의 법률행위가 원인무효라는 사유를 들어 가처분채무자를 대위하여 제3자 명의 소유권이전등기의 말소를 구하는 청구는 특별한 사정이 없는 한 소의 이익이 있다.

③ 취득시효기간 만료 당시의 점유자로부터 부동산을 양수하여 점유를 승계한 현 점유자는 전 점유자의 소유자에 대한 소유권이전등기청구권을 대위행사할 수 있을 뿐, 전 점유자의 취득시효 완성의 효과를 주장하여 직접 자기에게 소유권이전등기를 청구할 권원은 없다.

④ 취득시효 완성 당시의 소유권이전등기가 무효라면 소유자가 누구인지 알 수 없는 경우 등 특별한 사정이 없는 한 시효취득자는 소유자를 대위하여 위 무효등기의 말소를 구하고 다시 위 소유자를 상대로 취득시효 완성을 이유로 한 소유권이전등기를 구하여야 한다.

⑤ 법원은 당사자의 주장에 구애됨이 없이 소송자료에 의하여 부동산취득시효의 요건인 진정한 점유의 권원을 인정할 수 없다.

[❶▸O][❺▸X] 부동산의 취득시효에 있어서 점유의 시기나 권원 등은 모두 취득시효의 요건사실인 점유기간이나 자주점유를 추정하는 징표 즉 간접사실로서 법원은 당사자의 주장에 구애됨이 없이 소송자료에 의하여 인정되는 바에 따라 진정한 점유의 시기와 권원을 인정하여야 한다(대판 1982.6.22, 80다2671).

정답 ⑤

[❷ ▶ ○] 취득시효 완성 후 제3자 앞으로 경료된 소유권이전등기가 원인무효인 경우 취득시효 완성을 원인으로 한 소유권이전등기청구권을 가진 자는 취득시효 완성 당시의 소유자를 대위하여 제3자 명의 등기의 말소를 구할 수 있다. 한편 취득시효 완성을 원인으로 하는 소유권이전등기청구권을 피보전권리로 하는 부동산처분금지가처분등기가 마쳐진 후에 가처분채권자가 가처분채무자를 상대로 가처분의 피보전권리에 기한 소유권이전등기를 청구함과 아울러 가처분등기 후 가처분채무자로부터 소유권이전등기를 넘겨받은 제3자를 상대로 가처분채무자와 제3자 사이의 법률행위가 원인무효라는 사유를 들어 가처분채무자를 대위하여 제3자 명의 소유권이전등기의 말소를 청구하는 경우, 가처분채권자가 채무자를 상대로 본안의 승소판결을 받아 확정되면 가처분에 저촉되는 처분행위의 효력을 부정할 수 있다고 하여, 그러한 사정만으로 위와 같은 제3자에 대한 청구가 소의 이익이 없어 부적법하다고 볼 수는 없다. 가처분채권자가 대위행사하는 가처분채무자의 위 제3자에 대한 말소청구권은 가처분 자체의 효력과는 관련이 없을 뿐만 아니라, 가처분은 실체법상의 권리관계와 무관하게 효력이 상실될 수도 있어, 가처분채권자의 입장에서는 가처분의 효력을 원용하는 외에 별도로 가처분채무자를 대위하여 제3자 명의 등기의 말소를 구할 실익도 있기 때문이다(대판 2017.12.5. 2017다237339).

[❸ ▶ ○] 전 점유자의 점유를 승계한 자는 그 점유 자체와 하자만을 승계하는 것이지 그 점유로 인한 법률효과까지 승계하는 것은 아니므로 부동산을 취득시효기간 만료 당시의 점유자로부터 양수하여 점유를 승계한 현 점유자는 자신의 전 점유자에 대한 소유권이전등기청구권을 보전하기 위하여 전 점유자의 소유자에 대한 소유권이전등기청구권을 대위행사할 수 있을 뿐, 전 점유자의 취득시효 완성의 효과를 주장하여 직접 자기에게 소유권이전등기를 청구할 권원은 없다(대판 1995.3.28. 93다47745 [전합]).

[❹ ▶ ○] 점유취득시효 완성을 원인으로 한 소유권이전등기청구는 시효완성 당시의 소유자를 상대로 하여야 하므로 시효완성 당시의 소유권보존등기 또는 이전등기가 무효라면 원칙적으로 그 등기명의인은 시효취득을 원인으로 한 소유권이전등기청구의 상대방이 될 수 없고, 이 경우 시효취득자는 소유자를 대위하여 위 무효등기의 말소를 구하고 다시 위 소유자를 상대로 취득시효 완성을 이유로 한 소유권이전등기를 구하여야 한다(대판 2005.5.26. 2002다43417).

2014년 변호사시험 문 14. ☑ 확인 Check! ○ △ ✕

甲은 乙 명의로 소유권보존등기가 마쳐진 X토지를 乙로부터 매수하여 소유권이전등기를 마치지 아니한 채 20년 넘게 점유하고 있다. 다음 중 옳은 것을 모두 고른 것은?(각 지문은 독립적이고, 다툼이 있는 경우에는 판례에 의함)

ㄱ. 甲의 점유기간이 20년이 되기 전에 X토지에 관하여 매매예약을 원인으로 한 丙 명의의 소유권이전청구권가등기가 마쳐졌고, 그 점유기간이 20년이 지난 후에 위 가등기에 기한 丙 명의의 본등기가 마쳐진 경우, 특별한 사정이 없는 한 甲은 丙에 대하여 X토지에 관한 취득시효 완성을 주장할 수 없다.

ㄴ. 甲이 그 점유기간이 20년이 되기 전에 乙을 상대로 X토지에 관하여 매매를 원인으로 한 소유권이전등기를 구하는 소를 제기하였다가 패소판결을 받고 그 판결이 확정되었다고 하더라도, 현재 甲이 乙을 상대로 X토지에 관하여 취득시효 완성을 원인으로 한 소유권이전등기를 구하는 소를 제기하면 승소할 수 있다.

ㄷ. X토지에 관하여 丙 명의로 유효한 소유권이전등기가 마쳐지게 되면 乙의 甲에 대한 취득시효 완성을 원인으로 한 소유권이전등기의무는 이행불능이 되므로, 甲이 乙을 상대로 그 의무이행을 구하는 소가 계속되고 있는 중에 丙 명의의 소유권이전등기가 적법하게 말소되더라도 甲은 승소할 수 없다.

ㄹ. X토지에 관하여 丙 명의로 유효한 소유권이전등기가 마쳐진 경우, 乙의 甲에 대한 취득시효 완성을 원인으로 한 소유권이전등기의무가 이행불능이 되더라도, 甲이 乙을 상대로 그 이행불능을 이유로 채무불이행에 의한 손해배상책임을 묻는 소를 제기하면 승소할 수 없다.

① ㄱ, ㄴ   ② ㄱ, ㄹ   ③ ㄴ, ㄹ
④ ㄱ, ㄴ, ㄷ   ⑤ ㄱ, ㄴ, ㄹ

⑤ **정답**

[ㄱ ▶ O] 취득시효 완성에 의한 등기를 하기 전에 먼저 소유권이전등기를 경료하여 부동산소유권을 취득한 제3자에 대하여는 그 제3자 명의의 등기가 무효가 아닌 한 시효취득을 주장할 수 없다고 함이 당원의 판례이고, 한편 가등기는 그 성질상 본등기의 순위 보전의 효력만이 있어 후일 본등기가 경료된 때에는 본등기의 순위가 가등기한 때로 소급하는 것뿐이지 본등기에 의한 물권변동의 효력이 가등기한 때로 소급하여 발생하는 것은 아니므로, 원고들을 위하여 이 사건 토지에 관한 취득시효가 완성된 후 원고들이 그 등기를 하기 전에 피고가 취득시효 완성 전에 이미 설정되어 있던 가등기에 기하여 소유권 이전의 본등기를 경료하였다면 그 가등기나 본등기를 무효로 볼 수 있는 경우가 아닌 한 원고들은 시효완성 후 부동산소유권을 취득한 제3자인 피고에 대하여 시효취득을 주장할 수 없다 할 것이다(대판 1992.9.25. 92다21258).

[ㄴ ▶ O] 타인의 부동산을 점유하는 사람은 일응 소유의 의사로 점유하는 것으로 추정되고 그 추정을 번복할 만한 특별한 사정이 있는 경우에 한하여 타주점유로 인정할 수 있는바, 토지의 점유자가 이전에 토지소유자를 상대로 그 토지에 관하여 매매를 원인으로 한 소유권이전등기청구소송을 제기하였다가 패소하고 그 판결이 확정되었다 하더라도 그 사정만을 들어서는 토지점유자의 자주점유의 추정이 번복되어 타주점유로 전환된다고 할 수 없다(대판 2009.12.10. 2006다19177).

[ㄷ ▶ X] 부동산에 대한 점유로 인한 소유권취득시효가 완성되었다 하더라도 이를 등기하지 않고 있는 사이에 그 부동산에 관하여 제3자에게로 소유권이전등기가 경료되면 점유자가 그 제3자에게는 그 시효취득으로 대항할 수 없으나, 그로 인하여 점유자가 취득시효 완성 당시의 소유자에 대한 시효취득으로 인한 소유권이전등기청구권을 상실하게 되는 것은 아니고 위 소유자의 점유자에 대한 소유권이전등기의무가 이행불능으로 된 것이라고 할 것인데, 그 후 어떠한 사유로 취득시효 완성 당시의 소유자에게로 소유권이 회복되면 그 소유자에게 시효취득의 효과를 주장할 수 있다(대판 1991.6.25. 90다14225).

[ㄹ ▶ O] 부동산점유자에게 시효취득으로 인한 소유권이전등기청구권이 있다고 하더라도 이로 인하여 부동산소유자와 시효취득자 사이에 계약상의 채권·채무관계가 성립하는 것은 아니므로 그 부동산을 처분한 소유자에게 채무불이행책임을 물을 수 없다(대판 1995.7.11. 94다4509).

2016년 변호사시험 문 57.

☑ 확인 Check! ○ △ ✕

점유취득시효 등에 관한 설명 중 옳지 않은 것은?(다툼이 있는 경우 판례에 의함)

① 건물공유자 중 일부만이 당해 건물을 점유하고 있더라도 이로써 건물공유자들 전원이 건물부지에 대한 공동점유를 하는 것이 되고, 그 건물부지에 대한 점유취득시효가 완성되면, 그 취득시효 완성을 원인으로 한 소유권이전등기청구권은 당해 건물의 공유지분비율과 같은 비율로 건물공유자들에게 귀속된다.

② 법원은 취득시효의 기산점에 관한 당사자의 주장에 구속되지 아니하고 소송자료에 의하여 점유의 시기(始期)를 인정할 수 있다.

③ 부동산에 대한 점유취득시효가 완성된 후 취득시효 완성을 원인으로 한 소유권이전등기를 하지 않고 있는 사이에 그 부동산에 관하여 제3자 명의의 소유권이전등기가 경료된 경우라 하더라도, 당초의 점유자가 계속 점유하고 있고 소유자가 변동된 시점을 기산점으로 삼아도 다시 취득시효의 점유기간이 경과한 경우에는, 점유자로서는 제3자 앞으로의 소유권 변동 시를 새로운 점유취득시효의 기산점으로 삼아 2차의 취득시효의 완성을 주장할 수 있다.

④ 토지공유자 중 1인이 그 토지의 전부를 점유하고 있다면, 그 점유는 특별한 사정이 없는 한 자신의 지분범위를 초과하는 다른 공유자의 지분에 대하여도 자주점유라고 보아야 한다.

⑤ 점유자가 점유 개시 당시 소유권 취득의 원인이 될 수 있는 법률행위 기타 법률요건이 없이 그와 같은 법률요건이 없다는 사실을 잘 알면서 타인 소유의 부동산을 무단점유한 것임이 증명된 경우, 특별한 사정이 없는 한 자주점유의 추정은 깨어진다.

[❶ ▸ O] 건물공유자 중 일부만이 당해 건물을 점유하고 있는 경우라도 그 건물의 부지는 건물 소유를 위하여 공유명의자 전원이 공동으로 이를 점유하고 있는 것으로 볼 것이며, 건물공유자들이 건물부지의 공동점유로 인하여 건물부지에 대한 소유권을 시효취득하는 경우라면 그 취득시효 완성을 원인으로 한 소유권이전등기청구권은 당해 건물의 공유지분비율과 같은 비율로 건물공유자들에게 귀속된다(대판 2003.11.13. 2002다57935).

[❷ ▸ O] 부동산의 취득시효에 있어서 점유의 시기나 권원 등은 모두 취득시효의 요건사실인 점유기간이나 자주점유를 추정하는 징표 즉 간접사실로서 법원은 당사자의 주장에 구애됨이 없이 소송자료에 의하여 인정되는 바에 따라 진정한 점유의 시기와 권원을 인정하여야 한다(대판 1982.6.22. 80다2671).

[❸ ▸ O] 부동산에 대한 점유취득시효가 완성된 후 취득시효 완성을 원인으로 한 소유권이전등기를 하지 않고 있는 사이에 그 부동산에 관하여 제3자 명의의 소유권이전등기가 경료된 경우라 하더라도 당초의 점유자가 계속 점유하고 있고 소유자가 변동된 시점을 기산점으로 삼아도 다시 취득시효의 점유기간이 경과한 경우에는 점유자로서는 제3자 앞으로의 소유권 변동 시를 새로운 점유취득시효의 기산점으로 삼아 2차의 취득시효의 완성을 주장할 수 있다(대판 2009.7.16. 2007다15172).

[❹ ▸ X] 공유부동산은 공유자 한 사람이 전부를 점유하고 있다고 하더라도, 다른 특별한 사정이 없는 한 권원의 성질상 다른 공유자의 지분비율의 범위 내에서는 타주점유이다(대판 1996.7.26. 95다51861).

[❺ ▸ O] 점유자가 점유 개시 당시에 소유권 취득의 원인이 될 수 있는 법률행위 기타 법률요건이 없이 그와 같은 법률요건이 없다는 사실을 잘 알면서 타인 소유의 부동산을 무단점유한 것임이 입증된 경우, 특별한 사정이 없는 한 점유자는 타인의 소유권을 배척하고 점유할 의사를 갖고 있지 않다고 보아야 할 것이므로 이로써 소유의 의사가 있는 점유라는 추정은 깨어졌다고 할 것이다(대판 1997.8.21. 95다28625 [전합]).

2013년 변호사시험 문 5.
☑ 확인Check! ○ △ X

甲은 1985.5.경 A토지(300m²)와 그 지상 주택을 소유자로부터 매수하여 자신의 명의로 등기하였다. 그런데 그 주택은 A토지에 인접한 乙 소유의 B토지(200m²) 중 X 부분(15m²)을 침범하여 건축되어 있었는바, 甲은 그 침범사실을 모르고 그 주택에서 거주하다가 1995.3.5. 사망하였다. 甲의 유일한 상속인인 丙이 위 주택과 A토지를 상속하고 X 부분 토지에 대한 점유도 승계하였다. X 부분 토지의 시효취득에 관한 설명 중 옳은 것은?(각 지문은 독립적이고, 다툼이 있는 경우에는 판례에 의함)

① 丙이 2006.10.경 乙을 상대로 X 부분 토지에 관하여 취득시효 완성을 주장하면서 소유권이전등기청구를 하지 아니한 채로 소유권확인청구소송을 제기한 경우, 丙은 승소할 수 있다.

② 상속 당시 丙이 소유의 의사로 선의이며 과실 없이 점유를 개시했다면 2005.3.5.이 경과함으로써 등기부 취득시효가 완성된다.

③ 丙이 2004.3.경 乙을 상대로 취득시효 완성을 원인으로 한 소유권이전등기청구소송을 제기하였다가 乙이 응소하여 적극적으로 丙의 주장을 다투자, 2004.10.경 소를 취하한 후 다시 2007.3.경 동일한 취지의 소송을 제기한 경우, 丙은 승소할 수 없다.

④ 2007.2.경 B토지에 관하여 乙의 아들 丁의 명의로 소유권이전등기가 경료되었다. 丁의 등기가 통정허위표시로 인한 등기인 경우, 丙은 丁을 상대로 점유취득시효 완성을 원인으로 한 소유권이전등기청구소송을 제기한다면 승소할 수 있다.

⑤ 乙은 2007.2.경 戊에게 B토지를 매도하고 소유권이전등기를 경료하여 주었다. 乙이 2007.10.경 사망한 후 乙의 유일한 상속인 丁이 戊로부터 B토지를 다시 매수하고 소유권이전등기를 경료한 경우, 丙이 丁을 상대로 점유취득시효 완성을 원인으로 한 소유권이전등기청구소송을 제기한다면 특별한 사정이 없는 한 丙은 승소할 수 없다.

[❶ ▸ X] 점유로 인한 부동산소유권의 시효취득이 완성된 경우라고 하더라도 등기함으로써 그 소유권을 취득하는 것이므로, 등기 없이 그 취득기간이 경과하였다는 사유만으로 소유권의 확인을 구할 수 없다(대판 1991.5.28. 91다5716).

⑤ 정답

[❷▸×] X 부분은 상속인 丙이 아닌 乙 명의로 등기되어 있으므로, 丙은 등기부 취득시효를 주장할 수 없다.

 법령 **점유로 인한 부동산소유권의 취득기간(민법 제245조)**　②부동산의 소유자로 등기한 자가 10년간 소유의 의사로 평온, 공연하게 선의이며 과실 없이 그 부동산을 점유한 때에는 소유권을 취득한다.

[❸▸×]　취득시효 완성 전인 2004.3.경 乙이 응소하여 권리를 주장하였으나 그 소가 취하되는 경우, 乙은 6월 이내에 압류, 가압류, 가처분 및 재판상 청구 등 다른 시효중단조치를 취하여야 소급하여 취득시효를 중단시킬 수가 있다. 사안에서는 乙의 이러한 조치가 없었으므로 취득시효가 중단되지 않았고, 취득시효 완성 후인 2007.3.경의 소송에서 丙은 승소할 수 있다

 판례 민법 제168조 제1호, 제170조 제1항에서 시효중단사유의 하나로 규정하고 있는 재판상의 청구라 함은, 통상적으로는 권리자가 원고로서 시효를 주장하는 자를 피고로 하여 소송물인 권리를 소의 형식으로 주장하는 경우를 가리키지만, 이와 반대로 시효를 주장하는 자가 원고가 되어 소를 제기한 데 대하여 피고로서 응소하여 그 소송에서 적극적으로 권리를 주장하고 그것이 받아들여진 경우도 이에 포함되고, 위와 같은 응소행위로 인한 시효중단의 효력은 피고가 현실적으로 권리를 행사하여 응소한 때에 발생한다. 한편, 권리자인 피고가 응소하여 권리를 주장하였으나 그 소가 각하되거나 취하되는 등의 사유로 본안에서 그 권리주장에 관한 판단 없이 소송이 종료된 경우에도 민법 제170조 제2항을 유추적용하여 그때부터 6월 이내에 재판상의 청구 등 다른 시효중단조치를 취하면 응소 시에 소급하여 시효중단의 효력이 있는 것으로 봄이 상당하다(대판 2010.8.26, 2008다 42416).

[❹▸×]　부동산의 점유로 인한 시효취득자는 취득시효 완성 당시의 진정한 소유자에 대하여 소유권이전등기청구권을 가질 뿐이므로, 시효취득자는 무효인 등기명의자에 대하여 취득시효 완성 당시의 진정한 소유자에 대하여 가지는 소유권이전등기청구권으로서 위 소유자를 대위하여 원인무효인 소유권이전등기의 말소를 구할 수 있음은 별론으로 하고 시효취득을 원인으로 한 소유권이전등기를 청구할 수는 없다(대판 1993.9.14, 93다10989).

[❺▸○]　취득시효 완성 후 戊에게 이전되었던 소유권이 취득시효 완성 당시의 소유자의 상속인인 丁에게 복귀한 원인이 상속이 아닌 매매인 경우, 丁은 점유자 丙에 대한 관계에서 취득시효 완성 후의 새로운 이해관계인으로 보아야 한다. 따라서 丙이 상속인 丁을 상대로 점유취득시효 완성을 원인으로 한 소유권이전등기청구소송을 제기한다면 승소할 수 없다.

 판례 부동산에 대한 점유취득시효가 완성된 후 이를 등기하지 않고 있는 사이에 그 부동산에 관하여 제3자 명의의 소유권이전등기가 경료되어 점유자가 그 제3자에게 시효취득으로 대항할 수 없게 된 경우에도 점유자가 취득시효 당시의 소유자에 대한 시효취득으로 인한 소유권이전등기청구권을 상실하게 되는 것이 아니라 단지 그 소유자의 점유자에 대한 소유권이전등기의무가 이행불능으로 된 것에 불과하므로, 그 후 어떠한 사유로 취득시효 완성 당시의 소유자에게로 소유권이 회복되면 그 소유자에게 시효취득의 효과를 주장할 수 있으나, 취득시효 완성 후에 원소유자가 일시상실하였던 소유권을 회복한 것이 아니라 그 상속인이 소유권이전등기를 마쳤을 뿐인 경우에는 그 상속인의 등기가 실질적으로 상속재산의 협의분할과 동일시할 수 있는 등의 특별한 사정이 없는 한 그 상속인은 점유자에 대한 관계에서 종전 소유자와 같은 지위에 있는 자로 볼 수 없고, 취득시효 완성 후의 새로운 이해관계인으로 보아야 하므로 그에 대하여는 취득시효 완성으로 대항할 수 없다(대판 1999.2.12, 98다40688).

甲은 乙 소유의 X토지를 25년 동안 점유해 오고 있다. 甲이 乙을 상대로 취득시효 완성을 원인으로 한 소유권이전등기청구권을 행사하였다. 다음 중 옳은 것을 모두 고른 것은?(다툼이 있는 경우에는 판례에 의함)

ㄱ. 甲이 취득시효 완성 후 乙을 상대로 소유권이전등기청구를 하자 乙이 X의 소유권을 丙에게 양도한 경우, 자기 소유권을 행사한 乙은 甲에 대하여 불법행위책임을 지지 않는다.
ㄴ. 만약 甲의 X에 대한 취득시효가 완성된 후 甲이 점유를 상실하였다면, 특별한 사정이 없는 한 甲의 소유권이전등기청구권은 점유를 상실한 날로부터 10년간 행사하지 않으면 소멸시효가 완성한다.
ㄷ. 취득시효 완성 후 乙이 丙에게 X를 양도하였더라도 이전등기시점을 기준으로 하여 새로운 취득시효의 완성을 주장할 수 있지만 그 기간 중에는 소유자의 변동이 없어야 한다.
ㄹ. 만약 丙이 甲으로부터 X를 양수하여 점유를 승계한 경우, 丙은 甲의 취득시효 완성의 효과를 주장하여 직접 자기에게 소유권이전등기를 해 줄 것을 청구할 수 있다.
ㅁ. 만약 甲의 점유 개시 후 10년이 지났을 때 X의 소유자에 변동이 있었다면, 점유개시시점에 관하여 법원은 당사자의 주장에 구속되지 않고 소송자료에 의하여 진정한 점유의 시기(始期)를 인정하여야 한다.

① ㄱ, ㄹ   ② ㄴ, ㅁ   ③ ㄷ, ㅁ
④ ㄱ, ㄴ, ㅁ   ⑤ ㄴ, ㄷ, ㄹ

[ㄱ ▸ ✕] 부동산에 관한 취득시효가 완성된 후 취득시효를 주장하거나 이로 인한 소유권이전등기청구를 하기 이전에는 등기명의인인 부동산소유자로서는 특별한 사정이 없는 한 시효취득사실을 알 수 없는 것이므로 이를 제3자에게 처분하였다 하더라도 불법행위가 성립할 수 없다 할 것이나, 시효취득을 주장하는 권리자가 취득시효를 주장하면서 소유권이전등기청구소송을 제기하여 그에 관한 입증까지 마쳤다면 부동산소유자로서는 시효취득사실을 알 수 있다 할 것이고 이러한 경우에 부동산소유자가 부동산을 제3자에게 처분하여 소유권이전등기를 넘겨줌으로써 취득시효 완성을 원인으로 한 소유권이전등기의무가 이행불능에 빠짐으로써 시효취득을 주장하는 자가 손해를 입었다면 불법행위를 구성한다고 할 것이며, 부동산을 취득한 제3자가 부동산소유자의 이와 같은 불법행위에 적극 가담하였다면 이는 사회질서에 반하는 행위로서 무효라 할 것이다(대판 1993.2.9. 92다47892).

[ㄴ ▸ ○] 토지에 대한 취득시효 완성으로 인한 소유권이전등기청구권은 그 토지에 대한 점유가 계속되는 한 시효로 소멸하지 아니하고, 그 후 점유를 상실하였다고 하더라도 이를 시효이익의 포기로 볼 수 있는 경우가 아닌 한 이미 취득한 소유권이전등기청구권은 바로 소멸되는 것은 아니나, 취득시효가 완성된 점유자가 점유를 상실한 경우 취득시효 완성으로 인한 소유권이전등기청구권의 소멸시효는 이와 별개의 문제로서, 그 점유자가 점유를 상실한 때로부터 10년간 등기청구권을 행사하지 아니하면 소멸시효가 완성한다(대판 1996.3.8. 95다34866).

[ㄷ ▸ ✕] 1차 취득시효기간 중 소유자의 변동이 있더라도 취득시효기간 완성에 장애가 없다는 법리는, 2차 취득시효기간 중에도 마찬가지로 적용된다.

판례 취득시효기간이 경과하기 전에 등기부상의 소유명의자가 변경된다고 하더라도 그 사유만으로는 점유자의 종래의 사실상태의 계속을 파괴한 것이라고 볼 수 없어 취득시효를 중단할 사유가 되지 못하므로, 새로운 소유명의자는 취득시효 완성 당시 권리의무 변동의 당사자로서 취득시효 완성으로 인한 불이익을 받게 된다 할 것이어서 시효완성자는 그 소유명의자에게 시효취득을 주장할 수 있는바, 이러한 법리는 새로이 2차의 취득시효가 개시되어 그 취득시효기간이 경과하기 전에 등기부상의 소유명의자가 다시 변경된 경우에도 마찬가지로 적용된다고 봄이 상당하다(대판 2009.7.16. 2007다15172 [전합]).

② **정답**

[ㄹ▸×] 전 점유자의 점유를 승계한 자는 그 점유 자체와 하자만을 승계하는 것이지 그 점유로 인한 법률효과까지 승계하는 것은 아니므로 <u>부동산을 취득시효기간 만료 당시의 점유자로부터 양수하여 점유를 승계한 현 점유자는 자신의 전 점유자에 대한 소유권이전등기청구권을 보전하기 위하여 전 점유자의 소유자에 대한 소유권이전등기청구권을 대위행사할 수 있을 뿐, 전 점유자의 취득시효 완성의 효과를 주장하여 직접 자기에게 소유권이전등기를 청구할 권원은 없다</u>(대판 1995.3.28. 93다47745 [전합]).

[ㅁ▸○] <u>부동산의 취득시효에 있어서 점유의 시기나 권원 등은 모두 취득시효의 요건사실인 점유기간이나 자주점유를 추정하는 징표 즉 간접사실로서 법원은 당사자의 주장에 구애됨이 없이 소송자료에 의하여 인정되는 바에 따라 진정한 점유의 시기와 권원을 인정하여야 한다</u>(대판 1982.6.22. 80다2671).

2018년 변호사시험 문 65. ☑ 확인Check! ○ △ ×

甲 소유인 A토지에 대하여 乙이 등기관계서류를 위조하여 자신의 명의로 소유권이전등기를 마쳤다. 그 후 乙은 丙에게, 丙은 丁에게, 丁은 戊에게 A토지를 순차로 매도하였고 이를 원인으로 한 각 소유권이전등기가 마쳐졌다. 이에 관한 설명 중 옳은 것은?(다툼이 있는 경우 판례에 의함)

① 타인의 권리의 매매에서 매도인의 담보책임에 관한 「민법」 제571조 제1항에 따른 계약해제의 효과로 발생하는 매도인의 손해배상의무와 매수인의 토지인도의무 사이에는 동시이행관계가 없다.

② 甲이 乙, 丙, 丁, 戊를 상대로 소유권이전등기말소청구의 소를 제기하는 경우, 이는 필수적 공동소송이다.

③ 丙 명의로 등기하여 등기부 취득시효의 요건을 갖춘 기간이 5년, 丁 명의로 등기하여 등기부 취득시효의 요건을 갖춘 기간이 3년, 戊 명의로 등기하여 등기부 취득시효의 요건을 갖춘 기간이 3년일 때, 위 ②의 소에서 戊가 등기부 취득시효의 완성을 주장하는 것은 받아들여질 수 없다.

④ 위 ②의 소에서 丁과 戊 명의의 소유권이전등기의 말소를 명한 판결이 확정됨으로써 丁의 戊에 대한 소유권이전의무가 이행불능되어 戊에게 손해가 발생한 경우, 그 손해배상액 산정의 기준시점은 위 판결이 확정된 때이다.

⑤ 위 ④와 같이 戊에게 손해가 발생한 경우, 戊는 丁을 대위하여 丙에 대하여 손해배상청구를 할 수 없다.

[❶▸×] 민법 제571조에 의한 계약해제의 경우에도 매도인의 손해배상의무와 매수인의 대지인도의무는 발생원인이 다르다 하더라도 이행의 견련관계는 양 의무에도 그대로 존재하므로 <u>양 의무 사이에는 동시이행관계가 있다고 인정함이 공평의 원칙에 합치한다</u>(대판 1993.4.9. 92다25946).

[❷▸×] <u>순차로 경료된 등기들의 말소를 청구하는 소송은 권리관계의 합일적인 확정을 필요로 하는 필요적 공동소송이 아니라 통상공동소송이다</u>(대판 2008.6.12. 2007다36445).

[❸▸×] <u>등기부 취득시효에 관한 민법 제245조 제2항의 규정에 위하여 소유권을 취득하는 자는 10년간 반드시 그의 명의로 등기되어 있어야 하는 것은 아니고 앞 사람의 등기까지 아울러 그 기간 동안 부동산의 소유자로 등기되어 있으면 된다고 할 것이다</u>(대판 1989.12.26. 87다카2176 [전합]).

[❹▸○] <u>매도인 및 매수인 명의의 매매부동산에 대한 소유권이전등기의 말소의무가 원소유자의 말소등기절차이행 청구소송에서 확정되었다면 매도인의 이행불능으로 인한 손해배상액의 산정은 그 패소 확정 시를 기준으로 하여야 하고, 동 등기의 말소 시를 기준으로 할 것이 아니다</u>(대판 1981.6.9. 80다417).

[❺▸×] 채권자는 채무자에 대한 채권을 보전하기 위하여 채무자를 대위해서 채무자의 권리를 행사할 수 있는바, 채권자가 보전하려는 권리와 대위하여 행사하려는 채무자의 권리가 밀접하게 관련되어 있고, 채권자가 채무자의 권리를 대위하여 행사하지 않으면 자기 채권의 완전한 만족을 얻을 수 없게 될 위험이 있어 채무자의 권리를 대위하여 행사하는 것이 자기 채권의 현실적 이행을 유효·적절하게 확보하기 위하여 필요한 경우에는 채권자대위권의 행사가 채무자의 자유로운

재산관리행위에 대한 부당한 간섭이 된다는 등의 특별한 사정이 없는 한 채권자는 채무자의 권리를 대위하여 행사할 수 있어야 한다. 이 사건에 있어서 피보전채권이나 피대위채권이 모두 소유권이전등기의무의 이행불능으로 인한 가액배상의 금전채권으로 귀착될 성질의 것이기는 하나, 피보전채권인 원고의 소외 3에 대한 채권은 명의신탁 해지를 원인으로 한 소유권이전등기청구권이 변형된 것이고, 피대위채권인 소외 3의 피고에 대한 채권 역시 명의신탁된 이 사건 부동산 중 그 상속지분에 관한 원상회복이 불가능함으로 인하여 가액배상청구권으로 변형된 것으로서 양 채권이 그 발생원인에 있어 직접적인 관련성이 있는 이상, 원고 1이 피고에 대하여 위 가액배상청구권을 대위행사함에 있어서 일반금전채권의 경우와 같이 피대위자인 소외 3이 무자력임을 그 요건으로 하여야 한다고 볼 수 없다(대판 2006.1.27. 2005다39013).

2018년 변호사시험 문 17. ☑ 확인Check! ○ △ ✕

X토지에 관하여 甲, 乙 명의로 순차 소유권이전등기가 되어 있었다. 乙 명의 등기는 서류를 위조하여 경료한 무효의 등기였다. 甲이 등기를 회복하지 않고 있는 사이에 乙이 丙에게 X토지를 매도하고 소유권이전등기를 마쳤다. 甲이 乙과 丙을 공동피고로 하여 각 피고들 명의 소유권이전등기말소청구의 소를 제기하였다. 乙과 丙은, 丙이 등기부 취득시효 완성을 원인으로 소유권을 취득했다고 주장하고 있다. 이에 관한 설명 중 옳지 않은 것을 모두 고른 것은?(각 지문은 독립적이며, 다툼이 있는 경우 판례에 의함)

ㄱ. 등기부 취득시효의 요건인 선의·무과실은 점유 개시 시에 존재하면 충분하다.
ㄴ. 丙에게 등기부 취득시효가 완성되었다는 사실이 증명된 경우에도 법원은 乙에 대한 원고 甲의 청구를 인용해야 한다.
ㄷ. 丙에게 등기부 취득시효가 완성되었다는 사실이 증명된 경우 甲은 乙에 대하여 등기말소청구권의 이행불능을 이유로「민법」제390조상의 손해배상을 청구할 수 있다.

① ㄴ
② ㄱ, ㄴ
③ ㄱ, ㄷ
④ ㄴ, ㄷ
⑤ ㄱ, ㄴ, ㄷ

[ㄱ ▶ O] 등기부 취득시효에 있어서 선의·무과실은 등기에 관한 것이 아니고 점유의 취득에 관한 것이므로, 등기 경료 이전부터 점유를 하여 온 경우에는 그 점유 개시 당시를 기준으로 그 점유의 개시에 과실이 없었는지 여부에 관하여 심리판단하여야 한다(대판 1994.11.11. 93다28089).

[ㄴ ▶ ✕] 선등기명의자의 소유권이전등기가 원인무효라고 하더라도 그 이후의 최종등기명의자가 등기부 시효취득의 항변을 제출하여 법원에서 그것이 받아들여진 경우, 그 전의 등기명의자들이 최종등기명의자의 시효취득사실을 원용하여 원소유자의 소유권 상실을 주장하고 있다면 원소유자의 소유권에 기한 등기말소청구는 배척될 수밖에 없다(대판 1995.3.3. 94다7348).

[ㄷ ▶ ✕] 소유자가 자신의 소유권에 기하여 실체관계에 부합하지 아니하는 등기의 명의인을 상대로 그 등기말소나 진정명의 회복 등을 청구하는 경우에, 그 권리는 물권적 청구권으로서의 방해배제청구권(민법 제214조)의 성질을 가진다. 그러므로 소유자가 그 후에 소유권을 상실함으로써 이제 등기말소 등을 청구할 수 없게 되었다면, 이를 위와 같은 청구권의 실현이 객관적으로 불능이 되었다고 파악하여 등기말소 등 의무자에 대하여 그 권리의 이행불능을 이유로 민법 제390조상의 손해배상청구권을 가진다고 말할 수 없다. 위 법규정에서 정하는 채무불이행을 이유로 하는 손해배상청구권은 계약 또는 법률에 기하여 이미 성립하여 있는 채권관계에서 본래의 채권이 동일성을 유지하면서 그 내용이 확장되거나 변경된 것으로서 발생한다. 그러나 위와 같은 등기말소청구권 등의 물권적 청구권은 그 권리자인 소유자가 소유권을 상실하면 이제 그 발생의 기반이 아예 없게 되어 더 이상 그 존재 자체가 인정되지 아니하는 것이다. 이러한 법리는 선행소송에서 소유권보존등기의 말소등기청구가 확정되었다고 하더라도 그 청구권의 법적 성질이 채권적 청구권으로 바뀌지 아니하므로 마찬가지이다(대판 2012.5.17. 2010다28604 [전합]).

④ 정답

2015년 변호사시험 문 13.

☑ 확인Check! ○ △ ×

부합(附合)에 관한 설명 중 옳은 것을 모두 고른 것은?(다툼이 있는 경우 판례에 의함)

ㄱ. 건물의 증축 부분이 기존 건물에 부합하여 기존 건물과 분리해서는 별개의 독립물로서의 효용을 갖지 못하는 경우, 기존 건물에 대한 경매절차에서 경매목적물로 평가되지 않았더라도 매수인은 부합된 증축 부분의 소유권을 취득한다.

ㄴ. 매도인에게 소유권이 유보된 자재가 매수인(수급인)과 제3자(도급인) 사이에 이루어진 도급계약의 이행으로 제3자(도급인) 소유 건물의 건축에 사용되어 부합된 경우, 제3자(도급인)는 소유권유보사실에 대하여 선의·무과실이라도 매도인의 보상청구에 대해 이를 거부할 수 없다.

ㄷ. 동산과 동산이 부합하여 훼손하지 아니하면 분리할 수 없거나 그 분리에 과다한 비용을 요할 경우에는 그 합성물의 소유권은 주된 동산의 소유자에게 속하지만, 부합한 동산의 주종을 구별할 수 없는 때에는 동산의 소유자는 현재 가액의 비율로 합성물을 공유한다.

ㄹ. 타인이 그 권원에 의하여 부동산에 부속시킨 물건이라 할지라도 그 부속된 물건이 분리되면 경제적 가치가 없게 되는 경우에는 원래의 부동산소유자의 소유에 귀속된다.

① ㄱ, ㄴ   ② ㄱ, ㄹ   ③ ㄷ, ㄹ
④ ㄱ, ㄴ, ㄹ   ⑤ ㄱ, ㄷ, ㄹ

[ㄱ ▸ ○] 건물의 증축 부분이 기존 건물에 부합하여 기존 건물과 분리하여서는 별개의 독립건물로서 효용을 가지지 못하는 이상, 기존 건물에 대한 경매절차에서 경매목적물로 평가되지 아니하였다 하더라도, 경락인은 부합된 증축 부분의 소유권을 취득한다(대판 2002.05.10. 99다24256).

[ㄴ ▸ ×] 민법 제261조에서 첨부로 법률규정에 의한 소유권 취득(민법 제256조 내지 제260조)이 인정된 경우에 "손해를 받은 자는 부당이득에 관한 규정에 의하여 보상을 청구할 수 있다"라고 규정하고 있는바, 이러한 보상청구가 인정되기 위해서는 민법 제261조 자체의 요건만이 아니라, 부당이득법리에 따른 판단에 의하여 부당이득의 요건이 모두 충족되었음이 인정되어야 한다. 매도인에게 소유권이 유보된 자재가 제3자와 매수인 사이에 이루어진 도급계약의 이행으로 제3자 소유 건물의 건축에 사용되어 부합된 경우 보상청구를 거부할 법률상 원인이 있다고 할 수 없지만, 제3자가 도급계약에 의하여 제공된 자재의 소유권이 유보된 사실에 관하여 과실 없이 알지 못한 경우라면 선의취득의 경우와 마찬가지로 제3자가 그 자재의 귀속으로 인한 이익을 보유할 수 있는 법률상 원인이 있다고 봄이 상당하므로, 매도인으로서는 그에 관한 보상청구를 할 수 없다(대판 2009.9.24. 2009다15602).

[ㄷ ▸ ×] 동산과 동산이 부합하여 훼손하지 아니하면 분리할 수 없거나 그 분리에 과다한 비용을 요할 경우에는 그 합성물의 소유권은 주된 동산의 소유자에게 속한다. 부합한 동산의 주종을 구별할 수 없는 때에는 동산의 소유자는 부합 당시의 가액의 비율로 합성물을 공유한다(민법 제257조).

[ㄹ ▸ ○] 부합물에 관한 소유권 귀속의 예외를 규정한 민법 제256조 단서의 규정은 타인이 그 권원에 의하여 부속시킨 물건이라 할지라도 그 부속된 물건이 분리하여 경제적 가치가 있는 경우에 한하여 부속시킨 타인의 권리에 영향이 없다는 취지이지 분리하여도 경제적 가치가 없는 경우에는 원래의 부동산소유자의 소유에 귀속되는 것이고, 경제적 가치의 판단은 부속시킨 물건에 대한 일반사회통념상의 경제적 효용의 독립성 유무를 그 기준으로 하여야 한다(대판 2007.7.27. 2006다39270).

甲은 X건물의 소유자인데 乙로부터 금원을 차용하고 그 건물에 관하여 乙에게 저당권을 설정해 주었다. 그 후 甲은 丙 렌탈회사로부터 X건물을 위한 냉난방시설, 전화교환기시설을 임차하여 사용하는 계약을 체결하고 위 시설들을 설치하게 하였다. 위 시설 중 냉난방시설은 X건물 자체에 고착되어 과다한 노력이나 비용을 들이지 아니하고는 분리할 수 없고 분리하더라도 그 경제적 가치가 현저히 감소되어 잔존가치가 거의 없게 되는 형편이었고, 전화교환기시설은 X건물의 경제적 효용에 직접 이바지하는 것으로서 X건물과는 독립된 물건이었다. 그 후 乙의 신청에 따른 X건물에 대한 경매절차에서 丁이 이를 매수하여 매각대금을 완납하였으나 아직 丁 명의로 소유권이전등기가 마쳐지지 않았다. 丁은 그 이후에 별도로 丙 렌탈회사와 냉난방시설 및 전화교환기시설에 대한 매매·임차 등 계약을 체결하지 아니한 채 위 시설들을 점유·사용하여 왔다. 丙 렌탈회사는 丁을 상대로 냉난방시설과 전화교환기시설에 대한 차임 상당 부당이득금의 반환을 구하는 소를 제기하였다. 옳은 것을 모두 고른 것은?(소유자가 다른 경우 주물과 종물의 관계가 성립하지 아니함을 전제로 하고, 각 지문은 독립적이며, 다툼이 있는 경우 판례에 의함)

ㄱ. 丙렌탈회사의 소제기시점에서 X건물 소유자는 丁이다.
ㄴ. 丁은 냉난방시설의 사용·수익으로 인한 부당이득반환의무가 없다.
ㄷ. 丁이 경매 당시 전화교환기시설이 임차한 물건이라는 점을 몰랐고 몰랐던 데에 과실이 없었던 경우 전화교환기시설의 사용·수익으로 인한 부당이득반환의무가 없다.

① ㄱ　　　　　　② ㄴ　　　　　　③ ㄱ, ㄴ
④ ㄴ, ㄷ　　　　　⑤ ㄱ, ㄴ, ㄷ

[ㄱ ▶ ○] 경매에 의한 부동산소유권 취득은 등기를 요하지 않고(민법 제187조 참조), X건물에 대한 경매절차에서 丁이 매각대금을 완납하여 X건물의 소유권을 취득하였으므로(민사집행법 제268조, 제135조 참조), 丙렌탈회사의 소제기시점에서 X건물의 소유자는 丁이다.

등기를 요하지 아니하는 부동산물권 취득(민법 제187조)　상속, 공용징수, 판결, 경매 기타 법률의 규정에 의한 부동산에 관한 물권의 취득은 등기를 요하지 아니한다. 그러나 등기를 하지 아니하면 이를 처분하지 못한다.

준용규정(민사집행법 제268조)　부동산을 목적으로 하는 담보권 실행을 위한 경매절차에는 제79조 내지 제162조의 규정을 준용한다.

소유권의 취득시기(민사집행법 제135조)　매수인은 매각대금을 다 낸 때에 매각의 목적인 권리를 취득한다.

[ㄴ ▶ ○] 냉난방시설은 X건물로부터 분리하는 데 과다한 비용이 들고, 분리하더라도 그 경제적 가치가 현저히 감소되어 독립성이 상실되므로, X건물에 부합된 것으로 보아야 한다. 그리고 저당권의 효력은 저당부동산에 부합된 물건에 미치는데(민법 제358조 참조), 저당권 설정 후에 부합된 경우에도 마찬가지이므로, 경매절차의 매수인 丁은 냉난방시설의 소유권을 취득한다. 따라서 소유자인 丁은 냉난방시설의 사용·수익으로 인한 부당이득반환의무가 없다.

판례 부동산에 부합된 물건이 사실상 분리복구가 불가능하여 거래상 독립한 권리의 객체성을 상실하고 그 부동산과 일체를 이루는 부동산의 구성 부분이 된 경우에는 타인이 권원에 의하여 이를 부합시켰더라도 그 물건의 소유권은 부동산의 소유자에게 귀속된다. 또한 저당권의 실행으로 부동산이 경매된 경우에 그 부동산에 부합된 물건은 그것이 부합될 당시에 누구의 소유이었는지를 가릴 것 없이 그 부동산을 낙찰받은 사람이 소유권을 취득한다(대판 2008.5.8, 2007다36933).

 법령 부동산에의 부합(민법 제256조)   부동산의 소유자는 그 부동산에 부합한 물건의 소유권을 취득한다. 그러나 타인의 권원에 의하여 부속된 것은 그러하지 아니하다.

저당권의 효력의 범위(민법 제358조)   저당권의 효력은 저당부동산에 부합된 물건과 종물에 미친다. 그러나 법률에 특별한 규정 또는 설정행위에 다른 약정이 있으면 그러하지 아니하다.

[ㄷ ▸ X] 전화교환기시설과 X건물의 소유자가 달라 전화교환기시설은 X건물의 종물이라고 할 수 없다. 따라서 저당권의 효력이 미치지 않으므로, 경매절차의 매수인 丁은 전화교환기시설의 소유권을 취득하지 못한다. 또한 전화교환기시설이 경매의 목적물이 되었다고 보기 어려우므로, 매수인 丁의 선의취득도 인정되지 않는다. 결국 丁은 전화교환기시설의 사용 · 수익으로 인한 부당이득반환의무가 있다.

 판례 저당권의 실행으로 부동산이 경매된 경우에 그 부동산에 부합된 물건은 그것이 부합될 당시에 누구의 소유이었는지를 가릴 것 없이 그 부동산을 낙찰받은 사람이 소유권을 취득하지만, 그 부동산의 상용에 공하여진 물건일지라도 그 물건이 부동산의 소유자가 아닌 다른 사람의 소유인 때에는 이를 종물이라고 할 수 없으므로 부동산에 대한 저당권의 효력에 미칠 수 없어 부동산의 낙찰자가 당연히 그 소유권을 취득하는 것은 아니며, 나아가 부동산의 낙찰자가 그 물건을 선의취득하였다고 할 수 있으려면 그 물건이 경매의 목적물로 되었고 낙찰자가 선의이며 과실 없이 그 물건을 점유하는 등으로 선의취득의 요건을 구비하여야 한다(대판 2008.5.8, 2007다36933).

미등기건물에 관한 설명 중 옳은 것을 모두 고른 것은?(다툼이 있는 경우 판례에 의함)

ㄱ. 타인의 토지 위에 있는 미등기건물을 법률상, 사실상 처분할 수 있는 지위에 있는 사람은 그 대지에 대한 적법한 점유권원이 없다면 대지소유자에 대하여 그 미등기건물을 철거할 의무가 있다.

ㄴ. 미등기무허가건물을 매수하였으나 아직 인도받지 않고, 소유권이전등기를 마치지 않은 매수인은 그 건물의 불법점 유자에 대하여 직접 자신의 소유권에 기한 건물 반환을 청구할 수 있다.

ㄷ. 주택으로 사용되는 건물에 관하여 소유권보존등기가 이루어지지 않은 경우에도, 특별한 사정이 없는 한 「주택임대 차보호법」이 적용된다.

ㄹ. 건물 소유를 목적으로 하는 토지임대차에서 종전 임차인으로부터 미등기무허가건물을 매수하여 점유하고 있는 토지임차인은, 특별한 사정이 없는 한 비록 소유자로서의 등기명의가 없어 건물소유권을 취득하지 못하였다 하더 라도 임대인에 대하여 지상물매수청구권을 행사할 수 있는 지위에 있다.

① ㄱ   ② ㄴ, ㄷ   ③ ㄴ, ㄹ
④ ㄷ, ㄹ   ⑤ ㄱ, ㄷ, ㄹ

[ㄱ ▸ ○] 건물 철거는 그 소유권의 종국적 처분에 해당하는 사실행위이므로 원칙으로는 그 소유자(등기명의자)에게만 그 철거처분권이 있다고 할 것이나 그 건물을 매수하여 점유하고 있는 자는 등기부상 아직 소유자로서의 등기명의가 없다 하더라도 그 권리의 범위 내에서 그 점유 중인 건물에 대하여 법률상 또는 사실상 처분을 할 수 있는 지위에 있고 그 건물이 건립되어 있어 불법으로 점유를 당하고 있는 토지소유자는 위와 같은 지위에 있는 건물점유자에게 그 철거를 구할 수 있다(대판 1986.12.23. 86다카1751).

[ㄴ ▸ ✕] 미등기무허가건물의 양수인이라 할지라도 그 소유권이전등기를 경료받지 않는 한 그 건물에 대한 소유권을 취득할 수 없고, 그러한 상태의 건물양수인에게 소유권에 준하는 관습상의 물권이 있다고 볼 수도 없으므로, 건물을 신축하여 그 소유권을 원시취득한 자로부터 그 건물을 매수하였으나 아직 소유권이전등기를 갖추지 못한 자는 그 건물의 불법점거자에 대하여 직접 자신의 소유권 등에 기하여 명도를 청구할 수는 없다(대판 2007.6.15. 2007다11347).

[ㄷ ▸ ○] 주택임대차보호법은 주택의 임대차에 관하여 민법에 대한 특례를 규정함으로써 국민의 주거생활의 안정을 보장함을 목적으로 하고 있고, 주택의 전부 또는 일부의 임대차에 관하여 적용된다고 규정하고 있을 뿐 임차주택이 관할 관청의 허가를 받은 건물인지, 등기를 마친 건물인지 아닌지를 구별하고 있지 아니하므로, 어느 건물이 국민의 주거생활의 용도로 사용되는 주택에 해당하는 이상 비록 그 건물에 관하여 아직 등기를 마치지 아니하였거나 등기가 이루어질 수 없는 사정이 있다고 하더라도 다른 특별한 규정이 없는 한 같은 법의 적용대상이 된다(대판 2007.6.21. 2004다26133 [전합]).

[ㄹ ▸ ○] 건물을 매수하여 점유하고 있는 사람은 소유자로서의 등기명의가 없다 하더라도 그 권리의 범위 내에서는 그 점유 중인 건물에 대하여 법률상 또는 사실상의 처분권을 가지고 있다. 위와 같은 지상물매수청구청구권제도의 목적, 미등기매수인의 법적 지위 등에 비추어 볼 때, 종전 임차인으로부터 미등기무허가건물을 매수하여 점유하고 있는 임차인은 특별한 사정이 없는 한 비록 소유자로서의 등기명의가 없어 소유권을 취득하지 못하였다 하더라도 임대인에 대하여 지상물매수청구권을 행사할 수 있는 지위에 있다(대판 2013.11.28. 2013다48364).

⑤ **정답**

2017년 변호사시험 문 19.

☑ 확인Check! ○ △ ✕

다음 설명 중 A가 X에 대하여 D에게 행사한 소유권에 기한 물권적 청구권이 인정되지 않는 경우를 모두 고른 것은?(다툼이 있는 경우 판례에 의함)

ㄱ. B가 A의 주민등록증, 토지 X의 등기 관련 서류를 위조한 후 A 소유의 토지 X에 관하여 자신의 명의로 소유권이전등 기를 경료하여, 이런 사정을 알 수 없었던 D에게 토지 X를 매각하여 소유권이전등기가 경료된 경우

ㄴ. B가 A를 기망하여 A 소유의 토지 X에 관한 매매계약을 체결하여 소유권이전등기를 경료한 후 이를 C에게 매각하 고, C 역시 이런 사정을 알 수 없었던 D에게 매각하여 소유권이전등기가 경료된 후 A가 B와의 매매계약을 취소한 경우

ㄷ. B가 A로부터 소유권유보부 매매에 따라 A 소유의 건축자재 X를 인도받은 후 A에게 대금을 완불하지 못하던 중, 이러한 사정을 알지 못하는 도급인 D 소유의 건물증축공사에 그 자재 X를 사용하여 X가 건물의 일부로 부합된 경우

ㄹ. A 소유의 토지 X에 관하여 B가 A와의 명의신탁약정에 따라 2013.5.경 B의 명의로 소유권이전등기를 경료한 후 이런 사정을 알고 있는 D에게 토지 X를 매도하여 D의 명의로 소유권이전등기가 경료된 경우

ㅁ. B가 소유자 A로부터 주택 X를 임차한 후 D에게 주택 X를 무단전대하고 D가 주택 X를 인도받아 그 주소로 전입신고 를 마쳤으나, A가 무단전대를 이유로 B와의 임대차계약을 적법하게 해지한 경우

① ㄱ, ㄴ, ㄹ   ② ㄱ, ㄴ, ㅁ   ③ ㄴ, ㄷ, ㄹ

④ ㄴ, ㄷ, ㅁ   ⑤ ㄷ, ㄹ, ㅁ

[ㄱ ▶ ○] B의 소유권이전등기는 위조에 의한 원인무효등기이고, 등기에는 공신력이 인정되지 않으므로, D는 선의라도 토지 X의 소유권을 취득하지 못한다. 따라서 A가 D에게 행사한 소유권에 기한 물권적 청구권이 인정된다.

판례 등기의 공신력이 인정되지 않는 현행 등기제도하에서는 등기기재에 부합하는 실체상의 권리관계가 존재함을 전제로 그 등기의 유효성이 인정된다(대판 1969.6.10. 68다199).

[ㄴ ▶ ✕] 사기를 이유로 하는 의사표시의 취소는 선의의 제3자에게 대항하지 못하는데(민법 제110조 제3항 참조), 여기서 제3자에는 전득자도 포함된다. 사안에서 D는 선의의 전득자에 해당하므로, A가 B와의 매매계약을 취소함으로써 D에게 대항할 수 없고, 그 결과 D는 유효하게 소유권을 취득한다. 따라서 A는 D를 상대로 소유권에 기초한 물권적 청구권을 행사할 수 없다.

[ㄷ ▶ ✕] 부동산의 소유자는 그 부동산에 부합한 물건의 소유권을 취득하므로(민법 제256조), 건축자재 X가 건물의 일부 로 부합된 경우 그 소유권은 D에게 귀속한다. 따라서 A는 D를 상대로 소유권에 기초한 물권적 청구권을 행사할 수 없다. 다만 제261조에 따른 보상청구권 여부가 문제 될 수 있으나, 이마저도 D가 선의·무과실이어서 선의취득규정의 유추가 가능하므로, D는 보상청구를 거부할 법률상 원인이 있다.

- 어떠한 동산이 민법 제256조에 의하여 부동산에 부합된 것으로 인정되기 위해서는 그 동산을 훼손하거나 과다한 비용을 지출하지 않고서는 분리할 수 없을 정도로 부착·합체되었는지 여부 및 그 물리적 구조, 용도와 기능면에서 기존 부동산과는 독립한 경제적 효용을 가지고 거래상 별개의 소유권의 객체가 될 수 있는지 여부 등을 종합하여 판단하여야 하고, 이러한 부동산에의 부합에 관한 법리는 건물의 증축의 경우는 물론 건물의 신축의 경우에도 그대로 적용될 수 있다(대판 2009.9.24. 2009다15602).
- 민법 제261조에서 첨부로 법률규정에 의한 소유권 취득(민법 제256조 내지 제260조)이 인정된 경우에 "손해를 받은 자는 부당이득에 관한 규정에 의하여 보상을 청구할 수 있다"라고 규정하고 있는바, 이러한 보상청구가 인정되기 위해서는 민법 제261조 자체의 요건만이 아니라, 부당이득법리에 따른 판단에 의하여 부당이득의 요건이 모두 충족되었음이 인정되어야 한다. 매도인에게 소유권이 유보된 자재가 제3자와 매수인 사이에 이루어진 도급계약의 이행으로 제3자 소유 건물의 건축에 사용되어 부합된 경우 보상청구를 거부할 법률상 원인이 있다고 할 수 없지만, 제3자가 도급계약에 의하여 제공된 자재의 소유권이 유보된 사실에 관하여 과실 없이 알지 못한 경우라면 선의취득의 경우와 마찬가지로 제3자가 그 자재의 귀속으로 인한 이익을 보유할 수 있는 법률상 원인이 있다고 봄이 상당하므로, 매도인으로서는 그에 관한 보상청구를 할 수 없다(대판 2009.9.24. 2009다15602).

[ㄹ ▶ ×] 명의신탁약정 및 명의신탁약정에 따른 물권변동의 무효는, 제3자의 선의·악의를 불문하고 그에게 대항하지 못한다. 따라서 A는 D를 상대로 소유권에 기초한 물권적 청구권을 행사할 수 없다.

부동산 실권리자명의 등기에 관한 법률(이하 "부동산실명법") 제4조 제3항에 의하면 명의신탁약정 및 이에 따른 등기로 이루어진 부동산에 관한 물권변동의 무효는 제3자에게 대항하지 못하는데, 여기서 '제3자'는 명의신탁약정의 당사자 및 포괄승계인 이외의 자로서 명의수탁자가 물권자임을 기초로 그와 사이에 직접 새로운 이해관계를 맺은 사람으로서 소유권이나 저당권 등 물권을 취득한 자뿐만 아니라 압류 또는 가압류채권자도 포함하고 그의 선의·악의를 묻지 않는다(대판 2013.3.14. 2012다107068).

[ㅁ ▶ ○] 임대인의 동의 없는 전대차의 경우 전차인은 그의 임차권을 임대인에게 주장할 수 없다. 따라서 임대인은 소유물반환청구권을 전차인에게 행사할 수 있는데, 이때 임대차를 해지하였다면 임대인에게, 해지하지 않았다면 전대인에게 반환하라고 해야 한다. 한편, 주택임대차보호법상의 대항력은 임대인이 아닌 제3자에게 대항하기 위한 것이므로, 사안에서 전차인 D가 대항력을 취득했더라도 임대인의 소유물반환청구에 대항할 수 없는 것은 마찬가지이다.

임차권의 양도, 전대의 제한(민법 제629조) ① 임차인은 임대인의 동의 없이 그 권리를 양도하거나 임차물을 전대하지 못한다.
② 임차인이 전항의 규정에 위반한 때에는 임대인은 계약을 해지할 수 있다.

대항력 등(주택임대차보호법 제3조) ① 임대차는 그 등기가 없는 경우에도 임차인이 주택의 인도와 주민등록을 마친 때에는 그 다음 날부터 제삼자에 대하여 효력이 생긴다. 이 경우 전입신고를 한 때에 주민등록이 된 것으로 본다.

제4항 공동소유

공동소유에 관한 설명 중 옳은 것은?(다툼이 있는 경우 판례에 의함)

① 공유물분할소송절차에서 공유토지의 특정한 일부씩을 각각의 공유관계에 귀속시키는 것으로 현물분할하는 내용의 조정이 성립하였다면, 그 조정조서는 공유물분할판결과 동일한 효력을 가지는 것으로서 「민법」 제187조 소정의 '판결'에 해당하여 조정이 성립한 때 물권변동의 효력이 발생한다.

② 합유자 중 1인이 무단으로 합유재산에 관하여 자신의 단독소유로 소유권보존등기를 한 경우에는 그 소유권보존등기가 실질관계에 부합하지 않는 원인무효의 등기이므로, 다른 합유자는 등기명의인인 합유자를 상대로 소유권보존등기의 말소를 청구할 수 있다.

③ 甲, 乙이 각각 2/3, 1/3의 지분으로 X토지를 공유하던 중 丙이 X토지를 점유하면서 자기 명의로 원인무효의 소유권이전등기를 마친 경우, 甲이 공유물의 보존행위로 자기 지분에 관하여만 소유권이전등기말소청구의 소를 제기하면 그로 인한 丙에 대한 취득시효 중단의 효력은 乙에게도 미친다.

④ 만약 1필지의 토지 중 특정 부분에 대한 구분소유적 공유관계를 표상하는 공유지분을 목적으로 하는 근저당권이 설정된 후, 구분소유하고 있는 특정 부분별로 독립한 필지로 분할되고 나아가 구분소유자 상호 간에 지분이전등기를 하여 구분소유적 공유관계가 해소되었다면, 그 근저당권은 근저당권설정자의 단독소유로 분할된 토지에 집중된다.

⑤ 만약 1필지의 토지 중 일부를 특정하여 매수하고 다만 그 소유권이전등기는 그 필지 전체에 관하여 공유지분이전등기를 한 경우라면, 위 토지에 대한 제3자의 방해행위에 대하여 위와 같이 매수한 공유자는 자신이 구분소유하는 특정 부분만 그 배제를 구할 수 있고, 전체 토지에 관하여는 그 배제를 구할 수 없다.

[**❶ ▸ ✕**] 공유물분할의 소송절차 또는 조정절차에서 공유자 사이에 공유토지에 관한 현물분할의 협의가 성립하여 그 합의사항을 조서에 기재함으로써 조정이 성립하였다고 하더라도, 그와 같은 사정만으로 재판에 의한 공유물분할의 경우와 마찬가지로 그 즉시 공유관계가 소멸하고 각 공유자에게 그 협의에 따른 새로운 법률관계가 창설되는 것은 아니고, 공유자들이 협의한 바에 따라 토지의 분필절차를 마친 후 각 단독소유로 하기로 한 부분에 관하여 다른 공유자의 공유지분을 이전받아 등기를 마침으로써 비로소 그 부분에 대한 대세적 권리로서의 소유권을 취득하게 된다고 보아야 한다(대판 2013.11.21. 2011두1917 [전합]).

[**❷ ▸ ○**] 합유재산을 합유자 1인의 단독소유로 소유권보존등기를 한 경우에는 소유권보존등기가 실질관계에 부합하지 않는 원인무효의 등기이므로, 다른 합유자는 등기명의인인 합유자를 상대로 소유권보존등기말소청구의 소를 제기하는 등의 방법으로 원인무효의 등기를 말소시킨 다음 새로이 합유의 소유권보존등기를 신청할 수 있다(대판 2017.8.18. 2016다6309).

[**❸ ▸ ✕**] 부동산공유자 중의 한 사람은 당해 부동산에 관하여 제3자 명의로 원인무효의 소유권이전등기가 경료되어 있는 경우 공유물에 관한 보존행위로서 그 제3자에 대하여 그 등기 전부의 말소를 구할 수 있으나, 공유자의 한 사람이 공유물의 보존행위로서 그 공유물의 일부 지분에 관하여서만 재판상 청구를 하였으면 그로 인한 시효중단의 효력은 그 공유자와 그 청구한 소송물에 한하여 발생한다(대판 1999.8.20. 99다15146).

[**❹ ▸ ✕**] 1필지의 토지의 위치와 면적을 특정하여 2인 이상이 구분소유하기로 하는 약정을 하고 구분소유자의 공유로 등기하는 이른바 구분소유적 공유관계에 있어서, 1필지의 토지 중 특정 부분에 대한 구분소유적 공유관계를 표상하는 공유지분을 목적으로 하는 근저당권이 설정된 후 구분소유하고 있는 특정 부분별로 독립한 필지로 분할되고 나아가 구분소유자 상호 간에 지분이전등기를 하는 등으로 구분소유적 공유관계가 해소되더라도 그 근저당권은 종전의 구분소유적 공유지분의 비율대로 분할된 토지들 전부의 위에 그대로 존속하는 것이고, 근저당권설정자의 단독소유로 분할된 토지에 당연히 집중되는 것은 아니다(대판 2014.6.26. 2012다25944).

정답 ②

[**❺ ▸ ✕**] 1필지의 토지 중 일부를 특정하여 매수하고 다만 그 소유권이전등기는 그 필지 전체에 관하여 공유지분권이전 등기를 한 경우에는 그 특정 부분 이외의 부분에 관한 등기는 상호 명의신탁을 하고 있는 것으로서, 그 지분권자는 내부관계 에 있어서는 특정 부분에 한하여 소유권을 취득하고 이를 배타적으로 사용, 수익할 수 있고, 다른 구분소유자의 방해행위에 대하여는 소유권에 터 잡아 그 배제를 구할 수 있으나, 외부관계에 있어서는 1필지 전체에 관하여 공유관계가 성립되고 공유자로서의 권리만을 주장할 수 있는 것이므로, 제3자의 방해행위가 있는 경우에는 자기의 구분소유 부분뿐 아니라 전체 토지에 대하여 공유물의 보존행위로서 그 배제를 구할 수 있다(대판 1994.2.8. 93다42986).

2019년 변호사시험 문 5.
☑ 확인Check! ○ △ ✕

공동소유에 관한 설명 중 옳지 않은 것은?(다툼이 있는 경우 판례에 의함)

① 토지공유자 중의 일부가 공유토지의 특정 부분을 배타적으로 점유·사용하고 있는 경우, 비록 그 특정 부분의 면적이 자신들의 지분비율에 상당하는 면적범위 내라고 할지라도, 그 토지를 사용·수익하지 않는 다른 공유자들에 대하여는 그 지분에 상응하는 부당이득을 반환할 의무가 있으며, 이 의무는 분할채무의 성질을 가진다.

② 제3자가 공유토지 전부에 대해 원인무효의 소유권이전등기를 경료한 경우 공유자 중 1인은 그 등기 전부의 말소를 청구할 수 있다.

③ 동업목적의 조합체가 부동산을 조합재산으로 취득하면서 조합원들 명의로 공유등기를 하였다면, 그 공유등기는 조합체 가 조합원들에게 각 지분에 관하여 명의신탁한 것으로 보아야 한다.

④ 비법인사단이 타인 간의 금전채무를 보증하는 행위는 총유물의 관리·처분행위에 해당하지 않으므로, 사원총회의 결의 를 거치지 않았더라도 그것만으로 그 보증계약이 무효가 되는 것은 아니다.

⑤ 종중 소유 재산의 보존행위로서 소를 제기하는 경우, 종중 결의를 거쳐 종중 명의로 하거나 그 구성원 전원이 당사자가 되어 필수적 공동소송의 형태를 취하여야 한다.

[**❶ ▸ ✕**] 토지의 공유자는 각자의 지분비율에 따라 토지 전체를 사용·수익할 수 있지만, 그 구체적인 사용·수익방법 에 관하여 공유자들 사이에 지분 과반수의 합의가 없는 이상, 1인이 특정 부분을 배타적으로 점유·사용할 수 없는 것이므로, 공유자 중의 일부가 특정 부분을 배타적으로 점유·사용하고 있다면, 그들은 비록 그 특정 부분의 면적이 자신들의 지분비율에 상당하는 면적범위 내라고 할지라도, 다른 공유자들 중 지분은 있으나 사용·수익은 전혀 하지 않고 있는 자에 대하여는 그 자의 지분에 상응하는 부당이득을 하고 있다고 보아야 할 것인바, 이는 모든 공유자는 공유물 전부를 지분의 비율로 사용·수익할 권리가 있기 때문이다. 여러 사람이 공동으로 법률상 원인 없이 타인의 재산을 사용한 경우의 부당이득반환채무는 특별한 사정이 없는 한 불가분적 이득의 반환으로서 불가분채무이다(대판 2001.12.11. 2000다13948).

[**❷ ▸ ○**] 부동산의 공유자의 1인은 당해 부동산에 관하여 제3자 명의로 원인무효의 소유권이전등기가 경료되어 있는 경우 공유물에 관한 보존행위로서 제3자에 대하여 그 등기 전부의 말소를 구할 수 있다(대판 1993.5.11. 92다52870).

[**❸ ▸ ○**] 민법 제271조 제1항은 "법률의 규정 또는 계약에 의하여 수인이 조합체로서 물건을 소유하는 때에는 합유로 한다. 합유자의 권리는 합유물 전부에 미친다"고 규정하고(이는 물권법상의 규정으로서 강행규정이고, 따라서 조합체의 구성원인 조합원들이 공유하는 경우에는 조합체로서 물건을 소유하는 것으로 볼 수 없다), 민법 제704조는 "조합원의 출자 기타 조합재산은 조합원의 합유로 한다"고 규정하고 있으므로, 동업을 목적으로 한 조합이 조합체로서 또는 조합재산 으로서 부동산의 소유권을 취득하였다면, 민법 제271조 제1항의 규정에 의하여 당연히 그 조합체의 합유물이 되고(이는 민법 제187조에 규정된 '법률의 규정에 의한 물권의 취득'과는 아무 관계가 없다. 따라서 조합체가 부동산을 법률행위에 의하여 취득한 경우에는 물론 소유권이전등기를 요한다), 다만, 그 조합체가 합유등기를 하지 아니하고 그 대신 조합원들 명의로 각 지분에 관하여 공유등기를 하였다면, 이는 그 조합체가 조합원들에게 각 지분에 관하여 명의신탁한 것으로 보아야 한다(대판 2002.6.14. 2000다30622).

① **정답**

[**❹** ▸ O] 민법 제275조, 제276조 제1항에서 말하는 총유물의 관리 및 처분이라 함은 총유물 그 자체에 관한 이용·개량행위나 법률적·사실적 처분행위를 의미하는 것이므로, <u>비법인사단이 타인 간의 금전채무를 보증하는 행위는 총유물 그 자체의 관리·처분이 따르지 아니하는 단순한 채무부담행위에 불과하여 이를 총유물의 관리·처분행위라고 볼 수는 없다.</u> 따라서 비법인사단인 재건축조합의 조합장이 채무보증계약을 체결하면서 조합규약에서 정한 조합임원회의 결의를 거치지 아니하였다거나 조합원총회결의를 거치지 않았다고 하더라도 그것만으로 바로 그 보증계약이 무효라고 할 수는 없다(대판 2007.4.19. 2004다60072 [전합]).

[**❺** ▸ O] 민법 제276조 제1항은 "총유물의 관리 및 처분은 사원총회의 결의에 의한다", 같은 조 제2항은 "각 사원은 정관 기타의 규약에 좇아 총유물을 사용·수익할 수 있다"라고 규정하고 있을 뿐 공유나 합유의 경우처럼 보존행위는 그 구성원 각자가 할 수 있다는 민법 제265조 단서 또는 제272조 단서와 같은 규정을 두고 있지 아니한바, 이는 법인 아닌 사단의 소유형태인 총유가 공유나 합유에 비하여 단체성이 강하고 구성원 개인들의 총유재산에 대한 지분권이 인정되지 아니하는 데에서 나온 당연한 귀결이라고 할 것이므로 <u>총유재산에 관한 소송은 법인 아닌 사단이 그 명의로 사원총회의 결의를 거쳐 하거나 또는 그 구성원 전원이 당사자가 되어 필수적 공동소송의 형태로 할 수 있을 뿐 그 사단의 구성원은 설령 그가 사단의 대표자라거나 사원총회의 결의를 거쳤다 하더라도 그 소송의 당사자가 될 수 없고, 이러한 법리는 총유재산의 보존행위로서 소를 제기하는 경우에도 마찬가지라 할 것이다</u>(대판 2005.9.15. 2004다44971 [전합]).

2018년 변호사시험 문 5.

☑ 확인Check! O △ X

甲과 乙은 매도인으로부터 X토지 중 절반씩을 위치를 특정하여 매수하면서 각자 구분소유하기로 하고, 등기부상 각 1/2 공유지분으로 등기하였다. 甲은 X토지 중 자신의 매수 부분 지상에 Y주택을 건축하고 이를 丙에게 임대하여 丙이 전입신고를 하지 아니한 채 입주를 마쳤다. 甲은 Y주택에 저당권을 설정했는데 그 저당권이 실행되어 A가 Y주택 소유권을 취득하였다. 이에 관한 설명 중 옳은 것을 모두 고른 것은?(각 지문은 독립적이며, 다툼이 있는 경우 판례에 의함)

ㄱ. 인근토지소유자 丁이 X토지 중 乙 매수 부분을 침범하여 건축행위를 하는 경우 甲이 방해 배제를 청구할 수 있다.
ㄴ. 乙이 Y주택을 철거하기 위한 사전작업으로 丙을 상대로 Y주택에서의 퇴거를 청구할 수 있다.
ㄷ. 甲이 등기부상 공유관계를 해소하고자 하는 데 乙이 협조하지 않는 경우 공유물분할청구의 소를 제기할 수 있다.

① ㄱ 　　　　　② ㄴ 　　　　　③ ㄷ
④ ㄱ, ㄴ 　　　　⑤ ㄱ, ㄷ

[ㄱ ▸ O] <u>1필지의 토지 중 일부를 특정하여 매수하고 다만 그 소유권이전등기는 그 필지 전체에 관하여 공유지분권이전등기를 한 경우에는</u> 그 특정 부분 이외의 부분에 관한 등기는 상호 명의신탁을 하고 있는 것으로서, 그 지분권자는 내부관계에 있어서는 특정 부분에 한하여 소유권을 취득하고 이를 배타적으로 사용, 수익할 수 있고, 다른 구분소유자의 방해행위에 대하여는 소유권에 터 잡아 그 배제를 구할 수 있으나, <u>외부관계에 있어서는 1필지 전체에 관하여 공유관계가 성립되고 공유자로서의 권리만을 주장할 수 있는 것이므로, 제3자의 방해행위가 있는 경우에는 자기의 구분소유 부분뿐 아니라 전체 토지에 대하여 공유물의 보존행위로서 그 배제를 구할 수 있다</u>(대판 1994.2.8. 93다42986).

[ㄴ ▸ X] 구분공유자 甲은 내부관계에서는 특정 부분을 단독소유한다고 볼 수 있어, 저당권의 실행으로 건물과 토지의 소유자가 달라진 경우 건물소유자 A는 법정지상권을 취득한다. 따라서 乙은 Y주택의 철거청구를 할 수 없으므로, 임차인 丙을 상대로 Y주택에서의 퇴거를 청구할 수 없다.

판례 공유로 등기된 토지의 소유관계가 <u>구분소유적 공유관계에 있는 경우</u>에는 공유자 중 1인이 소유하고 있는 건물과 그 대지는 다른 공유자와의 내부관계에 있어서는 그 공유자의 단독소유로 되었다 할 것이므로 건물을 소유하고 있는 공유자가 그 건물 또는 토지지분에 대하여 저당권을 설정하였다가 그 후 <u>저당권의 실행으로 소유자가 달라지게 되면 건물소유자는 그 건물의 소유를 위한 법정지상권을 취득하게 되며</u>, 이는 <u>구분소유적 공유관계에 있는 토지의 공유자들이 그 토지 위에 각자 독자적으로 별개의 건물을 소유하면서 그 토지 전체에 대하여 저당권을 설정하였다가 그 저당권의 실행으로 토지와 건물의 소유자가 달라지게 된 경우에도 마찬가지라 할 것이다</u>(대판 2004.6.11, 2004다13533).

[ㄷ ▸ ×] 공유물분할청구는 공유자의 일방이 그 공유지분권에 터 잡아서 하여야 하는 것이므로 <u>공유지분권을 주장하지 아니하고 목적물의 특정 부분을 소유한다고 주장하는 자는 그 부분에 대하여 신탁적으로 지분등기를 가지고 있는 자들을 상대로 하여 그 특정 부분에 대한 명의신탁 해지를 원인으로 한 지분이전등기절차의 이행만을 구하면 될 것이고 공유물분할 청구를 할 수 없다</u> 할 것이다(대판 1989.9.12, 88다카10517).

2017년 변호사시험 문 17.

☑ 확인 Check! ○ △ ×

권리의 귀속형태 및 그 법률관계에 대한 내용이다. 각 괄호 안에 들어갈 용어를 올바르게 나열한 것은?(다툼이 있는 경우 판례에 의함)

- 수인이 전매차익을 얻으려는 공동의 목적 달성을 위해 부동산을 공동으로 매수한 경우, 공동사업을 경영할 목적이 있었다고 인정되지 않으면 위 부동산에 대한 매수인들 사이의 소유관계는 (A)이다.
- 1동의 건물 중 각 일부분의 위치 및 면적이 특정되지 않거나 구조상·이용상 독립성이 인정되지 아니하지만 공유자들 사이에 이를 구분소유하기로 하는 취지의 약정을 하고 공유등기를 한 경우, (B)가 성립한다.
- 구분소유적 공유관계에 있어서, 1필지의 토지 중 특정 부분에 대한 구분소유적 공유관계를 표상하는 공유지분을 목적으로 하는 근저당권이 설정된 후 구분소유자 상호 간에 지분이전등기를 하여 구분소유적 공유관계가 해소된 경우, 그 근저당권은 (C).
- 수인의 채권자가 각기 채권을 담보하기 위하여 채무자와 채무자 소유의 부동산에 관하여 수인의 채권자를 공동매수인으로 하는 1개의 매매예약을 체결하고 그에 따라 수인의 채권자 공동명의로 그 부동산에 가등기를 마친 경우, 수인의 채권자가 공동으로 매매예약완결권을 가지는 관계인지 아니면 채권자 각자의 지분별로 별개의 독립적인 매매예약완결권을 가지는 관계인지는 (D)에 따라야 한다.

	A	B	C	D
①	공유관계	공유관계	종전의 구분소유적 공유지분의 비율대로 분할된 토지들 전부의 위에 그대로 존속한다	매매예약의 내용
②	합유관계	공유관계	종전의 구분소유적 공유지분의 비율대로 분할된 토지들 전부의 위에 그대로 존속한다	매매예약의 내용
③	공유관계	구분소유적 공유관계	종전의 구분소유적 공유지분의 비율대로 분할된 토지들 전부의 위에 그대로 존속한다	공유관계의 법리
④	공유관계	구분소유적 공유관계	근저당권설정자의 단독소유로 분할된 토지에 집중된다	공유관계의 법리
⑤	합유관계	공유관계	근저당권설정자의 단독소유로 분할된 토지에 집중된다	매매예약의 내용

① **정답**

[A ▸ 공유관계]　부동산의 공동매수인들이 전매차익을 얻으려는 '공동의 목적 달성'을 위하여 상호 협력한 것에 불과하고 이를 넘어 '공동사업을 경영할 목적'이 있었다고 인정되지 않는 경우 이들 사이의 법률관계는 공유관계에 불과할 뿐 민법상 조합관계에 있다고 볼 수 없다. 공동매수의 목적이 전매차익의 획득에 있을 경우 그것이 공동사업을 위하여 동업체에서 매수한 것이 되려면, 적어도 공동매수인들 사이에서 매수한 토지를 공유가 아닌 동업체의 재산으로 귀속시키고 공동매수인 전원의 의사에 기하여 전원의 계산으로 처분한 후 이익을 분배하기로 하는 명시적 또는 묵시적 의사의 합치가 있어야만 하고, 이와 달리 공동매수 후 매수인별로 토지에 관하여 공유에 기한 지분권을 가지고 각자 자유롭게 지분권을 처분하여 대가를 취득할 수 있도록 한 것이라면 이를 동업체에서 매수한 것으로 볼 수는 없다(대판 2012.8.30, 2010다39918).

[B ▸ 공유관계]　1동의 건물 중 위치 및 면적이 특정되고 구조상·이용상 독립성이 있는 일부분씩을 2인 이상이 구분소유하기로 하는 약정을 하고 등기만은 편의상 각 구분소유의 면적에 해당하는 비율로 공유지분등기를 하여 놓은 경우, 구분소유자들 사이에 공유지분등기의 상호 명의신탁관계 내지 건물에 대한 구분소유적 공유관계가 성립하지만, <u>1동 건물 중 각 일부분의 위치 및 면적이 특정되지 않거나 구조상·이용상 독립성이 인정되지 아니한 경우에는 공유자들 사이에 이를 구분소유하기로 하는 취지의 약정이 있다 하더라도 일반적인 공유관계가 성립할 뿐, 공유지분등기의 상호 명의신탁관계 내지 건물에 대한 구분소유적 공유관계가 성립한다고 할 수 없다</u>(대판 2014.2.27, 2011다42430).

[C ▸ 종전의 구분소유적 공유지분의 비율대로 분할된 토지들 전부의 위에 그대로 존속한다]　1필지의 토지의 위치와 면적을 특정하여 2인 이상이 구분소유하기로 하는 약정을 하고 구분소유자의 공유로 등기하는 이른바 <u>구분소유적 공유관계</u>에 있어서, 1필지의 토지 중 특정 부분에 대한 구분소유적 공유관계를 표상하는 공유지분을 목적으로 하는 근저당권이 <u>설정된 후 구분소유하고 있는 특정 부분별로 독립한 필지로 분할되고 나아가 구분소유자 상호 간에 지분이전등기를 하는 등으로 구분소유적 공유관계가 해소되더라도 그 근저당권은 종전의 구분소유적 공유지분의 비율대로 분할된 토지들 전부의 위에 그대로 존속하는 것이고, 근저당권설정자의 단독소유로 분할된 토지에 당연히 집중되는 것은 아니다</u>(대판 2014.6.26, 2012다25944).

[D ▸ 매매예약의 내용]　수인의 채권자가 각기 채권을 담보하기 위하여 채무자와 채무자 소유의 부동산에 관하여 수인의 채권자를 공동매수인으로 하는 1개의 매매예약을 체결하고 그에 따라 수인의 채권자 공동명의로 그 부동산에 가등기를 마친 경우, 수인의 채권자가 공동으로 매매예약완결권을 가지는 관계인지 아니면 채권자 각자의 지분별로 별개의 독립적인 매매예약완결권을 가지는 관계인지는 매매예약의 내용에 따라야 하고, 매매예약에서 그러한 내용을 명시적으로 정하지 않은 경우에는 수인의 채권자가 공동으로 매매예약을 체결하게 된 동기 및 경위, 매매예약에 의하여 달성하려는 담보의 목적, 담보 관련 권리를 공동행사하려는 의사의 유무, 채권자별 구체적인 지분권의 표시 여부 및 지분권비율과 피담보채권 비율의 일치 여부, 가등기담보권 설정의 관행 등을 종합적으로 고려하여 판단하여야 한다(대판 2012.2.16, 2010다82530 [전합]).

공동소유에 관한 설명 중 옳은 것은?(각 지문은 독립적이고, 다툼이 있는 경우에는 판례에 의함)

① 甲이 乙과 함께 각 1/2의 지분으로 공유하고 있는 X토지 전체를 단독으로 丙에게 임대한 경우에는 乙은 丙을 상대로 X토지 전체의 인도를 청구할 수 없다.

② 甲종중이 종중원 乙의 타인에 대한 대여금반환채무를 보증하는 행위는 장래 乙이 그 채무를 이행하지 아니하면 甲종중이 보유하고 있는 현금이나 총유물을 처분하여 마련한 자금으로 그 채무를 만족시켜야 한다는 점에서 총유물의 처분행위에 해당한다고 보아야 하므로 甲종중의 규약에 다른 정함이 없으면 종중총회의 결의가 있어야 유효하다.

③ 甲, 乙이 전매차익을 얻으려는 공동의 목적으로 X토지를 함께 매수하여 소유권을 취득하면 X토지는 당연히 甲, 乙의 합유에 속하므로 甲이 탈퇴하면 X토지는 乙의 단독소유가 된다.

④ 공유물의 보존에 관한 민법 제265조의 규정은 총유물의 보존에 관하여도 적용되므로, 甲종중의 종중원 乙은 그 종중원들의 총유에 속하는 X토지를 무단으로 점유하고 있는 丙을 상대로 총유물의 보존행위를 이유로 단독으로 X토지의 인도를 구할 수 있다.

⑤ 甲이 乙, 丙과 함께 X토지를 각 1/3 지분으로 공유하고 있는 경우 공유물에 관한 보존행위를 이유로는 乙 명의의 1/3 지분에 관하여 원인 없이 丁 앞으로 마쳐진 소유권이전등기의 말소를 구할 수 없다.

[**❶** ▶ O] 출제 당시에는 옳지 않은 지문이었으나, 판례 변경으로 인해 옳은 지문이 되었다.

법령 ▶ **공유물의 관리, 보존(민법 제265조)** 공유물의 관리에 관한 사항은 공유자의 지분의 과반수로써 결정한다. 그러나 보존행위는 각자가 할 수 있다.

판례 ▶ 공유물의 소수지분권자가 다른 공유자와 협의 없이 공유물의 전부 또는 일부를 독점적으로 점유·사용하고 있는 경우 다른 소수지분권자는 공유물의 보존행위로서 그 인도를 청구할 수는 없고, 다만 자신의 지분권에 기초하여 공유물에 대한 방해상태를 제거하거나 공동점유를 방해하는 행위의 금지 등을 청구할 수 있다고 보아야 한다(대판 2020.5.21. 2018다287522 [전합]).

[**❷** ▶ ✕] 민법 제275조, 제276조 제1항에서 말하는 총유물의 관리 및 처분이라 함은 총유물 그 자체에 관한 이용·개량행위나 법률적·사실적 처분행위를 의미하는 것이므로, 비법인사단이 타인 간의 금전채무를 보증하는 행위는 총유물 그 자체의 관리·처분이 따르지 아니하는 단순한 채무부담행위에 불과하여 이를 총유물의 관리·처분행위라고 볼 수는 없다. 따라서 비법인사단인 재건축조합의 조합장이 채무보증계약을 체결하면서 조합규약에서 정한 조합임원회의 결의를 거치지 아니하였다거나 조합원총회결의를 거치지 않았다고 하더라도 그것만으로 바로 그 보증계약이 무효라고 할 수는 없다(대판 2007.4.19. 2004다60072 [전합]).

[**❸** ▶ ✕] 부동산의 공동매수인들이 전매차익을 얻으려는 '공동의 목적 달성'을 위하여 상호 협력한 것에 불과하고 이를 넘어 '공동사업을 경영할 목적'이 있었다고 인정되지 않는 경우 이들 사이의 법률관계는 공유관계에 불과할 뿐 민법상 조합관계에 있다고 볼 수 없다. 공동매수의 목적이 전매차익의 획득에 있을 경우 그것이 공동사업을 위하여 동업체에서 매수한 것이 되려면, 적어도 공동매수인들 사이에서 매수한 토지를 공유가 아닌 동업체의 재산으로 귀속시키고 공동매수인 전원의 의사에 기하여 전원의 계산으로 처분한 후 이익을 분배하기로 하는 명시적 또는 묵시적 의사의 합치가 있어야만 하고, 이와 달리 공동매수 후 매수인별로 토지에 관하여 공유에 기한 지분권을 가지고 각자 자유롭게 지분권을 처분하여 대가를 취득할 수 있도록 한 것이라면 이를 동업체에서 매수한 것으로 볼 수는 없다(대판 2012.8.30. 2010다39918).

[**❹** ▸ **✕**] 민법 제276조 제1항은 "총유물의 관리 및 처분은 사원총회의 결의에 의한다", 같은 조 제2항은 "각 사원은 정관 기타의 규약에 좇아 총유물을 사용·수익할 수 있다"라고 규정하고 있을 뿐 공유나 합유의 경우처럼 보존행위는 그 구성원 각자가 할 수 있다는 민법 제265조 단서 또는 제272조 단서와 같은 규정을 두고 있지 아니한바, 이는 법인 아닌 사단의 소유형태인 총유가 공유나 합유에 비하여 단체성이 강하고 구성원 개인들의 총유재산에 대한 지분권이 인정되지 아니하는 데에서 나온 당연한 귀결이라고 할 것이므로 총유재산에 관한 소송은 법인 아닌 사단이 그 명의로 사원총회의 결의를 거쳐 하거나 또는 그 구성원 전원이 당사자가 되어 필수적 공동소송의 형태로 할 수 있을 뿐 그 사단의 구성원은 설령 그가 사단의 대표자라거나 사원총회의 결의를 거쳤다 하더라도 그 소송의 당사자가 될 수 없고, 이러한 법리는 총유재산의 보존행위로서 소를 제기하는 경우에도 마찬가지라 할 것이다(대판 2005.9.15. 2004다44971 [전합]).

[**❺** ▸ **◯**] 공유자는 다른 공유자의 지분 침해를 이유로 보존행위를 할 수 없다.

판례 부동산의 공유자의 1인은 당해 부동산에 관하여 제3자 명의로 원인무효의 소유권이전등기가 경료되어 있는 경우 공유물에 관한 보존행위로서 제3자에 대하여 그 등기 전부의 말소를 구할 수 있으나, 공유자가 다른 공유자의 지분권을 대외적으로 주장하는 것을 공유물의 멸실·훼손을 방지하고 공유물의 현상을 유지하는 사실적·법률적 행위인 공유물의 보존행위에 속한다고 할 수 없다(대판 2009.2.26. 2006다72802).

2016년 변호사시험 문 15.   ☑ 확인Check! ◯ △ ✕

甲은 乙로부터 乙 소유 나대지인 X토지 500m² 중 (A) 부분 200m²를 특정하여 매수하고 합의에 따라 X토지 중 2/5 지분에 관하여 소유권이전등기를 마쳤다. 옳은 것을 모두 고른 것은?(각 지문은 독립적이며, 다툼이 있는 경우 판례에 의함)

ㄱ. 丙이 무단으로 (A) 부분 토지를 점유하여 사용하는 경우 乙은 甲을 대위하지 않고 직접 丙에게 그 부분 토지의 인도를 청구할 수 있다.
ㄴ. 甲으로부터 (A) 부분 토지를 매수하였으나 등기를 마치지 아니한 丁은 甲을 대위하여 乙을 상대로 공유물 분할의 청구를 할 수 있다.
ㄷ. 甲과 乙이 X토지 전체에 관하여 근저당권을 설정한 후 甲이 (A) 부분 지상에 건물을 건축하여 소유하던 중 위 근저당권이 실행되어 戊가 X토지의 소유권을 취득한 경우 甲은 법정지상권을 주장할 수 없다.

① ㄱ   ② ㄴ   ③ ㄷ
④ ㄱ, ㄴ   ⑤ ㄱ, ㄷ

[ㄱ ▸ ◯] 1필지의 토지 중 일부를 특정하여 매수하고 다만 그 소유권이전등기는 그 필지 전체에 관하여 공유지분권이전등기를 한 경우에는 그 특정 부분 이외의 부분에 관한 등기는 상호 명의신탁을 하고 있는 것으로서, 그 지분권자는 내부관계에 있어서는 특정 부분에 한하여 소유권을 취득하고 이를 배타적으로 사용, 수익할 수 있고, 다른 구분소유자의 방해행위에 대하여는 소유권에 터 잡아 그 배제를 구할 수 있으나, 외부관계에 있어서는 1필지 전체에 관하여 공유관계가 성립되고 공유자로서의 권리만을 주장할 수 있는 것이므로, 제3자의 방해행위가 있는 경우에는 자기의 구분소유 부분뿐 아니라 전체 토지에 대하여 공유물의 보존행위로서 그 배제를 구할 수 있다(대판 1994.2.8. 93다42986).

[ㄴ ▸ ✕] 공유물분할청구는 공유자의 일방이 그 공유지분권에 터 잡아서 하여야 하는 것이므로 공유지분권을 주장하지 아니하고 목적물의 특정 부분을 소유한다고 주장하는 자는 그 부분에 대하여 신탁적으로 지분등기를 가지고 있는 자들을 상대로 하여 그 특정 부분에 대한 명의신탁 해지를 원인으로 한 지분이전등기절차의 이행만을 구하면 될 것이고 공유물분할청구를 할 수 없다 할 것이다(대판 1989.9.12. 88다카10517).

정답 ⑤

[ㄷ ▸ O] 민법 제366조의 법정지상권이 인정되기 위해서는, 저당권 설정 당시부터 건물이 존재해야 한다. 지문의 경우 토지 전체에 근저당권을 설정한 후 甲이 건물을 건축한 것이므로, 甲은 법정지상권을 주장할 수 없다.

판례 건물 없는 토지에 저당권이 설정된 후 저당권설정자가 그 위에 건물을 건축하였다가 담보권의 실행을 위한 경매절차에서 경매로 인하여 그 토지와 지상건물이 소유자를 달리하였을 경우에는, 민법 제366조의 법정지상권이 인정되지 아니할 뿐만 아니라 관습상의 법정지상권도 인정되지 아니한다(대결 1995.12.11. 95마1262).

비교 공유로 등기된 토지의 소유관계가 구분소유적 공유관계에 있는 경우에는 공유자 중 1인이 소유하고 있는 건물과 그 대지는 다른 공유자와의 내부관계에 있어서는 그 공유자의 단독소유로 되었다 할 것이므로 건물을 소유하고 있는 공유자가 그 건물 또는 토지지분에 대하여 저당권을 설정하였다가 그 후 저당권의 실행으로 소유자가 달라지게 되면 건물소유자는 그 건물의 소유를 위한 법정지상권을 취득하게 되며, 이는 구분소유적 공유관계에 있는 토지의 공유자들이 그 토지 위에 각자 독자적으로 별개의 건물을 소유하면서 그 토지 전체에 대하여 저당권을 설정하였다가 그 저당권의 실행으로 토지와 건물의 소유자가 달라지게 된 경우에도 마찬가지라 할 것이다(대판 2004.6.11. 2004다13533).

2016년 변호사시험 문 8.   ☑ 확인 Check! ○ △ ✕

甲, 乙, 丙이 각각 1/6, 1/6, 2/3 지분으로 X토지를 공유하고 있다. 乙은 甲, 丙과 상의 없이 A와 B에게 X토지 전체를 무상으로 사용하도록 허락하였다. A와 B는 위와 같은 사정을 알면서 X토지 지상에 Y창고를 건축하여 각 1/2 지분비율로 공유하고 있다. C는 Y창고를 A와 B로부터 임차하여 점유·사용하고 있다. X토지의 차임 상당액은 월 120만원이고 Y창고의 차임 상당액은 월 180만원이다. 옳은 것을 모두 고른 것은?(차임 상당액에 대한 이자나 지연손해금은 고려하지 않고, 각 지문은 독립적이며, 다툼이 있는 경우 판례에 의함)

> ㄱ. 甲이 단독으로 A를 상대로 Y창고 철거를 청구하는 경우 Y창고 중 1/2 지분에 한하여 승소할 수 있다.
> ㄴ. 甲이 단독으로 A를 상대로 부당이득 반환을 청구하는 경우 최대 월 10만원의 비율에 의한 금원을 받을 수 있다.
> ㄷ. 丙이 단독으로 C를 상대로 X토지 인도를 청구하는 경우 전부 승소할 수 있다.

① ㄱ   ② ㄴ   ③ ㄷ
④ ㄱ, ㄷ   ⑤ ㄴ, ㄷ

[ㄱ ▸ O] 乙이 A와 B에게 X토지 전체를 무상으로 사용하도록 하는 것은 사용대차관계로, 이는 공유물의 관리에 해당한다. 공유물의 관리에 관한 사항은 공유자지분의 과반수로써 결정해야 하는데(민법 제265조 본문 참조), 乙의 지분은 과반에 미달하는 1/6에 불과하여 A와 B의 토지 사용은 적법한 권원이 없는 것이다. 이에 대해 다른 공유자들은 방해 배제를 이유로 건물의 철거를 청구할 수 있다. 이는 보존행위에 해당하므로, 공유자 甲의 지분이 과반에 미달하더라도 단독으로 할 수 있다(민법 제265조 단서 참조). 한편, 건물의 철거의무는 불가분채무이지만, 건물의 공유자 A와 B는 각자의 지분범위에 한하여 건물 전체에 대한 철거의무를 진다. 따라서 토지공유자 甲이 단독으로 건물공유자 A를 상대로 Y창고 철거를 청구하는 경우, Y창고 중 1/2 지분에 한하여 승소할 수 있다.

① **정답**

법령 | **공유물의 관리, 보존(민법 제265조)**　　공유물의 관리에 관한 사항은 공유자의 지분의 과반수로써 결정한다. 그러나 보존행위는 각자가 할 수 있다.

 판례
- 공유물의 소수지분권자가 다른 공유자와 협의 없이 공유물의 전부 또는 일부를 독점적으로 점유·사용하고 있는 경우 다른 소수지분권자는 공유물의 보존행위로서 그 인도를 청구할 수는 없고, 다만 자신의 지분권에 기초하여 공유물에 대한 방해상태를 제거하거나 공동 점유를 방해하는 행위의 금지 등을 청구할 수 있다고 보아야 한다(대판 2020.5.21, 2018다287522 [전합]).
- 공동상속인들의 건물철거의무는 그 성질상 불가분채무라고 할 것이고 각자 그 지분의 한도 내에서 건물 전체에 대한 철거의무를 지는 것이다(대판 1980.06.24, 80다756).

[ㄴ ▸ ✕]　토지의 공유자는 부당이득의 경우 자신의 지분범위 내에서 청구가 가능하다. 따라서 甲은 토지의 차임 상당액 120만원의 1/6인 20만원의 부당이득을 청구할 수 있다. 한편, A건물을 1/2 지분비율로 공유하고 있으나 그로 인한 부당이득 반환의무는 불가분채무에 해당하므로, 甲이 단독으로 A를 상대로 부당이득 반환을 청구하는 경우 20만원 전부를 받을 수 있다.

 판례
토지의 공유자는 각자의 지분비율에 따라 토지 전체를 사용·수익할 수 있지만, 그 구체적인 사용·수익 방법에 관하여 공유자들 사이에 지분 과반수의 합의가 없는 이상, 1인이 특정 부분을 배타적으로 점유·사용할 수 없는 것이므로, 공유자 중의 일부가 특정 부분을 배타적으로 점유·사용하고 있다면, 그들은 비록 그 특정 부분의 면적이 자신들의 지분비율에 상당하는 면적범위 내라고 할지라도, 다른 공유자들 중 지분은 있으나 사용·수익은 전혀 하지 않고 있는 자에 대하여는 그 자의 지분에 상응하는 부당이득을 하고 있다고 보아야 할 것인바, 이는 모든 공유자는 공유물 전부를 지분의 비율로 사용·수익할 권리가 있기 때문이다. 여러 사람이 공동으로 법률상 원인 없이 타인의 재산을 사용한 경우의 부당이득반환채무는 특별한 사정이 없는 한 불가분적 이득의 반환으로서 불가분채무이고, 불가분채무는 각 채무자가 채무 전부를 이행할 의무가 있으며, 1인의 채무이행으로 다른 채무자도 그 의무를 면하게 된다(대판 2001.12.11, 2000다13948).

[ㄷ ▸ ✕]　토지인도청구의 상대방은 토지의 점유자인 Y건물의 소유자 A와 B이다. 건물의 임차인인 C에게는 건물의 점유 자로서 단지 건물로부터의 퇴거청구만 가능할 뿐이다.

 판례
- 사회통념상 건물은 그 부지를 떠나서는 존재할 수 없는 것이므로 건물의 부지가 된 토지는 그 건물의 소유자 가 점유하는 것으로 볼 것이고, 이 경우 건물의 소유자가 현실적으로 건물이나 그 부지를 점거하고 있지 아니하고 있더라도 그 건물의 소유를 위하여 그 부지를 점유한다고 보아야 한다(대판 2003.11.13, 2002다57935).
- 건물이 그 존립을 위한 토지사용권을 갖추지 못하여 토지의 소유자가 건물의 소유자에 대하여 당해 건물의 철거 및 그 대지의 인도를 청구할 수 있는 경우에라도 건물소유자가 아닌 사람이 건물을 점유하고 있다면 토지소유자는 그 건물 점유를 제거하지 아니하는 한 위의 건물 철거 등을 실행할 수 없다. 따라서 그때 토지소유권은 위와 같은 점유에 의하여 그 원만한 실현을 방해당하고 있다고 할 것이므로, 토지소유자는 자신의 소유권에 기한 방해 배제로서 건물점유자에 대하여 건물로부터의 퇴출을 청구할 수 있다(대판 2010.8.19, 2010다43801).

안심Touch

甲, 乙, 丙은 나대지인 X토지를 공유하고 있다. 甲, 乙, 丙의 지분은 각 3/5, 1/5, 1/5이다. 다음 설명 중 옳지 않은 것을 모두 고른 것은?(다툼이 있는 경우 판례에 의함)

ㄱ. 甲이 乙, 丙과 협의 없이 X토지를 丁에게 임대한 경우, 乙은 丁에게 X토지의 인도를 청구할 수 없다.

ㄴ. 甲이 乙, 丙과 협의 없이 X토지를 丁에게 임대한 경우, 丁은 乙의 지분에 상응하는 차임 상당액을 乙에게 부당이득으로 반환할 의무가 있다.

ㄷ. 乙이 甲, 丙과 협의 없이 X토지를 배타적으로 점유하여 사용·수익하고 있는 경우, 丙은 乙에 대하여 X토지의 인도를 청구할 수 없다.

ㄹ. 丙이 공유물분할청구의 소를 제기하는 경우, 甲과 乙 모두를 공동피고로 하여야 한다.

① ㄴ ② ㄱ, ㄷ ③ ㄴ, ㄷ
④ ㄷ, ㄹ ⑤ ㄱ, ㄴ, ㄹ

[ㄱ ▶ ○] 과반수 공유지분권자인 甲은 적법하게 공유물의 임대 등 관리행위를 할 수 있으므로, 소수지분권자인 乙은 丁에게 X토지의 인도를 청구할 수 없다.

> 공유자 사이에 공유물을 사용·수익할 구체적인 방법을 정하는 것은 공유물의 관리에 관한 사항으로서 공유자의 지분의 과반수로써 결정하여야 할 것이고, 과반수지분의 공유자는 다른 공유자와 사이에 미리 공유물의 관리방법에 관한 협의가 없었다 하더라도 공유물의 관리에 관한 사항을 단독으로 결정할 수 있으므로, 과반수지분의 공유자가 그 공유물의 특정 부분을 배타적으로 사용·수익하기로 정하는 것은 공유물의 관리방법으로서 적법하다고 할 것이므로, 과반수지분의 공유자로부터 사용·수익을 허락받은 점유자에 대하여 소수지분의 공유자는 그 점유자가 사용·수익하는 건물의 철거나 퇴거 등 점유 배제를 구할 수 없다(대판 2002,5,14, 2002다9738).

[ㄴ ▶ X] 과반수 공유지분권자인 甲은 소수지분권자 乙에 대해 그 지분에 상응하는 임료 상당의 부당이득을 얻고 있으나, 임차인 丁은 적법한 점유를 하고 있으므로 소수지분권자 乙에 대해서도 부당이득을 얻고 있다고 할 수 없다.

> 과반수지분의 공유자는 공유자와 사이에 미리 공유물의 관리방법에 관하여 협의가 없었다 하더라도 공유물의 관리에 관한 사항을 단독으로 결정할 수 있으므로 과반수지분의 공유자는 그 공유물의 관리방법으로서 그 공유토지의 특정된 한 부분을 배타적으로 사용·수익할 수 있으나, 그로 말미암아 지분은 있으되 그 특정 부분의 사용·수익을 전혀 하지 못하여 손해를 입고 있는 소수지분권자에 대하여 그 지분에 상응하는 임료 상당의 부당이득을 하고 있다 할 것이므로 이를 반환할 의무가 있다 할 것이나, 그 과반수지분의 공유자로부터 다시 그 특정 부분의 사용·수익을 허락받은 제3자의 점유는 다수지분권자의 공유물관리권에 터 잡은 적법한 점유이므로 그 제3자는 소수지분권자에 대하여도 그 점유로 인하여 법률상 원인 없이 이득을 얻고 있다고는 볼 수 없다(대판 2002,5,14, 2002다9738).

③ → ① (판례 변경으로 인한 정답 변경) 정답

[ㄷ ▸ ○] 출제 당시에는 옳지 않은 지문이었으나, 판례 변경으로 인해 옳은 지문이 되었다.

판례 공유물의 소수지분권자가 다른 공유자와 협의 없이 공유물의 전부 또는 일부를 독점적으로 점유·사용하고 있는 경우 다른 소수지분권자는 공유물의 보존행위로서 그 인도를 청구할 수는 없고, 다만 자신의 지분권에 기초하여 공유물에 대한 방해상태를 제거하거나 공동 점유를 방해하는 행위의 금지 등을 청구할 수 있다고 보아야 한다(대판 2020.5.21. 2018다287522 [전합]).

[ㄹ ▸ ○] 공유물분할청구의 소는 분할을 청구하는 공유자가 원고가 되어 다른 공유자 전부를 공동피고로 하여야 하는 고유필수적 공동소송이다(대판 2014.1.29. 2013다78556).

2013년 변호사시험 문 15.   ☑ 확인Check! ○ △ ✕

甲, 乙, 丙이 각 5/9, 2/9, 2/9의 지분으로 X토지를 공유하고 있다. 다음 설명 중 옳은 것은?(각 지문은 독립적이고, 다툼이 있는 경우에는 판례에 의함)

① 甲이 乙, 丙의 동의 없이 X토지 전체를 자재야적장으로 단독사용하고 있는 경우, 乙은 X토지의 2/9에 해당하는 부분의 인도를 청구할 수 있다.
② 제3자인 丁이 X토지 전체를 무단으로 점유하여 사용하고 있는 경우, 甲은 단독으로 丁을 상대로 X토지 전체에 대한 사용이익 상당의 부당이득반환청구를 할 수 있다.
③ 丙이 X토지 전체를 무단으로 점유하여 사용하고 있는 경우, 乙은 단독으로 丙을 상대로 X토지 전체를 乙 자신에게 인도하도록 청구할 수 있다.
④ 甲이 乙, 丙의 동의 없이 X토지 전체를 丁에게 임대한 경우, 乙은 丁에게 사용이익의 2/9에 상당하는 부당이득의 반환을 청구할 수 있다.
⑤ 만약 甲, 乙, 丙이 실제로 X토지의 각 특정 부분을 독립적으로 소유하면서 등기부상으로는 공유지분등기를 마친 경우라면, 甲이 자신이 실제로 소유하는 부분에 대하여 단독소유의 등기를 마치기 위하여는 공유물분할청구를 하여야 한다.

[❶ ▸ ✕] 甲은 과반수지분권자로서 관리행위를 결정할 수 있으므로, 소수지분권자인 乙은 X토지의 2/9에 해당하는 부분의 인도를 청구할 수 없다.

판례 공유자 사이에 공유물을 사용·수익할 구체적인 방법을 정하는 것은 공유물의 관리에 관한 사항으로서 공유자의 지분의 과반수로써 결정하여야 할 것이고, 과반수지분의 공유자는 다른 공유자와 사이에 미리 공유물의 관리방법에 관한 협의가 없었다 하더라도 공유물의 관리에 관한 사항을 단독으로 결정할 수 있으므로, 과반수지분의 공유자가 그 공유물의 특정 부분을 배타적으로 사용·수익하기로 정하는 것은 공유물의 관리방법으로서 적법하다고 할 것이므로, 과반수지분의 공유자로부터 사용·수익을 허락받은 점유자에 대하여 소수지분의 공유자는 그 점유자가 사용·수익하는 건물의 철거나 퇴거 등 점유 배제를 구할 수 없다(대판 2002.5.14. 2002다 9738).

[❷ ▸ ✕] 토지공유자는 특별한 사정이 없는 한 그 지분에 대응하는 비율의 범위 내에서만 그 차임 상당의 부당이득금 반환의 청구권을 행사할 수 있다(대판 1979.1.30. 78다2088).

[**❸** ▸ ✕] 출제 당시에는 옳은 지문이었으나, 판례 변경으로 인해 옳지 않은 지문이 되었다.

> 공유물의 소수지분권자가 다른 공유자와 협의 없이 공유물의 전부 또는 일부를 독점적으로 점유·사용하고 있는 경우 다른 소수지분권자는 공유물의 보존행위로서 그 인도를 청구할 수는 없고, 다만 자신의 지분권에 기초하여 공유물에 대한 방해상태를 제거하거나 공동점유를 방해하는 행위의 금지 등을 청구할 수 있다고 보아야 한다(대판 2020.5.21. 2018다287522 [전합]).

[**❹** ▸ ✕] 과반수 공유지분권자인 甲은 소수지분권자 乙에 대해 그 지분에 상응하는 임료 상당의 부당이득을 얻고 있으나, 임차인 丁은 적법한 점유를 하고 있으므로 소수지분권자 乙에 대해서도 부당이득을 얻고 있다고 할 수 없다. 따라서 소수지분권자 乙은 임차인 丁이 아닌 甲에게 반환청구를 해야 한다.

> 과반수지분의 공유자는 공유자와 사이에 미리 공유물의 관리방법에 관하여 협의가 없었다 하더라도 공유물의 관리에 관한 사항을 단독으로 결정할 수 있으므로 과반수지분의 공유자는 그 공유물의 관리방법으로서 그 공유토지의 특정된 한 부분을 배타적으로 사용·수익할 수 있으나, 그로 말미암아 지분은 있으되 그 특정 부분의 사용·수익을 전혀 하지 못하여 손해를 입고 있는 소수지분권자에 대하여 그 지분에 상응하는 임료 상당의 부당이득을 하고 있다 할 것이므로 이를 반환할 의무가 있다 할 것이나, 그 과반수지분의 공유자로부터 다시 그 특정 부분의 사용·수익을 허락받은 제3자의 점유는 다수지분권자의 공유물관리권에 터 잡은 적법한 점유이므로 그 제3자는 소수지분권자에 대하여도 그 점유로 인하여 법률상 원인 없이 이득을 얻고 있다고는 볼 수 없다(대판 2002.5.14. 2002다9738).

[**❺** ▸ ✕] 공유물분할청구는 공유자의 일방이 그 공유지분권에 터 잡아서 하여야 하는 것이므로 공유지분권을 주장하지 아니하고 목적물의 특정 부분을 소유한다고 주장하는 자는 그 부분에 대하여 신탁적으로 지분등기를 가지고 있는 자들을 상대로 하여 그 특정 부분에 대한 명의신탁 해지를 원인으로 한 지분이전등기절차의 이행만을 구하면 될 것이고 공유물분할 청구를 할 수 없다 할 것이다(대판 1989.9.12. 88다카10517).

2012년 변호사시험 문 14.

☑ 확인Check! ○ △ ✕

甲, 乙, 丙은 X토지를 공유하고 있으며, 각각의 지분비율은 4 : 2 : 1이다. 다음 설명 중 옳지 않은 것은?(다툼이 있는 경우에는 판례에 의함)

① 甲은 乙 및 丙과의 협의 없이 X의 특정한 부분을 자신이 배타적으로 사용, 수익할 것을 결정할 수 있다.

② 乙이 甲 및 丙과의 협의 없이 X 위에 Y건물을 신축한 경우, 丙은 Y의 철거 및 X의 인도를 청구할 수 있다.

③ ②의 경우에 丙은 乙에 대하여 자신의 지분에 상응하는 임료 상당의 부당이득 반환을 청구할 수 있다.

④ 甲이 단독으로 丁과 X에 대한 대지조성공사계약을 체결하면서 공사비용은 자신이 지급하기로 약정한 경우에도, 乙과 丙은 丁에 대한 관계에서 지분에 상응하는 공사비를 지급할 의무를 부담한다.

⑤ 만약 甲, 乙, 丙이 위치와 면적을 특정하여 X를 구분소유하기로 약정한 후 乙이 X의 특정 부분을 배타적으로 점유·사용하다가 그 부분이 독립한 필지로 분할되면서 그에 관해 단독명의로 소유권이전등기를 마쳤다면, 그 등기는 실체관계에 부합하는 것으로서 유효하고 乙은 위 분할된 부분에 대한 단독소유권을 적법하게 취득한다.

②·④ (판례변경으로 인한 정답 변경) **정답**

[❶ ▶ O] 공유자 사이에 공유물을 사용·수익할 구체적인 방법을 정하는 것은 공유물의 관리에 관한 사항으로서 공유자의 지분의 과반수로써 결정하여야 할 것이고, 과반수지분의 공유자는 다른 공유자와 사이에 미리 공유물의 관리방법에 관한 협의가 없었다 하더라도 공유물의 관리에 관한 사항을 단독으로 결정할 수 있으므로, 과반수지분의 공유자가 그 공유물의 특정 부분을 배타적으로 사용·수익하기로 정하는 것은 공유물의 관리방법으로서 적법하다(대판 2002.5.14. 2002다9738).

[❷ ▶ ✕] 출제 당시에는 옳은 지문이었으나, 판례 변경으로 인해 옳지 않은 지문이 되었다.

판례 공유물의 소수지분권자가 다른 공유자와 협의 없이 공유물의 전부 또는 일부를 독점적으로 점유·사용하고 있는 경우 다른 소수지분권자는 공유물의 보존행위로서 그 인도를 청구할 수는 없고, 다만 자신의 지분권에 기초하여 공유물에 대한 방해상태를 제거하거나 공동점유를 방해하는 행위의 금지 등을 청구할 수 있다고 보아야 한다(대판 2020.5.21. 2018다287522 [전합]).

[❸ ▶ O] 토지의 공유자는 각자의 지분비율에 따라 토지 전체를 사용·수익할 수 있지만, 그 구체적인 사용·수익방법에 관하여 공유자들 사이에 지분 과반수의 합의가 없는 이상, 1인이 특정 부분을 배타적으로 점유·사용할 수 없는 것이므로, 공유자 중의 일부가 특정 부분을 배타적으로 점유·사용하고 있다면, 그들은 비록 그 특정 부분의 면적이 자신들의 지분비율에 상당하는 면적범위 내라고 할지라도, 다른 공유자들 중 지분은 있으나 사용·수익은 전혀 하지 않고 있는 자에 대하여는 그 자의 지분에 상응하는 부당이득을 하고 있다고 보아야 할 것인바, 이는 모든 공유자는 공유물 전부를 지분의 비율로 사용·수익할 권리가 있기 때문이다(대판 2001.12.11. 2000다13948).

[❹ ▶ ✕] 대판 1991.4.12. 90다20220, 민법 제266조 참조

판례 공유토지의 과반수지분권자는 다른 공유자와 협의 없이 단독으로 관리행위를 할 수가 있으며 그로 인한 관리비용은 공유자의 지분비율에 따라 부담할 의무가 있으나, 위와 같은 관리비용의 부담의무는 공유자의 내부관계에 있어서 부담을 정하는 것일 뿐, 제3자와의 관계는 당해 법률관계에 따라 결정된다고 할 것이고, 따라서 과반수지분권자가 관리행위가 되는 정지공사를 시행함에 있어 시공회사에 대하여 공사비용은 자신이 정산하기로 약정하였다면 그 공사비를 직접 부담해야 할 사람은 과반수지분권자만이라 할 것이고, 다만 그가 그 공사비를 지출하였다면 다른 공유자에게 그의 지분비율에 따른 공사비만을 상환청구할 수 있을 뿐이다(대판 1991.4.12. 90다20220).

법령 공유물의 부담(민법 제266조) ① 공유자는 그 지분의 비율로 공유물의 관리비용 기타 의무를 부담한다.

[❺ ▶ O] 내부적으로는 토지의 특정 부분을 소유하나 등기부상으로는 공유지분을 가지는 이른바 구분소유적 공유관계에서 구분공유자 중 1인이 소유하는 부분이 후에 독립한 필지로 분할되고 그 구분공유자가 그 필지에 관하여 단독명의로 소유권이전등기를 경료받았다면, 그 소유권이전등기는 실체관계에 부합하는 것으로서 유효하고, 그 구분공유자는 당해 토지에 대한 단독소유권을 적법하게 취득하게 되어, 결국 당해 구분공유자에 관한 한 이제 구분소유적 공유관계는 해소된다(대판 2009.12.24. 2008다71858).

2017년 변호사시험 문 21. ☑ 확인 Check! ○ △ ✕

甲은 乙 소유의 부동산 X를 취득하면서 丙과 명의신탁약정을 하여 丙의 명의로 등기하도록 하였다. 다음 상황 (1), (2)에 관한 설명 중 옳지 않은 것은?(다툼이 있는 경우 판례에 의함)

[상황 (1)] 甲은 乙과 부동산 X에 대한 매매계약을 체결한 뒤 대금을 완납하고 소유권이전등기의 명의만을 丙의 명의로 해 두기로 약정하였고, 이에 2012.5.경 丙이 乙로부터 부동산 X에 대한 이전등기를 경료받았다.

[상황 (2)] 甲은 丙과 사이에 자신이 매매대금과 취득세 등의 취득비용을 부담하기로 하면서 丙이 丙의 명의로 乙과 매매계약을 체결하여 소유권이전등기를 경료받도록 약정하였고, 이에 丙이 이런 사실을 알지 못하는 乙과 2012.5.경 매매계약을 체결한 후 대금을 완납하여 부동산 X의 이전등기를 경료받았다.

① 상황 (1)에서 丙이 부동산 X에 대한 소유권이전등기를 경료받은 후 자신의 채권자 丁에게 채무담보를 위하여 부동산 X 위에 저당권을 설정하여 그 등기가 마쳐진 경우, 丁의 저당권은 유효하다.

② 상황 (1)에서 공공용지협의취득절차에 의하여 丁이 부동산 X에 대해 소유권이전등기를 경료하고 보상금이 丙에게 지급된 경우, 丙은 취득한 보상금을 甲에게 부당이득으로 반환해야 한다.

③ 상황 (2)에서 甲은 丙을 상대로 부동산 X의 소유권을 주장할 수는 없고 매수자금의 부당이득 반환을 청구할 수 있을 뿐이고, 그 반환범위는 특별한 사정이 없는 한 매매대금 이외에 취득세 등 취득비용도 포함한다.

④ 상황 (2)에서 甲은 자신이 부동산 X를 점유하고 있는 한 丙으로부터 부동산 X의 소유권이전등기를 경료받은 丁을 상대로 위 ③의 丙에 대한 부당이득반환청구권을 기초로 유치권을 행사할 수 있다.

⑤ 상황 (2)에서 丙이 채무초과상태에서 甲의 지정에 따라 丁에게 부동산 X의 소유권을 이전하는 행위는 특별한 사정이 없는 한 丙의 일반채권자에 대한 관계에서 사해행위가 된다.

상황 (1)은 3자 간 등기명의신탁(중간생략명의신탁)으로서 명의신탁약정과 물권변동 모두 무효인 경우이고, 상황 (2)는 계약명의신탁으로 매도인이 선의이므로 명의신탁약정은 무효, 물권변동은 유효인 경우이다.

[**❶ ▸ ○**] 부동산 실권리자명의 등기에 관한 법률(이하 "부동산실명법") 제4조 제3항에 의하면 명의신탁약정 및 이에 따른 등기로 이루어진 부동산에 관한 물권변동의 무효는 제3자에게 대항하지 못하는데, 여기서 '제3자'는 명의신탁약정의 당사자 및 포괄승계인 이외의 자로서 명의수탁자가 물권자임을 기초로 그와 사이에 직접 새로운 이해관계를 맺은 사람으로서 소유권이나 저당권 등 물권을 취득한 자뿐만 아니라 압류 또는 가압류채권자도 포함하고 그의 선의·악의를 묻지 않는다(대판 2013.3.14. 2012다107068).

[**❷ ▸ ○**] 이른바 3자 간 등기명의신탁에서 부동산 실권리자명의 등기에 관한 법률에서 정한 유예기간이 경과한 후 명의수탁자가 신탁부동산을 임의로 처분하거나 강제수용이나 공공용지협의취득 등을 원인으로 제3취득자 명의로 이전등기가 마쳐진 경우, 특별한 사정이 없는 한 제3취득자는 유효하게 소유권을 취득하게 되므로(같은 법 제4조 제3항), 그로 인하여 매도인의 명의신탁자에 대한 소유권이전등기의무는 이행불능으로 되고 그 결과 명의신탁자는 신탁부동산의 소유권을 이전받을 권리를 상실하는 손해를 입게 되는 반면, 명의수탁자는 신탁부동산의 처분대금이나 보상금을 취득하는 이익을 얻게 되므로, 명의수탁자는 명의신탁자에게 그 이익을 부당이득으로 반환할 의무가 있다(대판 2011.9.8. 2009다49193).

[**❸ ▸ ○**] '부동산 실권리자명의 등기에 관한 법률' 제4조 제1항, 제2항에 의하면, 명의신탁자와 명의수탁자가 이른바 계약명의신탁약정을 맺고 명의수탁자가 당사자가 되어 명의신탁약정이 있다는 사실을 알지 못하는 소유자와의 사이에 부동산에 관한 매매계약을 체결한 후 그 매매계약에 따라 당해 부동산의 소유권이전등기를 수탁자 명의로 마친 경우에는

④ **정답**

명의신탁자와 명의수탁자 사이의 명의신탁약정의 무효에도 불구하고 그 명의수탁자는 당해 부동산의 완전한 소유권을 취득하게 되고, 다만 명의수탁자는 명의신탁자에 대하여 부당이득반환의무를 부담하게 될 뿐이다. 이 경우 그 계약명의신탁약정이 '부동산 실권리자명의 등기에 관한 법률' 시행 후인 경우에는 명의신탁자는 애초부터 당해 부동산의 소유권을 취득할 수 없었으므로, 위 명의신탁약정의 무효로 인하여 명의신탁자가 입은 손해는 당해 부동산 자체가 아니라 명의수탁자에게 제공한 매수자금이고, 따라서 명의수탁자는 당해 부동산 자체가 아니라 명의신탁자로부터 제공받은 매수자금 상당액을 부당이득하였다고 할 것이다. 이때 명의수탁자가 소유권이전등기를 위하여 지출하여야 할 취득세, 등록세 등을 명의신탁자로부터 제공받았다면, 이러한 자금 역시 위 계약명의신탁약정에 따라 명의수탁자가 당해 부동산의 소유권을 취득하기 위하여 매매대금과 함께 지출된 것이므로, 당해 부동산의 매매대금 상당액 이외에 명의신탁자가 명의수탁자에게 지급한 취득세, 등록세 등의 취득비용도 특별한 사정이 없는 한 위 계약명의신탁약정의 무효로 인하여 명의신탁자가 입은 손해에 포함되어 명의수탁자는 이 역시 명의신탁자에게 부당이득으로 반환하여야 한다(대판 2010.10.14. 2007다90432).

[❹ ▸ ✕] 명의신탁자와 명의수탁자가 이른바 계약명의신탁약정을 맺고 명의수탁자가 당사자가 되어 명의신탁약정이 있다는 사실을 알지 못하는 소유자와 부동산에 관한 매매계약을 체결한 뒤 수탁자 명의로 소유권이전등기를 마친 경우에는, 명의신탁자와 명의수탁자 사이의 명의신탁약정은 무효이지만 그 명의수탁자는 당해 부동산의 완전한 소유권을 취득하게 되고(부동산 실권리자명의 등기에 관한 법률 제4조 제1항, 제2항 참조), 반면 명의신탁자는 애초부터 당해 부동산의 소유권을 취득할 수 없고 다만 그가 명의수탁자에게 제공한 부동산매수자금이 무효의 명의신탁약정에 의한 법률상 원인 없는 것이 되는 관계로 명의수탁자에 대하여 동액 상당의 부당이득반환청구권을 가질 수 있을 뿐이다. 명의신탁자의 이와 같은 부당이득반환청구권은 부동산 자체로부터 발생한 채권이 아닐 뿐만 아니라 소유권 등에 기한 부동산의 반환청구권과 동일한 법률관계나 사실관계로부터 발생한 채권이라고 보기도 어려우므로, 결국 민법 제320조 제1항에서 정한 유치권성립요건으로서의 목적물과 채권 사이의 견련관계를 인정할 수 없다(대판 2009.3.26. 2008다34828).

[❺ ▸ ○] 명의신탁자와 명의수탁자가 이른바 계약명의신탁약정을 맺고 명의수탁자가 당사자가 되어 명의신탁약정이 있다는 사실을 알지 못하는 소유자와 부동산에 관한 매매계약을 체결한 후 그 매매계약에 따라 당해 부동산의 소유권이전등기를 명의수탁자 명의로 마친 경우에는, 명의신탁자와 명의수탁자 사이의 명의신탁약정의 무효에도 불구하고 부동산 실권리자명의 등기에 관한 법률 제4조 제2항 단서에 의하여 그 명의수탁자는 당해 부동산의 완전한 소유권을 취득하게 되고, 다만 명의신탁자에 대하여 그로부터 제공받은 매수자금 상당액의 부당이득반환의무를 부담하게 되는바, 위와 같은 경우에 명의수탁자가 취득한 부동산은 채무자인 명의수탁자의 일반채권자들의 공동담보에 제공되는 책임재산이 되고, 명의신탁자는 명의수탁자에 대한 관계에서 금전채권자 중 한 명에 지나지 않으므로, 명의수탁자의 재산이 채무의 전부를 변제하기에 부족한 경우 명의수탁자가 위 부동산을 명의신탁자 또는 그가 지정하는 자에게 양도하는 행위는 특별한 사정이 없는 한 다른 채권자의 이익을 해하는 것으로서 다른 채권자들에 대한 관계에서 사해행위가 된다(대판 2008.9.25. 2007다74874).

甲은 2006.10.5. 친구 乙과 함께 丙 소유의 X부동산을 매수하기로 하고 매매대금의 2분의 1인 1억 5,000만원을 乙에게 제공하였다. 이에 乙은 2006.10.30. 자신의 명의로 丙과 X에 관하여 매매계약을 체결하고 2007.1.4. 자신의 명의로 X의 소유권이전등기를 마쳤는데, 丙은 甲과 乙 사이의 명의신탁약정을 알지 못하였다. 다음 설명 중 옳은 것은?(다툼이 있는 경우에는 판례에 의함)

① X에 관한 乙의 소유권이전등기는 전부 무효이다.
② 甲은 乙에 대하여 부당이득으로서 X의 2분의 1 지분에 대한 소유권이전등기청구권을 갖는다.
③ 丙으로부터 X를 인도받아 점유하고 있는 甲은 乙에 대한 부당이득반환청구권에 기하여 X를 유치할 수 있다.
④ 乙이 X를 丁에게 매도하고 그 대금을 乙이 지정한 戊에게 지급하도록 한 경우, 甲은 戊에 대하여 부당이득 반환을 청구할 수 있다.
⑤ 乙이 채무초과상태에서 甲이 지정하는 甲의 일반채권자에게 X를 양도하는 것은 乙의 다른 채권자에 대한 관계에서 사해행위에 해당할 수 있다.

[❶ ▶ ✕] X에 관한 乙의 소유권이전등기 중 1/2은 자신의 소유로서 나머지 1/2는 계약명의신탁에서 매도인이 선의인 경우로 유효하다.

법령 명의신탁약정의 효력(부동산 실권리자명의 등기에 관한 법률 제4조) ② 명의신탁약정에 따른 등기로 이루어진 부동산에 관한 물권변동은 무효로 한다. 다만, 부동산에 관한 물권을 취득하기 위한 계약에서 명의수탁자가 어느 한쪽 당사자가 되고 상대방당사자는 명의신탁약정이 있다는 사실을 알지 못한 경우에는 그러하지 아니하다.

[❷ ▶ ✕] 계약명의신탁약정이 부동산 실권리자명의 등기에 관한 법률 시행 후인 경우에는 명의신탁자는 애초부터 당해 부동산의 소유권을 취득할 수 없었으므로 위 명의신탁약정의 무효로 인하여 명의신탁자가 입은 손해는 당해 부동산 자체가 아니라 명의수탁자에게 제공한 매수자금이라 할 것이고, 따라서 명의수탁자는 당해 부동산 자체가 아니라 명의신탁자로부터 제공받은 매수자금을 부당이득하였다고 할 것이다(대판 2005.1.28. 2002다66922).

[❸ ▶ ✕] 명의신탁자와 명의수탁자가 이른바 계약명의신탁약정을 맺고 명의수탁자가 당사자가 되어 명의신탁약정이 있다는 사실을 알지 못하는 소유자와 부동산에 관한 매매계약을 체결한 뒤 수탁자 명의로 소유권이전등기를 마친 경우에는, 명의신탁자와 명의수탁자 사이의 명의신탁약정은 무효이지만 그 명의수탁자는 당해 부동산의 완전한 소유권을 취득하게 되고(부동산 실권리자명의 등기에 관한 법률 제4조 제1항, 제2항 참조), 반면 명의신탁자는 애초부터 당해 부동산의 소유권을 취득할 수 없고 다만 그가 명의수탁자에게 제공한 부동산매수자금이 무효의 명의신탁약정에 의한 법률상 원인 없는 것이 되는 관계로 명의수탁자에 대하여 동액 상당의 부당이득반환청구권을 가질 수 있을 뿐이다. 명의신탁자의 이와 같은 부당이득반환청구권은 부동산 자체로부터 발생한 채권이 아닐 뿐만 아니라 소유권 등에 기한 부동산의 반환청구권과 동일한 법률관계나 사실관계로부터 발생한 채권이라고 보기도 어려우므로, 결국 민법 제320조 제1항에서 정한 유치권성립요건으로서의 목적물과 채권 사이의 견련관계를 인정할 수 없다(대판 2009.3.26. 2008다34828).

[❹ ▶ ✕] 매도인이 선의인 계약명의신탁에서 명의수탁자 乙은 X의 소유권을 취득한다. 따라서 X를 丁에게 매도하여 수령하게 된 대금을 제3자 戊에게 지급했더라도, 戊가 명의신탁자와의 관계에서 부당이득한 것은 아니다.

⑤ **정답**

판례 소외 1과 원고와 사이의 이 사건 제1토지 중 원고 지분에 관한 명의신탁약정이 무효라고 하더라도 원고 지분에 관하여 명의수탁자인 소외 1 앞으로 마쳐진 소유권이전등기에 의한 물권변동 자체는 유효한 것으로 취급되어 명의수탁자인 소외 1은 원고 지분에 관하여도 완전한 소유권을 취득하게 된다고 할 것이므로 피고가 소외 1로부터 위 토지에 대한 보상금 중 일부를 지급받았다고 하더라도 소외 1에 대하여 약정금반환청구권과 같은 채권적인 권리만을 갖는 원고에 대한 관계에서 피고가 법률상 원인 없이 타인의 재산으로 인하여 이익을 취득하고 이로 인하여 원고에게 손해를 가하였다고 볼 수 없다(대판 2008.9.11. 2007다24817).

[❺ ▸ ○] 명의신탁자와 명의수탁자가 이른바 계약명의신탁약정을 맺고 명의수탁자가 당사자가 되어 명의신탁약정이 있다는 사실을 알지 못하는 소유자와 부동산에 관한 매매계약을 체결한 후 그 매매계약에 따라 당해 부동산의 소유권이전 등기를 명의수탁자 명의로 마친 경우에는, 명의신탁자와 명의수탁자 사이의 명의신탁약정의 무효에도 불구하고 부동산 실권리자명의 등기에 관한 법률 제4조 제2항 단서에 의하여 그 명의수탁자는 당해 부동산의 완전한 소유권을 취득하게 되고, 다만 명의신탁자에 대하여 그로부터 제공받은 매수자금 상당액의 부당이득반환의무를 부담하게 되는바, 위와 같은 경우에 명의수탁자가 취득한 부동산은 채무자인 명의수탁자의 일반채권자들의 공동담보에 제공되는 책임재산이 되고, 명의신탁자는 명의수탁자에 대한 관계에서 금전채권자 중 한 명에 지나지 않으므로, 명의수탁자의 재산이 채무의 전부를 변제하기에 부족한 경우 명의수탁자가 위 부동산을 명의신탁자 또는 그가 지정하는 자에게 양도하는 행위는 특별한 사정이 없는 한 다른 채권자의 이익을 해하는 것으로서 다른 채권자들에 대한 관계에서 사해행위가 된다(대판 2008.9.25. 2007다74874).

2014년 변호사시험 문 21.   ☑ 확인Check! ○ △ ✕

甲과 乙은 2013.10.17. 甲의 자금으로 丙 소유의 토지를 매수하여 乙 명의로 등기하기로 하는 명의신탁약정을 하고, 乙이 丙과 매매계약을 체결한 후 丙에게 매매대금을 지급하고 乙 명의로 소유권이전등기를 경료하였다. 다음 설명 중 옳은 것은?(다툼이 있는 경우에는 판례에 의함)

① 丙이 甲과 乙 사이의 명의신탁약정이 있다는 사실을 알지 못하였다면, 위 명의신탁약정은 유효하다.

② 甲이 乙의 남편으로서 자신에 대한 채권자의 강제집행을 면하기 위하여 명의신탁약정을 한 경우에는 그 명의신탁약정뿐만 아니라 乙 명의의 소유권이전등기도 유효하다.

③ 丙이 甲과 乙 사이의 명의신탁약정이 있다는 사실을 알지 못한 경우, 甲은 乙을 상대로 乙에게 지급한 매수자금 상당의 부당이득 반환을 청구할 수 있다.

④ ③의 경우, 甲이 위 토지를 점유하고 있다면 乙에 대한 부당이득반환청구권에 근거하여 유치권을 행사할 수 있다.

⑤ 乙이 丁에게 위 토지의 소유권을 이전한 경우, 甲과 乙 사이의 명의신탁약정이 있다는 사실을 알지 못하였던 丙은 이러한 사실에 대하여 악의인 丁에 대하여 소유권이전등기의 말소를 청구할 수 있다.

[❶ ▸ ✕] 계약명의신탁에서 매도인이 선의라면 물권변동은 유효하지만, 이 경우에도 명의신탁약정은 무효이다.

법령 **명의신탁약정의 효력(부동산 실권리자명의 등기에 관한 법률 제4조)**   ① 명의신탁약정은 무효로 한다. ② 명의신탁약정에 따른 등기로 이루어진 부동산에 관한 물권변동은 무효로 한다. 다만, 부동산에 관한 물권을 취득하기 위한 계약에서 명의수탁자가 어느 한쪽 당사자가 되고 상대방당사자는 명의신탁약정이 있다는 사실을 알지 못한 경우에는 그러하지 아니하다.

[❷ ▸ ✕] 부부간 명의신탁이라도, 강제집행면탈목적인 경우에는 부동산실명법의 적용을 받는다. 따라서 부동산실명법 제4조의 적용을 받아 명의신탁약정은 무효이나, 물권변동은 계약명의신탁에서 매도인의 선의·악의 여부에 따라 달라진다.

> **종중, 배우자 및 종교단체에 대한 특례(부동산 실권리자명의 등기에 관한 법률 제8조)** 다음 각 호의 어느 하나에 해당하는 경우로서 조세 포탈, 강제집행의 면탈(免脫) 또는 법령상 제한의 회피를 목적으로 하지 아니하는 경우에는 제4조부터 제7조까지 및 제12조 제1항부터 제3항까지를 적용하지 아니한다.
> 2. 배우자 명의로 부동산에 관한 물권을 등기한 경우

[❸ ▸ ○] 부동산 실권리자명의 등기에 관한 법률 제4조 제1항, 제2항에 의하면, 명의신탁자와 명의수탁자가 이른바 계약명의신탁약정을 맺고 명의수탁자가 당사자가 되어 명의신탁약정이 있다는 사실을 알지 못하는 소유자와의 사이에 부동산에 관한 매매계약을 체결한 후 그 매매계약에 따라 당해 부동산의 소유권이전등기를 수탁자 명의로 마친 경우에는 명의신탁자와 명의수탁자 사이의 명의신탁약정의 무효에도 불구하고 그 명의수탁자는 당해 부동산의 완전한 소유권을 취득하게 되고, 다만 명의수탁자는 명의신탁자에 대하여 부당이득반환의무를 부담하게 될 뿐이라 할 것인데, 그 계약명의 신탁약정이 부동산 실권리자명의 등기에 관한 법률 시행 후인 경우에는 명의신탁자는 애초부터 당해 부동산의 소유권을 취득할 수 없었으므로 위 명의신탁약정의 무효로 인하여 명의신탁자가 입은 손해는 당해 부동산 자체가 아니라 명의수탁 자에게 제공한 매수자금이라 할 것이고, 따라서 명의수탁자는 당해 부동산 자체가 아니라 명의신탁자로부터 제공받은 매수자금을 부당이득하였다고 할 것이다(대판 2005.1.28. 2002다66922).

[❹ ▸ ✕] 명의신탁자와 명의수탁자가 이른바 계약명의신탁약정을 맺고 명의수탁자가 당사자가 되어 명의신탁약정이 있다는 사실을 알지 못하는 소유자와 부동산에 관한 매매계약을 체결한 뒤 수탁자 명의로 소유권이전등기를 마친 경우에는, 명의신탁자와 명의수탁자 사이의 명의신탁약정은 무효이지만 그 명의수탁자는 당해 부동산의 완전한 소유권을 취득하게 되고(부동산 실권리자명의 등기에 관한 법률 제4조 제1항, 제2항 참조), 반면 명의신탁자는 애초부터 당해 부동산의 소유권을 취득할 수 없고 다만 그가 명의수탁자에게 제공한 부동산매수자금이 무효의 명의신탁약정에 의한 법률상 원인 없는 것이 되는 관계로 명의수탁자에 대하여 동액 상당의 부당이득반환청구권을 가질 수 있을 뿐이다. 명의신탁자의 이와 같은 부당이득반환청구권은 부동산 자체로부터 발생한 채권이 아닐 뿐만 아니라 소유권 등에 기한 부동산의 반환청구권과 동일한 법률관계나 사실관계로부터 발생한 채권이라고 보기도 어려우므로, 결국 민법 제320조 제1항에서 정한 유치권성립요건으로서의 목적물과 채권 사이의 견련관계를 인정할 수 없다(대판 2009.3.26. 2008다34828).

[❺ ▸ ✕] 계약명의신탁에서 매도인이 선의라면 명의수탁자는 유효하게 소유권을 취득하므로(부동산실명법 제4조 제2항 단서 참조), 그로부터 매수한 丁은 동법 제4조 제3항과 관계없이 토지의 소유권을 유효하게 취득한다. 따라서 丙은 丁에 대하여 소유권이전등기의 말소를 청구할 수 없다.

甲은 2010.2.경 친구 乙과 "甲이 매수하고자 하는 X토지의 소유명의만을 乙 앞으로 해 두되, 세금 등은 모두 甲이 부담한다"고 약정하였다. 그 후 甲은 丙과 丙 소유인 X토지를 甲이 매수하는 내용의 매매계약을 체결하고, 丙에게 등기는 乙에게 이전하여 줄 것을 부탁하였고 丙이 이를 승낙하여 乙 명의의 소유권이전등기가 경료되었다. 다음 중 옳은 것을 모두 고른 것은?(다툼이 있는 경우에는 판례에 의함)

ㄱ. 乙이 돈이 필요하게 되어 丁에게 위와 같은 사정을 설명하고 X토지에 저당권을 설정하여 줄 테니 돈을 빌려 달라고 부탁하여 丁으로부터 돈을 차용하고 X토지에 저당권을 설정한 경우, 그 저당권설정등기는 무효의 등기이다.
ㄴ. 甲은 자신의 소유권에 기하여 乙을 피고로 삼아 乙 명의 등기의 말소를 청구할 수 있다.
ㄷ. 甲과 丙 사이의 매매계약은 유효하다.

① ㄱ ② ㄷ ③ ㄱ, ㄴ
④ ㄱ, ㄷ ⑤ ㄴ, ㄷ

[ㄱ ▸ ✕] 저당권자 丁은 부동산명의신탁의 제3자이므로, 丁의 선의·악의를 불문하고 그 저당권설정등기는 유효하다.

판례 부동산 실권리자명의 등기에 관한 법률(이하 "부동산실명법") 제4조 제3항에 의하면 명의신탁약정 및 이에 따른 등기로 이루어진 부동산에 관한 물권변동의 무효는 제3자에게 대항하지 못하는데, 여기서 '제3자'는 명의신탁약정의 당사자 및 포괄승계인 이외의 자로서 명의수탁자가 물권자임을 기초로 그와 사이에 직접 새로운 이해관계를 맺은 사람으로서 소유권이나 저당권 등 물권을 취득한 자뿐만 아니라 압류 또는 가압류채권자도 포함하고 그의 선의·악의를 묻지 않는다(대판 2013.3.14. 2012다107068).

[ㄴ ▸ ✕] [ㄷ ▸ ○] 사례는 3자 간 등기명의신탁으로서 명의신탁약정과 그에 의한 등기는 무효가 되므로, 소유권은 매도인 丙에게 복귀한다. 따라서 甲은 소유권에 기해 乙 명의 등기의 말소를 청구할 수 없고, 다만 甲과 丙 사이의 매매계약은 유효하므로, 매도인 丙을 대위하여 명의수탁자 乙에게 무효인 그 명의등기의 말소를 구할 수 있을 뿐이다.

판례 부동산 실권리자명의 등기에 관한 법률에 의하면, 이른바 3자 간 등기명의신탁의 경우 같은 법에서 정한 유예기간 경과에 의하여 기존 명의신탁약정과 그에 의한 등기가 무효로 되고 그 결과 명의신탁된 부동산은 매도인 소유로 복귀하므로, 매도인은 명의수탁자에게 무효인 그 명의등기의 말소를 구할 수 있게 되고, 한편 같은 법은 매도인과 명의신탁자 사이의 매매계약의 효력을 부정하는 규정을 두고 있지 아니하여 유예기간 경과 후로도 매도인과 명의신탁자 사이의 매매계약은 여전히 유효하므로, 명의신탁자는 매도인에 대하여 매매계약에 기한 소유권이전등기를 청구할 수 있고, 그 소유권이전등기청구권을 보전하기 위하여 매도인을 대위하여 명의수탁자에게 무효인 그 명의등기의 말소를 구할 수도 있다(대판 2002.3.15. 2001다61654).

甲은 자신의 친구인 乙과 명의신탁약정을 맺고 乙을 통해 丙 소유의 A토지를 매수하면서 소유권이전등기를 丙으로부터 직접 乙에게로 경료하였으며, A토지에 관한 乙·丙 간의 매매계약 체결 시 丙은 명의신탁약정이 있다는 사실을 알지 못하였다. 이에 관한 설명 중 옳지 않은 것은?(각 지문은 독립적이며, 다툼이 있는 경우 판례에 의함)

① 甲과 乙이 매수인 명의 및 소유권이전등기 명의를 乙의 명의로 하기로 한 경우, 이와 같은 명의신탁관계는 내부적인 관계에 불과하므로 설사 丙이 이를 알고 있었더라도 甲에게 계약에 따른 법률효과를 직접 귀속시킬 의도로 계약을 체결하였다는 등의 특별한 사정이 없는 한 대외적으로는 명의자인 乙을 매매당사자로 보아야 한다.

② 甲과 乙이 「부동산 실권리자명의 등기에 관한 법률」 시행 전에 명의신탁약정을 맺었으나 A토지에 대한 乙 명의의 등기는 위 법률이 정하는 실명등기유예기간 후에 경료한 경우, 乙은 A토지에 대한 완전한 소유권을 취득한다.

③ 위 명의신탁약정과 그에 따른 등기가 모두 「부동산 실권리자명의 등기에 관한 법률」 시행 후에 행하여진 경우, 乙이 A토지를 丁에게 매도하고 丁의 명의로 소유권이전등기를 경료하였다면 丁은 명의신탁약정에 대한 선의·악의를 불문하고 A토지의 소유권을 유효하게 취득한다.

④ 위 명의신탁약정과 그에 따른 등기가 모두 「부동산 실권리자명의 등기에 관한 법률」 시행 후에 행하여진 경우, 乙이 甲으로부터 받은 부동산매수자금 상당액은 법률상 원인이 없는 것이므로 부당이득으로서 반환해야 하고, 그 외에 乙이 소유권이전등기를 위하여 지출하여야 할 취득세, 등록세 등의 상당액을 甲으로부터 제공받았다면 이러한 취득비용도 무효인 명의신탁약정에 의하여 甲이 입은 손해에 포함되므로 부당이득으로서 반환하여야 한다.

⑤ 위 명의신탁약정과 그에 따른 등기가 모두 「부동산 실권리자명의 등기에 관한 법률」 시행 후에 행하여진 경우, 만일 丙이 甲과 乙 사이의 명의신탁관계를 알고 있는 상태에서 A토지를 乙에게 매도하고 매매대금을 수령하였다면, 乙이 그 후 제3자에게 A토지를 처분하는 행위는 丙에 대한 관계에서 불법행위를 구성하므로 丙은 乙에게 A토지의 처분 당시의 시가 상당액을 손해배상으로 청구할 수 있다.

[❶ ▶ ○]　어떤 사람이 타인을 통하여 부동산을 매수하면서 매수인 명의 및 소유권이전등기 명의를 타인 명의로 하기로 한 경우에, 매수인 및 등기명의의 신탁관계는 그들 사이의 내부적인 관계에 불과하므로, 상대방이 명의신탁자를 매매당사자로 이해하였다는 등의 특별한 사정이 없는 한 대외적으로는 계약명의자인 타인을 매매당사자로 보아야 하며, 설령 상대방이 명의신탁관계를 알고 있었더라도 상대방이 계약명의자인 타인이 아니라 명의신탁자에게 계약에 따른 법률효과를 직접 귀속시킬 의도로 계약을 체결하였다는 등의 특별한 사정이 인정되지 아니하는 한 마찬가지이다(대판 2016.7.22. 2016다207928).

[❷ ▶ ○]　계약명의신탁에서 매도인이 선의인 경우, 명의신탁약정은 무효이나 물권변동은 유효이다(부동산실명법 제4조 참조). 이는 부동산실명법 시행 전 명의신탁약정이 있었으나, 동법이 정한 유예기간이 경과한 경우에도 마찬가지이다(동법 제12조 참조). 따라서 명의수탁자 乙은 A토지에 대한 완전한 소유권을 취득한다.

법령 **기존 명의신탁약정에 따른 등기의 실명등기 등(부동산 실권리자명의 등기에 관한 법률 제11조)**　① 법률 제4944호 부동산 실권리자명의 등기에 관한 법률 시행 전에 명의신탁약정에 따라 부동산에 관한 물권을 명의수탁자의 명의로 등기하거나 등기하도록 한 명의신탁자(이하 "기존 명의신탁자"라 한다)는 법률 제4944호 부동산 실권리자명의 등기에 관한 법률 시행일부터 1년의 기간(이하 "유예기간"이라 한다) 이내에 실명등기하여야 한다. 다만, 공용징수, 판결, 경매 또는 그 밖에 법률에 따라 명의수탁자로부터 제3자에게 부동산에 관한 물권이 이전된 경우(상속에 의한 이전은 제외한다)와 종교단체, 향교 등이 조세 포탈, 강제집행의 면탈을 목적으로 하지 아니하고 명의신탁한 부동산으로서 대통령령으로 정하는 경우는 그러하지 아니하다.

실명등기의무 위반의 효력 등(부동산 실권리자명의 등기에 관한 법률 제12조) ① 제11조에 규정된 기간 이내에 실명등기 또는 매각처분 등을 하지 아니한 경우 그 기간이 지난 날 이후의 명의신탁약정 등의 효력에 관하여는 제4조를 적용한다.

명의신탁약정의 효력(부동산 실권리자명의 등기에 관한 법률 제4조) ① 명의신탁약정은 무효로 한다. ② 명의신탁약정에 따른 등기로 이루어진 부동산에 관한 물권변동은 무효로 한다. 다만, 부동산에 관한 물권을 취득하기 위한 계약에서 명의수탁자가 어느 한쪽 당사자가 되고 상대방당사자는 명의신탁약정이 있다는 사실을 알지 못한 경우에는 그러하지 아니하다.

적용례(부동산 실권리자명의 등기에 관한 법률 제4944호 부칙 제2조) ② 제4조의 규정은 이 법 시행 전에 명의신탁약정을 하고 이 법 시행 후에 이에 의한 등기를 한 경우에도 이를 적용한다.

[❸▸○] 계약명의신탁에서 매도인이 선의라면 명의수탁자는 유효하게 소유권을 취득하므로(부동산실명법 제4조 제2항 단서 참조), 그로부터 매수한 丁은 동법 제4조 제3항과 관계없이 A토지의 소유권을 유효하게 취득한다.

[❹▸○] '부동산 실권리자명의 등기에 관한 법률' 제4조 제1항, 제2항에 의하면, 명의신탁자와 명의수탁자가 이른바 계약명의신탁약정을 맺고 명의수탁자가 당사자가 되어 명의신탁약정이 있다는 사실을 알지 못하는 소유자와의 사이에 부동산에 관한 매매계약을 체결한 후 그 매매계약에 따라 당해 부동산의 소유권이전등기를 수탁자 명의로 마친 경우에는 명의신탁자와 명의수탁자 사이의 명의신탁약정의 무효에도 불구하고 그 명의수탁자는 당해 부동산의 완전한 소유권을 취득하게 되고, 다만 명의수탁자는 명의신탁자에 대하여 부당이득반환의무를 부담하게 될 뿐이다. 이 경우 그 계약명의신탁 약정이 '부동산 실권리자명의 등기에 관한 법률' 시행 후인 경우에는 명의신탁자는 애초부터 당해 부동산의 소유권을 취득할 수 없었으므로, 위 명의신탁약정의 무효로 인하여 명의신탁자가 입은 손해는 당해 부동산 자체가 아니라 명의수탁자에게 제공한 매수자금이고, 따라서 명의수탁자는 당해 부동산 자체가 아니라 명의신탁자로부터 제공받은 매수자금 상당액을 부당이득하였다고 할 것이다. 이때 명의수탁자가 소유권이전등기를 위하여 지출하여야 할 취득세, 등록세 등을 명의신탁자 로부터 제공받았다면, 이러한 자금 역시 위 계약명의신탁약정에 따라 명의수탁자가 당해 부동산의 소유권을 취득하기 위하여 매매대금과 함께 지출된 것이므로, 당해 부동산의 매매대금 상당액 이외에 명의신탁자가 명의수탁자에게 지급한 취득세, 등록세 등의 취득비용도 특별한 사정이 없는 한 위 계약명의신탁약정의 무효로 인하여 명의신탁자가 입은 손해에 포함되어 명의수탁자는 이 역시 명의신탁자에게 부당이득으로 반환하여야 한다(대판 2010.10.14. 2007다90432).

[❺▸×] 명의신탁자와 명의수탁자가 이른바 계약명의신탁약정을 맺고 매매계약을 체결한 소유자도 명의신탁자와 명의수탁자 사이의 명의신탁약정을 알면서 그 매매계약에 따라 명의수탁자 앞으로 당해 부동산의 소유권이전등기를 마친 경우 부동산 실권리자명의 등기에 관한 법률 제4조 제2항 본문에 의하여 명의수탁자 명의의 소유권이전등기는 무효이므로, 당해 부동산의 소유권은 매매계약을 체결한 소유자에게 그대로 남아 있게 되고, 명의수탁자가 자신의 명의로 소유권이전등기를 마친 부동산을 제3자에게 처분하면 이는 매도인의 소유권침해행위로서 불법행위가 된다. 그러나 명의 수탁자로부터 매매대금을 수령한 상태의 소유자로서는 그 부동산에 관한 소유명의를 회복하기 전까지는 신의칙 내지 민법 제536조 제1항 본문의 규정에 의하여 명의수탁자에 대하여 이와 동시이행의 관계에 있는 매매대금 반환채무의 이행을 거절할 수 있는데, 이른바 계약명의신탁에서 명의수탁자의 제3자에 대한 처분행위가 유효하게 확정되어 소유자에 대한 소유명의 회복이 불가능한 이상, 소유자로서는 그와 동시이행관계에 있는 매매대금반환채무를 이행할 여지가 없다. 또한 명의신탁자는 소유자와 매매계약관계가 없어 소유자에 대한 소유권이전등기청구도 허용되지 아니하므로, 결국 소유자인 매도인으로서는 특별한 사정이 없는 한 명의수탁자의 처분행위로 인하여 어떠한 손해도 입은 바가 없다(대판 2013.9.12. 2010다95185).

甲과 그 친구 乙은 2019.2.1. 丙 소유의 X건물을 乙이 매수하여 乙 명의로 등기하기로 하는 명의신탁약정을 체결하였다.
乙은 2019.2.10. 丙과 매매계약을 체결한 다음, 甲으로부터 제공받은 매매대금을 丙에게 지급하고, 2019.4.10. X건물에
관하여 자신의 명의로 소유권이전등기를 마쳤다. 이에 관한 설명 중 옳지 않은 것을 모두 고른 것은?(다툼이 있는 경우
판례에 의함)

ㄱ. 丙이 甲과 乙 사이의 명의신탁약정을 안 경우, 乙이 X건물을 丁에게 매도하고 소유권이전등기를 마쳐 주었다면
　丁은 선의, 악의를 불문하고 유효하게 소유권을 취득할 수 있다.

ㄴ. 丙이 甲과 乙 사이의 명의신탁약정을 안 경우, 乙이 X건물을 丁에게 매도하고 소유권이전등기를 넘겨 주었다면
　乙의 X건물 처분행위는 丙에 대한 관계에서 불법행위를 구성하므로 丙은 乙에게 X건물의 처분 당시의 시가 상당액
　을 손해배상으로 청구할 수 있다.

ㄷ. 丙이 甲과 乙 사이의 명의신탁약정을 알지 못한 경우, 乙이 무자력상태에서 甲으로부터 수령한 매수자금을 반환하
　기 위하여 X건물을 甲에게 양도하였다면, 이는 乙의 다른 채권자들에 대한 관계에서 사해행위가 된다.

ㄹ. 만약 甲과 乙 사이의 명의신탁약정이 1994.5.5. 체결되고, 그에 따른 등기가 1994.6.5. 마쳐진 후 법정의 유예기간
　이 경과하였다면, 甲은 乙에 대하여 '당해 부동산 자체'에 대한 부당이득 반환을 청구할 수 있으며, 이 경우 甲이
　X건물을 계속 점유·사용해 왔다면 乙에 대한 부당이득반환청구권에 기한 등기청구권의 소멸시효는 진행하지
　않는다.

① ㄱ, ㄴ　　　　　　　② ㄱ, ㄷ　　　　　　　③ ㄴ, ㄷ
④ ㄴ, ㄹ　　　　　　　⑤ ㄷ, ㄹ

[ㄱ ▶ ○] 丁은 제3자로서 명의신탁약정에 대해 선의·악의를 불문하고 유효하게 소유권을 취득할 수 있다.

법령 명의신탁약정의 효력(부동산 실권리자명의 등기에 관한 법률 제4조)　① 명의신탁약정은 무효로 한다.
② 명의신탁약정에 따른 등기로 이루어진 부동산에 관한 물권변동은 무효로 한다. 다만, 부동산에 관한 물권을
　취득하기 위한 계약에서 명의수탁자가 어느 한쪽 당사자가 되고 상대방당사자는 명의신탁약정이 있다는
　사실을 알지 못한 경우에는 그러하지 아니하다.
③ 제1항 및 제2항의 무효는 제3자에게 대항하지 못한다.

판례 부동산 실권리자명의 등기에 관한 법률(이하 "부동산실명법") 제4조 제3항에 의하면 명의신탁약정 및 이에
따른 등기로 이루어진 부동산에 관한 물권변동의 무효는 제3자에게 대항하지 못하는데, 여기서 '제3자'는
명의신탁약정의 당사자 및 포괄승계인 이외의 자로서 명의수탁자가 물권자임을 기초로 그와 사이에 직접
새로운 이해관계를 맺은 사람으로서 소유권이나 저당권 등 물권을 취득한 자뿐만 아니라 압류 또는 가압류채권
자도 포함하고 그의 선의·악의를 묻지 않는다(대판 2013.3.14. 2012다107068).

[ㄴ ▶ X] 명의신탁자와 명의수탁자가 이른바 계약명의신탁약정을 맺고 매매계약을 체결한 소유자도 명의신탁자와
명의수탁자 사이의 명의신탁약정을 알면서 그 매매계약에 따라 명의수탁자 앞으로 당해 부동산의 소유권이전등기를
마친 경우 부동산 실권리자명의 등기에 관한 법률 제4조 제2항 본문에 의하여 명의수탁자 명의의 소유권이전등기는
무효이므로, 당해 부동산의 소유권은 매매계약을 체결한 소유자에게 그대로 남아 있게 되고, 명의수탁자가 자신의 명의로

소유권이전등기를 마친 부동산을 제3자에게 처분하면 이는 매도인의 소유권침해행위로서 불법행위가 된다. 그러나 명의수탁자로부터 매매대금을 수령한 상태의 소유자로서는 그 부동산에 관한 소유명의를 회복하기 전까지는 신의칙 내지 민법 제536조 제1항 본문의 규정에 의하여 명의수탁자에 대하여 이와 동시이행의 관계에 있는 매매대금 반환채무의 이행을 거절할 수 있는데, 이른바 계약명의신탁에서 명의수탁자의 제3자에 대한 처분행위가 유효하게 확정되어 소유자에 대한 소유명의 회복이 불가능한 이상, 소유자로서는 그와 동시이행관계에 있는 매매대금반환채무를 이행할 여지가 없다. 또한 명의신탁자는 소유자와 매매계약관계가 없어 소유자에 대한 소유권이전등기청구도 허용되지 아니하므로, 결국 소유자인 매도인으로서는 특별한 사정이 없는 한 명의수탁자의 처분행위로 인하여 어떠한 손해도 입은 바가 없다(대판 2013.9.12. 2010다95185).

[ㄷ ▸ O] 계약명의신탁에서 매도인 丙이 선의이므로, 명의수탁자 乙은 유효하게 X건물의 소유권을 취득하게 된다. 이 경우 乙이 취득한 X건물은 책임재산이 되므로, 이를 명의신탁자 甲에게 양도하면 乙의 다른 채권자들에 대한 관계에서 사해행위가 된다.

판례

부동산에 관하여 부동산 실권리자명의 등기에 관한 법률 제4조 제2항 본문이 적용되어 명의수탁자인 채무자 명의의 소유권이전등기가 무효인 경우에는 그 부동산은 채무자의 소유가 아니기 때문에 이를 채무자의 일반채권자들의 공동담보에 제공되는 책임재산이라고 볼 수 없고, 채무자가 위 부동산에 관하여 제3자와 매매계약을 체결하고 그에게 소유권이전등기를 마쳐 주었다고 하더라도 그로써 채무자의 책임재산에 감소를 초래한 것이라고 할 수 없으므로 이를 들어 채무자의 일반채권자들을 해하는 사해행위라고 할 수 없으며, 채무자에게 사해의 의사가 있다고 볼 수도 없다. 그러나 명의신탁자와 명의수탁자가 이른바 계약명의신탁약정을 맺고 명의수탁자가 당사자가 되어 명의신탁약정이 있다는 사실을 알지 못하는 소유자와 부동산에 관한 매매계약을 체결한 후 그 매매계약에 따라 당해 부동산의 소유권이전등기를 명의수탁자 명의로 마친 경우에는, 명의신탁자와 명의수탁자 사이의 명의신탁약정의 무효에도 불구하고 부동산 실권리자명의 등기에 관한 법률 제4조 제2항 단서에 의하여 그 명의수탁자는 당해 부동산의 완전한 소유권을 취득하게 되고, 다만 명의신탁자에 대하여 그로부터 제공받은 매수자금 상당액의 부당이득반환의무를 부담하게 되는바, 위와 같은 경우에 명의수탁자가 취득한 부동산은 채무자인 명의수탁자의 일반채권자들의 공동담보에 제공되는 책임재산이 되고, 명의신탁자는 명의수탁자에 대한 관계에서 금전채권자 중 한 명에 지나지 않으므로, 명의수탁자의 재산이 채무의 전부를 변제하기에 부족한 경우 명의수탁자가 위 부동산을 명의신탁자 또는 그가 지정하는 자에게 양도하는 행위는 특별한 사정이 없는 한 다른 채권자의 이익을 해하는 것으로서 다른 채권자들에 대한 관계에서 사해행위가 된다(대판 2008.9.25. 2007다74874).

[ㄹ ▸ X] 부동산 실권리자명의 등기에 관한 법률 시행 전에 명의수탁자가 명의신탁약정에 따라 부동산에 관한 소유명의를 취득한 경우 위 법률의 시행 후 같은 법 제11조의 유예기간이 경과하기 전까지 명의신탁자는 언제라도 명의신탁약정을 해지하고 당해 부동산에 관한 소유권을 취득할 수 있었던 것으로, 실명화 등의 조치 없이 위 유예기간이 경과함으로써 같은 법 제12조 제1항, 제4조에 의해 명의신탁약정은 무효로 되는 한편, 명의수탁자가 당해 부동산에 관한 완전한 소유권을 취득하게 된다 할 것인데, 같은 법 제3조 및 제4조가 명의신탁자에게 소유권이 귀속되는 것을 막는 취지의 규정은 아니므로 명의수탁자는 명의신탁자에게 자신이 취득한 당해 부동산을 부당이득으로 반환할 의무가 있다 할 것인바, 이와 같은 경위로 명의신탁자가 당해 부동산의 회복을 위해 명의수탁자에 대해 가지는 소유권이전등기청구권은 그 성질상 법률의 규정에 의한 부당이득반환청구권으로서 민법 제162조 제1항에 따라 10년의 기간이 경과함으로써 시효로 소멸한다. 명의신탁계약 및 그에 기한 등기를 무효로 하고 그 위반행위에 대하여 형사처벌까지 규정한 부동산 실권리자명의 등기에 관한 법률의 시행에 따라 그 권리를 상실하게 된 위 법률 시행 이전의 명의신탁자가 그 대신에 부당이득의 법리에 따라 법률상 취득하게 된 명의신탁부동산에 대한 부당이득반환청구권의 경우, 무효로 된 명의신탁약정에 기하여 처음부터 명의신탁자가 그 부동산의 점유 및 사용 등 권리를 행사하고 있다 하여 위 부당이득반환청구권 자체의 실질적 행사가

있다고 볼 수 없을 뿐만 아니라, 명의신탁자가 그 부동산을 점유·사용하여 온 경우에는 명의신탁자의 명의수탁자에 대한 부당이득반환청구권에 기한 등기청구권의 소멸시효가 진행되지 않는다고 보아야 한다면, 이는 명의신탁자가 부동산 실권리자명의 등기에 관한 법률의 유예기간 및 시효기간 경과 후 여전히 실명 전환을 하지 않아 위 법률을 위반한 경우임에도 그 권리를 보호하여 주는 결과로 되어 부동산거래의 실정 및 부동산 실권리자명의 등기에 관한 법률 등 관련 법률의 취지에도 맞지 않는다(대판 2009.7.9, 2009다23313).

2015년 변호사시험 문 2. ☑ 확인Check! ○ △ ✕

甲과 乙은 2014.2.1. 乙이 甲을 대신하여 丙 소유의 X부동산을 매수하는 내용의 명의신탁약정을 체결한 다음, 甲은 乙에게 매수자금을 제공하였다. 이에 따라 乙은 2014.2.10. 丙과 매매계약을 체결하였고, 2014.4.10. X부동산에 대하여 乙 명의로 소유권이전등기를 경료하였다. 다음 설명 중 옳지 않은 것은?(각 지문은 독립적이고, 다툼이 있는 경우 판례에 의함)

① 丙이 甲과 乙 사이의 명의신탁약정을 알지 못하였다면, 乙은 X부동산에 대한 소유권을 유효하게 취득한다.
② 丙이 甲과 乙 사이의 명의신탁약정을 알았더라도, 甲이 X부동산을 丁에게 매도하고 乙로부터 丁에게 소유권이전등기가 경료되면 丁은 유효하게 소유권을 취득한다.
③ 乙이 X부동산을 丁에게 매도하고 丁 명의로 소유권이전등기가 경료되면, 丁은 위 명의신탁약정에 대한 선의·악의를 불문하고 유효하게 소유권을 취득한다.
④ 丙이 매매계약 체결 당시 甲과 乙 사이의 명의신탁약정을 안 경우, 甲은 乙에 대하여 부당이득으로서 부동산 자체의 반환을 구할 수 없다.
⑤ 丙이 乙 명의로 소유권이전등기가 경료되기 전에 甲과 乙 사이의 명의신탁약정이 무효인 사실을 알고 甲이 매매계약의 매수인으로 되는 것에 동의하였다면, 甲은 丙에 대하여 소유권이전등기를 청구할 수 있다.

[**❶** ▶ O] 지문은 계약명의신탁에서 매도인이 선의인 경우이므로, 명의수탁자 乙은 X부동산의 소유권을 유효하게 취득한다.

법령 명의신탁약정의 효력(부동산 실권리자명의 등기에 관한 법률 제4조) ② 명의신탁약정에 따른 등기로 이루어진 부동산에 관한 물권변동은 무효로 한다. 다만, 부동산에 관한 물권을 취득하기 위한 계약에서 명의수탁자가 어느 한쪽 당사자가 되고 상대방당사자는 명의신탁약정이 있다는 사실을 알지 못한 경우에는 그러하지 아니하다.

[**❷** ▶ ✕] 지문에서 丁은 명의신탁자 甲과 매매계약을 맺고, 단지 등기명의만을 명의수탁자 乙로부터 경료받은 것 같은 외관을 갖춘 자로, 실명법 제4조 제3항의 제3자에 해당하지 않아 유효하게 소유권을 취득할 수 없다. 또한 계약명의신탁에서 매도인이 악의인 경우이므로, 소유권은 매도인 丙에게 있어 丁의 소유권이전등기가 실체관계에 부합하는 등기라고 할 수도 없다.

판례 부동산 실권리자명의 등기에 관한 법률 제4조 제3항에 정한 '제3자'는 명의수탁자가 물권자임을 기초로 그와 새로운 이해관계를 맺은 사람을 말하고, 이와 달리 오로지 명의신탁자와 부동산에 관한 물권을 취득하기 위한 계약을 맺고 단지 등기명의만을 명의수탁자로부터 경료받은 것 같은 외관을 갖춘 자는 위 조항의 제3자에 해당하지 아니하므로, 같은 조항을 들어 무효인 명의신탁등기에 터 잡아 경료된 자신의 등기의 유효를 주장할 수는 없으나, 이러한 자도 자신의 등기가 실체관계에 부합하는 등기로서 유효하다는 주장은 할 수 있다(대판 2008.12.11, 2008다45187).

② **정답**

[**❸ ▶ ○**] 부동산 실권리자명의 등기에 관한 법률(이하 "부동산실명법") 제4조 제3항에 의하면 명의신탁약정 및 이에 따른 등기로 이루어진 부동산에 관한 물권변동의 무효는 제3자에게 대항하지 못하는데, 여기서 '제3자'는 명의신탁약정의 당사자 및 포괄승계인 이외의 자로서 명의수탁자가 물권자임을 기초로 그와 사이에 직접 새로운 이해관계를 맺은 사람으로서 소유권이나 저당권 등 물권을 취득한 자뿐만 아니라 압류 또는 가압류채권자도 포함하고 그의 선의·악의를 묻지 않는다 (대판 2013.3.14. 2012다107068).

[**❹ ▶ ○**] 계약명의신탁에서 매도인이 악의인 경우, 명의신탁약정과 물권변동 모두 무효이다(부동산실명법 제4조 제1항, 제2항 본문 참조). 따라서 X부동산의 소유권은 그대로 매도인 丙에게 있고, 수탁자 乙은 부동산소유권을 취득한 바 없다. 따라서 신탁자 甲은 수탁자 乙에 대해 부당이득으로서 부동산 자체의 반환을 구할 수 없고, 매수자금의 반환청구를 할 수 있을 뿐이다.

> 명의신탁자와 명의수탁자가 이른바 계약명의신탁약정을 맺고 매매계약을 체결한 소유자도 명의신탁자와 명의수탁자 사이의 명의신탁약정을 알면서 그 매매계약에 따라 명의수탁자 앞으로 당해 부동산의 소유권이전등기를 마친 경우 부동산 실권리자명의 등기에 관한 법률 제4조 제2항 본문에 의하여 명의수탁자 명의의 소유권이전등기는 무효이므로, 당해 부동산의 소유권은 매매계약을 체결한 소유자에게 그대로 남아 있게 된다(대판 2013.9.12. 2010다95185).

> 매도인이 선의인 사례 : 그 계약명의신탁약정이 부동산실권리자명의등기에관한법률 시행 후인 경우에는 명의신탁자는 애초부터 당해 부동산의 소유권을 취득할 수 없었으므로 위 명의신탁약정의 무효로 인하여 명의신탁자가 입은 손해는 당해 부동산 자체가 아니라 명의수탁자에게 제공한 매수자금이라 할 것이고, 따라서 명의수탁자는 당해 부동산 자체가 아니라 명의신탁자로부터 제공받은 매수자금을 부당이득하였다고 할 것이다(대판 2005.1.28. 2002다66922).

[**❺ ▶ ○**] 부동산을 매수함에 있어 매수인 명의 및 소유권이전등기 명의를 타인 명의로 하기로 약정하였고 매도인도 그 사실을 알고 있어서 그 약정이 부동산 실권리자명의 등기에 관한 법률 제4조의 규정에 의하여 무효로 되고 이에 따라 매매계약도 무효로 되는 경우에, 매매계약상의 매수인의 지위가 당연히 명의신탁자에게 귀속되는 것은 아니지만, 그 무효사실이 밝혀진 후에 계약상대방인 매도인이 계약명의자인 명의수탁자 대신 명의신탁자가 그 계약의 매수인으로 되는 것에 대하여 동의 내지 승낙을 함으로써 부동산을 명의신탁자에게 양도할 의사를 표시하였다면, 명의신탁약정이 무효로 됨으로써 매수인의 지위를 상실한 명의수탁자의 의사에 관계없이 매도인과 명의신탁자 사이에는 종전의 매매계약과 같은 내용의 양도약정이 따로 체결된 것으로 봄이 상당하고, 따라서 이 경우 명의신탁자는 당초의 매수인이 아니라고 하더라도 매도인에 대하여 별도의 양도약정을 원인으로 하는 소유권이전등기청구를 할 수 있다(대판 2003.9.5. 2001다32120).

제1절	지상권	★★☆

2019년 변호사시험 문 17.　　　　　☑ 확인 Check! ○ △ ✕

현재의 건물 소유자에게 법정지상권 또는 관습법상의 법정지상권이 인정되는 경우를 모두 고른 것은?(경매나 분필 시에 건물 철거를 매각조건으로 하거나 건물철거특약을 맺는 등 특별한 사정이 없었음을 전제로 하고, 다툼이 있는 경우 판례에 의함)

ㄱ. 甲 소유의 토지 위에 건물의 소유자 乙이 건물의 소유를 위한 법정지상권을 취득한 후, 丙이 그 건물을 경매를 통하여 매수한 경우
ㄴ. 甲이 토지와 그 지상건물을 소유하다가 乙에게 유효하게 건물의 소유명의를 신탁한 후 丙에게 토지에 관하여 저당권을 설정하여 주었고 그 후 丙의 저당권 실행으로 인한 경매절차에서 丁이 토지의 소유권을 취득한 경우
ㄷ. 甲이 자신 소유의 토지 위에 乙과 건물을 공유하고 있다가 토지에 관하여 저당권을 설정하였는데 이 저당권의 실행으로 토지가 丙에게 매각된 경우
ㄹ. 토지의 구분소유적 공유자 甲이 자신의 배타적 점유 부분에 건물을 신축하고 등기한 후, 그 토지에 대한 강제경매에 의하여 다른 공유자 乙이 甲의 지분을 모두 취득한 경우
ㅁ. 토지의 구분소유적 공유자 甲이 자신이 특정하여 매수하지 아니한 부분에 건물을 신축한 다음 각자의 특정 소유 부분대로 토지를 분필한 경우

① ㄱ, ㄴ, ㄹ
② ㄱ, ㄷ, ㄹ
③ ㄱ, ㄷ, ㅁ
④ ㄱ, ㄴ, ㄷ, ㄹ
⑤ ㄴ, ㄷ, ㄹ, ㅁ

[ㄱ ▶ ○] 저당권의 효력이 저당부동산에 부합된 물건과 종물에 미친다는 민법 제358조 본문을 유추하여 보면 건물에 대한 저당권의 효력은 그 건물에 종된 권리인 건물의 소유를 목적으로 하는 지상권에도 미치게 되므로, 건물에 대한 저당권이 실행되어 경락인이 그 건물의 소유권을 취득하였다면 경락 후 건물을 철거한다는 등의 매각조건에서 경매되었다는 등 특별한 사정이 없는 한, 경락인은 건물 소유를 위한 지상권도 민법 제187조의 규정에 따라 등기 없이 당연히 취득하게 되고, 한편 이 경우에 경락인이 건물을 제3자에게 양도한 때에는, 특별한 사정이 없는 한 민법 제100조 제2항의 유추적용에 의하여 건물과 함께 종된 권리인 지상권도 양도하기로 한 것으로 봄이 상당하다(대판 1996.4.26, 95다52864).

[ㄴ ▶ ✕] 민법 제366조 소정의 법정지상권은 저당권 설정 당시 동일인의 소유에 속하던 토지와 그 지상건물이 경매로 인하여 각기 그 소유자가 다르게 된 때에 건물의 소유자를 위하여 발생하는 것이므로, 토지와 그 지상건물이 각기 소유자를 달리하고 있던 중 토지 또는 그 지상건물만이 경매에 의하여 다른 사람에게 소유권이 이전된 경우에는 위 법조 소정의 법정지상권이 발생할 여지가 없으며, 또 건물의 등기부상 소유명의를 타인에게 신탁한 경우에 신탁자는 제3자에게 그 건물이 자기의 소유임을 주장할 수 없고, 따라서 그 건물과 부지인 토지가 동일인의 소유임을 전제로 한 법정지상권을 취득할 수 없다(대판 1995.5.23, 93다47318).

[ㄷ ▸ O] 건물공유자의 1인이 그 건물의 부지인 토지를 단독으로 소유하면서 그 토지에 관하여만 저당권을 설정하였다가 위 저당권에 의한 경매로 인하여 토지의 소유자가 달라진 경우에도, 위 토지소유자는 자기뿐만 아니라 다른 건물공유자들을 위하여도 위 토지의 이용을 인정하고 있었다고 할 것인 점, 저당권자로서도 저당권 설정 당시 법정지상권의 부담을 예상할 수 있었으므로 불측의 손해를 입는 것이 아닌 점, 건물의 철거로 인한 사회경제적 손실을 방지할 공익상의 필요성도 인정되는 점 등에 비추어 위 건물공유자들은 민법 제366조에 의하여 토지 전부에 관하여 건물의 존속을 위한 법정지상권을 취득한다고 보아야 한다(대판 2011.1.13, 2010다67159).

건물공유와 토지공유의 비교 : 토지공유자의 한 사람이 다른 공유자의 지분 과반수의 동의를 얻어 건물을 건축한 후 토지와 건물의 소유자가 달라진 경우 토지에 관하여 관습법상의 법정지상권이 성립되는 것으로 보게 되면 이는 토지공유자의 1인으로 하여금 자신의 지분을 제외한 다른 공유자의 지분에 대하여서까지 지상권 설정의 처분행위를 허용하는 셈이 되어 부당하다. 그리고 이러한 법리는 민법 제366조의 법정지상권의 경우에도 마찬가지로 적용되고, 나아가 토지와 건물 모두가 각각 공유에 속한 경우에 토지에 관한 공유자 일부의 지분만을 목적으로 하는 근저당권이 설정되었다가 경매로 인하여 그 지분을 제3자가 취득하게 된 경우에도 마찬가지로 적용된다(대판 2014.9.4, 2011다73038).

[ㄹ ▸ O] 원고와 피고가 1필지의 대지를 공동으로 매수하여 같은 평수로 사실상 분할한 다음 각자 자기의 돈으로 자기 몫의 대지 위에 건물을 신축하여 점유하여 왔다면 비록 위 대지가 등기부상으로는 원·피고 사이의 공유로 되어 있다 하더라도 그 대지의 소유관계는 처음부터 구분소유적 공유관계에 있다 할 것이고, 따라서 피고 소유의 건물과 그 대지는 원고와의 내부관계에 있어서 피고의 단독소유로 되었다 할 것이므로 피고는 그 후 이 사건 대지의 피고지분만을 경락취득한 원고에 대하여 그 소유의 위 건물을 위한 관습상의 법정지상권을 취득하였다고 할 것이다(대판 1990.6.26, 89다카24094).

[ㅁ ▸ X] 갑과 을이 대지를 각자 특정하여 매수하여 배타적으로 점유하여 왔으나 분필이 되어 있지 아니한 탓으로 그 특정 부분에 상응하는 지분소유권이전등기만을 경료하였다면 그 대지의 소유관계는 처음부터 구분소유적 공유관계에 있다 할 것이고, 또한 구분소유적 공유관계에 있어서는 통상적인 공유관계와는 달리 당사자 내부에 있어서는 각자가 특정 매수한 부분은 각자의 단독소유로 되었다 할 것이므로, 을은 위 대지 중 그가 매수하지 아니한 부분에 관하여는 갑에게 그 소유권을 주장할 수 없어 위 대지 중 을이 매수하지 아니한 부분 지상에 있는 을 소유의 건물 부분은 당초부터 건물과 토지의 소유자가 서로 다른 경우에 해당되어 그에 관하여는 관습상의 법정지상권이 성립될 여지가 없다(대판 1994.1.28, 93다49871).

법정지상권에 관한 설명 중 옳은 것(○)과 옳지 않은 것(✕)을 올바르게 조합한 것은?(다툼이 있는 경우 판례에 의함)

ㄱ. X토지와 그 지상 Y건물의 소유자인 甲이 X토지와 Y건물에 관하여 乙에게 공동저당권을 설정해 준 다음 Y건물을 헐고 Z건물을 신축한 후 Z건물에 관하여 X토지와 동일한 순위의 공동저당권을 설정해 준 경우, 저당권의 실행으로 丙이 X토지의 소유권을 취득하면, 甲은 Z건물을 위한 법정지상권을 취득할 수 없다.

ㄴ. X토지와 그 지상 Y건물의 소유자인 甲이 X토지와 Y건물을 乙에게 매도하고 각 소유권이전등기를 마쳐주었는데, 그 후 甲의 채권자 丙에 의하여 Y건물에 관한 매매계약만 사해행위취소소송을 통하여 취소되고 그에 따라 Y건물에 마쳐져 있던 乙 명의의 등기가 말소된 경우, 甲은 Y건물의 존립을 위한 관습법상 법정지상권을 취득한다.

ㄷ. X토지와 그 지상 Y건물의 소유자인 甲이 X토지와 미등기된 Y건물을 乙에게 매도하였으나 X토지에 관하여서만 소유권이전등기를 넘겨주고 Y건물에 관하여는 등기를 이전해 주지 못하고 있는 경우라면, 甲에게 Y건물을 위한 관습법상 법정지상권은 성립하지 않는다.

① ㄱ(○) ㄴ(✕) ㄷ(○)　　　　　　　② ㄱ(○) ㄴ(○) ㄷ(✕)
③ ㄱ(✕) ㄴ(✕) ㄷ(✕)　　　　　　　④ ㄱ(✕) ㄴ(○) ㄷ(✕)
⑤ ㄱ(✕) ㄴ(✕) ㄷ(○)

[ㄱ ▶ ✕] 사안은 토지와 그 지상건물에 공동저당권을 설정한 후 그 건물이 철거되고 새로운 건물이 신축되었으나, 그 신축건물에 토지와 동일한 순위의 저당권을 설정한 경우이다. 따라서 공동저당권자의 신축건물의 교환가치 취득에 지장이 없어, 甲은 Z건물을 위한 법정지상권을 취득할 수 있다.

> 동일인의 소유에 속하는 토지 및 그 지상건물에 관하여 공동저당권이 설정된 후 그 지상건물이 철거되고 새로 건물이 신축된 경우에는 그 신축건물의 소유자가 토지의 소유자와 동일하고 토지의 저당권자에게 신축건물에 관하여 토지의 저당권과 동일한 순위의 공동저당권을 설정해 주는 등 특별한 사정이 없는 한 저당물의 경매로 인하여 토지와 그 신축건물이 다른 소유자에 속하게 되더라도 그 신축건물을 위한 법정지상권은 성립하지 않는다고 해석하여야 하는바, 그 이유는 동일인의 소유에 속하는 토지 및 그 지상건물에 관하여 공동저당권이 설정된 경우에는, 처음부터 지상건물로 인하여 토지의 이용이 제한받는 것을 용인하고 토지에 대하여만 저당권을 설정하여 법정지상권의 가치만큼 감소된 토지의 교환가치를 담보로 취득한 경우와는 달리, 공동저당권자는 토지 및 건물 각각의 교환가치 전부를 담보로 취득한 것으로서, 저당권의 목적이 된 건물이 그대로 존속하는 이상은 건물을 위한 법정지상권이 성립해도 그로 인하여 토지의 교환가치에서 제외된 법정지상권의 가액 상당 가치는 법정지상권이 성립하는 건물의 교환가치에서 되찾을 수 있어 궁극적으로 토지에 관하여 아무런 제한이 없는 나대지로서의 교환가치 전체를 실현시킬 수 있다고 기대하지만, 건물이 철거된 후 신축된 건물에 토지와 동 순위의 공동저당권이 설정되지 아니하였는데도 그 신축건물을 위한 법정지상권이 성립한다고 해석하게 되면, 공동저당권자가 법정지상권이 성립하는 신축건물의 교환가치를 취득할 수 없게 되는 결과 법정지상권의 가액 상당 가치를 되찾을 길이 막혀 위와 같이 당초 나대지로서의 토지의 교환가치 전체를 기대하여 담보를 취득한 공동저당권자에게 불측의 손해를 입게 하기 때문이다(대판 2003.12.18, 98다43601 [전합]).

[ㄴ ▶ ✕] 동일인의 소유에 속하고 있던 토지와 지상건물이 매매 등으로 인하여 소유자가 다르게 된 경우에 건물을 철거한다는 특약이 없는 한 건물소유자는 건물의 소유를 위한 관습상 법정지상권을 취득한다. 그런데 민법 제406조의 채권자취소권의 행사로 인한 사해행위의 취소와 일탈재산의 원상회복은 채권자와 수익자 또는 전득자에 대한 관계에 있어서만 효력이

발생할 뿐이고 채무자가 직접 권리를 취득하는 것이 아니므로, 토지와 지상건물이 함께 양도되었다가 채권자취소권의 행사에 따라 그중 건물에 관하여만 양도가 취소되고 수익자와 전득자 명의의 소유권이전등기가 말소되었다고 하더라도, 이는 관습상 법정지상권의 성립요건인 '동일인의 소유에 속하고 있던 토지와 지상건물이 매매 등으로 인하여 소유자가 다르게 된 경우'에 해당한다고 할 수 없다(대판 2014.12.24. 2012다73158).

[ㄷ ▸ ○] 민법 제366조의 법정지상권은 저당권 설정 당시에 동일인의 소유에 속하는 토지와 건물이 저당권의 실행에 의한 경매로 인하여 각기 다른 사람의 소유에 속하게 된 경우에 건물의 소유를 위하여 인정되는 것이므로, 미등기건물을 그 대지와 함께 매수한 사람이 그 대지에 관하여만 소유권이전등기를 넘겨받고 건물에 대하여는 그 등기를 이전받지 못하고 있다가, 대지에 대하여 저당권을 설정하고 그 저당권의 실행으로 대지가 경매되어 다른 사람의 소유로 된 경우에는, 그 저당권의 설정 당시에 이미 대지와 건물이 각각 다른 사람의 소유에 속하고 있었으므로 법정지상권이 성립될 여지가 없다(대판 2002.6.20. 2002다9660 [전합]).

2016년 변호사시험 문 17.　　　　　　　　　　☑ 확인Check! ○ △ ✕

X, Y토지는 모두 甲 소유인데 Y토지에 관하여 甲의 채권자 A의 가압류등기가 마쳐진 후 甲은 X, Y토지 양 지상에 걸쳐 Z건물을 건축하였다. 甲은 X토지와 Z건물을 乙에게 매각하고 각 등기를 이전하여 주었다. 그 후 甲의 채권자에 의하여 Z건물에 관한 매매계약만이 사해행위취소소송을 통하여 취소되고 그에 따라 Z건물에 마쳐져 있던 乙 명의의 등기가 말소되었다. 그 후 Z건물은 강제경매절차를 통하여 丙이 소유권을 취득하였다. 한편, A는 집행권원을 확보하여 Y토지에 관하여 강제경매를 신청하였고, 그 경매절차에서 丁이 소유권을 취득하였다. 乙과 丁은 丙에 대하여 Z건물 중 각자 자기 토지 지상 부분에 대한 철거를 청구하는 소송을 제기하였다. 이에 관한 법률관계 중 옳은 것(○)과 옳지 않은 것(✕)을 올바르게 조합한 것은?(각 지문은 독립적이며, 다툼이 있는 경우 판례에 의함)

> ㄱ. 사해행위취소소송을 거쳐 Z건물에 관한 乙 명의의 등기가 말소된 때, X토지에 관하여 甲에게 관습상 법정지상권이 발생한다.
> ㄴ. 丁의 丙에 대한 철거청구는 기각된다.
> ㄷ. Z건물이 강제경매될 당시 X토지에 관하여 丙에게 관습상 법정지상권이 발생하지 않는다.

① ㄱ(○) ㄴ(✕) ㄷ(✕)　　　　　　② ㄱ(✕) ㄴ(○) ㄷ(✕)
③ ㄱ(✕) ㄴ(✕) ㄷ(✕)　　　　　　④ ㄱ(○) ㄴ(○) ㄷ(✕)
⑤ ㄱ(○) ㄴ(✕) ㄷ(○)

[ㄱ ▸ ✕] 동일인의 소유에 속하고 있던 토지와 지상건물이 매매 등으로 인하여 소유자가 다르게 된 경우에 건물을 철거한다는 특약이 없는 한 건물소유자는 건물의 소유를 위한 관습상 법정지상권을 취득한다. 그런데 민법 제406조의 채권자취소권의 행사로 인한 사해행위의 취소와 일탈재산의 원상회복은 채권자와 수익자 또는 전득자에 대한 관계에 있어서만 효력이 발생할 뿐이고 채무자가 직접 권리를 취득하는 것이 아니므로, 토지와 지상건물이 함께 양도되었다가 채권자취소권의 행사에 따라 그중 건물에 관하여만 양도가 취소되고 수익자와 전득자 명의의 소유권이전등기가 말소되었다고 하더라도, 이는 관습상 법정지상권의 성립요건인 '동일인의 소유에 속하고 있던 토지와 지상건물이 매매 등으로 인하여 소유자가 다르게 된 경우'에 해당한다고 할 수 없다(대판 2014.12.24. 2012다73158).

[ㄴ ▸ ✕] 관습상 법정지상권 성립에 있어서 소유자 동일 여부의 판단시점은, 가압류가 있는 경우에는 가압류가 효력을 발생하는 시점이다. 지문의 경우 Y토지에 가압류등기가 마쳐질 당시에는 Z건물이 없었으므로, 건물경락인 丙은 Y토지에 관해 법정지상권을 취득하지 못한다. 따라서 丁의 丙에 대한 철거청구는 인용될 것이다.

강제경매의 목적이 된 토지 또는 그 지상건물의 소유권이 강제경매로 인하여 그 절차상의 매수인에게 이전된 경우에 건물의 소유를 위한 관습상 법정지상권이 성립하는가 하는 문제에 있어서는 그 매수인이 소유권을 취득하는 매각대금의 완납 시가 아니라 그 압류의 효력이 발생하는 때를 기준으로 하여 토지와 그 지상건물이 동일인에 속하였는지가 판단되어야 한다. 강제경매개시결정의 기입등기가 이루어져 압류의 효력이 발생한 후에 경매목적물의 소유권을 취득한 이른바 제3취득자는 그의 권리를 경매절차상 매수인에게 대항하지 못하고, 나아가 그 명의로 경료된 소유권이전등기는 매수인이 인수하지 아니하는 부동산의 부담에 관한 기입에 해당하므로(민사집행법 제144조 제1항 제2호 참조) 매각대금이 완납되면 직권으로 그 말소가 촉탁되어야 하는 것이어서, 결국 매각대금 완납 당시 소유자가 누구인지는 이 문제 맥락에서 별다른 의미를 가질 수 없다는 점 등을 고려하여 보면 더욱 그러하다. 한편 강제경매개시결정 이전에 가압류가 있는 경우에는, 그 가압류가 강제경매개시결정으로 인하여 본압류로 이행되어 가압류 집행이 본집행에 포섭됨으로써 당초부터 본집행이 있었던 것과 같은 효력이 있다. 따라서 경매의 목적이 된 부동산에 대하여 가압류가 있고 그것이 본압류로 이행되어 경매절차가 진행된 경우에는, 애초 가압류가 효력을 발생하는 때를 기준으로 토지와 그 지상건물이 동일인에 속하였는지를 판단하여야 한다(대판 2012.10.18. 2010다52140 [전합]).

[ㄷ ▶ X] X토지와 Z건물이 함께 양도되었다가, 채권자취소권의 행사에 따라 그중 Z건물에 관해서만 양도가 취소되어 乙 명의의 소유권이전등기가 말소되었다고 하더라도, 채무자 甲이 직접 소유권을 취득하는 것은 아니다. 따라서 丙이 Z건물의 소유권을 강제경매로써 취득할 당시에는 X토지와 Z건물의 소유자는 여전히 乙이라고 할 수 있으므로, 丙은 X토지에 관해 법정지상권을 취득한다.

2013년 변호사시험 문 10.

☑ 확인Check! ○ △ X

甲은 그 소유인 X토지에 Y건물을 소유하고 있다가 X토지의 여유공간에 Z건물을 신축하여 완공하였으나 소유권보존등기를 마치지 아니하였다. 甲은 X토지와 2채의 건물을 모두 乙에게 매도하고 인도하였으며, X토지와 Y건물에 관하여 소유권이전등기를 마쳐 주었다. 그 후 乙이 은행으로부터 자금을 차용하고 X토지에 관하여 저당권을 설정하였다가 X토지가 경매됨에 따라 X토지의 소유자가 丙으로 변경되었다. 한편 乙은 Y, Z건물 및 이에 부대하는 일체의 권리를 丁에게 매도하고 인도하면서 Y건물에 관하여 소유권이전등기를 마쳐 주었다. Z건물은 아직 미등기 상태이다. 다음 설명 중 옳은 것을 모두 고른 것은?(다툼이 있는 경우에는 판례에 의함)

ㄱ. 乙이 甲으로부터 토지의 소유권을 취득할 때 甲은 Z건물의 소유를 위한 관습상의 법정지상권을 취득하였다.
ㄴ. 丁은 지상권등기를 하지 아니하였어도 Y건물의 대지에 관하여 법정지상권을 취득하였다.
ㄷ. 丙은 丁을 상대로 Y건물의 철거를 청구할 수 있다.
ㄹ. 丙은 丁을 상대로 Z건물의 철거를 청구할 수 있다.

① ㄹ
② ㄱ, ㄴ
③ ㄱ, ㄷ
④ ㄴ, ㄷ
⑤ ㄷ, ㄹ

[ㄱ ▶ X] 관습상의 법정지상권은 동일인의 소유이던 토지와 그 지상건물이 매매 기타 원인으로 인하여 각각 소유자를 달리하게 되었으나 그 건물을 철거한다는 등의 특약이 없으면 건물소유자로 하여금 토지를 계속 사용하게 하려는 것이 당사자의 의사라고 보아 인정되는 것이므로 토지의 점유·사용에 관하여 당사자 사이에 약정이 있는 것으로 볼 수 있거나 토지소유자가 건물의 처분권까지 함께 취득한 경우에는 관습상의 법정지상권을 인정할 까닭이 없다 할 것이어서, 미등기건물을 그 대지와 함께 매도하였다면 비록 매수인에게 그 대지에 관하여만 소유권이전등기가 경료되고 건물에 관하여는

① 정답

등기가 경료되지 아니하여 형식적으로 대지와 건물이 그 소유 명의자를 달리하게 되었다 하더라도 매도인에게 관습상의 법정지상권을 인정할 이유가 없다(대판 2002.6.20, 2002다9660 [전합]).

[ㄴ ▸ X] 乙은 등기 없이도 Y건물의 대지에 관해 민법 제366조에 의한 법정지상권을 취득하지만, 乙로부터 건물을 이전 받은 丁은 법정지상권의 이전등기를 해야만 법정지상권을 취득한다.

> 토지와 그 지상건물의 소유자가 다르게 된 때에 건물소유자에게 발생하는 법정지상권은 법률에 의한 물권의 취득이므로 건물소유자는 등기 없이도 법정지상권을 누구에게나 주장할 수 있으나, 법정지상권의 처분은 법률행위에 의한 물권변동으로서 등기를 갖추어야만 그 효력이 발생하는 것이므로 법정지상권을 가진 전 건물소유자로부터 건물을 양수한 자는 법정지상권의 이전등기를 하지 않는 한 법정지상권을 취득할 수 없다(대판 1985.4.9, 84다카1131 [전합]).

[ㄷ ▸ X] 법정지상권을 가진 건물소유자로부터 건물을 양수하면서 법정지상권까지 양도받기로 한 자는 채권자대위의 법리에 따라 전 건물소유자 및 대지소유자에 대하여 차례로 지상권의 설정등기 및 이전등기절차 이행을 구할 수 있다 할 것이므로 이러한 법정지상권을 취득할 지위에 있는 자에 대하여 대지소유자가 소유권에 기하여 건물 철거를 구함은 지상권의 부담을 용인하고 그 설정등기절차를 이행할 의무 있는 자가 그 권리자를 상대로 한 청구라 할 것이어서 신의성실의 원칙상 허용될 수 없다(대판 1985.4.9, 84다카1131 [전합]).

[ㄹ ▸ O] 乙은 미등기건물 Z를 X토지와 함께 매수했으나, X토지의 소유권이전등기만 넘겨받고 Z건물의 그 등기는 이전받지 않았다. 따라서 X토지에 저당권 설정 당시 토지소유자와 건물소유가자 상이하므로, 미등기건물 Z에 민법 제366조의 법정지상권은 인정되지 않는다. 또한 ㄱ.에서 살펴본 바와 같이 甲에게도 미등기건물 Z에 관습법상 법정지상권이 인정되지 않는다. 따라서 건물을 이전받은 丁은 법정지상권을 이전받을 수 없고, 미등기매수인도 사실상 처분권을 보유하여 철거청구의 상대방이 될 수 있으므로, 丙은 丁을 상대로 Z건물의 철거를 청구할 수 있다.

> • 민법 제366조의 법정지상권은 저당권 설정 당시에 동일인의 소유에 속하는 토지와 건물이 저당권의 실행에 의한 경매로 인하여 각기 다른 사람의 소유에 속하게 된 경우에 건물의 소유를 위하여 인정되는 것이므로, 미등기건물을 그 대지와 함께 매수한 사람이 그 대지에 관하여만 소유권이전등기를 넘겨받고 건물에 대하여는 그 등기를 이전받지 못하고 있다가, 대지에 대하여 저당권을 설정하고 그 저당권의 실행으로 대지가 경매되어 다른 사람의 소유로 된 경우에는, 그 저당권의 설정 당시에 이미 대지와 건물이 각각 다른 사람의 소유에 속하고 있었으므로 법정지상권이 성립될 여지가 없다(대판 2002.6.20, 2002다9660 [전합]).
> • 건물 철거는 그 소유권의 종국적 처분에 해당되는 사실행위이므로 원칙으로는 그 소유자(민법상 원칙적으로는 등기명의자)에게만 그 철거처분권이 있다 할 것이고, 예외적으로 건물을 전 소유자로부터 매수하여 점유하고 있는 등 그 권리의 범위 내에서 그 점유 중인 건물에 대하여 법률상 또는 사실상 처분을 할 수 있는 지위에 있는 자에게도 그 철거처분권이 있다(대판 2003.1.24, 2002다61521).

다음의 사건이 순차로 일어났다. (i) A는 그 소유의 X토지 위에 3층 규모의 다세대주택을 신축하기 시작하였다. (ii) A는 B로부터 1억원을 차용하면서 위 차용금채무를 담보하기 위하여 B 앞으로 X토지에 관하여 1번 저당권을 설정하여 주었는데, 그 당시 위 다세대주택은 일부 내부공사만 남겨 두고 골조공사를 비롯한 거의 모든 공사가 마쳐진 상태였다. (iii) X토지 위에는 1층, 2층, 3층으로 구분된 다세대주택 1동이 건축되었고, 각 층에 관하여 A 앞으로 각 소유권보존등기가 마쳐졌다. (iv) 3층에 관하여는 이를 매수한 C 앞으로 소유권이전등기가 마쳐졌다. (v) X토지에 관하여 강제경매개시결정 기입등기가 마쳐졌고, D는 위 경매절차에서 X토지를 매수하여 매각대금을 완납하였다. (vi) 1층에 관하여는 이를 매수한 E 앞으로 소유권이전등기가 마쳐졌고, 2층에 관하여는 F가 임차하여 거주하고 있다. 다음 설명 중 옳은 것을 모두 고른 것은?(「집합건물의 소유 및 관리에 관한 법률」은 적용되지 않는다고 가정하고, 다툼이 있는 경우에는 판례에 의함)

> ㄱ. A는 2층 구분건물의 소유를 위한 관습상 법정지상권을 취득한다.
> ㄴ. E는 1층 구분건물을 매수함과 함께 1층 구분건물의 소유를 위한 관습상 법정지상권도 양수하였다고 보아야 하므로 E는 그 관습상 법정지상권을 취득한다.
> ㄷ. D는 F를 상대로 2층 구분건물에서 퇴거하여 달라고 청구할 수 없다.
> ㄹ. 매각대금이 완납될 당시는 물론 강제경매개시결정 기입등기가 마쳐질 당시에도 X토지의 소유자와 3층 구분건물의 소유자가 다르므로 C는 3층 구분건물의 소유를 위한 관습상 법정지상권을 취득하지 못한다.

① ㄱ, ㄴ   ② ㄴ, ㄷ   ③ ㄷ, ㄹ

④ ㄱ, ㄷ   ⑤ ㄱ, ㄷ, ㄹ

[ㄱ ▶ ○] 사안은 임의경매가 아닌 강제경매로 인해 X토지의 소유자가 달라진 것이므로, A에게는 민법 제366조의 법정지상권이 아닌 관습상 법정지상권 취득 여부가 문제된다. 우선 건축 중인 건물의 경우, 그 규모·종류를 외형상 예상할 수 있는 정도까지 건축되어 있으면 건물이 존재한다고 볼 수 있으므로, 사안과 같이 일부 내부공사만 남겨 두고 골조공사를 비롯한 거의 모든 공사가 마쳐진 경우에는 건물이 존재한다고 볼 수 있다. 그 다음 관습상 법정지상권의 성립요건인 토지와 건물의 동일인 소유 여부에 관해서 보면, 토지에 강제경매를 위한 압류나 그 압류에 선행한 가압류가 있기 이전에 저당권이 설정되어 있다가 강제경매로 저당권이 소멸한 경우에는 저당권 설정 당시를 기준으로 동일인 여부를 판단하므로, 사안에서 저당권 설정 당시 토지와 건물이 모두 A 소유였다고 할 수 있다. 따라서 그 후 강제경매로 토지와 건물의 소유자가 달라졌고 그 건물을 철거한다는 특약도 없었으므로, A는 2층 구분건물의 소유를 위한 관습상 법정지상권을 취득한다.

판례
- 동일인의 소유에 속하고 있던 토지와 그 지상건물이 강제경매 또는 국세징수법에 의한 공매 등으로 인하여 소유자가 다르게 된 경우에는 그 건물을 철거한다는 특약이 없는 한 건물소유자는 토지소유자에 대하여 그 건물의 소유를 위한 관습상 법정지상권을 취득한다(대판 2012.10.18, 2010다52140 [전합]).
- 이 사건 토지에 관하여 위 근저당권이 설정될 당시에 이 사건 토지소유자인 소외 1에 의하여 그 지상에 건물이 그 규모·종류를 외형상 예상할 수 있는 정도까지 건축이 진전되어 있었으며, 그 후 경매절차에서 매수인인 원고가 매각대금을 완납하기 이전인 2004.10.경 독립된 부동산으로서 건물의 요건을 갖추었던 이상 이 사건 토지와 그 지상건물은 저당권 설정 당시부터 모두 소외 1의 소유에 속하고 있었다고 봄이 상당하고, 그에 따라 이 사건 토지에 대하여는 저당권 설정 당시에 시행 중이던 신축공사의 완료로 인하여 건축된 이 사건 10 내지 13 건물을 위한 관습상 법정지상권이 성립한다(대판 2013.4.11, 2009다62059).

- 강제경매의 목적이 된 토지 또는 그 지상 건물에 관하여 강제경매를 위한 압류나 그 압류에 선행한 가압류가 있기 이전에 저당권이 설정되어 있다가 그 후 강제경매로 인해 그 저당권이 소멸하는 경우에는, 그 저당권 설정 이후의 특정 시점을 기준으로 토지와 그 지상 건물이 동일인의 소유에 속하였는지에 따라 관습상 법정지 상권의 성립 여부를 판단하게 되면, 저당권자로서는 저당권 설정 당시를 기준으로 그 토지나 지상 건물의 담보가치를 평가하였음에도 저당권 설정 이후에 토지나 그 지상 건물의 소유자가 변경되었다는 외부의 우연 한 사정으로 인하여 자신이 당초에 파악하고 있던 것보다 부당하게 높아지거나 떨어진 가치를 가진 담보를 취득하게 되는 예상하지 못한 이익을 얻거나 손해를 입게 되므로, 그 저당권 설정 당시를 기준으로 토지와 그 지상 건물이 동일인에게 속하였는지에 따라 관습상 법정지상권의 성립 여부를 판단하여야 한다(대판 2013.4.11, 2009다62059).

[ㄴ ▸ ×] 관습상 법정지상권인 A로부터 1층 구분소유건물을 매수한 E는, 법정지상권이전등기를 해야만 그 관습상 법정지상권을 취득한다.

 판례 관습상 법정지상권이 붙은 건물의 소유자가 건물을 제3자에게 처분한 경우에는 법정지상권에 관한 등기를 경료하지 아니한 자로서는 건물의 소유권을 취득한 사실만 가지고는 법정지상권을 취득하였다고 할 수 없어 대지소유자에게 지상권을 주장할 수 없고 그 법정지상권은 여전히 당초의 법정지상권자에게 유보되어 있다고 보아야 한다(대판 1995.4.11, 94다39925).

[ㄷ ▸ O] F는 법정지상권자 A와 임대차계약에 기한 적법한 점유를 하고 있으므로, 법정지상권의 부담이 있는 토지소유 자 D는 F를 상대로 퇴거를 청구할 수 없다.

 판례 경락에 의하여 건물의 소유자와 그 토지의 소유자가 달라지게 되어 경매 당시의 건물의 소유자가 그 건물의 이용을 위한 법정지상권을 취득한 경우, 토지소유자는 건물을 점유하는 자에 대하여 그 건물로부터의 퇴거를 구할 수 없다(대판 1997.9.26, 97다10314).

[ㄹ ▸ ×] 사안은 토지와 건물의 소유자가 A로 동일하였다가, C의 매매로 인한 3층 건물의 소유권이전등기로써 토지와 건물의 소유자가 달라진 경우이다. 이는 D가 강제경매로 토지소유권을 취득하기 이전에 이루어진 것이므로, C는 3층 구분건물의 소유를 위한 관습상 법정지상권을 취득한다.

 판례 토지 또는 건물이 동일한 소유자에게 속하였다가 그 건물 또는 토지가 매매 기타의 원인으로 인하여 양자의 소유자가 다르게 된 때에 그 건물을 철거한다는 조건이 없는 이상 건물소유자는 토지소유자에 대하여 그 건물을 위한 관습상의 법정지상권을 취득하는 것이고, 자기의 의사에 의하여 건물만의 소유권을 취득하였다고 하여 관습상의 법정지상권을 취득할 수 없는 것은 아니다(대판 1997.1.21, 96다40080).

2019년 변호사시험 문 20. ☑ 확인Check! ○ △ ✕

甲은 乙과 乙 소유의 건물에 대하여 전세금 3억원에 전세권설정계약을 체결하고 그 등기까지 마쳤다. 이에 관한 설명 중 옳지 않은 것은?(각 지문은 독립적이며, 다툼이 있는 경우 판례에 의함)

① 甲과 乙이 실제로는 전세권설정계약을 체결하지 않고 임대차계약에 기한 임대차보증금반환채권을 담보할 목적으로 전세권설정등기를 마친 경우라 하더라도, 이 사실을 모른 채 甲의 채권자인 丙이 甲의 전세권부 채권을 가압류하였다면 乙은 丙을 상대로 위 전세권설정계약의 무효를 주장할 수 없다.

② 甲은 존속기간의 경과로 인해 본래의 용익물권적 권능이 소멸하고 담보물권적 권능만 남은 전세권에 대해서는 그 피담보채권인 전세금반환채권과 함께 제3자에게 이를 양도할 수 있다.

③ 전세권이 성립한 후 건물의 소유권이 乙로부터 丙에게 이전된 경우, 전세권은 甲과 丙 사이에서 계속 동일한 내용으로 존속하게 된다고 보아야 할 것이고, 丙은 전세권의 내용에 따른 권리의무의 직접적인 당사자가 되어 전세권이 소멸하는 때에 甲에 대하여 전세권설정자의 지위에서 전세금반환의무를 부담하게 된다.

④ 甲이 전세권 소멸 후 그 목적물을 인도하였다고 하더라도 전세권설정등기의 말소등기에 필요한 서류를 교부하거나 그 이행의 제공을 하지 아니하는 이상, 乙은 전세금의 반환을 거부할 수 있고, 이 경우 다른 특별한 사정이 없는 한 乙이 전세금에 대한 이자 상당액의 이득을 법률상 원인 없이 얻는다고 볼 수 없다.

⑤ 甲의 전세권설정등기 당시 乙이 위 건물의 대지에 대한 소유권자이었으나 그 뒤 乙이 그 대지를 丙에게 매도하여 丙 명의의 소유권이전등기가 경료된 경우, 丙은 甲에게 지상권을 설정한 것으로 본다.

[**❶ ▶ ○**]　실제로는 전세권설정계약을 체결하지 아니하였으면서도 임대차계약에 기한 임차보증금반환채권을 담보할 목적 또는 금융기관으로부터 자금을 융통할 목적으로 임차인과 임대인 사이의 합의에 따라 임차인 명의로 전세권설정등기를 경료한 경우, 위 전세권설정계약이 통정허위표시에 해당하여 무효라 하더라도 위 전세권설정계약에 의하여 형성된 법률관계에 기초하여 새로이 법률상 이해관계를 갖게 된 제3자에 대하여는 그 제3자가 그와 같은 사정을 알고 있었던 경우에만 그 무효를 주장할 수 있다. 그리고 통정한 허위표시에 의하여 외형상 형성된 법률관계로 생긴 채권을 가압류한 경우 그 가압류권자는 허위표시에 기초하여 새로이 법률상 이해관계를 가지게 된 제3자에 해당하므로, 그가 선의인 이상 위 통정허위표시의 무효를 그에 대하여 주장할 수 없다(대판 2010.3.25. 2009다35743).

[**❷ ▶ ○**]　전세권의 존속기간이 만료되면 전세권의 용익물권적 권능은 전세권설정등기의 말소 없이도 당연히 소멸하고 단지 전세금반환채권을 담보하는 담보물권적 권능의 범위 내에서 전세금의 반환 시까지 그 전세권설정등기의 효력이 존속하고 있다 할 것인데, 이와 같이 존속기간의 경과로서 본래의 용익물권적 권능이 소멸하고 담보물권적 권능만 남은 전세권에 대해서도 그 피담보채권인 전세금반환채권과 함께 제3자에게 이를 양도할 수 있다 할 것이지만 이 경우에는 민법 제450조 제2항 소정의 확정일자 있는 증서에 의한 채권양도절차를 거치지 않는 한 위 전세금반환채권의 압류·전부채권자 등 제3자에게 위 전세보증금반환채권의 양도사실로써 대항할 수 없다(대판 2005.3.25. 2003다35659).

[**❸ ▶ ○**]　전세권이 성립한 후 전세목적물의 소유권이 이전된 경우 민법이 전세권관계로부터 생기는 상환청구, 소멸청구, 갱신청구, 전세금증감청구, 원상회복, 매수청구 등의 법률관계의 당사자로 규정하고 있는 전세권설정자 또는 소유자는 모두 목적물의 소유권을 취득한 신 소유자로 새길 수밖에 없다고 할 것이므로, 전세권은 전세권자와 목적물의 소유권을

⑤　**정답**

취득한 신 소유자 사이에서 계속 동일한 내용으로 존속하게 된다고 보아야 할 것이고, 따라서 목적물의 신 소유자는 구소유자와 전세권자 사이에 성립한 전세권의 내용에 따른 권리의무의 직접적인 당사자가 되어 전세권이 소멸하는 때에 전세권자에 대하여 전세권설정자의 지위에서 전세금반환의무를 부담하게 된다(대판 2006.5.11. 2006다6072).

[❹ ▶ O] 전세권설정자는 전세권이 소멸한 경우 전세권자로부터 그 목적물의 인도 및 전세권설정등기의 말소등기에 필요한 서류의 교부를 받는 동시에 전세금을 반환할 의무가 있을 뿐이므로, 전세권자가 그 목적물을 인도하였다고 하더라도 전세권설정등기의 말소등기에 필요한 서류를 교부하거나 그 이행의 제공을 하지 아니하는 이상, 전세권설정자는 전세금의 반환을 거부할 수 있고, 이 경우 다른 특별한 사정이 없는 한 그가 전세금에 대한 이자 상당액의 이득을 법률상 원인 없이 얻는다고 볼 수 없다(대판 2002.2.5. 2001다62091).

[❺ ▶ ✕] 전세권자 甲이 아닌 전세권설정자 乙에게 지상권을 설정한 것으로 본다.

법령 건물의 전세권과 법정지상권(민법 제305조) ① 대지와 건물이 동일한 소유자에 속한 경우에 건물에 전세권을 설정한 때에는 그 대지소유권의 특별승계인은 전세권설정자에 대하여 지상권을 설정한 것으로 본다. 그러나 지료는 당사자의 청구에 의하여 법원이 이를 정한다.

2020년 변호사시험 문 17. ☑ 확인 Check! O △ ✕

乙은 2017.10.10. 甲으로부터 甲 소유의 X건물을 보증금 1억원, 차임 월 200만원, 임차기간 2년으로 정하여 임차하고, 같은 날 단순히 자신의 보증금반환채권을 담보할 목적으로 甲의 동의를 받아 위 건물에 관하여 전세금은 1억원, 존속기간은 위 임차기간과 동일하게 하여 전세권설정등기를 마쳤다. 그 후 乙은 위 사실을 알지 못하는 丙으로부터 1억원을 차용하면서 자신의 전세권에 관하여 2017.10.20. 丙 명의의 전세권저당권을 설정하여 주었다. 이에 관한 설명 중 옳은 것(O)과 옳지 않은 것(✕)을 올바르게 조합한 것은?(다툼이 있는 경우 판례에 의함)

ㄱ. 임대차기간이 만료되자 丙이 乙의 전세금반환채권을 압류·전부하여 甲에 대하여 1억원의 지급을 청구한 경우, 甲은 자신이 2017.12.10. 乙에게 변제기를 2018.12.10.로 정하여 대여한 대여금채권을 자동채권으로 하는 상계로 丙에게 대항할 수 있다.

ㄴ. 丙은 전세권의 존속기간이 만료되면 더 이상 전세권 자체에 대하여 저당권을 실행할 수 없고, 전세금반환채권에 대하여 물상대위를 행사하여 전세금의 지급을 구하여야 한다.

ㄷ. 甲과 乙 사이에 체결된 임대차계약은 乙 명의로 전세권설정등기가 마쳐진 후에는 전세권설정계약으로 변경되어 그 효력이 발생하기 때문에 甲은 乙에 대하여 더 이상 그 전세권설정계약이 통정허위표시로서 무효라고 주장할 수 없다.

ㄹ. 甲과 乙이 2019.3.27. X건물에 관하여 보증금 8,000만원, 월 차임 100만원, 임차기간 2년으로 정하여 임차하기로 하는 내용으로 종전의 임대차계약을 변경하였다면, 甲은 丙에 대해서도 당연히 전세권의 일부소멸을 주장할 수 있다.

① ㄱ(O) ㄴ(✕) ㄷ(O) ㄹ(✕) 　② ㄱ(O) ㄴ(O) ㄷ(✕) ㄹ(O)
③ ㄱ(✕) ㄴ(O) ㄷ(✕) ㄹ(✕) 　④ ㄱ(✕) ㄴ(O) ㄷ(O) ㄹ(O)
⑤ ㄱ(✕) ㄴ(✕) ㄷ(O) ㄹ(✕)

[ㄱ ▸ X] [ㄴ ▸ O] 甲은 저당권 설정 이후인 2017.12.10.에 발생한 대여금채권으로 전세권저당권자 丙의 전세금반환청구에 상계로써 대항할 수 없다.

전세권을 목적으로 한 저당권이 설정된 경우, 전세권의 존속기간이 만료되면 전세권의 용익물권적 권능이 소멸하기 때문에 더 이상 전세권 자체에 대하여 저당권을 실행할 수 없게 되고, 저당권자는 저당권의 목적물인 전세권에 갈음하여 존속하는 것으로 볼 수 있는 전세금반환채권에 대하여 압류 및 추심명령 또는 전부명령을 받거나 제3자가 전세금반환채권에 대하여 실시한 강제집행절차에서 배당요구를 하는 등의 방법으로 물상대위권을 행사하여 전세금의 지급을 구하여야 한다. 전세권저당권자가 위와 같은 방법으로 전세금반환채권에 대하여 물상대위권을 행사한 경우, 종전 저당권의 효력은 물상대위의 목적이 된 전세금반환채권에 존속하여 저당권자가 전세금반환채권으로부터 다른 일반채권자보다 우선변제를 받을 권리가 있으므로, 설령 전세금반환채권이 압류된 때에 전세권설정자가 전세권자에 대하여 반대채권을 가지고 있고 반대채권과 전세금반환채권이 상계적상에 있다고 하더라도 그러한 사정만으로 전세권설정자가 전세권저당권자에게 상계로써 대항할 수는 없다. 그러나 전세금반환채권은 전세권이 성립하였을 때부터 이미 발생이 예정되어 있다고 볼 수 있으므로, 전세권저당권이 설정된 때에 이미 전세권설정자가 전세권자에 대하여 반대채권을 가지고 있고 반대채권의 변제기가 장래 발생할 전세금반환채권의 변제기와 동시에 또는 그보다 먼저 도래하는 경우와 같이 전세권설정자에게 합리적 기대이익을 인정할 수 있는 경우에는 특별한 사정이 없는 한 전세권설정자는 반대채권을 자동채권으로 하여 전세금반환채권과 상계함으로써 전세권저당권자에게 대항할 수 있다(대판 2014.10.27. 2013다91672).

[ㄷ ▸ X] 전세권설정등기가 마쳐져도 전세권설정계약이 통정허위표시로서 무효이다. 따라서 당사자인 甲과 乙은 무효를 주장할 수 있고, 다만 선의의 제3자에게 대항할 수 없을 뿐이다.

실제로는 전세권설정계약이 없으면서도 임대차계약에 기한 임차보증금반환채권을 담보할 목적으로 임차인과 임대인 사이의 합의에 따라 임차인 명의로 전세권설정등기를 경료한 후 그 전세권에 대하여 근저당권이 설정된 경우, 설령 위 전세권설정계약만 놓고 보아 그것이 통정허위표시에 해당하여 무효라 하더라도 이로써 위 전세권설정계약에 의하여 형성된 법률관계를 토대로 별개의 법률원인에 의하여 새로운 법률상 이해관계를 갖게 된 근저당권자에 대하여는 그와 같은 사정을 알고 있었던 경우에만 그 무효를 주장할 수 있다(대판 2008.3.13. 2006다29372).

[ㄹ ▸ X] 임대차보증금반환채권을 담보하기 위하여 전세권설정등기를 경료한 후 그 전세권에 대하여 저당권이 설정된 경우, 임대차계약의 변경으로 전세권이 일부 소멸하더라도 저당권자의 동의가 없는 한 전세권설정자가 위 전세권의 일부 소멸을 주장할 수 없다(대판 2006.2.9. 2005다59864).

2018년 변호사시험 문 11.

☑ 확인 Check! ○ △ ✕

甲은 그 소유인 X아파트에 관하여 乙에게 전세권을 설정하여 주었다. 丙이 乙에게 금전을 대여하고 위 전세권을 목적으로 한 저당권을 설정받았다. 乙은 전세기간 만료일에 甲에게 X아파트를 반환하였다. 이에 관한 설명 중 옳지 않은 것을 모두 고른 것은?(각 지문은 독립적이며, 다툼이 있는 경우 판례에 의함)

ㄱ. 甲은 전세금반환채권에 대한 압류 등이 없는 한 乙에 대하여만 전세금반환의무를 부담한다.
ㄴ. 丙은 전세금반환채권에 대한 압류 및 전부명령을 받은 후 甲에게 전세금의 지급을 구하고 있다. 이에 대하여 甲은 전세권이 설정된 후 전세권저당권이 설정되기 전에 乙에게 금전을 대여하였는데 그 채권으로 상계를 주장한다. 그 대여금채권의 변제기가 전세기간 만료 후 위 압류 및 전부명령 송달 전에 도래하는 경우, 甲은 위 상계로 丙에게 대항할 수 있다.
ㄷ. 전세권 설정이 통정허위표시에 의하여 이루어진 것이고 丙이 저당권을 설정받을 당시 이러한 사정을 과실로 알지 못하였다면, 이 전세권 말소에 대하여 丙은 등기상 이해관계인으로서 승낙할 의무가 있다.

① ㄴ
② ㄷ
③ ㄱ, ㄴ
④ ㄴ, ㄷ
⑤ ㄱ, ㄴ, ㄷ

[ㄱ ▸ ○] 전세권을 목적물로 하는 저당권의 설정은 전세권의 목적물소유자의 의사와는 상관없이 전세권자의 동의만 있으면 가능한 것이고, 원래 전세권에 있어 전세권설정자가 부담하는 전세금반환의무는 전세금반환채권에 대한 제3자의 압류 등이 없는 한 전세권자에 대해 전세금을 지급함으로써 그 의무이행을 다할 뿐이라는 점에 비추어 볼 때, 전세권저당권이 설정된 경우에도 전세권이 기간 만료로 소멸되면 전세권설정자는 전세금반환채권에 대한 제3자의 압류 등이 없는 한 전세권자에 대하여만 전세금반환의무를 부담한다고 보아야 한다(대판 1999.9.17. 98다31301).

[ㄴ ▸ ✕] 甲의 대여금채권은 丙의 전세권저당권이 설정되기 전에 성립하였지만, 대여금채권의 변제기가 전세금반환채권의 변제기(전세기간 만료)보다 나중에 도래하는 경우이므로, 甲은 위 상계로써 丙에게 대항할 수 없다.

판례

전세권을 목적으로 한 저당권이 설정된 경우, 전세권의 존속기간이 만료되면 전세권의 용익물권적 권능이 소멸하기 때문에 더 이상 전세권 자체에 대하여 저당권을 실행할 수 없게 되고, 저당권자는 저당권의 목적적인 전세권에 갈음하여 존속하는 것으로 볼 수 있는 전세금반환채권에 대하여 압류 및 추심명령 또는 전부명령을 받거나 제3자가 전세금반환채권에 대하여 실시한 강제집행절차에서 배당요구를 하는 등의 방법으로 물상대위권을 행사하여 전세금의 지급을 구하여야 한다. 전세권저당권자가 위와 같은 방법으로 전세금반환채권에 대하여 물상대위권을 행사한 경우, 종전 저당권의 효력은 물상대위의 목적이 된 전세금반환채권에 존속하여 저당권자가 전세금반환채권으로부터 다른 일반채권자보다 우선변제를 받을 권리가 있으므로, 설령 전세금반환채권이 압류된 때에 전세권설정자가 전세권자에 대하여 반대채권을 가지고 있고 반대채권과 전세금반환채권이 상계적상에 있다고 하더라도 그러한 사정만으로 전세권설정자가 전세권저당권자에게 상계로써 대항할 수는 없다. 그러나 전세금반환채권은 전세권이 성립하였을 때부터 이미 발생이 예정되어 있다고 볼 수 있으므로, 전세권저당권이 설정된 때에 이미 전세권설정자가 전세권자에 대하여 반대채권을 가지고 있고 반대채권의 변제기가 장래 발생할 전세금반환채권의 변제기와 동시에 또는 그보다 먼저 도래하는 경우와 같이 전세권설정자에게 합리적 기대이익을 인정할 수 있는 경우에는 특별한 사정이 없는 한 전세권설정자는 반대채권을 자동채권으로 하여 전세금반환채권과 상계함으로써 전세권저당권자에게 대항할 수 있다(대판 2014.10.27. 2013다91672).

[ㄷ ▸ ×] 丙은 통정허위표시의 제3자로서 선의이면 과실 여부와 상관없이 보호된다. 따라서 丙은 전세권 말소에 대해 승낙할 의무가 없다.

판례

실제로는 전세권설정계약이 없으면서도 임대차계약에 기한 임차보증금반환채권을 담보할 목적으로 임차인과 임대인 사이의 합의에 따라 임차인 명의로 전세권설정등기를 경료한 후 그 전세권에 대하여 근저당권이 설정된 경우, 설령 위 전세권설정계약만 놓고 보아 그것이 통정허위표시에 해당하여 무효라 하더라도 이로써 위 전세권설정계약에 의하여 형성된 법률관계를 토대로 별개의 법률원인에 의하여 새로운 법률상 이해관계를 갖게 된 근저당권자에 대하여는 그와 같은 사정을 알고 있었던 경우에만 그 무효를 주장할 수 있다(대판 2008.3.13. 2006다29372).

2014년 변호사시험 문 31.
☑ 확인 Check! ○ △ ✕

甲 소유의 X주택에 관한 乙의 전세권에 대하여 丙의 저당권이 설정되어 있다. 다음 중 옳지 않은 것은?(다툼이 있는 경우에는 판례에 의함)

① 丙의 저당권의 목적물은 乙의 전세권이므로 그 전세권이 기간 만료로 소멸하면 丙은 더 이상 그 전세권에 대하여 저당권을 실행할 수 없다.

② 乙의 전세권이 기간 만료로 소멸하면 丙의 저당권도 당연히 소멸된다.

③ 乙의 전세권이 기간 만료로 소멸하면 甲은 전세금반환채권에 대한 제3자의 압류 등이 없는 한 乙에 대하여만 전세금반환의무를 부담한다.

④ 乙의 전세권이 기간 만료로 소멸하면 丙은 제3자가 전세금반환채권에 대하여 실시한 강제집행절차에서 배당요구를 하는 방법으로 乙에 대한 일반채권자보다 우선변제를 받을 수 있다.

⑤ 乙의 전세권이 기간 만료로 소멸하면 丙은 전세금반환채권에 대하여 압류 및 전부명령을 받는 등의 방법으로 권리를 행사하여 甲에 대하여 전세금의 지급을 구할 수 있으나 그 전세금반환채권에 대하여 압류가 경합된 상태에서 전부명령을 받았다면 이는 무효이므로 甲에 대하여 전세금의 지급을 구할 수 없다.

[❶ ▸ ○] [❸ ▸ ○] [❹ ▸ ○] 전세권에 대하여 저당권이 설정된 경우 그 저당권의 목적물은 물권인 전세권 자체이지 전세금반환채권은 그 목적물이 아니고, 전세권의 존속기간이 만료되면 전세권은 소멸하므로 더 이상 전세권 자체에 대하여 저당권을 실행할 수 없게 되고(①), 이러한 경우에는 민법 제370조, 제342조 및 민사소송법 제733조에 의하여 저당권의 목적물인 전세권에 갈음하여 존속하는 것으로 볼 수 있는 전세금반환채권에 대하여 압류 및 추심명령 또는 전부명령을 받거나 제3자가 전세금반환채권에 대하여 실시한 강제집행절차에서 배당요구를 하는 등의 방법으로 자신의 권리를 행사하여 비로소 전세권설정자에 대해 전세금의 지급을 구할 수 있게 된다(④)는 점, 원래 동시이행항변권은 공평의 관념과 신의칙에 입각하여 각 당사자가 부담하는 채무가 서로 대가적 의미를 가지고 관련되어 있을 때 그 이행에 있어서 견련관계를 인정하여 당사자 일방은 상대방이 채무를 이행하거나 이행의 제공을 하지 아니한 채 당사자 일방의 채무의 이행을 청구할 때에는 자기의 채무이행을 거절할 수 있도록 하는 제도인 점, 전세권을 목적물로 하는 저당권의 설정은 전세권의 목적물소유자의 의사와는 상관없이 전세권자의 동의만 있으면 가능한 것이고, 원래 전세권에 있어 전세권설정자가 부담하는 전세금반환의무는 전세금반환채권에 대한 제3자의 압류 등이 없는 한 전세권자에 대해 전세금을 지급함으로써 그 의무이행을 다할 뿐이라는 점에 비추어 볼 때, 전세권저당권이 설정된 경우에도 전세권이 기간 만료로 소멸되면 전세권설정자는 전세금반환채권에 대한 제3자의 압류 등이 없는 한 전세권자에 대하여만 전세금반환의무를 부담한다고 보아야 한다(③)(대판 1999.9.17. 98다31301).

⑤ **정답**

[❷ ▸ ○]　전세권이 기간 만료로 종료된 경우 전세권은 전세권설정등기의 말소등기 없이도 당연히 소멸하고, 저당권의 목적물인 전세권이 소멸하면 저당권도 당연히 소멸하는 것이므로 전세권을 목적으로 한 저당권자는 전세권의 목적물인 부동산의 소유자에게 더 이상 저당권을 주장할 수 없다(대판 1999.9.17. 98다31301).

[❺ ▸ ✕]　저당권이 설정된 전세권의 존속기간이 만료된 경우에 저당권자는 민법 제370조, 제342조 및 민사집행법 제273조에 의하여 저당권의 목적물인 전세권에 갈음하여 존속하는 것으로 볼 수 있는 전세금반환채권에 대하여 압류 및 추심명령 또는 전부명령을 받는 등의 방법으로 권리를 행사하여 전세권설정자에 대해 전세금의 지급을 구할 수 있고, 저당목적물의 변형물인 금전 기타 물건에 대하여 일반채권자가 물상대위권을 행사하려는 저당채권자보다 단순히 먼저 압류나 가압류의 집행을 함에 지나지 않은 경우에는 저당권자는 그 전은 물론 그 후에도 목적채권에 대하여 물상대위권을 행사하여 일반채권자보다 우선변제를 받을 수가 있으며, 위와 같이 전세권부 근저당권자가 우선권 있는 채권에 기하여 전부명령을 받은 경우에는 형식상 압류가 경합되었다 하더라도 그 전부명령은 유효하다(대판 2008.12.24. 2008다65396).

2015년 변호사시험 문 12.　　　　　　　　　　　☑ 확인 Check! ○ △ ✕

전세권에 관한 설명 중 옳지 않은 것은?(다툼이 있는 경우 판례에 의함)

① 전세권의 존속기간이 경과한 후 전세금반환채권을 제3자에게 양도하여 전세권의 부기등기까지 마쳤더라도, 확정일자 있는 증서에 의한 채권양도절차를 거치지 않으면 전세금반환채권에 대한 압류채권자, 전부채권자 등 제3자에게 전세금 반환채권의 양도사실로써 대항할 수 없다.
② 전세권자는 전세권설정자에게 전세권목적물의 현상을 유지하기 위해 지출한 필요비의 상환을 청구할 수 있다.
③ 당사자가 주로 채권담보의 목적으로 전세권을 설정하였고 그 설정과 동시에 목적물을 인도하지 아니한 경우라도, 장차 전세권자가 목적물을 사용·수익하는 것을 완전히 배제하는 것이 아니라면 그 전세권도 유효하다.
④ 전세권자는 전세권설정계약에 다른 약정이 없는 한 원전세권설정자의 동의 없이 전전세(轉傳貰)할 수 있다.
⑤ 전세권이 부동산의 일부에 설정된 경우, 전세권의 목적물이 아닌 나머지 부분에 대해서는 그 전세권에 기한 경매신청을 할 수 없다.

[❶ ▸ ○]　전세권의 존속기간이 만료되면 전세권의 용익물권적 권능은 전세권설정등기의 말소 없이도 당연히 소멸하고 단지 전세금반환채권을 담보하는 담보물권적 권능의 범위 내에서 전세금의 반환 시까지 그 전세권설정등기의 효력이 존속하고 있다 할 것인데, 이와 같이 존속기간의 경과로서 본래의 용익물권적 권능이 소멸하고 담보물권적 권능만 남은 전세권에 대해서도 그 피담보채권인 전세금반환채권과 함께 제3자에게 이를 양도할 수 있다 할 것이지만 이 경우에는 민법 제450조 제2항 소정의 확정일자 있는 증서에 의한 채권양도절차를 거치지 않는 한 위 전세금반환채권의 압류·전부채권자 등 제3자에게 위 전세보증금반환채권의 양도사실로써 대항할 수 없다. 전세기간 만료 이후 전세권양도계약 및 전세권 이전의 부기등기가 이루어진 것만으로는 전세금반환채권의 양도에 관하여 확정일자 있는 통지나 승낙이 있었다고 볼 수 없어 이로써 제3자인 전세금반환채권의 압류·전부채권자에게 대항할 수 없다(대판 2005.3.25. 2003다35659).

[❷ ▸ ✕]　전세권자는 임대차와 달리 목적물의 현상을 유지하고, 그 통상의 관리에 속하는 수선을 해야 할 의무를 부담한다. 따라서 전세권자에게는 원칙적으로 필요비상환청구권이 인정되지 않지만, 유익비상환청구는 가능하다.

법령　**전세권자의 유지, 수선의무(민법 제309조)**　전세권자는 목적물의 현상을 유지하고 그 통상의 관리에 속한 수선을 하여야 한다.
　　　전세권자의 상환청구권(민법 제310조)　① 전세권자가 목적물을 개량하기 위하여 지출한 금액 기타 유익비에 관하여는 그 가액의 증가가 현존한 경우에 한하여 소유자의 선택에 좇아 그 지출액이나 증가액의 상환을 청구할 수 있다.

[❸ ▸ ○] 전세권이 용익물권적 성격과 담보물권적 성격을 겸비하고 있다는 점 및 목적물의 인도는 전세권의 성립요건이 아닌 점 등에 비추어 볼 때, <u>당사자가 주로 채권담보의 목적으로 전세권을 설정하였고, 그 설정과 동시에 목적물을 인도하지 아니한 경우라 하더라도, 장차 전세권자가 목적물을 사용·수익하는 것을 완전히 배제하는 것이 아니라면, 그 전세권의 효력을 부인할 수는 없다</u>(대판 1995.2.10. 94다18508).

[❹ ▸ ○] <u>전세권자는 전세권을 타인에게 양도 또는 담보로 제공할 수 있고 그 존속기간 내에서 그 목적물을 타인에게 전전세 또는 임대할 수 있다. 그러나 설정행위로 이를 금지한 때에는 그러하지 아니하다</u>(민법 제306조).

[❺ ▸ ○] 건물의 일부에 대하여 전세권이 설정되어 있는 경우 그 전세권자는 민법 제303조 제1항의 규정에 의하여 그 건물 전부에 대하여 후순위 권리자 기타 채권자보다 전세금의 우선변제를 받을 권리가 있고, 민법 제318조의 규정에 의하여 전세권설정자가 전세금의 반환을 지체한 때에는 전세권의 목적물의 경매를 청구할 수 있는 것이나, <u>전세권의 목적물이 아닌 나머지 건물 부분에 대하여는 우선변제권은 별론으로 하고 경매신청권은 없으므로, 위와 같은 경우 전세권자는 전세권의 목적이 된 부분을 초과하여 건물 전부의 경매를 청구할 수 없다고 할 것이고, 그 전세권의 목적이 된 부분이 구조상 또는 이용상 독립성이 없어 독립한 소유권의 객체로 분할할 수 없고 따라서 그 부분만의 경매신청이 불가능하다고 하여 달리 볼 것은 아니다</u>(대결 2001.7.2. 2001마212).

2016년 변호사시험 문 10.   ☑ 확인 Check! ○ △ ✕

甲은 2012.2.10. 乙 소유인 X주택에 관하여 乙과 사이에 존속기간 3년, 전세금 3억원으로 하는 전세권설정계약을 체결하고 전세권등기를 한 후 X주택을 점유·사용하였다. 甲은 2013.4.10. 丙으로부터 변제기를 전세기간 만료일로 정하여 3억원을 차용하고, 같은 날 위 전세권에 관하여 저당권을 설정하여 주었다. 전세기간이 종료한 날부터 1개월 후 丙은 위 저당권에 기한 물상대위권의 행사로써 甲의 전세금반환채권을 압류·전부받은 후 乙을 상대로 전부금 3억원의 지급을 구하는 소를 제기하였다. 옳은 것을 모두 고른 것은?(각 지문은 독립적이며, 다툼이 있는 경우 판례에 의함)

ㄱ. 전세기간 중인 2013.6.10. 甲의 과실로 X주택의 일부를 멸실시켜 1,000만원 상당의 손해를 발생시켰다. 전세기간이 종료된 후 乙은 전세금으로써 위 손해의 배상에 충당하고 그 충당으로 丙에게 대항할 수 있다.
ㄴ. 전세기간 중인 2012.8.10. 乙이 甲에게 전세기간 만료일 전일을 변제기로 하여 1억원을 대여한 경우 특별한 사정이 없는 한 乙은 위 대여금채권에 의한 상계로 丙에게 대항할 수 있다.
ㄷ. 전세기간 종료 즉시 乙이 甲에게 전세금을 반환한 경우 乙은 이 반환으로써 丙에게 대항할 수 있다.

① ㄴ   ② ㄱ, ㄴ   ③ ㄱ, ㄷ
④ ㄴ, ㄷ   ⑤ ㄱ, ㄴ, ㄷ

[ㄱ ▸ ○] 전세금은 보증금의 성격을 갖고 있으므로, 민법 제315조에 정한 전세권설정자의 전세권자에 대한 손해배상채권을 담보한다. 따라서 乙은 전세금으로써 1,000만원 손해의 배상에 충당하고, 그 충당으로 丙에게 대항할 수 있다.

법령 **전세권자의 손해배상책임(민법 제315조)** ① 전세권의 목적물의 전부 또는 일부가 전세권자에 책임 있는 사유로 인하여 멸실된 때에는 전세권자는 손해를 배상할 책임이 있다.
② 전항의 경우에 <u>전세권설정자는 전세권이 소멸된 후 전세금으로써 손해의 배상에 충당하고 잉여가 있으면 반환하여야 하며 부족이 있으면 다시 청구할 수 있다.</u>

판례 전세금은 그 성격에 비추어 민법 제315조에 정한 전세권설정자의 전세권자에 대한 손해배상채권 외 다른 채권까지 담보한다고 볼 수 없으므로, 전세권설정자가 전세권자에 대하여 위 손해배상채권 외 다른 채권을 가지고 있더라도 다른 특별한 사정이 없는 한 이를 가지고 전세금반환채권에 대하여 물상대위권을 행사한 전세권저당권자에게 상계 등으로 대항할 수 없다(대판 2008.3.13. 2006다29372).

[ㄴ ▶ ○] 전세권설정자 乙의 대여금채권은 전세권저당권이 설정되기 전에 발생한 채권이고, 그 변제기도 전세금반환채권의 변제기(전세기간 만료)보다 먼저 도래한다. 따라서 乙은 위 대여금채권에 의한 상계로써 丙에게 대항할 수 있다.

 판례 전세권을 목적으로 한 저당권이 설정된 경우, 전세권의 존속기간이 만료되면 전세권의 용익물권적 권능이 소멸하기 때문에 더 이상 전세권 자체에 대하여 저당권을 실행할 수 없게 되고, 저당권자는 저당권의 목적물인 전세권에 갈음하여 존속하는 것으로 볼 수 있는 전세금반환채권에 대하여 압류 및 추심명령 또는 전부명령을 받거나 제3자가 전세금반환채권에 대하여 실시한 강제집행절차에서 배당요구를 하는 등의 방법으로 물상대위권을 행사하여 전세금의 지급을 구하여야 한다. 전세권저당권자가 위와 같은 방법으로 전세금반환채권에 대하여 물상대위권을 행사한 경우, 종전 저당권의 효력은 물상대위의 목적이 된 전세금반환채권에 존속하여 저당권자가 전세금반환채권으로부터 다른 일반채권자보다 우선변제를 받을 권리가 있으므로, 설령 전세금반환채권이 압류된 때에 전세권설정자가 전세권자에 대하여 반대채권을 가지고 있고 반대채권과 전세금반환채권이 상계적상에 있다고 하더라도 그러한 사정만으로 전세권설정자가 전세권저당권자에게 상계로써 대항할 수는 없다. 그러나 전세금반환채권은 전세권이 성립하였을 때부터 이미 발생이 예정되어 있다고 볼 수 있으므로, 전세권저당권이 설정된 때에 이미 전세권설정자가 전세권자에 대하여 반대채권을 가지고 있고 반대채권의 변제기가 장래 발생할 전세금반환채권의 변제기와 동시에 또는 그보다 먼저 도래하는 경우와 같이 전세권설정자에게 합리적 기대이익을 인정할 수 있는 경우에는 특별한 사정이 없는 한 전세권설정자는 반대채권을 자동채권으로 하여 전세금반환채권과 상계함으로써 전세권저당권자에게 대항할 수 있다(대판 2014.10.27. 2013다91672).

[ㄷ ▶ ○] 전세권설정자 乙이 전세권자 甲에게 전세금을 반환한 시점은 丙의 전세금반환채권 압류가 있기 전인 전세기간 종료 후 즉시였다. 따라서 乙은 이 반환으로써 전세권저당권자 丙에게 대항할 수 있다.

 판례 전세권을 목적물로 하는 저당권의 설정은 전세권의 목적물소유자의 의사와는 상관없이 전세권자의 동의만 있으면 가능한 것이고, 원래 전세권에 있어 전세권설정자가 부담하는 전세금반환의무는 전세금반환채권에 대한 제3자의 압류 등이 없는 한 전세권자에 대해 전세금을 지급함으로써 그 의무이행을 다할 뿐이라는 점에 비추어 볼 때, 전세권저당권이 설정된 경우에도 전세권이 기간 만료로 소멸되면 전세권설정자는 전세금반환채권에 대한 제3자의 압류 등이 없는 한 전세권자에 대하여만 전세금반환의무를 부담한다고 보아야 한다(대판 1999.9.17. 98다31301).

PART 02 물권법

전세권에 관한 설명 중 옳은 것은?(다툼이 있는 경우에는 판례에 의함)

① 전세권이 성립한 후 전세목적물의 소유권이 양도된 경우, 전세권이 소멸하면 전세권자는 전 소유자에 대해서도 전세금 반환을 청구할 수 있다.

② 전세권의 존속기간이 만료되면, 전세금의 반환을 받지 못하였더라도 제3자에게 전세권을 양도할 수 없다.

③ 전세권자의 채권자가 전세권에 저당권을 취득한 경우, 전세권이 기간 만료로 소멸하면 전세권설정자는 전세금반환청구권에 대한 저당권자의 압류 등이 없더라도 저당권자에게 전세금을 지급하여야 한다.

④ 전세권설정계약이 합의해지된 경우, 전세권자는 전세권과 분리하여 전세금반환채권만을 확정적으로 양도할 수 없다.

⑤ 토지와 건물의 소유자가 건물에 전세권을 설정하였으나 그 토지가 경매절차에서 제3자에게 매각되어 건물소유자가 법정지상권을 취득한 후 건물이 다시 타인에게 양도되었다면, 건물의 양수인이 토지소유자와의 관계에서 법정지상권을 취득할 지위를 포기하더라도 그 포기의 효력은 전세권자에게 미치지 않는다.

[❶ ▸ ✕]　전세목적물의 소유권이 이전된 경우 민법이 전세권관계로부터 생기는 상환청구, 소멸청구, 갱신청구, 전세금증감청구, 원상회복, 매수청구 등의 법률관계의 당사자로 규정하고 있는 전세권설정자 또는 소유자는 모두 목적물의 소유권을 취득한 신 소유자로 새길 수밖에 없다고 할 것이므로, 전세권은 전세권자와 목적물의 소유권을 취득한 신 소유자 사이에서 계속 동일한 내용으로 존속하게 된다고 보아야 할 것이고, 따라서 목적물의 신 소유자는 구 소유자와 전세권자 사이에 성립한 전세권의 내용에 따른 권리의무의 직접적인 당사자가 되어 전세권이 소멸하는 때에 전세권자에 대하여 전세권설정자의 지위에서 전세금반환의무를 부담하게 되고, 구 소유자는 전세권설정자의 지위를 상실하여 전세금반환의무를 면하게 된다고 보아야 하고, 전세권이 전세금채권을 담보하는 담보물권적 성질을 가지고 있다고 하여도 전세권은 전세금이 존재하지 않으면 독립하여 존재할 수 없는 용익물권으로서 전세금은 전세권과 분리될 수 없는 요소이므로 전세권관계로 생기는 위와 같은 법률관계가 신 소유자에게 이전되었다고 보는 이상, 전세금채권관계만이 따로 분리되어 전 소유자와 사이에 남아 있다고 할 수는 없을 것이고, 당연히 신 소유자에게 이전되었다고 보는 것이 옳다(대판 2000.6.9. 99다15122).

[❷ ▸ ✕]　전세권의 존속기간이 만료되면 전세권의 용익물권적 권능은 전세권설정등기의 말소 없이도 당연히 소멸하고 단지 전세금반환채권을 담보하는 담보물권적 권능의 범위 내에서 전세금의 반환 시까지 그 전세권설정등기의 효력이 존속하고 있다 할 것인데, 이와 같이 존속기간의 경과로서 본래의 용익물권적 권능이 소멸하고 담보물권적 권능만 남은 전세권에 대해서도 그 피담보채권인 전세금반환채권과 함께 제3자에게 이를 양도할 수 있다 할 것이지만 이 경우에는 민법 제450조 제2항 소정의 확정일자 있는 증서에 의한 채권양도절차를 거치지 않는 한 위 전세금반환채권의 압류·전부채권자 등 제3자에게 위 전세보증금반환채권의 양도사실로써 대항할 수 없다(대판 2005.3.25. 2003다35659).

[❸ ▸ ✕]　전세권을 목적물로 하는 저당권의 설정은 전세권의 목적물소유자의 의사와는 상관없이 전세권자의 동의만 있으면 가능한 것이고, 원래 전세권에 있어 전세권설정자가 부담하는 전세금반환의무는 전세금반환채권에 대한 제3자의 압류 등이 없는 한 전세권자에 대해 전세금을 지급함으로써 그 의무이행을 다할 뿐이라는 점에 비추어 볼 때, 전세권저당권이 설정된 경우에도 전세권이 기간 만료로 소멸되면 전세권설정자는 전세금반환채권에 대한 제3자의 압류 등이 없는 한 전세권자에 대하여만 전세금반환의무를 부담한다고 보아야 한다(대판 1999.9.17. 98다31301).

[❹ ▸ ✕]　전세권이 담보물권적 성격도 가지는 이상 부종성과 수반성이 있는 것이므로 전세권을 그 담보하는 전세금반환채권과 분리하여 양도하는 것은 허용되지 않는다고 할 것이나, 한편 담보물권의 수반성이란 피담보채권의 처분이 있으면 언제나 담보물권도 함께 처분된다는 것이 아니라, 채권담보라고 하는 담보물권제도의 존재목적에 비추어 볼 때 특별한 사정이 없는 한 피담보채권의 처분에는 담보물권의 처분도 포함된다고 보는 것이 합리적이라는 것일 뿐이므로, 전세권이 존속기간의 만료로 소멸한 경우이거나 전세계약의 합의해지 또는 당사자 간의 특약에 의하여 전세권반환채권의 처분에도 불구하고, 전세권의 처분이 따르지 않는 경우 등의 특별한 사정이 있는 때에는 채권양수인은 담보물권이 없는 무담보의 채권을 양수한 것이 된다(대판 1997.11.25. 97다29790).

[❺ ▶ O] 대판 2007.8.24. 2006다14684, 민법 제304조 제1항·제2항 참조

토지와 건물을 함께 소유하던 토지·건물의 소유자가 건물에 대하여 전세권을 설정하여 주었는데 그 후 토지가 타인에게 경락되어 민법 제305조 제1항에 의한 법정지상권을 취득한 상태에서 다시 건물을 타인에게 양도한 경우, 그 건물을 양수하여 소유권을 취득한 자는 특별한 사정이 없는 한 법정지상권을 취득할 지위를 가지게 되고, 다른 한편으로는 전세권관계도 이전받게 되는바, 민법 제304조 등에 비추어 건물양수인이 토지소유자와의 관계에서 전세권자의 동의 없이 법정지상권을 취득할 지위를 소멸시켰다고 하더라도, 그 건물양수인은 물론 토지소유자도 그 사유를 들어 전세권자에게 대항할 수 없다(대판 2007.8.24. 2006다14684).

건물의 전세권, 지상권, 임차권에 대한 효력(민법 제304조)   ① 타인의 토지에 있는 건물에 전세권을 설정한 때에는 전세권의 효력은 그 건물의 소유를 목적으로 한 지상권 또는 임차권에 미친다.

② 전항의 경우에 전세권설정자는 전세권자의 동의 없이 지상권 또는 임차권을 소멸하게 하는 행위를 하지 못한다.

안심Touch

| 제1절 | 담보물권 총설 |

| 제2절 | 유치권 | ★★★☆

2019년 변호사시험 문 9.   ☑ 확인Check! ○ △ X

유치권에 관한 설명으로 옳지 않은 것은?(다툼이 있는 경우 판례에 의함)

① 도급인과 건물신축공사계약을 체결한 수급인이 공사완료예정일에 공사를 완료하였으나 도급인이 공사대금을 지급하지 않는 경우, 수급인은 공사대금청구권 및 공사대금채무 불이행에 따른 손해배상청구권을 피담보채권으로 하여 도급인에게 위 신축건물에 관한 유치권으로 대항할 수 있다.

② 다세대주택 전체의 창호공사를 완성한 수급인이 위 공사 전부에 대하여 일률적으로 지급하기로 한 공사대금 잔액을 변제받기 위하여 위 다세대주택 중 한 세대를 점유하여 유치권을 행사하는 경우, 그 유치권은 위 한 세대에 대하여 시행한 공사대금만이 아니라 위 다세대주택 전체에 대하여 시행한 공사대금 잔액 전부에 대한 채권을 피담보채권으로 하여 성립한다.

③ 도급인 소유의 부동산에 경매개시결정의 기입등기가 경료되어 압류의 효력이 발생한 이후에 수급인이 도급인으로부터 위 부동산의 점유를 이전받고 이에 관한 공사 등을 시행함으로써 도급인에 대한 공사대금채권 및 이를 피담보채권으로 한 유치권을 취득한 경우, 부동산을 점유한 수급인은 그 부동산에 관한 경매절차의 매수인에게 유치권으로 대항할 수 없다.

④ 건축자재상인이 건물신축공사수급인과 체결한 약정에 따라 건축자재를 공급하였으나 건축자재대금을 받지 못한 경우, 건축자재상인은 위 신축건물에 관하여 건축자재대금채권을 피담보채권으로 하는 유치권의 성립을 주장할 수 있다.

⑤ 공사대금채권에 기하여 유치권을 행사하는 자가 유치물인 주택에 거주하며 사용하는 것이 보존행위에 해당하여 허용되는 경우에도, 특별한 사정이 없는 한 차임에 상당한 이득은 소유자에게 반환해야 한다.

[❶ ▶ ○]   주택건물의 신축공사를 한 수급인이 그 건물을 점유하고 있고 또 그 건물에 관하여 생긴 공사금채권이 있다면, 수급인은 그 채권을 변제받을 때까지 건물을 유치할 권리가 있다고 할 것이고, 이러한 유치권은 수급인이 점유를 상실하거나 피담보채무가 변제되는 등 특단의 사정이 없는 한 소멸되지 않는다(대판 1995.9.15. 95다16202).

[❷ ▶ ○]   민법 제320조 제1항에서 '그 물건에 관하여 생긴 채권'은 유치권제도 본래의 취지인 공평의 원칙에 특별히 반하지 않는 한 채권이 목적물 자체로부터 발생한 경우는 물론이고 채권이 목적물의 반환청구권과 동일한 법률관계나 사실관계로부터 발생한 경우도 포함하고, 한편 민법 제321조는 "유치권자는 채권 전부의 변제를 받을 때까지 유치물 전부에 대하여 그 권리를 행사할 수 있다"고 규정하고 있으므로, 유치물은 그 각 부분으로써 피담보채권의 전부를 담보하며, 이와 같은 유치권의 불가분성은 그 목적물이 분할 가능하거나 수개의 물건인 경우에도 적용된다. 다세대주택의 창호 등의 공사를 완성한 하수급인이 공사대금채권 잔액을 변제받기 위하여 위 다세대주택 중 한 세대를 점유하여 유치권을 행사하는 경우, 그 유치권은 위 한 세대에 대하여 시행한 공사대금만이 아니라 다세대주택 전체에 대하여 시행한 공사대금채권의 잔액 전부를 피담보채권으로 하여 성립한다(대판 2007.9.7. 2005다16942).

④ **정답**

[**❸ ▶ ○**]　채무자 소유의 건물 등 부동산에 강제경매개시결정의 기입등기가 경료되어 압류의 효력이 발생한 이후에 채무자가 위 부동산에 관한 공사대금채권자에게 그 점유를 이전함으로써 그로 하여금 유치권을 취득하게 한 경우, 그와 같은 점유의 이전은 목적물의 교환가치를 감소시킬 우려가 있는 처분행위에 해당하여 민사집행법 제92조 제1항, 제83조 제4항에 따른 압류의 처분금지효에 저촉되므로 점유자로서는 위 유치권을 내세워 그 부동산에 관한 경매절차의 매수인에게 대항할 수 없다(대판 2005.8.19. 2005다22688).

[**❹ ▶ ✕**]　甲이 건물신축공사수급인인 乙주식회사와 체결한 약정에 따라 공사현장에 시멘트와 모래 등의 건축자재를 공급한 경우, 甲의 건축자재대금채권은 매매계약에 따른 매매대금채권에 불과할 뿐 건물 자체에 관하여 생긴 채권이라고 할 수는 없음에도 건물에 관한 유치권의 피담보채권이 된다고 본 원심판결에 유치권의 성립요건인 채권과 물건 간의 견련관계에 관한 법리오해의 위법이 있다(대판 2012.1.26. 2011다96208).

[**❺ ▶ ○**]　민법 제324조에 의하면, 유치권자는 선량한 관리자의 주의로 유치물을 점유하여야 하고, 소유자의 승낙 없이 유치물을 보존에 필요한 범위를 넘어 사용하거나 대여 또는 담보 제공을 할 수 없으며, 소유자는 유치권자가 위 의무를 위반한 때에는 유치권의 소멸을 청구할 수 있다고 할 것인바, 공사대금채권에 기하여 유치권을 행사하는 자가 스스로 유치물인 주택에 거주하며 사용하는 것은 특별한 사정이 없는 한 유치물인 주택의 보존에 도움이 되는 행위로서 유치물의 보존에 필요한 사용에 해당한다고 할 것이다. 그리고 유치권자가 유치물의 보존에 필요한 사용을 한 경우에도 특별한 사정이 없는 한 차임에 상당한 이득을 소유자에게 반환할 의무가 있다(대판 2009.9.24. 2009다40684).

2020년 변호사시험 문 5.

☑ 확인 Check! ○ △ ✕

민사유치권에 관한 설명 중 옳은 것을 모두 고른 것은?(다툼이 있는 경우 판례에 의함)

ㄱ. 건물신축도급계약에서 수급인이 완성한 신축건물에 하자가 있고 하자 및 손해에 상응하는 금액이 공사잔대금액 이상이어서 도급인이 하자보수에 갈음한 손해배상청구권에 기하여 수급인의 공사잔대금채권 전부에 대하여 동시이행의 항변을 한 경우, 수급인은 위 손해배상채무에 관한 이행의 제공을 하지 아니한 이상 공사잔대금채권에 기한 유치권을 행사할 수 없다.

ㄴ. 이른바 계약명의신탁약정을 맺고 명의수탁자가 명의신탁약정에 관하여 알지 못하는 소유자와 건물매매계약을 체결한 뒤 수탁자 명의로 소유권이전등기를 마친 경우, 명의신탁자가 명의수탁자에 대하여 가지는 매매대금 상당의 부당이득반환청구권은 당해 건물의 반환청구권과 동일한 법률관계 또는 사실관계로부터 발생한 채권에 해당하지 않는다.

ㄷ. 건물의 옥탑, 외벽 등에 설치된 간판이 일반적으로 건물의 일부가 아니라 독립된 물건으로 남아 있으면서 과다한 비용을 들이지 않고 건물로부터 분리될 수 있는 경우에는, 특별한 사정이 없는 한 간판설치공사대금채권은 그 건물 자체에 관하여 생긴 채권이라고 할 수는 없다.

ㄹ. 자재업자가 공사수급인과의 계약으로 시멘트를 공급하였고 이것이 공사수급인에 의해 건물신축공사에 사용됨으로써 부합된 경우, 시멘트대금채권은 신축된 건물 자체에 관하여 생긴 채권이라고 할 수 있다.

ㅁ. 유치권의 피담보채권의 소멸시효기간이 확정판결 등에 의하여 10년으로 연장된 경우에도 유치권의 목적물을 매수하여 소유권을 취득한 자는 그 피담보채권의 소멸시효기간이 연장된 효과를 부정하고 종전의 단기소멸시효기간을 원용할 수 있다.

① ㄱ, ㄴ　　　　② ㄹ, ㅁ　　　　③ ㄱ, ㄴ, ㄷ
④ ㄱ, ㄴ, ㅁ　　　⑤ ㄴ, ㄹ, ㅁ

정답　③

안심Touch

[ㄱ ▸ O] 수급인의 공사대금채권이 도급인의 하자보수청구권 내지 하자보수에 갈음한 손해배상채권 등과 동시이행의 관계에 있는 점 및 피담보채권의 변제기 도래를 유치권의 성립요건으로 규정한 취지 등에 비추어 보면, 건물신축도급계약에서 수급인이 공사를 완성하였더라도, 신축된 건물에 하자가 있고 그 하자 및 손해에 상응하는 금액이 공사잔대금액 이상이어서, 도급인이 수급인에 대한 하자보수청구권 내지 하자보수에 갈음한 손해배상채권 등에 기하여 수급인의 공사 잔대금채권 전부에 대하여 동시이행의 항변을 한 때에는, 공사잔대금채권의 변제기가 도래하지 아니한 경우와 마찬가지로 수급인은 도급인에 대하여 하자보수의무나 하자보수에 갈음한 손해배상의무 등에 관한 이행의 제공을 하지 아니한 이상 공사잔대금채권에 기한 유치권을 행사할 수 없다고 보아야 한다(대판 2014.1.16. 2013다30653).

[ㄴ ▸ O] 명의신탁자와 명의수탁자가 이른바 계약명의신탁약정을 맺고 명의수탁자가 당사자가 되어 명의신탁약정이 있다는 사실을 알지 못하는 소유자와 부동산에 관한 매매계약을 체결한 뒤 수탁자 명의로 소유권이전등기를 마친 경우에는, 명의신탁자와 명의수탁자 사이의 명의신탁약정은 무효이지만 그 명의수탁자는 당해 부동산의 완전한 소유권을 취득하게 되고(부동산 실권리자명의 등기에 관한 법률 제4조 제1항, 제2항 참조), 반면 명의신탁자는 애초부터 당해 부동산의 소유권을 취득할 수 없고 다만 그가 명의수탁자에게 제공한 부동산매수자금이 무효의 명의신탁약정에 의한 법률상 원인 없는 것이 되는 관계로 명의수탁자에 대하여 동액 상당의 부당이득반환청구권을 가질 수 있을 뿐이다. 명의신탁자의 이와 같은 부당이득반환청구권은 부동산 자체로부터 발생한 채권이 아닐 뿐만 아니라 소유권 등에 기한 부동산의 반환청구권과 동일한 법률관계나 사실관계로부터 발생한 채권이라고 보기도 어려우므로, 결국 민법 제320조 제1항에서 정한 유치권성립요건으로서의 목적물과 채권 사이의 견련관계를 인정할 수 없다(대판 2009.3.26. 2008다34828).

[ㄷ ▸ O] 건물의 옥탑, 외벽 등에 설치된 간판의 경우 일반적으로 건물의 일부가 아니라 독립된 물건으로 남아 있으면서 과다한 비용을 들이지 않고 건물로부터 분리할 수 있는 것이 충분히 있을 수 있고, 그러한 경우에는 특별한 사정이 없는 한 간판설치공사대금채권을 그 건물 자체에 관하여 생긴 채권이라고 할 수 없다(대판 2013.10.24. 2011다44788).

[ㄹ ▸ X] 원심판결 이유에 의하면, 피고는 위 건물신축공사의 수급인인 한울과의 약정에 따라 그 공사현장에 시멘트와 모래 등의 건축자재를 공급하였을 뿐이라는 것인바, 그렇다면 이러한 피고의 건축자재대금채권은 그 건축자재를 공급받은 한울과의 매매계약에 따른 매매대금채권에 불과한 것이고, 피고가 공급한 건축자재가 수급인 등에 의해 위 건물의 신축공사에 사용됨으로써 결과적으로 위 건물에 부합되었다고 하여도 건축자재의 공급으로 인한 매매대금채권이 위 건물 자체에 관하여 생긴 채권이라고 할 수는 없다(대판 2012.1.26. 2011다96208).

[ㅁ ▸ X] 유치권이 성립된 부동산의 매수인은 피담보채권의 소멸시효가 완성되면 시효로 인하여 채무가 소멸되는 결과 직접적인 이익을 받는 자에 해당하므로 소멸시효의 완성을 원용할 수 있는 지위에 있다고 할 것이나, 매수인은 유치권자에게 채무자의 채무와는 별개의 독립된 채무를 부담하는 것이 아니라 단지 채무자의 채무를 변제할 책임을 부담하는 점 등에 비추어 보면, 유치권의 피담보채권의 소멸시효기간이 확정판결 등에 의하여 10년으로 연장된 경우 매수인은 그 채권의 소멸시효기간이 연장된 효과를 부정하고 종전의 단기소멸시효기간을 원용할 수는 없다(대판 2009.9.24. 2009다39530).

다음 설명 중 「민법」상 유치권 행사가 인정되는 경우를 모두 고른 것은?(다툼이 있는 경우 판례에 의함)

ㄱ. 채무자 소유의 부동산에 강제경매개시결정의 기입등기가 경료되어 압류의 효력이 발생한 이후에 채무자가 그 부동산에 관한 공사대금채권자에게 점유를 이전함으로써 유치권을 취득하게 한 경우, 공사대금채권자가 그 부동산에 관한 경매절차의 매수인에게

ㄴ. 채무자 소유 건물의 보수공사를 맡은 수급인이 경매개시결정의 기입등기가 경료되기 전에 위 건물의 점유를 이전받고 경매개시결정의 기입등기가 경료된 후 공사를 완공하여 공사대금채권을 취득한 경우, 수급인이 그 부동산에 관한 경매절차의 매수인에게

ㄷ. 체납처분에 의한 압류가 되어 있는 부동산에 대하여 경매절차가 개시되기 전에 그 부동산에 관한 민사유치권을 취득한 자가 그 후에 진행된 경매절차의 매수인에게

ㄹ. 건물신축도급계약에서 완성된 건물에 하자가 있고 하자에 상응하는 손해액이 공사잔대금액 이상이어서 도급인이 하자보수청구권에 기하여 수급인의 공사잔대금채권 전부에 대하여 동시이행항변을 하였으나, 수급인이 도급인에게 하자보수의무의 이행제공을 하지 않은 경우, 건물을 점유하고 있는 수급인이 도급인에게

① ㄷ   ② ㄱ, ㄹ   ③ ㄴ, ㄷ
④ ㄴ, ㄹ   ⑤ ㄷ, ㄹ

[ㄱ ▸ ✕] 채무자 소유의 건물 등 부동산에 강제경매개시결정의 기입등기가 경료되어 압류의 효력이 발생한 이후에 채무자가 위 부동산에 관한 공사대금채권자에게 그 점유를 이전함으로써 그로 하여금 유치권을 취득하게 한 경우, 그와 같은 점유의 이전은 목적물의 교환가치를 감소시킬 우려가 있는 처분행위에 해당하여 민사집행법 제92조 제1항, 제83조 제4항에 따른 압류의 처분금지효에 저촉되므로 점유자로서는 위 유치권을 내세워 그 부동산에 관한 경매절차의 매수인에게 대항할 수 없다(대판 2005.8.19, 2005다22688).

[ㄴ ▸ ✕] 유치권은 목적물에 관하여 생긴 채권이 변제기에 있는 경우에 비로소 성립하고(민법 제320조), 한편 채무자 소유의 부동산에 경매개시결정의 기입등기가 마쳐져 압류의 효력이 발생한 후에 유치권을 취득한 경우에는 그로써 부동산에 관한 경매절차의 매수인에게 대항할 수 없는데, 채무자 소유의 건물에 관하여 증·개축 등 공사를 도급받은 수급인이 경매개시결정의 기입등기가 마쳐지기 전에 채무자에게서 건물의 점유를 이전받았다 하더라도 경매개시결정의 기입등기가 마쳐져 압류의 효력이 발생한 후에 공사를 완공하여 공사대금채권을 취득함으로써 그때 비로소 유치권이 성립한 경우에는, 수급인은 유치권을 내세워 경매절차의 매수인에게 대항할 수 없다(대판 2011.10.13, 2011다55214).

[ㄷ ▸ ○] 부동산에 관한 민사집행절차에서는 경매개시결정과 함께 압류를 명하므로 압류가 행하여짐과 동시에 매각절차인 경매절차가 개시되는 반면, 국세징수법에 의한 체납처분절차에서는 그와 달리 체납처분에 의한 압류(이하 "체납처분압류"라고 한다)와 동시에 매각절차인 공매절차가 개시되는 것이 아닐 뿐만 아니라, 체납처분압류가 반드시 공매절차로 이어지는 것도 아니다. 또한 체납처분절차와 민사집행절차는 서로 별개의 절차로서 공매절차와 경매절차가 별도로 진행되는 것이므로, 부동산에 관하여 체납처분압류가 되어 있다고 하여 경매절차에서 이를 그 부동산에 관하여 경매개시결정에 따른 압류가 행하여진 경우와 마찬가지로 볼 수는 없다. 따라서 체납처분압류가 되어 있는 부동산이라고 하더라도 그러한 사정만으로 경매절차가 개시되어 경매개시결정등기가 되기 전에 부동산에 관하여 민사유치권을 취득한 유치권자가 경매절차의 매수인에게 유치권을 행사할 수 없다고 볼 것은 아니다(대판 2014.3.20, 2009다60336 [전합]).

[ㄹ ▸ ✕] 수급인의 공사대금채권이 도급인의 하자보수청구권 내지 하자보수에 갈음한 손해배상채권 등과 동시이행의 관계에 있는 점 및 피담보채권의 변제기 도래를 유치권의 성립요건으로 규정한 취지 등에 비추어 보면, 건물신축도급계약에서 수급인이 공사를 완성하였더라도, 신축된 건물에 하자가 있고 그 하자 및 손해에 상응하는 금액이 공사잔대금액

이상이어서, 도급인이 수급인에 대한 하자보수청구권 내지 하자보수에 갈음한 손해배상채권 등에 기하여 수급인의 공사잔대금채권 전부에 대하여 동시이행의 항변을 한 때에는, 공사잔대금채권의 변제기가 도래하지 아니한 경우와 마찬가지로 수급인은 도급인에 대하여 하자보수의무나 하자보수에 갈음한 손해배상의무 등에 관한 이행의 제공을 하지 아니한 이상 공사잔대금채권에 기한 유치권을 행사할 수 없다고 보아야 한다(대판 2014.1.16, 2013다30653).

2016년 변호사시험 문 9. ☑ 확인Check! ○ △ ✕

상인이 아닌 甲은 乙에게 甲 소유의 X건물을 보수하는 공사를 도급하면서 공사기간은 2개월로 하고, 공사대금의 변제기는 공사 완료 시로 약정하였다. 甲은 도급계약 당일 乙에게 보수공사를 위하여 X건물을 인도하였다. 乙은 보수공사를 마쳤으나 공사대금을 받지 못하여 X건물을 계속 점유하고 있다. 옳은 것을 모두 고른 것은?(각 지문은 독립적이며, 다툼이 있는 경우 판례에 의함)

ㄱ. X건물에 관하여 도급계약 전에 제3자의 근저당권이 설정되었다가 보수공사가 완료된 후에 그 근저당권에 기한 경매개시결정의 기입등기가 마쳐져 압류의 효력이 발생한 경우 乙은 유치권을 주장하여 그 경매에서의 매수인에게 인도를 거절할 수 있다.

ㄴ. X건물에 관하여 도급계약 전에 제3자의 신청에 의한 강제경매개시결정의 기입등기가 마쳐져 압류의 효력이 발생한 경우 乙은 유치권을 주장하여 그 경매에서의 매수인에게 인도를 거절할 수 있다.

ㄷ. X건물에 관하여 도급계약 전에 제3자 명의의 가압류등기가 마쳐졌다가 보수공사 완료 후에 강제경매개시결정의 기입등기가 마쳐져 압류의 효력이 발생한 경우 乙은 유치권을 주장하여 그 경매에서의 매수인에게 인도를 거절할 수 있다.

ㄹ. X건물에 관하여 보수공사 개시 후 완료 전에 제3자의 신청에 의하여 경매개시결정의 기입등기가 마쳐져 압류의 효력이 발생한 경우 乙은 유치권을 주장하여 그 경매에서의 매수인에게 인도를 거절할 수 있다.

① ㄱ   ② ㄴ   ③ ㄱ, ㄷ
④ ㄱ, ㄷ, ㄹ   ⑤ ㄴ, ㄷ, ㄹ

[ㄱ▶○][ㄷ▶○] 어느 부동산에 관하여 경매개시결정등기가 된 뒤에 비로소 민사유치권을 취득한 사람은 경매절차의 매수인에 대하여 그의 유치권을 주장할 수 없다. 이러한 법리는 어디까지나 경매절차의 법적 안정성을 보장하기 위한 것이므로, 경매개시결정등기가 되기 전에 이미 그 부동산에 관하여 민사유치권을 취득한 사람은 그 취득에 앞서 저당권설정등기나 가압류등기 또는 체납처분압류등기가 먼저 되어 있다 하더라도 경매절차의 매수인에게 자기의 유치권으로 대항할 수 있다(대판 2014.4.10, 2010다84932).

[ㄴ▶✕][ㄹ▶✕] 유치권은 목적물에 관하여 생긴 채권이 변제기에 있는 경우에 비로소 성립하고(민법 제320조), 한편 채무자 소유의 부동산에 경매개시결정의 기입등기가 마쳐져 압류의 효력이 발생한 후에 유치권을 취득한 경우에는 그로써 부동산에 관한 경매절차의 매수인에게 대항할 수 없는데, 채무자 소유의 건물에 관하여 증·개축 등 공사를 도급받은 수급인이 경매개시결정의 기입등기가 마쳐지기 전에 채무자에게서 건물의 점유를 이전받았다 하더라도 경매개시결정의 기입등기가 마쳐져 압류의 효력이 발생한 후에 공사를 완공하여 공사대금채권을 취득함으로써 그때 비로소 유치권이 성립한 경우에는, 수급인은 유치권을 내세워 경매절차의 매수인에게 대항할 수 없다(대판 2011.10.13, 2011다55214).

③ **정답**

甲은 X건물의 소유자이다. 乙은 甲에 대하여 X건물에 관한 공사대금채권을 근거로 X건물을 점유하면서 유치권을 주장하고 있다. 한편, 이 건물에 대하여 저당권을 설정받았던 丙이 피담보채무가 변제되지 않자 경매를 신청하여 경매절차가 진행되었고, 이에 따라 丁은 X건물을 매수하였다. 다음 설명 중 옳은 것은?(각 지문은 독립적이고, 다툼이 있는 경우 판례에 의함)

① 乙이 X건물에 대하여 적법한 유치권을 취득한 경우, 乙은 위 경매절차에서 우선변제권을 주장하여 甲의 일반채권자보다 우선하여 배당받을 수 있다.

② 乙이 丁에 대하여 유치권을 행사할 수 있는 경우에는 乙은 丁에 대하여 공사대금의 지급을 청구할 수 있다.

③ 만약 乙이 경매개시결정기입등기 이전부터 X건물을 점유하고 있었다면, 그 이후에 공사대금채권을 취득하더라도 乙은 丁에 대하여 유치권으로 대항할 수 있다.

④ 경매개시결정기입등기 이후에 乙이 甲으로부터 점유를 취득하였더라도 乙은 丁에게 유치권으로 대항할 수 있다.

⑤ 유치권을 취득하기 위한 乙의 점유는 직접점유이든 간접점유이든 관계가 없으나, 乙이 직접점유자인 甲으로부터 간접점유를 취득한 경우에는 乙은 유치권을 행사할 수 없다.

[❶▸×] 유치권에 우선변제권능은 없다.

판례 유치권에 의한 경매도 강제경매나 담보권 실행을 위한 경매와 마찬가지로 목적부동산 위의 부담을 소멸시키는 것을 법정매각조건으로 하여 실시되고 우선채권자뿐만 아니라 일반채권자의 배당요구도 허용되며, <u>유치권자는 일반채권자와 동일한 순위로 배당을 받을 수 있다고 보아야 한다</u>(대결 2011.6.15. 2010마1059).

[❷▸×] 민사소송법 제728조에 의하여 담보권의 실행을 위한 경매절차에 준용되는 같은 법 제608조 제3항은 경락인은 유치권자에게 그 유치권으로 담보하는 채권을 변제할 책임이 있다고 규정하고 있는바, 여기에서 '변제할 책임이 있다'는 의미는 부동산상의 부담을 승계한다는 취지로서 인적 채무까지 인수한다는 취지는 아니므로, <u>유치권자는 경락인에 대하여 그 피담보채권의 변제가 있을 때까지 유치목적물인 부동산의 인도를 거절할 수 있을 뿐이고 그 피담보채권의 변제를 청구할 수는 없다</u>(대판 1996.8.23. 95다8713).

[❸▸×] 유치권은 목적물에 관하여 생긴 채권이 변제기에 있는 경우에 비로소 성립하고(민법 제320조), 한편 채무자 소유의 부동산에 경매개시결정의 기입등기가 마쳐져 압류의 효력이 발생한 후에 유치권을 취득한 경우에는 그로써 부동산에 관한 경매절차의 매수인에게 대항할 수 없는데, <u>채무자 소유의 건물에 관하여 증·개축 등 공사를 도급받은 수급인이 경매개시결정의 기입등기가 마쳐지기 전에 채무자에게서 건물의 점유를 이전받았다 하더라도 경매개시결정의 기입등기가 마쳐져 압류의 효력이 발생한 후에 공사를 완공하여 공사대금채권을 취득함으로써 그때 비로소 유치권이 성립한 경우에는, 수급인은 유치권을 내세워 경매절차의 매수인에게 대항할 수 없다</u>(대판 2011.10.13. 2011다55214).

[❹▸×] 채무자 소유의 건물 등 부동산에 강제경매개시결정의 기입등기가 경료되어 압류의 효력이 발생한 이후에 채무자가 위 부동산에 관한 공사대금채권자에게 그 점유를 이전함으로써 그로 하여금 유치권을 취득하게 한 경우, 그와 같은 점유의 이전은 목적물의 교환가치를 감소시킬 우려가 있는 처분행위에 해당하여 민사집행법 제92조 제1항, 제83조 제4항에 따른 압류의 처분금지효에 저촉되므로 <u>점유자로서는 위 유치권을 내세워 그 부동산에 관한 경매절차의 매수인에게 대항할 수 없다</u>(대판 2005.8.19. 2005다22688).

[❺▸○] <u>유치권의 성립요건이자 존속요건인 유치권자의 점유는 직접점유이든 간접점유이든 관계가 없으나</u>, 다만 유치권은 목적물을 유치함으로써 채무자의 변제를 간접적으로 강제하는 것을 본체적 효력으로 하는 권리인 점 등에 비추어, <u>그 직접점유자가 채무자인 경우에는 유치권의 요건으로서의 점유에 해당하지 않는다고 할 것이다</u>(대판 2008.4.11. 2007다27236).

甲은 자기 소유인 X토지에 상가건물을 신축하는 공사를 乙에게 도급하였다. 계약 당시 건축허가와 소유권보존등기는 甲의 명의로 하고, 공사대금은 공정률이 30%, 60%, 100%가 될 때마다 그에 상응하는 대금을 지급하기로 약정하였다. 乙은 자기의 재료와 비용으로 건물을 신축하여 완공하였다. 甲 명의로 건물의 소유권보존등기가 경료되었으나 乙은 甲으로부터 공사대금 중 30%밖에 지급받지 못한 상태이다. 乙은 완공건물을 인도하지 않고 점유하고 있다. 다음 설명 중 옳지 않은 것은?(다툼이 있는 경우에는 판례에 의함)

① 신축건물의 소유자는 甲이다.
② 丙이 甲으로부터 신축건물을 매수하고 등기를 이전받은 다음 乙에게 건물 인도를 청구하는 경우, 乙은 건물 인도를 거절할 수 있다.
③ 신축공사가 시작되기 전에 X토지에 저당권이 설정되어 있었는데 건물 완공 후 그 저당권의 실행으로 토지소유권이 丁에게 이전된 경우, 丁은 乙에게 건물에서의 퇴거를 청구할 수 있다.
④ 乙이 신축건물의 경매를 신청한 경우, 乙은 배당절차에서 일반채권자와 동일한 순위로 배당받을 수 있다.
⑤ 乙이 신축건물의 점유를 계속하는 경우, 甲에 대한 공사대금채권의 소멸시효는 진행하지 않는다.

[❶ ▸ O]　일반적으로 자기의 노력과 재료를 들여 건물을 건축한 사람은 그 건물의 소유권을 원시취득하는 것이고, 다만 도급계약에 있어서는 수급인이 자기의 노력과 재료를 들여 건물을 완성하더라도 도급인과 수급인 사이에 도급인 명의로 건축허가를 받아 소유권보존등기를 하기로 하는 등 완성된 건물의 소유권을 도급인에게 귀속시키기로 합의한 것으로 보여질 경우에는 그 건물의 소유권은 도급인에게 원시적으로 귀속된다(대판 1997.5.30. 97다8601).

[❷ ▸ O]　주택건물의 신축공사를 한 수급인이 그 건물을 점유하고 있고 또 그 건물에 관하여 생긴 공사금채권이 있다면, 수급인은 그 채권을 변제받을 때까지 건물을 유치할 권리가 있다고 할 것이고, 이러한 유치권은 수급인이 점유를 상실하거나 피담보채무가 변제되는 등 특단의 사정이 없는 한 소멸되지 않는다(대판 1995.9.15. 95다16202).

[❸ ▸ O]　사안은 X토지에 먼저 저당권이 설정된 후 甲과 乙의 도급계약에 따라 건물이 완공된 경우이므로, 위 건물을 위한 법정지상권이 없는 상태이다. 따라서 토지소유자 丁은 위 건물의 철거를 청구할 수 있고, 건물에 대한 유치권으로는 토지소유자 丁에게 대항할 수 없다.

판례

- 건물점유자가 건물의 원시취득자에게 그 건물에 관한 유치권이 있다고 하더라도 그 건물의 존재와 점유가 토지소유자에게 불법행위가 되고 있다면 그 유치권으로 토지소유자에게 대항할 수 없다(대판 1989.2.14. 87다카 3073).
- 건물이 그 존립을 위한 토지사용권을 갖추지 못하여 토지의 소유자가 건물의 소유자에 대하여 당해 건물의 철거 및 그 대지의 인도를 청구할 수 있는 경우에라도 건물소유자가 아닌 사람이 건물을 점유하고 있다면 토지소유자는 그 건물 점유를 제거하지 아니하는 한 위의 건물 철거 등을 실행할 수 없다. 따라서 그때 토지소유권은 위와 같은 점유에 의하여 그 원만한 실현을 방해당하고 있다고 할 것이므로, 토지소유자는 자신의 소유권에 기한 방해 배제로서 건물점유자에 대하여 건물로부터의 퇴출을 청구할 수 있다(대판 2010.8.19. 2010다43801).

[❹ ▸ O]　유치권에 의한 경매도 강제경매나 담보권 실행을 위한 경매와 마찬가지로 목적부동산 위의 부담을 소멸시키는 것을 법정매각조건으로 하여 실시되고 우선채권자뿐만 아니라 일반채권자의 배당요구도 허용되며, 유치권자는 일반채권자와 동일한 순위로 배당을 받을 수 있다고 보아야 한다(대결 2011.6.15. 2010마1059).

[❺ ▸ X]　유치권의 행사는 채권의 소멸시효의 진행에 영향을 미치지 아니한다(민법 제326조).

2014년 변호사시험 문 10.

☑ 확인Check! ○ △ ✕

민사상 유치권에 관한 설명 중 옳지 않은 것은?(각 지문은 독립적이고, 다툼이 있는 경우에는 판례에 의함)

① 甲 소유의 주택의 증축공사를 공사대금지급시기를 정하지 않고 도급받은 乙이 경매개시결정의 기입등기가 마쳐지기 전에 甲으로부터 위 주택의 점유를 이전받았으나 그 기입등기가 마쳐진 후에 공사를 완공한 경우, 乙은 그 공사대금채권을 피담보채권으로 한 유치권을 내세워 그 주택에 관한 경매절차의 매수인에게 대항할 수 있다.

② 乙이 공사대금채권을 피담보채권으로 하여 甲 소유의 주택에 대하여 유치권을 행사하면서 스스로 그 주택에 거주하며 사용하더라도 甲은 위 유치권의 소멸을 청구할 수 없다.

③ 甲이 丙으로부터 건물신축공사를 수급한 乙과 체결한 약정에 따라 그 공사현장에 시멘트를 공급하여 취득한 물품대금채권을 피담보채권으로 하여서는 甲은 그 신축된 건물에 관하여 유치권을 취득할 수 없다.

④ 甲 소유의 토지에 근저당권이 설정된 후에 甲이 위 토지에 관한 공사대금채권자 乙에게 위 토지의 점유를 이전함으로써 乙로 하여금 유치권을 취득하게 한 경우, 乙은 원칙적으로 위 유치권을 내세워 그 후 위 근저당권 실행을 위한 그 토지에 관한 경매절차의 매수인에게 대항할 수 있다.

⑤ 甲이 乙에게 토지를 매도하고 매매대금을 다 지급받지 않은 상태에서 소유권이전등기를 마쳐 주었으나 토지를 계속 점유하고 있다고 하더라도 甲은 그 매매대금채권을 피담보채권으로 하여 乙로부터 토지를 매수한 丁에게 유치권을 주장할 수 없다.

[**❶ ▸ ✕**] 유치권은 목적물에 관하여 생긴 채권이 변제기에 있는 경우에 비로소 성립하고(민법 제320조), 한편 채무자 소유의 부동산에 경매개시결정의 기입등기가 마쳐져 압류의 효력이 발생한 후에 유치권을 취득한 경우에는 그로써 부동산에 관한 경매절차의 매수인에게 대항할 수 없는데, <u>채무자 소유의 건물에 관하여 증·개축 등 공사를 도급받은 수급인이 경매개시결정의 기입등기가 마쳐지기 전에 채무자에게서 건물의 점유를 이전받았다 하더라도 경매개시결정의 기입등기가 마쳐져 압류의 효력이 발생한 후에 공사를 완공하여 공사대금채권을 취득함으로써 그때 비로소 유치권이 성립한 경우에는, 수급인은 유치권을 내세워 경매절차의 매수인에게 대항할 수 없다</u>(대판 2011.10.13. 2011다55214).

[**❷ ▸ ○**] 민법 제324조에 의하면, 유치권자는 선량한 관리자의 주의로 유치물을 점유하여야 하고, 소유자의 승낙 없이 유치물을 보존에 필요한 범위를 넘어 사용하거나 대여 또는 담보 제공을 할 수 없으며, 소유자는 유치권자가 위 의무를 위반한 때에는 유치권의 소멸을 청구할 수 있다고 할 것인바, <u>공사대금채권에 기하여 유치권을 행사하는 자가 스스로 유치물인 주택에 거주하며 사용하는 것은 특별한 사정이 없는 한 유치물인 주택의 보존에 도움이 되는 행위로서 유치물의 보존에 필요한 사용에 해당한다고 할 것이다.</u> 그리고 유치권자가 유치물의 보존에 필요한 사용을 한 경우에도 특별한 사정이 없는 한 차임에 상당한 이득을 소유자에게 반환할 의무가 있다(대판 2009.9.24. 2009다40684).

[**❸ ▸ ○**] 甲이 건물신축공사수급인인 乙주식회사와 체결한 약정에 따라 공사현장에 시멘트와 모래 등의 건축자재를 공급한 경우, <u>甲의 건축자재대금채권은 매매계약에 따른 매매대금채권에 불과할 뿐 건물 자체에 관하여 생긴 채권이라고 할 수는 없음에도</u> 건물에 관한 유치권의 피담보채권이 된다고 본 원심판결에 유치권의 성립요건인 채권과 물건 간의 견련관계에 관한 법리오해의 위법이 있다(대판 2012.1.26. 2011다96208).

[**❹ ▸ ○**] 부동산경매절차에서의 매수인은 민사집행법 제91조 제5항에 따라 유치권자에게 그 유치권으로 담보하는 채권을 변제할 책임이 있는 것이 원칙이나, <u>채무자 소유의 건물 등 부동산에 경매개시결정의 기입등기가 경료되어 압류의 효력이 발생한 후에 채무자가 위 부동산에 관한 공사대금채권자에게 그 점유를 이전함으로써 그로 하여금 유치권을 취득하게 한 경우</u>, 그와 같은 점유의 이전은 목적물의 교환가치를 감소시킬 우려가 있는 처분행위에 해당하여 민사집행법 제92조 제1항, 제83조 제4항에 따른 압류의 처분금지효에 저촉되므로 점유자로서는 위 유치권을 내세워 그 부동산에 관한 경매절차의 매수인에게 대항할 수 없다. 그러나 <u>이러한 법리는 경매로 인한 압류의 효력이 발생하기 전에 유치권을 취득한 경우에는 적용되지 아니하고, 유치권취득시기가 근저당권 설정 후라거나 유치권 취득 전에 설정된 근저당권에 기하여 경매절차가 개시되었다고 하여 달리 볼 것은 아니다</u>(대판 2009.1.15. 2008다70763).

정답 ①

[❺ ▶ O] 부동산매도인이 매매대금을 다 지급받지 아니한 상태에서 매수인에게 소유권이전등기를 마쳐 주어 목적물의 소유권을 매수인에게 이전한 경우에는, 매도인의 목적물인도의무에 관하여 동시이행의 항변권 외에 물권적 권리인 유치권까지 인정할 것은 아니다. … 따라서 <u>매도인이 부동산을 점유하고 있고 소유권을 이전받은 매수인에게서 매매대금 일부를 지급받지 못하고 있다고 하여 매매대금채권을 피담보채권으로 매수인이나 그에게서 부동산소유권을 취득한 제3자를 상대로 유치권을 주장할 수 없다</u>(대결 2012.1.12. 2011마2380).

제3절 질권 ★★

[A ▶ 미치지 않는다] 저당권으로 담보한 채권을 질권의 목적으로 한 때에는 그 <u>저당권등기에 질권의 부기등기를 하여야 그 효력이 저당권에 미친다</u>(민법 제348조).

[B ▶ 요하지 않는다] 질권의 목적인 채권의 양도행위는 민법 제352조 소정의 <u>질권자의 이익을 해하는 변경에 해당되지 않으므로 질권자의 동의를 요하지 아니한다</u>(대판 2005.12.22. 2003다55059).

[C ▶ 있다] 채권의 목적물이 금전인 때에는 <u>질권자는 자기 채권의 한도에서 직접 청구할 수 있다</u>(민법 제353조 제2항).

[D ▶ 진다] 질권자는 그 권리의 범위 내에서 자기의 책임으로 질물을 전질할 수 있다. 이 경우에는 <u>전질을 하지 아니하였으면 면할 수 있는 불가항력으로 인한 손해에 대하여도 책임을 부담한다</u>(민법 제336조).

[E ▶ 요건이 아니다] 민법 제347조는 채권을 질권의 목적으로 하는 경우에 채권증서가 있는 때에는 질권의 설정은 그 증서를 질권자에게 교부함으로써 효력이 생긴다고 규정하고 있다. 여기에서 말하는 '<u>채권증서</u>'는 채권의 존재를 증명하기

위하여 채권자에게 제공된 문서로서 특정한 이름이나 형식을 따라야 하는 것은 아니지만, 장차 변제 등으로 채권이 소멸하는 경우에는 민법 제475조에 따라 채무자가 채권자에게 그 반환을 청구할 수 있는 것이어야 한다. 이에 비추어 임대차계약서와 같이 계약당사자 쌍방의 권리의무관계의 내용을 정한 서면은 그 계약에 의한 권리의 존속을 표상하기 위한 것이라고 할 수는 없으므로 위 채권증서에 해당하지 않는다(대판 2013.8.22. 2013다32574).

2019년 변호사시험 문 13. ☑확인Check! ○ △ ×

채권질권에 관한 설명으로 옳지 않은 것은?(다툼이 있는 경우 판례에 의함)

① 질권자는 질권의 목적이 된 채권과 그에 대한 지연손해금채권을 피담보채권의 범위에 속하는 자기 채권액에 대한 부분에 한하여 직접 추심하여 자기 채권의 변제에 충당할 수 있다.

② 질권자가 제3채무자로부터 자기 채권을 초과한 금전을 지급받아 초과수령한 부분에 관하여 그 부분을 질권설정자에게 그대로 반환하였더라도, 질권자는 제3채무자에 대하여 부당이득반환의무를 부담한다.

③ 「주택임대차보호법」상 대항력을 갖춘 임차인이 임대차보증금반환채권에 질권을 설정하고 임대인이 그 질권설정을 승낙한 후 임대주택이 양도된 경우에는 임대인은 임대차관계에서 탈퇴하고 임차인에 대한 임대차보증금반환채무를 면하게 된다.

④ 질권의 목적인 채권의 양도행위는 특별한 사정이 없는 한 질권자의 이익을 해하는 변경에 해당되지 않으므로 질권자의 동의를 요하지 않는다.

⑤ 제3채무자가 질권설정사실을 승낙한 후 질권자가 제3채무자에게 질권설정계약의 합의해지사실을 통지하였다면, 그 계약이 아직 해지되지 아니하였다고 하더라도 선의인 제3채무자는 질권설정자에게 대항할 수 있는 사유로 질권자에게 대항할 수 있다.

[❶▸○] 질권의 목적이 된 채권이 금전채권인 때에는 질권자는 자기 채권의 한도에서 질권의 목적이 된 채권을 직접 청구할 수 있고, 채권질권의 효력은 질권의 목적이 된 채권의 지연손해금 등과 같은 부대채권에도 미치므로 채권질권자는 질권의 목적이 된 채권과 그에 대한 지연손해금채권을 피담보채권의 범위에 속하는 자기 채권액에 대한 부분에 한하여 직접 추심하여 자기 채권의 변제에 충당할 수 있다(대판 2005.2.25. 2003다40668).

[❷▸✕] 질권자가 제3채무자로부터 자기 채권을 초과하여 금전을 지급받은 경우 초과지급 부분에 관하여는 제3채무자의 질권설정자에 대한 급부와 질권설정자의 질권자에 대한 급부가 있다고 볼 수 없으므로, 제3채무자는 특별한 사정이 없는 한 질권자를 상대로 초과지급 부분에 관하여 부당이득 반환을 구할 수 있지만, 부당이득반환청구의 상대방이 되는 수익자는 실질적으로 그 이익이 귀속된 주체이어야 하는데, 질권자가 초과지급 부분을 질권설정자에게 그대로 반환한 경우에는 초과지급 부분에 관하여 질권설정자가 실질적 이익을 받은 것이지 질권자로서는 실질적 이익이 없다고 할 것이므로, 제3채무자는 질권자를 상대로 초과지급 부분에 관하여 부당이득 반환을 구할 수 없다(대판 2015.5.29. 2012다92258).

[❸▸○] 구 주택임대차보호법 제3조 제3항은 같은 조 제1항이 정한 대항요건을 갖춘 임대차의 목적이 된 임대주택의 양수인은 임대인의 지위를 승계한 것으로 본다고 규정하고 있다. 이는 법률상의 당연승계규정으로 보아야 하므로, 임대주택이 양도된 경우에 양수인은 주택의 소유권과 결합하여 임대인의 임대차계약상 권리·의무 일체를 그대로 승계한다. 그 결과 양수인이 임대차보증금반환채무를 면책적으로 인수하고, 양도인은 임대차관계에서 탈퇴하여 임차인에 대한 임대차보증금반환채무를 면하게 된다. 이는 임차인이 임대차보증금반환채권에 질권을 설정하고 임대인이 그 질권설정을 승낙한 후에 임대주택이 양도된 경우에도 마찬가지라고 보아야 한다. 따라서 이 경우에도 임대인은 구 주택임대차법 제3조 제3항에 의해 임대차관계에서 탈퇴하고 임차인에 대한 임대차보증금반환채무를 면하게 된다(대판 2018.6.19. 2018다201610).

[❹▸○] 질권의 목적인 채권의 양도행위는 민법 제352조 소정의 질권자의 이익을 해하는 변경에 해당되지 않으므로 질권자의 동의를 요하지 아니한다(대판 2005.12.22. 2003다55059).

[**⑤ ▸ ○**]　제3채무자가 질권설정사실을 승낙한 후 질권설정계약이 합의해지된 경우 질권설정자가 해지를 이유로 제3채무자에게 원래의 채권으로 대항하려면 질권자가 제3채무자에게 해지사실을 통지하여야 하고, 만일 질권자가 제3채무자에게 질권설정계약의 해지사실을 통지하였다면, 설사 아직 해지가 되지 아니하였다고 하더라도 선의인 제3채무자는 질권설정자에게 대항할 수 있는 사유로 질권자에게 대항할 수 있다고 봄이 타당하다. 그리고 위와 같은 해지통지가 있었다면 해지사실은 추정되고, 그렇다면 해지통지를 믿은 제3채무자의 선의 또한 추정된다고 볼 것이어서 제3채무자가 악의라는 점은 선의를 다투는 질권자가 증명할 책임이 있다(대판 2014.4.10, 2013다76192).

2015년 변호사시험 문 24.　　　　　　　☑ 확인Check! ○ △ ✕

저축성 보험의 보험계약자인 甲은 乙로부터 금전을 차용하면서 그 담보로 보험회사인 丙에 대하여 가지는 보험금청구권(보험료환급청구권 포함)에 질권을 설정하여 주었다. 한편 甲의 다른 채권자인 丁은 甲에 대한 채권을 청구채권으로 하여 위 보험금청구권을 가압류하였다. 다음 설명 중 옳은 것을 모두 고른 것은?(각 지문은 독립적이고, 다툼이 있는 경우 판례에 의함)

　ㄱ. 乙은 위 보험금청구권에 관한 지연손해금에 대하여 질권을 행사할 수 없다.
　ㄴ. 丁의 채권가압류결정이 丙에게 송달되기 전에 丙이 확정일자 있는 서면에 의하여 질권설정에 승낙하였다면, 丁은 乙에 대하여 가압류로 대항할 수 없다.
　ㄷ. 만약 위 보험금청구권의 변제기가 乙의 甲에 대한 위 채권의 변제기보다 먼저 도래하였고 丁의 가압류가 없는 경우라면, 乙은 丙에 대하여 보험금의 공탁을 청구할 수 있다.

① ㄴ　　　　　　　　　② ㄷ　　　　　　　　　③ ㄱ, ㄴ
④ ㄴ, ㄷ　　　　　　　　⑤ ㄱ, ㄴ, ㄷ

[**ㄱ ▸ ✕**]　질권의 목적이 된 채권이 금전채권인 때에는 질권자는 자기 채권의 한도에서 질권의 목적이 된 채권을 직접 청구할 수 있고, 채권질권의 효력은 질권의 목적이 된 채권의 지연손해금 등과 같은 부대채권에도 미치므로 채권질권자는 질권의 목적이 된 채권과 그에 대한 지연손해금채권을 피담보채권의 범위에 속하는 자기 채권액에 대한 부분에 한하여 직접 추심하여 자기 채권의 변제에 충당할 수 있다(대판 2005.2.25, 2003다40668).

[**ㄴ ▸ ○**]　지명채권을 목적으로 한 질권의 설정은 채권양도의 대항력규정이 적용되므로, 확정일자 있는 통지의 도달이나 승낙의 선후에 의하여 채권질권자와 채권에 대한 다른 채권자의 우열이 결정된다. 따라서 丁의 가압류결정 송달은 丙의 확정일자 있는 증서에 의한 질권설정의 승낙보다 뒤에 된 것이므로, 가압류채권자 丁은 채권질권자 乙에게 대항할 수 없다.

법령　**지명채권에 대한 질권의 대항요건(민법 제349조)**　① 지명채권을 목적으로 한 질권의 설정은 설정자가 제450조의 규정에 의하여 제삼채무자에게 질권설정의 사실을 통지하거나 제삼채무자가 이를 승낙함이 아니면 이로써 제삼채무자 기타 제삼자에게 대항하지 못한다.
지명채권 양도의 대항요건(민법 제450조)　① 지명채권의 양도는 양도인이 채무자에게 통지하거나 채무자가 승낙하지 아니하면 채무자 기타 제삼자에게 대항하지 못한다.
② 전항의 통지나 승낙은 확정일자 있는 증서에 의하지 아니하면 채무자 이외의 제삼자에게 대항하지 못한다.

④ **정답**

판례 채권이 이중으로 양도된 경우의 양수인 상호 간의 우열은 통지 또는 승낙에 붙여진 확정일자의 선후에 의하여 결정할 것이 아니라, 채권양도에 대한 채무자의 인식, 즉 확정일자 있는 양도통지가 채무자에게 도달한 일시 또는 확정일자 있는 승낙의 일시의 선후에 의하여 결정하여야 할 것이고, 이러한 법리는 채권양수인과 동일 채권에 대하여 가압류명령을 집행한 자 사이의 우열을 결정하는 경우에 있어서도 마찬가지이므로, 확정일자 있는 채권양도통지와 가압류결정 정본의 제3채무자(채권양도의 경우는 채무자)에 대한 도달의 선후에 의하여 그 우열을 결정하여야 한다(대판 1994.4.26. 93다24223 [전합]).

[ㄷ ▸ O] 민법 제353조 제3항 참조

법령 질권의 목적이 된 채권의 실행방법(민법 제353조)   ① 질권자는 질권의 목적이 된 채권을 직접 청구할 수 있다.
② 채권의 목적물이 금전인 때에는 질권자는 자기 채권의 한도에서 직접 청구할 수 있다.
③ 전항의 채권의 변제기가 질권자의 채권의 변제기보다 먼저 도래한 때에는 질권자는 제삼채무자에 대하여 그 변제금액의 공탁을 청구할 수 있다. 이 경우에 질권은 그 공탁금에 존재한다.

2018년 변호사시험 문 8.
☑ 확인 Check! O △ X

甲은 乙에 대하여 1억원의 대여금채권을 가지고 있다. 위 대여금채권을 담보할 목적으로 乙은 丙에 대하여 갖고 있던 1억원의 매매대금채권에 관하여 甲에게 채권질권을 설정하여 주었고 丙은 이를 승낙하였다. 甲은 양 채권의 변제기가 도래한 후 丙을 상대로 채권질권을 실행하고자 한다. 이에 관한 설명 중 옳은 것을 모두 고른 것은?(각 지문은 독립적이며, 다툼이 있는 경우 판례에 의함)

ㄱ. 甲이 丙을 상대로 매매대금채권을 직접 청구함에 대하여 乙이 동의하지 않으면 甲은 「민사집행법」에서 정한 절차에 따라 추심해야 한다.
ㄴ. 甲이 「민사집행법」에 따라 매매대금채권에 대하여 압류 및 전부명령을 받기 위해서는 위 대여금채권에 관한 확정 판결 등 집행권원은 필요하지 않다.
ㄷ. 甲의 직접 청구에 따라 丙이 甲에게 1억원을 지급하였는데 후일 乙의 丙에 대한 위 매매대금채권이 부존재한 것으로 밝혀진 경우, 丙은 甲에 대하여 부당이득 반환을 청구할 수 있다.

① ㄱ   ② ㄴ   ③ ㄷ
④ ㄱ, ㄴ   ⑤ ㄴ, ㄷ

[ㄱ ▸ X] 채권질권자는 질권의 목적이 된 채권을 직접 청구할 수 있는데, 이때 질권설정자의 동의는 필요 없다.

법령 질권의 목적이 된 채권의 실행방법(민법 제353조)   ① 질권자는 질권의 목적이 된 채권을 직접 청구할 수 있다.
② 채권의 목적물이 금전인 때에는 질권자는 자기 채권의 한도에서 직접 청구할 수 있다.

[ㄴ ▸ O] 질권자는 민사집행법에 정한 집행방법에 의해서도 질권을 실행할 수 있는데, 이 경우 집행권원은 필요하지 않고, 질권의 존재를 증명하는 서류만 제출하면 된다.

동전(민법 제354조) 질권자는 전조의 규정에 의하는 외에 민사집행법에 정한 집행방법에 의하여 질권을 실행할 수 있다.

채권과 그 밖의 재산권에 대한 담보권의 실행(민사집행법 제273조) ① 채권, 그 밖의 재산권을 목적으로 하는 담보권의 실행은 담보권의 존재를 증명하는 서류(권리의 이전에 관하여 등기나 등록을 필요로 하는 경우에는 그 등기사항증명서 또는 등록원부의 등본)가 제출된 때에 개시한다.

[ㄷ ▸ X] 금전채권의 질권자가 민법 제353조 제1항, 제2항에 의하여 자기 채권의 범위 내에서 직접청구권을 행사하는 경우 질권자는 질권설정자의 대리인과 같은 지위에서 입질채권을 추심하여 자기 채권의 변제에 충당하고 그 한도에서 질권설정자에 의한 변제가 있었던 것으로 보므로, 위 범위 내에서는 제3채무자의 질권자에 대한 금전 지급으로써 제3채무자의 질권설정자에 대한 급부가 이루어질 뿐만 아니라 질권설정자의 질권자에 대한 급부도 이루어진다. 이러한 경우 입질채권의 발생원인인 계약관계에 무효 등의 흠이 있어 입질채권이 부존재한다고 하더라도 제3채무자는 특별한 사정이 없는 한 상대방 계약당사자인 질권설정자에 대하여 부당이득 반환을 구할 수 있을 뿐이고 질권자를 상대로 직접 부당이득 반환을 구할 수 없다. 이와 달리 제3채무자가 질권자를 상대로 직접 부당이득반환청구를 할 수 있다고 보면 자기 책임하에 체결된 계약에 따른 위험을 제3자인 질권자에게 전가하는 것이 되어 계약법의 원리에 반하는 결과를 초래할 뿐만 아니라 질권자가 질권설정자에 대하여 가지는 항변권 등을 침해하게 되어 부당하기 때문이다(대판 2015.5.29. 2012다92258).

제4절 | 저당권

제1항 저당권 일반

2014년 변호사시험 문 12. ☑ 확인Check! ○ △ X

A는 B 명의의 1번 근저당권이 설정되어 있는 C 소유의 X주택에 관하여 전세권을 취득하였다. 그 후 X주택에 관하여 D 명의의 2번 근저당권이 설정되었다. 다음 설명 중 옳지 않은 것은?(각 지문은 독립적이고, 다툼이 있는 경우에는 판례에 의함)

① B의 1번 근저당권 실행을 위한 경매절차가 개시되면 A는 B에게 X주택으로 담보된 채권을 변제하더라도 민법 제364조 (제3취득자의 변제)에 의하여는 1번 근저당권의 소멸을 청구할 수 없다.

② C로부터 X주택을 매수하여 소유권이전등기를 마치면서 그 매매대금에서 1번 근저당권의 채권최고액을 공제하고 잔액만을 지급한 E는 원칙적으로 B에게 X주택으로 담보된 채권을 변제하고 민법 제364조(제3취득자의 변제)에 의하여 1번 근저당권의 소멸을 청구할 수 있다.

③ A는 D보다 선순위 전세권자이지만 D의 2번 근저당권 실행을 위한 경매절차에서 X주택을 매수한 F에게 대항할 수 없다.

④ D는 B에게 X주택으로 담보된 채권을 변제하더라도 민법 제364조(제3취득자의 변제)에 의하여는 1번 근저당권의 소멸을 청구할 수는 없다.

⑤ A가 B에게 X주택으로 담보된 채권을 변제하면 B의 권리를 대위할 수 있다.

[**❶** ▸ ×] 전세권자도 민법 제364조의 제3취득자에 해당하고, 제3취득자의 변제는 경매신청이 있은 후라도 매각 전이라면 허용되므로, 근저당권 실행을 위한 경매절차가 개시되었더라도, 전세권자 A는 담보된 채권을 변제하고 1번 근저당권의 소멸을 청구할 수 있다.

법령 제삼취득자의 변제(민법 제364조)　저당부동산에 대하여 <u>소유권, 지상권 또는 전세권을 취득한 제삼자는</u> 저당권자에게 그 부동산으로 담보된 채권을 변제하고 저당권의 소멸을 청구할 수 있다.

판례　민법 364조의 규정에 의하여 저당권의 소멸을 청구할 수 있는 제3취득자는 경매신청 전 또는 경매개시결정 전에 소유권, 지상권 또는 전세권을 취득한 자에 한하지 않는다(대결 1974.10.26, 74마440).

[**❷** ▸ ○] 저당부동산의 제3취득자가 피담보채무를 인수한 경우에는 그때부터는 제3취득자는 채권자에 대한 관계에서 채무자의 지위로 변경되므로 민법 제364조의 규정은 적용될 여지가 없을 것이다. 다만, 민법 제364조를 둔 취지가, 저당권설정자가 제3취득자로부터 매매목적물의 대가 전액을 받고서도 저당권자에 대한 피담보채무를 변제하지 않는 경우에 저당권의 실행으로 말미암아 제3취득자의 권리가 상실될 위험이 있으므로, 제3취득자로 하여금 대가 전액을 저당권설정자에 대하여 지급하고 다시 저당권설정자가 그 피담보채무를 변제하게 할 것이 아니라 저당권자에게 직접 담보된 채권을 변제하도록 하게 함으로써 제3취득자의 보호를 도모하고자 한 것이라는 점을 감안해 볼 때, 저당부동산에 관한 매매계약을 체결하는 당사자 사이에 매매대금에서 피담보채무 또는 채권최고액을 공제한 잔액만을 현실로 수수하였다는 사정만을 가지고 언제나 매수인이 매도인의 저당채권자에 대한 피담보채무를 인수한 것으로 보아 제3취득자는 채권자에 대한 관계에서 제3취득자가 아니라 채무자와 동일한 지위에 놓이게 됨으로써 저당부동산의 제3취득자가 원래 행사할 수 있었던 저당권소멸청구권을 상실한다고 볼 수는 없고, 오히려 이러한 매매대금지급방법상의 약정은 다른 특별한 사정이 없는 한 매매당사자 사이에서는 매수인이 피담보채무 또는 채권최고액에 해당하는 매매대금 부분을 매도인에게 지급하는 것이 아니라 채권자에게 직접 지급하기로 하여 그 매매목적부동산에 관한 저당권의 말소를 보다 확실하게 보장하겠다고 하는 취지로 그런 약정을 하게 된 것이라고 볼 것이다(대판 2002.5.24, 2002다7176).

[**❸** ▸ ○] 용익물권이 저당권보다 후순위인 경우, 경매목적물이 경락되면 용익물권은 소멸한다. 이때 저당권은 최선순위 저당권을 기준으로 한다. A의 전세권은 1번 근저당보다 후순위이므로, 2번 근저당권에 기한 경매절차이더라도 X주택이 매각되면 A의 전세권은 소멸하고, 이를 매수한 F에게 대항할 수 없다.

법령 인수주의와 잉여주의의 선택 등(민사집행법 제91조)　② 매각부동산 위의 모든 저당권은 매각으로 소멸된다.
③ 지상권·지역권·전세권 및 등기된 임차권은 저당권·압류채권·가압류채권에 대항할 수 없는 경우에는 매각으로 소멸된다.

판례　후순위 저당권의 실행으로 목적부동산이 경락되어 그 선순위 저당권이 함께 소멸한 경우 비록 후순위 저당권자에게는 대항할 수 있는 임차권이더라도 소멸된 선순위 저당권보다 뒤에 등기되었거나 대항력을 갖춘 임차권은 함께 소멸하므로 이와 같은 경우의 경락인은 주택임대차보호법 제3조에서 말하는 임차주택의 양수인 중에 포함되지 않는다고 할 것이고, 따라서 임차인은 경락인에 대하여 그 임차권의 효력을 주장할 수 없다(대결 1990.1.23, 89다카33043).

[❹ ▸ O] 근저당부동산에 대하여 후순위 근저당권을 취득한 자는 민법 제364조에서 정한 권리를 행사할 수 있는 제3취득자에 해당하지 아니하므로 이러한 후순위 근저당권자가 선순위 근저당권의 피담보채무가 확정된 이후에 그 확정된 피담보채무를 변제한 것은 민법 제469조의 규정에 의한 이해관계 있는 제3자의 변제로서 유효한 것인지 따져 볼 수는 있을지언정 민법 제364조의 규정에 따라 선순위 근저당권의 소멸을 청구할 수 있는 사유로는 삼을 수 없다(대판 2006.1.26. 2005다17341).

[❺ ▸ O] 전세권자 A는 X주택으로 담보된 채권을 변제하지 않으면 경매로 인해 전세권을 잃게 될 수 있으므로, 변제할 정당한 이익이 있는 자에 해당한다. 따라서 전세권자 A가 저당권자 B에게 변제하면, 당연히 B를 대위한다.

> 민법 제469조 제2항은 이해관계 없는 제3자는 채무자의 의사에 반하여 변제하지 못한다고 규정하고, 민법 제481조는 변제할 정당한 이익이 있는 자는 변제로 당연히 채권자를 대위한다고 규정하고 있는바, 위 조항에서 말하는 '이해관계' 내지 '변제할 정당한 이익'이 있는 자는 변제를 하지 않으면 채권자로부터 집행을 받게 되거나 또는 채무자에 대한 자기의 권리를 잃게 되는 지위에 있기 때문에 변제함으로써 당연히 대위의 보호를 받아야 할 법률상 이익을 가지는 자를 말하고, 단지 사실상의 이해관계를 가진 자는 제외된다(대결 2009.5.28. 2008마109).

2018년 변호사시험 문 19. ☑ 확인 Check! O △ X

甲 소유인 X토지에 乙이 대여금채권을 담보하기 위하여 저당권을 가지고 있었다. 甲은 관련 서류를 위조하여 乙의 저당권설정등기를 말소한 후 丙에게 저당권을 설정하여 주었다. 甲은 丁에게 X토지를 매도하고 소유권이전등기를 경료하여 주었다. 이에 관한 설명 중 옳은 것을 모두 고른 것은?(각 지문은 독립적이며, 다툼이 있는 경우 판례에 의함)

ㄱ. 乙이 저당권회복등기청구의 소를 제기한다면 丁을 피고로 삼아야 한다.
ㄴ. 丙의 경매신청에 의하여 X토지가 경매되는 경우 배당이의소송을 통하여 위 사실관계가 모두 밝혀지더라도 乙은 배당받을 수 없다.
ㄷ. 위 토지가 경매되어 丙이 배당받고 乙이 배당받지 못한 경우 乙은 자신이 선순위 배당권자였음을 주장하여 丙을 상대로 부당이득 반환을 청구할 수 있다.

① ㄴ   ② ㄷ   ③ ㄱ, ㄴ
④ ㄱ, ㄷ   ⑤ ㄴ, ㄷ

[ㄱ ▸ X] 불법하게 말소된 것을 이유로 한 근저당권설정등기회복등기청구는 그 등기말소 당시의 소유자를 상대로 하여야 한다(대판 1969.3.18. 68다1617). 따라서 甲을 피고로 해야 한다.

[ㄴ ▸ X] 등기는 물권의 효력발생요건이고 존속요건은 아니어서 등기가 원인 없이 말소된 경우에는 그 물권의 효력에 아무런 영향이 없고, 그 회복등기가 마쳐지기 전이라도 말소된 등기의 등기명의인은 적법한 권리자로 추정되므로, 근저당권설정등기가 위법하게 말소되어 아직 회복등기를 경료하지 못한 연유로 그 부동산에 대한 경매절차의 배당기일에서 피담보채권액에 해당하는 금액을 배당받지 못한 근저당권자는 배당기일에 출석하여 이의를 하고 배당이의의 소를 제기하여 구제를 받을 수 있고, 가사 배당기일에 출석하지 않음으로써 배당표가 확정되었다고 하더라도, 확정된 배당표에 의하여 배당을 실시하는 것은 실체법상의 권리를 확정하는 것이 아니기 때문에 위 경매절차에서 실제로 배당받은 자에 대하여 부당이득반환청구로서 그 배당금의 한도 내에서 그 근저당권설정등기가 말소되지 아니하였더라면 배당받았을 금액의 지급을 구할 수 있다(대판 2002.10.22. 2000다59678).

[ㄷ ▸ O] 근저당권설정등기가 위법하게 말소되어 아직 회복등기를 경료하지 못한 연유로 그 부동산에 대한 경매절차에서 피담보채권액에 해당하는 금액을 전혀 배당받지 못한 근저당권자로서는 위 경매절차에서 실제로 배당받은 자에 대하여 부당이득반환청구로서 그 배당금의 한도 내에서 그 근저당권설정등기가 말소되지 아니하였더라면 배당받았을 금액의 지급을 구할 수 있을 뿐이고, 이미 소멸한 근저당권에 관한 말소등기의 회복등기를 위하여 현 소유자를 상대로 그 승낙의 의사표시를 구할 수는 없다(대판 1998.10.2. 98다27197).

甲은 乙, 丙으로부터 금원을 각 차용하고 甲 소유 부동산에 관하여 乙에게 1번 저당권을, 丙에게 2번 저당권을 각 설정하여 주었다. 다음 설명 중 옳지 않은 것은?(다툼이 있는 경우에는 판례에 의함)

① 乙의 저당권설정등기가 위조된 등기서류에 의하여 원인 없이 말소된 경우에도 저당권은 소멸하지 않는다.
② 乙의 저당권설정등기가 원인 없이 말소되었고 그 회복등기 전에 丙의 경매신청으로 丁에게 경락되어 대금이 완납된 경우, 乙은 회복등기를 위하여 丁을 상대로 승낙의 의사표시를 구할 수 있다.
③ 乙의 저당권설정등기가 원인 없이 말소되었고 그 회복등기 전에 丙의 경매신청으로 丁에게 경락되어 배당할 금액의 전부가 丙에게 배당된 경우, 乙은 丙에 대하여 부당이득 반환을 청구할 수 있다.
④ 甲이 乙에 대한 채무를 전부 변제한 경우, 말소등기를 하지 않아도 1번 저당권은 소멸한다.
⑤ 甲이 乙에 대한 채무를 모두 변제하였음에도 1번 저당권설정등기를 말소하지 아니한 상태에서 다시 戊로부터 금원을 차용하고 乙의 협조를 얻어 戊에게 1번 저당권 이전의 부기등기를 경료하였는데, 위 부기등기의 기입일자보다 2번 저당권설정등기의 기입일자가 빠른 경우, 戊는 丙에게 1번 저당권설정등기와 그 부기등기의 유효를 주장할 수 없다.

[❶ ▸ O] 등기는 물권의 효력발생요건이고 존속요건은 아니어서 등기가 원인 없이 말소된 경우에는 그 물권의 효력에 아무런 영향이 없고, 그 회복등기가 마쳐지기 전이라도 말소된 등기의 등기명의인은 적법한 권리자로 추정되므로 원인 없이 말소된 등기의 효력을 다투는 쪽에서 그 무효사유를 주장·입증하여야 한다(대판 1997.9.30. 95다39526).

[❷ ▸ X] [❸ ▸ O] 부동산에 관하여 근저당권설정등기가 경료되었다가 그 등기가 위조된 등기서류에 의하여 아무런 원인 없이 말소되었다는 사정만으로는 곧바로 근저당권이 소멸하는 것은 아니라고 할 것이지만, 부동산이 경매절차에서 경락되면 그 부동산에 존재하였던 근저당권은 당연히 소멸하는 것이므로, 근저당권설정등기가 원인 없이 말소된 이후에 그 근저당목적물인 부동산에 관하여 다른 근저당권자 등 권리자의 경매신청에 따라 경매절차가 진행되어 경락허가결정이 확정되고 경락인이 경락대금을 완납하였다면, 원인 없이 말소된 근저당권은 이에 의하여 소멸한다. 근저당권설정등기가 위법하게 말소되어 아직 회복등기를 경료하지 못한 연유로 그 부동산에 대한 경매절차에서 피담보채권액에 해당하는 금액을 전혀 배당받지 못한 근저당권자로서는 위 경매절차에서 실제로 배당받은 자에 대하여 부당이득반환청구로서 그 배당금의 한도 내에서 그 근저당권설정등기가 말소되지 아니하였더라면 배당받았을 금액의 지급을 구할 수 있을 뿐이고, 이미 소멸한 근저당권에 관한 말소등기의 회복등기를 위하여 현 소유자를 상대로 그 승낙의 의사표시를 구할 수는 없다(대판 1998.10.2. 98다27197).

[❹ ▸ O] 민법 제369조, 대판 2002.9.24. 2002다27910 참조

 법령 **부종성(민법 제369조)** 저당권으로 담보한 채권이 시효의 완성 기타 사유로 인하여 소멸한 때에는 저당권도 소멸한다.

판례 피담보채권이 소멸하면 저당권은 그 부종성에 의하여 당연히 소멸하게 되므로, 그 말소등기가 경료되기 전에 그 저당권부채권을 가압류하고 압류 및 전부명령을 받아 저당권 이전의 부기등기를 경료한 자라 할지라도, 그 가압류 이전에 그 저당권의 피담보채권이 소멸된 이상, 그 근저당권을 취득할 수 없고, 실체관계에 부합하지 않는 그 근저당권설정등기를 말소할 의무를 부담한다(대판 2002.9.24, 2002다27910).

[❺ ▶ ○] 무효인 저당권등기의 유용은 원칙적으로 허용되지만, 저당권 이전의 부기등기를 경료하기 전에 등기상 이해관계 있는 제3자가 있으면, 그 제3자에게는 대항할 수 없다.

판례 부동산의 소유자 겸 채무자가 채권자인 저당권자에게 당해 저당권설정등기에 의하여 담보되는 채무를 모두 변제함으로써 저당권이 소멸된 경우 그 저당권설정등기 또한 효력을 상실하여 말소되어야 할 것이나, 그 부동산의 소유자가 새로운 제3의 채권자로부터 금원을 차용함에 있어 그 제3자와 사이에 새로운 차용금채무를 담보하기 위하여 잔존하는 종전 채권자 명의의 저당권설정등기를 이용하여 이에 터 잡아 새로운 제3의 채권자에게 저당권 이전의 부기등기를 경료하기로 하는 내용의 저당권등기 유용의 합의를 하고 실제로 그 부기등기를 경료하였다면, 그 저당권이전등기를 경료받은 새로운 제3의 채권자로서는 언제든지 부동산의 소유자에 대하여 그 등기 유용의 합의를 주장하여 저당권설정등기의 말소청구에 대항할 수 있다고 할 것이고, 다만 그 저당권 이전의 부기등기 이전에 등기부상 이해관계를 가지게 된 자에 대하여는 위 등기 유용의 합의사실을 들어 위 저당권설정등기 및 그 저당권 이전의 부기등기의 유효를 주장할 수는 없다(대판 1998.3.24, 97다56242).

2012년 변호사시험 문 12.

☑ 확인Check! ○ △ ✕

甲은 乙과의 계속적 거래관계에서 발생하는 대여금채권을 담보하기 위하여 乙 소유의 X토지에 채권자 甲, 채무자 乙, 채권최고액 2억원의 1번 근저당권을 설정받았다. 다음 설명 중 옳지 않은 것은?(다툼이 있는 경우에는 판례에 의함)

① 乙이 나대지상태에서 X에 근저당권을 설정한 후 그 지상에 건물을 신축하기 시작하였는데, 채무를 변제하지 못하여 근저당권 실행이 예상됨에도 불구하고 공사를 계속한다면, 甲은 근저당권에 기한 공사중지청구를 할 수 있다.

② 丙이 乙로부터 나대지상태에서 X에 대하여 용익권을 설정받고 Y건물을 축조한 후 乙이 Y의 소유권을 취득한 경우, 甲은 X와 함께 Y에 대해서도 경매를 청구할 수 있다.

③ 확정된 피담보채무액이 2억 2,000만원인 경우, X의 2번 근저당권자인 丁은 甲에게 채권최고액 2억원을 변제하고 1번 근저당권의 소멸을 청구할 수 있다.

④ X가 수용되면서 乙 앞으로 공탁된 수용보상금에 대해 甲이 압류를 하기 전에 乙이 이를 모두 출급하였다면, 甲은 乙에 대하여 수용보상금 중 2억원을 한도로 하는 피담보채권액을 부당이득으로 반환청구할 수 있다.

⑤ 甲이 X에 대한 근저당권과 함께 그 담보가치가 저감하는 것을 막는 것을 주요한 목적으로 하여 지상권을 취득하였다면, 피담보채무 소멸에 따라 근저당권이 소멸할 때 그 지상권도 부종하여 소멸한다.

[❶ ▶ ○] 저당권자는 저당권을 방해하거나 방해할 염려 있는 행위를 하는 자에 대하여 방해의 제거 및 예방을 청구할 수 있다(민법 제370조, 제214조). … 저당권자는 저당권 설정 이후 환가에 이르기까지 저당물의 교환가치에 대한 지배권능을 보유하고 있으므로 저당목적물의 소유자 또는 제3자가 저당목적물을 물리적으로 멸실·훼손하는 경우는 물론 그 밖의 행위로 저당부동산의 교환가치가 하락할 우려가 있는 등 저당권자의 우선변제청구권의 행사가 방해되는 결과가 발생한다면 저당권자는 저당권에 기한 방해배제청구권을 행사하여 방해행위의 제거를 청구할 수 있다. 대지의 소유자가 나대지상태에서 저당권을 설정한 다음 대지상에 건물을 신축하기 시작하였으나 피담보채무를 변제하지 못함으로써 저당권이 실행에

③ 정답

이르렀거나 실행이 예상되는 상황인데도 소유자 또는 제3자가 신축공사를 계속한다면 신축건물을 위한 법정지상권이 성립하지 않는다고 할지라도 경매절차에 의한 매수인으로서는 신축건물의 소유자로 하여금 이를 철거하게 하고 대지를 인도받기까지 별도의 비용과 시간을 들여야 하므로, 저당목적대지상에 건물신축공사가 진행되고 있다면, 이는 경매절차에서 매수희망자를 감소시키거나 매각가격을 저감시켜 결국 저당권자가 지배하는 교환가치의 실현을 방해하거나 방해할 염려가 있는 사정에 해당한다(대판 2006.1.27, 2003다58454).

[❷ ▸ ○] 민법 제365조가 토지를 목적으로 한 저당권을 설정한 후 그 저당권설정자가 그 토지에 건물을 축조한 때에는 저당권자가 토지와 건물을 일괄하여 경매를 청구할 수 있도록 규정한 취지는, 저당권은 담보물의 교환가치의 취득을 목적으로 할 뿐 담보물의 이용을 제한하지 아니하여 저당권설정자로서는 저당권 설정 후에도 그 지상에 건물을 신축할 수 있는데, 후에 그 저당권의 실행으로 토지가 제3자에게 경락될 경우에 건물을 철거하여야 한다면 사회경제적으로 현저한 불이익이 생기게 되어 이를 방지할 필요가 있으므로 이러한 이해관계를 조절하고, 저당권자에게도 저당토지상의 건물의 존재로 인하여 생기게 되는 경매의 어려움을 해소하여 저당권의 실행을 쉽게 할 수 있도록 한 데에 있다는 점에 비추어 볼 때, 저당지상의 건물에 대한 일괄경매청구권은 저당권설정자가 건물을 축조한 경우뿐만 아니라 저당권설정자로부터 저당토지에 대한 용익권을 설정받은 자가 그 토지에 건물을 축조한 경우라도 그 후 저당권설정자가 그 건물의 소유권을 취득한 경우에는 저당권자는 토지와 함께 그 건물에 대하여 경매를 청구할 수 있다(대판 2003.4.11, 2003다3850).

[❸ ▸ ×] 민법 제364조는 "저당부동산에 대하여 소유권, 지상권 또는 전세권을 취득한 제3자는 저당권자에게 그 부동산으로 담보된 채권을 변제하고 저당권의 소멸을 청구할 수 있다"고 규정하고 있다. 그러므로 근저당부동산에 대하여 민법 제364조의 규정에 의한 권리를 취득한 제3자는 피담보채무가 확정된 이후에 채권최고액의 범위 내에서 그 확정된 피담보채무를 변제하고 근저당권의 소멸을 청구할 수 있으나, 근저당부동산에 대하여 후순위 근저당권을 취득한 자는 민법 제364조에서 정한 권리를 행사할 수 있는 제3취득자에 해당하지 아니하므로 이러한 후순위 근저당권자가 선순위 근저당권의 피담보채무가 확정된 이후에 그 확정된 피담보채무를 변제한 것은 민법 제469조의 규정에 의한 이해관계 있는 제3자의 변제로서 유효한 것인지 따져 볼 수는 있을지언정 민법 제364조의 규정에 따라 선순위 근저당권의 소멸을 청구할 수 있는 사유로는 삼을 수 없다(대판 2006.1.26, 2005다17341).

[❹ ▸ ○] 저당권자는 저당권의 목적이 된 물건의 멸실, 훼손 또는 공용징수로 인하여 저당목적물의 소유자가 받을 저당목적물에 갈음하는 금전 기타 물건에 대하여 물상대위권을 행사할 수 있으나, 다만 그 지급 또는 인도 전에 이를 압류하여야 하며, 저당권자가 위 금전 또는 물건의 인도청구권을 압류하기 전에 저당물의 소유자가 그 인도청구권에 기하여 금전 등을 수령한 경우 저당권자는 더 이상 물상대위권을 행사할 수 없게 된다. 이 경우 저당권자는 저당권의 채권최고액범위 내에서 저당목적물의 교환가치를 지배하고 있다가 저당권을 상실하는 손해를 입게 되는 반면에, 저당목적물의 소유자는 저당권의 채권최고액범위 내에서 저당권자에게 저당목적물의 교환가치를 양도하여야 할 지위에 있다가 마치 그러한 저당권의 부담이 없었던 것과 같은 상태에서의 대가를 취득하게 되는 것이므로, 그 수령한 금액 가운데 저당권의 채권최고액을 한도로 하는 피담보채권액의 범위 내에서는 이득을 얻게 된다. 저당목적물 소유자가 얻은 위와 같은 이익은 저당권자의 손실로 인한 것으로서 인과관계가 있을 뿐 아니라, 공평의 관념에 위배되는 재산적 가치의 이동이 있는 경우 수익자로부터 그 이득을 되돌려 받아 손실자와 재산상태의 조정을 꾀하는 부당이득제도의 목적에 비추어 보면 위와 같은 이익을 소유권자에게 종국적으로 귀속시키는 것은 저당권자에 대한 관계에서 공평의 관념에 위배되어 법률상 원인이 없다고 봄이 상당하므로, 저당목적물소유자는 저당권자에게 이를 부당이득으로 반환할 의무가 있다(대판 2009.5.14, 2008다17656).

[❺ ▸ ○] 근저당권 등 담보권 설정의 당사자들이 그 목적이 된 토지 위에 차후 용익권이 설정되거나 건물 또는 공작물이 축조·설치되는 등으로써 그 목적물의 담보가치가 저감하는 것을 막는 것을 주요한 목적으로 하여 채권자 앞으로 아울러 지상권을 설정하였다면, 그 피담보채권이 변제 등으로 만족을 얻어 소멸한 경우는 물론이고 시효소멸한 경우에도 그 지상권은 피담보채권에 부종하여 소멸한다(대판 2011.4.14, 2011다6342).

甲은 X토지의 소유자이고 乙은 Y토지의 소유자이다. 丙은 甲에 대한 채권을 담보하기 위하여 X토지와 Y토지에 공동저당권을 갖고 있다. X토지와 Y토지가 모두 수용되어 보상금채권이 발생하였다. 이에 관한 설명 중 옳은 것(○)과 옳지 않은 것(✕)을 올바르게 조합한 것은?(각 지문은 독립적이며, 다툼이 있는 경우 판례에 의함)

ㄱ. 甲의 채권자 丁이 X토지의 보상금채권을 가압류하였고, 이어 丙이 물상대위권에 기하여 위 보상금채권에 대한 압류 및 전부명령을 받은 경우에도 丙은 보상금채권에 관하여 丁보다 우선변제를 받을 수 있다.

ㄴ. 丙이 Y토지의 보상금채권에 압류 등 조치를 취하지 아니하던 중 물상보증인 乙이 보상금을 수령하였다면 丙은 乙을 상대로 부당이득 반환을 청구할 수 있다.

ㄷ. 丙이 X토지의 보상금채권에 압류 등 조치를 취하지 아니하던 중 甲의 채권자 戊가 그 보상금채권에 대하여 압류 및 전부명령을 받아 보상금을 수령하였다면 丙은 戊를 상대로 부당이득 반환을 청구할 수 있다.

① ㄱ(○) ㄴ(○) ㄷ(✕)　　　　② ㄱ(○) ㄴ(✕) ㄷ(○)

③ ㄱ(○) ㄴ(✕) ㄷ(✕)　　　　④ ㄱ(✕) ㄴ(○) ㄷ(✕)

⑤ ㄱ(✕) ㄴ(✕) ㄷ(○)

[ㄱ ▸ ○] 민법 제370조, 제342조 단서가 저당권자는 물상대위권을 행사하기 위하여 저당권설정자가 받을 금전 기타 물건의 지급 또는 인도 전에 압류하여야 한다고 규정한 것은 물상대위의 목적인 채권의 특정성을 유지하여 그 효력을 보전함과 동시에 제3자에게 불측의 손해를 입히지 않으려는 데 있는 것이므로, 저당목적물의 변형물인 금전 기타 물건에 대하여 일반채권자가 물상대위권을 행사하려는 저당채권자보다 단순히 먼저 압류나 가압류의 집행을 함에 지나지 않은 경우에는 저당권자는 그 전은 물론 그 후에도 목적채권에 대하여 물상대위권을 행사하여 일반채권자보다 우선변제를 받을 수가 있다(대판 1994.11.22. 94다25728).

[ㄴ ▸ ○] 물상보증인과 같은 저당목적물의 소유자는 저당권자가 인도청구권을 압류하기 전에 금전 등을 수령한 경우, 저당권자에게 부당이득반환의무가 있다. 이 점을 ㄷ.의 일반채권자가 수령한 경우와 구별하여야 한다.

판례

저당권자는 저당권의 목적이 된 물건의 멸실, 훼손 또는 공용징수로 인하여 저당목적물의 소유자가 받을 저당목적물에 갈음하는 금전 기타 물건에 대하여 물상대위권을 행사할 수 있으나, 다만 그 지급 또는 인도 전에 이를 압류하여야 하며, 저당권자가 위 금전 또는 물건의 인도청구권을 압류하기 전에 저당물의 소유자가 그 인도청구권에 기하여 금전 등을 수령한 경우 저당권자는 더 이상 물상대위권을 행사할 수 없게 된다. 이 경우 저당권자는 저당권의 채권최고액범위 내에서 저당목적물의 교환가치를 지배하고 있다가 저당권을 상실하는 손해를 입게 되는 반면에, 저당목적물의 소유자는 저당권의 채권최고액범위 내에서 저당권자에게 저당목적물의 교환가치를 양보하여야 할 지위에 있다가 마치 그러한 저당권의 부담이 없었던 것과 같은 상태에서의 대가를 취득하게 되는 것이므로, 그 수령한 금액 가운데 저당권의 채권최고액을 한도로 하는 피담보채권액의 범위 내에서는 이득을 얻게 된다. 저당목적물 소유자가 얻은 위와 같은 이익은 저당권자의 손실로 인한 것으로서 인과관계가 있을 뿐 아니라, 공평의 관념에 위배되는 재산적 가치의 이동이 있는 경우 수익자로부터 그 이득을 되돌려 받아 손실자와 재산상태의 조정을 꾀하는 부당이득제도의 목적에 비추어 보면 위와 같은 이익을 소유권자에게 종국적으로 귀속시키는 것은 저당권자에 대한 관계에서 공평의 관념에 위배되어 법률상 원인이 없다고 봄이 상당하므로, 저당목적물소유자는 저당권자에게 이를 부당이득으로 반환할 의무가 있다(대판 2009.5.14. 2008다17656).

[ㄷ ▸ ✕] 물상대위권의 행사에 나아가지 아니한 채 단지 수용대상토지에 대하여 담보물권의 등기가 된 것만으로는 그 보상금으로부터 우선변제를 받을 수 없고, 저당권자가 물상대위권의 행사에 나아가지 아니하여 우선변제권을 상실한 이상 다른 채권자가 그 보상금 또는 이에 관한 변제공탁금으로부터 이득을 얻었다고 하더라도 저당권자는 이를 부당이득으로서 반환청구할 수 없다(대판 2002.10.11. 2002다33137).

제2항 공동저당

甲은 乙에 대한 5,000만원의 채권을 담보하기 위하여 乙 소유 부동산 X(경매대가 6,000만원)와 丙 소유 부동산 Y(경매대가 4,000만원)에 각각 1번 저당권을 설정받았다. 그리고 X에는 丁이 피담보채권 4,000만원의 2번 저당권을, Y에는 戊가 피담보채권 2,000만원의 2번 저당권을 각각 설정받았다. 이에 관한 설명 중 옳은 것은?(이자, 지연손해금과 집행비용은 고려하지 말 것, 다툼이 있는 경우 판례에 의함)

① X와 Y의 경매대가를 동시에 배당하는 경우, 경매법원은 甲에게 X로부터 3,000만원, Y로부터 2,000만원을 각각 배당하여야 한다.
② X에 대한 경매대가가 먼저 배당되어 甲이 5,000만원을 배당받은 경우, 丁은 Y에 대한 甲의 1번 저당권을 대위행사할 수 있다.
③ Y에 대한 경매대가가 먼저 배당되어 甲이 4,000만원을 배당받은 경우, 丙은 甲이 배당받은 범위 내에서 X에 대한 甲의 1번 저당권을 취득한다.
④ Y에 대한 경매대가로부터 배당을 받은 甲이 X에 설정된 저당권을 임의로 말소한 후 X에 대한 경매가 실행되어 매각대금이 완납된 경우, 丙은 말소된 저당권등기의 회복등기절차의 이행을 구할 수 있다.
⑤ 甲이 피담보채권을 변제받기 전에 Y에 대한 저당권을 포기한 경우, 甲은 X에 대한 경매절차에서 자신이 Y에 대한 저당권을 포기하지 않았더라면 丁이 대위할 수 있었던 2,000만원 한도에서 丁에 우선하여 배당받을 수 없다.

[❶ ▸ ✕] 공동저당권의 목적물인 채무자 소유의 부동산과 물상보증인 소유의 부동산이 동시배당되는 경우에는 민법 제368조 제1항이 적용되지 않고, 채무자 소유 부동산의 경매대가에서 공동저당권자에게 우선적으로 배당해야 한다. 따라서 지문의 경우, 경매법원은 甲에게 우선 X로부터 5,000만원을 배당해야 한다.

> 판례

> 공동저당권이 설정되어 있는 수개의 부동산 중 일부는 채무자 소유이고 일부는 물상보증인의 소유인 경우 위 각 부동산의 경매대가를 동시에 배당하는 때에는, 물상보증인이 민법 제481조, 제482조의 규정에 의한 변제자대위에 의하여 채무자 소유 부동산에 대하여 담보권을 행사할 수 있는 지위에 있는 점 등을 고려할 때, "동일한 채권의 담보로 수개의 부동산에 저당권을 설정한 경우에 그 부동산의 경매대가를 동시에 배당하는 때에는 각 부동산의 경매대가에 비례하여 그 채권의 분담을 정한다"고 규정하고 있는 민법 제368조 제1항은 적용되지 아니한다고 봄이 상당하다. 따라서 이러한 경우 경매법원으로서는 채무자 소유 부동산의 경매대가에서 공동저당권자에게 우선적으로 배당을 하고, 부족분이 있는 경우에 한하여 물상보증인 소유 부동산의 경매대가에서 추가로 배당을 하여야 한다(대판 2010.4.15. 2008다41475).

[❷ ▸ ✕] 공동저당의 목적인 채무자 소유의 부동산과 물상보증인 소유의 부동산 중 채무자 소유의 부동산에 대하여 먼저 경매가 이루어져 그 경매대금의 교부에 의하여 1번 공동저당권자가 변제를 받더라도, 채무자 소유의 부동산에 대한 후순위 저당권자는 민법 제368조 제2항 후단에 의하여 1번 공동저당권자를 대위하여 물상보증인 소유의 부동산에 대하여 저당권을 행사할 수 없다(대결 1995.6.13. 95마500).

[**❸ ▶ ○**] 공동저당의 목적인 채무자 소유의 부동산과 물상보증인 소유의 부동산에 각각 채권자를 달리하는 후순위 저당권이 설정되어 있는 경우, 물상보증인 소유의 부동산에 대하여 먼저 경매가 이루어져 그 경매대금의 교부에 의하여 1번 저당권자가 변제를 받은 때에는 물상보증인은 채무자에 대하여 구상권을 취득함과 동시에, 민법 제481조, 제482조의 규정에 의한 변제자대위에 의하여 채무자 소유의 부동산에 대한 1번 저당권을 취득하고, 이러한 경우 물상보증인 소유의 부동산에 대한 후순위 저당권자는 물상보증인에게 이전한 1번 저당권으로부터 우선하여 변제를 받을 수 있으며, 물상보증인이 수인인 경우에도 마찬가지라 할 것이므로(이 경우 물상보증인들 사이의 변제자대위의 관계는 민법 제482조 제2항 제4호, 제3호에 의하여 규율될 것이다), 자기 소유의 부동산이 먼저 경매되어 1번 저당권자에게 대위변제를 한 물상보증인은 1번 저당권을 대위취득하고, 그 물상보증인 소유의 부동산의 후순위 저당권자는 1번 저당권에 대하여 물상대위를 할 수 있다(대판 1994.5.10, 93다25417).

[**❹ ▶ ✕**] 지문에서처럼 물상보증인 丙 소유 Y부동산이 먼저 경매되어 공동저당권자 甲이 변제를 받은 경우, 丙은 채무자 乙 소유 X부동산의 1번 저당권을 등기 없이 대위취득한다. 따라서 甲이 X토지 1번 저당권을 임의로 말소한 것은 원인 없이 불법말소한 것이므로, 丙은 말소회복등기를 할 수 있다. 하지만 경매가 실행되어 매각대금이 완납된 경우 저당권은 소멸하고, 이는 원인 없이 말소된 저당권의 경우에도 마찬가지이다. 따라서 丙은 말소된 저당권등기의 회복등기절차의 이행을 구할 수 없다.

- 공동저당의 목적인 물상보증인 소유의 부동산에 후순위 저당권이 설정되어 있는 경우, 물상보증인 소유의 부동산에 대하여 먼저 경매가 이루어져 그 경매대금의 교부에 의하여 선순위 공동저당권자가 변제를 받은 때에는 물상보증인은 채무자에 대하여 구상권을 취득함과 동시에, 민법 제481조, 제482조의 규정에 의한 변제자대위에 의하여 채무자 소유의 부동산에 대한 선순위 저당권을 대위취득하고, 그 물상보증인 소유의 부동산의 후순위 저당권자는 위 선순위 저당권에 대하여 물상대위를 할 수 있다. 그러므로 그 선순위 저당권 설정등기는 말소등기가 경료될 것이 아니라 위 물상보증인 앞으로 대위에 의한 저당권 이전의 부기등기가 경료되어야 할 성질의 것이며, 따라서 아직 경매되지 아니한 공동저당물의 소유자로서는 위 선순위 저당권자에 대한 피담보채무가 소멸하였다는 사정만으로는 그 말소등기를 청구할 수 없다고 보아야 한다. 그리고 위 후순위 저당권자는 자신의 채권을 보전하기 위하여 물상보증인을 대위하여 선순위 저당권자에게 그 부기등기를 할 것을 청구할 수 있다(대결 2009.5.28, 2008마109).
- 부동산에 관하여 근저당권설정등기가 경료되었다가 그 등기가 위조된 등기서류에 의하여 아무런 원인 없이 말소되었다는 사정만으로는 곧바로 근저당권이 소멸하는 것은 아니라고 할 것이지만, 부동산이 경매절차에서 경락되면 그 부동산에 존재하였던 근저당권은 당연히 소멸하는 것이므로, 근저당권설정등기가 원인 없이 말소된 이후에 그 근저당 목적물인 부동산에 관하여 다른 근저당권자 등 권리자의 경매신청에 따라 경매절차가 진행되어 경락허가결정이 확정되고 경락인이 경락대금을 완납하였다면, 원인 없이 말소된 근저당권은 이에 의하여 소멸한다. 근저당권설정등기가 위법하게 말소되어 아직 회복등기를 경료하지 못한 연유로 그 부동산에 대한 경매절차에서 피담보채권액에 해당하는 금액을 전혀 배당받지 못한 근저당권자로서는 위 경매절차에서 실제로 배당받은 자에 대하여 부당이득반환 청구로서 그 배당금의 한도 내에서 그 근저당권설정등기가 말소되지 아니하였더라면 배당받았을 금액의 지급을 구할 수 있을 뿐이고, 이미 소멸한 근저당권에 관한 말소등기의 회복등기를 위하여 현소유자를 상대로 그 승낙의 의사표시를 구할 수는 없다(대판 1998.10.2, 98다27197).

[**❺ ▶ ✕**] 선순위 공동저당권자가 피담보채권을 변제받기 전에 후순위 저당권자 대위의 객체가 되는 공동저당권을 포기한 경우에는, 후순위 저당권자가 대위할 수 있었던 한도에서 공동저당권자의 우선변제권 행사가 제한된다. 그러나 이는 후순위 저당권자의 대위가 인정됨을 전제로 한다. 채무자 소유 부동산 후순위 저당권자의 대위권은 물상보증인 소유의 부동산에는 미치지 않으므로(②번 참고), 지문의 경우처럼 공동저당권자가 물상보증인 소유 부동산의 저당권을 포기하더라도, 공동저당권자 甲의 채무자 소유 X부동산의 후순위 저당권자에 대한 우선변제권 행사는 제한되지 않는다.

판례 채무자 소유의 수개 부동산에 관하여 공동저당권이 설정된 경우 민법 제368조 제2항 후문에 의한 후순위 저당권자의 대위권은 선순위 공동저당권자가 공동저당의 목적물인 부동산 중 일부의 경매대가로부터 배당받은 금액이 그 부동산의 책임분담액을 초과하는 경우에 비로소 인정되는 것이지만, 후순위 저당권자로서는 선순위 공동저당권자가 피담보채권을 변제받지 않은 상태에서도 추후 공동저당목적부동산 중 일부에 관한 경매절차에서 선순위 공동저당권자가 그 부동산의 책임분담액을 초과하는 경매대가를 배당받는 경우 다른 공동저당목적부동산에 관하여 선순위 공동저당권자를 대위하여 저당권을 행사할 수 있다는 대위의 기대를 가진다고 보아야 하고, 후순위 저당권자의 이와 같은 대위에 관한 정당한 기대는 보호되어야 하므로, <u>선순위 공동저당권자가 피담보채권을 변제받기 전에 공동저당목적부동산 중 일부에 관한 저당권을 포기한 경우에는, 후순위 저당권자가 있는 부동산에 관한 경매절차에서, 저당권을 포기하지 아니하였더라면 후순위 저당권자가 대위할 수 있었던 한도에서는 후순위 저당권자에 우선하여 배당을 받을 수 없다고 보아야 하고,</u> 이러한 법리는 공동근저당권의 경우에도 마찬가지로 적용된다고 보아야 한다(대판 2009.12.10, 2009다41250).

 참고 공동저당 정리

구 분	동시배당	이시배당	
채무자 소유	제368조 제1항 비례배당	제368조 제2항 후순위 저당권자 대위	
채무자와 물상보증인 소유	• 제368조 제1항 적용 안 됨 • 채무자 소유에서 우선변제	채무자 소유 먼저 배당	채무자 소유 부동산의 후순위 저당권자 대위 적용 안 됨
		물상보증인 소유 먼저 배당	• 물상보증인 : 채무자 소유 부동산에 제481조 변제자 대위로 공동저당권 대위 • 물상보증인 소유 부동산의 후순위 저당권자 : 물상보증인이 대위한 공동저당권에 물상대위

2013년 변호사시험 문 18.

☑ 확인Check! ○ △ ✕

甲은 乙에게 5,000만원을 대여하고 채무자 乙이 소유하는 X부동산(시가 4,000만원)과 물상보증인 丙이 소유하는 Y부동산(시가 4,000만원)에 채권최고액 5,000만원(피담보채무 5,000만원)인 공동근저당권을 설정받았다. 그 뒤 乙은 丁으로부터 4,000만원을 차용하고 X부동산에 丁 명의의 채권최고액 4,000만원(피담보채무 4,000만원)인 2번 근저당권을 설정하여 주었다. 각 부동산이 경매절차에서 시가와 같은 가격으로 매각되어 모두 배당된다고 가정한다. 다음 중 옳은 것을 모두 고른 것은?(지연손해금과 집행비용은 고려하지 아니하고, 다툼이 있는 경우에는 판례에 의함)

ㄱ. X부동산과 Y부동산이 동시에 경매되어 배당되는 경우, 丁은 1,500만원을 배당받는다.
ㄴ. X부동산이 먼저 경매되어 배당된 후 Y부동산이 경매되는 경우, Y부동산의 매각대금에서 丁은 배당받지 못한다.
ㄷ. Y부동산이 먼저 경매되어 배당된 후 X부동산이 경매되어 배당되는 경우, 丙은 3,000만원을 배당받을 수 있다.

① ㄴ, ㄷ   ② ㄱ, ㄷ   ③ ㄱ, ㄴ
④ ㄱ   ⑤ ㄴ

PART 02

물권법

[ㄱ ▸ X] 채무자 소유의 부동산과 물상보증인 소유의 부동산이 동시배당되는 경우에는 민법 제368조 제1항이 적용되지 않고, 채무자 소유 부동산의 경매대가에서 공동저당권자에게 우선적으로 배당해야 한다. 따라서 공동근저당권자 甲은 우선 채무자 소유의 X부동산의 매각대금 4천만원을 전부 배당받고, 물상보증인 Y부동산에서 부족한 1천만원을 배당받는다. 결국 X부동산의 후순위 저당권자 丁은 배당받을 금액이 없다.

판례 ▸ 공동저당권이 설정되어 있는 수개의 부동산 중 일부는 채무자 소유이고 일부는 물상보증인의 소유인 경우 위 각 부동산의 경매대가를 동시에 배당하는 때에는, 물상보증인이 민법 제481조, 제482조의 규정에 의한 변제자대위에 의하여 채무자 소유 부동산에 대하여 담보권을 행사할 수 있는 지위에 있는 점 등을 고려할 때, "동일한 채권의 담보로 수개의 부동산에 저당권을 설정한 경우에 그 부동산의 경매대가를 동시에 배당하는 때에는 각 부동산의 경매대가에 비례하여 그 채권의 분담을 정한다"고 규정하고 있는 민법 제368조 제1항은 적용되지 아니한다고 봄이 상당하다. 따라서 이러한 경우 경매법원으로서는 채무자 소유 부동산의 경매대가에서 공동저당권자에게 우선적으로 배당을 하고, 부족분이 있는 경우에 한하여 물상보증인 소유 부동산의 경매대가에서 추가로 배당을 하여야 한다(대판 2010.4.15. 2008다41475).

[ㄴ ▸ O] 공동저당의 목적인 채무자 소유의 부동산과 물상보증인 소유의 부동산 중 채무자 소유의 부동산에 대하여 먼저 경매가 이루어져 그 경매대금의 교부에 의하여 1번 공동저당권자가 변제를 받더라도, 채무자 소유의 부동산에 대한 후순위 저당권자는 민법 제368조 제2항 후단에 의하여 1번 공동저당권자를 대위하여 물상보증인 소유의 부동산에 대하여 저당권을 행사할 수 없다(대결 1995.6.13. 95마500).

[ㄷ ▸ O] 물상보증인 소유 부동산에 먼저 배당이 이루어진 경우, 물상보증인은 채무자 소유 부동산에 변제자대위로 공동저당권을 대위한다. 따라서 공동저당권자 甲은 Y부동산에서 4천만원을 배당받은 다음 X부동산에서 1천만원을 배당받고, 물상보증인 丙은 X부동산 경매금액 중 잔존금액 3천만원을 배당받는다.

판례 ▸ 공동저당의 목적인 채무자 소유의 부동산과 물상보증인 소유의 부동산에 각각 채권자를 달리하는 후순위 저당권이 설정되어 있는 경우, 물상보증인 소유의 부동산에 대하여 먼저 경매가 이루어져 그 경매대금의 교부에 의하여 1번 저당권자가 변제를 받은 때에는 물상보증인은 채무자에 대하여 구상권을 취득함과 동시에, 민법 제481조, 제482조의 규정에 의한 변제자대위에 의하여 채무자 소유의 부동산에 대한 1번 저당권을 취득하고, 이러한 경우 물상보증인 소유의 부동산에 대한 후순위 저당권자는 물상보증인에게 이전한 1번 저당권으로부터 우선하여 변제를 받을 수 있으며, 물상보증인이 수인인 경우에도 마찬가지라 할 것이므로(이 경우 물상보증인들 사이의 변제자대위의 관계는 민법 제482조 제2항 제4호, 제3호에 의하여 규율될 것이다), 자기 소유의 부동산이 먼저 경매되어 1번 저당권자에게 대위변제를 한 물상보증인은 1번 저당권을 대위취득하고, 그 물상보증인 소유의 부동산의 후순위 저당권자는 1번 저당권에 대하여 물상대위를 할 수 있다(대판 1994.5.10. 93다25417).

2014년 변호사시험 문 13.

☑ 확인 Check! ○ △ ✕

X토지에는 甲 명의의 1번 저당권(피담보채권액 4,000만원), 乙 명의의 2번 저당권(피담보채권액 1억 5,000만원), 丙 명의의 3번 저당권(피담보채권액 7,000만원)이 각 설정되어 있고, Y토지에는 乙 명의의 1번 저당권(피담보채권액 1억 5,000만원), 丁 명의의 2번 저당권(피담보채권액 3,000만원)이 각 설정되어 있으며, 위 각 피담보채권의 채무자는 모두 A이고, 乙 명의의 저당권은 공동저당권이다. X토지의 경매대가는 1억 6,000만원, Y토지의 경매대가는 8,000만원이다. 다음 설명 중 옳은 것은?(이자, 지연손해금과 집행비용은 고려하지 말고, 다툼이 있는 경우에는 판례에 의함)

① X토지와 Y토지가 모두 채무자(A) 소유인 경우, X토지와 Y토지가 동시에 경매되면, 乙은 X토지의 경매대가에서 1억원을 배당받는다.

② X토지와 Y토지가 모두 채무자(A) 소유인 경우, X토지가 먼저 경매되면, 丙은 Y토지의 경매대가에서 5,000만원을 배당받는다.

③ X토지는 채무자(A) 소유, Y토지는 물상보증인(B) 소유인 경우, X토지가 먼저 경매되면, 丙은 Y토지의 경매대가에서 3,000만원을 배당받는다.

④ X토지는 채무자(A) 소유, Y토지는 물상보증인(B) 소유인 경우, Y토지가 먼저 경매되면, 丁은 X토지의 경매대가에서 3,000만원을 배당받는다.

⑤ X토지는 채무자(A) 소유, Y토지는 물상보증인(B) 소유인 경우, X토지와 Y토지가 동시에 경매되면, 乙은 Y토지의 경매대가에서 6,000만원을 배당받는다.

[❶ ▶ ✕] 채무자 소유 공동저당부동산이 동시배당되는 경우, 각 부동산의 경매대가에 비례하여 배당한다. 이때 경매대가는 매각대금에서 경매비용과 선순위 채권을 공제해야 한다. 사안에서 X토지의 경매대가는 매각대금 1억 6,000만원에서 甲의 채권액 4,000만원을 공제한 1억 2,000만원이고, Y토지의 경매대가는 8,000만원이다. 따라서 3 : 2의 비율로 乙의 1억 5,000만원의 채권을 분담하므로, 乙은 X토지에서 9천만원(1.5 × 3 / 5), Y토지에서 6천만원(1.5 × 2 / 5)을 배당받는다.

법령 공동저당과 대가의 배당, 차순위자의 대위(민법 제368조) ① 동일한 채권의 담보로 수개의 부동산에 저당권을 설정한 경우에 그 부동산의 경매대가를 동시에 배당하는 때에는 각 부동산의 경매대가에 비례하여 그 채권의 분담을 정한다.

판례 민법 제368조 제1항에서 말하는 '각 부동산의 경매대가'라 함은 매각대금에서 당해 부동산이 부담할 경매비용과 선순위 채권을 공제한 잔액을 말한다(대판 2003.9.5. 2001다66291).

[❷ ▶ ✕] 채무자 소유 공동저당부동산이 이시배당되는 경우, 먼저 경매된 부동산의 후순위저당권자는 동시배당되었다면 선순위저당권자가 변제받을 수 있는 범위 내에서, 나중에 경매된 부동산의 경매절차에서 선순위저당권자를 대위하여 배당받을 수 있다. 지문의 경우처럼 X토지가 먼저 경매되면, 경매금액 1억 6천만원에서 선순위저당권자 甲이 4천만원을 배당받고, 乙이 나머지 1억 2천만원을 배당받으며, 丙은 배당받을 수 없다. 동시배당되었다면 丙은 X토지에서 3천만원을 받을 수 있었는데[1억6천 – 4천(甲의 채권액) – 9천(乙의 비례채권부담액) = 3천], 이시배당됨으로써 이를 받지 못하게 된 것이다. 따라서 동시배당되었다면, Y토지에서 乙이 배당받았을 금액 6천만원(① 참조) 범위 내에서 丙이 乙의 저당권을 대위하게 된다. 결국 나중에 Y토지 경매 시 경매금액 8천만원에서 乙이 1억 5천만원의 채권액 중 X토지 경매에서 배당받지 못한 나머지 3천만원을 배당받고, 丙이 3천만원을 배당받으며, 丁이 나머지 2천만원을 배당받는다.

공동저당과 대가의 배당, 차순위자의 대위(민법 제368조) ② 전항의 저당부동산 중 일부의 경매대가를 먼저 배당하는 경우에는 그 대가에서 그 채권 전부의 변제를 받을 수 있다. 이 경우에 그 경매한 부동산의 차순위저당권자는 선순위 저당권자가 전항의 규정에 의하여 다른 부동산의 경매대가에서 변제를 받을 수 있는 금액의 한도에서 선순위 자를 대위하여 저당권을 행사할 수 있다.

[❸ ▸ ✕] 공동저당의 목적인 채무자 소유의 부동산과 물상보증인 소유의 부동산 중 채무자 소유의 부동산에 대하여 먼저 경매가 이루어져 그 경매대금의 교부에 의하여 1번 공동저당권자가 변제를 받더라도, 채무자 소유의 부동산에 대한 후순위 저당권자는 민법 제368조 제2항 후단에 의하여 1번 공동저당권자를 대위하여 물상보증인 소유의 부동산에 대하여 저당권을 행사할 수 없다(대결 1995.6.13. 95마500).

[❹ ▸ ○] 위 ③의 경우와 달리 물상보증인 소유의 Y토지가 먼저 경매된 경우, Y토지의 후순위 저당권자는 물상보증인이 취득하는 채무자 소유 X토지의 선순위 저당권을 물상대위할 수 있다. 먼저 경매된 Y토지의 경매금액 8천만원은 전액 乙에게 배당되고, 나중에 경매된 X토지 경매금액 1억 6천만원에서 甲에게 4천만원이 배당되며, 乙에게 피담보채권액 1억 5천만원 중 나머지 7천만원이 배당된다. 잔존액은 5천만원이고, 물상보증인 B는 乙의 1억 5천만원 중 8천만원을 변제자대위하는데, 잔존금액이 이에 미치지 못하므로 5천만원을 전액 대위한다. 이 5천만원 중에서 丁이 물상대위하여 3천만원을 배당받고, 나머지 2천만을 B가 배당받는다.

공동저당의 목적인 채무자 소유의 부동산과 물상보증인 소유의 부동산에 각각 채권자를 달리하는 후순위 저당권이 설정되어 있는 경우, 물상보증인 소유의 부동산에 대하여 먼저 경매가 이루어져 그 경매대금의 교부에 의하여 1번 저당권자가 변제를 받은 때에는 물상보증인은 채무자에 대하여 구상권을 취득함과 동시에, 민법 제481조, 제482조의 규정에 의한 변제자대위에 의하여 채무자 소유의 부동산에 대한 1번 저당권을 취득하고, 이러한 경우 물상보증인 소유의 부동산에 대한 후순위 저당권자는 물상보증인에게 이전한 1번 저당권으로부터 우선하여 변제를 받을 수 있으며, 물상보증인이 수인인 경우에도 마찬가지라 할 것이므로(이 경우 물상보증인들 사이의 변제자대위의 관계는 민법 제482조 제2항 제4호, 제3호에 의하여 규율될 것이다), 자기 소유의 부동산이 먼저 경매되어 1번 저당권자에게 대위변제를 한 물상보증인은 1번 저당권을 대위취득하고, 그 물상보증인 소유의 부동산의 후순위 저당권자는 1번 저당권에 대하여 물상대위를 할 수 있다(대판 1994.5.10. 93다25417).

[❺ ▸ ✕] 채무자 소유의 부동산과 물상보증인 소유의 부동산이 동시배당되는 경우에는 민법 제368조 제1항이 적용되지 않고, 채무자 소유 부동산의 경매대가에서 공동저당권자에게 우선적으로 배당해야 한다. 따라서 공동저당권자 乙은 채무자 소유 X토지의 경매금액 1억 6천만원에서 甲의 선순위 저당금액 4천만원을 제외한 1억 2천만원을 배당받고, 물상보증인 소유 Y토지의 경매금액에서 잔존하는 3천만원을 배당받는다.

공동저당권이 설정되어 있는 수개의 부동산 중 일부는 채무자 소유이고 일부는 물상보증인의 소유인 경우 위 각 부동산의 경매대가를 동시에 배당하는 때에는, 물상보증인이 민법 제481조, 제482조의 규정에 의한 변제자대위에 의하여 채무자 소유 부동산에 대하여 담보권을 행사할 수 있는 지위에 있는 점 등을 고려할 때, "동일한 채권의 담보로 수개의 부동산에 저당권을 설정한 경우에 그 부동산의 경매대가를 동시에 배당하는 때에는 각 부동산의 경매대가에 비례하여 그 채권의 분담을 정한다"고 규정하고 있는 민법 제368조 제1항은 적용되지 아니한다고 봄이 상당하다. 따라서 이러한 경우 경매법원으로서는 채무자 소유 부동산의 경매대가에서 공동저당권자에게 우선적으로 배당을 하고, 부족분이 있는 경우에 한하여 물상보증인 소유 부동산의 경매대가에서 추가로 배당을 하여야 한다(대판 2010.4.15. 2008다41475).

A는 甲에게 3억원을 빌려주면서 甲 소유의 X토지(시가 2억원)와 乙 소유의 Y토지(시가 3억원)에 제1순위 공동저당권을 설정받았다. 그 후 乙은 丙으로부터 1억원을 차용하면서 丙에게 Y토지에 제2순위 저당권을 설정하여 주었다. A는 Y토지에 대하여 경매를 신청하여 그 경매절차에서 매각대금 3억원의 배당을 받아 채권 전체의 만족을 얻었다. A는 甲의 요청에 따라 X토지에 마쳐져 있던 저당권을 말소하여 주었다. 甲은 다시 丁으로부터 1억원을 차용하고 丁에게 새로 X토지에 관하여 저당권을 설정하여 주었다. 乙은 X토지에 관하여 말소된 저당권을 회복하고자 한다. 옳은 것을 모두 고른 것은?(각 지문은 독립적이며, 다툼이 있는 경우 판례에 의함)

> ㄱ. 저당권말소회복등기가 이루어지지 아니한 상태에서도 乙은 X토지의 제1순위 저당권자이다.
> ㄴ. 저당권말소회복등기청구의 소는 A를 상대로 제기하여야 한다.
> ㄷ. 乙이 등기부상 저당권등기를 회복하기 위해서는 丁의 승낙이 필요하다.
> ㄹ. 甲이 丁에 대한 채무를 변제하지 못하여 丁의 경매신청에 따라 X토지가 매각되어 戊가 소유권을 취득하였고 丁은 매각대금으로부터 채권의 만족을 얻었다. 뒤늦게 乙이 저당권말소회복등기청구의 소를 제기한 경우 戊로부터 승낙의 의사표시를 받으면 승소할 수 있다.

① ㄱ, ㄴ   ② ㄱ, ㄷ   ③ ㄱ, ㄹ
④ ㄴ, ㄷ   ⑤ ㄷ, ㄹ

[ㄱ ▸ ○] 공동저당에서 물상보증인 乙 소유의 부동산이 먼저 경매되어 공동저당권자 A가 변제를 받은 경우, 물상보증인 乙은 甲 소유 부동산의 1번 저당권을 등기 없이 대위취득한다. 따라서 A가 甲의 요청에 따라 X토지에 있던 1번 저당권을 말소해 준 것은 원인 없이 불법말소한 것이므로, 말소회복등기를 경료하기 전에도 乙의 X토지에 대한 제1순위 저당권은 소멸하지 않고 존속한다.

판례
• 공동저당의 목적인 물상보증인 소유의 부동산에 후순위 저당권이 설정되어 있는 경우, 물상보증인 소유의 부동산에 대하여 먼저 경매가 이루어져 그 경매대금의 교부에 의하여 선순위 공동저당권자가 변제를 받은 때에는 물상보증인은 채무자에 대하여 구상권을 취득함과 동시에, 민법 제481조, 제482조의 규정에 의한 변제자대위에 의하여 채무자 소유의 부동산에 대한 선순위 저당권을 대위취득하고, 그 물상보증인 소유의 부동산의 후순위 저당권자는 위 선순위 저당권에 대하여 물상대위를 할 수 있다. 그러므로 그 선순위 저당권 설정등기는 말소등기가 경료될 것이 아니라 위 물상보증인 앞으로 대위에 의한 저당권 이전의 부기등기가 경료되어야 할 성질의 것이며, 따라서 아직 경매되지 아니한 공동저당물의 소유자로서는 위 선순위 저당권자에 대한 피담보채무가 소멸하였다는 사정만으로는 그 말소등기를 청구할 수 없다고 보아야 한다. 그리고 위 후순위 저당권자는 자신의 채권을 보전하기 위하여 물상보증인을 대위하여 선순위 저당권자에게 그 부기등기를 할 것을 청구할 수 있다(대결 2009.5.28. 2008마109).
• 등기는 물권의 효력발생요건이고 존속요건은 아니어서 등기가 원인 없이 말소된 경우에는 그 물권의 효력에 아무런 영향이 없고, 그 회복등기가 마쳐지기 전이라도 말소된 등기의 등기명의인은 적법한 권리자로 추정되므로 원인 없이 말소된 등기의 효력을 다투는 쪽에서 그 무효사유를 주장·입증하여야 한다(대판 1997.9.30. 95다39526).

[ㄴ ▸ ✕] 불법하게 말소된 것을 이유로 한 근저당권설정등기회복등기청구는 그 등기말소 당시의 소유자를 상대로 하여야 한다(대판 1969.3.18. 68다1617). 따라서 말소된 당시의 소유자인 甲을 상대로 제기해야 한다.

[ㄷ ▶ O] 乙의 1순위 저당권이 회복되면 현재 1순위 저당권자인 丁은 2순위 저당권자가 되어 손해를 입을 우려가 있으므로, 등기상 이해관계 있는 제3자이다. 따라서 乙이 말소된 저당권등기를 회복하기 위해서는 丁의 승낙이 필요하다.

말소등기의 회복(부동산등기법 제59조)　　 말소된 등기의 회복(回復)을 신청하는 경우에 등기상 이해관계 있는 제3자가 있을 때에는 그 제3자의 승낙이 있어야 한다.

부동산등기법 제75조 소정의 등기상 이해관계가 있는 제3자란 말소회복등기가 된다고 하면 손해를 입을 우려가 있는 사람으로서 그 손해를 입을 우려가 있다는 것이 기존의 등기부 기재에 의하여 형식적으로 인정되는 자를 의미하고, 여기에서 말하는 '손해를 입을 우려'가 있는지의 여부는 제3자의 권리취득등기 시(말소등기 시)를 기준으로 할 것이 아니라 회복등기 시를 기준으로 판별하여야 한다(대판 1990.6.26. 89다카5673).

[ㄹ ▶ X] 불법말소된 등기가 회복되기 전에 경매절차에서 X토지가 경락되어 戊가 소유권을 취득한 경우에는, 乙의 1순위 저당권은 소멸한다. 따라서 戊로부터 승낙의 의사표시를 받더라도, 乙은 저당권말소회복등기청구의 소에서 승소할 수 없다.

부동산에 관하여 근저당권설정등기가 마쳐졌다가 등기가 위조된 관계서류에 기하여 아무런 원인 없이 말소되었다는 사정만으로는 곧바로 근저당권이 소멸하는 것은 아니지만, 부동산이 경매절차에서 매각되면 매각부동산에 존재하였던 저당권은 당연히 소멸하는 것이므로(민사집행법 제91조 제2항, 제268조 참조) 근저당권설정등기가 원인 없이 말소된 이후에 근저당목적물인 부동산에 관하여 다른 근저당권자 등 권리자의 신청에 따라 경매절차가 진행되어 매각허가결정이 확정되고 매수인이 매각대금을 완납하였다면, 원인 없이 말소된 근저당권도 소멸한다(대판 2014.12.11. 2013다28025).

2012년 변호사시험 문 31.　　　　　　　　　　　　　　　　☑ 확인 Check! O △ X

甲 소유의 X부동산과 乙 소유의 Y부동산에 甲의 채권자 丙을 위한 공동저당권이 설정되어 있다. X에는 丁을 위한 후순위 저당권이, Y에는 乙의 채권자인 戊를 위한 후순위 저당권이 각 설정되어 있다. X의 경매대가는 1억원, Y의 경매대가는 2억원, 丙의 공동저당권의 피담보채권액은 1억 5,000만원이다. 다음 설명 중 옳지 않은 것은?(집행비용은 고려하지 않고, 다툼이 있는 경우에는 판례에 의함)

① Y의 경매대가가 먼저 배당되는 경우, 丙은 1억 5,000만원 전액을 배당받을 수 있다.
② ①의 경우에 乙은 변제자대위에 의하여 X의 경매대가 1억원을 배당받을 수 있다.
③ ①의 경우에 戊는 乙이 배당받을 금액에 대하여 물상대위할 수 있다.
④ X의 경매대가가 먼저 배당되는 경우, 丁은 Y의 경매대가에 대하여 丙을 대위할 수 없다.
⑤ X와 Y의 경매대가가 동시에 배당되는 경우, 丙은 X의 경매대가로부터 5,000만원을, Y의 경매대가로부터 1억원을 각각 배당받는다.

甲 : 채무자, 乙 : 물상보증인, 丙 : 공동저당권자, 丁 : 채무자 소유 부동산의 후순위 저당권자, 戊 : 물상보증인 소유 부동산의 후순위 저당권자

[**❶ ▸ O**] 물상보증인 소유 Y부동산이 먼저 경매된 경우 공동저당권자 丙은 그 경매대가 2억원에서 피담보채권액 1억 5,000만원 전부를 변제받을 수 있다.

법령 **공동저당과 대가의 배당, 차순위자의 대위(민법 제368조)**   ② 전항의 저당부동산 중 일부의 경매대가를 먼저 배당하는 경우에는 그 대가에서 그 채권 전부의 변제를 받을 수 있다. 이 경우에 그 경매한 부동산의 차순위저당권자는 선순위 저당권자가 전항의 규정에 의하여 다른 부동산의 경매대가에서 변제를 받을 수 있는 금액의 한도에서 선순위 자를 대위하여 저당권을 행사할 수 있다.

[**❷ ▸ O**] [**❸ ▸ O**] 물상보증인 소유 Y부동산이 먼저 경매된 경우, 물상보증인 乙은 변제자대위에 의해 공동저당권을 취득하므로 X의 경매대가 1억원을 배당받을 수 있다. 그리고 물상보증인 소유 부동산의 후순위 저당권자 戊는 물상보증인이 대위한 권리를 물상대위할 수 있다.

판례 공동저당의 목적인 채무자 소유의 부동산과 물상보증인 소유의 부동산에 각각 채권자를 달리하는 후순위 저당권이 설정되어 있는 경우, 물상보증인 소유의 부동산에 대하여 먼저 경매가 이루어져 그 경매대금의 교부에 의하여 1번 저당권자가 변제를 받은 때에는 물상보증인은 채무자에 대하여 구상권을 취득함과 동시에, 민법 제481조, 제482조의 규정에 의한 변제자대위에 의하여 채무자 소유의 부동산에 대한 1번 저당권을 취득하고, 이러한 경우 물상보증인 소유의 부동산에 대한 후순위 저당권자는 물상보증인에게 이전한 1번 저당권으로부터 우선하여 변제를 받을 수 있으며, 물상보증인이 수인인 경우에도 마찬가지라 할 것이므로(이 경우 물상보증인들 사이의 변제자대위의 관계는 민법 제482조 제2항 제4호, 제3호에 의하여 규율될 것이다), 자기 소유의 부동산이 먼저 경매되어 1번 저당권자에게 대위변제를 한 물상보증인은 1번 저당권을 대위취득하고, 그 물상보증인 소유의 부동산의 후순위 저당권자는 1번 저당권에 대하여 물상대위를 할 수 있다(대판 1994.5.10. 93다25417).

[**❹ ▸ O**] 공동저당의 목적인 채무자 소유의 부동산과 물상보증인 소유의 부동산 중 채무자 소유의 부동산에 대하여 먼저 경매가 이루어져 그 경매대금의 교부에 의하여 1번 공동저당권자가 변제를 받더라도, 채무자 소유의 부동산에 대한 후순위 저당권자는 민법 제368조 제2항 후단에 의하여 1번 공동저당권자를 대위하여 물상보증인 소유의 부동산에 대하여 저당권을 행사할 수 없다(대결 1995.6.13. 95마500).

[**❺ ▸ ✕**] 채무자 소유의 부동산과 물상보증인 소유의 부동산이 동시배당되는 경우에는 민법 제368조 제1항이 적용되지 않고, 채무자 소유 부동산의 경매대가에서 공동저당권자에게 우선적으로 배당해야 한다. 따라서 공동저당권자 丙은 X의 경매대가 전액인 1억원을 우선배당받고, 나머지 5천만원을 Y의 경매대가로부터 배당받는다.

판례 공동저당권이 설정되어 있는 수개의 부동산 중 일부는 채무자 소유이고 일부는 물상보증인의 소유인 경우 위 각 부동산의 경매대가를 동시에 배당하는 때에는, 물상보증인이 민법 제481조, 제482조의 규정에 의한 변제자대위에 의하여 채무자 소유 부동산에 대하여 담보권을 행사할 수 있는 지위에 있는 점 등을 고려할 때, "동일한 채권의 담보로 수개의 부동산에 저당권을 설정한 경우에 그 부동산의 경매대가를 동시에 배당하는 때에는 각 부동산의 경매대가에 비례하여 그 채권의 분담을 정한다"고 규정하고 있는 민법 제368조 제1항은 적용되지 아니한다고 봄이 상당하다. 따라서 이러한 경우 경매법원으로서는 채무자 소유 부동산의 경매대가에서 공동저당권자에게 우선적으로 배당을 하고, 부족분이 있는 경우에 한하여 물상보증인 소유 부동산의 경매대가에서 추가로 배당을 하여야 한다(대판 2010.4.15. 2008다41475).

2013년 변호사시험 문 9.

☑ 확인Check! ○ △ ✕

甲이 2012.1.3. 乙, 丙회사와 각 공급기간을 2년으로 하여 우유를 공급받는 계약을 체결하고, 외상대금을 담보하기 위하여 甲 소유인 X부동산에 관하여 乙회사에게 1순위로 채권최고액 3,000만원의, 丙회사에게 2순위로 채권최고액 4,000만원의 각 근저당권을 설정하여 주었다. 2012.8.5. 乙회사에 대한 외상대금 원금이 2,400만, 丙회사에 대한 외상대금 원금이 3,600만원에 이르게 되자 丙회사가 경매를 신청하여 X부동산이 1억원에 매각되어 대금이 완납되고 매수인 명의로 소유권 이전등기가 경료되었다. 외상대금 원금과 지연손해금의 날짜별 금액은 다음과 같고, 甲의 일반채권자 丁이 1억원의 채권으로 적법하게 배당요구를 한 상태이다. 乙회사와 丙회사가 위 근저당권에 기하여 우선적으로 배당받을 금액은?(다툼이 있는 경우에는 판례에 의함)

	乙회사			丙회사		
	외상대금 원금	지연손해금	합 계	외상대금 원금	지연손해금	합 계
2012.8.5. (경매신청)	2,400만원	300만원	2,700만원	3,600만원	300만원	3,900만원
2012.12.5. (매각대금 완납)	2,600만원	360만원	2,960만원	3,600만원	500만원	4,100만원
2013.1.5. (배당일)	2,600만원	390만원	2,990만원	3,600만원	600만원	4,200만원

① 乙회사 2,700만원, 丙회사 3,900만원
② 乙회사 2,960만원, 丙회사 3,900만원
③ 乙회사 2,960만원, 丙회사 4,000만원
④ 乙회사 2,990만원, 丙회사 3,900만원
⑤ 乙회사 2,990만원, 丙회사 4,000만원

1. 외상대금 원금(피담보채권 원본)의 확정

• 乙회사 : 매각대금 완납 시인 2012.12.5.의 2,600만원

> **판례** 선순위 근저당권이 설정되어 있는 부동산에 대하여 근저당권을 취득하는 거래를 하려는 사람들은 선순위 근저당권의 채권최고액만큼의 담보가치는 이미 선순위 근저당권자에 의하여 파악되어 있는 것으로 인정하고 거래를 하는 것이 보통이므로 … 후순위 근저당권자가 경매를 신청한 경우 선순위 근저당권의 피담보채권은 그 근저당권이 소멸하는 시기, 즉 경락인이 경락대금을 완납한 때에 확정된다고 보아야 한다(대판 1999.9.21. 99다26085).

• 丙회사 : 경매신청 시인 2012.8.5.의 3,600만원

> **판례** 근저당권자가 피담보채무의 불이행을 이유로 경매신청을 한 경우에는 경매신청 시에 근저당채무액이 확정되고, 그 이후부터 근저당권은 부종성을 가지게 되어 보통의 저당권과 같은 취급을 받게 되는바, 위와 같이 경매신청을 하여 경매개시결정이 있은 후에 경매신청이 취하되었다고 하더라도 채무 확정의 효과가 번복되는 것은 아니다(대판 2002.11.26. 2001다73022).

2. 지연손해금

배당일인 2013.1.5.까지의 지연손해금도 포함된다. 따라서 乙회사는 390만원, 丙회사는 600만원이다.

> **판례** 근저당권자의 경매신청 등의 사유로 인하여 근저당권의 피담보채권이 확정되었을 경우, 확정 이후에 새로운 거래관계에서 발생한 원본채권은 그 근저당권에 의하여 담보되지 아니하지만, 확정 전에 발생한 원본채권에 관하여 확정 후에 발생하는 이자나 지연손해금채권은 채권최고액의 범위 내에서 근저당권에 의하여 여전히 담보되는 것이다(대판 2007.4.26. 2005다38300).

3. 결 론

• 乙회사 : 외상대금 원금 2,600만원과 지연손해금 390만원을 합하면 2,990만원이다. 이 금액은 채권최고액 3,000만원의 범위 내이므로 <u>2,990만원</u> 전부를 배당받는다.

• 丙회사 : 외상대금 원금 3,600만원과 지연손해금 600만원을 합하면 4,200만원이다. 이 금액은 채권최고액 4,000만원의 범위를 초과하므로 <u>4,000만원</u>만 배당받는다.

2020년 변호사시험 문 14. ☑ 확인Check! ○ △ ✕

근저당권에 관한 설명 중 옳은 것(○)과 옳지 않은 것(✕)을 올바르게 조합한 것은?(다툼이 있는 경우 판례에 의함)

ㄱ. 근저당권의 피담보채권이 확정되지 아니하는 동안에는 그 채권의 일부가 대위변제되더라도 그 근저당권이 대위변제자에게 이전될 여지가 없지만, 피담보채권이 확정된 후에는 근저당권의 일부이전의 부기등기가 있어야 그 근저당권이 대위변제자에게 이전된다.

ㄴ. 근저당권설정등기가 불법하게 말소된 경우 근저당권자는 그 등기말소 당시의 소유자가 아니라 현재 등기명의자인 소유자를 상대로 근저당권설정등기의 회복등기청구를 하여야 한다.

ㄷ. 근저당권자가 근저당권설정자의 피담보채무의 불이행을 이유로 경매신청을 하였으나 경매개시결정이 있은 후에 경매신청을 취하한 경우에는 근저당권의 피담보채무는 확정되지 않는다.

① ㄱ(○) ㄴ(✕) ㄷ(✕)　　　　② ㄱ(○) ㄴ(○) ㄷ(✕)
③ ㄱ(✕) ㄴ(✕) ㄷ(✕)　　　　④ ㄱ(✕) ㄴ(○) ㄷ(○)
⑤ ㄱ(✕) ㄴ(○) ㄷ(✕)

[ㄱ ▶ ✕] 근저당권이라고 함은 계속적인 거래관계로부터 발생하고 소멸하는 불특정다수의 장래채권을 결산기에 계산하여 잔존하는 채무를 일정한 한도액의 범위 내에서 담보하는 저당권이어서, 거래가 종료하기까지 채권은 계속적으로 증감 변동하는 것이므로, 근저당거래관계가 계속 중인 경우, 즉 근저당권의 피담보채권이 확정되기 전에 그 채권의 일부를 양도하거나 대위변제한 경우 근저당권이 양수인이나 대위변제자에게 이전할 여지는 없다 할 것이나, <u>그 근저당권에 의하여 담보되는 피담보채권이 확정되게 되면, 그 피담보채권액이 그 근저당권의 채권최고액을 초과하지 않는 한 그 근저당권 내지 그 실행으로 인한 경락대금에 대한 권리 중 그 피담보채권액을 담보하고 남는 부분은 저당권의 일부이전의 부기등기의 경료 여부와 관계없이 대위변제자에게 법률상 당연히 이전된다</u>(대판 2002.7.26. 2001다53929).

[ㄴ ▶ ✕] 불법하게 말소된 것을 이유로 한 근저당권설정등기회복등기청구는 <u>그 등기말소 당시의 소유자를 상대로 하여야 한다</u>(대판 1969.3.18. 68다1617).

[ㄷ ▸ ✕] 근저당권자가 피담보채무의 불이행을 이유로 경매신청을 한 경우에는 경매신청 시에 근저당채무액이 확정되고, 그 이후부터 근저당권은 부종성을 가지게 되어 보통의 저당권과 같은 취급을 받게 되는바, 위와 같이 경매신청을 하여 경매개시결정이 있은 후에 경매신청이 취하되었다고 하더라도 채무 확정의 효과가 번복되는 것은 아니다(대판 2002.11.26. 2001다73022).

부동산저당권에 관한 설명 중 옳지 않은 것은?(다툼이 있는 경우 판례에 의함)

① 근저당거래관계가 계속되어 근저당권의 피담보채권이 확정되지 아니하는 동안에는 그 채권의 일부가 대위변제되었다 하더라도 그 근저당권이 대위변제자에게 이전되지 않는다.

② 동일 부동산에 관하여 가압류등기가 먼저 행해진 후 근저당권설정등기가 마쳐진 경우 그 근저당권자는 가압류채권자에 대한 관계에서는 우선변제권을 주장할 수 없다.

③ 근저당권자가 피담보채무의 불이행을 이유로 경매신청을 한 경우 경매신청 시에 근저당권의 피담보채무액이 확정되지만, 경매개시결정이 있은 후에 경매신청이 취하된 경우에는 그 소급효로 인하여 채무 확정의 효과가 번복된다.

④ 저당목적물인 부동산이 수용된 경우 저당권자가 저당권설정자의 토지수용보상금지급청구권에 관하여 물상대위권을 행사하기 전에 다른 채권자가 위 지급청구권에 대하여 압류·추심명령을 받아 보상금을 지급받은 때에는, 저당권자는 우선변제권을 상실하게 되고 그 다른 채권자에 대하여 부당이득 반환도 청구할 수 없다.

⑤ 근저당권 이전의 부기등기가 경료된 후 그 피담보채무가 소멸한 경우, 주등기인 근저당권설정등기의 말소등기만 구하면 되고 그 부기등기에 대한 말소를 구하는 것은 소의 이익이 없다.

[❶ ▸ ○] 근저당권은 계속적인 거래관계로부터 발생·소멸하는 불특정다수의 채권 중 그 결산기에 잔존하는 채권을 일정한 한도액의 범위 내에서 담보하는 것으로서 그 거래가 종료하기까지 그 피담보채권은 계속적으로 증감·변동하는 것이므로, 근저당거래관계가 계속되는 관계로 근저당권의 피담보채권이 확정되지 아니하는 동안에는 그 채권의 일부가 대위변제되었다 하더라도 그 근저당권이 대위변제자에게 이전될 수 없다(대판 2000.12.26. 2000다54451).

[❷ ▸ ○] 부동산에 대하여 가압류등기가 먼저 되고 나서 근저당권설정등기가 마쳐진 경우에 그 근저당권등기는 가압류에 의한 처분금지의 효력 때문에 그 집행 보전의 목적을 달성하는 데 필요한 범위 안에서 가압류채권자에 대한 관계에서만 상대적으로 무효이다. 이 경우 가압류채권자와 근저당권자 및 근저당권설정등기 후 강제경매신청을 한 압류채권자 사이의 배당관계에 있어서, 근저당권자는 선순위 가압류채권자에 대하여는 우선변제권을 주장할 수 없으므로 1차로 채권액에 따른 안분비례에 의하여 평등배당을 받은 다음, 후순위 경매신청압류채권자에 대하여는 우선변제권이 인정되므로 경매신청압류채권자가 받을 배당액으로부터 자기의 채권액을 만족시킬 때까지 이를 흡수하여 배당받을 수 있다(대결 1994.11.29. 94마417).

[❸ ▸ ✕] 근저당권자가 피담보채무의 불이행을 이유로 경매신청을 한 경우에는 경매신청 시에 근저당채무액이 확정되고, 그 이후부터 근저당권은 부종성을 가지게 되어 보통의 저당권과 같은 취급을 받게 되는바, 위와 같이 경매신청을 하여 경매개시결정이 있은 후에 경매신청이 취하되었다고 하더라도 채무 확정의 효과가 번복되는 것은 아니다(대판 2002.11.26. 2001다73022).

[❹ ▸ ○] 물상대위권의 행사에 나아가지 아니한 채 단지 수용대상토지에 대하여 담보물권의 등기가 된 것만으로는 그 보상금으로부터 우선변제를 받을 수 없고, 저당권자가 물상대위권의 행사에 나아가지 아니하여 우선변제권을 상실한 이상 다른 채권자가 그 보상금 또는 이에 관한 변제공탁금으로부터 이득을 얻었다고 하더라도 저당권자는 이를 부당이득으로서 반환청구할 수 없다(대판 2002.10.11. 2002다33137).

[**❺ ▸ O**] 채무자의 변경을 내용으로 하는 근저당권 변경의 부기등기는 기존의 주등기인 근저당권설정등기에 종속되어 주등기와 일체를 이루는 것이고 주등기와 별개의 새로운 등기는 아니라 할 것이므로, <u>그 피담보채무가 변제로 인하여 소멸된 경우 위 주등기의 말소만을 구하면 되고 그에 기한 부기등기는 별도로 말소를 구하지 않더라도 주등기가 말소되는 경우에는 직권으로 말소되어야 할 성질의 것이므로, 위 부기등기의 말소청구는 권리 보호의 이익이 없는 부적법한 청구라고 할 것이다</u>(대판 2000.10.10. 2000다19526).

제5절 | 비전형담보물권 ★★★☆

2018년 변호사시험 문 9. ☑확인Check! ○ △ X

甲은 乙로부터 금전을 차용하면서 만약 변제기에 채무를 변제하지 못하면 甲 소유인 X토지에 관한 소유권을 乙에게 이전하기로 약정하고, 이를 담보하기 위하여 X토지에 관하여 乙 명의로 가등기를 경료하여 주었다. 위 약정 당시 X토지의 시가는 채무원리금액을 훨씬 초과하였다. 이에 관한 설명 중 옳은 것(○)과 옳지 않은 것(×)을 올바르게 조합한 것은?(각 지문은 독립적이며, 다툼이 있는 경우 판례에 의함)

ㄱ. 변제기에 甲이 채무원리금을 변제하고자 하였으나 乙이 수령을 거부하자 甲이 가등기 말소에 필요한 서류 일체의 교부를 반대급부로 하여 그때까지의 채무원리금을 변제공탁하였다면 이 공탁은 적법하다.

ㄴ. 가등기 설정 당시, 이행지체가 발생하는 경우 청산절차 없이 가등기에 기한 본등기를 경료하기로 특약을 맺었는데, 그 후 이행지체가 발생하자 乙은 위 특약에 따라 X토지에 관하여 乙 앞으로 위 가등기에 기한 소유권이전등기를 경료하였다. 이 경우 乙은 X토지의 소유권을 취득한 것이 아니지만 이 소유권이전등기는 약한 의미의 양도담보로서의 효력을 갖는다.

ㄷ. 甲이 채무원리금의 지급을 지체하는 경우 乙은 X토지에 관하여 담보권 실행을 위한 경매를 신청할 수 있다.

① ㄱ(×) ㄴ(×) ㄷ(○) ② ㄱ(○) ㄴ(×) ㄷ(○)
③ ㄱ(○) ㄴ(○) ㄷ(○) ④ ㄱ(×) ㄴ(○) ㄷ(×)
⑤ ㄱ(○) ㄴ(○) ㄷ(×)

[**ㄱ ▸ ×**] <u>채무담보를 위하여 근저당권설정등기, 가등기 등이 경료되어 있는 경우 그 채무의 변제의무는 그 등기의 말소의무보다 선행되는 것이며, 채무의 변제와 그 등기말소절차의 이행을 교환적으로 구할 수 없으므로, 그 등기의 각 말소등기절차 이행에 소요되는 일체의 서류를 교부할 것을 반대급부로 하여 한 변제공탁은 채무의 본지에 따른 것이라 할 수 없다</u>(대판 1991.4.12. 90다9872).

[**ㄴ ▸ ×**] <u>가등기담보 등에 관한 법률 제3조, 제4조의 각 규정에 비추어 볼 때 위 각 규정을 위반하여 담보가등기에 기한 본등기가 이루어진 경우에는 그 본등기는 무효라고 할 것이고, 설령 그와 같은 본등기가 가등기권리자와 채무자 사이에 이루어진 특약에 의하여 이루어졌다고 할지라도 만일 그 특약이 채무자에게 불리한 것으로서 무효라고 한다면 그 본등기는 여전히 무효일 뿐, 이른바 약한 의미의 양도담보로서 담보의 목적 내에서는 유효하다고 할 것이 아니고, 다만 가등기권리자가 가등기담보 등에 관한 법률 제3조, 제4조에 정한 절차에 따라 청산금의 평가액을 채무자 등에게 통지한 후 채무자에게 정당한 청산금을 지급하거나 지급할 청산금이 없는 경우에는 채무자가 그 통지를 받은 날로부터 2월의 청산기간이 경과하면 위 무효인 본등기는 실체적 법률관계에 부합하는 유효한 등기가 될 수 있을 뿐이다</u>(대판 2002.6.11. 99다41657).

[ㄷ ▸ O]   담보가등기권리자는 그 선택에 따라 제3조에 따른 담보권을 실행하거나 담보목적부동산의 경매를 청구할 수 있다. 이 경우 경매에 관하여는 담보가등기권리를 저당권으로 본다(가등기담보 등에 관한 법률 제12조 제1항).

[ㄱ ▸ O]   채무자등은 청산금채권을 변제받을 때까지 그 채무액(반환할 때까지의 이자와 손해금을 포함한다)을 채권자에게 지급하고 그 채권담보의 목적으로 마친 소유권이전등기의 말소를 청구할 수 있다. 다만, 그 채무의 변제기가 지난 때부터 10년이 지나거나 선의의 제삼자가 소유권을 취득한 경우에는 그러하지 아니하다(가등기담보 등에 관한 법률 제11조).

[ㄴ ▸ O]   지문의 경우 '그 다음 날'이라는 문구로 인해 적법한 청산기간 경과 전에 청산금을 지급한 것은 아닌지 의문이 있을 수 있다. 하지만 설령 그렇다고 하더라도, 청산금 지급 후 4개월이 경과하여 청산기간인 2개월을 도과함으로써 실체적 법률관계에 부합하는 유효한 등기가 되었으므로, 결국 甲은 채무액을 변제하고 乙의 본등기를 말소할 수 없다.

판례

가등기담보 등에 관한 법률 제3조, 제4조의 각 규정에 비추어 볼 때 위 각 규정을 위반하여 담보가등기에 기한 본등기가 이루어진 경우에는 그 본등기는 무효라고 할 것이고, 설령 그와 같은 본등기가 가등기권리자와 채무자 사이에 이루어진 특약에 의하여 이루어졌다고 할지라도 만일 그 특약이 채무자에게 불리한 것으로서 무효라고 한다면 그 본등기는 여전히 무효일 뿐, 이른바 약한 의미의 양도담보로서 담보의 목적 내에서는 유효하다고 할 것이 아니고, 다만 가등기권리자가 가등기담보 등에 관한 법률 제3조, 제4조에 정한 절차에 따라 청산금의 평가액을 채무자 등에게 통지한 후 채무자에게 정당한 청산금을 지급하거나 지급할 청산금이 없는 경우에는 채무자가 그 통지를 받은 날로부터 2월의 청산기간이 경과하면 위 무효인 본등기는 실체적 법률관계에 부합하는 유효한 등기가 될 수 있을 뿐이다(대판 2002.6.11, 99다41657).

법령 **담보권 실행의 통지와 청산기간(가등기담보 등에 관한 법률 제3조)** ① 채권자가 담보계약에 따른 담보권을 실행하여 그 담보목적부동산의 소유권을 취득하기 위하여는 그 채권의 변제기 후에 제4조의 청산금의 평가액을 채무자등에게 통지하고, 그 통지가 채무자등에게 도달한 날부터 2개월(이하 "청산기간")이 지나야 한다. 이 경우 청산금이 없다고 인정되는 경우에는 그 뜻을 통지하여야 한다.

청산금의 지급과 소유권의 취득(가등기담보 등에 관한 법률 제4조) ② 채권자는 담보목적부동산에 관하여 이미 소유권이전등기를 마친 경우에는 청산기간이 지난 후 청산금을 채무자등에게 지급한 때에 담보목적부동산의 소유권을 취득하며, 담보가등기를 마친 경우에는 청산기간이 지나야 그 가등기에 따른 본등기를 청구할 수 있다.

[ㄷ ▸ ✕] 가등기담보 등에 관한 법률 제14조, 대결 2010.11.9. 2010마1322 참조

법령 **강제경매등의 경우의 담보가등기(가등기담보 등에 관한 법률 제14조)** 담보가등기를 마친 부동산에 대하여 강제경매등의 개시결정이 있는 경우에 그 경매의 신청이 청산금을 지급하기 전에 행하여진 경우(청산금이 없는 경우에는 청산기간이 지나기 전)에는 담보가등기권리자는 그 가등기에 따른 본등기를 청구할 수 없다.

판례 가등기담보법 제13조, 제14조, 제15조에 의하면, 이러한 청산절차를 거치기 전에 강제경매 등의 신청이 행하여진 경우 담보가등기권자는 그 가등기에 기한 본등기를 청구할 수 없고, 그 가등기가 부동산의 매각에 의하여 소멸하되 다른 채권자보다 자기 채권을 우선변제받을 권리가 있을 뿐이다(대결 2010.11.9. 2010마1322).

2015년 변호사시험 문 26. ☑ 확인 Check! ○ △ ✕

「가등기담보 등에 관한 법률」의 내용에 관한 설명 중 옳지 않은 것은?(다툼이 있는 경우 판례에 의함)

① 「가등기담보 등에 관한 법률」은 매매대금채권을 담보하기 위하여 가등기를 한 경우에는 적용되지 않는다.
② 채권자가 주관적으로 평가한 청산금의 액수가 정당하게 평가된 청산금의 액수에 미치지 못하여도 담보권실행통지로서의 효력이나 청산기간의 진행에는 아무런 영향이 없다.
③ 채권자는 자신이 통지한 청산금의 금액에 대하여 다툴 수 있다.
④ 가등기담보권자와 채무자의 특약으로 청산절차 없이 본등기가 이루어졌다면, 그러한 본등기는 약한 의미의 양도담보로서의 효력도 없다.
⑤ 가등기담보권실행통지의 상대방이 수인일 때 일부에 대한 통지가 누락될 경우, 청산기간이 진행되지 않는다.

[❶ ▸ ○] 대판 2001.1.5. 2000다47682, 가등기담보 등에 관한 법률 제1조 참조

판례 가등기담보 등에 관한 법률은 차용물의 반환에 갈음하여 다른 재산권을 이전할 것을 예약한 경우에 적용되는 것으로서, 매매대금의 지급을 담보하기 위하여 부동산의 소유권을 이전하는 경우에는 적용되지 아니한다(대판 2001.1.5. 2000다47682).

안심Touch

목적(가등기담보 등에 관한 법률 제1조)   이 법은 <u>차용물의 반환</u>에 관하여 차주가 차용물을 갈음하여 다른 재산권을 이전할 것을 예약할 때 그 재산의 예약 당시 가액이 차용액과 이에 붙인 이자를 합산한 액수를 초과하는 경우에 이에 따른 담보계약과 그 담보의 목적으로 마친 가등기 또는 소유권이전등기의 효력을 정함을 목적으로 한다.

[❷ ▸ O]   채권자가 가등기담보권을 실행하여 그 담보목적부동산의 소유권을 취득하기 위하여 채무자 등에게 하는 담보권 실행의 통지에는 채권자가 주관적으로 평가한 통지 당시의 목적부동산의 가액과 피담보채권액을 명시함으로써 청산금의 평가액을 채무자 등에게 통지하면 족한 것으로서, 채권자가 이와 같이 나름대로 평가한 청산금의 액수가 객관적인 청산금의 평가액에 미치지 못한다고 하더라도 담보권 실행의 통지로서의 효력이나 청산기간의 진행에는 아무런 영향이 없고, 다만 채무자 등은 정당하게 평가된 청산금을 지급받을 때까지 목적부동산의 소유권이전등기 및 인도채무의 이행을 거절하면서 피담보채무 전액을 채권자에게 지급하고 채권담보의 목적으로 마쳐진 가등기의 말소를 구할 수 있을 뿐이라고 해석함이 상당하다(대판 1996.7.30. 96다6974).

[❸ ▸ ✕]   채권자는 제3조 제1항에 따라 그가 통지한 청산금의 금액에 관하여 다툴 수 없다(가등기담보 등에 관한 법률 제9조).

[❹ ▸ O]   가등기담보 등에 관한 법률 제3조, 제4조의 각 규정에 비추어 볼 때 위 각 규정을 위반하여 담보가등기에 기한 본등기가 이루어진 경우에는 그 본등기는 무효라고 할 것이고, 설령 그와 같은 본등기가 가등기권리자와 채무자 사이에 이루어진 특약에 의하여 이루어졌다고 할지라도 만일 그 특약이 채무자에게 불리한 것으로서 무효라고 한다면 그 본등기는 여전히 무효일 뿐, 이른바 약한 의미의 양도담보로서 담보의 목적 내에서는 유효하다고 할 것이 아니고, 다만 가등기권리자가 가등기담보 등에 관한 법률 제3조, 제4조에 정한 절차에 따라 청산금의 평가액을 채무자 등에게 통지한 후 채무자에게 정당한 청산금을 지급하거나 지급할 청산금이 없는 경우에는 채무자가 그 통지를 받은 날로부터 2월의 청산기간이 경과하면 위 무효인 본등기는 실체적 법률관계에 부합하는 유효한 등기가 될 수 있을 뿐이다(대판 2002.6.11. 99다41657).

[❺ ▸ O]   가등기담보 등에 관한 법률에 의하면 가등기담보권자가 담보권 실행을 위하여 담보목적부동산의 소유권을 취득하기 위하여는 그 채권의 변제기 후에 소정의 청산금평가액 또는 청산금이 없다고 하는 뜻을 채무자 등에게 통지하여야 하고, 이때의 채무자 등에는 채무자와 물상보증인뿐만 아니라 담보가등기 후 소유권을 취득한 제3취득자가 포함되는 것이므로, 위 통지는 이들 모두에게 하여야 하는 것으로서 채무자 등의 전부 또는 일부에 대하여 통지를 하지 않으면 청산기간이 진행할 수 없게 되고, 따라서 가등기담보권자는 그 후 적절한 청산금을 지급하였다 하더라도 가등기에 기한 본등기를 청구할 수 없으며, 양도담보의 경우에는 그 소유권을 취득할 수 없다(대판 1995.4.28. 94다36162).

2012년 변호사시험 문 25.

☑ 확인Check! ○ △ ✕

甲은 2008.7.10. 乙에게 1억 5,000만원을 대여하면서 그 채권을 담보하기 위해 이행기인 2009.7.10.까지 채무를 이행하지 않으면 乙 소유의 시가 4억원인 X부동산을 甲에게 이전하기로 하는 내용의 계약을 체결하고 2008.7.15. 소유권이전등기청구권의 가등기를 마쳤다. 다음 설명 중 옳은 것은?(다툼이 있는 경우에는 판례에 의함)

① 乙로부터 변제를 받지 못한 甲은 X의 소유권을 취득하는 귀속청산에 의하거나 제3자에 대한 양도를 통한 처분청산에 의하여 가등기담보권을 실행할 수 있다.

② 담보권의 실행통지에 있어서 甲이 주관적으로 평가한 청산금 액수(X의 가액과 피담보채권액의 차액)를 명시하였으나 이것이 객관적인 청산금 액수에 미치지 못하는 때에는 통지로서의 효력이 없다.

③ 甲이 청산절차를 거치지 않고 행한 본등기는 무효이지만, 당사자의 특약에 의한 때에는 약한 의미의 양도담보로서 담보목적범위 내에서는 효력이 있다.

④ 만약 甲, 乙, 丙 3자의 합의에 의해 丙의 명의로 가등기를 한 경우, 비록 丙에게 채권이 실질적으로 귀속되었더라도 이는 담보물권의 부종성에 반하며 실권리자 아닌 자 명의의 등기로서 효력이 없다.

⑤ 만약 위 계약 당시 이미 X 위에 乙의 丁에 대한 3억원의 채무를 담보하는 저당권이 설정되어 있었다면, 甲이 청산절차를 거치지 않았다는 이유만으로 가등기에 기한 본등기가 무효인 것은 아니다.

[❶ ▶ ✕] 사안에서 X부동산의 예약 당시 가액은 4억원으로서 이는 차용액 및 이자의 합산액을 초과하므로, 가등기담보 등에 관한 법률의 적용대상이다. 가등기담보권의 실행 방법은 귀속청산(채권자가 목적물의 가액에서 채권액을 공제한 나머지를 반환하고 그 목적물의 소유권을 취득하는 것)과 처분청산(채권자가 목적물을 제3자에게 처분하여 환가대금에서 채권의 만족을 취하는 것)이 있는데, 통설과 판례는 가담법상의 처분청산은 경매를 통한 공적 실행을 의미할 뿐, 사적 실행에 따른 처분청산은 인정되지 않는다고 한다.

판례 가등기담보 등에 관한 법률이 제3조와 제4조에서 가등기담보권의 사적 실행방법으로 귀속청산의 원칙을 규정함과 동시에 제12조와 제13조에서 그 공적 실행방법으로 경매의 청구 및 우선변제청구권 등 처분정산을 별도로 규정하고 있는 점, 위 제4조가 제1항 내지 제3항에서 채권자의 청산금지급의무, 청산기간 경과와 본등기청구, 청산금의 지급의무와 부동산의 소유권이전등기 및 인도채무의 동시이행관계 등을 순차로 규정한 다음, 제4항에서 제1항 내지 제3항에 반하는 특약으로서 채무자 등에게 불리한 것은 그 효력이 없다(다만, 청산기간 경과 후에 행하여진 특약으로서 제3자의 권리를 해하지 아니하는 경우는 제외된다)고 규정하고 있는 점, 나아가 제11조는 채무자 등이 청산금채권을 변제받을 때까지 그 채무액을 채권자에게 지급하고 그 채권담보의 목적으로 경료된 소유권이전등기의 말소를 청구할 수 있다고 규정하고 있는 점 등을 종합하여 보면, 가등기담보권의 사적 실행에 있어서 채권자가 청산금의 지급 이전에 본등기와 담보목적물의 인도를 받을 수 있다거나 청산기간이나 동시이행관계를 인정하지 아니하는 '처분정산'형의 담보권 실행은 가등기담보 등에 관한 법률상 허용되지 아니한다(대판 2002.12.10. 2002다42001).

[❷ ▶ ✕] 채권자가 가등기담보권을 실행하여 그 담보목적부동산의 소유권을 취득하기 위하여 채무자 등에게 하는 담보권 실행의 통지에는 채권자가 주관적으로 평가한 통지 당시의 목적부동산의 가액과 피담보채권액을 명시함으로써 청산금의 평가액을 채무자 등에게 통지하면 족한 것으로서, 채권자가 이와 같이 나름대로 평가한 청산금의 액수가 객관적인 청산금의 평가액에 미치지 못한다고 하더라도 담보권 실행의 통지로서의 효력이나 청산기간의 진행에는 아무런 영향이 없고, 다만 채무자 등은 정당하게 평가된 청산금을 지급받을 때까지 목적부동산의 소유권이전등기 및 인도채무의 이행을 거절하면서 피담보채무 전액을 채권자에게 지급하고 채권담보의 목적으로 마쳐진 가등기의 말소를 구할 수 있을 뿐이라고 해석함이 상당하다(대판 1996.7.30. 96다6974).

[**❸ ▸ ×**] 가등기담보 등에 관한 법률 제3조, 제4조의 각 규정에 비추어 볼 때 위 각 규정을 위반하여 담보가등기에 기한 본등기가 이루어진 경우에는 그 본등기는 무효라고 할 것이고, 설령 그와 같은 본등기가 가등기권리자와 채무자 사이에 이루어진 특약에 의하여 이루어졌다고 할지라도 만일 그 특약이 채무자에게 불리한 것으로서 무효라고 한다면 그 본등기는 여전히 무효일 뿐, 이른바 약한 의미의 양도담보로서 담보의 목적 내에서는 유효하다고 할 것이 아니고, 다만 가등기권리자가 가등기담보 등에 관한 법률 제3조, 제4조에 정한 절차에 따라 청산금의 평가액을 채무자 등에게 통지한 후 채무자에게 정당한 청산금을 지급하거나 지급할 청산금이 없는 경우에는 채무자가 그 통지를 받은 날로부터 2월의 청산기간이 경과하면 위 무효인 본등기는 실체적 법률관계에 부합하는 유효한 등기가 될 수 있을 뿐이다(대판 2002.6.11. 99다41657).

[**❹ ▸ ×**] 채권담보를 목적으로 가등기를 하는 경우에는 원칙적으로 채권자와 가등기명의자가 동일인이 되어야 하지만, 채권자 아닌 제3자의 명의로 가등기를 하는 데 대하여 채권자와 채무자 및 제3자 사이에 합의가 있었고, 나아가 제3자에게 그 채권이 실질적으로 귀속되었다고 볼 수 있는 특별한 사정이 있거나, 거래경위에 비추어 제3자의 가등기가 한낱 명목에 그치는 것이 아니라 그 제3자도 채무자로부터 유효하게 채권을 변제받을 수 있고 채무자도 채권자나 가등기명의자인 제3자 중 누구에게든 채무를 유효하게 변제할 수 있는 관계, 즉 채권자와 제3자가 불가분적 채권자의 관계에 있다고 볼 수 있는 경우에는, 그 제3자 명의의 가등기도 유효하다고 볼 것이고, 이와 같이 제3자 명의의 가등기를 유효하게 볼 수 있는 경우에는 제3자 명의의 가등기를 부동산 실권리자명의 등기에 관한 법률이 금지하고 있는 실권리자 아닌 자 명의의 등기라고 할 수는 없다(대판 2002.12.24. 2002다50484).

[**❺ ▸ ○**] 지문은 가등기담보권보다 선순위 저당권이 있는 경우로, X부동산의 예약 당시 시가 4억원에서 선순위 저당권 3억원을 뺀 1억원이 피담보채무액 1억 5천만원을 초과하지 못하므로, 가담법의 적용대상이 아니다. 따라서 청산절차를 거치지 않았더라도 가등기에 기한 본등기가 무효인 것은 아니다. 다만, 특약이 없는 한 약한 의미의 양도가 된다.

판례 가등기담보 등에 관한 법률은 재산권 이전의 예약에 의한 가등기담보에 있어서 재산의 예약 당시의 가액이 차용액 및 이에 붙인 이자의 합산액을 초과하는 경우에 적용되는바, 재산권 이전의 예약 당시 재산에 대하여 선순위 근저당권이 설정되어 있는 경우에는 재산의 가액에서 피담보채무액을 공제한 나머지 가액이 차용액 및 이에 붙인 이자의 합산액을 초과하는 경우에만 적용된다. 가등기담보 등에 관한 법률이 적용되지 않는 경우에도 채권자가 채권담보의 목적으로 부동산에 가등기를 경료하였다가 그 후 변제기까지 변제를 받지 못하여 위 가등기에 기한 소유권 이전의 본등기를 경료한 경우에는, 당사자들 사이에 채무자가 변제기에 피담보채무를 변제하지 아니하면 채권채무관계는 소멸하고 부동산의 소유권이 확정적으로 채권자에게 귀속된다는 명시의 특약이 없는 한, 그 본등기도 채권담보의 목적으로 경료된 것으로서 정산절차를 예정하고 있는 이른바 '약한 의미의 양도담보'가 된다. 그리고 이와 같이 약한 의미의 양도담보가 된 경우에는 채무의 변제기가 도과한 후에도 채권자가 담보권을 실행하여 정산절차를 마치기 전에는 채무자는 언제든지 채무를 변제하고 채권자에게 위 가등기 및 그 가등기에 기한 본등기의 말소를 청구할 수 있다(대판 2006.8.24. 2005다61140).

2015년 변호사시험 문 22.

☑ 확인Check! ○ △ ✕

동산에 대한 담보에 관한 설명 중 옳지 않은 것은?(다툼이 있는 경우 판례에 의함)

① 「동산·채권 등의 담보에 관한 법률」상의 동산담보권이 설정된 동산에 대하여 양도담보를 설정하더라도 양도담보는 유효하다.

② 위 ①의 동산담보권이 설정된 담보목적물은 선의취득의 대상이 될 수 없다.

③ 위 ①의 동산담보권은 담보목적물의 매각, 임대, 멸실, 훼손 또는 공용징수 등으로 인하여 담보권설정자가 받을 금전이나 그 밖의 물건에 대하여도 행사할 수 있다.

④ 동산에 대하여 점유개정의 방법으로 이중양도담보를 설정한 경우, 뒤의 양도담보권자가 양도담보의 목적물을 처분함으로써 원래의 양도담보권자로 하여금 양도담보권을 실행할 수 없도록 하는 행위는 원래의 양도담보권자의 양도담보권을 침해하는 위법한 행위가 될 수 있다.

⑤ 양도담보권 실행을 위한 환가절차에 있어서는 양도담보설정자의 다른 채권자들은 양도담보권자에 대한 관계에 있어서 안분배당을 요구할 수 없다.

[❶▸○] 동산·채권 등의 담보에 관한 법률이 기존의 동산담보제도를 배제하는 것은 아니다. 따라서 동산담보권이 설정된 동산에 대해서도 양도담보 설정이 가능하다.

[❷▸✕] 이 법에 따라 동산담보권이 설정된 담보목적물의 소유권·질권을 취득하는 경우에는 <u>민법 제249조부터 제251조까지의 규정을 준용한다</u>(동산·채권 등의 담보에 관한 법률 제32조).

[❸▸○] 동산담보권은 담보목적물의 매각, 임대, 멸실, 훼손 또는 공용징수 등으로 인하여 담보권설정자가 받을 금전이나 그 밖의 물건에 대하여도 행사할 수 있다. 이 경우 그 지급 또는 인도 전에 압류하여야 한다(동산·채권 등의 담보에 관한 법률 제14조).

[❹▸○] 동산에 대하여 점유개정의 방법으로 이중양도담보를 설정한 경우 원래의 양도담보권자는 뒤의 양도담보권자에 대하여 배타적으로 자기의 담보권을 주장할 수 있으므로, <u>뒤의 양도담보권자가 양도담보의 목적물을 처분함으로써 원래의 양도담보권자로 하여금 양도담보권을 실행할 수 없도록 하는 행위</u>는, 이중양도담보설정행위가 횡령죄나 배임죄를 구성하는지 여부나 뒤의 양도담보권자가 이중양도담보설정행위에 적극적으로 가담하였는지 여부와 관계없이, <u>원래의 양도담보권자의 양도담보권을 침해하는 위법한 행위이다</u>(대판 2000.6.23. 99다65066).

[❺▸○] 동산에 대하여 점유개정의 방법으로 양도담보를 일단 설정한 후에는 양도담보권자나 양도담보설정자가 그 동산에 대한 점유를 상실하였다고 하더라도 그 양도담보의 효력에는 아무런 영향이 없다 할 것이고, <u>양도담보권 실행을 위한 환가절차에 있어서는 환가로 인한 매득금에서 환가비용을 공제한 잔액 전부를 양도담보권자의 채권변제에 우선충당하여야 하고 양도담보설정자의 다른 채권자들은 양도담보권자에 대한 관계에 있어서 안분배당을 요구할 수 없다</u>(대판 2000.6.23. 99다65066).

甲이 乙에 대한 금전채무를 담보하기 위하여 점유개정의 방법으로 자신의 소유인 공장기계를 乙에게 양도하고, 그 후 甲이 丙에 대한 금전채무를 담보하기 위하여 점유개정의 방법으로 다시 그 기계를 丙에게 양도하였다. 다음 설명 중 옳은 것을 모두 고른 것은?(다툼이 있는 경우에는 판례에 의함)

　ㄱ. 甲과 乙 사이의 대내적 관계에서 위 기계의 소유권은 乙에게 있다.
　ㄴ. 甲이 위 기계에 대한 점유를 잃으면, 乙 역시 그에 대한 양도담보권을 상실한다.
　ㄷ. 丙은 양도담보권을 선의취득한다.
　ㄹ. 丙이 乙에게 양도담보권이 있다는 사실을 알면서 甲으로부터 위 기계를 현실인도받아 제3자에게 처분함으로써
　　　乙의 담보권 실행을 방해하는 행위는 위법하여 손해배상청구의 대상이 된다.

① ㄱ　　　　　　　　　　② ㄹ　　　　　　　　　　③ ㄱ, ㄹ
④ ㄴ, ㄷ　　　　　　　　⑤ ㄴ, ㄹ

[ㄱ▶X] [ㄷ▶X] 금전채무를 담보하기 위하여 채무자가 그 소유의 동산을 채권자에게 양도하되 점유개정에 의하여 채무자가 이를 계속 점유하기로 한 경우 특별한 사정이 없는 한 동산의 소유권은 신탁적으로 이전됨에 불과하여 채권자와 채무자 사이의 대내적 관계에서 채무자는 의연히 소유권을 보유하나 대외적인 관계에 있어서 채무자는 동산의 소유권을 이미 채권자에게 양도한 무권리자가 되는 것(ㄱ.)이어서 다시 다른 채권자와의 사이에 양도담보설정계약을 체결하고 점유개정의 방법으로 인도를 하더라도 선의취득이 인정되지 않는 한 나중에 설정계약을 체결한 채권자는 양도담보권을 취득할 수 없는데, 현실의 인도가 아닌 점유개정으로는 선의취득이 인정되지 아니하므로, 결국 뒤의 채권자는 양도담보권을 취득할 수 없다(ㄷ.)(대판 2004.10.28, 2003다30463).

[ㄴ▶X] 동산에 대하여 점유개정의 방법으로 양도담보를 일단 설정한 후에는 양도담보권자나 양도담보설정자가 그 동산에 대한 점유를 상실하였다고 하더라도 그 양도담보의 효력에는 아무런 영향이 없다 할 것이고, 양도담보권 실행을 위한 환가절차에 있어서는 환가로 인한 매득금에서 환가비용을 공제한 잔액 전부를 양도담보권자의 채권변제에 우선충당하여야 하고 양도담보설정자의 다른 채권자들은 양도담보권자에 대한 관계에 있어서 안분배당을 요구할 수 없다(대판 2000.6.23, 99다65066).

[ㄹ▶○] 동산에 대하여 점유개정의 방법으로 이중양도담보를 설정한 경우 원래의 양도담보권자는 뒤의 양도담보권자에 대하여 배타적으로 자기의 담보권을 주장할 수 있으므로, 뒤의 양도담보권자가 양도담보의 목적물을 처분함으로써 원래의 양도담보권자로 하여금 양도담보권을 실행할 수 없도록 하는 행위는, 이중양도담보설정행위가 횡령죄나 배임죄를 구성하는지 여부나 뒤의 양도담보권자가 이중양도담보설정행위에 적극적으로 가담하였는지 여부와 관계없이, 원래의 양도담보권자의 양도담보권을 침해하는 위법한 행위이다(대판 2000.6.23, 99다65066).

甲은 건축업자 乙에게 건축자재 1톤을 매도하여 이를 인도하면서 대금은 6개월 후에 지급받기로 하였다. 다음 설명 중 옳은 것을 모두 고른 것은?(다툼이 있는 경우에는 판례에 의함)

ㄱ. 乙이 위 건축자재를 사용하여 丙의 주택을 건축함으로써 건축자재의 분리가 불가능하게 된 경우, 건축 당시 丙이 그 건축자재대금이 모두 지급되지 아니한 사실을 알고 있었다면 丙은 甲에게 부당이득반환의무가 있다.

ㄴ. 乙이 위 건축자재대금이 전혀 지급되지 아니한 사실을 잘 알고 있는 丁에게 건축자재를 양도담보로 제공하였는데 乙의 채권자가 건축자재를 압류하는 경우, 丁은 제3자이의의 소를 제기할 수 있다.

ㄷ. 乙은 장래의 건축을 위하여 확보하여 둔 위 건축자재에 관하여 화재보험에 가입한 후, 戊로부터 돈을 차용하고 그 건축자재에 관하여 戊에게 질권을 설정하여 주었다. 건축자재가 戊의 과실 없이 화재로 소실되어 乙의 다른 채권자 己가 보험금채권에 관하여 압류 및 추심명령을 받은 경우, 戊는 별도의 압류 없이도 적법한 배당요구에 기하여 그 보험금채권에서 己에 우선하여 변제받을 수 있다.

① ㄴ, ㄷ   ② ㄱ, ㄷ   ③ ㄱ, ㄴ
④ ㄴ   ⑤ ㄷ

[ㄱ ▸ X] 건축자재는 甲과 乙의 매매계약에 기해 乙에게 인도되었으므로, 乙은 건축자재의 소유권을 취득한다. 이에 기해 丙이 이득을 얻었다고 하더라도, 전용물소권을 부정하는 판례에 의하면, 甲은 계약당사자 아닌 제3자 丙에게 부당이득 반환청구를 할 수 없다. 또한 비교판례와 달리 매도인 甲에게 소유권을 유보하는 특약이 있는 경우가 아니므로, 丙이 건축자재대금이 모두 지급되지 않은 사실을 알고 있었다 하더라도 마찬가지이다.

판례 계약상의 급부가 계약의 상대방뿐만 아니라 제3자의 이익으로 된 경우에 급부를 한 계약당사자가 계약상대방에 대하여 계약상의 반대급부를 청구할 수 있는 이외에 그 제3자에 대하여 직접 부당이득반환청구를 할 수 있다고 보면, 자기 책임하에 체결된 계약에 따른 위험부담을 제3자에게 전가시키는 것이 되어 계약법의 기본원리에 반하는 결과를 초래할 뿐만 아니라, 채권자인 계약당사자가 채무자인 계약상대방의 일반채권자에 비하여 우대받는 결과가 되어 일반채권자의 이익을 해치게 되고, 수익자인 제3자가 계약상대방에 대하여 가지는 항변권 등을 침해하게 되어 부당하므로, 위와 같은 경우 계약상의 급부를 한 계약당사자는 이익의 귀속주체인 제3자에 대하여 직접 부당이득 반환을 청구할 수는 없다고 보아야 한다(대판 2002.8.23. 99다66564).

비교 민법 제261조에서 첨부로 법률규정에 의한 소유권 취득(민법 제256조 내지 제260조)이 인정된 경우에 "손해를 받은 자는 부당이득에 관한 규정에 의하여 보상을 청구할 수 있다"라고 규정하고 있는바, 이러한 보상청구가 인정되기 위해서는 민법 제261조 자체의 요건만이 아니라, 부당이득법리에 따른 판단에 의하여 부당이득의 요건이 모두 충족되었음이 인정되어야 한다. 매도인에게 소유권이 유보된 자재가 제3자와 매수인 사이에 이루어진 도급계약의 이행으로 제3자 소유 건물의 건축에 사용되어 부합된 경우 보상청구를 거부할 법률상 원인이 있다고 할 수 없지만, 제3자가 도급계약에 의하여 제공된 자재의 소유권이 유보된 사실에 관하여 과실 없이 알지 못한 경우라면 선의취득의 경우와 마찬가지로 제3자가 그 자재의 귀속으로 인한 이익을 보유할 수 있는 법률상 원인이 있다고 봄이 상당하므로, 매도인으로서는 그에 관한 보상청구를 할 수 없다(대판 2009.9.24. 2009다15602).

[ㄴ ▸ ○] 양도담보에 의하여 소유권을 취득한 사람은 그 점유취득 여부나 그 청산적인 여부에 관계없이 제3자에 대하여 소유권을 취득한 사실을 주장할 수 있으므로 제3자이의의 소를 제기할 수 있다(대판 1971.3.23. 71다225).

[ㄷ ▸ ○] 보험금청구권도 물상대위의 객체가 되고, 압류가 반드시 담보권자에 의할 필요도 없으므로, 다른 채권자가 보험금채권에 관해 압류 및 추심명령을 받은 경우, 질권자 戊는 별도의 압류 없이도 적법한 배당요구에 기해 일반채권자보다 우선변제를 받을 수 있다.

- 저당목적물이 소실되어 저당권설정자가 보험회사에 대하여 화재보험계약에 따른 보험금청구권을 취득한 경우 그 보험금청구권은 저당목적물이 가지는 가치의 변형물이라 할 것이므로 저당권자는 민법 제370조, 제342조에 의하여 저당권설정자의 보험회사에 대한 보험금청구권에 대하여 물상대위권을 행사할 수 있다(대판 2004.12.24. 2004다52798).
- 민법 제370조, 제342조 단서가 저당권자는 물상대위권을 행사하기 위하여 저당권설정자가 받을 금전 기타 물건의 지급 또는 인도 전에 압류하여야 한다고 규정한 것은 물상대위의 목적인 채권의 특정성을 유지하여 그 효력을 보전함과 동시에 제3자에게 불측의 손해를 입히지 않으려는 데 있는 것이므로, 저당목적물의 변형물인 금전 기타 물건에 대하여 이미 제3자가 압류하여 그 금전 또는 물건이 특정된 이상 저당권자가 스스로 이를 압류하지 않고서도 물상대위권을 행사하여 일반채권자보다 우선변제를 받을 수 있다(대판 2002.10.11. 2002다33137).

CHAPTER 01

채권의 발생 및 목적

민 법

✓ 각 문항별로 이해도를 체크해 보세요.

최근 5년간 회별 평균 **0.6문**

제1절	**채권의 발생**

제2절	**채권의 목적**	★☆

2019년 변호사시험 문 32.　　　　　　　　　　　　　　☑ 확인Check! ○ △ ✕

금전채권의 이자 및 지연손해금에 관한 설명 중 옳지 않은 것은?(다툼이 있는 경우 판례에 의함)

① 금전소비대차에서 지연손해금에 관한 약정 없이 이자에 관한 약정만이 있는 경우 특별한 사정이 없는 한 금전반환채무의 이행지체로 인한 지연손해금도 그 약정이율에 의하기로 하였다고 보는 것이 당사자의 의사에 부합하지만, 그 약정이율이 법정이율보다 낮은 경우에는 법정이율에 의한 지연손해금을 청구할 수 있다.

② 계약당사자 쌍방이 합의에 의하여 계약을 해제할 경우에는 당사자 사이에 별도의 약정이 없는 이상 합의해제로 인하여 반환할 금전에 그 받은 날로부터의 이자를 더하여 반환할 의무가 없다.

③ 이자 또는 지연손해금채권은 원본채권과 별개의 채권이기는 하나 원본의 존재를 전제로 그에 대응하여 발생하는 권리이므로, 원본채권의 소멸시효 완성의 효력은 그 시효완성 전에 이미 발생한 이자 및 지연손해금채권에도 미친다.

④ 손해배상의 예정액이 부당히 과다한 경우 법원은 이를 적당히 감액할 수 있으나, 금전채무 불이행을 원인으로 한 손해배상에 관하여는 채권자는 손해의 증명을 요하지 아니하고 채무자는 과실 없음을 항변하지 못하므로, 금전채무의 이행지체에 대비한 지연손해금을 따로 약정하였더라도 이는 감액의 대상이 될 수 없다.

⑤ 금전채무 이행에 불확정한 기한이 있는 경우에 채무자가 그 기한이 도래함을 알지 못하였다면 이행지체로 인한 지연손해금지급의무가 발생하지 않는다.

[**❶** ▶ ○] 대판 1981.9.8. 80다2649, 대판 2009.12.24. 2009다85342 참조

판례

- 소비대차에서 변제기 후의 이자약정이 없는 경우 특별한 의사표시가 없는 한 변제기가 지난 후에도 당초의 약정이자를 지급하기로 한 것으로 보는 것이 당사자의 의사이다(대판 1981.9.8. 80다2649).

- 민법 제397조 제1항은 본문에서 금전채무 불이행의 손해배상액을 법정이율에 의할 것을 규정하고 그 단서에서 "그러나 법령의 제한에 위반하지 아니한 약정이율이 있으면 그 이율에 의한다"고 정한다. 이 단서규정은 약정이율이 법정이율 이상인 경우에만 적용되고, 약정이율이 법정이율보다 낮은 경우에는 그 본문으로 돌아가 법정이율에 의하여 지연손해금을 정할 것이다. 우선 금전채무에 관하여 아예 이자약정이 없어서 이자청구를 전혀 할 수 없는 경우에도 채무자의 이행지체로 인한 지연손해금은 법정이율에 의하여 청구할 수 있으므로, 이자를 조금이라도 청구할 수 있었던 경우에는 더욱이나 법정이율에 의한 지연손해금을 청구할 수 있다고 하여야 한다(대판 2009.12.24. 2009다85342).

④ **정답**

[**❷** ▸ **O**] 합의해제 또는 해제계약이라 함은 해제권의 유무에 불구하고 계약당사자 쌍방이 합의에 의하여 기존의 계약의 효력을 소멸시켜 당초부터 계약이 체결되지 않았던 것과 같은 상태로 복귀시킬 것을 내용으로 하는 새로운 계약으로서, 그 효력은 그 합의의 내용에 의하여 결정되고 여기에는 해제에 관한 민법 제548조 제2항의 규정은 적용되지 아니하므로, 당사자 사이에 약정이 없는 이상 합의해제로 인하여 반환할 금전에 그 받은 날로부터의 이자를 가하여야 할 의무가 있는 것은 아니다(대판 1996.7.30. 95다16011).

[**❸** ▸ **O**] 이자 또는 지연손해금은 주된 채권인 원본의 존재를 전제로 그에 대응하여 일정한 비율로 발생하는 종된 권리인 데, 하나의 금전채권의 원금 중 일부가 변제된 후 나머지 원금에 대하여 소멸시효가 완성된 경우, 가분채권인 금전채권의 성질상 변제로 소멸한 원금 부분과 소멸시효 완성으로 소멸한 원금 부분을 구분하는 것이 가능하고, 이 경우 원금에 종속된 권리인 이자 또는 지연손해금 역시 변제로 소멸한 원금 부분에서 발생한 것과 시효완성으로 소멸된 원금 부분에서 발생한 것으로 구분하는 것이 가능하므로, 소멸시효 완성의 효력은 소멸시효가 완성된 원금 부분으로부터 그 완성 전에 발생한 이자 또는 지연손해금에는 미치나, 변제로 소멸한 원금 부분으로부터 그 변제 전에 발생한 이자 또는 지연손해금에는 미치지 않는다(대판 2008.3.14. 2006다2940).

[**❹** ▸ **✕**] 금전채무에 관하여 이행지체에 대비한 지연손해금비율을 따로 약정한 경우에 이는 일종의 손해배상액의 예정으로서 민법 제398조 제2항에 의한 감액의 대상이 된다(대판 2017.7.18. 2017다206922).

[**❺** ▸ **O**] 채무이행의 확정한 기한이 있는 경우에는 채무자는 기한이 도래한 때로부터 지체책임이 있다. 채무이행의 불확정한 기한이 있는 경우에는 채무자는 기한이 도래함을 안 때로부터 지체책임이 있다(민법 제387조 제1항).

2016년 변호사시험 문 18.

☑ 확인Check! O △ ✕

다음 설명 중 옳지 않은 것은?(다툼이 있는 경우 판례에 의함)

① 외화채권을 채무자가 우리나라 통화로 변제할 경우, 이행기가 아니라 현실로 이행하는 때의 외국환시세에 의하여 환산한 우리나라 통화로 변제하여야 한다.

② 채권자가 외화채권을 대용급부의 권리를 행사하여 우리나라 통화로 환산하여 청구하는 경우, 제1심 법원은 그 변론종결 당시를 기준으로 채권액을 환산한 금액에 대하여 이행을 명해야 하고, 제1심 판결에 대하여 채무자만 항소한 경우, 채무자의 항소이유나 주장이 이유 없다면 항소심 법원은 항소심 변론종결 당시의 외국환시세를 기준으로 채권액을 다시 환산할 필요는 없다.

③ 집행법원이 경매절차에서 외화채권자에 대하여 배당을 할 때에는 특별한 사정이 없는 한 배당기일 당시의 외국환시세를 우리나라 통화로 환산하는 기준으로 삼아야 한다.

④ 우리나라 통화를 외화채권에 변제충당할 때 특별한 사정이 없는 한 현실로 변제충당할 당시의 외국환시세에 의하여 환산하여야 한다.

⑤ 채무불이행으로 인한 손해배상을 규정하고 있는 민법 제394조는 다른 의사표시가 없는 한 손해는 금전으로 배상하여야 한다고 규정하고 있는데, 위 법조 소정의 금전이라 함은 우리나라의 통화를 가리키는 것이어서 채무불이행으로 인한 손해배상을 구하는 채권은 당사자가 외국통화로 지급하기로 약정하였다는 등의 특별한 사정이 없는 한 채권액이 외국통화로 지정된 외화채권이라고 할 수 없다.

[**❶** ▸ **O**] 채권액이 외국통화로 지정된 금전채권인 외화채권을 채무자가 우리나라 통화로 변제함에 있어서는 민법 제378조가 그 환산시기에 관하여 외화채권에 관한 같은 법 제376조, 제377조 제2항의 '변제기'라는 표현과는 다르게 "지급할 때"라고 규정한 취지에서 새겨 볼 때 그 환산시기는 이행기가 아니라 현실로 이행하는 때 즉 현실이행 시의 외국환시세에 의하여 환산한 우리나라 통화로 변제하여야 한다고 풀이함이 상당하므로 채권자가 위와 같은 외화채권을 대용급부의 권리를 행사하여 우리나라 통화로 환산하여 청구하는 경우에도 법원이 채무자에게 그 이행을 명함에 있어서는 채무자가 현실로

이행할 때에 가장 가까운 사실심 변론종결 당시의 외국환시세를 우리나라 통화로 환산하는 기준시로 삼아야 한다(대판 1991.3.12. 90다2147 [전합]).

[❷ ▶ ✕] 채권액이 외국통화로 지정된 금전채권인 외화채권을 채권자가 대용급부의 권리를 행사하여 우리나라 통화로 환산하여 청구하는 경우 법원이 채무자에게 그 이행을 명함에 있어서는 채무자가 현실로 이행할 때에 가장 가까운 사실심 변론종결 당시의 외국환시세를 우리나라 통화로 환산하는 기준시로 삼아야 하고, 그와 같은 제1심 이행판결에 대하여 채무자만이 불복·항소한 경우, 항소심은 속심이므로 채무자가 항소이유로 삼거나 심리과정에서 내세운 주장이 이유 없다고 하더라도 법원으로서는 항소심 변론종결 당시의 외국환시세를 기준으로 채권액을 다시 환산해 본 후 불이익변경금지원칙에 반하지 않는 한 채무자의 항소를 일부인용하여야 한다(대판 2007.4.12. 2006다72765).

[❸ ▶ ○] 채권액이 외국통화로 정해진 금전채권인 외화채권을 채무자가 우리나라 통화로 변제하는 경우에 그 환산시기는 이행기가 아니라 현실로 이행하는 때, 즉 현실이행 시의 외국환시세에 의하여 환산한 우리나라 통화로 변제하여야 하고, 이와 같은 법리는 외화채권자가 경매절차를 통하여 변제를 받는 경우에도 동일하게 적용되어야 할 것이므로, 집행법원이 경매절차에서 외화채권자에 대하여 배당을 할 때에는 특별한 사정이 없는 한 배당기일 당시의 외국환시세를 우리나라 통화로 환산하는 기준으로 삼아야 한다(대판 2011.4.14. 2010다103642).

[❹ ▶ ○] 채권액이 외국통화로 정해진 금전채권인 외화채권을 채무자가 우리나라 통화로 변제하는 경우에 그 환산시기는 이행기가 아니라 현실로 이행하는 때, 즉 현실이행 시의 외국환시세에 의하여 환산한 우리나라 통화로 변제하여야 하고, 우리나라 통화를 외화채권에 변제충당할 때도 특별한 사정이 없는 한 현실로 변제충당할 당시의 외국환시세에 의하여 환산하여야 한다(대판 2000.6.9. 99다56512).

[❺ ▶ ○] 채무불이행으로 인한 손해배상을 규정하고 있는 민법 제394조는 다른 의사표시가 없는 한 손해는 금전으로 배상하여야 한다고 규정하고 있는바, 위 법조 소정의 금전이라 함은 우리나라의 통화를 가리키는 것이어서 채무불이행으로 인한 손해배상을 구하는 채권은 당사자가 외국통화로 지급하기로 약정하였다는 등의 특별한 사정이 없는 한 채권액이 외국통화로 지정된 외화채권이라고 할 수 없다(대판 1997.5.9. 96다48688).

2017년 변호사시험 문 1.   ☑ 확인Check! ○ △ ✕

甲은 乙에게 乙이 생산한 참외 100상자를 주문하였고, 대금은 100만원으로 정하였다. 甲과 乙은 품질이나 이행지에 관하여는 달리 약정을 하지 않았다. 乙은 丙에게 자신이 생산한 참외 중에서 100상자를 甲의 주소지로 운송해 줄 것을 부탁하였다. 이에 관한 설명 중 옳지 않은 것은?

① 乙은 자신이 생산한 참외 중 중등품 100상자를 甲의 주소지에서 인도하여야 한다.
② 丙이 위 참외를 트럭에 싣고 甲의 주소지로 가던 중 丙의 과실 없이 사고를 당하여 참외가 모두 파손된 경우, 乙은 자신이 생산한 다른 참외가 있더라도 참외 100상자를 다시 인도할 필요가 없다.
③ 丙이 참외 100상자를 싣고 이행일시에 甲의 주소지에 도착하여 甲에게 적법한 이행제공을 하였으나 甲이 수령을 거절하는 바람에 丙이 되돌아 가다가 그의 과실 없이 교통사고를 당하여 참외가 멸실된 경우, 乙의 위 참외인도채무는 소멸한다.
④ 위 ③의 경우에 乙은 甲에게 위 참외대금의 지급을 청구할 수 있다.
⑤ 배달된 참외 중의 일부가 배달 중에 파손되었음을 발견한 甲은 乙에게 다시 하자 없는 참외로 급부해 줄 것을 청구할 수 있다.

참외 100상자라고만 하였으므로 종류채권에 관한 사례이다.

② **정답**

[**❶** ▸ ○] 민법 제375조 제1항, 제467조 제2항 참조

종류채권(민법 제375조)　　① 채권의 목적을 종류로만 지정한 경우에 법률행위의 성질이나 당사자의 의사에 의하여 품질을 정할 수 없는 때에는 채무자는 중등품질의 물건으로 이행하여야 한다.
변제의 장소(민법 제467조)　　① 채무의 성질 또는 당사자의 의사표시로 변제장소를 정하지 아니한 때에는 특정물의 인도는 채권 성립 당시에 그 물건이 있던 장소에서 하여야 한다.
② 전항의 경우에 특정물 인도 이외의 채무변제는 채권자의 현 주소에서 하여야 한다. 그러나 영업에 관한 채무의 변제는 채권자의 현 영업소에서 하여야 한다.

[**❷** ▸ ×] 종류물은 특정됨으로써 급부의 위험이 채권자에게 이전된다. 사안의 경우 甲이 채무자 乙에게 지정권을 준 바 없으므로, 이행에 필요한 행위를 완료한 때에 특정된다(민법 제375조 제2항 참조). 또한 사안은 채권자의 주소지가 이행지이므로 지참채무이다. 지참채무는 채권자의 주소지에서 현실제공을 한 때에 이행에 필요한 행위를 한 것이므로, 운송 도중 목적물이 파손된 경우에는 특정되지 않았다고 할 것이다. 따라서 채무자 乙은 여전히 종류물인 참외를 조달해 다시 인도해야 한다.

종류채권(민법 제375조)　　② 전항의 경우에 채무자가 이행에 필요한 행위를 완료하거나 채권자의 동의를 얻어 이행할 물건을 지정한 때에는 그때로부터 그 물건을 채권의 목적물로 한다.
변제제공의 방법(민법 제460조)　　변제는 채무내용에 좇은 현실제공으로 이를 하여야 한다. 그러나 채권자가 미리 변제받기를 거절하거나 채무의 이행에 채권자의 행위를 요하는 경우에는 변제준비의 완료를 통지하고 그 수령을 최고하면 된다.

[**❸** ▸ ○] 지문의 경우 채권자의 주소지에서 이행제공을 하였으므로, 목적물이 특정되었다고 할 것이다. 특정 이후에는 급부위험이 채권자에게 이전하므로, 참외가 멸실된 경우 乙의 참외인도채무는 소멸한다.

[**❹** ▸ ○] 채권자지체 중 쌍방의 과실 없이 불능이 된 경우, 대가위험은 채권자가 부담한다. 甲의 수령 거절로 채권자지체가 발생했고, 이행보조자 丙의 과실 없이 특정된 목적물이 멸실하였으므로, 채무자 乙은 채권자 甲에 대해 참외대금채무의 지급을 청구할 수 있다.

채권자지체(민법 제400조)　　채권자가 이행을 받을 수 없거나 받지 아니한 때에는 이행의 제공 있는 때로부터 지체책임이 있다.
채권자귀책사유로 인한 이행불능(민법 제538조)　　① 쌍무계약의 당사자 일방의 채무가 채권자의 책임 있는 사유로 이행할 수 없게 된 때에는 채무자는 상대방의 이행을 청구할 수 있다. 채권자의 수령지체 중에 당사자쌍방의 책임 없는 사유로 이행할 수 없게 된 때에도 같다.

[**❺** ▸ ○] 민법 제581조 제1항 · 제2항 참조

종류매매와 매도인의 담보책임(민법 제581조)　　① 매매의 목적물을 종류로 지정한 경우에도 그 후 특정된 목적물에 하자가 있는 때에는 전조의 규정을 준용한다.
② 전항의 경우에 매수인은 계약의 해제 또는 손해배상의 청구를 하지 아니하고 하자 없는 물건을 청구할 수 있다.

제1절   **채무불이행의 유형 및 요건**   ★★★☆

제1항   **이행지체**

2013년 변호사시험 문 30.   ☑ 확인Check! ○ △ ✕

이행지체에 관한 설명 중 옳은 것은?(다툼이 있는 경우에는 판례에 의함)

① 정지조건부 기한이익 상실의 특약이 있는 경우, 특별한 사정이 없는 한 그 특약에서 정한 기한이익상실사유가 발생하였더라도 채권자의 이행청구가 없으면 채무자는 지체책임을 지지 않는다.

② 확정기한이 있는 금전채권에 대하여 가압류결정이 내려진 경우, 채무자는 기한이 도래하더라도 지체책임을 지지 않는다.

③ 불법행위로 인한 손해배상의무는 기한의 정함이 없는 채무로서 채무자는 피해자의 이행청구를 받은 때로부터 지체책임이 있다.

④ 채무자는 확정된 지연손해금채무에 대하여 채권자의 이행청구를 받은 때로부터 지체책임을 부담하게 된다.

⑤ 토지거래허가를 전제로 하는 매매계약의 경우, 허가가 있기 전이라도 매도인이 소유권이전등기 소요 서류의 이행제공을 하였다면 매수인은 계약내용에 따른 대금지급의무를 부담하므로 매수인이 그 의무를 이행하지 아니한 때에는 매도인은 계약을 해제할 수 있다.

[**❶** ▸ ✕]   계약당사자 사이에 일정한 사유가 발생하면 채무자는 기한의 이익을 잃고 채권자의 별도의 의사표시가 없더라도 바로 이행기가 도래한 것과 같은 효과를 발생케 하는 이른바 <u>정지조건부 기한이익 상실의 특약</u>을 한 경우에는 그 특약에 정한 기한이익의 상실사유가 발생함과 동시에 기한의 이익을 상실케 하는 채권자의 의사표시가 없더라도 이행기 도래의 효과가 발생하고, 채무자는 특별한 사정이 없는 한 <u>그때부터 이행지체의 상태에 놓이게 된다</u>(대판 1989.9.29. 88다카14663).

[**❷** ▸ ✕]   채권의 가압류는 제3채무자에 대하여 채무자에게 지급하는 것을 금지하는 데 그칠 뿐 채무 그 자체를 면하게 하는 것이 아니고, <u>가압류가 있다 하여도 그 채권의 이행기가 도래한 때에는 제3채무자는 그 지체책임을 면할 수 없다고 보아야 할 것이다</u>(대판 1994.12.13. 93다951 [전합]).

[**❸** ▸ ✕]   <u>불법행위로 인한 손해배상채무에 대하여는 별도의 이행최고가 없더라도 채무 성립과 동시에 지연손해금이 발생하는 것이 원칙</u>이다. 다만 불법행위 시와 변론종결 시 사이에 장기간의 세월이 경과함으로써 위자료 산정의 기준되는 변론종결 시의 국민소득수준이나 통화가치 등의 사정이 불법행위 시에 비하여 상당한 정도로 변동한 결과 그에 따라 이를 반영하는 위자료 액수 또한 현저한 증액이 불가피한 경우에는, 예외적으로 불법행위로 인한 위자료배상채무의 지연손해금은 위자료 산정의 기준시인 사실심 변론종결 당일부터 발생한다고 보아야 한다(대판 2012.3.29. 2011다38325).

[**❹** ▸ ○]   금전채무의 지연손해금채무는 금전채무의 이행지체로 인한 손해배상채무로서 이행기의 정함이 없는 채무에 해당하므로, 채무자는 확정된 지연손해금채무에 대하여 채권자로부터 이행청구를 받은 때로부터 지체책임을 부담하게 된다(대판 2004.7.9. 2004다11582).

[❺ ▸ ✕] 토지거래허가를 전제로 하는 매매계약의 경우 허가가 있기 전에는 매수인에게 그 계약내용에 따른 대금의 지급의무가 없는 것이므로 설사 그 전에 매도인이 소유권이전등기 소요 서류의 이행제공을 하였다 하더라도 매수인이 이행지체에 빠지는 것이 아니고 허가가 난 다음 그 이행제공을 하면서 대금지급을 최고하고 매수인이 이에 응하지 아니한 경우에 비로소 이행지체에 빠져 매도인이 계약을 해제할 수 있는 것이다(대판 1992.7.28. 91다33612).

이행지체에 관한 설명 중 옳은 것은?(다툼이 있는 경우 판례에 의함)

① 매수인이 매도인으로부터 물품을 공급받은 다음 그들 사이의 물품대금지급방법에 관한 약정에 따라 그 대금의 지급을 위하여 매도인에게 지급기일이 물품공급일자 이후로 된 약속어음을 발행·교부한 경우 물품대금지급채무의 이행기는 그 약속어음의 지급기일이지만, 예외적으로 그 약속어음이 발행인의 지급 정지의 사유로 그 지급기일 이전에 지급 거절된 때에는 그때 위 물품대금지급채무의 이행기가 도달한다.

② 이행기의 정함이 없는 채권을 양수받은 채권양수인이 채무자를 상대로 이행청구를 하면 그 다음 날부터 이행지체책임이 발생하며, 이는 채무자에 대한 지명채권 양도의 통지가 이행청구 이후에 도달한 경우에도 동일하다.

③ 乙이 甲에게 기존 매매대금채무의 이행 확보를 위해 약속어음을 발행한 경우 약정된 매매대금채무의 변제기가 도과하더라도 甲이 乙에게 위 약속어음을 반환하지 않는 이상 원칙적으로 이행지체가 발생하지 않는다.

④ 甲의 乙에 대한 매매대금채권의 지급을 금지하는 채권가압류명령이 乙에게 송달되었다면 그 매매대금채권의 변제기가 도래하더라도 乙은 이행지체책임을 면한다.

⑤ 특정물의 매매에 있어서 매수인의 대금지급채무가 이행지체에 빠졌다 하더라도 그 목적물의 인도가 이루어지지 아니하는 한 매도인은 매수인의 대금지급채무의 이행지체를 이유로 매매대금의 이자 상당액의 손해배상청구를 할 수 없다.

[❶ ▸ ✕] 매수인이 매도인으로부터 물품을 공급받은 다음 그들 사이의 물품대금지급방법에 관한 약정에 따라 그 대금의 지급을 위하여 물품매도인에게 지급기일이 물품공급일자 이후로 된 약속어음을 발행·교부한 경우 물품대금지급채무의 이행기는 그 약속어음의 지급기일이고, 위 약속어음이 발행인의 지급 정지의 사유로 그 지급기일 이전에 지급 거절되었더라도 물품대금지급채무가 그 지급 거절된 때에 이행기에 도달하는 것은 아니다(대판 2000.9.5. 2000다26333).

[❷ ▸ ✕] 채무에 이행기의 정함이 없는 경우에는 채무자가 이행의 청구를 받은 다음 날부터 이행지체의 책임을 지는 것이나, 한편 지명채권이 양도된 경우 채무자에 대한 대항요건이 갖추어질 때까지 채권양수인은 채무자에게 대항할 수 없으므로, 이행기의 정함이 없는 채권을 양수한 채권양수인이 채무자를 상대로 그 이행을 구하는 소를 제기하고 소송계속 중 채무자에 대한 채권양도통지가 이루어진 경우에는 특별한 사정이 없는 한 채무자는 채권양도통지가 도달된 다음 날부터 이행지체의 책임을 진다(대판 2014.4.10. 2012다29557).

[❸ ▸ ✕] 채무자가 어음의 반환이 없음을 이유로 원인채무의 변제를 거절할 수 있는 것은 채무자로 하여금 무조건적인 원인채무의 이행으로 인한 이중지급의 위험을 면하게 하려는 데에 그 목적이 있는 것이지, 기존의 원인채권에 터 잡은 이행청구권과 상대방의 어음반환청구권이 민법 제536조에 정하는 쌍무계약상의 채권채무관계나 그와 유사한 대가관계가 있어서 그러는 것은 아니므로, 원인채무이행의무와 어음반환의무가 동시이행의 관계에 있다 하더라도 이는 어음의 반환과 상환으로 하지 아니하면 지급을 할 필요가 없으므로 이를 거절할 수 있다는 것을 의미하는 것에 지나지 아니하는 것이며, 따라서 채무자가 어음의 반환이 없음을 이유로 원인채무의 변제를 거절할 수 있는 권능을 가진다고 하여 채권자가 어음의 반환을 제공하지 아니하면 채무자에게 적법한 이행의 최고를 할 수 없다고 할 수는 없고, 채무자는 원인채무의 이행기를 도과하면 원칙적으로 이행지체의 책임을 진다(대판 1999.7.9. 98다47542).

[❹ ▸ ✕] 채권의 가압류는 제3채무자에 대하여 채무자에게 지급하는 것을 금지하는 데 그칠 뿐 채무 그 자체를 면하게 하는 것이 아니고, 가압류가 있다 하여도 그 채권의 이행기가 도래한 때에는 제3채무자는 그 지체책임을 면할 수 없다고 보아야 할 것이다(대판 1994.12.13. 93다951 [전합]).

[❺ ▸ ○] 특정물의 매매에 있어서 매수인의 대금지급채무가 이행지체에 빠졌다 하더라도 그 목적물이 매수인에게 인도될 때까지는 매수인은 매매대금의 이자를 지급할 필요가 없는 것이므로, 그 목적물의 인도가 이루어지지 아니하는 한 매도인은 매수인의 대금지급의무 이행의 지체를 이유로 매매대금의 이자 상당액의 손해배상청구를 할 수 없다(대판 1995.6.30. 95다14190).

2018년 변호사시험 문 13.

☑ 확인 Check! ○ △ ✕

이행지체에 관한 설명 중 옳지 않은 것은?(다툼이 있는 경우 판례에 의함)

① 기한이익 상실의 특약은 특별한 사정이 없는 이상 위 특약에서 정한 사유가 발생한 후 채권자의 통지나 청구 등 채권자의 의사행위를 기다려 비로소 이행기가 도래하는 것으로 하는 형성권적 기한이익 상실의 특약으로 추정된다.

② 금전채무의 이행지체로 인하여 발생하는 지연이자채권은 「민법」 제163조 제1호가 규정한 '1년 이내의 기간으로 정한 채권'에 해당하여 3년의 단기소멸시효에 걸린다.

③ 이행기의 정함이 없는 채권의 양수인이 채무자를 상대로 그 이행을 구하는 소를 제기하고 소송계속 중 채무자에 대한 채권양도통지가 이루어진 경우에는 특별한 사정이 없는 한 채무자는 채권양도통지가 도달된 다음 날부터 이행지체의 책임을 진다.

④ 쌍무계약의 당사자 일방이 먼저 한 번 현실의 제공을 하여 상대방을 수령지체에 빠지게 하였다고 하더라도, 그 이행의 제공이 중지되어 더 이상 그 제공이 계속되지 아니하는 기간 동안에는 상대방의 의무가 이행지체상태에 빠졌다고 할 수는 없으므로, 그 이행의 제공이 중지된 이후에 상대방의 의무가 이행지체되었음을 전제로 하는 손해배상청구를 할 수 없다.

⑤ 당사자가 불확정한 사실이 발생한 때를 이행기한으로 정한 경우, 그 사실이 발생한 때는 물론 그 사실의 발생이 불가능하게 된 때에도 이행기한은 도래한 것으로 보아야 한다.

[❶ ▸ ○] 기한이익 상실의 특약은 그 내용에 의하여 일정한 사유가 발생하면 채권자의 청구 등을 요함이 없이 당연히 기한의 이익이 상실되어 이행기가 도래하는 것으로 하는 정지조건부 기한이익 상실의 특약과 일정한 사유가 발생한 후 채권자의 통지나 청구 등 채권자의 의사행위를 기다려 비로소 이행기가 도래하는 것으로 하는 형성권적 기한이익 상실의 특약의 두 가지로 대별할 수 있고, 기한이익 상실의 특약이 위의 양자 중 어느 것에 해당하느냐는 당사자의 의사 해석의 문제이지만 일반적으로 기한이익 상실의 특약이 채권자를 위하여 둔 것인 점에 비추어 명백히 정지조건부 기한이익 상실의 특약이라고 볼 만한 특별한 사정이 없는 이상 형성권적 기한이익 상실의 특약으로 추정하는 것이 타당하다(대판 2002.9.4. 2002다28340).

[❷ ▸ ✕] 금전채무의 이행지체로 인하여 발생하는 지연손해금은 그 성질이 손해배상금이지 이자가 아니며, 민법 제163조 제1호가 규정한 '1년 이내의 기간으로 정한 채권'도 아니므로 3년간의 단기소멸시효의 대상이 되지 아니한다(대판 1998.11.10. 98다42141).

[❸ ▸ ○] 채무에 이행기의 정함이 없는 경우에는 채무자가 이행의 청구를 받은 다음 날부터 이행지체의 책임을 지는 것이나, 한편 지명채권이 양도된 경우 채무자에 대한 대항요건이 갖추어질 때까지 채권양수인은 채무자에게 대항할 수 없으므로, 이행기의 정함이 없는 채권을 양수한 채권양수인이 채무자를 상대로 그 이행을 구하는 소를 제기하고 소송계속 중 채무자에 대한 채권양도통지가 이루어진 경우에는 특별한 사정이 없는 한 채무자는 채권양도통지가 도달된 다음 날부터 이행지체의 책임을 진다(대판 2014.4.10. 2012다29557).

[❹ ▸ ○] 쌍무계약의 당사자 일방이 먼저 한 번 현실의 제공을 하고, 상대방을 수령지체에 빠지게 하였다고 하더라도 그 이행의 제공이 계속되지 않는 경우는 과거에 이행의 제공이 있었다는 사실만으로 상대방이 가지는 동시이행의 항변권이

② **정답**

소멸하는 것은 아니므로, 일시적으로 당사자 일방의 의무의 이행제공이 있었으나 곧 그 이행의 제공이 중지되어 더 이상 그 제공이 계속되지 아니하는 기간 동안에는 상대방의 의무가 이행지체상태에 빠졌다고 할 수는 없다고 할 것이고, 따라서 그 이행의 제공이 중지된 이후에 상대방의 의무가 이행지체되었음을 전제로 하는 손해배상청구도 할 수 없는 것이다(대판 1995.3.14. 94다26646).

[**⑤** ▶ ○] 당사자가 불확정한 사실이 발생한 때를 이행기한으로 정한 경우에 있어서 그 사실이 발생한 때는 물론 그 사실의 발생이 불가능하게 된 때에도 이행기한은 도래한 것으로 보아야 한다(대판 1989.6.27. 88다카10579).

제2항 이행불능

PART 03

채권총론

2020년 변호사시험 문 21.

☑ 확인 Check! ○ △ ✕

이행불능에 관한 설명 중 옳지 않은 것은?(다툼이 있는 경우 판례에 의함)

① 동시이행의 관계에 있는 쌍방의 채무 중 어느 한 채무가 이행불능이 됨으로 인하여 발생한 손해배상채무도 여전히 다른 채무와 동시이행의 관계에 있다.

② 부동산소유권이전등기의무자가 그 부동산에 관하여 가등기를 경료한 경우 그 가등기만으로는 소유권이전등기의무가 이행불능이 된다고 할 수 없으나, 제3자 앞으로 채무담보를 위하여 소유권이전등기를 경료한 경우 그 의무자가 위 채무를 변제할 자력이 없는 때에는 특단의 사정이 없는 한 그 소유권이전등기의무는 이행불능이 된다.

③ 매매목적부동산에 관하여 제3자의 처분금지가처분의 등기가 기입되었다고 하더라도 그 가처분등기로 인하여 바로 계약이 이행불능으로 되는 것은 아니다.

④ 매매목적물이 화재로 인하여 소실됨으로써 매도인의 매매목적물에 대한 인도의무가 이행불능이 되었다면 매수인은 화재사고로 인해 매도인이 지급받게 되는 화재보험금에 대하여 대상청구권을 행사할 수 있고, 이때 매수인이 화재보험금에 대하여 행사할 대상청구권의 범위는 실제 지급하거나 지급하기로 약정한 매매대금 상당액의 한도로 제한된다.

⑤ 물권적 방해배제청구권의 행사로 등기말소를 구하는 소유자가 그 후 소유권을 상실함으로써 이제 등기말소를 청구할 수 없게 되었다면, 등기말소의무자에 대하여 그 권리의 이행불능을 이유로 「민법」 제390조상의 손해배상청구권을 행사할 수 없다.

[**❶** ▶ ○] 동시이행의 관계에 있는 쌍방의 채무 중 어느 한 채무가 이행불능이 됨으로 인하여 발생한 손해배상채무도 여전히 다른 채무와 동시이행의 관계에 있다(대판 2000.2.25. 97다30066).

[**❷** ▶ ○] 부동산소유권이전등기의무자가 그 부동산상에 가등기를 경료한 경우 가등기는 본등기의 순위 보전의 효력을 가지는 것에 불과하고 또한 그 소유권이전등기의무자의 처분권한이 상실되지도 아니하므로 그 가등기만으로는 소유권이전등기의무가 이행불능이 된다고 할 수 없다. (그러나) 부동산소유권이전등기의무자가 그 부동산에 관하여 제3자 앞으로 비록 채무담보를 위하여 소유권이전등기를 경료하였다고 할지라도 그 의무자가 채무를 변제할 자력이 없는 경우에는 특단의 사정이 없는 한 그 소유권이전등기의무는 이행불능이 된다(대판 1991.7.26. 91다8104).

[**❸** ▶ ○] 매매목적부동산에 관하여 이미 제3자의 처분금지가처분등기가 기입되었다 할지라도 이는 단지 그에 저촉되는 범위 내에서 가처분채권자에게 대항할 수 없는 효과가 있다는 것일 뿐 그것에 의하여 곧바로 부동산 위에 어떤 지배관계가 생겨서 채무자가 그 부동산을 임의로 타에 처분하는 행위 자체를 금지하는 것은 아니라 하겠으므로 가처분등기로 인하여 바로 계약이 이행불능으로 되는 것은 아니다(대판 1993.5.27. 92다20163).

[**❹ ▸ ✕**] 손해보험은 본래 보험사고로 인하여 생길 피보험자의 재산상 손해의 보상을 목적으로 하는 것으로(상법 제665조), 보험자가 보상할 손해액은 당사자 간에 다른 약정이 없는 이상 손해가 발생한 때와 곳의 가액에 의하여 산정하고(상법 제676조 제1항), 이 점은 손해 공제의 경우도 마찬가지이므로, 매매의 목적물이 화재로 소실됨으로써 매도인이 지급받게 되는 화재보험금, 화재공제금에 대하여 매수인의 대상청구권이 인정되는 이상, 매수인은 특별한 사정이 없는 한 목적물에 대하여 지급되는 화재보험금, 화재공제금 전부에 대하여 대상청구권을 행사할 수 있고, 인도의무의 이행불능 당시 매수인이 지급하였거나 지급하기로 약정한 매매대금 상당액의 한도 내로 범위가 제한된다고 할 수 없다(대판 2016.10.27, 2013다7769).

[**❺ ▸ ○**] 소유자가 자신의 소유권에 기하여 실체관계에 부합하지 아니하는 등기의 명의인을 상대로 그 등기말소나 진정명의 회복 등을 청구하는 경우에, 그 권리는 물권적 청구권으로서의 방해배제청구권(민법 제214조)의 성질을 가진다. 그러므로 소유자가 그 후에 소유권을 상실함으로써 이제 등기말소 등을 청구할 수 없게 되었다면, 이를 위와 같은 청구권의 실현이 객관적으로 불능이 되었다고 파악하여 등기말소 등 의무자에 대하여 그 권리의 이행불능을 이유로 민법 제390조상의 손해배상청구권을 가진다고 말할 수 없다. 위 법규정에서 정하는 채무불이행을 이유로 하는 손해배상청구권은 계약 또는 법률에 기하여 이미 성립하여 있는 채권관계에서 본래의 채권이 동일성을 유지하면서 그 내용이 확장되거나 변경된 것으로서 발생한다. 그러나 위와 같은 등기말소청구권 등의 물권적 청구권은 그 권리자인 소유자가 소유권을 상실하면 이제 그 발생의 기반이 아예 없게 되어 더 이상 그 존재 자체가 인정되지 아니하는 것이다. 이러한 법리는 선행소송에서 소유권보존등기의 말소등기청구가 확정되었다고 하더라도 그 청구권의 법적 성질이 채권적 청구권으로 바뀌지 아니하므로 마찬가지이다(대판 2012.5.17, 2010다28604 [전합]).

2017년 변호사시험 문 12.

☑ 확인 Check! ○ △ ✕

甲은 乙로부터 냉동창고를 임차한 창고업자이다. 甲은 이 냉동창고가 파손되어 乙에게 수선을 요청하였다. 이에 乙은 A에게 보수공사를 맡겼는데 A의 피용자 丙의 과실로 냉동창고에 화재가 발생하여 냉동창고에 보관 중이던 B의 임치물이 소실되었다. 이에 관한 설명 중 옳지 않은 것을 모두 고른 것은?(다툼이 있는 경우 판례에 의함)

ㄱ. 乙은 임대차계약에 따른 임대물수선의무를 이행하기 위하여 제3자인 A에게 도급을 주어 공사를 하게 된 것이고 A 및 丙에 대하여 지휘감독하는 관계가 아니므로 乙은 甲에 대하여 채무불이행책임을 지지 않는다.
ㄴ. A는 자기의 피용자 丙의 과실에 의한 화재이므로 乙에 대하여 채무불이행책임을 진다.
ㄷ. A는 자기의 피용자 丙의 과실에 의한 화재이므로 甲에 대하여 「민법」 제756조에 따라 불법행위책임을 진다.
ㄹ. A는 자기의 피용자 丙의 과실에 의한 화재이므로 甲에 대하여 채무불이행책임을 진다.

① ㄱ, ㄴ
② ㄱ, ㄹ
③ ㄴ, ㄷ
④ ㄴ, ㄹ
⑤ ㄷ, ㄹ

[**ㄱ ▸ ✕**] 임대인이 임차인과의 임대차계약상의 약정에 따라 제3자에게 도급을 주어 임대차목적시설물을 수선한 경우에는 그 수급인도 임대인에 대하여 종속적인지 여부를 불문하고 이행보조자로서의 피용자라고 보아야 할 것이고, 이러한 수급인이 시설물수선공사 등을 하던 중 수급인의 과실로 인하여 화재가 발생한 경우에는 임대인은 민법 제391조에 따라 위 화재발생에 귀책사유가 있다 할 것이어서 임차인에 대한 채무불이행상의 손해배상책임이 있다(대판 2002.7.12, 2001다44338).

② **정답**

[ㄴ ▸ ○] 피용자 丙은 A의 이행보조자에 해당한다. 따라서 A는 丙의 과실에 의한 화재에 대해 도급인 乙에게 채무불이행 책임을 진다.

법령 **이행보조자의 고의, 과실(민법 제391조)**   채무자의 법정대리인이 채무자를 위하여 이행하거나 채무자가 타인을 사용하여 이행하는 경우에는 법정대리인 또는 피용자의 고의나 과실은 채무자의 고의나 과실로 본다.

[ㄷ ▸ ○] A는 피용자 丙의 과실로 인한 불법행위에 대해 甲에게 사용자책임을 진다.

법령 **사용자의 배상책임(민법 756조)**   ① 타인을 사용하여 어느 사무에 종사하게 한 자는 피용자가 그 사무 집행에 관하여 제삼자에게 가한 손해를 배상할 책임이 있다. 그러나 사용자가 피용자의 선임 및 그 사무 감독에 상당한 주의를 한 때 또는 상당한 주의를 하여도 손해가 있을 경우에는 그러하지 아니하다.

[ㄹ ▸ ×] A와 甲 사이에는 계약관계가 존재하지 않으므로, A는 甲에 대해 채무불이행책임을 지지 않는다.

2013년 변호사시험 문 19.   ☑ 확인Check! ○ △ ×

甲과 乙은 2011.5.20. 甲 소유의 X토지에 관한 매매계약을 체결하면서 계약금 3,000만원은 당일 지급하였고, 중도금과 잔금 2억 7,000만원은 같은 해 8.20. 지급하기로 하였는데, 같은 해 7.10. X토지가 수용되어 甲이 보상금으로 4억원을 받았다. 다음 설명 중 옳은 것을 모두 고른 것은?(다툼이 있는 경우에는 판례에 의함)

ㄱ. 乙은 甲에 대하여 보상금의 지급을 구하지 않고, 계약금 3,000만원에 대한 부당이득반환청구권을 행사할 수 있다.
ㄴ. X토지의 수용은 甲의 귀책사유에 의한 것이 아니므로 위험부담의 법리에 따라 乙의 반대급부의무 역시 소멸하고, 이는 乙이 甲에 대하여 보상금의 반환을 청구하더라도 마찬가지이다.
ㄷ. 甲이 지급받은 보상금의 반환을 청구할 수 있는 乙의 권리는 특별한 사정이 없는 한 X토지가 수용된 시점부터 소멸시효가 진행한다.

① ㄱ, ㄷ   ② ㄱ, ㄴ, ㄷ   ③ ㄱ
④ ㄴ   ⑤ ㄷ

[ㄱ ▸ ○] 쌍무계약상의 채무가 채무자의 책임 없는 사유로 후발적 불능이 된 경우, 채권자인 매수인 乙은 위험부담의 법리와 대상청구권을 선택하여 주장할 수 있다. 따라서 사안에서 乙이 위험부담의 법리를 선택한 경우, 매매대금지급채무 의 소멸을 주장하여 이미 지급한 계약금의 부당이득반환청구가 가능하다.

판례 민법 제537조는 채무자위험부담주의를 채택하고 있는바, 쌍무계약에서 당사자 쌍방의 귀책사유 없이 채무가 이행불능된 경우 채무자는 급부의무를 면함과 더불어 반대급부도 청구하지 못하므로, 쌍방급부가 없었던 경우 에는 계약관계는 소멸하고 이미 이행한 급부는 법률상 원인 없는 급부가 되어 부당이득의 법리에 따라 반환청 구할 수 있다(대판 2009.5.28. 2008다98655).

[ㄴ▸X] 쌍무계약의 당사자 일방이 상대방의 급부가 이행불능이 된 사정의 결과로 상대방이 취득한 대상에 대하여 급부청구권을 행사할 수 있다고 하더라도, 그 당사자 일방이 대상청구권을 행사하려면 상대방에 대하여 반대급부를 이행할 의무가 있는바, 이 경우 당사자 일방의 반대급부도 그 전부가 이행불능이 되거나 그 일부가 이행불능이 되고 나머지 잔부의 이행만으로는 상대방의 계약목적을 달성할 수 없는 등 상대방에게 아무런 이익이 되지 않는다고 인정되는 때에는, 상대방이 당사자 일방의 대상청구를 거부하는 것이 신의칙에 반한다고 볼 만한 특별한 사정이 없는 한, 당사자 일방은 상대방에 대하여 대상청구권을 행사할 수 없다(대판 1996.6.25. 95다6601).

[ㄷ▸O]　대상청구권은 특별한 사정이 없는 한 매매목적물의 수용 또는 국유화로 인하여 매도인의 소유권이전등기의무가 이행불능되었을 때 매수인이 그 권리를 행사할 수 있다고 보아야 할 것이고 따라서 그때부터 소멸시효가 진행하는 것이 원칙이라 할 것이나, 국유화가 된 사유의 특수성과 법규의 미비 등으로 그 보상금의 지급을 구할 수 있는 방법이나 절차가 없다가 상당한 기간이 지난 뒤에야 보상금청구의 방법과 절차가 마련된 경우라면, 대상청구권자로서는 그 보상금 청구의 방법이 마련되기 전에는 대상청구권을 행사하는 것이 불가능하였던 것이고, 따라서 이러한 경우에는 보상금을 청구할 수 있는 방법이 마련된 시점부터 대상청구권에 대한 소멸시효가 진행하는 것으로 봄이 상당할 것인바, 이는 대상청구권자가 보상금을 청구할 길이 없는 상태에서 추상적인 대상청구권이 발생하였다는 사유만으로 소멸시효가 진행한다고 해석하는 것은 대상청구권자에게 너무 가혹하여 사회정의와 형평의 이념에 반할 뿐만 아니라 소멸시효제도의 존재이유에 부합된다고 볼 수 없기 때문이다(대판 2002.2.8. 99다23901).

2013년 변호사시험 문 28.

☑ 확인Check! ○ △ ✕

상가분양계약에 관한 설명 중 옳지 않은 것을 모두 고른 것은?(다툼이 있는 경우에는 판례에 의함)

ㄱ. 상가 내 특정 점포의 분양계약에서 분양자가 수분양자들에 대하여 부담하는 분양점포에 관한 소유권이전등기의무와 상가 총면적 중 분양점포면적에 해당하는 비율의 대지지분에 관한 소유권이전등기의무 중 분양점포에 관한 소유권이전등기의무의 이행이 불능에 이르렀더라도 그 대지지분에 관한 소유권이전등기의무의 이행이 가능하다면, 수분양자들은 분양자에 대하여 위 대지지분에 관한 소유권이전등기절차의 이행을 구할 수 있다.

ㄴ. 업종을 지정하여 상가를 분양한 경우, 수분양자가 경업금지의 약정을 위배하면 분양자는 그 분양계약을 해제하는 등의 조치를 취함으로써 그 기존 점포의 상인들의 영업권이 실질적으로 보호되도록 최선을 다하여야 할 의무를 부담한다.

ㄷ. 업종을 지정하여 상가를 분양한 경우, 분양자의 수분양자에 대한 분양계약상의 의무는 전체 수분양자의 영업권을 실질적으로 보호하기 위한 것이므로, 분양자가 상가의 활성화를 위하여 업종의 일부를 변경하고 매장의 위치를 재조정하여 상가의 구성을 변경한 경우에는 그로 인하여 기존의 영업상 이익을 침해받을 처지에 있지 아니한 수분양자에 대하여도 의무를 위반한 것이다.

ㄹ. 업종을 지정하여 상가를 분양한 경우, 지정업종에 대한 경업금지의무는 수분양자들에게 적용되는 것이고, 이해를 조정할 위치에 있는 분양자에게는 적용되지 않는다.

① ㄱ, ㄷ, ㄹ　　　　　　② ㄴ, ㄷ　　　　　　③ ㄷ, ㄹ
④ ㄱ　　　　　　　　　　⑤ ㄹ

① 정답

[ㄱ ▸ ✕]　쌍무계약에 있어 당사자 일방이 부담하는 채무의 일부만이 채무자의 책임 있는 사유로 이행할 수 없게 된 때에는, 그 이행이 불가능한 부분을 제외한 나머지 부분만의 이행으로는 계약의 목적을 달성할 수 없다면 채무의 이행은 전부가 불능이라고 보아야 할 것이므로, 채권자로서는 채무자에 대하여 계약 전부를 해제하거나 또는 채무 전부의 이행에 갈음하는 전보배상을 청구할 수 있을 뿐이지, 이행이 가능한 부분만의 급부를 청구할 수는 없다. 일반적으로 토지와 그 지상건물을 매매한 경우 토지와 그 지상의 건물은 특별한 사정이 없는 한 법률적인 운명을 같이 하게 되는 것이 거래의 관행이고 당사자의 의사나 경제의 관념에도 합치되는 것이고, 특히 이 사건에서와 같이 장래에 건축될 집합건물인 상가 내의 특정 점포를 분양받기로 하는 계약에 있어서는 분양자인 피고가 피분양자들에 대하여 부담하는 분양 점포에 관한 소유권이전등기의무와 상가 총면적 중 분양점포면적에 해당하는 비율의 대지지분에 관한 소유권이전등기의무는 불가분의 관계에 있어 분양점포에 관한 소유권이전등기의무의 이행이 불능에 이르렀다면 그 대지지분에 관한 소유권이전 등기의무의 이행이 가능하다고 하더라도 그 이행만으로는 피분양자들이 최초분양계약 당시 의욕하였던 계약의 목적을 달성할 수는 없는 것이라고 할 것이고, 따라서 피고의 원고들에 대한 이 사건 분양계약상의 채무는 전부 이행불능상태에 이르렀다고 볼 것이므로 원고들로서는 피고에 대하여 위 대지지분에 관한 소유권이전등기절차의 이행만을 구할 수는 없다(대판 1995.7.25. 95다5929).

[ㄴ ▸ ○]　주택조합이 상가 일부 층의 수분양자들과의 사이에 장차 나머지 층을 분양함에 있어 상가 내의 기존 업종과 중복되지 아니하는 업종을 지정하여 분양하여 기존의 영업권을 보호하겠다고 한 약정의 의미는, 주택조합이 상가 일부에 관한 분양계약을 체결함에 있어 단순히 그 수분양자에 대하여 상가 내의 기존 점포의 업종과 다른 영업을 할 것을 구두로 고지하는 정도에 그치지 아니하고, 나아가 그 경업금지를 분양계약의 내용으로 하여 만약 분양계약 체결 이후라도 수분양자 가 경업금지의 약정을 위배하는 경우에는 그 분양계약을 해제하는 등의 조치를 취함으로써 그 기존 점포의 상인들의 영업권 이 실질적으로 보호되도록 최선을 다하여야 할 의무를 부담한다는 것이다(대판 1995.9.5. 94다30867).

[ㄷ ▸ ✕] [ㄹ ▸ ✕]　대규모 상가를 분양할 경우에 분양자가 수분양자들에게 특정 영업을 정하여 분양하는 이유는 수분양자들이 해당 업종을 독점적으로 운영하도록 보장하는 한편 상가 내의 업종분포와 업종별 점포위치를 고려하여 상가를 구성함으로써 적절한 상권이 형성되도록 하고 이를 통하여 분양을 활성화하기 위한 것이고, 수분양자들로서도 해당 업종에 관한 영업이 보장된다는 전제 아래 분양회사와 계약을 체결한 것이므로, 지정업종에 관한 경업금지의무는 수분양자들에게만 적용되는 것이 아니라 분양자에게도 적용된다(ㄹ.). 이 경우 분양자의 수분양자에 대한 의무는 수분양 자의 영업권을 실질적으로 보호하기 위한 것이므로, 비록 분양자가 상가의 활성화를 위하여 업종의 일부를 변경하고 매장의 위치를 재조정하여 상가의 구성을 변경한다고 하더라도, 그로 인하여 기존의 영업상 이익을 침해받을 처지에 있지 아니한 수분양자에 대하여는 의무를 위반한 것이 아니다(ㄷ.)(대판 2008.5.29. 2005다25151).

제3항　불완전이행

제1항 손해배상

2012년 변호사시험 문 30. ☑ 확인Check! ○ △ ✕

통상손해와 특별손해에 관한 다음 설명 중 옳지 않은 것은?(다툼이 있는 경우에는 판례에 의함)

① 매수인이 잔금 지급을 지체한 경우, 계약을 해제하지 아니한 매도인이 지체된 기간 동안 입은 손해 중 그 미지급잔금에 대한 법정이율에 따른 이자 상당의 금액은 통상손해이다.

② 금융기관이 약속어음할인을 하고 취득한 어음을 지급기일에 적법하게 지급제시를 하지 아니하여 소구권을 보전하지 아니한 경우, 지급기일 후에 어음발행인의 자력이 악화되는 바람에 어음환매자가 발행인에 대한 어음채권과 원인채권의 어느 것도 받을 수 없게 됨으로 인하여 손해를 입었다면, 이러한 손해는 발행인의 자력의 악화라는 특별사정으로 인한 손해이다.

③ 불법행위로 인하여 영업용 물건이 멸실되거나 일부 손괴되어, 이를 대체할 다른 물건을 마련하기 위하여 필요한 합리적인 기간 동안 그 물건을 이용하여 영업을 계속하지 못함으로 인한 손해는 통상의 손해이다.

④ 건물을 신축할 목적으로 토지를 매수한 매수인이 설계비 또는 공사계약금을 지출하였다가 토지매매계약이 해제됨으로 말미암아 이를 회수하지 못하는 손해는 통상손해이다.

⑤ 매수인이 잔금 지급을 지체한 경우, 지체된 기간 동안 매매대상토지의 개별공시지가가 급등하여 계약을 해제하지 아니한 매도인의 양도소득세부담이 늘어났다면, 그 늘어난 부담은 특별한 사정에 의하여 발생한 손해에 해당한다.

[**❶** ▸ ○] [**❺** ▸ ○] 매수인의 잔금 지급 지체로 인하여 계약을 해제하지 아니한 매도인이 지체된 기간 동안 입은 손해 중 그 미지급잔금에 대한 법정이율에 따른 이자 상당의 금액은 통상손해라고 할 것이지만(①), 그 사이에 매매대상토지의 개별공시지가가 급등하여 매도인의 양도소득세부담이 늘었다고 하더라도 그 손해는 사회일반의 관념상 매매계약에서의 잔금 지급의 이행지체의 경우 통상 발생하는 것으로 생각되는 범위의 통상손해라고 할 수는 없고, 이는 특별한 사정에 의하여 발생한 손해에 해당한다(⑤)(대판 2006.4.13. 2005다75897).

[**❷** ▸ ○] 금융기관이 어음할인을 하고 취득한 어음을 지급기일에 적법하게 지급제시를 하지 아니하여 소구권을 보전하지 아니하였다 할지라도, 지급기일 후에 어음발행인의 자력이 악화되어 무자력이 되는 바람에 어음환매자가 발행인에 대한 어음채권과 원인채권의 어느 것도 받을 수 없게 됨으로 인하여 손해를 입게 된 것이라면, 이러한 손해는 어음 주채무자인 발행인의 자력의 악화라는 특별사정으로 인한 손해로서 지급제시의무를 불이행한 금융기관이 그 의무불이행 당시인 어음의 지급기일에 장차 어음발행인의 자력이 악화될 것임을 알았거나 알 수 있었을 때라야 어음을 환매하는 자에 대하여 손해배상채무를 진다(대판 2003.1.24. 2002다59849).

[**❸** ▸ ○] 불법행위로 영업용 물건이 멸실된 경우, 이를 대체할 다른 물건을 마련하기 위하여 필요한 합리적인 기간 동안 그 물건을 이용하여 영업을 계속하였더라면 얻을 수 있었던 이익, 즉 휴업손해는 그에 대한 증명이 가능한 한 통상의 손해로서 그 교환가치와는 별도로 배상하여야 하고, 이는 영업용 물건이 일부 손괴된 경우, 수리를 위하여 필요한 합리적인 기간 동안의 휴업손해와 마찬가지라고 보아야 할 것이다(대판 2004.3.18. 2001다82507 [전합]).

[**❹** ▸ ✕] 매매대금을 완불하지 않은 토지의 매수인이 그 토지상에 건물을 신축하기 위하여 설계비 또는 공사계약금을 지출하였다가 계약이 해제됨으로 말미암아 이를 회수하지 못하는 손해를 입게 되었다 하더라도 이는 이례적인 사정에 속하는 것으로서, 설사 토지의 매도인이 매수인의 취득목적을 알았다 하더라도 마찬가지라 할 것이므로, 토지의 매도인으로서는 소유권이전의무의 이행기까지 최소한 매수인이 설계계약 또는 공사도급계약을 체결하였다는 점을 알았거나 알 수 있었을 때에 한하여 그 배상책임을 부담한다(대판 1996.2.13. 95다47619).

---

④ **정답**

2020년 변호사시험 문 16.

☑ 확인 Check! ○ △ ✕

손해배상액의 예정 및 위약벌에 관한 설명 중 옳지 않은 것은?(다툼이 있는 경우 판례에 의함)

① 손해배상액의 예정이 있는 경우, 채무자는 실제로 손해발생이 없다거나 손해액이 예정배상액보다 적다는 것을 증명하더라도 이 점만으로 그 예정배상액의 지급을 면하거나 감액을 청구하지 못한다.

② 손해배상액의 예정이 있는 경우, 채무자가 채권자와 사이에 채무불이행에 있어 채무자의 귀책사유를 묻지 아니한다는 약정을 하지 아니한 이상, 채무자는 자신의 귀책사유가 없음을 주장·증명함으로써 예정배상액의 지급책임을 면할 수 있다.

③ 손해배상액의 예정이 있는 경우, 채무불이행으로 인한 손해의 발생 및 확대에 채권자에게도 과실이 있다면 「민법」 제398조 제2항에 따라 손해배상예정액을 감액할 수는 있을지언정 채권자의 과실을 들어 과실상계를 할 수는 없다.

④ 위약벌이 약정된 경우 손해배상액의 예정에 관한 「민법」 제398조 제2항을 유추적용하여 그 약정액을 감액할 수 없다.

⑤ 위약벌이 약정된 경우에도 강행규정인 「이자제한법」이 정한 최고이자율을 초과하는 부분은 무효이다.

[❶ ▸ ○] 민법 제398조가 규정하는 손해배상의 예정은 채무불이행의 경우에 채무자가 지급하여야 할 손해배상액을 미리 정해 두는 것으로서 그 목적은 손해의 발생사실과 손해액에 대한 입증곤란을 배제하고 분쟁을 사전에 방지하여 법률관계를 간이하게 해결하는 것 외에 채무자에게 심리적으로 경고를 줌으로써 채무이행을 확보하려는 데에 있으므로, 채무자가 실제로 손해발생이 없다거나 손해액이 예정액보다 적다는 것을 입증하더라도 채무자는 그 예정액의 지급을 면하거나 감액을 청구하지 못한다(대판 2008.11.13. 2008다46906).

[❷ ▸ ○] 채무불이행으로 인한 손해배상액이 예정되어 있는 경우에는 채권자는 채무불이행사실만 증명하면 손해의 발생 및 그 액을 증명하지 아니하고 예정배상액을 청구할 수 있고, 채무자는 채권자와 채무불이행에 있어 채무자의 귀책사유를 묻지 아니한다는 약정을 하지 아니한 이상 자신의 귀책사유가 없음을 주장·입증함으로써 예정배상액의 지급책임을 면할 수 있다(대판 2007.12.27. 2006다9408).

[❸ ▸ ○] 당사자 사이의 계약에서 채무자의 채무불이행으로 인한 손해배상액이 예정되어 있는 경우, 채무불이행으로 인한 손해의 발생 및 확대에 채권자에게도 과실이 있더라도 민법 제398조 제2항에 따라 채권자의 과실을 비롯하여 채무자가 계약을 위반한 경위 등 제반 사정을 참작하여 손해배상예정액을 감액할 수는 있을지언정 채권자의 과실을 들어 과실상계를 할 수는 없다(대판 2016.6.10. 2014다200763).

[❹ ▸ ○] 위약벌의 약정은 채무의 이행을 확보하기 위해서 정해지는 것으로서 손해배상의 예정과는 그 내용이 다르므로 손해배상의 예정에 관한 민법 제398조 제2항을 유추적용하여 그 액을 감액할 수는 없으며, 다만 그 의무의 강제에 의하여 얻어지는 채권자의 이익에 비하여 약정된 벌이 과도하게 무거울 때에는 그 일부 또는 전부가 공서양속에 반하여 무효로 되는 것에 불과하다(대판 2002.4.23. 2000다56976).

[❺ ▸ ✕] 이자제한법의 최고이자율 제한에 관한 규정은 금전대차에 관한 계약상의 이자에 관하여 적용될 뿐, 계약을 위반한 사람을 제재하고 계약의 이행을 간접적으로 강제하기 위하여 정한 위약벌의 경우에는 적용될 수 없다(대판 2017.11.29. 2016다259769).

위약금약정에 관한 설명 중 옳지 않은 것은?(다툼이 있는 경우에는 판례에 의함)

① 지체상금이 손해배상액의 예정으로 인정되어 이를 감액할 경우, 채권자의 과실이 인정되면 법원은 손해배상의 예정액의 감액에 앞서 이를 이유로 별도로 지체상금을 감액하여야 한다.

② 채무불이행에 있어 채무자의 귀책사유를 묻지 아니한다는 약정이 없는 한 채무자는 자신의 귀책사유가 없음을 증명함으로써 손해배상의 예정액의 지급책임을 면할 수 있다.

③ 도급계약을 체결하면서 위약금약정을 한 경우, 도급계약이 취소되면 위약금약정도 그 효력을 잃는다.

④ 손해배상의 예정액이 부당히 과다하여 법원이 직권으로 감액한 경우, 감액된 부분은 처음부터 무효인 것으로 본다.

⑤ 위약벌로 인정되는 위약금이 부당히 과다하더라도 법원은 직권으로 감액할 수 없다.

[**❶ ▶ ×**]　지체상금이 손해배상의 예정으로 인정되어 이를 감액함에 있어서는 채무자가 계약을 위반한 경위 등 제반 사정이 참작되므로 손해배상액의 감경에 앞서 채권자의 과실 등을 들어 따로 감경할 필요는 없다(대판 2002.1.25, 99다57126).

[**❷ ▶ ○**]　채무불이행으로 인한 손해배상액이 예정되어 있는 경우에는 채권자는 채무불이행사실만 증명하면 손해의 발생 및 그 액을 증명하지 아니하고 예정배상액을 청구할 수 있고, 채무자는 채권자와 채무불이행에 있어 채무자의 귀책사유를 묻지 아니한다는 약정을 하지 아니한 이상 자신의 귀책사유가 없음을 주장·입증함으로써 예정배상액의 지급책임을 면할 수 있다(대판 2007.12.27, 2006다9408).

[**❸ ▶ ○**]　위약금의 약정은 손해배상액의 예정으로 추정된다(민법 제398조 제4항). 손해배상액의 예정은 채무불이행에 대비하기 위한 것으로, 채무불이행을 정지조건으로 하는 기본계약의 종된 계약이다. 종된 계약은 기본계약의 효력에 좌우되므로, 기본계약인 도급계약이 취소되면 위약금약정도 그 효력을 잃는다.

[**❹ ▶ ○**]　법원이 손해배상의 예정액이 부당히 과다하다고 하여 감액을 한 경우에는 손해배상액의 예정에 관한 약정 중 감액 부분에 해당하는 부분은 처음부터 무효라고 할 것이다(대판 2004.12.10, 2002다73852).

[**❺ ▶ ○**]　위약벌의 약정은 채무의 이행을 확보하기 위해서 정해지는 것으로서 손해배상의 예정과는 그 내용이 다르므로 손해배상의 예정에 관한 민법 제398조 제2항을 유추적용하여 그 액을 감액할 수는 없으며, 다만 그 의무의 강제에 의하여 얻어지는 채권자의 이익에 비하여 약정된 벌이 과도하게 무거울 때에는 그 일부 또는 전부가 공서양속에 반하여 무효로 되는 것에 불과하다(대판 2002.4.23, 2000다56976).

甲은 그 소유의 토지를 乙에게 매도하면서 매매대금채무의 불이행에 관하여 손해배상액의 예정을 하였다. 甲이 乙의 채무불이행을 이유로 그 예정된 손해배상액을 청구하는 경우에 관한 설명 중 옳은 것은?(다툼이 있는 경우에는 판례에 의함)

① 甲은 乙의 이행지체 및 손해발생사실을 증명하여야 하고, 손해액을 증명할 필요는 없다.

② 乙이 甲의 과실을 증명하여 과실상계를 주장하는 경우, 법원은 손해배상액의 산정에 그 과실을 참작하여야 한다.

③ 다른 약정이 없는 한 乙은 자신에게 귀책사유가 없다는 것을 주장·증명하더라도 예정배상액의 지급책임을 면할 수 없다.

④ 손해배상예정액이 부당하게 과다한지 여부는 손해배상 예정의 약정 시를 기준으로 판단하여야 한다.

⑤ 甲은 특약이 없는 한 통상의 손해뿐만 아니라 특별한 사정으로 인한 손해에 관하여도 예정된 배상액만을 청구할 수 있다.

[**❶ ▶ ✕**] [**❸ ▶ ✕**] 채무불이행으로 인한 손해배상액이 예정되어 있는 경우에는 채권자는 채무불이행사실만 증명하면 손해의 발생 및 그 액을 증명하지 아니하고 예정배상액을 청구할 수 있고, 채무자는 채권자와 채무불이행에 있어 채무자의 귀책사유를 묻지 아니한다는 약정을 하지 아니한 이상 자신의 귀책사유가 없음을 주장·입증함으로써 예정배상액의 지급책임을 면할 수 있다(대판 2007.12.27, 2006다9408).

[**❷ ▶ ✕**] 지체상금이 손해배상의 예정으로 인정되어 이를 감액함에 있어서는 채무자가 계약을 위반한 경위 등 제반 사정이 참작되므로 손해배상액의 감경에 앞서 채권자의 과실 등을 들어 따로 감경할 필요는 없다(대판 2002.1.25, 99다57126).

[**❹ ▶ ✕**] 손해배상의 예정액이 부당하게 과다한지의 여부 내지 그에 대한 적당한 감액의 범위를 판단하는 데 있어서는, 법원이 구체적으로 그 판단을 하는 때, 즉 사실심의 변론종결 당시를 기준으로 하여 그 사이에 발생한 위와 같은 모든 사정을 종합적으로 고려하여야 할 것이다(대판 2004.12.10, 2002다73852).

[**❺ ▶ ○**] 민법 제398조에서 정하고 있는 손해배상액의 예정은 손해의 발생사실과 손해액에 대한 증명의 곤란을 덜고 분쟁의 발생을 미리 방지하여 법률관계를 쉽게 해결하고자 하는 등의 목적으로 규정된 것이고, 계약 당시 손해배상액을 예정한 경우에는 다른 특약이 없는 한 채무불이행으로 인하여 입은 통상손해는 물론 특별손해까지도 예정액에 포함되고 채권자의 손해가 예정액을 초과한다 하더라도 초과 부분을 따로 청구할 수 없다(대판 2010.7.15, 2010다10382).

2018년 변호사시험 문 18.

☑ 확인Check! ○ △ ✕

甲과 乙은 甲이 乙에게 건물을 신축해 주기로 하는 도급계약을 체결하면서 "甲이 완공기한을 어길 경우 乙에게 지체 1일당 예정공사금액의 0.1%에 상당하는 지체상금을 지급한다"라고 약정하였고, 위 약정을 위약벌로 볼 만한 특별한 사정이나 지체상금에 관한 다른 약정은 없었다. 이에 관한 설명 중 옳지 않은 것을 모두 고른 것은?(각 지문은 독립적이며, 다툼이 있는 경우 판례에 의함)

ㄱ. 위 약정은 손해배상액의 예정으로 추정되고, 「민법」 제398조에 의한 감액의 대상이 된다 할 것이나, 손해배상예정액이 부당하게 과다하다고 하더라도 변론주의의 원칙상 법원은 이에 관한 당사자의 주장이 없으면 이를 감액할 수 없다.

ㄴ. 乙이 위 약정에 기한 손해배상액을 청구하기 위하여는 甲이 위 약정을 어긴 사실만 증명하면 되고 손해의 발생이나 손해액을 증명할 필요가 없으며, 甲은 자신의 귀책사유가 없음을 주장·증명함으로써 손해배상예정액의 지급책임을 면할 수 있다.

ㄷ. 채무불이행으로 인한 손해배상은 통상의 손해를 그 한도로 함이 원칙이므로, 乙은 완공기한 위반으로 인하여 특별한 손해가 발생한 사실과 甲이 그 사정을 알았거나 알 수 있었다는 사실을 증명한다면, 이에 관한 특별한 약정이 없더라도 甲에게 위 약정에 기한 손해배상을 초과한 금액을 청구할 수 있다.

ㄹ. 위 약정에 따른 지체상금이 과다한지 여부는 지체상금률 그 자체가 과다한지 여부를 판단하여야 하고 지체상금률 자체는 과다하지 않은데 단순히 지체일수가 증가함에 따라 지체상금 총액이 증가했다고 해서 그 지체상금 총액을 기준으로 판단하여서는 아니된다.

ㅁ. 乙은 위 약정에도 불구하고 위 도급계약에 따른 이행을 청구하거나 도급계약을 해제할 수 있다.

① ㄱ, ㄴ ② ㄴ, ㄷ ③ ㄱ, ㄷ, ㄹ
④ ㄴ, ㄷ, ㅁ ⑤ ㄱ, ㄷ, ㄹ, ㅁ

[**ㄱ ▶ ✕**] 위약금은 민법 제398조 제4항에 의하여 손해배상액의 예정으로 추정되므로 위약금이 위약벌로 해석되기 위하여는 특별한 사정이 주장·입증되어야 하고, 한편 손해배상예정액이 부당하게 과다한 경우에는 법원은 당사자의 주장이 없더라도 직권으로 이를 감액할 수 있다(대판 2009.12.24, 2009다60169).

[ㄴ ▶ O] 채무불이행으로 인한 손해배상액이 예정되어 있는 경우에는 채권자는 채무불이행사실만 증명하면 손해의 발생 및 그 액을 증명하지 아니하고 예정배상액을 청구할 수 있고, 채무자는 채권자와 채무불이행에 있어 채무자의 귀책사유를 묻지 아니한다는 약정을 하지 아니한 이상 자신의 귀책사유가 없음을 주장·입증함으로써 예정배상액의 지급책임을 면할 수 있다(대판 2007.12.27, 2006다9408).

[ㄷ ▶ X] 민법 제398조에서 정하고 있는 손해배상액의 예정은 손해의 발생사실과 손해액에 대한 증명의 곤란을 덜고 분쟁의 발생을 미리 방지하여 법률관계를 쉽게 해결하고자 하는 등의 목적으로 규정된 것이고, 계약 당시 손해배상액을 예정한 경우에는 다른 특약이 없는 한 채무불이행으로 인하여 입은 통상손해는 물론 특별손해까지도 예정액에 포함되고 채권자의 손해가 예정액을 초과한다 하더라도 초과 부분을 따로 청구할 수 없다(대판 2010.7.15, 2010다10382).

[ㄹ ▶ X] 지체상금을 계약 총액에서 지체상금률을 곱하여 산출하기로 정한 경우, 민법 제398조 제2항에 의하면, 손해 배상액의 예정액이 부당히 과다한 경우에는 법원은 적당히 감액할 수 있다고 규정되어 있고 여기의 손해배상의 예정액이란 문언상 그 예정한 손해배상액의 총액을 의미한다고 해석되므로, 손해배상의 예정에 해당하는 지체상금의 과다 여부는 지체상금 총액을 기준으로 하여 판단하여야 한다(대판 2002.12.24, 2000다54536).

[ㅁ ▶ O] 손해배상액의 예정은 이행의 청구나 계약의 해제에 영향을 미치지 아니한다(민법 제398조 제3항).

2017년 변호사시험 문 2.

☑ 확인Check! ○ △ ✕

손해배상에 관한 설명 중 옳지 않은 것은?(다툼이 있는 경우 판례에 의함)

① 채무자가 이행거절의 의사를 명백히 표시하여 채권자가 최고 없이 이행에 갈음하는 손해배상을 청구할 수 있는 경우, 그 손해액의 산정은 청구 당시의 급부목적물의 시가를 표준으로 해야 한다.

② 특별손해는 채무자가 특별한 사정을 알았거나 알 수 있었을 경우에 한하여 배상할 책임이 인정되는데, 특별한 사정에 대한 채무자의 예견가능성에 대한 증명책임은 채권자가 부담한다.

③ 계약 당시 당사자 사이에 손해배상액을 예정하는 내용의 약정이 있는 경우 특별한 사정이 없는 한 위 약정은 그 계약과 관련된 불법행위책임에 따른 손해까지 예정한 것이라고 볼 수 없다.

④ 피해자가 입은 손해 중 일부만을 청구하는 경우 법원이 과실상계를 함에 있어서는 손해의 전액에서 과실비율에 의한 감액을 하고 그 잔액이 청구액을 초과하지 않을 경우에는 그 잔액을 인용하고, 잔액이 청구액을 초과할 경우에는 청구의 전액을 인용하여야 한다.

⑤ 손해배상예정액이 부당하게 과다한 경우 당사자의 주장이 없더라도 법원은 직권으로 이를 감액할 수 있다.

[❶ ▶ X] 이행지체에 의한 전보배상에 있어서의 손해액 산정은 본래의 의무이행을 최고한 후 상당한 기간이 경과한 당시의 시가를 표준으로 하고, 이행불능으로 인한 전보배상액은 이행불능 당시의 시가 상당액을 표준으로 할 것인바, 채무자의 이행거절로 인한 채무불이행에서의 손해액 산정은, 채무자가 이행거절의 의사를 명백히 표시하여 최고 없이 계약의 해제나 손해배상을 청구할 수 있는 경우에는 이행거절 당시의 급부목적물의 시가를 표준으로 해야 한다(대판 2007.9.20, 2005다63337).

[❷ ▶ O] 특별한 사정으로 인한 손해는 채무자가 그 사정을 알았거나 알 수 있었을 때에 한하여 배상의 책임이 있다(민법 제393조 제2항). 이 경우 특별한 사정의 존재와 그 사정에 대한 채무자의 예견가능성은 채권자에게 증명책임이 있다(통설).

[❸ ▶ O] 계약 당시 당사자 사이에 손해배상액을 예정하는 내용의 약정이 있는 경우에는 그것은 계약상의 채무불이행으로 인한 손해액에 관한 것이고 이를 그 계약과 관련된 불법행위상의 손해까지 예정한 것이라고는 볼 수 없다(대판 1999.1.15, 98다48033).

① **정답**

[④ ▸ ○] 일개의 손해배상청구권 중 <u>일부가 소송상 청구되어 있는 경우에 과실상계를 함에 있어서는 손해의 전액에서 과실비율에 의한 감액을 하고 그 잔액이 청구액을 초과하지 않을 경우에는 그 잔액을 인용할 것이고 잔액이 청구액을 초과할 경우에는 청구의 전액을 인용하는 것으로 풀이하는 것이 일부청구를 하는 당사자의 통상적 의사라고 할 것이다</u>(대판 1976.6.22. 75다819).

[⑤ ▸ ○] 위약금은 민법 제398조 제4항에 의하여 손해배상액의 예정으로 추정되므로 위약금이 위약벌로 해석되기 위하여는 특별한 사정이 주장·입증되어야 하고, 한편 손해배상예정액이 부당하게 과다한 경우에는 법원은 당사자의 주장이 <u>없더라도 직권으로 이를 감액할 수 있다</u>(대판 2009.12.24. 2009다60169).

제2항 강제이행

제3절 채권자지체 ☆

2015년 변호사시험 문 15. ☑ 확인Check! ○ △ ×

다음 설명 중 옳지 않은 것은?(다툼이 있는 경우 판례에 의함)

① 채권자지체 중에는 채무자는 고의 또는 중대한 과실이 없으면 불이행으로 인한 모든 책임이 없다.
② 손해배상액의 예정은 이행의 청구나 계약의 해제에 영향을 미치지 아니한다.
③ 채권자가 그 채권의 목적인 물건 또는 권리의 가액 전부를 손해배상으로 받은 때에는 채무자는 그 물건 또는 권리에 관하여 당연히 채권자를 대위한다.
④ 채권자지체 중이라도 채무자는 이자 있는 채권에 대하여는 이자를 지급할 의무가 있다.
⑤ 당사자가 금전이 아닌 것으로써 손해의 배상에 충당할 것을 예정한 위약금약정도 손해배상액의 예정으로 추정된다.

[❶ ▸ ○] 채권자지체 중에는 채무자는 <u>고의 또는 중대한 과실이 없으면 불이행으로 인한 모든 책임이 없다</u>(민법 제401조).

[❷ ▸ ○] <u>손해배상액의 예정은 이행의 청구나 계약의 해제에 영향을 미치지 아니한다</u>(민법 제398조 제3항).

[❸ ▸ ○] 채권자가 그 채권의 목적인 물건 또는 권리의 가액 전부를 손해배상으로 받은 때에는 채무자는 그 물건 또는 권리에 관하여 당연히 채권자를 대위한다(민법 제399조).

[❹ ▸ ✕] 채권자지체 중에는 이자 있는 채권이라도 채무자는 <u>이자를 지급할 의무가 없다</u>(민법 제402조).

[❺ ▸ ○] 민법 제398조 제4항·제5항 참조

배상액의 예정(민법 제398조)   ④ 위약금의 약정은 손해배상액의 예정으로 추정한다.
⑤ 당사자가 <u>금전이 아닌 것으로써 손해의 배상에 충당할 것을 예정한 경우에도</u> 전4항의 규정을 준용한다.

제1절	채권자대위권	★★★★

2020년 변호사시험 문 30. ☑ 확인Check! ○ △ X

채권자대위권에 관한 설명 중 옳지 않은 것은?(다툼이 있는 경우 판례에 의함)

① 비법인사단인 채무자가 제3채무자를 상대로 소를 제기하였으나 사원 총회의 결의 없이 총유재산에 관한 소가 제기되었다는 이유로 각하판결을 선고받고 그 판결이 확정된 경우, 이는 채무자가 스스로 제3채무자에 대한 권리를 재판상 행사한 것으로 보아야 하므로, 그 후 비법인사단의 채권자가 제기한 채권자대위소송은 부적법하다.

② 이행인수계약에서 인수인이 그 인수한 채무를 이행하지 않는 경우 채권자는 인수인에 대하여 직접 자신에게 이행할 것을 청구할 수는 없지만, 채권자대위권에 의하여 채무자의 인수인에 대한 청구권을 대위행사할 수는 있다.

③ 채무자 소유의 부동산을 시효취득한 채권자의 사망 후 그 채권자의 공동상속인 중 1인이 채무자에 대한 소유권이전등기청구권을 피보전채권으로 하여 제3채무자를 상대로 채무자의 제3채무자에 대한 소유권이전등기의 말소등기청구권을 대위행사하는 경우, 그 공동상속인은 자신의 지분범위 내에서만 채무자의 제3채무자에 대한 소유권이전등기의 말소등기청구권을 대위행사할 수 있다.

④ 채권자대위소송에서 피보전채권의 소멸시효가 완성되었다 하더라도 제3채무자는 원칙적으로 위 소멸시효 완성의 항변을 원용할 수 없다.

⑤ 채권자대위권을 행사함에 있어서 채권자가 채무자를 상대로 하여 그 보전되는 청구권에 기한 이행청구의 소를 제기하여 승소판결을 선고받고 그 판결이 확정되면 제3채무자는 그 청구권의 존재를 다툴 수 없다고 보는 것이 원칙이나, 그 청구권의 취득이 강행법규에 위반되어 무효인 경우 제3채무자는 그 존재를 다툴 수 있다.

[**❶ ▸ ✕**] 채권자대위권은 채무자가 스스로 제3채무자에 대한 권리를 행사하지 아니하는 경우에 한하여 채권자가 자기의 채권을 보전하기 위하여 행사할 수 있는 것이어서, 채권자가 대위권을 행사할 당시에 이미 채무자가 그 권리를 재판상 행사하였을 때에는 채권자는 채무자를 대위하여 채무자의 권리를 행사할 수 없다. 그런데 비법인사단이 사원 총회의 결의 없이 제기한 소는 소제기에 관한 특별수권을 결하여 부적법하고, 그 경우 소제기에 관한 비법인사단의 의사결정이 있었다고 할 수 없다. 따라서 비법인사단인 채무자 명의로 제3채무자를 상대로 한 소가 제기되었으나 사원 총회의 결의 없이 총유재산에 관한 소가 제기되었다는 이유로 각하판결을 받고 그 판결이 확정된 경우에는 채무자가 스스로 제3채무자에 대한 권리를 행사한 것으로 볼 수 없다(대판 2018.10.25. 2018다210539).

[**❷ ▸ ○**] 이행인수는 인수인이 채무자에 대하여 그 채무를 이행할 것을 약정하는 채무자와 인수인 간의 계약으로서, 인수인은 채무자와 사이에 채권자에게 채무를 이행할 의무를 부담하는 데 그치고 직접 채권자에 대하여 채무를 부담하는 것이 아니므로 채권자는 직접 인수인에게 채무를 이행할 것을 청구할 수 없으나, 채무자는 인수인이 그 채무를 이행하지 아니하는 경우 인수인에 대하여 채권자에게 이행할 것을 청구할 수 있고, 그에 관한 승소의 판결을 받은 때에는 금전채권의 집행에 관한 규정을 준용하여 강제집행을 할 수도 있다. 이러한 채무자의 인수인에 대한 청구권은 그 성질상 재산권의 일종으로서 일신전속적 권리라고 할 수는 없으므로, 채권자는 채권자대위권에 의하여 채무자의 인수인에 대한 청구권을 대위행사할 수 있다(대판 2009.6.11. 2008다75072).

[**❸** ▶ **O**]　채무자 소유의 부동산을 시효취득한 채권자의 공동상속인이 채무자에 대한 소유권이전등기청구권을 피보전채권으로 하여 제3채무자를 상대로 채무자의 제3채무자에 대한 소유권이전등기의 말소등기청구권을 대위행사하는 경우, 공동상속인은 자신의 지분범위 내에서만 채무자의 제3채무자에 대한 소유권이전등기의 말소등기청구권을 대위행사할 수 있고, 지분을 초과하는 부분에 관하여는 채무자를 대위할 보전의 필요성이 없다(대판 2014.10.27, 2013다25217).

[**❹** ▶ **O**]　채권자가 채권자대위권을 행사하여 제3자에 대하여 하는 청구에 있어서, 제3채무자는 채무자가 채권자에 대하여 가지는 항변으로 대항할 수 없고, 채권의 소멸시효가 완성된 경우 이를 원용할 수 있는 자는 원칙적으로는 시효이익을 직접 받는 자뿐이고, 채권자대위소송의 제3채무자는 이를 행사할 수 없다(대판 1998.12.8, 97다31472).

[**❺** ▶ **O**]　채권자대위권을 행사함에 있어서 채권자가 채무자를 상대로 하여 그 보전되는 청구권에 기한 이행청구의 소를 제기하여 승소판결을 선고받고 그 판결이 확정되면 제3채무자는 그 청구권의 존재를 다툴 수 없다고 보는 것이 원칙이나, 그 청구권의 취득이 소송행위를 하게 하는 것을 주목적으로 이루어진 것으로서 신탁법 제6조가 유추적용되어 무효인 경우 등에는 제3채무자는 그 존재를 다툴 수 있다고 보아야 할 것이다(대판 2015.9.24, 2014다74919).

2019년 변호사시험 문 19.

☑ 확인Check! O △ X

채권자대위권에 관한 설명 중 옳은 것(O)과 옳지 않은 것(×)을 올바르게 조합한 것은?(각 지문은 독립적이며, 다툼이 있는 경우 판례에 의함)

ㄱ. 채무자가 채권자대위권 행사의 통지를 받은 후에 제3채무자가 채무자의 채무불이행을 이유로 그 채무자와의 매매계약을 해제한 경우, 특별한 사정이 없는 한 제3채무자는 대위권을 행사하는 채권자에게 그 계약해제로써 대항할 수 있다.

ㄴ. 채권자대위권을 재판상 행사하는 경우, 채권자가 채무자를 상대로 하여 그 보전되는 청구권에 기한 이행청구의 소를 제기하여 승소판결이 확정되었더라도, 제3채무자는 그 청구권의 존재를 다툴 수 있다.

ㄷ. 채권자 甲이 채무자 乙에 대한 금전채권을 보전하기 위하여 제3채무자 丙에 대한 금전채권을 대위행사하는 경우, 丙으로 하여금 직접 甲에게 이행하도록 청구할 수도 있는데, 이러한 채권자대위소송에서 甲이 금전의 지급을 명하는 승소확정판결을 받았다면, 위 피대위채권이 변제 등으로 소멸하기 전이라도 乙의 다른 채권자는 위 채권을 압류 또는 가압류할 수 없다.

ㄹ. 채권자 甲이 채무자 乙에 대한 금전채권을 보전하기 위하여 제3채무자 丙에 대한 금전채권을 대위행사하는 경우, 甲이 乙에게 대위권행사사실을 통지하거나 乙이 이를 알게 된 이후에는, 피대위채권에 대한 전부명령은 우선권 있는 채권에 기초한 것이라는 등의 특별한 사정이 없는 한 무효이다.

① ㄱ(O)　ㄴ(×)　ㄷ(×)　ㄹ(O)　　　② ㄱ(O)　ㄴ(×)　ㄷ(O)　ㄹ(×)
③ ㄱ(O)　ㄴ(O)　ㄷ(O)　ㄹ(×)　　　④ ㄱ(×)　ㄴ(×)　ㄷ(O)　ㄹ(O)
⑤ ㄱ(×)　ㄴ(O)　ㄷ(×)　ㄹ(O)

[**ㄱ** ▶ **O**]　채무자가 자신의 채무불이행을 이유로 매매계약이 해제되도록 한 것을 두고 민법 제405조 제2항에서 말하는 '처분'에 해당한다고 할 수 없다. 따라서 채무자가 채권자대위권 행사의 통지를 받은 후에 채무를 불이행함으로써 통지 전에 체결된 약정에 따라 매매계약이 자동적으로 해제되거나, 채권자대위권 행사의 통지를 받은 후에 채무자의 채무불이행을 이유로 제3채무자가 매매계약을 해제한 경우 제3채무자는 계약해제로써 대위권을 행사하는 채권자에게 대항할 수 있다. 다만 형식적으로는 채무자의 채무불이행을 이유로 한 계약해제인 것처럼 보이지만 실질적으로는 채무자와 제3채무자 사이의 합의에 따라 계약을 해제한 것으로 볼 수 있거나, 채무자와 제3채무자가 단지 대위채권자에게 대항할 수 있도록

채무자의 채무불이행을 이유로 하는 계약해제인 것처럼 외관을 갖춘 것이라는 등의 특별한 사정이 있는 경우에는 채무자가 피대위채권을 처분한 것으로 보아 제3채무자는 계약해제로써 대위권을 행사하는 채권자에게 대항할 수 없다(대판 2012.5.17. 2011다87235 [전합]).

[ㄴ ▸ X] 채권자대위권을 행사함에 있어서 채권자가 채무자를 상대로 하여 그 보전되는 청구권에 기한 이행청구의 소를 제기하여 승소판결을 선고받고 그 판결이 확정되면 제3채무자는 그 청구권의 존재를 다툴 수 없다고 보는 것이 원칙이나, 그 청구권의 취득이 소송행위를 하게 하는 것을 주목적으로 이루어진 것으로서 신탁법 제6조가 유추적용되어 무효인 경우 등에는 제3채무자는 그 존재를 다툴 수 있다고 보아야 할 것이다(대판 2015.9.24. 2014다74919).

[ㄷ ▸ X] 채권자대위소송에서 제3채무자로 하여금 직접 대위채권자에게 금전의 지급을 명하는 판결이 확정되더라도, 대위의 목적인 권리, 즉 채무자의 제3채무자에 대한 피대위채권이 판결의 집행채권으로서 존재하고 대위채권자는 채무자를 대위하여 피대위채권에 대한 변제를 수령하게 될 뿐 자신의 채권에 대한 변제로서 수령하게 되는 것이 아니므로, 피대위채권이 변제 등으로 소멸하기 전이라면 채무자의 다른 채권자는 이를 압류·가압류할 수 있다(대판 2016.8.29. 2015다236547).

[ㄹ ▸ O] 채권자대위소송이 제기되고 대위채권자가 채무자에게 대위권행사사실을 통지하거나 채무자가 이를 알게 되면 민법 제405조 제2항에 따라 채무자는 피대위채권을 양도하거나 포기하는 등 채권자의 대위권 행사를 방해하는 처분행위를 할 수 없게 되고 이러한 효력은 제3채무자에게도 그대로 미치는데, 그럼에도 그 이후 대위채권자와 평등한 지위를 가지는 채무자의 다른 채권자가 피대위채권에 대하여 전부명령을 받는 것도 가능하다고 하면, 채권자대위소송의 제기가 채권자의 적법한 권리행사방법 중 하나이고 채무자에 속한 채권을 추심한다는 점에서 추심소송과 공통점도 있음에도 그것이 무익한 절차에 불과하게 될 뿐만 아니라, 대위채권자가 압류·가압류나 배당요구의 방법을 통하여 채권배당절차에 참여할 기회조차 가지지 못하게 한 채 전부명령을 받은 채권자가 대위채권자를 배제하고 전속적인 만족을 얻는 결과가 되어, 채권자대위권의 실질적 효과를 확보하고자 하는 민법 제405조 제2항의 취지에 반하게 된다. 따라서 채권자대위소송이 제기되고 대위채권자가 채무자에게 대위권행사사실을 통지하거나 채무자가 이를 알게 된 이후에는 민사집행법 제229조 제5항이 유추적용되어 피대위채권에 대한 전부명령은, 우선권 있는 채권에 기초한 것이라는 등의 특별한 사정이 없는 한, 무효이다(대판 2016.8.29. 2015다236547).

2014년 변호사시험 문 27. ☑ 확인Check! ○ △ X

甲은 자신의 소유인 X아파트를 乙에게 대금 3억원에 매도하였는데 아직 잔대금 1억원을 지급받지 못함에 따라 등기도 이전해 주지 아니하였다. 乙은 X아파트를 丙에게 대금 3억 5,000만원에 전매하였다. 甲의 금전채권자 A는 甲을 대위하여 乙을 상대로 매매잔대금청구소송을 제기하였다(제1소송). 한편 丙도 乙을 대위하여 甲을 상대로 乙에게로의 소유권이전등기청구소송을 제기하고(제2소송), 이를 乙에게 통지하였다. 다음 중 옳은 것을 모두 고른 것은?(다툼이 있는 경우에는 판례에 의하고, 각 지문은 모두 독립적이며, 채권자대위소송은 적법하게 제기된 것으로 전제한다)

ㄱ. 제1소송이 제기된 후 甲은 乙로부터 잔대금을 변제받았다. 이 경우 甲이 위 변제 당시 제1소송의 제기사실을 알았다면 乙은 위 변제로 A에게 대항하지 못한다.

ㄴ. 제1소송에서, 乙의 甲에 대한 잔대금채무가 시효로 소멸한 경우 乙은 그 시효완성의 이익을 A에게 주장할 수 있다.

ㄷ. 甲과 乙은 제2소송이 제기되자 그들 사이의 매매계약을 합의해제하였고, 甲은 X아파트를 이러한 사정을 모르는 丁에게 매도하고 소유권이전등기를 경료하여 주었다. 이 경우 丁 명의의 등기는 무효이다.

① ㄱ   ② ㄴ   ③ ㄷ

④ ㄱ, ㄴ   ⑤ ㄴ, ㄷ

② **정답**

[ㄱ ▸ X]   채권자가 채무자를 대위하여 채무자의 제3채무자에 대한 권리를 행사하고 채무자에게 통지를 하거나 채무자가 채권자의 대위권행사사실을 안 후에는 채무자는 그 권리에 대한 처분권을 상실하여 그 권리의 양도나 포기 등 처분행위를 할 수 없고 채무자의 처분행위에 기하여 취득한 권리로서는 채권자에게 대항할 수 없으나, 채무자의 변제수령은 처분행위라 할 수 없고 같은 이치에서 채무자가 그 명의로 소유권이전등기를 경료하는 것 역시 처분행위라고 할 수 없으므로 소유권이전 등기청구권의 대위행사 후에도 채무자는 그 명의로 소유권이전등기를 경료하는 데 아무런 지장이 없다(대판 1991.4.12. 90다 9407).

[ㄴ ▸ O]   채권자대위권은 채무자의 제3채무자에 대한 권리를 행사하는 것이므로, <u>제3채무자는 채무자에 대해 가지는 모든 항변사유로 채권자에게 대항할 수 있으나</u>, 채권자는 채무자 자신이 주장할 수 있는 사유의 범위 내에서 주장할 수 있을 뿐 자기와 제3채무자 사이의 독자적인 사정에 기한 사유를 주장할 수는 없다(대판 2009.5.28. 2009다4787).

[ㄷ ▸ X]   채권자대위의 통지 후의 합의해제도 제405조 제2항의 금지되는 처분에 해당한다. 따라서 甲과 乙은 피대위채 권자 丙에게 대항할 수 없다. 하지만 여전히 X아파트의 소유권자는 甲이므로, 丁은 이중매매의 법리에 의해 甲의 배임행위 에 적극 가담하지 않는 한 유효하게 소유권을 취득한다. 다만, 丙이 乙을 대위하여 X아파트에 처분금지가처분을 해 두었다 면, 甲이 丁에게 이전등기를 해 준 것은 가처분에 반해 무효일 수 있으나, 지문의 경우 가처분에 대한 언급이 없으므로, 결국 丁 명의의 등기는 유효하게 된다.

> • 채무자가 자신의 채무불이행을 이유로 매매계약이 해제되도록 한 것을 두고 민법 제405조 제2항에서 말하는 '처분'에 해당한다고 할 수 없다. 따라서 채무자가 채권자대위권 행사의 통지를 받은 후에 채무를 불이행함으로써 통지 전에 체결된 약정에 따라 매매계약이 자동적으로 해제되거나, 채권자대위권 행사의 통지를 받은 후에 채무자의 채무불이행을 이유로 제3채무자가 매매계약을 해제한 경우 제3채무자는 계약해제로써 대위권 을 행사하는 채권자에게 대항할 수 있다. 다만 형식적으로는 채무자의 채무불이행을 이유로 한 계약해제인 것처럼 보이지만 실질적으로는 채무자와 제3채무자 사이의 합의에 따라 계약을 해제한 것으로 볼 수 있거나, 채무자와 제3채무자가 단지 대위채권자에게 대항할 수 있도록 채무자의 채무불이행을 이유로 하는 계약해제 인 것처럼 외관을 갖춘 것이라는 등의 특별한 사정이 있는 경우에는 채무자가 피대위채권을 처분한 것으로 보아 제3채무자는 계약해제로써 대위권을 행사하는 채권자에게 대항할 수 없다(대판 2012.5.17. 2011다87235 [전합]).
> • 채권자가 채무자를 대위하여 제3채무자의 부동산에 대한 처분금지가처분을 신청하여 처분금지가처분 결정 을 받은 경우, 이는 그 부동산에 관한 소유권이전등기청구권을 보전하기 위한 것이므로 피보전권리인 소유권 이전등기청구권을 행사한 것과 같이 볼 수 있어, 채무자가 그러한 채권자대위권의 행사 사실을 알게 된 이후에 그 부동산에 대한 매매계약을 합의해제함으로써 채권자대위권의 객체인 그 부동산의 소유권이전등기 청구권을 소멸시켰다 하더라도 이로써 채권자에게 대항할 수 없다(대판 1996.4.12. 95다54167).

채권자대위권에 관한 설명 중 옳은 것(○)과 옳지 않은 것(✕)을 올바르게 조합한 것은?(각 지문은 독립적이며, 다툼이 있는 경우 판례에 의함)

ㄱ. 이혼으로 인한 재산분할청구권은 재산권적 성질을 가진 것이므로, 이와 관련한 협의 또는 심판이 제기되기 전이라도 이를 보전하기 위하여 채권자대위권을 행사할 수 있다.

ㄴ. 수임인이 가지는 「민법」 제688조 제2항 전단 소정의 대변제청구권은 통상의 금전채권과는 다른 목적을 갖는 것이므로, 수임인이 대변제청구권을 보전하기 위하여 채무자인 위임인의 채권을 대위행사하는 경우에는 채무자의 무자력을 요건으로 하지 아니한다.

ㄷ. 채무자가 채권자대위권 행사의 통지를 받은 후에는 피대위권리를 처분하여도 채권자에게 대항하지 못하므로, 채무자가 채무를 불이행함으로써 통지 전에 체결된 약정에 따라 피대위권리의 발생원인인 계약이 자동적으로 해제되었다고 하더라도 특별한 사정이 없는 한 제3채무자는 그 계약해제로써 대위권을 행사하는 채권자에게 대항할 수 없다.

ㄹ. 채권자대위권에서 보전되는 채권은 보전의 필요성이 인정되고 이행기가 도래한 것이면 되고, 채권의 발생원인이 어떠하든 대위권을 행사함에는 아무런 방해가 되지 아니하나, 적어도 채무자에 대한 채권이 제3채무자에게 대항할 수 있는 것이어야 한다.

① ㄱ(○) ㄴ(○) ㄷ(✕) ㄹ(✕)   ② ㄱ(✕) ㄴ(○) ㄷ(✕) ㄹ(✕)
③ ㄱ(✕) ㄴ(○) ㄷ(✕) ㄹ(○)   ④ ㄱ(✕) ㄴ(✕) ㄷ(○) ㄹ(✕)
⑤ ㄱ(○) ㄴ(✕) ㄷ(○) ㄹ(○)

[ㄱ ▶ ✕] 이혼으로 인한 재산분할청구권은 협의 또는 심판에 의하여 그 구체적 내용이 형성되기까지는 그 범위 및 내용이 불명확·불확정하기 때문에 구체적으로 권리가 발생하였다고 할 수 없으므로 이를 보전하기 위하여 채권자대위권을 행사할 수 없다(대판 1999.4.9. 98다58016).

[ㄴ ▶ ○] 수임인이 가지는 민법 제688조 제2항 전단 소정의 대변제청구권은 통상의 금전채권과는 다른 목적을 갖는 것이므로, 수임인이 이 대변제청구권을 보전하기 위하여 채무자인 위임인의 채권을 대위행사하는 경우에는 채무자의 무자력을 요건으로 하지 아니한다(대판 2002.1.25. 2001다52506).

[ㄷ ▶ ✕] 채무자가 자신의 채무불이행을 이유로 매매계약이 해제되도록 한 것을 두고 민법 제405조 제2항에서 말하는 '처분'에 해당한다고 할 수 없다. 따라서 채무자가 채권자대위권 행사의 통지를 받은 후에 채무를 불이행함으로써 통지 전에 체결된 약정에 따라 매매계약이 자동적으로 해제되거나, 채권자대위권 행사의 통지를 받은 후에 채무자의 채무불이행을 이유로 제3채무자가 매매계약을 해제한 경우 제3채무자는 계약해제로써 대위권을 행사하는 채권자에게 대항할 수 있다 (대판 2012.5.17. 2011다87235 [전합]).

[ㄹ ▶ ✕] 민법 제404조에서 규정하고 있는 채권자대위권은 채권자가 채무자에 대한 자기의 채권을 보전하기 위하여 필요한 경우에 채무자의 제3자에 대한 권리를 대위행사할 수 있는 권리를 말하는 것으로서, 이때 보전되는 채권은 보전의 필요성이 인정되고 이행기가 도래한 것이면 족하고, 그 채권의 발생원인이 어떠하든 대위권을 행사함에는 아무런 방해가 되지 아니하며, 또한 채무자에 대한 채권이 제3채무자에게까지 대항할 수 있는 것임을 요하는 것도 아니라고 할 것이므로, 채권자대위권을 재판상 행사하는 경우에 있어서도 채권자인 원고는 그 채권의 존재사실 및 보전의 필요성, 기한의 도래 등을 입증하면 족한 것이지, 채권의 발생원인사실 또는 그 채권이 제3채무자인 피고에게 대항할 수 있는 채권이라는 사실까지 입증할 필요는 없으며, 따라서 채권자가 채무자를 상대로 하여 그 보전되는 청구권에 기한 이행청구의 소를 제기하여 승소판결이 확정되면 제3채무자는 그 청구권의 존재를 다툴 수 없다(대판 2000.6.9. 98다18155).

② 정답

2017년 변호사시험 문 7.

☑확인 Check! ○ △ ✕

甲이 자기 소유의 아파트를 乙에게 매도하고 乙이 계약금과 중도금을 지급한 후 잔금을 지급하지 않고 있고 소유권이전등기가 경료되지 않은 상태에서, 다시 乙이 丙에게 위 아파트를 매도하고 丙은 乙에게 매매대금 전액을 지급하였다. 그후 丙이 乙을 대위하여 甲에게 소유권이전등기청구소송을 제기하여 소가 계속 중에 있다. 이에 관한 설명 중 옳지 않은것은?(다툼이 있는 경우 판례에 의함)

① 위 소송에서 甲은 丙에 대하여 乙로부터 잔금을 받음과 동시에 소유권이전등기를 해 주겠다고 항변할 수 있다.

② 丙이 乙에게 대위행사를 통지하였고 그 후 甲이 乙의 잔금채무 불이행을 이유로 매매계약을 해제한 경우, 甲은 丙에게 계약해제로써 대항할 수 없다.

③ 丙이 위 소송계속 중 乙에게 대위행사를 통지한 후 통지를 수령한 乙이 甲에게 소유권이전등기청구소송을 제기한 경우, 乙이 제기한 소송은 부적법하여 각하된다.

④ 丙이 乙에게 대위행사를 일반우편으로 통지하여 乙이 알게 된 경우, 그 후 丙이 제기한 소송이 패소로 확정되었다면 그 패소판결의 효력은 乙에게도 미친다.

⑤ 丙이 乙에게 대위행사를 통지하였고 그 후 甲과 乙이 둘 사이의 매매계약을 합의하여 해제한 경우, 甲은 丙에게 계약해제로써 대항할 수 없다.

[❶ ▸ ○] 채권자대위권은 채무자의 제3채무자에 대한 권리를 행사하는 것이므로, 제3채무자는 채무자에 대해 가지는 모든 항변사유로 채권자에게 대항할 수 있으나, 채권자는 채무자 자신이 주장할 수 있는 사유의 범위 내에서 주장할 수 있을 뿐 자기와 제3채무자 사이의 독자적인 사정에 기한 사유를 주장할 수는 없다(대판 2009.5.28. 2009다4787).

[❷ ▸ ✕] [❺ ▸ ○] 채무자가 자신의 채무불이행을 이유로 매매계약이 해제되도록 한 것을 두고 민법 제405조 제2항에서 말하는 '처분'에 해당한다고 할 수 없다. 따라서 채무자가 채권자대위권 행사의 통지를 받은 후에 채무를 불이행함으로써 통지 전에 체결된 약정에 따라 매매계약이 자동적으로 해제되거나, 채권자대위권 행사의 통지를 받은 후에 채무자의 채무불이행을 이유로 제3채무자가 매매계약을 해제한 경우 제3채무자는 계약해제로써 대위권을 행사하는 채권자에게 대항할 수 있다. 다만 형식적으로는 채무자의 채무불이행을 이유로 한 계약해제인 것처럼 보이지만 실질적으로는 채무자와 제3채무자 사이의 합의에 따라 계약을 해제한 것으로 볼 수 있거나, 채무자와 제3채무자가 단지 대위채권자에게 대항할 수 있도록 채무자의 채무불이행을 이유로 하는 계약해제인 것처럼 외관을 갖춘 것이라는 등의 특별한 사정이 있는 경우에는 채무자가 피대위채권을 처분한 것으로 보아 제3채무자는 계약해제로써 대위권을 행사하는 채권자에게 대항할 수 없다(대판 2012.5.17. 2011다87235 [전합]).

[❸ ▸ ○] 채권자가 민법 404조 제1항에 의하여 채무자를 대위하여 제기한 소송이 계속 중인데 채무자가 같은 피고를 상대로 청구취지 및 청구원인을 같이 하는 내용의 소송을 제기한 경우에는 위 양 소송은 비록 당사자는 다를지라도 실질상으로는 동일 소송이라 할 것이므로 후소는 민소법 234조의 중복소송금지규정에 저촉된다(대판 1974.1.29. 73다351).

[❹ ▸ ○] 채권자가 채권자대위권을 행사하는 방법으로 제3채무자를 상대로 소송을 제기하고 판결을 받은 경우에는 어떠한 사유로 인하였든 적어도 채무자가 채권자대위권에 의한 소송이 제기된 사실을 알았을 경우에는 그 판결의 효력은 채무자에게 미친다(대판 1975.5.13. 74다1664 [전합]).

甲은 乙에 대하여 매매대금채권을 가지고 있고, 乙은 丙에 대하여 대여금채권을 가지고 있다. 甲은 乙을 대위하여 丙을 상대로 대여금의 지급을 구하는 소를 제기하였다. 이에 관한 설명 중 옳지 않은 것은?(각 지문은 독립적이며, 다툼이 있는 경우 판례에 의함)

① 甲이 乙을 상대로 매매대금 지급을 구하는 소를 제기하여 이미 승소판결이 확정된 경우라면, 丙은 甲의 매매대금채권의 존재를 다툴 수 없다.
② 甲의 丙에 대한 소송계속 중에 乙에 대한 구상금채권자인 丁이 乙을 대위하여 채권자대위권을 행사하면서 甲의 丙에 대한 위 소송에 공동소송참가신청을 하는 것은 양 청구의 소송물이 동일하다면 적법하다.
③ 甲의 丙에 대한 위 소송에서 乙의 무자력이 인정되지 않는 경우 법원은 위 소를 각하하여야 한다.
④ 甲의 소장부본을 송달받은 丙이 乙에게 대여원리금 전액을 변제하였고 乙이 이를 수령한 경우, 乙이 변제수령 당시 이미 甲의 채권자대위소송제기사실을 알고 있었다면 丙은 甲에 대하여 채무의 변제사실을 가지고 대항할 수 없다.
⑤ 甲이 채권자대위권을 행사함으로써 비용이 발생한 경우 甲은 乙에게 그 비용의 상환을 청구할 수 있다.

[❶ ▶ ○]　채권자대위권을 재판상 행사하는 경우에 있어서도 채권자인 원고는 그 채권의 존재사실 및 보전의 필요성, 기한의 도래 등을 입증하면 족한 것이지, 채권의 발생원인사실 또는 그 채권이 제3채무자인 피고에게 대항할 수 있는 채권이라는 사실까지 입증할 필요는 없으며, 따라서 채권자가 채무자를 상대로 하여 그 보전되는 청구권에 기한 이행청구의 소를 제기하여 승소판결이 확정되면 제3채무자는 그 청구권의 존재를 다툴 수 없다(대판 2000.6.9. 98다18155).

[❷ ▶ ○]　채권자대위소송이 계속 중인 상황에서 다른 채권자가 동일한 채무자를 대위하여 채권자대위권을 행사하면서 공동소송참가신청을 할 경우, 양 청구의 소송물이 동일하다면 민사소송법 제83조 제1항이 요구하는 '소송목적이 한쪽 당사자와 제3자에게 합일적으로 확정되어야 할 경우'에 해당하므로 참가신청은 적법하다(대판 2015.07.23. 2013다30301).

[❸ ▶ ○]　피보전채권이 금전채권인 경우, 원칙적으로 채무자의 무자력이 인정되지 않는다면 보전필요성이 인정되지 않는다. 보전필요성은 소송요건이므로, 보전의 필요가 인정되지 않는다면 소가 부적법각하된다.

판례
- 채권자가 채무자를 대위함에 있어 대위에 의하여 보전될 채권자의 채무자에 대한 권리가 금전채권인 경우에는 그 보전의 필요성, 즉 채무자가 무자력인 때에만 채권자가 채무자를 대위하여 채무자의 제3채무자에 대한 권리를 행사할 수 있다(대판 2009.02.26. 2008다76556).
- 채권자가 채권자대위권의 법리에 의하여 채무자에 대한 채권을 보전하기 위하여 채무자의 제3자에 대한 권리를 대위행사하기 위하여는 채무자에 대한 채권을 보전할 필요가 있어야 할 것이고, 그러한 보전의 필요가 인정되지 아니하는 경우에는 소가 부적법하므로 법원으로서는 이를 각하하여야 할 것이다(대판 2002.5.10. 2000다55171).

[❹ ▶ ✕]　채권자가 채무자를 대위하여 채무자의 제3채무자에 대한 권리를 행사하고 채무자에게 통지를 하거나 채무자가 채권자의 대위권행사사실을 안 후에는 채무자는 그 권리에 대한 처분권을 상실하여 그 권리의 양도나 포기 등 처분행위를 할 수 없고 채무자의 처분행위에 기하여 취득한 권리로서는 채권자에게 대항할 수 없으나, 채무자의 변제수령은 처분행위라 할 수 없고 같은 이치에서 채무자가 그 명의로 소유권이전등기를 경료하는 것 역시 처분행위라고 할 수 없으므로 소유권이전등기청구권의 대위행사 후에도 채무자는 그 명의로 소유권이전등기를 경료하는 데 아무런 지장이 없다(대판 1991.4.12. 90다9407).

[❺ ▶ ○]　채권자대위권을 행사하는 경우 채권자와 채무자는 일종의 법정위임의 관계에 있으므로 채권자는 민법 제688조를 준용하여 채무자에게 그 비용의 상환을 청구할 수 있고, 그 비용상환청구권은 강제집행을 직접 목적으로 하여 지출된 집행비용이라고는 볼 수 없으므로 지급명령신청에 의하여 지급을 구할 수 있다(대결 1996.8.21. 96그8).

다음 설명 중 옳지 않은 것을 모두 고른 것은?(다툼이 있는 경우 판례에 의함)

ㄱ. 채무자가 채권자대위권 행사의 통지를 받은 후에는 채무자의 채무불이행을 이유로 제3채무자가 매매계약을 해제하더라도, 제3채무자는 원칙적으로 계약해제로써 대위권을 행사하는 채권자에게 대항할 수 없다.

ㄴ. 채권자대위권은 채무자의 제3채무자에 대한 권리를 행사하는 것이므로, 제3채무자는 채무자에 대해 가지는 모든 항변사유로 채권자에게 대항할 수 있으나, 채권자는 채무자가 주장할 수 있는 사유의 범위 내에서 주장할 수 있을 뿐 자기와 제3채무자 사이의 독자적인 사정에 기한 사유를 주장할 수는 없다.

ㄷ. 유류분반환청구권은 그 행사 여부가 유류분권리자의 인격적 이익을 위하여 그의 자유로운 의사결정에 전적으로 맡겨진 권리로서 행사상의 일신전속성을 가진다고 보아야 하므로, 유류분권리자에게 그 권리행사의 확정적 의사가 있다고 인정되는 경우가 아니라면 채권자대위권의 목적이 될 수 없다.

① ㄱ　　　　　　　　② ㄷ　　　　　　　　③ ㄱ, ㄴ
④ ㄱ, ㄷ　　　　　　　⑤ ㄴ, ㄷ

[ㄱ ▶ ✕] 채무자가 자신의 채무불이행을 이유로 매매계약이 해제되도록 한 것을 두고 민법 제405조 제2항에서 말하는 '처분'에 해당한다고 할 수 없다. 따라서 채무자가 채권자대위권 행사의 통지를 받은 후에 채무를 불이행함으로써 통지 전에 체결된 약정에 따라 매매계약이 자동적으로 해제되거나, 채권자대위권 행사의 통지를 받은 후에 채무자의 채무불이행을 이유로 제3채무자가 매매계약을 해제한 경우 제3채무자는 계약해제로써 대위권을 행사하는 채권자에게 대항할 수 있다(대판 2012.5.17. 2011다87235 [전합]).

[ㄴ ▶ ○] 채권자대위권은 채무자의 제3채무자에 대한 권리를 행사하는 것이므로, 제3채무자는 채무자에 대해 가지는 모든 항변사유로 채권자에게 대항할 수 있으나, 채권자는 채무자 자신이 주장할 수 있는 사유의 범위 내에서 주장할 수 있을 뿐 자기와 제3채무자 사이의 독자적인 사정에 기한 사유를 주장할 수는 없다(대판 2009.5.28. 2009다4787).

[ㄷ ▶ ○] 유류분반환청구권은 그 행사 여부가 유류분권리자의 인격적 이익을 위하여 그의 자유로운 의사결정에 전적으로 맡겨진 권리로서 행사상의 일신전속성을 가진다고 보아야 하므로, 유류분권리자에게 그 권리행사의 확정적 의사가 있다고 인정되는 경우가 아니라면 채권자대위권의 목적이 될 수 없다(대판 2010.5.27. 2009다93992).

甲은 乙에 대하여 1억원의 대여금채권을 가지고 있고, 乙은 丙에 대하여 1억원의 자동차매매대금채권을 가지고 있다. 甲은 乙에 대한 채권을 보전하기 위하여 乙을 대위하여 丙에 대하여 매매대금을 직접 자신에게 지급하라는 소송을 제기하고 이러한 사실을 乙에게 통지하였다. 다음 설명 중 옳지 않은 것은?(다툼이 있는 경우에는 판례에 의함)

① 甲의 乙에 대한 대여금채권의 소멸시효가 완성된 경우, 특별한 사정이 없는 한 丙은 위 소멸시효 완성을 원용하여 항변할 수 없다.

② 채권자대위권을 행사하는 甲에게 변제수령의 권한을 인정하는 것은 채권자평등의 원칙에 어긋날 뿐만 아니라 丙을 이중변제의 위험에 빠지게 하는 것이므로 丙은 甲의 이행청구를 거절할 수 있다.

③ 위 채권자대위소송의 판결의 효력은 乙에게 미친다.

④ 위 소가 제기되기 이전에 乙이 丙을 상대로 1억원의 매매대금채권의 지급을 구하는 소를 제기하였으나 이미 패소확정판결을 받은 경우, 甲은 乙을 대위하여 권리를 행사할 수 없다.

⑤ 丙은 乙에게 매매대금 1억원을 변제하고, 이를 항변사유로 하여 甲에게 대항할 수 있다.

[❶ ▸ ○]　채권자가 채권자대위권을 행사하여 제3자에 대하여 하는 청구에 있어서, 제3채무자는 채무자가 채권자에 대하여 가지는 항변으로 대항할 수 없고, 채권의 소멸시효가 완성된 경우 이를 원용할 수 있는 자는 원칙적으로는 시효이익을 직접 받는 자뿐이고, 채권자대위소송의 제3채무자는 이를 행사할 수 없다(대판 1998.12.8. 97다31472).

[❷ ▸ ✕]　집행채무자의 채권자가 그 집행채권자를 상대로 부당이득금반환채권을 대위행사하는 경우 집행채무자에게 그 반환의무를 이행하도록 청구할 수도 있지만, 직접 대위채권자에게 이행하도록 청구할 수도 있다고 보아야 하는데, 이와 같이 채권자대위권을 행사하는 채권자에게 변제수령의 권한을 인정하더라도 그것이 채권자평등의 원칙에 어긋난다거나 제3채무자를 이중변제의 위험에 빠뜨리게 하는 것이라고 할 수 없다(대판 2005.4.15. 2004다70024).

[❸ ▸ ○]　채권자대위소송의 사실을 乙에게 통지했으므로, 乙은 그 사실을 알고 있다. 따라서 채권자대위소송의 판결의 효력은 乙에게 미친다.

판례 채권자가 채권자대위권을 행사하는 방법으로 제3채무자를 상대로 소송을 제기하고 판결을 받은 경우에는 어떠한 사유로 인하였든 적어도 채무자가 채권자대위권에 의한 소송이 제기된 사실을 알았을 경우에는 그 판결의 효력은 채무자에게 미친다(대판 1975.5.13 74다1664 [전합]).

[❹ ▸ ○]　채권자대위권은 채무자가 제3채무자에 대한 권리를 행사하지 아니하는 경우에 한하여 채권자가 자기의 채권을 보전하기 위하여 행사할 수 있는 것이기 때문에 채권자가 대위권을 행사할 당시 이미 채무자가 그 권리를 재판상 행사하였을 때에는 설사 패소의 확정판결을 받았더라도 채권자는 채무자를 대위하여 채무자의 권리를 행사할 당사자적격이 없다(대판 1993.3.26. 92다32876).

[❺ ▸ ○]　채권자가 채무자를 대위하여 채무자의 제3채무자에 대한 권리를 행사하고 채무자에게 통지를 하거나 채무자가 채권자의 대위권행사사실을 안 후에는 채무자는 그 권리에 대한 처분권을 상실하여 그 권리의 양도나 포기 등 처분행위를 할 수 없고 채무자의 처분행위에 기하여 취득한 권리로서는 채권자에게 대항할 수 없으나, 채무자의 변제수령은 처분행위라 할 수 없고 같은 이치에서 채무자가 그 명의로 소유권이전등기를 경료하는 것 역시 처분행위라고 할 수 없으므로 소유권이전등기청구권의 대위행사 후에도 채무자는 그 명의로 소유권이전등기를 경료하는 데 아무런 지장이 없다(대판 1991.4.12. 90다9407).

제2절　채권자취소권 ★★★★★★

2019년 변호사시험 문 21.

☑ 확인Check! ○ △ ✕

사해행위 취소에 관한 설명 중 옳지 않은 것은?(다툼이 있는 경우 판례에 의함)

① 근저당권설정계약이 사해행위인 이상 근저당권설정등기가 경매로 인하여 말소되었다고 하더라도 근저당권설정등기로 인하여 해를 입게 되는 채권자는 근저당권설정계약의 취소를 구할 이익이 있다.

② 사해행위 이후 저당권 등이 설정되어 채권자가 사해행위 취소와 함께 원상회복으로서 가액배상 또는 원물반환으로 채무자 앞으로 소유권이전등기절차 이행을 구할 수 있는 경우, 채권자의 선택에 따라 사해행위 취소 및 원상회복으로서 원물반환청구를 하여 승소판결이 확정되었으나, 그 후 저당권 실행 등으로 원물반환의 목적을 달성할 수 없게 되었다면, 그 채권자는 다시 원상회복청구권을 행사하여 가액배상을 청구할 수 있다.

③ 부동산을 양도받아 소유권이전등기청구권을 가지고 있는 자가 양도인이 제3자에게 이를 이중으로 양도하여 소유권이전등기를 경료하여 줌으로써 취득하는 부동산가액 상당의 손해배상채권은 그 이중양도행위에 대한 사해행위취소권을 행사할 수 있는 피보전채권에 해당한다고 할 수 없다.

④ 수인의 채권자 중 1인이 채무자의 재산처분행위의 취소를 구하는 사해행위 취소의 소를 제기하였는데 그 소송계속 중 다른 채권자가 채무자의 동일한 재산처분행위의 취소를 구하는 사해행위 취소의 소를 제기하더라도, 이는 중복제소에 해당하지 않는다.

⑤ 채무자의 수익자에 대한 채권양도가 사해행위로 취소되는 경우 수익자가 제3채무자로부터 아직 그 채권을 추심하지 아니한 때에는 채권자는 사해행위 취소에 따른 원상회복으로서 수익자로 하여금 제3채무자에 대하여 채권양도가 취소되었다는 취지의 통지를 하도록 청구할 수 있다. 그러나 이러한 통지가 이루어지더라도 채권자는 채무자를 대위하여 제3채무자에게 그 채권에 관한 지급을 청구할 수 없다.

[❶ ▶ ○]　채무자와 수익자 사이의 근저당권설정계약이 사해행위인 이상 그로 인한 근저당권설정등기가 경락으로 인하여 말소되었다고 하더라도 수익자로 하여금 근저당권자로서의 배당을 받도록 하는 것은 민법 제406조 제1항의 취지에 반하므로, 수익자에게 그와 같은 부당한 이득을 보유시키지 않기 위하여 그 근저당권설정등기로 인하여 해를 입게 되는 채권자는 근저당권설정계약의 취소를 구할 이익이 있다(대판 1997.10.10. 97다8687).

[❷ ▶ ✕]　사해행위 후 목적물에 관하여 제3자가 저당권이나 지상권 등의 권리를 취득한 경우에는 수익자가 목적물을 저당권 등의 제한이 없는 상태로 회복하여 이전하여 줄 수 있다는 등의 특별한 사정이 없는 한, 채권자는 원상회복 방법으로 수익자를 상대로 가액 상당의 배상을 구할 수도 있고, 채무자 앞으로 직접 소유권이전등기절차를 이행할 것을 구할 수도 있다. 이 경우 원상회복청구권은 사실심 변론종결 당시의 채권자의 선택에 따라 원물반환과 가액배상 중 어느 하나로 확정되며, 채권자가 일단 사해행위 취소 및 원상회복으로서 원물반환청구를 하여 승소판결이 확정되었다면, 그 후 어떠한 사유로 원물반환의 목적을 달성할 수 없게 되었다고 하더라도 다시 원상회복청구권을 행사하여 가액배상을 청구할 수는 없으므로 그 청구는 권리 보호의 이익이 없어 허용되지 않는다(대판 2006.12.7. 2004다54978).

[❸ ▶ ○]　채권자취소권에 의하여 보호될 수 있는 채권은 원칙적으로 사해행위라고 볼 수 있는 행위가 행하여지기 전에 발생된 것임을 요하나, 그 사해행위 당시에 이미 채권 성립의 기초가 되는 법률관계가 발생되어 있고, 가까운 장래에 그 법률관계에 기하여 채권이 성립되리라는 점에 대한 고도의 개연성이 있으며, 실제로 가까운 장래에 그 개연성이 현실화되어 채권이 성립된 경우에는, 그 채권도 채권자취소권의 피보전채권이 될 수 있다고 할 것이지만, 부동산을 양도받아 소유권이전등기청구권을 가지고 있는 자가 양도인이 제3자에게 이를 이중으로 양도하여 소유권이전등기를 경료하여 줌으로써 취득하는 부동산가액 상당의 손해배상채권은 이중양도행위에 대한 사해행위취소권을 행사할 수 있는 위와 같은 피보전채권에 해당한다고 할 수 없다고 할 것이다. 또한 채권자취소권을 특정물에 대한 소유권이전등기청구권을 보전하기

위하여 행사하는 것은 허용되지 않으므로 부동산의 제1양수인은 자신의 소유권이전등기청구권 보전을 위하여 양도인과 제3자 사이에서 이루어진 이중양도행위에 대하여 채권자취소권을 행사할 수 없다(대판 1999.4.27. 98다56690).

[❹ ▸ ○] 채권자취소권의 요건을 갖춘 각 채권자는 고유의 권리로서 채무자의 재산처분행위를 취소하고 그 원상회복을 구할 수 있는 것이므로 각 채권자가 동시 또는 이시에 채권자 취소 및 원상회복소송을 제기한 경우 이들 소송이 중복제소에 해당하는 것이 아니다(대판 2003.7.11. 2003다19558).

[❺ ▸ ○] 채무자의 수익자에 대한 채권양도가 사해행위로 취소되는 경우, 수익자가 제3채무자에게서 아직 채권을 추심하지 아니한 때에는, 채권자는 사해행위 취소에 따른 원상회복으로서 수익자가 제3채무자에게 채권양도가 취소되었다는 취지의 통지를 하도록 청구할 수 있다. 그런데 사해행위의 취소는 채권자와 수익자의 관계에서 상대적으로 채무자와 수익자 사이의 법률행위를 무효로 하는 데에 그치고, 채무자와 수익자 사이의 법률관계에는 영향을 미치지 아니한다. 따라서 채무자의 수익자에 대한 채권양도가 사해행위로 취소되고, 그에 따른 원상회복으로서 제3채무자에게 채권양도가 취소되었다는 취지의 통지가 이루어지더라도, 채권자와 수익자의 관계에서 채권이 채무자의 책임재산으로 취급될 뿐, 채무자가 직접 채권을 취득하여 권리자로 되는 것은 아니므로, 채권자는 채무자를 대위하여 제3채무자에게 채권에 관한 지급을 청구할 수 없다(대판 2015.11.17. 2012다2743).

2019년 변호사시험 문 29. ☑ 확인Check! ○ △ ✕

甲에 대하여 대여금채무를 부담하고 있는 乙이 그의 유일한 소유 재산인 부동산을 그의 아들인 丙에게 매도하고, 그 후 丙은 이를 다시 丁에게 매도한 후 각 소유권이전등기가 경료되었다. 이에 관한 설명 중 옳지 않은 것은?(다툼이 있는 경우 판례에 의함)

① 甲이 丙 및 丁을 상대로 사해행위 취소 및 원상회복을 구하여 이들 명의의 각 소유권이전등기가 말소된 경우, 丁은 乙의 채무를 변제한 것과 같은 지위에 있는 점에서 乙에게 부당이득의 반환을 청구할 수 있으므로, 향후 乙의 채권자들에 의해 진행될 원상회복부동산에 대한 강제경매절차에서 위 부당이득반환채권으로 배당을 요구할 권리가 있다.

② 甲이 丙 및 丁을 상대로 사해행위 취소 및 원상회복을 구하여 이들 명의의 각 소유권이전등기의 말소를 명하는 확정판결을 받았더라도, 乙에 대한 다른 채권자 戊는 위 판결에 기하여 乙을 대위하여 말소등기를 신청할 수는 없다. 다만 등기관이 위 등기신청을 받아들여 말소등기를 마쳐 버렸다면 그 말소등기를 무효의 등기라 할 수는 없다.

③ 甲이 丁을 상대로 乙과 丙 사이의 매매계약을 사해행위로서 취소함에 있어서는 乙과 丙 사이의 매매계약이 아닌 丙과 丁 사이의 매매계약까지 甲을 해하는 행위로서 사해행위에 해당함을 증명할 필요는 없다.

④ 甲은 丁을 상대로 한 원상회복의 방법으로 丁 명의의 소유권이전등기를 말소하는 대신 乙 앞으로 직접 소유권이전등기 절차를 이행할 것을 청구할 수도 있다.

⑤ 甲은 丙 및 丁을 상대로 사해행위 취소 및 원상회복을 구함에 있어 사해행위의 취소만을 먼저 청구한 다음 원상회복을 나중에 청구할 수도 있는데, 이 경우 사해행위취소청구가 「민법」 제406조 제2항에 정하여진 기간 안에 제기되었다면 원상회복의 청구는 그 기간이 지난 뒤에도 할 수 있다.

[❶ ▸ ✕] 채무자의 부동산에 관한 매매계약 등의 유상행위가 사해행위라는 이유로 취소되고 원상회복이 이루어짐으로써 수익자에 대하여 부당이득반환채무를 부담하게 된 채무자가 부당이득반환채무의 변제를 위하여 수익자와 소비대차계약을 체결하고 강제집행을 승낙하는 취지가 기재된 공정증서를 작성하여 준 경우에도, 그와 같은 행위로 책임재산을 수익자에게 실질적으로 양도한 것과 다를 바 없는 것으로 볼 수 있는 특별한 사정이 있는 경우에 해당하지 아니하는 한, 다른 채권자를 해하는 새로운 사해행위가 된다고 볼 수 없다. 이러한 수익자의 채무자에 대한 채권은 당초의 사해행위 이후에 취득한 채권에 불과하므로 수익자는 원상회복된 재산에 대한 강제경매절차에서 배당을 요구할 권리가 없다(대판 2015.10.29. 2012다14975).

① **정답**

[❷ ▸ ○] 사해행위 취소의 효력은 채무자와 수익자의 법률관계에 영향을 미치지 아니하고, 사해행위 취소로 인한 원상회복판결의 효력도 소송의 당사자인 채권자와 수익자 또는 전득자에게만 미칠 뿐 채무자나 다른 채권자에게 미치지 아니하므로, <u>어느 채권자가 수익자를 상대로 사해행위 취소 및 원상회복으로 소유권이전등기의 말소를 명하는 판결을 받았으나 말소등기를 마치지 아니한 상태라면 소송의 당사자가 아닌 다른 채권자는 위 판결에 기하여 채무자를 대위하여 말소등기를 신청할 수 없다. 그럼에도 불구하고 다른 채권자의 등기신청으로 말소등기가 마쳐졌다면 등기에는 절차상의 흠이 존재한다.</u> 그러나 채권자가 사해행위 취소의 소를 제기하여 승소한 경우 취소의 효력은 민법 제407조에 따라 모든 채권자의 이익을 위하여 미치므로 수익자는 채무자의 다른 채권자에 대하여도 사해행위의 취소로 인한 소유권이전등기의 말소등기의무를 부담하는 점, 등기절차상의 흠을 이유로 말소된 소유권이전등기가 회복되더라도 다른 채권자가 사해행위취소판결에 따라 사해행위가 취소되었다는 사정을 들어 수익자를 상대로 다시 소유권이전등기의 말소를 청구하면 수익자는 말소등기를 해 줄 수밖에 없어서 결국 말소된 소유권이전등기가 회복되기 전의 상태로 돌아가는데 이와 같은 불필요한 절차를 거치게 할 필요가 없는 점 등에 비추어 보면, <u>사해행위 취소 및 원상회복으로 소유권이전등기의 말소를 명한 판결의 소송당사자가 아닌 다른 채권자가 위 판결에 기하여 채무자를 대위하여 마친 말소등기는 등기절차상의 흠에도 불구하고 실체관계에 부합하는 등기로서 유효하다</u>(대판 2015.11.17. 2013다84995).

[❸ ▸ ○] <u>채권자가 사해행위의 취소로서 수익자를 상대로 채무자와의 법률행위의 취소를 구함과 아울러 전득자를 상대로도 전득행위의 취소를 구함에 있어서, 전득자의 악의는 전득행위 당시 그 행위가 채권자를 해한다는 사실, 즉 사해행위의 객관적 요건을 구비하였다는 것에 대한 인식을 의미하므로, 전득자의 악의를 판단함에 있어서는 단지 전득자가 전득행위 당시 채무자와 수익자 사이의 법률행위의 사해성을 인식하였는지 여부만이 문제가 될 뿐이지, 수익자와 전득자 사이의 전득행위가 다시 채권자를 해하는 행위로서 사해행위의 요건을 갖추어야 하는 것은 아니다</u>(대판 2006.7.4. 2004다61280).

[❹ ▸ ○] 자기 앞으로 소유권을 표상하는 등기가 되어 있었거나 법률에 의하여 소유권을 취득한 자가 진정한 등기명의를 회복하기 위한 방법으로는 그 등기의 말소를 구하는 외에 현재의 등기명의인을 상대로 직접 소유권이전등기절차의 이행을 구하는 것도 허용되어야 하는바, 이러한 법리는 사해행위취소소송에 있어서 취소목적부동산의 등기명의를 수익자로부터 채무자 앞으로 복귀시키고자 하는 경우에도 그대로 적용될 수 있다고 할 것이고, 따라서 <u>채권자는 사해행위의 취소로 인한 원상회복방법으로 수익자 명의의 등기의 말소를 구하는 대신 수익자를 상대로 채무자 앞으로 직접 소유권이전등기절차를 이행할 것을 구할 수도 있다</u>(대판 2000.2.25. 99다53704).

[❺ ▸ ○] 채권자가 민법 제406조 제1항에 따라 사해행위의 취소와 원상회복을 청구하는 경우 <u>사해행위취소청구가 민법 제406조 제2항에 정하여진 기간 안에 제기되었다면 원상회복의 청구는 그 기간이 지난 뒤에도 할 수 있다</u>(대판 2001.9.4. 2001다14108).

채권자취소권에 관한 설명 중 옳은 것은?(다툼이 있는 경우 판례에 의함)

① 사해행위인 매매예약에 기하여 수익자 앞으로 가등기를 마친 다음 전득자 앞으로 가등기 이전의 부기등기 후 가등기에 기한 본등기까지 마쳤다면, 채권자는 더 이상 수익자를 상대로 사해행위인 매매예약의 취소를 청구할 수 없다.

② 채권자는 채무자가 제3자에 대하여 가지고 있는 채권자취소권을 대위행사할 수 있고, 이 경우 채권자는 자신이 그 취소원인을 안 날로부터 1년, 법률행위가 있은 날로부터 5년 내라면 채권자 취소의 소를 제기할 수 있다.

③ 무자력상태의 채무자가 소송절차를 통해 수익자에게 자신의 책임재산을 이전하기로 하여, 수익자가 제기한 소송에서 자백하는 등의 방법으로 패소판결을 받아 확정시키고, 이에 따라 수익자 앞으로 그 책임재산에 대한 소유권이전등기가 마쳐진 경우에도, 이러한 채무자와 수익자 사이의 이전합의는 일반채권자의 이익을 해하는 사해행위가 될 수 있다.

④ 채무자가 사해행위 취소의 판결에 의하여 등기명의를 회복한 부동산을 제3자에게 처분하였다고 하더라도 위 판결을 받은 취소채권자는 등기명의인을 상대로 등기의 말소를 청구할 수 있으나, 취소채권자를 제외하고 사해행위 당시의 채무자에 대한 일반채권자는 등기명의인을 상대로 등기의 말소를 청구할 수 없다.

⑤ 채권자가 어느 수익자에 대하여 사해행위 취소 및 원상회복청구를 하여 승소확정판결을 받았다면, 그에 기하여 재산이나 가액의 회복을 마치기 전이라도 그 채권자는 자신의 피보전채권에 기하여 다른 수익자에 대하여 별도로 사해행위 취소 및 원상회복청구를 할 수 없다.

[**❶ ▸ ✕**] 사해행위인 매매예약에 기하여 수익자 앞으로 가등기를 마친 후 전득자 앞으로 가등기 이전의 부기등기를 마치고 나아가 가등기에 기한 본등기까지 마쳤다 하더라도, 위 부기등기는 사해행위인 매매예약에 기초한 수익자의 권리의 이전을 나타내는 것으로서 부기등기에 의하여 수익자로서의 지위가 소멸하지는 아니하며, 채권자는 수익자를 상대로 사해행위인 매매예약의 취소를 청구할 수 있다. 그리고 설령 부기등기의 결과 가등기 및 본등기에 대한 말소청구소송에서 수익자의 피고적격이 부정되는 등의 사유로 인하여 수익자의 원물반환의무인 가등기말소의무의 이행이 불가능하게 된다 하더라도 달리 볼 수 없으며, 특별한 사정이 없는 한 수익자는 가등기 및 본등기에 의하여 발생된 채권자들의 공동담보 부족에 관하여 원상회복의무로서 가액을 배상할 의무를 진다(대판 2015.5.21. 2012다952 [전합]).

[**❷ ▸ ✕**] 민법 제404조 소정의 채권자대위권은 채권자가 자신의 채권을 보전하기 위하여 채무자의 권리를 자신의 이름으로 행사할 수 있는 권리라 할 것이므로, 채권자가 채무자의 채권자취소권을 대위행사하는 경우, 제소기간은 대위의 목적으로 되는 권리의 채권자인 채무자를 기준으로 하여 그 준수 여부를 가려야 할 것이고, 따라서 채권자취소권을 대위행사하는 채권자가 취소원인을 안 지 1년이 지났다 하더라도 채무자가 취소원인을 안 날로부터 1년, 법률행위가 있은 날로부터 5년 내라면 채권자 취소의 소를 제기할 수 있다(대판 2001.12.27. 2000다73049).

[**❸ ▸ ○**] 무자력상태의 채무자가 소송절차를 통해 수익자에게 자신의 책임재산을 이전하기로 하여, 수익자가 제기한 소송에서 자백하는 등의 방법으로 패소판결 또는 그와 같은 취지의 화해권고결정 등을 받아 확정시키고, 이에 따라 수익자 앞으로 책임재산에 대한 소유권이전등기 등이 마쳐졌다면, 이러한 일련의 행위의 실질적인 원인이 되는 채무자와 수익자 사이의 이전합의는 다른 일반채권자의 이익을 해하는 사해행위가 될 수 있다(대판 2017.4.7. 2016다204783).

[**❹ ▸ ✕**] 채무자가 사해행위 취소로 등기명의를 회복한 부동산을 제3자에게 처분하더라도 이는 무권리자의 처분에 불과하여 효력이 없으므로, 채무자로부터 제3자에게 마쳐진 소유권이전등기나 이에 기초하여 순차로 마쳐진 소유권이전등기 등은 모두 원인무효의 등기로서 말소되어야 한다. 이 경우 취소채권자나 민법 제407조에 따라 사해행위 취소와 원상회복의 효력을 받는 채권자는 채무자의 책임재산으로 취급되는 부동산에 대한 강제집행을 위하여 원인무효등기의 명의인을 상대로 등기의 말소를 청구할 수 있다(대판 2017.3.9. 2015다217980).

③ **정답**

[**❺ ▸ ✕**] 채권자가 어느 수익자에 대하여 사해행위 취소 및 원상회복청구를 하여 승소판결을 받아 그 판결이 확정되었다 하더라도 그에 기하여 재산이나 가액의 회복을 마치지 아니한 이상 채권자는 자신의 피보전채권에 기하여 다른 수익자에 대하여 별도로 사해행위 취소 및 원상회복청구를 할 수 있고, 채권자가 여러 수익자들을 상대로 사해행위 취소 및 원상회복 청구의 소를 제기하여 여러 개의 소송이 계속 중인 경우에는 각 소송에서 채권자의 청구에 따라 사해행위의 취소 및 원상회 복을 명하는 판결을 선고하여야 하며, 수익자가 가액배상을 하여야 할 경우에도 다른 소송의 결과를 참작할 필요 없이 수익자가 반환하여야 할 가액범위 내에서 채권자의 피보전채권 전액의 반환을 명하여야 한다(대판 2014.10.27, 2014다41575).

2020년 변호사시험 문 15.

☑ 확인Check! ○ △ ✕

채권자취소권에 관한 설명 중 옳지 않은 것을 모두 고른 것은?(다툼이 있는 경우 판례에 의함)

ㄱ. 사해행위의 목적물인 부동산에 관하여 우선변제권 있는 임차인이 있는 경우에는 부동산가액 중 임차보증금 해당 부분은 일반채권자의 공동담보에 제공되었다고 볼 수 없으므로, 임대차계약의 체결시기와 상관없이 그 임차보증금 반환채권액은 가액반환의 범위에서 공제되어야 한다.

ㄴ. 채무자 소유의 유일한 재산인 부동산에 관한 매매예약완결권이 제척기간 경과가 임박하여 소멸할 예정인 상태에서, 채무자가 제척기간을 연장하기 위하여 새로 매매예약을 하는 행위는 기존에 부담하는 채무 외에 추가로 채무를 부담하는 것이 아니므로 사해행위에 해당하지 아니한다.

ㄷ. 채무초과상태에 있는 채무자가 상속을 포기하는 것은 사해행위 취소의 대상이 되지 않고, 유증을 포기하는 것도 직접적으로 채무자의 일반재산을 감소시키지 아니하므로 사해행위 취소의 대상이 되지 아니한다.

ㄹ. 신축건물의 도급인이 「민법」 제666조가 정한 수급인의 저당권설정청구권의 행사에 따라 공사대금채무의 담보로 그 건물에 저당권을 설정하는 행위는 특별한 사정이 없는 한 사해행위에 해당하지 아니하고, 수급인으로부터 공사 대금채권을 양수받은 자의 저당권설정청구에 의하여 신축건물의 도급인이 그 건물에 저당권을 설정하는 행위 역시 다른 특별한 사정이 없는 한 사해행위에 해당하지 아니한다.

① ㄱ   ② ㄱ, ㄴ   ③ ㄷ, ㄹ
④ ㄱ, ㄴ, ㄷ   ⑤ ㄴ, ㄷ, ㄹ

[**ㄱ ▸ ✕**] 저당권이 설정되어 있는 부동산에 관하여 사해행위 후 변제 등으로 저당권설정등기가 말소되어 사해행위 취소와 함께 가액반환을 명하는 경우, 부동산가액에서 저당권의 피담보채권액을 공제한 한도에서 가액반환을 하여야 한다. 그런데 그 부동산에 위와 같은 저당권 이외에 우선변제권 있는 임차인이 있는 경우에는 임대차계약의 체결시기 등에 따라 임차보증금 공제 여부가 달라질 수 있다. 가령 사해행위 이전에 임대차계약이 체결되었고 임차인에게 임차보증 금에 대해 우선변제권이 있다면, 부동산가액 중 임차보증금에 해당하는 부분이 일반채권자의 공동담보에 제공되었다고 볼 수 없으므로 수익자가 반환할 부동산가액에서 우선변제권 있는 임차보증금반환채권액을 공제하여야 한다. 그러나 부동산에 관한 사해행위 이후에 비로소 채무자가 부동산을 임대한 경우에는 그 임차보증금을 가액반환의 범위에서 공제할 이유가 없다. 이러한 경우에는 부동산 가액 중 임차보증금에 해당하는 부분도 일반채권자의 공동담보에 제공되어 있음이 분명하기 때문이다(대판 2018.9.13, 2018다215756).

[**ㄴ ▸ ✕**] 채무자가 유일한 재산인 그 소유의 부동산에 관한 매매예약에 따른 예약완결권이 제척기간 경과가 임박하여 소멸할 예정인 상태에서 제척기간을 연장하기 위하여 새로 매매예약을 하는 행위는 채무자가 부담하지 않아도 될 채무를 새롭게 부담하게 되는 결과가 되므로 채권자취소권의 대상인 사해행위가 될 수 있다(대판 2018.11.29, 2017다247190).

[ㄷ ▸ ○] 대판 2011.6.9. 2011다29307, 대판 2019.1.17. 2018다260855 참조

- 상속의 포기는 비록 포기자의 재산에 영향을 미치는 바가 없지 아니하나(그러한 측면과 관련하여서는 '채무자 회생 및 파산에 관한 법률' 제386조도 참조) 상속인으로서의 지위 자체를 소멸하게 하는 행위로서 순전한 재산법적 행위와 같이 볼 것이 아니다. 오히려 상속의 포기는 1차적으로 피상속인 또는 후순위 상속인을 포함하여 다른 상속인 등과의 인격적 관계를 전체적으로 판단하여 행하여지는 '인적 결단'으로서의 성질을 가진다. 그러한 행위에 대하여 비록 상속인인 채무자가 무자력상태에 있다고 하여서 그로 하여금 상속포기를 하지 못하게 하는 결과가 될 수 있는 채권자의 사해행위 취소를 쉽사리 인정할 것이 아니다. 그리고 상속은 피상속인이 사망 당시에 가지던 모든 재산적 권리 및 의무·부담을 포함하는 총체재산이 한꺼번에 포괄적으로 승계되는 것으로서 다수의 관련자가 이해관계를 가지는데, 위와 같이 상속인으로서의 자격 자체를 좌우하는 상속포기의 의사표시에 사해행위에 해당하는 법률행위에 대하여 채권자 자신과 수익자 또는 전득자 사이에서만 상대적으로 그 효력이 없는 것으로 하는 채권자취소권의 적용이 있다고 하면, 상속을 둘러싼 법률관계는 그 법적 처리의 출발점이 되는 상속인 확정의 단계에서부터 복잡하게 얽히게 되는 것을 면할 수 없다. 또한 상속인의 채권자의 입장에서는 상속의 포기가 그의 기대를 저버리는 측면이 있다고 하더라도 채무자인 상속인의 재산을 현재의 상태보다 악화시키지 아니한다. 이러한 점들을 종합적으로 고려하여 보면, 상속의 포기는 민법 제406조 제1항에서 정하는 '재산권에 관한 법률행위'에 해당하지 아니하여 사해행위 취소의 대상이 되지 못한다(대판 2011.6.9. 2011다29307).
- 유증을 받을 자는 유언자의 사망 후에 언제든지 유증을 승인 또는 포기할 수 있고, 그 효력은 유언자가 사망한 때에 소급하여 발생하므로(민법 제1074조), 채무초과상태에 있는 채무자라도 자유롭게 유증을 받을 것을 포기할 수 있다. 또한 채무자의 유증 포기가 직접적으로 채무자의 일반재산을 감소시켜 채무자의 재산을 유증 이전의 상태보다 악화시킨다고 볼 수도 없다. 따라서 유증을 받을 자가 이를 포기하는 것은 사해행위 취소의 대상이 되지 않는다고 보는 것이 옳다(대판 2019.1.17. 2018다260855).

[ㄹ ▸ ○] 민법 제666조는 "부동산공사의 수급인은 보수에 관한 채권을 담보하기 위하여 그 부동산을 목적으로 한 저당권의 설정을 청구할 수 있다"라고 규정하고 있는바, 이는 부동산공사에서 그 목적물이 보통 수급인의 자재와 노력으로 완성되는 점을 감안하여 그 목적물의 소유권이 원시적으로 도급인에게 귀속되는 경우 수급인에게 목적물에 대한 저당권설정청구권을 부여함으로써 수급인이 사실상 목적물로부터 공사대금을 우선적으로 변제받을 수 있도록 하는 데 그 취지가 있고, 이러한 수급인의 지위가 목적물에 대하여 유치권을 행사하는 지위보다 더 강화되는 것은 아니어서 도급인의 일반채권자들에게 부당하게 불리해지는 것도 아닌 점 등에 비추어, 신축건물의 도급인이 민법 제666조가 정한 수급인의 저당권설정청구권의 행사에 따라 공사대금채무의 담보로 그 건물에 저당권을 설정하는 행위는 특별한 사정이 없는 한 사해행위에 해당하지 아니한다. 민법 제666조에서 정한 수급인의 저당권설정청구권은 공사대금채권을 담보하기 위하여 인정되는 채권적 청구권으로서 공사대금채권에 부수하여 인정되는 권리이므로, 당사자 사이에 공사대금채권만을 양도하고 저당권설정청구권은 이와 함께 양도하지 않기로 약정하였다는 등의 특별한 사정이 없는 한, 공사대금채권이 양도되는 경우 저당권설정청구권도 이에 수반하여 함께 이전된다고 봄이 타당하다. 따라서 신축건물의 수급인으로부터 공사대금채권을 양수받은 자의 저당권설정청구에 의하여 신축건물의 도급인이 그 건물에 저당권을 설정하는 행위 역시 다른 특별한 사정이 없는 한 사해행위에 해당하지 아니한다(대판 2018.11.29. 2015다19827).

2017년 변호사시험 문 9.

☑ 확인 Check! ○ △ ✕

甲은 乙은행으로부터 1억원의 신용대출을 받아 사업을 하던 중 사업이 여의치 않아 이를 변제할 수 없게 되었다. 甲은 자신의 유일한 재산인 주택 X에 대한 乙은행의 강제집행을 회피할 목적으로 이러한 사정을 알고 있는 丙과 통정하여 丙에게 매도한 것으로 가장하여 丙 앞으로 주택 X의 소유권이전등기를 경료하였다. 그 후 丙은 丁에게 위 주택 X에 관하여 저당권을 설정해 주었다. 이에 관한 설명 중 옳지 않은 것은?(다툼이 있는 경우 판례에 의함)

① 甲과 丙 사이의 매매계약은 통정허위표시로 무효이나 丁이 甲과 丙 사이의 사정에 관하여 선의인 경우, 甲은 丁을 상대로 위 매매계약의 무효를 주장할 수 없다.

② 乙은행은 甲과 丙 사이의 위 매매계약이 통정허위표시로서 무효인 경우라도 채권자취소권을 행사하여 위 계약의 취소를 구할 수 있다.

③ 채권자취소권은 채무자와 수익자 사이에서 체결된 사해행위를 취소하는 것이지만, 乙은행이 채권자취소소송을 제기하는 경우 채무자인 甲은 피고가 되지 아니한다.

④ 乙은행은 채권자취소권을 행사하여 甲과 丙 사이의 매매계약을 취소하고, 丙을 상대로 X주택에 관하여 채무자인 甲 앞으로 진정명의 회복을 원인으로 한 소유권이전등기를 구할 수 있다.

⑤ 乙은행의 채권자취소소송에서 법원이 원상회복으로서 원물반환이 아닌 가액배상을 명하는 경우, 그 부동산의 가액은 특별한 사정이 없는 한 사해행위 당시를 기준으로 산정하여야 한다.

[**❶ ▸ O**] 통정허위표시의 무효는 선의의 제3자에게 대항할 수 없다(민법 제108조 제2항 참조). 가장매수인 丙으로부터 저당권을 설정받은 丁은 통정허위표시에 의해 형성된 법률관계를 기초로 새로운 법률상 이해관계를 맺은 자로, 통정허위표시의 제3자에 해당한다.

[**❷ ▸ O**] 채무자의 법률행위가 통정허위표시인 경우에도 채권자취소권의 대상이 되고, 한편 채권자취소권의 대상으로 된 채무자의 법률행위라도 통정허위표시의 요건을 갖춘 경우에는 무효라고 할 것이다(대판 1998.2.27. 97다50985).

[**❸ ▸ O**] 채권자가 채권자취소권을 행사하려면 사해행위로 인하여 이익을 받은 자나 전득한 자를 상대로 그 법률행위의 취소를 청구하는 소송을 제기하여야 되는 것으로서 채무자를 상대로 그 소송을 제기할 수는 없다(대판 2004.8.30. 2004다21923).

[**❹ ▸ O**] 자기 앞으로 소유권을 표상하는 등기가 되어 있었거나 법률에 의하여 소유권을 취득한 자가 진정한 등기명의를 회복하기 위한 방법으로는 그 등기의 말소를 구하는 외에 현재의 등기명의인을 상대로 직접 소유권이전등기절차의 이행을 구하는 것도 허용되어야 하는바, 이러한 법리는 사해행위취소소송에 있어서 취소목적부동산의 등기명의를 수익자로부터 채무자 앞으로 복귀시키고자 하는 경우에도 그대로 적용될 수 있다고 할 것이고, 따라서 채권자는 사해행위의 취소로 인한 원상회복방법으로 수익자 명의의 등기의 말소를 구하는 대신 수익자를 상대로 채무자 앞으로 직접 소유권이전등기절차를 이행할 것을 구할 수도 있다(대판 2000.2.25. 99다53704).

[**❺ ▸ ✕**] 부동산의 매매계약 등이 사해행위에 해당되어 취소되고 수익자에게 그에 따른 원상회복으로서 원물반환이 아닌 가액배상을 명하는 경우, 그 부동산에 대한 가액은 특별한 사정이 없는 한 당해 사해행위취소소송의 사실심 변론종결 당시를 기준으로 산정하여야 한다(대판 2010.2.25. 2007다28819).

정답 ⑤

채권자취소권에 관한 설명 중 옳은 것은?(다툼이 있는 경우 판례에 의함)

① 채권자취소권을 특정물에 대한 소유권이전등기청구권을 보전하기 위하여 행사하는 것은 허용되지 않으므로 부동산의 제1양수인은 자신의 소유권이전등기청구권 보전을 위하여 양도인과 제2양수인 사이에서 이루어진 이중양도행위에 대하여 채권자취소권을 행사할 수는 없으나, 양도인이 부동산을 제2양수인에게 이중양도하고 소유권이전등기를 마침으로써 제1양수인이 양도인에 대해 취득하는 손해배상채권은 채권자취소권의 피보전채권이 될 수 있다.

② 채권자취소권을 행사하기 위해서는 처분행위 당시 채권자를 해하는 것이기만 하면 되므로, 사실심 변론종결 당시에 채무자가 자력을 회복하여 채권자를 해하지 않게 된 경우에도 채권자취소권 행사가 가능하다.

③ 수익자 또는 전득자의 악의의 증명책임은 채권자가 부담한다.

④ 채권자가 채무자의 채권자취소권을 대위행사하는 경우 채권자가 취소원인을 안 지 1년이 지났다면, 채무자가 그 취소원인을 안 날로부터 1년, 법률행위가 있은 날로부터 5년 내라도 채권자 취소의 소를 제기할 수 없다.

⑤ 채권자는 사해행위의 취소와 원상회복을 청구함에 있어 사해행위의 취소만을 먼저 청구한 다음 원상회복을 나중에 청구할 수 있으며, 이 경우 사해행위취소청구가 민법 제406조 제2항에 정하여진 기간 안에 제기되었다면 원상회복의 청구는 그 기간이 지난 뒤에도 할 수 있다.

[❶ ▸ ✕] 채권자취소권에 의하여 보호될 수 있는 채권은 원칙적으로 사해행위라고 볼 수 있는 행위가 행하여지기 전에 발생된 것임을 요하나, 그 사해행위 당시에 이미 채권 성립의 기초가 되는 법률관계가 발생되어 있고, 가까운 장래에 그 법률관계에 기하여 채권이 성립되리라는 점에 대한 고도의 개연성이 있으며, 실제로 가까운 장래에 그 개연성이 현실화되어 채권이 성립된 경우에는, 그 채권도 채권자취소권의 피보전채권이 될 수 있다고 할 것이지만, 부동산을 양도받아 소유권이전등기청구권을 가지고 있는 자가 양도인이 제3자에게 이를 이중으로 양도하여 소유권이전등기를 경료하여 줌으로써 취득하는 부동산가액 상당의 손해배상채권은 이중양도행위에 대한 사해행위취소권을 행사할 수 있는 위와 같은 피보전채권에 해당한다고 할 수 없다고 할 것이다. 또한 채권자취소권을 특정물에 대한 소유권이전등기청구권을 보전하기 위하여 행사하는 것은 허용되지 않으므로 부동산의 제1양수인은 자신의 소유권이전등기청구권 보전을 위하여 양도인과 제3자 사이에서 이루어진 이중양도행위에 대하여 채권자취소권을 행사할 수 없다(대판 1999.4.27. 98다56690).

[❷ ▸ ✕] 처분행위 당시에는 채권자를 해하는 것이었다고 하더라도 그 후 채무자가 자력을 회복하여 사해행위취소권을 행사하는 사실심의 변론종결 시에는 채권자를 해하지 않게 된 경우에는 책임재산 보전의 필요성이 없어지게 되어 채권자취소권이 소멸하는 것으로 보아야 할 것인바, 그러한 사정 변경이 있다는 사실은 채권자취소소송의 상대방이 증명하여야 한다(대판 2007.11.29. 2007다54849).

[❸ ▸ ✕] 사해행위취소소송에 있어서 채무자의 악의의 점에 대하여는 그 취소를 주장하는 채권자에게 입증책임이 있으나 수익자 또는 전득자가 악의라는 점에 관하여는 입증책임이 채권자에게 있는 것이 아니고 수익자 또는 전득자 자신에게 선의라는 사실을 입증할 책임이 있다(대판 1997.5.23. 95다51908).

[❹ ▸ ✕] 민법 제404조 소정의 채권자대위권은 채권자가 자신의 채권을 보전하기 위하여 채무자의 권리를 자신의 이름으로 행사할 수 있는 권리라 할 것이므로, 채권자가 채무자의 채권자취소권을 대위행사하는 경우, 제소기간은 대위의 목적으로 되는 권리의 채권자인 채무자를 기준으로 하여 그 준수 여부를 가려야 할 것이고, 따라서 채권자취소권을 대위행사하는 채권자가 취소원인을 안 지 1년이 지났다 하더라도 채무자가 취소원인을 안 날로부터 1년, 법률행위가 있은 날로부터 5년 내라면 채권자 취소의 소를 제기할 수 있다(대판 2001.12.27. 2000다73049).

[❺ ▸ ○] 채권자가 민법 제406조 제1항에 따라 사해행위의 취소와 원상회복을 청구하는 경우 사해행위취소청구가 민법 제406조 제2항에 정하여진 기간 안에 제기되었다면 원상회복의 청구는 그 기간이 지난 뒤에도 할 수 있다(대판 2001.9.4. 2001다14108).

⑤ **정답**

채권자대위권 및 채권자취소권에 관한 설명 중 옳지 않은 것은?(다툼이 있는 경우 판례에 의함)

① 채무자가 채권자대위권 행사의 통지를 받은 후에 제3채무자가 채무자의 채무불이행을 이유로 채무자에 대하여 매매계약을 해제한 경우, 원칙적으로 제3채무자는 그 계약해제로써 채권자대위권을 행사하는 채권자에게 대항할 수 있다.

② 채권자대위소송에서 대위에 의하여 보전될 채무자에 대한 채권자의 권리가 존재하는지 여부는 소송요건으로서 법원의 직권조사사항이다.

③ 채권자의 채권이 사해행위 이전에 성립하였다면 사해행위 이후에 양도되었다고 하더라도 그 채권의 양수인은 채권자취소권을 행사할 수 있다.

④ 사해행위 당시 이미 채권 성립의 기초가 되는 법률관계가 발생되어 있고, 가까운 장래에 그 법률관계에 기하여 채권이 성립되리라는 점에 대한 고도의 개연성이 있으며, 실제로 가까운 장래에 그 개연성이 현실화되어 사해행위 이후에 채권이 성립된 경우에는 채권자취소권의 피보전채권이 될 수 있다.

⑤ 여러 명의 채권자가 사해행위 취소 및 원상회복청구의 소를 제기하여 여러 개의 소송이 계속 중인 경우에는 각 소송에서 채권자의 청구에 따라 사해행위의 취소 및 원상회복을 명하는 판결을 선고하여야 하고, 수익자 또는 전득자가 가액배상을 하여야 할 경우, 수익자 또는 전득자는 채권자들의 채권액에 비례하여 채권자별로 안분한 범위 내에서 이를 반환하여야 한다.

[❶ ▸ ○] 채무자가 자신의 채무불이행을 이유로 매매계약이 해제되도록 한 것을 두고 민법 제405조 제2항에서 말하는 '처분'에 해당한다고 할 수 없다. 따라서 채무자가 채권자대위권 행사의 통지를 받은 후에 채무를 불이행함으로써 통지 전에 체결된 약정에 따라 매매계약이 자동적으로 해제되거나, 채권자대위권 행사의 통지를 받은 후에 채무자의 채무불이행을 이유로 제3채무자가 매매계약을 해제한 경우 제3채무자는 계약해제로써 대위권을 행사하는 채권자에게 대항할 수 있다(대판 2012.5.17. 2011다87235 [전합]).

[❷ ▸ ○] 채권자대위소송에서 대위에 의하여 보전될 채권자의 채무자에 대한 권리(피보전채권)가 존재하는지 여부는 소송요건으로서 법원의 직권조사사항이다(대판 2009.4.23. 2009다3234).

[❸ ▸ ○] 사해행위라고 볼 수 있는 행위가 행하여지기 전에 발생한 채권은 원칙적으로 채권자취소권에 의하여 보호될 수 있는 채권이 될 수 있고, 채권자의 채권이 사해행위 이전에 성립한 이상 사해행위 이후에 양도되었다고 하더라도 양수인은 채권자취소권을 행사할 수 있으며, 채권양수일에 채권자취소권의 피보전채권이 새로이 발생되었다고 할 수 없다(대판 2012.2.9. 2011다77146).

[❹ ▸ ○] 채권자취소권에 의하여 보호될 수 있는 채권은 원칙적으로 사해행위라고 볼 수 있는 행위가 행하여지기 전에 발생된 것임을 요하나, 그 사해행위 당시에 이미 채권 성립의 기초가 되는 법률관계가 발생되어 있고, 가까운 장래에 그 법률관계에 기하여 채권이 성립되리라는 점에 대한 고도의 개연성이 있으며, 실제로 가까운 장래에 그 개연성이 현실화되어 채권이 성립된 경우에는, 그 채권도 채권자취소권의 피보전채권이 될 수 있다(대판 1999.4.27. 98다56690).

[❺ ▸ ✕] 여러 명의 채권자가 사해행위 취소 및 원상회복청구의 소를 제기하여 여러 개의 소송이 계속 중인 경우에는 각 소송에서 채권자의 청구에 따라 사해행위의 취소 및 원상회복을 명하는 판결을 선고하여야 하고, 수익자(전득자를 포함한다)가 가액배상을 하여야 할 경우에도 수익자가 반환하여야 할 가액을 채권자의 채권액에 비례하여 채권자별로 안분한 범위 내에서 반환을 명할 것이 아니라, 수익자가 반환하여야 할 가액범위 내에서 각 채권자의 피보전채권액 전액의 반환을 명하여야 한다(대판 2005.11.25. 2005다51457).

채권자취소권에 관한 설명 중 옳은 것을 모두 고른 것은?(다툼이 있는 경우 판례에 의함)

ㄱ. 채권자가 전득자를 상대로 하여 사해행위 취소의 소를 제기하는 경우, 취소의 대상이 되는 사해행위는 채무자와 수익자 사이에서 행하여진 법률행위에 국한될 뿐 수익자와 전득자 사이의 법률행위는 그 대상이 되지 않는다.

ㄴ. 사해행위가 채권자에 의하여 취소되기 전에 이미 수익자가 배당금을 현실로 지급받은 경우, 채권자는 원상회복방법으로 수익자 또는 전득자를 상대로 배당 또는 변제로 수령한 금원 중 자신의 채권액 상당의 지급을 가액배상의 방법으로 청구할 수 있다.

ㄷ. 가등기에 기하여 본등기가 경료된 경우 가등기의 원인인 법률행위와 본등기의 원인인 법률행위가 명백히 다른 경우가 아닌 한, 사해행위요건의 구비 여부는 가등기의 원인인 법률행위 당시를 기준으로 하여 판단하여야 한다.

① ㄱ   ② ㄱ, ㄴ   ③ ㄱ, ㄷ
④ ㄴ, ㄷ   ⑤ ㄱ, ㄴ, ㄷ

[ㄱ ▸ ○] 채권자가 전득자를 상대로 하여 사해행위의 취소와 함께 책임재산의 회복을 구하는 사해행위 취소의 소를 제기한 경우에 그 취소의 효과는 채권자와 전득자 사이의 상대적인 관계에서만 생기는 것이고 채무자 또는 채무자와 수익자 사이의 법률관계에는 미치지 않는 것이므로, 이 경우 취소의 대상이 되는 사해행위는 채무자와 수익자 사이에서 행하여진 법률행위에 국한되고, 수익자와 전득자 사이의 법률행위는 취소의 대상이 되지 않는다(대판 2004.8.30. 2004다21923).

[ㄴ ▸ ○] 사해행위가 채권자에 의하여 취소되기 전에 이미 수익자가 배당금을 현실로 지급받은 경우에는, 수익자가 경매절차에서 채무자와의 사해행위로 취득한 근저당권부 채권에 기하여 배당에 참가하여 배당표는 확정되었으나 채권자의 배당금지급금지가처분 등으로 인하여 배당금을 현실적으로 지급받지 못한 경우와 달리, 채권자는 원상회복방법으로 수익자 또는 전득자를 상대로 배당 또는 변제로 수령한 금원 중 자신의 채권액 상당의 지급을 가액배상의 방법으로 청구할 수 있다 할 것이나, 채권에 대한 압류가 경합하여 제3채무자가 금전채권을 집행공탁한 경우 비록 제3채무자의 채무가 소멸되는 것이기는 하지만, 제3채무자의 채권자는 현실적으로 채권을 추심한 것이 아니라 공탁금출급청구권을 취득한 것에 불과하고 압류의 효력이 채무자의 공탁금출급청구권에 대하여 존속하게 되는 것이므로 사해행위의 취소에 따른 원상회복은 금전 지급에 의한 가액배상이 아니라 공탁금출급청구권을 채권자에게 양도하는 방법으로 하여야 한다(대판 2004.6.25. 2004다9398).

[ㄷ ▸ ○] 가등기에 기하여 본등기가 경료된 경우 가등기의 원인인 법률행위와 본등기의 원인인 법률행위가 명백히 다른 것이 아닌 한 사해행위요건의 구비 여부는 가등기의 원인된 법률행위 당시를 기준으로 하여 판단하여야 한다(대판 2001.7.27. 2000다73377).

2013년 변호사시험 문 29.　　　　　　　　　　　　☑ 확인Check! ○ △ ✕

甲은 乙에 대하여 2010.1.20.을 변제기로 하는 1,000만원의 금전채무를 부담하고 있던 중 2010.3.1. 다른 채권자 丙에게 자신의 유일한 재산인 X토지(시가 4,000만원)를 대물변제하였다. 이에 乙은 甲의 대물변제에 대하여 채권자취소소송을 제기하였다. 다음 설명 중 옳은 것은?(다툼이 있는 경우에는 판례에 의함)

① 채권자취소소송에서 乙은 丙의 악의를 증명하여야 한다.

② 乙이 취소원인을 2010.4.2. 알았다면 乙은 2015.4.2.까지 채권자취소권을 재판상 행사할 수 있다.

③ 丙의 채권이 우선변제권 있는 5,000만원의 임금채권이라면, 甲의 丙에 대한 대물변제는 사해행위가 되지 않는다.

④ 만약 甲이 2010.2.20. 신용카드회사인 丁과 신용카드가입계약을 체결하여 발급받은 신용카드로 2010.3.10. 전자제품을 구입한 후 카드대금을 연체하였다면, 丁은 이 신용카드대금채권을 피보전채권으로 甲의 대물변제에 대해 채권자취소소송을 제기할 수 있다.

⑤ 乙의 소송이 적법하게 계속된 경우, 甲의 다른 채권자 戊가 위 대물변제에 대하여 제기한 채권자취소소송은 중복소송에 해당하여 각하된다.

[❶ ▸ ✕]　사해행위취소소송에 있어서 <u>채무자의 악의의 점에 대하여는 그 취소를 주장하는 채권자에게 입증책임이 있으나 수익자 또는 전득자가 악의라는 점에 관하여는 입증책임이 채권자에게 있는 것이 아니고 수익자 또는 전득자 자신에게 선의라는 사실을 입증할 책임이 있다</u>(대판 1997.5.23. 95다51908).

[❷ ▸ ✕]　乙이 취소원인을 2010.4.2. 알았으므로, 乙은 1년 내인 2011.4.2.까지 채권자취소권을 재판상 행사할 수 있다.

법령　**채권자취소권(민법 제406조)**　① 채무자가 채권자를 해함을 알고 재산권을 목적으로 한 법률행위를 한 때에는 채권자는 그 취소 및 원상회복을 법원에 청구할 수 있다. 그러나 그 행위로 인하여 이익을 받은 자나 전득한 자가 그 행위 또는 전득 당시에 채권자를 해함을 알지 못한 경우에는 그러하지 아니하다.
② 전항의 소는 채권자가 취소원인을 안 날로부터 1년, 법률행위 있은 날로부터 5년 내에 제기하여야 한다.

[❸ ▸ ○]　<u>채무자의 재산이 채무의 전부를 변제하기에 부족한 경우에 채무자가 그의 유일한 재산을 어느 특정 채권자에게 대물변제로 제공하는 행위는 다른 특별한 사정이 없는 한 다른 채권자들에 대한 관계에서 사해행위가 되지만, 채권자들의 공동담보가 되는 채무자의 총재산에 대하여 다른 채권자에 우선하여 변제를 받을 수 있는 권리를 가지는 채권자는 처음부터 채무자의 재산에 대한 환가절차에서 다른 채권자에 우선하여 배당을 받을 수 있는 지위에 있으므로, 그와 같은 우선변제권 있는 채권자에 대한 대물변제의 제공행위는 특별한 사정이 없는 한 다른 채권자들의 이익을 해한다고 볼 수 없어 사해행위가 되지 않는다</u>(대판 2008.2.14. 2006다33357).

[❹ ▸ ✕]　채무자가 채권자와 신용카드가입계약을 체결하고 신용카드를 발급받았으나 <u>자신의 유일한 부동산을 매도한 후에 비로소 신용카드를 사용하기 시작하여 신용카드대금을 연체하게 된 경우, 그 신용카드대금채권은 사해행위 이후에 발생한 채권에 불과하여 사해행위의 피보전채권이 될 수 없다</u>(대판 2004.11.12. 2004다40955).

[❺ ▸ ✕]　채권자취소권의 요건을 갖춘 각 채권자는 고유의 권리로서 채무자의 재산처분행위를 취소하고 그 원상회복을 구할 수 있는 것이므로 <u>여러 명의 채권자가 동시에 또는 시기를 달리하여 사해행위 취소 및 원상회복청구의 소를 제기한 경우 이들 소가 중복제소에 해당하지 아니할 뿐만 아니라</u>, 어느 한 채권자가 동일한 사해행위에 관하여 사해행위 취소 및 원상회복청구를 하여 승소판결을 받아 그 판결이 확정되었다는 것만으로는 그 후에 제기된 다른 채권자의 동일한 청구가 권리 보호의 이익이 없게 되는 것은 아니고, 그에 기하여 재산이나 가액의 회복을 마친 경우에 비로소 다른 채권자의 사해행위 취소 및 원상회복청구는 그와 중첩되는 범위 내에서 권리 보호의 이익이 없게 된다(대판 2005.11.25. 2005다51457).

甲이 채무초과상태에서 그 소유의 유일한 재산인 X부동산을 乙에게 증여하였고, 甲의 채권자 丙이 사해행위취소소송을 제기하였다. 다음 설명 중 옳은 것은?(다툼이 있는 경우에는 판례에 의함)

① X에 관하여 채권자를 丁, 채권최고액을 2억 2,000만원으로 하는 근저당권이 설정되어 있는데, 증여 당시 X의 가액은 2억원, 피담보채권액은 1억 6,000만원인 경우에 甲의 증여행위는 사해행위에 해당하지 않는다.

② 위 증여가 채권자를 해함을 乙이 알았다는 점은 丙이 증명하여야 한다.

③ 甲이 제소 당시에 채무초과상태에 있었다면 그 후 甲이 채무초과상태에서 벗어났더라도 이미 계속된 사해행위취소소송에 영향을 주지 않는다.

④ 乙이 선의인 戊를 위하여 X에 관한 근저당권을 설정하여 준 경우에, 丙은 乙 명의 등기의 말소에 갈음하여 甲 앞으로 직접 소유권이전등기를 청구할 수 있다.

⑤ X에 관한 등기명의가 甲에게 회복되면, 丙은 X에 관하여 다른 채권자에 우선하여 채권의 만족을 얻을 수 있다.

[❶ ▶ ✕]　사안에서 근저당권의 실제 채권금액은 1억 6,000만원이므로, X의 가액 2억원에서 이를 공제한 4,000만원의 범위 내에서 사해행위에 해당한다.

> 저당권이 설정되어 있는 부동산이 사해행위로 양도된 경우에 그 사해행위는 부동산의 가액, 즉 시가(공시지가와 일치하는 것은 아니다)에서 저당권의 피담보채권액을 공제한 잔액의 범위 내에서 성립하고, 피담보채권액이 부동산의 가액을 초과하는 때에는 당해 부동산의 양도는 사해행위에 해당한다고 할 수 없는바, 여기서 피담보채권액이라 함은 근저당권의 경우 채권최고액이 아니라 실제로 이미 발생하여 있는 채권금액이다(대판 2001.10.9. 2000다42618).

[❷ ▶ ✕]　사해행위취소소송에 있어서 채무자의 악의의 점에 대하여는 그 취소를 주장하는 채권자에게 입증책임이 있으나 수익자 또는 전득자가 악의라는 점에 관하여는 입증책임이 채권자에게 있는 것이 아니고 수익자 또는 전득자 자신에게 선의라는 사실을 입증할 책임이 있다(대판 1997.5.23. 95다51908).

[❸ ▶ ✕]　처분행위 당시에는 채권자를 해하는 것이었다고 하더라도 그 후 채무자가 자력을 회복하여 사해행위취소권을 행사하는 사실심의 변론종결 시에는 채권자를 해하지 않게 된 경우에는 책임재산 보전의 필요성이 없어지게 되어 채권자취소권이 소멸하는 것으로 보아야 할 것인바, 그러한 사정 변경이 있다는 사실은 채권자취소소송의 상대방이 증명하여야 한다(대판 2007.11.29. 2007다54849).

[❹ ▶ ○]　사해행위 후 그 목적물에 관하여 제3자가 저당권이나 지상권 등의 권리를 취득한 경우에는 수익자가 목적물을 저당권 등의 제한이 없는 상태로 회복하여 이전하여 줄 수 있다는 등의 특별한 사정이 없는 한 채권자는 수익자를 상대로 원물반환 대신 그 가액 상당의 배상을 구할 수도 있다고 할 것이나, 그렇다고 하여 채권자가 스스로 위험이나 불이익을 감수하면서 원물반환을 구하는 것까지 허용되지 아니하는 것으로 볼 것은 아니고, 그 경우 채권자는 원상회복방법으로 가액배상 대신 수익자 명의의 등기의 말소를 구하거나 수익자를 상대로 채무자 앞으로 직접 소유권이전등기절차를 이행할 것을 구할 수 있다(대판 2001.2.9. 2000다57139).

[❺ ▶ ✕]　사해행위의 취소와 원상회복은 모든 채권자의 이익을 위하여 효력이 있으므로(민법 제407조), 취소채권자가 자신이 회복해 온 재산에 대하여 우선권을 가지는 것은 아니라고 할 것이므로, 사해행위의 수익자 소유의 부동산에 대한 경매절차에서 취소채권자가 수익자에 대한 가액배상판결에 기하여 배당을 요구하여 배당을 받은 경우, 그 배당액은 배당요구를 한 취소채권자에게 그대로 귀속되는 것이 아니라 채무자의 책임재산으로 회복되는 것이며, 이에 대하여 채무자에 대한 채권자들은 채권만족에 관한 일반원칙에 따라 채권내용을 실현할 수 있는 것이다(대판 2005.8.25. 2005다14595).

다음 각 사례에서 빈칸을 알맞게 채운 것은?(다툼이 있는 경우 판례에 의함)

- 채무자 甲 소유의 X토지(시가 4,000만원)와 Y토지(시가 6,000만원)에 대해 피담보채권액 3,000만원의 공동저당권이 설정되어 있는 상태에서 甲이 Y토지를 매도하여 그에 따른 소유권이전등기를 마쳤다. 甲의 일반채권자 乙(채권금액 1억원)에 의해 Y토지에 대한 매매계약이 사해행위로 취소되어 가액배상을 해야 하는 경우, X, Y토지의 시가 변동이 없다면 사해행위 취소에 따른 가액배상범위는 (A)이다.
- 채무자 丙과 물상보증인 丁이 공유하는 Z토지(시가 1억원, 丙 지분 2/5, 丁 지분 3/5)에 대해 피담보채권액 3,000만원의 저당권이 설정되어 있는 상태에서 丙이 Z토지의 지분을 매도하여 그에 따른 지분이전등기를 마쳤다. 丙의 일반채권자 戊(채권금액 1억원)에 의해 Z토지에 관한 丙 소유 지분에 대한 매매계약이 사해행위로 취소되어 가액배상을 해야 하는 경우, 丁이 丙에 대하여 구상권을 행사할 수 없는 특별한 사정이 없고, Z토지의 시가 변동이 없다면 사해행위 취소에 따른 가액배상범위는 (B)이다.

	A	B		A	B
①	4,200만원	1,000만원	②	4,200만원	2,800만원
③	6,000만원	1,000만원	④	6,000만원	2,800만원
⑤	6,000만원	4,000만원			

[A ▶ 4,200만원] 책임재산은 저당권의 피담보채권액을 공제한 부분이고, 공동저당의 경우 부동산의 가액에 비례하여 피담보채권을 안분해야 한다. 따라서 6,000만원(Y토지 시가) − 1,800만원(피담보채권 안분액 : 3,000 × 3 / 5) = 4,200만원이 가액배상범위이다.

판례 채무자가 제3자에게 저당권이 설정되어 있는 재산을 양도한 경우, 양도한 재산 중에서 일반채권자들의 공동담보에 제공되는 책임재산은 저당권의 피담보채권액을 공제한 나머지 부분이다. 채권자 취소나 부인권 행사의 대상인 행위는 이와 같이 산정된 일반채권자들을 위한 책임재산의 범위 내에서 성립하므로, 피담보채권액이 양도한 재산의 가액을 초과할 때에는 재산의 양도가 채권자 취소나 부인권 행사의 대상이 되지 않는다. 채무자 소유인 여러 부동산에 공동저당권이 설정되어 있는 경우 책임재산을 산정할 때 각 부동산이 부담하는 피담보채권액은 특별한 사정이 없는 한 민법 제368조의 규정취지에 비추어 공동저당권의 목적으로 된 각 부동산의 가액에 비례하여 공동저당권의 피담보채권액을 안분한 금액이라고 보아야 한다. 공동채무자들이 하나의 부동산을 공동소유하면서 전체 부동산에 저당권을 설정한 경우에도 특별한 사정이 없는 한 위 법리가 적용된다(대판 2017.5.30, 2017다205073).

[B ▶ 1,000만원] 채무자와 물상보증인의 공유인 부동산에 저당권이 설정된 후 채무자가 자신의 지분을 양도한 경우, 채무자 소유의 지분이 부담하는 피담보채권액은 공동저당권의 피담보채권액 전액이다. 따라서 4,000만원(丙 지분가액 : 1억 × 2 / 5) − 3,000만원(공동저당권의 피담보채권액 전액) = 1,000만원이 가액배상범위이다.

사해행위 취소의 소에서 채무자가 수익자에게 양도한 목적물에 저당권이 설정되어 있는 경우라면 그 목적물 중에서 일반채권자들의 공동담보에 제공되는 책임재산은 피담보채권액을 공제한 나머지 부분만이라고 할 것이고 그 피담보채권액이 목적물의 가액을 초과할 때는 당해 목적물의 양도는 사해행위에 해당한다고 할 수 없다. 그런데 수개의 부동산에 공동저당권이 설정되어 있는 경우 책임재산을 산정함에 있어 각 부동산이 부담하는 피담보채권액은 특별한 사정이 없는 한 민법 제368조의 규정취지에 비추어 공동저당권의 목적으로 된 각 부동산의 가액에 비례하여 공동저당권의 피담보채권액을 안분한 금액이라고 보아야 한다. 그러나 그 수개의 부동산 중 일부는 채무자의 소유이고 다른 일부는 물상보증인의 소유인 경우에는, 물상보증인이 민법 제481조, 제482조의 규정에 따른 변제자대위에 의하여 채무자 소유의 부동산에 대하여 저당권을 행사할 수 있는 지위에 있는 점 등을 고려할 때, 그 물상보증인이 채무자에 대하여 구상권을 행사할 수 없는 특별한 사정이 없는 한 채무자 소유의 부동산에 관한 피담보채권액은 공동저당권의 피담보채권액 전액으로 봄이 상당하다. 이러한 법리는 하나의 공유부동산 중 일부 지분이 채무자의 소유이고, 다른 일부 지분이 물상보증인 의 소유인 경우에도 마찬가지로 적용된다(대판 2013.7.18, 2012다5643 [전합]).

2014년 변호사시험 문 30.

☑ 확인Check! ○ △ ✕

甲은 2012.10.1. 乙에게 5,000만원을 대여하였다. 乙은 2012.11.1. A은행으로부터도 3,000만원을 대출받고 유일한 재산인 X아파트(시가 1억원이고, 그 후에도 변동이 없다)에 관하여 채권최고액 4,000만원의 근저당권을 설정한 다음, 같은 날 위와 같은 사정을 잘 아는 아들 丙에게 X아파트를 증여하고 소유권이전등기를 경료하여 주었다. 甲은 2012.12.1. 乙의 증여행위가 사해행위임을 알게 되자, 같은 날 丙을 상대로 乙과 丙 사이의 증여계약을 취소하고 丙 명의의 소유권이전등기를 말소하라는 내용의 채권자취소소송을 제기하였다. 다음 중 옳은 것을 모두 고른 것은?(이자, 지연손해금은 없는 것으로 가정한다. 다툼이 있는 경우에는 판례에 의하고, 각 지문은 모두 독립적이다)

ㄱ. 甲이 제기한 소송의 심리과정에서, 甲이 2012.11.15. 乙로부터 대여금채권을 모두 변제받아 피보전채권이 소멸한 사실이 밝혀졌다. 법원은 甲의 소를 각하하여야 한다.

ㄴ. 甲이 제기한 소송이 진행되던 중 丙은 A은행에 3,000만원을 변제하고 근저당권설정등기를 말소하였다. 이에 甲은 위 소송의 청구를 5,000만원의 범위 내에서 위 증여계약을 취소하고 5,000만원의 가액배상을 구하는 것으로 변경하였다. 한편, 乙에 대하여 7,000만원의 물품대금채권을 가지고 있던 다른 채권자 丁은 2013.10.5. 별소로 丙을 상대로 7,000만원의 범위 내에서 위 증여계약을 취소하고 7,000만원의 가액배상을 구하는 채권자취소소송을 제기하였는데 위 양 소송이 병합되어 심리되었다. 이 소송에서 甲과 丁은 둘 다 전부승소판결을 받을 수 있다.

ㄷ. 甲은 위 소송에서 승소판결을 받고 그 판결이 확정되었다. 한편, 丙은 위 소송의 변론종결 전인 2012.12.10. X아파트를 악의인 戊에게 매도하고 소유권이전등기를 경료하여 준 상태였다. 이에 甲은 2013.12.9. 戊를 상대로 다시 乙과 丙 사이의 증여계약을 취소하고 戊 명의의 등기의 말소를 구하는 소를 제기하였다. 甲은 이 소송에서 승소할 수 있다.

① ㄱ   ② ㄴ   ③ ㄷ
④ ㄱ, ㄴ   ⑤ ㄴ, ㄷ

[ㄱ ▶ ✕] 채권자취소권은 취소채권자의 실체법상 권리행사로 보는 결과, 채권자취소소송에서 피보전채권의 존재는 본안판단사항으로 본다. 따라서 피보전채권이 흠결되면 <u>청구기각판결</u>을 하게 된다. 각하사유로 보는 채권자대위소송의 경우와 구별해야 한다.

② 정답

채권자취소권을 행사하려면 채무자에 대하여 채권을 행사할 수 있음이 전제되어야 할 것인데, <u>채권자의 채무자에 대한 소유권이전등기청구소송이나 손해배상청구소송이 패소 확정되어 행사할 수 없게 되었다면 소유권이전등기청구권이나 손해배상청구권을 행사하기 위하여 채무자의 제3자에 대한 소유권이전등기의 말소를 구하는 사해행위취소청구도 인용될 수 없다</u>(대판 1993.2.12. 92다25151).

[ㄴ ▸ ㅇ] **가액배상 여부** : 저당권이 설정되어 있는 X아파트에 관하여 사해행위가 이루어진 후 그 저당권설정등기가 말소된 경우, X아파트의 가액 1억원에서 저당권의 피담보채무액 3천만원을 공제한 <u>잔액 7천만원의 한도에서 사해행위를 취소하고 그 가액의 배상을 구할 수 있다.</u>

 부동산에 관한 법률행위가 사해행위에 해당하는 경우에는 원칙적으로 그 사해행위를 취소하고 소유권이전등기의 말소 등 부동산 자체의 회복을 명하는 것이 원칙이지만, 저당권이 설정되어 있는 부동산에 관하여 사해행위가 이루어진 경우에 그 사해행위는 부동산의 가액에서 저당권의 피담보채권액을 공제한 잔액의 범위 내에서만 성립한다고 보아야 하므로, <u>사해행위 후 변제 등에 의하여 저당권설정등기가 말소된 경우, 사해행위를 취소하여 그 부동산의 자체의 회복을 명하는 것은 당초 일반채권자들의 공동담보로 되어 있지 아니하던 부분까지 회복을 명하는 것이 되어 공평에 반하는 결과가 되므로, 그 부동산의 가액에서 저당권의 피담보채무액을 공제한 잔액의 한도에서 사해행위를 취소하고 그 가액의 배상을 구할 수 있을 뿐이고, 그와 같은 가액 산정은 사실심 변론종결 시를 기준으로 하여야 한다</u>(대판 1999.9.7. 98다41490).

채권자가 채권액을 초과하여 가액배상을 구할 수 있는지 여부 : 채권자는 자신의 채권액을 초과하여 가액배상을 구할 수는 없으므로, 甲은 자신의 피보전채권액 5천만원의 범위 내에서, 丁은 7천만원의 범위 내에서 가액배상을 구할 수 있다.

 사해행위 취소로 인한 원상회복으로서 가액배상을 명하는 경우에는, 취소채권자는 직접 자기에게 가액배상금을 지급할 것을 청구할 수 있고, <u>위 지급받은 가액배상금을 분배하는 방법이나 절차 등에 관한 아무런 규정이 없는 현행법 아래에서 다른 채권자들이 위 가액배상금에 대하여 배당요구를 할 수도 없으므로, 결국 채권자는 자신의 채권액을 초과하여 가액배상을 구할 수는 없다</u>(대판 2008.11.13. 2006다1442).

법원이 반환을 명해야 하는 금액의 범위 : 각 채권자는 고유의 권리로서 채권자취소권을 행사하는 것이므로, 수익자 등이 반환해야 할 가액범위 내에서 각 채권자의 피보전채권액 전액의 반환을 명해야 한다. 따라서 甲과 丁은 둘 다 승소판결을 받을 수 있다.

 채권자취소권의 요건을 갖춘 각 채권자는 고유의 권리로서 채무자의 재산처분행위를 취소하고 그 원상회복을 구할 수 있으므로 <u>여러 명의 채권자가 사해행위 취소 및 원상회복청구의 소를 제기하여 여러 개의 소송이 계속 중인 경우에는 각 소송에서 채권자의 청구에 따라 사해행위의 취소 및 원상회복을 명하는 판결을 선고하여야 하고, 수익자 또는 전득자가 가액배상을 하여야 할 경우에도 수익자 등이 반환하여야 할 가액을 채권자의 채권액에 비례하여 채권자별로 안분한 범위 내에서 반환을 명할 것이 아니라, 수익자 등이 반환하여야 할 가액범위 내에서 각 채권자의 피보전채권액 전액의 반환을 명하여야 한다.</u> 이와 같은 법리는 여러 명의 채권자들이 제기한 각 사해행위 취소 및 원상회복청구의 소가 민사소송법 제141조에 의하여 병합되어 하나의 소송절차에서 심판을 받는 경우에도 마찬가지이다(대판 2008.6.12. 2008다8690).

[ㄷ ▸ ✕] 수익자 丙에 대해 승소판결을 받았더라도, 전득자에 대한 취소소송에서 전득자 戊에 대한 채권자취소권의 기간 준수 여부는 별도로 판단해야 한다. 이 경우에도 취소하고자 하는 사해행위는 乙과 丙 간의 증여계약이므로, 甲이 취소원인을 안 날은 乙의 증여행위가 사해행위임을 안 2012.12.1.이다. 甲이 전득자 戊에 대한 채권자취소소송을 제기한 것은 1년을 도과한 2013.12.9.이므로, 제척기간 경과로 인해 소송은 각하될 것이다.

채권자취소권(민법 제406조)　　② 전항의 소는 채권자가 취소원인을 안 날로부터 1년, 법률행위 있은 날로부터 5년 내에 제기하여야 한다.

채권자가 전득자를 상대로 민법 제406조 제1항에 의한 채권자취소권을 행사하기 위해서는, 같은 조 제2항에서 정한 기간 안에 채무자와 수익자 사이의 사해행위의 취소를 소송상 공격방법의 주장이 아닌 법원에 소를 제기하는 방법으로 청구하여야 하는 것이고, 비록 채권자가 수익자를 상대로 사해행위의 취소를 구하는 소를 이미 제기하여 채무자와 수익자 사이의 법률행위를 취소하는 내용의 판결을 선고받아 확정되었더라도 그 판결의 효력은 그 소송의 피고가 아닌 전득자에게는 미칠 수 없는 것이므로, 채권자가 그 소송과는 별도로 전득자에 대하여 채권자취소권을 행사하여 원상회복을 구하기 위해서는 위에서 본 법리에 따라 민법 제406조 제2항에서 정한 기간 안에 전득자에 대한 관계에 있어서 채무자와 수익자 사이의 사해행위를 취소하는 청구를 하지 않으면 아니 된다(대판 2005.6.9. 2004다17535).

CHAPTER 04

다수당사자의 채권관계

민 법

✅ 각 문항별로 이해도를 체크해 보세요.

최근 5년간 회별 평균 **1.4문**

제1절	분할채권관계

제2절	불가분채권관계

제3절	연대채무	★★☆

2020년 변호사시험 문 23. ☑ 확인 Check! ○ △ ✕

다수당사자의 채권관계에 관한 설명 중 옳지 않은 것은?(다툼이 있는 경우 판례에 의함)

① 급부의 내용이 가분인 금전채무가 공동상속된 경우, 이는 상속개시와 동시에 당연히 법정상속분에 따라 공동상속인에게 분할되어 귀속된다.

② 공동불법행위자 전원에게 과실이 있는 경우, 그중 1인이 자기의 부담 부분 이상을 변제하여 공동의 면책을 얻게 하였을 때에는, 그에게 구상의무를 부담하는 다른 공동불법행위자가 수인이라면 이들의 구상권자에 대한 채무는 특별한 사정이 없는 한 부진정연대채무이다.

③ 불가분채권자 중의 1인과 채무자 간에 경개나 면제가 있는 경우에 채무 전부의 이행을 받은 다른 채권자는 그 1인이 권리를 잃지 아니하였으면 그에게 분급할 이익을 채무자에게 상환하여야 한다.

④ 여러 사람이 공동으로 법률상 원인 없이 타인의 재산을 사용한 경우의 부당이득반환채무는 특별한 사정이 없는 한 불가분채무이므로 각 채무자가 채무 전부를 이행할 의무가 있고, 1인의 채무이행으로 다른 채무자도 그 의무를 면하게 된다.

⑤ 하나의 계약으로 수인에게 연대채무가 발생한 경우 어느 연대채무자에 대한 법률행위의 무효나 취소의 원인은 다른 연대채무자의 채무에 영향을 미치지 아니한다.

[❶ ▶ ○] 금전채무와 같이 급부의 내용이 가분인 채무가 공동상속된 경우, 이는 <u>상속개시와 동시에 당연히 법정상속분에 따라 공동상속인에게 분할되어 귀속되는 것이므로</u>, 상속재산 분할의 대상이 될 여지가 없다(대판 1997.6.24. 97다8809).

[❷ ▶ ✕] 공동불법행위자는 채권자에 대한 관계에서는 부진정연대책임을 지되, <u>공동불법행위자들 내부관계에서는 일정한 부담 부분이 있고</u>, 이 부담 부분은 공동불법행위자의 과실의 정도에 따라 정하여지는 것으로서 공동불법행위자 중 1인이 자기의 부담 부분 이상을 변제하여 공동의 면책을 얻게 하였을 때에는 다른 공동불법행위자에게 그 부담 부분의 <u>비율에 따라 구상권을 행사할 수 있고, 공동불법행위자 중 1인에 대하여 구상의무를 부담하는 다른 공동불법행위자가 수인인 경우에는</u> 특별한 사정이 없는 이상 그들의 구상권자에 대한 채무는 이를 부진정연대채무로 보아야 할 근거는 없으며, 오히려 다수당사자 사이의 분할채무의 원칙이 적용되어 각자의 부담 부분에 따른 <u>분할채무로 봄이 상당하다</u>(대판 2002.9.27. 2002다15917).

[❸ ▶ ○] 불가분채권자 중의 1인과 채무자 간에 경개나 면제 있는 경우에 채무 전부의 이행을 받은 다른 채권자는 그 1인이 권리를 잃지 아니하였으면 그에게 <u>분급할 이익을 채무자에게 상환하여야 한다</u>(민법 제410조 제2항).

[❹ ▶ ○] 여러 사람이 공동으로 법률상 원인 없이 타인의 재산을 사용한 경우의 부당이득반환채무는 특별한 사정이 없는 한 불가분적 이득의 반환으로서 불가분채무이고, <u>불가분채무는 각 채무자가 채무 전부를 이행할 의무가 있으며, 1인의 채무이행으로 다른 채무자도 그 의무를 면하게 된다</u>(대판 2001.12.11. 2000다13948).

[❺ ▶ ○] 어느 연대채무자에 대한 법률행위의 <u>무효나 취소의 원인은 다른 연대채무자의 채무에 영향을 미치지 아니한다</u>(민법 제415조).

2015년 변호사시험 문 33.

☑ 확인Check! ○ △ X

다음 설명 중 옳지 않은 것은?(다툼이 있는 경우 판례에 의함)

① 연대채무자 중 1인에게 발생한 법률행위의 무효나 취소의 원인은 다른 연대채무자의 채무에는 영향이 없다.
② 채권자의 신청에 의한 경매개시결정에 따라 연대채무자 중 1인 소유의 부동산이 압류된 경우, 압류에 의한 시효중단의 효력은 다른 연대채무자에게 미치지 않는다.
③ 부진정연대채무자 중 1인이 자신의 채권자에 대한 반대채권으로 상계를 한 경우, 그 상계로 인한 채무소멸의 효력은 소멸한 채무 전액에 관하여 다른 부진정연대채무자에 대하여도 미친다.
④ 공동불법행위자 중 1인의 손해배상채무가 시효로 소멸한 후 다른 공동불법행위자가 피해자에게 자기의 부담 부분을 넘는 손해를 배상한 경우, 손해를 배상한 공동불법행위자는 손해배상채무가 시효로 소멸한 다른 공동불법행위자에게는 구상권을 행사할 수 없다.
⑤ 부진정연대채무자 중 1인을 위하여 보증인이 된 자가 피보증인을 위하여 채무를 변제하였다면 다른 부진정연대채무자에 대하여 구상권을 행사할 수 있다.

[❶ ▶ ○] 어느 연대채무자에 대한 법률행위의 <u>무효나 취소의 원인은 다른 연대채무자의 채무에 영향을 미치지 아니한다</u>(민법 제415조).

[❷ ▶ ○] 채권자의 신청에 의한 경매개시결정에 따라 연대채무자 1인의 소유 부동산이 압류된 경우, 이로써 위 채무자에 대한 채권의 소멸시효는 중단되지만, <u>압류에 의한 시효중단의 효력은 다른 연대채무자에게 미치지 아니하므로, 경매개시결정에 의한 시효중단의 효력을 다른 연대채무자에 대하여 주장할 수 없다</u>(대판 2001.8.21. 2001다22840).

[❸ ▶ ○] 부진정연대채무자 중 1인이 자신의 채권자에 대한 반대채권으로 상계를 한 경우에도 채권은 변제, 대물변제, 또는 공탁이 행하여진 경우와 동일하게 현실적으로 만족을 얻어 그 목적을 달성하는 것이므로, <u>그 상계로 인한 채무소멸의 효력은 소멸한 채무 전액에 관하여 다른 부진정연대채무자에 대하여도 미친다고 보아야 한다</u>. 이는 <u>부진정연대채무자 중 1인이 채권자와 상계계약을 체결한 경우에도 마찬가지이다</u>. 나아가 이러한 법리는 채권자가 상계 내지 상계계약이 이루어질 당시 다른 부진정연대채무자의 존재를 알았는지 여부에 의하여 좌우되지 아니한다(대판 2010.9.16. 2008다97218 [전합]).

[❹ ▶ X] 공동불법행위자의 다른 공동불법행위자에 대한 구상권은 피해자의 다른 공동불법행위자에 대한 손해배상채권과는 그 발생원인 및 성질을 달리하는 별개의 권리이고, 연대채무에 있어서 소멸시효의 절대적 효력에 관한 민법 제421조의 규정은 공동불법행위자 상호 간의 부진정연대채무에 대하여는 그 적용이 없으므로, <u>공동불법행위자 중 1인의 손해배상채무가 시효로 소멸한 후에 다른 공동불법행위자 1인이 피해자에게 자기의 부담 부분을 넘는 손해를 배상하였을 경우에도, 그 공동불법행위자는 다른 공동불법행위자에게 구상권을 행사할 수 있다</u>(대판 1997.12.23. 97다42830).

④ **정답**

[**❺ ▸ ○**] 어느 부진정연대채무자를 위하여 보증인이 된 자가 채무를 이행한 경우에는 다른 부진정연대채무자에 대하여도 직접 구상권을 취득하게 되고, 그와 같은 구상권을 확보하기 위하여 채권자를 대위하여 채권자의 다른 부진정연대채무자에 대한 채권 및 그 담보에 관한 권리를 구상권의 범위 내에서 행사할 수 있다(대판 2010.5.27. 2009다85861).

2018년 변호사시험 문 12.

☑확인 Check! ○ △ ✕

다수당사자의 채권관계에 관한 설명 중 옳지 않은 것을 모두 고른 것은?(각 지문은 독립적이며, 다툼이 있는 경우 판례에 의함)

ㄱ. A에 대하여 3,000만원의 연대채무를 부담하고 있는 甲, 乙, 丙이 내부적으로 4 : 4 : 2의 비율로 부담 부분을 정한 상태에서 甲이 A에게 3,000만원을 변제하였다. 만약 丙이 자신의 부담 부분을 상환할 자력이 없고 A가 乙에게 연대의 면제를 해 주었다면, 甲은 乙에게 1,200만원을, A에게 300만원을 각 청구할 수 있다.

ㄴ. 연대채무자 중의 한 사람이 공동면책을 이유로 다른 연대채무자에게 구상권을 행사하려면 자기의 부담 부분을 넘은 변제를 하여야 한다.

ㄷ. 어느 연대채무자가 다른 연대채무자에게 구상권을 행사할 때 그 부담 부분은 균등한 것으로 추정되나, 연대채무자 사이에 부담 부분에 관한 특약이 있거나 특약이 없더라도 채무의 부담과 관련하여 각 채무자의 수익비율이 다른 경우에는 그 특약 또는 비율에 따라 부담 부분이 결정된다.

ㄹ. 甲과 乙이 공동불법행위책임을 지는 경우, 甲의 손해배상채무가 시효로 소멸한 후에는 乙이 피해자에게 자기의 부담 부분을 넘는 손해를 배상하였다고 하더라도 甲을 상대로 구상권을 행사할 수 없다.

ㅁ. 공동불법행위자 중 1인에 대하여 구상의무를 부담하는 다른 공동불법행위자가 수인인 경우에는 특별한 사정이 없는 이상 그들의 구상권자에 대한 채무는 각자의 부담 부분에 따른 분할채무로 봄이 상당하지만, 구상권자인 공동불법행위자 측에 과실이 없는 경우, 즉 내부적인 부담 부분이 전혀 없는 경우에는 그에 대한 수인의 구상의무 사이의 관계를 부진정연대관계로 보아야 한다.

① ㄱ, ㄴ
② ㄱ, ㄷ
③ ㄴ, ㄹ
④ ㄱ, ㄷ, ㅁ
⑤ ㄴ, ㄹ, ㅁ

[**ㄱ ▸ ○**] 甲, 乙, 丙의 내부적 부담액은 각 1200만원 : 1200만원 : 600만원이다. 상환할 자력이 없는 丙의 부담 부분 600만원은 甲, 乙이 그 부담 부분의 비율대로 각 300만원씩 분담해야 하나, 乙이 연대의 면제를 받았으므로 乙이 분담해야 할 부분은 채권자 A가 부담한다. 따라서 甲은 乙에게 1,200만원을, A에게 300만원을 각 청구할 수 있다.

법령

출재채무자의 구상권(민법 제425조) ① 어느 연대채무자가 변제 기타 자기의 출재로 공동면책이 된 때에는 다른 연대채무자의 부담 부분에 대하여 구상권을 행사할 수 있다.

상환무자력자의 부담 부분(민법 제427조) ① 연대채무자 중에 상환할 자력이 없는 자가 있는 때에는 그 채무자의 부담 부분은 구상권자 및 다른 자력이 있는 채무자가 그 부담 부분에 비례하여 분담한다. 그러나 구상권자에게 과실이 있는 때에는 다른 연대채무자에 대하여 분담을 청구하지 못한다.
② 전항의 경우에 상환할 자력이 없는 채무자의 부담 부분을 분담할 다른 채무자가 채권자로부터 연대의 면제를 받은 때에는 그 채무자의 분담할 부분은 채권자의 부담으로 한다.

[ㄴ ▸ X] 민법은 연대보증인 중의 한 사람이 공동면책을 이유로 다른 연대보증인에게 구상권을 행사하려면 '자기의 부담 부분을 넘은' 변제를 하였을 것을 그 요건으로 규정하였으나(제448조 제2항), 연대채무자 중의 한 사람이 공동면책을 이유로 다른 연대채무자에게 구상권을 행사하는 데 있어서는 그러한 제한 없이 '부담 부분'에 대하여 구상권을 행사할 수 있는 것으로 규정하고 있다(제425조 제1항). 따라서 연대채무자 사이의 구상권 행사에 있어서 '부담 부분'이란 연대채무자가 그 내부관계에서 출재를 분담하기로 한 비율을 말한다고 봄이 타당하다. 그 결과 변제 기타 자기의 출재로 일부 공동면책되게 한 연대채무자는 역시 변제 기타 자기의 출재로 일부 공동면책되게 한 다른 연대채무자를 상대로 하여서도 자신의 공동면책액 중 다른 연대채무자의 분담비율에 해당하는 금액이 다른 연대채무자의 공동면책액 중 자신의 분담비율에 해당하는 금액을 초과한다면 그 범위에서 여전히 구상권을 행사할 수 있다고 보아야 한다(대판 2013.11.14, 2013다46023).

[ㄷ ▸ O] 연대채무자가 변제 기타 자기의 출재로 공동면책을 얻은 때에는 다른 연대채무자의 부담 부분에 대하여 구상권을 행사할 수 있고 이때 부담 부분은 균등한 것으로 추정되나 연대채무자 사이에 부담 부분에 관한 특약이 있거나 특약이 없더라도 채무의 부담과 관련하여 각 채무자의 수익비율이 다르다면 특약 또는 비율에 따라 부담분이 결정된다(대판 2014.8.20, 2012다97420).

[ㄹ ▸ X] 공동불법행위자의 다른 공동불법행위자에 대한 구상권은 피해자의 다른 공동불법행위자에 대한 손해배상채권과는 그 발생원인 및 성질을 달리하는 별개의 권리이고, 연대채무에 있어서 소멸시효의 절대적 효력에 관한 민법 제421조의 규정은 공동불법행위자 상호 간의 부진정연대채무에 대하여는 그 적용이 없으므로, 공동불법행위자 중 1인의 손해배상채무가 시효로 소멸한 후에 다른 공동불법행위자 1인이 피해자에게 자기의 부담 부분을 넘는 손해를 배상하였을 경우에도, 그 공동불법행위자는 다른 공동불법행위자에게 구상권을 행사할 수 있다(대판 1997.12.23, 97다42830).

[ㅁ ▸ O] 공동불법행위자 중 1인에 대하여 구상의무를 부담하는 다른 공동불법행위자가 수인인 경우에는 특별한 사정이 없는 이상 그들의 구상권자에 대한 채무는 각자의 부담 부분에 따른 분할채무로 봄이 상당하지만, 구상권자인 공동불법행위자 측에 과실이 없는 경우, 즉 내부적인 부담 부분이 전혀 없는 경우에는 이와 달리 그에 대한 수인의 구상의무 사이의 관계를 부진정연대관계로 봄이 상당하다(대판 2005.10.13, 2003다24147).

2016년 변호사시험 문 20.

☑ 확인 Check! ○ △ X

다음 설명 중 옳지 않은 것은?(다툼이 있는 경우 판례에 의함)

① 공동불법행위자는 채권자에 대한 관계에서 부진정연대책임을 지되, 공동불법행위자 중 1인이 전체 채무를 변제한 경우 특별한 사정이 없는 한 나머지 공동불법행위자들이 부담하는 구상채무의 성질은 각자의 부담 부분에 따른 분할채무이다.

② 보증인은 자신의 채권자에 대한 채권으로 채권자의 보증채권과 상계할 수 있을 뿐만 아니라, 주채무자의 채권자에 대한 채권으로도 상계할 수 있다.

③ 공동불법행위자는 자신의 부담 부분 이상을 변제하여 공동의 면책을 얻게 하였을 때에 다른 공동불법행위자에 대하여 구상권을 행사할 수 있으나, 연대채무자는 자신의 부담 부분 이상을 변제하지 않더라도 다른 연대채무자에 대하여 구상권을 행사할 수 있다.

④ 부진정연대채무자 중의 1인이 채권자에 대하여 한 상계는 절대적 효력이 있지만, 부진정연대채무자 중의 1인과 채권자 사이의 상계계약의 경우에는 절대적 효력이 인정되지 않는다.

⑤ 여러 사람이 공동으로 법률상 원인 없이 타인의 재산을 사용한 경우의 부당이득반환채무는 특별한 사정이 없는 한 불가분적 이득의 반환으로서 불가분채무이고, 불가분채무는 각 채무자가 채무 전부를 이행할 의무가 있으며, 1인의 채무이행으로 다른 채무자도 그 의무를 면하게 된다.

④ 정답

[**❶ ▶ ○**] 공동불법행위자는 채권자에 대한 관계에서는 부진정연대책임을 지되, 공동불법행위자들 내부관계에서는 일정한 부담 부분이 있고, 이 부담 부분은 공동불법행위자의 과실의 정도에 따라 정하여지는 것으로서 공동불법행위자 중 1인이 자기의 부담 부분 이상을 변제하여 공동의 면책을 얻게 하였을 때에는 다른 공동불법행위자에게 그 부담 부분의 비율에 따라 구상권을 행사할 수 있고, 공동불법행위자 중 1인에 대하여 구상의무를 부담하는 다른 공동불법행위자가 수인인 경우에는 특별한 사정이 없는 이상 그들의 구상권자에 대한 채무는 이를 부진정연대채무로 보아야 할 근거는 없으며, 오히려 다수당사자 사이의 분할채무의 원칙이 적용되어 각자의 부담 부분에 따른 분할채무로 봄이 상당하다(대판 2002.9.27. 2002다15917).

[**❷ ▶ ○**] 보증인은 주채무자의 채권에 의한 상계로 채권자에게 대항할 수 있다(민법 제434조).

[**❸ ▶ ○**] **공동불법행위자(부진정연대채무)** : 부담 부분 초과변제 필요

> 공동불법행위자는 채권자에 대한 관계에서는 연대책임(부진정연대채무)을 지되 공동불법행위자들 내부관계에서는 일정한 부담 부분이 있고, 이 부담 부분은 공동불법행위자의 과실의 정도에 따라 정하여지는 것으로서 공동불법행위자 중 1인이 자기의 부담 부분을 초과하여 변제함으로써 공동의 면책을 얻게 하였을 때에는 다른 공동불법행위자에게 그 부담 부분의 비율에 따라 구상권을 행사할 수 있으며, 공동불법행위자 사이의 구상권발생시점은 구상권자가 현실로 피해자에게 손해배상금을 지급하여 공동면책이 된 때라 할 것이다(대판 2007.10.11. 2005다7085).

연대채무자 : 부담 부분 초과변제 불요

> 민법은 연대보증인 중의 한 사람이 공동면책을 이유로 다른 연대보증인에게 구상권을 행사하려면 '자기의 부담 부분을 넘은' 변제를 하였을 것을 그 요건으로 규정하였으나(제448조 제2항), 연대채무자 중의 한 사람이 공동면책을 이유로 다른 연대채무자에게 구상권을 행사하는 데 있어서는 그러한 제한 없이 '부담 부분'에 대하여 구상권을 행사할 수 있는 것으로 규정하고 있다(제425조 제1항). 따라서 연대채무자 사이의 구상권 행사에 있어서 '부담 부분'이란 연대채무자가 그 내부관계에서 출재를 분담하기로 한 비율을 말한다고 봄이 타당하다. 그 결과 변제 기타 자기의 출재로 일부 공동면책되게 한 연대채무자는 역시 변제 기타 자기의 출재로 일부 공동면책되게 한 다른 연대채무자를 상대로 하여서도 자신의 공동면책액 중 다른 연대채무자의 분담비율에 해당하는 금액이 다른 연대채무자의 공동면책액 중 자신의 분담비율에 해당하는 금액을 초과한다면 그 범위에서 여전히 구상권을 행사할 수 있다고 보아야 한다(대판 2013.11.14. 2013다46023).

[**❹ ▶ ✕**] 부진정연대채무자 중 1인이 자신의 채권자에 대한 반대채권으로 상계를 한 경우에도 채권은 변제, 대물변제, 또는 공탁이 행하여진 경우와 동일하게 현실적으로 만족을 얻어 그 목적을 달성하는 것이므로, 그 상계로 인한 채무소멸의 효력은 소멸한 채무 전액에 관하여 다른 부진정연대채무자에 대하여도 미친다고 보아야 한다. 이는 부진정연대채무자 중 1인이 채권자와 상계계약을 체결한 경우에도 마찬가지이다. 나아가 이러한 법리는 채권자가 상계 내지 상계계약이 이루어질 당시 다른 부진정연대채무자의 존재를 알았는지 여부에 의하여 좌우되지 아니한다(대판 2010.9.16. 2008다97218 [전합]).

[**❺ ▶ ○**] 여러 사람이 공동으로 법률상 원인 없이 타인의 재산을 사용한 경우의 부당이득반환채무는 특별한 사정이 없는 한 불가분적 이득의 반환으로서 불가분채무이고, 불가분채무는 각 채무자가 채무 전부를 이행할 의무가 있으며, 1인의 채무이행으로 다른 채무자도 그 의무를 면하게 된다(대판 2001.12.11. 2000다13948).

甲은 乙이 운전하던 택시의 승객인데, 2010.7.1. 교차로에서 乙, 丙, 丁이 각 운전하는 차량의 3중 충돌사고로 부상을 입어 1,000만원의 손해가 발생하였고, 조사결과 乙에게 10%, 丙에게 40%, 丁에게 50%의 과실이 인정되었다. 다음 설명 중 옳지 않은 것은?(다툼이 있는 경우에는 판례에 의함)

① 甲은 乙에게 1,000만원의 손해배상을 청구할 수 있다.

② 丙이 甲에 대한 반대채권으로 상계한 경우, 상계의 효력은 乙, 丁에게도 미친다.

③ 甲이 乙에게 손해배상채무를 면제해 준 후 1,000만원을 배상한 丁이 乙에게 구상권을 행사하는 경우, 乙은 자기의 채무가 면제되었음을 이유로 丁에게 대항할 수 없다.

④ 만약 위 교통사고가 2005.1.7. 발생하였고, 丁이 甲에게 1,000만원을 배상하였는데, 甲의 丙에 대한 손해배상청구권이 시효로 소멸한 경우, 丁은 丙에게 구상권을 행사할 수 없다.

⑤ 만약 乙에게 과실이 전혀 없음에도 乙이 甲에게 500만원을 배상하고 丙, 丁에게 구상할 경우, 丙, 丁의 구상의무는 부진정연대채무이다.

[❶ ▶ ○] 乙, 丙, 丁은 공동불법행위의 책임을 진다. 공동불법행위의 경우 손해배상의무는 부진정연대채무이고, 부진정연대채무는 채무자 각자가 독립해서 전부를 급부해야 한다. 따라서 乙도 과실비율과 상관없이 1,000만원 전액의 채무를 부담한다.

> 공동불법행위책임은 가해자 각 개인의 행위에 대하여 개별적으로 그로 인한 손해를 구하는 것이 아니라 그 가해자들이 공동으로 가한 불법행위에 대하여 그 책임을 추궁하는 것이므로, <u>공동불법행위로 인한 손해배상책임의 범위는 피해자에 대한 관계에서 가해자들 전원의 행위를 전체적으로 함께 평가하여 정하여야 하고, 그 손해배상액에 대하여는 가해자 각자가 그 금액의 전부에 대한 책임을 부담하는 것이며,</u> 가해자 1인이 다른 가해자에 비하여 불법행위에 가공한 정도가 경미하다고 하더라도 피해자에 대한 관계에서 그 가해자의 책임범위를 위와 같이 정하여진 손해배상액의 일부로 제한하여 인정할 수는 없다(대판 2001.9.7. 99다70365).

[❷ ▶ ○] 부진정연대채무자 중 1인이 자신의 채권자에 대한 반대채권으로 상계를 한 경우에도 채권은 변제, 대물변제, 또는 공탁이 행하여진 경우와 동일하게 현실적으로 만족을 얻어 그 목적을 달성하는 것이므로, <u>그 상계로 인한 채무소멸의 효력은 소멸한 채무 전액에 관하여 다른 부진정연대채무자에 대하여도 미친다고 보아야 한다.</u> 이는 부진정연대채무자 중 1인이 채권자와 상계계약을 체결한 경우에도 마찬가지이다. 나아가 이러한 법리는 채권자가 상계 내지 상계계약이 이루어질 당시 다른 부진정연대채무자의 존재를 알았는지 여부에 의하여 좌우되지 아니한다(대판 2010.9.16. 2008다97218 [전합]).

[❸ ▶ ○] 부진정연대채무자 상호 간에 있어서 채권의 목적을 달성시키는 변제와 같은 사유는 채무자 전원에 대하여 절대적 효력을 발생하지만 그 밖의 사유는 상대적 효력을 발생하는 데에 그치는 것이므로 <u>피해자가 채무자 중의 1인에 대하여 손해배상에 관한 권리를 포기하거나 채무를 면제하는 의사표시를 하였다 하더라도 다른 채무자에 대하여 그 효력이 미친다고 볼 수는 없다</u> 할 것이고, 이러한 법리는 채무자들 사이의 내부관계에 있어 1인이 <u>피해자로부터 합의에 의하여 손해배상채무의 일부를 면제받고도 사후에 면제받은 채무액을 자신의 출재로 변제한 다른 채무자에 대하여 다시 그 부담부분에 따라 구상의무를 부담하게 된다</u> 하여 달리 볼 것은 아니다(대판 2006.1.27. 2005다19378).

[❹ ▶ ✕] 공동불법행위자의 다른 공동불법행위자에 대한 구상권은 피해자의 다른 공동불법행위자에 대한 손해배상채권과는 그 발생원인 및 성질을 달리하는 별개의 권리이고, 연대채무에 있어서 소멸시효의 절대적 효력에 관한 민법 제421조의 규정은 공동불법행위자 상호 간의 부진정연대채무에 대하여는 그 적용이 없으므로, <u>공동불법행위자 중 1인의 손해배상채무가 시효로 소멸한 후에 다른 공동불법행위자 1인이 피해자에게 자기의 부담 부분을 넘는 손해를 배상하였을 경우에도, 그 공동불법행위자는 다른 공동불법행위자에게 구상권을 행사할 수 있다</u>(대판 1997.12.23. 97다42830).

④ **정답**

[❺ ▸ ○] 공동불법행위자 중 1인에 대하여 <u>구상의무를 부담하는 다른 공동불법행위자가 수인인 경우</u>에는 특별한 사정이 없는 이상 그들의 구상권자에 대한 채무는 각자의 부담 부분에 따른 <u>분할채무</u>로 봄이 상당하지만, <u>구상권자인 공동불법행위자 측에 과실이 없는 경우, 즉 내부적인 부담 부분이 전혀 없는 경우</u>에는 이와 달리 그에 대한 <u>수인의 구상의무 사이의 관계를 부진정연대관계로 봄이 상당하다</u>(대판 2005.10.13. 2003다24147).

제4절 보증채무 ★★★★

2020년 변호사시험 문 22. ☑ 확인Check! ○ △ ✕

보증채무에 관한 설명 중 옳은 것을 모두 고른 것은?(다툼이 있는 경우 판례에 의함)

ㄱ. 보증의 효력발생요건으로서 「민법」 제428조의2 제1항 전문에서 정한 '보증인의 서명'에 타인이 보증인의 이름을 대신 쓰는 것은 해당하지 않지만, '보증인의 기명날인'은 타인이 이를 대행하는 방법으로 하여도 무방하다.

ㄴ. 보증채무는 주채무와는 별개의 채무이기 때문에 보증채무 자체의 이행지체로 인한 지연손해금은 보증의 한도액과는 별도로 부담하여야 하고, 이때 보증채무의 연체이율에 관하여 특별한 약정이 없는 경우라면 거래행위의 성질에 따라 「상법」 또는 「민법」에서 정한 법정이율에 따라야 한다.

ㄷ. 보증인이 보증채무를 이행함에 따라 주채무자가 보증인에 대하여 부담하게 될 구상금채무를 연대보증하는 경우, 그 연대보증인은 특별한 사정이 없으면 주채무자와 같은 내용의 채무를 부담한다.

ㄹ. 물상보증의 경우에도 「보증인 보호를 위한 특별법」이 적용된다.

① ㄹ   ② ㄱ, ㄴ   ③ ㄴ, ㄷ
④ ㄱ, ㄴ, ㄷ   ⑤ ㄱ, ㄷ, ㄹ

[ㄱ ▸ ○] 민법 제428조의2 제1항 전문은 "보증은 그 의사가 보증인의 기명날인 또는 서명이 있는 서면으로 표시되어야 효력이 발생한다"라고 규정하고 있는데, '<u>보증인의 서명</u>'은 원칙적으로 보증인이 직접 자신의 이름을 쓰는 것을 의미하므로 타인이 보증인의 이름을 대신 쓰는 것은 이에 해당하지 않지만, '<u>보증인의 기명날인</u>'은 타인이 이를 대행하는 방법으로 하여도 무방하다(대판 2019.3.14. 2018다282473).

[ㄴ ▸ ○] 보증채무는 주채무와는 별개의 채무이기 때문에 <u>보증채무 자체의 이행지체로 인한 지연손해금은 보증한도액과는 별도로 부담</u>하고, 이 경우 보증채무의 연체이율에 관하여 특별한 약정이 있으면 그에 따르고, <u>특별한 약정이 없는 경우라면 그 거래행위의 성질에 따라 상법 또는 민법에서 정한 법정이율에 따라야 할 것</u>이고, 주채무에 관하여 약정된 연체이율이 당연히 여기에 적용되는 것은 아니다(대판 2003.6.13. 2001다29803).

[ㄷ ▸ ○] 보증인이 보증채무를 이행함에 따라 <u>주채무자가 보증인에 대하여 부담하게 될 구상금채무를 연대보증하는 경우, 연대보증인은 특별한 사정이 없으면 주채무자와 같은 내용의 채무를 부담한다</u>(대판 2014.3.27. 2012다6769).

[ㄹ ▸ ✕] 보증인 보호를 위한 특별법(이하 "보증인보호법"이라 한다)의 목적 및 보증인보호법 제2조 제1호, 제2호의 문언에 비추어 볼 때, <u>보증인보호법은 민법 제429조 제1항에 따른 보증채무를 부담하는 경우에 적용될 뿐 타인의 채무에 대하여 담보물의 한도 내에서 책임을 지는 물상보증의 경우에는 적용되지 아니한다</u>(대판 2015.3.26. 2014다83142).

甲과 乙은 2018.1.경 甲 소유의 건물을 신축하기로 하는 공사도급계약을 체결하여 乙은 공사를 완료한 후 건물을 甲에게 인도하였고, 甲은 그 건물에 관한 소유권보존등기를 마쳤다. 한편 丙은 위 도급계약 시 甲의 乙에 대한 공사대금채무에 대하여 乙과 보증계약을 체결하였다. 이에 관한 설명 중 옳지 않은 것은?(각 지문은 독립적이며, 다툼이 있는 경우 판례에 의함)

① 乙과 丙의 보증계약이 丙의 기명날인 또는 서명이 있는 서면으로 체결되지 않았다면 그 보증계약은 효력이 없다.

② 乙이 공사대금채권을 피보전채권으로 하여 건물에 대하여 가압류한 경우, 그 가압류사실을 丙에게 통지하지 않았더라도, 丙의 보증채무는 소멸시효가 중단된다.

③ 乙의 甲에 대한 공사대금채권의 소멸시효가 완성된 후 丙이 스스로 보증채무를 이행하였다면 다른 특별한 사정이 없는 한 丙은 乙의 공사대금채권의 소멸시효 완성의 효과를 주장할 수 없다.

④ 건물신축공사과정에서 乙의 피용자 丁의 과실로 행인인 제3자 戊가 상해를 입은 경우, 甲이 구체적인 공사의 시공 자체를 관리하는 형태로는 관여하지 않았고, 다만 공사가 설계도대로 시행되고 있는지 확인하는 정도로만 관여하였다면, 甲은 원칙적으로 사용자책임을 지지 않는다.

⑤ 甲이 건물을 인도받아 점유하던 중 건물의 보존상의 하자로 인하여 행인인 제3자 戊가 상해를 입은 경우 甲은 자신의 과실이 없는 경우에도 불법행위로 인한 손해배상책임을 진다.

[**❶ ▸ ○**] 보증은 그 의사가 <u>보증인의 기명날인 또는 서명이 있는 서면으로</u> 표시되어야 효력이 발생한다. 다만, 보증의 의사가 전자적 형태로 표시된 경우에는 효력이 없다(민법 제428조의2 제1항).

[**❷ ▸ ○**] 민법 제169조는 "시효의 중단은 당사자 및 그 승계인간에만 효력이 있다"고 규정하고 있고, 한편 <u>민법 제440조 는 "주채무자에 대한 시효의 중단은 보증인에 대하여 그 효력이 있다"라고 규정하고 있는바, 민법 제440조는 민법 제169조의 예외규정으로서 이는 채권자 보호 내지 채권담보의 확보를 위하여 주채무자에 대한 시효중단의 사유가 발생하였을 때는 그 보증인에 대한 별도의 중단조치가 이루어지지 아니하여도 동시에 시효중단의 효력이 생기도록 한 것이고, 그 시효중단사유가 압류, 가압류 및 가처분이라고 하더라도 이를 보증인에게 통지하여야 비로소 시효중단의 효력이 발생하는 것은 아니다</u>(대판 2005.10.27. 2005다35554).

[**❸ ▸ ✕**] 보증채무에 대한 소멸시효가 중단되는 등의 사유로 완성되지 아니하였다고 하더라도 주채무에 대한 소멸시효가 완성된 경우에는 시효완성사실로써 주채무가 당연히 소멸되므로 보증채무의 부종성에 따라 보증채무 역시 당연히 소멸된다. 그리고 <u>주채무에 대한 소멸시효가 완성되어 보증채무가 소멸된 상태에서 보증인이 보증채무를 이행하거나 승인하였다고 하더라도, 주채무자가 아닌 보증인의 행위에 의하여 주채무에 대한 소멸시효이익의 포기효과가 발생된다고 할 수 없으며</u>, 주채무의 시효소멸에도 불구하고 보증채무를 이행하겠다는 의사를 표시한 경우 등과 같이 <u>부종성을 부정하여야 할 다른 특별한 사정이 없는 한 보증인은 여전히 주채무의 시효소멸을 이유로 보증채무의 소멸을 주장할 수 있다고</u> 보아야 한다(대판 2012.7.12. 2010다51192).

[**❹ ▸ ○**] <u>도급인이 수급인의 일의 진행 및 방법에 관하여 구체적인 지휘감독권을 보유한 경우에는 도급인과 수급인의 관계는 실질적으로 사용자 및 피용자의 관계와 다를 바 없으므로 수급인이 고용한 제3자의 불법행위로 인한 손해에 대하여 도급인은 민법 제756조에 의한 사용자책임을 면할 수 없다</u>. 사용자 및 피용자관계 인정의 기초가 되는 도급인의 수급인에 대한 지휘감독은 건설공사의 경우에는 현장에서 구체적인 공사의 운영 및 시행을 직접 지시·지도하고 감시·독려함으로써 시공 자체를 관리함을 말하며, 단순히 공사의 운영 및 시공의 정도가 설계도 또는 시방서대로 시행되고 있는가를 확인하여 공정을 감독하는 데에 불과한 이른바 감리는 여기에 해당하지 않는다고 할 것이므로 <u>도급인이 수급인의 공사에 대하여 감리적인 감독을 함에 지나지 않을 때에는 양자의 관계를 사용자 및 피용자의 관계와 같이 볼 수 없다</u>(대판 1988.6.14. 88다카102).

[**❺ ▸ ○**] 甲은 건물의 점유자이자 소유자로, 甲에게 과실이 없었으므로 점유자로서 책임을 지지 않으나, 소유자로서는 무과실책임인 공작물책임을 진다.

2018년 변호사시험 문 16.
☑ 확인 Check! ○ △ ✕

甲의 乙에 대한 금전채무에 관하여 丙이 乙과 보증계약을 체결하였다. 이에 관한 설명 중 옳지 않은 것을 모두 고른 것은? (각 지문은 독립적이며, 다툼이 있는 경우 판례에 의함)

ㄱ. 甲의 乙에 대한 채무에 관하여 위약금의 정함이 없는 경우에도 보증계약에서 별도로 위약금을 정할 수 있다.
ㄴ. 미성년자 甲이 법정대리인의 동의를 얻지 않고 乙에 대한 채무를 부담하는 행위를 한 경우에, 丙이 보증계약 체결 당시 그러한 사정을 알고 있었고 그 후 甲의 행위가 취소된 때에는, 丙은 甲이 부담하고 있던 채무와 동일한 목적의 독립채무를 부담한 것으로 본다.
ㄷ. 甲의 乙에 대한 채무액이 500만원이고 丙이 甲의 부탁을 받아 乙과 보증계약을 체결한 경우에, 甲이 그 후 취득한 乙에 대한 300만원의 금전채권을 자동채권으로 하여 乙에 대한 채무와 상계하려고 하고 있었는데, 丙이 甲에게 통지함이 없이 乙에게 500만원을 변제한 때에는 甲은 丙으로부터 구상청구를 받아도 300만원에 대해서는 상계를 할 수 있었다는 사유로 丙에게 대항할 수 있다.
ㄹ. 丙이 甲의 부탁을 받아 乙과 보증계약을 체결하였다면, 丙은 사전구상권이 인정되는 경우 甲을 상대로 丙이 부담할 것이 확정된 채무 전액 및 면책비용에 대한 법정이자나 채무의 원본에 대한 장래 도래할 이행기까지의 이자를 청구할 수 있다.
ㅁ. 甲의 乙에 대한 채무에 관하여 소멸시효가 완성되었더라도 甲이 시효의 이익을 포기한 이상 보증채무의 부종성에 따라 丙도 더 이상 소멸시효의 완성을 주장할 수 없다.

① ㄱ, ㄹ ② ㄴ, ㄹ ③ ㄹ, ㅁ
④ ㄴ, ㄷ, ㅁ ⑤ ㄴ, ㄹ, ㅁ

[ㄱ ▸ ○] 민법 제429조 제2항 참조

[ㄴ ▸ ✕] 취소의 원인 있는 주채무를 보증한 자가 그 원인 있음을 알고 보증했는데, 주채무가 취소된 경우에는 동일한 독립채무를 부담한 것으로 본다는 민법 제436조의 규정이 삭제되었다. 따라서 사안에서 丙은 보증채무의 부종성에 의해 보증책임을 면하고, 별도의 약정도 없으므로 독립채무도 부담하지 않는다.

[ㄷ ▸ ○] 보증인이 주채무자에게 통지하지 아니하고 변제 기타 자기의 출재로 주채무를 소멸하게 한 경우에 주채무자가 채권자에게 대항할 수 있는 사유가 있었을 때에는 이 사유로 보증인에게 대항할 수 있고 그 대항사유가 상계인 때에는 상계로 소멸할 채권은 보증인에게 이전된다(민법 제445조 제1항).

[ㄹ ▸ ✕] 수탁보증인이 사전구상권을 행사하는 경우 보증인은 자신이 부담할 것이 확정된 채무 전액에 대하여 구상권을 행사할 수 있지만, 면책비용에 대한 법정이자나 채무의 원본에 대한 장래 도래할 이행기까지의 이자 등을 청구하는 것은 사전구상권의 성질상 허용될 수 없다(대판 2005.11.25. 2004다66834).

[ㅁ ▸ ✕] 주채무자의 시효이익 포기와 같은 항변 포기는 보증인에게 효력이 없으므로, 丙은 주채무의 소멸시효 완성을 주장할 수 있다.

 법령 보증인과 주채무자항변권(민법 제433조) ① 보증인은 주채무자의 항변으로 채권자에게 대항할 수 있다. ② 주채무자의 항변 포기는 보증인에게 효력이 없다.

 판례 주채무가 시효로 소멸한 때에는 보증인도 그 시효소멸을 원용할 수 있으며, 주채무자가 시효의 이익을 포기하더라도 보증인에게는 그 효력이 없다(대판 1991.1.29. 89다카1114).

2015년 변호사시험 문 31.
☑ 확인Check! ○ △ ✕

보증채무에 관한 설명 중 옳은 것을 모두 고른 것은?(다툼이 있는 경우 판례에 의함)

ㄱ. 보증채무에 대한 소멸시효가 중단되었더라도 이로써 주채무에 대한 소멸시효가 중단되는 것은 아니다.
ㄴ. 주채무가 소멸시효 완성으로 소멸된 경우 보증채무도 그 자체의 시효중단에 불구하고 당연히 소멸된다.
ㄷ. 보증채무자는 보증채무 자체의 이행지체로 인한 지연손해금에 대하여는 보증한도액과 별도로 이를 부담한다.
ㄹ. 보증채무의 연체이율에 관하여 특별한 약정이 없으면 주채무에 관하여 약정된 연체이율이 적용된다.

① ㄱ, ㄴ   ② ㄱ, ㄴ, ㄷ   ③ ㄱ, ㄷ, ㄹ
④ ㄴ, ㄷ, ㄹ   ⑤ ㄱ, ㄴ, ㄷ, ㄹ

[ㄱ ▸ ○] [ㄴ ▸ ○] 보증채무에 대한 소멸시효가 중단되었다고 하더라도 이로써 주채무에 대한 소멸시효가 중단되는 것은 아니고, 주채무가 소멸시효 완성으로 소멸된 경우에는 보증채무도 그 채무 자체의 시효중단에 불구하고 부종성에 따라 당연히 소멸된다(대판 2002.5.14. 2000다62476).

[ㄷ ▸ ○] [ㄹ ▸ ✕] 보증채무는 주채무와는 별개의 채무이기 때문에 보증채무 자체의 이행지체로 인한 지연손해금은 보증한도액과는 별도로 부담하고, 이 경우 보증채무의 연체이율에 관하여 특별한 약정이 있으면 그에 따르고, 특별한 약정이 없는 경우라면 그 거래행위의 성질에 따라 상법 또는 민법에서 정한 법정이율에 따라야 할 것이고, 주채무에 관하여 약정된 연체이율이 당연히 여기에 적용되는 것은 아니다(대판 2003.6.13. 2001다29803).

② **정답**

2013년 변호사시험 문 32. ☑ 확인Check! ○ △ ✕

甲은 乙에게 1,000만원의 채무를 지고 있고, 이에 대해 甲의 부탁을 받은 丙이 연대보증하였다. 다음 설명 중 옳은 것은? (다툼이 있는 경우에는 판례에 의함)

① 甲이 1,000만원의 채무에 대한 소멸시효기간이 경과한 후 시효의 이익을 포기한 경우, 丙은 소멸시효를 원용하여 자신의 연대보증채무의 소멸을 주장할 수 없다.
② 乙이 丙에게 변제를 청구해 온 경우, 丙은 먼저 甲에게 청구할 것을 항변할 수 있다.
③ 甲이 변제기에 기한의 유예를 요청하여 乙이 변제기한을 연장해 준 경우, 그 효력은 원칙적으로 丙에게 미치지 않는다.
④ 甲이 乙에게 위 채무를 변제하고도 이 사실을 丙에게 통지하지 않았고, 그 후 丙이 사전통지를 하지 않은 채 乙에게 보증채무를 이행한 경우, 丙은 甲에게 구상권을 행사할 수 없다.
⑤ 만약 丁도 甲의 乙에 대한 채무를 연대보증한 경우라면, 乙에게 400만원을 변제한 丙은 丁에 대하여 200만원의 범위에서 구상할 수 있다.

[**❶ ▸ ✕**] 주채무자의 시효이익 포기와 같은 항변 포기는 보증인에게 효력이 없으므로, 丙은 주채무의 시효소멸을 원용하여 연대보증채무의 소멸을 주장할 수 있다.

법령 보증인과 주채무자항변권(민법 제433조) ② 주채무자의 항변 포기는 보증인에게 효력이 없다.

판례 주채무가 시효로 소멸한 때에는 보증인도 그 시효소멸을 원용할 수 있으며, 주채무자가 시효의 이익을 포기하더라도 보증인에게는 그 효력이 없다(대판 1991.1.29, 89다카1114).

[**❷ ▸ ✕**] 丙은 연대보증인이므로 최고·검색의 항변권이 인정되지 않는다.

법령 보증인의 최고, 검색의 항변(민법 제437조) 채권자가 보증인에게 채무의 이행을 청구한 때에는 보증인은 주채무자의 변제자력이 있는 사실 및 그 집행이 용이할 것을 증명하여 먼저 주채무자에게 청구할 것과 그 재산에 대하여 집행할 것을 항변할 수 있다. 그러나 보증인이 주채무자와 연대하여 채무를 부담한 때에는 그러하지 아니하다.

[**❸ ▸ ✕**] 보증계약 체결 후 채권자가 보증인의 승낙 없이 주채무자에 대하여 변제기를 연장하여 준 경우, 그것이 반드시 보증인의 책임을 가중하는 것이라고는 할 수 없으므로 원칙적으로 보증채무에 대하여도 그 효력이 미친다(대판 1996.2.23, 95다49141).

[**❹ ▸ ○**] 민법 제446조의 규정은 같은 법 제445조 제1항의 규정을 전제로 하는 것이어서 같은 법 제445조 제1항의 사전통지를 하지 아니한 수탁보증인까지 보호하는 취지의 규정은 아니므로, 수탁보증에 있어서 주채무자가 면책행위를 하고도 그 사실을 보증인에게 통지하지 아니하고 있던 중에 보증인도 사전통지를 하지 아니한 채 이중의 면책행위를 한 경우에는 보증인은 주채무자에 대하여 민법 제446조에 의하여 자기의 면책행위의 유효를 주장할 수 없다고 봄이 상당하고 따라서 이 경우에는 이중변제의 기본원칙으로 돌아가 먼저 이루어진 주채무자의 면책행위가 유효하고 나중에 이루어진 보증인의 면책행위는 무효로 보아야 하므로 보증인은 민법 제446조에 기하여 주채무자에게 구상권을 행사할 수 없다(대판 1997.10.10, 95다46265).

[❺ ▸ ✕] 연대보증인은 자기의 부담 부분 이상을 변제한 경우에만 다른 연대보증인에게 구상할 수 있다. 사안에서 연대보증인 丙과 丁의 부담 부분은 별도의 약정이 없는 한 균등한 것으로 추정되므로, 각 500만원씩이다. 따라서 400만원을 변제한 丙은 丁에 대해 구상권을 행사할 수 없다.

공동보증인 간의 구상권(민법 제448조)　② 주채무가 불가분이거나 각 보증인이 상호 연대로 또는 주채무자와 연대로 채무를 부담한 경우에 어느 보증인이 자기의 부담 부분을 넘은 변제를 한 때에는 제425조 내지 제427조의 규정을 준용한다.

수인의 보증인이 있는 경우에는 그 사이에 분별의 이익이 있는 것이 원칙이지만, 그 수인이 연대보증인일 때에는 각자가 별개의 법률행위로 보증인이 되었고 또한 보증인 상호 간에 연대의 특약(보증연대)이 없었더라도 채권자에 대하여는 분별의 이익을 갖지 못하고 각자의 채무의 전액을 변제하여야 하나, 연대보증인들 상호 간의 내부관계에서는 주채무에 대하여 출재를 분담하는 일정한 금액을 의미하는 부담 부분이 있고, 그 부담 부분의 비율, 즉 분담비율에 관하여는 그들 사이에 특약이 있으면 당연히 그에 따르되 그 특약이 없는 한 각자 평등한 비율로 부담을 지게 된다(대판 2009.6.25, 2007다70155).

2017년 변호사시험 문 11.

☑ 확인Check! ○ △ ✕

甲은 乙로부터 금전을 차용하면서 丙에게 부탁하여 자신의 乙에 대한 채무에 대하여 연대보증을 서게 하였다. 이에 관한 설명 중 옳은 것은?(다툼이 있는 경우 판례에 의함)

① 甲이 변제기에 기한의 유예를 요청하여 乙이 변제기한을 연장해 준 경우, 그 효력은 원칙적으로 丙에게 미치지 않는다.

② 甲이 乙에게 변제하고도 이 사실을 丙에게 통지하지 않고 있는 동안 丙이 사전통지를 하지 않고 乙에게 보증채무를 이행한 경우, 丙은 甲에게 구상권을 행사할 수 없다.

③ 乙이 丙에게 변제를 청구한 경우, 丙은 먼저 甲에게 청구할 것을 항변할 수 있다.

④ 甲이 자신의 채무에 대한 소멸시효기간이 경과한 후 시효의 이익을 포기한 경우, 丙은 甲의 채무의 시효소멸을 원용하여 자신의 연대보증채무의 소멸을 주장할 수 없다.

⑤ 丙의 채무에 대한 소멸시효가 중단되면, 甲의 채무에 대한 소멸시효가 완성되더라도 丙의 채무는 소멸하지 않는다.

[❶ ▸ ✕] 보증계약 체결 후 채권자가 보증인의 승낙 없이 주채무자에 대하여 변제기를 연장하여 준 경우, 그것이 반드시 보증인의 책임을 가중하는 것이라고는 할 수 없으므로 원칙적으로 보증채무에 대하여도 그 효력이 미친다(대판 1996.2.23, 95다49141).

[❷ ▸ ○] 대판 1997.10.10, 95다46265, 민법 제445조 제1항・제2항 및 제446조 참조

민법 제446조의 규정은 같은 법 제445조 제1항의 규정을 전제로 하는 것이어서 같은 법 제445조 제1항의 사전통지를 하지 아니한 수탁보증인까지 보호하는 취지의 규정은 아니므로, 수탁보증에 있어서 주채무자가 면책행위를 하고도 그 사실을 보증인에게 통지하지 아니하고 있던 중에 보증인도 사전통지를 하지 아니한 채 이중의 면책행위를 한 경우에는 보증인은 주채무자에 대하여 민법 제446조에 의하여 자기의 면책행위의 유효를 주장할 수 없다고 봄이 상당하고 따라서 이 경우에는 이중변제의 기본원칙으로 돌아가 먼저 이루어진 주채무자의 면책행위가 유효하고 나중에 이루어진 보증인의 면책행위는 무효로 보아야 하므로 보증인은 민법 제446조에 기하여 주채무자에게 구상권을 행사할 수 없다(대판 1997.10.10, 95다46265).

② **정답**

구상요건으로서의 통지(민법 제445조) ① 보증인이 주채무자에게 통지하지 아니하고 변제 기타 자기의 출재로 주채무를 소멸하게 한 경우에 주채무자가 채권자에게 대항할 수 있는 사유가 있었을 때에는 이 사유로 보증인에게 대항할 수 있고 그 대항사유가 상계인 때에는 상계로 소멸할 채권은 보증인에게 이전된다.
② 보증인이 변제 기타 자기의 출재로 면책되었음을 주채무자에게 통지하지 아니한 경우에 주채무자가 선의로 채권자에게 변제 기타 유상의 면책행위를 한 때에는 주채무자는 자기의 면책행위의 유효를 주장할 수 있다.
주채무자의 보증인에 대한 면책통지의무(민법 제446조) 주채무자가 자기의 행위로 면책하였음을 그 부탁으로 보증인이 된 자에게 통지하지 아니한 경우에 보증인이 선의로 채권자에게 변제 기타 유상의 면책행위를 한 때에는 보증인은 자기의 면책행위의 유효를 주장할 수 있다.

[**❸ ▸ ✕**] 丙은 연대보증인이므로 최고·검색의 항변권이 인정되지 않는다.

 보증인의 최고, 검색의 항변(민법 제437조) 채권자가 보증인에게 채무의 이행을 청구한 때에는 보증인은 주채무자의 변제자력이 있는 사실 및 그 집행이 용이할 것을 증명하여 먼저 주채무자에게 청구할 것과 그 재산에 대하여 집행할 것을 항변할 수 있다. 그러나 보증인이 주채무자와 연대하여 채무를 부담한 때에는 그러하지 아니하다.

[**❹ ▸ ✕**] 주채무자의 시효이익 포기와 같은 항변 포기는 보증인에게 효력이 없으므로, 丙은 주채무의 시효소멸을 원용하여 연대보증채무의 소멸을 주장할 수 있다.

 보증인과 주채무자항변권(민법 제433조) ② 주채무자의 항변 포기는 보증인에게 효력이 없다.

 주채무가 시효로 소멸한 때에는 보증인도 그 시효소멸을 원용할 수 있으며, 주채무자가 시효의 이익을 포기하더라도 보증인에게는 그 효력이 없다(대판 1991.1.29. 89다카1114).

[**❺ ▸ ✕**] 보증채무에 대한 소멸시효가 중단되었다고 하더라도 이로써 주채무에 대한 소멸시효가 중단되는 것은 아니고, 주채무가 소멸시효 완성으로 소멸된 경우에는 보증채무도 그 채무 자체의 시효중단에 불구하고 부종성에 따라 당연히 소멸된다(대판 2002.5.14. 2000다62476).

甲은 우유대리점을 경영하고 있다. 甲은 乙우유회사와 우유를 공급받는 계약을 체결하면서 대금 지급을 지체하는 경우 연 12%의 비율에 의한 지연손해금을 지급하기로 약정하였다. 丙은 甲의 부탁을 받고 甲의 乙회사에 대한 우유대금지급채무를 담보하기 위하여 乙회사와 1억원을 한도로 하는 근보증계약을 체결하였다. 그 후 甲의 乙회사에 대한 우유대금원금채무가 1억원 이상이 연체되자 乙회사는 甲과의 우유공급계약을 해지하였다. 다음 중 옳은 것을 모두 고른 것은?(다툼이 있는 경우에는 판례에 의하고, 각 지문은 모두 독립적이다)

ㄱ. 乙회사는 丙에게 보증채무의 이행을 청구하였다. 이 경우 丙이 乙회사에 부담하는 채무는 1억원 및 이에 대한 연 12%의 비율에 의한 지연손해금이다.

ㄴ. 甲의 우유대금채무에 관하여 소멸시효 완성이 2개월 남았을 때에 乙회사는 甲에게 우유대금의 지급을 최고하였고, 이에 甲은 즉시 乙회사에 우유대금채무의 존재를 인정하는 내용의 답변서를 보냈다. 그로부터 1년 후 乙회사가 丙을 상대로 보증채무의 이행을 구하는 소송을 제기하였고 이에 丙은 甲의 채무 인정은 보증인에게는 효력이 없으므로 丙의 보증채무는 시효로 소멸하였다고 항변하였다. 乙회사는 위 소송에서 승소할 수 없다.

ㄷ. 甲이 乙회사에게 연체된 우유대금채무를 모두 변제한 후에도 丙에게 이를 통지하지 아니하였고, 丙이 甲의 채무변제사실을 모른 채 역시 甲에게 통지하지 아니하고 乙회사에게 우유대금보증채무를 이중으로 변제한 경우 丙은 甲에게 구상권을 행사할 수 없다.

① ㄱ   ② ㄴ   ③ ㄷ
④ ㄱ, ㄴ   ⑤ ㄴ, ㄷ

[ㄱ ▸ ✕]   보증한도액을 정한 근보증에 있어 보증채무는 보증한도범위 안에서 확정된 주채무의 지연손해금을 포함하므로, 丙이 乙회사에 부담하는 채무는 보증한도액인 1억원이다.

판례 ⊸ 보증한도액을 정한 근보증에 있어 보증채무는 특별한 사정이 없는 한 보증한도범위 안에서 확정된 주채무 및 그 이자, 위약금, 손해배상 기타 주채무에 종속한 채무를 모두 포함한다(대판 2000.4.11. 99다12123).

[ㄴ ▸ ✕]   사안에서 甲의 답변서는 채무의 승인으로서 소멸시효중단사유이다. 주채무자에 대한 시효중단은 보증인에게도 효력이 있으므로, 丙의 보증채무 시효완성의 항변은 배척되어 乙회사는 승소할 수 있다.

법령 ⊸ 소멸시효의 중단사유(민법 168조)   소멸시효는 다음 각 호의 사유로 인하여 중단된다.
　　3. 승 인
　시효중단의 보증인에 대한 효력(민법 제440조)   주채무자에 대한 시효의 중단은 보증인에 대하여 그 효력이 있다.

[ㄷ ▸ ○]   주채무자가 수탁보증인에게 사후통지를 하지 않고 있는 중에 수탁보증인도 사전통지를 하지 않고 변제를 한 경우에는, 보증인은 자기의 면책행위의 유효를 주장할 수 없다. 따라서 보증인 丙은 주채무자 甲에게 구상권을 행사할 수 없다.

판례 민법 제446조의 규정은 같은 법 제445조 제1항의 규정을 전제로 하는 것이어서 같은 법 제445조 제1항의 사전통지를 하지 아니한 수탁보증인까지 보호하는 취지의 규정은 아니므로, 수탁보증에 있어서 주채무자가 면책행위를 하고도 그 사실을 보증인에게 통지하지 아니하고 있던 중에 보증인도 사전통지를 하지 아니한 채 이중의 면책행위를 한 경우에는 보증인은 주채무자에 대하여 민법 제446조에 의하여 자기의 면책행위의 유효를 주장할 수 없다고 봄이 상당하고 따라서 이 경우에는 이중변제의 기본원칙으로 돌아가 먼저 이루어진 주채무자의 면책행위가 유효하고 나중에 이루어진 보증인의 면책행위는 무효로 보아야 하므로 보증인은 민법 제446조에 기하여 주채무자에게 구상권을 행사할 수 없다(대판 1997.10.10, 95다46265).

 법령 **구상요건으로서의 통지(민법 제445조)** ① 보증인이 주채무자에게 통지하지 아니하고 변제 기타 자기의 출재로 주채무를 소멸하게 한 경우에 주채무자가 채권자에게 대항할 수 있는 사유가 있었을 때에는 이 사유로 보증인에게 대항할 수 있고 그 대항사유가 상계인 때에는 상계로 소멸할 채권은 보증인에게 이전된다. ② 보증인이 변제 기타 자기의 출재로 면책되었음을 주채무자에게 통지하지 아니한 경우에 주채무자가 선의로 채권자에게 변제 기타 유상의 면책행위를 한 때에는 주채무자는 자기의 면책행위의 유효를 주장할 수 있다.

주채무자의 보증인에 대한 면책통지의무(민법 제446조) 주채무자가 자기의 행위로 면책하였음을 그 부탁으로 보증인이 된 자에게 통지하지 아니한 경우에 보증인이 선의로 채권자에게 변제 기타 유상의 면책행위를 한 때에는 보증인은 자기의 면책행위의 유효를 주장할 수 있다.

2012년 변호사시험 문 32. ☑ 확인Check! ○ △ ✕

甲에 대한 乙의 1,000만원의 금전채무에 대하여 丙과 丁이 연대보증인이 된 경우에 관한 설명 중 옳은 것은?(별도의 특약은 없는 것으로 하고, 다툼이 있는 경우에는 판례에 의함)

① 丙이 甲으로부터 청구를 받은 경우, 丙이 乙에게 집행이 용이한 재산이 있음을 증명하면 甲은 우선 乙에게 청구하여야 한다.

② 甲의 丁에 대한 채권 포기는 乙에게도 그 효력이 미친다.

③ 丙이 1,000만원을 甲에게 변제한 경우, 丙은 乙에 대하여 구상할 수 있지만 丁에 대하여 구상할 수는 없다.

④ 甲이 丙에 대한 연대보증채권을 피보전권리로 하여 丙 소유의 부동산에 가압류를 한 경우에도 乙에 대한 채권의 소멸시효는 중단되지 않는다.

⑤ 乙이 甲에 대하여 채권을 가지고 있더라도 丙은 이 채권에 의한 상계를 가지고 甲에게 대항할 수 없다.

[**❶** ▶ ✕] 연대보증인인 丙에게는 최고·검색의 항변권이 인정되지 않는다.

 법령 **보증인의 최고, 검색의 항변(민법 제437조)** 채권자가 보증인에게 채무의 이행을 청구한 때에는 보증인은 주채무자의 변제자력이 있는 사실 및 그 집행이 용이할 것을 증명하여 먼저 주채무자에게 청구할 것과 그 재산에 대하여 집행할 것을 항변할 수 있다. 그러나 보증인이 주채무자와 연대하여 채무를 부담한 때에는 그러하지 아니하다.

[**❷** ▸ **✕**]   연대보증인 1인에 대한 채권 포기는 주채무자나 다른 연대보증인에게는 효력이 미치지 아니한다(대판 1994.11.8. 94다37202).

[**❸** ▸ **✕**]   보증인이 자기의 부담 부분을 넘은 변제를 한 경우에는 다른 보증인에게도 구상이 가능하다. 따라서 1,000만원의 금전채무 전부를 변제한 丙은 주채무자 乙에게도, 다른 연대보증인 丁에게도 구상할 수 있다.

> **⚖ 법령** **공동보증인 간의 구상권(민법 제448조)**   ① 수인의 보증인이 있는 경우에 어느 보증인이 자기의 부담 부분을 넘은 변제를 한 때에는 제444조의 규정을 준용한다.
> ② 주채무가 불가분이거나 각 보증인이 상호 연대로 또는 주채무자와 연대로 채무를 부담한 경우에 어느 보증인이 자기의 부담 부분을 넘은 변제를 한 때에는 제425조 내지 제427조의 규정을 준용한다.

[**❹** ▸ **○**]   보증채무에 대한 소멸시효가 중단되었다고 하더라도 이로써 주채무에 대한 소멸시효가 중단되는 것은 아니고, 주채무가 소멸시효 완성으로 소멸된 경우에는 보증채무도 그 채무 자체의 시효중단에 불구하고 부종성에 따라 당연히 소멸된다(대판 2002.5.14. 2000다62476).

[**❺** ▸ **✕**]   보증인은 주채무자의 채권에 의한 상계로 채권자에게 대항할 수 있다(민법 제434조).

CHAPTER 05

채권양도와 채무인수

✓ 각 문항별로 이해도를 체크해 보세요.

최근 5년간 회별 평균 **1.8문**

제1절   채권양도

★★★★☆

2020년 변호사시험 문 32.

☑ 확인Check! ○ △ ×

채권양도에 관한 설명 중 옳지 않은 것은?(다툼이 있는 경우 판례에 의함)

① 전세기간 만료 이후 전세권양도계약 및 전세권 이전의 부기등기가 이루어진 것만으로는 전세금반환채권의 양도에 관하여 확정일자 있는 통지나 승낙이 있었다고 볼 수 없어 이로써 제3자인 전세금반환채권의 압류·전부채권자에게 대항할 수 없다.

② 피담보채권과 저당권이 함께 양도되어 피담보채권은 채권양도의 대항요건을 갖추었으나 저당권은 그 이전등기가 경료되지 않은 상태에서 배당절차가 실시된 경우, 저당권의 명의인은 집행채무자로부터 변제받기 위하여 배당이의로 배당표의 경정을 구할 수 없다.

③ 甲이 丙에 대한 차용금채무의 담보조로 자신이 乙에 대하여 가지고 있는 임대차보증금반환채권을 丙에게 양도하고 이를 乙에게 통지하였다면, 이후 甲이 丙에게 차용금채무를 변제했더라도 乙은 甲의 변제를 이유로 丙의 양수금청구를 거절할 수 없다.

④ 부동산 매매로 인한 소유권이전등기청구권의 양도는 특별한 사정이 없는 한 통상의 채권양도와 달리 양도인의 채무자에 대한 통지만으로는 채무자에 대한 대항력이 생기지 않으며 반드시 채무자의 동의나 승낙을 받아야 대항력이 생긴다.

⑤ 甲과 乙이 X채권에 관하여 양도금지특약을 하였으나 乙이 이에 위반하여 丙에게 X채권을 양도하고 甲에게 채권양도통지를 한 경우, 양수인인 丙이 위 채권양도금지특약을 과실 없이 알지 못하였더라도 丙으로부터 대항요건을 갖추어 채권을 양수한 전득자 丁이 악의라면 丁은 X채권을 유효하게 취득하지 못한다.

[❶▸○] 전세기간 만료 이후 전세권양도계약 및 전세권 이전의 부기등기가 이루어진 것만으로는 전세금반환채권의 양도에 관하여 확정일자 있는 통지나 승낙이 있었다고 볼 수 없어 이로써 제3자인 전세금반환채권의 압류·전부채권자에게 대항할 수 없다(대판 2005.3.25. 2003다35659).

[❷▸○] 피담보채권과 근저당권을 함께 양도하는 경우에 채권양도는 당사자 사이의 의사표시만으로 양도의 효력이 발생하지만 근저당권 이전은 이전등기를 하여야 하므로 채권양도와 근저당권이전등기 사이에 어느 정도 시차가 불가피한 이상 피담보채권이 먼저 양도되어 일시적으로 피담보채권과 근저당권의 귀속이 달라진다고 하여 근저당권이 무효로 된다고 볼 수는 없으나, 위 근저당권은 그 피담보채권의 양수인에게 이전되어야 할 것에 불과하고, 근저당권의 명의인은 피담보채권을 양도하여 결국 피담보채권을 상실한 셈이므로 집행채무자로부터 변제를 받기 위하여 배당표에 자신에게 배당하는 것으로 배당표의 경정을 구할 수 있는 지위에 있다고 볼 수 없다(대판 2003.10.10. 2001다77888).

[❸▸○] 채권양도가 다른 채무의 담보조로 이루어졌으며 또한 그 채무가 변제되었다고 하더라도, 이는 채권양도인과 양수인 간의 문제일 뿐이고, 양도채권의 채무자는 채권양도·양수인 간의 채무소멸 여하에 관계없이 양도된 채무를 양수인에게 변제하여야 하는 것이므로, 설령 그 피담보채무가 변제로 소멸되었다고 하더라도 양도채권의 채무자로서는 이를 이유로 채권양수인의 양수금청구를 거절할 수 없다(대판 1999.11.26. 99다23093).

정답 ⑤

[**❹ ▶ ㅇ**] 부동산매매계약에서 매도인과 매수인은 서로 동시이행관계에 있는 일정한 의무를 부담하므로 이행과정에 신뢰관계가 따른다. 특히 매도인으로서는 매매대금 지급을 위한 매수인의 자력, 신용 등 매수인이 누구인지에 따라 계약 유지 여부를 달리 생각할 여지가 있다. 이러한 이유로 매매로 인한 소유권이전등기청구권의 양도는 특별한 사정이 없는 이상 양도가 제한되고 양도에 채무자의 승낙이나 동의를 요한다고 할 것이므로 통상의 채권양도와 달리 양도인의 채무자에 대한 통지만으로는 채무자에 대한 대항력이 생기지 않으며 반드시 채무자의 동의나 승낙을 받아야 대항력이 생긴다(대판 2018.7.12. 2015다36167).

[**❺ ▶ ✕**] 채권양도금지특약에 대해 양수인 丙이 선의인 경우, 전득자 丁이 악의라도 丁은 X채권을 유효하게 취득한다.

판례
당사자의 의사표시에 의한 채권양도금지특약은 제3자가 악의인 경우는 물론 제3자가 채권양도금지특약을 알지 못한 데에 중대한 과실이 있는 경우에도 채권양도금지특약으로써 대항할 수 있고, 제3자의 악의 내지 중과실은 채권양도금지특약으로 양수인에게 대항하려는 자가 이를 주장·증명하여야 한다. 그리고 민법 제449조 제2항 단서는 채권양도금지특약으로써 대항할 수 없는 자를 '선의의 제3자'라고만 규정하고 있어 채권자로부터 직접 양수한 자만을 가리키는 것으로 해석할 이유는 없으므로, 악의의 양수인으로부터 다시 선의로 양수한 전득자도 위 조항에서의 선의의 제3자에 해당한다. 또한 선의의 양수인을 보호하고자 하는 위 조항의 입법취지에 비추어 볼 때, 이러한 선의의 양수인으로부터 다시 채권을 양수한 전득자는 선의·악의를 불문하고 채권을 유효하게 취득한다(대판 2015.4.9. 2012다118020).

법령
채권의 양도성(민법 제449조) ② 채권은 당사자가 반대의 의사를 표시한 경우에는 양도하지 못한다. 그러나 그 의사표시로써 선의의 제삼자에게 대항하지 못한다.

2018년 변호사시험 문 20. ☑ 확인Check! ○ △ ✕

채권양도에 관한 설명 중 옳지 않은 것은?(다툼이 있는 경우 판례에 의함)

① 동일한 채권에 관하여 확정일자 있는 채권양도통지, 가압류 또는 압류명령 등이 제3채무자(채권양도의 경우는 채무자, 이하 이 문항에서는 같다)에게 동시에 송달되어 그들 상호 간에 우열이 없는 경우, 양수채권액과 가압류 또는 압류된 채권액의 합계액이 제3채무자에 대한 채권액을 초과할 때에는 그들 상호 간에는 법률상의 지위가 대등하므로 공평의 원칙상 제3채무자는 위 채권자들의 각 채권액에 안분하여 채무를 변제하여야 한다.
② 당사자 사이에 양도금지의 특약이 있는 채권이더라도 전부명령에 의하여 전부되는 데에는 지장이 없고, 전부채권자로부터 다시 그 채권을 양수한 자가 그 특약의 존재를 알았다고 하더라도 채무자는 위 특약을 근거로 그 채권양도의 무효를 주장할 수 없다.
③ 채권양도의 통지는 「민사소송법」상의 송달에 관한 규정에서 송달장소로 정하는 채무자의 주소·거소·영업소 또는 사무소 등에 해당하지 아니하는 장소에서라도 채무자가 사회통념상 그 통지의 내용을 알 수 있는 객관적 상태에 놓여졌다고 인정됨으로써 족하다.
④ 채권양도에 관한 채무자의 승낙은 채무자가 채권양도사실에 관한 인식을 표명하는 것으로서 이른바 관념의 통지에 해당하고, 대리인에 의하여도 위와 같은 승낙을 할 수 있다.
⑤ 채권양도의 통지는 그 양도인이 채권이 양도되었다는 사실을 채무자에게 알리는 행위에 불과하므로, 그것만으로 도급계약에 관하여 「민법」 제667조 내지 제671조에 규정된 하자담보책임의 제척기간 준수에 필요한 권리의 행사에 해당한다고 할 수 없다.

① **정답**

[❶▸X] 채권양도통지, 가압류 또는 압류명령 등이 제3채무자에 동시에 송달되어 그들 상호 간에 우열이 없는 경우에도 그 채권양수인, 가압류 또는 압류채권자는 모두 제3채무자에 대하여 완전한 대항력을 갖추었다고 할 것이므로, 그 전액에 대하여 채권양수금, 압류전부금 또는 추심금의 이행청구를 하고 적법하게 이를 변제받을 수 있고, 제3채무자로서는 이들 중 누구에게라도 그 채무 전액을 변제하면 다른 채권자에 대한 관계에서도 유효하게 면책되는 것이며, 만약 양수채권액과 가압류 또는 압류된 채권액의 합계액이 제3채무자에 대한 채권액을 초과할 때에는 그들 상호 간에는 법률상의 지위가 대등하므로 공평의 원칙상 각 채권액에 안분하여 이를 내부적으로 다시 정산할 의무가 있다(대판 1994.4.26, 93다24223 [전합]).

[❷▸O] 당사자 사이에 양도금지의 특약이 있는 채권이더라도 전부명령에 의하여 전부되는 데에는 지장이 없고, 양도금지의 특약이 있는 사실에 관하여 집행채권자가 선의인가 악의인가는 전부명령의 효력에 영향을 미치지 못하는 것인바, 이와 같이 양도금지특약부 채권에 대한 전부명령이 유효한 이상, 그 전부채권자로부터 다시 그 채권을 양수한 자가 그 특약의 존재를 알았거나 중대한 과실로 알지 못하였다고 하더라도 채무자는 위 특약을 근거로 삼아 채권양도의 무효를 주장할 수 없다(대판 2003.12.11, 2001다3771).

[❸▸O] 채권양도의 통지는 채무자에게 도달됨으로써 효력이 발생하는 것이고, 여기서 도달이라 함은 사회통념상 상대방이 통지의 내용을 알 수 있는 객관적 상태에 놓여졌다고 인정되는 상태를 가리킨다. 이와 같이 도달은 보다 탄력적인 개념으로서 송달장소나 수송달자 등의 면에서 위에서 본 송달에서와 같은 엄격함은 요구되지 아니하며, 이에 송달장소 등에 관한 민사소송법의 규정을 유추적용할 것이 아니다. 따라서 채권양도의 통지는 민사소송법상의 송달에 관한 규정에서 송달장소로 정하는 채무자의 주소·거소·영업소 또는 사무소 등에 해당하지 아니하는 장소에서라도 채무자가 사회통념상 그 통지의 내용을 알 수 있는 객관적 상태에 놓여졌다고 인정됨으로써 족하다(대판 2010.4.15, 2010다57).

[❹▸O] 민법 제451조 제1항 전문은 "채무자가 이의를 보류하지 아니하고 전조의 승낙을 한 때에는 양도인에게 대항할 수 있는 사유로써 양수인에게 대항하지 못한다"고 규정하고 있는데, 이는 채무자의 승낙이라는 사실에 공신력을 주어 양수인을 보호하고 거래의 안전을 꾀하기 위한 규정이다. 여기서 '승낙'이라 함은 채무자가 채권양도사실에 관한 인식을 표명하는 것으로서 이른바 관념의 통지에 해당하고, 대리인에 의하여도 위와 같은 승낙을 할 수 있다(대판 2013.6.28, 2011다83110).

[❺▸O] 채권양도의 통지는 양도인이 채권이 양도되었다는 사실을 채무자에게 알리는 것에 그치는 행위이므로, 그것만으로 제척기간 준수에 필요한 권리의 재판 외 행사에 해당한다고 할 수 없다. 따라서 집합건물인 아파트의 입주자대표회의가 스스로 하자담보 추급에 의한 손해배상청구권을 가짐을 전제로 하여 직접 아파트의 분양자를 상대로 손해배상청구소송을 제기하였다가, 소송계속 중에 정당한 권리자인 구분소유자들에게서 손해배상채권을 양도받고 분양자에게 통지가 마쳐진 후 그에 따라 소를 변경한 경우에는, 채권양도통지에 채권양도의 사실을 알리는 것 외에 이행을 청구하는 뜻이 별도로 덧붙여지거나 그 밖에 구분소유자들이 재판 외에서 권리를 행사하였다는 등 특별한 사정이 없는 한, 위 손해배상청구권은 입주자대표회의가 위와 같이 소를 변경한 시점에 비로소 행사된 것으로 보아야 한다(대판 2012.3.22, 2010다28840 [전합]).

채권양도에 관한 설명 중 옳지 않은 것은?(다툼이 있는 경우 판례에 의함)

① 부동산 매매로 인한 소유권이전등기청구권을 제3자에게 양도하는 경우 매수인이 매도인에게 양도사실을 통지하는 것만으로는 매도인에 대한 대항력이 생기지 않으며 반드시 매도인의 동의나 승낙을 받아야 대항력이 생긴다.

② 당사자의 의사표시에 의한 채권양도금지특약은 제3자가 악의인 경우는 물론 제3자가 채권양도금지특약을 알지 못한 데에 중대한 과실이 있는 경우에도 채권양도금지특약으로써 대항할 수 있고, 제3자의 악의 내지 중과실은 채권양도금지특약으로 양수인에게 대항하려는 자가 이를 주장·증명하여야 한다.

③ 당사자의 의사표시에 의한 채권양도금지특약이 있는 경우 악의의 양수인으로부터 다시 선의로 양수한 전득자는 그 채권을 유효하게 취득하나, 선의의 양수인으로부터 다시 채권을 양수한 악의의 전득자는 그 채권을 유효하게 취득하지 못한다.

④ 전세금반환채권의 경우, 전세권이 존속하는 동안은 전세권을 존속시키기로 하면서 전세금반환채권만을 전세권과 분리하여 확정적으로 양도하는 것은 허용되지 않으며, 다만 전세권 존속 중에는 장래에 그 전세권이 소멸하는 경우에 전세금반환채권이 발생하는 것을 조건으로 그 장래의 조건부 채권을 양도할 수 있다.

⑤ 채무자가 채권자에게 채무변제와 관련하여 다른 채권을 양도하는 것은 특단의 사정이 없는 한 채무변제를 위한 담보 또는 변제의 방법으로 양도되는 것으로 추정할 것이지 채무변제에 갈음한 것으로 볼 것은 아니어서, 그 경우 채권양도만 있으면 바로 원래의 채권이 소멸한다고 볼 수는 없고 채권자가 양도받은 채권을 변제받은 때에 비로소 그 범위 내에서 채무자가 면책된다.

[❶ ▸ ○] 　부동산의 매매로 인한 소유권이전등기청구권은 물권의 이전을 목적으로 하는 매매의 효과로서 매도인이 부담하는 재산권이전의무의 한 내용을 이루는 것이고, 매도인이 물권행위의 성립요건을 갖추도록 의무를 부담하는 경우에 발생하는 채권적 청구권으로 그 이행과정에 신뢰관계가 따르므로, 소유권이전등기청구권을 매수인으로부터 양도받은 양수인은 매도인이 그 양도에 대하여 동의하지 않고 있다면 매도인에 대하여 채권양도를 원인으로 하여 소유권이전등기절차의 이행을 청구할 수 없고, 따라서 매매로 인한 소유권이전등기청구권은 특별한 사정이 없는 이상 그 권리의 성질상 양도가 제한되고 그 양도에 채무자의 승낙이나 동의를 요한다고 할 것이므로 통상의 채권양도와 달리 양도인의 채무자에 대한 통지만으로는 채무자에 대한 대항력이 생기지 않으며 반드시 채무자의 동의나 승낙을 받아야 대항력이 생긴다(대판 2001.10.9. 2000다51216).

[❷ ▸ ○] [❸ ▸ ✕] 　당사자의 의사표시에 의한 채권양도금지특약은 제3자가 악의인 경우는 물론 제3자가 채권양도금지특약을 알지 못한 데에 중대한 과실이 있는 경우에도 채권양도금지특약으로써 대항할 수 있고, 제3자의 악의 내지 중과실은 채권양도금지특약으로 양수인에게 대항하려는 자가 이를 주장·증명하여야 한다. 그리고 민법 제449조 제2항 단서는 채권양도금지특약으로써 대항할 수 없는 자를 '선의의 제3자'라고만 규정하고 있어 채권자로부터 직접 양수한 자만을 가리키는 것으로 해석할 이유는 없으므로, 악의의 양수인으로부터 다시 선의로 양수한 전득자도 위 조항에서의 선의의 제3자에 해당한다. 또한 선의의 양수인을 보호하고자 하는 위 조항의 입법취지에 비추어 볼 때, 이러한 선의의 양수인으로부터 다시 채권을 양수한 전득자는 선의·악의를 불문하고 채권을 유효하게 취득한다(대판 2015.4.9. 2012다118020).

[❹ ▸ ○] 　전세권은 전세금을 지급하고 타인의 부동산을 그 용도에 따라 사용·수익하는 권리로서 전세금의 지급이 없으면 전세권은 성립하지 아니하는 등으로 전세금은 전세권과 분리될 수 없는 요소일 뿐 아니라, 전세권에 있어서는 그 설정행위에서 금지하지 아니하는 한 전세권자는 전세권 자체를 처분하여 전세금으로 지출한 자본을 회수할 수 있도록 되어 있으므로 전세권이 존속하는 동안은 전세권을 존속시키기로 하면서 전세금반환채권만을 전세권과 분리하여 확정적으로 양도하는 것은 허용되지 않는 것이며, 다만 전세권 존속 중에는 장래에 그 전세권이 소멸하는 경우에 전세금반환채권이 발생하는 것을 조건으로 그 장래의 조건부 채권을 양도할 수 있을 뿐이라 할 것이다(대판 2002.8.23. 2001다69122).

[❺ ▸ ○] 채무자가 채권자에게 채무변제와 관련하여 다른 채권을 양도하는 것은 특단의 사정이 없는 한 채무변제를 위한 담보 또는 변제의 방법으로 양도되는 것으로 추정할 것이지 채무변제에 갈음한 것으로 볼 것은 아니어서, 그 경우 채권양도만 있으면 바로 원래의 채권이 소멸한다고 볼 수는 없고 채권자가 양도받은 채권을 변제받은 때에 비로소 그 범위 내에서 채무자가 면책된다(대판 2013.5.9. 2012다40998).

[❶ ▸ ○] 민법 제452조는 '양도통지와 금반언'이라는 제목 아래 제1항에서 '양도인이 채무자에게 채권양도를 통지한 때에는 아직 양도하지 아니하였거나 그 양도가 무효인 경우에도 선의인 채무자는 양수인에게 대항할 수 있는 사유로 양도인에게 대항할 수 있다'고 하고, 제2항에서 '전항의 통지는 양수인의 동의가 없으면 철회하지 못한다'고 하여 채권양도가 불성립 또는 무효인 경우에 선의인 채무자를 보호하는 규정을 두고 있다. 이는 채권양도가 해제 또는 합의해제되어 소급적으로 무효가 되는 경우에도 유추적용할 수 있다고 할 것이므로, 지명채권의 양도통지를 한 후 양도계약이 해제 또는 합의해제된 경우에 채권양도인이 해제 등을 이유로 다시 원래의 채무자에 대하여 양도채권으로 대항하려면 채권양도인이 채권양수인의 동의를 받거나 채권양수인이 채무자에게 위와 같은 해제 등 사실을 통지하여야 한다. 이 경우 위와 같은 대항요건이 갖추어질 때까지 양도계약의 해제 등을 알지 못한 선의인 채무자는 해제 등의 통지가 있은 다음에도 채권양수인에 대한 반대채권에 의한 상계로써 채권양도인에게 대항할 수 있다고 봄이 타당하다(대판 2012.11.29. 2011다17953).

[❷ ▸ ○] 채권양도의 대항요건의 흠결의 경우 채권을 주장할 수 없는 채무자 이외의 제3자는 양도된 채권 자체에 관하여 양수인의 지위와 양립할 수 없는 법률상 지위를 취득한 자에 한하므로, 선순위의 근저당권부 채권을 양수한 채권자보다 후순위의 근저당권자는 채권양도의 대항요건을 갖추지 아니한 경우 대항할 수 없는 제3자에 포함되지 않는다(대판 2005.6.23. 2004다29279).

[❸ ▸ ○] 지명채권 양도의 채무자에 대한 대항요건은 채무자에 대한 채권양도의 통지 또는 채무자의 승낙인데, 채권양도통지가 채무자에 대하여 이루어져야 하는 것과는 달리 채무자의 승낙은 양도인 또는 양수인 모두가 상대방이 될 수 있다(대판 2011.6.30. 2011다8614).

[❹ ▸ ○] 채권양도통지와 채권가압류결정 정본이 같은 날 도달되었는데 그 선후관계에 대하여 달리 입증이 없으면 동시에 도달된 것으로 추정한다(대판 1994.4.26. 93다24223 [전합]).

[❺ ▸ ✕] 채권의 양수인은 민법 제548조 제1항 단서에서 규정하고 있는 제3자에 해당하지 않는다. 또한 채무자의 계약해제권리는 양도통지 전에 있었던 사유이므로, 계약의 해제로써 양수인에게 대항할 수 있다.

판례
민법 제548조 제1항 단서에서 규정하고 있는 제3자란 일반적으로 계약이 해제되는 경우 그 해제된 계약으로부터 생긴 법률효과를 기초로 하여 해제 전에 새로운 이해관계를 가졌을 뿐 아니라 등기·인도 등으로 완전한 권리를 취득한 자를 말하고, 계약상의 채권을 양수한 자는 여기서 말하는 제3자에 해당하지 않는다고 할 것인바, <u>계약이 해제된 경우 계약해제 이전에 해제로 인하여 소멸되는 채권을 양수한 자는 계약해제의 효과에 반하여 자신의 권리를 주장할 수 없음은 물론이고, 나아가 특단의 사정이 없는 한 채무자로부터 이행받은 급부를 원상회복하여야 할 의무가 있다</u>(대판 2003.1.24. 2000다22850).

법령
승낙, 통지의 효과(민법 제451조) ② 양도인이 양도통지만을 한 때에는 채무자는 그 통지를 받은 때까지 양도인에 대하여 생긴 사유로써 양수인에게 대항할 수 있다.

2019년 변호사시험 문 31.
☑ 확인Check! ○ △ ✕

채권양도에 관한 설명 중 옳지 않은 것은?(다툼이 있는 경우 판례에 의함)

① 임대인이 임차인으로부터 임대차보증금반환채권의 양도통지를 받은 후에는 임대인과 임차인 사이에 임대차계약의 갱신이나 계약기간 연장에 관하여 명시적 또는 묵시적 합의가 있더라도 그 합의의 효과는 위 보증금반환채권의 양수인에 대하여는 미칠 수 없다.

② 채권자가 그 채권을 제3자에게 양도하는 경우 주채무자에 대하여만 채권양도의 대항요건을 갖추었을 뿐, 보증인에 대하여는 채권양도의 대항요건을 갖추지 않았더라도, 특별한 사정이 없는 한 채권양수인은 보증인에 대하여 보증채무의 이행을 구할 수 있다.

③ 채권의 당사자는 채권양도 금지의 특약으로써 선의의 제3자에게 대항하지 못하나 채권양도 금지의 특약을 알지 못함에 중대한 과실이 있는 양수인은 위 선의의 제3자에 해당하지 않는다.

④ 양도금지의 특약이 있는 채권이더라도 압류 및 전부명령에 의한 이전이 가능하고, 이는 압류채권자가 양도금지의 특약이 있다는 사실을 알고 있어도 마찬가지이다.

⑤ 양수인의 권리 확보에 위험을 초래할 만한 사정을 조사하고 확인할 책임은 양수인에게 있는 것이 원칙이므로 양수인이 양도금지특약의 존재를 알지 못하였음을 증명하여야 한다.

[**❶ ▶ ○**] 임대인이 임대차보증금반환청구채권의 양도통지를 받은 후에는 임대인과 임차인 사이에 임대차계약의 갱신이나 계약기간 연장에 관하여 명시적 또는 묵시적 합의가 있더라도 그 합의의 효과는 보증금반환채권의 양수인에 대하여는 미칠 수 없다(대판 1989.4.25. 88다카4253).

[**❷ ▶ ○**] 보증채무는 주채무에 대한 부종성 또는 수반성이 있어서 주채무자에 대한 채권이 이전되면 당사자 사이에 별도의 특약이 없는 한 보증인에 대한 채권도 함께 이전하고, 이 경우 채권양도의 대항요건도 주채권의 이전에 관하여 구비하면 족하고, 별도로 보증채권에 관하여 대항요건을 갖출 필요는 없다(대판 2002.9.10. 2002다21509).

[**❸ ▶ ○**] [**❺ ▶ ✕**] 당사자의 의사표시에 의한 채권양도 금지는 제3자가 악의의 경우는 물론 제3자가 채권양도 금지를 알지 못한 데에 중대한 과실이 있는 경우 그 채권양도 금지로써 대항할 수 있다 할 것이나 제3자의 악의 내지 중과실은 채권양도 금지의 특약으로 양수인에게 대항하려는 자가 이를 주장·입증하여야 할 것이다(대판 1999.12.28. 99다8834).

[**❹ ▸ ○**] 당사자 사이에 양도금지의 특약이 있는 채권이더라도 전부명령에 의하여 전부되는 데에는 지장이 없고, 양도금지의 특약이 있는 사실에 관하여 집행채권자가 선의인가 악의인가는 전부명령의 효력에 영향을 미치지 못하는 것인바, 이와 같이 양도금지특약부 채권에 대한 전부명령이 유효한 이상, 그 전부채권자로부터 다시 그 채권을 양수한 자가 그 특약의 존재를 알았거나 중대한 과실로 알지 못하였다고 하더라도 채무자는 위 특약을 근거로 삼아 채권양도의 무효를 주장할 수 없다(대판 2003.12.11. 2001다3771).

2016년 변호사시험 문 25.

☑ 확인 Check! ○ △ ×

甲은 乙에 대한 3,000만원의 물품대금채권 중 1,000만원 부분을 丙에게 양도하고 乙에게 확정일자 있는 증서로 2015.6.2. 통지하여 그 통지는 같은 날 도달하였다. 그 후 2015.6.30. 甲은 다시 위 물품대금채권 3,000만원 전부를 丁에게 양도하였고, 같은 날 乙이 이의를 보류하지 않고 이를 구두로 승낙하였다. 한편 甲의 채권자 戊는 甲의 乙에 대한 3,000만원의 물품대금채권 중 800만원 부분에 대하여 압류 및 전부명령을 받았고, 그 전부명령은 2015.7.4. 乙에게 도달하여 확정되었다. 乙은 丁, 戊에게 각 얼마를 지급하여야 하는가?(다툼이 있는 경우 판례에 의함)

① 丁에게 3,000만원, 戊에게 0원
② 丁에게 2,000만원, 戊에게 0원
③ 丁에게 2,200만원, 戊에게 800만원
④ 丁에게 2,000만원, 戊에게 800만원
⑤ 丁에게 1,200만원, 戊에게 800만원

[**❺ ▸ ○**] **丙과 丁, 戊의 우열관계** : 채권의 이중양도에서 그 우열관계는 확정일자 있는 양도통지·승낙이 채무자에게 도달된 선후에 의한다. 따라서 丙에 대한 채권양도는 확정일자 있는 증서로 통지되었고, 그 도달일시가 丁, 戊보다 앞서므로, 3,000만원 채권 중에서 1,000만원은 丙에게 지급되어야 한다.

丁과 戊의 우열관계 : 丁에 대한 채권양도에 대해 채무자 乙이 이의를 보류하지 않고 승낙하였지만, 채권의 귀속에 관한 사유는 항변이 상실되는 사유가 아니다. 따라서 1,000만원 부분이 丙에게 양도되었음을 양수인 丁에게 대항할 수 있어 丁은 3,000만원 중 2,000만원만 유효하게 양도를 받는다. 한편 확정일자 없이 단순통지된 경우와 확정일자 있는 증서에 의한 통지의 경우, 도달일시 선후에 관계없이 확정일자 있는 증서에 의한 통지가 우선한다. 戊의 전부명령 도달은 2015.7.4.로 丁의 경우보다 늦지만, 전부명령도 법원에 의한 확정일자 있는 증서이므로 결국 戊가 우선한다. 따라서 2,000만원 중에서 戊에게 800만원을 지급해야 하고 나머지 1,200만원은 丁에게 지급해야 한다.

판례

- 채권이 이중으로 양도된 경우 양수인 상호 간의 우열은 확정일자 있는 양도통지가 채무자에게 도달한 일시 또는 확정일자 있는 승낙의 일시의 선후에 의하여 결정하여야 하고, 확정일자 있는 증서에 의하지 아니한 통지나 승낙이 있는 채권양도의 양수인은 확정일자 있는 증서에 의한 통지나 승낙이 있는 채권양도의 양수인에게 대항할 수 없다(대판 2013.6.28. 2011다83110).
- 민법은 채권의 귀속에 관한 우열을 오로지 확정일자 있는 증서에 의한 통지 또는 승낙의 유무와 그 선후로써만 결정하도록 규정하고 있는 데다가, 채무자의 '이의를 보류하지 아니한 승낙'은 민법 제451조 제1항 전단의 규정 자체로 보더라도 그의 양도인에 대한 항변을 상실시키는 효과밖에 없고, 채권에 관하여 권리를 주장하는 자가 여럿인 경우 그들 사이의 우열은 채무자에게도 효력이 미치므로, 위 규정의 '양도인에게 대항할 수 있는 사유'란 채권의 성립, 존속, 행사를 저지·배척하는 사유를 가리킬 뿐이고, 채권의 귀속(채권이 이미 타인에게 양도되었다는 사실)은 이에 포함되지 아니한다(대판 1994.4.29. 93다35551).

甲은 2010.2.1. 乙에게 1억원을 대여한 후 2010.5.3. 丙에게 위 대여금채권 전부를 양도하고, 같은 날 乙에게 확정일자 있는 내용증명우편으로 채권양도통지를 하여, 그 통지가 2010.5.6. 乙에게 도달하였다. 한편, 甲의 채권자인 丁은 2010.4.29. 위 대여금채권 전부에 대하여 압류명령을 받았고, 그 결정이 2010.5.6. 乙에게 도달하였다. 다음 설명 중 옳지 않은 것은?(다툼이 있는 경우에는 판례에 의함)

① 丙과 丁 사이의 우열은 위 확정일자 있는 양도통지와 위 채권압류명령 중 어느 것이 乙에게 먼저 도달하였는지에 따라 결정하여야 한다.

② 위 확정일자 있는 양도통지가 위 채권압류명령보다 乙에게 먼저 도달하였더라도 위 채권압류명령이 무효로 되는 것은 아니다.

③ 위 채권양도통지와 위 채권압류명령 중 어느 것이 乙에게 먼저 도달하였는지 밝혀지지 아니한 경우, 丙은 아직 이행을 하지 않고 있는 乙에게 위 양수금채권 전부의 이행을 청구할 수 있다.

④ ③의 경우, 丙이 乙로부터 위 양수금 전부를 변제받았다면, 丁과의 사이에 각자의 채권액에 안분하여 내부적으로 정산할 의무를 부담한다.

⑤ ③의 경우, 乙은 위 대여금채무액을 공탁함으로써 법률관계의 불안으로부터 벗어날 수 있다.

[❶ ▶ ○] 채권이 이중으로 양도된 경우의 양수인 상호 간의 우열은 통지 또는 승낙에 붙여진 확정일자의 선후에 의하여 결정할 것이 아니라, 채권양도에 대한 채무자의 인식, 즉 확정일자 있는 양도통지가 채무자에게 도달한 일시 또는 확정일자 있는 승낙의 일시의 선후에 의하여 결정하여야 할 것이고, 이러한 법리는 채권양수인과 동일 채권에 대하여 가압류명령을 집행한 자 사이의 우열을 결정하는 경우에 있어서도 마찬가지이므로, 확정일자 있는 채권양도통지와 가압류결정 정본의 제3채무자(채권양도의 경우는 채무자)에 대한 도달의 선후에 의하여 그 우열을 결정하여야 한다(대판 1994.4.26, 93다24223 [전합]).

[❷ ▶ ✕] 대항력(확정일자)을 갖추어 채권이 양도된 경우, 그 후에 양도된 채권을 양도인의 채권자가 압류하였더라도, 이는 양수인에게 이전되어 존재하지 않는 채권에 압류를 한 것으로 이는 무효가 된다.

> 채권압류의 효력발생 전에 채무자가 그 채권을 처분한 경우에는 그보다 먼저 압류한 채권자가 있어 그 채권자에게는 대항할 수 없는 사정이 있더라도 그 처분 후에 집행에 참가하는 채권자에 대하여는 처분의 효력을 대항할 수 있는 것이므로, 채무자가 압류 또는 가압류의 대상인 채권을 양도하고 확정일자 있는 통지 등에 의한 채권양도의 대항요건을 갖추었다면, 그 후 채무자의 다른 채권자가 그 양도된 채권에 대하여 압류 또는 가압류를 하더라도 그 압류 또는 가압류 당시에 피압류채권은 이미 존재하지 않는 것과 같아 압류 또는 가압류로서의 효력이 없고, 따라서 그 다른 채권자는 압류 등에 따른 집행절차에 참여할 수 없다(대판 2010.10.28, 2010다57213).

[❸ ▶ ○][❹ ▶ ○] 채권양도통지, 가압류 또는 압류명령 등이 제3채무자에 동시에 송달되어 그들 상호 간에 우열이 없는 경우에도 그 채권양수인, 가압류 또는 압류채권자는 모두 제3채무자에 대하여 완전한 대항력을 갖추었다고 할 것이므로, 그 전액에 대하여 채권양수금, 압류전부금 또는 추심금의 이행청구를 하고 적법하게 이를 변제받을 수 있고, 제3채무자로서는 이들 중 누구에게라도 그 채무 전액을 변제하면 다른 채권자에 대한 관계에서도 유효하게 면책되는 것이며, 만약 양수채권액과 가압류 또는 압류된 채권액의 합계액이 제3채무자에 대한 채권액을 초과할 때에는 그들 상호 간에는 법률상의 지위가 대등하므로 공평의 원칙상 각 채권액에 안분하여 이를 내부적으로 다시 정산할 의무가 있다(대판 1994.4.26, 93다24223 [전합]).

[**❺ ▸ O**] 채권양도의 통지와 가압류 또는 압류명령이 제3채무자에게 동시에 송달되었다고 인정되어 채무자가 채권양수인 및 추심명령이나 전부명령을 얻은 가압류 또는 압류채권자 중 한 사람이 제기한 급부소송에서 전액 패소한 이후에도 다른 채권자가 그 송달의 선후에 관하여 다시 문제를 제기하는 경우 기판력의 이론상 제3채무자는 이중지급의 위험이 있을 수 있으므로, 동시에 송달된 경우에도 제3채무자는 송달의 선후가 불명한 경우에 준하여 채권자를 알 수 없다는 이유로 변제공탁을 함으로써 법률관계의 불안으로부터 벗어날 수 있다(대판 1994.4.26. 93다24223 [전합]).

2015년 변호사시험 문 14.

☑ 확인Check! ○ △ ✕

채권양도에 관한 설명 중 옳은 것을 모두 고른 것은?(다툼이 있는 경우 판례에 의함)

ㄱ. 주채무자에 대하여 채권양도통지 등 대항요건을 갖추었다면 연대보증인에 대하여 별도의 대항요건을 갖추지 않았더라도 양수인은 연대보증인에게 대항할 수 있다.

ㄴ. 임대인이 임대차보증금반환채권의 양도통지를 받은 후에는 임대인과 임차인 사이에 임대차계약의 갱신이나 계약기간 연장에 관하여 명시적 또는 묵시적 합의가 있더라도 그 합의의 효과는 임대차보증금반환채권의 양수인에 대하여는 미칠 수 없다.

ㄷ. 지명채권의 양도통지를 한 후 양도계약이 합의해제된 경우, 채권양도인이 해제를 이유로 다시 원래의 채무자에 대하여 양도채권으로 대항하려면, 채권양도인이 채권양수인의 동의를 받아 양도통지를 철회하거나 채권양수인이 채무자에게 위와 같은 해제사실을 통지하여야 한다.

① ㄷ   ② ㄱ, ㄴ   ③ ㄱ, ㄷ
④ ㄴ, ㄷ   ⑤ ㄱ, ㄴ, ㄷ

[**ㄱ ▸ O**] 보증채무는 주채무에 대한 부종성 또는 수반성이 있어서 주채무자에 대한 채권이 이전되면 당사자 사이에 별도의 특약이 없는 한 보증인에 대한 채권도 함께 이전하고, 이 경우 채권양도의 대항요건도 주채권의 이전에 관하여 구비하면 족하고, 별도로 보증채권에 관하여 대항요건을 갖출 필요는 없다(대판 2002.9.10. 2002다21509).

[**ㄴ ▸ O**] 임대인이 임대차보증금반환청구채권의 양도통지를 받은 후에는 임대인과 임차인 사이에 임대차계약의 갱신이나 계약기간 연장에 관하여 명시적 또는 묵시적 합의가 있더라도 그 합의의 효과는 보증금반환채권의 양수인에 대하여는 미칠 수 없다(대판 1989.4.25. 88다카4253).

[**ㄷ ▸ O**] 민법 제452조는 '양도통지와 금반언'이라는 제목 아래 제1항에서 '양도인이 채무자에게 채권양도를 통지한 때에는 아직 양도하지 아니하였거나 그 양도가 무효인 경우에도 선의인 채무자는 양수인에게 대항할 수 있는 사유로 양도인에게 대항할 수 있다'고 하고, 제2항에서 '전항의 통지는 양수인의 동의가 없으면 철회하지 못한다'고 하여 채권양도가 불성립 또는 무효인 경우에 선의인 채무자를 보호하는 규정을 두고 있다. 이는 채권양도가 해제 또는 합의해제되어 소급적으로 무효가 되는 경우에도 유추적용할 수 있다고 할 것이므로, 지명채권의 양도통지를 한 후 양도계약이 해제 또는 합의해제된 경우에 채권양도인이 해제 등을 이유로 다시 원래의 채무자에 대하여 양도채권으로 대항하려면 채권양도인이 채권양수인의 동의를 받거나 채권양수인이 채무자에게 위와 같은 해제 등 사실을 통지하여야 한다. 이 경우 위와 같은 대항요건이 갖추어질 때까지 양도계약의 해제 등을 알지 못한 선의인 채무자는 해제 등의 통지가 있은 다음에도 채권양수인에 대한 반대채권에 의한 상계로써 채권양도인에게 대항할 수 있다고 봄이 타당하다(대판 2012.11.29. 2011다17953).

정답 ⑤

甲은 2012.3.5. 乙에게 1억원을 변제기 2012.12.4.로 정하여 대여하였다. 甲은 2012.8.5. 그 대여금채권을 丙에게 양도하였고, 甲은 같은 날 乙에게 전화로 채권양도를 통지하였다. 다음 중 옳은 것을 모두 고른 것은?(다툼이 있는 경우에는 판례에 의하고, 각 지문은 모두 독립적이다)

ㄱ. 甲은 2012.12.3. 丁에게 乙에 대한 위 대여금채권을 이중으로 양도하고 내용증명우편으로 乙에게 채권양도사실을 통지하였고, 그 통지가 2012.12.5. 도달되었다. 乙은 2012.12.4. 제1양수인 丙에게 위 채권금액 1억원을 변제하였다. 이 경우 제2양수인 丁이 乙을 상대로 양수금청구소송을 제기하면 승소할 수 없다.

ㄴ. 위 대여 당시 A는 乙을 위하여 甲에게 위 대여금반환채무에 관하여 연대보증을 하였다. 甲은 丙에의 채권양도 당시 A에게는 채권양도의 통지도 하지 않고 승낙도 받지 못했다. 이 경우 丙은 A에게 보증채무의 이행을 구할 수 없다.

ㄷ. 위 대여 당시 甲과 乙은 그 채권에 관하여 양도금지특약을 하였다. 丙이 乙에게 양수금청구소송을 제기하자 乙은 양도금지특약이 있으므로 채권양도는 무효라고 주장하였다. 이에 丙은 그 특약에 관하여 알지 못했고 알지 못한 데에 중과실도 없다고 주장하였고, 乙은 丙이 알았거나 알지 못한 데에 중과실이 있었다고 주장하였다. 乙과 丙 모두 그 점에 관하여 충분히 증명하지 못한 경우 丙은 승소할 수 없다.

① ㄱ   ② ㄴ   ③ ㄷ
④ ㄱ, ㄴ   ⑤ ㄱ, ㄷ

[ㄱ ▸ ○] 채권이 이중으로 양도된 경우, 확정일자 선후에 의한 채권의 양수인 간의 우열문제는 채권의 존속을 전제로 한다. 따라서 丁에 대한 이중양도사실이 비록 확정일자 있는 증서로 된 것이지만, 2012.12.4. 제1양수인 丙에게 변제되어 소멸된 후인 2012.12.5. 도달된 것이므로, 제1양수인 丙에 대한 변제는 유효하고 대항력문제는 생기지 않는다. 결국 제2양수인 丁이 乙을 상대로 양수금청구소송을 제기하더라도, 승소할 수 없게 된다.

판례 민법 제450조 제2항 소정의 지명채권 양도의 제3자에 대한 대항요건은 양도된 채권이 존속하는 동안에 그 채권에 관하여 양수인의 지위와 양립할 수 없는 법률상의 지위를 취득한 제3자가 있는 경우에 적용되는 것이므로, 양도된 채권이 이미 변제 등으로 소멸한 경우에는 그 후에 그 채권에 관한 채권압류 및 추심명령이 송달되더라도 그 채권압류 및 추심명령은 존재하지 아니하는 채권에 대한 것으로서 무효이고, 위와 같은 대항요건의 문제는 발생될 여지가 없다(대판 2003.10.24. 2003다37426).

[ㄴ ▸ ✕] 보증채무는 주채무에 대한 부종성 또는 수반성이 있어서 주채무자에 대한 채권이 이전되면 당사자 사이에 별도의 특약이 없는 한 보증인에 대한 채권도 함께 이전하고, 이 경우 채권양도의 대항요건도 주채권의 이전에 관하여 구비하면 족하고, 별도로 보증채권에 관하여 대항요건을 갖출 필요는 없다(대판 2002.9.10. 2002다21509).

[ㄷ ▸ ✕] 당사자의 의사표시에 의한 채권양도금지특약은 제3자가 악의인 경우는 물론 제3자가 채권양도금지특약을 알지 못한 데에 중대한 과실이 있는 경우에도 채권양도금지특약으로써 대항할 수 있고, 제3자의 악의 내지 중과실은 채권양도금지특약으로 양수인에게 대항하려는 자가 이를 주장·증명하여야 한다(대판 2015.4.9. 2012다118020).

2019년 변호사시험 문 18. ☑ 확인Check! ○ △ X

이행인수에 관한 설명 중 옳은 것을 모두 고른 것은?(다툼이 있는 경우 판례에 의함)

ㄱ. 이행인수인은 채무자의 채무를 변제하는 등으로 채무자를 면책시킬 의무를 부담하므로, 채권자에 대한 관계에서 직접 이행의무를 부담하게 된다.

ㄴ. 이행인수인은 채권자에게 채무를 이행하지 않을 경우 채무자에 대하여 채무불이행의 책임을 지게 되어 특별한 법적 불이익을 입게 될 지위에 있으므로, 「민법」 제481조에 의하여 법정대위를 할 수 있는 '변제할 정당한 이익이 있는 자'라고 할 수 있다.

ㄷ. 부동산의 매수인이 매매목적물에 관한 근저당권의 피담보채무를 인수하는 한편 그 채무액을 매매대금에서 공제하기로 약정한 경우, 다른 특별한 약정이 없는 이상 이는 매도인을 면책시키는 채무인수가 아니라 이행인수로 보아야 하고, 매수인은 공제하고 남은 매매대금을 지급할 뿐만 아니라 인수한 피담보채무도 변제하여야 잔금지급의무를 다하였다고 할 것이다.

ㄹ. 이행인수인이 채권자에 대하여 채무자의 채무를 승인하더라도 다른 특별한 사정이 없는 한 위 채무의 시효중단 사유가 되는 채무승인의 효력은 발생하지 않는다.

① ㄴ　　　　　② ㄱ, ㄷ　　　　　③ ㄴ, ㄷ
④ ㄴ, ㄹ　　　　　⑤ ㄷ, ㄹ

[ㄱ▸X] [ㄹ▸O] 이행인수는 채무자와 인수인 사이의 계약에 따라 인수인이 채권자에 대한 채무를 변제하기로 약정하는 것을 말한다. 이 경우 <u>인수인은 채무자의 채무를 변제하는 등으로 면책시킬 의무를 부담하지만 채권자에 대한 관계에서 직접 이행의무를 부담하게 되는 것은 아니다.</u> 한편 소멸시효중단사유인 채무의 승인은 시효이익을 받을 당사자나 대리인만 할 수 있으므로 <u>이행인수인이 채권자에 대하여 채무자의 채무를 승인하더라도 다른 특별한 사정이 없는 한 시효중단사유가 되는 채무승인의 효력은 발생하지 않는다</u>(대판 2016.10.27. 2015다239744).

[ㄴ▸O] 민법 제481조에 의하여 법정대위를 할 수 있는 '변제할 정당한 이익이 있는 자'라고 함은 변제함으로써 당연히 대위의 보호를 받아야 할 법률상의 이익을 가지는 자를 의미한다. 그런데 <u>이행인수인이 채무자와의 이행인수약정에 따라 채권자에게 채무를 이행하기로 약정하였음에도 불구하고 이를 이행하지 아니하는 경우에는 채무자에 대하여 채무불이행의 책임을 지게 되어 특별한 법적 불이익을 입게 될 지위에 있다고 할 것이므로, 이행인수인은 그 변제를 할 정당한 이익이 있다고 할 것이다</u>(대판 2012.7.16. 2009마461).

[ㄷ▸X] <u>부동산의 매수인이 매매목적물에 관한 근저당권의 피담보채무, 가압류채무, 임대차보증금반환채무를 인수하는 한편 그 채무액을 매매대금에서 공제하기로 약정한 경우, 다른 특별한 약정이 없는 이상 이는 매도인을 면책시키는 채무인수가 아니라 이행인수로 보아야 하고, 매수인이 위 채무를 현실적으로 변제할 의무를 부담한다고도 해석할 수 없으며 특별한 사정이 없는 한 매수인이 매매대금에서 그 채무액을 공제한 나머지를 지급함으로써 잔금지급의무를 다하였다 할 것이고,</u> 또한 위 약정의 내용은 매도인과 매수인의 계약으로 매수인이 매도인의 채무를 변제하기로 하는 것으로서 매수인은 제3자의 지위에서 매도인에 대하여만 그의 채무를 변제할 의무를 부담함에 그치므로 채권자의 승낙이 없으면 그에게 대항하지 못할 뿐 당사자 사이에서는 유효하게 성립한다(대판 1993.2.12. 92다23193).

甲은 乙로부터 乙 소유의 X건물을 10억원에 매수하는 매매계약을 체결하면서 위 매매대금 중 4억원은 이미 X건물에 설정되어 있던 乙의 근저당권부 차용금채무 4억원을 甲이 인수하는 것으로 하고, 나머지 6억원은 X건물의 소유권이전등기서류와 상환으로 지급하기로 약정하였다. 다음 설명 중 옳은 것을 모두 고른 것은?(각 지문은 독립적이고, 다툼이 있는 경우 판례에 의함)

ㄱ. 甲이 乙의 위 근저당권부 차용금채무 4억원을 乙로부터 인수하기로 약정한 것은, 특별한 사정이 없는 한 매매대금 중 4억원의 지급에 갈음하기로 한 것이다.

ㄴ. 甲은 위 근저당권부 차용금채무 4억원을 현실적으로 당장 변제할 의무는 없고, 특별한 사정이 없는 한 매매대금에서 위 채무액을 공제한 6억원만 지급함으로써 잔금지급의무를 이행한 것으로 된다.

ㄷ. 甲이 인수한 위 근저당권부 차용금채무의 이자를 지급하지 않고 있다면, 특별한 사정이 없더라도 乙은 이를 이유로 甲과의 위 매매계약을 해제할 수 있다.

ㄹ. 甲이 위 근저당권부 차용금채무 4억원의 변제를 불이행하여 乙이 대신 변제한 경우, 甲의 구상채무이행의무와 乙의 소유권이전등기이행의무는 동시이행관계에 있지 않다.

① ㄱ, ㄴ　　　　　② ㄴ, ㄷ　　　　　③ ㄱ, ㄴ, ㄷ
④ ㄱ, ㄴ, ㄹ　　　⑤ ㄱ, ㄷ, ㄹ

[ㄱ ▸ ○] [ㄹ ▸ ✕] 부동산매매계약과 함께 이행인수계약이 이루어진 경우 매수인이 인수한 채무는 매매대금지급채무에 갈음한 것으로서 매도인이 매수인의 인수채무 불이행으로 말미암아 또는 임의로 인수채무를 대신 변제하였다면 그로 인한 손해배상채무 또는 구상채무는 인수채무의 변형으로서 매매대금지급채무에 갈음한 것의 변형이므로 매수인의 손해배상채무 또는 구상채무와 매도인의 소유권이전등기의무는 대가적 의미가 있어 이행상 견련관계에 있다고 인정되고, 따라서 양자는 동시이행의 관계에 있다고 해석함이 공평의 관념 및 신의칙에 합당하다(대판 1993.2.12. 92다23193).

[ㄴ ▸ ○] 부동산의 매수인이 매매목적물에 관한 근저당권의 피담보채무, 가압류채무, 임대차보증금반환채무를 인수하는 한편 그 채무액을 매매대금에서 공제하기로 약정한 경우, 다른 특별한 약정이 없는 이상 이는 매도인을 면책시키는 채무인수가 아니라 이행인수로 보아야 하고, 매수인이 위 채무를 현실적으로 변제할 의무를 부담한다고도 해석할 수 없으며 특별한 사정이 없는 한 매수인이 매매대금에서 그 채무액을 공제한 나머지를 지급함으로써 잔금지급의무를 다하였다 할 것이다(대판 1993.2.12. 92다23193).

[ㄷ ▸ ✕] 매수인이 매매목적물에 관한 근저당권의 피담보채무를 인수하는 것으로 매매대금의 지급에 갈음하기로 약정한 경우, 매수인이 그 채무를 현실적으로 당장 변제할 의무를 부담한다고 해석할 수 없으며, 특별한 사정이 없는 한, 매수인이 매매대금에서 그 채무액을 공제한 나머지를 지급함으로써 잔금지급의무를 다하였다고 할 것이고, 다만, 매수인은 인수채무의 이행시기 등에 관하여 다른 약정이 없는 한, 그 인수채무가 가지는 본래의 내용에 따라 이행하면 족하고 그 이행을 지체함으로써 매매대금의 일부를 지급하지 않은 것과 동일하다고 평가할 수 있는 특별한 사유가 있을 때에 한하여 계약해제권이 발생한다고 할 것이므로, 매수인이 인수한 피담보채무의 이자를 납부하지 아니하였다고 하더라도, 그로 인하여 매매목적물인 부동산이나 공동담보로 제공된 다른 부동산에 설정된 담보권의 실행으로 임의경매절차가 개시되었다거나 개시될 염려가 있고, 또한 매도인 측이 이를 막기 위하여 부득이 피담보채무를 변제할 필요성이 있는 경우가 아니라면, 그를 이유로 매매계약을 해제할 수는 없다(대판 1998.10.27. 98다25184).

① 정답

2013년 변호사시험 문 21.

☑확인 Check! ○ △ ✕

甲과 乙은 건물신축공사도급계약을 체결하였는데, 공사대금은 완공된 건물의 인도와 동시에 일괄지급하기로 하였다. 그리고 乙의 甲에 대한 공사대금채무를 담보하기 위하여 丙이 그 소유의 X부동산에 근저당권을 설정하였고, 丁이 위 채무를 연대보증하였다. 다음 설명 중 옳은 것은?(다툼이 있는 경우에는 판례에 의함)

① 丙이 甲에게 피담보채무를 임의로 변제하였다면 丙은 乙에게 구상권을 행사할 수 있는데, 그 구상권의 확보를 위하여 丙은 甲의 승낙을 얻어야 甲을 대위할 수 있다.
② 丁이 甲에게 보증채무를 이행하였다면 丁은 乙에게 구상권을 행사할 수 있지만, 자기의 채무를 이행하였기 때문에 甲을 대위할 수는 없다.
③ 甲이 채권의 추심을 위하여 공사대금채권을 戊에게 양도하고 그 대항요건을 갖추었으나, 그 후 甲과 戊 사이의 추심위임계약이 해지된 경우, 위 채권이 甲에게 복귀하는데, 이때 戊는 원상회복의무로서 乙에게 이를 통지할 의무를 부담한다.
④ 乙의 공사대금채무를 己가 면책적으로 인수한 경우, 丙은 채무인수에 동의하였는지 여부에 상관없이 甲에 대하여 근저당권설정등기의 말소를 구할 수 있다.
⑤ 乙의 공사대금채무를 己가 중첩적으로 인수한 경우, 丁의 보증채무는 소멸한다.

[❶ ▸ ✕] [❷ ▸ ✕] 변제할 정당한 이익이 있는 자는 변제로 당연히 채권자를 대위하므로(민법 제481조 참조), 채권자의 승낙을 얻을 필요가 없다. 물상보증인 丙과 연대보증인 丁은 대신하여 변제하지 않으면 집행을 당하거나 권리를 잃을 위험을 안고 있으므로, 변제할 정당한 이익이 있다.

판례 민법 제481조는 변제할 정당한 이익이 있는 자는 변제로 당연히 채권자를 대위한다고 규정하고 있는바, 위 조항에서 말하는 "이해관계" 내지 "변제할 정당한 이익"이 있는 자라고 함은 변제를 하지 않으면 채권자로부터 집행을 받게 되거나 또는 채무자에 대한 자기의 권리를 잃게 되는 지위에 있기 때문에 변제함으로써 당연히 대위의 보호를 받아야 할 법률상 이익을 가지는 자를 말하고, 단지 사실상의 이해관계를 가진 자는 제외된다(대결 2009.5.28. 2008마109).

[❸ ▸ ○] 종전의 채권자가 채권의 추심 기타 행사를 위임하여 채권을 양도하였으나 양도의 '원인'이 되는 그 위임이 해지 등으로 효력이 소멸한 경우에 이로써 채권은 양도인에게 복귀하게 되고, 나아가 양수인은 그 양도의무계약의 해지로 인하여 양도인에 대하여 부담하는 원상회복의무(이는 계약의 효력불발생에서의 원상회복의무 일반과 마찬가지로 부당이득반환의무의 성질을 가진다)의 한 내용으로 채무자에게 이를 통지할 의무를 부담한다(대판 2011.3.24. 2010다100711).

[❹ ▸ ✕] 전 채무자의 채무에 대한 보증이나 제삼자가 제공한 담보는 채무인수로 인하여 소멸한다. 그러나 보증인이나 제삼자가 채무인수에 동의한 경우에는 그러하지 아니하다(민법 제459조).

[❺ ▸ ✕] 병존적 채무인수의 경우에는 면책적 채무인수와 달리 기존 채무가 그대로 존속하므로, 제3자가 제공한 담보나 보증은 그대로 유지된다.

丙은 乙의 甲에 대한 차용금반환채무를 인수하였다. 이에 관한 설명 중 옳지 않은 것은?(각 지문은 독립적이며, 다툼이 있는 경우 판례에 의함)

① 丙이 위 차용금반환채무를 면책적으로 인수한 경우, 丙은 乙이 甲에게 항변할 수 있었던 사유로 甲에게 대항할 수 없다.

② 乙과 丙 사이에 면책적 채무인수에 관한 약정이 있었던 경우, 乙 또는 丙은 상당한 기간을 정하여 이에 관한 승낙 여부의 확답을 甲에게 최고할 수 있고, 甲이 그 기간 내에 확답을 발송하지 않은 때에는 거절한 것으로 본다.

③ 乙과 丙 사이에 면책적 채무인수에 관한 약정이 있었던 경우, 甲이 승낙을 거절하였다면 그 이후에는 다시 승낙하여도 특별한 사정이 없는 한 甲에 대하여 면책적 채무인수로서의 효력이 생기지 않는다.

④ 丙이 甲과의 계약으로 위 차용금반환채무를 중첩적으로 인수한 경우, 丙이 乙의 부탁을 받지 아니하여 주관적 공동관계가 없었다면, 丙과 乙의 각 채무는 부진정연대관계에 있는 것으로 보아야 한다.

⑤ 丙이 乙의 부탁을 받아 甲과의 계약으로 위 차용금반환채무를 중첩적으로 인수한 경우, 丙이 甲에 대한 손해배상채권을 자동채권으로 하여 甲의 채권에 대하여 대등액에서 상계의 의사표시를 하였다면, 乙의 甲에 대한 채무도 상계에 의하여 소멸되었다고 보아야 한다.

[❶ ▸ ✕]　인수인은 전 채무자의 항변할 수 있는 사유로 채권자에게 대항할 수 있다(민법 제458조).

[❷ ▸ ○]　제455조 제1항・제2항 참조

채무자와의 계약에 의한 채무인수(민법 제454조)　① 제삼자가 채무자와의 계약으로 채무를 인수한 경우에는 채권자의 승낙에 의하여 그 효력이 생긴다.
② 채권자의 승낙 또는 거절의 상대방은 채무자나 제삼자이다.

승낙 여부의 최고(민법 제455조)　① 전조의 경우에 제삼자나 채무자는 상당한 기간을 정하여 승낙 여부의 확답을 채권자에게 최고할 수 있다.
② 채권자가 그 기간 내에 확답을 발송하지 아니한 때에는 거절한 것으로 본다.

[❸ ▸ ○]　채권자의 승낙에 의하여 채무인수의 효력이 생기는 경우, 채권자가 승낙을 거절하면 그 이후에는 채권자가 다시 승낙하여도 채무인수로서의 효력이 생기지 않는다(대판 1998.11.24. 98다33765).

[❹ ▸ ○]　중첩적 채무인수에서 인수인이 채무자의 부탁 없이 채권자와의 계약으로 채무를 인수하는 것은 매우 드문 일이므로 채무자와 인수인은 원칙적으로 주관적 공동관계가 있는 연대채무관계에 있고, 인수인이 채무자의 부탁을 받지 아니하여 주관적 공동관계가 없는 경우에는 부진정연대관계에 있는 것으로 보아야 한다(대판 2009.8.20. 2009다32409).

[❺ ▸ ○]　채무자의 부탁으로 중첩적 채무인수를 한 경우에는 채무자와 인수인은 연대채무관계에 있으므로, 상계의 절대 효가 인정된다.

중첩적 채무인수인이 채권자에 대한 손해배상채권을 자동채권으로 하여 채권자의 자신에 대한 그 채권에 대하여 대등액에서 상계의 의사표시를 하였다면, 연대채무자 1인이 한 상계의 절대적 효력을 규정하고 있는 민법 제418조 제1항의 규정에 의하여, 다른 연대채무자인 원채무자의 채권자에 대한 채무도 상계에 의하여 소멸되었다고 보아야 한다(대판 1997.4.22. 96다56443).

법령 상계의 절대적 효력(민법 제418조) ① 어느 연대채무자가 채권자에 대하여 채권이 있는 경우에 그 채무자가 상계한 때에는 채권은 모든 연대채무자의 이익을 위하여 소멸한다.
② 상계할 채권이 있는 연대채무자가 상계하지 아니한 때에는 그 채무자의 부담 부분에 한하여 다른 연대채무자가 상계할 수 있다.

2017년 변호사시험 문 34.

☑ 확인Check! ○ △ X

채무인수 등에 관한 설명 중 옳지 않은 것은?(다툼이 있는 경우 판례에 의함)

① 중첩적 채무인수는 채권자와 채무인수인과의 합의가 있는 이상 채무자의 의사에 반하여서도 이루어질 수 있다.
② 중첩적 채무인수에서 인수인이 채무자의 부탁으로 인수한 경우 채무자와 인수인은 원칙적으로 연대채무관계에 있다.
③ 채권자의 승낙에 의하여 면책적 채무인수의 효력이 생기는 경우, 채권자가 승낙을 거절하면 그 이후에는 채권자가 다시 승낙하여도 채무인수로서의 효력이 생기지 않는다.
④ 채무의 이행인수에 있어 채무자는 인수인이 그 채무를 이행하지 아니하는 경우 인수인에 대하여 채권자에게 이행할 것을 청구할 수 있고, 채권자는 채권자대위권에 의하여 채무자의 인수인에 대한 위와 같은 청구권을 대위행사할 수 있다.
⑤ 채무자와 인수인 사이의 면책적 채무인수약정에 대해 채권자의 승낙이 있는 경우, 채무자가 자신의 채무를 담보하기 위해 설정하였던 저당권은 원칙적으로 소멸한다.

[**❶ ▶ ○**] 중첩적 채무인수는 채권자와 채무인수인과의 합의가 있는 이상 채무자의 의사에 반하여서도 이루어질 수 있다 (대판 1988.11.22. 87다카1836).

[**❷ ▶ ○**] 중첩적 채무인수에서 인수인이 채무자의 부탁 없이 채권자와의 계약으로 채무를 인수하는 것은 매우 드문 일이므로 채무자와 인수인은 원칙적으로 주관적 공동관계가 있는 연대채무관계에 있고, 인수인이 채무자의 부탁을 받지 아니하여 주관적 공동관계가 없는 경우에는 부진정연대관계에 있는 것으로 보아야 한다(대판 2009.8.20. 2009다32409).

[**❸ ▶ ○**] 채권자의 승낙에 의하여 채무인수의 효력이 생기는 경우, 채권자가 승낙을 거절하면 그 이후에는 채권자가 다시 승낙하여도 채무인수로서의 효력이 생기지 않는다(대판 1998.11.24. 98다33765).

[**❹ ▶ ○**] 이행인수는 인수인이 채무자에 대하여 그 채무를 이행할 것을 약정하는 채무자와 인수인 간의 계약으로서, 인수인은 채무자와 사이에 채권자에게 채무를 이행할 의무를 부담하는 데 그치고 직접 채권자에 대하여 채무를 부담하는 것이 아니므로 채권자는 직접 인수인에게 채무를 이행할 것을 청구할 수 없으나, 채무자는 인수인이 그 채무를 이행하지 아니하는 경우 인수인에 대하여 채권자에게 이행할 것을 청구할 수 있고, 그에 관한 승소의 판결을 받은 때에는 금전채권의 집행에 관한 규정을 준용하여 강제집행을 할 수도 있다. 이러한 채무자의 인수인에 대한 청구권은 그 성질상 재산권의 일종으로서 일신전속적 권리라고 할 수는 없으므로, 채권자는 채권자대위권에 의하여 채무자의 인수인에 대한 청구권을 대위행사 할 수 있다(대판 2009.6.11. 2008다75072).

[**❺ ▶ X**] 채무자와 인수인 간의 채무인수의 경우, 채무자가 설정한 담보는 채무자가 채무인수에 동의한 것으로 보아 존속한다고 본다(민법 제459조 단서 유추적용). 반면, 채권자와 인수인 간의 채무인수의 경우에는 채무자가 설정한 담보는 소멸한다.

판례 면책적 채무인수라 함은 채무의 동일성을 유지하면서 이를 종래의 채무자로부터 제3자인 인수인에게 이전하는 것을 목적으로 하는 계약을 말하는바, <u>채무인수로 인하여 인수인은</u> 종래의 채무자와 지위를 교체하여 새로이 당사자로서 채무관계에 들어서서 <u>종래의 채무자와 동일한 채무를 부담하고 동시에 종래의 채무자는 채무관계에서 탈퇴하여 면책되는 것일 뿐 종래의 채무가 소멸하는 것이 아니므로, 채무인수로 종래의 채무가 소멸하였으니 저당권의 부종성으로 인하여 당연히 소멸한 채무를 담보하는 저당권도 소멸한다는 법리는 성립하지 않는다</u>(대판 1996.10.11. 96다27476).

법령 **채무인수와 보증, 담보의 소멸(민법 제459조)** 전 채무자의 채무에 대한 보증이나 제삼자가 제공한 담보는 채무인수로 인하여 소멸한다. 그러나 <u>보증인이나 제삼자가 채무인수에 동의한 경우에는 그러하지 아니하다.</u>

CHAPTER 06

채권의 소멸

민 법

제1절 | 변 제

2017년 변호사시험 문 3.   ☑ 확인 Check! ○ △ ×

변제충당에 관한 설명 중 옳지 않은 것은?(다툼이 있는 경우 판례에 의함)

① 담보권 실행을 위한 경매의 배당절차에서는 합의충당과 지정충당은 허용되지 않고 법정변제충당의 방법에 의하여야 한다.

② 변제자가 주채무자인 경우 보증인이 있는 채무와 보증인이 없는 채무 사이에는 변제이익의 차이가 없으나, 변제자가 채무자인 경우 물상보증인이 제공한 물적 담보가 있는 채무와 그러한 담보가 없는 채무 사이에는 물적 담보가 있는 채무의 변제이익이 더 많다.

③ 비용, 이자, 원본에 대한 변제충당에 있어 당사자 사이에 특별한 합의가 없는 한 비용, 이자, 원본의 순서로 충당하여야 하고 채무자는 물론 채권자라도 위 법정순서와 다르게 일방적으로 충당의 순서를 지정할 수는 없으나, 상대방의 이의제기가 없어 묵시적인 합의가 있다고 볼 경우에는 그러하지 아니하다.

④ 주채무자가 변제자인 경우에는 담보로 제3자가 발행 또는 배서한 약속어음이 교부된 채무와 그러한 담보가 없는 채무는 변제이익이 동일하다.

⑤ 1,000만원의 원금과 50만원의 이자 및 비용을 변제할 채무자가 50만원을 채권자에게 지급하면서 이를 원금에 충당할 것을 지정한다고 하더라도 원칙적으로 원금의 변제에 충당되지 않으며, 이로 인하여 채권자가 변제의 수령을 거절하더라도 채권자지체에 빠지지 않는다.

[**❶** ▸ ○] 담보권 실행을 위한 경매에서 배당된 배당금이 담보권자가 가지는 수개의 피담보채권 전부를 소멸시키기에 부족한 경우에는 민법 제476조에 의한 지정변제충당은 허용될 수 없고, 채권자와 채무자 사이에 변제충당에 관한 합의가 있었다고 하여 그 합의에 따른 변제충당도 허용될 수 없으며, 획일적으로 가장 공평타당한 충당방법인 민법 제477조 및 제479조의 규정에 의한 법정변제충당의 방법에 따라 충당하여야 하는 것이다(대판 2000.12.8. 2000다51339).

[**❷** ▸ ×] 변제자가 주채무자인 경우 보증인이 있는 채무와 보증인이 없는 채무 사이에 전자가 후자에 비하여 변제이익이 더 많다고 볼 근거는 전혀 없으므로 양자는 변제이익의 점에서 차이가 없다고 보아야 한다. 마찬가지로 변제자가 채무자인 경우 물상보증인이 제공한 물적 담보가 있는 채무와 그러한 담보가 없는 채무 사이에도 변제이익의 점에서 차이가 없다(대판 2014.4.30. 2013다8250).

[**❸** ▸ ○] 비용, 이자, 원본에 대한 변제충당에 있어서는 민법 제479조에 그 충당순서가 법정되어 있고 지정변제충당에 관한 같은 법 제476조는 준용되지 않으므로 당사자 사이에 특별한 합의가 없는 한 비용, 이자, 원본의 순서로 충당하여야 할 것이고, 채무자는 물론 채권자라고 할지라도 위 법정순서와 다르게 일방적으로 충당의 순서를 지정할 수는 없다고 할 것이지만, 당사자의 일방적인 지정에 대하여 상대방이 지체 없이 이의를 제기하지 아니함으로써 묵시적인 합의가 되었다고 보여지는 경우에는 그 법정충당의 순서와는 달리 충당의 순서를 인정할 수 있는 것이다(대판 2002.5.10. 2002다12871).

[❹ ▸ O] 주채무자가 변제자인 경우에는, 담보로 제3자가 발행 또는 배서한 약속어음이 교부된 채무와 다른 채무 사이에 변제이익의 점에서 차이가 없다고 보아야 할 것이나, 담보로 주채무자 자신이 발행 또는 배서한 어음이 교부된 채무는 다른 채무보다 변제이익이 많은 것으로 보아야 한다(대판 1999.8.24. 99다22281).

[❺ ▸ O] 대판 1981.5.26. 80다3009, 대판 2005.8.19. 2003다22042 참조

- 비용, 이자, 원본에 대한 변제충당에 있어서는 민법 제476조는 준용되지 아니하므로 당사자 사이에 특별한 합의가 없는 한 비용, 이자, 원본의 순서로 충당하여야 할 것이고 채무자는 물론 채권자라도 위 법정순서와 다르게 일방적으로 충당의 순서를 지정할 수는 없다(대판 1981.5.26. 80다3009).
- 채무자가 이행지체에 빠진 이상, 채무자의 이행제공이 이행지체를 종료시키려면 완전한 이행을 제공하여야 하므로, 채무자가 원본뿐 아니라 지연이자도 지급할 의무가 있는 때에는 원본과 지연이자를 합한 전액에 대하여 이행의 제공을 하여야 할 것이고, 그에 미치지 못하는 이행제공을 하면서 이를 원본에 대한 변제로 지정하였더라도, 그 지정은 민법 제479조 제1항에 반하여 채권자에 대하여 효력이 없으므로, 채권자는 그 수령을 거절할 수 있다(대판 2005.8.19. 2003다22042).

2015년 변호사시험 문 16.   ☑ 확인Check! O △ X

甲에게 2,000만원의 대여금채무를 부담하고 있는 乙은 위 채무에 대한 담보로 甲에게 乙 소유의 X토지에 대하여 피담보채권액 2,000만원의 저당권을 설정하여 주었다. 丙은 乙의 甲에 대한 위 대여금채무를 주채무로 하여 甲과 연대보증계약을 체결하였다. 丙은 위 대여금채무 중 1,000만원을 대위변제하였고, 甲은 나머지 대여금채권을 변제받기 위하여 X토지에 설정된 위 저당권에 기하여 경매를 신청하였으며, 위 경매절차에서 X토지는 1,500만원에 매도되었다. 다음 설명 중 옳은 것을 모두 고른 것은?(다툼이 있는 경우 판례에 의함)

ㄱ. 丙은 대위변제한 1,000만원 범위 내에서 甲이 乙에 대하여 가지고 있던 채권 및 담보에 관한 권리를 취득한다.
ㄴ. 甲은 丙에게 X토지에 설정된 위 저당권 일부이전의 부기등기를 경료해 줄 의무가 있다.
ㄷ. 丙은 X토지 경매에 따른 배당절차에서 대위변제한 1,000만원 부분에 한하여 甲에 우선해서 배당받는다.

① ㄱ   ② ㄱ, ㄴ   ③ ㄱ, ㄷ
④ ㄴ, ㄷ   ⑤ ㄱ, ㄴ, ㄷ

[ㄱ ▸ O] [ㄴ ▸ O] [ㄷ ▸ X] 변제할 정당한 이익이 있는 자가 채무자를 위하여 채권의 일부를 대위변제할 경우에 대위변제자는 변제한 가액의 범위 내에서 종래 채권자가 가지고 있던 채권 및 담보에 관한 권리를 취득하게 되고(ㄱ.) 따라서 채권자가 부동산에 대하여 저당권을 가지고 있는 경우에는 채권자는 대위변제자에게 일부대위변제에 따른 저당권의 일부이전의 부기등기를 경료해 주어야 할 의무가 있다(ㄴ.) 할 것이나 이 경우에도 채권자는 일부대위변제자에 대하여 우선변제권을 가지고 있다(ㄷ.)(대판 1988.9.27. 88다카1797).

채권의 소멸에 관한 설명 중 옳은 것을 모두 고른 것은?(다툼이 있는 경우 판례에 의함)

ㄱ. 채권자가 채무액의 일부를 대위변제한 자에게 고의 또는 과실로 그가 대위변제한 비율을 넘어 근저당권 전부를 이전해 준 경우, 다른 보증인은 보증채무를 이행함으로써 채권자에 대한 법정대위권자로서 근저당권을 실행하여 배당받을 수 있었던 금액의 한도에서 보증책임을 면한다.

ㄴ. 무효인 채권압류 및 전부명령을 받은 자에 대한 변제라도 그 채권자가 피전부채권에 관하여 무권리자라는 사실을 변제자가 과실 없이 알지 못하고 변제한 때에는 그 변제는 채권의 준점유자에 대한 변제로서 유효하다.

ㄷ. 채무자가 채권자의 승낙을 얻어 본래의 채무이행에 갈음하여 부동산으로 대물변제를 하였으나 본래의 채무가 존재하지 않았던 경우, 당사자가 특별한 의사표시를 하지 않는 한 대물변제는 무효로서 부동산의 소유권이 이전되는 효과가 발생하지 않는다.

ㄹ. 매도인이나 수급인의 담보책임을 기초로 한 손해배상채권의 제척기간이 지났으나 제척기간이 지나기 전 상대방의 채권과 상계할 수 있었던 경우, 매수인이나 도급인은 '소멸시효 완성된 채권에 의한 상계'를 규정한 「민법」 제495조를 유추적용하여 위 손해배상채권을 자동채권으로 상대방의 채권과 상계할 수 없다.

① ㄱ, ㄷ　　　　　　　② ㄱ, ㄴ, ㄷ　　　　　　　③ ㄱ, ㄴ, ㄹ
④ ㄴ, ㄷ, ㄹ　　　　　　⑤ ㄱ, ㄴ, ㄷ, ㄹ

PART 03

채권총론

[ㄱ▸○] 채권자가 일부대위변제자에게 그가 대위변제한 비율을 넘어 근저당권 전부를 이전하여 준 경우, 결국 채권자는 근저당권의 피담보채무 중 일부를 대위변제한 다른 보증인이 법정대위권을 행사할 수 있는 채권의 담보를 고의로 상실되게 한 것이므로, 다른 보증인은 그의 보증채무를 이행함으로써 채권자에 대한 법정대위권자로서 근저당권을 실행하여 배당받을 수 있었던 금액의 한도에서 보증의 책임을 면한다(대판 1996.12.6. 96다35774).

[ㄴ▸○] 무효인 채권압류 및 전부명령을 받은 자에 대한 변제라도 그 채권자가 피전부채권에 관하여 무권리자라는 사실을 알지 못하거나 과실 없이 그러한 사실을 알지 못하고 변제한 때에는 그 변제는 채권의 준점유자에 대한 변제로서 유효하다(대판 1997.3.11. 96다44747).

[ㄷ▸○] 채무자가 채권자의 승낙을 얻어 본래의 채무이행에 갈음하여 부동산으로 대물변제를 하였으나 본래의 채무가 존재하지 않았던 경우에는, 당사자가 특별한 의사표시를 하지 않은 한 대물변제는 무효로서 부동산의 소유권이 이전되는 효과가 발생하지 않는다(대판 1991.11.12. 91다9503).

[ㄹ▸✕] 매도인의 담보책임을 기초로 한 매수인의 손해배상채권 또는 수급인의 담보책임을 기초로 한 도급인의 손해배상채권이 각각 상대방의 채권과 상계적상에 있는 경우에 당사자들은 채권·채무관계가 이미 정산되었거나 정산될 것으로 기대하는 것이 일반적이므로, 그 신뢰를 보호할 필요가 있다. 이러한 손해배상채권의 제척기간이 지난 경우에도 그 기간이 지나기 전에 상대방에 대한 채권·채무관계의 정산 소멸에 대한 신뢰를 보호할 필요성이 있다는 점은 소멸시효가 완성된 채권의 경우와 아무런 차이가 없다. 따라서 매도인이나 수급인의 담보책임을 기초로 한 손해배상채권의 제척기간이 지난 경우에도 제척기간이 지나기 전 상대방의 채권과 상계할 수 있었던 경우에는 매수인이나 도급인은 민법 제495조를 유추적용해서 위 손해배상채권을 자동채권으로 해서 상대방의 채권과 상계할 수 있다고 봄이 타당하다(대판 2019.3.14. 2018다255648).

변제충당에 관한 설명 중 옳지 않은 것은?(다툼이 있는 경우 판례에 의함)

① 특별한 사정이 없는 한 변제자가 타인의 채무에 대한 보증인으로서 부담하는 보증채무(연대보증채무 포함)는 변제자 자신의 채무에 비하여, 연대채무는 단순채무에 비하여 각각 변제자에게 그 변제의 이익이 적다.

② 채권자와 채무자 사이에 미리 채권자가 적당하다고 인정하는 순서와 방법에 의하여 충당하기로 하는 내용의 변제충당에 관한 약정이 있다면, 변제수령권자인 채권자가 위 약정에 터 잡아 변제충당을 한 이상 변제자에 대한 의사표시와 관계없이 충당의 효력이 있다.

③ 비용, 이자, 원본에 대한 변제충당에 있어서는 당사자 사이에 특별한 합의가 없는 한 비용, 이자, 원본의 순서로 충당하여야 하고, 채무자는 물론 채권자라 할지라도 위 법정순서와 다르게 일방적으로 충당의 순서를 지정할 수는 없다.

④ 위 ③에도 불구하고 당사자의 일방적인 지정에 대하여 상대방이 지체 없이 이의를 제기하지 아니함으로써 묵시적인 합의가 되었다고 보이는 경우에는 그 법정충당의 순서와는 달리 충당의 순서를 인정할 수 있다.

⑤ 담보권 실행을 위한 경매에서 배당된 배당금이 담보권자가 가지는 수개의 피담보채권 전부를 소멸시키기에 부족한 경우, 「민법」 제476조에 의한 지정변제충당은 허용될 수 없으나, 채권자와 채무자 사이에 변제충당에 관한 합의가 있다면 그 합의에 따른 변제충당은 허용된다.

[❶ ▸ ○] 특별한 사정이 없는 한, 변제자가 타인의 채무에 대한 보증인으로서 부담하는 보증채무(연대보증채무도 포함)는 변제자 자신의 채무에 비하여, 연대채무는 단순채무에 비하여, 각각 변제자에게 그 변제의 이익이 적다(대판 1999.7.9. 98다55543).

[❷ ▸ ○] 채권자와 주채무자가, 주채무자의 변제가 채권자에 대한 모든 채무를 소멸시키기에 부족한 때에는 채권자가 적당하다고 인정하는 순서와 방법에 의하여 충당하기로 약정하였다면, 변제수령인인 채권자가 위 약정에 기하여 스스로 적당하다고 인정하는 순서와 방법에 좇아 변제충당한 이상 변제자에 대한 의사표시와는 관계없이 충당의 효력이 있다(대판 1987.3.24. 84다카1324).

[❸ ▸ ○] [❹ ▸ ○] 비용, 이자, 원본에 대한 변제충당에 있어서는 민법 제479조에 그 충당순서가 법정되어 있고 지정변제충당에 관한 같은 법 제476조는 준용되지 않으므로 당사자 사이에 특별한 합의가 없는 한 비용, 이자, 원본의 순서로 충당하여야 할 것이고, 채무자는 물론 채권자라고 할지라도 위 법정순서와 다르게 일방적으로 충당의 순서를 지정할 수는 없다고 할 것이지만, 당사자의 일방적인 지정에 대하여 상대방이 지체 없이 이의를 제기하지 아니함으로써 묵시적인 합의가 되었다고 보여지는 경우에는 그 법정충당의 순서와는 달리 충당의 순서를 인정할 수 있는 것이다(대판 2002.5.10. 2002다12871).

[❺ ▸ ✕] 담보권 실행을 위한 경매에서 배당된 배당금이 담보권자가 가지는 수개의 피담보채권 전부를 소멸시키기에 부족한 경우에는 민법 제476조에 의한 지정변제충당은 허용될 수 없고, 채권자와 채무자 사이에 변제충당에 관한 합의가 있었다고 하여 그 합의에 따른 변제충당도 허용될 수 없으며, 획일적으로 가장 공평타당한 충당방법인 민법 제477조 및 제479조의 규정에 의한 법정변제충당의 방법에 따라 충당하여야 하는 것이고, 이러한 법정변제충당은 이자 혹은 지연손해금과 원본 간에는 이자 혹은 지연손해금과 원본의 순으로 이루어지고, 원본 상호 간에는 그 이행기의 도래 여부와 도래시기, 그리고 이율의 고저와 같은 변제이익의 다과에 따라 순차적으로 이루어지나, 다만 그 이행기나 변제이익의 다과에 있어 아무런 차등이 없을 경우에는 각 원본채무액에 비례하여 안분하게 되는 것이다(대판 2000.12.8. 2000다51339).

⑤ **정답**

채권의 소멸 사유에 관한 설명 중 옳은 것은?(다툼이 있는 경우 판례에 의함)

① 채무 전액이 아닌 일부에 대한 변제공탁은 그 부분에 관하여서도 효력이 생기지 않으나, 채권자가 공탁금을 채권의 일부에 충당한다는 유보의 의사표시를 하고 이를 수령한 때에는 그 공탁금은 채권의 일부의 변제에 충당되고, 그 경우 유보의 의사표시는 반드시 명시적으로 하여야 한다.

② 변제자(채무자)와 변제수령자(채권자)는 이해관계 있는 제3자의 이익을 해치지 아니하더라도 이미 급부를 마친 뒤에는 기존의 충당방법을 배제하고 제공된 급부를 어느 채무에 어떤 방법으로 다시 충당할 것인가를 약정할 수 없다.

③ 경개계약은 구채무를 소멸시키고 신채무를 성립시키는 처분행위이므로, 경개로 인한 신채무가 당사자가 알지 못한 사유로 인하여 성립되지 아니하더라도 구채무는 소멸된다.

④ 채권자와 채무자 사이에 미리 변제충당에 관한 약정이 있고, 그 약정내용이 변제가 채권자에 대한 모든 채무를 소멸시키기에 부족한 때에는 채권자가 적당하다고 인정하는 순서와 방법에 의하여 충당하기로 한 것이라면, 변제수령권자인 채권자가 그 약정에 따라 스스로 적당하다고 인정하는 순서와 방법에 좇아 변제충당을 한 이상 변제자에 대한 의사표시와 관계없이 그 충당의 효력이 있다.

⑤ 담보권 실행을 위한 경매에서 배당된 배당금이 담보권자가 가지는 수개의 피담보채권 전부를 소멸시키기에 부족한 경우에도 채권자와 채무자 사이에 변제충당에 관한 합의가 있었다면 이에 따르고, 이에 관한 합의가 없다면 법정변제충당의 방법에 따라 충당하여야 한다.

[❶ ▸ ✕]　변제공탁이 유효하려면 채무 전부에 대한 변제의 제공 및 채무 전액에 대한 공탁이 있음을 요하고 <u>채무 전액이 아닌 일부에 대한 공탁은 그 부분에 관하여서도 효력이 생기지 않으나, 채권자가 공탁금을 채권의 일부에 충당한다는 유보의 의사표시를 하고 이를 수령한 때에는 그 공탁금은 채권의 일부의 변제에 충당되고, 그 경우 유보의 의사표시는 반드시 명시적으로 하여야 하는 것은 아니다</u>(대판 2009.10.29. 2008다51359).

[❷ ▸ ✕]　변제자(채무자)와 변제수령자(채권자)는 변제로 소멸한 채무에 관한 보증인 등 <u>이해관계 있는 제3자의 이익을 해하지 않는 이상 이미 급부를 마친 뒤에도 기존의 충당방법을 배제하고 제공된 급부를 어느 채무에 어떤 방법으로 다시 충당할 것인가를 약정할 수 있다</u>(대판 2013.9.12. 2012다118044).

[❸ ▸ ✕]　경개계약은 구 채무를 소멸시키고 신 채무를 성립시키는 처분행위로서 구 채무의 소멸은 신 채무의 성립에 의존하므로, <u>경개로 인한 신 채무가 원인의 불법 또는 당사자가 알지 못한 사유로 인하여 성립하지 아니하거나 취소된 때에는 구 채무는 소멸하지 않는 것이며</u>(민법 제504조), 특히 경개계약에 조건이 붙어 있는 이른바 조건부 경개의 경우에는 구 채무의 소멸과 신 채무의 성립 자체가 그 조건의 성취 여부에 걸려 있게 된다(대판 2007.11.15. 2005다31316).

[❹ ▸ ○]　변제충당지정은 상대방에 대한 의사표시로써 하여야 하는 것이기는 하나, <u>채권자와 채무자 사이에 미리 변제충당에 관한 약정이 있고, 약정내용이 변제가 채권자에 대한 모든 채무를 소멸시키기에 부족한 때에는 채권자가 적당하다고 인정하는 순서와 방법에 의하여 충당하기로 한 것이라면, 변제수령권자인 채권자가 약정에 터 잡아 스스로 적당하다고 인정하는 순서와 방법에 좇아 변제충당을 한 이상 변제자에 대한 의사표시와 관계없이 충당의 효력이 있다</u>(대판 2015.6.11. 2012다10386).

[❺ ▸ ✕]　담보권 실행을 위한 경매에서 배당된 배당금이 담보권자가 가지는 수개의 피담보채권 전부를 소멸시키기에 부족한 경우에는 민법 제476조에 의한 지정변제충당은 허용될 수 없고, 채권자와 채무자 사이에 변제충당에 관한 합의가 있었다고 하여 그 합의에 따른 변제충당도 허용될 수 없으며, 획일적으로 가장 공평타당한 충당방법인 민법 제477조 및 제479조의 규정에 의한 법정변제충당의 방법에 따라 충당하여야 하는 것이고, 이러한 법정변제충당은 이자 혹은 지연손해금과 원본 간에는 이자 혹은 지연손해금과 원본의 순으로 이루어지고, 원본 상호 간에는 그 이행기의 도래 여부와 도래시기, 그리고 이율의 고저와 같은 변제이익의 다과에 따라 순차적으로 이루어지나, 다만 그 이행기나 변제이익의 다과에 있어 아무런 차등이 없을 경우에는 각 원본채무액에 비례하여 안분하게 되는 것이다(대판 2000.12.8. 2000다51339).

甲은 乙에게 아래와 같이 2번에 걸쳐 돈을 대여하였는데, 乙은 원리금을 전혀 변제하지 않고 있다가 2017.12.9. 甲에게 채무변제 명목으로 1,000만원을 지급하였다. 위 변제금의 변제충당에 관한 설명 중 옳은 것을 모두 고른 것은?(이자에 대한 지연손해금은 고려하지 않고, 각 지문은 독립적이며, 다툼이 있는 경우 판례에 의함)

제1차 대여 : 대여일 2017.4.10., 대여금 1,000만원, 이자 월 1%(매월 9일 후불로 지급), 변제기 2017.9.9.(2017.12.9.까지의 이자 및 지연손해금 80만원 발생)
제2차 대여 : 대여일 2017.9.10., 대여금 2,000만원, 이자 월 2%(매월 9일 후불로 지급), 변제기 2018.1.9.(2017.12.9.까지의 이자 120만원 발생)

ㄱ. 위 채무변제 시 乙이 별다른 말 없이 금원을 교부하였고 甲도 말 없이 수령하였다. 이 경우 2017.12.9. 현재 남아 있는 제1차 대여금의 원리금 합계는 200만원이다.
ㄴ. 위 채무변제 시 乙이 제2차 대여금의 원리금에 지정하여 변제한다는 의사를 표시하였고, 이에 甲이 그 지정에 반대하는 의사를 분명히 밝히면서 금원을 수령하였다. 이 경우 2017.12.9. 현재 남아 있는 제1차 대여금의 원리금 합계는 1,000만원이다.
ㄷ. 위 채무변제 시 甲은 乙과 제2차 대여금의 원리금에 변제충당하기로 합의한 후 위 금원을 수령하였다. 이 경우 2017.12.9. 현재 남아 있는 제1차 대여금의 원리금 합계는 1,080만원이다.

① ㄱ　　　　　　　　② ㄱ, ㄴ　　　　　　　　③ ㄱ, ㄷ
④ ㄴ, ㄷ　　　　　　　⑤ ㄱ, ㄴ, ㄷ

[ㄱ ▶ ○] 변제수령자 甲과 변제자 乙 간의 충당에 관한 합의도, 乙의 지정도 없는 경우이므로, 법정변제충당에 관한 민법 규정이 적용된다. 법정변제충당 시 비용·이자·원본의 순서로 충당되므로(민법 제479조 참조), 변제금 1,000만원 중 제1차 대여금과 제2차 대여금의 이자(지연손해금 포함)의 합계액 200만원에 먼저 충당되고, 나머지 800만원은 원금에 충당된다. 원금의 경우 변제기가 먼저 도래한 제1차 대여금에 우선충당되므로(민법 제477조 제1호 참조), 2017.12.9. 현재 남아 있는 제1차 대여금의 원리금 합계는 200만원이다.

비용, 이자, 원본에 대한 변제충당의 순서(민법 제479조)　① 채무자가 1개 또는 수개의 채무의 비용 및 이자를 지급할 경우에 변제자가 그 전부를 소멸하게 하지 못한 급여를 한 때에는 비용, 이자, 원본의 순서로 변제에 충당하여야 한다.
② 전항의 경우에 제477조의 규정을 준용한다.

법정변제충당(민법 제477조)　당사자가 변제에 충당할 채무를 지정하지 아니한 때에는 다음 각 호의 규정에 의한다.
　1. 채무 중에 이행기가 도래한 것과 도래하지 아니한 것이 있으면 이행기가 도래한 채무의 변제에 충당한다.
　2. 채무 전부의 이행기가 도래하였거나 도래하지 아니한 때에는 채무자에게 변제이익이 많은 채무의 변제에 충당한다.
　3. 채무자에게 변제이익이 같으면 이행기가 먼저 도래한 채무나 먼저 도래할 채무의 변제에 충당한다.
　4. 전2호의 사항이 같은 때에는 그 채무액에 비례하여 각 채무의 변제에 충당한다.

[ㄴ ▸ O] 제1차 지정권자인 변제자 乙의 지정이 있었으므로, 변제수령자 甲의 반대와 상관없이 <u>지정변제충당에 관한</u> <u>민법 규정이 적용된다.</u> 다만, 지정변제충당에도 비용·이자·원본의 순서와 다르게 충당을 지정할 수는 없다. 따라서 변제금 1,000만원 중 제1차 대여금과 제2차 대여금의 이자(지연손해금 포함)의 합계액 200만원에 먼저 충당되고, 나머지 800만원은 지정된 순서인 제2차 대여금 원금 2,000만원에 충당된다. 결국 2017.12.9. 현재 남아 있는 제1차 대여금의 원리금 합계는 1,000만원이다.

판례 ▸ 비용, 이자, 원본에 대한 변제충당에 있어서는 민법 제479조에 그 충당순서가 법정되어 있고 지정변제충당에 관한 같은 법 제476조는 준용되지 않으므로 <u>당사자 사이에 특별한 합의가 없는 한 비용, 이자, 원본의 순서로</u> <u>충당하여야 할 것이고, 채무자는 물론 채권자라고 할지라도 위 법정순서와 다르게 일방적으로 충당의 순서를</u> <u>지정할 수는 없다고 할 것이지만,</u> 당사자의 일방적인 지정에 대하여 상대방이 지체 없이 이의를 제기하지 아니함으로써 묵시적인 합의가 되었다고 보여지는 경우에는 그 법정충당의 순서와는 달리 충당의 순서를 인정할 수 있는 것이다(대판 2002.5.10. 2002다12871).

법령 ▸ **지정변제충당(민법 제476조)** ① 채무자가 동일한 채권자에 대하여 같은 종류를 목적으로 한 수개의 채무를 부담한 경우에 변제의 제공이 그 채무 전부를 소멸하게 하지 못하는 때에는 변제자는 그 당시 어느 채무를 지정하여 그 변제에 충당할 수 있다.
② 변제자가 전항의 지정을 하지 아니할 때에는 변제받는 자는 그 당시 어느 채무를 지정하여 변제에 충당할 수 있다. 그러나 변제자가 그 충당에 대하여 즉시 이의를 한 때에는 그러하지 아니하다.
③ 전2항의 변제충당은 상대방에 대한 의사표시로써 한다.

[ㄷ ▸ O] 당사자 간의 변제충당에 관한 합의가 있었으므로, 그 <u>합의충당의 순서에 따른다.</u> 이 경우 <u>비용·이자·원본</u> <u>의 순서와 다르게 충당을 지정할 수 있다.</u> 따라서 합의순서인 제2차 대여금의 원리금 합계인 2,120만원에 변제액 1,000만원이 전액 충당되고, 제1차 대여금의 원리금 합계 1,080만원은 2017.12.9. 현재 그대로 남아 있게 된다.

판례 ▸ <u>채권자와 채무자 사이에 미리 변제충당에 관한 약정이 있고, 그 약정내용이 변제가 채권자에 대한 모든 채무를</u> <u>소멸시키기에 부족한 때에는 채권자가 적당하다고 인정하는 순서와 방법에 의하여 충당하기로 한 것이라면,</u> <u>변제수령권자가 위 약정에 터 잡아 스스로 적당하다고 인정하는 순서와 방법에 좇아 변제충당을 한 이상</u> <u>그 충당은 효력이 있는 것이다</u>(대판 1999.11.26. 98다27517).

안심Touch

채권의 변제순위에 관한 설명 중 옳지 않은 것을 모두 고른 것은?(다툼이 있는 경우 판례에 의함)

ㄱ. 부동산에 대하여 가압류등기가 된 후 저당권이 설정되고 이후 강제경매신청을 한 압류채권자가 있는 경우, 1차로 가압류채권자와 저당권자 및 압류채권자 사이에 채권액에 비례하여 평등배당을 한 후, 저당권자는 자신의 채권액을 전부 변제받을 수 있을 때까지 압류채권자가 받을 배당액으로부터 우선하여 배당받을 수 있다.

ㄴ. 동일한 주택에 대항요건을 갖추고 서로 일자를 달리하여 확정일자를 받은 여러 명의 임차인들이 「주택임대차보호법」에 의하여 보증금 중 일정액의 보호를 받는 소액임차인의 지위를 겸하는 경우, 임차인들은 그 주택에 관한 배당절차에서 먼저 소액임차인으로서 보호받는 일정액을 우선배당받은 후 나머지 임차보증금채권액에 대하여는 채권액에 비례하여 평등배당을 받는다.

ㄷ. 동일한 채권에 대하여 확정일자 있는 채권양도의 통지와 채권압류 및 추심명령이 제3채무자에게 동시에 송달된 경우, 제3채무자는 채권양수인이나 압류채권자 중 누구에게라도 채무 전액을 변제할 수 있다. 다만 제3채무자에 대한 채권액이 양수채권액과 압류채권액의 합계액보다 적은 경우에는 그들 사이에 각 채권액에 안분하여 이를 내부적으로 다시 정산해야 한다.

ㄹ. 동일한 채권에 대하여 확정일자 있는 채권양도의 통지와 채권가압류명령이 제3채무자에게 동시에 도달하여 제3채무자가 변제공탁을 하고 이후 배당이 되는 경우, 위 도달시점 이후 채권압류 및 추심명령을 받은 다른 채권자가 배당요구를 하더라도 채권양수인과 선행 가압류채권자 사이에서만 채권액에 안분하여 배당하여야 한다.

① ㄱ　　　　　　　　　② ㄴ　　　　　　　　　③ ㄱ, ㄷ
④ ㄴ, ㄹ　　　　　　　　⑤ ㄷ, ㄹ

[ㄱ ▸ ○] 부동산에 대하여 가압류등기가 먼저 되고 나서 근저당권설정등기가 마쳐진 경우에 그 근저당권등기는 가압류에 의한 처분금지의 효력 때문에 그 집행 보전의 목적을 달성하는 데 필요한 범위 안에서 가압류채권자에 대한 관계에서만 상대적으로 무효이다. 이 경우 가압류채권자와 근저당권자 및 근저당권설정등기 후 강제경매신청을 한 압류채권자 사이의 배당관계에 있어서, 근저당권자는 선순위 가압류채권자에 대하여는 우선변제권을 주장할 수 없으므로 1차로 채권액에 따른 안분비례에 의하여 평등배당을 받은 다음, 후순위 경매신청압류채권자에 대하여는 우선변제권이 인정되므로 경매신청압류채권자가 받을 배당액으로부터 자기의 채권액을 만족시킬 때까지 이를 흡수하여 배당받을 수 있다(대결 1994.11.29. 94마417).

[ㄴ ▸ ✕] 주택임대차보호법 제3조의2 제2항은 대항요건(주택 인도와 주민등록전입신고)과 임대차계약증서상의 확정일자를 갖춘 주택임차인에게 부동산담보권에 유사한 권리를 인정한다는 취지로서, 이에 따라 대항요건과 확정일자를 갖춘 임차인들 상호 간에는 대항요건과 확정일자를 최종적으로 갖춘 순서대로 우선변제받을 순위를 정하게 되므로, 만일 대항요건과 확정일자를 갖춘 임차인들이 주택임대차보호법 제8조 제1항에 의하여 보증금 중 일정액의 보호를 받는 소액임차인의 지위를 겸하는 경우, 먼저 소액임차인으로서 보호받는 일정액을 우선배당하고 난 후의 나머지 임차보증금채권액에 대하여는 대항요건과 확정일자를 갖춘 임차인으로서의 순위에 따라 배당을 하여야 하는 것이다(대판 2007.11.15. 2007다45562).

[ㄷ ▸ ○] 채권양도통지, 가압류 또는 압류명령 등이 제3채무자에 동시에 송달되어 그들 상호 간에 우열이 없는 경우에도 그 채권양수인, 가압류 또는 압류채권자는 모두 제3채무자에 대하여 완전한 대항력을 갖추었다고 할 것이므로, 그 전액에 대하여 채권양수금, 압류전부금 또는 추심금의 이행청구를 하고 적법하게 이를 변제받을 수 있고, 제3채무자로서는 이들 중 누구에게라도 그 채무 전액을 변제하면 다른 채권자에 대한 관계에서도 유효하게 면책되는 것이며, 만약 양수채권액과 가압류 또는 압류된 채권액의 합계액이 제3채무자에 대한 채권액을 초과할 때에는 그들 상호 간에는 법률상의 지위가 대등하므로 공평의 원칙상 각 채권액에 안분하여 이를 내부적으로 다시 정산할 의무가 있다(대판 1994.4.26. 93다24223 [전합]).

[ㄹ▸O] 확정일자 있는 채권양도통지와 채권가압류명령이 동시에 도달됨으로써 제3채무자가 변제공탁을 하고, 그 후에 다른 채권압류 또는 가압류가 이루어졌다 하더라도 채권양수인과 선행 가압류채권자 사이에서만 채권액에 안분하여 배당하여야 한다(대판 2004.9.3. 2003다22561).

2016년 변호사시험 문 16.

☑ 확인Check! O △ X

1억원의 채무를 부담하고 있는 甲을 위하여 乙과 丙은 보증인이 되었고, 丁은 자기 소유의 시가 6,000만원의 부동산에 저당권을 설정하여 물상보증인이 되었으며, 戊도 자기 소유의 시가 4,000만원의 부동산에 저당권을 설정하여 물상보증인이 되었다. 당사자 사이의 특약 등 다른 특별한 사정이 없다면 乙이 甲의 채무 전액을 변제한 경우, 乙이 丙, 丁, 戊에 대하여 채권자를 대위할 수 있는 범위로 옳은 것은?(다툼이 있는 경우 판례에 의함)

① 丙에 대하여 2,500만원, 丁에 대하여 2,500만원, 戊에 대하여 2,500만원
② 丙에 대하여 2,500만원, 丁에 대하여 2,000만원, 戊에 대하여 3,000만원
③ 丙에 대하여 2,500만원, 丁에 대하여 3,000만원, 戊에 대하여 2,000만원
④ 丙에 대하여 5,000만원, 丁에 대하여 1,500만원, 戊에 대하여 1,000만원
⑤ 丙에 대하여 7,500만원, 丁에 대하여 0원, 戊에 대하여 0원

[❶▸×] [❷▸×] [❸▸O] [❹▸×] [❺▸×] 수인의 법정대위자 상호 간이 보증인과 물상보증인의 관계인 경우, 그들 사이에는 우선 인원수에 비례하여 변제자대위를 하고, 그 다음 물상보증인 상호 간에는 보증인의 부담 부분을 제외한 그 잔액에 대해 각 재산의 가액에 비례하여 변제자대위를 한다(민법 제482조 제2항 제5호 참조). 따라서 사안의 경우 보증인 2인, 물상보증인 2인이므로, 보증인 乙과 丙은 각각 2,500만원씩(1억원×1 / 4)을 부담한다. 그리고 물상보증인 상호 간의 경우 1억원에서 보증인 부담 부분 5,000만원을 제외한 5,000만원에 대해 담보로 제공한 재산가액에 비례하여 丁은 3,000만원(5,000만원×6 / 10)을, 戊는 2,000만원(5,000만원×4 / 10)을 부담한다. 결국 채무 전액을 변제한 乙은 丙에 대해 2,500만원, 丁에 대해 3,000만원, 戊에 대해 2,000만원의 범위 내에서 채권자를 대위한다.

법령 변제자대위의 효과, 대위자 간의 관계(민법 제482조) ① 전2조의 규정에 의하여 채권자를 대위한 자는 자기의 권리에 의하여 구상할 수 있는 범위에서 채권 및 그 담보에 관한 권리를 행사할 수 있다.
② 전항의 권리행사는 다음 각 호의 규정에 의하여야 한다.
  5. 자기의 재산을 타인의 채무의 담보로 제공한 자와 보증인 간에는 그 인원수에 비례하여 채권자를 대위한다. 그러나 자기의 재산을 타인의 채무의 담보로 제공한 자가 수인인 때에는 보증인의 부담 부분을 제외하고 그 잔액에 대하여 각 재산의 가액에 비례하여 대위한다. 이 경우에 그 재산이 부동산인 때에는 제1호의 규정을 준용한다.

다음 설명 중 옳은 것은?(다툼이 있는 경우 판례에 의함)

① 채무의 일부 변제제공은 채무의 본지에 따른 이행의 제공이라 할 수 없어 이행제공의 효력이 발생할 수 없으나, 채무의 일부를 공탁한 경우에는 그 부분에 한해 원칙적으로 변제의 효력이 발생한다.

② 비용, 이자, 원본에 대한 변제충당에 있어서는 민법 제479조에 그 충당순서가 법정되어 있으므로 당사자 사이에 특별한 합의가 없는 한 비용, 이자, 원본의 순서로 변제에 충당하여야 할 것이나, 채권자는 일방적으로 위 법정순서와 다르게 충당의 순서를 지정할 수 있다.

③ 채무의 성질 또는 당사자의 의사표시로 변제장소를 정하지 아니한 때에는 특정물의 인도는 채권자의 현 주소지에서 하여야 한다.

④ 채권의 준점유자에 대한 변제는 변제자가 선의이며 과실이 없는 경우에 한해 효력이 있는데, 만약 그 변제를 받은 자에게 변제수령의 권한이 인정된다면 채권의 준점유자에 대한 변제의 법리를 적용할 필요 없이 그에 대한 변제는 유효하다.

⑤ 변제받을 권한 없는 자에 대한 변제의 경우에도 채권자가 이익을 받은 한도에서 효력이 있는데, 여기에서 말하는 '채권자가 이익을 받은' 경우에는 변제의 수령자가 진정한 채권자에게 채무자의 변제로 받은 급부를 직접 전달한 경우는 포함되나, 무권한자의 변제수령을 채권자가 사후에 추인한 경우는 포함되지 않는다.

[**❶ ▸ ✕**] 채무의 일부 변제제공은 채무의 본지에 따른 이행의 제공이라 할 수 없고 이행제공의 효력이 발생할 수 없는 것이어서 그 채무의 일부를 공탁했다 하더라도 변제의 효력이 발생할 수 없다(대판 1984.9.11. 84다카781).

[**❷ ▸ ✕**] 비용, 이자, 원본에 대한 변제충당에 있어서는 민법 제479조에 그 충당순서가 법정되어 있고 지정변제충당에 관한 같은 법 제476조는 준용되지 않으므로 당사자 사이에 특별한 합의가 없는 한 비용, 이자, 원본의 순서로 충당하여야 할 것이고, 채무자는 물론 채권자라고 할지라도 위 법정순서와 다르게 일방적으로 충당의 순서를 지정할 수는 없다고 할 것이지만, 당사자의 일방적인 지정에 대하여 상대방이 지체 없이 이의를 제기하지 아니함으로써 묵시적인 합의가 되었다고 보여지는 경우에는 그 법정충당의 순서와는 달리 충당의 순서를 인정할 수 있는 것이다(대판 2002.5.10. 2002다12871).

[**❸ ▸ ✕**] 민법 제467조 제1항·제2항 참조

> **법령** **변제의 장소(민법 제467조)**   ① 채무의 성질 또는 당사자의 의사표시로 변제장소를 정하지 아니한 때에는 특정물의 인도는 채권 성립 당시에 그 물건이 있던 장소에서 하여야 한다.
> ② 전항의 경우에 특정물 인도 이외의 채무변제는 채권자의 현 주소에서 하여야 한다. 그러나 영업에 관한 채무의 변제는 채권자의 현 영업소에서 하여야 한다.

[**❹ ▸ ○**] 대판 2012.6.14. 2010다29034, 민법 제470조 참조

> **판례** 민법 제470조에서 정하는 '채권의 준점유자'는 진정한 채권자 등 변제수령의 권한이 있는 자 이외의 자로서 변제자의 입장에서 볼 때 일반의 거래관념상 채권을 행사할 정당한 권한을 가진 것으로 믿을 만한 외관을 가지는 사람을 말한다. 따라서 채무자가 채권의 준점유자에 대한 변제를 가리기 위해서는, 먼저 그 변제를 받은 자가 변제를 수령할 권한이 없는 자임이 전제가 되어야 하고, 만약 변제수령의 권한이 인정되면 채권의 준점유자에 대한 변제의 법리를 적용할 필요 없이 그에 대한 변제는 유효하다고 보아야 한다(대판 2012.6.14. 2010다29034).

법령 채권의 준점유자에 대한 변제(민법 제470조) 채권의 준점유자에 대한 변제는 변제자가 선의이며 과실 없는 때에 한하여 효력이 있다.

[❺ ▸ ✕] 민법 제472조는 불필요한 연쇄적 부당이득 반환의 법률관계가 형성되는 것을 피하기 위하여 변제받을 권한 없는 자에 대한 변제의 경우에도 채권자가 이익을 받은 한도에서 효력이 있다고 규정하고 있는데, 여기에서 말하는 '채권자가 이익을 받은' 경우에는 변제의 수령자가 진정한 채권자에게 채무자의 변제로 받은 급부를 전달한 경우는 물론이고, 그렇지 않더라도 무권한자의 변제수령을 채권자가 사후에 추인한 때와 같이 무권한자의 변제수령을 채권자의 이익으로 돌릴 만한 실질적 관련성이 인정되는 경우도 포함된다(대판 2012.10.25. 2010다32214).

2015년 변호사시험 문 20.
☑ 확인Check! ○ △ ✕

변제충당에 관한 설명 중 옳지 않은 것은?(다툼이 있는 경우 판례에 의함)

① 변제자가 주채무자이고 연대보증약정이 있는 경우로서 다른 조건이 동일하다면, 연대보증기간 내의 채무와 연대보증기간 종료 후의 채무 사이의 변제이익은 같다.
② 변제자가 주채무자인 경우로서 다른 조건이 동일하다면, 물상보증인이 제공한 물적 담보가 있는 채무와 그러한 담보가 없는 채무 사이의 변제이익은 같다.
③ 변제자가 주채무자인 경우로서 다른 조건이 동일하다면, 제3자가 발행 또는 배서한 어음에 의하여 담보되는 채무가 그렇지 않은 채무보다 변제이익이 더 많다.
④ 주채무자 이외의 자가 변제자인 경우로서 다른 조건이 동일하다면, 변제자가 발행 또는 배서한 어음에 의하여 담보되는 채무가 그렇지 않은 채무보다 변제이익이 더 많다.
⑤ 변제자가 주채무자인 경우로서 다른 조건이 동일하다면, 담보로 주채무자 자신이 발행 또는 배서한 어음에 의하여 담보되는 채무가 그렇지 않은 채무보다 변제이익이 더 많다.

[❶ ▸ ○] 변제자가 주채무자인 경우, 보증인이 있는 채무와 보증인이 없는 채무 사이에 변제이익의 점에서 차이가 없다고 보아야 하므로, 보증기간 중의 채무와 보증기간 종료 후의 채무 사이에서는 변제이익의 점에서 차이가 없고, 따라서 주채무자가 변제한 금원은 이행기가 먼저 도래한 채무부터 법정변제충당하여야 한다(대판 1999.8.24. 99다26481).

[❷ ▸ ○] 변제자가 주채무자인 경우 보증인이 있는 채무와 보증인이 없는 채무 사이에 전자가 후자에 비하여 변제이익이 더 많다고 볼 근거는 전혀 없으므로 양자는 변제이익의 점에서 차이가 없다고 보아야 한다. 마찬가지로 변제자가 채무자인 경우 물상보증인이 제공한 물적 담보가 있는 채무와 그러한 담보가 없는 채무 사이에도 변제이익의 점에서 차이가 없다(대판 2014.4.30. 2013다8250).

[❸ ▸ ✕] [❺ ▸ ○] 주채무자가 변제자인 경우에는, 담보로 제3자가 발행 또는 배서한 약속어음이 교부된 채무와 다른 채무 사이에 변제이익의 점에서 차이가 없다고 보아야 할 것이나, 담보로 주채무자 자신이 발행 또는 배서한 어음이 교부된 채무는 다른 채무보다 변제이익이 많은 것으로 보아야 한다(대판 1999.8.24. 99다22281).

[❹ ▸ ○] 주채무자 이외의 자가 변제자인 경우에는, 변제자가 발행 또는 배서한 어음에 의하여 담보되는 채무가 다른 채무보다 변제이익이 많다고 보아야 한다(대판 1999.8.24. 99다22281).

채무자가 동일한 채권자에 대하여 같은 종류를 목적으로 하는 수개의 채무를 부담하는데 변제의 제공이 그 채무 전부를 소멸하게 하지 못하는 경우에 관한 설명 중 옳지 않은 것은?(다툼이 있는 경우에는 판례에 의함)

① 채무자의 변제가 채권자에 대한 모든 채무를 소멸시키기에 부족한 때에는 채권자가 적당하다고 인정하는 순서와 방법에 의하여 충당하기로 하는 약정이 있는 경우, 채무자가 변제를 하면서 위 약정과 달리 특정 채무의 변제에 우선적으로 충당한다고 지정하더라도, 그에 대하여 채권자가 명시적 또는 묵시적으로 동의하지 않는 한 그 지정은 효력이 없어 채무자가 지정한 채무가 변제되어 소멸하는 것은 아니다.

② 변제자의 지정이 없다면 변제받은 자가 그 당시 어느 채무를 지정하여 변제에 충당할 수 있지만, 변제자가 그 충당에 대하여 즉시 이의를 한 때에는 그러하지 아니하다.

③ 법정변제충당의 경우, 이행기가 도래한 채무와 도래하지 아니한 채무가 있으면 이행기가 도래한 채무의 변제에 충당하는데, 이행기의 도래 여부는 이행기의 유예가 있더라도 본래의 이행기를 기준으로 판단한다.

④ 변제자가 그 채무 전부를 소멸하게 하지 못한 급여를 한 때에는 특약이 없는 한 비용, 이자, 원본의 순서로 변제에 충당하여야 한다.

⑤ 담보권 실행을 위한 경매에서 배당금이 담보권자가 가지는 수개의 피담보채권 전부를 소멸시키기에 부족한 경우에는 채권자와 채무자 사이에 변제충당에 관한 합의가 있었다고 하더라도 그 합의충당은 허용될 수 없고, 획일적으로 민법 제477조 및 제479조에 따른 법정변제충당의 방법에 따라 충당하여야 한다.

[**❶ ▶ ○**] 채권자와 채무자 사이에 미리 변제충당에 관한 약정이 있고, 그 약정내용이 변제가 채권자에 대한 모든 채무를 소멸시키기에 부족한 때에는 채권자가 적당하다고 인정하는 순서와 방법에 의하여 충당하기로 한 것이라면, 변제수령권자가 위 약정에 터 잡아 스스로 적당하다고 인정하는 순서와 방법에 좇아 변제충당을 한 이상 그 충당은 효력이 있는 것이므로, 위와 같이 미리 변제충당에 관한 별도의 약정이 있는 경우에는 채무자가 변제를 하면서 위 약정과 달리 특정 채무의 변제에 우선적으로 충당한다고 지정하더라도, 그에 대하여 채권자가 명시적 또는 묵시적으로 동의하지 않는 한 그 지정은 효력이 없어 채무자가 지정한 채무가 변제되어 소멸하는 것은 아니다(대판 1999.11.26. 98다27517).

[**❷ ▶ ○**] 민법 제476조 제2항 참조

지정변제충당(민법 제476조) ① 채무자가 동일한 채권자에 대하여 같은 종류를 목적으로 한 수개의 채무를 부담한 경우에 변제의 제공이 그 채무 전부를 소멸하게 하지 못하는 때에는 변제자는 그 당시 어느 채무를 지정하여 그 변제에 충당할 수 있다.

② 변제자가 전항의 지정을 하지 아니할 때에는 변제받는 자는 그 당시 어느 채무를 지정하여 변제에 충당할 수 있다. 그러나 변제자가 그 충당에 대하여 즉시 이의를 한 때에는 그러하지 아니하다.

[**❸ ▶ ✕**] 법정변제충당의 순위를 정함에 있어서 변제의 유예가 있는 채무에 대하여는 유예기까지 변제기가 도래하지 않은 것과 같게 보아야 한다(대판 1999.8.24. 99다22281).

[**❹ ▶ ○**] 비용, 이자, 원본에 대한 변제충당에 있어서는 민법 제479조에 그 충당순서가 법정되어 있고 지정변제충당에 관한 같은 법 제476조는 준용되지 않으므로 당사자 사이에 특별한 합의가 없는 한 비용, 이자, 원본의 순서로 충당하여야 할 것이고, 채무자는 물론 채권자라고 할지라도 위 법정순서와 다르게 일방적으로 충당의 순서를 지정할 수는 없다고 할 것이지만, 당사자의 일방적인 지정에 대하여 상대방이 지체 없이 이의를 제기하지 아니함으로써 묵시적인 합의가 되었다고 보여지는 경우에는 그 법정충당의 순서와는 달리 충당의 순서를 인정할 수 있는 것이다(대판 2002.5.10. 2002다12871).

[**⑤ ▶ ○**] 담보권 실행을 위한 경매에서 배당된 배당금이 담보권자가 가지는 수개의 피담보채권 전부를 소멸시키기에 부족한 경우에는 민법 제476조에 의한 지정변제충당은 허용될 수 없고, 채권자와 채무자 사이에 변제충당에 관한 합의가 있었다고 하여 그 합의에 따른 변제충당도 허용될 수 없으며, 획일적으로 가장 공평타당한 충당방법인 민법 제477조 및 제479조의 규정에 의한 법정변제충당의 방법에 따라 충당하여야 하는 것이다(대판 2000.12.8. 2000다51339).

2014년 변호사시험 문 33.   ☑ 확인 Check! ○ △ ✕

甲은 乙에게 1억원을 대여하면서 乙 소유인 X토지에 관하여 근저당권을 설정받았다. 丙은 乙의 부탁을 받고 乙의 위 채무를 보증하였다. 변제기가 도래하였음에도 乙이 채무를 변제하지 않고 있다. 옳은 것을 모두 고른 것은?(이자, 지연손해금은 없는 것으로 가정한다. 다툼이 있는 경우에는 판례에 의하고, 각 지문은 모두 독립적이다)

ㄱ. 乙이 丙에게 보증채무를 변제하지 말 것을 요구하였음에도 丙은 乙의 의사에 반하여 甲에게 변제하였다. 이 경우 丙은 乙에게 구상권을 행사할 수 있다.

ㄴ. 丙이 甲에게 5,000만원을 변제하였다. 그 후 X토지가 경매되어 매각대금 중 배당 가능한 금액이 8,000만원이 된 경우 丙은 4,000만원을 배당받을 수 있다.

ㄷ. 丙이 보증채무를 모두 변제하였다. 丙이 X토지상의 근저당권에 관하여 자신의 명의로 부기등기를 경료하지 않고 있는 사이에 乙은 다시 丁으로부터 금원을 차용하고 丁에게 제2순위 근저당권을 설정하여 주었다. X토지가 경매되는 경우 丙이 변제사실을 증명하여 배당요구하면 丙은 丁보다 우선하여 배당받을 수 있다.

① ㄱ   ② ㄴ   ③ ㄷ
④ ㄱ, ㄴ   ⑤ ㄱ, ㄷ

[**ㄱ ▶ ○**] 수탁보증인 丙은 보증채무를 지는 자로서 법률상 이해관계가 있어 채무자의 의사에 반해 변제할 수 있고(민법 제469조 제2항 참조), 주채무자 乙에게 구상권을 행사할 수 있다(민법 제441조 제1항 참조).

 판례 민법 제469조 제2항은 이해관계 없는 제3자는 채무자의 의사에 반하여 변제하지 못한다고 규정하고, 민법 제481조는 변제할 정당한 이익이 있는 자는 변제로 당연히 채권자를 대위한다고 규정하고 있는바, 위 조항에서 말하는 '이해관계' 내지 '변제할 정당한 이익'이 있는 자는 변제를 하지 않으면 채권자로부터 집행을 받게 되거나 또는 채무자에 대한 자기의 권리를 잃게 되는 지위에 있기 때문에 변제함으로써 당연히 대위의 보호를 받아야 할 법률상 이익을 가지는 자를 말하고, 단지 사실상의 이해관계를 가진 자는 제외된다(대결 2009.5.28. 2008마109).

 법령 **제삼자의 변제(민법 제469조)** ① 채무의 변제는 제삼자도 할 수 있다. 그러나 채무의 성질 또는 당사자의 의사표시로 제삼자의 변제를 허용하지 아니하는 때에는 그러하지 아니하다.
② 이해관계 없는 제삼자는 채무자의 의사에 반하여 변제하지 못한다.
수탁보증인의 구상권(민법 제441조) ① 주채무자의 부탁으로 보증인이 된 자가 과실 없이 변제 기타의 출재로 주채무를 소멸하게 한 때에는 주채무자에 대하여 구상권이 있다.

[ㄴ ▸ X] 일부대위변제의 경우 채권자가 우선하므로, 배당 가능한 금액 8,000만원 중 잔존채권 5,000만원이 있는 채권자 甲에게 먼저 배당되고, 나머지 3,000만원이 대위변제자인 丙에게 배당된다.

변제할 정당한 이익이 있는 자가 채무자를 위하여 <u>채권의 일부를 대위변제할 경우에 대위변제자는 변제한 가액의 범위 내에서 종래 채권자가 가지고 있던 채권 및 담보에 관한 권리를 취득하게 되고 따라서 채권자가 부동산에 대하여 저당권을 가지고 있는 경우에는 채권자는 대위변제자에게 일부대위변제에 따른 저당권의 일부이전의 부기등기를 경료해 주어야 할 의무가 있다 할 것이나</u> 이 경우에도 <u>채권자는 일부대위변제자에 대하여 우선변제권을 가지고 있다</u>(대판 1988.9.27. 88다카1797).

[ㄷ ▸ O] 대판 2013.2.15. 2012다48855, 민법 제482조 제2항 제1호 참조

후순위 근저당권자는 통상 자신의 이익을 위하여 선순위 근저당권의 담보가치를 초과하는 담보가치만을 파악하여 담보권을 취득한 자에 불과하므로 <u>변제자대위와 관련해서 후순위 근저당권자를 보증인보다 더 보호할 이유도 없다.</u> 이러한 사정들과 민법 제482조 제2항 제1호와 제2호가 상호 작용하에 법정대위자 중 보증인과 제3취득자의 이해관계를 조절하는 규정인 점 등을 종합하여 보면, <u>보증인은 미리 저당권의 등기에 그 대위를 부기하지 않고서도 저당물에 후순위 근저당권을 취득한 제3자에 대하여 채권자를 대위할 수 있다고 할 것이므로 민법 제482조 제2항 제1호의 제3자에 후순위 근저당권자는 포함되지 않는다</u>(대판 2013.2.15. 2012다48855).

변제자대위의 효과, 대위자 간의 관계(민법 제482조) ① 전2조의 규정에 의하여 채권자를 대위한 자는 자기의 권리에 의하여 구상할 수 있는 범위에서 채권 및 그 담보에 관한 권리를 행사할 수 있다.
② 전항의 권리행사는 다음 각 호의 규정에 의하여야 한다.
   1. 보증인은 미리 전세권이나 저당권의 등기에 그 대위를 부기하지 아니하면 전세물이나 저당물에 권리를 취득한 제삼자에 대하여 채권자를 대위하지 못한다.
   2. 제삼취득자는 보증인에 대하여 채권자를 대위하지 못한다.

2012년 변호사시험 문 35.
☑ 확인Check! ○ △ ✕

甲은 사채업자 乙로부터 1억 2,000만원을 대출받았는데, 丙과 丁은 甲의 乙에 대한 채무를 연대보증하였고, 위 대출금채무에 대한 담보로 丁은 그 소유의 X토지(시가 6,000만원 상당에), 戊는 그 소유의 Y토지(시가 4,000만원 상당)에 각 저당권을 설정하였다. 다음 설명 중 옳지 않은 것은?(각 지문은 독립적이고, 다툼이 있는 경우에는 판례에 의함)

① 丙은 甲의 의사에 반해서도 변제할 수 있다.
② 丁이 甲을 위하여 7,000만원을 乙에게 변제한 후 乙이 나머지 5,000만원을 회수하기 위하여 저당권을 실행하여 X가 5,000만원에 매각되었다면, 乙은 매각대금 5,000만원 전부를 배당받을 수 있다.
③ ②의 경우에 丁은 乙의 권리를 대위하여 丙에게 4,000만원을 청구할 수 있다.
④ 乙이 丙의 보증채무를 면제해 주더라도 乙에 대한 戊의 책임에는 영향이 없다.
⑤ 甲의 乙에 대한 채무의 소멸시효가 완성된 후 甲이 변제기한의 유예를 요청하였더라도, 戊는 乙을 상대로 저당권말소등기를 청구할 수 있다.

④ **정답**

[**❶ ▶ O**] 연대보증인 丙은 변제를 하지 않으면 채권자로부터 집행을 받게 되는 지위에 있어 변제할 법률상 이해관계가 있으므로, 채무자의 의사에 반해 변제할 수 있다.

판례 민법 제469조 제2항은 이해관계 없는 제3자는 채무자의 의사에 반하여 변제하지 못한다고 규정하고, 민법 제481조는 변제할 정당한 이익이 있는 자는 변제로 당연히 채권자를 대위한다고 규정하고 있는바, 위 조항에서 말하는 '이해관계' 내지 '변제할 정당한 이익'이 있는 자는 변제를 하지 않으면 채권자로부터 집행을 받게 되거나 또는 채무자에 대한 자기의 권리를 잃게 되는 지위에 있기 때문에 변제함으로써 당연히 대위의 보호를 받아야 할 법률상 이익을 가지는 자를 말하고, 단지 사실상의 이해관계를 가진 자는 제외된다(대결 2009.5.28. 2008마109).

법령 제삼자의 변제(민법 제469조)   ① 채무의 변제는 제삼자도 할 수 있다. 그러나 채무의 성질 또는 당사자의 의사표시로 제삼자의 변제를 허용하지 아니하는 때에는 그러하지 아니하다.
② 이해관계 없는 제삼자는 채무자의 의사에 반하여 변제하지 못한다.

[**❷ ▶ O**] 일부대위변제의 경우 채권자가 우선하므로, 매각대금 5,000만원은 잔존채권 5,000만원이 있는 채권자 乙에게 먼저 배당된다.

판례 변제할 정당한 이익이 있는 자가 채무자를 위하여 채권의 일부를 대위변제할 경우에 대위변제자는 변제한 가액의 범위 내에서 종래 채권자가 가지고 있던 채권 및 담보에 관한 권리를 취득하게 되고 따라서 채권자가 부동산에 대하여 저당권을 가지고 있는 경우에는 채권자는 대위변제자에게 일부대위변제에 따른 저당권의 일부이전의 부기등기를 경료해 주어야 할 의무가 있다 할 것이나 이 경우에도 채권자는 일부대위변제자에 대하여 우선변제권을 가지고 있다(대판 1988.9.27. 88다카1797).

[**❸ ▶ O**] ②의 경우 丁이 스스로 변제한 금액 7,000만원과, 자기 소유의 부동산이 경매되어 변제한 금액 5,000만원으로써 1억 2,000만원 전액을 변제한 것이다. 따라서 丁은 변제자대위권을 행사할 수 있는데, 보증인과 물상보증인의 지위를 겸하는 자도 1인으로 산정하므로, 사안은 연대보증인과 물상보증인이 3인인 때에 해당하게 된다. 수인의 법정대위자 상호 간이 보증인과 물상보증인의 관계인 경우, 그들 사이에는 우선 인원수에 비례하여 변제자대위를 하게 되므로 丙, 丁, 戊 각자의 부담 부분은 4,000만원이 된다. 결국, 丁은 乙의 권리를 대위하여 丙에게 4,000만원을 청구할 수 있다.

판례 민법 제482조 제2항 제4호, 제5호가 물상보증인 상호 간에는 재산의 가액에 비례하여 부담 부분을 정하도록 하면서, 보증인과 물상보증인 상호 간에는 보증인의 총재산의 가액이나 자력 여부, 물상보증인이 담보로 제공한 재산의 가액 등을 일체 고려하지 아니한 채 형식적으로 인원수에 비례하여 평등하게 대위비율을 결정하도록 규정한 것은, 인적 무한책임을 부담하는 보증인과 물적 유한책임을 부담하는 물상보증인 사이에는 보증인 상호 간이나 물상보증인 상호 간과 같이 상호 이해조정을 위한 합리적인 기준을 정하는 것이 곤란하고, 당사자 간의 특약이 있다는 등의 특별한 사정이 없는 한 오히려 인원수에 따라 대위비율을 정하는 것이 공평하고 법률관계를 간명하게 처리할 수 있어 합리적이며 그것이 대위자의 통상의 의사 내지 기대에 부합하기 때문이다. 이러한 규정취지는 동일한 채무에 대하여 보증인 또는 물상보증인이 여럿 있고, 이 중에서 보증인과 물상보증인의 지위를 겸하는 자가 포함되어 있는 경우에도 동일하게 참작되어야 하므로, 위와 같은 경우 민법 제482조 제2항 제4호, 제5호 전문에 의한 대위비율은 보증인과 물상보증인의 지위를 겸하는 자도 1인으로 보아 산정함이 상당하다(대판 2010.6.10. 2007다61113).

법령 변제자대위의 효과, 대위자 간의 관계(민법 제482조) ① 전2조의 규정에 의하여 채권자를 대위한 자는 자기의 권리에 의하여 구상할 수 있는 범위에서 채권 및 그 담보에 관한 권리를 행사할 수 있다.
② 전항의 권리행사는 다음 각 호의 규정에 의하여야 한다.
　　5. 자기의 재산을 타인의 채무의 담보로 제공한 자와 보증인 간에는 그 인원수에 비례하여 채권자를 대위한 다. 그러나 자기의 재산을 타인의 채무의 담보로 제공한 자가 수인인 때에는 보증인의 부담 부분을 제외하고 그 잔액에 대하여 각 재산의 가액에 비례하여 대위한다. 이 경우에 그 재산이 부동산인 때에는 제1호의 규정을 준용한다.

[❹ ▸ ✕] 물상보증인 戊가 변제하면 보증인 丙에게 변제자대위를 할 수 있었는데, 채권자 乙이 丙의 보증채무를 면제해 주었고, 이는 민법 제485조의 담보의 상실 또는 감소에 해당하므로, 그만큼 乙에 대한 戊의 책임이 면책된다.

민법 제485조는, 민법 제481조에 의한 법정대위를 할 자가 있는 경우에 채권자의 고의나 과실로 담보가 상실되 거나 감소된 때에는 대위권자는 그 담보의 상실 또는 감소로 인하여 상환을 받을 수 없는 한도에서 자신의 변제책임을 면한다고 규정하고 있는바, 여기서의 '담보'라 함은 주된 채무를 담보하기 위한 인적 담보 또는 물적 담보를 말하며, 담보의 상실 또는 감소의 전형적 예는 채권자가 인적 담보인 보증인의 채무를 면제해 주거나 물적 담보인 담보물권을 포기하거나 순위를 불리하게 변경하거나 담보물을 훼손하거나 반환하는 행위 등을 들 수 있을 것이다(대판 2000.12.12. 99다13669).

[❺ ▸ ○] 소멸시효가 완성된 후 채무자 甲이 변제기한의 유예를 요청한 것은 시효이익 포기에 해당한다. 하지만 채무자 의 시효이익 포기는 상대적 효력만이 있으므로, 시효에 의해 직접 이익을 받는 물상보증인이나 연대보증인에게는 효력이 없다. 따라서 채무자의 시효이익 포기에도 불구하고, 물상보증인 戊는 소멸시효 완성을 주장하여 채권자 乙을 상대로 저당권말소등기를 청구할 수 있다.

• 타인의 채무를 담보하기 위하여 자기의 물건에 담보권을 설정한 물상보증인은 채권자에 대하여 물적 유한책 임을 지고 있어 그 피담보채권의 소멸에 의하여 직접 이익을 받는 관계에 있으므로 소멸시효의 완성을 주장할 수 있는 것이다(대판 2004.1.16. 2003다30890).
• 소멸시효를 원용할 수 있는 사람은 권리의 소멸에 의하여 직접 이익을 받는 사람에 한정되는바, 채권담보의 목적으로 매매예약의 형식을 빌어 소유권이전청구권 보전을 위한 가등기가 경료된 부동산을 양수하여 소유 권이전등기를 마친 제3자는 당해 가등기담보권의 피담보채권의 소멸에 의하여 직접 이익을 받는 자이므로, 그 가등기담보권에 의하여 담보된 채권의 채무자가 아니더라도 그 피담보채권에 관한 소멸시효를 원용할 수 있고, 이와 같은 직접수익자의 소멸시효원용권은 채무자의 소멸시효원용권에 기초한 것이 아닌 독자적인 것으로서 채무자를 대위하여서만 시효이익을 원용할 수 있는 것은 아니며, 가사 채무자가 이미 그 가등기에 기한 본등기를 경료하여 시효이익을 포기한 것으로 볼 수 있다고 하더라도 그 시효이익의 포기는 상대적 효과가 있음에 지나지 아니하므로 채무자 이외의 이해관계자에 해당하는 담보부동산의 양수인으로서는 여전 히 독자적으로 소멸시효를 원용할 수 있다(대판 1995.7.11. 95다12446).

2012년 변호사시험 문 28.　　　　　　　　　　　☑확인Check! ○ △ ✕

채무의 변제에 관한 설명 중 옳지 않은 것은?(다툼이 있는 경우에는 판례에 의함)

① 甲이 乙에 대하여 금전채무를 부담하고 乙이 丙에 대하여 동일한 금액의 채무를 부담하는 경우, 甲이 乙의 지시로 丙에게 직접 변제하였다면 후에 甲과 乙 사이의 계약이 해제되더라도 甲은 丙에 대하여 급부한 것을 부당이득으로 반환청구할 수 없다.

② 채권양도가 있었으나 아직 대항요건이 갖추어지지 아니하였다면 채무자가 채권양도사실을 알고서 양도인에게 변제한 경우에도 양수인에 대하여 변제의 유효를 주장할 수 있다.

③ 채무자 甲이 乙에게 변제한 후 진정한 채권자가 丙으로 밝혀진 경우라도, 乙이 채권의 준점유자이고 甲이 선의·무과실로 변제하였다면, 甲은 乙에게 변제한 것의 반환을 청구할 수 없다.

④ 채권자 甲에 대한 乙의 채무를 제3자인 丙이 자신의 채무인 줄 알고 甲에게 변제한 경우에도 乙의 채무는 소멸하고, 丙은 원칙적으로 乙에 대하여 부당이득 반환을 청구할 수 있다.

⑤ 물상보증인은 채무자의 의사에 반하여 채무를 변제할 수 있다.

[**❶** ▸ ○]　계약의 일방당사자가 계약상대방의 지시 등으로 급부과정을 단축하여 계약상대방과 또 다른 계약관계를 맺고 있는 제3자에게 직접 급부한 경우, 그 급부로써 급부를 한 계약당사자의 상대방에 대한 급부가 이루어질 뿐 아니라 그 상대방의 제3자에 대한 급부로도 이루어지는 것이므로 계약의 일방당사자는 제3자를 상대로 법률상 원인 없이 급부를 수령하였다는 이유로 부당이득반환청구를 할 수 없다(대판 2003.12.26. 2001다46730).

[**❷** ▸ ○]　채무자가 채권양도사실에 대해 악의인 경우에도, 민법 제450조 제1항의 대항요건을 갖추지 못하는 한 양수인은 채권양도로써 채무자에게 대항할 수 없다(통설).

지명채권 양도의 대항요건(민법 제450조)　① 지명채권의 양도는 양도인이 채무자에게 통지하거나 채무자가 승낙하지 아니하면 채무자 기타 제삼자에게 대항하지 못한다.

[**❸** ▸ ○]　채권의 준점유자에 대한 변제로써 채무는 확정적으로 소멸하게 되므로, 변제자는 준점유자에게 변제의 무효를 주장하면서 부당이득의 반환을 구할 수 없고, 채권자도 변제자에게 이행을 구할 수 없다. 다만, 채권자는 준점유자에게 부당이득 반환 혹은 불법행위손해배상을 구할 수 있을 뿐이다.

채권압류가 경합된 경우에 그 압류채권자 중의 한 사람이 전부명령을 얻은 경우 그 전부명령은 무효이지만 제3채무자가 선의·무과실로 그 전부채권자에게 전부금을 변제하였다면 이는 채권의 준점유자에 대한 변제로서 유효하므로 제3채무자의 채무자에 대한 채무는 소멸되고 제3채무자는 압류채권자에 대하여 2중변제의 의무를 부담하지 아니하며 전부채권자에 대하여 전부명령의 무효를 주장하여 부당이득반환청구도 할 수 없다 (대판 1980.9.30. 78다1292).

채권의 준점유자에 대한 변제(민법 제470조)　채권의 준점유자에 대한 변제는 변제자가 선의이며 과실 없는 때에 한하여 효력이 있다.

[**❹ ▸ ✕**] 제3자가 착오로 비채변제한 경우에는 원칙적으로 변제의 효력이 생기지 않으므로, 乙의 채무는 소멸하지 않는다. 따라서 제3자 丙은 채무자 乙에게 부당이득 반환을 청구할 수 없고, 변제수령자인 채권자 甲에게 부당이득 반환을 청구해야 한다. 다만, 채권자가 선의로 증서를 훼멸하거나, 담보를 포기하거나, 시효로 인해 그 채권을 잃은 때에는 변제자는 채권자에게 그 반환을 청구하지 못하게 된다(제745조 제1항 참조).

타인의 채무의 변제(민법 제745조) ① 채무자 아닌 자가 착오로 인하여 타인의 채무를 변제한 경우에 채권자가 선의로 증서를 훼멸하거나 담보를 포기하거나 시효로 인하여 그 채권을 잃은 때에는 변제자는 그 반환을 청구하지 못한다.

[**❺ ▸ ○**] 물상보증인은 변제를 하지 않으면 채권자로부터 집행을 받게 되거나, 또는 채무자에 대한 자기의 권리를 잃게 되는 지위에 있어 변제할 법률상 이해관계가 있으므로, 채무자의 의사에 반해 변제할 수 있다.

민법 제469조 제2항은 이해관계 없는 제3자는 채무자의 의사에 반하여 변제하지 못한다고 규정하고, 민법 제481조는 변제할 정당한 이익이 있는 자는 변제로 당연히 채권자를 대위한다고 규정하고 있는바, 위 조항에서 말하는 '이해관계' 내지 '변제할 정당한 이익'이 있는 자는 변제를 하지 않으면 채권자로부터 집행을 받게 되거나 또는 채무자에 대한 자기의 권리를 잃게 되는 지위에 있기 때문에 변제함으로써 당연히 대위의 보호를 받아야 할 법률상 이익을 가지는 자를 말하고, 단지 사실상의 이해관계를 가진 자는 제외된다(대결 2009.5.28, 2008마109).

제삼자의 변제(민법 제469조) ① 채무의 변제는 제삼자도 할 수 있다. 그러나 채무의 성질 또는 당사자의 의사표시로 제삼자의 변제를 허용하지 아니하는 때에는 그러하지 아니하다.
② 이해관계 없는 제삼자는 채무자의 의사에 반하여 변제하지 못한다.

제2절 **대물변제**

제3절 **공 탁**

2014년 변호사시험 문 32. ☑ 확인Check! ○ △ ✕

甲과 乙 사이의 채권발생경위는 다음과 같다. 옳은 것을 모두 고른 것은?(다툼이 있는 경우에는 판례에 의하고, 각 지문은 모두 독립적이다)

A채권(대여금채권) : 甲은 2012.12.31. 乙에게 2,000만원을 변제기 2013.3.5.로 정하여 대여하였다.
B채권(부당이득금채권) : 乙은 2012.1.1.부터 2012.12.31.까지 사이에 권원 없음을 알면서도 甲의 의사에 반하여 甲 소유인 X아파트를 무단으로 점유하면서 사용하였다. 이로 인한 차임 상당 부당이득금은 2,000만원이다.
C채권(컴퓨터대금채권) : 乙은 2012.12.5. 甲에게 컴퓨터 10대를 대금 2,000만원, 대금지급기일 2013.2.5.로 정하여 매도하였고, 아직 컴퓨터를 인도하지 않았다.
D채권(양수금채권) : 丙은 2012.10.1. 甲에게 2,000만원을 변제기 2013.2.5.로 정하여 대여하였다. 乙은 2012.12.1. 丙으로부터 이 채권을 양수하였고, 丙이 양도통지를 보내어 그 통지가 2012.12.11. 甲에게 도달하였다.

ㄱ. 甲의 채권자 丁은 A채권에 관하여 압류·전부명령을 받았고 그 명령이 2013.1.2. 甲과 乙에게 도달하여 그 무렵 확정되었다. 乙은 2014.1.2. D채권을 자동채권으로, A채권을 수동채권으로 하여 丁에게 상계의사표시를 하였다. 이 경우 乙은 상계로 丁에게 대항할 수 있다.
ㄴ. 乙은 2014.1.2. 甲에게 D채권을 자동채권으로, B채권을 수동채권으로 하여 상계의사표시를 하였다. 상계는 인정된다.
ㄷ. 乙은 2014.1.2. 甲에게 C채권을 자동채권으로, A채권을 수동채권으로 하여 상계의사표시를 하였다. 상계는 인정된다.
ㄹ. 甲은 2014.1.2. 乙에게 B채권을 자동채권으로, C채권을 수동채권으로 하여 상계의사표시를 하였다. 상계는 인정된다.

① ㄱ, ㄴ　　　　　② ㄴ, ㄷ　　　　　③ ㄷ, ㄹ
④ ㄱ, ㄹ　　　　　⑤ ㄴ, ㄹ

[ㄱ ▶ ○] 지급금지된 채권이 수동채권인 경우, 지급이 금지될 때에 이미 양 채권이 상계적상에 있거나, 자동채권이 수동채권보다 그 변제기가 빠르거나 동시에 도달해야 상계를 할 수 있다. 지문의 경우 乙이 취득한 채권의 변제기는 2013.2.5.이고, 압류된 A채권의 변제기는 2013.3.5.이므로, D채권의 변제기가 앞선다. 따라서 乙은 D채권을 자동채권으로 한 상계로 압류명령을 신청한 丁에게 대항할 수 있다.

판례

민법 제498조는 "지급을 금지하는 명령을 받은 제3채무자는 그 후에 취득한 채권에 의한 상계로 그 명령을 신청한 채권자에게 대항하지 못한다"라고 규정하고 있다. 위 규정의 취지, 상계제도의 목적 및 기능, 채무자의 채권이 압류된 경우 관련 당사자들의 이익상황 등에 비추어 보면, <u>채권압류명령 또는 채권가압류명령(이하 채권압류명령의 경우만을 두고 논의하기로 한다)을 받은 제3채무자가 압류채무자에 대한 반대채권을 가지고 있는 경우에 상계로써 압류채권자에게 대항하기 위하여는, 압류의 효력발생 당시에 대립하는 양 채권이 상계 적상에 있거나, 그 당시 반대채권(자동채권)의 변제기가 도래하지 아니한 경우에는 그것이 피압류채권(수동채 권)의 변제기와 동시에 또는 그보다 먼저 도래하여야 한다</u>(대판 2012.2.16. 2011다45521 [전합]).

[ㄴ ▸ ✕] 부당이득반환채권이라도 고의의 불법행위를 원인으로 하였다면, 민법 제496조의 유추적용에 의해 이를 수동채권으로 하는 상계는 금지된다. 따라서 乙은 고의의 무단점유를 원인으로 하는 B채권을 수동채권으로 하여 상계할 수 없다.

민법 제496조의 취지는, 고의의 불법행위에 의한 손해배상채권에 대하여 상계를 허용한다면 고의로 불법행위를 한 자까지도 상계권 행사로 현실적으로 손해배상을 지급할 필요가 없게 되어 보복적 불법행위를 유발하게 될 우려가 있고, 또 고의의 불법행위로 인한 피해자가 가해자의 상계권 행사로 인하여 현실의 변제를 받을 수 없는 결과가 됨은 사회적 정의관념에 맞지 아니하므로 고의에 의한 불법행위의 발생을 방지함과 아울러 고의의 불법행위로 인한 피해자에게 현실의 변제를 받게 하려는 데 있다 할 것인바, 법이 보장하는 상계권은 이처럼 그의 채무가 고의의 불법행위에 기인하는 채무자에게는 적용이 없는 것이고, 나아가 부당이득의 원인이 고의의 불법행위에 기인함으로써 불법행위로 인한 손해배상채권과 부당이득반환채권이 모두 성립하여 양 채권이 경합하는 경우 피해자가 부당이득반환채권만을 청구하고 불법행위로 인한 손해배상채권을 청구하지 아니한 때에도, 그 청구의 실질적 이유, 즉 부당이득의 원인이 고의의 불법행위였다는 점은 불법행위로 인한 손해배상채권을 청구하는 경우와 다를 바 없다 할 것이어서, 고의의 불법행위에 의한 손해배상채권은 현실적으로 만족을 받아야 한다는 상계금지의 취지는 이러한 경우에도 타당하므로, 민법 제496조를 유추적용함이 상당하다(대판 2002.1.25. 2001다52506).

법령 **불법행위채권을 수동채권으로 하는 상계의 금지(민법 제496조)**   채무가 고의의 불법행위로 인한 것인 때에는 그 채무자는 상계로 채권자에게 대항하지 못한다.

[ㄷ ▸ ✕] 자동채권에 항변권이 붙어 있는 경우에는 상계가 허용되지 않는다. C채권은 甲의 컴퓨터인도 동시이행항변권이 붙어 있으므로, 이를 자동채권으로 하여 乙은 상계할 수 없다.

항변권이 붙어 있는 채권을 자동채권으로 하여 타의 채무와의 상계를 허용한다면 상계자 일방의 의사표시에 의하여 상대방의 항변권 행사의 기회를 상실케 하는 결과가 되므로 이와 같은 상계는 그 성질상 허용될 수 없다(대판 2002.8.23. 2002다25242).

[ㄹ ▸ ○] 고의의 불법행위를 원인으로 하는 채권을 자동채권으로 한 상계는 가능하다. 또한 수동채권에 항변권이 붙어 있는 경우 항변권자는 이를 포기할 수 있다. 따라서 甲은 고의의 불법행위를 원인으로 하는 부당이득반환채권인 B채권을 자동채권으로, 동시이행항변권이 붙어 있는 C채권을 수동채권으로 하여 상계할 수 있다.

- 고의의 불법행위자가 피해자의 손해배상채권을 수동채권으로 하여 상계하는 것이 금지되고 있을 뿐 이 사건에 있어서와 같이 피해자인 피고 조합이 이를 자동채권으로 하여 상계하는 것까지 금지되는 것이 아님은 민법 제496조의 문언과 취지에 비추어 분명하다(대판 1975.6.24. 75다103).
- 항변권이 붙어 있는 채권을 자동채권으로 하여 다른 채무(수동채권)와의 상계를 허용한다면 상계자 일방의 의사표시에 의하여 상대방의 항변권 행사의 기회를 상실시키는 결과가 되므로 그러한 상계는 허용될 수 없고, 특히 수탁보증인이 주채무자에 대하여 가지는 민법 제442조의 사전구상권에는 민법 제443조의 담보제공청구권이 항변권으로 부착되어 있는 만큼 이를 자동채권으로 하는 상계는 허용될 수 없으며, 다만 민법 제443조는 임의규정으로서 주채무자가 사전에 담보제공청구권의 항변권을 포기한 경우에는 보증인은 사전구상권을 자동채권으로 하여 주채무자에 대한 채무와 상계할 수 있다(대판 2004.5.28. 2001다81245).

2012년 변호사시험 문 1. ☑ 확인Check! ○ △ ✕

상계에 관한 설명 중 옳은 것은?(다툼이 있는 경우에는 판례에 의함)

① 고의의 불법행위로 인한 손해배상채권을 자동채권으로 하는 상계는 허용되지 않는다.
② 피용자의 고의의 불법행위로 인하여 사용자책임이 성립하는 경우, 사용자는 피해자의 사용자에 대한 손해배상채권을 수동채권으로 하여 상계할 수 있다.
③ 채권의 일부양도가 이루어진 경우, 그 분할된 채권에 대하여 양도인에 대한 반대채권으로 상계하고자 하는 채무자는 양도인을 비롯한 각 분할채권자 중 어느 누구라도 상계의 상대방으로 지정하여 상계할 수 있다.
④ 상대방이 제3자에 대하여 가지는 채권을 수동채권으로 하여 상계할 수 있다.
⑤ 상계의 대상이 될 수 있는 자동채권과 수동채권이 서로 동시이행관계에 있다면 특별한 사정이 없는 한 상계가 허용되지 않는다.

[❶ ▸ ✕] 고의의 불법행위자가 피해자의 손해배상채권을 수동채권으로 하여 상계하는 것이 금지되고 있을 뿐 이 사건에 있어서와 같이 피해자인 피고 조합이 이를 자동채권으로 하여 상계하는 것까지 금지되는 것이 아님은 민법 제496조의 문언과 취지에 비추어 분명하다(대판 1975.6.24. 75다103).

[❷ ▸ ✕] 민법 제756조에 의한 사용자의 손해배상책임은 피용자의 배상책임에 대한 대체적 책임이고, 같은 조 제1항에서 사용자가 피용자의 선임 및 그 사무감독에 상당한 주의를 한 때 또는 상당한 주의를 하여도 손해가 있을 경우에는 책임을 면할 수 있도록 규정함으로써 사용자책임에서 사용자의 과실은 직접의 가해행위가 아닌 피용자의 선임·감독에 관련된 것으로 해석되는 점에 비추어 볼 때, 피용자의 고의의 불법행위로 인하여 사용자책임이 성립하는 경우에 민법 제496조의 적용을 배제하여야 할 이유가 없으므로 사용자책임이 성립하는 경우 사용자는 자신의 고의의 불법행위가 아니라는 이유로 민법 제496조의 적용을 면할 수는 없다(대판 2006.10.26. 2004다63019).

[❸ ▸ ○] 채권의 일부양도가 이루어지면 특별한 사정이 없는 한 각 분할된 부분에 대하여 독립한 분할채권이 성립하므로 그 채권에 대하여 양도인에 대한 반대채권으로 상계하고자 하는 채무자로서는 양도인을 비롯한 각 분할채권자 중 어느 누구도 상계의 상대방으로 지정하여 상계할 수 있고, 그러한 채무자의 상계의사표시를 수령한 분할채권자는 제3자에 대한 대항요건을 갖춘 양수인이라 하더라도 양도인 또는 다른 양수인에 귀속된 부분에 대하여 먼저 상계되어야 한다거나 각 분할채권액의 채권 총액에 대한 비율에 따라 상계되어야 한다는 이의를 할 수 없다(대판 2002.2.8. 2000다50596).

[❹ ▸ ✕] 상계는 당사자 쌍방이 서로 같은 종류를 목적으로 한 채무를 부담한 경우에 서로 같은 종류의 급부를 현실로 이행하는 대신 어느 일방당사자의 의사표시로 그 대등액에 관하여 채권과 채무를 동시에 소멸시키는 것이고, 이러한 상계제도의 취지는 서로 대립하는 두 당사자 사이의 채권·채무를 간이한 방법으로 원활하고 공평하게 처리하려는 데 있으므로, 수동채권으로 될 수 있는 채권은 상대방이 상계자에 대하여 가지는 채권이어야 하고, 상대방이 제3자에 대하여 가지는 채권과는 상계할 수 없다고 보아야 한다. 그렇지 않고 만약 상대방이 제3자에 대하여 가지는 채권을 수동채권으로 하여 상계할 수 있다고 한다면, 이는 상계의 당사자가 아닌 상대방과 제3자 사이의 채권채무관계에서 상대방이 제3자에게서 채무의 본지에 따른 현실급부를 받을 이익을 침해하게 될 뿐 아니라, 상대방의 채권자들 사이에서 상계자만 독점적인 만족을 얻게 되는 불합리한 결과를 초래하게 되므로, 상계의 담보적 기능과 관련하여 법적으로 보호받을 수 있는 당사자의 합리적 기대가 이러한 경우에까지 미친다고 볼 수는 없다(대판 2011.4.28. 2010다101394).

[❺ ▸ ✕] 동시이행항변권이 붙어 있는 채권은 이를 자동채권으로 하여 상계할 수 없으나, 자동채권과 수동채권이 서로 동시이행관계에 있더라도 현실적으로 이행해야 할 필요가 없는 경우라면, 상계가 허용된다.

상계제도는 서로 대립하는 채권·채무를 간이한 방법에 의하여 결제함으로써 양자의 채권·채무관계를 원활하고 공평하게 처리함을 목적으로 하고 있으므로, 상계의 대상이 될 수 있는 <u>자동채권과 수동채권이 동시이행관계에 있다고 하더라도 서로 현실적으로 이행하여야 할 필요가 없는 경우라면 상계로 인한 불이익이 발생할 우려가 없고 오히려 상계를 허용하는 것이 동시이행관계에 있는 채권·채무관계를 간명하게 해소할 수 있으므로 특별한 사정이 없는 한 상계가 허용된다</u>(대판 2006.7.28. 2004다54633).

2019년 변호사시험 문 22.

☑ 확인 Check! ○ △ ✕

상계에 관한 설명 중 옳은 것(○)과 옳지 않은 것(✕)을 올바르게 조합한 것은?(각 지문은 독립적이며, 다툼이 있는 경우 판례에 의함)

ㄱ. 제3채무자의 채무자에 대한 자동채권이 수동채권인 피압류채권과 동시이행의 관계에 있는 경우에는, 압류명령이 제3채무자에게 송달되어 압류의 효력이 생긴 후에 자동채권이 발생하였다고 하더라도, 제3채무자는 그 채권에 의한 상계로 압류채권자에게 대항할 수 있다.

ㄴ. 유치권이 인정되는 아파트를 경매로 매수한 자는 아파트 일부를 점유·사용하고 있는 유치권자에 대한 임료 상당의 부당이득금반환채권을 자동채권으로 하여 유치권자가 종전 소유자에 대하여 가지는 유익비상환채권을 상계할 수 있다.

ㄷ. 주채무자가 수탁보증인에 대해 사전에 담보제공청구권 등의 항변권을 포기한 경우, 그 수탁보증인은 주채무자에 대하여 가지는 「민법」 제442조의 사전구상권을 자동채권으로 하여 주채무자가 수탁보증인에 대하여 가지는 채권과 상계할 수 있다.

ㄹ. 고의로 인한 불법행위나 중과실로 인한 불법행위 모두 피해자에게 현실의 변제를 받을 수 있도록 할 필요성은 동일하므로, 고의의 불법행위로 인한 손해배상채권에 대한 상계금지는 중과실의 불법행위로 인한 손해배상채권의 경우에도 적용할 수 있다.

① ㄱ(○) ㄴ(○) ㄷ(✕) ㄹ(○)　　　② ㄱ(○) ㄴ(✕) ㄷ(○) ㄹ(✕)
③ ㄱ(○) ㄴ(✕) ㄷ(✕) ㄹ(✕)　　　④ ㄱ(✕) ㄴ(○) ㄷ(○) ㄹ(✕)
⑤ ㄱ(✕) ㄴ(○) ㄷ(✕) ㄹ(○)

[ㄱ ▸ ○] 금전채권에 대한 압류 및 전부명령이 있는 때에는 압류된 채권은 동일성을 유지한 채로 압류채무자로부터 압류채권자에게 이전되고, 제3채무자는 채권이 압류되기 전에 압류채무자에게 대항할 수 있는 사유로써 압류채권자에게 대항할 수 있는 것이므로, <u>제3채무자의 압류채무자에 대한 자동채권이 수동채권인 피압류채권과 동시이행의 관계에 있는 경우에는, 압류명령이 제3채무자에게 송달되어 압류의 효력이 생긴 후에 자동채권이 발생하였다고 하더라도 제3채무자는 동시이행의 항변권을 주장할 수 있다. 이 경우에 자동채권이 발생한 기초가 되는 원인은 수동채권이 압류되기 전에 이미 성립하여 존재하고 있었던 것이므로, 그 자동채권은 민법 제498조의 '지급을 금지하는 명령을 받은 제3채무자가 그 후에 취득한 채권'에 해당하지 않는다고 봄이 상당하고, 제3채무자는 그 자동채권에 의한 상계로 압류채권자에게 대항할 수 있다</u>(대판 2010.3.25. 2007다35152).

[ㄴ ▸ ✕] 상대방이 제3자에 대해 가지는 채권을 수동채권으로 하여 상계할 수 없다. 따라서 유치권이 인정되는 아파트를 경락·취득한 자가 아파트 일부를 점유·사용하고 있는 유치권자에 대한 임료 상당의 부당이득금반환채권을 자동채권으로 하고, 유치권자의 종전 소유자에 대한 유익비상환채권을 수동채권으로 하여 상계할 수 없다.

상계는 당사자 쌍방이 서로 같은 종류를 목적으로 한 채무를 부담한 경우에 서로 같은 종류의 급부를 현실로 이행하는 대신 어느 일방당사자의 의사표시로 그 대등액에 관하여 채권과 채무를 동시에 소멸시키는 것이고, 이러한 상계제도의 취지는 서로 대립하는 두 당사자 사이의 채권·채무를 간이한 방법으로 원활하고 공평하게 처리하려는 데 있으므로, 수동채권으로 될 수 있는 채권은 상대방이 상계자에 대하여 가지는 채권이어야 하고, 상대방이 제3자에 대하여 가지는 채권과는 상계할 수 없다고 보아야 한다. 그렇지 않고 만약 상대방이 제3자에 대하여 가지는 채권을 수동채권으로 하여 상계할 수 있다고 한다면, 이는 상계의 당사자가 아닌 상대방과 제3자 사이의 채권채무관계에서 상대방이 제3자에게서 채무의 본지에 따른 현실급부를 받을 이익을 침해하게 될 뿐 아니라, 상대방의 채권자들 사이에서 상계자만 독점적인 만족을 얻게 되는 불합리한 결과를 초래하게 되므로, 상계의 담보적 기능과 관련하여 법적으로 보호받을 수 있는 당사자의 합리적 기대가 이러한 경우에까지 미친다고 볼 수는 없다(대판 2011.4.28, 2010다101394).

[ㄷ ▸ ○] 항변권이 붙어 있는 채권을 자동채권으로 하여 다른 채무(수동채권)와의 상계를 허용한다면 상계자 일방의 의사표시에 의하여 상대방의 항변권 행사의 기회를 상실시키는 결과가 되므로 그러한 상계는 허용될 수 없고, 특히 수탁보증인이 주채무자에 대하여 가지는 민법 제442조의 사전구상권에는 민법 제443조의 담보제공청구권이 항변권으로 부착되어 있는 만큼 이를 자동채권으로 하는 상계는 허용될 수 없으며, 다만 민법 제443조는 임의규정으로서 주채무자가 사전에 담보제공청구권의 항변권을 포기한 경우에는 보증인은 사전구상권을 자동채권으로 하여 주채무자에 대한 채무와 상계할 수 있다(대판 2004.5.28, 2001다81245).

[ㄹ ▸ ✕] 민법 제496조가 고의의 불법행위로 인한 손해배상채권에 대한 상계를 금지하는 입법취지는 고의의 불법행위에 인한 손해배상채권에 대하여 상계를 허용한다면 고의로 불법행위를 한 자가 상계권 행사로 현실적으로 손해배상을 지급할 필요가 없게 됨으로써 보복적 불법행위를 유발하게 될 우려가 있고, 고의의 불법행위로 인한 피해자가 가해자의 상계권 행사로 인하여 현실의 변제를 받을 수 없는 결과가 됨은 사회적 정의관념에 맞지 아니하므로 고의에 의한 불법행위의 발생을 방지함과 아울러 고의의 불법행위로 인한 피해자에게 현실의 변제를 받게 하려는 데 있는바, 이 같은 입법취지나 적용결과에 비추어 볼 때 고의의 불법행위로 인한 손해배상채권에 대한 상계금지를 중과실의 불법행위에 인한 손해배상채권에까지 유추 또는 확장적용하여야 할 필요성이 있다고 할 수 없다(대판 1994.8.12, 93다52808).

甲은 乙에게 7,000만원의 금전채권(변제기 2015.5.8.)이 있고, 乙은 甲에게 5,000만원의 금전채권(변제기 2015.8.24.)이 있다. 다음 설명 중 옳은 것을 모두 고른 것은?(각 지문은 독립적이며, 다툼이 있는 경우 판례에 의함)

ㄱ. 甲의 乙에 대한 채권과 乙의 甲에 대한 채권이 모두 대여금채권인 경우, 2015.7.15. 甲은 상계할 수 있지만 乙은 상계할 수 없다.

ㄴ. 甲의 채권자 丙이 2015.8.20. 甲의 乙에 대한 대여금채권을 가압류하여 그 가압류명령이 乙에게 2015.8.21. 송달되었더라도 2015.8.25.에는 乙은 甲에 대한 자신의 대여금채권으로 위 가압류된 채권을 상계할 수 있다.

ㄷ. 甲의 乙에 대한 채권과 乙의 甲에 대한 채권이 모두 대여금채권인 경우, 乙이 2015.10.31. 상계의 의사표시를 하여 그 의사표시가 같은 날 甲에게 도달하였다면, 2015.10.31.을 기준으로 두 채권은 대등액의 범위 내에서 소멸한 것으로 본다.

ㄹ. 甲의 乙에 대한 채권이 이혼한 부부 사이에서 자녀의 양육비의 지급을 구하는 권리인 경우, 가정법원의 심판에 의하여 구체적인 청구권의 내용과 범위가 확정되었고 이미 이행기에 도달하였다면, 이를 상계의 자동채권으로 하는 것이 가능하다.

ㅁ. 甲의 乙에 대한 채권은 대여금채권이고, 乙의 甲에 대한 채권은 甲의 일방적인 폭행으로 인한 손해배상채권이라면 甲은 상계할 수 없으나, 乙은 상계할 수 있다.

① ㄱ, ㄴ, ㄹ   ② ㄱ, ㄷ, ㅁ   ③ ㄱ, ㄹ, ㅁ
④ ㄴ, ㄷ, ㄹ   ⑤ ㄴ, ㄷ, ㅁ

[ㄱ ▸ O] 상계요건으로서 쌍방 채무의 이행기 도래를 요한다. 하지만 수동채권의 경우 상계자가 채무자이므로, 기한의 이익을 포기할 수 있어 반드시 기한이 도래해야 하는 것은 아니다. 따라서 자동채권의 경우에만 반드시 변제기의 도래를 요한다. 지문에서 2015.7.15.에는 甲의 乙에 대한 채권은 이행기가 도래하였으므로 甲은 상계할 수 있지만, 乙의 甲에 대한 채권의 이행기는 도래하지 않았으므로 乙은 상계할 수 없다.

상계의 요건(민법 제492조) ① 쌍방이 서로 같은 종류를 목적으로 한 채무를 부담한 경우에 그 쌍방의 채무의 이행기가 도래한 때에는 각 채무자는 대등액에 관하여 상계할 수 있다. 그러나 채무의 성질이 상계를 허용하지 아니할 때에는 그러하지 아니하다.

기한의 이익과 그 포기(민법 제153조) ① 기한은 채무자의 이익을 위한 것으로 추정한다.
② 기한의 이익은 이를 포기할 수 있다. 그러나 상대방의 이익을 해하지 못한다.

상계적상에는 양 채권이 모두 그 변제기가 도래한 경우는 물론, 수동채권에 관한 변제기가 도래하지 않았다 하더라도 그 기한의 이익을 포기할 수 있는 때이면 이 경우도 포함된다고 해석함이 상당하다 할 것이다(대판 1979.6.12. 79다662).

[ㄴ ▸ ✕] 지급금지된 채권이 수동채권인 경우, 지급이 금지될 때에 이미 양 채권이 상계적상에 있거나, 자동채권이 수동채권보다 그 변제기가 빠르거나 동시에 도달해야 상계를 할 수 있다. 하지만 지문에서 가압류의 효력이 발생한 2015.8.21.에 乙의 甲에 대한 반대채권의 변제기가 도래하지 않았고, 지급금지된 甲의 乙에 대한 수동채권보다 변제기가 먼저 도래하는 것도 아니므로, 乙은 상계로 丙에게 대항할 수 없다.

판례 가압류명령을 받은 제3채무자가 가압류채무자에 대한 반대채권을 가지고 있는 경우에 상계로써 가압류채권자에게 대항하기 위하여는 가압류의 효력발생 당시에 양 채권이 상계적상에 있거나, 반대채권이 압류 당시 변제기에 이르지 않는 경우에는 피압류채권인 수동채권의 변제기와 동시에 또는 보다 먼저 변제기에 도달하는 경우이어야 된다(대판 1982.6.22, 82다카200)

[ㄷ ▸ X] 상계의 의사표시가 있으면 상계할 수 있는 때에 대등액에서 소멸한 것으로 본다(제493조 제2항 참조) 따라서 양 채권의 변제기가 도래한 2015.8.24.에 두 채권은 대등액의 범위 내에서 소멸한 것으로 본다.

 법령 상계의 방법, 효과(민법 제493조) ① 상계는 상대방에 대한 의사표시로 한다. 이 의사표시에는 조건 또는 기한을 붙이지 못한다.
② 상계의 의사표시는 각 채무가 상계할 수 있는 때에 대등액에 관하여 소멸한 것으로 본다.

[ㄹ ▸ O] 이혼한 부부 사이에서 자(子)에 대한 양육비의 지급을 구할 권리는 당사자의 협의 또는 가정법원의 심판에 의하여 구체적인 청구권의 내용과 범위가 확정되기 전에는 '상대방에 대하여 양육비의 분담액을 구할 권리를 가진다'라는 추상적인 청구권에 불과하고 당사자의 협의나 가정법원이 당해 양육비의 범위 등을 재량적 · 형성적으로 정하는 심판에 의하여 비로소 구체적인 액수만큼의 지급청구권이 발생한다고 보아야 하므로, 당사자의 협의 또는 가정법원의 심판에 의하여 구체적인 청구권의 내용과 범위가 확정되기 전에는 그 내용이 극히 불확정하여 상계할 수 없지만, 가정법원의 심판에 의하여 구체적인 청구권의 내용과 범위가 확정된 후의 양육비채권 중 이미 이행기에 도달한 후의 양육비채권은 완전한 재산권(손해배상청구권)으로서 친족법상의 신분으로부터 독립하여 처분이 가능하고, 권리자의 의사에 따라 포기, 양도 또는 상계의 자동채권으로 하는 것도 가능하다(대판 2006.7.4, 2006므751).

[ㅁ ▸ O] 고의의 불법행위로 인한 손해배상채권인 경우에는 이를 수동채권으로 한 상계는 허용되지 않으나, 자동채권으로 한 상계는 가능하다. 따라서 지문에서 고의의 불법행위로 인한 손해배상채권이 수동채권인 甲은 상계할 수 없으나, 자동채권인 乙은 상계할 수 있다.

 법령 불법행위채권을 수동채권으로 하는 상계의 금지(민법 제496조) 채무가 고의의 불법행위로 인한 것인 때에는 그 채무자는 상계로 채권자에게 대항하지 못한다.

 판례 고의의 불법행위자가 피해자의 손해배상채권을 수동채권으로 하여 상계하는 것이 금지되고 있을 뿐 이 사건에 있어서와 같이 피해자인 피고 조합이 이를 자동채권으로 하여 상계하는 것까지 금지되는 것이 아님은 민법 제496조의 문언과 취지에 비추어 분명하다(대판 1975.6.24, 75다103)

제5절 경개 · 면제 · 혼동

안심Touch

PART 04 채권각론

제1절	**계약법 서설**

제2절	**계약의 성립**

제3절	**계약의 효력**	★★★☆

제1항	동시이행의 항변권

2019년 변호사시험 문 16.

☑확인 Check! ○ △ ✕

동시이행관계에 관한 설명 중 옳지 않은 것은?(다툼이 있는 경우 판례에 의함)

① 채무를 담보하기 위하여 어음이 발행된 경우, 채권자가 원인채권을 행사함에 있어서 채무자는 원칙적으로 어음과 상환으로 지급하겠다는 항변으로 채권자에게 대항할 수 있다.

②「주택임대차보호법」상의 임차권등기명령에 의하여 임차권이 등기된 경우, 임대인의 임대차보증금반환의무와 임차인의 임차권등기말소의무는 동시이행관계에 있다.

③ 근저당권설정등기가 되어 있는 부동산을 매매하는 경우, 특별한 사정이 없는 한 매도인의 근저당권 말소 및 소유권이전 등기의무와 매수인의 잔대금지급의무는 동시이행관계에 있다.

④ 수급인이 도급계약상의 의무를 제대로 이행하지 못하여 도급인의 신체 또는 재산에 손해가 발생한 경우, 하자확대손해로 인한 수급인의 손해배상채무와 도급인의 공사대금채무는 동시이행관계에 있다.

⑤ 계약이 해제된 경우 계약당사자가 부담하는 원상회복의무뿐만 아니라 손해배상의무도 함께 동시이행관계에 있다.

[❶ ▶ O] 기존의 원인채권과 어음채권이 병존하는 경우에 채권자가 원인채권을 행사함에 있어서 채무자는 원칙적으로 어음과 상환으로 지급하겠다고 하는 항변으로 채권자에게 대항할 수 있다(대판 2010.7.29. 2009다69692).

[❷ ▶ ✕] 주택임대차보호법 제3조의3 규정에 의한 임차권등기는 이미 임대차계약이 종료하였음에도 임대인이 그 보증금을 반환하지 않는 상태에서 경료되게 되므로, 이미 사실상 이행지체에 빠진 임대인의 임대차보증금의 반환의무와 그에 대응하는 임차인의 권리를 보전하기 위하여 새로이 경료하는 임차권등기에 대한 임차인의 말소의무를 동시이행관계에 있는 것으로 해석할 것은 아니고, 특히 위 임차권등기는 임차인으로 하여금 기왕의 대항력이나 우선변제권을 유지하도록 해 주는 담보적 기능만을 주목적으로 하는 점 등에 비추어 볼 때, 임대인의 임대차보증금의 반환의무가 임차인의 임차권등기말소의무보다 먼저 이행되어야 할 의무이다(대판 2005.6.9. 2005다4529).

[**❸ ▸ O**] 근저당권설정등기가 되어 있는 부동산을 매매하는 경우 매수인이 근저당권의 피담보채무를 인수하여 그 채무금 상당을 매매잔대금에서 공제하기로 하는 특약을 하는 등 특별한 사정이 없는 한 매도인의 근저당권 말소 및 소유권이전등기의무와 매수인의 잔대금지급의무는 동시이행의 관계에 있는 것이다(대판 1991.11.26, 91다23103).

[**❹ ▸ O**] 수급인이 도급계약에 따른 의무를 제대로 이행하지 못함으로 말미암아 도급인의 신체 또는 재산에 손해가 발생한 경우 수급인에게 귀책사유가 없었다는 점을 스스로 입증하지 못하는 한 도급인에게 그 손해를 배상할 의무가 있다고 보아야 할 것이고, 원래 동시이행의 항변권은 공평의 관념과 신의칙에 입각하여 각 당사자가 부담하는 채무가 서로 대가적 의미를 가지고 관련되어 있을 때 그 이행과정에서의 견련관계를 인정하여 당사자 일방은 상대방이 채무를 이행하거나 이행의 제공을 하지 아니한 채 당사자 일방의 채무의 이행을 청구할 때에는 자기의 채무이행을 거절할 수 있도록 하는 제도인데, 이러한 제도의 취지로 볼 때 비록 당사자가 부담하는 각 채무가 쌍무계약관계에서 고유의 대가관계가 있는 채무는 아니라고 하더라도 구체적인 계약관계에서 각 당사자가 부담하는 채무에 관한 약정내용 등에 따라 그것이 대가적 의미가 있어 이행상의 견련관계를 인정하여야 할 사정이 있는 경우에는 동시이행의 항변권이 인정되어야 하는 점, 민법 제667조 제3항에 의하여 민법 제536조가 준용되는 결과 도급인이 수급인에 대하여 하자보수와 함께 청구할 수 있는 손해배상채권과 수급인의 공사대금채권은 서로 동시이행관계에 있는 점 등에 비추어 보면, 하자확대손해로 인한 수급인의 손해배상채무와 도급인의 공사대금채무도 동시이행관계에 있는 것으로 보아야 한다(대판 2005.11.10, 2004다37676).

[**❺ ▸ O**] 계약이 해제되면 계약당사자는 상대방에 대하여 원상회복의무와 손해배상의무를 부담하는데, 이때 계약당사자가 부담하는 원상회복의무뿐만 아니라 손해배상의무도 함께 동시이행의 관계에 있다(대판 1996.7.26, 95다25138).

2017년 변호사시험 문 70.
☑ 확인 Check! O △ X

동시이행의 항변권에 관한 설명 중 옳은 것을 모두 고른 것은?(다툼이 있는 경우 판례에 의함)

ㄱ. 부동산매수인이 매매계약을 체결하면서 매매목적물에 관한 근저당권의 피담보채무를 인수하는 한편 그 채무액을 매매대금에서 공제하기로 하는 이행인수계약이 함께 이루어진 경우, 매수인의 인수채무 불이행으로 인한 손해배상채무와 매도인의 소유권이전등기의무는 동시이행의 관계에 있다.

ㄴ. 쌍무계약의 당사자 일방이 먼저 한 번 현실의 제공을 하고 상대방을 수령지체에 빠지게 하였다 하더라도 그 이행의 제공이 계속되지 않는 경우 상대방이 가지는 동시이행의 항변권이 소멸하는 것은 아니다.

ㄷ. 원고가 단순이행청구를 함에 대하여 피고가 동시이행의 항변권을 행사하지 않더라도 법원은 직권으로 상환이행판결을 할 수 있다.

ㄹ. "피고는 원고로부터 5,000만원을 지급받음과 동시에 A토지를 인도하라"라는 판결을 받은 원고는 반대의무의 이행 또는 이행의 제공을 하였다는 것을 증명하여야만 집행을 개시할 수 있다.

① ㄱ, ㄴ   ② ㄱ, ㄹ   ③ ㄴ, ㄷ
④ ㄱ, ㄴ, ㄹ   ⑤ ㄴ, ㄷ, ㄹ

[**ㄱ ▸ O**] 부동산매매계약과 함께 이행인수계약이 이루어진 경우 매수인이 인수한 채무는 매매대금지급채무에 갈음한 것으로서 매도인이 매수인의 인수채무 불이행으로 말미암아 또는 임의로 인수채무를 대신 변제하였다면 그로 인한 손해배상채무 또는 구상채무는 인수채무의 변형으로서 매매대금지급채무에 갈음한 것의 변형이므로 매수인의 손해배상채무 또는 구상채무와 매도인의 소유권이전등기의무는 대가적 의미가 있어 이행상 견련관계에 있다고 인정되고, 따라서 양자는 동시이행의 관계에 있다고 해석함이 공평의 관념 및 신의칙에 합당하다(대판 1993.2.12, 92다23193).

[ㄴ ▸ ○]　쌍무계약의 당사자 일방이 먼저 한 번 현실의 제공을 하고 상대방을 수령지체에 빠지게 하였다 하더라도 그 이행의 제공이 계속되지 않는 경우는 과거에 이행의 제공이 있었다는 사실만으로 상대방이 가지는 동시이행의 항변권이 소멸하는 것은 아니므로, 일시적으로 당사자 일방의 의무의 이행제공이 있었으나 곧 그 이행의 제공이 중지되어 더 이상 그 제공이 계속되지 아니하는 기간 동안에는 상대방의 의무가 이행지체상태에 빠졌다고 할 수는 없다고 할 것이고, 따라서 그 이행의 제공이 중지된 이후에 상대방의 의무가 이행지체되었음을 전제로 하는 손해배상청구도 할 수 없다(대판 1999.7.9. 98다13754).

[ㄷ ▸ ×]　동시이행의 항변권은 당사자가 이를 원용하여야 그 인정 여부에 대하여 심리할 수 있는 것이다(대판 2006.2.23. 2005다53187).

[ㄹ ▸ ○]　상환급부판결에 기해 피고에게 강제집행을 하는 경우에는 반대급부의 변제제공이 있어야 하는데, 반대급부의 변제제공사실의 입증은 원칙적으로 집행 개시의 요건이다.

집행 개시의 요건(민사집행법 제41조)　　① 반대의무의 이행과 동시에 집행할 수 있다는 것을 내용으로 하는 집행권원의 집행은 채권자가 반대의무의 이행 또는 이행의 제공을 하였다는 것을 증명하여야만 개시할 수 있다.

2012년 변호사시험 문 9.

☑ 확인Check!　○ △ X

동시이행관계에 관한 설명 중 옳지 않은 것은?(별도의 특약은 없는 것으로 하고, 다툼이 있는 경우에는 판례에 의함)

① 전세권이 소멸한 경우, 전세권자의 목적물인도의무 및 전세권설정등기말소의무와 전세권설정자의 전세금반환의무는 동시이행관계에 있다.

② 부동산매매계약상 매수인이 약정된 중도금지급기일인 2010.4.1. 중도금 1억원의 지급을 지체한 후 계약이 해제되지 않은 상태에서 잔대금 2억원의 지급기일인 2010.10.1. 매수인이 3억원을 이행제공하였다면, 매수인은 매도인에게 소유권이전등기를 청구하기 위한 자신의 의무를 다 했다고 할 수 있다.

③ 근저당권설정등기가 마쳐진 부동산의 매매계약에 있어서, 매도인의 소유권이전의무 외에 근저당권설정등기말소의무도 매수인의 잔대금지급의무와 동시이행관계에 있다.

④ 이자부 소비대차계약에서 채무자가 담보목적으로 채무자 소유의 부동산에 근저당권설정등기를 하였는데 변제기에 원리금을 갚지 아니하여 채권자로부터 대여금청구소송을 제기당한 경우, 채무자는 근저당권설정등기말소등기와 동시에 원리금을 변제하겠다는 항변을 할 수 없다.

⑤ 임차인이 임차물을 인도할 의무와 임대인이 임대보증금 중 미지급월임료 등을 공제한 나머지 보증금을 반환할 의무가 동시이행관계에 있는 이상, 임대인이 임차인에게 위 보증금반환의무를 이행하였다거나 그 현실적인 이행의 제공을 하여 임차인의 임차물인도의무가 지체에 빠졌다는 사실이 인정되지 않는다면, 임차인은 임대차기간 만료 후 인도를 지연할 경우 지급키로 한 약정지연손해금을 지급할 의무가 없다.

[❶ ▸ ○]　민법 제317조, 대결 1977.4.13. 77마90 참조

전세권의 소멸과 동시이행(민법 제317조)　　전세권이 소멸한 때에는 전세권설정자는 전세권자로부터 그 목적물의 인도 및 전세권설정등기의 말소등기에 필요한 서류의 교부를 받는 동시에 전세금을 반환하여야 한다.

판례 전세권자의 전세목적물인도의무 및 전세권설정등기말소등기의무와 전세권설정자의 전세금반환의무는 서로 동시이행의 관계에 있으므로 전세권자인 채권자가 전세목적물에 대한 경매를 청구하려면 우선 전세권설정자 에 대하여 전세목적물의 인도의무 및 전세권설정등기말소의무의 이행제공을 완료하여 전세권설정자를 이행지 체에 **빠뜨려야 한다**(대결 1977.4.13. 77마90).

[❷ ▸ ✕] 지문의 경우 매수인은 잔대금지급일까지 발생한 중도금에 대한 지연손해금도 이행제공해야 매도인에게 소유 권이전등기를 청구하기 위한 자신의 의무를 다 했다고 할 수 있다.

 판례 매수인이 선이행하여야 할 중도금 지급을 하지 아니한 채 잔대금지급일을 경과한 경우에는 매수인의 중도금 및 이에 대한 지급일 다음 날부터 잔대금지급일까지의 지연손해금과 잔대금의 지급채무는 매도인의 소유권이 전등기의무와 특별한 사정이 없는 한 동시이행관계에 있다(대판 1991.3.27. 90다19930).

[❸ ▸ ○] 근저당권설정등기가 되어 있는 부동산을 매매하는 경우 매수인이 근저당권의 피담보채무를 인수하여 그 채무 금 상당을 매매잔대금에서 공제하기로 하는 특약을 하는 등 특별한 사정이 없는 한 매도인의 근저당권 말소 및 소유권이전등 기의무와 매수인의 잔대금지급의무는 동시이행의 관계에 있는 것이다(대판 1991.11.26. 91다23103).

[❹ ▸ ○] 소비대차계약에 의한 채권자는 그 채무변제를 받기 전 또는 받음과 교환으로 그 담보로 된 근저당권설정등기 또는 소유권이전등기를 말소하여야 할 의무는 없다(대판 1966.2.15. 65다2431).

[❺ ▸ ○] 임차인이 임차건물을 명도할 의무와 임대인이 임대보증금 중 미지급월임료 등을 공제한 나머지 보증금을 반환 할 의무가 동시이행관계에 있는 이상, 임대인이 임차인에게 위 보증금반환의무를 이행하였다거나 그 현실적인 이행의 제공을 하여 임차인의 건물명도의무가 지체에 빠졌다는 사실이 인정되지 않는다면 임차인은 임대차기간 만료 후 명도를 지연할 경우 지급키로 한 약정지연손해금을 지급할 의무가 없다(대판 1988.4.12. 86다카2476).

안심Touch

2014년 변호사시험 문 26. ☑ 확인Check! ○ △ ×

甲과 乙은 공동으로 丙에게 특수한 인쇄기계의 제작을 대금 3억원에 도급하였다. 그 계약에서 도급대금은 완성된 인쇄기계의 인도와 동시에 지급하기로 약정하고 그 지급에 관하여 甲과 乙이 연대채무를 부담하기로 하였다. 다음 중 옳은 것을 모두 고른 것은?(다툼이 있는 경우에는 판례에 의하고, 각 지문은 모두 독립적이다)

ㄱ. 丙은 인쇄기계 제작을 완성한 후 두 사람 중 보다 자력이 있는 甲에게 계속적으로 이행제공을 하면서 대금청구를 하였으나 乙에게는 한 번도 대금청구를 한 바 없다. 이 경우 乙도 丙에게 도급대금뿐만 아니라 지연손해금도 지급할 의무가 있다.

ㄴ. 丙은 인쇄기계 제작을 완성한 후 근거 없이 도급대금을 4억원으로 증액하여 달라고 요구하였다. 甲·乙은 수차례에 걸쳐 도급대금을 지급하고자 시도하면서 인쇄기계 인도를 요구하였으나 丙은 인쇄기계 인도와 대금 수령을 거절하였다. 그러던 중 甲, 乙, 丙의 과실 없이 위 인쇄기계가 멸실되었다. 이 경우 원칙적으로 丙은 甲·乙에 대하여 도급대금의 지급을 청구할 수 없는 대신 손해배상책임을 면한다.

ㄷ. 甲·乙은 인쇄기계가 완성되기 전부터 丙에게 근거 없이 도급대금을 지급할 수 없다는 취지의 확고한 이행거절의 의사를 표시하였다. 인쇄기계가 완성된 후 丙이 甲·乙에게 대금청구 및 인쇄기계 수령을 최고하기 전에 甲, 乙, 丙의 과실 없이 위 인쇄기계가 멸실되었다. 이 경우 丙은 甲·乙에게 도급대금을 청구할 수 있다.

① ㄱ   ② ㄴ   ③ ㄷ
④ ㄱ, ㄴ   ⑤ ㄴ, ㄷ

[ㄱ ▶ ○] 연대채무의 경우 이행청구는 절대적 효력이 있으므로, 丙이 甲에게 이행청구를 했다면 乙에게도 효력이 있다. 또한 도급의 보수는 목적물의 인도와 동시이행관계에 있지만, 丙이 甲에 대한 이행청구와 함께 계속적 이행제공도 했으므로, 甲은 이행지체에 빠지고 이는 乙에게도 효력이 있다. 따라서 乙도 丙에게 도급대금뿐만 아니라 지연손해금을 지급할 의무가 있다.

법령 이행청구의 절대적 효력(민법 제416조) 어느 연대채무자에 대한 이행청구는 다른 연대채무자에게도 효력이 있다.

보수의 지급시기(민법 제665조) ① 보수는 그 완성된 목적물의 인도와 동시에 지급하여야 한다. 그러나 목적물의 인도를 요하지 아니하는 경우에는 그 일을 완성한 후 지체 없이 지급하여야 한다.

[ㄴ ▶ ×] 丙의 대금증액요구는 근거 없는 것이고, 甲과 乙의 대금지급시도가 있었으므로, 丙이 인쇄기계 인도와 대금수령을 거절한 것은 丙의 이행지체를 발생시킨다. 채무자의 이행지체 중 목적물이 멸실되어 이행불능이 된 경우, 채무자는 과실이 없더라도 이에 대한 손해배상책임을 진다.

법령 이행지체 중의 손해배상(민법 제392조) 채무자는 자기에게 과실이 없는 경우에도 그 이행지체 중에 생긴 손해를 배상하여야 한다. 그러나 채무자가 이행기에 이행하여도 손해를 면할 수 없는 경우에는 그러하지 아니하다.

[ㄷ ▸ ✕] 甲・乙의 확고한 대금이행거절의사는 인쇄기계의 수령거절의사를 표명한 것이 되고, 이와 같이 채권자의 확고한 수령거절의사가 있는 경우에는 채무자의 이행제공이 없더라도 채무자는 채무불이행책임을 면한다. 하지만 목적물 멸실로 인한 대가위험을 채권자에게 이전시키기 위해서는 최소한 구두제공이 필요하다. 즉, 민법 제538조 제1항 제2문에 해당하여, 丙이 도급대금을 청구하기 위해서는 최소한 丙의 인쇄기계 수령의 최고가 있었어야 하나, 그 최고 전에 인쇄기계가 멸실되었으므로 丙은 甲・乙에게 도급대금을 청구할 수 없다.

판례

민법 제400조 소정의 채권자지체가 성립하기 위해서는 민법 제460조 소정의 채무자의 변제제공이 있어야 하고, 변제제공은 원칙적으로 현실제공으로 하여야 하며 다만 채권자가 미리 변제받기를 거절하거나 채무의 이행에 채권자의 행위를 요하는 경우에는 구두의 제공으로 하더라도 무방하고, 채권자가 변제를 받지 아니할 의사가 확고한 경우(이른바, 채권자의 영구적 불수령)에는 구두의 제공을 한다는 것조차 무의미하므로 그러한 경우에는 구두의 제공조차 필요 없다고 할 것이지만, 그러한 구두의 제공조차 필요 없는 경우라고 하더라도, 이는 그로써 채무자가 채무불이행책임을 면한다는 것에 불과하고, 민법 제538조 제1항 제2문 소정의 '채권자의 수령지체 중에 당사자 쌍방의 책임 없는 사유로 이행할 수 없게 된 때'에 해당하기 위해서는 현실제공이나 구두제공이 필요하다(다만, 그 제공의 정도는 그 시기와 구체적인 상황에 따라 신의성실의 원칙에 어긋나지 않게 합리적으로 정하여야 한다)(대판 2004.3.12, 2001다79013).

법령

채권자귀책사유로 인한 이행불능(민법 제538조)　　① 쌍무계약의 당사자 일방의 채무가 채권자의 책임 있는 사유로 이행할 수 없게 된 때에는 채무자는 상대방의 이행을 청구할 수 있다. 채권자의 수령지체 중에 당사자 쌍방의 책임 없는 사유로 이행할 수 없게 된 때에도 같다.

제3항　제3자를 위한 계약

2019년 변호사시험 문 23.　　☑확인Check! ○ △ ✕

제3자를 위한 계약에 관한 설명 중 옳지 않은 것을 모두 고른 것은?(다툼이 있는 경우 판례에 의함)

ㄱ. 매도인 甲과 매수인 乙이 토지거래허가구역 내 토지에 관한 매매계약을 체결하면서 매매대금을 丙에게 지급하기로 하는 제3자를 위한 계약을 체결하고 그 후 乙이 그 매매대금을 丙에게 지급하였는데, 토지거래허가를 받지 않아 유동적 무효였던 위 매매계약이 확정적으로 무효가 된 경우, 乙은 丙을 상대로 매매대금 상당액의 부당이득 반환을 청구할 수 있다.
ㄴ. 제3자를 위한 계약의 체결원인이 된 요약자와 제3자 사이의 법률관계의 효력은 요약자와 낙약자 사이의 법률관계의 성립이나 효력에 영향을 미친다.
ㄷ. 요약자의 채무불이행으로 인하여 낙약자가 계약을 해제한 경우에는 낙약자는 제3자에 대하여 계약의 해제로 인한 원상회복을 청구할 수 있다.
ㄹ. 낙약자는 요약자와 제3자 사이의 법률관계에 기한 항변으로 제3자에게 대항하지 못한다.

① ㄱ　　　　　　　　② ㄴ, ㄷ　　　　　　　　③ ㄴ, ㄹ
④ ㄷ, ㄹ　　　　　　　⑤ ㄱ, ㄴ, ㄷ

[ㄱ▸×][ㄷ▸×] 제3자를 위한 계약관계에서 낙약자와 요약자 사이의 법률관계(이른바 기본관계)를 이루는 계약이 무효이거나 해제된 경우 그 계약관계의 청산은 계약의 당사자인 낙약자와 요약자 사이에 이루어져야 하므로, 특별한 사정이 없는 한 낙약자가 이미 제3자에게 급부한 것이 있더라도 낙약자는 계약해제 등에 기한 원상회복 또는 부당이득을 원인으로 제3자를 상대로 그 반환을 구할 수 없다(대판 2010.8.19. 2010다31860).

[ㄴ▸×][ㄹ▸○] 제3자를 위한 계약의 체결원인이 된 요약자와 제3자(수익자) 사이의 법률관계(이른바 대가관계)의 효력은 제3자를 위한 계약 자체는 물론 그에 기한 요약자와 낙약자 사이의 법률관계(이른바 기본관계)의 성립이나 효력에 영향을 미치지 아니하므로 낙약자는 요약자와 수익자 사이의 법률관계에 기한 항변으로 수익자에게 대항하지 못하고, 요약자도 대가관계의 부존재나 효력의 상실을 이유로 자신이 기본관계에 기하여 낙약자에게 부담하는 채무의 이행을 거부할 수 없다(대판 2003.12.11. 2003다49771).

2017년 변호사시험 문 14.

☑ 확인 Check! ○ △ ×

甲과 乙은 甲 소유의 시계를 乙에게 500만원에 매도하면서 甲의 丙에 대한 채무의 변제에 충당하기 위해 500만원을 乙이 丙에게 지급하기로 하는 제3자를 위한 계약을 하고 丙도 이를 승낙하였다. 이에 관한 설명 중 옳은 것은?(다툼이 있는 경우 판례에 의함)

① 시계가 모조품으로 밝혀져 乙이 사기를 이유로 甲과의 계약을 취소한 경우, 丙이 이러한 사실을 알지 못했다 하더라도 乙은 丙의 대금지급청구를 거절할 수 있다.
② 乙이 丙에 대하여 이행기에 있는 300만원의 금전채권을 가지고 있다고 해도 乙은 이 채권을 가지고 丙에 대한 500만원 지급채무와 상계할 수 없다.
③ 甲이 시계를 인도하지 않더라도 乙은 丙의 동의 없이 매매계약을 해제할 수 없다.
④ 乙이 丙에게 500만원을 지급하였는데 甲이 이행을 지체하자 乙이 매매계약을 해제한 경우, 乙은 丙에게 500만원의 반환을 구할 수 있다.
⑤ 甲이 시계를 乙에게 인도하였는데 乙이 丙에게 500만원을 지급하지 않은 경우, 丙은 채무불이행을 이유로 매매계약을 해제하고 원상회복을 청구할 수 있다.

[❶▸○] 제3자를 위한 계약의 수익자는 계약이 무효·취소·해제된 경우 제3자 보호규정에 따라 보호될 수 없다. 수익자는 제3자를 위한 계약의 효과를 직접 받는 자일 뿐, 제3자를 위한 계약을 기초로 새로운 이해관계를 맺는 자가 아니기 때문이다. 따라서 수익자 丙이 사기의 의사표시에 대해 선의이더라도, 乙은 취소로써 丙에게 대항할 수 있다.

판례

- 제3자를 위한 계약에서의 제3자가 계약해제 시 보호되는 민법 제548조 제1항 단서의 제3자에 해당하지 않음은 물론이다(대판 2005.7.22. 2005다7566).
- 사기를 이유로 한 법률행위의 취소로써 대항할 수 없는 민법 제110조 제3항 소정의 제3자라 함은 사기에 의한 의사표시의 당사자 및 포괄승계인 이외의 자로서 사기에 의한 의사표시를 기초로 하여 새로운 법률원인으로써 이해관계를 맺은 자를 의미한다(대판 1997.12.26. 96다44860).

[❷▸×] 丙의 수익의 의사표시가 있었으므로 乙은 丙에게 500만원의 금전채무를 지고, 丙은 乙에게 300만원의 금전채무를 진다. 이는 乙과 丙 쌍방이 서로 같은 종류를 목적으로 하는 채무를 부담하고 있다고 할 수 있다. 또한 수동채권은 상계자가 기한의 이익을 포기할 수 있으므로, 자동채권만 이행기가 도래하면 된다. 따라서 乙의 丙에 대한 채권은 이행기에 있으므로, 乙은 이를 자동채권으로 하여 상계할 수 있다.

① 정답

법령 · 상계의 요건(민법 제492조) ① 쌍방이 서로 같은 종류를 목적으로 한 채무를 부담한 경우에 그 쌍방의 채무의 이행기가 도래한 때에는 각 채무자는 대등액에 관하여 상계할 수 있다. 그러나 채무의 성질이 상계를 허용하지 아니할 때에는 그러하지 아니하다.

[❸ ▸ ✕] 제3자를 위한 유상 쌍무계약의 경우 요약자는 낙약자의 채무불이행을 이유로 제3자의 동의 없이 계약을 해제할 수 있다(대판 1970.2.24. 69다1410).

[❹ ▸ ✕] 제3자를 위한 계약관계에서 낙약자와 요약자 사이의 법률관계(이른바 기본관계)를 이루는 계약이 무효이거나 해제된 경우 그 계약관계의 청산은 계약의 당사자인 낙약자와 요약자 사이에 이루어져야 하므로, 특별한 사정이 없는 한 낙약자가 이미 제3자에게 급부한 것이 있더라도 낙약자는 계약해제 등에 기한 원상회복 또는 부당이득을 원인으로 제3자를 상대로 그 반환을 구할 수 없다(대판 2010.8.19. 2010다31860).

[❺ ▸ ✕] 제3자를 위한 계약의 당사자가 아닌 수익자는 계약의 해제권이나 해제를 원인으로 한 원상회복청구권이 있다고 볼 수 없다(대판 1994.8.12. 92다41559).

2014년 변호사시험 문 22.

☑ 확인Check! ○ △ ✕

甲은 자신의 모교인 학교법인 丙에게 증여할 목적으로 건축업자 乙과 체육관 신축을 위한 도급계약을 체결하면서, 丙을 수익자로 하는 제3자 수익약정을 부가하였다. 다음 설명 중 옳은 것을 모두 고른 것은?(다툼이 있는 경우에는 판례에 의함)

ㄱ. 乙의 노력과 재료로 체육관이 신축된 경우, 甲과 乙 사이에 위 체육관의 소유권 귀속에 관하여 특별한 약정이 없다면, 일단 甲이 체육관의 소유권을 원시취득한다.
ㄴ. 완성된 체육관에 하자가 있는 경우, 乙이 甲에게 부담하는 담보책임은 무과실책임으로서 과실상계에 관한 민법 규정은 준용될 수 없기 때문에, 설령 甲에게 하자의 발생에 대한 과실이 있더라도 이를 고려할 수 없다.
ㄷ. 甲이 약정기일 내에 체육관이 완성되지 아니하여 도급계약을 해제하는 경우, 丙의 동의를 받을 필요가 없다.
ㄹ. 丙이 수익의 의사표시를 한 후에는, 乙의 채무불이행으로 인하여 丙이 입은 손해가 있다면 丙은 乙에 대하여 그 배상을 청구할 수 있고, 丙이 완성된 목적물의 하자로 인하여 손해를 입은 경우에도 乙에 대하여 그 배상을 청구할 수 있다.

① ㄱ
② ㄴ
③ ㄴ, ㄷ
④ ㄷ, ㄹ
⑤ ㄱ, ㄷ, ㄹ

[ㄱ ▸ ✕] 일반적으로 자기의 노력과 재료를 들여 건물을 건축한 사람은 그 건물의 소유권을 원시취득하는 것이고, 다만 도급계약에 있어서는 수급인이 자기의 노력과 재료를 들여 건물을 완성하더라도 도급인과 수급인 사이에 도급인 명의로 건축허가를 받아 소유권보존등기를 하기로 하는 등 완성된 건물의 소유권을 도급인에게 귀속시키기로 합의한 것으로 보여 질 경우에는 그 건물의 소유권은 도급인에게 원시적으로 귀속된다(대판 1997.5.30. 97다8601).

[ㄴ ▸ ✕] 수급인의 하자담보책임에 관한 민법 제667조는 법이 특별히 인정한 무과실책임으로서 여기에 민법 제396조의 과실상계규정이 준용될 수는 없다 하더라도 담보책임이 민법의 지도이념인 공평의 원칙에 입각한 것인 이상 하자발생 및 그 확대에 가공한 도급인의 잘못을 참작하여 손해배상의 범위를 정함이 상당하다(대판 1999.7.13. 99다12888).

[ㄷ ▸ ○] 제3자를 위한 유상 쌍무계약의 경우 요약자는 낙약자의 채무불이행을 이유로 제3자의 동의 없이 계약을 해제할 수 있다(대판 1970.2.24. 69다1410).

[ㄹ▸O] 제3자를 위한 계약에 있어서 <u>수익의 의사표시를 한 수익자</u>는 낙약자에게 직접 그 이행을 청구할 수 있을 뿐만 아니라 요약자가 계약을 해제한 경우에는 낙약자에게 자기가 입은 손해의 배상을 청구할 수 있는 것이므로, 수익자가 완성된 목적물의 하자로 인하여 손해를 입었다면 수급인은 그 손해를 배상할 의무가 있다(대판 1994.8.12, 92다41559).

제4절 계약의 해제·해지 ★★★★★★

2018년 변호사시험 문 23. ☑ 확인Check! ○ △ ✕

甲은 2017.1.10. 자신이 소유하는 X부동산을 乙에게 매도하는 계약을 체결하면서 乙로부터 계약금을 수령하였다. 이 매매계약서에 의하면 乙은 중도금을 2017.2.10. 지급하고, 잔금은 2017.3.10. 소유권이전등기에 필요한 서류와 상환하여 지급하기로 되어 있었다. 이에 관한 설명 중 옳은 것(○)과 옳지 않은 것(✕)을 올바르게 조합한 것은?(각 지문은 독립적이며, 다툼이 있는 경우 판례에 의함)

ㄱ. "乙이 중도금을 지급하지 않으면 계약은 자동해제되고 계약금은 甲이 몰취한다"라고 약정한 경우, 乙이 2017.2.10. 까지 중도금을 지급하지 않았다면 계약은 자동으로 해제된다.

ㄴ. 乙이 2017.2.10. 중도금을 지급하려 하였으나 甲이 정당한 사유 없이 그 수령을 거절하였을 뿐만 아니라 계약을 이행하지 아니할 의사를 명백히 표시한 경우, 乙은 2017.3.3. 이행을 최고하지 않고 계약을 해제할 수 있다.

ㄷ. "乙이 잔금 지급을 지체하면 계약은 자동으로 해제된다"라고 약정한 경우, 乙이 2017.3.10.까지 잔금을 지급하지 않았다면 甲이 등기 이전에 필요한 서류를 제공하지 않더라도 계약은 자동으로 해제된다.

① ㄱ(○) ㄴ(○) ㄷ(○)   ② ㄱ(✕) ㄴ(✕) ㄷ(○)
③ ㄱ(✕) ㄴ(○) ㄷ(✕)   ④ ㄱ(✕) ㄴ(○) ㄷ(○)
⑤ ㄱ(○) ㄴ(○) ㄷ(✕)

[ㄱ▸O] 매수인이 중도금을 약정한 일자에 지급하지 아니하면, 계약이 해제된 것으로 한다는 특약이 있는 실권약관부 매매계약에 있어서는 매수인이 약정의 중도금지급의무를 이행하지 아니하면, 그 계약은 그 일자에 자동적으로 해제된 것으로 보아야 하며, 매도인이 그 후에 중도금의 지급을 최고하였다 하더라도, 이는 은혜적으로 한 번 지급의무를 이행할 기회를 준 것에 지나지 아니한다(대판 1980.2.12, 79다2035).

[ㄴ▸O] 계약상 채무자가 계약을 이행하지 아니할 의사를 명백히 표시한 경우에 채권자는 신의성실의 원칙상 이행기 전이라도 이행의 최고 없이 채무자의 이행거절을 이유로 계약을 해제하거나 채무자를 상대로 손해배상을 청구할 수 있고, 채무자가 계약을 이행하지 아니할 의사를 명백히 표시하였는지 여부는 계약이행에 관한 당사자의 행동과 계약 전후의 구체적인 사정 등을 종합적으로 살펴서 판단하여야 한다(대판 2005.8.19, 2004다53173).

[ㄷ▸✕] 부동산매매계약에 있어서 매수인이 잔대금지급기일까지 그 대금을 지급하지 못하면 그 계약이 자동적으로 해제된다는 취지의 약정이 있더라도 특별한 사정이 없는 한 매수인의 잔대금지급의무와 매도인의 소유권이전등기의무는 동시이행의 관계에 있으므로 매도인이 잔대금지급기일에 소유권이전등기에 필요한 서류를 준비하여 매수인에게 알리는 등 이행의 제공을 하여 매수인으로 하여금 이행지체에 빠지게 하였을 때에 비로소 자동적으로 매매계약이 해제된다고 보아야 하고 매수인이 그 약정기한을 도과하였더라도 이행지체에 빠진 것이 아니라면 대금 미지급으로 계약이 자동해제된 것으로 볼 수 없다(대판 1992.10.27, 91다32022).

⑤ **정답**

2020년 변호사시험 문 27. ☑ 확인Check! ○ △ ✕

계약의 해제에 관한 설명 중 옳은 것은?(다툼이 있는 경우 판례에 의함)

① 매도인으로부터 매매목적물의 소유권을 이전받은 매수인이 매도인의 계약해제 이전에 제3자에게 목적물을 처분하여 계약해제에 따른 원물반환이 불가능하게 된 경우, 매수인이 원상회복의무로서 반환하여야 하는 목적물의 가액은 특별한 사정이 없는 한 그 처분 당시의 대가 또는 그 시가 상당액이다.

② 당사자가 기존 계약의 효력을 소멸시켜 원상으로 회복시키기로 합의한 경우, 특별한 약정이 없는 한 위 합의해제로 인하여 반환할 금전에는 그 받은 날로부터 이자를 가하여야 한다.

③ 부동산매매계약이 해제되기 전에 매수인과 매매예약을 체결하고 그에 기한 소유권이전청구권 보전을 위한 가등기를 마친 사람은 「민법」 제548조 제1항 단서에서 말하는 계약해제로 보호받는 '제3자'에 포함되지 않는다.

④ 해제자가 계약해제의 원인이 된 채무불이행에 관하여 그 원인의 일부를 제공하였다면, 신의칙 또는 공평의 원칙에 기하여 일반적으로 손해배상에 있어서의 과실상계에 준하여 계약의 해제로 인한 원상회복청구권의 내용이 제한될 수 있다.

⑤ 계약해제로 인하여 당사자 일방이 수령한 금전을 반환함에 있어 그 받은 날로부터 가산하여 지급하여야 할 「민법」 제548조 제2항 소정의 이자는 반환의무의 이행지체로 인한 지연손해금이다.

[❶ ▶ ○] 계약해제의 효과로서의 원상회복의무를 규정한 민법 제548조는 부당이득에 관한 특별규정의 성격을 가진 것이므로, 그 이익 반환의 범위는 이익의 현존 여부나 선의, 악의에 불문하고 특단의 사유가 없는 한 받은 이익의 전부이다. 따라서 <u>매도인으로부터 매매목적물의 소유권을 이전받은 매수인이 매도인의 계약해제 이전에 제3자에게 목적물을 처분하여 계약해제에 따른 원물반환이 불가능하게 된 경우에 매수인은 원상회복의무로서 가액을 반환하여야 하며, 이때에 반환하여야 하는 목적물의 가액은 특별한 사정이 없는 한 그 처분 당시의 대가 또는 그 시가 상당액이라 할 것이고,</u> 그리고 이러한 법리는 매수인과 매도인의 약정에 따라 매도인으로부터 직접 제3자에게 목적물의 권리가 이전된 경우에도 마찬가지이다(대판 2013.12.12. 2012다58029).

[❷ ▶ ✕] <u>합의해제 또는 해제계약이라 함은 해제권의 유무에 불구하고 계약당사자 쌍방이 합의에 의하여 기존의 계약의 효력을 소멸시켜 당초부터 계약이 체결되지 않았던 것과 같은 상태로 복귀시킬 것을 내용으로 하는 새로운 계약으로서, 그 효력은 그 합의의 내용에 의하여 결정되고 여기에는 해제에 관한 민법 제548조 제2항의 규정은 적용되지 아니하므로, 당사자 사이에 약정이 없는 이상 합의해제로 인하여 반환할 금전에 그 받은 날로부터의 이자를 가하여야 할 의무가 있는 것은 아니다</u>(대판 1996.7.30. 95다16011).

[❸ ▶ ✕] 민법 제548조 제1항 단서에서 말하는 제3자는 일반적으로 해제된 계약으로부터 생긴 법률효과를 기초로 하여 해제 전에 새로운 이해관계를 가졌을 뿐만 아니라 등기, 인도 등으로 권리를 취득한 사람을 말하는 것인바, <u>매수인과 매매예약을 체결한 후 그에 기한 소유권이전청구권 보전을 위한 가등기를 마친 사람도 위 조항 단서에서 말하는 제3자에 포함된다</u>(대판 2014.12.11. 2013다14569).

[❹ ▶ ✕] 계약의 해제로 인한 원상회복청구권에 대하여 해제자가 해제의 원인이 된 채무불이행에 관하여 '원인'의 일부를 제공하였다는 등의 사유를 내세워 <u>신의칙 또는 공평의 원칙에 기하여 일반적으로 손해배상에 있어서의 과실상계에 준하여 권리의 내용이 제한될 수 있다고 하는 것은 허용되어서는 아니 된다</u>(대판 2014.3.13. 2013다34143).

[❺ ▶ ✕] 법정해제의 경우 당사자 일방이 그 수령한 금전을 반환함에 있어 그 받은 때로부터 법정이자를 부가함을 요하는 것은 민법 제548조 제2항이 규정하는 바로서, 이는 원상회복의 범위에 속하는 것이며 일종의 부당이득 반환의 성질을 가지는 것이고 <u>반환의무의 이행지체로 인한 것이 아니므로</u>, 부동산매매계약이 해제된 경우 매도인의 매매대금반환의무와 매수인의 소유권이전등기말소등기절차이행의무가 동시이행의 관계에 있는지 여부와는 관계없이 매도인이 반환하여야 할 매매대금에 대하여는 그 받은 날로부터 민법이 정한 법정이율인 연 5푼의 비율에 의한 법정이자를 부가하여 지급하여야 한다(대판 1996.4.12. 95다28892).

법률행위의 당사자가 그 법률행위의 무효·취소 또는 해제에 따른 법률효과를 주장할 수 없게 되는 '제3자'에 해당하는 경우로서 옳은 것을 모두 고른 것은?(다툼이 있는 경우 판례에 의함)

ㄱ. 丙이 甲을 기망하여 甲이 자신의 명의로 乙은행으로부터 대출을 받은 다음 乙이 파산선고를 받았고, 그 후 甲이 丙의 사기를 이유로 乙과의 대출계약을 적법하게 취소하였는데, 파산채권자들 전부가 丙이 甲을 기망한 사실을 몰랐을 경우에 있어서의 파산관재인 丁

ㄴ. 甲이 乙에게 그 소유 부동산을 매도하였는데, 乙의 채권자 丙이 乙의 甲에 대한 소유권이전등기청구권을 압류한 뒤 甲이 乙의 계약상 의무 위반을 이유로 계약을 적법하게 해제한 경우에 있어서의 丙

ㄷ. 매매계약을 통하여 주택의 소유권을 취득하였다가 그 계약의 해제로 인하여 소유권을 상실하게 된 임대인 甲으로부터 그 계약이 해제되기 전에 그 주택을 임차하고 「주택임대차보호법」상의 대항요건을 갖춘 임차인 乙

ㄹ. 甲이 그 소유 부동산을 친구 乙에게 「부동산 실권리자명의 등기에 관한 법률」에 의해 무효인 명의신탁등기를 하여 준 후, 丙이 관계서류를 위조하여 자신이 소유자라고 주장하면서 乙을 상대로 소유권이전등기청구의 소를 제기하여 乙의 인낙을 받아 자신 명의로 소유권이전등기를 한 뒤 이런 사정을 모르는 丁에게 증여하고 소유권이전등기를 한 경우에 있어서의 丁

① ㄴ
② ㄱ, ㄷ
③ ㄷ, ㄹ
④ ㄱ, ㄴ, ㄷ
⑤ ㄱ, ㄴ, ㄹ

[ㄱ ▶ ○] 파산자가 상대방과 통정한 허위의 의사표시를 통하여 가장채권을 보유하고 있다가 파산이 선고된 경우 그 가장채권도 일단 파산재단에 속하게 되고, 파산선고에 따라 파산자와는 독립한 지위에서 파산채권자 전체의 공동의 이익을 위하여 직무를 행하게 된 파산관재인은 그 허위표시에 따라 외형상 형성된 법률관계를 토대로 실질적으로 새로운 법률상 이해관계를 가지게 된 민법 제108조 제2항의 제3자에 해당하고, 그 선의·악의도 파산관재인 개인의 선의·악의를 기준으로 할 수는 없고, 총파산채권자를 기준으로 하여 파산채권자 모두가 악의로 되지 않는 한 파산관재인은 선의의 제3자라고 할 수밖에 없다. 그리고 이와 같이 파산관재인이 제3자로서의 지위도 가지는 점 등에 비추어, <u>특별한 사정이 없는 한 파산관재인은 사기에 의한 의사표시에 따라 외형상 형성된 법률관계를 토대로 실질적으로 새로운 법률상 이해관계를 가지게 된 민법 제110조 제3항의 제3자에 해당하고, 파산채권자 모두가 악의로 되지 않는 한 파산관재인은 선의의 제3자라고 할 수밖에 없다</u>(대판 2010.4.29. 2009다96083).

[ㄴ ▶ ✕] 민법 제548조 제1항 단서에서 말하는 제3자란 일반적으로 그 해제된 계약으로부터 생긴 법률효과를 기초로 하여 <u>해제 전에 새로운 이해관계를 가졌을 뿐 아니라 등기, 인도 등으로 완전한 권리를 취득한 자를 말하므로 계약상의 채권을 양수한 자나 그 채권 자체를 압류 또는 전부한 채권자는 여기서 말하는 제3자에 해당하지 아니한다</u>(대판 2000.4.11. 99다51685).

[ㄷ ▶ ○] 민법 제548조 제1항 단서의 규정에 따라 계약해제로 인하여 권리를 침해받지 않는 제3자라 함은 계약목적물에 관하여 권리를 취득한 자 중 계약당사자에게 권리 취득에 관한 대항요건을 구비한 자를 말한다 할 것인바, 임대목적물이 주택임대차보호법 소정의 주택인 경우 같은 법 제3조 제1항이 임대주택의 인도와 주민등록이라는 대항요건을 갖춘 자에게 등기된 임차권과 같은 대항력을 부여하고 있는 점에 비추어 보면, <u>소유권을 취득하였다가 계약해제로 인하여 소유권을 상실하게 된 임대인으로부터 그 계약이 해제되기 전에 주택을 임차받아 주택의 인도와 주민등록을 마침으로써 같은 법 소정의 대항요건을 갖춘 임차인은 등기된 임차권자와 마찬가지로 민법 제548조 제1항 단서 소정의 제3자에 해당된다고 봄이 상당하고, 그렇다면 그 계약해제 당시 이미 주택임대차보호법 소정의 대항요건을 갖춘 임차인은 임대인의 임대권원의 바탕이 되는 계약의 해제에도 불구하고 자신의 임차권을 새로운 소유자에게 대항할 수 있다</u>(대판 1996.8.20. 96다17653).

② **정답**

[ㄹ ▸ ✕] 丙은 명의수탁자 乙이 소유자임을 기초로 명의신탁된 부동산의 소유명의를 이어받은 것이 아니므로, 부동산실명법 제4조 제3항의 제3자에 해당하지 않아 그 등기가 무효가 된다. 따라서 그 무효인 등기에 기초하여 새로운 법률원인으로 이해관계를 맺은 丁 명의의 등기도 무효이고, 丁은 부동산실명법 제4조 제3항의 제3자에 해당하지 않는다.

> **판례** 부동산 실권리자명의 등기에 관한 법률(이하 "부동산실명법"이라 한다) 제4조 제3항에서 '제3자'라고 함은 명의신탁약정의 당사자 및 포괄승계인 이외의 자로서 명의수탁자가 물권자임을 기초로 그와의 사이에 직접 새로운 이해관계를 맺은 사람을 말한다고 할 것이므로, 명의수탁자로부터 명의신탁된 부동산의 소유명의를 이어받은 사람이 위 규정에 정한 제3자에 해당하지 아니한다면 그러한 자로서는 부동산실명법 제4조 제3항의 규정을 들어 무효인 명의신탁등기에 터 잡아 마쳐진 자신의 등기의 유효를 주장할 수 없고, 따라서 그 명의의 등기는 실체관계에 부합하여 유효라고 하는 등의 특별한 사정이 없는 한 무효라고 할 것이고, 등기부상 명의수탁자로부터 소유권이전등기를 이어받은 자의 등기가 무효인 이상, 부동산등기에 관하여 공신력이 인정되지 아니하는 우리 법제 아래서는 그 무효인 등기에 기초하여 새로운 법률원인으로 이해관계를 맺은 자가 다시 등기를 이어받았다면 그 명의의 등기 역시 특별한 사정이 없는 한 무효임을 면할 수 없다고 할 것이므로, 이렇게 명의수탁자와 직접 이해관계를 맺은 것이 아니라 부동산실명법 제4조 제3항에 정한 제3자가 아닌 자와 사이에서 무효인 등기를 기초로 다시 이해관계를 맺은 데 불과한 자는 위 조항이 규정하는 제3자에 해당하지 않는다고 보아야 한다(대판 2005.11.10, 2005다34667).

2017년 변호사시험 문 18.

☑ 확인Check! ○ △ ✕

계약해제에 관한 설명 중 옳은 것은?(다툼이 있는 경우 판례에 의함)

① 甲이 그 소유 건물을 乙에게 매각하는 계약을 체결하고, 乙은 그 건물 일부를 丙에게 분양하는 계약을 체결하였는데, 丙은 분양대금의 일부를 乙의 지시에 따라 甲에게 송금하였다. 乙이 甲에게 매매대금을 지급하지 못하여 丙이 건물을 분양받지 못하자 丙이 乙과의 분양계약을 해제한 경우, 丙은 직접 甲을 상대로 부당이득의 반환을 청구할 수 있다.

② 매매계약의 당사자 사이에 계약해제로 인한 원상회복의무로서 반환할 매매대금에 가산할 이자를 약정하였고 그 약정이율이 법정이율보다 낮은 경우, 위 매매대금반환의무의 이행지체로 인한 지연손해금에 관하여도 위 약정이율이 적용되어야 한다.

③ 甲이 乙 주택조합을 대리한 丙과 조합가입계약을 체결하고 丙에게 조합원분담금 일부를 송금한 후에 甲이 이행불능을 근거로 조합가입계약을 유효하게 해제한 경우, 丙이 그 해제로 인한 원상회복의무를 부담한다.

④ 부동산매매계약 해제 시 매매대금반환의무와 소유권이전등기말소의무가 동시이행관계에 있는지 여부에 관계없이 매도인은 매매대금을 받은 날로부터 법정이자를 가산하여 지급하여야 한다.

⑤ 매매계약의 해제로 인하여 매수인이 반환하여야 할 목적물의 사용이익을 산정함에 있어서 매수인이 투입한 현금자본의 기여분 및 매수인의 영업수완 등 노력으로 인한 운용이익은 원칙적으로 공제하여서는 안 된다.

[❶ ▸ ✕] 계약의 일방당사자가 계약상대방의 지시 등으로 급부과정을 단축하여 계약상대방과 또 다른 계약관계를 맺고 있는 제3자에게 직접 급부한 경우, 그 급부로써 급부를 한 계약당사자의 상대방에 대한 급부가 이루어질 뿐 아니라 그 상대방의 제3자에 대한 급부로도 이루어지는 것이므로 계약의 일방당사자는 제3자를 상대로 법률상 원인 없이 급부를 수령하였다는 이유로 부당이득반환청구를 할 수 없다(대판 2003.12.26, 2001다46730).

[❷ ▸ ✕] 계약해제 시 반환할 금전에 가산할 이자에 관하여 당사자 사이에 약정이 있는 경우에는 특별한 사정이 없는 한 이행지체로 인한 지연손해금도 그 약정이율에 의하기로 하였다고 보는 것이 당사자의 의사에 부합한다. 다만 그 약정이율이 법정이율보다 낮은 경우에는 약정이율에 의하지 아니하고 법정이율에 의한 지연손해금을 청구할 수 있다고 봄이

안심Touch

타당하다. 계약해제로 인한 원상회복 시 반환할 금전에 받은 날로부터 가산할 이자의 지급의무를 면제하는 약정이 있는 때에도 그 금전반환의무가 이행지체상태에 빠진 경우에는 법정이율에 의한 지연손해금을 청구할 수 있는 점과 비교해 볼 때 그렇게 보는 것이 논리와 형평의 원리에 맞기 때문이다(대판 2013.4.26. 2011다50509).

[**❸ ▸ ✕**] 계약이 적법한 대리인에 의하여 체결된 경우에 대리인은 다른 특별한 사정이 없는 한 본인을 위하여 계약상 급부를 변제로서 수령할 권한도 가진다. 그리고 대리인이 그 권한에 기하여 계약상 급부를 수령한 경우에, 그 법률효과는 계약 자체에서와 마찬가지로 직접 본인에게 귀속되고 대리인에게 돌아가지 아니한다. 따라서 계약상 채무의 불이행을 이유로 계약이 상대방당사자에 의하여 유효하게 해제되었다면, 해제로 인한 원상회복의무는 대리인이 아니라 계약의 당사자인 본인이 부담한다. 이는 본인이 대리인으로부터 그 수령한 급부를 현실적으로 인도받지 못하였다거나 해제의 원인이 된 계약상 채무의 불이행에 관하여 대리인에게 책임 있는 사유가 있다고 하여도 다른 특별한 사정이 없는 한 마찬가지라고 할 것이다(대판 2011.8.18. 2011다30871).

[**❹ ▸ ○**] 법정해제의 경우 당사자 일방이 그 수령한 금전을 반환함에 있어 그 받은 때로부터 법정이자를 부가함을 요하는 것은 민법 제548조 제2항이 규정하는 바로서, 이는 원상회복의 범위에 속하는 것이며 일종의 부당이득 반환의 성질을 가지는 것이고 반환의무의 이행지체로 인한 것이 아니므로, 부동산매매계약이 해제된 경우 매도인의 매매대금반환의무와 매수인의 소유권이전등기말소등기절차이행의무가 동시이행의 관계에 있는지 여부와는 관계없이 매도인이 반환하여야 할 매매대금에 대하여는 그 받은 날로부터 민법이 정한 법정이율인 연 5푼의 비율에 의한 법정이자를 부가하여 지급하여야 한다(대판 1996.4.12. 95다28892).

[**❺ ▸ ✕**] 매매계약의 해제로 인하여 매수인이 반환하여야 할 목적물의 사용이익을 산정함에 있어서 매수인이 목적물을 사용하여 취득한 순수입에는 목적물 자체의 사용이익뿐만 아니라 목적물의 수리비 등 매수인이 투입한 현금자본의 기여도 포함되어 있으므로 매수인의 순수입에서 현금자본의 투입비율을 고려하지 아니하고 단순히 현금자본에 해당하는 금액을 공제하는 방식으로 목적물의 사용이익을 산정할 수 없고, 매수인의 영업수완 등 노력으로 인한 이른바 운용이익이 포함된 것으로 볼 여지가 있는 경우 이러한 운용이익은 사회통념상 매수인의 행위가 개입되지 아니하였더라도 그 목적물로부터 매도인이 당연히 취득하였으리라고 생각되는 범위 내의 것이 아닌 한 매수인이 반환하여야 할 사용이익의 범위에서 공제하여야 한다(대판 2006.9.8. 2006다26328).

2013년 변호사시험 문 20.

☑ 확인Check! ○ △ ✕

乙은 2010.4.1. 甲으로부터 甲 소유의 X부동산을 매수하는 계약을 체결하면서 계약금 1,000만원을 甲에게 지급하였다. 계약에 따르면 매매대금은 1억원이며, 2010.5.1. 乙은 잔대금 9,000만원을 지급하면서 甲으로부터 X부동산의 소유권이전등기에 필요한 서류를 교부받기로 하였다. 다음 설명 중 옳지 않은 것은?(다툼이 있는 경우에는 판례에 의함)

① 乙은 2010.4.15. 계약금 1,000만원을 포기하면서 위 매매계약을 해제할 수 있다.
② 특별한 사정이 없는 한, 이행기 도과 후 甲이 乙에게 지연손해금을 청구하기 위해서는 甲이 한 차례 이행제공을 하는 것으로 충분하고, 그 이행제공이 계속되어야 할 필요는 없다.
③ 乙이 별다른 근거도 없이 2010.4.5.부터 계약의 무효를 주장하면서 甲의 변제제공이 있더라도 그 수령을 거절할 것임을 표시하여 수령거절의사를 번복할 가능성이 없는 경우, 甲은 2010.4.15. 이행의 최고 없이 乙의 이행거절을 이유로 계약을 해제할 수 있다.
④ 甲이 2010.5.1. 乙에게 X부동산에 관하여 소유권이전등기를 마쳐 주고 X부동산을 인도하였으나 乙이 잔대금을 지급하지 못하자, 甲과 乙이 위 잔대금을 차용금으로 하고 이자율은 연 4%로 약정한 경우, 차용금의 변제기가 도과하면, 甲은 乙의 이행지체로 인한 지연손해금을 법정이율에 따라 乙에게 청구할 수 있다.
⑤ '乙이 2010.5.1. 잔대금을 지급하지 못하면 이 계약은 자동적으로 해제된다'는 취지의 특약이 있는 경우, 특별한 사정이 없는 한 2010.5.1.이 도과되었더라도 乙이 이행지체에 빠진 것이 아니라면 잔대금의 미지급으로 이 계약이 자동해제된 것으로 볼 수 없다.

② 정답

[**❶ ▸ O**] 계약금은 다른 약정이 없는 한 해약금으로 추정되므로, 당사자 일방이 이행에 착수하기 전에는 계약금교부자는 계약금을 포기하고 계약을 해제할 수 있다. 따라서 잔대금지급기일 전인 2010.4.15.에 당사자 일방의 이행의 착수로 볼 만한 사정이 없었으므로, 乙은 계약금 1,000만원을 포기하면서 위 매매계약을 해제할 수 있다.

 법령 ● **해약금(민법 제565조)** ① 매매의 당사자 일방이 계약 당시에 금전 기타 물건을 계약금, 보증금등의 명목으로 상대방에게 교부한 때에는 당사자간에 다른 약정이 없는 한 당사자의 일방이 이행에 착수할 때까지 교부자는 이를 포기하고 수령자는 그 배액을 상환하여 매매계약을 해제할 수 있다.

[**❷ ▸ ✕**] 쌍무계약의 당사자 일방이 먼저 한 번 현실의 제공을 하고, 상대방을 수령지체에 빠지게 하였다고 하더라도 그 이행의 제공이 계속되지 않는 경우는 과거에 이행의 제공이 있었다는 사실만으로 상대방이 가지는 동시이행의 항변권이 소멸하는 것은 아니므로, 일시적으로 당사자 일방의 의무의 이행제공이 있었으나 곧 그 이행의 제공이 중지되어 더 이상 그 제공이 계속되지 아니하는 기간 동안에는 상대방의 의무가 이행지체상태에 빠졌다고 할 수는 없다고 할 것이고, 따라서 그 이행의 제공이 중지된 이후에 상대방의 의무가 이행지체되었음을 전제로 하는 손해배상청구도 할 수 없는 것이다(대판 1995.3.14. 94다26646).

[**❸ ▸ O**] 계약상 채무자가 계약을 이행하지 아니할 의사를 명백히 표시한 경우에 채권자는 신의성실의 원칙상 이행기 전이라도 이행의 최고 없이 채무자의 이행거절을 이유로 계약을 해제하거나 채무자를 상대로 손해배상을 청구할 수 있고, 채무자가 계약을 이행하지 아니할 의사를 명백히 표시하였는지 여부는 계약이행에 관한 당사자의 행동과 계약 전후의 구체적인 사정 등을 종합적으로 살펴서 판단하여야 한다(대판 2005.8.19. 2004다53173).

[**❹ ▸ O**] 민법 제397조 제1항은 본문에서 금전채무 불이행의 손해배상액을 법정이율에 의할 것을 규정하고 그 단서에서 "그러나 법령의 제한에 위반하지 아니한 약정이율이 있으면 그 이율에 의한다"고 정한다. 이 단서규정은 약정이율이 법정이율 이상인 경우에만 적용되고, 약정이율이 법정이율보다 낮은 경우에는 그 본문으로 돌아가 법정이율에 의하여 지연손해금을 정할 것이다. 우선 금전채무에 관하여 아예 이자약정이 없어서 이자청구를 전혀 할 수 없는 경우에도 채무자의 이행지체로 인한 지연손해금은 법정이율에 의하여 청구할 수 있으므로, 이자를 조금이라도 청구할 수 있었던 경우에는 더욱이나 법정이율에 의한 지연손해금을 청구할 수 있다고 하여야 한다(대판 2009.12.24. 2009다85342).

[**❺ ▸ O**] 부동산매매계약에 있어서 매수인이 잔대금지급기일까지 그 대금을 지급하지 못하면 그 계약이 자동적으로 해제된다는 취지의 약정이 있더라도 특별한 사정이 없는 한 매수인의 잔대금지급의무와 매도인의 소유권이전등기의무는 동시이행의 관계에 있으므로 매도인이 잔대금지급기일에 소유권이전등기에 필요한 서류를 준비하여 매수인에게 알리는 등 이행의 제공을 하여 매수인으로 하여금 이행지체에 빠지게 하였을 때에 비로소 자동적으로 매매계약이 해제된다고 보아야 하고 매수인이 그 약정기한을 도과하였더라도 이행지체에 빠진 것이 아니라면 대금 미지급으로 계약이 자동해제된 것으로 볼 수 없다(대판 1992.10.27. 91다32022).

甲은 乙로부터 1억원을 차용하였다. 그 후 甲은 丙에게 甲 소유인 X토지를 1억원에 매도하고, 〈보기〉에 나타난 각 법률관계에 따라 丙은 매매대금을 매매계약의 당사자가 아닌 乙에게 직접 지급하였다. 그 후 甲과 丙 사이의 X토지 매매계약이 적법하게 해제되었다. 〈보기〉에서 옳은 것을 모두 고른 것은?(다툼이 있는 경우에는 판례에 의하고, 각 지문은 모두 독립적이다)

〈보기〉

ㄱ. 甲이 丙에게 매매대금을 乙에게 지급하라고 지시하고 丙이 이에 따랐다. 이 경우 매매계약의 해제 후에, 丙은 지급했던 매매대금을 乙로부터 반환받을 수 있다.

ㄴ. X토지 매매계약을 제3자를 위한 계약의 형태로 체결하고 乙을 매매대금의 수익자로 정하였다. 이 경우 매매계약의 해제 후에, 丙은 지급했던 매매대금을 乙로부터 반환받을 수 있다.

ㄷ. X토지 매매계약에 기한 대금채권을 甲이 乙에게 양도하고 丙에게 이를 통지하였다. 이 경우 매매계약의 해제 후에, 丙은 지급했던 매매대금을 乙로부터 반환받을 수 있다.

① ㄱ   ② ㄴ   ③ ㄷ

④ ㄱ, ㄴ   ⑤ ㄴ, ㄷ

[ㄱ ▸ ✕]   계약의 일방당사자가 계약상대방의 지시 등으로 급부과정을 단축하여 계약상대방과 또 다른 계약관계를 맺고 있는 제3자에게 직접 급부한 경우, 그 급부로써 급부를 한 계약당사자의 상대방에 대한 급부가 이루어질 뿐 아니라 그 상대방의 제3자에 대한 급부로도 이루어지는 것이므로 계약의 일방당사자는 제3자를 상대로 법률상 원인 없이 급부를 수령하였다는 이유로 부당이득반환청구를 할 수 없다(대판 2003.12.26. 2001다46730).

[ㄴ ▸ ✕]   제3자를 위한 계약관계에서 낙약자와 요약자 사이의 법률관계(이른바 기본관계)를 이루는 계약이 무효이거나 해제된 경우 그 계약관계의 청산은 계약의 당사자인 낙약자와 요약자 사이에 이루어져야 하므로, 특별한 사정이 없는 한 낙약자가 이미 제3자에게 급부한 것이 있더라도 낙약자는 계약해제 등에 기한 원상회복 또는 부당이득을 원인으로 제3자를 상대로 그 반환을 구할 수 없다(대판 2010.8.19. 2010다31860).

[ㄷ ▸ ○]   채권양수인 乙은 민법 제548조 제1항 단서에서 규정하고 있는 제3자에 해당하지 않는다. 따라서 丙은 지급했던 매매대금을 乙로부터 반환받을 수 있다.

판례 ● 민법 제548조 제1항 단서에서 규정하고 있는 제3자란 일반적으로 계약이 해제되는 경우 그 해제된 계약으로부터 생긴 법률효과를 기초로 하여 해제 전에 새로운 이해관계를 가졌을 뿐 아니라 등기·인도 등으로 완전한 권리를 취득한 자를 말하고, 계약상의 채권을 양수한 자는 여기서 말하는 제3자에 해당하지 않는다고 할 것인바, 계약이 해제된 경우 계약해제 이전에 해제로 인하여 소멸되는 채권을 양수한 자는 계약해제의 효과에 반하여 자신의 권리를 주장할 수 없음은 물론이고, 나아가 특단의 사정이 없는 한 채무자로부터 이행받은 급부를 원상회복하여야 할 의무가 있다(대판 2003.1.24. 2000다22850).

甲과 乙은 2018.1.5. 甲 소유 A토지에 관한 매매계약을 체결하였다. 이 계약에서 매매대금은 1억원으로 하고 乙은 계약금 1,000만원을 계약 당일, 중도금 4,000만원을 같은 달 31. 지급하기로 하고, 잔금 5,000만원은 같은 해 2.15. 甲의 토지 인도 및 소유권이전등기서류의 교부와 함께 지급하기로 약정하였다. 甲과 乙 사이의 법률관계에 관한 설명 중 옳은 것을 모두 고른 것은?(각 지문은 독립적이며, 다툼이 있는 경우 판례에 의함)

ㄱ. 乙이 甲에게 계약금 중 500만원만 지급한 경우 甲은 乙에게 자신이 乙로부터 수령한 500만원의 배액인 1,000만 원을 지급하고 계약을 해제할 수 있다.

ㄴ. 乙은 2018.2.15.까지 매매대금을 모두 지급하였고, 甲은 乙에게 토지를 인도해 주었다. 그 후 甲은 같은 해 3.15. 위 매매계약을 착오를 이유로 적법하게 취소하였다. 이러한 경우 乙은 선의·악의를 불문하고 甲의 토지를 인도받 아 취소 시까지 사용·수익한 이익을 甲에게 반환하여야 한다.

ㄷ. 甲은 2018.2.15. 잔금 일부인 3,000만원만 지급받고 乙에게 토지를 인도해 주었다. 이후 乙이 남은 잔금을 끝내 지급하지 아니하여 甲은 같은 해 3.15. 위 매매계약을 채무불이행을 이유로 적법하게 해제하였다. 이러한 경우 甲은 지급받은 대금을 그 받은 날로부터 이자를 가산하여 乙에게 반환하여야 한다.

ㄹ. 甲은 2018.2.15. 잔금 일부인 3,000만원만 지급받은 채 나머지 대금은 토지를 담보로 대출받아 마련하겠다는 乙의 말을 믿고 乙 앞으로 토지의 소유권이전등기를 마쳐 주었다. 그 후 乙이 남은 잔금을 끝내 지급하지 아니하여 甲은 같은 해 3.15. 위 매매계약을 채무불이행을 이유로 적법하게 해제하였는데, 이미 乙의 채권자인 丙이 A토지에 대해 가압류 집행을 마쳐 두었다. 이러한 경우 甲은 丙에게 해제의 효과를 주장하지 못한다.

① ㄱ, ㄷ　　　　　　　② ㄴ, ㄷ　　　　　　　③ ㄴ, ㄹ
④ ㄷ, ㄹ　　　　　　　⑤ ㄴ, ㄷ, ㄹ

[ㄱ ▸ ✕]　계약이 일단 성립한 후에는 당사자의 일방이 이를 마음대로 해제할 수 없는 것이 원칙이고, 다만 주된 계약과 더불어 계약금계약을 한 경우에는 민법 제565조 제1항의 규정에 따라 임의해제를 할 수 있기는 하나, 계약금계약은 금전 기타 유가물의 교부를 요건으로 하므로 단지 계약금을 지급하기로 약정만 한 단계에서는 아직 계약금으로서의 효력, 즉 위 민법 규정에 의해 계약해제를 할 수 있는 권리는 발생하지 않는다고 할 것이다. 따라서 당사자가 계약금의 일부만을 먼저 지급하고 잔액은 나중에 지급하기로 약정하거나 계약금 전부를 나중에 지급하기로 약정한 경우, 교부자가 계약금의 잔금이나 전부를 약정대로 지급하지 않으면 상대방은 계약금지급의무의 이행을 청구하거나 채무불이행을 이유로 계약금약 정을 해제할 수 있고, 나아가 위 약정이 없었더라면 주계약을 체결하지 않았을 것이라는 사정이 인정된다면 주계약도 해제할 수도 있을 것이나, 교부자가 계약금의 잔금 또는 전부를 지급하지 아니하는 한 계약금계약은 성립하지 아니하므로 당사자가 임의로 주계약을 해제할 수는 없다 할 것이다(대판 2008.3.13. 2007다73611).

[ㄴ ▸ ✕]　乙이 선의인 경우에는 취소 시까지의 토지사용이익을 반환할 필요 없다.

판례　　민법 제201조 제1항에 의하면 선의의 점유자는 점유물의 과실을 취득한다고 규정하고 있고, 토지를 점유경작 하므로 얻는 이득은 그 토지로 인한 과실에 준하는 것이니, 비록 법률상 원인 없이 타인의 토지를 점유경작함으 로써 타인에게 손해를 입혔다고 할지라도 선의의 점유자는 그 점유경작으로 인한 이득을 그 타인에게 반환할 의무는 없다(대판 1981.9.22. 81다233).

[ㄷ ▸ ○]　민법 제548조 참조

법령 해제의 효과, 원상회복의무(민법 제548조)　① 당사자 일방이 계약을 해제한 때에는 각 당사자는 그 상대방에 대하여 원상회복의 의무가 있다. 그러나 제삼자의 권리를 해하지 못한다.
② 전항의 경우에 반환할 금전에는 그 받은 날로부터 이자를 가하여야 한다.

[ㄹ ▶ O] 민법 제548조 제1항 단서에서 말하는 제3자란 일반적으로 해제된 계약으로부터 생긴 법률효과를 기초로 하여 별개의 새로운 권리를 취득한 자를 말하는 것인바, 해제된 계약에 의하여 채무자의 책임재산이 된 계약의 목적물을 가압류한 가압류채권자는 그 가압류에 의하여 당해 목적물에 대하여 잠정적으로 그 권리행사만을 제한하는 것이나 종국적으로는 이를 환가하여 그 대금으로 피보전채권의 만족을 얻을 수 있는 권리를 취득하는 것이므로, 그 권리를 보전하기 위하여서는 위 조항 단서에서 말하는 제3자에는 위 가압류채권자도 포함된다고 보아야 한다(대판 2000.1.14. 99다40937).

2015년 변호사시험 문 25.　☑확인Check! ○ △ X

甲은 甲 소유인 X토지를 乙에게 매도하는 매매계약을 체결하고, 계약금과 중도금을 지급받은 뒤 X토지에 대한 소유권이전등기를 乙 명의로 경료해 주었다. 그 후 乙이 잔금을 지급하기 전에 甲과 乙이 합의하여 위 매매계약을 해제하고자 할 경우, 다음 설명 중 옳지 않은 것은?(각 지문은 독립적이고, 다툼이 있는 경우 판례에 의함)

① 甲이 해제권의 발생 여부에 관계없이 위 매매계약의 효력을 소멸시켜 당초부터 계약이 체결되지 않았던 것과 같은 상태로 복귀시킬 것을 내용으로 하는 새로운 청약을 하고 乙이 이에 승낙하면 위 매매계약은 해제된다.
② 甲과 乙이 위 매매계약을 해제하기로 합의한 경우, 특별한 약정이 없다면 甲이 乙에게 반환하여야 할 금전에 대하여는 乙로부터 지급받은 다음 날부터 이자를 가산하여 지급하여야 한다.
③ 甲과 乙이 위 매매계약을 해제하기로 합의하기 전에 乙로부터 X토지를 매수한 丙은 자신의 명의로 소유권이전등기가 경료되었다면 보호될 수 있다.
④ 甲이 乙에게 위 매매계약의 해제에 따른 원상회복 및 손해배상에 관한 조건을 제시한 경우, 그 조건에 대한 합의까지 이루어져야 합의해제가 성립된다.
⑤ 甲이 잔금지급기일의 경과 후 계약해제를 주장하면서 이미 지급받은 계약금과 중도금의 반환으로 이를 공탁하고 乙이 아무런 이의 없이 그 공탁금을 수령한 경우에는 특단의 사정이 없는 한 합의해제된 것으로 본다.

[❶ ▶ O] 계약의 합의해제 또는 해제계약이라 함은 해제권의 유무를 불구하고 계약당사자 쌍방이 합의에 의하여 기존의 계약의 효력을 소멸시켜 당초부터 계약이 체결되지 않았던 것과 같은 상태로 복귀시킬 것을 내용으로 하는 새로운 계약으로서, 계약이 합의해제되기 위하여는 일반적으로 계약이 성립하는 경우와 마찬가지로 계약의 청약과 승낙이라는 서로 대립하는 의사표시가 합치될 것을 그 요건으로 하는바, 이와 같은 합의가 성립하기 위하여는 쌍방당사자의 표시행위에 나타난 의사의 내용이 객관적으로 일치하여야 되는 것이다(대판 1994.9.13. 94다17093).

[❷ ▶ X] 합의해제 또는 해제계약이라 함은 해제권의 유무에 불구하고 계약당사자 쌍방이 합의에 의하여 기존의 계약의 효력을 소멸시켜 당초부터 계약이 체결되지 않았던 것과 같은 상태로 복귀시킬 것을 내용으로 하는 새로운 계약으로서, 그 효력은 그 합의의 내용에 의하여 결정되고 여기에는 해제에 관한 민법 제548조 제2항의 규정은 적용되지 아니하므로, 당사자 사이에 약정이 없는 이상 합의해제로 인하여 반환할 금전에 그 받은 날로부터의 이자를 가하여야 할 의무가 있는 것은 아니다(대판 1996.07.30. 95다16011).

[❸ ▶ O] 계약의 합의해제에 있어서도 민법 제548조의 계약해제의 경우와 같이 이로써 제3자의 권리를 해할 수 없으나, 그 대상부동산을 전득한 매수자라도 완전한 권리를 취득하지 못한 자는 위 제3자에 해당하지 아니한다(대판 2005.6.9. 2005다6341)

② **정답**

[❹ ▸ ○] 계약이 합의해제되기 위하여는 일반적으로 계약이 성립하는 경우와 마찬가지로 계약의 청약과 승낙이라는 서로 대립하는 의사표시가 합치될 것을 그 요건으로 하는바, 이와 같은 합의가 성립하기 위하여는 쌍방당사자의 표시행위에 나타난 의사의 내용이 객관적으로 일치하여야 하므로, 계약당사자의 일방이 계약해제에 따른 원상회복 및 손해배상의 범위에 관한 조건을 제시한 경우 그 조건에 관한 합의까지 이루어져야 합의해제가 성립된다(대판 1996.2.27. 95다43044).

[❺ ▸ ○] 매도인이 잔대금지급기일 경과 후 계약해제를 주장하여 이미 지급받은 계약금과 중도금을 반환하는 공탁을 하였을 때, 매수인이 아무런 이의 없이 그 공탁금을 수령하였다면 위 매매계약은 특단의 사정이 없는 한 합의해제된 것으로 봄이 상당하다(대판 1979.10.10. 79다1457).

2016년 변호사시험 문 27.

☑ 확인 Check! ○ △ ✕

甲과 乙은 이행기를 정하여 甲 소유의 X건물에 대한 매매계약을 체결하였으나, 乙의 잔대금채무에 대한 이행지체를 이유로 甲이 위 매매계약을 해제하려고 한다. 이에 관한 설명 중 옳은 것은?(각 지문은 독립적이며, 다툼이 있는 경우 판례에 의함)

① 甲이 상당한 기간을 정하여 乙에게 잔대금의 지급을 최고하고 그 기간 내에 乙이 이행하지 않는 경우에 계약을 해제할 수 있지만, 특별한 사정이 없는 한 甲이 기간을 정하지 않고 최고하더라도 상당한 기간이 경과한 때에는 甲의 해제권이 인정된다.

② 위 매매계약에서 다른 약정 없이 '乙이 잔대금을 지급하지 아니한 상태로 지급기일을 경과하면 매매계약 자체가 자동적으로 해제된다'는 취지의 약정이 있는 경우에는 甲이 자신의 채무에 대한 이행제공을 통하여 乙을 이행지체에 빠뜨리지 않더라도 잔대금지급기일의 경과만으로 위 매매계약은 자동해제된 것으로 볼 수 있다.

③ 甲은 계약해제 전에 그 해제와 양립되지 아니하는 법률관계를 가진 丙에 대해서는 계약의 해제에 따른 법률효과를 주장할 수 없으나, 丙이 그 계약의 해제 전에 해제가능성이 있다는 것을 알았거나 알 수 있었던 경우에는 해제의 효과를 주장할 수 있다.

④ 위 매매계약의 해제 전에 乙이 X건물을 사용함으로써 이익을 얻은 경우, 甲이 매매계약의 해제 후 乙에 대한 원상회복을 청구할 때 乙이 취득한 사용이익의 반환을 함께 청구할 수는 없다.

⑤ 甲이 채무불이행을 이유로 매매계약을 해제하고 손해배상을 청구하는 경우에는 그 매매계약의 이행으로 인하여 甲이 얻을 이익, 즉 이행이익의 배상을 청구하는 것이 원칙이나, 신뢰이익이 이행이익보다 큰 경우 신뢰이익의 배상을 구할 수 있다.

[❶ ▸ ○] 이행지체를 이유로 계약을 해제함에 있어서 그 전제요건인 이행의 최고는 반드시 미리 일정 기간을 명시하여 최고하여야 하는 것은 아니며 최고한 때로부터 상당한 기간이 경과하면 해제권이 발생한다고 할 것이고, 매도인이 매수인에게 중도금을 지급하지 아니하였으니 매매계약을 해제하겠다는 통고를 한 때에는 이로써 중도금 지급의 최고가 있었다고 보아야 하며, 그로부터 상당한 기간이 경과하도록 매수인이 중도금을 지급하지 아니하였다면 매도인은 매매계약을 해제할 수 있다(대판 1994.11.25. 94다35930).

[❷ ▸ ✕] 부동산매매계약에 있어서 매수인이 잔대금지급기일까지 그 대금을 지급하지 못하면 그 계약이 자동적으로 해제된다는 취지의 약정이 있더라도 특단의 사정이 없는 한 매수인의 잔대금지급의무와 매도인의 소유권이전등기의무는 동시이행의 관계에 있으므로 매도인이 잔대금지급기일에 소유권이전등기에 필요한 서류를 준비하여 매수인에게 알리는 등 이행의 제공을 하여 매수인으로 하여금 이행지체에 빠지게 하였을 때에 비로소 자동적으로 매매계약이 해제된다고 보아야 하고 매수인이 그 약정기한을 초과하였더라도 이행지체에 빠진 것이 아니라면 대금 미지급으로 계약이 자동해제된다고는 볼 수 없다(대판 1989.7.25. 88다카28891).

CHAPTER 01 계약총론 **311**

[**❸ ▸ ✕**] 계약당사자의 일방이 계약을 해제한 경우 그 계약의 해제 전에 그 해제와 양립되지 아니하는 법률관계를 가진 제3자에 대하여는 계약의 해제에 따른 법률효과를 주장할 수 없고, 이는 제3자가 그 계약의 해제 전에 계약이 해제될 가능성이 있다는 것을 알았거나 알 수 있었다 하더라도 달라지지 아니한다(대판 2010.12.23. 2008다57746).

[**❹ ▸ ✕**] 계약해제로 인하여 계약당사자가 원상회복의무를 부담함에 있어서 당사자 일방이 목적물을 이용한 경우에는 그 사용에 의한 이익을 상대방에게 반환하여야 하는 것이므로, 양도인은 양수인이 양도목적물을 인도받은 후 사용하였다 하더라도 양도계약의 해제로 인하여 양수인에게 그 사용에 의한 이익의 반환을 구함은 별론으로 하고, 양도목적물 등이 양수인에 의하여 사용됨으로 인하여 감가 내지 소모가 되는 요인이 발생하였다 하여도 그것을 훼손으로 볼 수 없는 한 그 감가비 상당은 원상회복의무로서 반환할 성질의 것은 아니다(대판 2000.2.25. 97다30066).

[**❺ ▸ ✕**] 채무불이행을 이유로 계약해제와 아울러 손해배상을 청구하는 경우에 그 계약이행으로 인하여 채권자가 얻을 이익 즉 이행이익의 배상을 구하는 것이 원칙이지만, 그에 갈음하여 그 계약이 이행되리라고 믿고 채권자가 지출한 비용 즉 신뢰이익의 배상을 구할 수도 있다고 할 것이고, 그 신뢰이익 중 계약의 체결과 이행을 위하여 통상적으로 지출되는 비용은 통상의 손해로서 상대방이 알았거나 알 수 있었는지의 여부와는 관계없이 그 배상을 구할 수 있고, 이를 초과하여 지출되는 비용은 특별한 사정으로 인한 손해로서 상대방이 이를 알았거나 알 수 있었던 경우에 한하여 그 배상을 구할 수 있다고 할 것이고, 다만 그 신뢰이익은 과잉배상 금지의 원칙에 비추어 이행이익의 범위를 초과할 수 없다(대판 2002.6.11. 2002다2539).

2014년 변호사시험 문 24.

☑ 확인Check! ○ △ ✕

甲과 乙은 2013.9.20. 甲 소유의 토지에 대하여 매매대금을 5억원으로 하는 매매계약을 체결하면서, 乙이 계약 당일 계약금 5,000만원을 甲에게 지급하였고, 중도금 2억원은 2013.10.20. 지급하고, 잔금 2억 5,000만원은 2013.11.20. 甲의 소유권이전과 상환하여 지급하기로 하였다. 다음 설명 중 옳은 것을 모두 고른 것은?(다툼이 있는 경우에는 판례에 의함)

ㄱ. 甲이 乙에 대하여 중도금의 지급을 최고하였으나 乙이 이를 이행하지 않자 甲이 중도금의 지급을 구하는 소송을 제기하였다면, 특별한 사정이 없는 한 乙은 계약금 5,000만원을 포기하더라도 위 매매계약을 해제할 수 없다.

ㄴ. 乙이 2013.10.20.을 경과하여 중도금의 이행을 지체하고 있는 중에, 甲 역시 소유권이전등기서류를 乙에게 이행제공하지 않고 2013.11.20.을 경과하였다면, 乙은 2013.11.21.부터는 중도금에 대한 지체책임을 지지 않는다.

ㄷ. 乙 명의로 소유권이전등기가 이루어지기 전에 乙로부터 위 토지를 매수한 丙의 乙을 대위한 신청으로 위 토지에 대하여 처분금지가처분등기가 된 상태에서 甲과 乙 사이의 매매계약이 적법하게 해제된 경우, 위 가처분등기의 말소와 매도인의 대금반환의무는 동시이행관계에 있다.

ㄹ. 특별한 사정으로 甲이 乙에게 토지의 소유권이전등기를 먼저 해 주었으나, 乙의 잔대금지급채무 불이행으로 인하여 甲이 2013.12.5. 위 매매계약을 적법하게 해제한 경우, 위 토지에 대한 원상회복의 등기가 되기 전인 2013.12.10. 丁 앞으로 그 토지에 관한 근저당권설정등기가 이루어졌다면, 甲은 丁이 근저당권 설정 당시 甲의 해제권행사사실을 알았더라도 丁에 대하여 근저당권설정등기의 말소를 청구할 수 없다.

① ㄴ

② ㄱ, ㄹ

③ ㄴ, ㄷ

④ ㄴ, ㄹ

⑤ ㄴ, ㄷ, ㄹ

[**ㄱ ▸ ✕**] 매수인은 민법 제565조 제1항에 따라 본인 또는 매도인이 이행에 착수할 때까지는 계약금을 포기하고 계약을 해제할 수 있는바, 여기에서 이행에 착수한다는 것은 객관적으로 외부에서 인식할 수 있는 정도로 채무의 이행행위의 일부를 하거나 또는 이행을 하기 위하여 필요한 전제행위를 하는 경우를 말하는 것으로서 단순히 이행의 준비를 하는

① **정답**

것만으로는 부족하고, 그렇다고 반드시 계약내용에 들어맞는 이행제공의 정도에까지 이르러야 하는 것은 아니지만, 매도인이 매수인에 대하여 매매계약의 이행을 최고하고 매매잔대금의 지급을 구하는 소송을 제기한 것만으로는 이행에 착수하였다고 볼 수 없다(대판 2008.10.23. 2007다72274).

[ㄴ ▸ O] 매수인이 선이행의무 있는 중도금을 지급하지 않았다 하더라도 계약이 해제되지 않은 상태에서 잔대금지급일이 도래하여 그때까지 중도금과 잔대금이 지급되지 아니하고 잔대금과 동시이행관계에 있는 매도인의 소유권이전등기 소요 서류가 제공된 바 없이 그 기일이 도과하였다면, 다른 특별한 사정이 없는 한, 매수인의 중도금 및 잔대금의 지급과 매도인의 소유권이전등기 소요 서류의 제공은 동시이행관계에 있다 할 것이어서 그때부터는 매수인은 중도금을 지급하지 아니한 데 대한 이행지체의 책임을 지지 아니한다(대판 2002.3.29. 2000다577).

[ㄷ ▸ X] 부동산에 관한 매매계약을 체결한 후 매수인 앞으로 소유권이전등기를 마치기 전에 매수인으로부터 그 부동산을 다시 매수한 제3자의 처분금지가처분신청으로 매매목적부동산에 관하여 가처분등기가 이루어진 상태에서 매도인과 매수인 사이의 매매계약이 해제된 경우, 매도인만이 가처분이의 등을 신청할 수 있을 뿐 매수인은 가처분의 당사자가 아니어서 가처분이의 등에 의하여 가처분등기를 말소할 수 있는 법률상의 지위에 있지 않고, 제3자가 한 가처분을 매도인의 매수인에 대한 소유권이전등기의무의 일부이행으로 평가할 수 없어 그 가처분등기를 말소하는 것이 매매계약 해제에 따른 매수인의 원상회복의무에 포함된다고 보기도 어려우므로, 위와 같은 가처분등기의 말소와 매도인의 대금반환의무는 동시이행의 관계에 있다고 할 수 없다(대판 2009.7.9. 2009다18526).

[ㄹ ▸ X] 계약해제로 보호받는 제3자는 계약해제 전에는 선의·악의 여부를 불문하나, 계약해제 후 외관이 제거되기 전 권리를 취득한 제3자는 선의인 경우에만 보호된다. 따라서 丁이 근저당권 설정 당시 甲의 해제권행사사실을 알았다면, 甲은 丁에 대해 근저당권설정등기의 말소를 청구할 수 있다.

판례 계약당사자의 일방이 계약을 해제하였을 때에는 계약은 소급하여 소멸하여 해약당사자는 각 원상회복의 의무를 지게 되나 이 경우 계약해제로 인한 원상회복등기 등이 이루어지기 이전에 계약의 해제를 주장하는 자와 양립되지 아니하는 법률관계를 가지게 되었고 계약해제사실을 몰랐던 제3자에 대하여는 계약해제를 주장할 수 없다(대판 1985.4.9. 84다카130).

2013년 변호사시험 문 24.

☑ 확인 Check! O △ X

계약의 해제에 관한 설명 중 옳지 않은 것은?(다툼이 있는 경우에는 판례에 의함)

① 당사자 일방이 계약을 해제한 때에는 각 당사자는 그 상대방에 대하여 원상회복의무가 있고, 반환할 금전에는 그 받은 날로부터 이자를 가하여야 한다.
② 甲이 乙에게 X토지를 매도하였다가 대금을 지급받지 못하여 그 매매계약을 해제한 경우, 乙로부터 X토지 위에 신축된 건물을 매수한 丙은 위 계약해제로 권리를 침해당하지 않을 제3자에 해당하지 않는다.
③ 매도인이 매수인의 중도금지급채무 불이행을 이유로 매매계약을 적법하게 해제한 경우라도 매수인은 착오를 이유로 한 취소권을 행사하여 위 매매계약 전체를 무효로 돌릴 수 있다.
④ 매도인 丁과 매수인 戊 사이의 매매계약 체결 후 매매목적물의 시가 상승을 예상한 丁이 戊에게 금액 제시 없이 매매대금의 증액요청을 하였고, 이에 대하여 戊가 확답하지 않은 상태에서 이행기 전 이행착수금지특약이 없다는 이유로 중도금을 이행기 전에 제공한 경우, 丁은 계약금의 배액을 공탁하여 해제권을 행사할 수 있다.
⑤ 매수인이 중도금지급채무를 불이행하여 매도인이 그 이행을 최고한 경우, 그 최고가 약정된 금액보다 현저하게 과다하고, 청구한 금액을 제공하지 않으면 그것을 수령하지 않을 것이라는 매도인의 의사가 분명하다면, 위와 같은 최고에 터 잡은 매도인의 계약해제는 효력이 없다.

정답 ④

[**①** ▸ O] 민법 제548조 참조

법령 해제의 효과, 원상회복의무(민법 제548조) ① 당사자 일방이 계약을 해제한 때에는 각 당사자는 <u>그 상대방</u>에 대하여 원상회복의 의무가 있다. 그러나 제삼자의 권리를 해하지 못한다.
② 전항의 경우에 반환할 금전에는 그 받은 날로부터 이자를 가하여야 한다.

[**②** ▸ O] 계약당사자의 일방이 계약을 해제하여도 제3자의 권리를 침해할 수 없지만, 여기에서 그 제3자는 계약의 목적물에 관하여 권리를 취득하고 또 이를 가지고 계약당사자에게 대항할 수 있는 자를 말하므로, <u>토지를 매도하였다가 대금지급을 받지 못하여 그 매매계약을 해제한 경우에 있어 그 토지 위에 신축된 건물의 매수인은 위 계약해제로 권리를 침해당하지 않을 제3자에 해당하지 아니한다</u>(대판 1991.5.28. 90다카16761).

[**③** ▸ O] 매도인이 매수인의 중도금지급채무 불이행을 이유로 매매계약을 적법하게 해제한 후라도 매수인으로서는 상대방이 한 계약해제의 효과로서 발생하는 손해배상책임을 지거나 매매계약에 따른 계약금의 반환을 받을 수 없는 불이익을 면하기 위하여 <u>착오를 이유로 한 취소권을 행사하여 위 매매계약 전체를 무효로 돌리게 할 수 있다</u>(대판 1991.8.27. 91다11308).

[**④** ▸ X] 민법 제565조가 해제권 행사의 시기를 당사자의 일방이 이행에 착수할 때까지로 제한한 것은 당사자의 일방이 이미 이행에 착수한 때에는 그 당사자는 그에 필요한 비용을 지출하였을 것이고, 또 그 당사자는 계약이 이행될 것으로 기대하고 있는데 만일 이러한 단계에서 상대방으로부터 계약이 해제된다면 예측하지 못한 손해를 입게 될 우려가 있으므로 이를 방지하고자 함에 있고, <u>이행기의 약정이 있는 경우라 하더라도 당사자가 채무의 이행기 전에는 착수하지 아니하기로 하는 특약을 하는 등 특별한 사정이 없는 한 이행기 전에 이행에 착수할 수 있다.</u> 매매계약의 체결 이후 <u>시가 상승이 예상되자 매도인이 구두로 구체적인 금액의 제시 없이 매매대금의 증액요청을 하였고, 매수인은 이에 대하여 확답하지 않은 상태에서 중도금을 이행기 전에 제공하였는데</u>, 그 이후 매도인이 계약금의 배액을 공탁하여 해제권을 행사한 경우, 시가 상승만으로 매매계약의 기초적 사실관계가 변경되었다고 볼 수 없어 '매도인을 당초의 계약에 구속시키는 것이 특히 불공평하다'거나 '매수인에게 계약내용변경요청의 상당성이 인정된다'고 할 수 없고, 이행기 전의 이행의 착수가 허용되어서는 안 될 만한 불가피한 사정이 있는 것도 아니므로 <u>매도인은 위의 해제권을 행사할 수 없다</u>(대판 2006.2.10. 2004다11599).

[**⑤** ▸ O] 채권자의 이행최고가 본래 이행하여야 할 채무액을 초과하는 경우에도 본래 급부하여야 할 수량과의 차이가 비교적 적거나 채권자가 급부의 수량을 잘못 알고 과다한 최고를 한 것으로서 과다하게 최고한 진의가 본래의 급부를 청구하는 취지라면, 그 최고는 본래 급부하여야 할 수량의 범위 내에서 유효하다고 할 것이나, <u>과다한 정도가 현저하고 채권자가 청구한 금액을 제공하지 않으면 그것을 수령하지 않을 것이라는 의사가 분명한 경우에는 그 최고는 부적법하고, 이러한 최고에 터 잡은 계약해제는 그 효력이 없다</u>(대판 1994.5.10. 93다47615).

다음 설명 중 옳은 것을 모두 고른 것은?(각 지문은 독립적이고, 다툼이 있는 경우에는 판례에 의함)

ㄱ. 甲이 乙과의 사이에 X토지를 매매하는 계약을 체결한 후 乙에 대한 매매잔대금채권을 丙에게 양도한 경우, 위 매매계약이 해제되면 丙은 선의라도 乙에 대하여 위 양수금을 청구할 수 없다.

ㄴ. 甲이 乙에게 매매를 원인으로 주택의 소유권이전등기를 마쳐 주었으나, 매매계약이 적법하게 해제되고 乙 명의의 소유권이전등기가 말소된 경우에도 위 매매계약이 해제되기 전에 乙로부터 위 주택을 임차하여 인도와 주민등록을 마친 丙의 권리를 해하지 못한다.

ㄷ. 丙이 甲과 乙 사이의 매매계약에 기한 甲의 소유권이전등기청구권을 가압류하였다면, 그 후 乙이 甲의 대금지급의무 불이행을 이유로 매매계약을 해제하더라도 丙의 가압류권자로서의 지위는 보호된다.

ㄹ. 파산자가 통정허위표시를 통하여 가장채권을 보유하고 있다가 파산이 선고된 경우, 파산관재인은 그 허위표시에 따라 외형상 형성된 법률관계를 토대로 실질적으로 새로운 법률상 이해관계를 가지게 된 제3자에 해당하는데, 이때 선의 여부는 파산관재인을 기준으로 판단한다.

ㅁ. X토지에 관하여 甲과 乙 사이의 통정허위표시에 기하여 乙 명의의 가등기가 마쳐지고 甲으로부터 丙에게로의 소유권이전등기가 마쳐진 후 위 가등기에 기한 본등기가 마쳐짐에 따라 丙 명의의 등기가 말소된 경우, 乙로부터 X에 관한 소유권이전등기를 마친 丁이 위 허위표시에 관하여 알지 못했더라도 丙은 丁을 상대로 소유권이전등기의 말소를 청구할 수 있다.

① ㄱ, ㄴ   ② ㄴ, ㄹ   ③ ㄷ, ㅁ

④ ㄱ, ㄴ, ㅁ   ⑤ ㄱ, ㄷ, ㄹ

[ㄱ ▸ ○] 민법 제548조 제1항 단서에서 규정하고 있는 제3자란 일반적으로 계약이 해제되는 경우 그 해제된 계약으로부터 생긴 법률효과를 기초로 하여 해제 전에 새로운 이해관계를 가졌을 뿐 아니라 등기·인도 등으로 완전한 권리를 취득한 자를 말하고, 계약상의 채권을 양수한 자는 여기서 말하는 제3자에 해당하지 않는다고 할 것인바, 계약이 해제된 경우 계약해제 이전에 해제로 인하여 소멸되는 채권을 양수한 자는 계약해제의 효과에 반하여 자신의 권리를 주장할 수 없음은 물론이고, 나아가 특단의 사정이 없는 한 채무자로부터 이행받은 급부를 원상회복하여야 할 의무가 있다(대판 2003.1.24, 2000다22850).

[ㄴ ▸ ○] 민법 제548조 제1항 단서의 규정에 따라 계약해제로 인하여 권리를 침해받지 않는 제3자라 함은 계약목적물에 관하여 권리를 취득한 자 중 계약당사자에게 권리 취득에 관한 대항요건을 구비한 자를 말한다 할 것인바, 임대목적물이 주택임대차보호법 소정의 주택인 경우 같은 법 제3조 제1항이 임대주택의 인도와 주민등록이라는 대항요건을 갖춘 자에게 등기된 임차권과 같은 대항력을 부여하고 있는 점에 비추어 보면, 소유권을 취득하였다가 계약해제로 인하여 소유권을 상실하게 된 임대인으로부터 그 계약이 해제되기 전에 주택을 임차받아 주택의 인도와 주민등록을 마침으로써 같은 법 소정의 대항요건을 갖춘 임차인은 등기된 임차권자와 마찬가지로 민법 제548조 제1항 단서 소정의 제3자에 해당된다고 봄이 상당하고, 그렇다면 그 계약해제 당시 이미 주택임대차보호법 소정의 대항요건을 갖춘 임차인은 임대인의 임대권원의 바탕이 되는 계약의 해제에도 불구하고 자신의 임차권을 새로운 소유자에게 대항할 수 있다(대판 1996.8.20, 96다17653).

[ㄷ ▸ ✕] 소유권이전등기청구권의 가압류나 압류가 행하여지면 제3채무자로서는 채무자에게 등기이전행위를 하여서는 아니되고, 그와 같은 행위로 채권자에게 대항할 수 없다 할 것이나, 가압류나 압류에 의하여 그 채권의 발생원인인 법률관계에 대한 채무자와 제3채무자의 처분까지도 구속되는 것은 아니므로 기본적 계약관계인 매매계약 자체를 해제할 수 있고, 이와 같이 계약이 해제되는 경우 민법 제548조 제1항 단서에서 말하는 제3자란 일반적으로 그 해제된 계약으로부터 생긴

법률효과를 기초로 하여 해제 전에 새로운 이해관계를 가졌을 뿐 아니라 등기, 인도 등으로 완전한 권리를 취득한 자를 말하므로 계약상의 채권을 양수한 자나 그 채권 자체를 압류 또는 전부한 채권자는 여기서 말하는 제3자에 해당하지 아니한다(대판 2000.4.11. 99다51685).

[ㄹ ▸ ✕]　파산자가 상대방과 통정한 허위의 의사표시를 통하여 가장채권을 보유하고 있다가 파산이 선고된 경우 그 가장채권도 일단 파산재단에 속하게 되고, 파산선고에 따라 파산자와는 독립한 지위에서 파산채권자 전체의 공동의 이익을 위하여 직무를 행하게 된 파산관재인은 그 허위표시에 따라 외형상 형성된 법률관계를 토대로 실질적으로 새로운 법률상 이해관계를 가지게 된 민법 제108조 제2항의 제3자에 해당하고, 그 선의·악의도 파산관재인 개인의 선의·악의를 기준으로 할 수는 없고, 총파산채권자를 기준으로 하여 파산채권자 모두가 악의로 되지 않는 한 파산관재인은 선의의 제3자라고 할 수밖에 없다(대판 2010.4.29. 2009다96083).

[ㅁ ▸ ✕]　상대방과 통정한 허위의 의사표시는 무효이고 누구든지 그 무효를 주장할 수 있는 것이 원칙이나, 허위표시의 당사자 및 포괄승계인 이외의 자로서 허위표시에 의하여 외형상 형성된 법률관계를 토대로 실질적으로 새로운 법률상 이해관계를 맺은 선의의 제3자에 대하여는 허위표시의 당사자뿐만 아니라 그 누구도 허위표시의 무효를 대항하지 못하고, 따라서 선의의 제3자에 대한 관계에 있어서는 허위표시도 그 표시된 대로 효력이 있다. (따라서) 통정허위표시를 원인으로 한 부동산에 관한 (乙 명의의) 가등기 및 그 가등기에 기한 본등기로 인하여 丙의 소유권이전등기가 말소된 후 다시 그 본등기에 터 잡아 丁이 부동산을 양수하여 소유권이전등기를 마친 경우, 丁이 통정허위표시자로부터 실질적으로 부동산을 양수하고 또 이를 양수함에 있어 통정허위표시자 명의의 각 가등기 및 이에 기한 본등기의 원인이 된 각 의사표시가 허위표시임을 알지 못하였다면, 丙은 선의의 제3자인 丁에 대하여는 그 각 가등기 및 본등기의 원인이 된 각 허위표시가 무효임을 주장할 수 없고, 따라서 丁에 대한 관계에서는 그 각 허위표시가 유효한 것이 되므로 그 각 허위표시를 원인으로 한 각 가등기 및 본등기와 이를 바탕으로 그 후에 이루어진 丁 명의의 소유권이전등기도 유효하다(대판 1996.4.26. 94다12074).

CHAPTER 02

계약각론

민 법

☑ 각 문항별로 이해도를 체크해 보세요.

최근 5년간 회별 평균 **2문**

제1절	증 여

제2절	매 매	★★☆

2015년 변호사시험 문 5.　　　　　　　　　　　　☑ 확인Check! ○ △ ✕

매매예약의 완결권에 관한 설명 중 옳은 것은?(다툼이 있는 경우 판례에 의함)

① 매매예약의 완결권은 형성권으로서 10년의 제척기간에 걸리며, 그 행사기간을 당사자가 계약으로 정할 수는 없다.

② 당사자가 제척기간의 기산점을 특별히 약정한 경우에는 그 제척기간은 약정한 때부터 10년의 기간이 경과하면 만료된다.

③ 제척기간이 경과하더라도 상대방이 예약목적물을 인도받은 경우에는 예약완결권은 소멸되지 않는다.

④ 예약완결권자에게 상대방이 최고했음에도 불구하고 예약완결권자가 확답을 하지 않았을 때에는 예약완결권은 행사된 것으로 본다.

⑤ 공동명의로 담보가등기를 마친 수인의 채권자가 각자의 지분별로 별개의 독립적인 매매예약완결권을 가지는 경우, 채권자 중 1인은 단독으로 자신의 지분에 관하여 「가등기담보 등에 관한 법률」이 정한 청산절차를 이행한 후 소유권 이전의 본등기절차이행청구를 할 수 있다.

[❶ ▸ ✕] [❸ ▸ ✕]　민법 제564조가 정하고 있는 매매의 일방예약에서 예약자의 상대방이 매매 완결의 의사를 표시하여 매매의 효력을 생기게 하는 권리(이른바 예약완결권)는 일종의 형성권으로서 당사자 사이에 그 행사기간을 약정한 때에는 그 기간 내에, 그러한 약정이 없는 때에는 예약이 성립한 때부터 10년 내에 이를 행사하여야 하고 위 기간을 도과한 때에는 상대방이 예약목적물인 부동산을 인도받은 경우라도 예약완결권은 제척기간의 경과로 인하여 소멸된다(대판 1992.7.28, 91다 44766).

[❷ ▸ ✕]　제척기간은 권리자로 하여금 당해 권리를 신속하게 행사하도록 함으로써 법률관계를 조속히 확정시키려는 데 그 제도의 취지가 있는 것으로서, 소멸시효가 일정한 기간의 경과와 권리의 불행사라는 사정에 의하여 권리 소멸의 효과를 가져오는 것과는 달리 그 기간의 경과 자체만으로 곧 권리 소멸의 효과를 가져오게 하는 것이므로 그 기간 진행의 기산점은 특별한 사정이 없는 한 원칙적으로 권리가 발생한 때이고, 당사자 사이에 매매예약완결권을 행사할 수 있는 시기를 특별히 약정한 경우에도 그 제척기간은 당초 권리의 발생일로부터 10년간의 기간이 경과되면 만료되는 것이지 그 기간을 넘어서 그 약정에 따라 권리를 행사할 수 있는 때로부터 10년이 되는 날까지로 연장된다고 볼 수 없다(대판 1995.11.10, 94다22682).

정답 ⑤

[**④** ▸ ✕] 민법 제564조 참조

 법령 **매매의 일방예약(민법 제564조)** ① 매매의 일방예약은 상대방이 매매를 완결할 의사를 표시하는 때에 매매의 효력이 생긴다.
② 전항의 의사표시의 기간을 정하지 아니한 때에는 예약자는 상당한 기간을 정하여 매매 완결 여부의 확답을 상대방에게 최고할 수 있다.
③ 예약자가 전항의 기간 내에 확답을 받지 못한 때에는 예약은 그 효력을 잃는다.

[**⑤** ▸ ○] 수인의 채권자가 각기 채권을 담보하기 위하여 채무자와 채무자 소유의 부동산에 관하여 수인의 채권자를 공동매수인으로 하는 1개의 매매예약을 체결하고 그에 따라 수인의 채권자 공동명의로 그 부동산에 가등기를 마친 경우, 수인의 채권자가 공동으로 매매예약완결권을 가지는 관계인지 아니면 채권자 각자의 지분별로 별개의 독립적인 매매예약 완결권을 가지는 관계인지는 매매예약의 내용에 따라야 하고, … 공동명의로 담보가등기를 마친 수인의 채권자가 각자의 지분별로 별개의 독립적인 매매예약완결권을 가지는 경우, 채권자 중 1인은 단독으로 자신의 지분에 관하여 가등기담보 등에 관한 법률이 정한 청산절차를 이행한 후 소유권 이전의 본등기절차이행청구를 할 수 있다(대판 2012.2.16. 2010다82530 [전합]).

2012년 변호사시험 문 7.   ☑ 확인 Check! ○ △ ✕

매매목적물에 대한 과실수취권과 매매대금에 대한 이자, 지연손해금에 관한 설명 중 옳지 않은 것은?(별도의 특약은 없는 것으로 하고, 다툼이 있는 경우에는 판례에 의함)

① 매매목적물이 인도되지 않고 대금도 완제되지 아니한 경우, 매수인의 대금지급의무의 이행기가 지났더라도 매도인은 매매대금에 대한 지연손해금의 지급을 청구할 수 없다.
② 매매목적물이 인도되지 않고 대금도 완제되지 아니한 경우, 매도인의 인도의무의 이행기가 지났더라도 매수인은 인도의 무지체로 인한 손해배상을 청구할 수 없다.
③ 매수인이 이행기에 대금을 완제하고도 매매목적물을 인도받지 못한 경우, 매도인은 매수인의 매매대금지급시점 이후부터 매수인에게 그 대금에 대한 이자를 지급하여야 한다.
④ 매매계약이 취소된 경우, 선의의 매수인은 취소 이전에 인도받은 매매목적물로부터 수취한 과실을 반환할 필요가 없다.
⑤ 매매계약이 해제된 경우, 매도인은 수령한 매매대금 및 이에 대한 수령일부터의 법정이자를 반환하여야 한다.

[**①** ▸ ○] 특정물의 매매에 있어서 매수인의 대금지급채무가 이행지체에 빠졌다 하더라도 그 목적물이 매수인에게 인도될 때까지는 매수인은 매매대금의 이자를 지급할 필요가 없는 것이므로, 그 목적물의 인도가 이루어지지 아니하는 한 매도인은 매수인의 대금지급의무 이행의 지체를 이유로 매매대금의 이자 상당액의 손해배상청구를 할 수 없다(대판 1995.6.30. 95다14190)

[**②** ▸ ○] 민법 제587조에 의하면, 매매계약 있은 후에도 인도하지 아니한 목적물로부터 생긴 과실은 매도인에게 속하고, 매수인은 목적물의 인도를 받은 날로부터 대금의 이자를 지급하여야 한다고 규정하고 있는바, 이는 매매당사자 사이의 형평을 꾀하기 위하여 매매목적물이 인도되지 아니하더라도 매수인이 대금을 완제한 때에는 그 시점 이후의 과실은 매수인에게 귀속되지만, 매매목적물이 인도되지 아니하고 또한 매수인이 대금을 완제하지 아니한 때에는 매도인의 이행지체가 있더라도 과실은 매도인에게 귀속되는 것이므로 매수인은 인도의무의 지체로 인한 손해배상금의 지급을 구할 수 없다(대판 2004.4.23. 2004다8210)

③ **정답**

[**❸** ▸ ×] 매수인이 매매대금을 완납한 때에는 그 이후의 과실수취권은 매수인에게 귀속되므로, 매매목적물을 인도하지 않은 매도인은 대금에 대한 이자가 아니라 목적물로부터 발생한 과실을 반환해야 한다.

판례 특별한 사정이 없는 한 매매계약이 있은 후에도 인도하지 아니한 목적물로부터 생긴 과실은 매도인에게 속하나, 매매목적물의 인도 전이라도 매수인이 매매대금을 완납한 때에는 그 이후의 과실수취권은 매수인에게 귀속된다(대판 1993.11.9. 93다28928).

[**❹** ▸ ○] 쌍무계약이 취소된 경우 선의의 매수인에게 민법 제201조가 적용되어 과실취득권이 인정되는 이상 선의의 매도인에게도 민법 제587조의 유추적용에 의하여 대금의 운용이익 내지 법정이자의 반환을 부정함이 형평에 맞다(대판 1993.5.14. 92다45025).

[**❺** ▸ ○] 민법 제548조 참조

법령 해제의 효과, 원상회복의무(민법 제548조)　① 당사자 일방이 계약을 해제한 때에는 각 당사자는 그 상대방에 대하여 원상회복의 의무가 있다. 그러나 제삼자의 권리를 해하지 못한다.
② 전항의 경우에 반환할 금전에는 그 받은 날로부터 이자를 가하여야 한다.

2013년 변호사시험 문 4.　　　　　☑ 확인Check! ○ △ ×

甲 소유의 X토지를 무단점유하고 있던 乙은 등기서류를 위조하여 X토지에 관하여 자기 앞으로 소유권이전등기를 마쳤다. 乙은 2010.10.27. 자신이 X토지의 소유자라고 거짓말하여 이에 속은 丙과 매매계약을 체결하고, 2010.12.27. 丙으로부터 매매대금 1억원을 지급받은 다음 丙에게 X토지에 관한 소유권이전등기를 마쳐 주고 X토지를 인도하였다. 뒤늦게 이와 같은 사실을 알게 된 甲은 2011.9.1. 丙을 상대로 X토지에 관한 소유권이전등기의 말소를 구하는 소를 제기하여 2012.3.4. 승소판결을 받았고, 그 판결은 丙의 항소 포기로 확정되었다. 다음 설명 중 옳지 않은 것은?(다툼이 있는 경우에는 판례에 의함)

① 丙은 사기에 의한 의사표시임을 이유로 乙과 체결한 매매계약을 취소하고, 乙을 상대로 위 매매대금 상당액을 부당이득으로 반환청구할 수 있다.
② 丙은 乙을 상대로 불법행위를 원인으로 한 손해배상청구를 할 수 있는데, 위 판결 확정 시에 X토지의 가격이 1억 2,000만원으로 상승하였더라도 그 가격상승분에 대해서는 손해배상청구를 할 수 없다.
③ 丙은 乙을 상대로 매도인의 담보책임을 물을 수 있고, 이때의 손해배상은 이행이익을 그 내용으로 한다.
④ 위 소에서 甲이 X토지에 관한 인도청구를 병합한 경우, 丙이 X토지의 객관적 가치를 높이기 위하여 비용을 지출하였고 그 이익이 현존한다면, 丙은 반소로써 甲을 상대로 유익비의 상환을 청구할 수 있다.
⑤ 甲이 2012.4.2. 丙을 상대로 2010.12.27.부터 X토지의 인도완료일까지 그 사용으로 얻은 부당이득의 반환을 구하는 소를 제기한 경우, 丙은 2012.4.2.부터 악의의 점유자로 본다.

[**❶** ▸ ○] 乙은 X토지를 자기 소유라고 기망하여 매도한 것이므로, 丙은 사기에 의한 의사표시임을 이유로 乙과 체결한 매매계약을 취소할 수 있고, 그 취소로 인해 매매계약은 소급하여 무효로 된다. 그에 따라 丙은 부당이득으로서 이미 지급한 매매대금의 반환을 청구할 수 있다.

민법 569조가 타인의 권리의 매매를 유효로 규정한 것은 선의의 매수인의 신뢰이익을 보호하기 위한 것이므로, 매수인이 매도인의 기망에 의하여 타인의 물건을 매도인의 것으로 알고 매수한다는 의사표시를 한 것은 만일 타인의 물건인 줄 알았더라면 매수하지 아니하였을 사정이 있는 경우에는 매수인은 민법 110조에 의하여 매수의 의사표시를 취소할 수 있다고 해석해야 할 것이다(대판 1973.10.23, 73다268).

 사기, 강박에 의한 의사표시(민법 제110조)   ① 사기나 강박에 의한 의사표시는 취소할 수 있다.
취소의 효과(민법 제141조)   취소된 법률행위는 처음부터 무효인 것으로 본다. 다만, 제한능력자는 그 행위로 인하여 받은 이익이 현존하는 한도에서 상환(償還)할 책임이 있다.

[❷ ▸ ○]   사안의 경우 매수인 丙은 처음부터 소유권을 취득하지 못 한 것이므로, 불법행위로 인한 손해는 토지의 소유권 상실이 아닌 지급한 매매대금 상당액이라고 할 것이다. 따라서 X토지의 가격 상승이 있었더라도 그 상승분에 대해 손해배상 청구를 할 수는 없다.

 타인 소유의 토지에 관하여 매도증서, 위임장 등 등기관계서류를 위조하여 원인무효의 소유권이전등기를 경료하고 다시 이를 다른 사람에게 매도하여 순차로 소유권이전등기가 경료된 후에 토지의 진정한 소유자가 최종매수인을 상대로 말소등기청구소송을 제기하여 그 소유자 승소의 판결이 확정된 경우 위 불법행위로 인하여 최종매수인이 입은 손해는 무효의 소유권이전등기를 유효한 등기로 믿고 위 토지를 매수하기 위하여 출연한 금액, 즉 매매대금으로서 이는 기존이익의 상실인 적극적 손해에 해당하고, 최종매수인은 처음부터 위 토지의 소유권을 취득하지 못한 것이어서 위 말소등기를 명하는 판결의 확정으로 비로소 위 토지의 소유권을 상실한 것이 아니므로 위 토지의 소유권 상실이 그 손해가 될 수는 없다(대판 1992.6.23, 91다33070 [전합]).

[❸ ▸ ○]   사안은 乙이 자기 소유 아닌 甲 소유의 토지를 매도한 것이므로 타인권리의 매매에 해당하고, 소유권이전등기 말소 판결의 확정으로 인해 丙에게 토지소유권을 이전할 수 없다. 따라서 제570조에 따라 선의의 매수인 丙은 매도인 乙에게 손해배상을 청구할 수 있고, 그 손해는 불법행위의 경우와 달리 이행이익 상당액이다.

 타인의 권리를 매매한 자가 권리 이전을 할 수 없게 된 때에는 매도인은 선의의 매수인에 대하여 불능 당시의 시가를 표준으로 그 계약이 완전히 이행된 것과 동일한 경제적 이익을 배상할 의무가 있다(대판 1967.5.18, 66다2618 [전합]).

 타인의 권리의 매매(민법 제569조)   매매의 목적이 된 권리가 타인에게 속한 경우에는 매도인은 그 권리를 취득하여 매수인에게 이전하여야 한다.
동전-매도인의 담보책임(민법 제570조)   전조의 경우에 매도인이 그 권리를 취득하여 매수인에게 이전할 수 없는 때에는 매수인은 계약을 해제할 수 있다. 그러나 매수인이 계약 당시 그 권리가 매도인에게 속하지 아니함을 안 때에는 손해배상을 청구하지 못한다.

[**❹ ▶ O**] 甲과 丙 사이에는 아무런 계약관계가 존재하지 않으므로, 점유자와 회복자의 관계에 관한 규정이 적용된다. 따라서 점유자 丙은 반소로써 甲을 상대로 유익비의 상환을 청구할 수 있다.

법령 **점유자의 상환청구권(민법 제203조)** ② 점유자가 점유물을 개량하기 위하여 지출한 금액 기타 유익비에 관하여는 그 가액의 증가가 현존한 경우에 한하여 회복자의 선택에 좇아 그 지출금액이나 증가액의 상환을 청구할 수 있다.

[**❺ ▶ ✕**] 甲이 丙을 상대로 제기한 X토지에 관한 소유권이전등기의 말소를 구하는 소는, 본권에 관한 소이다. 丙은 이 소송에서 패소하였으므로, 본권에 관한 소가 제기된 2011.9.1.부터 악의의 점유자로 간주된다.

법령 **점유의 태양(민법 제197조)** ① 점유자는 소유의 의사로 선의, 평온 및 공연하게 점유한 것으로 추정한다. ② 선의의 점유자라도 본권에 관한 소에 패소한 때에는 그 소가 제기된 때로부터 악의의 점유자로 본다.

판례 민법 제749조 제2항 소정의 「그 소」라 함은 부당이득을 이유로 그 반환을 구하는 소를 가리키지만 한편 민법 제197조 제2항의 규정에 의하여 토지소유권이전등기의 말소청구소송의 패소자는 승소자가 위 소송을 제기한 때로부터 위 토지에 대한 악의의 점유자로 간주된다(대판 1987.1.20. 86다카1372).

2020년 변호사시험 문 31. ☑ 확인 Check! O △ ✕

매도인의 담보책임에 관한 설명 중 옳지 않은 것은?(다툼이 있는 경우 판례에 의함)

① 매매목적물의 하자로 인하여 확대손해 내지 2차 손해가 발생하였다는 이유로 매도인에게 그 확대손해에 대한 배상책임을 지우기 위하여는, 채무의 내용으로 된 하자 없는 목적물을 인도하지 못한 의무위반사실 외에 그 의무 위반에 대한 매도인의 귀책사유가 인정되어야 한다.

② 강제경매절차에서 매수인이 부동산을 매각받아 대금을 완납하고 그 앞으로 소유권이전등기를 마쳤으나 강제경매의 기초가 된 채무자 명의의 소유권이전등기가 원인무효이어서 강제경매절차가 무효로 된 경우, 그 매수인은 「민법」 제578조 제1항, 제2항에 따라 경매의 채무자나 채권자에게 담보책임을 물을 수 있다.

③ 타인의 권리 매매에서 매도인이 권리를 취득하여 매수인에게 이전하여야 할 의무가 매도인의 귀책사유로 인하여 이행불능이 되었다면, 매수인은 채무불이행 일반의 규정(「민법」 제546조, 제390조)에 따라 계약을 해제하고 손해배상을 청구할 수 있다.

④ 토지의 매매에 있어 목적물을 등기부상 평수에 따라 특정한 경우라도 당사자가 그 지정된 구획을 전체로서 평가하였고 평수에 의한 계산이 대상토지를 특정하고 그 대금을 결정하기 위한 방편에 불과하였다면, 그 매매는 「민법」 제574조에서 규정하는 '수량을 지정한 매매'라고 할 수 없다.

⑤ 매매목적물의 하자가 경미하여 수선 등의 방법으로도 계약의 목적을 달성하는 데 별다른 지장이 없는 반면 매도인에게 하자 없는 물건의 급부의무를 지우면 다른 구제방법에 비하여 지나치게 큰 불이익이 매도인에게 발생되는 경우에는 매수인의 완전물급부청구권 행사를 제한할 수 있다.

[**❶ ▸ ○**] 매도인이 매수인에게 공급한 부품이 통상의 품질이나 성능을 갖추고 있는 경우, 나아가 내한성이라는 특수한 품질이나 성능을 갖추고 있지 못하여 하자가 있다고 인정할 수 있기 위하여는, 매수인이 매도인에게 완제품이 사용될 환경을 설명하면서 그 환경에 충분히 견딜 수 있는 내한성 있는 부품의 공급을 요구한 데 대하여, 매도인이 부품이 그러한 품질과 성능을 갖춘 제품이라는 점을 명시적으로나 묵시적으로 보증하고 공급하였다는 사실이 인정되어야만 할 것이고, 특히 매매목적물의 하자로 인하여 확대손해 내지 2차 손해가 발생하였다는 이유로 매도인에게 그 확대손해에 대한 배상책임을 지우기 위하여는 채무의 내용으로 된 하자 없는 목적물을 인도하지 못한 의무위반사실 외에 그러한 의무 위반에 대하여 매도인에게 귀책사유가 인정될 수 있어야만 한다(대판 1997.5.7, 96다39455).

[**❷ ▸ ✕**] 경락인이 강제경매절차를 통하여 부동산을 경락받아 대금을 완납하고 그 앞으로 소유권이전등기까지 마쳤으나, 그 후 강제경매절차의 기초가 된 채무자 명의의 소유권이전등기가 원인무효의 등기이어서 경매부동산에 대한 소유권을 취득하지 못하게 된 경우, 이와 같은 강제경매는 무효라고 할 것이므로 경락인은 경매채권자에게 경매대금 중 그가 배당받은 금액에 대하여 일반부당이득의 법리에 따라 반환을 청구할 수 있고, 민법 제578조 제1항, 제2항에 따른 경매의 채무자나 채권자의 담보책임은 인정될 여지가 없다(대판 2004.6.24, 2003다59259).

[**❸ ▸ ○**] 타인의 권리를 매매의 목적으로 한 경우에 있어서 그 권리를 취득하여 매수인에게 이전하여야 할 매도인의 의무가 매도인의 귀책사유로 인하여 이행불능이 되었다면 매수인이 매도인의 담보책임에 관한 민법 제570조 단서의 규정에 의해 손해배상을 청구할 수 없다 하더라도 채무불이행 일반의 규정(민법 제546조, 제390조)에 좇아서 계약을 해제하고 손해배상을 청구할 수 있다(대판 1993.11.23, 93다37328).

[**❹ ▸ ○**] 민법 제574조에서 규정하는 '수량을 지정한 매매'라 함은 당사자가 매매의 목적인 특정물이 일정한 수량을 가지고 있다는 데 주안을 두고 대금도 그 수량을 기준으로 하여 정한 경우를 말하는 것이므로, 토지의 매매에 있어 목적물을 등기부상의 면적에 따라 특정한 경우라도 당사자가 그 지정된 구획을 전체로서 평가하였고 면적에 의한 계산이 하나의 표준에 지나지 아니하여 그것이 당사자들 사이에 대상토지를 특정하고 그 대금을 결정하기 위한 방편이었다고 보일 때에는 이를 가리켜 수량을 지정한 매매라 할 수 없다(대판 2003.1.24, 2002다65189).

[**❺ ▸ ○**] 민법의 하자담보책임에 관한 규정은 매매라는 유상·쌍무계약에 의한 급부와 반대급부 사이의 등가관계를 유지하기 위하여 민법의 지도이념인 공평의 원칙에 입각하여 마련된 것인데, 종류매매에서 매수인이 가지는 완전물급부청구권을 제한 없이 인정하는 경우에는 오히려 매도인에게 지나친 불이익이나 부당한 손해를 주어 등가관계를 파괴하는 결과를 낳을 수 있다. 따라서 매매목적물의 하자가 경미하여 수선 등의 방법으로도 계약의 목적을 달성하는 데 별다른 지장이 없는 반면 매도인에게 하자 없는 물건의 급부의무를 지우면 다른 구제방법에 비하여 지나치게 큰 불이익이 매도인에게 발생되는 경우와 같이 하자담보의무의 이행이 오히려 공평의 원칙에 반하는 경우에는, 완전물급부청구권의 행사를 제한함이 타당하다(대판 2014.5.16, 2012다72582).

매도인의 담보책임에 관한 설명 중 옳은 것은?(다툼이 있는 경우 판례에 의함)

① 甲은 자기 소유 17필지의 토지에 대하여 일괄하여 매매대금을 정하고 乙에게 매도하였으나 그중 2필지가 타인 소유로 밝혀진 경우 매도인 甲이 그 2필지만에 대하여 매매계약을 해제할 수 있다.

② 매매목적물의 하자로 인하여 확대손해가 발생하였다는 이유로 매도인에게 그 확대손해에 대한 배상책임을 지우기 위하여는 채무의 내용으로 된 하자 없는 목적물을 인도하지 못한 의무위반사실 외에 그러한 의무 위반에 대한 매도인의 귀책사유는 요구되지 않는다.

③ 매매목적물의 하자가 경미하여 수선 등의 방법으로도 계약의 목적을 달성하는 데 별다른 지장이 없고, 매도인에게 하자 없는 물건의 급부의무를 지우면 다른 구제방법에 비하여 매도인에게 현저한 불이익이 발생되는 경우라도 공평의 원칙상 매수인의 완전물급부청구권의 행사를 제한할 수 없다.

④ 매매의 목적이 된 권리가 타인에게 속하여 매도인이 그 권리를 취득하여 매수인에게 이전할 수 없게 된 경우, 그 권리가 타인에게 속함을 알지 못한 매수인이 매도인에게 배상을 청구할 수 있는 손해에는 매수인이 얻을 수 있었던 이익의 상실은 포함되지 않는다.

⑤ 평형별 세대당 건물 및 공유대지가 일정한 면적을 가지고 있다는 데 주안을 두고 대금을 그 면적을 기준으로 정한 아파트분양계약에서 분양자가 공유대지면적의 일부를 이전할 수 없게 되었고, 그 일부이행불능이 분양계약 체결 당시 존재한 사유에 의한 경우, 수분양자는 분양자에게 부족한 면적비율에 따라 대금감액을 청구할 수 있다.

[❶ ▸ X]　지문과 같이 매매목적인 권리 일부가 타인 소유인 경우에는 제571조 제1항의 선의의 매도인의 해제권이 인정되지 않으므로, 매도인 甲이 그 2필지만에 대해 매매계약을 해제할 수 없다.

판례

민법 제571조 제1항은 "매도인이 계약 당시에 매매의 목적이 된 권리가 자기에게 속하지 아니함을 알지 못한 경우에 그 권리를 취득하여 매수인에게 이전할 수 없는 때에는 매도인은 손해를 배상하고 계약을 해제할 수 있다"고 규정하고 있는바, <u>위 조항은 선의의 매도인이 매매의 목적인 권리의 전부를 이전할 수 없는 경우에 적용될 뿐 매매의 목적인 권리의 일부를 이전할 수 없는 경우에는 적용될 수 없고, 마찬가지로 수개의 권리를 일괄하여 매매의 목적으로 정하였으나 그중 일부의 권리를 이전할 수 없는 경우에도 위 조항은 적용될 수 없다</u>고 할 것인바, 앞서 본 바와 같이 피고는 이 사건 토지 3필지를 포함한 이 사건 전체 토지 15필지를 일괄하여 대금 5,848,200,000원에 매도하였으므로, <u>매매의 목적의 일부인 이 사건 토지의 소유권을 이전할 수 없게 되었다고 하더라도 민법 제571조에 의하여 매매계약의 일부를 해제할 수는 없다고 할 것이다</u>(대판 2004.12.9. 2002다33557).

[❷ ▸ X]　매도인이 매수인에게 공급한 부품이 통상의 품질이나 성능을 갖추고 있는 경우, 나아가 내한성이라는 특수한 품질이나 성능을 갖추고 있지 못하여 하자가 있다고 인정할 수 있기 위하여는, 매수인이 매도인에게 완제품이 사용될 환경을 설명하면서 그 환경에 충분히 견딜 수 있는 내한성 있는 부품의 공급을 요구한 데 대하여, 매도인이 부품이 그러한 품질과 성능을 갖춘 제품이라는 점을 명시적으로나 묵시적으로 보증하고 공급하였다는 사실이 인정되어야만 할 것이고, 특히 <u>매매목적물의 하자로 인하여 확대손해 내지 2차 손해가 발생하였다는 이유로 매도인에게 그 확대손해에 대한 배상책임을 지우기 위하여는 채무의 내용으로 된 하자 없는 목적물을 인도하지 못한 의무위반사실 외에 그러한 의무 위반에 대하여 매도인에게 귀책사유가 인정될 수 있어야만 한다</u>(대판 1997.5.7. 96다39455).

[❸ ▸ X]　매매목적물의 하자가 경미하여 수선 등의 방법으로도 계약의 목적을 달성하는 데 별다른 지장이 없는 반면 매도인에게 하자 없는 물건의 급부의무를 지우면 다른 구제방법에 비하여 지나치게 큰 불이익이 매도인에게 발생되는 경우와 같이 하자담보의무의 이행이 오히려 공평의 원칙에 반하는 경우에는, 완전물급부청구권의 행사를 제한함이 타당하다(대판 2014.5.16. 2012다72582).

정답 ⑤

[**❹ ▸ ✕**] 매매의 목적이 된 권리가 타인에게 속한 경우에 매도인이 그 권리를 취득하여 매수인에게 이전할 수 없을 때에는 매매의 목적이 된 권리가 매도인에게 속하지 아니함을 알지 못한 매수인이 매도인에게 대하여 손해배상을 청구함에는 매도인은 계약이 완전히 이행된 것과 동일한 경제적 이익을 배상함이 상당할 것임으로 그 손해는 매수인이 입은 손해뿐만 아니라 얻을 수 있었던 이의의 상실도 포함된다고 해석할 것이다(대판 1967.5.18. 66다2618 [전합]).

[**❺ ▸ ○**] 이 사건 아파트분양계약은 그 목적물이 일정한 면적(수량)을 가지고 있다는 데 주안을 두고 그 대금도 그 면적을 기준으로 하여 정한 경우로서 이른바 수량을 지정한 매매라고 아니할 수 없고, 한편 위에서 본 부족원인 중 과다공고 및 계획 변경에 의한 부족분은 이 사건 분양계약이 체결되기 전에 이미 확정되어 원시적 이행불능으로 보이므로, 원고들은 그 부분에 관한한 피고에 대하여 채무불이행책임을 물을 수는 없고, 다만 민법 제574조의 규정에 따라서 그 부족분의 비율로 대금의 감액을 구할 수 있다(대판 2002.11.8. 99다58136).

<table>
<tr><td>제3절</td><td>교 환</td></tr>
</table>

<table>
<tr><td>제4절</td><td>소비대차</td></tr>
</table>

<table>
<tr><td>제5절</td><td>사용대차</td></tr>
</table>

<table>
<tr><td>제6절</td><td>임대차</td><td>★★★★☆</td></tr>
</table>

2020년 변호사시험 문 19.　　　　　　　　　　　　　　　　　　　　　☑ 확인Check! ○ △ ✕

甲과 乙은 甲 소유의 건물 중 1층에 대하여 임대차계약을 체결하였으나 乙이 임차하여 점유하고 있던 건물 1층에서 발생한 화재로 건물 1층뿐만 아니라 甲이 점유하고 있던 건물 2층도 전소되었다. 이에 관한 설명 중 옳은 것(○)과 옳지 않은 것(✕)을 올바르게 조합한 것은?(다툼이 있는 경우 판례에 의함)

ㄱ. 건물 1층에서 발생한 화재가 甲이 지배, 관리하는 영역에 존재하는 하자로 인하여 발생한 것으로 추단된다면, 특별한 사정이 없는 한 甲은 화재로 인한 목적물반환의무의 이행불능으로 인한 손해배상책임을 乙에게 물을 수 없다.

ㄴ. 건물 1층에서 발생한 화재가 그 발생원인이 불분명한 경우라면 乙은 원칙적으로 화재로 인한 임대목적물반환의무의 이행불능에 따른 손해배상책임을 지지 않는다.

ㄷ. 건물 1층과 구조상 불가분의 일체를 이루고 있는 건물 2층에서 발생한 재산상 손해에 대하여 乙에게 채무불이행에 기한 손해배상을 청구하는 경우, 甲은 화재발생과 관련된 乙의 계약상 의무 위반이 있었다는 사실을 주장·증명하여야 한다.

① ㄱ(○) ㄴ(○) ㄷ(✕)　　　　　　　　② ㄱ(○) ㄴ(✕) ㄷ(○)
③ ㄱ(○) ㄴ(✕) ㄷ(✕)　　　　　　　　④ ㄱ(✕) ㄴ(✕) ㄷ(○)
⑤ ㄱ(✕) ㄴ(✕) ㄷ(✕)

　　　　　　　　　　　　　　　　　　　　　② **정답**

[ㄱ ▸ O]　임대인은 목적물을 임차인에게 인도하고 임대차계약 존속 중에 그 사용, 수익에 필요한 상태를 유지하게 할 의무를 부담하므로(민법 제623조), 임대차계약 존속 중에 발생한 화재가 임대인이 지배·관리하는 영역에 존재하는 하자로 인하여 발생한 것으로 추단된다면, 그 하자를 보수·제거하는 것은 임대차목적물을 사용·수익하기에 필요한 상태로 유지하여야 하는 임대인의 의무에 속하며, 임차인이 하자를 미리 알았거나 알 수 있었다는 등의 특별한 사정이 없는 한, 임대인은 화재로 인한 목적물반환의무의 이행불능 등에 관한 손해배상책임을 임차인에게 물을 수 없다(대판 2017.5.18. 2012다86895).

[ㄴ ▸ X]　임차인의 임차물반환채무가 이행불능이 된 경우 임차인이 그 이행불능으로 인한 손해배상책임을 면하려면 그 이행불능이 임차인의 귀책사유로 말미암은 것이 아님을 입증할 책임이 있으며, 임차건물이 화재로 소훼된 경우에 있어서 그 화재의 발생원인이 불명인 때에도 임차인이 그 책임을 면하려면 그 임차건물의 보존에 관하여 선량한 관리자의 주의의무를 다하였음을 입증하여야 한다(대판 2001.1.19. 2000다57351).

[ㄷ ▸ O]　임차 외 건물 부분이 구조상 불가분의 일체를 이루는 관계에 있는 부분이라 하더라도, 그 부분에 발생한 손해에 대하여 임대인이 임차인을 상대로 채무불이행을 원인으로 하는 배상을 구하려면, 임차인이 보존·관리의무를 위반하여 화재가 발생한 원인을 제공하는 등 화재발생과 관련된 임차인의 계약상 의무 위반이 있었고, 그러한 의무 위반과 임차 외 건물 부분의 손해 사이에 상당인과관계가 있으며, 임차 외 건물 부분의 손해가 의무 위반에 따라 민법 제393조에 의하여 배상하여야 할 손해의 범위 내에 있다는 점에 대하여 임대인이 주장·증명하여야 한다(대판 2017.5.18. 2012다86895).

2018년 변호사시험 문 25.

☑ 확인Check!　○ △ ✕

건물 소유를 목적으로 하는 토지임대차에서 임차인의 지상물매수청구권에 관한 설명 중 옳지 않은 것은?(다툼이 있는 경우 판례에 의함)

① 종전 토지임차인으로부터 미등기무허가건물을 매수하여 점유하고 있는 현재의 토지임차인은 소유자로서의 등기명의가 없더라도 특별한 사정이 없는 한 임대인에 대하여 지상물매수청구권을 행사할 수 있다.

② 토지임차인의 지상물매수청구권은 임대차기간이 만료된 경우뿐만 아니라, 기간의 정함이 없는 임대차에서 임대인에 의한 해지통고에 의하여 그 임차권이 소멸된 경우에도 인정된다.

③ 토지소유자가 아닌 제3자가 임대차계약의 당사자로서 토지를 임대한 경우, 토지소유자가 임대인의 지위를 승계하였다는 등의 특별한 사정이 없는 한, 임대인이 아닌 토지소유자가 직접 지상물매수청구권의 상대방이 될 수는 없다.

④ 임차인 소유 건물이 임대차대상토지 외에 임차인 또는 제3자 소유의 토지 위에 걸쳐서 건립되어 있는 경우, 임차지에 서 있는 건물 부분 중 구분소유의 객체가 될 수 있는 부분에 한하여 임차인은 지상물매수청구를 할 수 있다.

⑤ 토지임대차 종료 시 임대인의 건물 철거와 그 부지인도청구에는 건물매수대금 지급과 동시에 건물 명도를 구하는 청구가 포함되어 있다고 볼 수 있다.

[❶ ▸ O]　민법 제643조가 정하는 건물 소유를 목적으로 하는 토지임대차에서 임차인이 가지는 지상물매수청구권은 건물의 소유를 목적으로 하는 토지임대차계약이 종료되었음에도 그 지상건물이 현존하는 경우에 임대차계약을 성실하게 지켜온 임차인이 임대인에게 상당한 가액으로 그 지상건물의 매수를 청구할 수 있는 권리로서 국민경제적 관점에서 지상건물의 잔존가치를 보존하고, 토지소유자의 배타적 소유권 행사로 인하여 희생당하기 쉬운 임차인을 보호하기 위한 제도이므로, 특별한 사정이 없는 한 행정관청의 허가를 받은 적법한 건물이 아니더라도 임차인의 지상물매수청구권의 대상이 될 수 있다. 그리고 건물을 매수하여 점유하고 있는 사람은 소유자로서의 등기명의가 없다 하더라도 그 권리의 범위 내에서는 그 점유 중인 건물에 대하여 법률상 또는 사실상의 처분권을 가지고 있다. 위와 같은 지상물매수청구권제도의 목적, 미등기매수인의 법적 지위 등에 비추어 볼 때, 종전 임차인으로부터 미등기무허가건물을 매수하여 점유하고 있는 임차인은 특별한 사정이 없는 한 비록 소유자로서의 등기명의가 없어 소유권을 취득하지 못하였다 하더라도 임대인에 대하여 지상물매수청구권을 행사할 수 있는 지위에 있다(대판 2013.11.28. 2013다48364).

[**❷ ▸ ○**] 토지임차인의 지상물매수청구권은 기간의 정함이 없는 임대차에 있어서 임대인에 의한 해지통고에 의하여 그 임차권이 소멸된 경우에도 마찬가지로 인정된다(대판 1995.7.11. 94다34265 [전합]).

[**❸ ▸ ○**] 토지소유자가 아닌 제3자가 토지임대행위를 한 경우에는 제3자가 토지소유자를 적법하게 대리하거나 토지소유자가 제3자의 무권대리행위를 추인하는 등으로 임대차계약의 효과가 토지소유자에게 귀속되었다면 토지소유자가 임대인으로서 지상물매수청구권의 상대방이 된다. 그러나 제3자가 임대차계약의 당사자로서 토지를 임대하였다면, 토지소유자가 임대인의 지위를 승계하였다는 등의 특별한 사정이 없는 한 임대인이 아닌 토지소유자가 직접 지상물매수청구권의 상대방이 될 수는 없다(대판 2017.4.26. 2014다72449).

[**❹ ▸ ○**] 무릇 건물 소유를 목적으로 하는 토지임대차에 있어서 임차인 소유 건물이 임대인이 임대한 토지 외에 임차인 또는 제3자 소유의 토지 위에 걸쳐서 건립되어 있는 경우에는, 임차지상에 서 있는 건물 부분 중 구분소유의 객체가 될 수 있는 부분에 한하여 임차인에게 매수청구가 허용된다(대판 1996.3.21. 93다42634).

[**❺ ▸ ✕**] 토지임대차 종료 시 임대인의 건물 철거와 그 부지인도청구에는 건물매수대금 지급과 동시에 건물 명도를 구하는 청구가 포함되어 있다고 볼 수 없다(대판 1995.7.11. 94다34265 [전합]).

2019년 변호사시험 문 26.

☑ 확인Check! ○ △ ✕

임대차에 관한 설명 중 옳지 않은 것을 모두 고른 것은?(다툼이 있는 경우 판례에 의함)

ㄱ. 임차인이 임대인 소유 건물의 일부를 임차하여 사용·수익하던 중 임차건물 부분에서 화재가 발생하여 임차건물 부분이 아닌 건물 부분까지 불에 탄 경우에, 건물의 규모와 구조로 볼 때 건물 중 임차건물 부분과 그 밖의 부분이 상호 유지·존립함에 있어서 구조상 불가분의 일체를 이루는 관계에 있다면, 임차인은 임차건물의 보존에 관하여 선량한 관리자의 주의의무를 다하였음을 증명하지 못하는 이상 그 임차 외 건물 부분이 소훼되어 임대인이 입게 된 손해도 채무불이행으로 인한 손해로 배상할 의무가 있다.

ㄴ. 임대인의 수선의무면제특약에 면제되는 수선의무의 범위를 명시하지 않은 경우, 특별한 사정이 없는 한 대파손의 수리, 건물의 주요 구성 부분의 대수선, 기본적 설비 교체 등 대규모의 수선은 여전히 임대인이 수선의무를 부담한다.

ㄷ. 「주택임대차보호법」상 대항력을 갖춘 임차인의 임대차보증금반환채권이 가압류된 경우, 임대주택의 양도로 인하여 임대차보증금반환채무가 이전된 때에는, 이미 집행된 가압류의 제3채무자 지위는 양수인에게 승계된다.

ㄹ. 부동산임대차보증금반환채권의 양도에 대하여 임대인이 아무런 이의를 보류하지 아니한 채 이를 승낙하였더라도, 특별한 사정이 없는 한 임대인은 양수인에게 반환할 임대차보증금에서 임대차목적물의 원상복구비용 상당의 손해배상액을 당연히 공제할 수 있다.

① ㄱ
② ㄱ, ㄴ
③ ㄴ, ㄷ
④ ㄱ, ㄴ, ㄹ
⑤ ㄴ, ㄷ, ㄹ

[**ㄱ ▸ ✕**] 임차 외 건물 부분이 구조상 불가분의 일체를 이루는 관계에 있는 부분이라 하더라도, 그 부분에 발생한 손해에 대하여 임대인이 임차인을 상대로 채무불이행을 원인으로 하는 배상을 구하려면, 임차인이 보존·관리의무를 위반하여 화재가 발생한 원인을 제공하는 등 화재발생과 관련된 임차인의 계약상 의무 위반이 있었고, 그러한 의무 위반과 임차 외 건물 부분의 손해 사이에 상당인과관계가 있으며, 임차 외 건물 부분의 손해가 의무 위반에 따라 민법 제393조에 의하여 배상하여야 할 손해의 범위 내에 있다는 점에 대하여 임대인이 주장·증명하여야 한다(대판 2017.5.18. 2012다86895).

① 정답

[ㄴ ▶ O] 임대차계약에 있어서 임대인은 목적물을 계약 존속 중 그 사용·수익에 필요한 상태를 유지하게 할 의무를 부담하는 것이므로(민법 제623조), 목적물에 파손 또는 장해가 생긴 경우 그것이 임차인이 별 비용을 들이지 아니하고도 손쉽게 고칠 수 있을 정도의 사소한 것이어서 임차인의 사용·수익을 방해할 정도의 것이 아니라면 임대인은 수선의무를 부담하지 않지만, 그것을 수선하지 아니하면 임차인이 계약에 의하여 정해진 목적에 따라 사용·수익할 수 없는 상태로 될 정도의 것이라면 임대인은 그 수선의무를 부담한다 할 것이고, 이러한 임대인의 수선의무는 특약에 의하여 이를 면제하거나 임차인의 부담으로 돌릴 수 있으나, 그러한 특약에서 수선의무의 범위를 명시하고 있는 등의 특별한 사정이 없는 한 그러한 특약에 의하여 임대인이 수선의무를 면하거나 임차인이 그 수선의무를 부담하게 되는 것은 통상 생길 수 있는 파손의 수선 등 소규모의 수선에 한한다 할 것이고, 대파손의 수리, 건물의 주요 구성 부분에 대한 대수선, 기본적 설비 부분의 교체 등과 같은 대규모의 수선은 이에 포함되지 아니하고 여전히 임대인이 그 수선의무를 부담한다고 해석함이 상당하다(대판 1994.12.9. 94다34692).

[ㄷ ▶ O] 주택임대차보호법 제3조 제3항은 같은 조 제1항이 정한 대항요건을 갖춘 임대차의 목적이 된 임대주택(이하 "임대주택"은 주택임대차보호법의 적용대상인 임대주택을 가리킨다)의 양수인은 임대인의 지위를 승계한 것으로 본다고 규정하고 있는바, 이는 법률상의 당연승계규정으로 보아야 하므로, 임대주택이 양도된 경우에 양수인은 주택의 소유권과 결합하여 임대인의 임대차계약상의 권리·의무 일체를 그대로 승계하며, 그 결과 양수인이 임대차보증금반환채무를 면책적으로 인수하고, 양도인은 임대차관계에서 탈퇴하여 임차인에 대한 임대차보증금반환채무를 면하게 된다. 나아가 임차인에 대하여 임대차보증금반환채무를 부담하는 임대인임을 당연한 전제로 하여 임대차보증금반환채무의 지급금지를 명령받은 제3채무자의 지위는 임대인의 지위와 분리될 수 있는 것이 아니므로, 임대주택의 양도로 임대인의 지위가 일체로 양수인에게 이전된다면 채권가압류의 제3채무자의 지위도 임대인의 지위와 함께 이전된다고 볼 수밖에 없다. … 임대주택이 양도되었음에도 양수인이 채권가압류의 제3채무자의 지위를 승계하지 않는다면 가압류권자는 장차 본집행절차에서 주택의 매각대금으로부터 우선변제를 받을 수 있는 권리를 상실하는 중대한 불이익을 입게 된다. 이러한 사정들을 고려하면, 임차인의 임대차보증금반환채권이 가압류된 상태에서 임대주택이 양도되면 양수인이 채권가압류의 제3채무자의 지위도 승계하고, 가압류권자 또한 임대주택의 양도인이 아니라 양수인에 대하여만 위 가압류의 효력을 주장할 수 있다고 보아야 한다(대판 2013.1.17. 2011다49523 [전합]).

[ㄹ ▶ O] 부동산임대차에 있어서 임차인이 임대인에게 지급하는 임대차보증금은 임대차관계가 종료되어 목적물을 반환하는 때까지 그 임대차관계에서 발생하는 임차인의 모든 채무를 담보하는 것으로서, 임대인의 임대차보증금반환의무는 임대차관계가 종료되는 경우에 그 임대차보증금 중에서 목적물을 반환받을 때까지 생긴 연체차임 등 임차인의 모든 채무를 공제한 나머지 금액에 관하여서만 비로소 이행기에 도달하는 것이므로, 그 임대차보증금반환채권을 양도함에 있어서 임대인이 아무런 이의를 보류하지 아니한 채 채권양도를 승낙하였어도 임차목적물을 개축하는 등 하여 임차인이 부담할 원상복구비용 상당의 손해배상액은 반환할 임대차보증금에서 당연히 공제할 수 있다 할 것이나, 임대인과 임차인 사이에서 장래 임대목적물 반환 시 위 원상복구비용의 보증금 명목으로 지급하기로 약정한 금액은, 임대차관계에서 당연히 발생하는 임차인의 채무가 아니라 임대인과 임차인 사이의 약정에 기하여 비로소 발생하는 채무에 불과하므로, 반환할 임대차보증금에서 당연히 공제할 수 있는 것은 아니라 할 것이어서, 임대차보증금반환채권을 양도하기 전에 임차인과 사이에 이와 같은 약정을 한 임대인이 이와 같은 약정에 기한 원상복구비용의 보증금청구채권이 존재한다는 이의를 보류하지 아니한 채 채권양도를 승낙하였다면 민법 제451조 제1항이 적용되어 그 원상복구비용의 보증금청구채권으로 채권양수인에게 대항할 수 없다(대판 2002.12.10. 2002다52657).

甲은 건물의 소유를 목적으로 乙 소유의 토지에 대한 임대차계약을 乙과 체결하였는데, 그 후 甲은 건물을 완성한 다음 이를 丙에게 임대하였다. 다음 설명 중 옳은 것을 모두 고른 것은?(다툼이 있는 경우에는 판례에 의함)

ㄱ. 丙이 甲의 동의를 얻어 기존의 출입문을 제거하고 유리출입문과 새시를 부속물로서 설치한 경우, 甲과 丙 사이의 건물임대차계약이 丙의 차임지급채무 불이행으로 인하여 해지되었다면, 丙의 甲에 대한 부속물매수청구는 허용되지 않는다.

ㄴ. 甲과 丙 사이에 일정 기간 이상 임대차를 존속시키기로 하는 임차권보장약정에 따라 丙이 甲에게 권리금을 지급하였으나, 甲의 사정으로 임대차계약이 중도해지되어 丙이 당초 보장된 기간 동안 위 건물을 이용하지 못하였더라도, 甲은 丙에 대하여 권리금반환의무를 부담하지 않는다.

ㄷ. 甲과 乙 사이의 토지임대차계약이 기간 만료로 종료되는 경우, 甲의 乙에 대한 지상물매수청구의 대상은 계약종료 당시 경제적 가치가 현존하고 임대인의 동의를 얻어 신축한 건물이어야 한다.

ㄹ. 甲과 乙 사이의 토지임대차계약이 기간 만료로 종료되는 경우, 甲이 乙에 대하여 지상물매수청구권을 행사하기 위해서는 토지 위에 신축된 건물이 행정관청의 허가를 받은 적법한 건물이 아니어도 무관하다.

① ㄱ, ㄷ   ② ㄱ, ㄹ   ③ ㄴ, ㄷ
④ ㄴ, ㄹ   ⑤ ㄱ, ㄴ, ㄹ

[ㄱ ▶ ○] 대판 1990.1.23. 88다카7245, 민법 제646조 제1항·제2항 참조

판례 임대차계약이 임차인의 채무불이행으로 인하여 해지된 경우에는 임차인은 민법 제646조에 의한 부속물매수청구권이 없다(대판 1990.1.23. 88다카7245).

법령 **임차인의 부속물매수청구권(민법 제646조)** ① 건물 기타 공작물의 임차인이 그 사용의 편익을 위하여 임대인의 동의를 얻어 이에 부속한 물건이 있는 때에는 임대차의 종료 시에 임대인에 대하여 그 부속물의 매수를 청구할 수 있다.
② 임대인으로부터 매수한 부속물에 대하여도 전항과 같다.

[ㄴ ▶ ✕] 영업용 건물의 임대차에 수반되어 행하여지는 권리금의 지급은 임대차계약의 내용을 이루는 것은 아니고 권리금 자체는 거기의 영업시설·비품 등 유형물이나 거래처, 신용, 영업상의 노하우(Know-how) 혹은 점포위치에 따른 영업상의 이점 등 무형의 재산적 가치의 양도 또는 일정 기간 동안의 이용대가라고 볼 것인바, 권리금이 그 수수 후 일정한 기간 이상으로 그 임대차를 존속시키기로 하는 임차권 보장의 약정하에 임차인으로부터 임대인에게 지급된 경우에는, 보장기간 동안의 이용이 유효하게 이루어진 이상 임대인은 그 권리금의 반환의무를 지지 아니하며, 다만 임차인은 당초의 임대차에서 반대되는 약정이 없는 한 임차권의 양도 또는 전대차 기회에 부수하여 자신도 일정 기간 이용할 수 있는 권리를 다른 사람에게 양도하거나 또는 다른 사람으로 하여금 일정 기간 이용케 함으로써 권리금 상당액을 회수할 수 있을 것이지만, 반면 임대인의 사정으로 임대차계약이 중도해지됨으로써 당초 보장된 기간 동안의 이용이 불가능하였다는 등의 특별한 사정이 있을 때에는 임대인은 임차인에 대하여 그 권리금의 반환의무를 진다고 할 것이고, 그 경우 임대인이 반환의무를 부담하는 권리금의 범위는, 지급된 권리금을 경과기간과 잔존기간에 대응하는 것으로 나누어, 임대인은 임차인으로부터 수령한 권리금 중 임대차계약이 종료될 때까지의 기간에 대응하는 부분을 공제한 잔존기간에 대응하는 부분만을 반환할 의무를 부담한다고 봄이 공평의 원칙에 합치된다(대판 2002.7.26. 2002다25013).

[ㄷ ▸ X]　임차인의 지상물매수청구권은 지상건물이 객관적으로 경제적 가치가 있는지 여부나, 임대인의 동의를 얻고 신축한 것인지의 유무와 상관없이 임대차 종료 시 지상물이 현존하기만 하면 된다.

판례

- 임차인의 지상물매수청구권은 건물 기타 공작물의 소유 등을 목적으로 한 토지임대차의 기간이 만료되었음에도 그 지상시설 등이 현존하고, 또한 임대인이 계약의 갱신에 불응하는 경우에 임차인이 임대인에게 상당한 가액으로 그 지상시설의 매수를 청구할 수 있는 권리라는 점에서 보면, 위 매수청구권의 대상이 되는 건물은 그것이 토지의 임대목적에 반하여 축조되고, 임대인이 예상할 수 없을 정도의 고가의 것이라는 특별한 사정이 없는 한 임대차기간 중에 축조되었다고 하더라도 그 만료 시에 그 가치가 잔존하고 있으면 그 범위에 포함되는 것이고, 반드시 임대차계약 당시의 기존 건물이거나 임대인의 동의를 얻어 신축한 것에 한정된다고는 할 수 없다(대판 1993.11.12. 93다34589).
- 민법 제643조, 제283조에 규정된 임차인의 매수청구권은, 건물의 소유를 목적으로 한 토지임대차의 기간이 만료되어 그 지상에 건물이 현존하고 임대인이 계약의 갱신을 원하지 아니하는 경우에 임차인에게 부여된 권리로서 그 지상건물이 객관적으로 경제적 가치가 있는지 여부나 임대인에게 소용이 있는지 여부가 그 행사요건이라고 볼 수 없다(대판 2002.5.31. 2001다42080).

법령

임차인의 갱신청구권, 매수청구권(민법 제643조)　　건물 기타 공작물의 소유 또는 식목, 채염, 목축을 목적으로 한 토지임대차의 기간이 만료한 경우에 건물, 수목 기타 지상시설이 현존한 때에는 제283조의 규정을 준용한다.

지상권자의 갱신청구권, 매수청구권(민법 제283조)　　① 지상권이 소멸한 경우에 건물 기타 공작물이나 수목이 현존한 때에는 지상권자는 계약의 갱신을 청구할 수 있다.
② 지상권설정자가 계약의 갱신을 원하지 아니하는 때에는 지상권자는 상당한 가액으로 전항의 공작물이나 수목의 매수를 청구할 수 있다.

[ㄹ ▸ O]　민법 제643조가 정하는 건물 소유를 목적으로 하는 토지임대차에 있어서 임차인이 가지는 건물매수청구권은 건물의 소유를 목적으로 하는 토지임대차계약이 종료되었음에도 그 지상건물이 현존하는 경우에 임대차계약을 성실하게 지켜 온 임차인이 임대인에게 상당한 가액으로 그 지상건물의 매수를 청구할 수 있는 권리로서 국민경제적 관점에서 지상건물의 잔존가치를 보존하고, 토지소유자의 배타적 소유권 행사로 인하여 희생당하기 쉬운 임차인을 보호하기 위한 제도이므로, 임대차계약 종료 시에 경제적 가치가 잔존하고 있는 건물은 그것이 토지의 임대목적에 반하여 축조되고 임대인이 예상할 수 없을 정도의 고가의 것이라는 등의 특별한 사정이 없는 한, 비록 행정관청의 허가를 받은 적법한 건물이 아니더라도 임차인의 건물매수청구권의 대상이 될 수 있다(대판 1997.12.23. 97다37753).

안심Touch

임대차에 관한 설명 중 옳은 것을 모두 고른 것은?(다툼이 있는 경우에는 판례에 의함)

ㄱ. 주택임대차보호법 제3조의3에 의한 임차권등기가 경료되어 있을 경우, 임대인의 임대차보증금반환의무는 임차인
의 임차권등기말소의무보다 먼저 이행되어야 한다.

ㄴ. 임대차가 종료된 경우, 임대목적물이 임대인의 소유가 아니더라도 특별한 사정이 없는 한 임차인은 임대인에게
그 부동산을 인도하고 임대차종료일까지의 연체차임을 지급할 의무가 있음은 물론, 인도완료일까지 그 부동산을
점유·사용함에 따른 차임 상당의 부당이득금을 반환할 의무도 있다.

ㄷ. 채권양수인이 주택임대차보호법상의 우선변제권을 행사할 수 있는 주택임차인으로부터 임차보증금반환채권을
양수하였더라도 임차권과 분리된 임차보증금반환채권만을 양수하였다면, 그 채권양수인은 위 법상의 우선변제권
을 행사할 수 있는 임차인에 해당한다고 볼 수 없다.

ㄹ. 특별한 사정이 없는 한 임대차가 종료되었더라도 목적물이 반환되지 않았다면 임차인은 임대차보증금이 있음을
이유로 임대인에 대하여 연체차임의 지급을 거절할 수 없다.

① ㄱ, ㄴ, ㄷ　　　　　　　② ㄱ, ㄴ, ㄹ　　　　　　　③ ㄱ, ㄷ, ㄹ
④ ㄴ, ㄷ, ㄹ　　　　　　　⑤ ㄱ, ㄴ, ㄷ, ㄹ

[ㄱ ▸ ○] 주택임대차보호법 제3조의3 규정에 의한 임차권등기는 이미 임대차계약이 종료하였음에도 임대인이 그 보증
금을 반환하지 않는 상태에서 경료되게 되므로, 이미 사실상 이행지체에 빠진 임대인의 임대차보증금의 반환의무와
그에 대응하는 임차인의 권리를 보전하기 위하여 새로이 경료하는 임차권등기에 대한 임차인의 말소의무를 동시이행관계
에 있는 것으로 해석할 것은 아니고, 특히 위 임차권등기는 임차인으로 하여금 기왕의 대항력이나 우선변제권을 유지하도
록 해 주는 담보적 기능만을 주목적으로 하는 점 등에 비추어 볼 때, 임대인의 임대차보증금의 반환의무가 임차인의
임차권등기말소의무보다 먼저 이행되어야 할 의무이다(대판 2005.6.9. 2005다4529).

[ㄴ ▸ ○] 임대차는 당사자 일방이 상대방에게 목적물을 사용·수익하게 할 것을 약정하고 상대방이 이에 대하여 차임
을 지급할 것을 약정하면 되는 것으로서 나아가 임대인이 그 목적물에 대한 소유권 기타 이를 임대할 권한이 있을 것을
성립요건으로 하고 있지 아니하므로, 임대차가 종료된 경우 임대목적물이 타인 소유라고 하더라도 그 타인이 목적물의
반환청구나 임료 내지 그 해당액의 지급을 요구하는 등 특별한 사정이 없는 한 임차인은 임대인에게 그 부동산을 명도하고
임대차종료일까지의 연체차임을 지급할 의무가 있음은 물론, 임대차종료일 이후부터 부동산명도완료일까지 그 부동산을
점유·사용함에 따른 차임 상당의 부당이득금을 반환할 의무도 있다고 할 것인바, 이와 같은 법리는 임차인이 임차물을
전대하였다가 임대차 및 전대차가 모두 종료된 경우의 전차인에 대하여도 특별한 사정이 없는 한 그대로 적용된다(대판
2001.6.29. 2000다68290).

[ㄷ ▸ ○] 주택임대차보호법의 입법목적과 주택임차인의 임차보증금반환채권에 우선변제권을 인정한 제도의 취지,
주택임대차보호법상 관련 규정의 문언내용 등에 비추어 볼 때, 비록 채권양수인이 우선변제권을 행사할 수 있는 주택임차
인으로부터 임차보증금반환채권을 양수하였다고 하더라도 임차권과 분리된 임차보증금반환채권만을 양수한 이상 그
채권양수인이 주택임대차보호법상의 우선변제권을 행사할 수 있는 임차인에 해당한다고 볼 수 없다. 따라서 위 채권양수
인은 임차주택에 대한 경매절차에서 주택임대차보호법상의 임차보증금우선변제권자의 지위에서 배당요구를 할 수 없고,
이는 채권양수인이 주택임차인으로부터 다른 채권에 대한 담보목적으로 임차보증금반환채권을 양수한 경우에도 마찬가
지이다. 다만, 이와 같은 경우에도 채권양수인이 일반금전채권자로서의 요건을 갖추어 배당요구를 할 수 있음은 물론이다
(대판 2010.5.27. 2010다10276).

[ㄹ ▸ O] 임대차보증금은 임대차계약이 종료된 후 임차인이 목적물을 인도할 때까지 발생하는 차임 및 기타 임차인의 채무를 담보하는 것으로서 그 피담보채무액은 임대차관계의 종료 후 목적물이 반환될 때에 특별한 사정이 없는 한 별도의 의사표시 없이 임대차보증금에서 당연히 공제되는 것이므로, 특별한 사정이 없는 한 임대차계약이 종료되었다 하더라도 목적물이 명도되지 않았다면 임차인은 임대차보증금이 있음을 이유로 연체차임의 지급을 거절할 수 없는 것이고, 또한 임대차보증금액보다도 임차인의 채무액이 많은 경우에는 민법 제477조에서 정하고 있는 법정충당순서에 따라야 하는 것이다(대판 2007.8.23, 2007다21856).

2012년 변호사시험 문 23.

☑ 확인Check! ○ △ ✕

甲은 그 소유인 X주택에 전입신고를 마치고 거주하다가 2010.2.1. 乙에게 X를 대금 3억원에 매도하면서 같은 날 乙로부터 X를 임대차보증금 1억원, 기간 2010.2.1.부터 2012.1.31.까지로 정하여 임차하였고, 같은 날 임대차계약서에 확정일자를 받았다. 甲은 2010.2.2. 乙의 요청에 따라 乙의 채권자인 丙에게 X에 관한 저당권설정등기를 마쳤다. 乙은 2010.2.10. X에 관하여 위 매매를 원인으로 한 소유권이전등기를 마치고, 같은 날 채권자 丁에게 근저당권설정등기를 마쳤다. 그 후 丙은 위 저당권 실행을 위한 경매를 신청하였고, 戊는 그 경매절차에서 X를 매수하고 그 대금을 모두 지급하였으며, 甲은 그 경매절차에서 주택임대차보호법상 우선변제권 있는 임차인임을 이유로 적법하게 배당요구하였다. 다음 설명 중 옳은 것은?(다툼이 있는 경우에는 판례에 의함)

① 甲, 丙, 丁 순서로 배당받는다.
② 丙, 甲, 丁 순서로 배당받는다.
③ 丙, 丁, 甲 순서로 배당받는다.
④ 丙, 丁 순서로 배당받고, 甲은 주택임대차보호법상 우선변제권 있는 임차인으로서 배당받을 수 없다.
⑤ 만약 甲이 위 경매절차에서 배당요구하지 않았다면, 甲은 戊에 대하여 위 임대차보증금의 반환을 청구할 수 있다.

[❶ ▸ ✕] [❷ ▸ ✕] [❸ ▸ O] 사안에서 매도인 甲이 소유권이전등기 전에 주민등록과 확정일자를 받았다고 하더라도, 乙에게 소유권이전등기가 경료되어야 유효한 공시방법이 된다. 따라서 甲은 소유권이전등기가 경료된 2010.2.10.의 다음 날인 2010.2.11. 0시부터 대항력을 갖게 된다. 결국 丙(2010.2.2. 저당권 설정), 丁(2010.2.10. 저당권 설정), 甲(2010.2.11 대항력과 우선변제권 취득) 순서로 배당받는다.

판례 갑이 주택에 관하여 소유권이전등기를 경료하고 주민등록전입신고까지 마친 다음 처와 함께 거주하다가 을에게 매도함과 동시에 그로부터 이를 다시 임차하여 계속 거주하기로 약정하고 임차인을 갑의 처로 하는 임대차계약을 체결한 후에야 을 명의의 소유권이전등기가 경료된 경우, 제3자로서는 주택에 관하여 갑으로부터 을 앞으로 소유권이전등기가 경료되기 전에는 갑의 처의 주민등록이 소유권 아닌 임차권을 매개로 하는 점유라는 것을 인식하기 어려웠다 할 것이므로, 갑의 처의 주민등록은 주택에 관하여 을 명의의 소유권이전등기가 경료되기 전에는 주택임대차의 대항력 인정의 요건이 되는 적법한 공시방법으로서의 효력이 없고 을 명의의 소유권이전등기가 경료된 날에야 비로소 갑의 처와 을 사이의 임대차를 공시하는 유효한 공시방법이 된다고 할 것이며, 주택임대차보호법 제3조 제1항에 의하여 유효한 공시방법을 갖춘 다음 날인 을 명의의 소유권이전등기일 익일부터 임차인으로서 대항력을 갖는다(대판 2000.2.11. 99다59306).

[**④ ▸ ✕**] 甲은 대항요건(인도와 주민등록)과 확정일자를 갖추었으므로 우선변제권이 인정된다.

법령 **보증금의 회수(주택임대차보호법 제3조의2)**　② 제3조 제1항·제2항 또는 제3항의 <u>대항요건</u>과 임대차계약증서(제3조 제2항 및 제3항의 경우에는 법인과 임대인 사이의 임대차계약증서를 말한다)상의 <u>확정일자를 갖춘 임차인은</u> 민사집행법에 따른 경매 또는 국세징수법에 따른 공매를 할 때에 임차주택(대지를 포함한다)의 환가대금에서 후순위 권리자나 그 밖의 채권자보다 <u>우선하여 보증금을 변제받을 권리가 있다.</u>

[**⑤ ▸ ✕**] 대항요건을 갖춘 임차권자 甲보다 선순위 저당권자 丙, 丁이 있으므로, 甲은 경매절차에서 임차권의 존속을 주장할 수 없다. 또한 주택임대차보호법상의 임대차보증금반환채권은 배당요구채권이므로, 경락기일까지 배당요구를 하지 않은 甲은 경락인 戊에 대해 임대차보증금의 반환을 청구할 수 없다.

판례 • 민사소송법 제605조 제1항에서 규정하는 배당요구가 필요한 배당요구채권자는, 압류의 효력발생 전에 등기한 가압류채권자, 경락으로 인하여 소멸하는 저당권자 및 전세권자로서 압류의 효력발생 전에 등기한 자 등 당연히 배당을 받을 수 있는 채권자의 경우와는 달리, 경락기일까지 배당요구를 한 경우에 한하여 비로소 배당을 받을 수 있고, <u>적법한 배당요구를 하지 아니한 경우에는 비록 실체법상 우선변제청구권이 있다 하더라도 경락대금으로부터 배당을 받을 수는 없을 것이므로</u>, 이러한 배당요구채권자가 적법한 배당요구를 하지 아니하여 그를 배당에서 제외하는 것으로 배당표가 작성·확정되고 그 확정된 배당표에 따라 배당이 실시되었다면 그가 적법한 배당요구를 한 경우에 배당받을 수 있었던 금액 상당의 금원이 후순위 채권자에게 배당되었다고 하여 이를 법률상 원인이 없는 것이라고 할 수 없을 것이다. <u>주택임대차보호법에 의하여 우선변제청구권이 인정되는 임대차보증금반환채권은 현행법상 위와 같은 배당요구가 필요한 배당요구채권에 해당한다</u>(대판 1998.10.13. 98다12379).
• 담보권의 실행을 위한 부동산의 입찰절차에 있어서, <u>주택임대차보호법 제3조에 정한 대항요건을 갖춘 임차권보다 선순위의 근저당권이 있는 경우에는, 낙찰로 인하여 선순위 근저당권이 소멸하면 그보다 후순위의 임차권도 선순위 근저당권이 확보한 담보가치의 보장을 위하여 그 대항력을 상실하는 것이지만</u>, 낙찰로 인하여 근저당권이 소멸하고 낙찰인이 소유권을 취득하게 되는 시점인 낙찰대금지급기일 이전에 선순위 근저당권이 다른 사유로 소멸한 경우에는, 대항력 있는 임차권의 존재로 인하여 담보가치의 손상을 받을 선순위 근저당권이 없게 되므로 임차권의 대항력이 소멸하지 아니한다(대결 1998.8.24. 98마1031).

「주택임대차보호법」에 관한 설명 중 옳지 않은 것은?(다툼이 있는 경우 판례에 의함)

① 「주택임대차보호법」은 임대주택의 소유자가 아니더라도 그 주택에 관하여 적법하게 임대차계약을 체결할 수 있는 권한을 가진 임대인과 체결한 임대차계약에 적용된다.

② 임차인이 임차주택에 대하여 보증금반환청구소송의 확정판결이나 그 밖에 이에 준하는 집행권원에 따라서 경매를 신청하는 경우에는 반대의무의 이행이나 이행의 제공을 집행 개시의 요건으로 하지 아니한다.

③ 임차인이 임대차계약을 체결한 주된 목적이 주택을 사용·수익하려는 것에 있는 것이 아니고, 소액임차인으로 보호받아 선순위 담보권자에 우선하여 채권을 회수하려는 것에 있는 경우에는 「주택임대차보호법」상 소액임차인으로 보호받을 수 없다.

④ 임대인의 임대차보증금반환의무와 임차인의 임차권등기말소의무는 동시이행관계에 있다.

⑤ 임차인이 임차주택을 직접 점유하여 거주하지 않고 그곳에 주민등록을 하지 아니하였더라도, 임차인이 임대인의 승낙을 받아 적법하게 임차주택을 전대하고 그 전차인이 주택을 인도받아 자신의 주민등록을 마쳤다면 임차인은 적법한 대항요건을 갖추었다고 주장할 수 있다.

[❶ ▸ ○] 주택임대차보호법이 적용되는 임대차는 반드시 임차인과 주택소유자인 임대인 사이에 임대차계약이 체결된 경우에 한정되는 것은 아니고, 주택소유자는 아니더라도 주택에 관하여 적법하게 임대차계약을 체결할 수 있는 권한을 가진 임대인과 임대차계약이 체결된 경우도 포함된다(대판 2012.7.26, 2012다45689).

[❷ ▸ ○] 주택임차인의 대항력 유지를 위해 반대의무의 이행이나 이행의 제공을 집행 개시의 요건으로 하지 않고 있다.

 법령 보증금의 회수(주택임대차보호법 제3조의2)　① 임차인(제3조 제2항 및 제3항의 법인을 포함한다. 이하 같다)이 임차주택에 대하여 보증금반환청구소송의 확정판결이나 그 밖에 이에 준하는 집행권원에 따라서 경매를 신청하는 경우에는 집행개시요건에 관한 민사집행법 제41조에도 불구하고 반대의무의 이행이나 이행의 제공을 집행 개시의 요건으로 하지 아니한다.

[❸ ▸ ○] 주택임대차보호법의 입법목적은 주거용 건물에 관하여 민법에 대한 특례를 규정함으로써 국민의 주거생활의 안정을 보장하려는 것이고(제1조), 주택임대차보호법 제8조 제1항에서 임차인이 보증금 중 일정액을 다른 담보물권자보다 우선하여 변제받을 수 있도록 한 것은, 소액임차인의 경우 그 임차보증금이 비록 소액이라고 하더라도 그에게는 큰 재산이므로 적어도 소액임차인의 경우에는 다른 담보권자의 지위를 해하게 되더라도 그 보증금의 회수를 보장하는 것이 타당하다는 사회보장적 고려에서 나온 것으로서 민법의 일반규정에 대한 예외규정인바, 그러한 입법목적과 제도의 취지 등을 고려할 때, 채권자가 채무자 소유의 주택에 관하여 채무자와 임대차계약을 체결하고 전입신고를 마친 다음 그곳에 거주하였다고 하더라도 실제 임대차계약의 주된 목적이 주택을 사용수익하려는 것에 있는 것이 아니고, 실제적으로는 소액임차인으로 보호받아 선순위 담보권자에 우선하여 채권을 회수하려는 것에 주된 목적이 있었던 경우에는 그러한 임차인을 주택임대차보호법상 소액임차인으로 보호할 수 없다(대판 2001.5.8, 2001다14733).

[❹ ▸ ✕] 주택임대차보호법 제3조의3 규정에 의한 임차권등기는 이미 임대차계약이 종료하였음에도 임대인이 그 보증금을 반환하지 않는 상태에서 경료되게 되므로, 이미 사실상 이행지체에 빠진 임대인의 임대차보증금의 반환의무와 그에 대응하는 임차인의 권리를 보전하기 위하여 새로이 경료하는 임차권등기에 대한 임차인의 말소의무를 동시이행관계에 있는 것으로 해석할 것은 아니고, 특히 위 임차권등기는 임차인으로 하여금 기왕의 대항력이나 우선변제권을 유지하도록 해 주는 담보적 기능만을 주목적으로 하는 점 등에 비추어 볼 때, 임대인의 임대차보증금의 반환의무가 임차인의 임차권등기말소의무보다 먼저 이행되어야 할 의무이다(대판 2005.6.9, 2005다4529).

[**❺ ▸ ○**] 주택임차인이 임차주택을 직접점유하여 거주하지 않고, 간접점유하여 자신의 주민등록을 이전하지 아니한 경우라 하더라도 임대인의 승낙을 받아 임차주택을 전대하고 그 전차인이 주택을 인도받아 자신의 주민등록을 마친 때에는 그때로부터 임차인은 제3자에 대하여 대항력을 취득한다(대판 1994.6.24. 94다3155).

2017년 변호사시험 문 6.

☑ 확인Check! ○ △ ✕

임대차에 관한 설명 중 옳은 것은?(다툼이 있는 경우 판례에 의함)

① 임대차계약 체결 당시 여러 사람이 공동임대인으로서 임차인과 사이에 하나의 임대차계약을 체결한 경우 특별한 사정이 없는 한 공동임대인 전원의 해지의 의사표시에 의하여 임대차계약 전부를 해지하여야 하나, 임대차목적물 중 일부가 양도되어 양수인이 그에 관한 임대인의 지위를 승계함으로써 공동임대인으로 된 경우에는 전원이 해지의 의사표시를 할 필요는 없다.

② 토지의 매수인이 매매목적물에 관한 임대차보증금반환채무를 인수하는 한편 그 채무액을 매매대금에서 공제하기로 약정한 경우, 그 인수는 특별한 사정이 없는 한 매도인을 면책시키는 면책적 채무인수로 보아야 한다.

③ 보증금이 수수된 임대차계약에서 임대차가 종료되어 목적물을 반환할 때까지 연체한 차임액이 위 보증금에서 전액 공제된 경우, 임차인은 임대차 종료 전에 차임채권을 양수한 자의 양수금청구에 대해 연체된 차임액이 보증금에서 공제되었음을 주장하여 양수금 지급을 거절할 수 없다.

④ 임대인이 목적물을 사용·수익하게 할 의무를 불이행하여 목적물의 사용·수익에 부분적으로 지장이 생긴 경우뿐 아니라 임대인이 수선의무를 이행함으로써 목적물의 사용·수익에 지장이 생긴 경우에도 임차인은 그 지장의 한도 내에서 차임의 지급을 거절할 수 있다.

⑤ 「주택임대차보호법」상 대항력을 갖춘 임차인의 임대차보증금반환채권이 가압류된 상태에서 임대주택이 양도된 경우, 양수인이 채권가압류의 제3채무자의 지위를 승계하는 것은 아니므로 가압류권자는 임대주택의 양수인이 아니라 양도인에 대하여 위 가압류의 효력을 주장하여야 한다.

[**❶ ▸ ✕**] 민법 제547조 제1항은 "당사자의 일방 또는 쌍방이 수인인 경우에는 계약의 해지나 해제는 그 전원으로부터 또는 전원에 대하여 하여야 한다"라고 규정하고 있으므로, 여러 사람이 공동임대인으로서 임차인과 하나의 임대차계약을 체결한 경우에는 민법 제547조 제1항의 적용을 배제하는 특약이 있다는 등의 특별한 사정이 없는 한 공동임대인 전원의 해지의 의사표시에 따라 임대차계약 전부를 해지하여야 한다. 이러한 법리는 임대차계약의 체결 당시부터 공동임대인이었던 경우뿐만 아니라 임대차목적물 중 일부가 양도되어 그에 관한 임대인의 지위가 승계됨으로써 공동임대인으로 되는 경우에도 마찬가지로 적용된다(대판 2015.10.29. 2012다5537).

[**❷ ▸ ✕**] 부동산의 매수인이 매매목적물에 관한 임대차보증금반환채무 등을 인수하는 한편, 그 채무액을 매매대금에서 공제하기로 약정한 경우, 그 인수는 특별한 사정이 없는 이상 매도인을 면책시키는 면책적 채무인수가 아니라 이행인수로 보아야 하고, 면책적 채무인수로 보기 위하여는 이에 대한 채권자, 즉 임차인의 승낙이 있어야 한다(대판 2001.4.27. 2000다 69026).

[**❸ ▸ ✕**] 부동산임대차에서 수수된 보증금은 차임채무, 목적물의 멸실·훼손 등으로 인한 손해배상채무 등 임대차에 따른 임차인의 모든 채무를 담보하는 것으로서 피담보채무 상당액은 임대차관계의 종료 후 목적물이 반환될 때에 특별한 사정이 없는 한 별도의 의사표시 없이 보증금에서 당연히 공제되므로, 보증금이 수수된 임대차계약에서 차임채권이 양도되었다고 하더라도, 임차인은 임대차계약이 종료되어 목적물을 반환할 때까지 연체한 차임 상당액을 보증금에서 공제할 것을 주장할 수 있다(대판 2015.03.26. 2013다77225).

④ **정답**

[**④ ▸ ○**]　임대차계약에서 목적물을 사용·수익하게 할 임대인의 의무와 임차인의 차임지급의무는 상호 대응관계에 있으므로 <u>임대인이 목적물을 사용·수익하게 할 의무를 불이행하여 목적물의 사용·수익이 부분적으로 지장이 있는 상태인 경우에는 임차인은 그 지장의 한도 내에서 차임의 지급을 거절할 수 있고, 이는 임대인이 수선의무를 이행함으로써 목적물의 사용·수익에 지장이 초래된 경우에도 마찬가지이다</u>(대판 2015.2.26, 2014다65724).

[**⑤ ▸ ×**]　주택임대차보호법 제3조 제3항은 같은 조 제1항이 정한 대항요건을 갖춘 임대차의 목적이 된 임대주택(이하 "임대주택"은 주택임대차보호법의 적용대상인 임대주택을 가리킨다)의 양수인은 임대인의 지위를 승계한 것으로 본다고 규정하고 있는바, 이는 법률상의 당연승계규정으로 보아야 하므로, 임대주택이 양도된 경우에 양수인은 주택의 소유권과 결합하여 임대인의 임대차계약상의 권리·의무 일체를 그대로 승계하며, 그 결과 양수인이 임대차보증금반환채무를 면책적으로 인수하고, 양도인은 임대차관계에서 탈퇴하여 임차인에 대한 임대차보증금반환채무를 면하게 된다. 나아가 임차인에 대하여 임대차보증금반환채무를 부담하는 임대인임을 당연한 전제로 하여 임대차보증금반환채무의 지급금지를 명령받은 제3채무자의 지위는 임대인의 지위와 분리될 수 있는 것이 아니므로, 임대주택의 양도로 임대인의 지위가 일체로 양수인에게 이전된다면 채권가압류의 제3채무자의 지위도 임대인의 지위와 함께 이전된다고 볼 수밖에 없다. … 임대주택이 양도되었음에도 양수인이 채권가압류의 제3채무자의 지위를 승계하지 않는다면 가압류권자는 장차 본집행절차에서 주택의 매각대금으로부터 우선변제를 받을 수 있는 권리를 상실하는 중대한 불이익을 입게 된다. 이러한 사정들을 고려하면, <u>임차인의 임대차보증금반환채권이 가압류된 상태에서 임대주택이 양도되면 양수인이 채권가압류의 제3채무자의 지위도 승계하고, 가압류권자 또한 임대주택의 양도인이 아니라 양수인에 대하여만 위 가압류의 효력을 주장할 수 있다고 보아야 한다</u>(대판 2013.1.17, 2011다49523 [전합]).

2012년 변호사시험 문 21.

☑ 확인 Check! ○ △ ×

甲은 건물을 신축할 목적으로 乙로부터 토지를 임차하면서, 임대차 종료 시 건물 기타 지상시설 일체를 포기하기로 약정하였다. 乙은 임대차 기간 만료로 종료되자 甲을 상대로 토지 인도 및 건물철거청구소송을 제기하였다. 다음 설명 중 옳지 않은 것은?(다툼이 있는 경우에는 판례에 의함)

① 甲이 임대차 종료 시 건물을 포기하겠다는 약정은 특별한 사정이 없는 한 임차인에게 불리한 것이어서 무효이다.
② 甲이 소송과정에서 건물매수청구권을 행사할 수 있었는데도 이를 행사하지 않았고 그 패소판결이 확정되었다면, 건물 철거가 집행되기 전이라도 건물매수청구권이 실권되어 더 이상 별소로써 건물매수청구권을 행사할 수 없다.
③ 甲의 건물매수청구권은 형성권이어서 10년의 제척기간에 걸린다.
④ 乙의 토지 인도 및 건물철거청구에는 건물매수대금 지급과 동시에 건물 인도 및 소유권이전등기를 구하는 청구가 포함되어 있다고 볼 수 없다.
⑤ 만약 위 임대차가 기간의 정함이 없는 것으로서 乙의 해지통고에 의하여 종료되었더라도 甲은 건물매수청구권을 행사할 수 있다.

[**① ▸ ○**]　<u>토지임대인과 임차인 사이에 임대차기간 만료 후 임차인이 지상건물을 철거하여 토지를 인도하고 만약 지상건물을 철거하지 아니할 경우에는 그 소유권을 임대인에게 이전하기로 한 약정은 민법 제643조 소정의 임차인의 지상물매수청구권을 배제키로 하는 약정으로서 임차인에게 불리한 것으로 민법 제652조의 규정에 의해 무효이다</u>(대판 1991.4.23, 90다19695).

[**② ▸ ×**]　건물의 소유를 목적으로 하는 토지임대차에 있어서, 임대차가 종료함에 따라 <u>토지의 임차인이 임대인에 대하여 건물매수청구권을 행사할 수 있음에도 불구하고 이를 행사하지 아니한 채, 토지의 임대인이 임차인에 대하여 제기한 토지 인도 및 건물철거청구소송에서 패소하여 그 패소판결이 확정되었다고 하더라도, 그 확정판결에 의하여 건물 철거가 집행되지 아니한 이상 토지의 임차인으로서는 건물매수청구권을 행사하여 별소로써 임대인에 대하여 건물매매대금의 지급을 구할 수 있다</u>(대판 1995.12.26, 95다42195).

정답 ②

[❸ ▸ ○] 지상물매수청구권은 형성권에 해당하고, 형성권은 10년의 제척기간으로 소멸한다(판례).

판례
- 지상물매수청구권은 이른바 형성권으로서 그 행사로 임대인·임차인 사이에 지상물에 관한 매매가 성립하게 되며, 임차인이 지상물의 매수청구권을 행사한 경우에는 임대인은 그 매수를 거절하지 못하고, 이 규정은 강행규정이므로 이에 위반하는 것으로서 임차인에게 불리한 약정은 그 효력이 없다(대판 1995.7.11. 94다34265 [전합]).
- 매매의 일방예약에서 예약자의 상대방이 매매예약 완결의 의사표시를 하여 매매의 효력을 생기게 하는 권리, 즉 매매예약의 완결권은 일종의 형성권으로서 당사자 사이에 그 행사기간을 약정한 때에는 그 기간 내에, 그러한 약정이 없는 때에는 그 예약이 성립한 때로부터 10년 내에 이를 행사하여야 하고, 그 기간을 지난 때에는 예약완결권은 제척기간의 경과로 인하여 소멸한다(대판 1995.11.10. 94다22682).

[❹ ▸ ○] 토지임대차 종료 시 임대인의 건물 철거와 그 부지인도청구에는 건물매수대금 지급과 동시에 건물 명도를 구하는 청구가 포함되어 있다고 볼 수 없다(대판 1995.7.11. 94다34265 [전합]).

[❺ ▸ ○] 토지임차인의 지상물매수청구권은 기간의 정함이 없는 임대차에 있어서 임대인에 의한 해지통고에 의하여 그 임차권이 소멸된 경우에도 마찬가지로 인정된다(대판 1995.7.11. 94다34265 [전합]).

제7절   고 용

제8절   도 급   ★

2016년 변호사시험 문 30.   ☑ 확인 Check! ○ △ ✕

甲은 乙로부터 건물신축공사를 도급받아 X건물을 완공하였다. 이에 관한 설명 중 옳은 것을 모두 고른 것은?(각 지문은 독립적이며, 다툼이 있는 경우 판례에 의함)

ㄱ. 甲 자신이 직접 X건물을 완공해야 하는 것은 아니므로, 특별한 사정이 없는 한, 이행대행자 丙을 사용하였더라도 乙에 대한 채무불이행은 아니다.

ㄴ. 甲이 전적으로 자신의 재료와 노력으로 X건물을 신축한 경우에는 甲과 乙 사이에 乙 명의로 건축허가를 받아 소유권보존등기를 하기로 하는 등 X건물의 소유권을 乙에게 귀속시키기로 하는 합의가 있었더라도 그 소유권은 甲에게 있다.

ㄷ. 乙이 민법 제666조에서 정한 甲의 저당권설정청구권의 행사에 따라 공사대금채무의 담보로 X건물에 저당권을 설정하는 행위는 특별한 사정이 없는 한 사해행위에 해당하지 않는다.

ㄹ. 乙이 甲의 공사에 대하여 그 공정을 조정하고 시공의 정도가 설계도대로 시행되고 있는지를 점검하는 정도의 감리적 감독은 乙이 甲의 불법행위에 대하여 사용자책임을 지기 위하여 필요한 요건인 '구체적이고 직접적인 지시, 감독'에 포함되지 않는다.

① ㄱ, ㄴ   ② ㄴ, ㄷ   ③ ㄱ, ㄷ, ㄹ
④ ㄴ, ㄷ, ㄹ   ⑤ ㄱ, ㄴ, ㄷ, ㄹ

③ **정답**

[ㄱ ▸ ○] 공사도급계약에 있어서 당사자 사이에 특약이 있거나 일의 성질상 수급인 자신이 하지 않으면 채무의 본지에 따른 이행이 될 수 없다는 등의 특별한 사정이 없는 한 반드시 수급인 자신이 직접 일을 완성하여야 하는 것은 아니고, 이행보조자 또는 이행대행자를 사용하더라도 공사도급계약에서 정한 대로 공사를 이행하는 한 계약을 불이행하였다고 볼 수 없다(대판 2002.4.12. 2001다82545).

[ㄴ ▸ ✕] 일반적으로 자기의 노력과 재료를 들여 건물을 건축한 사람은 그 건물의 소유권을 원시취득하는 것이고, 다만 도급계약에 있어서는 수급인이 자기의 노력과 재료를 들여 건물을 완성하더라도 도급인과 수급인 사이에 도급인 명의로 건축허가를 받아 소유권보존등기를 하기로 하는 등 완성된 건물의 소유권을 도급인에게 귀속시키기로 합의한 것으로 보여질 경우에는 그 건물의 소유권은 도급인에게 원시적으로 귀속된다(대판 1997.5.30. 97다8601).

[ㄷ ▸ ○] 수급인의 저당권설정청구권을 규정하는 민법 제666조는 부동산공사에서 그 목적물이 보통 수급인의 자재와 노력으로 완성되는 점을 감안하여 그 목적물의 소유권이 원시적으로 도급인에게 귀속되는 경우 수급인에게 목적물에 대한 저당권설정청구권을 부여함으로써 수급인이 사실상 목적물로부터 공사대금을 우선적으로 변제받을 수 있도록 하는 데 그 취지가 있고, 이러한 수급인의 지위가 목적물에 대하여 유치권을 행사하는 지위보다 더 강화되는 것은 아니어서 도급인의 일반채권자들에게 부당하게 불리해지는 것도 아닌 점 등에 비추어, 신축건물의 도급인이 민법 제666조가 정한 수급인의 저당권설정청구권의 행사에 따라 공사대금채무의 담보로 그 건물에 저당권을 설정하는 행위는 특별한 사정이 없는 한 사해행위에 해당하지 아니한다(대판 2008.3.27. 2007다78616).

[ㄹ ▸ ○] 도급인이 수급인의 일의 진행 및 방법에 관하여 구체적인 지휘감독권을 보유한 경우에는 도급인과 수급인의 관계는 실질적으로 사용자 및 피용자의 관계와 다를 바 없으므로 수급인이 고용한 제3자의 불법행위로 인한 손해에 대하여 도급인은 민법 제756조에 의한 사용자책임을 면할 수 없다. 사용자 및 피용자관계 인정의 기초가 되는 도급인의 수급인에 대한 지휘감독은 건설공사의 경우에는 현장에서 구체적인 공사의 운영 및 시행을 직접 지시·지도하고 감시·독려함으로써 시공 자체를 관리함을 말하며, 단순히 공사의 운영 및 시공의 정도가 설계도 또는 시방서대로 시행되고 있는가를 확인하여 공정을 감독하는 데에 불과한 이른바 감리는 여기에 해당하지 않는다고 할 것이므로 도급인이 수급인의 공사에 대하여 감리적인 감독을 함에 지나지 않을 때에는 양자의 관계를 사용자 및 피용자의 관계와 같이 볼 수 없다(대판 1988.6.14. 88다카102).

2014년 변호사시험 문 29.

☑ 확인Check! ○ △ ✕

甲건설회사는 2013.1.2. 乙 유통회사에게 甲회사 소유인 X토지를 대금 10억원에 매도하고 계약금 1억원을 지급받았다. 그 매매계약에서 "매수인은 중도금 지급 시까지 계약금을 포기하고 해약할 수 있고, 매도인은 그때까지 계약금의 배액을 지급하고 해약할 수 있다"라고 약정되었다. 같은 날 甲회사는 乙회사로부터 Y토지 지상에 유통시설신축공사를 도급받았는데, 그 계약에서 도급대금은 6억원, 공사기간은 2013.1.11.부터 같은 해 11.10.까지 10개월로 정하였다. 위 도급계약에서는 "수급인은 공사가 지체될 경우 도급인에게 지체된 1일당 도급대금의 1,000분의 1의 비율에 의한 지체상금을 지급한다"라고 약정되었다. 甲회사가 유통시설신축공사를 시작하였으나 2013.5. 초경 자금사정 악화로 인하여 공사를 중단하였다. 다음 중 옳은 것을 모두 고른 것은?(다툼이 있는 경우에는 판례에 의하고, 각 지문은 모두 독립적이다)

ㄱ. 위 매매계약 이후 X토지의 가격이 폭등하자 甲회사는 매매대금을 모두 지급받고도 추가적인 금액을 요구하면서 소유권 이전을 거부하였고 이에 乙회사는 위 매매계약을 적법하게 해제하였다. 이 경우 乙회사의 실제 손해가 1억원을 초과하는 경우에도 손해배상은 1억원을 초과하여 받을 수는 없다.

ㄴ. 乙회사는 2013.5.10.에 도급계약을 해제할 수 있었으나 내부사정으로 인하여 2013.5.20.에야 도급계약을 해제하였다. 한편 乙이 해제 후 즉시 새로운 공사업자에게 의뢰하여 나머지 공사를 적절하고 정상적인 속도로 진행하는 경우 2013.12.20.에 공사를 완공할 수 있었다. 이 경우 甲회사는 乙회사에 지체상금을 지급해야 하고 특별한 사정이 없으면 그 금액은 2,400만원이다.

ㄷ. 甲회사가 공사를 중단할 당시까지 투입한 공사비용은 2억원이고 미시공 부분을 완성할 때까지 추가로 소요될 공사비용은 3억원으로 추정되었다. 미완성건축물을 철거하는 경우 중대한 사회적, 경제적 손실을 초래하고 완성된 부분이 乙회사에게 이익이 된다고 판단되었다. 乙회사가 미완성건축물을 인도받으면서 甲회사에게 지급하여야 할 도급대금은 2억 4,000만원이다.

① ㄱ

② ㄴ

③ ㄷ

④ ㄱ, ㄴ

⑤ ㄴ, ㄷ

[**ㄱ ▶ ✕**] 사안의 계약금약정에 <u>위약 시라는 문구가 없으므로</u> <u>계약금 1억원은</u> 위약금, 즉 손해배상의 예정이라고 볼 수 없고, <u>단지 해약금으로서의 성질을 가진다.</u> 해약금에 기한 해제는 당사자 일방의 이행의 착수가 있기까지 가능하므로, 甲회사가 매매대금을 모두 지급받은 후에는 甲, 乙은 해약금에 기한 해제를 할 수 없지만(민법 제565조 참조), 甲회사의 소유권 이전 거부라는 채무불이행이 있었으므로 乙회사는 이행지체로 인한 해제(민법 제544조 참조)를 할 수는 있다. 손해배상의 예정이 있으면 乙회사는 예정액 이상을 청구할 수 없겠지만, 손해배상의 예정이 없는 경우이므로 채무불이행으로 인한 실제 손해 전부를 청구할 수 있다.

판례

• 유상계약을 체결함에 있어서 <u>계약금이 수수된 경우</u> 계약금은 해약금의 성질을 가지고 있어서 이를 <u>위약금으</u> <u>로 하기로 하는 특약이 없는 이상</u> 계약이 당사자 일방의 귀책사유로 인하여 해제되었다 하더라도 상대방은 <u>계약불이행으로 입은 실제 손해만을 배상받을 수 있을 뿐 계약금이 위약금으로서 상대방에게 당연히 귀속된</u> <u>다고 할 수 없다</u>(대판 1992.11.27. 92다23209).

• 매매계약을 체결함에 있어 당사자 사이에 계약금을 수수하면서 매도인이 위 계약을 위반할 때에는 매수인에게 계약금의 배액을 지급하고 매수인이 이를 위반할 때에는 계약금의 반환청구권을 상실하기로 약정하였다면 이는 위 매매계약에 따른 채무불이행에 대한 <u>위약금의 약정을 한 것으로 보아야 할 것이고 이러한 약정은</u> <u>특단의 사정이 없는 한 손해배상액 예정의 성질을 지닌다</u>(대판 1989.12.12. 89다카10811).

③ **정답**

법령 **해약금(민법 제565조)** ① 매매의 당사자 일방이 계약 당시에 금전 기타 물건을 계약금, 보증금 등의 명목으로 상대방에게 교부한 때에는 당사자 간에 다른 약정이 없는 한 당사자의 일방이 이행에 착수할 때까지 교부자는 이를 포기하고 수령자는 그 배액을 상환하여 매매계약을 해제할 수 있다.

[ㄴ ▸ ✕] 지체상금의 기간 계산에서 수급인이 책임질 수 없는 사유로 인해 지연된 기간은 공제되어야 한다. 따라서 적절하고 정상적인 속도로 완공할 수 있었던 시점인 2013.12.20.은 약정준공일 2013.11.10.보다 40일이 지체된 것이지만, 도급인의 귀책사유로 지연된 기간 10일(2013.5.10.~2013.5.20.)은 공제되어야 하므로, 30일이 지체된 것으로 된다. 따라서 甲회사는 乙회사에 1,800만원(6억원×1 / 1000×30일)의 지체상금을 지급해야 한다.

 판례 도급계약에 있어서의 지체상금약정의 취지에 비추어 볼 때, 지체상금약정은 수급인이 약정한 기간 내에 공사를 완공하지 아니할 경우는 물론이고 수급인의 귀책사유로 인하여 도급계약이 해제되고 그에 따라 도급인이 수급인을 다시 선정하여 공사를 완공하느라 완공이 지체된 경우에도 적용된다고 봄이 상당하다. … 수급인이 완공기한 내에 공사를 완성하지 못한 채 공사를 중단하고 계약이 해제된 결과 완공이 지연된 경우에 있어서 지체상금은 약정준공일 다음 날부터 발생하되 그 종기는 수급인이 공사를 중단하거나 기타 해제사유가 있어 도급인이 공사도급계약을 해제할 수 있었을 때(실제로 해제한 때가 아니다)부터 도급인이 다른 업자에게 의뢰하여 공사를 완성할 수 있었던 시점까지이고, 수급인이 책임질 수 없는 사유로 인하여 공사가 지연된 경우에는 그 기간만큼 공제되어야 한다(대판 2006.4.28. 2004다39511).

[ㄷ ▸ ○] 기완성된 부분에 대한 공사대금은 약정총공사비에 기성고비율을 적용한다. 기성고비율은 완성된 부분에 지출된 공사비용과 미완성된 부분에 지출될 공사비용을 합친 전체 공사금에서 완성된 부분에 지출된 공사비용이 차지하는 비율이다. 즉, 사안의 경우 기성고비율은 0.4[2억원 / (2억원 + 3억원)]이다. 따라서 乙회사가 미완성건축물을 인도 받으면서 지급할 공사대금은 약정공사대금 6억원에 기성고비율 0.4를 적용한 2억 4천만원이 된다.

 판례
• 건축공사도급계약의 수급인이 일을 완성하지 못한 상태에서 그의 채무불이행으로 말미암아 건축공사도급계약이 해제되었으나, 해제 당시 공사가 상당한 정도로 진척되어 이를 원상회복하는 것이 중대한 사회적, 경제적 손실을 초래하게 되고, 완성된 부분이 도급인에게 이익이 되는 경우, 그 도급계약은 미완성 부분에 대하여만 실효되고 수급인은 해제 당시의 상태 그대로 그 건물을 도급인에게 인도하고 도급인은 특별한 사정이 없는 한 인도받은 미완성건물에 대한 보수를 지급하여야 하는 권리의무관계가 성립한다(대판 1994.11.4. 94다18584).
• 수급인이 공사를 완성하지 못한 채 공사도급계약이 해제되어 기성고에 따른 공사비를 정산하여야 할 경우, 특별한 사정이 없는 한 그 공사비는 약정총공사비에서 막바로 미시공 부분의 완성에 실제로 소요될 공사비를 공제하여 산정할 것이 아니라 기성 부분과 미시공 부분에 실제로 소요되거나 소요될 공사비를 기초로 산출한 기성고비율을 약정공사비에 적용하여 산정하여야 하고, 기성고비율은 이미 완성된 부분에 소요된 공사비에다가 미시공 부분을 완성하는 데 소요될 공사비를 합친 전체 공사비 가운데 이미 완성된 부분에 소요된 비용이 차지하는 비율이다(대판 1995.6.9. 94다29300).

2016년 변호사시험 문 28.

☑ 확인Check! ○ △ ✕

甲은 자신의 명의로 실명 확인을 거친 후 A은행과 3억원을 예치하는 계약을 체결하고 그에 관한 계약서를 작성하여 예금원장에 3억원의 입금사실이 기록되었다. 그 후 甲이 乙에 대한 매매대금 3억원을 지급하기 위하여 A은행을 통해 乙이 거래하는 B은행의 乙계좌로 송금한다는 것이 착오로 계좌번호를 잘못 기재하여 丙이 거래하는 B은행의 丙계좌로 송금하고 말았다. 이에 관한 법률관계 중 옳은 것(○)과 옳지 않은 것(✕)을 올바르게 조합한 것은?(이자나 지연손해금은 고려하지 않고, 각 지문은 독립적이며, 다툼이 있는 경우 판례에 의함)

ㄱ. 甲과 丙 사이에는 급부의 원인관계가 존재하지 않으므로 丙이 B은행에 대하여 3억원의 예금채권을 취득하는 것은 아니다.
ㄴ. 甲과 丙 사이에는 급부의 원인관계가 존재하지 않으므로 甲은 丙계좌가 개설된 B은행에 대하여 3억원의 부당이득반환청구권을 갖게 된다.
ㄷ. 만약 甲이 A은행에 예치한 3억원의 실제 출연자가 丁인 경우, 丁을 A은행에 대한 예금계약자로 보려면, 丁과 A은행 사이에 甲과의 예금계약을 부정하여 甲의 예금반환청구권을 배제하고, 丁과의 예금계약과 丁의 예금반환청구권을 인정하려는 명확한 의사표시의 합치가 있는 극히 예외적인 경우여야 한다.

① ㄱ(○) ㄴ(○) ㄷ(✕)   ② ㄱ(○) ㄴ(✕) ㄷ(○)
③ ㄱ(○) ㄴ(✕) ㄷ(✕)   ④ ㄱ(✕) ㄴ(✕) ㄷ(○)
⑤ ㄱ(✕) ㄴ(○) ㄷ(○)

[ㄱ ▶ ✕] [ㄴ ▶ ✕] 현금으로 계좌송금 또는 계좌이체가 된 경우에는 예금원장에 입금의 기록이 된 때에 예금이 된다고 예금거래기본약관에 정하여져 있을 뿐이고, 수취인과 은행 사이의 예금계약의 성립 여부를 송금의뢰인과 수취인 사이에 계좌이체의 원인인 법률관계가 존재하는지 여부에 의하여 좌우되도록 한다고 별도로 약정하였다는 등의 특별한 사정이 없는 경우에는, 송금의뢰인이 수취인의 예금구좌에 계좌이체를 한 때에는, 송금의뢰인과 수취인 사이에 계좌이체의 원인인 법률관계가 존재하는지 여부에 관계없이 수취인과 수취은행 사이에는 계좌이체금액 상당의 예금계약이 성립하고, 수취인이 수취은행에 대하여 위 금액 상당의 예금채권을 취득한다(ㄱ). 이때, 송금의뢰인과 수취인 사이에 계좌이체의 원인이 되는 법률관계가 존재하지 않음에도 불구하고, 계좌이체에 의하여 수취인이 계좌이체금액 상당의 예금채권을 취득한 경우에는, 송금의뢰인은 수취인에 대하여 위 금액 상당의 부당이득반환청구권을 가지게 되지만, 수취은행은 이익을 얻은 것이 없으므로 수취은행에 대하여는 부당이득반환청구권을 취득하지 아니한다(ㄴ)(대판 2007.11.29. 2007다51239).

④ 정답

[ㄷ ▶ ○] 금융실명거래 및 비밀보장에 관한 법률에 따라 실명확인절차를 거쳐 예금계약을 체결하고 그 실명확인사실이 예금계약서 등에 명확히 기재되어 있는 경우에는, 일반적으로 그 예금계약서에 예금주로 기재된 예금명의자나 그를 대리한 행위자 및 금융기관의 의사는 예금명의자를 예금계약의 당사자로 보려는 것이라고 해석하는 것이 경험법칙에 합당하고, 예금계약의 당사자에 관한 법률관계를 명확히 할 수 있어 합리적이다. 그리고 이와 같은 예금계약당사자의 해석에 관한 법리는, 예금명의자 본인이 금융기관에 출석하여 예금계약을 체결한 경우나 예금명의자의 위임에 의하여 자금출연자 등의 제3자(이하 "출연자 등"이라 한다)가 대리인으로서 예금계약을 체결한 경우 모두 마찬가지로 적용된다고 보아야 한다. 따라서 본인인 예금명의자의 의사에 따라 예금명의자의 실명확인절차가 이루어지고 예금명의자를 예금주로 하여 예금계약서를 작성하였음에도 불구하고, 예금명의자가 아닌 출연자 등을 예금계약의 당사자라고 볼 수 있으려면, 금융기관과 출연자 등과 사이에서 실명확인절차를 거쳐 서면으로 이루어진 예금명의자와의 예금계약을 부정하여 예금명의자의 예금반환청구권을 배제하고 출연자 등과 예금계약을 체결하여 출연자 등에게 예금반환청구권을 귀속시키겠다는 명확한 의사의 합치가 있는 극히 예외적인 경우로 제한되어야 한다. 그리고 이러한 의사의 합치는 금융실명거래 및 비밀보장에 관한 법률에 따라 실명확인절차를 거쳐 작성된 예금계약서 등의 증명력을 번복하기에 충분할 정도의 명확한 증명력을 가진 구체적이고 객관적인 증거에 의하여 매우 엄격하게 인정하여야 한다(대판 2009.3.19. 2008다45828 [전합]).

2013년 변호사시험 문 25.

☑ 확인Check! ○ △ ✕

예금계약에 관한 설명 중 판례의 입장과 다른 것은?

① 예금계약은 예금자가 예금의 의사를 표시하면서 금융기관에 돈을 제공하고 금융기관이 그 의사에 따라 그 돈을 받아 확인을 하면 그로써 성립하며, 금융기관의 직원이 그 받은 돈을 금융기관에 실제로 입금하였는지 여부는 예금계약의 성립에 아무런 영향을 미치지 아니한다.

② 계좌이체가 된 경우에는 예금원장에 입금기록이 된 때에 예금이 된다고 예금거래기본약관에 정하여져 있더라도, 송금의뢰인이 계좌이체의 원인인 법률관계가 존재하지 아니함에도 착오로 수취인의 예금구좌에 계좌이체를 한 경우, 수취인이 수취은행에 대하여 위 금액 상당의 예금채권을 취득하는 것은 아니다.

③ 은행이 일반거래약관인 예금거래기본약관에서 각종의 예금채권에 대하여 그 양도를 제한하는 내용의 규정을 둠으로써 예금채권의 양도를 제한하고 있는 사실은 적어도 은행거래의 경험이 있는 자에 대하여는 널리 알려진 사항에 속한다 할 것이므로, 은행거래의 경험이 있는 자가 예금채권을 양수한 경우, 특별한 사정이 없는 한 예금채권에 대하여 양도 제한의 특약이 있음을 알았다고 할 것이고, 그렇지 않다 하더라도 알지 못한 데에 중대한 과실이 있다고 봄이 상당하다.

④ 본인인 예금명의자의 의사에 따라 실명확인절차가 이루어지고 예금명의자를 예금주로 한 예금계약서를 작성한 경우, 금융기관과 출연자 등과 사이에서 실명확인절차를 거쳐 서면으로 이루어진 예금명의자와의 예금계약을 부정하여 예금명의자의 예금반환청구권을 배제하고 출연자 등과 예금계약을 체결하여 출연자 등에게 예금반환청구권을 귀속시키겠다는 명확한 의사의 합치가 위 예금계약서의 증명력을 번복하기에 충분할 정도의 명확한 증명력을 가진 구체적이고 객관적인 증거에 의하여 인정되는 경우에는 예금명의자가 아닌 출연자 등을 예금계약의 당사자로 볼 수 있다.

⑤ 甲, 乙이 각자 분담하여 출연한 돈을 동업 이외의 특정 목적을 위하여 공동명의로 예치해 둠으로써 그 목적이 달성되기 전에는 甲이나 乙이 단독으로 예금을 인출할 수 없도록 방지·감시하고자 하는 목적으로 甲, 乙 공동명의로 예금을 개설한 경우, 甲에 대한 채권자 丙은 甲의 지분에 상응하는 예금채권에 대한 압류 및 추심명령 등을 얻어 이를 집행할 수 있고, 이러한 압류 등을 송달받은 은행은 丙의 압류명령 등에 기초한 단독예금반환청구에 대하여, 甲, 乙과 약정한 공동반환특약을 들어 그 지급을 거절할 수는 없다.

[❶ ▶ ○] 예금계약은 예금자가 예금의 의사를 표시하면서 금융기관에 돈을 제공하고 금융기관이 그 의사에 따라 그 돈을 받아 확인을 하면 그로써 성립하며, 금융기관의 직원이 그 받은 돈을 금융기관에 실제로 입금하였는지 여부는 예금계약의 성립에는 아무런 영향을 미치지 아니한다(대판 2005.12.23. 2003다30159).

[**❷ ▶ ✕**] 현금으로 계좌송금 또는 계좌이체가 된 경우에는 예금원장에 입금의 기록이 된 때에 예금이 된다고 예금거래 기본약관에 정하여져 있을 뿐이고, 수취인과 은행 사이의 예금계약의 성립 여부를 송금의뢰인과 수취인 사이에 계좌이체의 원인인 법률관계가 존재하는지 여부에 의하여 좌우되도록 한다고 별도로 약정하였다는 등의 특별한 사정이 없는 경우에는, 송금의뢰인이 수취인의 예금구좌에 계좌이체를 한 때에는, 송금의뢰인과 수취인 사이에 계좌이체의 원인인 법률관계가 존재하는지 여부에 관계없이 수취인과 수취은행 사이에는 계좌이체금액 상당의 예금계약이 성립하고, 수취인 이 수취은행에 대하여 위 금액 상당의 예금채권을 취득한다(대판 2007.11.29. 2007다51239).

[**❸ ▶ ○**] 은행거래에서 발생하는 채권인 예금채권에 관한 법률관계는 일반거래약관에 의하여 규율되어 은행은 일반거래 약관인 예금거래기본약관에 각종의 예금채권에 대하여 그 양도를 제한하는 내용의 규정을 둠으로써 예금채권의 양도를 제한하고 있는 사실은 적어도 은행거래의 경험이 있는 자에 대하여는 널리 알려진 사항에 속한다 할 것이므로, 은행거래의 경험이 있는 자가 예금채권을 양수한 경우 특별한 사정이 없는 한 예금채권에 대하여 양도 제한의 특약이 있음을 알았다고 할 것이고, 그렇지 않다 하더라도 알지 못한 데에 중대한 과실이 있다고 보아야 한다(대판 2003.12.12. 2003다44370).

[**❹ ▶ ○**] 본인인 예금명의자의 의사에 따라 예금명의자의 실명확인절차가 이루어지고 예금명의자를 예금주로 하여 예금 계약서를 작성하였음에도 불구하고, 예금명의자가 아닌 출연자 등을 예금계약의 당사자라고 볼 수 있으려면, 금융기관과 출연자 등과 사이에서 실명확인절차를 거쳐 서면으로 이루어진 예금명의자와의 예금계약을 부정하여 예금명의자의 예금반 환청구권을 배제하고 출연자 등과 예금계약을 체결하여 출연자 등에게 예금반환청구권을 귀속시키겠다는 명확한 의사의 합치가 있는 극히 예외적인 경우로 제한되어야 한다. 그리고 이러한 의사의 합치는 금융실명거래 및 비밀보장에 관한 법률에 따라 실명확인절차를 거쳐 작성된 예금계약서 등의 증명력을 번복하기에 충분할 정도의 명확한 증명력을 가진 구체적이고 객관적인 증거에 의하여 매우 엄격하게 인정하여야 한다(대판 2009.3.19. 2008다45828 [전합]).

[**❺ ▶ ○**] 은행에 공동명의로 예금을 하고 은행에 대하여 그 권리를 함께 행사하기로 한 경우에 만일 동업자금을 공동명의 로 예금한 경우라면 채권의 준합유관계에 있다고 볼 것이나, 공동명의예금채권자들 각자가 분담하여 출연한 돈을 동업 이외의 특정 목적을 위하여 공동명의로 예치해 둠으로써 그 목적이 달성되기 전에는 공동명의예금채권자가 단독으로 예금 을 인출할 수 없도록 방지·감시하고자 하는 목적으로 공동명의로 예금을 개설한 경우라면, 하나의 예금채권이 분량적으로 분할되어 각 공동명의예금채권자들에게 공동으로 귀속되고, 각 공동명의예금채권자들이 예금채권에 대하여 갖는 각자의 지분에 대한 관리처분권은 각자에게 귀속되는 것이고, 다만 은행에 대한 지급청구만을 공동반환의 특약에 의하여 공동명의 예금채권자들 모두가 공동으로 하여야 하는 것이므로, 공동명의예금채권자 중 1인에 대한 채권자로서는 그 1인의 지분에 상응하는 예금채권에 대한 압류 및 추심명령 등을 얻어 이를 집행할 수 있고, 한편 이러한 압류 등을 송달받은 은행으로서는 압류채권자의 압류명령 등에 기초한 단독예금반환청구에 대하여, "공동명의예금채권자가 공동으로 그 반환을 청구하는 절차를 밟아야만 예금청구에 응할 수 있다"는 공동명의예금채권자들과 사이의 공동반환특약을 들어 그 지급을 거절할 수는 없다(대판 2005.9.9. 2003다7319).

2018년 변호사시험 문 29. ☑확인Check! ○ △ ✕

甲, 乙, 丙은 각각 1억원씩 출자하여 A사업체를 운영하는 「민법」상 조합계약을 체결하였다. 아래 사항들에 대해 조합계약에서 별도의 특약이 없음을 전제로 할 때, 이에 관한 설명 중 옳지 않은 것은?(각 지문은 독립적이며, 다툼이 있는 경우 판례에 의함)

① A사업체가 구입한 부동산에 대하여 甲, 乙, 丙의 명의로 각 지분에 관하여 공유등기를 하였다면 A사업체가 甲, 乙, 丙에게 각 지분에 대하여 명의신탁한 것으로 보아야 한다.

② A사업체에 업무집행자를 두지 않은 경우, 甲과 乙이 A사업체의 명의로 B회사와 매매계약을 체결하였더라도 그 매매계약은 A사업체에 효력이 발생한다.

③ 조합계약으로 업무집행자를 정하지 아니한 경우에는 甲과 乙의 찬성으로 甲을 업무집행자로 선임할 수 있다.

④ A사업체의 업무집행자가 甲으로 정해져 있는 경우에 乙의 임의탈퇴는 甲에 대한 의사표시만으로 효력이 발생한다.

⑤ 甲이 사망한 경우, 甲은 조합을 당연히 탈퇴한 것으로 되고 조합원의 지위가 甲의 상속인에게 승계되지 않는다.

[❶ ▶ ○] 민법 제271조 제1항은 "법률의 규정 또는 계약에 의하여 수인이 조합체로서 물건을 소유하는 때에는 합유로 한다. 합유자의 권리는 합유물 전부에 미친다"고 규정하고(이는 물권법상의 규정으로서 강행규정이고, 따라서 조합체의 구성원인 조합원들이 공유하는 경우에는 조합체로서 물건을 소유하는 것으로 볼 수 없다), 민법 제704조는 "조합원의 출자 기타 조합재산은 조합원의 합유로 한다"고 규정하고 있으므로, 동업을 목적으로 한 조합이 조합체로서 또는 조합재산으로서 부동산의 소유권을 취득하였다면, 민법 제271조 제1항의 규정에 의하여 당연히 그 조합체의 합유물이 되고(이는 민법 제187조에 규정된 '법률의 규정에 의한 물권의 취득'과는 아무 관계가 없다. 따라서 조합체가 부동산을 법률행위에 의하여 취득한 경우에는 물론 소유권이전등기를 요한다), 다만, 그 조합체가 합유등기를 하지 아니하고 그 대신 조합원들 명의로 각 지분에 관하여 공유등기를 하였다면, 이는 그 조합체가 조합원들에게 각 지분에 관하여 명의신탁한 것으로 보아야 한다(대판 2002.6.14. 2000다30622).

[❷ ▶ ○] 甲과 乙 2인의 업무 집행은 조합원 3인 중 과반수의 결정이므로, 매매계약은 A사업체에 효력이 발생한다.

법령 ⦁ 사무 집행의 방법(민법 제706조) ② 조합의 업무 집행은 조합원의 과반수로써 결정한다. 업무집행자 수인 인 때에는 그 과반수로써 결정한다.

[❸ ▶ ○] 조합계약으로 업무집행자를 정하지 아니한 경우에는 조합원의 3분의 2 이상의 찬성으로써 이를 선임한다(민법 제706조 제1항).

[❹ ▶ ✕] 사안은 조합계약에 별도의 특약이 없음이 전제되어 있으므로, 임의탈퇴는 다른 조합원 전원에 대한 의사표시로 해야 한다.

판례 ⦁ 민법상 조합에 있어서 조합원은 임의로 탈퇴할 수 있고 그 탈퇴는 다른 조합원 전원에 대한 의사표시로 하여야 하나 조합계약에서 탈퇴의사의 표시방식을 따로 정하는 특약은 유효하다(대판 1997.9.9. 96다16896).

[❺ ▶ ○] 조합에 있어서 조합원의 1인이 사망한 때에는 민법 제717조에 의하여 그 조합관계로부터 당연히 탈퇴하고 특히 조합계약에서 사망한 조합원의 지위를 그 상속인이 승계하기로 약정한 바 없다면 사망한 조합원의 지위는 상속인에게 승계되지 아니한다(대판 1987.6.23. 86다카2951).

공동이행방식의 공동수급체에 관한 설명 중 옳지 않은 것을 모두 고른 것은?(다툼이 있는 경우 판례에 의함)

> ㄱ. 위 수급체의 구성원들이 상인인 경우 구성원들은 연대하여 도급인에게 하자보수를 이행할 의무가 있다.
>
> ㄴ. 위 수급체의 채권자가 구성원 중 1인만을 가압류채무자로 한 가압류명령으로써 위 수급체의 재산에 가압류 집행을 할 수는 없다.
>
> ㄷ. 위 수급체가 공사를 시행함으로 인하여 도급인에 대하여 가지는 채권은 그 구성원들에게 합유적으로 귀속하는 것이어서, 비록 위 수급체와 도급인 사이에 위 수급체가 아닌 개별구성원으로 하여금 지분비율에 따라 직접 도급인에 대하여 공사대금을 청구할 수 있도록 하는 약정을 한 경우에도, 도급인에 대하여 가지는 채권이 위 수급체 구성원 각자에게 지분비율에 따라 구분하여 귀속될 수는 없다.
>
> ㄹ. 위 수급체의 구성원 중 1인이 그 출자의무를 불이행한 경우, 특별한 사정이 없는 한 출자의무의 불이행을 이유로 그 구성원에 대한 이익분배를 거부할 수 있다.

① ㄷ   ② ㄴ, ㄹ   ③ ㄷ, ㄹ
④ ㄴ, ㄷ, ㄹ   ⑤ ㄱ, ㄴ, ㄷ, ㄹ

[ㄱ ▶ ○] 공동이행방식의 공동수급체는 민법상 조합의 성질을 가지는데, 조합의 채무는 조합원의 채무로서 특별한 사정이 없는 한 조합채권자는 각 조합원에 대하여 지분의 비율에 따라 또는 균일적으로 권리를 행사할 수 있지만, <u>조합채무가 조합원 전원을 위하여 상행위가 되는 행위로 인하여 부담하게 된 것이라면 상법 제57조 제1항을 적용하여 조합원들의 연대책임을 인정함이 상당하므로, 공동수급체의 구성원들이 상인인 경우</u> 공사도급계약에 따라 도급인에게 하자보수를 이행할 의무는 구성원 전원의 상행위에 의하여 부담한 채무로서 <u>공동수급체의 구성원들은 연대하여 도급인에게 하자보수를 이행할 의무가 있다</u>(대판 2015.03.26. 2012다25432).

[ㄴ ▶ ○] 민법상 조합에서 조합의 채권자가 조합재산에 대하여 강제집행을 하려면 조합원 전원에 대한 집행권원을 필요로 하고, 조합재산에 대한 강제집행의 보전을 위한 가압류의 경우에도 마찬가지로 조합원 전원에 대한 가압류명령이 있어야 하므로, <u>조합원 중 1인만을 가압류채무자로 한 가압류명령으로써 조합재산에 가압류 집행을 할 수는 없다</u>(대판 2015.10.29. 2012다21560).

[ㄷ ▶ ✕] 공동이행방식의 공동수급체는 기본적으로 민법상 조합의 성질을 가지는 것이므로, 공동수급체가 공사를 시행함으로 인하여 도급인에 대하여 가지는 채권은 원칙적으로 공동수급체구성원에게 합유적으로 귀속하는 것이어서 특별한 사정이 없는 한 구성원 중 1인이 임의로 도급인에 대하여 출자지분비율에 따른 급부를 청구할 수 없고, 구성원 중 1인에 대한 채권으로써 그 구성원 개인을 집행채무자로 하여 공동수급체의 도급인에 대한 채권에 대하여 강제집행을 할 수 없다. 그러나 <u>공동이행방식의 공동수급체와 도급인이 공사도급계약에서 발생한 채권과 관련하여 공동수급체가 아닌 개별구성원으로 하여금 지분비율에 따라 직접 도급인에 대하여 권리를 취득하게 하는 약정을 하는 경우와 같이 공사도급계약의 내용에 따라서는 공사도급계약과 관련하여 도급인에 대하여 가지는 채권이 공동수급체구성원 각자에게 지분비율에 따라 구분하여 귀속될 수도 있고, 위와 같은 약정은 명시적으로는 물론 묵시적으로도 이루어질 수 있다</u>(대판 2012.5.17. 2009다105406 [전합]).

[ㄹ ▶ ✕] 건설공동수급체는 기본적으로 민법상 조합의 성질을 가지는 것인데, 건설공동수급체의 구성원인 조합원이 그 출자의무를 불이행하였더라도 그 조합원을 조합에서 제명하지 않는 한 건설공동수급체는 조합원에 대한 출자금채권과 그 연체이자채권, 그 밖의 손해배상채권으로 조합원의 이익분배청구권과 직접 상계할 수 있을 뿐이고, <u>조합계약에서 출자의무의 이행과 이익분배를 직접 연계시키는 특약을 두지 않는 한 출자의무의 불이행을 이유로 이익분배 자체를 거부할 수는 없다</u>(대판 2006.8.25. 2005다16959).

제1절 사무관리 ★

2019년 변호사시험 문 27.

☑ 확인 Check! ○ △ ✕

甲은 이웃에 사는 乙이 해외여행을 간 사이에 폭우가 내려 乙의 담장이 무너지려는 것을 보고 건축업자인 丙과 위 담장이 무너지지 않도록 보강공사도급계약을 체결하였고, 丙은 위 보강공사를 완료하였다. 이에 관한 설명 중 옳지 않은 것은?(각 지문은 독립적이며, 다툼이 있는 경우 판례에 의함)

① 甲과 乙 사이에 사무관리가 성립하기 위해서는 甲에게 乙을 위하여 사무를 처리한다는 관리의사가 있어야 한다.

② 丙과 乙 사이에는 계약관계가 존재하지 않으므로 丙은 乙을 상대로 위 담장의 보강공사로 인하여 증가한 이득액에 대하여 부당이득반환청구를 할 수 있다.

③ 丙은 甲에게 도급계약에 기하여 위 공사비의 지급을 청구할 수 있다.

④ 甲과 乙 사이에 사무관리가 성립하는 경우에는 甲은 乙을 상대로 丙에게 지급한 공사비를 비용으로 청구할 수 있다.

⑤ 甲과 乙 사이에 사무관리가 성립하는 경우에는 甲은 乙에게 丙에 대한 위 도급계약상의 채무를 자기에 갈음하여 변제할 것을 청구할 수 있다.

[**❶ ▸ ○**] 사무관리라 함은 의무 없이 타인을 위하여 그의 사무를 처리하는 행위를 말하는 것이므로, 만약 그 사무가 타인의 사무가 아니라거나 또는 사무를 처리한 자에게 타인을 위하여 처리한다는 관리의사가 없는 경우에는 사무관리가 성립될 수 없다(대판 1995.9.15. 94다59943).

[**❷ ▸ ✕**] [**❸ ▸ ○**] 전용물소권을 부정하는 판례의 입장에 의하면, 도급계약에 의해 보강공사를 한 수급인 丙은 계약상대방 아닌 乙에게 부당이득 반환을 청구할 수 없고, 계약상대방 甲에게 공사대금을 청구할 수 있을 뿐이다.

> 판례 계약상의 급부가 계약의 상대방뿐만 아니라 제3자의 이익으로 된 경우에 급부를 한 계약당사자가 계약상대방에 대하여 계약상의 반대급부를 청구할 수 있는 이외에 그 제3자에 대하여 직접 부당이득반환청구를 할 수 있다고 보면, 자기 책임하에 체결된 계약에 따른 위험부담을 제3자에게 전가시키는 것이 되어 계약법의 기본원리에 반하는 결과를 초래할 뿐만 아니라, 채권자인 계약당사자가 채무자인 계약상대방의 일반채권자에 비하여 우대받는 결과가 되어 일반채권자의 이익을 해치게 되고, 수익자인 제3자가 계약상대방에 대하여 가지는 항변권 등을 침해하게 되어 부당하므로, 위와 같은 경우 계약상의 급부를 한 계약당사자는 이익의 귀속주체인 제3자에 대하여 직접 부당이득 반환을 청구할 수는 없다고 보아야 한다(대판 2002.8.23. 99다66564).

[**❹ ▸ ○**] 관리자가 본인을 위하여 필요비 또는 유익비를 지출한 때에는 본인에 대하여 그 상환을 청구할 수 있다(민법 제739조 제1항).

② 정답

[**❺ ▸ ○**] 사무관리가 성립하는 경우, 관리자 甲은 乙에게 대변제청구권을 행사할 수 있다.

[법령] **관리자의 비용상환청구권(민법 제739조)** ② 관리자가 본인을 위하여 필요 또는 유익한 채무를 부담한 때에는 제688조 제2항의 규정을 준용한다.

수임인의 비용상환청구권 등(민법 제688조) ② 수임인이 위임사무의 처리에 필요한 채무를 부담한 때에는 <u>위임인에게 자기에 갈음하여 이를 변제하게 할 수 있고</u> 그 채무가 변제기에 있지 아니한 때에는 상당한 담보를 제공하게 할 수 있다.

2017년 변호사시험 문 10.   ☑ 확인Check! ○ △ X

사무관리에 관한 설명 중 옳은 것은?(다툼이 있는 경우 판례에 의함)

① 사인이 처리한 국가의 사무가 사인이 국가를 대신하여 처리할 수 있는 것으로서 사무처리의 긴급성 등 국가의 사무에 대한 사인의 개입이 정당화되는 경우라도, 사인이 법령상 근거 없이 국가의 사무를 수행할 수 없다는 점을 고려하면, 사인은 국가에 대하여 국가의 사무를 처리하면서 지출한 비용의 상환을 청구할 수 없다.

② 甲이 乙과의 약정에 따라 丙의 사무를 처리한 경우 甲의 사무처리행위는 원칙적으로 丙과의 관계에서 사무관리가 된다.

③ 甲회사가 계약상 의무 없이 乙회사를 위하여 경비사무를 처리한 경우 乙회사에게 이에 따른 비용 상환을 청구할 수 있고, 乙회사와의 계약에 의해 경비사무를 담당할 의무가 있었던 丙회사에게도 비용 상당의 부당이득 반환을 청구할 수 있다.

④ 甲이 乙에 대한 자신의 채권을 보전하기 위하여 乙이 다른 상속인 丙과 공동으로 상속받은 부동산에 관하여 공동상속등기를 대위신청하여 그 등기가 행하여진 경우, 특별한 사정이 없는 한 甲은 자신의 채무자가 아닌 丙에게 사무관리에 기하여 그 등기에 소요된 비용의 상환을 청구할 수 없다.

⑤ 직업에 의하여 유상으로 타인을 위하여 일하는 甲이 향후 계약이 체결될 것을 예정하여 그 직업의 범위 내에서 乙을 위한 행위를 하였으나 그 후 계약이 체결되지 아니함에 따라 타인을 위한 사무를 관리한 것으로 인정되는 경우, 甲이 다른 사람을 고용하지 않고 직접 사무를 처리하였다면 甲은 乙에게 통상의 보수에 상응하는 금액을 필요비 내지 유익비로 청구할 수 있다.

[**❶ ▸ X**] 사무관리가 성립하기 위하여는 우선 사무가 타인의 사무이고 타인을 위하여 사무를 처리하는 의사, 즉 관리의 사실상 이익을 타인에게 귀속시키려는 의사가 있어야 하며, 나아가 사무의 처리가 본인에게 불리하거나 본인의 의사에 반한다는 것이 명백하지 아니할 것을 요한다. 다만 <u>타인의 사무가 국가의 사무인 경우, 원칙적으로 사인이 법령상 근거 없이 국가의 사무를 수행할 수 없다는 점을 고려하면, 사인이 처리한 국가의 사무가 사인이 국가를 대신하여 처리할 수 있는 성질의 것으로서, 사무처리의 긴급성 등 국가의 사무에 대한 사인의 개입이 정당화되는 경우에 한하여 사무관리가 성립하고, 사인은 그 범위 내에서 국가에 대하여 국가의 사무를 처리하면서 지출된 필요비 내지 유익비의 상환을 청구할 수 있다</u>(대판 2014.12.11. 2012다15602).

[**❷ ▸ X**] 의무 없이 타인의 사무를 처리한 자는 그 타인에 대하여 민법상 사무관리규정에 따라 비용 상환 등을 청구할 수 있으나, 제3자와의 약정에 따라 타인의 사무를 처리한 경우에는 의무 없이 타인의 사무를 처리한 것이 아니므로 이는 <u>원칙적으로 그 타인과의 관계에서는 사무관리가 된다고 볼 수 없다</u>(대판 2013.9.26. 2012다43539).

[**❸ ▸ X**] 계약상 급부가 계약상대방뿐 아니라 제3자에게 이익이 된 경우에 급부를 한 계약당사자는 계약상대방에 대하여 계약상 반대급부를 청구할 수 있는 이외에 제3자에 대하여 직접 부당이득반환청구를 할 수는 없다고 보아야 하고, 이러한 법리는 급부가 사무관리에 의하여 이루어진 경우에도 마찬가지이다. 따라서 <u>의무 없이 타인을 위하여 사무를 관리한</u>

자는 타인에 대하여 민법상 사무관리규정에 따라 비용 상환 등을 청구할 수 있는 외에 사무관리에 의하여 결과적으로 사실상 이익을 얻은 다른 제3자에 대하여 직접 부당이득 반환을 청구할 수는 없다(대판 2013.6.27. 2011다17106).

[❹ ▶ ×] 채권자가 자신의 채권을 보전하기 위하여 채무자가 다른 상속인과 공동으로 상속받은 부동산에 관하여 위와 같이 공동상속등기를 대위신청하여 그 등기가 행하여지는 것과 같이 채권자에 의한 채무자권리의 대위행사의 직접적인 내용이 제3자의 법적 지위를 보전·유지하는 것이 되는 경우에는, 채권자는 자신의 채무자가 아닌 제3자에 대하여도 다른 특별한 사정이 없는 한 사무관리에 기하여 그 등기에 소요된 비용의 상환을 청구할 수 있다고 할 것이다. 이와 같은 경우에 채권자가 채권자대위권에 관한 민법 제404조 제1항에서 정하는 대로 '자기의 채권을 보전하기 위하여' 채무자의 권리를 행사한다는 점은 그것만으로 그 권리행사의 결과로 행하여지는 위와 같은 공동상속등기에 의한 이익을 공동상속인들에게 귀속시킨다는 채권자의 통상적·일반적 의사를 부인할 만한 사정이 되지 못하는 것이다(대판 2013.8.22. 2013다30882).

[❺ ▶ ○] 직업 또는 영업에 의하여 유상으로 타인을 위하여 일하는 사람이 향후 계약이 체결될 것을 예정하여 그 직업 또는 영업의 범위 내에서 타인을 위한 행위를 하였으나 그 후 계약이 체결되지 아니함에 따라 타인을 위한 사무를 관리한 것으로 인정되는 경우에 상법 제61조는 상인이 그 영업범위 내에서 타인을 위하여 행위를 한 때에는 이에 대하여 상당한 보수를 청구할 수 있다고 규정하고 있어 직업 또는 영업의 일환으로 제공한 용역은 그 자체로 유상행위로서 보수 상당의 가치를 가진다고 할 수 있으므로 그 관리자는 통상의 보수를 받을 것을 기대하고 사무관리를 하는 것으로 보는 것이 일반적인 거래관념에 부합하고, 그 관리자가 사무관리를 위하여 다른 사람을 고용하였을 경우 지급하는 보수는 사무관리비용으로 취급되어 본인에게 반환을 구할 수 있는 것과 마찬가지로, 다른 사람을 고용하지 않고 자신이 직접 사무를 처리한 것도 통상의 보수 상당의 재산적 가치를 가지는 관리자의 용역이 제공된 것으로서 사무관리의사에 기한 자율적 재산희생으로서의 비용이 지출된 것이라 할 수 있으므로 그 통상의 보수에 상응하는 금액을 필요비 내지 유익비로 청구할 수 있다고 봄이 타당하고, 이 경우 통상의 보수의 수준이 어느 정도인지는 거래관행과 사회통념에 의하여 결정하되, 관리자의 노력의 정도, 사무관리에 의하여 처리한 업무의 내용, 사무관리 본인이 얻은 이익 등을 종합적으로 고려하여 판단하여야 한다(대판 2010.1.14. 2007다55477).

제2절 부당이득 ★★★★

2015년 변호사시험 문 32.

☑ 확인Check! ○ △ ×

부당이득에 관한 설명 중 옳지 않은 것은?(다툼이 있는 경우 판례에 의함)

① 타인의 소유물을 권원 없이 점유함으로써 얻은 사용이익을 반환하는 경우, 악의의 수익자는 받은 이익에 이자를 붙여 반환하여야 하며, 위 이자의 이행지체로 인한 지연손해금도 지급하여야 한다.

② 수익자가 이익을 받은 후 법률상 원인 없음을 안 때에는 그때부터 악의의 수익자로서 이익 반환의 책임이 있다.

③ 비채변제와 관련하여, 지급자가 채무 없음을 알고 있었으나 변제를 강요당하거나 변제거절로 인한 사실상의 손해를 피하기 위하여 부득이 변제하게 된 경우에는 지급자가 그 반환청구권을 상실하지 않는다.

④ 법률행위의 내용 자체는 반사회질서적인 것이 아니라고 하여도 법률행위과정에서 표시되거나 상대방에게 알려진 법률행위의 동기가 반사회질서적인 경우에는 불법원인급여에 있어서의 불법원인에 해당한다.

⑤ 불법원인급여 후 급부를 이행받은 자가 급부의 원인행위와 별도의 약정으로 급부 그 자체 또는 그에 갈음한 대가물을 반환하기로 특약하는 것은 무효이다.

⑤ 정답

[❶ ▸ O] 대판 2003.11.14, 2001다61869, 민법 제748조 및 제201조 제1항·제2항 참조

타인 소유물을 권원 없이 점유함으로써 얻은 사용이익을 반환하는 경우 민법은 선의 점유자를 보호하기 위하여 제201조 제1항을 두어 선의 점유자에게 과실수취권을 인정함에 대하여, 이러한 보호의 필요성이 없는 악의 점유자에 관하여는 민법 제201조 제2항을 두어 과실수취권이 인정되지 않는다는 취지를 규정하는 것으로 해석되는바, 따라서 악의 수익자가 반환하여야 할 범위는 민법 제748조 제2항에 따라 정하여지는 결과 그는 받은 이익에 이자를 붙여 반환하여야 하며, 위 이자의 이행지체로 인한 지연손해금도 지급하여야 한다(대판 2003.11.14, 2001다61869).

법령

수익자의 반환범위(민법 제748조) ① 선의의 수익자는 그 받은 이익이 현존한 한도에서 전조의 책임이 있다.
② 악의의 수익자는 그 받은 이익에 이자를 붙여 반환하고 손해가 있으면 이를 배상하여야 한다.
점유자와 과실(민법 제201조) ① 선의의 점유자는 점유물의 과실을 취득한다.
② 악의의 점유자는 수취한 과실을 반환하여야 하며 소비하였거나 과실로 인하여 훼손 또는 수취하지 못한 경우에는 그 과실의 대가를 보상하여야 한다.

[❷ ▸ O] 수익자가 이익을 받은 후 법률상 원인 없음을 안 때에는 그때부터 악의의 수익자로서 이익 반환의 책임이 있다(민법 제749조 제1항).

[❸ ▸ O] 비채변제는 지급자가 채무 없음을 알면서도 임의로 지급한 경우에만 성립하고, 채무 없음을 알고 있었다 하더라도 변제를 강요당한 경우나 변제거절로 인한 사실상의 손해를 피하기 위하여 부득이 변제하게 된 경우 등 그 변제가 자기의 자유로운 의사에 반하여 이루어진 것으로 볼 수 있는 사정이 있는 때에는 지급자가 그 반환청구권을 상실하지 않는다(대판 2006.7.28, 2004다54633).

[❹ ▸ O] 부당이득의 반환청구가 금지되는 사유로 민법 제746조가 규정하는 불법원인이라 함은 그 원인되는 행위가 선량한 풍속 기타 사회질서에 위배되는 경우를 말하는 것이고, 민법 제103조에 의하여 무효로 되는 반사회질서행위는 법률행위의 목적인 권리의무의 내용이 선량한 풍속 기타 사회질서에 위배되는 경우뿐만 아니라, 그 내용 자체는 반사회질서적인 것이 아니라고 하여도 법률적으로 이를 강제하거나 법률행위에 반사회질서적인 조건 또는 금전적인 대가가 결부됨으로써 반사회질서적 성질을 띠게 되는 경우 및 표시되거나 상대방에게 알려진 법률행위의 동기가 반사회질서적인 경우를 포함한다(대판 2010.5.27, 2009다12580).

[❺ ▸ X] 불법원인급여 후 급부를 이행받은 자가 급부의 원인행위와 별도의 약정으로 급부 그 자체 또는 그에 갈음한 대가물의 반환을 특약하는 것은 불법원인급여를 한 자가 그 부당이득의 반환을 청구하는 경우와는 달리 그 반환약정 자체가 사회질서에 반하여 무효가 되지 않는 한 유효하다. 여기서 반환약정 자체의 무효 여부는 반환약정 그 자체의 목적뿐만 아니라 당초의 불법원인급여가 이루어진 경위, 쌍방당사자의 불법성의 정도, 반환약정의 체결과정 등 민법 제103조 위반 여부를 판단하기 위한 제반 요소를 종합적으로 고려하여 결정하여야 하고, 한편 반환약정이 사회질서에 반하여 무효라는 점은 수익자가 이를 입증하여야 한다(대판 2010.5.27, 2009다12580).

안심Touch

甲종중은 정기총회에서 종중 소유의 X토지를 2억원에 매도하기로 결의한 다음, 乙에게 X토지를 2억원에 매도하는 계약을 체결하였다. 乙은 甲종중의 요구에 따라 계약금 2,000만원, 중도금 8,000만원 합계 1억원을 甲종중의 채권자인 丙에게 지급하였는데, 그 후 위 종중 총회의 결의가 총회소집절차상의 하자로 인하여 무효라는 판결이 선고되어 그 판결이 확정되었다. 다음 설명 중 옳지 않은 것을 모두 고른 것은?(각 지문은 독립적이고, 다툼이 있는 경우 판례에 의함)

ㄱ. 乙이 丙에게 1억원을 지급한 것은 甲종중이 丙에게 부담하고 있던 채무의 변제로서 유효하다.
ㄴ. 乙은 丙에게 1억원의 반환을 청구할 수 있다.
ㄷ. 乙은 甲종중에게 1억원의 반환을 청구할 수 있다.
ㄹ. 丙이 乙로부터 1억원을 받을 당시 甲종중에 대한 채권이 8,000만원에 불과하였다면 甲종중은 丙에게 2,000만원의 반환을 청구할 수 있다.

① ㄴ   ② ㄷ   ③ ㄱ, ㄷ
④ ㄴ, ㄹ   ⑤ ㄱ, ㄷ, ㄹ

[ㄱ▸○][ㄴ▸✕][ㄷ▸○][ㄹ▸○] 단축된 급부의 사례이다. 이 경우 채무자 乙의 급부는 계약상대방 甲에 대한 급부일 뿐만 아니라, 상대방의 제3자인 丙에 대한 급부이기도 하다. 따라서 甲과 乙의 계약이 무효로 되더라도, 丙에 대한 변제는 甲과 丙 간의 채권관계라는 유효한 법률상 원인에 기한 것이므로 유효한 것이 된다. 또한 甲과 乙의 계약의 무효로 인한 乙의 부당이득반환청구는 계약상대방인 甲에게 해야 하며, 제3자 丙에게 할 것이 아니다. 만약 丙의 甲에 대한 채권액이 8,000만원이라면 초과된 급부는 비채변제로서 부당이득이 되므로, 甲은 丙에게 2,000만원의 반환을 청구할 수 있다.

판례 계약의 일방당사자가 상대방의 지시 등으로 상대방과 또 다른 계약관계를 맺고 있는 제3자에게 직접 급부한 경우(이른바 삼각관계에서의 급부가 이루어진 경우), 그 급부로써 급부를 한 당사자의 상대방에 대한 급부가 이루어질 뿐 아니라 그 상대방의 제3자에 대한 급부도 이루어지는 것이므로 계약의 일방당사자는 제3자를 상대로 법률상 원인 없이 급부를 수령하였다는 이유로 부당이득반환청구를 할 수 없다. 이러한 경우에 계약의 일방당사자가 상대방에 대하여 급부를 한 원인관계인 법률관계에 무효 등의 흠이 있다는 이유로 제3자를 상대로 직접 부당이득반환청구를 할 수 있다고 보면 자기 책임하에 체결된 계약에 따른 위험부담을 제3자에게 전가하는 것이 되어 계약법의 원리에 반하는 결과를 초래할 뿐만 아니라 수익자인 제3자가 상대방에 대하여 가지는 항변권 등을 침해하게 되어 부당하기 때문이다. 이와 같이 삼각관계에서의 급부가 이루어진 경우에, 제3자가 급부를 수령함에 있어 계약의 일방당사자가 상대방에 대하여 급부를 한 원인관계인 법률관계에 무효 등의 흠이 있었다는 사실을 알고 있었다 할지라도 계약의 일방당사자는 제3자를 상대로 법률상 원인 없이 급부를 수령하였다는 이유로 부당이득반환청구를 할 수 없다(대판 2008.9.11. 2006다46278).

① 정답

丙의 甲에 대한 부당이득반환청구에 관한 설명 중 옳은 것은?(다툼이 있는 경우 판례에 의함)

① 금전채권의 질권자 甲이 자기 채권의 범위 내에서 직접청구권을 행사하여 제3채무자인 丙으로부터 자기 채권을 변제받은 경우, 질권설정자 乙이 丙에 대해 가지는 입질채권의 발생원인계약이 무효라면, 특별한 사정이 없는 한 丙은 甲을 상대로 직접 변제금 상당의 부당이득 반환을 청구할 수 있다.

② 丙이 법률상 의무 없이 乙을 위하여 사무를 관리한 경우, 그 사무관리행위로 甲이 결과적으로 사실상 이익을 얻었다면 丙은 甲을 상대로 직접 그 이익 상당의 부당이득 반환을 청구할 수 있다.

③ 유효한 도급계약에 기하여 수급인 丙이 도급인 乙로부터 甲 소유의 물건을 인도받아 수리한 결과 그 물건의 가치가 증가한 경우, 丙은 甲을 상대로 직접 증가액 상당의 「민법」 제203조에 의한 비용 상환이나 제741조에 의한 부당이득 반환을 청구할 수 없다.

④ 丙이 착오로 자신의 乙은행 예금계좌에 예금된 돈을 丁의 甲은행 예금계좌로 송금한 경우, 丙은 甲은행을 상대로 직접 송금액 상당의 부당이득 반환을 청구할 수 있다.

⑤ 채무자인 乙이 丙으로부터 횡령한 금전을 자신의 채권자인 甲에게 변제하는 데 사용한 경우, 甲이 변제수령 당시 乙의 횡령사실을 알았더라도 丙은 甲을 상대로 변제금 상당의 부당이득 반환을 직접 청구할 수 없다.

[**❶ ▸ ✕**] 금전채권의 질권자가 민법 제353조 제1항, 제2항에 의하여 자기 채권의 범위 내에서 직접청구권을 행사하는 경우 질권자는 질권설정자의 대리인과 같은 지위에서 입질채권을 추심하여 자기 채권의 변제에 충당하고 그 한도에서 질권설정자에 의한 변제가 있었던 것으로 보므로, 위 범위 내에서는 제3채무자의 질권자에 대한 금전 지급으로써 제3채무자의 질권설정자에 대한 급부가 이루어질 뿐만 아니라 질권설정자의 질권자에 대한 급부도 이루어진다. 이러한 경우 입질채권의 발생원인인 계약관계에 무효 등의 흠이 있어 입질채권이 부존재한다고 하더라도 제3채무자는 특별한 사정이 없는 한 상대방 계약당사자인 질권설정자에 대하여 부당이득 반환을 구할 수 있을 뿐이고 질권자를 상대로 직접 부당이득 반환을 구할 수 없다. 이와 달리 제3채무자가 질권자를 상대로 직접 부당이득반환청구를 할 수 있다고 보면 자기 책임하에 체결된 계약에 따른 위험을 제3자인 질권자에게 전가하는 것이 되어 계약법의 원리에 반하는 결과를 초래할 뿐만 아니라 질권자가 질권설정자에 대하여 가지는 항변권 등을 침해하게 되어 부당하기 때문이다(대판 2015.5.29. 2012다92258).

[**❷ ▸ ✕**] 계약상 급부가 계약상대방뿐 아니라 제3자에게 이익이 된 경우에 급부를 한 계약당사자는 계약상대방에 대하여 계약상 반대급부를 청구할 수 있는 이외에 제3자에 대하여 직접 부당이득반환청구를 할 수는 없다고 보아야 하고, 이러한 법리는 급부가 사무관리에 의하여 이루어진 경우에도 마찬가지이다. 따라서 의무 없이 타인을 위하여 사무를 관리한 자는 타인에 대하여 민법상 사무관리규정에 따라 비용 상환 등을 청구할 수 있는 외에 사무관리에 의하여 결과적으로 사실상 이익을 얻은 다른 제3자에 대하여 직접 부당이득 반환을 청구할 수는 없다(대판 2013.6.27. 2011다17106).

[**❸ ▸ ○**] 계약상의 급부가 계약의 상대방뿐만 아니라 제3자의 이익으로 된 경우에 급부를 한 계약당사자가 계약상대방에 대하여 계약상의 반대급부를 청구할 수 있는 이외에 그 제3자에 대하여 직접 부당이득반환청구를 할 수 있다고 보면, 자기 책임하에 체결된 계약에 따른 위험부담을 제3자에게 전가시키는 것이 되어 계약법의 기본원리에 반하는 결과를 초래할 뿐만 아니라, 채권자인 계약당사자가 채무자인 계약상대방의 일반채권자에 비하여 우대받는 결과가 되어 일반채권자의 이익을 해치게 되고, 수익자인 제3자가 계약상대방에 대하여 가지는 항변권 등을 침해하게 되어 부당하므로, 위와 같은 경우 계약상의 급부를 한 계약당사자는 이익의 귀속주체인 제3자에 대하여 직접 부당이득 반환을 청구할 수는 없다고 보아야 한다. 한편, 유효한 도급계약에 기하여 수급인이 도급인으로부터 제3자 소유 물건의 점유를 이전받아 이를 수리한 결과 그 물건의 가치가 증가한 경우, 도급인이 그 물건을 간접점유하면서 궁극적으로 자신의 계산으로 비용지출과정을 관리한 것이므로, 도급인만이 소유자에 대한 관계에 있어서 민법 제203조에 의한 비용상환청구권을 행사할 수 있는 비용지출자라고 할 것이고, 수급인은 그러한 비용지출자에 해당하지 않는다고 보아야 할 것이다(대판 2002.8.23. 99다66564).

[**❹** ▸ ✕] 현금으로 계좌송금 또는 계좌이체가 된 경우에는 예금원장에 입금의 기록이 된 때에 예금이 된다고 예금거래기본약관에 정하여져 있을 뿐이고, 수취인과 은행 사이의 예금계약의 성립 여부를 송금의뢰인과 수취인 사이에 계좌이체의 원인인 법률관계가 존재하는지 여부에 의하여 좌우되도록 한다고 별도로 약정하였다는 등의 특별한 사정이 없는 경우에는, 송금의뢰인이 수취인의 예금구좌에 계좌이체를 한 때에는, 송금의뢰인과 수취인 사이에 계좌이체의 원인인 법률관계가 존재하는지 여부에 관계없이 수취인과 수취은행 사이에는 계좌이체금액 상당의 예금계약이 성립하고, 수취인이 수취은행에 대하여 위 금액 상당의 예금채권을 취득한다. 이때, 송금의뢰인과 수취인 사이에 계좌이체의 원인이 되는 법률관계가 존재하지 않음에도 불구하고, 계좌이체에 의하여 수취인이 계좌이체금액 상당의 예금채권을 취득한 경우에는, 송금의뢰인은 수취인에 대하여 위 금액 상당의 부당이득반환청구권을 가지게 되지만, 수취은행은 이익을 얻은 것이 없으므로 수취은행에 대하여는 부당이득반환청구권을 취득하지 아니한다(대판 2007.11.29. 2007다51239).

[**❺** ▸ ✕] 부당이득제도는 이득자의 재산상 이득이 법률상 원인을 결여하는 경우에 공평·정의의 이념에 근거하여 이득자에게 그 반환의무를 부담시키는 것인바, 채무자가 피해자로부터 횡령한 금전을 그대로 채권자에 대한 채무변제에 사용하는 경우 피해자의 손실과 채권자의 이득 사이에 인과관계가 있음이 명백하고, 한편 채무자가 횡령한 금전으로 자신의 채권자에 대한 채무를 변제하는 경우 채권자가 그 변제를 수령함에 있어 악의 또는 중대한 과실이 있는 경우에는 채권자의 금전 취득은 피해자에 대한 관계에 있어서 법률상 원인을 결여한 것으로 봄이 상당하나, 채권자가 그 변제를 수령함에 있어 단순히 과실이 있는 경우에는 그 변제는 유효하고 채권자의 금전 취득이 피해자에 대한 관계에 있어서 법률상 원인을 결여한 것이라고 할 수 없다(대판 2003.6.13. 2003다8862).

2018년 변호사시험 문 30.

☑ 확인Check! ○ △ ✕

甲의 乙에 대한 부당이득반환청구권의 대상이 될 수 있는 것은?(각 지문은 독립적이며, 다툼이 있는 경우 판례에 의함)

① X토지의 소유자인 甲이 丙에게 이를 임대하였는데 丙이 甲의 승낙 없이 乙에게 X토지를 전대하였으나 甲과 丙의 임대차가 존속하는 경우, 乙의 X토지에 대한 사용이익

② 乙의 강박에 의해 甲이 乙에게 금원을 증여하였는데, 그 증여의 의사표시가 취소되지 않은 상태에서 乙이 甲으로부터 교부받은 금원으로 자신의 채권자 丙에게 채무를 변제함으로써, 乙이 채무의 소멸로 받은 이익

③ 丙 소유의 X토지를 甲이 매수하면서 乙과 명의신탁약정을 맺고서 그 이전등기를 丙으로부터 직접 乙에게로 경료하였는데 「부동산 실권리자명의 등기에 관한 법률」상 유예기간이 경과하여 甲과 乙 사이의 명의신탁약정이 무효로 된 경우, 乙 명의의 소유권이전등기

④ 甲회사의 경리부 직원 丙이 甲회사의 공금을 횡령하여 자신의 채권자 乙에게 그 횡령한 돈으로 변제하였고 乙이 그러한 사실을 알면서 수령한 경우, 그 변제대금

⑤ 「부동산 실권리자명의 등기에 관한 법률」 시행 후에 행해진 甲과 乙 사이의 계약명의신탁에 따라, 乙이 명의신탁이 있다는 사실을 알지 못하는 丙으로부터 丙 소유의 X토지를 매수하고 소유권이전등기까지 경료받은 경우, 그 소유권

[**❶** ▸ ✕] 임차인이 임대인의 동의를 받지 않고 제3자에게 임차권을 양도하거나 전대하는 등의 방법으로 임차물을 사용·수익하게 하더라도, 임대인이 이를 이유로 임대차계약을 해지하거나 그 밖의 다른 사유로 임대차계약이 적법하게 종료되지 않는 한 임대인은 임차인에 대하여 여전히 차임청구권을 가지므로, 임대차계약이 존속하는 한도 내에서는 제3자에게 불법점유를 이유로 한 차임 상당 손해배상청구나 부당이득반환청구를 할 수 없다(대판 2008.2.28. 2006다10323).

[**❷** ▸ ✕] 원고가 비록 피고들의 강박에 의한 하자 있는 의사표시에 기하여 금원을 교부하였다 할지라도 그 의사표시가 소멸되지 않는 한 피고들의 위 금원 보유가 법률상 원인이 없다고 볼 수 없으므로 피고들은 이를 반환할 의무가 없다(대판 1990.11.13. 90다카17153).

④ 정답

[**❸ ▶ ✕**] 이른바 3자 간 등기명의신탁의 경우 부동산 실권리자명의 등기에 관한 법률에서 정한 유예기간 경과에 의하여 그 명의신탁약정과 그에 의한 등기가 무효로 되더라도 명의신탁자는 매도인에 대하여 매매계약에 기한 소유권이전등기청구권을 보유하고 있어 그 유예기간의 경과로 그 등기명의를 보유하지 못하는 손해를 입었다고 볼 수 없다. 또한 명의신탁부동산의 소유권이 매도인에게 복귀한 마당에 명의신탁자가 무효인 등기의 명의인인 명의수탁자를 상대로 그 이전등기를 구할 수도 없다. 결국 3자 간 등기명의신탁에 있어서 명의신탁자는 명의수탁자를 상대로 부당이득 반환을 원인으로 한 소유권이전등기를 구할 수 없다(대판 2008.11.27, 2008다55290).

[**❹ ▶ ○**] 부당이득제도는 이득자의 재산상 이득이 법률상 원인을 결여하는 경우에 공평·정의의 이념에 근거하여 이득자에게 그 반환의무를 부담시키는 것인바, 채무자가 피해자로부터 횡령한 금전을 그대로 채권자에 대한 채무변제에 사용하는 경우 피해자의 손실과 채권자의 이득 사이에 인과관계가 있음이 명백하고, 한편 채무자가 횡령한 금전으로 자신의 채권자에 대한 채무를 변제하는 경우 채권자가 그 변제를 수령함에 있어 악의 또는 중대한 과실이 있는 경우에는 채권자의 금전 취득은 피해자에 대한 관계에 있어서 법률상 원인을 결여한 것으로 봄이 상당하나, 채권자가 그 변제를 수령함에 있어 단순히 과실이 있는 경우에는 그 변제는 유효하고 채권자의 금전 취득이 피해자에 대한 관계에 있어서 법률상 원인을 결여한 것이라고 할 수 없다(대판 2003.6.13, 2003다8862).

[**❺ ▶ ✕**] 계약명의신탁약정이 부동산 실권리자명의 등기에 관한 법률 시행 후인 경우에는 명의신탁자는 애초부터 당해 부동산의 소유권을 취득할 수 없었으므로 위 명의신탁약정의 무효로 인하여 명의신탁자가 입은 손해는 당해 부동산 자체가 아니라 명의수탁자에게 제공한 매수자금이라 할 것이고, 따라서 명의수탁자는 당해 부동산 자체가 아니라 명의신탁자로부터 제공받은 매수자금을 부당이득하였다고 할 것이다(대판 2005.1.28, 2002다66922).

PART 04

채권각론

2016년 변호사시험 문 32.

☑ 확인Check! ○ △ ✕

불법원인급여에 관한 설명 중 옳은 것(○)과 옳지 않은 것(✕)을 올바르게 조합한 것은?(다툼이 있는 경우 판례에 의함)

ㄱ. 도박자금채무의 담보를 위하여 근저당권설정등기를 마친 경우, 근저당권설정자는 근저당권설정등기의 말소를 청구할 수 있다.
ㄴ. 불법의 원인으로 소유권을 이전한 경우에 급여자는 부당이득을 이유로 하여 그 반환을 청구할 수는 없으나 특별한 사정이 없는 한 소유권에 기한 반환청구는 가능하다.
ㄷ. 급여자와 수익자의 불법성을 비교하여 수익자의 불법성이 급여자의 그것에 비하여 현저히 큰 경우에는 급여자는 수익자에 대하여 이익의 반환을 청구할 수 있다.
ㄹ. 불법원인급여가 성립한 경우, 수익자가 그 불법의 원인에 가공하였다면 특별한 사정이 없는 한 급여자는 수익자의 불법행위를 이유로 그 재산의 급여로 말미암아 발생한 자신의 손해의 배상을 구할 수 있다.

① ㄱ(✕) ㄴ(✕) ㄷ(○) ㄹ(✕)   ② ㄱ(✕) ㄴ(○) ㄷ(✕) ㄹ(○)
③ ㄱ(✕) ㄴ(○) ㄷ(○) ㄹ(○)   ④ ㄱ(○) ㄴ(✕) ㄷ(✕) ㄹ(○)
⑤ ㄱ(○) ㄴ(✕) ㄷ(○) ㄹ(✕)

[**ㄱ ▶ ○**] 민법 제746조가 불법의 원인으로 인하여 재산을 급여하거나 노무를 제공한 때에 그 이익의 반환을 청구하지 못하도록 규정한 것은, 그에 대한 법적 보호를 거절함으로써 소극적으로 법적 정의를 유지하려고 하는 취지이므로, 위 법조항에서 말하는 이익에는 사실상의 이익도 포함되나, 그 이익은 재산상 가치가 있는 종국적인 것이어야 하고, 그것이 종속적인 것에 불과하여 수령자가 그 이익을 향수하려면 경매신청을 하는 것과 같이 별도의 조치를 취하여야 하는 것은 이에 해당하지 않는다. 도박자금을 제공함으로 인하여 발생한 채권의 담보로 부동산에 관하여 근저당권설정등기가 경료되었을 뿐이라면 위와 같은 근저당권설정등기로 근저당권자가 받을 이익은 소유권 이전과 같은 종국적인 것이 되지 못하고

따라서 민법 제746조에서 말하는 이익에는 해당하지 아니한다고 할 것이므로, 그 부동산의 소유자는 민법 제746조의 적용을 받음이 없이 그 말소를 청구할 수 있다(대판 1994.12.22, 93다55234).

[ㄴ ▸ ✕] 민법 제746조는 단지 부당이득제도만을 제한하는 것이 아니라 동법 제103조와 함께 사법의 기본이념으로서, 결국 사회적 타당성이 없는 행위를 한 사람은 스스로 불법한 행위를 주장하여 복구를 그 형식 여하에 불구하고 소구할 수 없다는 이상을 표현한 것이므로, 급여를 한 사람은 그 원인행위가 법률상 무효라 하여 상대방에게 부당이득반환청구를 할 수 없음은 물론 급여한 물건의 소유권은 여전히 자기에게 있다고 하여 소유권에 기한 반환청구도 할 수 없고 따라서 급여한 물건의 소유권은 급여를 받은 상대방에게 귀속된다(대판 1979.11.13, 79다483 [전합]).

[ㄷ ▸ O] 민법 제746조에 의하면 급여가 불법원인급여에 해당하고 급여자에게 불법원인이 있는 경우에는 수익자에게 불법원인이 있는지의 여부나 수익자의 불법원인의 정도 내지 불법성이 급여자의 그것보다 큰지의 여부를 막론하고 급여자는 그 불법원인급여의 반환을 구할 수 없는 것이 원칙이나, 수익자의 불법성이 급여자의 그것보다 현저히 크고 그에 비하면 급여자의 불법성은 미약한 경우에도 급여자의 반환청구가 허용되지 않는다고 하는 것은 공평에 반하고 신의성실의 원칙에 도 어긋나므로 이러한 경우에는 민법 제746조 본문의 적용이 배제되어 급여자의 반환청구는 허용된다고 해석함이 상당하다(대판 1997.10.24, 95다49530).

[ㄹ ▸ ✕] 불법의 원인으로 재산을 급여한 사람은 상대방 수령자가 그 '불법의 원인'에 가공하였다고 하더라도 상대방에게만 불법의 원인이 있거나 그의 불법성이 급여자의 불법성보다 현저히 크다고 평가되는 등으로 제반 사정에 비추어 급여자의 손해배상청구를 인정하지 아니하는 것이 오히려 사회상규에 명백히 반한다고 평가될 수 있는 특별한 사정이 없는 한 상대방의 불법행위를 이유로 그 재산의 급여로 말미암아 발생한 자신의 손해를 배상할 것을 주장할 수 없다고 할 것이다. 그와 같은 경우에 급여자의 위와 같은 손해배상청구를 인용한다면, 이는 급여자는 결국 자신이 행한 급부 자체 또는 그 경제적 동일물을 환수하는 것과 다름없는 결과가 되어, 민법 제746조에서 실정법적으로 구체화된 법이념에 반하게 되는 것이다(대판 2013.8.22, 2013다35412).

2014년 변호사시험 문 19.

甲의 乙에 대한 부당이득반환청구가 인정되는 경우 (O)와 부정되는 경우 (✕)를 올바르게 짝지은 것은?(다툼이 있는 경우에는 판례에 의함)

ㄱ. 乙 소유의 토지를 시효취득한 甲이 그 사실을 알지 못하는 乙에 의하여 그 토지에 설정된 丙 명의의 근저당권을 제거하기 위하여 乙의 丙에 대한 피담보채무를 변제한 경우, 甲은 이를 이유로 乙에 대하여 변제액 상당의 부당이득 반환을 청구할 수 있다.

ㄴ. 丙의 채권자 甲이 丙 소유의 토지를 가압류한 상태에서 丙이 그 토지를 乙에게 양도하였고, 그 토지가 수용되어 乙이 수용보상금 전액을 지급받은 경우, 甲은 가압류의 효력을 근거로 乙에 대하여 부당이득 반환을 청구할 수 없다.

ㄷ. 乙의 화물차량운전자 丙이 乙 소유의 화물차량을 운전하면서 乙의 지정 주유소가 아닌 다른 주유소를 운영하는 甲과 유류공급계약을 체결한 후 유류를 공급받아 乙의 화물운송사업에 사용하였으나 甲에게 유류대금을 결제하지 않은 경우, 甲은 丙의 유류 사용으로 인한 이익을 얻은 乙을 상대로 유류대금 상당의 부당이득 반환을 청구할 수 있다.

① ㄱ(✕) ㄴ(O) ㄷ(✕)　　　　② ㄱ(✕) ㄴ(O) ㄷ(O)

③ ㄱ(✕) ㄴ(✕) ㄷ(O)　　　　④ ㄱ(O) ㄴ(O) ㄷ(✕)

⑤ ㄱ(O) ㄴ(✕) ㄷ(✕)

　　　　① 정답

[ㄱ ▸ X] 시효취득자로서는 원소유자의 적법한 권리행사로 인한 현상의 변경이나 제한물권의 설정 등이 이루어진 그 토지의 사실상 혹은 법률상 현상 그대로의 상태에서 등기에 의하여 그 소유권을 취득하게 된다. 따라서 시효취득자가 원소유자에 의하여 그 토지에 설정된 근저당권의 피담보채무를 변제하는 것은 시효취득자가 용인하여야 할 그 토지상의 부담을 제거하여 완전한 소유권을 확보하기 위한 것으로서 그 자신의 이익을 위한 행위라 할 것이니, 위 변제액 상당에 대하여 원소유자에게 대위변제를 이유로 구상권을 행사하거나 부당이득을 이유로 그 반환청구권을 행사할 수는 없다(대판 2006.5.12. 2005다75910).

[ㄴ ▸ O] '공익사업을 위한 토지 등의 취득 및 보상에 관한 법률' 제45조 제1항에 의하면, 토지 수용의 경우 사업시행자는 수용의 개시일에 토지의 소유권을 취득하고 그 토지에 관한 다른 권리는 소멸하는 것인바, 수용되는 토지에 대하여 가압류가 집행되어 있더라도 토지 수용으로 사업시행자가 그 소유권을 원시취득하게 됨에 따라 그 토지가압류의 효력은 절대적으로 소멸하는 것이고, 이 경우 법률에 특별한 규정이 없는 이상 토지에 대한 가압류가 그 수용보상금채권에 당연히 전이되어 효력이 미치게 된다거나 수용보상금채권에 대하여도 토지가압류의 처분금지적 효력이 미친다고 볼 수는 없으며, 또 가압류는 담보물권과는 달리 목적물의 교환가치를 지배하는 권리가 아니고, 담보물권의 경우에 인정되는 물상대위의 법리가 여기에 적용된다고 볼 수도 없다. 그러므로 토지에 대하여 가압류가 집행된 후에 제3자가 그 토지의 소유권을 취득함으로써 가압류의 처분금지효력을 받고 있던 중 그 토지가 공익사업법에 따라 수용됨으로 인하여 기존 가압류의 효력이 소멸되는 한편 제3취득자인 토지소유자는 위 가압류의 부담에서 벗어나 토지수용보상금을 온전히 지급받게 되었다고 하더라도, 이는 위 법에 따른 토지 수용의 효과일 뿐이지 이를 두고 법률상 원인 없는 부당이득이라고 할 것은 아니다(대판 2009.9.10. 2006다61536).

[ㄷ ▸ X] 계약상 급부가 계약의 상대방뿐만 아니라 제3자의 이익으로 된 경우에 급부를 한 계약당사자가 계약상대방에 대하여 계약상의 반대급부를 청구할 수 있는 이외에 그 제3자에 대하여 직접 부당이득반환청구를 할 수 있다고 보면, 자기 책임하에 체결된 계약에 따른 위험부담을 제3자에게 전가시키는 것이 되어 계약법의 기본원리에 반하는 결과를 초래할 뿐만 아니라, 채권자인 계약당사자가 채무자인 계약상대방의 일반채권자에 비하여 우대받는 결과가 되어 일반채권자의 이익을 해치게 되고, 수익자인 제3자가 계약상대방에 대하여 가지는 항변권 등을 침해하게 되어 부당하므로, 위와 같은 경우 계약상 급부를 한 계약당사자는 이익의 귀속주체인 제3자에 대하여 직접 부당이득 반환을 청구할 수는 없다(대판 2010.6.24. 2010다9269).

2013년 변호사시험 문 33. ☑ 확인 Check! ○ △ ×

불법원인급여에 관한 설명 중 옳지 않은 것은?(다툼이 있는 경우에는 판례에 의함)

① 민법 제746조가 규정하는 불법원인이라 함은 그 원인되는 행위가 선량한 풍속 기타 사회질서에 위반하는 경우를 말하는 것으로서, 법률의 금지에 위반하는 경우라 할지라도 그것이 선량한 풍속 기타 사회질서에 위반하지 않는다면 위 불법원인에 해당하지 않는다.

② 윤락행위를 할 자를 고용·모집하거나 그 직업을 소개·알선한 자가 성매매의 유인·강요의 수단으로 이용되는 선불금 등 명목으로 제공한 금품은 불법원인급여에 해당하여 그 반환을 청구할 수 없다.

③ 불법원인급여 후 급부를 이행받은 자가 급부의 원인행위와 별도의 약정으로 급부 그 자체 또는 그에 갈음한 대가물의 반환을 특약하는 경우, 그 반환약정 자체가 사회질서에 반하여 무효가 되지 않는 한 유효하고, 이때 그 특약이 유효가 됨으로 인하여 이익을 얻는 급부자가 그 반환약정이 사회질서에 반하지 않는다는 점을 증명하여야 한다.

④ 부동산 실권리자명의 등기에 관한 법률에 의하여 무효인 명의신탁약정에 기하여 타인 명의의 등기가 마쳐졌다는 이유만으로 그것이 당연히 불법원인급여에 해당한다고 볼 수 없다.

⑤ 도박자금을 제공함으로 인하여 발생한 채권의 담보로 부동산에 관하여 근저당권설정등기가 경료되었을 뿐이라면 위 근저당권설정등기로 근저당권자가 받을 이익은 민법 제746조에서 말하는 이익에는 해당하지 아니하므로, 그 부동산의 소유자는 위 등기의 말소를 청구할 수 있다.

[**❶** ▸ **○**] 부당이득의 반환청구가 금지되는 사유로 민법 제746조가 규정하는 불법원인이라 함은 그 원인되는 행위가 선량한 풍속 기타 사회질서에 위반하는 경우를 말하는 것으로서, 법률의 금지에 위반하는 경우라 할지라도 그것이 선량한 풍속 기타 사회질서에 위반하지 않는 경우에는 이에 해당하지 않는다(대판 2003.11.27. 2003다41722).

[**❷** ▸ **○**] 부당이득의 반환청구가 금지되는 사유로 민법 제746조가 규정하는 불법원인이라 함은 그 원인되는 행위가 선량한 풍속 기타 사회질서에 위반하는 경우를 말하는 것인바, 윤락행위 및 그것을 유인·강요하는 행위는 선량한 풍속 기타 사회질서에 위반되므로, 윤락행위를 할 자를 고용·모집하거나 그 직업을 소개·알선한 자가 윤락행위를 할 자를 고용·모집함에 있어 성매매의 유인·강요의 수단으로 이용되는 선불금 등 명목으로 제공한 금품이나 그 밖의 재산상 이익 등은 불법원인급여에 해당하여 그 반환을 청구할 수 없다(대판 2004.9.3. 2004다27488).

[**❸** ▸ **✕**] 불법원인급여 후 급부를 이행받은 자가 급부의 원인행위와 별도의 약정으로 급부 그 자체 또는 그에 갈음한 대가물의 반환을 특약하는 것은 불법원인급여를 한 자가 그 부당이득의 반환을 청구하는 경우와는 달리 그 반환약정 자체가 사회질서에 반하여 무효가 되지 않는 한 유효하다. 여기서 반환약정 자체의 무효 여부는 반환약정 그 자체의 목적뿐만 아니라 당초의 불법원인급여가 이루어진 경위, 쌍방당사자의 불법성의 정도, 반환약정의 체결과정 등 민법 제103조 위반 여부를 판단하기 위한 제반 요소를 종합적으로 고려하여 결정하여야 하고, 한편 반환약정이 사회질서에 반하여 무효라는 점은 수익자가 이를 입증하여야 한다(대판 2010.5.27. 2009다12580).

[**❹** ▸ **○**] 부동산 실권리자명의 등기에 관한 법률이 규정하는 명의신탁약정은 부동산에 관한 물권의 실권리자가 타인과의 사이에서 대내적으로는 실권리자가 부동산에 관한 물권을 보유하거나 보유하기로 하고 그에 관한 등기는 그 타인의 명의로 하기로 하는 약정을 말하는 것일 뿐이므로, 그 자체로 선량한 풍속 기타 사회질서에 위반하는 경우에 해당한다고 단정할 수 없을 뿐만 아니라, 위 법률은 원칙적으로 명의신탁약정과 그 등기에 기한 물권변동만을 무효로 하고 명의신탁자가 다른 법률관계에 기하여 등기 회복 등의 권리행사를 하는 것까지 금지되지는 않는 대신, 명의신탁자에 대하여 행정적 제재나 형벌을 부과함으로써 사적 자치 및 재산권 보장의 본질을 침해하지 않도록 규정하고 있으므로, 위 법률이 비록 부동산등기제도를 악용한 투기·탈세·탈법행위 등 반사회적 행위를 방지하는 것 등을 목적으로 제정되었다고 하더라도, 무효인 명의신탁약정에 기하여 타인 명의의 등기가 마쳐졌다는 이유만으로 그것이 당연히 불법원인급여에 해당한다고 볼 수 없다(대판 2003.11.27. 2003다41722).

[**❺** ▸ **○**] 도박자금을 제공함으로 인하여 발생한 채권의 담보로 부동산에 관하여 근저당권설정등기가 경료되었을 뿐이라면 위와 같은 근저당권설정등기로 근저당권자가 받을 이익은 소유권 이전과 같은 종국적인 것이 되지 못하고 따라서 민법 제746조에서 말하는 이익에는 해당하지 아니한다고 할 것이므로, 그 부동산의 소유자는 민법 제746조의 적용을 받음이 없이 그 말소를 청구할 수 있다(대판 1994.12.22. 93다55234).

다음 중 부당이득에 관한 판례의 입장과 다른 것은?

① 배당요구가 필요한 채권자가 실체법상 우선변제청구권이 있다 하더라도 적법한 배당요구를 하지 아니하여 배당에서 제외된 경우, 배당받은 후순위 채권자를 상대로 부당이득의 반환을 청구할 수 없다.

② 매도인에게 소유권이 유보된 채 매수인에게 인도된 건축자재가, 매매대금이 모두 지급되지 않은 상태에서 매수인과 제3자 사이에 체결된 도급계약의 이행에 따라 제3자 소유의 신축건물에 부합된 경우, 매도인은 제3자가 소유권 유보에 관하여 과실 없이 알지 못하였더라도 그에게 부당이득의 반환을 청구할 수 있다.

③ 부동산에 대한 취득시효가 완성되면, 점유자가 그 명의로 소유권이전등기를 마치지 아니하여 아직 소유권을 취득하지 못하였다고 하더라도, 소유자는 점유자에 대하여 점유로 인한 부당이득반환청구를 할 수 없다.

④ 타인 소유의 토지 위에 권원 없이 건물을 소유하고 있는 자는 그 건물을 실제로 사용, 수익하고 있지 아니하더라도 특별한 사정이 없는 한 법률상 원인 없이 타인의 재산으로 인하여 토지의 차임에 상당하는 이익을 얻고 이로 인하여 타인에게 동일한 금액 상당의 손해를 주고 있다고 보아야 한다.

⑤ 채무자가 횡령한 금전으로 자신의 채권자에 대한 채무를 변제하는 경우, 채권자가 그 변제를 수령함에 있어 악의 또는 중대한 과실이 있다면 채권자의 금전 취득은 피해자에 대한 관계에 있어서 법률상 원인을 결여한 것으로 된다.

[❶ ▸ ○]　민사소송법 제605조 제1항에서 규정하는 배당요구가 필요한 배당요구채권자는, 압류의 효력발생 전에 등기한 가압류채권자, 경락으로 인하여 소멸하는 저당권자 및 전세권자로서 압류의 효력발생 전에 등기한 자 등 당연히 배당을 받을 수 있는 채권자의 경우와는 달리, 경락기일까지 배당요구를 한 경우에 한하여 비로소 배당을 받을 수 있고, 적법한 배당요구를 하지 아니한 경우에는 비록 실체법상 우선변제청구권이 있다 하더라도 경락대금으로부터 배당을 받을 수는 없을 것이므로, 이러한 배당요구채권자가 적법한 배당요구를 하지 아니하여 그를 배당에서 제외하는 것으로 배당표가 작성·확정되고 그 확정된 배당표에 따라 배당이 실시되었다면 그가 적법한 배당요구를 한 경우에 배당받을 수 있었던 금액 상당의 금원이 후순위 채권자에게 배당되었다고 하여 이를 법률상 원인이 없는 것이라고 할 수 없다(대판 2002.1.22. 2001다70702).

[❷ ▸ ✕]　민법 제261조에서 첨부로 법률규정에 의한 소유권 취득(민법 제256조 내지 제260조)이 인정된 경우에 "손해를 받은 자는 부당이득에 관한 규정에 의하여 보상을 청구할 수 있다"라고 규정하고 있는바, 이러한 보상청구가 인정되기 위해서는 민법 제261조 자체의 요건만이 아니라, 부당이득법리에 따른 판단에 의하여 부당이득의 요건이 모두 충족되었음이 인정되어야 한다. 매도인에게 소유권이 유보된 자재가 제3자와 매수인 사이에 이루어진 도급계약의 이행으로 제3자 소유 건물의 건축에 사용되어 부합된 경우 보상청구를 거부할 법률상 원인이 있다고 할 수 없지만, 제3자가 도급계약에 의하여 제공된 자재의 소유권이 유보된 사실에 관하여 과실 없이 알지 못한 경우라면 선의취득의 경우와 마찬가지로 제3자가 그 자재의 귀속으로 인한 이익을 보유할 수 있는 법률상 원인이 있다고 봄이 상당하므로, 매도인으로서는 그에 관한 보상청구를 할 수 없다(대판 2009.9.24. 2009다15602).

[❸ ▸ ○]　부동산에 대한 취득시효가 완성되면 점유자는 소유명의자에 대하여 취득시효 완성을 원인으로 한 소유권이전등기절차의 이행을 청구할 수 있고 소유명의자는 이에 응할 의무가 있으므로 점유자가 그 명의로 소유권이전등기를 경료하지 아니하여 아직 소유권을 취득하지 못하였다고 하더라도 소유명의자는 점유자에 대하여 점유로 인한 부당이득반환청구를 할 수 없다(대판 1993.5.25. 92다51280).

[❹ ▸ ○]　타인 소유의 토지 위에 권한 없이 건물을 소유하는 자는 그 자체로써 건물부지가 된 토지를 점유하고 있는 것이므로 특별한 사정이 없는 한 법률상 원인 없이 타인의 재산으로 인하여 토지의 차임에 상당하는 이익을 얻고 이로 인하여 타인에게 동액 상당의 손해를 주고 있다고 할 것이고, 이는 건물소유자가 미등기건물의 원시취득자로서 그 건물에 관하여 사실상의 처분권을 보유하게 된 양수인이 따로 존재하는 경우에도 다르지 아니하다(대판 2011.7.14. 2009다76522).

[**❺ ▶ ○**] 부당이득제도는 이득자의 재산상 이득이 법률상 원인을 결여하는 경우에 공평·정의의 이념에 근거하여 이득자에게 그 반환의무를 부담시키는 것인바, 채무자가 피해자로부터 횡령한 금전을 그대로 채권자에 대한 채무변제에 사용하는 경우 피해자의 손실과 채권자의 이득 사이에 인과관계가 있음이 명백하고, 한편 채무자가 횡령한 금전으로 자신의 채권자에 대한 채무를 변제하는 경우 채권자가 그 변제를 수령함에 있어 악의 또는 중대한 과실이 있는 경우에는 채권자의 금전 취득은 피해자에 대한 관계에 있어서 법률상 원인을 결여한 것으로 봄이 상당하나, 채권자가 그 변제를 수령함에 있어 단순히 과실이 있는 경우에는 그 변제는 유효하고 채권자의 금전 취득이 피해자에 대한 관계에 있어서 법률상 원인을 결여한 것이라고 할 수 없다(대판 2003.6.13. 2003다8862).

제3절 불법행위 ★★★★★★

2020년 변호사시험 문 26.

☑ 확인Check! ○ △ ✕

甲과 乙이 丙의 부주의를 이용하여 고의로 공동불법행위를 저질러 丙에게 1억원의 손해를 입혔다. 이 손해에 丙이 기여한 과실이 20%이며, 이에 가담하지 않은 丁이 甲의 사용자로서 사용자책임을 진다. 이에 관한 설명 중 옳지 않은 것을 모두 고른 것은?(다툼이 있는 경우 판례에 의함)

ㄱ. 甲과 乙은 丙의 과실을 이유로 과실상계를 주장할 수 없고, 丁 역시 甲의 사용자로서 과실상계를 주장할 수 없다.

ㄴ. 丁이 丙에 대하여 대여금채권을 갖고 있는 경우, 丁은 불법행위에 가담하지 않았음을 이유로 고의의 불법행위채권을 수동채권으로 하는 상계금지규정인 「민법」 제496조의 적용을 배제하고 위 대여금채권을 자동채권으로 하여 丙의 丁에 대한 손해배상채권을 상계할 수 있다.

ㄷ. 丙의 甲에 대한 손해배상채권만 시효로 소멸한 후 乙이 丙에게 손해를 전부 배상하였다면, 乙은 甲을 상대로 구상권을 행사할 수 있다.

ㄹ. 丙이 甲을 상대로 손해배상청구의 소를 제기한 경우, 丙의 乙에 대한 손해배상채권도 소멸시효가 중단된다.

① ㄱ, ㄴ　　　　　　② ㄱ, ㄹ　　　　　　③ ㄴ, ㄷ

④ ㄱ, ㄴ, ㄹ　　　　⑤ ㄱ, ㄷ, ㄹ

[**ㄱ ▶ ✕**] 사용자가 피용자의 과실에 의한 불법행위로 인한 사용자책임을 부담하는 경우와 마찬가지로 피용자의 고의에 의한 불법행위로 인하여 사용자책임을 부담하는 경우에도 피해자에게 그 손해의 발생과 확대에 기여한 과실이 있다면 사용자책임의 범위를 정함에 있어서 이러한 피해자의 과실을 고려하여 그 책임을 제한할 수 있다(대판 2002.12.26. 2000다56952).

[**ㄴ ▶ ✕**] 민법 제756조에 의한 사용자의 손해배상책임은 피용자의 배상책임에 대한 대체적 책임이고, 같은 조 제1항에서 사용자가 피용자의 선임 및 그 사무감독에 상당한 주의를 한 때 또는 상당한 주의를 하여도 손해가 있을 경우에는 책임을 면할 수 있도록 규정함으로써 사용자책임에서 사용자의 과실은 직접의 가해행위가 아닌 피용자의 선임·감독에 관련된 것으로 해석되는 점에 비추어 볼 때, 피용자의 고의의 불법행위로 인하여 사용자책임이 성립하는 경우에 민법 제496조의 적용을 배제하여야 할 이유가 없으므로 사용자책임이 성립하는 경우 사용자는 자신의 고의의 불법행위가 아니라는 이유로 민법 제496조의 적용을 면할 수는 없다(대판 2006.10.26. 2004다63019).

④ 정답

[ㄷ ▸ O] 공동불법행위자의 다른 공동불법행위자에 대한 구상권은 피해자의 다른 공동불법행위자에 대한 손해배상채권과는 그 발생원인 및 성질을 달리하는 별개의 권리이고, 연대채무에 있어서 소멸시효의 절대적 효력에 관한 민법 제421조의 규정은 공동불법행위자 상호 간의 부진정연대채무에 대하여는 그 적용이 없으므로, 공동불법행위자 중 1인의 손해배상채무가 시효로 소멸한 후에 다른 공동불법행위자 1인이 피해자에게 자기의 부담 부분을 넘는 손해를 배상하였을 경우에도, 그 공동불법행위자는 다른 공동불법행위자에게 구상권을 행사할 수 있다(대판 1997.12.23. 97다42830).

[ㄹ ▸ ×] 공동불법행위책임을 부진정연대채무로 해석하는 판례의 입장에 의하면, 소멸시효의 중단은 상대적 효력이 있을 뿐이다.

판례 부진정연대채무에서 채무자 1인에 대한 재판상 청구 또는 채무자 1인이 행한 채무의 승인 등 소멸시효의 중단 사유나 시효이익의 포기는 다른 채무자에게 효력을 미치지 않는다(대판 2017.9.12. 2017다865).

참고 부진정연대채무라고 할 공동불법행위로 인한 손해배상채무에 있어서는 그 변제에 관해서 채무자 상호 간에 통지의무관계를 인정할 수 없고 변제로 인한 공동면책이 있는 경우에 있어서는 채무자 상호 간에 어떤 대내적인 특별관계에서 또는 형평의 관점에서 손해를 분담하는 관계가 있는 데 불과하므로 진정연대채무에 있어서 변제에 관하여 채무자 상호 간에 통지의무를 인정하고 있는 민법 제426조의 규정을 유추적용할 수는 없다(대판 1976.7.13. 74다746).

2019년 변호사시험 문 24.
☑ 확인Check! ○ △ ×

공동불법행위책임에 관한 설명으로 옳은 것을 모두 고른 것은?(다툼이 있는 경우 판례에 의함)

ㄱ. 법원이 피해자의 과실을 들어 과실상계를 함에 있어서 피해자의 공동불법행위자 각인에 대한 과실비율이 서로 다르다면 피해자의 과실을 공동불법행위자 각인에 대한 과실로 개별적으로 평가하여야 한다.

ㄴ. 공동불법행위자 중 1인이 피해자에게 전부 변제하여 면책된 경우 그 공동불법행위자에게 과실이 없다면, 그에 대한 다른 공동불법행위자들의 구상의무는 부진정연대관계에 있다.

ㄷ. 환자가 수혈로 인하여 에이즈에 감염된 경우 대한적십자사의 혈액관리상의 주의의무 위반으로 인한 에이즈감염행위와 의사의 수혈 시 설명의무 위반으로 인한 환자의 자기결정권침해행위는 공동불법행위를 구성한다.

ㄹ. 피해자가 공동불법행위자들 중 일부를 상대로 한 전소에서 승소한 금액을 전부 지급받았다고 하더라도 그 금액이 나머지 공동불법행위자에 대한 후소에서 산정된 손해액에 미치지 못한다면 후소의 피고는 그 차액을 피해자에게 지급할 의무가 있다.

① ㄱ, ㄴ   ② ㄴ, ㄹ   ③ ㄷ, ㄹ
④ ㄱ, ㄴ, ㄷ   ⑤ ㄴ, ㄷ, ㄹ

[ㄱ ▸ ×] 공동불법행위책임은 가해자 각 개인의 행위에 대하여 개별적으로 그로 인한 손해를 구하는 것이 아니라 가해자들이 공동으로 가한 불법행위에 대하여 그 책임을 추궁하는 것으로, 법원이 피해자의 과실을 들어 과실상계를 함에 있어서는 피해자의 공동불법행위자 각인에 대한 과실비율이 서로 다르더라도 피해자의 과실을 공동불법행위자 각인에 대한 과실로 개별적으로 평가할 것이 아니고 그들 전원에 대한 과실로 전체적으로 평가하여야 한다(대판 1998.6.12. 96다55631).

[ㄴ ▸ ○] 공동불법행위자 중 1인에 대하여 <u>구상의무를 부담하는 다른 공동불법행위자가 수인인 경우</u>에는 특별한 사정이 없는 이상 그들의 구상권자에 대한 채무는 각자의 부담 부분에 따른 <u>분할채무로 봄이 상당하지만, 구상권자인 공동불법행위자 측에 과실이 없는 경우, 즉 내부적인 부담 부분이 전혀 없는 경우에는 이와 달리 그에 대한 수인의 구상의무 사이의 관계를 부진정연대관계로 봄이 상당하다</u>(대판 2005.10.13. 2003다24147).

[ㄷ ▸ ×] 에이즈바이러스에 감염된 혈액을 환자가 수혈받음으로써 에이즈에 감염될 위험을 배제할 의무 및 그와 같은 결과를 회피할 의무를 다하지 아니하여 감염된 혈액을 수혈받은 환자로 하여금 에이즈바이러스 감염이라는 치명적인 건강 침해를 입게 한 대한적십자사의 과실 및 위법행위는 신체상해 자체에 대한 것인 데 비하여, 수혈로 인한 에이즈바이러스 감염위험 등의 설명의무를 다하지 아니한 의사들의 과실 및 위법행위는 신체상해의 결과발생 여부를 묻지 아니하는 수혈 여부와 수혈혈액에 대한 환자의 자기결정권이라는 인격권의 침해에 대한 것이므로, 대한적십자사와 의사의 양 행위가 경합하여 단일한 결과를 발생시킨 것이 아니고 각 행위의 결과발생을 구별할 수 있으니, 이와 같은 경우에는 공동불법행위가 성립한다고 할 수 없다(대판 1998.2.13. 96다7854).

[ㄹ ▸ ○] 피해자가 공동불법행위자들을 모두 피고로 삼아 한꺼번에 손해배상청구의 소를 제기한 경우와 달리 공동불법행위자별로 별개의 소를 제기하여 소송을 진행하는 경우에는 각 소송에서 제출된 증거가 서로 다르고 이에 따라 교통사고의 경위와 피해자의 손해액 산정의 기초가 되는 사실이 달리 인정됨으로 인하여 과실상계비율과 손해액도 서로 달리 인정될 수 있는 것이므로, <u>피해자가 공동불법행위자들 중 일부를 상대로 한 전소에서 승소한 금액을 전부 지급받았다고 하더라도 그 금액이 나머지 공동불법행위자에 대한 후소에서 산정된 손해액에 미치지 못한다면 후소의 피고는 그 차액을 피해자에게 지급할 의무가 있다</u>(대판 2001.2.9. 2000다60227).

2015년 변호사시험 문 18.

☑ 확인Check! ○ △ ×

불법행위에 관한 설명 중 옳지 않은 것은?(다툼이 있는 경우 판례에 의함)

① 사용자가 피용자와 제3자의 책임비율에 의하여 정해진 피용자의 부담 부분을 초과하여 피해자에게 손해를 배상한 경우, 사용자는 제3자에 대하여도 구상권을 행사할 수 있으나 그 구상의 범위는 제3자의 부담 부분에 국한된다.

② 화재가 공작물 자체의 설치·보존상의 하자에 의하여 직접 발생한 경우, 간접점유자인 건물의 소유자는 직접점유자가 손해 방지에 필요한 주의를 해태하지 아니한 경우에 한하여 공작물책임을 지게 된다.

③ 2인 이상의 공동불법행위로 인하여 호의동승한 사람이 피해를 입은 경우, 동승자가 입은 손해에 대한 배상액을 산정할 때에는 먼저 호의동승으로 인한 감액비율을 참작하여 공동불법행위자들이 동승자에 대하여 배상하여야 할 수액을 정하여야 한다.

④ 일반적으로 타인의 불법행위 등에 의하여 재산권이 침해된 경우에 재산적 손해의 배상만으로 회복할 수 없는 정신적 손해가 발생하였다면, 가해자가 그러한 사정을 알았을 경우에 한하여 그 손해에 대한 위자료를 청구할 수 있다.

⑤ 사람이 갖는 명예에 관한 권리의 침해에 대하여는 사전예방적 구제수단으로 침해행위의 정지·방지 등의 금지청구권이 인정될 수 있다.

[❶ ▸ ○] 피용자와 제3자가 공동불법행위로 피해자에게 손해를 가하여 그 손해배상채무를 부담하는 경우에 피용자와 제3자는 공동불법행위자로서 서로 부진정연대관계에 있고, 한편 사용자의 손해배상책임은 피용자의 배상책임에 대한 대체적 책임이어서 사용자도 제3자와 부진정연대관계에 있다고 보아야 할 것이므로, <u>사용자가 피용자와 제3자의 책임비율에 의하여 정해진 피용자의 부담 부분을 초과하여 피해자에게 손해를 배상한 경우에는 사용자는 제3자에 대하여도 구상권을 행사할 수 있으며, 그 구상의 범위는 제3자의 부담 부분에 국한된다고 보는 것이 타당하다</u>(대판 1992.6.23. 91다33070 [전합]).

④ 정답

[**❷ ▸ ○**] 대판 1995.10.13. 94다36506, 민법 제758조 제1항 참조

판례 화재가 공작물 자체의 설치보존상의 하자에 의하여 직접 발생한 경우에 그로 인한 손해배상책임에 대하여는 민법 제758조 제1항 소정의 공작물점유자 내지 소유자의 책임이 인정되지만, 그와 같은 경우에도 <u>간접점유자인 건물의 소유자는 직접점유자가 손해 방지에 필요한 주의를 해태하지 아니한 경우에 한하여 비로소 책임을 지게 된다</u>(대판 1995.10.13. 94다36506).

법령 **공작물등의 점유자, 소유자의 책임(민법 제758조)**   ① 공작물의 설치 또는 보존의 하자로 인하여 타인에게 손해를 가한 때에는 공작물점유자가 손해를 배상할 책임이 있다. 그러나 <u>점유자가 손해의 방지에 필요한 주의를 해태하지 아니한 때에는 그 소유자가 손해를 배상할 책임이 있다.</u>

[**❸ ▸ ○**] <u>2인 이상의 공동불법행위로 인하여 호의동승한 사람이 피해를 입은 경우, 공동불법행위자 상호 간의 내부관계에서는 일정한 부담 부분이 있으나 피해자에 대한 관계에서는 부진정연대책임을 지므로, 동승자가 입은 손해에 대한 배상액을 산정할 때에는 먼저 호의동승으로 인한 감액비율을 참작하여 공동불법행위자들이 동승자에 대하여 배상하여야 할 수액을 정하여야 한다</u>(대판 2014.3.27. 2012다87263).

[**❹ ▸ ✕**] 일반적으로 타인의 불법행위에 의하여 재산권이 침해된 경우에는 그 재산적 손해의 배상에 의하여 정신적 고통도 회복된다고 보아야 할 것이므로, <u>재산적 손해의 배상에 의하여 회복할 수 없는 정신적 손해가 발생하였다면 이는 특별한 사정으로 인한 손해로서 가해자가 그러한 사정을 알았거나 알 수 있었을 경우에 한하여 그 손해에 대한 위자료를 인정할 수 있다</u>(대판 1988.3.22. 87다카1096).

[**❺ ▸ ○**] 사람(종중 등의 경우에도 마찬가지이다)이 갖는 명예에 관한 권리는 일종의 인격권으로 볼 수 있는 것으로서, 그 성질상 일단 침해된 후에는 금전배상이나 명예 회복에 필요한 처분 등의 구제수단만으로는 그 피해의 완전한 회복이 어렵고 손해 전보의 실효성을 기대하기 어려우므로, <u>이와 같은 인격권의 침해에 대하여는 사전예방적 구제수단으로 침해행위의 정지·방지 등의 금지청구권이 인정될 수 있다</u>(대판 1997.10.24. 96다17851).

2019년 변호사시험 문 14.
☑ 확인Check! ○ △ ✕

甲은 공인중개사인 乙의 중개보조원으로 일하면서 고객인 丙의 인감증명서와 도장을 업무상 자신이 보유하고 있음을 기화로 허위의 임대차계약을 체결하였고, 이를 통해 6,000만원을 취득하여 丙에게 동액 상당의 손해를 입혔는데, 乙은 甲의 불법행위에 가담하지 않았다. 丙은 甲과 乙에 대해서 각각 일반불법행위책임과 사용자책임을 근거로 6,000만원의 손해배상을 청구하였다. 이에 대하여 피해자 丙에게도 주의의무를 다하지 않은 과실이 인정되었고 과실비율은 50%였다. 이에 관한 설명 중 옳은 것은?(다툼이 있는 경우 판례에 의함)

① 甲은 丙의 손해배상청구에 대하여 과실상계를 주장할 수 있다.
② 乙은 丙의 손해배상청구에 대하여 과실상계를 주장할 수 없다.
③ 丙이 乙의 손해배상채무 전부를 면제한 경우 甲은 丙에 대하여 3,000만원의 손해배상책임을 부담한다.
④ 乙은 丙에 대하여 가지는 별도의 물품대금채권 2,000만원으로 丙의 위 손해배상채권을 상계할 수 있다.
⑤ 甲이 丙에 대하여 2,000만원을 변제한 경우 乙은 丙에 대하여 3,000만원의 손해배상책임을 부담한다.

[**❶ ▸ ✕**] [**❷ ▸ ✕**] 피해자의 부주의를 이용하여 고의로 불법행위를 저지른 甲은 과실상계를 주장할 수 없으나, 피용자의 고의에 의한 불법행위로 사용자책임을 지는 乙은 과실상계를 주장할 수 있다.

> 피해자의 부주의를 이용하여 고의로 불법행위를 저지른 자가 바로 그 피해자의 부주의를 이유로 자신의 책임을 감하여 달라고 주장하는 것은 허용될 수 없으나 이는 그러한 사유가 있는 자에게 과실상계의 주장을 허용하는 것이 신의칙에 반하기 때문이므로, 중개보조원이 업무상 행위로 거래당사자인 피해자에게 고의로 불법행위를 저지른 경우라 하더라도, 그 중개보조원을 고용하였을 뿐 이러한 불법행위에 가담하지 아니한 중개업자에게 책임을 묻고 있는 피해자에게 과실이 있다면, 법원은 과실상계의 법리에 좇아 손해배상의 책임 및 그 금액을 정함에 있어 이를 참작하여야 한다(대판 2008.6.12, 2008다22276).

[**❸ ▸ ✕**] 공동불법행위로 인한 손해배상책임은 소위 부진정연대채무관계에 있는 것이므로 그중의 한 채무자에 대한 채무 면제는 민법 제419조가 적용되지 아니하여 다른 채무자에게는 그 효력이 미치지 아니하며 공동불법행위자 중 1인의 구상권 행사에 대하여 다른 공동불법행위자는 자기의 채무가 면제되었음을 이유로 그 구상을 거절할 수 없다(대판 1980.7.22, 79다1107).

[**❹ ▸ ✕**] 민법 제756조에 의한 사용자의 손해배상책임은 피용자의 배상책임에 대한 대체적 책임이고, 같은 조 제1항에서 사용자가 피용자의 선임 및 그 사무감독에 상당한 주의를 한 때 또는 상당한 주의를 하여도 손해가 있을 경우에는 책임을 면할 수 있도록 규정함으로써 사용자책임에서 사용자의 과실은 직접의 가해행위가 아닌 피용자의 선임·감독에 관련된 것으로 해석되는 점에 비추어 볼 때, 피용자의 고의의 불법행위로 인하여 사용자책임이 성립하는 경우에 민법 제496조의 적용을 배제하여야 할 이유가 없으므로 사용자책임이 성립하는 경우 사용자는 자신의 고의의 불법행위가 아니라는 이유로 민법 제496조의 적용을 면할 수는 없다(대판 2006.10.26, 2004다63019).

[**❺ ▸ ○**] 피용자 甲은 과실상계가 인정되지 않으므로 6,000만원의 손해배상책임을 지고, 사용자 乙은 과실상계가 인정되므로 피해자의 과실비율 50%가 참작되어 3,000만원의 손해배상책임을 진다. 부진정연대채무에서 다액채무자의 일부변제가 있을 경우에는 다액채무자의 단독채무 부분부터 먼저 소멸하므로, 甲이 2,000만원을 변제하면 甲의 단독책임 부분 3,000만원부터 소멸한다. 따라서 乙의 채무는 변함없이 3,000만원이 된다.

> 금액이 다른 채무가 서로 부진정연대관계에 있을 때 다액채무자가 일부변제를 하는 경우 변제로 인하여 먼저 소멸하는 부분은 당사자의 의사와 채무 전액의 지급을 확실히 확보하려는 부진정연대채무제도의 취지에 비추어 볼 때 다액채무자가 단독으로 채무를 부담하는 부분으로 보아야 한다. 이러한 법리는 사용자의 손해배상액이 피해자의 과실을 참작하여 과실상계를 한 결과 타인에게 직접 손해를 가한 피용자 자신의 손해배상액과 달라졌는데 다액채무자인 피용자가 손해배상액의 일부를 변제한 경우에 적용되고, 공동불법행위자들의 피해자에 대한 과실비율이 달라 손해배상액이 달라졌는데 다액채무자인 공동불법행위자가 손해배상액의 일부를 변제한 경우에도 적용된다. 또한 중개보조원을 고용한 개업공인중개사의 공인중개사법 제30조 제1항에 따른 손해배상액이 과실상계를 한 결과 거래당사자에게 직접 손해를 가한 중개보조원 자신의 손해배상액과 달라졌는데 다액채무자인 중개보조원이 손해배상액의 일부를 변제한 경우에도 마찬가지이다(대판 2018.3.22, 2012다74236 [전합]).

☑ 확인Check! ○ △ ✕

사용자책임에 관한 설명 중 옳은 것을 모두 고른 것은?(다툼이 있는 경우 판례에 의함)

ㄱ. 명의를 대여받은 사람이 업무 수행을 함에 있어 고의 또는 과실로 다른 사람에게 손해를 끼쳤고 객관적으로 보아 명의대여자가 명의를 대여받은 사람을 지휘·감독할 지위에 있었다면, 명의대여자는 사용자로서 그 손해를 배상할 책임이 있다.

ㄴ. 도급인이 수급인에 대하여 특정한 행위를 지휘하는 이른바 노무도급의 경우에는 수급인의 불법행위에 대하여 비록 도급인이라고 하더라도 사용자로서의 배상책임이 있다.

ㄷ. 지입차량의 차주가 고용한 운전자의 과실로 타인에게 물적 손해를 가한 경우에 지입회사는 사용자책임을 부담한다.

ㄹ. 사용자가 피용자의 고의에 의한 불법행위로 인하여 사용자책임을 부담하는 경우에 피해자에게 그 손해의 발생과 확대에 기여한 과실이 있더라도 사용자책임의 범위를 정함에 있어서 이러한 피해자의 과실을 고려하여 그 책임을 제한할 수는 없다.

① ㄱ, ㄴ   ② ㄴ, ㄹ   ③ ㄱ, ㄴ, ㄷ
④ ㄱ, ㄷ, ㄹ   ⑤ ㄴ, ㄷ, ㄹ

[ㄱ ▸ ○] 타인에게 어떤 사업에 관하여 자기의 명의를 사용할 것을 허용한 경우에 그 사업이 내부관계에 있어서는 타인의 사업이고 명의자의 고용인이 아니라 하더라도 외부에 대한 관계에 있어서는 그 사업이 명의자의 사업이고 또 그 타인은 명의자의 종업원임을 표명한 것과 다름이 없으므로, 명의 사용을 허용받은 사람이 업무 수행을 함에 있어 고의 또는 과실로 다른 사람에게 손해를 끼쳤다면 명의 사용을 허용한 사람은 민법 제756조에 의하여 그 손해를 배상할 책임이 있다. 또한 명의대여관계의 경우 민법 제756조가 규정하고 있는 사용자책임의 요건으로서의 사용관계가 있느냐 여부는 실제적으로 지휘·감독을 하였느냐의 여부에 관계없이 객관적·규범적으로 보아 사용자가 그 불법행위자를 지휘·감독해야 할 지위에 있었느냐의 여부를 기준으로 결정하여야 한다(대판 2001.8.21, 2001다3658).

[ㄴ ▸ ○] 일반적으로 도급인과 수급인 사이에는 지휘·감독의 관계가 없으므로 도급인은 수급인이나 수급인의 피용자의 불법행위에 대하여 사용자로서의 배상책임이 없는 것이지만, 도급인이 수급인에 대하여 특정한 행위를 지휘하거나 특정한 사업을 도급시키는 경우와 같은 이른바 노무도급의 경우에는 비록 도급인이라고 하더라도 사용자로서의 배상책임이 있다(대판 2005.11.10, 2004다37676).

[ㄷ ▸ ○] 지입차량의 차주 또는 그가 고용한 운전자의 과실로 타인에게 손해를 가한 경우에는 지입회사는 명의대여자로서 제3자에 대하여 지입차량이 자기의 사업에 속하는 것을 표시하였을 뿐 아니라, 객관적으로 지입차주를 지휘·감독하는 사용자의 지위에 있다 할 것이므로 이러한 불법행위에 대하여는 그 사용자책임을 부담한다고 할 것이다(대판 2000.10.13, 2000다20069).

[ㄹ ▸ ✕] 사용자가 피용자의 과실에 의한 불법행위로 인한 사용자책임을 부담하는 경우와 마찬가지로 피용자의 고의에 의한 불법행위로 인하여 사용자책임을 부담하는 경우에도 피해자에게 그 손해의 발생과 확대에 기여한 과실이 있다면 사용자책임의 범위를 정함에 있어서 이러한 피해자의 과실을 고려하여 그 책임을 제한할 수 있다(대판 2002.12.26, 2000다56952).

공동불법행위에 관한 설명 중 옳지 않은 것은?(다툼이 있는 경우 판례에 의함)

① 공동불법행위자 중에 피해자의 부주의를 이용하여 고의로 불법행위를 행한 자가 있는 경우에는 모든 불법행위자가 과실상계의 주장을 할 수 없다.

② 피해자가 공동불법행위자 중의 일부만을 상대로 손해배상을 청구하는 경우, 과실상계를 함에 있어 피해자에 대한 공동불법행위자 전원의 과실과 피해자의 공동불법행위자 전원에 대한 과실을 전체적으로 평가하여야 하고, 공동불법행위자 간의 과실의 경중이나 구상권 행사의 가능 여부 등은 고려할 필요가 없다.

③ 피해자가 공동불법행위자별로 별개의 소를 제기하여 소송을 진행하는 경우, 피해자가 공동불법행위자들 중 일부를 상대로 한 전소(前訴)에서 승소한 금액을 전부 지급받았다고 하더라도 그 금액이 나머지 공동불법행위자에 대한 후소(後訴)에서 산정된 손해액에 미치지 못한다면 후소(後訴)의 피고는 그 차액을 피해자에게 지급할 의무가 있다.

④ 공동불법행위자 중 1인에 대하여 구상의무를 부담하는 다른 공동불법행위자가 수인(數人)인 경우, 구상권자인 공동불법행위자가 과실이 없어 내부적인 부담 부분이 전혀 없다면 그에 대한 수인(數人)의 구상의무 사이의 관계는 부진정연대관계이다.

⑤ 공동불법행위자 중 1인의 손해배상채무가 시효로 소멸한 후에 다른 공동불법행위자 1인이 피해자에게 자기의 부담 부분을 넘는 손해를 배상하였을 경우, 그 공동불법행위자는 손해배상채무가 시효로 소멸한 다른 공동불법행위자에게 구상권을 행사할 수 있다.

[**❶** ▸ ✕] 피해자의 부주의를 이용하여 고의로 불법행위를 저지른 자가 바로 그 피해자의 부주의를 이유로 자신의 책임을 감하여 달라고 주장하는 것은 허용될 수 없으나, 이는 그러한 사유가 있는 자에게 과실상계의 주장을 허용하는 것이 신의칙에 반하기 때문이므로, 불법행위자 중의 일부에게 그러한 사유가 있다고 하여 그러한 사유가 없는 다른 불법행위자까지도 과실상계의 주장을 할 수 없다고 해석할 것은 아니다(대판 2007.6.14. 2005다32999).

[**❷** ▸ ○] 피해자가 공동불법행위자 중의 일부만을 상대로 손해배상을 청구하는 경우에도 과실상계를 함에 있어 참작하여야 할 쌍방의 과실은 피해자에 대한 공동불법행위자 전원의 과실과 피해자의 공동불법행위자 전원에 대한 과실을 전체적으로 평가하여야 하고 공동불법행위자 간의 과실의 경중이나 구상권 행사의 가능 여부 등은 고려할 여지가 없다(대판 1991.5.10. 90다14423).

[**❸** ▸ ○] 피해자가 공동불법행위자들을 모두 피고로 삼아 한꺼번에 손해배상청구의 소를 제기한 경우와 달리 공동불법행위자별로 별개의 소를 제기하여 소송을 진행하는 경우에는 각 소송에서 제출된 증거가 서로 다르고 이에 따라 교통사고의 경위와 피해자의 손해액 산정의 기초가 되는 사실이 달리 인정됨으로 인하여 과실상계비율과 손해액도 서로 달리 인정될 수 있는 것이므로, 피해자가 공동불법행위자들 중 일부를 상대로 한 전소에서 승소한 금액을 전부 지급받았다고 하더라도 그 금액이 나머지 공동불법행위자에 대한 후소에서 산정된 손해액에 미치지 못한다면 후소의 피고는 그 차액을 피해자에게 지급할 의무가 있다(대판 2001.2.9. 2000다60227).

[**❹** ▸ ○] 공동불법행위자 중 1인에 대하여 구상의무를 부담하는 다른 공동불법행위자가 수인인 경우에는 특별한 사정이 없는 이상 그들의 구상권자에 대한 채무는 각자의 부담 부분에 따른 분할채무로 봄이 상당하지만, 구상권자인 공동불법행위자 측에 과실이 없는 경우, 즉 내부적인 부담 부분이 전혀 없는 경우에는 이와 달리 그에 대한 수인의 구상의무 사이의 관계를 부진정연대관계로 봄이 상당하다(대판 2005.10.13. 2003다24147).

[**❺** ▸ ○] 공동불법행위자의 다른 공동불법행위자에 대한 구상권은 피해자의 다른 공동불법행위자에 대한 손해배상채권과는 그 발생원인 및 성질을 달리하는 별개의 권리이고, 연대채무에 있어서 소멸시효의 절대적 효력에 관한 민법 제421조의 규정은 공동불법행위자 상호 간의 부진정연대채무에 대하여는 그 적용이 없으므로, 공동불법행위자 중 1인의 손해배상채무가 시효로 소멸한 후에 다른 공동불법행위자 1인이 피해자에게 자기의 부담 부분을 넘는 손해를 배상하였을 경우에도, 그 공동불법행위자는 다른 공동불법행위자에게 구상권을 행사할 수 있다(대판 1997.12.23. 97다42830).

2016년 변호사시험 문 35.

☑ 확인 Check! ○ △ ✕

甲, 乙, 丙이 공동으로 丁을 폭행하여 상해를 입혔고, 이에 丁은 甲, 乙, 丙을 상대로 손해배상을 청구하고자 한다. 이에 관한 설명 중 옳지 않은 것은?(각 지문은 독립적이며, 다툼이 있는 경우 판례에 의함)

① 가해행위에 대한 甲의 가담 정도가 乙이나 丙에 비하여 경미하더라도 丁에 대한 관계에서 甲의 책임범위를 손해배상액의 일부로 제한할 수는 없다.

② 丁이 甲의 손해배상채무를 면제해 주었더라도, 乙이 丁에 대한 손해배상채무 전액을 변제하였다면, 乙은 甲에 대하여 구상권을 행사할 수 있다.

③ 丁이 甲을 상대로 손해 배상을 청구하더라도 丁의 乙과 丙에 대한 손해배상청구권은 소멸시효가 중단되지 않는다.

④ 폭행으로 인하여 丁에게 손해발생과 함께 이득이 생긴 한편 그 손해발생에 丁의 과실이 경합하여 과실상계를 해야 할 경우에는 산정된 손해액에 먼저 과실상계를 한 후 이득을 공제해야 한다.

⑤ 丁이 甲, 乙, 丙을 공동피고로 하여 손해배상청구소송을 제기한 경우, 법원이 피해자인 丁의 과실을 들어 과실상계를 할 때 丁의 甲, 乙, 丙에 대한 과실비율이 서로 다르다면 이들을 개별적으로 평가하여 손해액을 정해야 한다.

[❶ ▶ ○] 공동불법행위책임은 가해자 각 개인의 행위에 대하여 개별적으로 그로 인한 손해를 구하는 것이 아니라 그 가해자들이 공동으로 가한 불법행위에 대하여 그 책임을 추궁하는 것이므로, 공동불법행위로 인한 손해배상책임의 범위는 피해자에 대한 관계에서 가해자들 전원의 행위를 전체적으로 함께 평가하여 정하여야 하고, 그 손해배상액에 대하여는 가해자 각자가 그 금액의 전부에 대한 책임을 부담하는 것이며, 가해자 1인이 다른 가해자에 비하여 불법행위에 가공한 정도가 경미하다고 하더라도 피해자에 대한 관계에서 그 가해자의 책임범위를 위와 같이 정하여진 손해배상액의 일부로 제한하여 인정할 수는 없다(대판 2001.9.7, 99다70365).

[❷ ▶ ○] 공동불법행위책임을 부진정연대채무로 해석하는 판례의 입장에 의하면, 공동불법행위자 중 1인에 대한 면제는 상대적 효력이 있을 뿐이다. 따라서 면제받은 甲은 채무 전액을 변제하고 구상권을 행사하는 다른 공동불법행위자 乙에게 면제받은 사실로 항변할 수 없다.

판례 부진정연대채무자 상호 간에 있어서 채권의 목적을 달성시키는 변제와 같은 사유는 채무자 전원에 대하여 절대적 효력을 발생하지만 그 밖의 사유는 상대적 효력을 발생하는 데에 그치는 것이므로 피해자가 채무자 중의 1인에 대하여 손해배상에 관한 권리를 포기하거나 채무를 면제하는 의사표시를 하였다 하더라도 다른 채무자에 대하여 그 효력이 미친다고 볼 수는 없다(대판 2006.1.27, 2005다19378).

[❸ ▶ ○] 부진정연대채무에 있어 채무자 1인에 대한 이행의 청구는 타 채무자에 대하여 그 효력이 미치지 않으므로, 하천구역으로 편입된 토지의 소유자가 서울특별시장에게 보상금지급청구를 하였다 하더라도 부진정연대채무관계에 있는 국가에 대하여 시효중단의 효과가 발생한다고 할 수 없다(대판 1997.9.12, 95다42027).

[❹ ▶ ○] 불법행위로 인하여 손해가 발생하고 그 손해발생으로 이득이 생기고 동시에 그 손해발생에 피해자에게도 과실이 있어 과실상계를 하여야 할 경우에는 먼저 산정된 손해액에서 과실상계를 한 다음에 위 이득을 공제하여야 한다(대판 1990.5.8, 89다카29129).

[❺ ▶ ✕] 공동불법행위책임은 가해자 각 개인의 행위에 대하여 개별적으로 그로 인한 손해를 구하는 것이 아니라 가해자들이 공동으로 가한 불법행위에 대하여 그 책임을 추궁하는 것으로, 법원이 피해자의 과실을 들어 과실상계를 함에 있어서는 피해자의 공동불법행위자 각인에 대한 과실비율이 서로 다르더라도 피해자의 과실을 공동불법행위자 각인에 대한 과실로 개별적으로 평가할 것이 아니고 그들 전원에 대한 과실로 전체적으로 평가하여야 한다(대판 1998.6.12, 96다55631).

안심Touch

甲회사의 상품판매대리인 乙이 자신의 채권자 丙으로부터 채무독촉에 시달리자, 2010.8.5. 평소 거래하던 판매업자 丁에게 甲회사의 상품을 시가의 반값에 판매하는 매매계약을 甲의 이름으로 체결하고, 2010.8.10. 판매대금 4억원 중 2억원을 선불로 받은 후 丙에 대한 자신의 채무를 변제하는 데에 사용하였다. 이러한 사실을 알게 된 甲회사의 대표이사 戊는 乙을 추궁하여 2010.10.20. 乙로부터 2억원을 받아 1억원은 甲회사의 계좌에 입금하고 나머지 1억원은 개인용도로 소비하였다. 다음 설명 중 옳은 것을 모두 고른 것은?(다툼이 있는 경우에는 판례에 의함)

ㄱ. 乙이 자신의 이익을 위하여 시가의 반값에 매각하는 배임적 사정을 丁이 알면서 위 매매계약을 체결하였다면, 丁은 甲에 대하여 위 매매목적물의 인도를 청구할 수 없다.

ㄴ. 丙이 乙의 채무변제가 횡령한 금전에 의한 것임을 알면서 변제받은 경우, 甲은 丙을 상대로 직접 부당이득에 의한 금전반환을 청구할 수 없다.

ㄷ. 2013.11.20. 戊의 횡령사실이 밝혀져 戊가 해임됨과 동시에 새로운 대표이사가 선임되고, 같은 해 12.23. 甲회사가 戊를 상대로 불법행위에 기한 손해배상청구소송을 제기한 경우, 위 불법행위가 있었음을 안 날부터 3년이 경과하여 소멸시효가 완성되었다는 戊의 항변은 허용되지 않는다.

① ㄱ
② ㄴ
③ ㄱ, ㄴ
④ ㄱ, ㄷ
⑤ ㄱ, ㄴ, ㄷ

[ㄱ ▸ ○] 대리권 남용의 경우, 상대방이 배임적 의도를 알았거나 알 수 있었을 때에는 민법 제107조 제1항 단서를 유추하여 매매계약이 무효가 되므로, 상대방 丁은 본인 甲에 대해 매매목적물의 인도를 청구할 수 없다.

판례 진의 아닌 의사표시가 대리인에 의하여 이루어지고 그 대리인의 진의가 본인의 이익이나 의사에 반하여 자기 또는 제3자의 이익을 위한 배임적인 것임을 그 상대방이 알았거나 알 수 있었을 경우에는, 민법 제107조 제1항 단서의 유추해석상 그 대리인의 행위는 본인의 대리행위로 성립할 수 없으므로 본인은 대리인의 행위에 대하여 아무런 책임이 없으며, 그 상대방이 대리인의 표시의사가 진의 아님을 알았거나 알 수 있었는가의 여부는 표의자인 대리인과 상대방 사이에 있었던 의사표시의 형성과정과 그 내용 및 그로 인하여 나타나는 효과 등을 객관적인 사정에 따라 합리적으로 판단하여야 한다(대판 1996.4.26. 94다29850).

[ㄴ ▸ ✕] 부당이득제도는 이득자의 재산상 이득이 법률상 원인을 결여하는 경우에 공평·정의의 이념에 근거하여 이득자에게 그 반환의무를 부담시키는 것인바, 채무자가 피해자로부터 횡령한 금전을 그대로 채권자에 대한 채무변제에 사용하는 경우 피해자의 손실과 채권자의 이득 사이에 인과관계가 있음이 명백하고, 한편 채무자가 횡령한 금전으로 자신의 채권자에 대한 채무를 변제하는 경우 채권자가 그 변제를 수령함에 있어 악의 또는 중대한 과실이 있는 경우에는 채권자의 금전 취득은 피해자에 대한 관계에 있어서 법률상 원인을 결여한 것으로 봄이 상당하나, 채권자가 그 변제를 수령함에 있어 단순히 과실이 있는 경우에는 그 변제는 유효하고 채권자의 금전 취득이 피해자에 대한 관계에 있어서 법률상 원인을 결여한 것이라고 할 수 없다(대판 2003.6.13. 2003다8862).

[ㄷ ▸ ○] 법인의 경우 불법행위로 인한 손해배상청구권의 단기소멸시효의 기산점인 '손해 및 가해자를 안 날'을 정함에 있어서 법인의 대표자가 법인에 대하여 불법행위를 한 경우에는 법인과 그 대표자는 이익이 상반하게 되므로 현실로 그로 인한 손해배상청구권을 행사하리라고 기대하기 어려울 뿐만 아니라 일반적으로 그 대표권도 부인된다고 할 것이므로 단지 그 대표자가 그 손해 및 가해자를 아는 것만으로는 부족하고, 적어도 법인의 이익을 정당하게 보전할 권한을 가진 다른 임원 또는 사원이나 직원 등이 손해배상청구권을 행사할 수 있을 정도로 이를 안 때에 비로소 위 단기소멸시효가 진행한다(대판 2002.6.14. 2002다11441).

甲회사는 근로자파견회사 乙과의 근로자파견계약에 따라 丙을 파견받아 丙에게 甲회사의 자동차 운전을 맡겼는데, 丙이 업무 수행 중 丁을 호의로 동승시키고 운전하다가 丙과 戊의 과실로 戊가 운전하던 자동차와 충돌하여 丁과 戊가 부상당하였다. 다음 설명 중 옳은 것을 모두 고른 것은?(다툼이 있는 경우에는 판례에 의함)

ㄱ. 丙이 甲의 구체적인 지시, 감독을 받아 업무를 수행한 경우, 乙이 丙의 선발 및 일반적 지휘, 감독상의 주의를 다하였더라도, 乙은 위 교통사고로 인한 丁과 戊의 손해에 대하여 사용자책임을 면하지 못한다.

ㄴ. 특별한 사정이 없는 한, 丁이 사고차량에 단순히 호의로 동승하였다는 사실은 丁에 대한 손해배상액의 감경사유로 삼을 수 없다.

ㄷ. 甲과 丙이 공동으로 丁에게 손해배상책임을 지는 경우, 丁이 丙의 손해배상채무를 면제하였다면, 甲 역시 그 한도에서 채무를 면한다.

ㄹ. 丙의 운전을 방해한 丁이 丙과 戊 모두를 상대로 손해배상청구소송을 제기한 경우, 丁의 과실비율이 丙과 戊에 대하여 서로 다르다면 손해액의 산정에서 과실상계 역시 丙과 戊에 대하여 개별적으로 평가하여야 함이 원칙이다.

① ㄱ　　　　　　　　② ㄴ　　　　　　　　③ ㄱ, ㄹ
④ ㄴ, ㄷ　　　　　　⑤ ㄷ, ㄹ

[ㄱ ▸ ×] 파견근로자 보호 등에 관한 법률에 의한 근로자 파견은 파견사업주가 근로자를 고용한 후 그 고용관계를 유지하면서 사용사업주와 사이에 체결한 근로자파견계약에 따라 사용사업주에게 근로자를 파견하여 근로를 제공하게 하는 것으로서, 파견근로자는 사용사업주의 사업장에서 그의 지시·감독을 받아 근로를 제공하기는 하지만 사용사업주와의 사이에는 고용관계가 존재하지 아니하는 반면, 파견사업주는 파견근로자의 근로계약상의 사용자로서 파견근로자에게 임금지급의무를 부담할 뿐만 아니라, 파견근로자가 사용사업자에게 근로를 제공함에 있어서 사용사업자가 행사하는 구체적인 업무상의 지휘·명령권을 제외한 파견근로자에 대한 파견명령권과 징계권 등 근로계약에 기한 모든 권한을 행사할 수 있으므로 파견근로자를 일반적으로 지휘·감독해야 할 지위에 있게 되고, 따라서 파견사업주와 파견근로자 사이에는 민법 제756조의 사용관계가 인정되어 파견사업주는 파견근로자의 파견업무에 관련한 불법행위에 대하여 파견근로자의 사용자로서의 책임을 져야 하지만, 파견근로자가 사용사업주의 구체적인 지시·감독을 받아 사용사업주의 업무를 행하던 중에 불법행위를 한 경우에 파견사업주가 파견근로자의 선발 및 일반적 지휘·감독권의 행사에 있어서 주의를 다하였다고 인정되는 때에는 면책된다고 할 것이다(대판 2003.10.9. 2001다24655).

[ㄴ ▸ ○] 차량의 운행자가 아무런 대가를 받지 아니하고 동승자의 편의와 이익을 위하여 동승을 허락하고 동승자도 그 자신의 편의와 이익을 위하여 그 제공을 받은 경우 그 운행목적, 동승자와 운행자의 인적 관계, 그가 차에 동승한 경위, 특히 동승을 요구한 목적과 적극성 등 여러 사정에 비추어 가해자에게 일반교통사고와 동일한 책임을 지우는 것이 신의칙이나 형평의 원칙으로 보아 매우 불합리하다고 인정될 때에는 그 배상액을 경감할 수 있으나, 사고차량에 단순히 호의로 동승하였다는 사실만 가지고 바로 이를 배상액경감사유로 삼을 수 있는 것은 아니다(대판 1996.3.22. 95다24302).

[ㄷ ▸ ×] 공동불법행위책임을 부진정연대채무로 해석하는 판례의 입장에 의하면, 공동불법행위자 중 1인에 대한 면제는 상대적 효력이 있을 뿐이다. 따라서 丁이 丙의 손해배상채무를 면제하였더라도, 다른 공동불법행위자 甲에게는 효력이 없다.

<u>부진정연대채무자 상호 간에 있어서 채권의 목적을 달성시키는 변제와 같은 사유는 채무자 전원에 대하여 절대적 효력을 발생하지만 그 밖의 사유는 상대적 효력을 발생하는 데에 그치는 것이므로 피해자가 채무자 중의 1인에 대하여 손해배상에 관한 권리를 포기하거나 채무를 면제하는 의사표시를 하였다 하더라도 다른 채무자에 대하여 그 효력이 미친다고 볼 수는 없다</u>(대판 2006.1.27, 2005다19378).

[ㄹ ▸ X] 공동불법행위책임은 가해자 각 개인의 행위에 대하여 개별적으로 그로 인한 손해를 구하는 것이 아니라 가해자들이 공동으로 가한 불법행위에 대하여 그 책임을 추궁하는 것으로, <u>법원이 피해자의 과실을 들어 과실상계를 함에 있어서는 피해자의 공동불법행위자 각인에 대한 과실비율이 서로 다르더라도 피해자의 과실을 공동불법행위자 각인에 대한 과실로 개별적으로 평가할 것이 아니고 그들 전원에 대한 과실로 전체적으로 평가하여야 한다</u>(대판 1998.6.12, 96다55631).

2013년 변호사시험 문 23.

☑ 확인 Check! ○ △ X

과실상계에 관한 설명 중 옳은 것을 모두 고른 것은?(다툼이 있는 경우에는 판례에 의함)

ㄱ. 표현대리가 성립하여 본인에 대하여 이행청구를 함에 있어서 상대방에게 과실이 있더라도 과실상계의 법리를 적용할 수 없다.

ㄴ. 손해배상청구권 중 일부가 청구된 경우의 과실상계는 전체 손해액에서 과실비율에 의한 감액을 하고, 잔액이 청구액을 초과하면 청구액을 인용하고 잔액이 청구액을 초과하지 않으면 그 잔액을 인용한다.

ㄷ. 피해자의 손해가 100만원, 손해야기행위로 인한 이익이 30만원, 피해자과실이 30%인 경우, 피해자가 배상받을 수 있는 손해액은 49만원이다.

ㄹ. 배상의무자가 피해자의 과실에 관하여 주장하지 않는 경우에는 법원은 과실상계를 판단할 수 없다.

① ㄱ, ㄴ   ② ㄱ, ㄷ   ③ ㄴ, ㄷ
④ ㄴ, ㄹ   ⑤ ㄱ, ㄴ, ㄷ

[ㄱ ▸ O] 표현대리행위가 성립하는 경우에 본인은 표현대리행위에 기하여 전적인 책임을 져야 하는 것이고 <u>상대방에게 과실이 있다고 하더라도 과실상계의 법리를 유추적용하여 본인의 책임을 감경할 수 없는 것이다</u>(대판 1994.12.22, 94다24985).

[ㄴ ▸ O] <u>일개의 손해배상청구권 중 일부가 소송상 청구되어 있는 경우에 과실상계를 함에 있어서는 손해의 전액에서 과실비율에 의한 감액을 하고 그 잔액이 청구액을 초과하지 않을 경우에는 그 잔액을 인용할 것이고 잔액이 청구액을 초과할 경우에는 청구의 전액을 인용하는 것으로 풀이하는 것이 일부청구를 하는 당사자의 통상적 의사라고 할 것이다</u>(대판 1976.6.22, 75다819).

[ㄷ ▸ X] 과실상계와 손익상계가 동시에 적용될 경우에는, 과실상계 → 손익상계 순으로 적용한다. 따라서 과실상계를 적용한 70만원[100만원 - (100만원 × 0.3)]에 이익 30만원을 제한 손익상계를 하여 나온 손해액은 40만원이 된다.

 불법행위로 인하여 손해가 발생하고 그 손해발생으로 이득이 생기고 동시에 그 손해발생에 피해자에게도 과실이 있어 과실상계를 하여야 할 경우에는 <u>먼저 산정된 손해액에서 과실상계를 한 다음에 위 이득을 공제하여야 한다</u>(대판 1990.5.8, 89다카29129).

① **정답**

[ㄹ ▸ X] 피해자에게 과실이 인정되면 법원은 손해배상의 책임 및 그 금액을 정함에 있어서 이를 참작하여야 하며, 배상의무자가 피해자의 과실에 관하여 주장하지 않는 경우에도 소송자료에 의하여 과실이 인정되는 경우에는 이를 법원이 직권으로 심리·판단하여야 한다(대판 1996.10.25. 96다30113).

2020년 변호사시험 문 29.
☑ 확인Check! ○ △ X

과실상계와 책임 제한에 관한 설명 중 옳지 않은 것은?(다툼이 있는 경우 판례에 의함)

① 가해행위와 피해자 측의 요인이 경합하여 손해가 발생하거나 확대된 경우에는 피해자 측의 요인이 체질적인 소인 또는 질병의 위험도와 같이 피해자 측의 귀책사유와 무관한 것이라고 할지라도, 그 질환의 태양·정도 등에 비추어 가해자에게 손해의 전부를 배상하게 하는 것이 공평의 이념에 반하는 경우에는, 법원은 손해배상액을 정하면서 과실상계의 법리를 유추적용하여 그 손해의 발생 또는 확대에 기여한 피해자 측의 요인을 참작할 수 있다.
② 교통사고로 인한 피해자의 후유증이 사고와 피해자의 기왕증이 경합하여 나타난 것이라면 사고가 후유증이라는 결과발생에 기여하였다고 인정되는 정도에 따라 상응한 배상액을 부담하게 하는 것이 손해의 공평한 부담이라는 견지에서 타당하다.
③ 표현대리행위가 성립하는 경우에 그 본인은 표현대리행위에 의하여 책임을 져야 하지만, 상대방에게 과실이 있는 경우라면 공평의 원칙상 과실상계의 법리를 유추적용하여 본인의 책임을 경감할 수 있다.
④ 「민법」 제581조, 제580조에 기한 매도인의 하자담보책임은 법이 특별히 인정한 무과실책임으로서 여기에 「민법」 제396조의 과실상계규정이 준용될 수는 없다 하더라도, 담보책임이 「민법」의 지도이념인 공평의 원칙에 입각한 것인 이상 하자발생 및 그 확대에 가공한 매수인의 잘못을 참작하여 손해배상의 범위를 정함이 상당하다.
⑤ 예금주가 인장관리를 다소 소홀히 하였거나 입·출금내역을 조회하여 보지 않음으로써 금융기관 직원의 불법행위가 용이하게 된 사정이 있다고 할지라도, 정기예탁금계약에 기하여 정기예탁금 반환을 청구하는 경우에는 그러한 사정을 들어 과실상계할 수 없다.

[❶ ▸ O] 가해행위와 피해자 측의 요인이 경합하여 손해가 발생하거나 확대된 경우에는 그 피해자 측의 요인이 체질적인 소인 또는 질병의 위험도와 같이 피해자 측의 귀책사유와 무관한 것이라고 할지라도, 그 질환의 태양·정도 등에 비추어 가해자에게 손해의 전부를 배상하게 하는 것이 공평의 이념에 반하는 경우에는, 법원은 손해배상액을 정하면서 과실상계의 법리를 유추적용하여 그 손해의 발생 또는 확대에 기여한 피해자 측의 요인을 참작할 수 있다(대판 2000.1.21. 98다50586).

[❷ ▸ O] 교통사고로 인한 피해자의 후유증이 사고와 피해자의 기왕증이 경합하여 나타난 것이라면, 사고가 후유증이라는 결과발생에 대하여 기여하였다고 인정되는 정도에 따라 상응한 배상액을 부담케 하는 것이 손해의 공평한 부담이라는 견지에서 타당하고, 법원은 기여도를 정함에 있어서 기왕증의 원인과 정도, 기왕증과 후유증과의 상관관계, 피해자의 연령과 직업, 건강상태 등 제반 사정을 고려하여 합리적으로 판단하여야 할 것이다(대판 1993.4.9. 93다180).

[❸ ▸ X] 표현대리행위가 성립하는 경우에 본인은 표현대리행위에 기하여 전적인 책임을 져야 하는 것이고 상대방에게 과실이 있다고 하더라도 과실상계의 법리를 유추적용하여 본인의 책임을 감경할 수 없는 것이다(대판 1994.12.22. 94다24985).

[❹ ▸ O] 민법 제581조, 제580조에 기한 매도인의 하자담보책임은 법이 특별히 인정한 무과실책임으로서 여기에 민법 제396조의 과실상계규정이 준용될 수는 없다 하더라도, 담보책임이 민법의 지도이념인 공평의 원칙에 입각한 것인 이상 하자발생 및 그 확대에 가공한 매수인의 잘못을 참작하여 손해배상의 범위를 정함이 상당하다(대판 1995.6.30. 94다23920).

[❺ ▸ O] 과실상계는 원칙적으로 채무불이행 내지 불법행위로 인한 손해배상책임에 대하여 인정되는 것이지 채무내용에 따른 본래 급부의 이행을 구하는 경우에 적용될 것은 아니므로, 예금주가 인장관리를 다소 소홀히 하였거나 입·출금내역을 조회하여 보지 않음으로써 금융기관 직원의 불법행위가 용이하게 된 사정이 있다고 할지라도 정기예탁금계약에 기한 정기예탁금반환청구사건에 있어서는 그러한 사정을 들어 금융기관의 채무액을 감경하거나 과실상계할 수 없다(대판 2001.2.9. 99다48801).

정답 ③

甲과 乙이 과실에 의한 공동불법행위로 丙에게 손해를 가하였는데, 丙이 입은 손해액은 3,000만원이다. 甲과 乙의 부담 부분의 비율은 2 : 1이고, 甲과 乙에 대한 丙의 과실비율은 20%이며, 丁은 甲의 사용자로서 사용자책임을 부담한다. 다음 설명 중 옳지 않은 것은?(다툼이 있는 경우에는 판례에 의함)

① 甲이 丙에 대한 1,000만원의 대여금채권으로 丙의 손해배상채권과 상계하였다면, 乙도 그 한도에서 손해배상책임을 면한다.

② 만약 甲은 고의로, 乙은 과실로 위 불법행위를 행하였다면, 甲이 과실상계를 주장하지 못하는 경우라도 乙은 과실상계를 주장할 수 있다.

③ 丙의 甲에 대한 소송에서 丙의 과실이 일정한 비율로 인정되었다면, 별소로 제기된 丙의 乙에 대한 소송에서 법원은 丙의 과실비율을 달리 인정할 수 없다.

④ 丙에게 2,400만원을 변제한 丁은 乙에 대하여 800만원을 구상할 수 있다.

⑤ 丙에게 1,200만원을 변제한 丁은 乙에 대하여 구상할 수 없다.

[❶ ▸ ○] 부진정연대채무자 중 1인이 자신의 채권자에 대한 반대채권으로 상계를 한 경우에도 채권은 변제, 대물변제, 또는 공탁이 행하여진 경우와 동일하게 현실적으로 만족을 얻어 그 목적을 달성하는 것이므로, 그 상계로 인한 채무소멸의 효력은 소멸한 채무 전액에 관하여 다른 부진정연대채무자에 대하여도 미친다고 보아야 한다. 이는 부진정연대채무자 중 1인이 채권자와 상계계약을 체결한 경우에도 마찬가지이다. 나아가 이러한 법리는 채권자가 상계 내지 상계계약이 이루어질 당시 다른 부진정연대채무자의 존재를 알았는지 여부에 의하여 좌우되지 아니한다(대판 2010.9.16. 2008다97218 [전합]).

[❷ ▸ ○] 피해자의 부주의를 이용하여 고의로 불법행위를 저지른 자가 바로 그 피해자의 부주의를 이유로 자신의 책임을 감하여 달라고 주장하는 것은 허용될 수 없으나, 이는 그러한 사유가 있는 자에게 과실상계의 주장을 허용하는 것이 신의칙에 반하기 때문이므로, 불법행위자 중의 일부에게 그러한 사유가 있다고 하여 그러한 사유가 없는 다른 불법행위자까지도 과실상계의 주장을 할 수 없다고 해석할 것은 아니다(대판 2007.6.14. 2005다32999).

[❸ ▸ ✕] 피해자가 공동불법행위자들을 모두 피고로 삼아 한꺼번에 손해배상청구의 소를 제기한 경우와 달리 공동불법행위자별로 별개의 소를 제기하여 소송을 진행하는 경우에는 각 소송에서 제출된 증거가 서로 다르고 이에 따라 교통사고의 경위와 피해자의 손해액 산정의 기초가 되는 사실이 달리 인정됨으로 인하여 과실상계비율과 손해액도 서로 달리 인정될 수 있는 것이므로, 피해자가 공동불법행위자들 중 일부를 상대로 한 전소에서 승소한 금액을 전부 지급받았다고 하더라도 그 금액이 나머지 공동불법행위자에 대한 후소에서 산정된 손해액에 미치지 못한다면 후소의 피고는 그 차액을 피해자에게 지급할 의무가 있다(대판 2001.2.9. 2000다60227).

[❹ ▸ ○] [❺ ▸ ○] 사안에서 甲과 乙의 부담 부분 비율은 2 : 1이므로, 손해액 3,000만원 중 20% 과실상계한 금액 2,400만원에 대한 甲의 부담 부분은 1,600만원, 乙의 부담 부분은 800만원이다. 공동불법행위자는 부진정연대채무관계에 있고, 그들이 구상권을 행사하기 위해서는 자기 부담 부분을 초과하여 배상해야 한다. 따라서 甲의 사용자 丁이 2,400만원을 변제한 경우에는 乙의 부담 부분 800만원을 구상할 수 있고, 甲의 부담 부분 이하인 1,200만원을 변제한 경우에는 乙에 대해 구상할 수 없다.

판례

> 피용자와 제3자가 공동불법행위로 피해자에게 손해를 가하여 그 손해배상채무를 부담하는 경우에 피용자와 제3자는 공동불법행위자로서 서로 부진정연대관계에 있고, 한편 사용자의 손해배상책임은 피용자의 배상책임에 대한 대체적 책임이어서 사용자도 제3자와 부진정연대관계에 있다고 보아야 할 것이므로, 사용자가 피용자와 제3자의 책임비율에 의하여 정해진 피용자의 부담 부분을 초과하여 피해자에게 손해를 배상한 경우에는 사용자는 제3자에 대하여도 구상권을 행사할 수 있으며, 그 구상의 범위는 제3자의 부담 부분에 국한된다고 보는 것이 타당하다(대판 1992.6.23. 91다33070 [전합]).

PART 05 친족 · 상속법

☑ 각 문항별로 이해도를 체크해 보세요.

최근 5년간 회별 평균 **2.2문**

제1절	**친족법 총설**	☆

2015년 변호사시험 문 8.
 ☑ 확인Check! ○ △ ✕

다음 사안 중 가사소송사건의 대상이 될 수 있는 것을 모두 고른 것은?(다툼이 있는 경우 판례에 의함)

ㄱ. 사실혼 부당파기로 인한 손해배상청구
ㄴ. 협의상 이혼에 따른 재산분할청구권 보전을 위한 사해행위 취소 및 원상회복청구
ㄷ. 부부간 명의신탁 해지를 원인으로 한 소유권이전등기청구
ㄹ. 이혼을 원인으로 하는 배우자 이외의 제3자에 대한 손해배상청구

① ㄱ, ㄴ   ② ㄱ, ㄴ, ㄹ   ③ ㄱ, ㄷ, ㄹ
④ ㄴ, ㄷ, ㄹ   ⑤ ㄱ, ㄴ, ㄷ, ㄹ

[ㄱ·ㄴ·ㄹ ▸ 가사소송 다류 사건] 가사소송법 제2조 제1항 제1호 다목 참조

법령

가정법원의 관장사항(가사소송법 제2조)   ① 다음 각 호의 사항(이하 "가사사건"이라 한다)에 대한 심리와 재판은 가정법원의 전속관할로 한다.
　1. 가사소송사건
　가. 가류 사건
　　　1) 혼인의 무효　　　　　　　2) 이혼의 무효
　　　3) 인지의 무효　　　　　　　4) 친생자관계 존부 확인
　　　5) 입양의 무효　　　　　　　6) 파양의 무효
　나. 나류 사건
　　　1) 사실상 혼인관계 존부 확인　2) 혼인의 취소
　　　3) 이혼의 취소　　　　　　　4) 재판상 이혼
　　　5) 아버지의 결정　　　　　　6) 친생부인
　　　7) 인지의 취소　　　　　　　8) 인지에 대한 이의
　　　9) 인지청구　　　　　　　　10) 입양의 취소
　　　11) 파양의 취소　　　　　　12) 재판상 파양
　　　13) 친양자입양의 취소　　　　14) 친양자의 파양

---

② **정답**

다. 다류 사건
1) 약혼 해제 또는 사실혼관계 부당파기로 인한 손해배상청구(제3자에 대한 청구를 포함한다) 및 원상회복의 청구
2) 혼인의 무효·취소, 이혼의 무효·취소 또는 이혼을 원인으로 하는 손해배상청구(제3자에 대한 청구를 포함한다) 및 원상회복의 청구
3) 입양의 무효·취소, 파양의 무효·취소 또는 파양을 원인으로 하는 손해배상청구(제3자에 대한 청구를 포함한다) 및 원상회복의 청구
4) 민법 제839조의3에 따른 재산분할청구권 보전을 위한 사해행위 취소 및 원상회복의 청구

[ㄷ ▶ 민사소송사건] 부부간의 명의신탁 해지를 원인으로 한 소유권이전등기청구나 민법 제829조 제2항에 의한 부부재산약정의 목적물이 아닌 부부공유재산의 분할청구는 모두 통상의 민사사건으로, 그 소송절차를 달리하는 나류 가사소송사건 또는 마류 가사비송사건인 이혼 및 재산분할청구와는 병합할 수 없다(대판 2006.1.13. 2004므1378).

제2절 혼인과 이혼 ★★★★

2020년 변호사시험 문 35. ☑ 확인 Check! ○ △ ✕

이혼당사자의 재산분할청구에 관한 설명 중 옳지 않은 것은?(다툼이 있는 경우 판례에 의함)

① 당사자가 이혼 성립 후에 재산분할을 청구하고 법원이 재산분할로서 금전의 지급을 명하는 판결이나 심판을 하는 경우, 분할의무자는 그 금전지급의무에 관하여 이혼 성립 다음 날부터 이행지체책임을 진다.
② 재판상 이혼 시의 재산분할에 있어 분할의 대상이 되는 재산과 액수는 이혼소송의 사실심 변론종결일을 기준으로 정하는 것이 원칙이다.
③ 이혼 및 재산분할청구의 소가 제기된 직후로서 아직 혼인이 해소되기 전에 당사자 일방이 재산분할청구권을 포기하는 것은 효력이 없다.
④ 협의이혼에 따른 재산분할을 할 때 협의이혼을 예정하고 미리 재산분할협의를 한 경우, 분할의 대상이 되는 재산과 액수는 재산분할협의시점이 아니라 협의이혼신고일을 기준으로 정해야 한다.
⑤ 법원이 재산분할로서 금전의 지급을 명하는 판결이나 심판을 하는 경우, 법원의 판결 또는 심판이 확정되기 전에는 재산분할의 방법으로 금전 지급을 명한 부분은 가집행선고의 대상이 될 수 없다.

[❶ ▶ ✕] 이혼으로 인한 재산분할청구권은 이혼이 성립한 때에 법적 효과로서 발생하는 것이지만 협의 또는 심판에 의하여 구체적 내용이 형성되기까지는 범위 및 내용이 불명확하기 때문에 구체적으로 권리가 발생하였다고 할 수 없다. 따라서 당사자가 이혼 성립 후에 재산분할 등을 청구하고 법원이 재산분할로서 금전의 지급을 명하는 판결이나 심판을 하는 경우에도, 이는 장래의 이행을 청구하는 것으로서 분할의무자는 금전지급의무에 관하여 판결이나 심판이 확정된 다음 날부터 이행지체책임을 지고, 그 지연손해금의 이율에 관하여는 소송촉진 등에 관한 특례법 제3조 제1항 본문이 정한 이율도 적용되지 아니한다(대판 2014.9.4. 2012므1656).

[❷ ▶ ○] 재판상 이혼 시의 재산분할에 있어 분할의 대상이 되는 재산과 그 액수는 이혼소송의 사실심 변론종결일을 기준으로 하여 정하여야 하므로, 법원은 변론종결일까지 기록에 나타난 객관적인 자료에 의하여 개개의 공동재산의 가액을 정하여야 하고, 부부 각자에게 귀속하게 한 재산가액의 비율과 법원이 인정한 그들 각자의 재산분할비율이 다를 경우에는 그 차액을 금전으로 지급·청산하게 하여야 한다(대판 2000.9.22. 99므906).

[❸ ▸ ○] 민법 제839조의2에 규정된 재산분할제도는 혼인 중에 부부 쌍방의 협력으로 이룩한 실질적인 공동재산을 청산·분배하는 것을 주된 목적으로 하는 것이고, 이혼으로 인한 재산분할청구권은 이혼이 성립한 때에 법적 효과로서 비로소 발생하는 것일 뿐만 아니라 협의 또는 심판에 따라 구체적 내용이 형성되기까지는 범위 및 내용이 불명확·불확정하기 때문에 구체적으로 권리가 발생하였다고 할 수 없으므로, 협의 또는 심판에 따라 구체화되지 않은 재산분할청구권을 혼인이 해소되기 전에 미리 포기하는 것은 성질상 허용되지 아니한다(대결 2016.1.25. 2015스451).

[❹ ▸ ○] 협의이혼을 예정하고 미리 재산분할협의를 한 경우 협의이혼에 따른 재산분할에 있어 분할의 대상이 되는 재산과 액수는 협의이혼이 성립한 날(이혼신고일)을 기준으로 정하여야 한다(대판 2006.9.14. 2005다74900).

[❺ ▸ ○] 민법 제839조의2에 따른 재산분할청구사건은 마류 가사비송사건으로서 즉시항고의 대상에 해당하기는 하지만, 재산분할은 부부가 혼인 중에 취득한 실질적인 공동재산을 청산분배하는 것을 주된 목적으로 하고, 법원이 당사자 쌍방의 협력으로 이룩한 재산의 액수 기타 사정을 참작하여 분할의 액수와 방법을 정하는 것이므로, 재산분할로 금전의 지급을 명하는 경우에도 판결 또는 심판이 확정되기 전에는 금전지급의무의 이행기가 도래하지 아니할 뿐만 아니라 금전채권의 발생조차 확정되지 아니한 상태에 있다고 할 것이어서, 재산분할의 방법으로 금전의 지급을 명한 부분은 가집행선고의 대상이 될 수 없다. 그리고 이는 이혼이 먼저 성립한 후에 재산분할로 금전의 지급을 명하는 경우라고 하더라도 마찬가지이다(대판 2014.9.4. 2012므1656).

2017년 변호사시험 문 27.

☑ 확인Check! ○ △ ✕

재판상 이혼에 관한 설명 중 옳은 것은?(다툼이 있는 경우 판례에 의함)

① 부부가 장기간 별거하여 실질적으로 부부공동생활이 파탄되었고 객관적으로 회복할 수 없는 정도에 이르렀으나 아직 이혼이 성립하지 않은 상태에서 부부의 일방과 성적인 행위를 한 제3자는 타방 배우자에게 불법행위책임을 진다.
② 부정행위로 인한 재판상 이혼청구의 제척기간이 경과한 경우에는 부부의 일방은 자신의 배우자와 부정행위를 한 제3자를 상대로 위자료청구를 할 수 없다.
③ 이혼소송의 원고가 「민법」 제840조 제2호 사유와 제6호 사유를 주장하는 경우 제2호 사유의 존부를 먼저 판단하고, 그것이 인정되지 않는 경우에 비로소 제6호의 원인을 최종적으로 판단하여야 한다.
④ 부부의 일방이 동거의무를 위반한 경우 상대방은 손해배상을 청구할 수 없으나 재판상 이혼청구는 가능하다.
⑤ 의사무능력상태인 피성년후견인을 대리하여 성년후견인이 그 배우자를 상대로 재판상 이혼을 청구하려면 재판상 이혼 사유가 인정될 뿐 아니라 피성년후견인의 이혼의사가 객관적으로 추정되어야 한다.

[❶ ▸ ✕] 비록 부부가 아직 이혼하지 아니하였지만 이처럼 실질적으로 부부공동생활이 파탄되어 회복할 수 없을 정도의 상태에 이르렀다면, 제3자가 부부의 일방과 성적인 행위를 하더라도 이를 두고 부부공동생활을 침해하거나 유지를 방해하는 행위라고 할 수 없고 또한 그로 인하여 배우자의 부부공동생활에 관한 권리가 침해되는 손해가 생긴다고 할 수도 없으므로 불법행위가 성립한다고 보기 어렵다. 그리고 이러한 법률관계는 재판상 이혼청구가 계속 중에 있다거나 재판상 이혼이 청구되지 않은 상태라고 하여 달리 볼 것은 아니다(대판 2014.11.20. 2011므2997 [전합]).

[❷ ▸ ✕] 민법 제841조 소정의 제척기간은 부정행위를 원인으로 한 이혼청구권의 소멸에 관한 규정으로서 이는 부권침해를 원인으로 하여 그 정신상 고통에 대한 위자료를 청구하고 있는 경우에는 적용될 수 없다(대판 1985.6.25. 83므18).

[❸ ▸ ✕] 재판상 이혼사유에 관한 민법 제840조는 동조가 규정하고 있는 각 호 사유마다 각 별개의 독립된 이혼사유를 구성하는 것이고, 이혼청구를 구하면서 위 각 호 소정의 수개의 사유를 주장하는 경우 법원은 그중 어느 하나를 받아들여 청구를 인용할 수 있다(대판 2000.9.5. 99므1886).

⑤ 정답

[❹ ▸ ✕] 부부의 일방이 상대방에 대하여 동거에 관한 심판을 청구한 결과로 그 심판절차에서 동거의무의 이행을 위한 구체적인 조치에 관하여 조정이 성립한 경우에 그 조치의 실현을 위하여 서로 협력할 법적 의무의 본질적 부분을 상대방이 유책하게 위반하였다면, 부부의 일방은 바로 그 의무의 불이행을 들어 그로 인하여 통상 발생하는 비재산적 손해의 배상을 청구할 수 있고, 그에 반드시 이혼의 청구가 전제되어야 할 필요는 없다(대판 2009.7.23. 2009다32454).

[❺ ▸ ○] 의식불명의 식물상태와 같은 의사무능력상태에 빠져 금치산선고를 받은 자의 배우자에게 부정행위나 악의의 유기 등과 같이 민법 제840조 각 호가 정한 이혼사유가 존재하고 나아가 금치산자의 이혼의사를 객관적으로 추정할 수 있는 경우에는, 민법 제947조, 제949조에 의하여 금치산자의 요양·감호와 그의 재산관리를 기본적 임무로 하는 후견인(민법 제940조에 의하여 배우자에서 변경된 후견인이다)으로서는 의사무능력상태에 있는 금치산자를 대리하여 그 배우자를 상대로 재판상 이혼을 청구할 수 있다(대판 2010.4.29. 2009므639).

2016년 변호사시험 문 31.

☑ 확인Check! ○ △ ✕

이혼으로 인한 재산분할청구권에 관한 설명 중 옳지 않은 것을 모두 고른 것은?(다툼이 있는 경우 판례에 의함)

ㄱ. 재판상 이혼 시의 재산분할에 있어서 분할의 대상이 되는 재산과 그 액수는 이혼소송의 사실심 변론종결일을 기준으로 정한다.

ㄴ. 아직 이혼하지 않은 당사자가 장차 협의상 이혼할 것을 약정하면서 이를 전제로 재산분할에 관한 협의를 하였다면, 그 후 재판상 이혼을 한 경우에도 그 협의에 따라야 한다.

ㄷ. 재산분할의 대상이 되는 소극재산의 총액이 적극재산의 총액을 초과하여, 재산분할을 한 결과가 결국 채무의 분담을 정하는 것이 되는 경우, 법원은 재산분할청구를 받아들여서는 안 된다.

ㄹ. 재산분할청구권은 협의 또는 심판에 의하여 그 구체적 내용이 형성되기 전까지는 그 범위 및 내용이 불명확하고 불확정적이기 때문에 구체적으로 권리가 발생하였다고 할 수 없어 이를 보전하기 위한 채권자대위권은 행사할 수 없다.

ㅁ. 이혼소송과 재산분할청구가 병합된 경우, 배우자의 일방이 사망하면 이혼의 성립을 전제로 하여 이혼소송에 부대한 재산분할청구 역시 이를 유지할 이익이 상실되어 이혼소송의 종료와 동시에 종료된다.

① ㄱ, ㄹ 　　　　　　② ㄴ, ㄷ 　　　　　　③ ㄱ, ㄴ, ㄹ

④ ㄱ, ㄷ, ㅁ 　　　　　⑤ ㄴ, ㄷ, ㅁ

[ㄱ ▸ ○] 재판상 이혼 시의 재산분할에 있어 분할의 대상이 되는 재산과 그 액수는 이혼소송의 사실심 변론종결일을 기준으로 하여 정하여야 하므로, 법원은 변론종결일까지 기록에 나타난 객관적인 자료에 의하여 개개의 공동재산의 가액을 정하여야 하고, 부부 각자에게 귀속하게 한 재산가액의 비율과 법원이 인정한 그들 각자의 재산분할비율이 다를 경우에는 그 차액을 금전으로 지급·청산하게 하여야 한다(대판 2000.9.22. 99므906).

[ㄴ ▸ ✕] 재산분할에 관한 협의는 혼인 중 당사자 쌍방의 협력으로 이룩한 재산의 분할에 관하여 이미 이혼을 마친 당사자 또는 아직 이혼하지 않은 당사자 사이에 행하여지는 협의를 가리키는 것인바, 그중 아직 이혼하지 않은 당사자가 장차 협의상 이혼할 것을 약정하면서 이를 전제로 하여 위 재산분할에 관한 협의를 하는 경우에 있어서는, 특별한 사정이 없는 한, 장차 당사자 사이에 협의상 이혼이 이루어질 것을 조건으로 하여 조건부 의사표시가 행하여지는 것이라 할 것이므로, 그 협의 후 당사자가 약정한 대로 협의상 이혼이 이루어진 경우에 한하여 그 협의의 효력이 발생하는 것이지, 어떠한 원인으로든지 협의상 이혼이 이루어지지 아니하고 혼인관계가 존속하게 되거나 당사자 일방이 제기한 이혼청구의 소에 의하여 재판상 이혼(화해 또는 조정에 의한 이혼을 포함한다)이 이루어진 경우에는, 위 협의는 조건의 불성취로 인하여 효력이 발생하지 않는다(대판 2003.8.19. 2001다14061).

정답 ②

[ㄷ ▸ X] 이혼당사자 각자가 보유한 적극재산에서 소극재산을 공제하는 등으로 재산상태를 따져 본 결과 재산분할청구의 상대방이 그에게 귀속되어야 할 몫보다 더 많은 적극재산을 보유하고 있거나 소극재산의 부담이 더 적은 경우에는 적극재산을 분배하거나 소극재산을 분담하도록 하는 재산분할은 어느 것이나 가능하다고 보아야 하고, 후자의 경우라고 하여 당연히 재산분할청구가 배척되어야 한다고 할 것은 아니다. 그러므로 <u>소극재산의 총액이 적극재산의 총액을 초과하여 재산분할을 한 결과가 결국 채무의 분담을 정하는 것이 되는 경우에도 법원은 채무의 성질, 채권자와의 관계, 물적 담보의 존부 등 일체의 사정을 참작하여 이를 분담하게 하는 것이 적합하다고 인정되면 구체적인 분담의 방법 등을 정하여 재산분할청구를 받아들일 수 있다</u> 할 것이다(대판 2013.6.20. 2010므4071 [전합]).

[ㄹ ▸ O] 이혼으로 인한 재산분할청구권은 협의 또는 심판에 의하여 그 구체적 내용이 형성되기까지는 그 범위 및 내용이 불명확·불확정하기 때문에 구체적으로 권리가 발생하였다고 할 수 없으므로 이를 보전하기 위하여 채권자대위권을 행사할 <u>수 없다</u>(대판 1999.4.9. 98다58016).

[ㅁ ▸ O] 이혼소송과 재산분할청구가 병합된 경우, 배우자 일방이 사망하면 이혼의 성립을 전제로 하여 이혼소송에 부대한 재산분할청구 역시 이를 유지할 이익이 상실되어 <u>이혼소송의 종료와 동시에 종료된다</u>(대판 1994.10.28. 94므246).

2015년 변호사시험 문 7.

☑확인Check! ○ △ X

이혼 시 재산분할에 관한 설명 중 옳지 않은 것은?(다툼이 있는 경우 판례에 의함)

① 사실혼관계에 있었던 당사자들이 생전에 사실혼관계를 해소한 경우 재산분할청구권이 인정될 수 있으나, 사실혼관계가 일방당사자의 사망으로 인하여 종료된 경우에는 그 상대방에게 재산분할청구권이 인정되지 않는다.

② 이혼으로 인한 재산분할청구권이 협의 또는 심판에 의하여 구체화되지 않았다면, 이를 미리 포기하는 행위는 채권자취소권의 대상이 될 수 없다.

③ 부부 일방이 이혼 당시 아직 퇴직하지 아니한 채 직장에 근무하고 있는 경우에도 퇴직급여채권은 재산분할의 대상에 포함될 수 있다.

④ 혼인 중에 부부가 협력하여 이룩한 재산이 있는 경우에는 혼인관계의 파탄에 대하여 책임이 있는 배우자라도 재산분할을 청구할 수 있다.

⑤ 이미 채무초과상태에 있는 채무자가 이혼할 때 자신의 배우자에게 재산분할로 일정한 재산을 양도하게 됨으로써 결과적으로 일반채권자에 대한 공동담보가 감소된 경우, 그 재산분할은 원칙적으로 사해행위에 해당한다.

[❶ ▸ O] 사실혼이란 당사자 사이에 혼인의 의사가 있고 객관적으로 사회관념상으로 가족질서적인 면에서 부부공동생활을 인정할 만한 혼인생활의 실체가 있는 경우이고, 부부재산에 관한 청산의 의미를 갖는 재산분할에 관한 법률규정은 부부의 생활공동체라는 실질에 비추어 인정되는 것으로서 사실혼관계에도 이를 준용 또는 유추적용할 수 있기 때문에, <u>사실혼관계에 있었던 당사자들이 생전에 사실혼관계를 해소한 경우 재산분할청구권을 인정할 수 있으나</u>, 법률상 혼인관계가 일방당사자의 사망으로 인하여 종료된 경우에도 생존 배우자에게 재산분할청구권이 인정되지 아니하고 단지 상속에 관한 법률규정에 따라서 망인의 재산에 대한 <u>상속권만이 인정된다</u>는 점 등에 비추어 보면, <u>사실혼관계가 일방당사자의 사망으로 인하여 종료된 경우에는 그 상대방에게 재산분할청구권이 인정된다고 할 수 없다</u>(대판 2006.3.24. 2005두15595).

[❷ ▸ O] 이혼으로 인한 재산분할청구권은 이혼을 한 당사자의 일방이 다른 일방에 대하여 재산분할을 청구할 수 있는 권리로서 이혼이 성립한 때에 그 법적 효과로서 비로소 발생하는 것일 뿐만 아니라, 협의 또는 심판에 의하여 구체적 내용이 형성되기까지는 그 범위 및 내용이 불명확·불확정하기 때문에 구체적으로 권리가 발생하였다고 할 수 없으므로 <u>협의 또는 심판에 의하여 구체화되지 않은 재산분할청구권은 채무자의 책임재산에 해당하지 아니하고, 이를 포기하는 행위 또한 채권자취소권의 대상이 될 수 없다</u>(대판 2013.10.11. 2013다7936).

⑤ **정답**

[**❸ ▸ ○**] 퇴직급여채권은 퇴직이라는 급여의 사유가 발생함으로써 현실화되는 것이므로, 이혼시점에서는 어느 정도의 불확실성이나 변동가능성을 지닐 수밖에 없다. 그러나 그렇다고 하여 퇴직급여채권을 재산분할의 대상에서 제외하고 단지 장래의 수령가능성을 재산분할의 액수와 방법을 정하는 데 필요한 기타 사정으로만 참작하는 것은 부부가 혼인 중 형성한 재산관계를 이혼에 즈음하여 청산·분배하는 것을 본질로 하는 재산분할제도의 취지에 맞지 않고, 당사자 사이의 실질적 공평에도 반하여 부당하다. 위와 같은 재판분할제도의 취지 및 여러 사정들에 비추어 볼 때, 비록 이혼 당시 부부 일방이 아직 재직 중이어서 실제 퇴직급여를 수령하지 않았더라도 이혼소송의 사실심 변론종결 시에 이미 잠재적으로 존재하여 경제적 가치의 현실적 평가가 가능한 재산인 퇴직급여채권은 재산분할의 대상에 포함시킬 수 있으며, 구체적으로는 이혼소송의 사실심 변론종결 시를 기준으로 그 시점에서 퇴직할 경우 수령할 수 있을 것으로 예상되는 퇴직급여 상당액의 채권이 그 대상이 된다(대판 2014.7.16. 2013므2250 [전합]).

[**❹ ▸ ○**] 혼인 중에 부부가 협력하여 이룩한 재산이 있는 경우에는 혼인관계의 파탄에 대하여 책임이 있는 배우자라도 재산의 분할을 청구할 수 있다(대결 1993.5.11. 93스6).

[**❺ ▸ ✕**] 이미 채무초과상태에 있는 채무자가 이혼을 함에 있어 자신의 배우자에게 재산분할로 일정한 재산을 양도함으로써 결과적으로 일반채권자에 대한 공동담보를 감소시키는 결과로 되어도, 위 재산분할이 민법 제839조의2 제2항 규정의 취지에 따른 상당한 정도를 벗어나는 과대한 것이라고 인정할 만한 특별한 사정이 없는 한 사해행위로서 채권자에 의한 취소의 대상으로 되는 것은 아니라고 할 것이고, 다만 위와 같은 상당한 정도를 벗어나는 초과 부분에 관한 한 적법한 재산분할이라고 할 수 없기 때문에 그 취소의 대상으로 될 수 있다고 할 것인바, 위와 같이 상당한 정도를 벗어나는 과대한 재산분할이라고 볼 만한 특별한 사정이 있다는 점에 관한 입증책임은 채권자에게 있다(대판 2000.7.28. 2000다14101).

2018년 변호사시험 문 35.

☑ 확인 Check! ○ △ ✕

이혼으로 인한 재산분할청구권에 관한 설명 중 옳지 않은 것은?(다툼이 있는 경우 판례에 의함)

① 부부 일방의 특유재산은 원칙적으로 분할의 대상이 되지 아니하나 다른 일방이 적극적으로 그 특유재산의 유지에 협력하여 그 감소를 방지하였거나 그 증식에 협력하였다고 인정되는 경우에는 분할의 대상이 될 수 있다.

② 재판상 재산분할청구의 경우, 비록 이혼 당시 부부 일방이 아직 재직 중이어서 실제 퇴직급여를 수령하지 않았더라도 퇴직급여채권은 재산분할의 대상이 될 수 있으며, 구체적으로는 이혼소송의 사실심 변론종결 시 이후 장래 퇴직 시까지 예상되는 퇴직급여 상당액의 채권도 포함된다.

③ 소극재산의 총액이 적극재산의 총액을 초과하여 재산분할을 한 결과가 결국 채무의 분담을 정하는 것이 되는 경우에도 법원은 이를 분담하게 하는 것이 적합하다고 인정되면 구체적인 분담의 방법 등을 정하여 재산분할청구를 받아들일 수 있다.

④ 협의 또는 심판에 따라 구체화되지 않은 재산분할청구권을 혼인이 해소되기 전에 미리 포기하는 것은 성질상 허용되지 아니한다.

⑤ 부부 일방이 혼인 중 제3자에게 부담한 채무는 일상가사에 관한 것 이외에는 원칙적으로 개인의 채무로서 청산대상이 되지 않으나 공동재산의 형성에 수반하여 부담한 채무인 경우에는 청산대상이 된다.

[**❶ ▸ ○**] 민법 제839조의2에 규정된 재산분할제도는 혼인 중에 취득한 실질적인 공동재산을 청산분배하는 것을 주된 목적으로 하는 것이므로, 부부가 재판상 이혼을 할 때 쌍방의 협력으로 이룩한 재산이 있는 한, 법원으로서는 당사자의 청구에 의하여 그 재산의 형성에 기여한 정도 등 당사자 쌍방의 일체의 사정을 참작하여 분할의 액수와 방법을 정하여야 하는바, 이 경우 부부 일방의 특유재산은 원칙적으로 분할의 대상이 되지 아니하나 특유재산일지라도 다른 일방이 적극적으로 그 특유재산의 유지에 협력하여 그 감소를 방지하였거나 그 증식에 협력하였다고 인정되는 경우에는 분할의 대상이 될 수 있다(대판 1998.2.13. 97므1486).

정답 ②

안심Touch

[**❷ ▸ ✕**] 퇴직급여채권은 퇴직이라는 급여의 사유가 발생함으로써 현실화되는 것이므로, 이혼시점에서는 어느 정도의 불확실성이나 변동가능성을 지닐 수밖에 없다. 그러나 그렇다고 하여 퇴직급여채권을 재산분할의 대상에서 제외하고 단지 장래의 수령가능성을 재산분할의 액수와 방법을 정하는 데 필요한 기타 사정으로만 참작하는 것은 부부가 혼인 중 형성한 재산관계를 이혼에 즈음하여 청산·분배하는 것을 본질로 하는 재산분할제도의 취지에 맞지 않고, 당사자 사이의 실질적 공평에도 반하여 부당하다. 위와 같은 재판분할제도의 취지 및 여러 사정들에 비추어 볼 때, 비록 이혼 당시 부부 일방이 아직 재직 중이어서 실제 퇴직급여를 수령하지 않았더라도 <u>이혼소송의 사실심 변론종결 시에 이미 잠재적으로 존재하여 경제적 가치의 현실적 평가가 가능한 재산인 퇴직급여채권은 재산분할의 대상에 포함시킬 수 있으며, 구체적으로는 이혼소송의 사실심 변론종결 시를 기준으로 그 시점에서 퇴직할 경우 수령할 수 있을 것으로 예상되는 퇴직급여 상당액의 채권이 그 대상이 된다</u>(대판 2014.7.16. 2013므2250 [전합]).

[**❸ ▸ ○**] <u>이혼당사자 각자가 보유한 적극재산에서 소극재산을 공제하는 등으로 재산상태를 따져 본 결과 재산분할청구의 상대방이 그에게 귀속되어야 할 몫보다 더 많은 적극재산을 보유하고 있거나 소극재산의 부담이 더 적은 경우에는 적극재산을 분배하거나 소극재산을 분담하도록 하는 재산분할은 어느 것이나 가능하다고 보아야 하고, 후자의 경우라고 하여 당연히 재산분할청구가 배척되어야 한다고 할 것은 아니다. 그러므로 소극재산의 총액이 적극재산의 총액을 초과하여 재산분할을 한 결과가 결국 채무의 분담을 정하는 것이 되는 경우에도 법원은 채무의 성질, 채권자와의 관계, 물적 담보의 존부 등 일체의 사정을 참작하여 이를 분담하게 하는 것이 적합하다고 인정되면 구체적인 분담의 방법 등을 정하여 재산분할 청구를 받아들일 수 있다</u> 할 것이다(대판 2013.6.20. 2010므4071 [전합]).

[**❹ ▸ ○**] 민법 제839조의2에 규정된 재산분할제도는 혼인 중에 부부 쌍방의 협력으로 이룩한 실질적인 공동재산을 청산·분배하는 것을 주된 목적으로 하는 것이고, <u>이혼으로 인한 재산분할청구권은 이혼이 성립한 때에 법적 효과로서 비로소 발생하는 것일 뿐만 아니라 협의 또는 심판에 따라 구체적 내용이 형성되기까지는 범위 및 내용이 불명확·불확정하기 때문에 구체적으로 권리가 발생하였다고 할 수 없으므로, 협의 또는 심판에 따라 구체화되지 않은 재산분할청구권을 혼인이 해소되기 전에 미리 포기하는 것은 성질상 허용되지 아니한다</u>(대결 2016.1.25. 2015스451).

[**❺ ▸ ○**] <u>부부의 일방이 혼인 중 제3자에게 부담한 채무는 일상가사에 관한 것 이외에는 원칙적으로 개인채무로서 청산 대상이 되지 않으나, 공동재산의 형성에 수반하여 부담한 채무인 경우에는 청산대상이 된다</u>(대판 1997.12.26. 96므1076).

2013년 변호사시험 문 31.

☑ 확인Check! ○ △ ✕

甲男과 乙女 사이에 자 丙(현재 미성년자임)이 출생하였다. 다음 설명 중 옳지 않은 것은?(다툼이 있는 경우에는 판례에 의함)

① 甲과 乙은 부부이며, 소득활동은 甲만이 하고 있는데, 甲이 정당한 사유 없이 乙과의 동거를 거부하고 부양료도 지급하지 않고 있다. 乙은 甲을 상대로 자신에 대한 부양료 지급을 청구할 수 있지만, 부양료 지급을 청구하기 이전의 과거의 부양료에 대해서는 그 지급을 청구할 수 없다.

② 甲과 乙이 협의이혼을 하였는데, 협의에 의하여 丙의 친권자는 甲으로, 양육권자는 乙로 분리하여 정하는 것도 가능하다.

③ 甲과 乙이 재판상 이혼을 하였는데, 법원은 丙에 대한 양육권을 甲에게 인정하였다. 그런데 乙이 丙을 甲에게 인도하는 것을 거부한 채 자신이 양육하여 왔다. 乙이 丙을 실제로 양육하였더라도 乙은 甲을 상대로 양육비를 청구할 수 없다.

④ 甲과 乙이 재판상 이혼을 하였는데, 법원은 丙에 대한 양육권을 乙에게 인정하고, 甲은 양육비로 매월 50만원을 지급하라는 결정을 하였다. 그 후 1년 동안 甲은 양육비를 전혀 지급하지 않고 있다. 乙은 甲에 대한 과거 1년 동안의 양육비채권과 甲이 乙에 대해 갖고 있던 대여금채권을 같은 금액범위에서 상계할 수 있다.

⑤ 丙은 甲과 乙의 혼인 외의 출생자이며, 출생 이후 현재까지 15년간 乙이 양육하여 왔는데, 甲이 丙을 인지하였다. 乙은 인지가 있기 전에 丙을 혼자서 양육한 것에 대해서 甲에게 양육비를 청구할 수 있지만, 인지한 때로부터 10년 이전의 양육비에 대해서는 시효로 소멸하였으므로 청구할 수 없다.

⑤ 정답

[❶ ▶ O] 민법 제826조 제1항에 규정된 부부간의 상호부양의무는 부부의 일방에게 부양을 받을 필요가 생겼을 때 당연히 발생하는 것이기는 하지만, 과거의 부양료에 관하여는 부양을 받을 자가 부양의무자에게 부양의무의 이행을 청구하였음에도 불구하고 부양의무자가 부양의무를 이행하지 아니함으로써 이행지체에 빠진 이후의 것에 대하여만 부양료의 지급을 청구할 수 있을 뿐, 부양의무자가 부양의무의 이행을 청구받기 이전의 부양료의 지급은 청구할 수 없다고 보는 것이 부양의무의 성질이나 형평의 관념에 합치된다(대결 2008.6.12. 2005스50).

[❷ ▶ O] 민법 제837조, 제909조 제4항, 가사소송법 제2조 제1항 제2호 나목의 3) 및 5) 등이 부부의 이혼 후 그 자의 친권자와 그 양육에 관한 사항을 각기 다른 조항에서 규정하고 있는 점 등에 비추어 보면, 이혼 후 부모와 자녀의 관계에 있어서 친권과 양육권이 항상 같은 사람에게 돌아가야 하는 것은 아니며, 이혼 후 자에 대한 양육권이 부모 중 어느 일방에, 친권이 다른 일방에 또는 부모에 공동으로 귀속되는 것으로 정하는 것은, 비록 신중한 판단이 필요하다고 하더라도, 일정한 기준을 충족하는 한 허용된다고 할 것이다(대판 2012.4.13. 2011므4719).

[❸ ▶ O] 청구인과 상대방이 이혼하면서 사건 본인의 친권자 및 양육자를 상대방으로 지정하는 내용의 조정이 성립된 경우, 그 조정조항상의 양육방법이 그 후 다른 협정이나 재판에 의하여 변경되지 않는 한 청구인에게 자녀를 양육할 권리가 없고, 그럼에도 불구하고 청구인이 법원으로부터 위 조정조항을 임시로 변경하는 가사소송법 제62조 소정의 사전처분 등을 받지 아니한 채 임의로 자녀를 양육하였다면 이는 상대방에 대한 관계에서는 상대적으로 위법한 양육이라고 할 것이니, 이러한 청구인의 임의적 양육에 관하여 상대방이 청구인에게 양육비를 지급할 의무가 있다고 할 수는 없다(대결 2006.4.17. 2005스18).

[❹ ▶ O] 이혼한 부부 사이에서 자(子)에 대한 양육비의 지급을 구할 권리는 당사자의 협의 또는 가정법원의 심판에 의하여 구체적인 청구권의 내용과 범위가 확정되기 전에는 '상대방에 대하여 양육비의 분담액을 구할 권리를 가진다'라는 추상적인 청구권에 불과하고 당사자의 협의나 가정법원이 당해 양육비의 범위 등을 재량적·형성적으로 정하는 심판에 의하여 비로소 구체적인 액수만큼의 지급청구권이 발생한다고 보아야 하므로, 당사자의 협의 또는 가정법원의 심판에 의하여 구체적인 청구권의 내용과 범위가 확정되기 전에는 그 내용이 극히 불확정하여 상계할 수 없지만, 가정법원의 심판에 의하여 구체적인 청구권의 내용과 범위가 확정된 후의 양육비채권 중 이미 이행기에 도달한 후의 양육비채권은 완전한 재산권(손해배상청구권)으로서 친족법상의 신분으로부터 독립하여 처분이 가능하고, 권리자의 의사에 따라 포기, 양도 또는 상계의 자동채권으로 하는 것도 가능하다(대판 2006.7.4. 2006므751).

[❺ ▶ ✕] 양육자가 상대방에 대하여 자녀양육비의 지급을 구할 권리는 당초에는 기본적으로 친족관계를 바탕으로 하여 인정되는 하나의 추상적인 법적 지위이었던 것이 당사자 사이의 협의 또는 당해 양육비의 내용 등을 재량적·형성적으로 정하는 가정법원의 심판에 의하여 구체적인 청구권으로 전환됨으로써 비로소 보다 뚜렷하게 독립한 재산적 권리로서의 성질을 가지게 된다. 이와 같이 당사자의 협의 또는 가정법원의 심판에 의하여 구체적인 지급청구권으로서 성립하기 전에는 과거의 양육비에 관한 권리는 양육자가 그 권리를 행사할 수 있는 재산권에 해당한다고 할 수 없고, 따라서 이에 대하여는 소멸시효가 진행할 여지가 없다고 보아야 한다(대결 2011.7.29. 2008스67).

甲男과 乙女는 1992.12.26. 혼인하였는데, 乙이 2010.3.경부터 丙과 깊은 관계를 맺게 되면서 부부 사이가 회복할 수 없는 상황에 이르러 이혼하려 한다. 乙은 丙을 만나기 전에는 전업주부로서 혼인생활에 충실하였다. 다음 설명 중 옳지 않은 것은?(다툼이 있는 경우에는 판례에 의함)

① 乙에게 책임이 있어 이혼을 하는 경우에도 乙은 甲에 대하여 재산분할을 청구할 수 있다.

② 乙은 이혼한 날부터 2년 내에 재산분할을 청구하여야 하며, 이때 2년의 기간은 제척기간이다.

③ 민법 제830조 제1항에 따라 甲이 혼인 중 자기 명의로 취득한 재산은 甲의 특유재산으로 추정되고, 재산을 취득함에 있어 乙의 협력이 있었다거나 혼인생활의 내조의 공이 있었다는 것만으로는 위 추정이 번복될 수 없다.

④ 甲 명의의 재산이 甲의 상속재산을 기초로 형성된 재산이라면, 그 유지에 乙의 가사노동이 기여한 것으로 인정되더라도 재산분할의 대상이 되지 않는다.

⑤ 甲이 乙의 재산분할청구권 행사를 해함을 알면서도 甲 명의의 아파트를 처분한 경우, 乙은 그 취소 및 원상회복을 가정법원에 청구할 수 있다.

[❶ ▶ ○] 혼인 중에 부부가 협력하여 이룩한 재산이 있는 경우에는 혼인관계의 파탄에 대하여 책임이 있는 배우자라도 재산의 분할을 청구할 수 있다(대결 1993.5.11. 93스6).

[❷ ▶ ○] 대판 1994.9.9. 94다17536, 민법 제839조의2 제3항 참조

판례 재산분할청구권은 이혼한 날로부터 2년 내에 행사하여야 하고 그 기간이 경과하면 소멸되어 이를 청구할 수 없는바, 이때의 2년이라는 기간은 일반소멸시효기간이 아니라 제척기간으로서 그 기간이 도과하였는지 여부는 당사자의 주장에 관계없이 법원이 당연히 조사하여 고려할 사항이다(대판 1994.9.9. 94다17536).

법령 재산분할청구권(민법 제839조의2)　　③ 제1항의 재산분할청구권은 이혼한 날부터 2년을 경과한 때에는 소멸한다.

[❸ ▶ ○] 부부의 일방이 혼인 중 그의 단독명의로 취득한 재산은 그 명의자의 특유재산으로 추정되는 것이고, 그 재산의 취득에 있어 다른 일방의 협력이 있었다거나 내조의 공이 있었다는 것만으로는 그 추정이 번복되지 아니하는 것이지만, 다른 일방이 실제로 당해 재산의 대가를 부담하여 취득하였음을 증명한 경우에는 그 추정이 번복되고, 그 대가를 부담한 다른 일방이 실질적인 소유자로서 편의상 명의자에게 이를 명의신탁한 것으로 인정할 수 있다(대판 2007.4.26. 2006다79704).

[❹ ▶ ✕] 부의 상속재산을 기초로 형성된 재산이라 하더라도 취득 및 유지에 처의 가사노동이 기여한 것으로 인정되는 경우 재산분할대상이 된다(대판 1993.6.11. 92므1054).

[❺ ▶ ○] 부부의 일방이 다른 일방의 재산분할청구권 행사를 해함을 알면서도 재산권을 목적으로 하는 법률행위를 한 때에는 다른 일방은 제406조 제1항을 준용하여 그 취소 및 원상회복을 가정법원에 청구할 수 있다(민법 제839조의3 제1항).

甲은 乙과 혼인하여 A를 출산하고, 그 후 乙이 사망하자 丙과 재혼하였다. 그런데 甲은 丙으로부터 상습적으로 폭행을 당하자 丙을 상대로 이혼소송을 제기하였다. 다음 설명 중 옳은 것은?(다툼이 있는 경우에는 판례에 의함)

① 이혼소송 계속 중 甲이 사망하였다면, 甲의 소송상 지위는 A가 승계한다.

② 甲이 이혼소송과정에서 재산분할청구를 병합하였는데 위 소송계속 중 甲이 사망하였다면, 甲의 소송상 지위는 A가 승계한다.

③ 甲이 이혼소송과정에서 위자료청구를 병합하였는데 위 소송계속 중 甲이 사망하였다면, 甲의 소송상 지위는 A가 승계한다.

④ 만약 甲과 丙이 사실혼관계였을 경우, 甲이 丙과의 사실혼관계가 해소되었다고 주장하면서 재산분할심판청구를 제기한 후 심판 계속 중 사망하였다면, 재산분할심판은 종료된다.

⑤ 만약 丙이 甲을 축출할 목적으로 허위의 주소를 기재하여 甲을 상대로 제기한 이혼소송에서 승소의 확정판결을 받은 사실이 나중에 밝혀져 甲이 丙을 상대로 위 확정판결에 대한 재심소송을 제기하였으나 그 소송계속 중 甲이 사망하였다면, 甲의 소송상 지위는 A가 승계한다.

[❶ ▸ ✕] 재판상의 이혼청구권은 부부의 일신전속의 권리이므로 이혼소송 계속 중 배우자의 일방이 사망한 때에는 상속인이 그 절차를 수계할 수 없음은 물론이고, 또 그러한 경우에 검사가 이를 수계할 수 있는 특별한 규정도 없으므로 이혼소송은 종료된다(대판 1994.10.28, 94므246).

[❷ ▸ ✕] 이혼소송과 재산분할청구가 병합된 경우, 배우자 일방이 사망하면 이혼의 성립을 전제로 하여 이혼소송에 부대한 재산분할청구 역시 이를 유지할 이익이 상실되어 이혼소송의 종료와 동시에 종료된다(대판 1994.10.28, 94므246).

[❸ ▸ ○] 이혼위자료청구권의 양도 내지 승계의 가능 여부에 관하여 민법 제806조 제3항은 약혼 해제로 인한 손해배상청구권에 관하여 정신상 고통에 대한 손해배상청구권은 양도 또는 승계하지 못하지만 당사자 간에 배상에 관한 계약이 성립되거나 소를 제기한 후에는 그러하지 아니하다고 규정하고 같은 법 제843조가 위 규정을 재판상 이혼의 경우에 준용하고 있으므로 이혼위자료청구권은 원칙적으로 일신전속적 권리로서 양도나 상속 등 승계가 되지 아니하나 이는 행사상 일신전속권이고 귀속상 일신전속권은 아니라 할 것인바, 그 청구권자가 위자료의 지급을 구하는 소송을 제기함으로써 청구권을 행사할 의사가 외부적 객관적으로 명백하게 된 이상 양도나 상속 등 승계가 가능하다(대판 1993.5.27, 92므143).

[❹ ▸ ✕] 사실혼관계는 사실상의 관계를 기초로 하여 존재하는 것으로서 당사자 일방의 의사에 의하여 해소될 수 있고 당사자 일방의 파기로 인하여 공동생활의 사실이 없게 되면 사실상의 혼인관계는 해소되는 것이며, 다만 정당한 사유 없이 해소된 때에는 유책자가 상대방에 대하여 손해배상의 책임을 지는 데 지나지 않는다. … 청구인이 사실혼관계의 해소를 주장하며 이 사건 재산분할심판청구를 함으로써 청구인과 소외인의 사실혼관계는 청구인의 일방의 의사에 의하여 해소되었고 공동생활의 사실도 없게 되었다고 봄이 상당하다. 따라서 사실혼관계의 해소에 따라 청구인에게 재산분할청구권이 인정된다고 할 것이다. … 그렇게 보면 이 사건 재산분할심판청구 이후 일방당사자인 소외인이 사망하였으므로 그 상속인들에 의한 수계를 허용함이 상당하다(대결 2009.2.9, 2008스105).

[❺ ▸ ✕] 혼인관계와 같은 신분관계는 성질상 상속될 수 없는 것이고 그러한 신분관계의 재심당사자의 지위 또한 상속될 성질의 것이 아니므로 이혼소송의 재심소송에서 당사자의 일방이 사망하였더라도 그 재산상속인들이 그 소송절차를 수계할 까닭이 없는 것이다. 신분관계소송에 관한 입법취지에 비추어 보면, 이혼의 심판이 확정된 경우에 그 심판에 재심사유가 있다면 그 확정판결에 의하여 형성된 신분관계(정당한 부부관계의 해소)는 위법한 것으로서 재심에 의하여 그 확정판결을 취소하여 그 효력을 소멸시키는 것이 공익상 합당하다고 할 것이므로 그 재심피청구인이 될 청구인이 사망한 경우에는 위에서 본 규정들을 유추적용하여 검사를 상대로 재심의 소를 제기할 수 있다고 해석함이 합리적이라고 할 것이고 같은 이치에서 재심소송의 계속 중 본래 소송의 청구인이며 재심피청구인이었던 당사자가 사망한 경우에는 검사로 하여금 그 소송을 수계하게 함이 합당하다고 할 것이다(대판 1992.5.26, 90므1135).

제1항　친생자

2016년 변호사시험 문 34.　　☑ 확인 Check! ○ △ ✕

甲과 乙은 혼인신고를 한 지 10년이 지났으나 乙이 아이를 낳지 못하였다. 丁은 자신과 혼인관계 없는 丙과의 사이에서 A를 출산하였다. 甲과 乙은 丙이 A를 인지하기 전에 A를 자신들의 친생자로 출생신고를 하였다. 단, 위 출생신고로 인하여 입양의 효력은 발생하지 않았고, 丙이 A의 생부라는 사실이 객관적으로 명백하게 밝혀졌음을 전제로 한다. 이에 관한 설명 중 옳은 것을 모두 고른 것은?(각 지문은 독립적이며, 다툼이 있는 경우 판례에 의함)

　ㄱ. 甲의 아버지 戊는 甲, 乙, A를 상대로 친생자관계 부존재 확인의 소를 제기할 수 있다.
　ㄴ. A는 곧바로 丙을 상대로 인지청구의 소를 제기할 수 있다.
　ㄷ. A의 인지청구권은 일신전속적인 신분관계상의 권리이므로, 이를 포기할 수 없고 포기하더라도 그 의사표시는 효력이 없다.
　ㄹ. 丙이 사망한 후 丁은 A를 상대로 丙과 A 사이의 친생자관계의 존재 확인을 구하는 소를 제기할 수 있다.

① ㄱ　　　　　　　　② ㄷ　　　　　　　　③ ㄴ, ㄹ
④ ㄷ, ㄹ　　　　　　　⑤ ㄱ, ㄴ, ㄷ

[ㄱ ▸ ○] 사안에서 출생신고로 인해 입양의 효력은 발생하지 않았고, 丙이 A의 생부라는 사실이 객관적으로 명백하므로, A에게는 甲과 乙의 친생자 추정이 미치지 않는다. 따라서 이 경우 친생자관계 부존재 확인의 소에 의해 친자관계를 부정할 수 있다. 한편, 친생자관계 존부 확인의 소의 원고적격은 민법 제777조의 친족에게도 인정된다. 따라서 甲의 아버지 戊는 관계당사자인 甲, 乙, A를 상대로 친생자관계 부존재 확인의 소를 제기할 수 있다.

판례 ● 민법 제777조 소정의 친족은 특단의 사정이 없는 한, 그와 같은 신분관계를 가졌다는 사실만으로써 당연히 친자관계 존부 확인의 소를 제기할 소송상의 이익이 있다(대판 1981.10.13. 80므60 [전합]).

법령 ● 준용규정(가사소송법 제28조)　　인지무효의 소에는 제23조 및 제24조를 준용하고, 인지취소의 소, 인지에 대한 이의의 소 또는 친생자관계 존부 확인의 소에는 제24조를 준용하며, 인지청구의 소에는 제25조 제1항을 준용한다.
　　혼인 무효·취소 및 이혼 무효·취소의 소의 상대방(가사소송법 제24조)　　① 부부 중 어느 한쪽이 혼인의 무효나 취소 또는 이혼무효의 소를 제기할 때에는 배우자를 상대방으로 한다.
　　② 제3자가 제1항에 규정된 소를 제기할 때에는 부부를 상대방으로 하고, 부부 중 어느 한쪽이 사망한 경우에는 그 생존자를 상대방으로 한다.

[ㄴ ▸ ○] 민법 제844조의 친생 추정을 받는 자는 친생부인의 소에 의하여 그 친생 추정을 깨뜨리지 않고서는 다른 사람을 상대로 인지청구를 할 수 없으나, 호적상의 부모의 혼인 중의 자로 등재되어 있는 자라 하더라도 그의 생부모가 호적상의 부모와 다른 사실이 객관적으로 명백한 경우에는 그 친생 추정이 미치지 아니하므로, 그와 같은 경우에는 곧바로 생부모를 상대로 인지청구를 할 수 있다(대판 2000.1.28. 99므1817).

[ㄷ ▸ ○] 인지청구권은 본인의 일신전속적인 신분관계상의 권리로서 포기할 수도 없으며 포기하였더라도 그 효력이 발생할 수 없는 것이고, 이와 같이 인지청구권의 포기가 허용되지 않는 이상 거기에 실효의 법리가 적용될 여지도 없다(대판 2001.11.27, 2001므1353).

[ㄹ ▸ ✕] 혼인 외 출생자의 경우에 있어서 모자관계는 인지를 요하지 아니하고 법률상의 친자관계가 인정될 수 있지만, 부자관계는 부(父)의 인지에 의하여서만 발생하는 것이므로, 부(父)가 사망한 경우에는 그 사망을 안 날로부터 1년[현행법상 2년(註)] 이내에 검사를 상대로 인지청구의 소를 제기하여야 하고, 생모가 혼인 외 출생자를 상대로 혼인 외 출생자와 사망한 부(父) 사이의 친생자관계 존재 확인을 구하는 소는 허용될 수 없다(대판 1997.2.14, 96므738).

2020년 변호사시험 문 20.

☑ 확인Check! ○ △ ✕

친생부인의 소와 친생자관계 존부 확인의 소에 관한 설명 중 옳은 것을 모두 고른 것은?(다툼이 있는 경우 판례에 의함)

ㄱ. 인지청구소송의 판결이 확정되어 부(父)와 자(子) 사이의 친자관계가 창설된 경우, 부(父)가 친생자관계 부존재 확인의 소로써 자(子)와 사이에 친자관계가 존재하지 않는다고 다투는 것은 허용되지 않는다.

ㄴ. 「민법」 규정에 따라 친생 추정을 받는 부(父)와 자(子) 사이의 친생 추정을 번복하기 위하여 친생자관계 부존재 확인의 소를 제기하는 것은 적법하다.

ㄷ. 친생부인의 소를 제기할 수 있는 부(夫) 또는 처(妻) 중에 처(妻)는 자(子)를 혼인 중에 포태한 처(妻)로서 친생부인의 대상자인 자(子)의 생모를 의미한다.

ㄹ. 친생자관계 존부 확인의 소에서 그 상대방이 될 당사자 쌍방이 모두 사망한 경우, 소를 제기할 수 있는 기간은 당사자 쌍방이 모두 사망한 사실을 안 날로부터 기산한다.

① ㄴ   ② ㄱ, ㄴ   ③ ㄱ, ㄹ

④ ㄱ, ㄷ, ㄹ   ⑤ ㄴ, ㄷ, ㄹ

[ㄱ ▸ ○] 인지청구의 소는 부와 자 사이에 사실상의 친자관계의 존재를 확정하고 법률상의 친자관계를 창설함을 목적으로 하는 소송으로서, 당사자의 증명이 충분하지 못할 때에는 법원이 직권으로 사실조사와 증거조사를 하여야 하고, 친자관계를 증명할 때는 부와 자 사이의 혈액형검사, 유전자검사 등 과학적 증명방법이 유력하게 사용되며, 이러한 증명에 의하여 혈연상 친자관계가 인정되어 확정판결을 받으면 당사자 사이에 친자관계가 창설된다. 이와 같은 인지청구의 소의 목적, 심리절차와 증명방법 및 법률적 효과 등을 고려할 때, 인지의 소의 확정판결에 의하여 일단 부와 자 사이에 친자관계가 창설된 이상, 재심의 소로 다투는 것은 별론으로 하고, 확정판결에 반하여 친생자관계 부존재 확인의 소로써 당사자 사이에 친자관계가 존재하지 않는다고 다툴 수는 없다(대판 2015.6.11, 2014므8217).

[ㄴ ▸ ✕] 민법 제844조 제1항의 친생 추정은 다른 반증을 허용하지 않는 강한 추정이므로, 처가 혼인 중에 포태한 이상 그 부부의 한쪽이 장기간에 걸쳐 해외에 나가 있거나 사실상의 이혼으로 부부가 별거하고 있는 경우 등 동서의 결여로 처가 부의 자를 포태할 수 없는 것이 외관상 명백한 사정이 있는 경우에만 그러한 추정이 미치지 않을 뿐이고 이러한 예외적인 사유가 없는 한 아무도 그 자가 부의 친생자가 아님을 주장할 수 없는 것이어서, 이와 같은 추정을 번복하기 위하여는 부가 민법 제846조, 제847조에서 규정하는 친생부인의 소를 제기하여 그 확정판결을 받아야 하고, 이러한 친생부인의 소의 방법이 아닌 민법 제865조 소정의 친생자관계 부존재 확인의 소의 방법에 의하여 그 친생자관계의 부존재 확인을 소구하는 것은 부적법하다(대판 1997.2.25, 96므1663).

[ㄷ ▸ ○] 대판 2014.12.11, 2013므4591, 민법 제846조 및 제847조 제1항 참조

민법 제846조에서의 '부부의 일방'은 제844조의 경우에 해당하는 '부부의 일방', 즉 제844조 제1항에서의 '부'와 '자를 혼인 중에 포태한 처'를 가리키고, 그렇다면 이 경우의 처는 '자의 생모'를 의미하며, 제847조 제1항에서의 '처'도 제846조에 규정된 '부부의 일방으로서의 처'를 의미한다고 해석되므로, 결국 <u>친생부인의 소를 제기할 수 있는 처는 자의 생모를 의미한다.</u> … 위와 같은 민법 규정의 입법취지, 개정연혁과 체계 등에 비추어 보면, 민법 제846조, 제847조 제1항에서 정한 친생부인의 소의 원고적격이 있는 '부(婦), 처(妻)'는 자의 생모에 한정되고, 여기에 친생부인이 주장되는 대상자의 법률상 부(父)와 '재혼한 처(妻)'는 포함되지 <u>않는다</u>(대판 2014.12.11, 2013므4591).

 자의 친생부인(민법 제846조) <u>부부의 일방</u>은 제844조의 경우에 그 자가 친생자임을 부인하는 소를 제기할 수 있다.

친생부인의 소(민법 제847조) ① 친생부인(親生否認)의 소(訴)는 <u>부(夫) 또는 처(妻)가</u> 다른 일방 또는 자(子)를 상대로 하여 그 사유가 있음을 안 날부터 2년 내에 이를 제기하여야 한다.

[ㄹ ▸ ○] 대판 2004.2.12. 2003므2503, 민법 제865조 제2항 참조

 친생자관계 존부확인의 소의 경우 민법 제777조 소정의 친족은 이해관계인으로서 친생자관계 존부의 확인이 필요한 당사자 쌍방을 상대로 친생자관계 존부확인의 소를 구할 수 있고, 상대방이 될 당사자 쌍방이 사망한 때에는 검사를 상대로 친생자관계 존부확인의 소를 구할 수 있으며, 이 경우 민법 제865조 제2항을 유추적용하여 그 제소기간을 준수하여야 한다고 할 것이어서 결국 민법 제865조 제2항에서 규정하고 있는 '당사자 일방이 사망한 때에는 그 사망을 안 날로부터 1년 내에[현행법상 2년(註)]'라고 함은 제3자가 친생자관계 존부확인의 소를 제기하는 경우는 당사자 일방이 사망하는 경우 남은 생존자를 상대로 친생자관계 존부확인의 소를 제기할 수 있고, 그 생존자도 사망하여 상대방될 자 모두가 사망한 경우는 검사를 상대로 할 수 있다는 가사소송법 제24조의 규정에 비추어, 친생자관계 존부확인의 대상이 되는 당사자 쌍방이 모두 사망한 경우에는 '당사자 쌍방 모두가 사망한 사실을 안 날로부터 1년 내에[개정규정을 고려하여 2년으로 해석(註)]'라는 의미라고 하여야 한다(대판 2004.2.12. 2003므2503).

 다른 사유를 원인으로 하는 친생관계존부확인의 소(민법 제865조) ② 제1항의 경우에 당사자 일방이 사망한 때에는 <u>그 사망을 안 날로부터 2년</u> 내에 검사를 상대로 하여 소를 제기할 수 있다.

2014년 변호사시험 문 8.

☑ 확인Check! ○ △ ✕

친양자입양에 관한 설명 중 옳은 것을 모두 고른 것은?

ㄱ. 친양자가 될 사람은 17세 미만이어야 한다.
ㄴ. 친양자입양이 취소된 때에는 친양자관계는 입양한 때로 소급하여 소멸하고 입양 전의 친족관계는 부활한다.
ㄷ. 친양자입양에는 친양자가 될 사람의 친생부모의 동의가 필요하지만, 친생부모의 소재를 알 수 없는 경우에는 그의 동의 없이도 친양자입양이 가능하다.
ㄹ. 친양자가 될 사람이 15세 이상인 경우에는 법정대리인의 동의를 받아 입양을 승낙하고, 15세 미만인 경우에는 법정대리인이 그를 갈음하여 입양을 승낙하여야 한다.
ㅁ. 친생부모가 자신에게 책임이 있는 사유로 3년 이상 자녀에 대한 부양의무를 이행하지 아니하고 면접교섭을 하지 아니한 경우에는 친생부모의 동의나 승낙이 없더라도 가정법원은 친양자입양청구를 인용할 수 있다.

① ㄱ, ㄷ   ② ㄱ, ㅁ   ③ ㄴ, ㄹ
④ ㄷ, ㄹ   ⑤ ㄷ, ㅁ

[ㄱ ▸ ✕][ㄷ ▸ ○][ㄹ ▸ ✕][ㅁ ▸ ○] 민법 제908조의2 제1항 · 제2항 참조

친양자입양의 요건 등(민법 제908조의2)   ① 친양자(親養子)를 입양하려는 사람은 다음 각 호의 요건을 갖추어 가정법원에 친양자입양을 청구하여야 한다.
    1. 3년 이상 혼인 중인 부부로서 공동으로 입양할 것. 다만, 1년 이상 혼인 중인 부부의 한쪽이 그 배우자의 친생자를 친양자로 하는 경우에는 그러하지 아니하다.
    2. 친양자가 될 사람이 미성년자일 것(ㄱ)
    3. 친양자가 될 사람의 친생부모가 친양자입양에 동의할 것. 다만, 부모가 친권 상실의 선고를 받거나 소재를 알 수 없거나 그 밖의 사유로 동의할 수 없는 경우에는 그러하지 아니하다(ㄷ).
    4. 친양자가 될 사람이 13세 이상인 경우에는 법정대리인의 동의를 받아 입양을 승낙할 것(ㄹ)
    5. 친양자가 될 사람이 13세 미만인 경우에는 법정대리인이 그를 갈음하여 입양을 승낙할 것(ㄹ)
② 가정법원은 다음 각 호의 어느 하나에 해당하는 경우에는 제1항 제3호 · 제4호에 따른 동의 또는 같은 항 제5호에 따른 승낙이 없어도 제1항의 청구를 인용할 수 있다. 이 경우 가정법원은 동의권자 또는 승낙권자를 심문하여야 한다.
    1. 법정대리인이 정당한 이유 없이 동의 또는 승낙을 거부하는 경우. 다만, 법정대리인이 친권자인 경우에는 제2호 또는 제3호의 사유가 있어야 한다.
    2. 친생부모가 자신에게 책임이 있는 사유로 3년 이상 자녀에 대한 부양의무를 이행하지 아니하고 면접교섭을 하지 아니한 경우(ㅁ)
    3. 친생부모가 자녀를 학대 또는 유기하거나 그 밖에 자녀의 복리를 현저히 해친 경우

[ㄴ ▸ ✕] 민법 제908조의7 제2항 참조

법령 **친양자입양의 취소·파양의 효력(민법 제908조의7)** ① 친양자입양이 취소되거나 파양된 때에는 친양자 관계는 소멸하고 입양 전의 친족관계는 부활한다.
② 제1항의 경우에 친양자입양의 취소의 효력은 소급하지 아니한다.

제3항 친 권

> **2019년 변호사시험 문 25.** ☑ 확인 Check! ○ △ ✕
>
> 친권자와 자(子) 사이 또는 친권에 따르는 수인의 자(子) 사이의 이해상반행위에 관한 설명 중 옳은 것(○)과 옳지 않은 것(✕)을 올바르게 조합한 것은?(다툼이 있는 경우 판례에 의함)
>
> ㄱ. 이해상반행위란 행위의 객관적 성질상 친권자와 그 자(子) 사이 또는 친권에 복종하는 수인의 자(子) 사이에 이해의 대립이 생길 우려가 있는 행위를 가리키는 것으로, 친권자의 의도나 그 행위의 결과 실제로 이해의 대립이 생겼는지 의 여부는 묻지 않는다.
> ㄴ. 친권자인 모가 자신이 대표이사로 있는 주식회사의 채무담보를 위하여 자신과 미성년인 자(子)의 공유재산에 대하 여 자(子)의 법정대리인 겸 본인의 자격으로 근저당권을 설정한 행위는, 친권자와 그 자(子) 사이에 이해의 대립이 생길 우려가 있는 이해상반행위에 해당한다.
> ㄷ. 법원은 특별대리인선임심판 시에 특별대리인에게 미성년자가 하여야 할 법률행위를 무엇이든지 처리할 수 있도록 포괄적으로 권한을 수여하는 심판을 할 수는 없다.
>
> ① ㄱ(○) ㄴ(✕) ㄷ(○)   ② ㄱ(○) ㄴ(✕) ㄷ(✕)
> ③ ㄱ(✕) ㄴ(○) ㄷ(○)   ④ ㄱ(✕) ㄴ(○) ㄷ(✕)
> ⑤ ㄱ(✕) ㄴ(✕) ㄷ(○)

[ㄱ ▸ ○] 민법 제921조의 이해상반행위란 행위의 객관적 성질상 친권자와 그 자(子) 사이 또는 친권에 복종하는 수인의 자(子) 사이에 이해의 대립이 생길 우려가 있는 행위를 가리키는 것으로서, 친권자의 의도나 그 행위의 결과 실제로 이해의 대립이 생겼는지의 여부는 묻지 않는다(대판 1996.11.22. 96다10270).

[ㄴ ▸ ✕] 친권자인 모가 자신이 대표이사로 있는 주식회사의 채무담보를 위하여 자신과 미성년인 자(子)의 공유재산에 대하여 자의 법정대리인 겸 본인의 자격으로 근저당권을 설정한 행위는, 친권자가 채무자 회사의 대표이사로서 그 주식의 66%를 소유하는 대주주이고 미성년인 자에게는 불이익만을 주는 것이라는 점을 감안하더라도, 그 행위의 객관적 성질상 채무자 회사의 채무를 담보하기 위한 것에 불과하므로 친권자와 그 자 사이에 이해의 대립이 생길 우려가 있는 이해상반행위 라고 볼 수 없다(대판 1996.11.22. 96다10270).

[ㄷ ▸ ○] 민법 제921조의 특별대리인제도는 친권자와 그 친권에 복종하는 자 사이 또는 친권에 복종하는 자들 사이에 서로 이해가 충돌하는 경우에는 친권자에게 친권의 공정한 행사를 기대하기 어려우므로 친권자의 대리권 및 동의권을 제한하여 법원이 선임한 특별대리인으로 하여금 이들 권리를 행사하게 함으로써 친권의 남용을 방지하고 미성년인 자의

이익을 보호하려는 데 그 취지가 있으므로, 특별대리인은 이해가 상반되는 특정의 법률행위에 관하여 개별적으로 선임되어야 한다. 따라서 특별대리인선임신청서에는 선임되는 특별대리인이 처리할 법률행위를 특정하여 적시하여야 하고 법원도 그 선임심판 시에 특별대리인이 처리할 법률행위를 특정하여 이를 심판의 주문에 표시하는 것이 원칙이며, 특별대리인에게 미성년자가 하여야 할 법률행위를 무엇이든지 처리할 수 있도록 포괄적으로 권한을 수여하는 심판을 할 수는 없다(대판 1996.4.9.96다1139).

2017년 변호사시험 문 15.

☑ 확인Check! ○ △ ✕

친권에 관한 설명 중 옳지 않은 것은?(다툼이 있는 경우 판례에 의함)

① 친권자가 친권을 남용하여 자녀의 복리를 현저히 해치거나 해칠 우려가 있는 경우 가정법원은 자녀의 청구에 의하여 친권을 일시적으로 정지시킬 수 있다.
② 법정대리인인 친권자는 정당한 사유가 있는 때에는 가정법원의 허가를 얻어 친권자의 권한 중 법률행위의 대리권과 재산관리권을 사퇴할 수 있다.
③ 친권자가 공동상속인인 자신과 미성년자녀 사이에 미성년자녀를 대리하여 상속재산분할협의를 한 경우 그 분할협의는 무효이다.
④ 친권자인 모(母)가 미성년자녀를 대리하여 그 자녀의 유일한 재산인 부동산을 자신의 오빠에게 증여한 경우 이는 「민법」 제921조의 이해상반행위에 해당한다.
⑤ 이혼 후 미성년자녀의 단독친권자인 모(母)가 사망한 경우, 생존한 부(父)가 자동적으로 미성년자녀의 친권자가 되는 것은 아니다.

[**①** ▶ ○]   가정법원은 부 또는 모가 친권을 남용하여 자녀의 복리를 현저히 해치거나 해칠 우려가 있는 경우에는 자녀, 자녀의 친족, 검사 또는 지방자치단체의 장의 청구에 의하여 그 친권의 상실 또는 일시정지를 선고할 수 있다(민법 제924조 제1항).

[**②** ▶ ○]   법정대리인인 친권자는 정당한 사유가 있는 때에는 법원의 허가를 얻어 그 법률행위의 대리권과 재산관리권을 사퇴할 수 있다(민법 제927조 제1항).

[**③** ▶ ○]   상속재산에 대하여 그 소유의 범위를 정하는 내용의 공동상속재산분할협의는 그 행위의 객관적 성질상 상속인 상호 간의 이해의 대립이 생길 우려가 없다고 볼 만한 특별한 사정이 없는 한 민법 제921조 소정의 이해상반되는 행위에 해당한다. 그리고 피상속인의 사망으로 인하여 1차 상속이 개시되고 그 1차 상속인 중 1인이 다시 사망하여 2차 상속이 개시된 후 1차 상속의 상속인들과 2차 상속의 상속인들이 1차 상속의 상속재산에 관하여 분할협의를 하는 경우에 있어서 2차 상속인 중에 미성년자가 있다면 그에 대하여 특별대리인을 선임하여 그 특별대리인이 미성년자를 대리하여 상속재산분할협의를 하여야 하고, 만약 2차 상속의 공동상속인인 친권자가 그 미성년자의 법정대리인으로서 상속재산분할협의를 한다면 이는 민법 제921조에 위배되는 것이며, 이러한 대리행위에 의하여 성립된 상속재산분할협의는 피대리자에 의한 추인이 없는 한 그 전체가 무효라고 할 것이다(대판 2016.2.18. 2015다51920).

[**④** ▶ ✕]   미성년자의 친권자인 모가 자기 오빠의 제3자에 대한 채무의 담보로 미성년자 소유의 부동산에 근저당권을 설정하는 행위가, 채무자를 위한 것으로서 미성년자에게는 불이익만을 주는 것이라고 하더라도, 민법 제921조 제1항에 규정된 '법정대리인인 친권자와 그 자 사이에 이해상반되는 행위'라고 볼 수는 없다(대판 1991.11.26. 91다32466).

[**⑤** ▶ ○]   제909조 제4항부터 제6항까지의 규정에 따라 단독친권자로 정하여진 부모의 일방이 사망한 경우 생존하는 부 또는 모, 미성년자, 미성년자의 친족은 그 사실을 안 날부터 1개월, 사망한 날부터 6개월 내에 가정법원에 생존하는 부 또는 모를 친권자로 지정할 것을 청구할 수 있다(민법 제909조의2 제1항).

정답 ④

2018년 변호사시험 문 32. ☑확인Check! ○ △ ✕

미성년 후견에 관한 설명 중 옳지 않은 것은?

① 친권을 행사하는 부모라도 미성년자를 위한 법률행위의 대리권과 재산관리권이 없는 경우에는 유언으로 미성년후견인을 지정할 수 없다.

② 미성년자에게 친권을 행사하는 부모의 유언으로 미성년후견인이 지정된 경우라도 미성년자는 자신의 복리를 위하여 필요하면 가정법원에 후견을 종료하고 생존하는 부 또는 모를 친권자로 지정할 것을 청구할 수 있다.

③ 미성년자의 신상과 재산에 관한 모든 사정을 고려하여 여러 명의 미성년후견인을 둘 수 있다.

④ 가정법원은 친권의 상실, 일시정지, 일부제한의 선고 또는 법률행위의 대리권이나 재산관리권 상실의 선고에 따라 미성년후견인을 선임할 필요가 있는 경우에는 직권으로 미성년후견인을 선임한다.

⑤ 미성년후견인을 지정할 수 있는 사람은 유언으로 미성년후견감독인을 지정할 수 있다.

[**❶** ▶ ○] [**❷** ▶ ○]　민법 제931조 제1항·제2항 참조

법령
유언에 의한 미성년후견인의 지정 등(민법 제931조) 　① 미성년자에게 친권을 행사하는 부모는 유언으로 미성년후견인을 지정할 수 있다. 다만, 법률행위의 대리권과 재산관리권이 없는 친권자는 그러하지 아니하다. ② 가정법원은 제1항에 따라 미성년후견인이 지정된 경우라도 미성년자의 복리를 위하여 필요하면 생존하는 부 또는 모, 미성년자의 청구에 의하여 후견을 종료하고 생존하는 부 또는 모를 친권자로 지정할 수 있다.

[**❸** ▶ ✕]　미성년후견인의 수(數)는 한 명으로 한다(민법 제930조 제1항).

[**❹** ▶ ○]　가정법원은 제924조, 제924조의2 및 제925조에 따른 친권의 상실, 일시정지, 일부제한의 선고 또는 법률행위의 대리권이나 재산관리권 상실의 선고에 따라 미성년후견인을 선임할 필요가 있는 경우에는 직권으로 미성년후견인을 선임한다(민법 제932조 제2항).

[**❺** ▶ ○]　미성년후견인을 지정할 수 있는 사람은 유언으로 미성년후견감독인을 지정할 수 있다(민법 제940조의2).

2015년 변호사시험 문 10. ☑확인Check! ○ △ ✕

후견인이 권한을 행사할 때 가정법원의 허가를 받아야 하는 경우가 아닌 것은?

① 임의후견감독인이 선임되기 전에 본인 또는 임의후견인이 후견계약을 철회하고자 하는 경우

② 성년후견인이 피성년후견인을 대신하여 피성년후견인이 의료행위의 직접적인 결과로 사망하거나 상당한 장애를 입을 위험이 있는 의료행위에 동의하는 경우

③ 성년후견인이 피성년후견인을 대리하여 피성년후견인이 거주하고 있는 건물 또는 그 대지에 대하여 매도, 임대, 저당권 설정행위를 하는 경우

④ 성년후견인이 피성년후견인을 치료 등의 목적으로 정신병원이나 그 밖의 다른 장소에 격리하려는 경우

⑤ 후견인으로 선임된 후 2개월 내로 되어 있는 피후견인의 재산목록작성기간을 연장하는 경우

[❶ ▸ 허가 ✕] 임의후견감독인의 선임 전에는 본인 또는 임의후견인은 언제든지 공증인의 인증을 받은 서면으로 후견계약의 의사표시를 철회할 수 있다(민법 제959조의18 제1항).

[❷ · ❸ · ❹ ▸ 허가 ○] 민법 제947조의2 참조

법령

> **피성년후견인의 신상결정 등(민법 제947조의2)** ① 피성년후견인은 자신의 신상에 관하여 그의 상태가 허락하는 범위에서 단독으로 결정한다.
> ② 성년후견인이 피성년후견인을 치료 등의 목적으로 정신병원이나 그 밖의 다른 장소에 격리하려는 경우에는 가정법원의 허가를 받아야 한다.
> ③ 피성년후견인의 신체를 침해하는 의료행위에 대하여 피성년후견인이 동의할 수 없는 경우에는 성년후견인이 그를 대신하여 동의할 수 있다.
> ④ 제3항의 경우 피성년후견인이 의료행위의 직접적인 결과로 사망하거나 상당한 장애를 입을 위험이 있을 때에는 가정법원의 허가를 받아야 한다. 다만, 허가절차로 의료행위가 지체되어 피성년후견인의 생명에 위험을 초래하거나 심신상의 중대한 장애를 초래할 때에는 사후에 허가를 청구할 수 있다.
> ⑤ 성년후견인이 피성년후견인을 대리하여 피성년후견인이 거주하고 있는 건물 또는 그 대지에 대하여 매도, 임대, 전세권 설정, 저당권 설정, 임대차의 해지, 전세권의 소멸, 그 밖에 이에 준하는 행위를 하는 경우에는 가정법원의 허가를 받아야 한다.

[❺ ▸ 허가 ○] 후견인은 지체 없이 피후견인의 재산을 조사하여 2개월 내에 그 목록을 작성하여야 한다. 다만, 정당한 사유가 있는 경우에는 법원의 허가를 받아 그 기간을 연장할 수 있다(민법 제941조 제1항).

제5절 부양 ★

2019년 변호사시험 문 33. ☑ 확인Check! ○ △ ✕

부양에 관한 설명 중 옳지 않은 것은?(다툼이 있는 경우 판례에 의함)

① 부부간의 부양의무는 부양을 받을 자의 생활을 부양의무자의 생활과 같은 정도로 보장하게 하는 1차 부양의무이다.

② 부부간의 부양의무는 1차 부양의무이므로, 부양의무의 이행을 청구하였으나 이행하지 아니함으로써 이행지체에 빠졌는지 여부와 관계없이 과거의 부양료에 대하여도 지급을 청구할 수 있다.

③ 부모가 성년의 자녀에 대하여 직계혈족으로서 부담하는 부양의무는 부양의무자가 자기의 사회적 지위에 상응하는 생활을 하면서 생활에 여유가 있음을 전제로 하여, 부양을 받을 자가 자력 또는 근로에 의하여 생활을 유지할 수 없는 경우에 한하여 그의 생활을 지원하는 2차 부양의무이다.

④ 특별한 사정이 없는 한 유학비용의 충당을 위해 성년의 자녀가 부모를 상대로 부양료 청구를 할 수는 없다.

⑤ 1차 부양의무자와 2차 부양의무자가 동시에 존재함에도 2차 부양의무자가 부양한 경우, 2차 부양의무자는 특별한 사정이 없는 한 그 소요된 비용을 1차 부양의무자에 대하여 상환청구할 수 있다.

[❶ ▸ ○] [❸ ▸ ○] [❺ ▸ ○] 민법 제826조 제1항에 규정된 부부간 상호부양의무는 혼인관계의 본질적 의무로서 부양을 받을 자의 생활을 부양의무자의 생활과 같은 정도로 보장하여 부부공동생활의 유지를 가능하게 하는 것을 내용으로 하는 제1차 부양의무이고, 반면 부모가 성년의 자녀에 대하여 직계혈족으로서 민법 제974조 제1호, 제975조에 따라 부담하는 부양의무는 부양의무자가 자기의 사회적 지위에 상응하는 생활을 하면서 생활에 여유가 있음을 전제로 하여 부양을

안심Touch

받을 자가 자력 또는 근로에 의하여 생활을 유지할 수 없는 경우에 한하여 그의 생활을 지원하는 것을 내용으로 하는 제2차 부양의무이다. 이러한 제1차 부양의무와 제2차 부양의무는 의무이행의 정도뿐만 아니라 의무이행의 순위도 의미하는 것이므로, 제2차 부양의무자는 제1차 부양의무자보다 후순위로 부양의무를 부담한다. 따라서 제1차 부양의무자와 제2차 부양의무자가 동시에 존재하는 경우에 제1차 부양의무자는 특별한 사정이 없는 한 제2차 부양의무자에 우선하여 부양의무를 부담하므로, 제2차 부양의무자가 부양받을 자를 부양한 경우에는 소요된 비용을 제1차 부양의무자에 대하여 상환청구할 수 있다(대판 2012.12.27. 2011다96932).

[❷ ▶ ✕] 민법 제826조 제1항에 규정된 부부간의 상호부양의무는 부부의 일방에게 부양을 받을 필요가 생겼을 때 당연히 발생하는 것이기는 하지만, 과거의 부양료에 관하여는 부양을 받을 자가 부양의무자에게 부양의무의 이행을 청구하였음에도 불구하고 부양의무자가 부양의무를 이행하지 아니함으로써 이행지체에 빠진 이후의 것에 대하여만 부양료의 지급을 청구할 수 있을 뿐, 부양의무자가 부양의무의 이행을 청구받기 이전의 부양료의 지급은 청구할 수 없다고 보는 것이 부양의무의 성질이나 형평의 관념에 합치된다(대결 2008.6.12. 2005스50).

[❹ ▶ ○] 성년의 자녀는 요부양상태, 즉 객관적으로 보아 생활비 수요가 자기의 자력 또는 근로에 의하여 충당할 수 없는 곤궁한 상태인 경우에 한하여, 부모를 상대로 그 부모가 부양할 수 있을 한도 내에서 생활부조로서 생활필요비에 해당하는 부양료를 청구할 수 있을 뿐이다. 나아가 이러한 부양료는 부양을 받을 자의 생활 정도와 부양의무자의 자력 기타 제반 사정을 참작하여 부양을 받을 자의 통상적인 생활에 필요한 비용의 범위로 한정됨이 원칙이므로, 특별한 사정이 없는 한 통상적인 생활필요비라고 보기 어려운 유학비용의 충당을 위해 성년의 자녀가 부모를 상대로 부양료를 청구할 수는 없다(대결 2017.8.25. 2017스5).

2017년 변호사시험 문 31. ☑ 확인Check! ○ △ ✕

甲은 자신의 자력이나 근로에 의하여 생활을 유지할 수 없는 성년자이며, 甲의 친족으로 배우자 乙과 모(母) 丙이 있다. 다음 설명 중 옳은 것(○)과 옳지 않은 것(✕)을 올바르게 조합한 것은?(다툼이 있는 경우 판례에 의함)

ㄱ. 甲에 대한 부양의무 이행의 순위는 乙과 丙의 협정으로 정하고 협정으로 정할 수 없을 때는 법원이 정한다.
ㄴ. 乙과 丙 모두 자신의 사회적 지위에 상응하는 생활을 하면서 생활에 여유가 있을 때만 甲에 대한 부양의무가 인정된다.
ㄷ. 甲이 乙이나 丙에게 부양료를 재판상 청구하는 경우 조정전치주의가 적용된다.
ㄹ. 丙이 甲을 위해 지출한 부양료의 구상을 乙에게 재판상 청구하는 경우 조정전치주의가 적용되지 않는다.

① ㄱ(○) ㄴ(○) ㄷ(✕) ㄹ(○)   ② ㄱ(✕) ㄴ(✕) ㄷ(○) ㄹ(✕)
③ ㄱ(✕) ㄴ(✕) ㄷ(✕) ㄹ(○)   ④ ㄱ(○) ㄴ(✕) ㄷ(○) ㄹ(✕)
⑤ ㄱ(✕) ㄴ(✕) ㄷ(○) ㄹ(○)

[ㄱ ▶ ✕] 민법 제826조 제1항에 규정된 부부간 상호부양의무는 혼인관계의 본질적 의무로서 부양을 받을 자의 생활을 부양의무자의 생활과 같은 정도로 보장하여 부부공동생활의 유지를 가능하게 하는 것을 내용으로 하는 제1차 부양의무이고, 반면 부모가 성년의 자녀에 대하여 직계혈족으로서 민법 제974조 제1호, 제975조에 따라 부담하는 부양의무는 부양의무자가 자기의 사회적 지위에 상응하는 생활을 하면서 생활에 여유가 있음을 전제로 하여 부양을 받을 자가 자력 또는 근로에 의하여 생활을 유지할 수 없는 경우에 한하여 그의 생활을 지원하는 것을 내용으로 하는 제2차 부양의무이다. 이러한 제1차 부양의무와 제2차 부양의무는 의무이행의 정도뿐만 아니라 의무이행의 순위도 의미하는 것이므로, 제2차 부양의무자는 제1차 부양의무자보다 후순위로 부양의무를 부담한다. 따라서 제1차 부양의무자와 제2차 부양의무자가 동시에 존재하는

⑤ **정답**

경우에 제1차 부양의무자는 특별한 사정이 없는 한 제2차 부양의무자에 우선하여 부양의무를 부담하므로, 제2차 부양의무자가 부양받을 자를 부양한 경우에는 소요된 비용을 제1차 부양의무자에 대하여 상환청구할 수 있다(대판 2012.12.27. 2011다96932).

[ㄴ ▸ ✕] 부부간의 부양의무(乙)는 제1차적 부양의무로서 부양의 가능성과 필요성을 전제로 하지 않는 무조건적인 것이다. 반면에 친족 간의 부양의무(丙)는 부양의무자가 사회적 지위에 상응하는 생활을 하면서 생활에 여유가 있음을 전제로 하는 제2차적 부양의무이다.

[ㄷ ▸ ○] 민법 제826조에 따른 부부의 부양에 관한 처분(乙)과, 제976조부터 제978조까지의 규정에 따른 부양에 관한 처분(丙)은, 가사비송 마류 사건에 해당하여 조정전치주의가 적용된다.

> **조정전치주의(가사소송법 제50조)** ① 나류 및 다류 가사소송사건과 마류 가사비송사건에 대하여 가정법원에 소를 제기하거나 심판을 청구하려는 사람은 먼저 조정을 신청하여야 한다.
> **가정법원의 관장사항(가사소송법 제2조)** ① 다음 각 호의 사항(이하 "가사사건"이라 한다)에 대한 심리와 재판은 가정법원의 전속관할로 한다.
> 　　2. 가사비송사건
> 　　　나. 마류 사건
> 　　　　1) 민법 제826조 및 제833조에 따른 부부의 동거·부양·협조 또는 생활비용의 부담에 관한 처분
> 　　　　8) 민법 제976조부터 제978조까지의 규정에 따른 부양(扶養)에 관한 처분

[ㄹ ▸ ○] 가사소송법 제2조 제1항 제2호 나. 마류 사건 제1호는 민법 제826조에 따른 부부의 부양에 관한 처분을, 같은 법 제2조 제1항 제2호 나. 마류 사건 제8호는 민법 제976조부터 제978조까지의 규정에 따른 부양에 관한 처분을 각각 별개의 가사비송사건으로 규정하고 있다. 따라서 부부간의 부양의무를 이행하지 않은 부부의 일방에 대한 상대방의 부양료청구는 위 마류 사건 제1호의 가사비송사건에 해당하고, 친족 간의 부양의무를 이행하지 않은 친족의 일방에 대한 상대방의 부양료청구는 위 마류 사건 제8호의 가사비송사건에 해당한다 할 것이나, 부부간의 부양의무를 이행하지 않은 부부의 일방에 대하여 상대방의 친족이 구하는 부양료의 상환청구는 같은 법 제2조 제1항 제2호 나. 마류 사건의 어디에도 해당하지 아니하여 이를 가사비송사건으로 가정법원의 전속관할에 속하는 것이라고 할 수는 없고, 이는 민사소송사건에 해당한다고 봄이 타당하다(대판 2012.12.27. 2011다96932).

제1절 ┃ 상 속

★★★★★★★☆

제1항 상속의 개시

제2항 상속인

2018년 변호사시험 문 33.

☑ 확인 Check! ○ △ ✕

아버지 乙, 할아버지 丙과 함께 살던 미성년자 甲이 부부인 A와 B의 양자(친양자 아님)로 입양되었다. A에게는 아버지 C가 생존해 있다. 이에 관한 설명 중 옳지 않은 것은?(각 지문은 독립적이며, 다툼이 있는 경우 판례에 의함)

① A가 사망한 후 甲이 사망하면 甲이 A로부터 상속받은 재산은 乙과 B가 공동상속한다.
② 乙과 A가 모두 사망한 후 甲이 사망하면 甲이 乙과 A로부터 상속받은 재산은 B가 단독상속한다.
③ 甲과 A · B가 동시에 사망하면 甲과 A의 재산은 乙이 상속한다.
④ 乙과 A · B 모두 사망한 후 甲이 사망하면 甲이 乙과 A · B로부터 상속받은 재산은 丙과 C가 공동상속한다.
⑤ A · B 모두 사망한 후 甲이 사망하면 甲이 A · B로부터 상속받은 재산은 乙이 단독상속한다.

[❶ ▶ ○] 친양자입양과 달리 보통입양은 양자와 생가의 친족관계는 그대로 유지된다. 따라서 양자가 사망 시 선순위 상속인이 없는 한 직계존속으로서 양부모와 친부모가 공동상속한다.

법령

입양의 효력(민법 제882조의2) ② 양자의 입양 전의 친족관계는 존속한다.

상속의 순위(민법 제1000조) ① 상속에 있어서는 다음 순위로 상속인이 된다.
　1. 피상속인의 직계비속
　2. 피상속인의 직계존속
　3. 피상속인의 형제자매
　4. 피상속인의 4촌 이내의 방계혈족
② 전항의 경우에 동순위의 상속인이 수인인 때에는 최근친을 선순위로 하고 동친등의 상속인이 수인인 때에는 공동상속인이 된다.

[❷ ▶ ○] 양자 甲은 생부 乙과 양친 A의 재산을 모두 상속할 수 있고, 甲이 사망하면 직계존속 중 최근친은 양친 B이므로, B가 단독상속한다.

[**❸ ▸ X**] 동시사망의 경우 사망자 상호 간에는 상속이 일어나지 않으므로, 甲과 A·B가 동시에 사망하면 甲의 재산은 남아 있는 직계존속 중 최근친인 생부 乙이 상속하고, A의 재산은 A의 직계존속인 C가 상속한다.

[**❹ ▸ O**] 양자 甲은 생부 乙 과 양부모 A·B의 재산을 모두 상속하고, 甲이 사망하면 직계존속 중 남아 있는 丙과 C는 동등친이므로 공동상속한다.

[**❺ ▸ O**] 양친 A·B가 모두 사망하면 甲이 A·B의 재산을 상속하고, 甲이 사망하면 직계존속 중 최근친인 생부 乙이 단독상속한다.

2014년 변호사시험 문 9.
☑확인 Check! ○ △ X

甲의 사망을 둘러싸고 발생할 수 있는 법률관계에 관한 설명 중 옳은 것은?(각 지문은 독립적이고, 다툼이 있는 경우에는 판례에 의함)

① 甲이 사망하여 배우자인 乙이 상속받은 후에 甲과 乙의 혼인이 취소된 경우, 乙의 상속은 甲의 사망 시에 소급하여 무효로 된다.
② 甲의 사망 후 인지된 乙이 甲의 사망 시에 소급하여 공동상속인이 되어 상속 회복을 청구하는 경우, 乙이 상속권의 침해를 안 것으로 되는 시점은 인지판결확정일부터이다.
③ 甲의 사망 후 甲의 부 丙이 사망한 경우, 甲의 배우자인 乙은 丙의 재산을 대습상속한다. 그리고 丙의 사망 전에 乙이 상속결격자로 된 경우에는 乙에게 甲과의 혼인 전에 A와의 혼인관계에서 출생한 자 B가 있으면 다시 B가 대습상속한다.
④ 甲의 사망 후 乙이 단독상인으로 되었으나 참칭상속인 丙이 乙의 상속권을 침해한 경우, 상속회복청구권의 행사기간이 경과한 때에는 乙은 상속인의 지위를 상실하게 되고, 丙은 그 행사기간이 만료한 때로 소급하여 상속인이 된다.
⑤ 甲의 단독상속인인 乙이 상속을 포기한 경우, 乙의 자 丙은 甲의 재산을 대습상속한다.

[**❶ ▸ X**] 민법 제824조는 "혼인의 취소의 효력은 기왕에 소급하지 아니한다"고 규정하고 있을 뿐 재산상속 등에 관해 소급효를 인정할 별도의 규정이 없는바, 혼인 중에 부부 일방이 사망하여 상대방이 배우자로서 망인의 재산을 상속받은 후에 그 혼인이 취소되었다는 사정만으로 그 전에 이루어진 상속관계가 소급하여 무효라거나 또는 그 상속재산이 법률상 원인 없이 취득한 것이라고는 볼 수 없다(대판 1996.12.23. 95다48308).

[**❷ ▸ O**] 사실상의 부가 사망한 후 혼인 외의 자가 법원의 인지심판 확정에 의하여 그 사실상의 부의 호적에 입적한 경우 그 피인지자의 재산상속회복청구권의 소멸에 관한 제척기간은 그 인지심판이 확정된 날로부터 기산한다(대판 1978.2.14. 77므21).

[**❸ ▸ X**] 배우자에게 대습자의 지위는 인정하지만, 피대습자의 지위는 인정하지 않는 것이 판례의 입장이다. 따라서 甲의 사망 후 甲의 부 丙이 사망한 경우 甲의 배우자인 乙은 丙의 재산을 대습상속하나, 丙의 사망 전에 乙이 상속결격자로 된 경우에는 乙을 피대습자로 하여 B는 재대습상속을 할 수 없다.

> **판례**
> 민법 제1000조 제1항, 제1001조, 제1003조의 각 규정에 의하면, 대습상속은 상속인이 될 피상속인의 직계비속 또는 형제자매가 상속개시 전에 사망하거나 결격자가 된 경우에 사망자 또는 결격자의 직계비속이나 배우자가 있는 때에는 그들이 사망자 또는 결격자의 순위에 갈음하여 상속인이 되는 것을 말하는 것으로, 대습상속이 인정되는 경우는 상속인이 될 자(사망자 또는 결격자)가 피상속인의 직계비속 또는 형제자매인 경우에 한한다 할 것이므로, 상속인이 될 자(사망자 또는 결격자)의 배우자는 민법 제1003조에 의하여 대습상속인이 될 수는 있으나, 피대습자(사망자 또는 결격자)의 배우자가 대습상속의 상속개시 전에 사망하거나 결격자가 된 경우, 그 배우자에게 다시 피대습자로서의 지위가 인정될 수는 없다(대판 1999.7.9. 98다64318).

대습상속(민법 제1001조)   전조 제1항 제1호와 제3호의 규정에 의하여 <u>상속인이 될 직계비속 또는 형제자매</u>가 상속개시 전에 사망하거나 결격자가 된 경우에 그 직계비속이 있는 때에는 <u>그 직계비속이 사망하거나 결격된 자의 순위에 갈음하여 상속인이 된다.</u>

배우자의 상속순위(민법 제1003조)   ② 제1001조의 경우에 <u>상속개시 전에 사망 또는 결격된 자의 배우자</u>는 동조의 규정에 의한 <u>상속인과 동순위로 공동상속인이 되고 그 상속인이 없는 때에는 단독상속인이 된다.</u>

[**❹ ▸ ✕**]   <u>상속회복청구권이 제척기간의 경과로 소멸하게 되면 상속인은 상속인으로서의 지위, 즉 상속에 따라 승계한 개개의 권리의무도 또한 총괄적으로 상실하게 되고, 그 반사적 효과로서 참칭상속인의 지위는 확정되어 참칭상속인이 상속개시의 시로부터 소급하여 상속인으로서의 지위를 취득한 것으로 봄이 상당하다</u>(대판 1994.3.25. 93다57155).

[**❺ ▸ ✕**]   상속포기는 대습상속의 원인에 포함되지 않는다(민법 제1001조 참조). 따라서 乙이 상속을 포기한 경우 乙의 자 丙은 대습상속을 할 수 없다.

제3항 상속분

2013년 변호사시험 문 27.   ☑ 확인Check! ○ △ ✕

아래의 사실관계를 전제로, 괄호 안에 들어갈 금액이 모두 옳게 조합된 것은?(다툼이 있는 경우에는 판례에 의함)

피상속인 A는 사망할 당시에 배우자, 직계존속, 직계비속이 없었고 상속재산 10억원을 보유하고 있었다. A에게는 언니 B와 남동생 C가 있었는데, B는 독신이며 C는 Y와 혼인하여 자녀 D를 두었고, Y는 사별한 전남편 Q와의 사이에서 자녀 E를 두고 있으며 E에게는 자녀인 Z가 있다. (설문에 나타나지 않은 친족관계는 없는 것으로 간주하고, '물려받는다'라는 표현은 본위상속, 대습상속, 재대습상속 모두를 포함하는 개념으로 이해할 것. 또한 A의 재산 10억원 이외의 재산은 없는 것으로 간주하고 이자나 비용은 고려하지 말 것)

ㄱ. C, A의 순서로 사망한 후 D와 Y가 함께 여행을 떠났다가 항공기추락사고로 사망하였으나 사망의 선후가 증명되지 못하였다. 이러한 경우, A의 재산 10억원 중 E가 궁극적으로 물려받을 수 있는 재산은 ㉠ [   ]원이다.

ㄴ. C, A의 순서로 사망한 경우에 원래 C의 몫이었던 상속재산을 Y와 D가 대습상속한다. 이 상태에서 Y가 사망하면 Y의 직계비속 D와 E가 이 재산을 각 ㉡ [   ]원씩 상속한다. 그 후 E가 사망하면 E에게 귀속되었던 ㉡ [   ]원은 Z가 물려받는다.

ㄷ. 위 ㄴ에서 E가 사망한 후 D가 사망한 경우, D에게 대습상속과 본위상속을 통해 귀속되었던 재산 총액 ㉢ [   ]원은 다시 Z가 물려받을 수 있다.

	㉠	㉡	㉢
①	0	1억 5,000만	1억 5,000만
②	0	3억	3억 5,000만
③	5억	3억	1억 5,000만
④	5억	1억 5,000만	1억 5,000만
⑤	5억	1억 5,000만	3억 5,000만

B와 C는 피상속인 A의 형제자매로 동순위의 공동상속인이다. 따라서 상속재산 10억원을 각자 5억원씩 상속한다.

[ㄱ ▸ 5억] 상속인 C가 피상속인 A의 사망 전에 먼저 사망했으므로, 상속인의 직계비속인 D와 배우자 Y는 대습상속하게 되는데, 이때 대습상속비율은 D는 2억원(5억원×2 / 5), Y는 3억원(5억원×3 / 5)이다. 그 후 D와 Y가 항공기추락사고로 사망했으나 사망의 선후가 증명되지 못했는데, 이 경우 동시사망으로 추정되므로 동시존재의 원칙상 D와 Y 사이에는 상속이 이루어지지 않는다. 따라서 이 사고로 인해 E는 Y의 직계비속으로서 Y의 상속분 3억원을 상속하고, 이성동복형제도 제1000조 제1항 제3호의 피상속인의 형제자매에 포함되므로, D의 상속분 2억원을 상속하여 총 5억원을 상속받는다.

> **판례**
> 민법 제1000조 제1항 제3호 소정의 '피상속인의 형제자매'라 함은, 민법 개정 시 친족의 범위에서 부계와 모계의 차별을 없애고, 상속의 순위나 상속분에 관하여도 남녀 간 또는 부계와 모계 간의 차별을 없앤 점 등에 비추어 볼 때, 부계 및 모계의 형제자매를 모두 포함하는 것으로 해석하는 것이 상당하다(대판 1997.11.28, 96다5421).

> **법령**
> **동시사망(민법 제30조)**   2인 이상이 동일한 위난으로 사망한 경우에는 동시에 사망한 것으로 추정한다.
> **대습상속(민법 제1001조)**   전조 제1항 제1호와 제3호의 규정에 의하여 상속인이 될 직계비속 또는 형제자매가 상속개시 전에 사망하거나 결격자가 된 경우에 그 직계비속이 있는 때에는 그 직계비속이 사망하거나 결격된 자의 순위에 갈음하여 상속인이 된다.
> **배우자의 상속순위(민법 제1003조)**   ② 제1001조의 경우에 상속개시 전에 사망 또는 결격된 자의 배우자는 동조의 규정에 의한 상속인과 동순위로 공동상속인이 되고 그 상속인이 없는 때에는 단독상속인이 된다.
> **상속의 순위(민법 제1000조)**   ① 상속에 있어서는 다음 순위로 상속인이 된다.
>   1. 피상속인의 직계비속
>   2. 피상속인의 직계존속
>   3. 피상속인의 형제자매
>   4. 피상속인의 4촌 이내의 방계혈족
> ② 전항의 경우에 동순위의 상속인이 수인인 때에는 최근친을 선순위로 하고 동친등의 상속인이 수인인 때에는 공동상속인이 된다.

[ㄴ ▸ 1억 5,000만] ㄱ.지문에서 검토한 바와 같이 C, A의 순서로 사망한 경우, 원래 C의 몫이었던 상속재산을 Y는 3억원, D는 2억원씩 대습상속한다. 직계비속 D와 E는 Y 사망 시 Y의 상속분 3억원을 각 1억 5천만원씩 상속한다. 따라서 그 후 E가 사망하면, 그의 직계비속 Z가 E에게 귀속되었던 1억 5천만원을 상속한다.

[ㄷ ▸ 3억 5,000만] 위 ㄴ.에서 D는 C를 대습상속한 2억원에 Y의 사망에 따라 상속한 1억 5천만원을 합하여 총 3억 5천만원을 상속받았다. 이 경우 E가 사망한 후 D가 사망하게 되면, 상속인이 될 형제자매인 E가 상속개시 전에 사망한 것이므로, E의 직계비속 Z가 대습상속하게 된다. 따라서 D의 상속분 3억 5천만원을 Z가 대습상속하게 된다.

상속에 있어서 특별수익과 기여분에 관한 설명 중 옳은 것을 모두 고른 것은?(다툼이 있는 경우에는 판례에 의함)

ㄱ. 유증의 가액이 상속이 개시된 때의 피상속인의 재산가액에서 기여분을 공제한 액을 넘은 경우에는 그 초과분은 반환하여야 한다.

ㄴ. 구체적 상속분을 산정할 때, 특별수익재산의 평가의 기준시점은 상속개시 시이다.

ㄷ. 기여분이 결정되기 전이라도 유류분반환청구소송에서 피고가 된 기여상속인은 상속재산 중 자신의 기여분을 공제할 것을 항변으로 주장할 수 있다.

ㄹ. 공동상속인 중에 특별수익자가 있는 경우 구체적인 상속분의 산정의 기초가 되는 '피상속인이 상속개시 당시에 가지고 있던 재산의 가액'이란 상속재산 가운데 적극재산에서 소극재산을 제외한 순재산을 뜻한다.

ㅁ. 상속재산분할 후에라도 피인지자나 재판의 확정에 의하여 공동상속인이 된 자의 상속분에 상당한 가액의 지급청구가 있는 경우에는 기여분의 결정청구를 할 수 있으나, 상속재산분할의 심판청구가 없는 한 유류분반환청구가 있다는 사유만으로는 기여분의 결정청구를 할 수 없다.

① ㄱ, ㄴ　　　　　　② ㄱ, ㄷ　　　　　　③ ㄴ, ㄹ
④ ㄴ, ㅁ　　　　　　⑤ ㄷ, ㄹ, ㅁ

[ㄱ▸✕] 유증이 기여분에 우선한다. 따라서 초과분을 반환할 필요가 없다.

법령　**기여분(민법 제1008조의2)**　　③ 기여분은 상속이 개시된 때의 피상속인의 재산가액에서 <u>유증의 가액</u>을 공제한 액을 넘지 못한다.

[ㄴ▸○] 공동상속인 중에 피상속인으로부터 재산의 증여 또는 유증 등의 특별수익을 받은 자가 있는 경우에는 이러한 특별수익을 고려하여 상속인별로 고유의 법정상속분을 수정하여 구체적인 상속분을 산정하게 되는데, 이러한 <u>구체적 상속분을 산정함에 있어서는 상속개시 시를 기준으로 상속재산과 특별수익재산을 평가하여 이를 기초로 하여야 할 것이다</u>(대결 1997.3.21. 96스62).

[ㄷ▸✕] 공동상속인 중 피상속인의 재산의 유지 또는 증가에 관하여 특별히 기여하거나 피상속인을 특별히 부양한 자가 있는 경우 그 기여분의 산정은 공동상속인들의 협의에 의하여 정하도록 되어 있고, 협의가 되지 않거나 협의할 수 없는 때에는 기여자의 신청에 의하여 가정법원이 심판으로 이를 정하도록 되어 있으므로 이와 같은 방법으로 <u>기여분이 결정되기 전에는 유류분반환청구소송에서 피고가 된 기여상속인은 상속재산 중 자신의 기여분을 공제할 것을 항변으로 주장할 수 없다</u>(대판 1994.10.14. 94다8334).

[ㄹ▸✕] 공동상속인 중에 특별수익자가 있는 경우의 구체적인 상속분의 산정을 위하여는, 피상속인이 상속개시 당시에 가지고 있던 재산의 가액에 생전 증여의 가액을 가산한 후, 이 가액에 각 공동상속인별로 법정상속분율을 곱하여 산출된 상속분의 가액으로부터 특별수익자의 수증재산인 증여 또는 유증의 가액을 공제하는 계산방법에 의하여 할 것이고, 여기서 이러한 계산의 기초가 되는 '피상속인이 상속개시 당시에 가지고 있던 재산의 가액'은 상속재산 가운데 적극재산의 전액을 가리키는 것으로 보아야 옳다(대판 1995.3.10. 94다16571).

[ㅁ▸○] <u>기여분은 상속재산분할의 전제문제로서의 성격을 갖는 것이므로 상속재산분할의 청구나 조정신청이 있는 경우에 한하여 기여분결정청구를 할 수 있고, 다만 예외적으로 상속재산분할 후에라도 피인지자나 재판의 확정에 의하여 공동상속인이 된 자의 상속분에 상당한 가액의 지급청구가 있는 경우에는 기여분의 결정청구를 할 수 있다고 해석되며, 상속재산분할의 심판청구가 없음에도 단지 유류분반환청구가 있다는 사유만으로는 기여분결정청구가 허용된다고 볼 것은 아니다</u>(대결 1999.8.24. 99스28).

2020년 변호사시험 문 33. ☑확인Check! ○ △ X

상속재산분할에 관한 설명 중 옳은 것은?(다툼이 있는 경우 판례에 의함)

① 공동상속인 중 일부가 한정승인을 한 경우에는 상속재산분할의 대상이 되는 상속재산의 범위에 관하여 공동상속인 사이에 분쟁이 생길 우려가 있으므로, 한정승인에 따른 청산절차가 종료되지 않았다면 상속재산분할청구가 허용되지 않는다.

② 상속개시 당시 상속재산을 구성하던 재산이 그 후 처분되어 상속재산을 구성하지 않게 된 경우, 상속인이 그 대가로 처분대금을 취득하였더라도 이것은 상속재산분할 당시의 상속재산을 구성하지 않으므로 상속재산분할의 대상이 될 수 없다.

③ 채무초과상태에 있는 채무자가 상속재산분할협의에서 자기 상속분에 관한 권리를 포기하여 재산의 감소가 있더라도, 상속개시 전에 채권을 취득한 채권자에 대한 관계에서는 공동담보의 감소가 없으므로, 원칙적으로 상속분에 관한 권리의 포기가 그 채권자에 대해서는 사해행위에 해당하지 않는다.

④ 공동상속인들은 이미 이루어진 상속재산분할협의의 일부를 해제한 후 이를 수정하는 분할협의를 할 수는 있지만, 공동상속인 전원의 합의가 있더라도 분할협의의 전부를 해제하고 다시 새로운 분할협의를 할 수는 없다.

⑤ 공동상속인 중 1인이 협의분할에 의한 상속을 원인으로 상속부동산에 관한 단독명의의 소유권이전등기를 마친 경우, 다른 공동상속인이 자신의 동의 없이 협의분할이 이루어져 무효라는 이유로 그 등기의 말소를 청구하는 것은 상속회복청구에 해당한다.

[❶ ▶ ✕] 우리 민법이 한정승인절차가 상속재산분할절차보다 선행하여야 한다는 명문의 규정을 두고 있지 않고, 공동상속인들 중 일부가 한정승인을 하였다고 하여 상속재산분할이 불가능하다거나 분할로 인하여 공동상속인들 사이에 불공평이 발생한다고 보기 어려우며, 상속재산분할의 대상이 되는 상속재산의 범위에 관하여 공동상속인들 사이에 분쟁이 있을 경우에는 한정승인에 따른 청산절차가 제대로 이루어지지 못할 우려가 있는데 그럴 때에는 상속재산분할청구절차를 통하여 분할의 대상이 되는 상속재산의 범위를 한꺼번에 확정하는 것이 상속채권자의 보호나 청산절차의 신속한 진행을 위하여 필요하다는 점 등을 고려하면, 한정승인에 따른 청산절차가 종료되지 않은 경우에도 상속재산분할청구가 가능하다(대결 2014.7.25. 2011스226).

[❷ ▶ ✕] 상속개시 당시에는 상속재산을 구성하던 재산이 그 후 처분되거나 멸실·훼손되는 등으로 상속재산분할 당시 상속재산을 구성하지 아니하게 되었다면 그 재산은 상속재산분할의 대상이 될 수 없다. 다만 상속인이 그 대가로 처분대금, 보험금, 보상금 등 대상재산을 취득하게 된 경우에는, 대상재산은 종래의 상속재산이 동일성을 유지하면서 형태가 변경된 것에 불과할 뿐만 아니라 상속재산분할의 본질이 상속재산이 가지는 경제적 가치를 포괄적·종합적으로 파악하여 공동상속인에게 공평하고 합리적으로 배분하는 데에 있는 점에 비추어, 대상재산이 상속재산분할의 대상으로 될 수는 있다(대결 2016.5.4. 2014스122).

[❸ ▶ ✕] 상속재산의 분할협의는 상속이 개시되어 공동상속인 사이에 잠정적 공유가 된 상속재산에 대하여 그 전부 또는 일부를 각 상속인의 단독소유로 하거나 새로운 공유관계로 이행시킴으로써 상속재산의 귀속을 확정시키는 것으로 그 성질상 재산권을 목적으로 하는 법률행위이므로 사해행위취소권 행사의 대상이 될 수 있다. 한편 이미 채무초과상태에 있는 채무자가 상속재산의 분할협의를 하면서 자신의 상속분에 관한 권리를 포기함으로써 일반채권자에 대한 공동담보가 감소된 경우에는 원칙적으로 채권자에 대한 사해행위에 해당하고, 이는 상속개시 전에 채권을 취득한 채권자가 채무자의 상속재산분할협의를 대상으로 사해행위취소권을 행사하는 경우에도 마찬가지이다(대판 2013.6.13. 2013다2788).

[❹ ▶ ✕] 상속재산분할협의는 공동상속인들 사이에 이루어지는 일종의 계약으로서, 공동상속인들은 이미 이루어진 상속재산분할협의의 전부 또는 일부를 전원의 합의에 의하여 해제한 다음 다시 새로운 분할협의를 할 수 있다(대판 2004.7.8. 2002다73203).

정답 ⑤

[**⑤ ▸ O**] 공동상속인 중 1인이 협의분할에 의한 상속을 원인으로 하여 상속부동산에 관한 소유권이전등기를 마친 경우에, 협의분할이 다른 공동상속인의 동의 없이 이루어진 것이어서 무효라는 이유로 다른 공동상속인이 위 등기의 말소를 청구하는 소는 상속회복청구의 소에 해당한다(대판 2011.3.10, 2007다17482).

2019년 변호사시험 문 34.   ☑ 확인Check! O △ X

甲이 사망하면서 토지와 2,000만원의 채무를 남겼는데, 甲에게 상속인으로 배우자 乙, 자녀 丙, 丁만 있었다. 甲의 상속재산분할에 관한 설명 중 옳은 것을 모두 고른 것은?(각 지문은 독립적이며, 다툼이 있는 경우 판례에 의함)

ㄱ. 채무초과상태에 있던 乙이 상속재산의 분할협의를 하면서 자신의 상속분에 관한 권리를 포기함으로써 일반채권자에 대한 공동담보가 감소한 경우라고 하더라도, 상속재산의 분할협의는 그 성질상 재산권을 목적으로 하는 법률행위가 아니므로 이는 원칙적으로 채권자에 대한 사해행위에 해당하지 않는다.

ㄴ. 丙, 丁이 미성년자인 경우, 乙은 丙, 丁 각자마다 특별대리인을 선임하여 그 각 특별대리인이 丙, 丁을 대리하여 상속재산분할협의를 하도록 하여야 한다.

ㄷ. 2,000만원의 채무는 상속개시와 동시에 당연히 법정상속분에 따라 乙, 丙, 丁에게 분할되어 귀속되므로, 상속재산분할의 대상이 되지 않는다.

ㄹ. 상속재산의 분할에 관하여 공동상속인 乙, 丙, 丁 사이에 협의가 성립되지 아니하거나 협의할 수 없는 경우, 乙, 丙, 丁은 상속재산에 속하는 개별재산에 관하여 공유물분할청구의 소를 제기할 수 있다.

① ㄱ, ㄴ   ② ㄱ, ㄷ   ③ ㄱ, ㄹ
④ ㄴ, ㄷ   ⑤ ㄷ, ㄹ

[**ㄱ ▸ X**] 상속재산의 분할협의는 상속이 개시되어 공동상속인 사이에 잠정적 공유가 된 상속재산에 대하여 그 전부 또는 일부를 각 상속인의 단독소유로 하거나 새로운 공유관계로 이행시킴으로써 상속재산의 귀속을 확정시키는 것으로 그 성질상 재산권을 목적으로 하는 법률행위이므로 사해행위취소권 행사의 대상이 될 수 있다. 한편 이미 채무초과상태에 있는 채무자가 상속재산의 분할협의를 하면서 자신의 상속분에 관한 권리를 포기함으로써 일반채권자에 대한 공동담보가 감소된 경우에는 원칙적으로 채권자에 대한 사해행위에 해당하고, 이는 상속개시 전에 채권을 취득한 채권자가 채무자의 상속재산분할협의를 대상으로 사해행위취소권을 행사하는 경우에도 마찬가지이다(대판 2013.6.13, 2013다2788).

[**ㄴ ▸ O**] 민법 제921조의 "이해상반행위"란 행위의 객관적 성질상 친권자와 자 사이 또는 친권에 복종하는 수인의 자 사이에 이해의 대립이 생길 우려가 있는 행위를 가리키는 것으로서 친권자의 의도나 그 행위의 결과 실제로 이해의 대립이 생겼는가의 여부는 묻지 아니한다. 공동상속재산분할협의는 행위의 객관적 성질상 상속인 상호 간에 이해의 대립이 생길 우려가 있는 행위라고 할 것이므로 공동상속인인 친권자와 미성년인 수인의 자 사이에 상속재산분할협의를 하게 되는 경우에는 미성년자 각자마다 특별대리인을 선임하여 각 특별대리인이 각 미성년인 자를 대리하여 상속재산분할협의를 하여야 한다(대판 1993.4.13, 92다54524).

[**ㄷ ▸ O**] 금전채무와 같이 급부의 내용이 가분인 채무가 공동상속된 경우, 이는 상속개시와 동시에 당연히 법정상속분에 따라 공동상속인에게 분할되어 귀속되는 것이므로, 상속재산 분할의 대상이 될 여지가 없다(대판 1997.6.24, 97다8809).

[**ㄹ ▸ X**] 공동상속인은 상속재산의 분할에 관하여 공동상속인 사이에 협의가 성립되지 아니하거나 협의할 수 없는 경우에 가사소송법이 정하는 바에 따라 가정법원에 상속재산분할심판을 청구할 수 있을 뿐이고, 상속재산에 속하는 개별재산에 관하여 민법 제268조의 규정에 따라 공유물분할청구의 소를 제기하는 것은 허용되지 않는다(대판 2015.8.13, 2015다18367).

④ **정답**

甲이 사망하면서 주택과 임야, 그리고 A에 대한 5천만원의 채무를 남겼다. 甲에게는 상속인으로 자녀 乙, 丙, 丁만 있었는데, 甲은 丙에게 위 임야를 유증하였다. 한편 甲의 사망 직전 B로부터 인지청구의 소가 제기되어 그 사망 후 B가 승소의 확정판결을 받았다. 이에 관한 설명 중 옳은 것은?(각 지문은 독립적이며, 다툼이 있는 경우 판례에 의함)

① 乙, 丙, 丁의 상속재산분할협의에 丁을 대신하여 C가 참석한 경우, C의 대리권에 흠결이 있더라도 위 상속재산분할협의는 유효하다.
② 상속재산분할협의는 공동상속인 사이에 잠정적 공유가 된 상속재산의 귀속을 확정시키는 것이므로, 그 협의를 통하여 공동상속인 중 무자력인 1인이 자신의 상속분에 관한 권리를 포기하더라도, 이는 사해행위취소권의 대상이 될 수 없다.
③ 丙은 유증의 효력에 의하여 상속개시 당시에 위 임야의 소유권을 취득한다.
④ 상속재산분할 후 인지된 B가 자신의 상속분에 상당하는 가액 지급을 청구할 때, 상속개시 후 상속재산에서 발생한 과실(果實)은 그 가액산정대상에 포함된다.
⑤ A에 대한 5천만원의 채무는 상속개시 당시 상속인에게 법정상속분에 따라 당연히 귀속되므로 상속재산분할의 대상이 될 수 없다.

[❶ ▸ ✕]　협의에 의한 상속재산의 분할은 공동상속인 전원의 동의가 있어야 유효하고 공동상속 중 1인의 동의가 없거나 그 의사표시에 대리권의 흠결이 있다면 분할은 무효이다(대판 1987.3.10. 85므80).

[❷ ▸ ✕]　상속재산의 분할협의는 상속이 개시되어 공동상속인 사이에 잠정적 공유가 된 상속재산에 대하여 그 전부 또는 일부를 각 상속인의 단독소유로 하거나 새로운 공유관계로 이행시킴으로써 상속재산의 귀속을 확정시키는 것으로 그 성질상 재산권을 목적으로 하는 법률행위이므로 사해행위취소권 행사의 대상이 될 수 있다. 한편 이미 채무초과상태에 있는 채무자가 상속재산의 분할협의를 하면서 자신의 상속분에 관한 권리를 포기함으로써 일반채권자에 대한 공동담보가 감소된 경우에는 원칙적으로 채권자에 대한 사해행위에 해당하고, 이는 상속개시 전에 채권을 취득한 채권자가 채무자의 상속재산분할협의를 대상으로 사해행위취소권을 행사하는 경우에도 마찬가지이다(대판 2013.6.13. 2013다2788).

[❸ ▸ ✕]　포괄적 유증을 받은 자는 민법 제187조에 의하여 법률상 당연히 유증받은 부동산의 소유권을 취득하게 되나, 특정유증을 받은 자는 유증의무자에게 유증을 이행할 것을 청구할 수 있는 채권을 취득할 뿐이므로, 특정유증을 받은 자는 유증받은 부동산의 소유권자가 아니어서 직접 진정한 등기명의의 회복을 원인으로 한 소유권이전등기를 구할 수 없다(대판 2003.5.27. 2000다73445).

[❹ ▸ ✕]　인지 전에 공동상속인들에 의해 이미 분할되거나 처분된 상속재산은 이를 분할받은 공동상속인이나 공동상속인들의 처분행위에 의해 이를 양수한 자에게 그 소유권이 확정적으로 귀속되는 것이며, 그 후 그 상속재산으로부터 발생하는 과실은 상속개시 당시 존재하지 않았던 것이어서 이를 상속재산에 해당한다 할 수 없고, 상속재산의 소유권을 취득한 자(분할받은 공동상속인 또는 공동상속인들로부터 양수한 자)가 민법 제102조에 따라 그 과실을 수취할 권능도 보유한다고 할 것이며, 민법 제1014조도 '이미 분할 내지 처분된 상속재산' 중 피인지자의 상속분에 상당한 가액의 지급청구권만을 규정하고 있을 뿐 '이미 분할 내지 처분된 상속재산으로부터 발생한 과실'에 대해서는 별도의 규정을 두지 않고 있으므로, 결국 민법 제1014조에 의한 상속분상당가액지급청구에 있어 상속재산으로부터 발생한 과실은 그 가액산정대상에 포함된다고 할 수 없다(대판 2007.7.26. 2006므2757).

[❺ ▸ ○]　금전채무와 같이 급부의 내용이 가분인 채무가 공동상속된 경우, 이는 상속개시와 동시에 당연히 법정상속분에 따라 공동상속인에게 분할되어 귀속되는 것이므로, 상속재산 분할의 대상이 될 여지가 없다(대판 1997.6.24. 97다8809).

상속에 관한 설명 중 옳은 것을 모두 고른 것은?(다툼이 있는 경우 판례에 의함)

ㄱ. 공동상속인 중 1인이 상속재산인 수개의 부동산 중 하나의 부동산에 대한 자신의 상속지분을 양도한 것은 「민법」 제1011조 제1항에 규정된 '상속분의 양도'에 해당하지 않으므로, 이에 대하여는 다른 상속인들이 상속분의 양수권을 행사할 수 없다.

ㄴ. 공동상속인들이 상속재산을 분할한 후 피상속인의 혼인 외의 출생자로서 인지된 사람이 다른 공동상속인에게 그 상속분에 상당한 가액의 지급을 청구한 경우, 공동상속인이 분할받은 상속재산으로부터 발생한 과실을 취득하는 것은 피인지자에 대한 관계에서 부당이득이 되므로 이를 반환하여야 한다.

ㄷ. 이혼으로 인한 위자료청구권은 원칙적으로 상속되지 않지만, 청구권자가 위자료의 지급을 구하는 소송을 제기한 후 사망한 경우에는 예외적으로 상속된다.

ㄹ. 채권자가 상속인을 상대로 상속채무의 이행을 구하는 소송에서 상속인이 한정승인을 하고도 이를 주장하지 아니하여 책임의 범위에 관한 유보 없는 판결이 선고되고 확정된 경우, 상속인은 그 후 위 한정승인사실을 내세워 청구이의의 소를 제기할 수 없다.

① ㄷ   ② ㄱ, ㄷ   ③ ㄱ, ㄹ
④ ㄴ, ㄹ   ⑤ ㄱ, ㄴ, ㄹ

[ㄱ ▸ ○] 민법 제1011조 제1항은 "공동상속인 중 그 상속분을 제3자에게 양도한 자가 있는 때에는 다른 공동상속인은 그 가액과 양도비용을 상환하고 그 상속분을 양수할 수 있다"고 규정하고 있는바, 여기서 말하는 '상속분의 양도'란 상속재산분할 전에 적극재산과 소극재산을 모두 포함한 상속재산 전부에 관하여 공동상속인이 가지는 포괄적 상속분, 즉 상속인 지위의 양도를 의미하므로, 상속재산을 구성하는 개개의 물건 또는 권리에 대한 개개의 물권적 양도는 이에 해당하지 아니한다. (따라서) 공동상속인 중 일부가 상속재산인 임야 중 자신들의 상속지분을 양도한 경우, 이는 민법 제1011조 제1항에 규정된 '상속분의 양도'에 해당하지 아니하고 상속받은 임야에 관한 공유지분을 양도한 것에 불과하여, 다른 공동상속인에게 민법 제1011조 제1항에 규정된 상속분양수권이 있다고 볼 수 없다(대판 2006.3.24, 2006다2179).

[ㄴ ▸ ✕] 대판 2007.7.26, 2006다83796, 민법 제1014조 및 제860조 참조

> 상속개시 후에 인지되거나 재판이 확정되어 공동상속인이 된 자도 그 상속재산이 아직 분할되거나 처분되지 아니한 경우에는 당연히 다른 공동상속인들과 함께 분할에 참여할 수 있을 것이나, 인지 이전에 다른 공동상속인이 이미 상속재산을 분할 내지 처분한 경우에는 인지의 소급효를 제한하는 민법 제860조 단서가 적용되어 사후의 피인지자는 다른 공동상속인들의 분할 기타 처분의 효력을 부인하지 못하게 되는바, 민법 제1014조는 그와 같은 경우에 피인지자가 다른 공동상속인들에 대하여 그의 상속분에 상당한 가액의 지급을 청구할 수 있도록 하여 상속재산의 새로운 분할에 갈음하는 권리를 인정함으로써 피인지자의 이익과 기존의 권리관계를 합리적으로 조정하는 데 그 목적이 있는 것이다. 따라서 인지 이전에 공동상속인들에 의해 이미 분할되거나 처분된 상속재산은 민법 제860조 단서가 규정한 인지의 소급효 제한에 따라 이를 분할받은 공동상속인이나 공동상속인들의 처분행위에 의해 이를 양수한 자에게 그 소유권이 확정적으로 귀속되는 것이며, 상속재산의 소유권을 취득한 자는 민법 제102조에 따라 그 과실을 수취할 권능도 보유한다고 할 것이므로, 피인지자에 대한 인지 이전에 상속재산을 분할한 공동상속인이 그 분할받은 상속재산으로부터 발생한 과실을 취득하는 것은 피인지자에 대한 관계에서 부당이득이 된다고 할 수 없다(대판 2007.7.26, 2006다83796).

② 정답

법령 　**분할 후의 피인지자 등의 청구권(민법 제1014조)**　　상속개시 후의 인지 또는 재판의 확정에 의하여 공동상속인이 된 자가 상속재산의 분할을 청구할 경우에 다른 공동상속인이 이미 분할 기타 처분을 한 때에는 그 상속분에 상당한 가액의 지급을 청구할 권리가 있다.

　인지의 소급효(민법 제860조)　　인지는 그 자의 출생 시에 소급하여 효력이 생긴다. 그러나 제삼자의 취득한 권리를 해하지 못한다.

[ㄷ ▸ ○] 　이혼위자료청구권의 양도 내지 승계의 가능 여부에 관하여 민법 제806조 제3항은 약혼 해제로 인한 손해배상청구권에 관하여 정신상 고통에 대한 손해배상청구권은 양도 또는 승계하지 못하지만 당사자 간에 배상에 관한 계약이 성립되거나 소를 제기한 후에는 그러하지 아니하다고 규정하고 같은 법 제843조가 위 규정을 재판상 이혼의 경우에 준용하고 있으므로 이혼위자료청구권은 원칙적으로 일신전속적 권리로서 양도나 상속 등 승계가 되지 아니하나 이는 행사상 일신전속권이고 귀속상 일신전속권은 아니라 할 것인바, 그 청구권자가 위자료의 지급을 구하는 소송을 제기함으로써 청구권을 행사할 의사가 외부적 객관적으로 명백하게 된 이상 양도나 상속 등 승계가 가능하다(대판 1993.5.27, 92므143).

[ㄹ ▸ ✕] 　채권자가 피상속인의 금전채무를 상속한 상속인을 상대로 그 상속채무의 이행을 구하여 제기한 소송에서 채무자가 한정승인사실을 주장하지 않으면 책임의 범위는 현실적인 심판대상으로 등장하지 아니하여 주문에서는 물론 이유에서도 판단되지 않으므로 그에 관하여 기판력이 미치지 않는다. 그러므로 채무자가 한정승인을 하고도 채권자가 제기한 소송의 사실심 변론종결 시까지 그 사실을 주장하지 아니하여 책임의 범위에 관한 유보가 없는 판결이 선고되어 확정되었다고 하더라도, 채무자는 그 후 위 한정승인사실을 내세워 청구에 관한 이의의 소를 제기할 수 있다(대판 2006.10.13, 2006다23138).

2014년 변호사시험 문 35.　　　　　　　　　　　　　☑ 확인 Check! ○ △ ✕

甲과 乙은 부부이며 자녀 丙과 丁이 있다. 甲이 사망하고 남긴 재산으로는 X아파트(시가 5억원)와 A에게 부담하고 있던 2억 8,000만원의 채무가 있다. 이에 관한 설명 중 옳지 않은 것은?(다툼이 있는 경우에는 판례에 의함)

① X아파트는 乙, 丙, 丁이 3/7, 2/7, 2/7의 각 지분으로 공유하며, A에 대한 2억 8,000만원의 채무는 乙이 1억 2,000만원의 분할채무를, 丙과 丁이 각 8,000만원의 분할채무를 부담한다.

② 乙, 丙, 丁이 상속재산의 분할협의에 의하여 X아파트를 乙의 단독소유로 할 수 있지만, A에 대한 2억 8,000만원의 채무는 상속재산분할협의의 대상이 아니다.

③ 乙, 丙, 丁이 상속재산의 분할협의에 의하여 X아파트를 丙의 단독소유로 하였고, 丙은 이를 A에게 매도하고 소유권이전등기를 경료하여 주었다. 그런데 상속개시 1년 후 甲의 혼인 외의 자가 인지청구의 소에서 승소하여 새로이 상속재산분할을 요구하더라도 A는 유효하게 X아파트의 소유권을 보유한다.

④ 丙이 성년자이고 丁이 미성년자일 경우, 乙이 자신의 상속을 포기함과 동시에 丁을 대리하여 丁의 상속을 포기하는 것은 이해상반행위가 아니다.

⑤ 丙이 성년자이고 丁이 미성년자인 경우, 乙은 본인 겸 丁의 법정대리인으로서 丙과 상속재산분할협의를 하여 X아파트를 자신의 단독소유로 한 후, 이러한 사정을 모르는 戊에게 매도하여 소유권이전등기를 경료하여 준 경우, 戊는 유효하게 X아파트 소유권을 취득한다.

정답 ⑤

[**❶ ▸ ○**] **X아파트** : 적극재산은 공동상속인들이 상속분비율로 공유한다. 상속분비율은 丙, 丁은 동순위 상속인으로서 균분하고, 乙은 피상속인의 배우자로서 5할을 가산하므로 乙, 丙, 丁이 각 3/7, 2/7, 2/7가 된다.

법정상속분(민법 제1009조)　① 동순위의 상속인이 수인인 때에는 그 상속분은 균분으로 한다.
② 피상속인의 배우자의 상속분은 직계비속과 공동으로 상속하는 때에는 직계비속의 상속분의 5할을 가산하고, 직계존속과 공동으로 상속하는 때에는 직계존속의 상속분의 5할을 가산한다.

공동상속과 재산의 공유(민법 제1006조)　상속인이 수인인 때에는 상속재산은 그 공유로 한다.

2억 8,000만원의 채무 : 금전채무와 같은 가분채무의 경우 법정상속분에 따라 분할되므로 乙, 丙, 丁이 각 1억 2,000만원, 8,000만원, 8,000만원의 분할채무를 부담한다.

[**❷ ▸ ○**] 금전채무와 같이 급부의 내용이 가분인 채무가 공동상속된 경우, 이는 상속개시와 동시에 당연히 법정상속분에 따라 공동상속인에게 분할되어 귀속되는 것이므로, 상속재산 분할의 대상이 될 여지가 없다(대판 1997.6.24. 97다8809).

[**❸ ▸ ○**] 인지 전에 공동상속인들에 의해 이미 분할되거나 처분된 상속재산은 이를 분할받은 공동상속인이나 공동상속인들의 처분행위에 의해 이를 양수한 자에게 그 소유권이 확정적으로 귀속되는 것이다(대판 2007.7.26. 2006므2757).

[**❹ ▸ ○**] 乙이 상속포기를 한 경우에는 소급하여 상속인이 아니게 된다. 따라서 乙이 미성년자 丁을 대리하여 상속포기를 하더라도 이해상반행위가 되지 않는다. 또한 성년의 자 丙과 미성년의 자 丁이 상속인일 경우, 친권자 乙이 미성년의 자 丁을 대리하여 상속포기하는 것도 민법 제921조 제2항의 이해상반행위에 해당하지 않는다.

민법 제921조 제2항의 경우 이해상반행위의 당사자는 쌍방이 모두 친권에 복종하는 미성년자일 경우이어야 하고, 이때에는 친권자가 미성년자 쌍방을 대리할 수는 없는 것이므로 그 어느 미성년자를 위하여 특별대리인을 선임하여야 한다는 것이지 성년이 되어 친권자의 친권에 복종하지 아니하는 자와 친권에 복종하는 미성년인 자 사이에 이해상반이 되는 경우가 있다 하여도 친권자는 미성년자를 위한 법정대리인으로서 그 고유의 권리를 행사할 수 있으므로 그러한 친권자의 법률행위는 같은 조항 소정의 이해상반행위에 해당한다 할 수 없다(대판 1989.9.12. 88다카28044).

포기의 소급효(민법 제1042조)　상속의 포기는 상속개시된 때에 소급하여 그 효력이 있다.

친권자와 그 자 간 또는 수인의 자 간의 이해상반행위(민법 제921조)　① 법정대리인인 친권자와 그 자 사이에 이해상반되는 행위를 함에는 친권자는 법원에 그 자의 특별대리인의 선임을 청구하여야 한다.
② 법정대리인인 친권자가 그 친권에 따르는 수인의 자 사이에 이해상반되는 행위를 함에는 법원에 그 자 일방의 특별대리인의 선임을 청구하여야 한다.

[**❺ ▸ ✕**] 공동상속재산분할협의는 행위의 객관적 성질상 상속인 상호 간에 이해의 대립이 생길 우려가 있는 행위라고 할 것이므로 공동상속인인 친권자와 미성년인 수인의 자 사이에 상속재산분할협의를 하게 되는 경우에는 미성년자 각자마다 특별대리인을 선임하여 각 특별대리인이 각 미성년자인 자를 대리하여 상속재산분할의 협의를 하여야 한다. 친권자가 수인의 미성년자의 법정대리인으로서 상속재산분할협의를 한 것이라면 이는 민법 제921조에 위반된 것으로서 이러한 대리행위에 의하여 성립된 상속재산분할협의는 피대리자 전원에 의한 추인이 없는 한 무효이다(대판 1993.4.13. 92다54524).

2016년 변호사시험 문 33.　　　　　　　　　　☑ 확인Check! ○ △ ✕

상속회복청구권에 관한 설명 중 옳은 것을 모두 고른 것은?(다툼이 있는 경우 판례에 의함)

ㄱ. 적법하게 공동상속등기가 마쳐진 부동산에 대하여 공동상속인 중 1인이 자기의 단독명의로 소유권이전등기를 한 경우, 다른 공동상속인들이 그 소유권이전등기의 말소를 청구하는 것은 상속회복청구에 해당한다.

ㄴ. 상속재산의 일부에 대하여 제척기간 내에 상속회복청구권을 행사하여 제소하였다면, 청구의 목적물로 하지 않은 나머지 상속재산에 대해서도 제척기간을 준수한 것으로 본다.

ㄷ. 공동상속인 중 1인이 자신이 단독상속인이라고 주장하였다면, 다른 상속인의 상속권에 대한 침해가 없더라도 그는 참칭상속인에 해당한다.

ㄹ. 상속회복청구권이 제척기간의 경과로 소멸되면 진정상속인은 상속인으로서의 지위를 상실하는 반면, 그 반사적 효과로서 참칭상속인은 상속개시 당시에 소급하여 상속인의 지위를 취득한 것으로 본다.

① ㄱ　　　　　　　　　② ㄹ　　　　　　　　　③ ㄱ, ㄹ
④ ㄴ, ㄷ　　　　　　　　⑤ ㄴ, ㄷ, ㄹ

[ㄱ ▸ ✕]　상속회복청구의 소는 상속을 원인으로 소유권을 취득하였다고 주장하는 사람이 참칭상속인을 상대로 침해된 상속권의 회복을 구하는 것으로서, 참칭상속인이란 정당한 상속권이 없음에도 재산상속인임을 신뢰케 하는 외관을 갖추고 있는 사람이나 상속인이라고 참칭하여 상속재산의 전부 또는 일부를 점유하고 있는 사람을 말하는바, 소유권이전등기에 의하여 재산상속인임을 신뢰케 하는 외관을 갖추었는지 여부는 권리관계를 외부에 공시하는 등기부의 기재에 의하여 판단하여야 하므로, 등기원인이 상속이 아닌 매매, 증여 등 다른 원인으로 되어 있다면 소유권이전등기를 한 등기명의인이 공동상속인 중의 1인이라고 하더라도 참칭상속인이라고 할 수 없고, 일단 적법하게 공동상속등기가 마쳐진 부동산에 관하여 상속인 1인이 자기 단독명의로 소유권이전등기를 한 경우 다른 상속인들이 그 이전등기가 원인 없이 마쳐진 것이라 하여 말소를 구하는 소는 상속회복청구의 소에 해당하지 아니하여 민법 제999조 제2항이 정하는 소의 제기에 관한 제척기간이 적용되지 아니한다(대판 2011.9.29. 2009다78801).

[ㄴ ▸ ✕]　상속재산의 일부에 대해서만 제소하여 제척기간을 준수하였다 하여 청구의 목적물로 하지 아니한 상속재산에 대해서도 제척기간을 준수한 것으로 볼 수 없다(대판 1980.4.22. 79다2141).

[ㄷ ▸ ✕]　재산상속회복청구의 소에 있어서 그 상대방이 되는 참칭상속인이라 함은 재산상속인임을 신뢰하게 하는 외관을 갖추고 있거나 상속인이라고 참칭하여 상속재산의 전부 또는 일부를 점유하는 등의 방법에 의하여 진정한 상속인의 상속권을 침해하는 자를 가리키는 것으로서, 상속인 아닌 자가 자신이 상속인이라고 주장하거나 또는 공동상속인 중 1인이 자신이 단독상속인이라고 주장하였다 하더라도 달리 상속권의 침해가 없다면 그러한 자를 가리켜 상속회복청구의 소에서 말하는 참칭상속인이라고 할 수는 없는 것이다(대판 1994.11.18. 92다33701).

[ㄹ ▸ ○]　상속회복청구권이 제척기간의 경과로 소멸하게 되면 상속인은 상속인으로서의 지위, 즉 상속에 따라 승계한 개개의 권리의무도 또한 총괄적으로 상실하게 되고, 그 반사적 효과로서 참칭상속인의 지위는 확정되어 참칭상속인이 상속개시의 시로부터 소급하여 상속인으로서의 지위를 취득한 것으로 봄이 상당하다(대판 1994.3.25. 93다57155).

2017년 변호사시험 문 35.   ☑ 확인Check! ○ △ ✕

상속의 한정승인에 관한 설명 중 옳지 않은 것은?(다툼이 있는 경우 판례에 의함)

① 상속채권자는 특별한 사정이 없는 한 한정승인자의 고유재산에 대해 강제집행을 할 수 없다.

② 상속채권자는 상속재산에 관하여 한정승인자로부터 근저당권을 취득한 한정승인자의 고유채권자에 대해, 그 근저당권에 기한 배당절차에서 한정승인의 사유만으로 우선적 지위를 주장할 수 없다.

③ 공동상속인들 중 일부가 한정승인을 한 경우 이에 따른 청산절차가 종료될 때까지는 상속재산분할청구를 할 수 없다.

④ 상속부동산에 관하여 담보권 실행을 위한 경매절차가 진행된 경우, 한정승인에 따른 청산절차에서 상속채권자로 신고한 자라고 하더라도 집행권원을 얻어 그 경매절차에서 배당요구를 함으로써 일반채권자로서 배당받을 수 있다.

⑤ 상속채권자가 한정승인자에게 상속채무 전부의 이행을 구하는 소를 제기한 경우, 법원은 상속재산이 상속채무의 변제에 부족하다고 하더라도 상속채무 전부에 대한 이행판결을 선고하면서 이행판결의 주문에 상속재산의 한도에서만 집행할 수 있다는 취지를 명시하여야 한다.

[❶ ▸ ○] 법원이 한정승인신고를 수리하게 되면 피상속인의 채무에 대한 상속인의 책임은 상속재산으로 한정되고, 그 결과 상속채권자는 특별한 사정이 없는 한 상속인의 고유재산에 대하여 강제집행을 할 수 없다(대판 2010.3.18. 2007다77781 [전합]).

[❷ ▸ ○] 민법은 한정승인을 한 상속인(이하 "한정승인자"라 한다)에 관하여 그가 상속재산을 은닉하거나 부정소비한 경우 단순승인을 한 것으로 간주하는 것(제1026조 제3호) 외에는 상속재산의 처분행위 자체를 직접적으로 제한하는 규정을 두고 있지 않기 때문에, 한정승인으로 발생하는 위와 같은 책임제한효과로 인하여 한정승인자의 상속재산처분행위가 당연히 제한된다고 할 수는 없다. 또한 민법은 한정승인자가 상속재산으로 상속채권자 등에게 변제하는 절차는 규정하고 있으나(제1032조 이하), 한정승인만으로 상속채권자에게 상속재산에 관하여 한정승인자로부터 물권을 취득한 제3자에 대하여 우선적 지위를 부여하는 규정은 두고 있지 않으며, 민법 제1045조 이하의 재산분리제도와 달리 한정승인이 이루어진 상속재산임을 등기하여 제3자에 대항할 수 있게 하는 규정도 마련하고 있지 않다. 따라서 한정승인자로부터 상속재산에 관하여 저당권 등의 담보권을 취득한 사람과 상속채권자 사이의 우열관계는 민법상의 일반원칙에 따라야 하고, 상속채권자가 한정승인의 사유만으로 우선적 지위를 주장할 수는 없다. 그리고 이러한 이치는 한정승인자가 그 저당권 등의 피담보채무를 상속개시 전부터 부담하고 있었다고 하여 달리 볼 것이 아니다(대판 2010.3.18. 2007다77781 [전합]).

[❸ ▸ ✕] 우리 민법이 한정승인절차가 상속재산분할절차보다 선행하여야 한다는 명문의 규정을 두고 있지 않고, 공동상속인들 중 일부가 한정승인을 하였다고 하여 상속재산분할이 불가능하다거나 분할로 인하여 공동상속인들 사이에 불공평이 발생한다고 보기 어려우며, 상속재산분할의 대상이 되는 상속재산의 범위에 관하여 공동상속인들 사이에 분쟁이 있을 경우에는 한정승인에 따른 청산절차가 제대로 이루어지지 못할 우려가 있는데 그럴 때에는 상속재산분할청구절차를 통하여 분할의 대상이 되는 상속재산의 범위를 한꺼번에 확정하는 것이 상속채권자의 보호나 청산절차의 신속한 진행을 위하여 필요하다는 점 등을 고려하면, 한정승인에 따른 청산절차가 종료되지 않은 경우에도 상속재산분할청구가 가능하다(대결 2014.7.25. 2011스226).

[❹ ▸ ○] 상속부동산에 관하여 민사집행법 제274조 제1항에 따른 형식적 경매절차가 진행된 것이 아니라 담보권 실행을 위한 경매절차가 진행된 경우에는 비록 한정승인절차에서 상속채권자로 신고한 자라고 하더라도 집행권원을 얻어 그 경매절차에서 배당요구를 함으로써 일반채권자로서 배당받을 수 있다(대판 2010.6.24. 2010다14599).

③ **정답**

[**❺** ▸ ◯] 상속의 한정승인은 채무의 존재를 한정하는 것이 아니라 단순히 그 책임의 범위를 한정하는 것에 불과하기 때문에, 상속의 한정승인이 인정되는 경우에도 상속채무가 존재하는 것으로 인정되는 이상, 법원으로서는 상속재산이 없거나 그 상속재산이 상속채무의 변제에 부족하다고 하더라도 상속채무 전부에 대한 이행판결을 선고하여야 하고, 다만, 그 채무가 상속인의 고유재산에 대해서는 강제집행을 할 수 없는 성질을 가지고 있으므로, 집행력을 제한하기 위하여 이행판결의 주문에 상속재산의 한도에서만 집행할 수 있다는 취지를 명시하여야 한다(대판 2003.11.14. 2003다30968).

2020년 변호사시험 문 34.

☑ 확인Check! ◯ △ ✕

甲은 2018.5.20. 사망하였는데, 그 배우자 乙과 아들 丙은 2018.6.30. 상속포기신고를 하였으나 그 외의 가족은 상속포기신고를 하지 않았고, 법원은 2018.7.20. 乙과 丙의 상속포기신고를 수리하는 심판을 하여 위 심판이 같은 달 31. 고지되었다. 이에 관한 설명 중 옳지 않은 것은?(다툼이 있는 경우 판례에 의함)

① 乙이 2018.6.10. 상속재산에 속하는 손해배상채권을 채무자 A로부터 추심하여 변제를 받은 경우, 乙의 상속포기는 효력이 없다.

② 丙이 2018.7.10. 상속재산에 속하는 고가의 패물을 B에게 5,000만원에 매도하고 대금을 수령한 경우, 丙은 단순승인을 한 것으로 본다.

③ 乙이 2018.8.25. 상속재산에 속하는 토지를 C에게 매도하고 그 매매대금 전액으로 위 토지에 관하여 우선변제권을 가진 甲의 채권자 D에게 채무를 변제한 행위는 상속포기신고 후 상속재산의 부정소비에 해당하여 乙이 단순승인을 한 것으로 본다.

④ 만일 甲의 둘째 아들 丁이 2018.3.15. 甲 사망 시 유류분을 포함한 상속을 모두 포기한다는 의사를 표시하였더라도, 「민법」에 따른 절차와 방식으로 상속포기를 하지 않았다면, 甲의 사망 후 그 상속권을 다시 주장하는 것은 신의칙에 반하지 않는다.

⑤ 만일 乙과 丙의 상속포기로 단독상속인이 된 甲의 어머니 戊가 2018.9.10. 사망함으로써 대습상속이 개시된 경우, 그 대습상속인이 된 乙과 丙이 대습상속에 관하여 「민법」에 따른 절차와 방식으로 한정승인이나 상속포기를 하지 않는 한 단순승인을 한 것으로 본다.

[**❶** ▸ ◯] 대판 2010.4.29. 2009다84936, 민법 제1026조 제1호 참조

판례 상속인이 상속재산에 대한 처분행위를 한 때에는 단순승인을 한 것으로 보는바, 상속인이 피상속인의 채권을 추심하여 변제받는 것도 상속재산에 대한 처분행위에 해당한다. 상속인이 피상속인의 甲에 대한 손해배상채권을 추심하여 변제받은 행위는 상속재산의 처분행위에 해당하고, 그것으로써 단순승인을 한 것으로 간주되었다고 할 것이므로, 그 이후에 한 상속포기는 효력이 없다(대판 2010.4.29. 2009다84936).

법령 법정단순승인(민법 제1026조) 다음 각 호의 사유가 있는 경우에는 상속인이 단순승인을 한 것으로 본다.
　1. 상속인이 상속재산에 대한 처분행위를 한 때

[**❷** ▸ ◯] 2018.7.31. 상속포기신고수리심판의 고지가 있었는데, 丙은 그 전인 2018.7.10. 상속재산의 처분행위를 한 것이므로 단순승인을 한 것으로 본다.

안심Touch

민법 제1026조 제1호는 상속인이 상속재산에 대한 처분행위를 한 때에는 단순승인을 한 것으로 본다고 규정하고 있다. 그런데 상속의 한정승인이나 포기의 효력이 생긴 이후에는 더 이상 단순승인으로 간주할 여지가 없으므로, 이 규정은 한정승인이나 포기의 효력이 생기기 전에 상속재산을 처분한 경우에만 적용된다. 한편 상속의 한정승인이나 포기는 상속인의 의사표시만으로 효력이 발생하는 것이 아니라 가정법원에 신고를 하여 가정법원의 심판을 받아야 하며, 심판은 당사자가 이를 고지받음으로써 효력이 발생한다. 이는 한정승인이나 포기의 의사표시의 존재를 명확히 하여 상속으로 인한 법률관계가 획일적으로 처리되도록 함으로써, 상속재산에 이해관계를 가지는 공동상속인이나 차순위 상속인, 상속채권자, 상속재산의 처분상대방 등 제3자의 신뢰를 보호하고 법적 안정성을 도모하고자 하는 것이다. 따라서 상속인이 가정법원에 상속포기의 신고를 하였더라도 이를 수리하는 가정법원의 심판이 고지되기 이전에 상속재산을 처분하였다면, 이는 상속포기의 효력발생 전에 처분행위를 한 것이므로 민법 제1026조 제1호에 따라 상속의 단순승인을 한 것으로 보아야 한다(대판 2016.12.29. 2013다73520).

[❸ ▸ ✕] 민법 제1026조는 "다음 각 호의 사유가 있는 경우에는 상속인이 단순승인을 한 것으로 본다"고 하면서 제1호로 '상속인이 상속재산에 대한 처분행위를 한 때'를, 제3호로 '상속인이 한정승인 또는 포기를 한 후에 상속재산을 은닉하거나 부정소비하거나 고의로 재산목록에 기입하지 아니한 때'를 규정하고 있는바, 민법 제1026조 제1호는 상속인이 한정승인 또는 포기를 하기 이전에 상속재산을 처분한 때에만 적용되는 것이고, 상속인이 한정승인 또는 포기를 한 후에 상속재산을 처분한 때에는 그로 인하여 상속채권자나 다른 상속인에 대하여 손해배상책임을 지게 될 경우가 있음은 별론으로 하고, 그것이 위 제3호에 정한 상속재산의 부정소비에 해당되는 경우에만 상속인이 단순승인을 한 것으로 보아야 하며, 나아가 위 제3호에 정한 '상속재산의 부정소비'라 함은 정당한 사유 없이 상속재산을 써서 없앰으로써 그 재산적 가치를 상실시키는 행위를 의미하는 것이라고 봄이 상당하다. 원심이 적법하게 확정한 바와 같이, 피고들은 상속을 포기한 후 이 사건 농지를 처분하였으므로 민법 제1026조 제1호는 적용될 여지가 없고, 같은 조 제3호에 정한 상속재산의 부정소비에 해당하는지 여부만이 문제된다 할 것인바, 피고들이 그 주장과 같은 경위로 이 사건 농지를 처분하여 그 처분대금 전액이 우선변제권자인 농업기반공사에게 귀속된 것이라면, 다른 특별한 사정이 없는 한 이러한 피고들의 행위를 상속재산의 부정소비에 해당한다고 볼 수는 없을 것이다(대판 2004.3.12. 2003다63586).

[❹ ▸ ○] 유류분을 포함한 상속의 포기는 상속이 개시된 후 일정한 기간 내에만 가능하고 가정법원에 신고하는 등 일정한 절차와 방식을 따라야만 그 효력이 있으므로, 상속개시 전에 한 상속포기약정은 그와 같은 절차와 방식에 따르지 아니한 것으로 효력이 없다. 상속인 중의 1인이 피상속인의 생존 시에 피상속인에 대하여 상속을 포기하기로 약정하였다고 하더라도, 상속개시 후 민법이 정하는 절차와 방식에 따라 상속포기를 하지 아니한 이상, 상속개시 후에 자신의 상속권을 주장하는 것은 정당한 권리행사로서 권리남용에 해당하거나 또는 신의칙에 반하는 권리의 행사라고 할 수 없다(대판 1998.7.24. 98다9021).

[❺ ▸ ○] 상속포기의 효력은 피상속인의 사망으로 개시된 상속에만 미치고, 그 후 피상속인을 피대습자로 하여 개시된 대습상속에까지 미치지는 않는다. 대습상속은 상속과는 별개의 원인으로 발생하는 것인데다가 대습상속이 개시되기 전에는 이를 포기하는 것이 허용되지 않기 때문이다. 이는 종전에 상속인의 상속포기로 피대습자의 직계존속이 피대습자를 상속한 경우에도 마찬가지이다. 또한 피대습자의 직계존속이 사망할 당시 피대습자로부터 상속받은 재산 외에 적극재산이든 소극재산이든 고유재산을 소유하고 있었는지에 따라 달리 볼 이유도 없다. 따라서 피상속인의 사망 후 상속채무가 상속재산을 초과하여 상속인인 배우자와 자녀들이 상속포기를 하였는데, 그 후 피상속인의 직계존속이 사망하여 민법 제1001조, 제1003조 제2항에 따라 대습상속이 개시된 경우에 대습상속인이 민법이 정한 절차와 방식에 따라 한정승인이나 상속포기를 하지 않으면 단순승인을 한 것으로 간주된다(대판 2017.1.12. 2014다39824).

甲男과 乙女는 부부였는데, 甲이 사망하였다. 甲에게는 乙 이외에 다른 유족은 없다. 甲은 유산으로 X아파트(시가 1억원)를 남겼으며, 생전에 丙에게 2억원의 채무를 부담하고 있었다. 다음 설명 중 옳지 않은 것은?(다툼이 있는 경우에는 판례에 의함)

① 乙이 甲의 사망 및 채무초과사실을 안 날부터 3개월 내에 상속포기 또는 한정승인신고를 하지 않은 경우, 乙은 甲의 丙에 대한 2억원의 채무 전부에 대하여 책임을 진다.

② 만약 甲에게 적극재산이 없다면, 丙이 적법하게 한정승인신고를 한 乙을 상대로 2억원 채무의 이행을 구하는 소를 제기한 경우, 법원은 丙의 청구를 기각하여야 한다.

③ 乙이 적법하게 한정승인신고를 하고도 丙이 제기한 소송의 사실심 변론종결 시까지 그 사실을 주장하지 아니하여 책임의 범위에 관하여 아무런 유보가 없는 판결이 선고되어 확정되었더라도, 乙은 그 후 위 한정승인사실을 내세워 청구이의의 소를 제기하는 것이 허용된다.

④ 乙이 적법하게 한정승인신고를 한 경우, 상속에 기하여 X아파트의 소유권을 취득한 乙이 위 아파트에 관하여 丁에게 저당권을 설정하여 주었다면 위 아파트에 대한 경매의 매각대금에 관하여 丙이 丁에게 우선하지 않는다.

⑤ 乙이 적법하게 상속포기신고를 하였으나 丙이 제기한 소송에서 사실심 변론종결 시까지 이를 주장하지 않는 경우, 乙은 丙의 승소판결 확정 후 청구이의의 소를 제기할 수 없다.

[❶ ▶ O]   乙은 상속개시 있음을 안 날부터 3개월 내에 한정승인 또는 포기를 하지 않았으므로 법정단순승인이 되고, 또한 乙은 채무초과사실을 알고 있었으므로 특별한정승인에 해당하지도 않는다. 따라서 乙은 2억원의 채무 전부에 대해 책임을 진다.

법령

법정단순승인(민법 제1026조)   다음 각 호의 사유가 있는 경우에는 상속인이 단순승인을 한 것으로 본다.
　2. 상속인이 제1019조 제1항의 기간 내에 한정승인 또는 포기를 하지 아니한 때

승인, 포기의 기간(민법 제1019조)   ① 상속인은 상속개시 있음을 안 날로부터 3월 내에 단순승인이나 한정승인 또는 포기를 할 수 있다. 그러나 그 기간은 이해관계인 또는 검사의 청구에 의하여 가정법원이 이를 연장할 수 있다.
③ 제1항의 규정에 불구하고 상속인은 상속채무가 상속재산을 초과하는 사실을 중대한 과실 없이 제1항의 기간 내에 알지 못하고 단순승인(제1026조 제1호 및 제2호의 규정에 의하여 단순승인한 것으로 보는 경우를 포함한다)을 한 경우에는 그 사실을 안 날부터 3월 내에 한정승인을 할 수 있다.

[❷ ▶ ✕]   상속의 한정승인은 채무의 존재를 한정하는 것이 아니라 단순히 그 책임의 범위를 한정하는 것에 불과하기 때문에, 상속의 한정승인이 인정되는 경우에도 상속채무가 존재하는 것으로 인정되는 이상, 법원으로서는 상속재산이 없거나 그 상속재산이 상속채무의 변제에 부족하다고 하더라도 상속채무 전부에 대한 이행판결을 선고하여야 하고, 다만, 그 채무가 상속인의 고유재산에 대해서는 강제집행을 할 수 없는 성질을 가지고 있으므로, 집행력을 제한하기 위하여 이행판결의 주문에 상속재산의 한도에서만 집행할 수 있다는 취지를 명시하여야 한다(대판 2003.11.14, 2003다30968).

[❸ ▶ O]   채권자가 피상속인의 금전채무를 상속한 상속인을 상대로 그 상속채무의 이행을 구하여 제기한 소송에서 채무자가 한정승인사실을 주장하지 않으면 책임의 범위는 현실적인 심판대상으로 등장하지 아니하여 주문에서는 물론 이유에서도 판단되지 않으므로 그에 관하여 기판력이 미치지 않는다. 그러므로 채무자가 한정승인을 하고도 채권자가 제기한 소송의 사실심 변론종결 시까지 그 사실을 주장하지 아니하여 책임의 범위에 관한 유보가 없는 판결이 선고되어 확정되었다고 하더라도, 채무자는 그 후 위 한정승인사실을 내세워 청구에 관한 이의의 소를 제기할 수 있다(대판 2006.10.13, 2006다23138).

[**❹** ▸ O] 민법은 한정승인자가 상속재산으로 상속채권자 등에게 변제하는 절차는 규정하고 있으나(제1032조 이하), 한정승인만으로 상속채권자에게 상속재산에 관하여 한정승인자로부터 물권을 취득한 제3자에 대하여 우선적 지위를 부여하는 규정은 두고 있지 않으며, 민법 제1045조 이하의 재산분리제도와 달리 한정승인이 이루어진 상속재산임을 등기하여 제3자에 대항할 수 있게 하는 규정도 마련하고 있지 않다. 따라서 한정승인자로부터 상속재산에 관하여 저당권 등의 담보권을 취득한 사람과 상속채권자 사이의 우열관계는 민법상의 일반원칙에 따라야 하고, 상속채권자가 한정승인의 사유만으로 우선적 지위를 주장할 수는 없다. 그리고 이러한 이치는 한정승인자가 그 저당권 등의 피담보채무를 상속개시 전부터 부담하고 있었다고 하여 달리 볼 것이 아니다(대판 2010.3.18. 2007다77781 [전합]).

[**❺** ▸ O] 책임만이 제한되는 한정승인과 달리 상속포기는 상속채무의 존재 여부가 문제되는 것이다. 따라서 丙이 제기한 소송에서 乙이 상속포기를 주장하지 않아 채무가 존재하는 것으로 판결이 확정되면, 기판력에 의해 상속포기를 주장할 수 없는 乙은 청구이의의 소를 제기할 수 없다.

> **판례** 채무자가 한정승인을 하였으나 채권자가 제기한 소송의 사실심 변론종결 시까지 이를 주장하지 아니하는 바람에 책임의 범위에 관하여 아무런 유보 없는 판결이 선고·확정된 경우라 하더라도 채무자가 그 후 위 한정승인사실을 내세워 청구에 관한 이의의 소를 제기하는 것이 허용되는 것은, 한정승인에 의한 책임의 제한은 상속채무의 존재 및 범위의 확정과는 관계없이 다만 판결의 집행대상을 상속재산의 한도로 한정함으로써 판결의 집행력을 제한할 뿐으로, 채권자가 피상속인의 금전채무를 상속한 상속인을 상대로 그 상속채무의 이행을 구하여 제기한 소송에서 채무자가 한정승인사실을 주장하지 않으면 책임의 범위는 현실적인 심판대상으로 등장하지 아니하여 주문에서는 물론 이유에서도 판단되지 않는 관계로 그에 관하여는 기판력이 미치지 않기 때문이다. 위와 같은 기판력에 의한 실권효 제한의 법리는 채무의 상속에 따른 책임의 제한 여부만이 문제되는 한정승인과 달리 상속에 의한 채무의 존재 자체가 문제되어 그에 관한 확정판결의 주문에 당연히 기판력이 미치게 되는 상속포기의 경우에는 적용될 수 없다(대판 2009.5.28. 2008다79876).

제7항 재산의 분리

제8항 상속인의 부존재

2018년 변호사시험 문 34.

☑ 확인 Check! ○ △ ✕

유언의 집행에 관한 설명 중 옳은 것은?(다툼이 있는 경우 판례에 의함)

① 구수증서에 의해 유언이 작성된 경우에 그 증서보관자는 유언자의 사망 후 지체 없이 법원에 그 검인을 청구하여야 한다.

② 봉인된 유언증서 개봉에는 유언자의 상속인, 그 대리인 기타 이해관계인이 참여하여야 하며, 적법한 유언이라도 개봉에 필요한 요건을 갖추지 않으면 유언은 효력을 잃는다.

③ 유언집행자가 있는 경우 상속인의 상속재산에 대한 처분권이나 원고적격은 제한되지만, 지정된 유언집행자가 자격을 상실한 경우에는 상속인에게 처분권 및 원고적격이 인정된다.

④ 제한능력자와 달리 파산선고를 받은 자는 유언집행자가 될 수 있다.

⑤ 유언집행자가 수인인 경우, 유언집행자를 상대로 유증의무의 이행을 구하는 소송은 특별한 사정이 없는 한 유언집행자 전원을 피고로 삼아야 하는 고유필수적 공동소송이다.

[**❶** ▸ ✕] 민법 제1070조 제2항 참조

법령 **구수증서에 의한 유언(민법 제1070조)** ① 구수증서에 의한 유언은 질병 기타 급박한 사유로 인하여 전4조의 방식에 의할 수 없는 경우에 유언자가 2인 이상의 증인의 참여로 그 1인에게 유언의 취지를 구수하고 그 구수를 받은 자가 이를 필기낭독하여 유언자의 증인이 그 정확함을 승인한 후 각자 서명 또는 기명날인하여야 한다. ② 전항의 방식에 의한 유언은 그 증인 또는 이해관계인이 급박한 사유의 종료한 날로부터 7일 내에 법원에 그 검인을 신청하여야 한다.

[**❷** ▸ ✕] 민법 제1091조에서 규정하고 있는 유언증서에 대한 법원의 검인은 유언증서의 형식·태양 등 유언의 방식에 관한 모든 사실을 조사·확인하고 그 위조·변조를 방지하며, 또한 보존을 확실히 하기 위한 일종의 검증절차 내지는 증거보전절차로서, 유언이 유언자의 진의에 의한 것인지 여부나 적법한지 여부를 심사하는 것이 아님은 물론 직접 유언의 유효 여부를 판단하는 심판이 아니고, 또한 민법 제1092조에서 규정하는 유언증서의 개봉절차는 봉인된 유언증서의 검인에는 반드시 개봉이 필요하므로 그에 관한 절차를 규정한 데에 지나지 아니하므로, <u>적법한 유언은 이러한 검인이나 개봉절차를 거치지 않더라도 유언자의 사망에 의하여 곧바로 그 효력이 생기는 것이며, 검인이나 개봉절차의 유무에 의하여 유언의 효력이 영향을 받지 아니한다</u>(대판 1998.6.12. 97다38510).

[**❸** ▸ ✕] 유언집행자는 유증의 목적인 재산의 관리 기타 유언의 집행에 필요한 모든 행위를 할 권리의무가 있으므로, 유증목적물에 관하여 마쳐진, 유언의 집행에 방해가 되는 다른 등기의 말소를 구하는 소송에 있어서는 유언집행자가 이른바 법정소송담당으로서 원고적격을 가진다고 할 것이고, 유언집행자는 유언의 집행에 필요한 범위 내에서는 상속인과 이해상반되는 사항에 관하여도 중립적 입장에서 직무를 수행하여야 하므로, 유언집행자가 있는 경우 그의 유언 집행에 필요한 한도에서 상속인의 상속재산에 대한 처분권은 제한되며 그 제한범위 내에서 상속인은 원고적격이 없다. … <u>유증 등을 위하여 유언집행자가 지정되어 있다가 그 유언집행자가 사망·결격 기타 사유로 자격을 상실한 때에는 상속인이 있더라도 유언집행자를 선임하여야 하는 것이므로, 유언집행자가 해임된 이후 법원에 의하여 새로운 유언집행자가 선임되지 아니하였다고 하더라도 유언 집행에 필요한 한도에서 상속인의 상속재산에 대한 처분권은 여전히 제한되며 그 제한범위 내에서 상속인의 원고적격 역시 인정될 수 없다</u>(대판 2010.10.28. 2009다20840).

PART 05 친족·상속법

[**④** ▸ **✕**] 제한능력자와 파산선고를 받은 자는 유언집행자가 되지 못한다(민법 제1098조).

[**⑤** ▸ **○**] 상속인이 유언집행자가 되는 경우를 포함하여 유언집행자가 수인인 경우에는, 유언집행자를 지정하거나 지정위탁한 유언자나 유언집행자를 선임한 법원에 의한 임무의 분장이 있었다는 등의 특별한 사정이 없는 한, 유증 목적물에 대한 관리처분권은 유언의 본지에 따른 유언의 집행이라는 공동의 임무를 가진 수인의 유언집행자에게 합유적으로 귀속되고, 그 관리처분권 행사는 과반수의 찬성으로써 합일하여 결정하여야 하므로, <u>유언집행자가 수인인 경우 유언집행자에게 유증의무의 이행을 구하는 소송은 유언집행자 전원을 피고로 하는 고유필수적 공동소송으로 봄이 상당하다</u>(대판 2011.6.24. 2009다8345).

2012년 변호사시험 문 2.

☑ 확인Check! ○ △ ✕

다음 설명 중 옳지 않은 것은?(다툼이 있는 경우에는 판례에 의함)

① 비밀증서에 의한 유언이 방식을 갖추지 못하였더라도 그 증서가 자필증서의 방식에 적합한 때에는 자필증서에 의한 유언으로 본다.
② 혼인 외의 자를 혼인 중의 친생자로 출생신고한 경우, 그 출생신고는 무효이지만 인지신고로서의 효력은 인정할 수 있다.
③ 타인의 자를 자기의 자로 출생신고한 경우, 그 출생신고는 무효이나, 입양의 실질적 요건을 갖추었다면 입양신고로서의 효력은 인정할 수 있다.
④ 공동상속인 전원의 협의에 따라 상속재산 전부를 상속인 중 일부에게 상속시킬 방편으로 나머지 상속인들이 한 상속포기가 법정기간을 경과한 후에 신고된 것이어서 상속포기로서의 효력이 없더라도, 상속인들 사이에 상속재산의 협의분할이 이루어진 것이라고 볼 수 있다.
⑤ 혼인 중에 부부 일방이 사망하여 상대방이 배우자로서 망인의 재산을 상속받은 후에 그 혼인이 중혼을 이유로 취소되었다면, 그 상속재산은 법률상 원인 없이 취득한 것이 된다.

[**❶** ▸ **○**] 비밀증서에 의한 유언이 그 방식에 흠결이 있는 경우에 그 증서가 자필증서의 방식에 적합한 때에는 <u>자필증서에 의한 유언으로 본다</u>(민법 제1071조).

[**❷** ▸ **○**] <u>소외 망인의 혼인 외 출생자 '갑' 등이 위 망인에 의하여 혼인 중의 친생자로 신고되어 호적부에 그대로 등재되었다면 인지로서의 효력이 발생하였다</u> 할 것이고 그 후 적법한 정정판결에 의한 말소절차 없이 위법된 단순한 법원의 호적정정허가만으로 '갑' 등의 호적부상의 등재가 말소된 사실만으로 위 망인과 '갑' 등의 친자관계에 영향이 미칠 수 없다(대판 1979.10.26. 76다2189).

[**❸** ▸ **○**] <u>당사자 사이에 양친자관계를 창설하려는 명백한 의사가 있고 기타 입양의 성립요건이 모두 구비된 경우에는 요식성을 갖춘 입양신고 대신 친생자출생신고가 있다 하더라도 입양의 효력이 있다</u>(대판 1977.7.26. 77다492 [전합]).

[**❹** ▸ **○**] <u>상속재산 전부를 공동상속인 중 1인에게 상속시킬 방편으로 나머지 상속인들이 법원에 한 상속포기신고가 그 법정기간 경과 후에 한 것으로서 재산상속 포기로서의 효력이 생기지 아니하더라도</u> 그에 따라 위 공동상속인들 사이에는 위 1인이 고유의 법정상속분을 초과하여 상속재산 전부를 취득하고 위 잔여상속인들은 이를 전혀 취득하지 않기로 하는 내용의 <u>상속재산에 관한 협의분할이 이루어진 것으로 볼 것이다</u>(대판 1991.12.24. 90누5986).

[**❺** ▸ **✕**] 민법 제824조는 "혼인의 취소의 효력은 기왕에 소급하지 아니한다"고 규정하고 있을 뿐 재산상속 등에 관해 소급효를 인정할 별도의 규정이 없는바, <u>혼인 중에 부부 일방이 사망하여 상대방이 배우자로서 망인의 재산을 상속받은 후에 그 혼인이 취소되었다는 사정만으로 그 전에 이루어진 상속관계가 소급하여 무효라거나 또는 그 상속재산이 법률상 원인 없이 취득한 것이라고는 볼 수 없다</u>(대판 1996.12.23. 95다48308).

⑤ **정답**

2012년 변호사시험 문 34.　　　　　　　　　　　　　　　☑ 확인 Check! ○ △ ✕

사인증여와 유증에 관한 설명 중 옳지 않은 것은?(다툼이 있는 경우에는 판례에 의함)

① 사인증여는 원칙적으로 증여자와 수증자의 합의에 의해 성립하지만, 유증은 유언자의 사망 전에 수유자가 유언자에 대하여 승낙의 의사표시를 할 필요가 없다.

② 증여자의 사망 전에 사망한 사인증여수증자의 지위가 상속되는가의 여부는 사인증여의 내용에 의해 정해지고, 유언자의 사망 전에 사망한 유증수유자의 지위가 상속되는가의 여부는 유언의 취지에 의해 정해진다.

③ 미성년자가 사인증여를 함에는 원칙적으로 법정대리인의 동의를 얻어야 하지만, 미성년자라도 만 17세에 달한 자가 유증을 함에는 법정대리인의 동의를 얻을 필요가 없다.

④ 포괄적 유증을 받은 자는 상속인과 동일한 권리의무가 있다고 규정한 민법 제1078조는 포괄적 사인증여에 준용되지 않는다.

⑤ 유류분침해액의 반환순서에 있어 사인증여는 유증과 동일시된다.

[**❶ ▸ ○**]　사인증여는 계약인 증여의 일종이므로 당사자의 합의가 필요하나, 유증은 상대방 없는 단독행위이므로 수유자의 승낙의 의사표시가 필요 없다.

판례　민법 제562조는 사인증여에 관하여는 유증에 관한 규정을 준용하도록 규정하고 있지만, <u>유증의 방식에 관한 민법 제1065조 내지 제1072조는 그것이 단독행위임을 전제로 하는 것이어서 계약인 사인증여에는 적용되지 아니한다</u>(대판 1996.4.12. 94다37714).

[**❷ ▸ ✕**]　유언자의 사망 전에 수증자가 사망한 때에는 유언의 효력이 발생하지 않으므로, 대습수증도 인정되지 않는다(통설). 사인증여의 경우에도 유증에 관한 규정을 준용하므로, 증여자보다 수증자가 먼저 사망한 때에는 수증자의 지위가 상속되지 않는다.

법령　**유증효력 발생 전의 수증자의 사망(민법 제1089조)**　① 유증은 유언자의 사망 전에 수증자가 사망한 때에는 그 효력이 생기지 아니한다.
　　　　사인증여(민법 제562조)　증여자의 사망으로 인하여 효력이 생길 증여에는 <u>유증에 관한 규정</u>을 준용한다.

[**❸ ▸ ○**]　유언은 만 17세에 달한 자가 단독으로 할 수 있으나, 유언의 방식에 관한 규정이 사인증여에는 준용되지 않으므로, 미성년자가 사인증여를 함에는 원칙적으로 법정대리인의 동의를 얻어야 한다.

법령　**유언적령(민법 제1061조)**　<u>만 17세에 달하지 못한 자는 유언을 하지 못한다.</u>

[**❹ ▸ ○**]　민법 제562조가 사인증여에 관하여 유증에 관한 규정을 준용하도록 규정하고 있다고 하여, 이를 근거로 포괄적 유증을 받은 자는 상속인과 동일한 권리의무가 있다고 규정하고 있는 민법 제1078조가 포괄적 사인증여에도 준용된다고 해석하면 포괄적 사인증여에도 상속과 같은 효과가 발생하게 된다. 그러나 포괄적 사인증여는 낙성·불요식의 증여계약의 일종이고, 포괄적 유증은 엄격한 방식을 요하는 단독행위이며, 방식을 위배한 포괄적 유증은 대부분 포괄적 사인증여로 보여질 것인바, 포괄적 사인증여에 민법 제1078조가 준용된다면 양자의 효과는 같게 되므로, 결과적으로 포괄적 유증에 엄격한 방식을 요하는 요식행위로 규정한 조항들은 무의미하게 된다. 따라서 민법 제1078조가 포괄적 사인증여에 준용된다고 하는 것은 사인증여의 성질에 반하므로 준용되지 아니한다고 해석함이 상당하다(대판 1996.4.12. 94다37714).

PART 05

친족·상속법

[**❺ ▸ ○**] 유류분반환청구의 목적인 증여나 유증이 병존하고 있는 경우에는 <u>유류분권리자는 먼저 유증을 받은 자를 상대로 유류분침해액의 반환을 구하여야 하고, 그 이후에도 여전히 유류분침해액이 남아 있는 경우에 한하여 증여를 받은 자에 대하여 그 부족분을 청구할 수 있는 것이며</u>, 사인증여의 경우에는 유증의 규정이 준용될 뿐만 아니라 그 실제적 기능도 유증과 달리 볼 필요가 없으므로 유증과 같이 보아야 할 것이다(대판 2001.11.30. 2001다6947).

제3절 유류분 ★

2019년 변호사시험 문 35.
☑ 확인 Check! ○ △ ✕

유류분에 관한 설명 중 옳은 것(○)과 옳지 않은 것(✕)을 올바르게 조합한 것은?(다툼이 있는 경우 판례에 의함)

ㄱ. 공동상속인 중 피상속인의 생전에 재산을 증여받아 특별수익을 한 자가 있는 경우, 그 증여는 상속개시 1년 이전의 것인지 여부, 당사자 쌍방이 손해를 가할 것을 알고서 하였는지 여부에 관계없이 유류분 산정을 위한 기초재산에 산입된다.

ㄴ. 유류분권리자의 가액반환청구에 대하여 반환의무자가 원물반환을 주장하며 가액반환에 반대하는 의사를 표시한 경우에는 반환의무자의 의사에 반하여 원물반환이 가능한 재산에 대하여 가액반환을 명할 수 없다.

ㄷ. 공동상속인 중 1인이 자신의 법정상속분 상당의 상속채무분담액을 초과하여 유류분권리자의 상속채무분담액까지 변제한 경우에도 별도로 구상권을 행사하거나 상계하는 등의 방법으로 만족을 얻는 것은 별론으로 하고, 이를 유류분권리자의 유류분부족액 산정 시 고려하여서는 안 된다.

① ㄱ(○) ㄴ(○) ㄷ(○) 　　　　　② ㄱ(○) ㄴ(○) ㄷ(✕)
③ ㄱ(○) ㄴ(✕) ㄷ(○) 　　　　　④ ㄱ(✕) ㄴ(○) ㄷ(○)
⑤ ㄱ(✕) ㄴ(○) ㄷ(✕)

[**ㄱ ▸ ○**] 공동상속인 중에 피상속인으로부터 재산의 생전 증여에 의하여 특별수익을 한 자가 있는 경우에는 민법 제1114조의 규정은 그 적용이 배제되고, 따라서 <u>그 증여는 상속개시 1년 이전의 것인지 여부, 당사자 쌍방이 손해를 가할 것을 알고서 하였는지 여부에 관계없이 유류분 산정을 위한 기초재산에 산입된다</u>(대판 1996.2.9. 95다17885).

[**ㄴ ▸ ○**] 우리 민법은 유류분제도를 인정하여 제1112조부터 제1118조까지 이에 관하여 규정하면서도 유류분의 반환방법에 관하여는 별도의 규정을 두고 있지 않다. 다만 제1115조 제1항이 "부족한 한도에서 그 재산의 반환을 청구할 수 있다"고 규정한 점 등에 비추어 볼 때 반환의무자는 통상적으로 증여 또는 유증대상재산 자체를 반환하면 될 것이나 원물반환이 불가능한 경우에는 가액 상당액을 반환할 수밖에 없다. 원물반환이 가능하더라도 유류분권리자와 반환의무자 사이에 가액으로 이를 반환하기로 협의가 이루어지거나 유류분권리자의 가액반환청구에 대하여 반환의무자가 이를 다투지 않은 경우에는 법원은 가액반환을 명할 수 있지만, <u>유류분권리자의 가액반환청구에 대하여 반환의무자가 원물반환을 주장하며 가액반환에 반대하는 의사를 표시한 경우에는 반환의무자의 의사에 반하여 원물반환이 가능한 재산에 대하여 가액반환을 명할 수 없다</u>(대판 2013.3.14. 2010다42624).

[**ㄷ ▸ ○**] 금전채무와 같이 급부의 내용이 가분인 채무가 공동상속된 경우, 이는 상속개시와 동시에 당연히 공동상속인들에게 법정상속분에 따라 상속된 것으로 봄이 타당하므로, 법정상속분 상당의 금전채무는 유류분권리자의 유류분부족액을 산정할 때 고려하여야 할 것이나, <u>공동상속인 중 1인이 자신의 법정상속분 상당의 상속채무분담액을 초과하여 유류분권리자의 상속채무분담액까지 변제한 경우에는 유류분권리자를 상대로 별도로 구상권을 행사하여 지급받거나 상계를 하는 등의 방법으로 만족을 얻는 것은 별론으로 하고, 그러한 사정을 유류분권리자의 유류분부족액 산정 시 고려할 것은 아니다</u>(대판 2013.3.14. 2010다42624).

① 정답

유류분에 관한 설명 중 옳은 것은?(다툼이 있는 경우 판례에 의함)

① 공동상속인 중 1인이 자신의 법정상속분 상당의 상속채무분담액을 초과하여 유류분권리자의 상속채무분담액까지 변제한 경우, 그러한 사정은 유류분권리자의 유류분부족액 산정 시 고려되어야 한다.

② 유류분반환청구권자가 침해를 받은 유증 또는 증여행위를 지정하여 재판 외에서 이에 대한 반환청구의 의사를 표시했더라도 그로부터 6개월 이내에 재판상의 청구 등을 하여야 소멸시효 진행이 중단된다.

③ 공동상속인의 협의 또는 가정법원의 심판으로 유류분반환의무자의 기여분이 인정된 경우, 유류분을 산정함에 있어 그 기여분을 공제하여야 한다.

④ 유류분반환청구소송에서 유류분반환의무자가 증여 또는 유증대상재산 그 자체를 반환하는 것이 불가능한 경우에는 사실심 변론종결 시를 기준으로 산정한 가액 상당액을 반환해야 한다.

⑤ 유류분액을 산정함에 있어 유류분반환의무자가 증여받은 재산의 가액은 금전인 경우 증여 당시 받은 금액 자체이고, 그 밖의 재산인 경우 상속개시 당시의 시가이다.

[❶ ▸ ✕] 금전채무와 같이 급부의 내용이 가분인 채무가 공동상속된 경우, 이는 상속개시와 동시에 당연히 공동상속인들에게 법정상속분에 따라 상속된 것으로 봄이 타당하므로, 법정상속분 상당의 금전채무는 유류분권리자의 유류분부족액을 산정할 때 고려하여야 할 것이나, 공동상속인 중 1인이 자신의 법정상속분 상당의 상속채무분담액을 초과하여 유류분권리자의 상속채무분담액까지 변제한 경우에는 유류분권리자를 상대로 별도로 구상권을 행사하여 지급받거나 상계를 하는 등의 방법으로 만족을 얻는 것은 별론으로 하고, 그러한 사정을 유류분권리자의 유류분부족액 산정 시 고려할 것은 아니다(대판 2013.3.14. 2010다42624).

[❷ ▸ ✕] 유류분반환청구권의 행사는 재판상 또는 재판 외에서 상대방에 대한 의사표시의 방법으로 할 수 있고, 이 경우 그 의사표시는 침해를 받은 유증 또는 증여행위를 지정하여 이에 대한 반환청구의 의사를 표시하면 그것으로 족하며, 그로 인하여 생긴 목적물의 이전등기청구권이나 인도청구권 등을 행사하는 것과는 달리 그 목적물을 구체적으로 특정하여야 하는 것은 아니고, 민법 제1117조에 정한 소멸시효의 진행도 그 의사표시로 중단된다(대판 2002.4.26. 2000다8878).

[❸ ▸ ✕] 민법 제1008조의2, 제1112조, 제1113조 제1항, 제1118조에 비추어 보면, 기여분은 상속재산분할의 전제문제로서의 성격을 가지는 것으로서, 상속인들의 상속분을 일정 부분 보장하기 위하여 피상속인의 재산처분의 자유를 제한하는 유류분과는 서로 관계가 없다. 따라서 공동상속인 중에 상당한 기간 동거·간호 그 밖의 방법으로 피상속인을 특별히 부양하거나 피상속인의 재산의 유지 또는 증가에 특별히 기여한 사람이 있을지라도 공동상속인의 협의 또는 가정법원의 심판으로 기여분이 결정되지 않은 이상 유류분반환청구소송에서 기여분을 주장할 수 없음은 물론이거니와, 설령 공동상속인의 협의 또는 가정법원의 심판으로 기여분이 결정되었다고 하더라도 유류분을 산정함에 있어 기여분을 공제할 수 없고, 기여분으로 유류분에 부족이 생겼다고 하여 기여분에 대하여 반환을 청구할 수도 없다(대판 2015.10.29. 2013다60753).

[❹ ▸ ○] 유류분반환범위는 상속개시 당시 피상속인의 순재산과 문제된 증여재산을 합한 재산을 평가하여 그 재산액에 유류분청구권자의 유류분비율을 곱하여 얻은 유류분액을 기준으로 하는 것인바, 이와 같이 유류분액을 산정함에 있어 반환의무자가 증여받은 재산의 시가는 상속개시 당시를 기준으로 산정하여야 하고, 당해 반환의무자에 대하여 반환하여야 할 재산의 범위를 확정한 다음 그 원물반환이 불가능하여 가액반환을 명하는 경우에는 그 가액은 사실심 변론종결 시를 기준으로 산정하여야 한다(대판 2005.6.23. 2004다51887).

[❺ ▸ ✕] 유류분반환범위는 상속개시 당시 피상속인의 순재산과 문제된 증여재산을 합한 재산을 평가하여 그 재산액에 유류분청구권자의 유류분비율을 곱하여 얻은 유류분액을 기준으로 하는 것인바, 그 유류분액을 산정함에 있어 반환의무자가 증여받은 재산의 시가는 상속개시 당시를 기준으로 하여 산정하여야 한다. 따라서 그 증여받은 재산이 금전일 경우에는 그 증여받은 금액을 상속개시 당시의 화폐가치로 환산하여 이를 증여재산의 가액으로 봄이 상당하고, 그러한 화폐가치의 환산은 증여 당시부터 상속개시 당시까지 사이의 물가변동률을 반영하는 방법으로 산정하는 것이 합리적이다(대판 2009.7.23. 2006다28126).

상 법

⭕ 최근 5개년 출제경향

	구 분	2020	2019	2018	2017	2016	계	출제 비율	회별 출제
	PART 01 상법총칙								
	CHAPTER 01 상법 서설	–	–	–	–	–	–	–	–
0.3%	CHAPTER 02 기업의 인적 요소	1	1	–	–	–	2	0.3%	0.2
1.7%	CHAPTER 03 기업의 물적 요소	2	0	2	1	1	6	1.7%	1.2
	PART 02 상행위법								
1.1%	CHAPTER 01 상행위법 총설	1	1	2	–	–	4	1.1%	0.8
0.6%	CHAPTER 02 상사매매	–	–	1	–	1	2	0.6%	0.4
0.6%	CHAPTER 03 상호계산	–	1	–	–	1	2	0.6%	0.4
0.3%	CHAPTER 04 익명조합	–	–	–	1	–	1	0.3%	0.2
0.9%	CHAPTER 05 상행위법 각칙	–	1	–	1	1	3	0.9%	0.6
	PART 03 회사법								
	CHAPTER 01 회사법 통칙	–	–	–	–	–	–	–	–
0.6%	CHAPTER 02 주식회사의 설립	–	1	–	1	–	2	0.6%	0.4
4%	CHAPTER 03 주식과 주주	1	1	1	6	5	14	4%	2.8
9.3%	CHAPTER 04 주식회사의 기관	9	8	4	5	7	33	9.3%	6.6
1.4%	CHAPTER 05 기업재무	–	1	3	–	1	5	1.4%	1
1.7%	CHAPTER 06 기업구조조정	2	2	1	–	1	6	1.7%	1.2
0.6%	CHAPTER 07 주식회사 외의 회사	–	1	1	–	–	2	0.6%	0.4
	PART 04 어음·수표법								
	CHAPTER 01 어음·수표법 서설	–	–	–	–	–	–	–	–
0.6%	CHAPTER 02 어음·수표행위	1	–	–	–	1	2	0.6%	0.4
1.1%	CHAPTER 03 어음·수표상의 권리의무의 발생	1	1	1	1	–	4	1.1%	0.8
1.1%	CHAPTER 04 어음·수표상의 권리의 이전	–	1	1	1	1	4	1.1%	0.8
	CHAPTER 05 어음·수표상의 권리의 소멸	–	–	–	–	–	–	–	–
0.6%	CHAPTER 06 어음·수표법의 특수한 쟁점	2	–	–	–	–	2	0.6%	0.4
	PART 05 보험법								
	CHAPTER 01 보험과 보험법	–	–	–	–	–	–	–	–
0.9%	CHAPTER 02 보험계약	–	1	–	1	1	3	0.9%	0.6
0.9%	CHAPTER 03 손해보험	1	–	1	–	1	3	0.9%	0.6
	CHAPTER 04 인보험	–	–	–	–	–	–	–	–
	PART 06 해상·항공운송법								
	CHAPTER 01 해상·항공운송법	–	–	–	–	–	–	–	–

PART 01 상법총칙

제1절	상법의 개념
제2절	상법의 특성
제3절	상법의 법원

● MEMO

CHAPTER 02

기업의 인적 요소

상 법

각 문항별로 이해도를 체크해 보세요.

최근 5년간 회별 평균 **0.2문**

PART 01

상법총칙

제1절 상 인 ★

2019년 변호사시험 문 43. ☑ 확인Check! ○ △ ✕

자연인 甲은 식당을 개업하기 위하여 乙로부터 상가건물을 임차하여 내부시설을 조성하고 상업사용인 구인광고를 하였다. 이후 이러한 영업 준비에 필요한 자금을 조달하기 위하여 이 같은 사정을 잘 아는 친구 丙으로부터 500만원을 차용하였다. 그 후 甲은 식당을 개업하였다. 이에 관한 설명 중 옳은 것을 모두 고른 것은?(다툼이 있는 경우 판례에 의함)

ㄱ. 甲이 상가건물을 임차하는 시점에 甲을 상인으로 볼 수 있다.
ㄴ. 甲이 식당영업을 위해 상가건물을 임차하는 것을 乙이 알면서 임대한 경우에는 영업으로 임대행위를 하지 않았어도 乙은 상인이 된다.
ㄷ. 丙이 甲에 대하여 가지는 500만원의 대여금채권은 민사채권으로서 소멸시효기간은 10년이다.
ㄹ. 甲이 자본금액 900만원만으로 음식점 영업을 하는 경우 「상법」상 상호에 관한 규정이 적용되지 않는다.
ㅁ. 甲이 '고객의 휴대물에 대하여 책임이 없음'을 알린 경우에도, 식당에서 甲이 임치받지 않은 고객의 저가 스마트폰이 甲의 사용인의 과실로 인하여 훼손되었을 때에는 甲은 그 손해를 배상할 책임이 있다.

① ㄱ, ㄴ
② ㄴ, ㅁ
③ ㄷ, ㅁ
④ ㄱ, ㄹ, ㅁ
⑤ ㄴ, ㄷ, ㄹ

[ㄱ ▶ ○] 甲이 식당 개업을 위하여 상가건물을 임차하고 구인광고를 한 경우, 이러한 개업준비행위는 보조적 상행위에 해당하므로, 甲이 상가건물을 임차할 당시에 상인 자격을 취득한다고 보는 것이 타당하다.

판례 영업의 목적인 상행위를 개시하기 전에 영업을 위한 준비행위를 하는 자는 영업으로 상행위를 할 의사를 실현하는 것이므로 준비행위를 한 때 상인자격을 취득함과 아울러 개업준비행위는 영업을 위한 행위로서 최초의 보조적 상행위가 되는 것이고, 이와 같은 개업준비행위는 반드시 상호등기·개업광고·간판부착 등에 의하여 영업의사를 일반적·대외적으로 표시할 필요는 없으나 점포구입·영업양수·상업사용인의 고용 등 준비행위의 성질로 보아 영업의사를 상대방이 객관적으로 인식할 수 있으면 당해 준비행위는 보조적 상행위로서 여기에 상행위에 관한 상법의 규정이 적용된다(대판 2012.4.13. 2011다104246).

[ㄴ ▶ ✕] 영업을 준비하는 행위가 보조적 상행위로서 상법의 적용을 받기 위해서는 행위를 하는 자 스스로 상인자격을 취득하는 것을 당연한 전제로 하므로, 어떠한 자가 자기 명의로 상행위를 함으로써 상인자격을 취득하고자 준비행위를 하는 것이 아니라 다른 상인의 영업을 위한 준비행위를 하는 것에 불과하다면, 그 행위는 행위를 한 자의 보조적 상행위가 될 수 없다(대판 2012.7.26. 2011다43594).

[ㄷ ▸ X]   영업자금차입행위는 행위 자체의 성질로 보아서는 영업의 목적인 상행위를 준비하는 행위라고 할 수 없지만, 행위자의 주관적 의사가 영업을 위한 준비행위이었고 상대방도 행위자의 설명 등에 의하여 그 행위가 영업을 위한 준비행위라는 점을 인식하였던 경우에는 상행위에 관한 상법의 규정이 적용된다고 봄이 타당하다(대판 2012.4.13. 2011다104246). 이러한 판례의 취지를 고려할 때, 丙이 甲에 대하여 가지고 있는 채권은 상사채권으로서 상사시효(상법 제64조)가 적용된다.

[ㄹ ▸ O]   지배인, 상호, 상업장부와 상업등기에 관한 규정은 소상인에게 적용하지 아니한다(상법 제9조). 상법 제9조에 따른 소상인은 자본금액이 1천만원에 미치지 못하는 상인으로서 회사가 아닌 자로 한다(동법 시행령 제2조).

[ㅁ ▸ O]   공중접객업자는 고객으로부터 임치받지 아니한 경우에도 그 시설 내에 휴대한 물건이 자기 또는 그 사용인의 과실로 인하여 멸실 또는 훼손되었을 때에는 그 손해를 배상할 책임이 있다(상법 제152조 제2항). 고객의 휴대물에 대하여 책임이 없음을 알린 경우에도 공중접객업자는 제1항과 제2항의 책임을 면하지 못한다(동법 제152조 제3항).

2014년 변호사시험 문 42.

☑ 확인Check! O △ X

학원을 설립하여 운영하고자 하는 甲은 2013.4.1. 영업준비자금으로 사용하기 위하여 상인이 아닌 乙로부터 1억원을 차용하였다. 乙은 甲이 학원을 운영할 것이라는 점을 알지 못하였고, 이를 인식할 수 있는 객관적 징표도 없었다. 한편, 자기 소유의 X건물에서 학원을 운영하던 丙은 甲이 학원을 운영하고자 한다는 사실을 알고 2013.5.3. 甲에게 X건물과 학원시설을 매도하였고, 현재 甲은 X건물에서 학원을 운영하고 있다. 다음 설명 중 옳은 것을 모두 고른 것은?(각 지문은 독립적이고, 다툼이 있는 경우에는 판례에 의함)

ㄱ. 甲이 2013.4.1. 乙로부터 1억원을 차용한 행위는 보조적 상행위이므로 乙의 대여금 채권에는 상법 제64조의 상사 소멸시효가 적용된다.
ㄴ. 甲이 자기의 처 丁의 명의로 사업자등록을 하였다면 상인으로 인정되는 자는 甲이 아니라 丁이다.
ㄷ. 매매 당시 X건물의 보일러 배관에 즉시 발견할 수 없는 하자가 존재한 경우, 甲이 2013.12.2. 그 하자를 발견하더라도 매도 당시 丙이 하자의 존재를 알지 못한 이상 甲은 그 하자를 이유로 위 매매계약을 해제할 수 없다.
ㄹ. 甲이 학원을 운영하던 중 여유자금을 상인이 아닌 戊에게 대여한 경우 甲의 행위는 영업을 위하여 한 것으로 추정되므로 그와 다른 반대사실의 증명이 없는 한 그 대여금 채권에 대해서는 상법 제64조의 상사소멸시효가 적용된다.

① ㄷ   ② ㄱ, ㄴ   ③ ㄱ, ㄷ
④ ㄴ, ㄹ   ⑤ ㄷ, ㄹ

[ㄱ ▸ X]   학원을 운영하기 위하여 甲이 1억원을 차용한다는 점을 대주인 乙이 알지 못하였고, 인식할 수 있는 객관적 징표도 인정되지 아니하여 甲의 자금차용행위는 보조적 상행위에 해당하지 아니한다. 따라서 상사시효가 아닌 일반민사시효가 적용되어 10년의 소멸시효기간이 적용된다(민법 제162조 제1항).

판례 ● 영업자금차입행위는 행위 자체의 성질로 보아서는 영업의 목적인 상행위를 준비하는 행위라고 할 수 없지만, 행위자의 주관적 의사가 영업을 위한 준비행위이었고 상대방도 행위자의 설명 등에 의하여 그 행위가 영업을 위한 준비행위라는 점을 인식하였던 경우에는 상행위에 관한 상법의 규정이 적용된다고 봄이 타당하다(대판 2012.4.13. 2011다104246).

[ㄴ ▸ X] 상인은 자기 명의로 상행위를 하는 자를 의미하는데, 여기서 '자기 명의'란 상행위로부터 생기는 권리의무의 귀속주체로 된다는 뜻으로서 실질에 따라 판단하여야 하므로, 행정관청에 대한 인·허가 명의나 국세청에 신고한 사업자등록상의 명의와 실제 영업상의 주체가 다를 경우 후자가 상인이 된다(대판 2008.12.11. 2007다66590).

[ㄷ ▸ O] 보일러배관에 즉시 발견할 수 없는 하자가 존재한다고 하더라도 X건물을 수령한 지 6개월이 경과하였으므로, 매수인 甲은 그 하자를 이유로 매도인 丙과의 매매계약을 해제할 수 없다.

판례 상법 제69조는 상거래의 신속한 처리와 매도인의 보호를 위한 규정인 점에 비추어 볼 때, 상인 간의 매매에 있어서 매수인은 목적물을 수령한 때부터 지체 없이 이를 검사하여 하자 또는 수량의 부족을 발견한 경우에는 즉시 매도인에게 그 통지를 발송하여야만 그 하자로 인한 계약해제, 대금감액 또는 손해배상을 청구할 수 있고, 설령 매매의 목적물에 상인에게 통상 요구되는 객관적인 주의의무를 다하여도 즉시 발견할 수 없는 하자가 있는 경우에도 매수인은 6월 내에 그 하자를 발견하여 지체 없이 이를 통지하지 아니하면 매수인은 과실의 유무를 불문하고 매도인에게 하자담보책임을 물을 수 없다고 해석함이 상당하다(대판 1999.1.29. 98다1584).

[ㄹ ▸ O] 당사자 쌍방에 대하여 모두 상행위가 되는 행위로 인한 채권뿐만 아니라 당사자 일방에 대하여만 상행위에 해당하는 행위로 인한 채권도 상법 제64조 소정의 5년의 소멸시효기간이 적용되는 상사채권에 해당하는 것이고, 그 상행위에는 상법 제46조 각 호에 해당하는 기본적 상행위뿐만 아니라, 상인이 영업을 위하여 하는 보조적 상행위도 포함된다(대판 2006.4.27. 2006다1381).

제2절 상업사용인 ☆

2015년 변호사시험 문 52.
☑ 확인Check! O △ X

상업사용인과 상행위에 관한 설명 중 옳지 않은 것은?(다툼이 있는 경우 판례에 의함)

① 「상법」 제69조 제1항은 「민법」상의 매도인의 담보책임에 대한 특칙으로 전문적 지식을 가진 매수인에게 신속한 검사와 통지의 의무를 부과함으로써 상거래를 신속하게 결말짓도록 하기 위한 규정으로서 그 성질상 강행규정으로 보아야 한다.
② 지배인이 영업주 명의로 한 어음행위는 객관적으로 영업에 관한 행위로서 지배인의 대리권의 범위에 속하는 행위라 할 것이므로 지배인이 개인적 목적을 위하여 어음행위를 한 경우에도 그 행위의 효력은 영업주에게 미친다 할 것이고, 이러한 법리는 표현지배인의 경우에도 동일하다.
③ 부분적 포괄대리권을 가진 사용인의 경우에는 표현지배인에 관한 「상법」 제14조의 규정이 유추적용되어야 한다고 할 수 없다.
④ 어떠한 자가 자기 명의로 상행위를 함으로써 상인 자격을 취득하고자 준비행위를 하는 것이 아니라 다른 상인의 영업을 위한 준비행위를 하는 것에 불과하다면, 그 행위는 그 행위를 한 자의 보조적 상행위가 될 수 없다.
⑤ 위탁매매에 있어서 위탁물의 소유권은 위탁자와 위탁매매인 또는 위탁매매인의 채권자간의 관계에서는 위탁자에게 귀속한다 할 것이므로, 특별한 사정이 없는 한 위탁매매인이 그 판매대금을 임의로 사용·소비한 때에는 횡령죄가 성립한다.

[❶ ▸ ✕] 상인 간의 매매에 있어서 매수인이 목적물을 수령한 때에는 지체 없이 이를 검사하여야 하며 하자 또는 수량의 부족을 발견한 경우에는 즉시, 즉시 발견할 수 없는 하자가 있는 경우에는 6월 내에 매수인이 매도인에게 그 통지를 발송하지 아니하면 이로 인한 계약해제, 대금감액 또는 손해배상을 청구하지 못하도록 규정하고 있는 상법 제69조 제1항은 민법상의 매도인의 담보책임에 대한 특칙으로 전문적 지식을 가진 매수인에게 신속한 검사와 통지의 의무를 부과함으로써 상거래를 신속하게 결말짓도록 하기 위한 규정으로서 그 성질상 임의규정으로 보아야 할 것이고 따라서 당사자 간의 약정에 의하여 이와 달리 정할 수 있다고 할 것이다(대판 2008.5.15. 2008다3671).

[❷ ▸ ○] 지배인의 행위가 영업주의 영업에 관한 것인가의 여부는 지배인의 행위 당시의 주관적인 의사와는 관계없이 그 행위의 객관적 성질에 따라 추상적으로 판단하여야 할 것인바, 지배인이 영업주 명의로 한 어음행위는 객관적으로 영업에 관한 행위로서 지배인의 대리권의 범위에 속하는 행위라 할 것이므로 지배인이 개인적 목적을 위하여 어음행위를 한 경우에도 그 행위의 효력은 영업주에게 미친다 할 것이고, 이러한 법리는 표현지배인의 경우에도 동일하다(대판 1998.8.21. 97다6704).

[❸ ▸ ○] 부분적 포괄대리권을 가진 사용인에 해당하지 않는 사용인이 그러한 사용인과 유사한 명칭을 사용하여 법률행위를 한 경우 그 거래상대방은 민법 제125조의 표현대리나 민법 제756조의 사용자책임 등의 규정에 의하여 보호될 수 있다고 할 것이므로, 부분적 포괄대리권을 가진 사용인의 경우에도 표현지배인에 관한 상법 제14조의 규정이 유추적용되어야 한다고 할 수는 없다(대판 2007.8.23. 2007다23425).

[❹ ▸ ○] 영업을 준비하는 행위가 보조적 상행위로서 상법의 적용을 받기 위해서는 행위를 하는 자 스스로 상인자격을 취득하는 것을 당연한 전제로 하므로, 어떠한 자가 자기 명의로 상행위를 함으로써 상인자격을 취득하고자 준비행위를 하는 것이 아니라 다른 상인의 영업을 위한 준비행위를 하는 것에 불과하다면, 그 행위는 행위를 한 자의 보조적 상행위가 될 수 없다(대판 2012.7.26. 2011다43594).

[❺ ▸ ○] 위탁매매에 있어서 위탁품의 소유권은 위임자에게 있고 그 판매대금은 이를 수령함과 동시에 위탁자에게 귀속한다 할 것이므로, 특별한 사정이 없는 한 위탁매매인이 위탁품이나 그 판매대금을 임의로 사용·소비한 때에는 횡령죄가 성립한다고 할 것이다(대판 2013.3.28. 2012도16191).

CHAPTER 03

기업의 물적 요소

상 법

✓ 각 문항별로 이해도를 체크해 보세요.

최근 5년간 회별 평균 **1.2문**

제1절 상 호 ★★★

2017년 변호사시험 문 49. ☑ 확인Check! ○ △ ✕

「상법」상 상호에 관한 설명 중 옳은 것을 모두 고른 것은?

ㄱ. 부정한 목적으로 타인의 영업으로 오인될 수 있는 상호를 사용하는 자가 있는 경우, 그러한 상호의 사용으로 인하여
   손해를 받을 염려가 있는 자는 그 상호의 폐지를 청구할 수 있고, 이와는 별도로 손해배상의 청구가 가능하다.
ㄴ. 영업을 폐지하는 경우, 등기되지 아니한 그 영업의 상호는 양도할 수 없다.
ㄷ. 회사가 수 개의 독립된 영업을 하는 경우, 각 영업별로 다른 상호를 사용할 수 없다.
ㄹ. 회사가 상호와 목적을 변경하고자 할 때에는 상호의 가등기를 신청할 수 있다.

① ㄱ, ㄴ   ② ㄴ, ㄷ   ③ ㄷ, ㄹ
④ ㄱ, ㄴ, ㄹ   ⑤ ㄱ, ㄷ, ㄹ

[ㄱ ▸ O] 누구든지 부정한 목적으로 타인의 영업으로 오인할 수 있는 상호를 사용하는 자가 있는 경우에 이로 인하여 손해를 받을 염려가 있는 자 또는 상호를 등기한 자는 그 폐지를 청구할 수 있다(상법 제23조 제1항·제2항). 제2항의 규정은 손해배상의 청구에 영향을 미치지 아니한다(동법 제23조 제3항).

[ㄴ ▸ ✕] 원칙적으로 영업과 분리하여 상호만을 양도할 수는 없으나, 영업을 폐지하는 경우에는 양도가 가능하다(상법 제25조 제1항). 이는 미등기상호의 경우에도 마찬가지이다.

[ㄷ ▸ O] 동일한 영업에는 단일상호를 사용하여야 하므로(상법 제21조 제1항), 회사가 수개의 영업을 하는 경우에도 한 개의 상호를 사용할 수 있을 뿐이다.

[ㄹ ▸ O] 회사는 상호나 목적 또는 상호와 목적을 변경하고자 할 때에는 본점의 소재지를 관할하는 등기소에 상호의 가등기를 신청할 수 있다(상법 제22조의2 제2항).

상호와 관련된 다음 설명 중 옳지 않은 것은?(다툼이 있는 경우에는 판례에 의함)

① 민법상의 조합은 상호에 회사임을 표시하는 문자를 사용하지 못한다.
② 주식회사가 각기 독립된 수 개의 영업을 하는 경우에 각 영업별로 다른 상호를 사용할 수 있다.
③ 주식회사와 유한회사는 회사의 설립 전에 상호의 가등기를 신청할 수 있다.
④ 부정한 목적으로 타인의 영업으로 오인될 수 있는 상호를 사용하는 자가 있는 경우, 그러한 상호의 사용으로 인하여 손해를 받을 염려가 있는 자는 그 상호의 폐지를 청구할 수 있으며, 이는 손해배상의 청구에 영향을 미치지 않는다.
⑤ 양도인의 상호를 계속 사용하는 영업양수인이 영업양도를 받은 후 지체 없이 양도인의 채무에 대한 책임이 없음을 등기한 경우에는, 양수인은 양도인의 영업으로 인한 제3자의 채권에 대하여 변제할 책임이 없다.

[**❶** ▶ **○**]　회사가 아니면 상호에 회사임을 표시하는 문자를 사용하지 못한다. 회사의 영업을 양수한 경우에도 같다(상법 제20조).

[**❷** ▶ **✕**]　상법이 상호단일주의를 채택하고 있으므로, 회사가 수개의 영업을 하더라도 한 개의 상호만을 사용할 수 있다(상법 제21조 제1항).

[**❸** ▶ **○**]　2020.6.9. 상법 개정으로 주식회사와 유한회사뿐만 아니라, 유한책임회사의 경우에도 회사의 설립 전에 상호의 가등기를 신청할 수 있다(상법 제22조의2 제1항).

[**❹** ▶ **○**]　상법은 상호전용권의 내용으로 상호사용폐지청구권, 등기배척청구권 및 손해배상청구권 등을 규정하고 있다(상법 제22조, 제23조).

⚖️ **법령**　**주체를 오인시킬 상호의 사용금지(상법 제23조)**　① 누구든지 부정한 목적으로 타인의 영업으로 오인할 수 있는 상호를 사용하지 못한다.
② 제1항의 규정에 위반하여 상호를 사용하는 자가 있는 경우에 이로 인하여 손해를 받을 염려가 있는 자 또는 상호를 등기한 자는 그 폐지를 청구할 수 있다.
③ 제2항의 규정은 손해배상의 청구에 영향을 미치지 아니한다.
④ 동일한 특별시·광역시·시·군에서 동종영업으로 타인이 등기한 상호를 사용하는 자는 부정한 목적으로 사용하는 것으로 추정한다.

[**❺** ▶ **○**]　영업양수인이 양도인의 상호를 계속 사용하는 경우에는 양도인의 영업으로 인한 제3자의 채권에 대하여 양수인도 변제할 책임이 있다(상법 제42조 제1항). 전항의 규정은 양수인이 영업양도를 받은 후 지체 없이 양도인의 채무에 대한 책임이 없음을 등기한 때에는 적용하지 아니한다. 양도인과 양수인이 지체 없이 제3자에 대하여 그 뜻을 통지한 경우에 그 통지를 받은 제3자에 대하여도 같다(동법 제42조 제2항).

2020년 변호사시험 문 56.

☑ 확인Check! ○ △ ×

명의대여자 乙을 영업주로 오인하여 상인인 명의차용자 丙에게 1억원 상당의 물품을 공급한 甲이 乙과 丙을 공동피고로 삼아, 乙에 대하여는 「상법」 제24조에 의한 명의대여자의 책임을 묻기 위하여, 丙에 대하여는 물품대금의 지급을 구하기 위하여 1억원의 물품대금청구의 소를 제기하였다. 이에 관한 설명 중 옳지 않은 것은?(다툼이 있는 경우 판례에 의함)

① 위 소송에서 乙이 상인이 아닌 것으로 밝혀지더라도 乙의 책임을 인정할 수 있다.

② 위 소송에서 乙에 대한 청구와 관련하여 甲이 명의대여 사실을 알았거나 중대한 과실로 알지 못하였다는 점에 대한 증명책임은 乙에게 있다.

③ 위 소송에서 乙이 소멸시효 완성의 항변을 하고, 시효기간 경과 전에 丙이 물품대금채권을 변제하겠다고 약속한 사실을 甲이 주장·증명하였다면, 이로써 乙의 소멸시효 완성의 항변은 배척된다.

④ 위 소송에서 乙의 책임이 인정되었다. 丙이 물품대금 중 3,000만원 변제 사실을 주장·증명하였고 乙이 이를 원용하였다면, 법원은 乙에 대한 청구에 관하여 7,000만원의 지급을 명하여야 한다.

⑤ 위 소송에서 甲의 청구가 모두 인용되었고 위 판결에 대하여 乙만이 항소한 경우, 위 항소로 인한 확정차단의 효력은 乙과 甲 사이에서만 발생하고 丙에 대하여는 발생하지 아니한다.

[❶ ▸ ○] 상법 제24조는 금반언의 법리 및 외관주의의 법리에 따라 타인에게 명의를 대여하여 영업을 하게 한 경우 그 명의대여자가 영업주인 줄로 알고 거래한 선의의 제3자를 보호하기 위하여 그 거래로 인하여 발생한 명의차용자의 채무에 대하여는 그 외관을 만드는 데에 원인을 제공한 명의대여자에게도 명의차용자와 같이 변제책임을 지우자는 것으로서 그 명의대여자가 상인이 아니거나, 명의차용자의 영업이 상행위가 아니라 하더라도 위 법리를 적용하는 데에 아무런 영향이 없다(대판 1987.3.24. 85다카2219).

[❷ ▸ ○] 상법 제24조의 규정에 의한 명의대여자의 책임은 명의자를 영업주로 오인하여 거래한 제3자를 보호하기 위한 것이므로 거래상대방이 명의대여사실을 알았거나 모른 데 대하여 중대한 과실이 있는 때에는 책임을 지지 아니하나, 이때 거래의 상대방이 명의대여사실을 알았거나 모른 데 중대한 과실이 있었는지 여부에 관하여는 면책을 주장하는 명의대여자가 그 증명책임을 부담한다(대판 2011.4.14. 2010다91886).

[❸ ▸ ×] 명의대여자를 영업주로 오인하여 명의차용자와 거래한 채권자가 물품대금채권에 관하여 상법 제24조에 의한 명의대여자 책임을 묻자 명의대여자가 그 채권이 3년의 단기소멸시효기간 경과로 소멸하였다고 항변한 경우, 부진정연대채무자의 1인에 불과한 명의차용자가 한 채무 승인 또는 시효이익 포기의 효력은 다른 부진정연대채무자인 명의대여자에게 미치지 아니하므로, 명의차용자가 시효기간 경과 전 채권 일부를 대물변제하고 잔액을 정산하여 변제를 약속한 사실이 있더라도 이는 채무 승인 또는 시효이익 포기에 해당하지 아니한다(대판 2011.4.14. 2010다91886).

[❹ ▸ ○] 명의대여자 乙과 명의차용자 丙은 부진정연대채무관계에 있어 채권자 甲의 乙과 丙에 대한 소송은 통상공동소송에 해당한다. 통상공동소송에는 주장·증거공통의 원칙이 적용되지 아니한다는 것이 판례이나, 지문의 경우처럼 공동피고인 乙이 丙이 주장·증명한 물품대금 중 3,000만원 변제사실을 이익으로 원용하였다면, 乙에게 유리한 사실 인정의 자료로 사용될 수 있다. 따라서 법원은 乙에 대한 청구에 관하여 7,000만원의 지급을 명하여야 한다.

[❺ ▸ ○] 공동소송인 독립의 원칙상 상소불가분의 원칙이 적용되지 아니하여 乙이 항소한 부분만 이심되고, 항소심의 심판대상이 되므로 丙에 대한 부분은 분리확정된다.

「상법」상 명의대여자의 책임에 관한 설명 중 옳은 것을 모두 고른 것은?(다툼이 있는 경우 판례에 의함)

ㄱ. 명의대여자가 상인이 아니거나 명의차용자의 영업이 상행위가 아니라도 명의대여자의 책임이 성립할 수 있다.
ㄴ. 명의차용자의 불법행위에 대해서도 명의대여자의 책임이 성립한다.
ㄷ. 명의대여자의 책임은 명의차용자의 행위에만 한하고 명의차용자의 피용자의 행위에는 미치지 아니한다.
ㄹ. 명의차용자에 대한 이행청구 또는 명의차용자가 행한 채무의 승인 등 소멸시효의 중단사유나 시효이익의 포기는 명의대여자에게 효력을 미치지 아니한다.

① ㄴ ② ㄷ ③ ㄱ, ㄴ
④ ㄱ, ㄹ ⑤ ㄱ, ㄷ, ㄹ

[ㄱ ▶ O] 상법 제24조는 금반언의 법리 및 외관주의의 법리에 따라 타인에게 명의를 대여하여 영업을 하게 한 경우 그 명의대여자가 영업주인 줄로 알고 거래한 선의의 제3자를 보호하기 위하여 그 거래로 인하여 발생한 명의차용자의 채무에 대하여는 그 외관을 만드는 데에 원인을 제공한 명의대여자에게도 명의차용자와 같이 변제책임을 지우자는 것으로서 그 명의대여자가 상인이 아니거나, 명의차용자의 영업이 상행위가 아니라 하더라도 위 법리를 적용하는 데에 아무런 영향이 없다(대판 1987.3.24. 85다카2219).

[ㄴ ▶ X] 상법 제24조 소정의 명의대여자 책임은 명의차용인과 그 상대방의 거래행위에 의하여 생긴 채무에 관하여 명의대여자를 진실한 상대방으로 오인하고 그 신용·명의 등을 신뢰한 제3자를 보호하기 위한 것으로, 불법행위의 경우에는 설령 피해자가 명의대여자를 영업주로 오인하고 있었더라도 그와 같은 오인과 피해의 발생 사이에 아무런 인과관계가 없으므로, 이 경우 신뢰관계를 이유로 명의대여자에게 책임을 지워야 할 이유가 없다(대판 1998.3.24. 97다55621).

[ㄷ ▶ O] 상법 제24조의 명의대여자의 책임규정은 거래상의 외관보호와 금반언의 원칙을 표현한 것으로서 명의대여자가 영업주(여기의 영업주는 상법 제4조 소정의 상인보다는 넓은 개념이다)로서 자기의 성명이나 상호를 사용하는 것을 허락했을 때에는 명의차용자가 그것을 사용하여 법률행위를 함으로써 지게 된 거래상의 채무에 대하여 변제의 책임이 있다는 것을 밝히고 있는 것에 그치는 것이므로 여기에 근거한 명의대여자의 책임은 명의의 사용을 허락받은 자의 행위에 한하고 명의차용자의 피용자의 행위에 대해서까지 미칠 수는 없다(대판 1989.9.12. 88다카26390).

[ㄹ ▶ O] 명의대여자를 영업주로 오인하여 명의차용자와 거래한 채권자가 물품대금채권에 관하여 상법 제24조에 의한 명의대여자 책임을 묻자 명의대여자가 그 채권이 3년의 단기소멸시효기간 경과로 소멸하였다고 항변한 경우, 부진정연대채무자의 1인에 불과한 명의차용자가 한 채무 승인 또는 시효이익 포기의 효력은 다른 부진정연대채무자인 명의대여자에게 미치지 아니하므로, 명의차용자가 시효기간 경과 전 채권 일부를 대물변제하고 잔액을 정산하여 변제를 약속한 사실이 있더라도 이는 채무 승인 또는 시효이익 포기에 해당하지 아니한다(대판 2011.4.14. 2010다91886).

甲과 乙은 동업계약을 체결하고 공동의 명의로 사업자등록을 한 뒤, 2011.4.8. 丙 소유의 호텔(상호는 '반도호텔') 건물 내의 일부 시설을 3년간 임차하여 '반도나이트클럽'이라는 상호로 영업을 하였다. 위 '반도나이트클럽'은 丙의 명의로 영업허가가 난 것이고, 丙은 甲과 乙에게 그 영업허가 명의를 이용할 것을 허락하였다. 그 후 乙은 甲과의 동업계약을 해지하고, 2012.12.15. 공동사업자 탈퇴신고를 하여 甲 단독명의로 사업자등록을 변경하였다. 甲은 단독으로 위 나이트클럽을 운영하던 중 개업 당시부터 거래관계에 있던 丁에게 2013.12.5. 외상으로 공급받은 주류대금을 지급하지 않은 상태에서 임대차기간이 종료된 2014.4.7. 영업을 정리하였다. 이후 2014.12.5. 戊가 丙으로부터 위 나이트클럽 시설을 임대받아 현재까지 같은 업종으로 운영하고 있다. 이에 관한 설명 중 옳은 것을 모두 고른 것은?(아래 각 지문은 독립적이며, 다툼이 있는 경우 판례에 의함)

ㄱ. 동업관계가 종결된 이후에도 甲이 '반도나이트클럽'이라는 상호를 계속 사용하는 것에 대하여 乙이 아무런 이의를 제기하지 않았고, 乙이 동업관계로부터 탈퇴한 사실을 丁이 알지 못한 데에 중대한 과실이 없다면, 丁은 위 주류대금채권에 관하여 乙에게 명의대여자의 책임을 물을 수 있다.

ㄴ. 甲과 丙이 '반도나이트클럽'을 운영하는 것으로 丁이 중대한 과실 없이 믿은 경우, 丁의 甲에 대한 위 주류대금채무의 이행청구에 대하여 甲이 채무승인을 한 경우에도 그것만으로는 丙의 丁에 대한 명의대여자로서의 책임은 시효중단되지 않는다.

ㄷ. 戊는 丁의 위 주류대금채권에 대하여 영업양수인으로서 변제할 책임을 진다.

ㄹ. 甲이 2015.6.6. '반도나이트클럽' 인근에서 종전 영업과 동일한 내용으로 나이트클럽을 개업하여 운영하고 있는 경우라면, 戊는 甲을 상대로 「상법」상의 경업금지의무 위반을 이유로 영업금지를 구하거나 손해배상을 청구할 수 있는 권리를 갖는다.

① ㄱ　　　　　　　　　② ㄴ　　　　　　　　　③ ㄱ, ㄴ
④ ㄷ, ㄹ　　　　　　　　⑤ ㄱ, ㄷ, ㄹ

[ㄱ ▶ O] 명의자가 타인과 동업계약을 체결하고 공동명의로 사업자등록을 한 후 타인으로 하여금 사업을 운영하도록 허락하였고, 거래상대방도 명의자를 위 사업의 공동사업주로 오인하여 거래를 하여온 경우에는, 그 후 명의자가 동업관계에서 탈퇴하고 사업자등록을 타인 단독 명의로 변경하였다 하더라도 이를 거래상대방에게 알리는 등의 조치를 취하지 아니하여 여전히 공동사업주인 것으로 오인하게 하였다면 명의자는 탈퇴 이후에 타인과 거래상대방 사이에 이루어진 거래에 대하여도 상법 제24조에 의한 명의대여자로서의 책임을 부담한다. 그리고 상법 제24조에서 규정한 명의대여자의 책임은 명의자를 사업주로 오인하여 거래한 제3자를 보호하기 위한 것이므로 거래상대방이 명의대여사실을 알았거나 모른 데 대하여 중대한 과실이 있는 때에는 책임을 지지 않는바, 이때 거래의 상대방이 명의대여사실을 알았거나 모른 데 대한 중대한 과실이 있었는지 여부에 대하여는 면책을 주장하는 명의대여자가 입증책임을 부담한다(대판 2008.1.24. 2006다21330).

[ㄴ ▶ O] 명의대여자를 영업주로 오인하여 명의차용자와 거래한 채권자가 물품대금채권에 관하여 상법 제24조에 의한 명의대여자 책임을 묻자 명의대여자가 그 채권이 3년의 단기소멸시효기간 경과로 소멸하였다고 항변한 경우, 부진정연대채무자의 1인에 불과한 명의차용자가 한 채무 승인 또는 시효이익 포기의 효력은 다른 부진정연대채무자인 명의대여자에게 미치지 아니하므로, 명의차용자가 시효기간 경과 전 채권 일부를 대물변제하고 잔액을 정산하여 변제를 약속한 사실이 있더라도 이는 채무 승인 또는 시효이익 포기에 해당하지 아니한다(대판 2011.4.14. 2010다91886).

[ㄷ ▶ ✕] [ㄹ ▶ ✕] 甲이 戊에게 영업을 양도한 것은 아니고, 戊가 별개의 행위로 丙으로부터 나이트클럽시설을 임대받아 현재까지 같은 업종으로 운영하고 있으므로, 甲과 戊 사이에는 영업양도에 따른 법률효과는 발생하지 아니한다. 따라서 戊는 丁의 위 주류대금채권에 대하여 영업양수인으로서 변제할 책임이 없고, 戊는 甲을 상대로 경업금지의무 위반을 이유로 영업금지를 구하거나 손해배상을 청구할 수 없다.

상법 제24조가 정한 명의대여자의 책임에 관한 설명 중 옳지 않은 것은?(다툼이 있는 경우에는 판례에 의함)

① 명의차용자와 거래한 상대방이 명의대여 사실을 알았거나 알지 못한 데 대하여 중대한 과실이 있을 때에는 명의대여자가 책임을 지지 않는바, 이때 거래의 상대방이 명의대여 사실을 알았거나 알지 못한 데 대한 중대한 과실이 있었는지 여부에 대하여는 면책을 주장하는 명의대여자가 증명책임을 부담한다.

② 영업을 임대함으로써 자신의 상호를 관리하여야 할 의무가 있는 자는 영업의 임차인이 자신의 상호를 그 영업에 사용하고 있는 것을 알면서 묵인한 경우 명의대여자로서 책임을 질 수 있다.

③ 명의대여가 위법인 경우에는 명의대여자의 책임을 물을 수 없다.

④ 명의대여자가 상인이 아닌 경우에도 명의대여자의 책임을 인정할 수 있다.

⑤ 명의차용자의 거래상대방에 대한 명의대여자와 명의차용자의 책임은 부진정연대의 관계에 있다.

[**❶ ▶ ○**] 상법 제24조에서 규정한 명의대여자의 책임은 명의자를 사업주로 오인하여 거래한 제3자를 보호하기 위한 것이므로 거래상대방이 명의대여사실을 알았거나 모른 데 대하여 중대한 과실이 있는 때에는 책임을 지지 않는바, 이때 거래의 상대방이 명의대여사실을 알았거나 모른 데 대한 중대한 과실이 있었는지 여부에 대하여는 면책을 주장하는 명의대여자가 입증책임을 부담한다(대판 2008.1.24. 2006다21330).

[**❷ ▶ ○**] 단순히 소극적 묵인으로는 명의대여자의 책임을 인정하기에 부족하나, 영업의 임대라는 부가적 사정이 있는 경우에는, 명의대여자에게 상호의 사용을 관리하여야 할 적극적인 의무를 인정할 수 있어 명의대여자의 책임을 물을 수 있을 것이다.

[**❸ ▶ X**] 농약관리법 제10조에 의하면 농약판매업을 하고자 하는 자는 일정한 자격과 시설을 갖추어 등록을 하도록 되어 있는 바, 이는 농약의 성질로 보아 무자격자가 판매업을 할 경우, 국민보건에 위해를 끼칠 염려가 있기 때문이며 따라서 그 등록명의를 다른 사람에게 빌려준다든지 하는 일은 금지된다. 농약판매등록명의자가 그 등록명의를 대여하였다거나 그 명의로 등록할 것을 다른 사람에게 허락하였다면 농약의 판매업에 관한 한 등록명의자 스스로 영업주라는 것을 나타낸 것이라 할 것이므로 상법 제24조에 의한 명의대여자로서 농약거래로 인하여 생긴 채무를 변제할 책임이 있다(대판 1988.2.9. 87다카304).

[**❹ ▶ ○**] 상법 제24조는 금반언의 법리 및 외관주의의 법리에 따라 타인에게 명의를 대여하여 영업을 하게 한 경우 그 명의대여자가 영업주인 줄로 알고 거래한 선의의 제3자를 보호하기 위하여 그 거래로 인하여 발생한 명의차용자의 채무에 대하여는 그 외관을 만드는 데에 원인을 제공한 명의대여자에게도 명의차용자와 같이 변제책임을 지우자는 것으로서 그 명의대여자가 상인이 아니거나, 명의차용자의 영업이 상행위가 아니라 하더라도 위 법리를 적용하는 데에 아무런 영향이 없다(대판 1987.3.24. 85다카2219).

[**❺ ▶ ○**] 상법 제24조에 의한 명의대여자와 명의차용자의 책임은 동일한 경제적 목적을 가진 채무로서 서로 중첩되는 부분에 관하여 일방의 채무가 변제 등으로 소멸하면 타방의 채무도 소멸하는 이른바 부진정연대의 관계에 있다. 이와 같은 부진정연대채무에 서는 채무자 1인에 대한 이행청구 또는 채무자 1인이 행한 채무의 승인 등 소멸시효의 중단사유나 시효이익의 포기가 다른 채무자에게 효력을 미치지 아니한다(대판 2011.4.14. 2010다91886).

③ **정답**

제2절 │ 상업장부

제3절 │ 상업등기 ★

A와 B가 발행주식 총수의 각 50%를 보유하고 있는 비상장회사 甲주식회사는 B, D를 이사로, C를 대표이사로 선임하는 등기를 마쳤다. 그런데 A는 주주총회 및 이사회 의사록 등 관련서류를 허위로 작성한 후 이에 터 잡아 C 대신 E를 새로운 이사 및 대표이사로, D 대신 F를 새로운 이사로 선임하는 등기를 마쳤다. E와 F는 기존의 이사인 B, C, D를 배제한 채 주주총회 소집을 결의한 후, B에 대한 주주총회 소집통지 없이 주주총회를 개최하여 기존 이사들을 전부 해임하고 다시 새로운 이사들을 선임하였다. 새로 선임된 이사들로 구성된 이사회에서 G는 甲회사의 대표이사로 선임되어 등기까지 마쳤고, 이 과정에서 C는 이러한 사실을 모두 알고도 아무런 조치를 취하지 않았다. 대표이사로 선임등기된 이후 G는 회사의 대출금을 갚기 위해 H에게 회사사옥을 처분하였다. 이러한 경우 회사의 부실등기책임에 관한 설명 중 옳지 않은 것은?(다툼이 있는 경우 판례에 의함)

① H가 선의·무과실인 경우 회사는 사실과 상위한 사항이 등기되었다는 이유로 H에 대하여 G의 사옥처분행위의 무효를 주장할 수 없다.
② 회사에 대해 부실등기책임을 묻기 위해서는 원칙적으로 등기가 등기신청권자인 회사에 의하여 고의·과실로 마쳐진 것임을 요한다.
③ 회사의 부실등기책임을 묻기 위해 필요한 등기신청권자의 고의·과실의 유무는 대표이사를 기준으로 판단한다.
④ 대표이사의 선임등기에 있어 회사가 고의·과실로 부실등기를 한 것과 동일시할 수 있는 사정이 없는 경우 결의의 외관이 존재하는 것만으로 회사에 대해 부실등기책임을 물을 수 없다.
⑤ 甲회사의 상당한 지분을 가진 주주인 A가 허위의 주주총회의 결의 등의 외관을 만들어 부실등기를 마친 것은 그 자체로 회사의 고의·과실로 볼 수 있다.

[**❶ ▶ ○**] 고의 또는 과실로 인하여 사실과 상위한 사항을 등기한 자는 그 상위를 선의의 제3자에게 대항하지 못한다(상법 제39조). 따라서 H가 선의·무과실인 경우, 회사는 부실등기를 이유로 H에 대하여 G의 사옥처분행위의 무효를 주장할 수 없다.

[**❷ ▶ ○**] [**❸ ▶ ○**] 등기신청권자에 대하여 상법 제39조에 의한 불실등기 책임을 묻기 위해서는, 원칙적으로 그 등기가 등기신청권자에 의하여 고의·과실로 마쳐진 것임을 요하고, 주식회사의 경우 불실등기에 대한 고의·과실의 유무는 그 대표이사를 기준으로 판정하여야 하는 것이다(대판 2011.7.28. 2010다70018).

[**❹ ▶ ○**] [**❺ ▶ ✕**] 등기신청권자 아닌 자가 주주총회 의사록 및 이사회 의사록 등을 허위로 작성하여 주주총회결의 및 이사회결의 등의 외관을 만들고 이에 터 잡아 이사 및 대표이사 선임등기를 마친 경우는 물론이고, 그와 같은 허위의 의사록에 선임된 것으로 기재된 이사 및 대표이사가 기존에 적법하게 선임된 이사 및 대표이사를 배제한 채 과반수에 미달하는 일부 주주에 대하여만 소집통지를 보낸 후 주주총회를 개최하여 그 일부 주주만의 찬성으로 이사 선임결의를 하고, 거기서 선임된 이사들로 구성된 이사회를 개최하여 새로운 대표이사를 선임한 후 대표이사 선임등기를 마친 경우에는, 비록 외형상 주주총회결의 및 이사회결의가 존재한다고 하더라도 그것이 적법하게 선임된 대표이사와 이사들 및 나머지 주주들의 관여가 배제된 채 이루어진 이상 등기신청권자인 회사가 그 선임등기가 이루어지는 데에 관여한 것으로 볼 수 없고, 달리 회사의 고의·과실로 불실등기를 한 것과 동일시할 수 있는 특별한 사정이 없는 한 회사에 대하여 상법 제39조에 의한 불실등기 책임을 물을 수 없다. 이 경우 위와 같이 허위의 주주총회결의 등의 외관을 만들어 불실등기를 마친 자가 회사의 상당한 지분을 가진 주주라고 하더라도 그러한 사정만으로는 회사의 고의 또는 과실로 불실등기를 한 것과 동일시할 수는 없다(대판 2011.7.28. 2010다70018).

상업등기에 관한 설명 중 옳은 것을 모두 고른 것은?(다툼이 있는 경우 판례에 의함)

ㄱ. 법인등기부에 이사 또는 감사로 등재되어 있는 경우에는 특단의 사정이 없는 한 정당한 절차에 의하여 선임된 적법한 이사 또는 감사로 추정된다.

ㄴ. 등기신청권자가 스스로 등기를 하지 아니하였다 하더라도 그의 책임 있는 사유로 등기가 이루어지는 데에 관여하거나 부실등기의 존재를 알고 있음에도 이를 시정하지 않고 방치하는 등 등기신청권자의 고의·과실로 부실등기를 한 것과 동일시할 수 있는 특별한 사정이 있는 경우에는, 등기신청권자에 대하여 「상법」 제39조에 의한 부실등기 책임을 물을 수 있다.

ㄷ. 주식회사의 법인 등기의 경우 회사는 대표자를 통하여 등기를 신청하지만 등기신청권자는 회사 자체이므로 취소되는 주주총회결의에 의하여 이사로 선임된 대표이사가 마친 이사 선임 등기는 「상법」 제39조의 부실등기에 해당되지 않는다.

ㄹ. 합명회사의 경우 부실등기를 한 사실이나 이를 방치한 사실에 대한 고의 또는 과실의 유무는 대표사원을 기준으로 결정하여야 한다.

① ㄱ, ㄴ   ② ㄱ, ㄷ   ③ ㄴ, ㄹ
④ ㄱ, ㄴ, ㄹ   ⑤ ㄱ, ㄴ, ㄷ, ㄹ

[ㄱ ▸ O] 법인등기부에 이사 또는 감사로 등재되어 있는 경우에는 특단의 사정이 없는 한 정당한 절차에 의하여 선임된 적법한 이사 또는 감사로 추정된다고 할 것이다(대판 1991.12.27. 91다4409).

[ㄴ ▸ O] 등기신청권자에게 상법 제39조에 의한 불실등기 책임을 묻기 위해서는, 원칙적으로 등기가 등기신청권자에 의하여 고의·과실로 마쳐진 것임을 요하고, 주식회사의 경우 불실등기에 대한 고의·과실의 유무는 대표이사를 기준으로 판정하여야 하는 것이지만, 등기신청권자가 스스로 등기를 하지 아니하였다 하더라도 그의 책임 있는 사유로 등기가 이루어지는 데에 관여하거나 불실등기의 존재를 알고 있음에도 이를 시정하지 않고 방치하는 등 등기신청권자의 고의·과실로 불실등기를 한 것과 동일시할 수 있는 특별한 사정이 있는 경우에는, 등기신청권자에 대하여 상법 제39조에 의한 불실등기책임을 물을 수 있다(대판 2011.7.28. 2010다70018).

[ㄷ ▸ X] 이사 선임의 주주총회결의에 대한 취소판결이 확정되어 그 결의가 소급하여 무효가 된다고 하더라도 그 선임결의가 취소되는 대표이사와 거래한 상대방은 상법 제39조의 적용 내지 유추적용에 의하여 보호될 수 있으며, 주식회사의 법인등기의 경우 회사는 대표자를 통하여 등기를 신청하지만 등기신청권자는 회사 자체이므로 취소되는 주주총회결의에 의하여 이사로 선임된 대표이사가 마친 이사선임등기는 상법 제39조의 부실등기에 해당된다(대판 2004.2.27. 2002다19797).

[ㄹ ▸ O] 합명회사에 있어서 상법 제39조 소정의 부실등기에 대한 고의 과실의 유무는 그 대표사원을 기준으로 판정하여야 하고 대표사원의 유고로 회사정관에 따라 업무를 집행하는 사원이 있다고 하더라도 그 사원을 기준으로 판정하여서는 아니 된다(대판 1981.1.27. 79다1618).

④ 정답

제4절　영업양도　★

2020년 변호사시험 문 50.　　　　☑확인Check! ○ △ X

「상법」상 영업양도와 영업임대차에 관한 설명 중 옳지 않은 것은?(다툼이 있는 경우 판례에 의함)

① 영업을 양도한 경우에 다른 약정이 없으면 양도인은 10년간 동일한 특별시・광역시・시・군과 인접 특별시・광역시・시・군에서 동종영업을 하지 못한다.

② 주식회사가 영업의 중요한 일부를 양도한 후 주주총회의 특별결의가 없었다는 이유를 들어 스스로 그 약정의 무효를 주장하는 경우, 주주 전원이 그와 같은 약정에 동의한 것으로 볼 수 있다면, 그 영업양도에 대한 무효의 주장은 신의성실의 원칙에 반할 수 있다.

③ 영업양수인에 의하여 속용되는 명칭이 상호 자체가 아니라 영업표지인 때에도 그것이 영업주체를 나타내는 것으로 사용되는 경우에는 영업양수인은 특별한 사정이 없는 한 상호를 속용하는 영업양수인의 책임을 정한 「상법」 제42조 제1항의 유추적용에 의하여 영업양도인의 영업으로 인한 제3자에 대한 채무를 부담한다.

④ 상호를 속용하는 영업임차인의 책임에 대해서는 상호를 속용하는 영업양수인의 책임을 정한 「상법」 제42조 제1항이 유추적용된다.

⑤ 상호를 속용하는 영업양수인이 영업양도를 받은 후 지체 없이 영업양도인의 영업으로 인한 제3자에 대한 채무에 대한 책임이 없음을 등기한 때에는 영업양수인은 그 제3자에 대한 채무를 변제할 책임이 없다.

[❶▶○] 영업을 양도한 경우에 다른 약정이 없으면 양도인은 10년간 동일한 특별시・광역시・시・군과 인접 특별시・광역시・시・군에서 동종영업을 하지 못한다(상법 제41조 제1항).

[❷▶○] 상법 제374조 제1항 제1호는 주식회사가 영업의 전부 또는 중요한 일부의 양도행위를 할 때에는 제434조에 따라 출석한 주주의 의결권의 3분의 2 이상의 수와 발행주식 총수의 3분의 1 이상의 수로써 결의가 있어야 한다고 규정하고 있는데 이는 주식회사가 주주의 이익에 중대한 영향을 미치는 계약을 체결할 때에는 주주총회의 특별결의를 얻도록 하여 그 결정에 주주의 의사를 반영하도록 함으로써 주주의 이익을 보호하려는 강행법규이므로, 주식회사가 영업의 전부 또는 중요한 일부를 양도한 후 주주총회의 특별결의가 없었다는 이유를 들어 스스로 그 약정의 무효를 주장하더라도 주주 전원이 그와 같은 약정에 동의한 것으로 볼 수 있는 등 특별한 사정이 인정되지 않는다면 위와 같은 무효주장이 신의성실원칙에 반한다고 할 수는 없다(대판 2018.4.26. 2017다288757).

[❸▶○] 상호를 속용하는 영업양수인의 책임을 정하고 있는 상법 제42조 제1항은, 일반적으로 영업상의 채권자의 채무자에 대한 신용은 채무자의 영업재산에 의하여 실질적으로 담보되어 있는 것이 대부분인데도 실제 영업의 양도가 이루어지면서 채무의 승계가 제외된 경우에는 영업상의 채권자의 채권이 영업재산과 분리되게 되어 채권자를 해치게 되는 일이 일어나므로 영업상의 채권자에게 채권추구의 기회를 상실시키는 것과 같은 영업양도의 방법, 즉 채무를 승계하지 않았음에도 불구하고 상호를 속용함으로써 영업양도의 사실이 대외적으로 판명되기 어려운 방법 또는 영업양도에도 불구하고 채무의 승계가 이루어지지 않은 사실이 대외적으로 판명되기 어려운 방법 등이 채용된 경우에 양수인에게도 변제의 책임을 지우기 위하여 마련된 규정이라고 해석된다. 따라서 양수인에 의하여 속용되는 명칭이 상호 자체가 아닌 옥호(屋號) 또는 영업표지인 때에도 그것이 영업주체를 나타내는 것으로 사용되는 경우에는 영업상의 채권자가 영업주체의 교체나 채무승계 여부 등을 용이하게 알 수 없다는 점에서 일반적인 상호속용의 경우와 다를 바 없으므로, 양수인은 특별한 사정이 없는 한 상법 제42조 제1항의 유추적용에 의하여 그 채무를 부담한다(대판 2010.9.30. 2010다35138).

[**④** ▸ ✕] 영업임대차의 경우에는 상법 제42조 제1항과 같은 법률규정이 없을 뿐만 아니라, 영업상의 채권자가 제공하는 신용에 대하여 실질적인 담보의 기능을 하는 영업재산의 소유권이 재고상품 등 일부를 제외하고는 모두 임대인에게 유보되어 있고 임차인은 사용·수익권만을 가질 뿐이어서 임차인에게 임대인의 채무에 대한 변제책임을 부담시키면서까지 임대인의 채권자를 보호할 필요가 있다고 보기 어렵다. 여기에 상법 제42조 제1항에 의하여 양수인이 부담하는 책임은 양수한 영업재산에 한정되지 아니하고 그의 전 재산에 미친다는 점 등을 더하여 보면, 영업임대차의 경우에 상법 제42조 제1항을 그대로 유추적용할 것은 아니다(대판 2016.8.24. 2014다9212).

[**⑤** ▸ ○] 영업양수인이 양도인의 상호를 계속 사용하는 경우에는 양도인의 영업으로 인한 제3자의 채권에 대하여 양수인도 변제할 책임이 있다(상법 제42조 제1항). 전항의 규정은 양수인이 영업양도를 받은 후 지체 없이 양도인의 채무에 대한 책임이 없음을 등기한 때에는 적용하지 아니한다. 양도인과 양수인이 지체 없이 제3자에 대하여 그 뜻을 통지한 경우에 그 통지를 받은 제3자에 대하여도 같다(동법 제42조 제2항).

2013년 변호사시험 문 38.

☑확인 Check! ○ △ ✕

상법상 영업양도에 관한 설명 중 옳은 것을 모두 고른 것은?(다툼이 있는 경우에는 판례에 의함)

ㄱ. 영업양도는 조직화된 유기적 일체로서의 기능재산의 동일성이 유지된 일괄이전을 의미하므로, 만약 그 조직을 해체하여 양도하였다면 설령 영업재산의 전부를 양도하였더라도 영업양도가 되지 않는다.

ㄴ. 양수인이 양도인의 상호를 속용하는 영업양도의 경우 양도인의 영업으로 인한 제3자의 채권에 대하여 양도인과 양수인은 연대채무관계에서 변제책임을 부담하며, 영업양도 후 2년이 경과하면 양수인의 변제책임은 소멸한다.

ㄷ. 양수인이 양도인의 상호를 속용하는 영업양도의 경우 양수인이 양도인의 영업으로 인한 제3자에 대한 채무를 변제할 책임을 면하려면, 양도인 또는 양수인이 채권자에게 양수인이 양도인의 채무에 대한 책임이 없음을 통지하여야 한다.

ㄹ. 영업을 양도한 경우에 다른 약정이 없으면 양도인은 10년간 동일한 특별시·광역시·시·군과 인접 특별시·광역시·시·군에서 동종영업을 하지 못한다.

ㅁ. 영업이 포괄적으로 양도되면 반대의 특약이 없는 한 양도인과 종업원 사이의 근로계약관계는 포괄적으로 양수인에게 승계되므로, 근로자는 근로관계 승계를 거부할 수 없으며 영업양도를 이유로 양수인에 대하여 고용계약을 임의로 해지하지 못한다.

① ㄱ, ㄹ   ② ㄴ, ㄷ   ③ ㄱ, ㄴ, ㄹ

④ ㄱ, ㄷ, ㄹ   ⑤ ㄱ, ㄴ, ㄷ, ㅁ

[ㄱ ▸ ○] 상법상의 영업양도는 일정한 영업목적에 의하여 조직화된 업체, 즉 인적·물적 조직을 그 동일성은 유지하면서 일체로서 이전하는 것을 의미하고, 영업양도가 이루어졌는가의 여부는 단지 어떠한 영업재산이 어느 정도로 이전되어 있는가에 의하여 결정되어야 하는 것이 아니고 거기에 종래의 영업조직이 유지되어 그 조직이 전부 또는 중요한 일부로서 기능할 수 있는가에 의하여 결정되어야 하므로, 영업재산의 일부를 유보한 채 영업시설을 양도했어도 그 양도한 부분만으로도 종래의 조직이 유지되어 있다고 사회관념상 인정되면 그것을 영업의 양도라 볼 것이지만, 반면에 영업재산의 전부를 양도했어도 그 조직을 해체하여 양도했다면 영업의 양도로 볼 수 없다(대판 2007.6.1. 2005다5812).

[ㄴ ▸ ✕] 영업양수인이 제42조 제1항 또는 전조의 규정에 의하여 변제의 책임이 있는 경우에는 양도인의 제3자에 대한 채무는 영업양도 또는 광고 후 2년이 경과하면 소멸한다(상법 제45조).

[ㄷ ▸ ×] 영업양수인이 양도인의 상호를 계속 사용하는 경우에는 양도인의 영업으로 인한 제3자의 채권에 대하여 양수인도 변제할 책임이 있다(상법 제42조 제1항). 전항의 규정은 양수인이 영업양도를 받은 후 지체 없이 양도인의 채무에 대한 책임이 없음을 등기한 때에는 적용하지 아니한다. 양도인과 양수인이 지체 없이 제3자에 대하여 그 뜻을 통지한 경우에 그 통지를 받은 제3자에 대하여도 같다(동법 제42조 제2항).

[ㄹ ▸ ○] 영업을 양도한 경우에 다른 약정이 없으면 양도인은 10년간 동일한 특별시・광역시・시・군과 인접 특별시・광역시・시・군에서 동종영업을 하지 못한다(상법 제41조 제1항).

[ㅁ ▸ ×] 영업의 양도란 일정한 영업목적에 의하여 조직화된 업체 즉, 인적・물적 조직을 동일성은 유지하면서 일체로서 이전하는 것이어서 영업 일부만의 양도도 가능하고, 이러한 영업양도가 이루어진 경우에는 원칙적으로 해당 근로자들의 근로관계가 양수하는 기업에 포괄적으로 승계되지만 근로자가 반대의사를 표시함으로써 양수기업에 승계되는 대신 양도기업에 잔류하거나 양도기업과 양수기업 모두에서 퇴직할 수도 있다. 또한 이와 같은 경우 근로자가 자의에 의하여 계속근로관계를 단절할 의사로 양도기업에서 퇴직하고 양수기업에 새로이 입사할 수도 있다. 이때 근로관계 승계에 반대하는 의사는 근로자가 영업양도가 이루어진 사실을 안 날부터 상당한 기간 내에 양도기업 또는 양수기업에 표시하여야 하고, 상당한 기간 내에 표시하였는지는 양도기업 또는 양수기업이 근로자에게 영업양도 사실, 양도 이유, 양도가 근로자에게 미치는 법적・경제적・사회적 영향, 근로자와 관련하여 예상되는 조치 등을 고지하였는지 여부, 그와 같은 고지가 없었다면 근로자가 그러한 정보를 알았거나 알 수 있었던 시점, 통상적인 근로자라면 그와 같은 정보를 바탕으로 근로관계 승계에 대한 자신의 의사를 결정하는 데 필요한 시간 등 제반 사정을 고려하여 판단하여야 한다(대판 2012.5.10. 2011다45217).

| 제1절 | 상행위법 총설 | ★★★★☆ |

2020년 변호사시험 문 51.　　　　　　　　　　　　　　☑ 확인Check! ○ △ ✕

「상법」상 유질계약에 관한 설명 중 옳은 것은?(다툼이 있는 경우 판례에 의함)

① 질권설정계약에 포함된 유질약정이 「상법」 제59조에 따라 유효하기 위해서는 질권설정계약의 피담보채권이 상행위로 인하여 생긴 채권이어야 하고, 질권설정자는 상인이어야 한다.

② A주식회사가 영업을 위하여 주식회사인 B은행으로부터 금전을 차용하면서, A회사의 대표이사 甲이 B은행에 위 대출금 채권을 담보하기 위하여 자신이 보유하고 있는 C주식회사 발행 주식에 관하여 유질약정이 포함된 근질권설정계약을 B은행과 체결한 경우, 위 유질약정에 대하여는 「상법」 제59조가 적용된다.

③ 주식에 대하여 질권을 설정한 경우 질권설정계약의 피담보채권이 상행위로 인한 채권이더라도 그 주식질권설정계약에 포함된 유질약정에 대하여는 「상법」 제59조가 적용되지 않는다.

④ 주식질권설정계약에 포함된 유질약정이 「상법」 제59조에 따라 유효하기 위해서는 질권설정자와 질권자 쌍방이 상인이어야 한다.

⑤ 질권설정계약에 있어서 유질계약의 성립을 인정하기 위해서는 그에 관하여 별도의 명시적 또는 묵시적인 약정이 성립되어야 하는 것은 아니다.

[❶▶✕] [❷▶○] [❸▶✕] [❹▶✕]　[1] 민법 제339조는 "질권설정자는 채무변제기 전의 계약으로 질권자에게 변제에 갈음하여 질물의 소유권을 취득하게 하거나 법률에 정한 방법에 의하지 아니하고 질물을 처분할 것을 약정하지 못한다"라고 정하여 이른바 유질계약을 금지하고 있다. 그러나 상법 제59조는 "민법 제339조의 규정은 상행위로 인하여 생긴 채권을 담보하기 위하여 설정한 질권에는 적용하지 아니한다"라고 정함으로써 상행위로 인하여 생긴 채권을 담보하기 위한 질권설정계약에 대해서는 유질계약을 허용하고 있다. 질권설정계약에 포함된 유질약정이 상법 제59조에 따라 유효하기 위해서는 질권설정계약의 피담보채권이 상행위로 인하여 생긴 채권이면 충분하고, 질권설정자가 상인이어야 하는 것은 아니다(①). 또한 상법 제3조는 "당사자 중 그 1인의 행위가 상행위인 때에는 전원에 대하여 본법을 적용한다"라고 정하고 있으므로, 일방적 상행위로 생긴 채권을 담보하기 위한 질권에 대해서도 유질약정을 허용한 상법 제59조가 적용된다고 보아야 한다(④).

[2] 이 사건 근질권설정계약의 피담보채권은 피고 우리은행이 대한생명보험과 국민은행으로부터 양수한 이 사건 대출금 채권으로서 피고 백익인베스트먼트와 금융기관인 대한생명보험과 국민은행 쌍방의 상행위로 인하여 생긴 채권이고, 원고는 이러한 상행위로 인하여 생긴 채권을 담보하기 위하여 피고 우리은행에 이 사건 주식에 대하여 근질권을 설정하면서 이 사건 근질권설정계약 제8조 제2항과 같이 유질계약을 한 것이라고 할 수 있다. 따라서 이러한 유질계약은 상법 제59조에 따라 민법 제339조의 규정이 적용되지 않아 유효하다고 보아야 한다(②·③). 원심이 이 사건 대출금 채권이 피고 우리은행과 원고 사이에 발생한 채권임을 전제로 판단한 것은 잘못이지만 이 사건 근질권설정계약에 포함된 유질계약이 민법 제339조에 따라서 무효이거나 근질권설정자가 상인이 아닌 경우에는 상법 제59조가 적용되지 않는다는 원고의 주장을 배척한 결론은 정당하다(대판 2017.7.18, 2017다207499).

② 정답

[**⑤ ▸ ✕**] 상행위로 인하여 생긴 채권을 담보하기 위하여 설정한 질권의 경우에는 이른바 유질계약이 허용된다고 할 것이나(상법 제59조, 민법 제339조), 그렇다고 하여 모든 상사질권설정계약이 당연히 유질계약에 해당한다고 할 수는 없는 것이고, 상사질권설정계약에 있어서 유질계약의 성립을 인정하기 위하여서는 그에 관하여 별도의 명시적 또는 묵시적인 약정이 성립되어야 할 것이다(대판 2008.3.14. 2007다11996).

[**❶ ▸ ○**] [**❷ ▸ ○**] 상법 제57조 제1항의 채무자의 연대책임은 쌍방적 상행위뿐만 아니라 일방적 상행위의 경우에도 인정되나, 채무자에게 상행위가 되어야 한다. 이때 다수의 채무자 전원에게 상행위일 필요는 없으나, 그중에서 1인 이상에게 상행위이면 된다. 따라서 지문 ①에서 甲에게만 상행위가 되더라도, 공동으로 부담하는 채무에 대하여 甲과 乙은 연대하여 변제할 책임이 인정된다. 또한 지문 ②의 채권자 丙에게만 상행위가 되는 경우에는 상법 제57조 제1항이 적용되지 아니하므로, 甲과 乙은 분할채무를 부담한다(민법 제408조).

[**❸ ▸ ○**] 상법 제57조 제2항의 보증인의 연대책임은 쌍방적 상행위뿐만 아니라 일방적 상행위의 경우에도 인정된다. 여기서의 일방적 상행위란 보증인 또는 주채무자에게 상행위가 되는 경우를 의미한다. 따라서 지문에서 보증인인 주식회사 甲이 영업으로 주채무를 보증하였다면, 주채무가 상행위로 인한 것이 아닌 경우에도 회사 甲은 주채무자와 연대하여 변제할 책임이 있다고 보는 것이 타당하다.

[**❹ ▸ ○**] 임대인인 피고 甲은 이행보조자인 피고 乙이 임차물인 점포의 출입을 봉쇄하고 내부시설공사를 중단시켜 임차인인 원고로 하여금 그 사용·수익을 하지 못하게 한 행위에 대하여 임대인으로서의 채무불이행으로 인한 손해를 배상할 의무가 있고, 또한 피고 乙이 원고가 임차인이라는 사정을 알면서도 위와 같은 방법으로 원고로 하여금 점포를 사용·수익하지 못하게 한 것은 원고의 임차권을 침해하는 불법행위를 이룬다고 할 것이므로 피고 乙은 원고에게 불법행위로 인한 손해배상의무가 있다고 할 경우, 피고 甲의 채무불이행책임과 피고 乙의 불법행위책임은 동일한 사실관계에 기한 것으로 부진정연대채무관계에 있다(대판 1994.11.11. 94다22446). 이러한 판례의 취지를 고려할 때, 甲과 乙의 손해배상책임은 부진정연대책임관계에 있다.

[**❺ ▸ ✕**] 조합채무가 조합원 전원을 위하여 상행위가 되는 행위로 인하여 부담하게된 것이라면 그 채무에 관하여 조합원들에 대하여 상법 제57조 제1항을 적용하여 연대책임을 인정함이 마땅하다(대판 1995.8.11. 94다18638). 따라서 조합원인 甲과 乙은 연대책임을 부담한다.

정답 ⑤

대리에 관한 설명 중 옳지 않은 것을 모두 고른 것은?(다툼이 있는 경우 판례에 의함)

ㄱ. 「민법」상 대리행위는 대리인이 본인을 위한 것임을 표시하지 아니한 때에는 원칙적으로 그 의사표시는 자기를 위한 것으로 보지만 상행위의 대리행위는 대리인이 본인을 위한 것임을 표시하지 아니한 때에도 본인에 대하여 효력이 발생한다.

ㄴ. 영업의 특정한 종류 또는 특정한 사항에 대한 위임을 받은 상업사용인의 경우 그 업무내용에 영업주를 대리하여 법률행위를 하는 것이 당연히 포함되어 있어야 하는 것은 아니다.

ㄷ. 상행위의 대리인이 본인을 위한 것임을 표시하지 아니한 경우 상대방이 본인을 위한 것임을 알지 못한 때에는 대리인에게도 이행의 청구를 할 수 있다.

ㄹ. 대리인의 자격을 주주로 한정하는 취지의 주식회사 정관규정이 있는 경우 주주인 국가, 지방공공단체 또는 주식회사 등이 그 소속 공무원, 직원 또는 피용자 등에게 의결권을 대리행사하도록 하는 것은 허용되지 아니한다.

ㅁ. 「상법」상 주주총회 의결권의 대리행사시 대리인이 제출하여야 하는 '대리권을 증명하는 서면'은 위조나 변조 여부를 쉽게 식별할 수 있는 원본이어야 하고 특별한 사정이 없는 한 사본은 그 서면에 해당하지 아니한다.

① ㄹ ② ㄱ, ㄷ ③ ㄴ, ㄹ
④ ㄱ, ㄴ, ㅁ ⑤ ㄷ, ㄹ, ㅁ

[ㄱ ▸ O] [ㄷ ▸ O] 상행위의 대리인이 본인을 위한 것임을 표시하지 아니하여도 그 행위는 본인에 대하여 효력이 있다. 그러나 상대방이 본인을 위한 것임을 알지 못한 때에는 대리인에 대하여도 이행의 청구를 할 수 있다(상법 제48조).

[ㄴ ▸ X] 상법 제15조의 부분적 포괄대리권을 가진 사용인은 영업의 특정한 종류 또는 특정한 사항에 관한 재판 외의 모든 행위를 할 수 있는 대리권을 가진 상업사용인을 말하는 것이므로, 이에 해당하기 위해서는 그 사용인의 업무내용에 영업주를 대리하여 법률행위를 하는 것이 당연히 포함되어 있어야 한다(대판 2007.8.23. 2007다23425).

[ㄹ ▸ X] 상법 제368조 제3항의 규정은 주주의 대리인의 자격을 제한할 만한 합리적인 이유가 있는 경우 정관의 규정에 의하여 상당하다고 인정되는 정도의 제한을 가하는 것까지 금지하는 취지는 아니라고 해석되는바, 대리인의 자격을 주주로 한정하는 취지의 주식회사의 정관규정은 주주총회가 주주 이외의 제3자에 의하여 교란되는 것을 방지하여 회사 이익을 보호하는 취지에서 마련된 것으로서 합리적인 이유에 의한 상당한 정도의 제한이라고 볼 수 있으므로 이를 무효라고 볼 수는 없다. 그런데 위와 같은 정관규정이 있다 하더라도 주주인 국가, 지방공공단체 또는 주식회사 등이 그 소속의 공무원, 직원 또는 피용자 등에게 의결권을 대리행사하도록 하는 때에는 특별한 사정이 없는 한 그들의 의결권 행사에는 주주 내부의 의사결정에 따른 대표자의 의사가 그대로 반영된다고 할 수 있고 이에 따라 주주총회가 교란되어 회사 이익이 침해되는 위험은 없는 반면에, 이들의 대리권 행사를 거부하게 되면 사실상 국가, 지방공공단체 또는 주식회사 등의 의결권 행사의 기회를 박탈하는 것과 같은 부당한 결과를 초래할 수 있으므로, 주주인 국가, 지방공공단체 또는 주식회사 소속의 공무원, 직원 또는 피용자 등이 그 주주를 위한 대리인으로서 의결권을 대리행사하는 것은 허용되어야 하고 이를 가리켜 정관규정에 위반한 무효의 의결권 대리행사라고 할 수는 없다(대판 2009.4.23. 2005다22701).

[ㅁ ▸ O] 상법 제368조 제3항의 규정은 대리권의 존부에 관한 법률관계를 명확히 하여 주주총회결의의 성립을 원활하게 하기 위한 데 그 목적이 있다고 할 것이므로 대리권을 증명하는 서면은 위조나 변조 여부를 쉽게 식별할 수 있는 원본이어야 하고, 특별한 사정이 없는 한 사본은 그 서면에 해당하지 아니하고, 팩스를 통하여 출력된 팩스본 위임장 역시 성질상 원본으로 볼 수 없다(대판 2004.4.27. 2003다29616).

소멸시효에 관한 설명 중 옳지 않은 것은?(다툼이 있는 경우 판례에 의함)

① 상행위로부터 생긴 채권뿐만 아니라 이에 준하는 채권에도 일반상사소멸시효에 관한 「상법」 제64조가 적용되거나 유추적용될 수 있다.

② 「민법」상 단기소멸시효에 해당하는 주채무의 소멸시효기간이 확정판결에 의하여 10년으로 연장된 상태에서 주채무를 보증한 경우, 특별한 사정이 없는 한 보증채무에 대하여는 「민법」상 단기소멸시효가 적용된다.

③ 甲재건축조합과 乙주식회사가 주택재건축사업에 관한 공사계약을 체결하였고 乙회사를 실질적으로 경영하는 丙이 그 공사비 충당명목으로 丁으로부터 금원을 차용한 경우 丁의 丙에 대한 대여금반환청구권에 대해서는 일반상사소멸시효가 적용되지 아니한다.

④ 甲은행으로부터 대출을 받으면서 근저당권설정비용 등을 부담한 채무자 乙이 그 근거인 대출약관 관련규정의 무효를 주장하면서 대출비용에 관한 부당이득반환청구권을 행사하는 경우 그 소멸시효는 5년이다.

⑤ 사실상 권리의 존재나 권리행사 가능성을 알지 못하였고 알지 못함에 과실이 없다고 하더라도 이러한 사유는 소멸시효의 중단사유가 되는 법률상 장애사유에 해당한다고 할 수 없다.

[❶ ▶ ○] 상행위로부터 생긴 채권뿐 아니라 이에 준하는 채권에도 상법 제64조가 적용되거나 유추적용될 수 있다(대판 2015.9.15, 2015다210811).

[❷ ▶ ✕] 보증채무는 주채무와는 별개의 독립한 채무이므로 보증채무와 주채무의 소멸시효기간은 채무의 성질에 따라 각각 별개로 정해진다. 그리고 주채무자에 대한 확정판결에 의하여 민법 제163조 각 호의 단기소멸시효에 해당하는 주채무의 소멸시효기간이 10년으로 연장된 상태에서 주채무를 보증한 경우, 특별한 사정이 없는 한 보증채무에 대하여는 민법 제163조 각 호의 단기소멸시효가 적용될 여지가 없고, 성질에 따라 보증인에 대한 채권이 민사채권인 경우에는 10년, 상사채권인 경우에는 5년의 소멸시효기간이 적용된다(대판 2014.6.12, 2011다76105).

[❸ ▶ ○] 아래 판례의 취지를 고려할 때, 乙회사의 대표이사는 아니지만 乙회사를 실질적으로 경영하는 자인 丙이 자기의 명의로 丁으로부터 금원을 차용한 경우, 丙의 차용행위는 상행위에 해당하지 아니하므로 일반상사시효가 적용되지 아니한다.

> **판례** 상인은 상행위로 인하여 생기는 권리·의무의 주체로서 상행위를 하는 것이고, 영업을 위하는 행위가 보조적 상행위로서 상법의 적용을 받기 위해서는 행위를 하는 자 스스로 상인 자격을 취득하는 것을 당연한 전제로 하며, 회사가 상법에 의해 상인으로 의제된다고 하더라도 회사의 기관인 대표이사 개인은 상인이 아니어서 비록 대표이사 개인이 회사 자금으로 사용하기 위해서 차용한다고 하더라도 상행위에 해당하지 아니하여 차용금채무를 상사채무로 볼 수 없다(대판 2015.3.26, 2014다70184).

[❹ ▶ ○] 甲은행으로부터 대출받으면서 근저당권설정비용 등을 부담한 채무자 乙 등이 그 비용 등 부담의 근거가 된 약관 조항이 구 약관의 규제에 관한 법률 제6조에 따라 무효라고 주장하면서 비용 등 상당액의 부당이득 반환을 구한 경우, 이 부당이득반환채권은 피고가 대출거래 등 영업을 위하여 체결하는 근저당권설정계약 중 비용부담에 관한 약관조항에 기하여 지출이 이루어짐에 따라 발생한 것으로서 근본적으로 상행위에 해당하는 대출거래 약정에 기초하여 발생한 것으로 볼 수 있고, 그 채권발생의 경위나 원인 등에 비추어 그로 인한 거래관계를 신속하게 해결할 필요가 있으므로, 그 소멸시효기간에는 상법 제64조가 적용되어 5년의 소멸시효에 걸리게 된다고 봄이 타당하다(대판 2014.7.24, 2013다214871).

[**⑤** ▸ ○]   소멸시효는 객관적으로 권리가 발생하여 그 권리를 행사할 수 있는 때로부터 진행하고 그 권리를 행사할 수 없는 동안은 진행하지 않지만 여기서 '권리를 행사할 수 없는' 경우라 함은 그 권리행사에 법률상의 장애사유, 예컨대 기간의 미도래나 조건 불성취 등이 있는 경우를 말하는 것이고, 사실상 권리의 존재나 권리행사가능성을 알지 못하였고 알지 못함에 과실이 없다고 하여도 이러한 사유는 법률상 장애사유에 해당하지 않는다(대판 2012.5.24. 2009다22549).

2015년 변호사시험 문 40.   ☑ 확인Check! ○ △ ✕

甲으로부터 적법한 대리권을 수여받은 乙이 甲을 대리하여 丙과 거래하면서 甲을 위한 것임을 표시하지 아니한 경우의 법률관계에 관한 설명 중 옳은 것은?

① 乙이 상행위가 아닌 법률행위의 대리인인 경우, 丙이 乙의 행위가 대리인으로서 한 것임을 알지 못하였고 알 수도 없었다면, 丙은 甲과 乙 모두에게 이행의 청구를 할 수 있다.

② 乙이 상행위의 대리인인 경우, 丙이 乙의 행위가 대리인으로서 한 것임을 알지 못하였다면, 丙은 乙에게만 이행의 청구를 할 수 있다.

③ 乙이 상행위가 아닌 법률행위의 대리인인 경우, 丙이 乙의 행위가 대리인으로서 한 것임을 알지 못하였으나 알 수 있었다면, 丙은 乙에게만 이행의 청구를 할 수 있다.

④ 乙이 상행위가 아닌 법률행위의 대리인인 경우, 丙이 乙의 행위가 대리인으로서 한 것임을 알았다면, 丙은 甲과 乙 모두에게 이행의 청구를 할 수 있다.

⑤ 乙이 상행위의 대리인인 경우, 丙이 乙의 행위가 대리인으로서 한 것임을 알았다면, 丙은 甲에게만 이행의 청구를 할 수 있다.

[**❶** ▸ ✕]   乙이 상행위가 아닌 법률행위의 대리인인 경우, 丙이 乙의 대리행위에 대하여 선의 · 무과실이었다면, 丙은 민법 제115조 본문에 의하여 대리인 乙에게 이행을 청구할 수 있다.

> **본인을 위한 것임을 표시하지 아니한 행위(민법 제115조)**   대리인이 본인을 위한 것임을 표시하지 아니한 때에는 그 의사표시는 자기를 위한 것으로 본다. 그러나 상대방이 대리인으로서 한 것임을 알았거나 알 수 있었을 때에는 전조 제1항의 규정을 준용한다.

[**❷** ▸ ✕]   乙이 상행위의 대리인인 경우, 丙이 乙의 대리행위에 대하여 선의였다면, 甲뿐만 아니라 乙에 대하여도 이행을 청구할 수 있다.

> **대리의 방식(상법 제48조)**   상행위의 대리인이 본인을 위한 것임을 표시하지 아니하여도 그 행위는 본인에 대하여 효력이 있다. 그러나 상대방이 본인을 위한 것임을 알지 못한 때에는 대리인에 대하여도 이행의 청구를 할 수 있다.

[**❸** ▸ ✕] [**❹** ▸ ✕]   乙이 상행위가 아닌 법률행위의 대리인인 경우, 丙이 乙의 대리행위에 대하여 악의나 과실이 있었다면, 丙은 본인인 甲에게만 이행을 청구할 수 있다.

[**❺** ▸ ○]   乙이 상행위의 대리인인 경우, 丙이 乙의 대리행위에 대하여 악의였다면, 丙은 甲에게만 이행의 청구를 할 수 있다.

2014년 변호사시험 문 37.

☑ 확인Check! ○ △ ✕

A회사는 B법인(비영리법인)과 B법인 소유 부동산에 관한 매매계약을 체결하고 2004.3.15. 그 이행으로서 B법인에 매매대금 2억원을 지급하였다. 그 후 B법인을 대표하여 이 매매계약을 체결한 대표자 甲의 선임에 관한 B법인의 이사회결의가 부존재하는 것으로 2005.3.15. 법원에서 확정되었다. 부동산을 아직 인도받지 못한 A회사는 2010.6.30. 이 매매계약이 무효가 되었음을 이유로 민법의 관련 규정에 따라 B법인에 이미 지급한 매매대금 상당액의 반환을 청구하였다. 이에 관한 설명 중 옳은 것을 모두 고른 것은?(다툼이 있는 경우에는 판례에 의함)

ㄱ. 만일 甲이 B법인을 실질적으로 운영하면서 법인을 사실상 대표하여 법인의 사무를 집행하는 자이고 B법인이 이를 묵인하였으며 위 부동산 매매계약이 甲의 사기에 의하여 체결된 경우라면, A회사는 B법인과 甲에 대하여 민법 제766조가 정한 불법행위로 인한 손해배상청구권의 소멸시효기간 내에 불법행위책임을 물을 수 있다.

ㄴ. 소멸시효는 당해 청구권이 성립한 때로부터 진행하고 원칙적으로 권리의 존재나 발생을 알지 못하였다고 하더라도 소멸시효의 진행에 장애가 되지 않는 것이므로, B법인의 이사회결의가 부존재함에 따라 발생하는 A회사의 부당이득반환청구권처럼 B법인의 내부적인 법률관계가 개입되어 A회사가 그 권리의 발생 여부를 객관적으로 알기 어려운 상황에 있고 A회사가 과실 없이 이를 알지 못한 경우에도 청구권이 성립한 때로부터 소멸시효가 진행한다.

ㄷ. A회사의 B법인에 대한 부당이득반환청구권은 기한의 정함이 없는 채권이므로 B법인은 이행청구를 받은 때로부터 A회사에 대하여 지체책임을 진다.

ㄹ. 위 사안과 같이 상행위에 해당하는 부동산 매매계약의 무효를 이유로 한 매매대금 상당액 반환청구권을 행사하는 경우 신속하게 해결할 필요성이 있는지 여부와 무관하게 상법 제64조가 정한 상사소멸시효가 적용된다.

① ㄱ, ㄴ   ② ㄱ, ㄷ   ③ ㄱ, ㄹ
④ ㄴ, ㄷ   ⑤ ㄷ, ㄹ

[ㄱ ▶ ○] 상법 제54조의 상사법정이율은 상행위로 인한 채무나 이와 동일성을 가진 채무에 관하여 적용되는 것이고, 상행위가 아닌 불법행위로 인한 손해배상채무에는 적용되지 아니한다(대판 2018.2.28, 2013다26425)는 것이 판례이므로, A회사는 B법인과 甲에 대하여 민법 제766조가 정한 불법행위로 인한 손해배상청구권의 소멸시효기간 내에 불법행위책임을 물을 수 있다.

[ㄴ ▶ ✕][ㄹ ▶ ✕] [1] 소멸시효의 진행은 당해 청구권이 성립한 때로부터 발생하고 원칙적으로 권리의 존재나 발생을 알지 못하였다고 하더라도 소멸시효의 진행에 장애가 되지 않는다고 할 것이지만, 법인의 이사회결의가 부존재함에 따라 발생하는 제3자의 부당이득반환청구권처럼 법인이나 회사의 내부적인 법률관계가 개입되어 있어 청구권자가 권리의 발생 여부를 객관적으로 알기 어려운 상황에 있고 청구권자가 과실 없이 이를 알지 못한 경우에도 청구권이 성립한 때부터 바로 소멸시효가 진행한다고 보는 것은 정의와 형평에 맞지 않을 뿐만 아니라 소멸시효제도의 존재이유에도 부합한다고 볼 수 없으므로, 이러한 경우에는 이사회결의부존재확인판결의 확정과 같이 객관적으로 청구권의 발생을 알 수 있게 된 때로부터 소멸시효가 진행된다고 보는 것이 타당하다.
[2] 주식회사인 부동산매수인이 의료법인인 매도인과의 부동산매매계약의 이행으로서 그 매매대금을 매도인에게 지급하였으나, 매도인 법인을 대표하여 위 매매계약을 체결한 대표자의 선임에 관한 이사회결의가 부존재하는 것으로 확정됨에 따라 위 매매계약이 무효로 되었음을 이유로 민법의 규정에 따라 매도인에게 이미 지급하였던 매매대금 상당액의 반환을 구하는 부당이득반환청구의 경우, 거기에 상거래 관계와 같은 정도로 신속하게 해결할 필요성이 있다고 볼 만한 합리적인 근거도 없으므로 위 부당이득반환청구권에는 상법 제64조가 적용되지 아니하고, 그 소멸시효기간은 민법 제162조 제1항에 따라 10년이다(대판 2003.4.8, 2002다64957).

[ㄷ ▶ ○] 부당이득반환의무는 이행기한의 정함이 없는 채무이어서 그 채무자는 이행청구를 받은 때에 비로소 지체책임을 지게 되므로(대판 2010.1.28, 2009다24187), B법인은 이행청구를 받은 때로부터 A회사에 대하여 지체책임을 진다.

소멸시효기간과 유치권에 관한 설명 중 옳은 것은?(다툼이 있는 경우에는 판례에 의함)

① 주식회사의 이사가 고의 또는 과실로 그 임무를 게을리하여 회사에게 손해를 끼친 경우, 회사의 이사에 대한 손해배상청구권의 소멸시효기간은 5년이다.

② 주식회사의 주주총회 또는 이사회가 이익배당의 결의를 한 경우, 주주의 배당금 지급청구권의 소멸시효기간은 10년이다.

③ 상행위인 계약의 해제로 인한 원상회복청구권은 상사시효가 적용되지 않고 일반민사시효가 적용된다.

④ 대리상의 유치권은 유치물과 피담보채권 사이에 개별적인 견련성이 요구되지 않고 유치목적물도 채무자 소유가 아니어도 성립할 수 있다.

⑤ 일반상사유치권은 유치물과 피담보채권 사이에 개별적인 견련성이 요구되며, 유치목적물도 채무자 소유이어야 성립한다.

[❶ ▶ ✕] 주식회사의 이사 또는 감사의 회사에 대한 임무해태로 인한 손해배상책임은 일반불법행위 책임이 아니라 위임관계로 인한 채무불이행 책임이므로 그 소멸시효기간은 일반채무의 경우와 같이 10년이라고 보아야 한다(대판 1985.6.25. 84다카1954).

[❷ ▶ ✕] 회사는 제464조에 따른 이익배당을 제462조 제2항의 주주총회나 이사회의 결의 또는 제462조의3 제1항의 결의를 한 날부터 1개월 내에 하여야 한다. 다만, 주주총회 또는 이사회에서 배당금의 지급시기를 따로 정한 경우에는 그러하지 아니하다(상법 제464조의2 제1항). 제1항의 배당금의 지급청구권은 5년간 이를 행사하지 아니하면 소멸시효가 완성한다(동법 제464조의2 제2항).

[❸ ▶ ✕] 상행위인 계약의 해제로 인한 원상회복청구권 또한 상법 제64조의 상사시효의 대상이 된다고 할 것인바, 기록에 의하여 살펴보면, 원심이, 같은 취지에서, 원고가 이 사건 매매계약에 관한 그 주장의 해제일로부터 5년이 경과한 후에 이 사건 소를 제기하였다고 하여 위 계약해제로 인한 계약금등반환청구권은 그 소멸시효가 완성되었다고 판단하였음은 정당하다(대판 1993.9.14. 93다21569).

[❹ ▶ ○] [❺ ▶ ✕] 대리상이나 위탁매매인에게 인정되는 특별상사유치권 또는 일반상사유치권에는 목적물과의 견련성이 요구되지 아니하나, 민사유치권은 요구된다는 것을 유의하여야 한다. 특별상사유치권이나 민사유치권은 목적물이 채무자의 소유가 아닌 경우에도 성립할 수 있으나, 일반상사유치권은 목적물이 채무자의 소유일 것을 요한다.

유치권에 관한 설명 중 옳지 않은 것은?(다툼이 있는 경우에는 판례에 의함)

① 채무자 소유 부동산에 관하여 이미 저당권이 설정되어 있는 상태에서 상법 제58조가 정한 일반상사유치권을 취득한 채권자는 그 저당권에 기한 임의경매절차에서 부동산을 취득한 매수인에게 자신의 상사유치권으로 대항할 수 없다.

② 상법 제58조가 정한 일반상사유치권은 법정 요건이 충족되면 성립하는 것이지만 채권자와 채무자의 특약으로 이를 배제할 수 있고, 이러한 특약은 명시적인 경우뿐만 아니라 묵시적인 약정에 의해서도 가능하다.

③ 상법 제58조가 정한 일반상사유치권은 상인 간의 상행위로 인한 채권이 변제기에 있을 것을 요건으로 한다.

④ 상법 제58조가 정한 일반상사유치권과 상법 제111조와 제91조가 정한 위탁매매인의 특별상사유치권은 목적물이 채무자 소유일 것을 요하는 점에서 목적물이 채무자 소유일 것을 요하지 않는 민사유치권과 차이가 있다.

⑤ 민사유치권의 경우에는 피담보채권이 목적물에 관한 것임을 요하지만, 상법 제58조가 정한 일반상사유치권은 이를 요하지 않는다.

[**❶** ▶ **O**] 상사유치권이 채무자 소유의 물건에 대해서만 성립한다는 것은, 상사유치권은 그 성립 당시 채무자가 목적물에 대하여 보유하고 있는 담보가치만을 대상으로 하는 제한물권이라는 의미를 담고 있다 할 것이고, 따라서 유치권 성립 당시에 이미 그 목적물에 대하여 제3자가 권리자인 제한물권이 설정되어 있다면, 상사유치권은 그와 같이 제한된 채무자의 소유권에 기초하여 성립할 뿐이고, 기존의 제한물권이 확보하고 있는 담보가치를 사후적으로 침탈하지는 못한다고 보아야 한다. 그러므로 채무자 소유의 부동산에 관하여 이미 선행(先行)저당권이 설정되어 있는 상태에서 채권자의 상사유치권이 성립한 경우, 상사유치권자는 채무자 및 그 이후 그 채무자로부터 부동산을 양수하거나 제한물권을 설정 받는 자에 대해서는 대항할 수 있지만, 선행저당권자 또는 선행저당권에 기한 임의경매절차에서 부동산을 취득한 매수인에 대한 관계에서는 그 상사유치권으로 대항할 수 없다(대판 2013.3.28. 2012다94285).

[**❷** ▶ **O**] 상법은 상인 간의 거래에서 신속하고 편리한 방법으로 담보를 취득하게 하기 위한 목적에서 민법상의 유치권과 별도로 상사유치권에 관한 규정을 두고 있다. 즉 상법 제58조 본문은 "상인 간의 상행위로 인한 채권이 변제기에 있는 때에는 채권자는 변제를 받을 때까지 그 채무자에 대한 상행위로 인하여 자기가 점유하고 있는 채무자 소유의 물건 또는 유가증권을 유치할 수 있다"고 규정하여 상사유치권을 인정하는 한편 같은 조 단서에서 "그러나 당사자 간에 다른 약정이 있으면 그러하지 아니하다"고 규정하여 상사유치권을 특약으로 배제할 수 있게 하였다. 이러한 상사유치권 배제의 특약은 묵시적 약정에 의해서도 가능하다(대판 2012.9.27. 2012다37176).

[**❸** ▶ **O**] 상인 간의 상행위로 인한 채권이 변제기에 있는 때에는 채권자는 변제를 받을 때까지 그 채무자에 대한 상행위로 인하여 자기가 점유하고 있는 채무자소유의 물건 또는 유가증권을 유치할 수 있다. 그러나 당사자 간에 다른 약정이 있으면 그러하지 아니하다(상법 제58조).

[**❹** ▶ **X**] 일반상사유치권(상법 제58조)은 목적물이 채무자의 소유일 것을 요하나, 위탁매매인의 특별상사유치권(동법 제91조, 제111조)이나 민법상의 유치권(민법 제320조)은 채무자의 소유일 것을 요하지 아니한다.

[**❺** ▶ **O**] 민사유치권과는 달리 일반상사유치권은 피담보채권과 목적물의 개별적 견련성을 요하지 아니한다.

 참고 ● 각종 유치권의 비교

구 분	민사유치권	일반상사유치권	특별상사유치권 (대리상, 위탁매매인)
당사자	제한 없음	양자 모두 상인	대리상은 양자 모두 상인일 것, 위탁자는 불문, 위탁매매인은 상인
피담보채권 (변제기 도래 요부)	목적물에 관하여 생긴 채권 (요구)	쌍방적 상행위로 인한 채권 (요구)	거래의 대리 또는 중개로 인한 채권(요구), 위탁매매로 인한 채권(요구)
목적물 (적법한 점유 요부)	타인 소유 물건이나 유가증권(요구)	채무자 소유 물건이나 유가증권(요구)	타인 소유 물건이나 유가증권(요구)
개별적 견련성	필 요	불 요	
반대약정	모두 반대약정이 없어야 성립		

이행지체, 지연손해금 및 법정이율에 관한 설명 중 옳지 않은 것은?(다툼이 있는 경우 판례에 의함)

① 은행이 영업행위로서 한 대출금에 대한 변제기 이후의 지연손해금은 그 원본채권과 마찬가지로 상행위로 인한 채권에 관하여 적용될 5년간의 소멸시효를 규정한 「상법」 제64조가 적용된다.

② 금전채무의 이행지체로 인하여 발생하는 지연손해금은 그 성질이 손해배상금이지 이자가 아니며, 「민법」 제163조 제1호가 규정한 '1년 이내의 기간으로 정한 채권'도 아니므로 3년간의 단기소멸시효의 대상이 아니다.

③ 금전채무의 지연손해금채무는 금전채무의 이행지체로 인한 손해배상채무로서 이행기의 정함이 없는 채무에 해당하므로, 채무자는 확정된 지연손해금채무에 대하여 채권자로부터 이행청구를 받은 때로부터 지체책임을 부담한다.

④ 기존채무와 어음채무가 병존하는 경우 원인채무의 이행과 어음의 반환은 동시이행관계에 있으므로 원인채무의 이행기가 도래하더라도 채권자가 어음의 반환을 제공할 때까지는 채무자가 원인채무에 대한 이행지체의 책임을 지지 않고, 이러한 효과는 채무자가 어음을 반환받지 않았음을 이유로 동시이행의 항변권을 행사하여 지급을 거절하여야만 발생하는 것은 아니다.

⑤ 상사법정이율은 상행위로 인한 채무나 이와 동일성을 가진 채무에 관하여 적용되는 것이고, 상행위가 아닌 불법행위로 인한 손해배상채무에는 적용되지 않는다.

[❶ ▸ ○] 은행이 영업행위로서 한 대출금에 대한 변제기 이후의 지연손해금은 그 원본채권과 마찬가지로 상행위로 인한 채권으로서 5년의 소멸시효를 규정한 상법 제64조가 적용된다(대판 2008.3.14. 2006다2940).

[❷ ▸ ○] 금전채무의 이행지체로 인하여 발생하는 지연손해금은 그 성질이 손해배상금이지 이자가 아니며, 민법 제163조 제1호가 규정한 '1년 이내의 기간으로 정한 채권'도 아니므로 3년간의 단기소멸시효의 대상이 되지 아니한다고 할 것이다(대판 2010.9.9. 2010다24435).

[❸ ▸ ○] 금전채무의 지연손해금채무는 금전채무의 이행지체로 인한 손해배상채무로서 이행기의 정함이 없는 채무에 해당하므로, 채무자는 확정된 지연손해금채무에 대하여 채권자로부터 이행청구를 받은 때부터 지체책임을 부담하게 된다(대판 2010.12.9. 2009다59237).

[❹ ▸ ✕] 기존채무와 어음, 수표채무가 병존하는 경우 원인채무의 이행과 어음, 수표의 반환이 동시이행의 관계에 있다 하더라도 채권자가 어음, 수표의 반환을 제공을 하지 아니하면 채무자에게 적법한 이행의 최고를 할 수 없다고 할 수는 없고, 채무자는 원인채무의 이행기를 도과하면 원칙적으로 이행지체의 책임을 지고, 채권자로부터 어음, 수표의 반환을 받지 아니하였다 하더라도 이 어음, 수표를 반환하지 않음을 이유로 위와 같은 항변권을 행사하여 그 지급을 거절하고 있는 것이 아닌 한 이행지체의 책임을 면할 수 없다(대판 1993.11.9. 93다11203).

[❺ ▸ ○] 상법 제54조의 상사법정이율은 상행위로 인한 채무나 이와 동일성을 가진 채무에 관하여 적용되는 것이고, 상행위가 아닌 불법행위로 인한 손해배상채무에는 적용되지 아니한다(대판 2018.2.28. 2013다26425).

상사매매

✓ 각 문항별로 이해도를 체크해 보세요.

최근 5년간 회별 평균 **0.4문**

제1절 | 상사매매 ★

2016년 변호사시험 문 50.

☑확인 Check! ○ △ ✕

「민법」과 「상법」상 계약의 성립 및 해제에 관한 설명 중 옳지 않은 것은?(당사자 간에 별도의 약정이 없는 것으로 가정하며, 다툼이 있는 경우 판례에 의함)

① 「민법」에 의하면 청약을 받은 상대방이 계약체결을 원하지 않는 경우 원칙적으로 거절의 의사를 청약자에게 통지할 필요가 없다.

② 상인이 그 영업부류에 속한 계약의 청약을 받은 경우 견품 기타의 물건을 받은 때에는 청약을 거절한 때에도 청약수령자의 비용으로 그 물건을 보관하여야 한다.

③ 상인이 상시 거래관계에 있는 자로부터 그 영업부류에 속한 계약의 청약을 받은 때에는 지체 없이 낙부의 통지를 발송하여야 하고 이를 해태한 때에는 승낙한 것으로 본다.

④ 상인이 아닌 당사자 간의 계약에서 계약의 성질 또는 당사자의 의사표시에 의하여 일정한 시일 또는 일정한 기간 내에 이행하지 아니하면 계약의 목적을 달성할 수 없을 경우, 당사자 일방이 그 시기에 이행하지 아니한 때에는 상대방은 이행의 최고 없이도 계약을 해제할 수 있다.

⑤ 상인 간의 매매에 있어서 매매의 성질 또는 당사자의 의사표시에 의하여 일정한 일시 또는 일정한 기간 내에 이행하지 아니하면 계약의 목적을 달성할 수 없는 경우, 당사자의 일방이 이행시기를 경과한 때에는 상대방은 즉시 그 이행을 청구하지 아니하면 계약을 해제한 것으로 본다.

[**①** ▸ ○] 청약이 상시 거래관계에 있는 자 사이에 그 영업부류에 속한 계약에 관하여 이루어진 것이어서 상법 제53조가 적용될 수 있는 경우가 아니라면, 청약의 상대방에게 청약을 받아들일 것인지 여부에 관하여 회답할 의무가 있는 것은 아니므로, 청약자가 미리 정한 기간 내에 이의를 하지 아니하면 승낙한 것으로 간주한다는 뜻을 청약 시 표시하였다고 하더라도 이는 상대방을 구속하지 아니하고 그 기간은 경우에 따라 단지 승낙기간을 정하는 의미를 가질 수 있을 뿐이다(대판 1999.1.29. 98다48903).

[**②** ▸ ✕] 상인이 그 영업부류에 속한 계약의 청약을 받은 경우에 견품 기타의 물건을 받은 때에는 그 청약을 거절한 때에도 청약자의 비용으로 그 물건을 보관하여야 한다. 그러나 그 물건의 가액이 보관의 비용을 상환하기에 부족하거나 보관으로 인하여 손해를 받을 염려가 있는 때에는 그러하지 아니하다(상법 제60조).

[**③** ▸ ○] 상인이 상시 거래관계에 있는 자로부터 그 영업부류에 속한 계약의 청약을 받은 때에는 지체 없이 낙부의 통지를 발송하여야 한다. 이를 해태한 때에는 승낙한 것으로 본다(상법 제53조).

[**④** ▸ ○] 계약의 성질 또는 당사자의 의사표시에 의하여 일정한 시일 또는 일정한 기간 내에 이행하지 아니하면 계약의 목적을 달성할 수 없을 경우에 당사자 일방이 그 시기에 이행하지 아니한 때에는 상대방은 전조의 최고를 하지 아니하고 계약을 해제할 수 있다(민법 제545조).

정답 ②

안심Touch

[❺ ▸ O] 상인 간의 매매에 있어서 매매의 성질 또는 당사자의 의사표시에 의하여 일정한 일시 또는 일정한 기간 내에 이행하지 아니하면 계약의 목적을 달성할 수 없는 경우에 당사자의 일방이 이행시기를 경과한 때에는 상대방은 즉시 그 이행을 청구하지 아니하면 계약을 해제한 것으로 본다(상법 제68조).

2018년 변호사시험 문 48.

☑ 확인Check! ○ △ ✕

서울에 본점을 둔 A주식회사(이하 'A'라 함)가 부산에 본점을 둔 B주식회사(이하 'B'라 함)와 체결한 계약의 효력에 관한 설명 중 옳은 것을 모두 고른 것은?(각 지문은 독립적이며, 다툼이 있는 경우 판례에 의함)

ㄱ. A의 등록상표가 인쇄된 특수규격의 포장박스를 B가 제작·공급하기로 하는 계약에 따라 A가 포장박스를 인도받고 그 하자유무에 대하여 지체 없이 검사하지 아니한 채 보관하던 중 인쇄가 잘못된 것을 발견한 경우 「상법」 제69조가 적용되어 A는 계약을 해제할 수 없다.

ㄴ. A가 상시 거래관계에 있는 B에게 승낙기간을 정하여 물품의 공급을 청약하였으나 B가 지체 없이 거절의 의사를 표시하지 아니한 경우에는 승낙이 의제된다.

ㄷ. 매수인 A가 목적물의 수령을 거부하는 경우 매도인 B는 상당한 기간을 정하여 최고한 후 법원의 허가를 얻지 않고 경매할 수 있고 이 경우 지체 없이 A에게 그 통지를 발송하여야 한다.

ㄹ. B가 석가탄신일에 사용할 연등을 A에게 공급하기로 하였으나 이행을 지체한 경우 A가 즉시 그 이행을 청구하지 아니하면 계약이 해제된 것으로 본다.

ㅁ. 부동산임대업을 영위하는 A가 같은 영업을 하는 B로부터 건물을 매수하여 인도받은 후 지체 없이 검사를 하였다면 6개월이 지난 후에 건물의 하자를 발견한 경우에도 B에게 하자담보책임을 물을 수 있다.

① ㄱ, ㅁ   ② ㄴ, ㄹ   ③ ㄴ, ㅁ
④ ㄷ, ㄹ   ⑤ ㄱ, ㄷ, ㄹ

[ㄱ ▸ ✕] A의 등록상표가 인쇄된 특수규격의 포장박스를 B가 제작·공급하기로 하는 계약은 도급인부대체물공급계약이 므로, A는 상법 제69조가 아닌 민법 제667조 이하에 의하여 수급인 B의 담보책임을 추궁하여야 할 것이다.

> **판례** 당사자의 일방이 상대방의 주문에 따라 자기소유의 재료를 사용하여 만든 물건을 공급할 것을 약정하고 이에 대하여 상대방이 대가를 지급하기로 약정하는 이른바 제작물공급계약은 그 제작의 측면에서는 도급의 성질이 있고 공급의 측면에서는 매매의 성질이 있어 이러한 계약은 대체로 매매와 도급의 성질을 함께 가지고 있는 것으로서 그 적용법률은 계약에 의하여 제작공급하여야 할 물건이 대체물인 경우에는 매매로 보아서 매매에 관한 규정이 적용된다고 할 것이나 물건이 특정의 주문자의 수요를 만족시키기 위한 불대체물인 경우에는 당해 물건의 공급과 함께 그 제작이 계약의 주목적이 되어 도급의 성질을 강하게 띠고 있다 할 것이므로 이 경우에는 매매에 관한 규정이 당연히 적용된다고 할 수 없다(대판 1987.7.21, 86다카2446).

[ㄴ ▸ ✕] 상법 제53조에 의하면, 상인이 상시 거래관계에 있는 자로부터 그 영업부류에 속한 계약의 청약을 받은 때에는 지체 없이 낙부의 통지를 발송하여야 하므로, 승낙기간을 정한 경우에는 상법 제53조가 적용되지 아니한다. 따라서 A가 상시 거래관계에 있는 B에게 승낙기간을 정하여 물품의 공급을 청약하였다면, 상법 제53조에서 정한 효과가 발생하지 아니한다.

④ **정답**

[ㄷ ▸ O] 상인 간의 매매에 있어서 매수인이 목적물의 수령을 거부하거나 이를 수령할 수 없는 때에는 매도인은 그 물건을 공탁하거나 상당한 기간을 정하여 최고한 후 경매할 수 있다. 이 경우에는 지체 없이 매수인에 대하여 그 통지를 발송하여야 한다(상법 제67조 제1항).

[ㄹ ▸ O] 상인 간의 매매에 있어서 매매의 성질 또는 당사자의 의사표시에 의하여 일정한 일시 또는 일정한 기간 내에 이행하지 아니하면 계약의 목적을 달성할 수 없는 경우에 당사자의 일방이 이행시기를 경과한 때에는 상대방은 즉시 그 이행을 청구하지 아니하면 계약을 해제한 것으로 본다(상법 제68조).

[ㅁ ▸ X] A가 목적물인 건물을 인도받은 지 6개월이 경과하였으므로, B에게 하자담보책임을 물을 수 없다.

판례

상법 제69조는 상거래의 신속한 처리와 매도인의 보호를 위한 규정인 점에 비추어 볼 때, 상인 간의 매매에 있어서 매수인은 목적물을 수령한 때부터 지체 없이 이를 검사하여 하자 또는 수량의 부족을 발견한 경우에는 즉시 매도인에게 그 통지를 발송하여야만 그 하자로 인한 계약해제, 대금감액 또는 손해배상을 청구할 수 있고, 설령 매매의 목적물에 상인에게 통상 요구되는 객관적인 주의의무를 다하여도 즉시 발견할 수 없는 하자가 있는 경우에도 매수인은 6월 내에 그 하자를 발견하여 지체 없이 이를 통지하지 아니하면 매수인은 과실의 유무를 불문하고 매도인에게 하자담보책임을 물을 수 없다고 해석함이 상당하다(대판 1999.1.29. 98다1584).

제1절	상호계산	★☆

2019년 변호사시험 문 44.　　　　　　　　　　　　　　☑ 확인 Check! ○ △ ✕

「상법」상 상호계산과 「민법」상 상계에 관한 설명 중 옳지 않은 것을 모두 고른 것은?

ㄱ. 소멸시효가 완성된 채권이 그 완성 전에 상계할 수 있었던 것이면 그 채권자는 상계할 수 있다.
ㄴ. 상호계산에 관한 규정이 적용되려면 당사자가 모두 상인이어야 한다.
ㄷ. 채권이 압류하지 못할 것인 때에는 그 채무자는 상계로 채권자에게 대항하지 못하고, 지급을 금지하는 명령을 받은 제3채무자는 그 후에 취득한 채권에 의한 상계로 그 명령을 신청한 채권자에게 대항하지 못한다.
ㄹ. 어음으로 인한 채권·채무를 상호계산에 계입한 경우에 그 어음채무자가 변제하지 아니한 때에 당사자는 그 채무의 항목을 상호계산에서 제거할 수 있다.
ㅁ. 상호계산은 당사자 간 일정 기간의 거래로 발생한 채권·채무를 대상으로 하는데, 불법행위로 인하여 발생한 채권·채무도 상호계산에 포함된다.

① ㄱ, ㄷ　　　　　　　② ㄴ, ㄹ　　　　　　　③ ㄴ, ㅁ
④ ㄷ, ㄹ　　　　　　　⑤ ㄹ, ㅁ

[ㄱ ▸ ○]　소멸시효가 완성된 채권이 그 완성 전에 상계할 수 있었던 것이면 그 채권자는 상계할 수 있다(민법 제495조).

[ㄴ ▸ ✕]　상호계산은 상인 간 또는 상인과 비상인 간에 상시 거래관계가 있는 경우에 일정한 기간의 거래로 인한 채권채무의 총액에 관하여 상계하고 그 잔액을 지급할 것을 약정함으로써 그 효력이 생긴다(상법 제72조).

[ㄷ ▸ ○]　채권이 압류하지 못할 것인 때에는 그 채무자는 상계로 채권자에게 대항하지 못한다(민법 제497조). 지급을 금지하는 명령을 받은 제삼채무자는 그 후에 취득한 채권에 의한 상계로 그 명령을 신청한 채권자에게 대항하지 못한다(동법 제498조).

[ㄹ ▸ ○]　어음 기타의 상업증권으로 인한 채권채무를 상호계산에 계입한 경우에 그 증권채무자가 변제하지 아니한 때에는 당사자는 그 채무의 항목을 상호계산에서 제거할 수 있다(상법 제73조).

[ㅁ ▸ ✕]　상호계산의 대상이 되는 채권은 금전채권에 한하고, 담보부 채권이나 거래행위에 의하지 아니한 불법행위로 생긴 채권 등은 제외된다.

「민법」상 상계와 「상법」상 상호계산에 관한 설명 중 옳지 않은 것을 모두 고른 것은?

ㄱ. 상계와 달리 상호계산은 반드시 상인 간에 상시 거래관계에 있어야 하고, 대상이 될 수 있는 채권과 채무는 원칙적으로 거래로 인한 금전채권이어야 한다.

ㄴ. 채무가 고의의 불법행위로 인한 것인 경우, 가해자인 채무자는 상계로 채권자에게 대항할 수 있다.

ㄷ. 상호계산의 당사자가 채권채무의 각 항목을 기재한 계산서를 승인한 때에는 다른 약정이 없는 한, 그 각 항목에 대하여 이의를 제기하지 못하지만 착오나 탈루가 있는 때에는 그러하지 아니하다.

ㄹ. 상호계산의 각 당사자는 다른 약정이 없는 한 언제든지 상호계산을 해지할 수 있고, 이 경우에는 즉시 계산을 폐쇄하고 잔액의 지급을 청구할 수 있다.

① ㄱ, ㄴ　　　　　　　② ㄱ, ㄹ　　　　　　　③ ㄴ, ㄷ
④ ㄷ, ㄹ　　　　　　　⑤ ㄱ, ㄴ, ㄹ

[ㄱ ▶ ✕]　상호계산계약을 하기 위하여 반드시 상인 간일 필요는 없고, 최소한 당사자 일방이 상인인 것으로 족하다.

[ㄴ ▶ ✕]　채무가 고의의 불법행위로 인한 것인 때에는 그 채무자는 상계로 채권자에게 대항하지 못한다(민법 제496조).

[ㄷ ▶ ○]　당사자가 채권채무의 각 항목을 기재한 계산서를 승인한 때에는 그 각 항목에 대하여 이의를 하지 못한다. 그러나 착오나 탈루가 있는 때에는 그러하지 아니하다(상법 제75조).

[ㄹ ▶ ○]　각 당사자는 언제든지 상호계산을 해지할 수 있다. 이 경우에는 즉시 계산을 폐쇄하고 잔액의 지급을 청구할 수 있다(상법 제77조).

다음 설명 중 옳은 것은?

① 익명조합원의 출자가 손실로 인해 감소된 때에는 당사자 간에 다른 약정이 없으면 그 손실을 전보한 후가 아니면 익명조합원은 이익배당을 청구하지 못한다.

② 익명조합원은 원칙적으로 영업자의 거래상대방에 대하여 영업자와 함께 직접 권리와 의무를 부담한다.

③ 상호계산의 당사자 쌍방은 모두 상인이어야 한다.

④ 상호계산에 있어서 상계할 기간을 정하지 아니한 때에는 그 기간은 1년으로 한다.

⑤ 상사유치권에 관한 규정은 소상인에게 적용되지 아니한다.

[❶ ▶ ○]　익명조합원의 출자가 손실로 인하여 감소된 때에는 그 손실을 전보한 후가 아니면 이익배당을 청구하지 못한다(상법 제82조 제1항).

[❷ ▶ ✕]　익명조합원은 영업자의 행위에 관하여서는 제3자에 대하여 권리나 의무가 없다(상법 제80조).

[❸ ▶ ✕]　상호계산계약을 하기 위하여 반드시 상인 간일 필요는 없고, 최소한 당사자 일방이 상인인 것으로 족하다.

[❹ ▶ ✕]　당사자가 상계할 기간을 정하지 아니한 때에는 그 기간은 6월로 한다(상법 제74조).

[❺ ▶ ✕]　지배인, 상호, 상업장부와 상업등기에 관한 규정은 소상인에게 적용하지 아니한다(상법 제9조).

제1절	익명조합	☆

2017년 변호사시험 문 47. ☑확인 Check! ○ △ ✕

주택의 신축·분양사업을 하려는 당사자들은 다음과 같이 약정하였다(이하에서 각 사례는 독립적이고, 언급된 것 외에는 다른 약정은 없는 것으로 가정함).

가. X, 甲, 乙은 각각 1억원을 상호출자하여 공동사업을 경영하고, X를 업무집행자로 정하는 동업계약을 체결하였다.

나. X는 출자를 하지 않고 A와 B가 각각 1억원을 출자하며, X가 단독으로 X의 성명만이 들어간 상호를 사용하여 영업을 하고, 그 영업으로 인하여 발생한 이익의 25%씩을 A와 B에게 각각 분배하기로 하는 약정을 체결하였다.

다. X, Y, Z는 각각 1억원을 상호출자하여 공동사업을 경영하고, Y와 Z는 조합의 채무에 대하여 출자가액을 한도로 하여 각각 유한책임을 지며, X는 업무집행조합원으로서 조합의 채무에 대하여 무한책임을 지기로 하는 약정을 체결하고 적법하게 합자조합을 설립하였다.

X는 C주식회사로부터 위 약정에 따라 주택의 신축·분양 사업에 필요한 건축자재를 대금 1천만원에 외상으로 구매하였다. 이에 대한 설명 중 옳지 않은 것은?(다툼이 있는 경우 판례에 의함)

① 가.의 경우, 甲은 위 건축자재 대금채무를 변제할 책임이 있다.
② 나.의 경우, A와 B가 출자한 출자금 2억원은 X의 재산으로 본다.
③ 나.의 경우, A는 위 건축자재 대금채무를 변제할 책임이 없다.
④ 다.의 경우, Y가 출자를 전혀 이행하지 않은 때에는 Y는 위 건축자재 대금채무를 변제할 책임이 없다.
⑤ 다.의 경우, X는 Y와 Z의 동의가 없으면 자기 또는 제3자의 계산으로 조합의 영업부류에 속하는 거래를 하지 못한다.

[**❶** ▶ **○**] X가 C회사로부터 주택의 신축·분양사업에 필요한 건축자재를 외상구매한 것은 X, 甲, 乙로 구성된 조합의 조합원 전원을 위하여 상행위가 되는 행위로 인하여 부담하게 된 것이므로, 조합원 甲은 연대하여 건축자재대금채무를 변제할 책임이 있다.

> **판례** 조합의 채무는 조합원의 채무로서 특별한 사정이 없는 한 조합의 채권자는 각 조합원에 대하여 지분의 비율에 따라 또는 균일적으로 변제의 청구를 할 수 있을 뿐이나, 조합채무가 특히 조합원 전원을 위하여 상행위가 되는 행위로 인하여 부담하게 된 것이라면 상법 제57조 제1항을 적용하여 조합원들의 연대책임을 인정함이 타당하다(대판 2018.4.12. 2016다39897).

[**❷** ▶ **○**] [**❸** ▶ **○**] X, A, B가 체결한 약정은 익명조합에 해당한다. 익명조합의 경우, 익명조합원 A와 B가 출자한 출자금 2억원은 영업자인 X의 재산으로 간주되므로(상법 제79조), 대외적으로 모든 책임은 영업자 X가 부담하고 익명조합원 A, B는 책임을 지지 아니한다(동법 제80조). 따라서 익명조합원 A는 위 건축자재대금채무를 변제할 책임이 없다.

[**④** ▸ ×]   X, Y, Z가 체결한 합자조합의 경우, 업무집행조합원은 대외적으로 조합채무에 대하여 직접·연대·무한책임을 부담하고, 유한책임조합원은 그 출자가액을 한도로 직접·유한책임을 부담한다(상법 제86조의6). 유한책임조합원인 Y는 출자를 전혀 이행하지 아니하였으므로, 아직 이행되지 아니한 출자가액을 한도로 건축자재대금채무를 변제할 책임이 있다.

[**⑤** ▸ ○]   업무집행조합원인 X는 다른 유한책임조합원 Y와 Z의 동의가 없으면, 자기 또는 제3자의 계산으로 조합의 영업부류에 속하는 거래를 하지 못한다(상법 제86조의8 제2항, 제198조 제1항).

| 제1절 | 대리상 | ☆ |

2012년 변호사시험 문 38.　　　　　　　　　　　　　　　☑ 확인 Check! ○ △ X

대리상, 중개인 및 위탁매매인을 비교한 설명 중 옳지 않은 것은?

① 대리상은 일정한 상인의 영업만을 보조한다는 점에서 중개인과 구별된다.
② 대리상은 상법상 경업금지의무를 지지만, 중개인에 대하여는 상법에 경업금지의무에 관한 규정을 두고 있지 않다.
③ 대리상은 본인의 영업부류에 속한 거래만을 보조하지만, 중개인과 위탁매매인은 그에 한정되지 않는다.
④ 대리상의 본인은 반드시 상인이어야 하지만, 위탁매매인의 위탁자는 상인일 필요는 없다.
⑤ 대리상, 중개인 및 위탁매매인은 모두 특별상사유치권을 행사할 수 있다는 점에서 공통된다.

[**①** ▸ ○]　대리상은 일정한 상인의 영업만을 보조한다는 점(상법 제87조)에서 불특정한 타인 간의 상행위를 중개하면 족한 중개인(동법 제93조)과 구별된다.

[**②** ▸ ○]　대리상은 특정 상인의 영업을 보조하므로 그에 대하여 상법상 경업금지의무를 부담하나(상법 제89조 제1항), 중개인은 특정 상인을 전제로 하지 아니하므로 경업금지의무를 부담하지 아니한다.

[**③** ▸ ○]　대리상은 본인의 영업부류에 속한 거래만을 보조하지만, 중개인과 위탁매매인은 특정 상인을 전제로 하지 아니하므로 그에 한하지 아니한다.

[**④** ▸ ○]　대리상의 본인은 반드시 상인이어야 하고, 위탁매매인의 위탁자는 상인일 필요는 없으나, 위탁매매인은 상인이어야 한다.

[**⑤** ▸ X]　<u>특별상사유치권은 대리상(상법 제91조), 위탁매매인(동법 제111조, 제91조), 운송주선인(동법 제120조), 운송인(동법 제147조, 제120조) 및 해상운송인(동법 제807조)에게는 인정되지만, 중개인에게는 인정되지 아니한다.</u>

참고　**대리상 · 중개인 · 위탁매매인 비교**

구 분	대리상	중개인	위탁매매인
상인성 요부	본인과 대리상 모두 상인	타인 중 일방은 상인, 중개인은 상인	위탁매매인은 상인, 위탁자는 불요
특별상사유치권 인정 여부	○ (상법 제91조)	X	○ (상법 제111조, 제91조)
경업금지의무 인정 여부	○ (상법 제89조 제1항)	X	X
실질적 개입권 인정 여부	○ (상법 제89조 제2항)	X	X

☑ 확인Check! ○ △ ✕

2016년 변호사시험 문 39.

甲은 청과물시장의 위탁매매상인 乙에게 자신이 과수원에서 재배한 대추의 판매를 위탁하고, 乙은 이를 대추가공품 제조업자인 상인 丙에게 판매하였다. 甲, 乙, 丙의 법률관계에 관한 설명 중 옳은 것(○)과 옳지 않은 것(✕)을 올바르게 조합한 것은?(이에 관하여 다른 약정이나 관습이 없다고 가정하고, 다툼이 있는 경우 판례에 의함)

ㄱ. 乙이 丙으로부터 받을 판매대금채권을 甲에게 알리지 않고 자신의 채권자 丁에게 양도하였다면, 丁이 그 채권을 선의취득했다는 등의 특별한 사정이 없는 한 위 채권양도는 甲에 대하여 효력이 없다.

ㄴ. 乙이 甲으로부터 대추를 인도받은 후 가격이 폭락하는 상황임을 안 때에는 즉시 甲에게 통지를 발송해야 하고, 甲의 지시를 받을 수 없는 경우 적절한 보관을 할 수는 있지만 이를 처분할 수는 없다.

ㄷ. 丙이 매매대금채무를 이행하지 아니하는 경우 乙에게 귀책사유가 없다면, 乙은 甲에게 그 매매대금채무를 이행할 책임이 없다.

ㄹ. 甲이 乙에게 1kg당 1만원에 매도할 것을 위탁하였으나 乙이 이를 1kg당 1만 5천 원에 매도했다면, 1kg당 차익 5천 원은 甲의 이익으로 한다.

ㅁ. 乙이 丙으로부터 판매대금을 받아 보유하던 중 이를 임의로 사용·소비한 때에는 특별한 사정이 없는 한 횡령죄가 성립한다.

① ㄱ(✕) ㄴ(○) ㄷ(○) ㄹ(✕) ㅁ(○) ② ㄱ(○) ㄴ(✕) ㄷ(✕) ㄹ(○) ㅁ(○)

③ ㄱ(✕) ㄴ(○) ㄷ(○) ㄹ(✕) ㅁ(✕) ④ ㄱ(○) ㄴ(○) ㄷ(✕) ㄹ(○) ㅁ(○)

⑤ ㄱ(○) ㄴ(✕) ㄷ(✕) ㄹ(✕) ㅁ(○)

[ㄱ ▸ ○] 위탁매매인이 그가 제3자에 대하여 부담하는 채무를 담보하기 위하여 그 채권자에게 위탁매매로 취득한 채권을 양도한 경우에 위탁매매인은 위탁자에 대한 관계에서는 위탁자에 속하는 채권을 무권리자로서 양도한 것이고, 따라서 그 채권양도는 무권리자의 처분 일반에서와 마찬가지로 양수인이 그 채권을 선의취득하였다는 등의 특별한 사정이 없는 한 위탁자에 대하여 효력이 없다. 이는 채권양수인이 양도의 목적이 된 채권의 귀속 등에 대하여 선의였다거나 그 진정한 귀속을 알지 못하였다는 점에 관하여 과실이 없다는 것만으로 달라지지 아니한다(대판 2011.7.14. 2011다31645).

[ㄴ ▸ ✕] 위탁매매인이 위탁매매의 목적물을 인도받은 후에 그 물건의 훼손 또는 하자를 발견하거나 그 물건이 부패할 염려가 있는 때 또는 가격저락의 상황을 안 때에는 지체 없이 위탁자에게 그 통지를 발송하여야 한다(상법 제108조 제1항). 전항의 경우에 위탁자의 지시를 받을 수 없거나 그 지시가 지연되는 때에는 위탁매매인은 위탁자의 이익을 위하여 적당한 처분을 할 수 있다(동법 제108조 제2항).

[ㄷ ▸ ✕] 상법 제105조에서 정한 위탁매매인의 이행담보책임은, 위탁자의 보호를 목적으로 상법이 특별하게 인정하고 있는 법정책임으로서의 무과실책임이므로, 丙의 매매대금채무 불이행에 대하여 위탁매매인 乙에게 귀책사유가 없더라도, 乙은 위탁자인 甲에게 매매대금채무를 이행할 책임이 있다.

위탁매매인의 이행담보책임(상법 제105조) 위탁매매인은 위탁자를 위한 매매에 관하여 상대방이 채무를 이행하지 아니하는 경우에는 위탁자에 대하여 이를 이행할 책임이 있다. 그러나 다른 약정이나 관습이 있으면 그러하지 아니하다.

[ㄹ ▸ ○] 위탁자가 지정한 가액보다 고가로 매도하거나 염가로 매수한 경우에는 그 차액은 다른 약정이 없으면 위탁자의 이익으로 한다(상법 제106조 제2항).

[ㅁ ▸ ○] 위탁판매에 있어서는 위탁품의 소유권은 위임자에게 속하고 그 판매대금은 다른 특약이나 특별한 사정이 없는 한 이를 수령함과 동시에 위탁자에 귀속한다 할 것이므로 위탁매매인이 이를 사용, 소비한 때에는 횡령죄가 성립한다(대판 1982.2.23. 81도2619).

2013년 변호사시험 문 36. ☑ 확인Check! ○ △ ✕

전자제품 생산업자인 甲은 위탁매매인인 乙에게 자신이 생산한 전자제품의 매도를 위탁하였고, 乙은 그 실행으로 丙에게 그 전자제품을 외상으로 매도하려고 한다. 이 경우 甲, 乙, 丙의 법률관계에 관한 설명 중 옳은 것을 모두 고른 것은?(다툼이 있는 경우 판례에 의하고, 상법을 제외한 특별법과 약관은 적용되지 않는 것으로 함)

ㄱ. 乙과 丙 간에 이루어지는 위탁매매의 성립 또는 효력에 영향을 미치는 사실의 유무 및 그 사실의 인지 여부는 甲을 기준으로 판단한다.

ㄴ. 丙이 乙과 매매계약을 체결한 후 매매대금채무를 이행하지 아니하는 경우, 이에 대하여 乙의 귀책사유가 없다면, 특별한 약정이나 관습이 없는 한 乙은 그 매매대금채무를 甲에게 이행할 책임이 없다.

ㄷ. 만일 甲이 乙에게 위 전자제품을 1대당 50만원에 매도하여 주도록 위탁하였으나 乙이 이를 1대당 60만원에 매도하였다면, 1대당 차액 10만원은 특별한 약정이 없다면 乙의 이익으로 한다.

① 없음   ② ㄴ   ③ ㄷ
④ ㄴ, ㄷ   ⑤ ㄱ, ㄴ, ㄷ

[ㄱ ▸ ✕] 자기 명의로 매매계약을 체결한 위탁매매인 乙에게 丙과의 매매계약에 따른 법률효과가 귀속되므로, 위탁매매의 성립 또는 효력에 영향을 미치는 사실의 유무 및 그 사실의 인지 여부는, 乙을 기준으로 판단하여야 한다.

[ㄴ ▸ ✕] 상법 제105조에서 정한 위탁매매인의 이행담보책임은, 위탁자의 보호를 목적으로 상법이 특별하게 인정하고 있는 법정책임으로서의 무과실책임이어서, 丙이 매매대금채무를 이행하지 아니하는 경우, 위탁매매인 乙의 귀책사유가 없더라도 특별한 약정이나 관습이 없는 한, 乙은 그 매매대금채무를 甲에게 이행할 책임이 있다.

[ㄷ ▸ ✕] 위탁자가 지정한 가액보다 고가로 매도하거나 염가로 매수한 경우에는 그 차액은 다른 약정이 없으면 위탁자의 이익으로 한다(상법 제106조 제2항).

제4절 운송업 ★

2019년 변호사시험 문 38. ☑ 확인Check! ○ △ ✕

「상법」상 육상물건운송인에 관한 설명 중 옳지 않은 것은?

① 운송물의 멸실이 운송인의 중대한 과실에 의한 경우에도 운송물의 전부 멸실의 손해배상액은 인도할 날의 도착지의 가격에 의한다.

② 화물상환증을 작성하지 않은 경우에 운송물이 도착지에 도착한 때에는 수하인은 송하인과 동일한 권리를 취득한다.

③ 화물상환증을 선의로 취득한 소지인에 대하여 운송인은 화물상환증에 적힌 대로 운송물을 수령한 것으로 보고 화물상환증에 적힌 바에 따라 운송인으로서 책임을 진다.

④ 화물상환증을 작성한 경우에는 운송물에 관한 처분을 화물상환증으로써 하여야 한다.

⑤ 수인이 순차로 운송할 경우 각 운송인은 운송물의 멸실로 인한 손해를 연대하여 배상할 책임을 부담하지만, 각 운송인은 그 손해가 자기의 운송구간 내에서 발생하지 아니하였음을 증명한 때에는 손해분담의 책임이 없다.

[❶ ▶ ✕] 운송물의 멸실이 운송인의 중대한 과실에 의한 경우, 통상손해와 운송인이 알았거나 알았을 특별손해의 전부를 배상하여야 한다.

법령 **손해배상의 액(상법 제137조)** ① 운송물이 전부멸실 또는 연착된 경우의 손해배상액은 인도할 날의 도착지의 가격에 따른다.

② 운송물이 일부멸실 또는 훼손된 경우의 손해배상액은 인도한 날의 도착지의 가격에 의한다.

③ 운송물의 멸실, 훼손 또는 연착이 운송인의 고의나 중대한 과실로 인한 때에는 운송인은 모든 손해를 배상하여야 한다.

[❷ ▶ ○] 운송물이 도착지에 도착한 때에는 수하인은 송하인과 동일한 권리를 취득한다(상법 제140조 제1항).

[❸ ▶ ○] 화물상환증을 선의로 취득한 소지인에 대하여 운송인은 화물상환증에 적힌 대로 운송물을 수령한 것으로 보고 화물상환증에 적힌 바에 따라 운송인으로서 책임을 진다(상법 제131조 제2항).

[❹ ▶ ○] 화물상환증을 작성한 경우에는 운송물에 관한 처분은 화물상환증으로써 하여야 한다(상법 제132조).

[❺ ▶ ○] 수인이 순차로 운송할 경우에는 각 운송인은 운송물의 멸실, 훼손 또는 연착으로 인한 손해를 연대하여 배상할 책임이 있다(상법 제138조 제1항). 운송인 중 1인이 전항의 규정에 의하여 손해를 배상한 때에는 그 손해의 원인이 된 행위를 한 운송인에 대하여 구상권이 있다(동법 제138조 제2항). 전항의 경우에 그 손해의 원인이 된 행위를 한 운송인을 알 수 없는 때에는 각 운송인은 그 운임액의 비율로 손해를 분담한다. 그러나 그 손해가 자기의 운송구간 내에서 발생하지 아니하였음을 증명한 때에는 손해분담의 책임이 없다(동법 제138조 제3항).

컴퓨터 관련 부품제조업자인 甲은 화물운송업자인 乙과 甲의 제품을 운송하기로 하는 운송계약을 체결하였고, 乙은 다른 화물운송업자인 丙에게 위 제품을 운송하도록 의뢰하였다. 丙은 운송물을 실은 화물차량을 운전하여 고속도로를 주행하던 중 졸음운전으로 과속하는 바람에 차량이 전복되어 운송물 일부가 훼손되었다. 다음 설명 중 옳지 않은 것은?(각 지문은 독립적이고, 다툼이 있는 경우에는 판례에 의함)

① 甲이 乙을 상대로 손해배상청구소송을 제기하면서 채무불이행에 의한 손해배상청구와 불법행위에 의한 손해배상청구를 동시에 주장하였다면 이는 선택적 병합이다.

② 乙이 약정된 날짜에 도착지에서 위와 같이 일부 훼손된 운송물을 인도하였다면, 甲이 乙을 상대로 채무불이행에 의한 손해배상청구를 한 경우 乙은 원칙적으로 인도한 날의 도착지에서의 운송물의 가격에 의하여 甲에게 그 손해를 배상할 책임이 있다.

③ 甲이 乙에게 운송물이 고가의 물건인 최첨단반도체임을 명시하지 않았다면, 상법상의 고가물 불고지에 따른 면책규정은 甲의 운송계약상의 채무불이행으로 인한 손해배상청구에는 적용되고 불법행위로 인한 손해배상청구에는 적용되지 않는다.

④ 甲이 丙을 상대로 손해배상청구소송을 제기한 경우, 甲이 위 운송 당시 丙에 대하여까지 운송물이 고가의 물건인 최첨단 반도체임을 알릴 의무가 있다고 할 수 없으므로 이를 이유로 내세운 丙의 과실상계주장은 받아들여질 수 없다.

⑤ 甲의 채무불이행으로 인한 손해배상청구권의 소멸시효는 甲이 운송물을 수령한 날로부터 1년이며, 이 기간은 당사자 사이의 합의에 의하여 단축할 수 없다.

[**①** ▶ ○] 甲은 乙을 상대로 운송계약상의 채무불이행을 이유로 손해배상을 청구(상법 제135조)할 수 있고, 운송물 일부가 훼손되었으므로 불법행위에 의한 손해배상을 청구(민법 제756조)할 수도 있다. 판례가 따르는 구 소송물이론에 의하면, 甲의 乙에 대한 손해배상청구소송에서 양 청구를 동시에 주장하는 것은, 양 청구는 별개의 소송물이고 어느 한 청구가 인용될 것을 해제조건으로 다른 청구에 대한 심판을 구하는 형태의 병합이므로, 선택적 병합이라고 할 수 있다.

[**②** ▶ ○] 운송물이 일부 멸실 또는 훼손된 경우의 손해배상액은 인도한 날의 도착지의 가격에 의한다(상법 제137조 제2항).

[**③** ▶ ○] 상법 제136조와 관련되는 고가물불고지로 인한 면책규정은 일반적으로 운송인의 운송계약상의 채무불이행으로 인한 청구에만 적용되고 불법행위로 인한 손해배상청구에는 그 적용이 없으므로 운송인의 운송이행업무를 보조하는 자가 운송과 관련하여 고의 또는 과실로 송하인에게 손해를 가한 경우 동인은 운송계약의 당사자가 아니어서 운송계약상의 채무불이행으로 인한 책임은 부담하지 아니하나 불법행위로 인한 손해배상책임을 부담하므로 위 면책규정은 적용될 여지가 없다(대판 1991.8.23. 91다15409).

[**④** ▶ ○] 甲은 운송인 乙의 운송이행업무를 보조하는 자에 불과한 화물운송업자 丙에게까지 운송물이 고가의 물건인 최첨단 반도체임을 알릴 의무가 있다고 할 수 없으므로, 丙의 과실상계의 항변은 이유 없다.

판례 기계의 소유자가 기계의 운송 및 하역을 운수회사에게 맡기면서 그 운송물의 내용을 알렸는데 운수회사의 의뢰를 받아 크레인으로 위 기계의 하역작업을 하던 중기회사의 크레인 운전업무상 과실로 기계가 파손된 경우 소유자는 중기회사에 대하여까지 위 기계가 고가물임을 알릴 의무가 있다 할 수 없으므로 이를 이유로 내세운 과실상계항변은 이유 없다(대판 1991.1.11. 90다8947).

[**⑤** ▶ ✕] 운송인의 책임에 대한 상법의 규정은 임의규정이므로, 당사자의 합의에 의하여 1년 소멸시효기간을 단축할 수 있다.

⑤ **정답**

법령 준용규정(상법 제147조) 제117조, 제120조 내지 제122조의 규정은 운송인에 준용한다.

운송주선인의 책임의 시효(상법 제121조) ① 운송주선인의 책임은 수하인이 운송물을 수령한 날로부터 1년을 경과하면 소멸시효가 완성한다.

제5절 운송주선업

제6절 공중접객업 ☆

2017년 변호사시험 문 46. ☑확인Check! ○ △ ✕

甲은 A호텔을 경영하는 숙박업자이다. 乙은 A호텔에 투숙하면서 A호텔직원이 차량출입을 통제하고 관리하는 호텔 지하주차장에 자신의 중저가 소형 자동차를 주차하고 그 직원에게 차량 열쇠를 맡겼다. 乙은 호텔 투숙 중 저가의 카메라를 자신의 객실에 있는 탁자 위에 놓아두었다. A호텔에 도둑이 침입하여 乙은 카메라와 자동차를 모두 도난당하였다. 또한 A호텔에 화재가 발생하였으나 甲과 A호텔직원들이 비상벨로써 투숙객에게 화재발생사실을 알리는 등의 투숙객 보호를 위한 구체적인 주의의무를 다하지 않아서 乙이 화상을 입었다. 甲의 책임에 관한 설명 중 옳은 것을 모두 고른 것은?(다툼이 있는 경우 판례에 의함)

ㄱ. 甲은 A호텔에 "보관을 의뢰하지 아니한 물건의 도난이나 손상 등에 대하여 책임을 지지 아니한다"라는 내용의 게시물을 부착한 것만으로도 乙의 카메라 도난으로 인한 손해에 대하여 배상책임을 지지 않는다.

ㄴ. 甲이 乙로부터 카메라를 임치받지 아니한 경우에도, 甲은 자기 또는 그 사용인의 과실로 인하여 乙이 객실에 놓아둔 카메라를 도난당했을 때에는 그 손해를 배상할 책임이 있다.

ㄷ. 甲은 자기 또는 그 사용인이 자동차 보관에 관하여 주의를 게을리하지 아니하였음을 증명하지 아니하면 자동차 도난으로 인한 손해를 배상할 책임이 있다.

ㄹ. 甲이 乙에게 객실을 제공하여 사용할 수 있도록 하는 계약상의 의무를 이행하였으므로, 乙은 甲에게 화상으로 인한 손해에 대하여 채무불이행에 기한 손해배상책임을 물을 수는 없으나 불법행위에 기한 손해배상책임을 물을 수 있다.

① ㄴ ② ㄱ, ㄴ ③ ㄱ, ㄹ
④ ㄴ, ㄷ ⑤ ㄷ, ㄹ

[ㄱ▸✕] [ㄴ▸○] [ㄷ▸○] 공중접객업자는 자기 또는 그 사용인이 고객으로부터 임치(任置)받은 물건의 보관에 관하여 주의를 게을리하지 아니하였음을 증명하지 아니하면 그 물건의 멸실 또는 훼손으로 인한 손해를 배상할 책임이 있다(ㄷ)(상법 제152조 제1항). 공중접객업자는 고객으로부터 임치받지 아니한 경우에도 그 시설 내에 휴대한 물건이 자기 또는 그 사용인의 과실로 인하여 멸실 또는 훼손되었을 때에는 그 손해를 배상할 책임이 있다(ㄴ)(동법 제152조 제2항). 고객의 휴대물에 대하여 책임이 없음을 알린 경우에도 공중접객업자는 제1항과 제2항의 책임을 면하지 못한다(ㄱ)(동법 제152조 제3항).

안심Touch

[ㄹ ▸ X] 甲의 숙박계약상의 채무불이행에 의하여 투숙객 乙이 화상을 입었으므로, 乙은 甲에게 채무불이행에 기한 손해배상책임을 물을 수 있다.

> 공중접객업인 숙박업을 경영하는 자가 투숙객과 체결하는 숙박계약은 숙박업자가 고객에게 숙박을 할 수 있는 객실을 제공하여 고객으로 하여금 이를 사용할 수 있도록 하고 고객으로부터 그 대가를 받는 일종의 일시사용을 위한 임대차계약으로서 객실 및 관련 시설은 오로지 숙박업자의 지배 아래 놓여 있는 것이므로 숙박업자는 통상의 임대차와 같이 단순히 여관 등의 객실 및 관련 시설을 제공하여 고객으로 하여금 이를 사용·수익하게 할 의무를 부담하는 것에서 한 걸음 더 나아가 고객에게 위험이 없는 안전하고 편안한 객실 및 관련 시설을 제공함으로써 고객의 안전을 배려하여야 할 보호의무를 부담하며 이러한 의무는 숙박계약의 특수성을 고려하여 신의칙상 인정되는 부수적인 의무로서 숙박업자가 이를 위반하여 고객의 생명·신체를 침해하여 투숙객에게 손해를 입힌 경우 불완전이행으로 인한 채무불이행책임을 부담하고, 이 경우 피해자로서는 구체적 보호의무의 존재와 그 위반사실을 주장·입증하여야 하며 숙박업자로서는 통상의 채무불이행에 있어서와 마찬가지로 그 채무불이행에 관하여 자기에게 과실이 없음을 주장·입증하지 못하는 한 그 책임을 면할 수는 없다(대판 2000.11.24, 2000다38718).

제7절 창고업

제8절 새로운 상행위

PART 03 회사법

제1절 **회사의 의의**

제2절 **회사의 종류** ☆

2013년 변호사시험 문 37.

☑ 확인Check! ○ △ ✕

상법상 회사의 개념 및 종류에 관한 설명 중 옳은 것은?

① 합명회사와 합자회사의 경우, 회사의 재산으로 회사의 채무를 완제할 수 없는 때에는 각 사원은 다른 사원과 연대하여 회사의 채무를 전부 변제할 책임이 있다.

② 유한회사의 경우에는 정관규정으로 사원은 다른 사원의 동의를 받지 아니하면 그 지분의 전부 또는 일부를 타인에게 양도하지 못하도록 할 수 있지만, 주식회사의 경우에는 정관규정으로도 다른 주주의 동의 없이는 주식을 양도하지 못하도록 제한할 수 없다.

③ 주식회사와 유한회사는 설립 당시 사원이 1인이어도 되지만, 유한책임회사의 경우에는 내부관계에 관하여 합명회사에 관한 규정을 준용하므로 설립 당시에는 2인 이상의 사원이 있어야 한다.

④ 주식회사와 유한회사의 이사는 각각 주주 또는 사원일 것이 요구되지 않지만, 유한책임회사의 업무집행자는 사원 중에서 정하여야 한다.

⑤ 주식회사의 자본금 총액은 제한이 없지만, 유한회사의 자본금 총액은 1천만원 이상이어야 한다.

[❶ ▶ ✕] 합명회사의 재산으로 회사의 채무를 완제할 수 없는 때에는 각 사원은 연대하여 변제할 책임이 있다(상법 제212조 제1항). 합자회사의 유한책임사원은 그 출자가액에서 이미 이행한 부분을 공제한 가액을 한도로 하여 회사채무를 변제할 책임이 있다(동법 제279조 제1항).

[❷ ▶ ○] 유한회사의 사원은 그 지분의 전부 또는 일부를 양도하거나 상속할 수 있다. 다만, 정관으로 지분의 양도를 제한할 수 있다(상법 제556조). 주식은 타인에게 양도할 수 있다. 다만, 회사는 정관으로 정하는 바에 따라 그 발행하는 주식의 양도에 관하여 이사회의 승인을 받도록 할 수 있다(동법 제335조 제1항). 주식회사의 경우, 정관에 의하여 주식양도를 제한하는 때에도 이사회의 승인이 필요하도록 제한할 수 있을 뿐, 주주총회의 승인이나 다른 주주의 동의가 필요하도록 제한할 수는 없다.

[❸ ▶ ✕] 유한책임회사의 설립 시 사원의 수는 상법상 제한이 없으므로, 1인 설립도 가능하다. 따라서 주식회사, 유한회사 및 유한책임회사는 1인 설립이 가능하다.

[❹ ▶ ✕] 유한책임회사는 정관으로 사원 또는 사원이 아닌 자를 업무집행자로 정하여야 한다(상법 제287조의12 제1항).

[❺ ▶ ✕] 2009년, 2011년 상법 개정으로 주식회사와 유한회사의 최저자본금규제가 삭제되고, 액면가(유한회사는 출자 1좌금액)도 100원으로 인하되었다(상법 제329조 제3항, 제546조).

② 정답

제3절	회사의 능력

제4절	회사의 설립

제5절	회사의 해산과 청산

PART 03

회사법

안심Touch

제1절 **주식회사의 기초**

제2절 **설립의 방법과 절차** ★★★☆

2019년 변호사시험 문 42. ☑확인 Check! ○ △ ×

甲과 乙은 자신들이 발기인이 되어 자본금을 2억원으로 하는 A주식회사를 모집설립방식으로 설립하기로 하였다(다른 발기인은 존재하지 않음). 甲과 乙은 A회사 주식의 인수 전에 공장부지로 필요한 토지가 급매로 나오자 공동명의로 그 공장부지를 매수하는 계약을 丙과 체결하였다. 그 후 甲은 주식대금 전액을 당좌수표로 납입하였고, 乙은 6,000만원의 주식대금을 지급하기 위하여 자신이 등록한 특허권이 6,000만원의 가치가 있다고 주장하며 현물출자 하였다. 한편 丁은 재산인수계약으로 자신이 소유한 부동산을 A회사로 이전하기로 甲, 乙과 합의하였다. A회사의 이사로 선임된 戊는 현물출자된 특허권에 관한 어떠한 조사나 보고가 없음을 인식하였음에도 아무런 조치를 취하지 않았다. 그 후 A회사는 설립등기를 경료하였다. 이에 관한 설명 중 옳지 않은 것은?(다툼이 있는 경우 판례에 의함)

① 甲이 교부한 당좌수표가 현실적으로 결제되어 현금화되기 전까지는 주금의 유효한 납입이 있었다고 할 수 없다.
② 乙의 현물출자가 과대평가되어 A회사가 손해를 입었다면 戊는 이를 배상할 책임이 있다.
③ 丁과의 계약에 관한 사항 중 부동산의 종류와 가격을 정관에 기재하지 아니하면 그 계약은 원칙적으로 효력이 없다.
④ A회사의 설립을 위하여 설립사무소로 사용하는 사무실을 임차한 후 그 차임을 甲과 乙이 사비로 지출하였다면, 그 차임을 정관에 기재하지 않은 경우라도 甲과 乙은 회사 설립 후 A회사에게 그 비용의 반환을 청구할 수 있다.
⑤ 회사 설립 후 A회사가 丙에 대하여 공장부지소유권 이전을 위한 등기청구권을 행사하기 위하여는 A회사와 甲, 乙 간에 권리양수 등의 특별한 이전행위가 있어야 한다.

[**❶** ▸ ○] 건설책임자인 원고회사의 자본금 납입은 상법상 주식인수인의 인수가액의 납입에 준하는 것이라 할 것이고, 그와 같은 납입의무는 현실이행이 있어야 한다 할 것이므로, 그에 관하여 별도의 승인이나 정관의 규정이 없는 이상 현금으로서 이를 하여야 한다 할 것이며 만약 당좌수표로서 이를 납입한 때에는 그 수표가 현실적으로 결제되어 현금화되기 전에는 납입이 있었다 할 수 없다 할 것이다(대판 1977.4.12. 76다943).

[**❷** ▸ ○] 설립등기 이전에는 현물출자에 대한 설립경과조사(상법 제310조, 제299조)로 현물출자의 과대평가가 시정될 수 있으나, 설립등기 이후에는 그 정도가 경미하면 발기인과 이사 및 감사에 대해 손해배상을 청구하거나(동법 제322조, 제323조), 정도가 중대하여 회복이 불가능한 경우에는 현물출자가 무효가 된다. 지문의 경우 과대평가의 정도가 경미하다면, 손해를 입은 A회사는 戊에 대하여 이에 대한 손해배상을 청구할 수 있다.

[**❸** ▸ ○] [**❹** ▸ ×] 丁과의 재산인수약정은 변태설립사항이므로, 정관에 기재되지 아니하면 효력이 없다. 설립비용에 해당하는 설립사무소임차비용에 대하여도 그러하므로, 甲과 乙은 회사 설립 후 A회사에게 지출비용의 반환을 청구할 수 없다.

법령 변태설립사항(상법 제290조) 다음의 사항은 정관에 기재함으로써 그 효력이 있다.

1. 발기인이 받을 특별이익과 이를 받을 자의 성명
2. 현물출자를 하는 자의 성명과 그 목적인 재산의 종류, 수량, 가격과 이에 대하여 부여할 주식의 종류와 수
3. 회사 성립 후에 양수할 것을 약정한 재산의 종류, 수량, 가격과 그 양도인의 성명
4. 회사가 부담할 설립비용과 발기인이 받을 보수액

[❺ ▶ O] 판례의 취지를 고려하건대 甲과 乙이 공장부지를 매수하는 계약을 한 것은 설립 중의 회사로서의 실체가 구비되기 전에 이루어진 것이므로, A회사에게 귀속시키기 위해서는 양수나 계약자 지위 인수 등의 특별한 이전행위가 있어야 한다.

판례 실체를 갖추지 못하여 아직 설립 중의 회사가 성립되기 이전에 발기인이 취득한 권리의무는 설립 중의 회사에 귀속될 수는 없고, 구체적인 사정에 따라 발기인 개인 또는 발기인 조합에 귀속되는 것으로서, 이들에게 귀속된 권리의무를 그 후에 성립된 설립 중의 회사나 설립 후의 회사에게 귀속시키기 위해서는 양수나 계약자 지위 인수 등의 특별한 이전행위가 있어야 한다(대판 2008.2.28. 2007다37394).

2012년 변호사시험 문 45. ☑ 확인 Check! O △ X

창업동아리에서 만난 甲과 乙, 2인은 각각 2,500만원씩을 출자하여 자본금 5,000만원인 주식회사를 발기설립하려고 한다. 이 경우 설립될 회사에 관한 설명으로 옳은 것을 모두 고른 것은?

ㄱ. 주식회사를 설립하려면 적어도 5천만원의 자본금이 필요하다.
ㄴ. 이사회를 구성할 3인 이상의 이사가 반드시 있어야 하므로 甲과 乙이 이사가 되더라도 1명을 더 이사로 영입해야 한다.
ㄷ. 감사위원회를 둘 여건이 안 된다면 비상근이라도 감사를 반드시 두어야 한다.
ㄹ. 부족한 사업자금은 회사 설립 이후에 사채를 발행하여 조달할 수 있다.
ㅁ. 甲과 乙이 동의하기만 하면 별도의 소집절차 없이 주주총회를 개최할 수 있다.

① ㄷ, ㅁ   ② ㄱ, ㄷ   ③ ㄹ, ㅁ
④ ㄱ, ㄴ, ㄹ   ⑤ ㄴ, ㄷ, ㅁ

[ㄱ ▶ X] 2009년 상법 개정으로 주식회사의 최저자본금규정(구 상법 제329조 제1항)이 삭제되어 현행 상법상 주식회사의 최저자본금에는 제한이 없다.

[ㄴ ▶ X] 이사는 3명 이상이어야 한다. 다만, 자본금 총액이 10억원 미만인 회사는 1명 또는 2명으로 할 수 있다(상법 제383조 제1항).

[ㄷ ▶ X] 감사는 주주총회에서 선임한다(상법 제409조 제1항). 제1항, 제296조 제1항 및 제312조에도 불구하고 자본금의 총액이 10억원 미만인 회사의 경우에는 감사를 선임하지 아니할 수 있다(동법 제409조 제4항).

[ㄹ ▶ O] 회사는 이사회의 결의로 사채를 발행할 수 있고(상법 제469조 제1항), 상법은 사채를 발행할 수 있는 회사의 규모에 대하여는 특별한 제한을 두고 있지 아니하다.

[□ ▶ O] 자본금 총액이 10억원 미만인 회사는 주주 전원의 동의가 있을 경우에는 소집절차 없이 주주총회를 개최할 수 있고, 서면에 의한 결의로써 주주총회의 결의를 갈음할 수 있다. 결의의 목적사항에 대하여 주주 전원이 서면으로 동의를 한 때에는 서면에 의한 결의가 있는 것으로 본다(상법 제363조 제4항).

2017년 변호사시험 문 45.   ☑ 확인Check! O △ X

주식회사에 있어서 「상법」상 현물출자, 재산인수, 사후설립에 관한 설명 중 옳은 것은?(다툼이 있는 경우 판례에 의함)

① 현물출자를 하려면 회사 설립 시뿐만 아니라 신주발행 시에도 정관에 그 근거를 두도록 「상법」에 규정하고 있다.
② 회사 설립 시의 현물출자, 재산인수, 사후설립은 변태설립사항에 해당한다.
③ 재산인수는 발기인이 일정한 재산을 회사 성립 후에 양수할 것을 특정인과 약정하는 것으로 출자를 목적으로 하는 단체법상의 출자행위이다.
④ 사후설립은 회사 성립 후 3년 내에 그 성립 전부터 존재하는 재산으로 영업을 위하여 사용하여야 할 것을 자본금의 5% 이상의 대가로 취득함으로써 회사에 손해를 끼치는 계약으로, 이에 대하여 주주총회의 특별결의가 없는 경우에는 무효이다.
⑤ 회사 설립 후 신주발행 시, 이행기가 도래하지 않은 출자자의 제3자에 대한 1억원의 물품대금채권을 현물출자의 목적으로 하는 경우, 이사의 청구에 의하여 법원이 선임한 검사인의 조사를 받거나, 이에 갈음하여 공인된 감정인의 감정을 받아야 한다.

[❶ ▶ X] 신주발행 시에는 원칙적으로 이사회에서 현물출자에 대한 사항을 결정하도록 규정하고 있다(상법 제416조 제4호).

[❷ ▶ X] 상법이 규정하고 있는 변태설립사항(상법 제290조)은 특별이익, 현물출자, 재산인수 및 설립비용 등 네 가지이다. 사후설립은 변태설립사항에 포함되지 아니한다.

[❸ ▶ X] 재산인수는 개인법적 법률행위인 매매에 해당한다.

> 상법 제290조 제3호는 변태설립사항의 하나로서 회사 성립 후에 양수할 것을 약정한 재산의 종류, 수량, 가격과 그 양도인의 성명은 정관에 기재함으로써 그 효력이 있다고 규정하고 있고, 이때에 회사의 성립 후에 양수할 것을 약정한다 함은 이른바 재산인수로서 발기인이 회사의 성립을 조건으로 다른 발기인이나 주식인수인 또는 제3자로부터 일정한 재산을 매매의 형식으로 양수할 것을 약정하는 계약을 의미한다고 할 것이다(대판 1992.9.14. 91다33087).

[❹ ▶ X] 회사가 그 성립 후 2년 내에 그 성립 전부터 존재하는 재산으로서 영업을 위하여 계속하여 사용하여야 할 것을 자본금의 100분의 5 이상에 해당하는 대가로 취득하는 계약을 하는 경우에는, 주주총회의 특별결의를 요한다(상법 제375조, 제374조).

[❺ ▶ O] 신주발행 시 이행기가 돌아온 회사에 대한 금전채권을 출자의 목적으로 하는 경우, 검사인의 조사가 면제된다 (상법 제422조 제2항 제3호). 따라서 이행기가 도래하지 아니한 물품대금채권을 현물출자의 목적으로 하는 경우에는 검사인의 조사가 면제되지 아니하므로, 법원이 선임한 검사인의 조사를 받거나 이에 갈음하여 공인된 감정인의 감정을 받아야 한다(상법 제422조 제1항).

현물출자의 검사(상법 제422조) ① 현물출자를 하는 자가 있는 경우에는 이사는 제416조 제4호의 사항을 조사하게 하기 위하여 검사인의 선임을 법원에 청구하여야 한다. 이 경우 공인된 감정인의 감정으로 검사인의 조사에 갈음할 수 있다.

② 다음 각 호의 어느 하나에 해당할 경우에는 제1항을 적용하지 아니한다.

1. 제416조 제4호의 현물출자의 목적인 재산의 가액이 자본금의 5분의 1을 초과하지 아니하고 대통령령으로 정한 금액을 초과하지 아니하는 경우
2. 제416조 제4호의 현물출자의 목적인 재산이 거래소의 시세 있는 유가증권인 경우 제416조 본문에 따라 결정된 가격이 대통령령으로 정한 방법으로 산정된 시세를 초과하지 아니하는 경우
3. 변제기가 돌아온 회사에 대한 금전채권을 출자의 목적으로 하는 경우로서 그 가액이 회사장부에 적혀 있는 가액을 초과하지 아니하는 경우
4. 그 밖에 제1호부터 제3호까지의 규정에 준하는 경우로서 대통령령으로 정하는 경우

발행사항의 결정(상법 제416조) 회사가 그 성립 후에 주식을 발행하는 경우에는 다음의 사항으로서 정관에 규정이 없는 것은 이사회가 결정한다. 다만, 이 법에 다른 규정이 있거나 정관으로 주주총회에서 결정하기로 정한 경우에는 그러하지 아니하다.

4. 현물출자를 하는 자의 성명과 그 목적인 재산의 종류, 수량, 가액과 이에 대하여 부여할 주식의 종류와 수

2015년 변호사시험 문 49. ☑ 확인Check! ○ △ ×

A주식회사는 자본금 총액이 7억원이다. A회사에 관한 설명 중 옳은 것을 모두 고른 것은?

ㄱ. A회사는 1인 또는 2인의 이사를 둘 수 있는데, 2인의 이사를 두는 경우에는 이사회를 두어야 한다.
ㄴ. A회사는 감사를 선임하지 않을 수 있다.
ㄷ. A회사는 주주 전원의 동의가 있을 경우에는 소집절차 없이 주주총회를 개최할 수 있고, 서면에 의한 결의로써 주주총회의 결의를 갈음할 수 있다.
ㄹ. A회사를 모집설립하는 경우에는 각 발기인이 정관에 기명날인 또는 서명함으로써 정관의 효력이 생긴다.

① ㄱ, ㄴ　　　　　② ㄴ, ㄷ　　　　　③ ㄷ, ㄹ
④ ㄱ, ㄴ, ㄷ　　　　⑤ ㄴ, ㄷ, ㄹ

[ㄱ ▸ ×] 이사는 3명 이상이어야 한다. 다만, 자본금 총액이 10억원 미만인 회사는 1명 또는 2명으로 할 수 있다(상법 제383조 제1항). 제1항 단서의 경우에는 각 이사(정관에 따라 대표이사를 정한 경우에는 그 대표이사를 말한다)가 회사를 대표하며 제343조 제1항 단서, 제346조 제3항, 제362조, 제363조의2 제3항, 제366조 제1항, 제368조의4 제1항, 제393조 제1항, 제412조의3 제1항 및 제462조의3 제1항에 따른 이사회의 기능을 담당한다(동법 제383조 제6항).

[ㄴ ▸ ○] 감사는 주주총회에서 선임한다(상법 제409조 제1항). 제1항, 제296조 제1항 및 제312조에도 불구하고 자본금의 총액이 10억원 미만인 회사의 경우에는 감사를 선임하지 아니할 수 있다(동법 제409조 제4항).

[ㄷ ▸ ○] 자본금 총액이 10억원 미만인 회사는 주주 전원의 동의가 있을 경우에는 소집절차 없이 주주총회를 개최할 수 있고, 서면에 의한 결의로써 주주총회의 결의를 갈음할 수 있다. 결의의 목적사항에 대하여 주주 전원이 서면으로 동의를 한 때에는 서면에 의한 결의가 있는 것으로 본다(상법 제363조 제4항).

정답 ②

[ㄹ ▸ ✕] 모집설립에는 소규모 주식회사의 발기설립에서 인정되는 공증의무면제규정(상법 제292조 단서)이 없어, 자본금 10억원 미만의 회사가 모집설립을 하는 경우에는, 통상의 경우와 마찬가지로 발기인의 기명날인 또는 서명 외에 공증인의 인증을 받아야 정관의 효력이 생긴다.

정관의 효력발생(상법 제292조)　　정관은 공증인의 인증을 받음으로써 효력이 생긴다. 다만, 자본금 총액이 10억원 미만인 회사를 제295조 제1항에 따라 발기설립(發起設立)하는 경우에는 제289조 제1항에 따라 각 발기인이 정관에 기명날인 또는 서명함으로써 효력이 생긴다.

2014년 변호사시험 문 48.　　　　　　　　　　　　☑ 확인 Check! ○ △ ✕

甲과 乙은 휴대폰 부품을 제조하여 판매하는 자본금 5억원인 A주식회사를 발기설립의 방법으로 설립하기로 하고, 발기인으로서 甲은 이 회사의 운영에 필수적인 특허권을 출자하되 이를 2억원으로 평가하여 액면가 5,000원인 주식 4만 주를 부여받고, 乙이 나머지 3억원에 해당하는 주식 6만 주를 인수하여 그 전액을 금전으로 납입하기로 하였다. 이 회사의 설립에 관한 설명 중 옳지 않은 것은?

① 甲과 乙이 정관을 작성하여 상법 제289조가 정한 사항을 적고 기명날인 또는 서명한 때 A회사의 정관은 공증인의 인증 없이도 그 효력이 생긴다.
② 甲의 성명과 특허권의 내용과 가격, 이에 대하여 주식 4만주를 부여한다는 내용은 정관에 기재함으로써 그 효력이 있다.
③ A회사는 감사와 감사위원회 모두를 두지 않을 수 있다.
④ A회사는 설립등기 시 요구되는 납입금을 보관한 은행 또는 그 밖의 금융기관이 발급하는 납입금보관증명서를 은행 또는 그 밖의 금융기관의 잔고증명서로 대체할 수 있다.
⑤ A회사의 이사와 감사는 취임 후 지체 없이 회사의 설립에 관한 모든 사항이 법령 또는 정관의 규정에 위반되지 아니하는 지의 여부를 조사하여 법원에 보고하여야 한다.

[❶ ▸ ○] 정관은 공증인의 인증을 받음으로써 효력이 생긴다. 다만, 자본금 총액이 10억원 미만인 회사를 제295조 제1항에 따라 발기설립(發起設立)하는 경우에는 제289조 제1항에 따라 각 발기인이 정관에 기명날인 또는 서명함으로써 효력이 생긴다(상법 제292조).

[❷ ▸ ○] 발기인 甲의 특허권출자는 현물출자로, 상법 제290조 제2호에 의하여 발기인 甲의 성명과 그 목적인 재산의 종류, 수량 및 가격과 이에 대하여 부여할 주식의 종류와 수를 정관에 기재하여야 효력이 발생한다.

[❸ ▸ ○] 감사는 주주총회에서 선임한다(상법 제409조 제1항). 제1항, 제296조 제1항 및 제312조에도 불구하고 자본금의 총액이 10억원 미만인 회사의 경우에는 감사를 선임하지 아니할 수 있다(동법 제409조 제4항). 따라서 감사뿐만 아니라 주식회사의 임의적 설치사항(동법 제415조의2 제1항)인 감사위원회도 설치하지 아니할 수 있다.

[❹ ▸ ○] 납입금을 보관한 은행이나 그 밖의 금융기관은 발기인 또는 이사의 청구를 받으면 그 보관금액에 관하여 증명서를 발급하여야 한다(상법 제318조 제1항). 자본금 총액이 10억원 미만인 회사를 제295조 제1항에 따라 발기설립하는 경우에는 제1항의 증명서를 은행이나 그 밖의 금융기관의 잔고증명서로 대체할 수 있다(동법 제318조 제3항).

[❺ ▸ ✕] 이사와 감사는 취임 후 지체 없이 회사의 설립에 관한 모든 사항이 법령 또는 정관의 규정에 위반되지 아니하는지의 여부를 조사하여 <u>발기인에게 보고하여야</u> 한다(상법 제298조 제1항). 한편, <u>모집설립의 경우에는,</u> 이사와 감사는 취임 후 지체 없이 회사의 설립에 관한 모든 사항이 법령 또는 정관의 규정에 위반되지 아니하는지의 여부를 조사하여 <u>창립총회에 보고하여야</u> 한다(상법 제313조 제1항).

참고 설립경과 및 변태설립사항의 조사

구 분		발기설립	모집설립
일반설립사항		이사·감사가 조사하여 발기인에게 보고 (상법 제298조 제1항)	이사·감사가 조사하여 창립총회에 보고 (상법 제313조 제1항)
변태설립사항	검사인의 선임청구	이사 (상법 제298조 제4항)	발기인 (상법 제310조 제1항)
	검사인의 보고	법원에 보고 (상법 제299조 제1항)	창립총회에 제출 (상법 제310조 제2항)

2012년 변호사시험 문 49.

☑ 확인Check! ○ △ ✕

자본금 1억원인 A 주식회사를 모집설립함에 있어서 인수한 주식에 관하여 甲은 금전으로, 乙은 A회사에 대하여 가지고 있는 채권으로, 丙은 당좌수표로 각 주금을 납입하였다. 또한, 丁은 戊의 승낙을 얻어 戊의 명의로 주식을 인수하였다. 다음 설명 중 옳지 않은 것은?(다툼이 있는 경우에는 판례에 의함)

① 발기인은 주식청약서에 주금의 납입을 맡을 은행 기타 금융기관과 납입장소를 기재하여야 한다.
② 회사 설립 시에 발행하는 주식의 총수가 인수된 때에는 발기인은 지체 없이 주식인수인에 대하여 각 주식에 대한 인수가 액의 전액을 납입시켜야 한다.
③ 乙은 납입에 관하여 A회사에 대한 채권을 자동채권으로 하는 일방적인 상계로써 A회사에 대항하지 못한다.
④ 丙이 주금으로 납입한 당좌수표가 현실적으로 결제되어 현금화되기 전이라도 수표의 예입만으로 주금의 납입이 인정 된다.
⑤ 丁은 주식인수인으로서 주금납입책임을 진다.

[**❶** ▸ O] 주식청약서는 발기인이 작성하고 납입을 맡을 은행 기타 금융기관과 납입장소를 적어야 한다(상법 제302조 제2항 제9호).

[**❷** ▸ O] 회사 설립 시에 발행하는 주식의 총수가 인수된 때에는 발기인은 지체 없이 주식인수인에 대하여 각 주식에 대한 인수가액의 전액을 납입시켜야 한다(상법 제305조 제1항).

[**❸** ▸ ✕] 구 상법 제334조는, 주주는 납입에 관하여 상계로써 회사에 대항하지 못한다고 규정하였으나, 2011년 개정으로 삭제되어 현재는 상계가 가능하다. 따라서 乙은 납입에 관하여 A회사에 대한 채권을 자동채권으로 하는 상계로써 A회사에 대항할 수 있다.

[**❹** ▸ ✕] 건설책임자인 원고회사의 자본금 납입은 상법상 주식인수인의 인수가액의 납입에 준하는 것이라 할 것이고, 그와 같은 납입의무는 현실이행이 있어야 한다 할 것이므로, 그에 관하여 별도의 승인이나 정관의 규정이 없는 이상 현금으로서 이를 하여야 한다 할 것이며 만약 당좌수표로서 이를 납입한 때에는 그 수표가 현실적으로 결제되어 현금화되기 전에는 납입이 있었다 할 수 없다 할 것이다(대판 1977.4.12. 76다943).

[**❺** ▸ O] 타인의 승낙을 얻어 그 명의로 주식을 인수한 자는 그 타인과 연대하여 납입할 책임이 있다(상법 제332조 제2항). 丁은 戊의 승낙을 얻어 戊의 명의로 주식을 인수하였으므로, 丁은 戊와 연대하여 주식인수대금을 납입할 의무가 있다. 한편, 주주명부에 기재된 자를 주주권행사자로 정한 전합판결(대판 2017.3.23. 2015다248342)이나, 이 전합판결에 의하여 변경된 명의차용인을 실질적 주주로 인정한 판례(대결 1980.9.19. 80마396)는 납입의무에 대한 것이 아닌 주주권 행사에 대한 판시이므로, 여기에 인용하기에는 적절하지 아니하다.

甲과 乙은 자본금 20억원의 A주식회사를 발기설립하기로 하고 사채업자 丙으로부터 20억원을 일시차입하여 주금을 납입하였다. 이후 甲과 乙은 설립등기를 마친 즉시 납입한 20억원 전액을 인출하여 丙에게 변제하였다. 이에 관한 설명 중 옳지 않은 것은?(다툼이 있는 경우에는 판례에 의함)

① 위 사안에서 20억원에 대한 주금납입의 효력은 인정된다.
② 甲과 乙은 체당납입한 20억원을 A회사에 상환할 의무가 있다.
③ 甲과 乙은 이후 열린 A회사의 주주총회에서 의결권을 행사할 수 없다.
④ 甲과 乙은 공동불법행위자로서 A회사에 대하여 연대하여 손해배상책임을 질 수 있다.
⑤ 甲과 乙의 위 행위는 상법상 납입가장죄를 구성하는 외에 별도로 형법상 업무상횡령죄는 구성하지 않는다.

[❶ ▸ ○] [❷ ▸ ○]　주금의 가장납입의 경우에도 주금납입의 효력을 부인할 수 없으므로 주금납입절차는 일단 완료되고 주식인수인이나 주주의 주금납입의무도 종결되었다고 보아야 하나, 이러한 가장납입에 있어서 회사는 일시차입금을 가지고 주주들의 주금을 체당 납입한 것과 같이 볼 수 있으므로 주금납입의 절차가 완료된 후에 회사는 주주에 대하여 체당 납입한 주금의 상환을 청구할 수 있다(대판 1985.1.29, 84다카1823).

[❸ ▸ ✕]　판례에 의하면 甲과 乙에 의한 주금의 가장납입은 유효하므로, 甲과 乙은 주주로서 가장납입 이후 열린 A회사의 주주총회에서 의결권을 행사할 수 있을 것이다.

[❹ ▸ ○]　발기인인 甲, 乙이 주식인수대금을 가장납입하는 방법으로 회사를 설립하기로 공모하고, 회사 설립과 동시에 납입하였던 주식인수대금을 인출하였다면 甲과 乙은 회사의 설립에 관하여 자본충실의무 등 선량한 관리자로서의 임무를 다하지 못한 발기인들로서 또는 회사의 소유재산인 주식인수납입금을 함부로 인출하여 회사에 대하여 손해를 입힌 공동불법행위자로서의 책임을 면할 수 없으므로 회사에게 그 손해를 연대하여 배상할 책임이 있다(대판 1989.9.12, 89누916).

[❺ ▸ ○]　상법 제628조 제1항 소정의 납입가장죄는 회사의 자본충실을 기하려는 법의 취지를 유린하는 행위를 단속하려는 데 그 목적이 있는 것이므로, 당초부터 진실한 주금납입으로 회사의 자금을 확보할 의사 없이 형식상 또는 일시적으로 주금을 납입하고 이 돈을 은행에 예치하여 납입의 외형을 갖추고 주금납입증명서를 교부받아 설립등기나 증자등기의 절차를 마친 다음 바로 그 납입한 돈을 인출한 경우에는, 이를 회사를 위하여 사용하였다는 특별한 사정이 없는 한 실질적으로 회사의 자본이 늘어난 것이 아니어서 납입가장죄 및 공정증서원본불실기재죄와 불실기재공정증서원본행사죄가 성립하고, 다만 납입한 돈을 곧바로 인출하였다고 하더라도 그 인출한 돈을 회사를 위하여 사용한 것이라면 자본충실을 해친다고 할 수 없으므로 주금납입의 의사 없이 납입한 것으로 볼 수는 없고, 한편 주식회사의 설립업무 또는 증자업무를 담당한 자와 주식인수인이 사전공모하여 주금납입취급은행 이외의 제3자로부터 납입금에 해당하는 금액을 차입하여 주금을 납입하고 납입취급은행으로부터 납입금보관증명서를 교부받아 회사의 설립등기절차 또는 증자등기절차를 마친 직후 이를 인출하여 위 차용금채무의 변제에 사용하는 경우, 위와 같은 행위는 실질적으로 회사의 자본을 증가시키는 것이 아니고 등기를 위하여 납입을 가장하는 편법에 불과하여 주금의 납입 및 인출의 전 과정에서 회사의 자본금에는 실제 아무런 변동이 없다고 보아야 할 것이므로, 그들에게 회사의 돈을 임의로 유용한다는 불법영득의 의사가 있다고 보기 어렵다 할 것이고, 이러한 관점에서 상법상 납입가장죄의 성립을 인정하는 이상 회사 자본이 실질적으로 증가됨을 전제로 한 업무상횡령죄가 성립한다고 할 수는 없다(대판 2004.6.17, 2003도7645 [전합]).

제1절 **주 식** ★★☆

2017년 변호사시험 문 36. ☑ 확인 Check! ○ △ ×

비상장주식회사에 있어서 종류주식의 발행에 관하여 정관으로 규정할 수 있는 내용으로 적법한 것을 모두 고른 것은?(다툼이 있는 경우 판례에 의함)

ㄱ. "1주당 5개의 의결권을 부여하는 종류주식을 발행할 수 있다"라는 규정
ㄴ. "정관을 변경함으로써 어느 종류주식의 주주에게 손해를 미치게 될 때에는, 그 정관변경은 주주총회의 결의에 의하고 그 종류주식의 주주의 총회의 결의는 생략할 수 있다"라는 규정
ㄷ. "이익배당에 관한 우선주에 대해서는 「상법」 제462조 제1항에 따른 배당 가능한 이익이 없는 경우에도 배당한다"라는 규정
ㄹ. "의결권이 제한된 이익배당 우선주의 경우, 최저배당률은 액면금액을 기준으로 하여 연 3%로 하고 이익배당이 이에 미치지 못할 경우에도 의결권은 부활하지 않는다"라는 규정

① ㄴ
② ㄷ
③ ㄹ
④ ㄱ, ㄴ
⑤ ㄷ, ㄹ

[ㄱ ▸ ×] 회사는 정관이 정하는 바에 따라 의결권이 배제되거나 제한되는, 즉 의결권 행사에 관하여 내용이 다른 종류주식을 발행할 수 있으나(상법 제344조 제1항·제2항), 의결권이 복수로 되는 종류주식은 발행할 수 없다. 따라서 "1주당 5개의 의결권을 부여하는 종류주식을 발행할 수 있다"라는 규정은 허용되지 아니한다.

[ㄴ ▸ ×] 회사가 종류주식을 발행한 경우에 정관을 변경함으로써 어느 종류주식의 주주에게 손해를 미치게 될 때에는 주주총회의 결의 외에 그 종류주식의 주주의 총회의 결의가 있어야 한다(상법 제435조 제1항). 종류주주총회에 관한 규정은 강행규정이므로, 종류주주총회의 결의를 생략할 수 있도록 정한 정관규정은 무효이다.

[ㄷ ▸ ×] 자본충실의 원칙상 배당가능이익이 없으면 이익배당을 할 수 없고(상법 제462조 제1항), 이는 우선주라고 하더라도 마찬가지이다. 따라서 "이익배당에 관한 우선주에 대해서는 상법 제462조 제1항에 따른 배당 가능한 이익이 없는 경우에도 배당한다"라는 규정은 허용되지 아니한다.

[ㄹ ▸ ○] 우선주에 대하여 우선적 배당을 하지 못할 경우에는 의결권이 부활한다고 규정한 구 상법 제370조가 삭제되었으므로, 현재는 정관으로 의결권 부활에 관한 내용을 임의로 정할 수 있다(상법 제344조의3 제1항). 따라서 "의결권이 제한된 이익배당 우선주의 경우, 최저배당률은 액면금액을 기준으로 하여 연 3%로 하고 이익배당이 이에 미치지 못할 경우에도 의결권은 부활하지 않는다"라는 규정은 허용된다.

PART 03 회사법

「상법」상 주식의 발행에 관한 설명 중 옳지 않은 것은?(정관에 근거규정이 있다고 가정함)

① 발행주식 중 일부는 액면주식으로, 나머지는 무액면주식으로 하여 발행할 수 없다.
② 주주의 상환청구권을 배제하고 회사만이 상환권을 갖는 상환주식을 발행할 수 있다.
③ 상환의 대가를 배당가능이익의 범위 내에서 발행회사의 사채(社債)로 지급하는 상환주식을 발행할 수 있다.
④ 회사의 이익으로써 소각할 수 있는 조건이 붙은 의결권 없는 이익배당우선주를 발행할 수 있다.
⑤ 사채(社債)로의 전환청구권을 행사할 수 있는 전환주식을 발행할 수 있다.

[❶ ▸ ○]　회사는 정관으로 정한 경우에는 주식의 전부를 무액면주식으로 발행할 수 있다. 다만, 무액면주식을 발행하는 경우에는 액면주식을 발행할 수 없다(상법 제329조 제1항). 즉, 병행발행은 인정되지 아니한다.

[❷ ▸ ○]　상법은 회사가 상환권을 가지는 회사상환주식(상법 제345조 제1항)과, 주주가 상환권을 가지는 주주상환주식(동법 제345조 제3항)으로 구분하여 규정하고 있다.

[❸ ▸ ○]　회사는 상환주식을 취득한 대가로 주주에게 금전이나 사채 등의 현물로 상환할 수 있지만, 다른 종류의 주식으로 상환하는 것은 허용되지 아니한다(상법 제345조 제4항).

[❹ ▸ ○]　개정상법 제344조의3에 의하면 여러 가지 종류주식의 발행이 가능하므로, 의결권 없는 이익배당우선주의 발행도 가능하다.

[❺ ▸ ✕]　전환주식은 회사 또는 주주의 청구에 따라 다른 종류의 주식으로 전환할 수 있을 뿐, 사채로의 전환은 인정되지 아니한다.

X주식회사는 정관에 발행할 주식의 총수 500주, 주식의 액면가 5,000원, 주식의 종류로는 보통주식과 전환주식 2종으로 규정하고 있다. 또한 X회사는 정관에 전환주식에 관하여 전환청구권은 주주가 가지고, 전환주식 1주당 보통주식 2주로 전환할 수 있는 전환권을 부여하며, 전환청구기간은 발행일로부터 5년이 경과한 날부터 3개월간으로 규정하고 있다. X회사는 보통주식 100주를 1주당 발행가액 7,000원에 A에게 발행하고, 전환주식 100주를 1주당 발행가액 1만원에 B에게 발행하여, 현재까지 발행한 주식은 모두 200주이다. 이에 관한 설명 중 옳지 않은 것은?(위 주식은 적법하게 발행된 것으로 가정함)

① X회사의 자본금은 현재 100만원이다.
② X회사가 주식배당을 하는 경우 A에게는 보통주식으로, B에게는 전환주식으로 각각 신주를 발행하여 배당한다면 이는 적법하다.
③ B가 위 전환청구기간 내에 전환권을 행사한 경우, 전환으로 인하여 새로 발행되는 보통주식의 액면가는 반드시 5,000원이어야 한다.
④ B가 위 전환청구기간 내에 전환권을 행사하더라도 X회사의 자본금에는 변경이 없다.
⑤ B가 위 전환청구기간 내에 전환주식 50주에 대하여 전환권을 행사한다면 B는 전환청구를 한 때에 그 전환에 의한 신주의 주주가 된다.

[❶ ▶ ○] X회사의 자본금은 발행주식의 액면 총액(상법 제451조 제1항)이므로, 계산하면 100만원(200주×5,000원)이 된다.

[❷ ▶ ○] 주식배당은 주식의 권면액으로 하며, 회사가 종류주식을 발행한 때에는 각각 그와 같은 종류의 주식으로 할 수 있다(상법 제462조의2 제2항).

[❸ ▶ ○] 전환을 한 경우에 1주의 발행가액은 변경될 수 있으나, 액면가는 변환 전후를 통하여 균일하여야 한다(상법 제329조 제2항).

[❹ ▶ ×] 전환비율이 1 : 2이고, 이에 의하여 전환 전보다 전환 후에 100주가 증가하였으므로, 전환 이후에 증가한 100주에 대한 자본금 50만원(상법 제451조 제1항)이 증가한다.

[❺ ▶ ○] 주식의 전환은 주주가 전환을 청구한 경우에는 그 청구한 때에, 회사가 전환을 한 경우에는 제346조 제3항 제2호의 기간이 끝난 때에 그 효력이 발생한다(상법 제350조 제1항). 따라서 B는 전환청구를 한 때에 그 전환에 의하여 발행되는 신주의 주주가 된다.

2013년 변호사시험 문 46.   ☑ 확인Check! ○ △ ×

상법상 주식회사의 주식과 자본금에 관한 설명 중 옳은 것은?

① 주식회사는 정관변경을 통하여 이미 발행한 액면주식의 일부를 무액면주식으로 전환할 수 있다.
② 액면주식 1주의 금액의 상한과 하한에 대한 제한은 없지만, 액면주식의 금액은 균일하여야 한다.
③ 무액면주식을 발행하는 경우 회사의 자본금은 주식발행가액의 2분의 1 이상의 금액으로서 이사회(또는 신주발행을 주주총회결의로 정하는 경우에는 주주총회)에서 자본금으로 계상하기로 한 금액의 총액으로 한다.
④ 액면주식을 무액면주식으로 전환하거나 무액면주식을 액면주식으로 전환할 때에는 상법상 채권자보호절차를 거쳐야 한다.
⑤ 자본금의 감소에는 주주총회특별결의가 있어야 하지만, 결손의 보전을 위한 자본금의 감소는 이사회결의에 의한다.

[❶ ▶ ×] 회사는 정관으로 정하는 바에 따라 발행된 액면주식을 무액면주식으로 전환하거나, 무액면주식을 액면주식으로 전환할 수 있다(상법 제329조 제4항). 따라서 발행된 액면주식 전부를 전환하는 것이 아닌, 액면주식의 일부만을 무액면주식으로 전환하는 것은 가능하지 아니하다.

[❷ ▶ ×] 액면주식 1주의 금액은 100원 이상으로 균일하여야 하므로(상법 제329조 제2항·제3항), 상한에는 제한이 없으나 하한에는 제한이 있다.

[❸ ▶ ○] 회사가 무액면주식을 발행하는 경우 회사의 자본금은 주식발행가액의 2분의 1 이상의 금액으로서 이사회(제416조 단서에서 정한 주식발행의 경우에는 주주총회를 말한다)에서 자본금으로 계상하기로 한 금액의 총액으로 한다. 이 경우 주식의 발행가액 중 자본금으로 계상하지 아니하는 금액은 자본준비금으로 계상하여야 한다(상법 제451조 제2항).

[❹ ▶ ×] 회사의 자본금은 액면주식을 무액면주식으로 전환하거나 무액면주식을 액면주식으로 전환함으로써 변경할 수 없다(상법 제451조 제3항). 따라서 회사채권자를 해할 우려가 없으므로 채권자보호절차는 필요하지 아니하다.

[❺ ▶ ×] 자본금의 감소에는 주주총회의 특별결의가 있어야 한다(상법 제438조 제1항). 그러나 결손의 보전(補塡)을 위한 자본금의 감소는 주주총회의 보통결의에 의한다(동법 제438조 제2항).

상법상 종류주식에 관한 설명 중 옳지 않은 것은?(정관에 필요한 근거규정이 있다고 전제함)

① 의결권이 없는 주식으로서 보통주의 배당금액을 기준으로 이에 1%를 추가한 금액을 배당하는 주식을 발행할 수 있다.

② 이익배당에 관한 우선주를 의결권이 없는 주식으로 발행하면서 우선배당을 결의하지 아니한 주주총회의 다음 주주총회에서도 그 주주의 의결권이 부활하지 아니하는 것으로 정할 수 있다.

③ 동일한 기회에 신주를 발행하면서 이익배당과 잔여재산분배에 있어서 내용이 다른 우선주와 보통주의 발행가액에 차이를 둘 수 있다.

④ 이익배당의 내용이 보통주와 동일하면서 의결권이 없는 주식을 발행할 수 없다.

⑤ 안건별로 의결권 행사의 가부를 달리하여, 이사 선임에 관해서는 의결권을 행사할 수 없지만 정관변경에 관해서는 의결권을 행사할 수 있는 주식을 발행할 수 있다.

[❶▶○] [❹▶✕]　회사는 이익의 배당에 관하여 내용이 다른 종류주식을 발행할 수 있으므로, 1% 우선주도 발행할 수 있다(상법 제344조의2 제1항)고 보는 것이 타당하며, 의결권을 배제하거나 제한하는 종류주식에 대하여 상법에서 특별히 제한을 두고 있지 아니하므로, 이익배당의 내용이 보통주와 동일하면서 의결권이 없는 주식을 발행할 수도 있다(동법 제344조의3 제1항).

[❷▶○]　우선주에 대하여 우선적 배당을 하지 못할 경우에는 의결권이 부활한다고 규정한 구 상법 제370조가 삭제되었으므로, 현재는 정관으로 의결권 부활에 관한 내용을 임의로 정할 수 있다(상법 제344조의3 제1항). 따라서 정관으로 우선주가 우선배당을 받지 못한 경우에도 그 주주의 의결권이 부활하지 아니하는 것으로 정할 수 있다.

[❸▶○]　종류주식을 발행하는 경우, 주주평등의 원칙에 대한 예외가 인정되어 신주를 발행하면서 보통주와 우선주 사이에 인수권을 서로 다르게 정하거나, 보통주와 우선주의 소각이나 병합을 서로 다르게 정하는 것도 가능하다.

종류주식(상법 제344조)　③ 회사가 종류주식을 발행하는 때에는 정관에 다른 정함이 없는 경우에도 주식의 종류에 따라 신주의 인수, 주식의 병합·분할·소각 또는 회사의 합병·분할로 인한 주식의 배정에 관하여 특수하게 정할 수 있다.

[❺▶○]　상법 제344조의3 제1항에 의하면, 의결권의 배제·제한에 관한 종류주식을 발행하는 경우, 정관에 의결권을 행사할 수 없는 사항과 의결권 행사 또는 부활의 조건을 정한 때에는 그 조건 등을 정하여야 한다. 따라서 정관에 근거규정이 있다면 특정 안건에 대하여만 의결권을 인정하고, 나머지 안건에 대하여는 의결권을 부정하는 종류주식의 발행도 가능하다.

2017년 변호사시험 문 38. ☑확인 Check! ○ △ ✕

주식회사의 주주권행사요건에 관한 「상법」상의 설명으로 옳지 않은 것은?

① 회사가 법령 또는 정관에 위반하여 신주를 발행함으로써 주주가 불이익을 받을 염려가 있는 경우에는 그 주주는 회사에 대하여 그 발행을 유지할 것을 청구할 수 있다.

② 주주는 소유주식수에 상관없이 영업시간 내에 재무제표의 열람청구권을 행사할 수 있다.

③ 상장회사의 주주는 의결권 없는 주식을 제외한 발행주식 총수의 1% 이상의 주식을 6개월 전부터 계속 보유하지 않으면 집중투표에 의한 이사선임을 청구할 수 없다.

④ 주주는 소유주식수에 상관없이 영업시간 내에 이사회 의사록의 열람을 청구할 수 있다.

⑤ 상장회사는 정관에서 이사에 대한 위법행위 유지청구권행사요건으로 「상법」 제542조의6 제5항에 규정된 것보다 단기의 주식보유기간을 정하거나 낮은 주식보유비율을 정할 수 있다.

[❶ ▸ ○] 회사가 법령 또는 정관에 위반하거나 현저하게 불공정한 방법에 의하여 주식을 발행함으로써 주주가 불이익을 받을 염려가 있는 경우에는 그 주주는 회사에 대하여 그 발행을 유지할 것을 청구할 수 있다(상법 제424조).

[❷ ▸ ○] 주주와 회사채권자는 영업시간 내에 언제든지 제1항의 비치서류를 열람할 수 있으며 회사가 정한 비용을 지급하고 그 서류의 등본이나 초본의 교부를 청구할 수 있다(상법 제448조 제2항).

[❸ ▸ ✕] 2인 이상의 이사의 선임을 목적으로 하는 총회의 소집이 있는 때에는 의결권 없는 주식을 제외한 발행주식 총수의 100분의 3 이상에 해당하는 주식을 가진 주주는 정관에서 달리 정하는 경우를 제외하고는 회사에 대하여 집중투표의 방법으로 이사를 선임할 것을 청구할 수 있다(상법 제382조의2 제1항). 다만, 자산 총액 2조원 이상의 대규모 상장회사는 의결권 없는 주식을 제외한 발행주식 총수의 1% 이상이 소수주주의 요건이다(동법 제542조의7 제2항).

[❹ ▸ ○] 주주는 영업시간 내에 이사회의사록의 열람 또는 등사를 청구할 수 있다(상법 제391조의3 제3항).

[❺ ▸ ○] 상법 제402조에서는, 위법행위유지청구권자로서의 주주는 발행주식 총수의 100분의 1 이상에 해당하는 주식을 보유할 것을 요하고 있다. 상법 제542조의6에 의하면, 상장회사의 경우에는 6개월 전부터 계속하여 발행주식 총수의 10만분의 50(자본금 1천억원 이상인 회사는 10만분의 25)의 주식보유비율을 요구하고 있고, 정관으로 이보다 단기의 주식보유기간을 정하거나 낮은 주식보유비율을 정할 수 있다(상법 제542조의6 제5항, 제7항).

정답 ③

2016년 변호사시험 문 42.　　☑확인Check! ○ △ X

아래 주권은 비상장회사가 발행한 것이다. 이에 관한 설명 중 옳은 것은?(아래 주권은 형식상의 문제가 없는 것으로 가정하며, 다툼이 있는 경우 판례에 의함)

주식회사 법토피아 주권
1 주 권

금 5,000원 정

회사의 상호 : 주식회사 법토피아
회사의 성립연월일 : 2015년 7월 7일
회사가 발행할 주식의 총수 : 10,000주
1주의 금액 : 금 5,000원 정
주식의 종류 : 기명식 보통주식
주권발행연월일 : 2015년 9월 9일

이 주권은 우리 회사의 정관에 의한 주식 1주의 주주임을 증명하기 위하여
이면의 기명자에게 교부함.

주식회사 법토피아
대표이사 홍 익 인　[인]

---

① 위 주권의 효력이 발생하는 시기는 회사가 주권을 작성하여 회사의 의사에 기하여 누구에게라도 주권을 교부한 때이다.
② 회사성립일인 2015.7.7. 이전에 위 주권을 발행했더라도 주권이 무효로 되는 것은 아니다.
③ 회사 설립 당시 납입된 위 회사의 자본금은 반드시 5,000만원이어야 한다.
④ 위 주식은 기명주식이므로 주식을 양도하기 위해서는 주권에 배서하고 주권을 교부하여야 양도의 효력이 생긴다.
⑤ 위 회사는 주주총회의 특별결의를 거쳐 주식을 분할할 수 있고, 이 경우 1주의 액면가는 100원 이상이고 균일하여야 한다.

[❶▸X] 상법 제355조의 주권발행은 같은 법 제356조 소정의 형식을 구비한 문서를 작성하여 이를 주주에게 교부하는 것을 말하고 위 문서가 주주에게 교부된 때에 비로소 주권으로서의 효력을 발생하는 것이므로 <u>회사가 주주권을 표창하는 문서를 작성하여 이를 주주가 아닌 제3자에게 교부하여 주었다 할지라도 위 문서는 아직 회사의 주권으로서의 효력을 가지지 못한다</u>(대판 2000.3.23. 99다67529).

[❷▸X] <u>주권은 회사의 성립 후 또는 신주의 납입기일 후가 아니면 발행하지 못한다</u>(상법 제355조 제2항). <u>전항의 규정에 위반하여 발행한 주권은 무효로 한다. 그러나 발행한 자에 대한 손해배상의 청구에 영향을 미치지 아니한다</u>(동법 제355조 제3항).

[❸ ▸ ✕] 우리 상법은 수권자본주의를 취하고 있으므로, 회사의 발행예정주식 총수가 10,000주이더라도 회사 설립 시 발행하는 주식의 총수가 반드시 10,000주일 필요는 없다. 이는 회사설립 당시 납입된 자본금이 반드시 5,000만원일 것을 요하지는 아니한다는 말이다.

[❹ ▸ ✕] 주식양도는 주식양도에 대한 합의와 주권의 교부로 효력이 발생하고, 주권에의 배서는 요하지 아니한다.

[❺ ▸ ○] 주식분할은 액면분할을 의미하고, 액면가는 정관의 필요적 기재사항(상법 제289조 제4호)이므로, 주식분할을 위해서는 주주총회의 특별결의를 요한다(동법 제329조의2 제1항). 주식분할 후의 액면주식 1주의 금액은 100원 미만으로 하지 못한다(동법 제329조의2 제2항).

2016년 변호사시험 문 43.

☑ 확인 Check! ○ △ ✕

甲은 비상장회사인 A주식회사의 주주로서 주권을 실물로 소지하고 있다. 甲은 주권의 보관에 부담을 느껴 이를 소지하지 않기를 원하고 있다. A주식회사의 정관에는 주권불소지의 신고에 관하여 아무런 규정을 두고 있지 않고, 甲은 위 주식에 질권을 설정한 바가 없다. 이에 관한 설명 중 옳지 않은 것은?(아래 각 지문은 독립적이며, 다툼이 있는 경우 판례에 의함)

① 甲이 주권불소지의 신고를 하면 A주식회사는 주권불소지에 관하여 정관에 아무런 근거규정이 없다는 이유로는 이를 거절할 수 없다.

② 甲이 주권불소지의 신고를 하면 A주식회사는 지체 없이 주권을 발행하지 아니한다는 뜻을 주주명부와 그 복본에 기재하고 그 사실을 주주에게 통지하여야 한다.

③ 甲이 주권불소지의 신고를 하려면 주권을 A주식회사에 제출하여야 하고, A주식회사는 제출받은 주권을 무효로 하거나 명의개서대리인에게 임치하여야 한다.

④ 甲이 주권불소지의 신고를 하였다면, 甲의 乙에 대한 주식양도는 주권교부 없이 甲과 乙간의 주식양도에 관한 의사의 합치로 할 수 있다.

⑤ 甲은 주권불소지의 신고를 한 경우에도 언제든지 A주식회사에 대하여 주권의 발행 또는 반환을 청구할 수 있다.

[❶ ▸ ○] [❷ ▸ ○] [❸ ▸ ○] [❺ ▸ ○] 상법 제358조의2는 장기간 주식을 양도할 의사가 없는 주주의 이익을 위해서 주권불소지제도를 도입하였다.

 주권의 불소지(상법 제358조의2) ① 주주는 정관에 다른 정함이 있는 경우를 제외하고는 그 주식에 대하여 주권의 소지를 하지 아니하겠다는 뜻을 회사에 신고할 수 있다(①).

② 제1항의 신고가 있는 때에는 회사는 지체 없이 주권을 발행하지 아니한다는 뜻을 주주명부와 그 복본에 기재하고, 그 사실을 주주에게 통지하여야 한다(②). 이 경우 회사는 그 주권을 발행할 수 없다.

③ 제1항의 경우 이미 발행된 주권이 있는 때에는 이를 회사에 제출하여야 하며, 회사는 제출된 주권을 무효로 하거나 명의개서대리인에게 임치하여야 한다(③).

④ 제1항 내지 제3항의 규정에 불구하고 주주는 언제든지 회사에 대하여 주권의 발행 또는 반환을 청구할 수 있다(⑤).

[❹ ▸ ✕] 주권발행 전 주식양도는 주권이 없더라도 지명채권 양도의 방법으로 주식의 양도가 가능하나, 이미 주권이 발행되었다면, 주권의 불소지를 신고한 경우라고 하더라도 주권의 교부로만 주식의 양도가 가능함을 유의하여야 한다.

비상장회사인 X주식회사가 자금조달을 목적으로 신주를 발행할 때에 A와 B가 이를 인수하였다. A는 주식인수대금을 스스로 납입하였으나, B는 주식인수대금을 납입한 사실이 없고 C가 이를 납입하였다. X회사는 주권을 발행하여 A와 B에게 교부하였고 주주명부에 이를 기재하였다. 그 후 A는 자신이 보유하는 X회사의 주식 전부를 D에게 양도하였으나 아직 D의 명의로 명의개서가 되어 있지 않은 상태에 있다. 이에 관한 설명 중 옳지 않은 것은?(다툼이 있는 경우 판례에 의함)

① C가 B의 주식인수대금을 납입하였다는 것만으로는 C를 실질상의 주주라고 단정할 수 없다.
② X회사의 정관에 주권불소지신고를 금하는 규정이 없으면 B는 X회사에 주권을 제출하면서 주권불소지신고를 할 수 있다.
③ X회사가 명의개서를 하지 아니한 D의 주주권 행사를 인정하는 것은 가능하다.
④ D가 X회사에 주권을 제시하여 명의개서를 청구하였으나 X회사가 정당한 사유 없이 응하지 않는 경우라면, D는 명의개서를 하지 않고서도 X회사에 대하여 주주의 권리를 행사할 수 있다.
⑤ X회사가 이후 준비금의 자본금 전입에 의하여 A에게 무상신주를 발행한 경우, A의 채권자가 그 신주에 대하여 한 압류는 효력이 없다.

[**❶ ▸ ○**] 주주명부에 주주로 등재되어 있는 자는 일응 그 회사의 주주로 추정되며 이를 번복하기 위해서는 그 주주권을 부인하는 측에 입증책임이 있으므로 주주명부의 주주 명의가 신탁된 것이고 그 명의차용인으로서 실질상의 주주가 따로 있음을 주장하려면 그러한 명의신탁관계를 주장하는 측에서 명의차용사실을 입증하여야 한다. 그런데 원심의 판시와 같이 주주명부상의 주주가 아닌 제3자가 실제로 신주인수대금의 납입행위를 하였다고 하더라도 그와 같은 행위의 기초된 원인관계로서는 원심이 판시한 명의신탁관계를 비롯하여 자본금 납입을 일방의 출자의무로 하는 동업관계나 신주인수대금의 단순한 차용관계 등 여러 형태의 법률관계를 상정할 수 있으므로 제3자에 의한 주식인수절차의 원인관계 내지 실질관계를 규명함이 없이 단순히 제3자가 신주인수대금의 납입행위를 하였다는 사정만으로는 그 제3자를 주주 명의의 명의신탁관계에 기초한 실질상의 주주라고 단정할 수 없다(대판 2007.9.6. 2007다27755).

[**❷ ▸ ○**] 주주는 정관에 다른 정함이 있는 경우를 제외하고는 그 주식에 대하여 주권의 소지를 하지 아니하겠다는 뜻을 회사에 신고할 수 있다(상법 제358조의2 제1항).

[**❸ ▸ ✕**] 특별한 사정이 없는 한, 주주명부에 적법하게 주주로 기재되어 있는 자는 회사에 대한 관계에서 주식에 관한 의결권 등 주주권을 행사할 수 있고, 회사 역시 주주명부상 주주 외에 실제 주식을 인수하거나 양수하고자 하였던 자가 따로 존재한다는 사실을 알았든 몰랐든 간에 주주명부상 주주의 주주권 행사를 부인할 수 없으며, 주주명부에 기재를 마치지 아니한 자의 주주권 행사를 인정할 수도 없다. 주주명부에 기재를 마치지 않고도 회사에 대한 관계에서 주주권을 행사할 수 있는 경우는 주주명부에의 기재 또는 명의개서청구가 부당하게 지연되거나 거절되었다는 등의 극히 예외적인 사정이 인정되는 경우에 한한다(대판 2017.3.23. 2015다248342 [전합]).

[**❹ ▸ ○**] 주식을 양도받은 주식양수인들이 명의개서를 청구하였는데도 위 주식양도에 입회하여 그 양도를 승낙하였고 더구나 그 후 주식양수인들의 주주로서의 지위를 인정한 바 있는 회사의 대표이사가 정당한 사유 없이 그 명의개서를 거절한 것이라면 회사는 그 명의개서가 없음을 이유로 그 양도의 효력과 주식양수인의 주주로서의 지위를 부인할 수 없다(대판 1993.7.13. 92다40952).

[**❺ ▸ ✕**] 무상신주에 대한 신주인수권은 주주명부에 기재된 주주인 A에게 귀속되므로, X회사가 그에게 무상신주를 발행한 경우, A의 채권자가 그 신주를 압류하였다면 압류는 유효하다.

상법 제416조에 의하여 주식회사가 주주총회나 이사회의 결의로 신주를 발행할 경우에 발생하는 구체적 신주인수권은 주주의 고유권에 속하는 것이 아니고 위 상법의 규정에 의하여 주주총회나 이사회의 결의에 의하여 발생하는 구체적 권리에 불과하므로, 그 신주인수권은 주주권의 이전에 수반되어 이전되지 아니하는바, 회사가 신주를 발행하면서 그 권리의 귀속자를 주주총회나 이사회의 결의에 의한 일정 시점에 있어서의 주주명부에 기재된 주주로 한정할 경우, 그 신주인수권은 그 일정 시점에 있어서의 실질상의 주주인가의 여부와 관계없이 회사에 대하여 법적으로 대항할 수 있는 주주, 즉 주주명부에 기재된 주주에게 귀속된다(대판 1995.7.28. 94다 25735).

제4절 주식의 양도와 제한 ★★★★★

2020년 변호사시험 문 38. ☑ 확인Check! ○ △ ×

「상법」상 비상장주식회사가 발행한 주식에 관한 설명 중 옳지 않은 것은?(다툼이 있는 경우 판례에 의함)

① 증권이나 증서의 무효를 선고한 제권판결은 단순히 공시최고 신청인에게 그 증권 또는 증서를 소지하고 있는 것과 동일한 지위를 회복시키는 것에 그치는 것이 아니라 공시최고 신청인이 그 증권 또는 증서의 실질적인 권리자임을 확정하는 효력이 있다.

② 회사가 신주를 발행하면서 그 권리의 귀속자를 주주총회나 이사회의 결의에 의한 일정 시점에 주주명부에 기재된 주주로 한정할 경우, 그 신주인수권은 이러한 일정 시점에 실질상의 주주인지의 여부와 관계없이 회사에 대하여 법적으로 대항할 수 있는 주주, 즉 주주명부에 기재된 주주에 귀속된다.

③ 주권발행 전 주식의 양도가 회사 성립 후 6월이 경과한 후에 이루어진 때에는 당사자의 의사표시만으로 회사에 대하여 효력이 있으므로, 그 주식양수인은 특별한 사정이 없는 한 양도인의 협력을 받을 필요 없이 단독으로 자신이 주식을 양수한 사실을 증명함으로써 회사에 대하여 그 명의개서를 청구할 수 있다.

④ 주권 취득이 악의 또는 중대한 과실로 인한 때에는 선의취득이 인정되지 않는데, 이 경우 '악의'란 교부계약에 하자가 있다는 것을 알고 있었던 경우, 즉 종전 소지인이 무권리자 또는 무능력자라거나 대리권이 흠결되었다는 등의 사정을 알고 취득한 것을 말하고, 중대한 과실이란 거래에서 필요로 하는 주의의무를 현저히 결여한 것을 말한다.

⑤ 주식의 양도에 관하여 정관에 이사회의 승인을 받도록 한 경우, 이사회의 승인을 받지 아니한 주식양도계약은 양도인과 양수인 사이에서 채권적 효력은 인정된다.

[❶ ▸ ×] 상법 제360조 제1항은 "주권은 공시최고의 절차에 의하여 이를 무효로 할 수 있다"라고 정하고, 같은 조 제2항은 "주권을 상실한 자는 제권판결을 얻지 아니하면 회사에 대하여 주권의 재발행을 청구하지 못한다"라고 정하고 있다. 이는 주권은 주식을 표창하는 유가증권이므로 기존의 주권을 무효로 하지 아니하고는 동일한 주식을 표창하는 다른 주권을 발행할 수 없다는 의미로서, 위 규정에 반하여 제권판결 없이 재발행된 주권은 무효라고 할 것이다. 한편 증권이나 증서의 무효를 선고한 제권판결의 효력은 공시최고 신청인에게 그 증권 또는 증서를 소지하고 있는 것과 동일한 지위를 회복시키는 것에 그치고 공시최고 신청인이 실질적인 권리자임을 확정하는 것은 아니다. 따라서 증권이나 증서의 정당한 권리자는 제권판결이 있더라도 실질적 권리를 상실하지 아니하고, 다만 제권판결로 인하여 그 증권 또는 증서가 무효로 되었으므로 그 증권 또는 증서에 따른 권리를 행사할 수 없게 될 뿐이다(대판 2013.12.12. 2011다112247).

[**❷** ▶ ○]　상법 제461조에 의하여 주식회사가 이사회의 결의로 준비금을 자본에 전입하여 주식을 발행할 경우 또는 상법 제416조에 의하여 주식회사가 주주총회나 이사회의 결의로 신주를 발행할 경우에 발생하는 구체적 신주인수권은 주주의 고유권에 속하는 것이 아니고 위 상법의 규정에 의하여 주주총회나 이사회의 결의에 의하여 발생하는 구체적 권리에 불과하므로 그 신주인수권은 주주권의 이전에 수반되어 이전되지 아니한다. 따라서 회사가 신주를 발행하면서 그 권리의 귀속자를 주주총회나 이사회의 결의에 의한 일정 시점에 있어서의 주주명부에 기재된 주주로 한정할 경우 그 신주인수권은 위 일정 시점에 있어서의 실질상의 주주인가의 여부와 관계없이 회사에 대하여 법적으로 대항할 수 있는 주주, 즉 주주명부에 기재된 주주에게 귀속된다(대판 2010.2.25. 2008다96963).

[**❸** ▶ ○]　주권발행 전 주식의 양도가 회사 성립 후 6월이 경과한 후에 이루어진 때에는 당사자의 의사표시만으로 회사에 대하여 효력이 있으므로, 그 주식양수인은 특별한 사정이 없는 한 양도인의 협력을 받을 필요 없이 단독으로 자신이 주식을 양수한 사실을 증명함으로써 회사에 대하여 그 명의개서를 청구할 수 있다(대판 2016.3.24. 2015다71795).

[**❹** ▶ ○]　주권의 선의취득은 주권의 소지라는 권리외관을 신뢰하여 거래한 사람을 보호하는 제도이다. 주권 취득이 악의 또는 중대한 과실로 인한 때에는 선의취득이 인정되지 않는다(상법 제359조, 수표법 제21조). 여기서 악의 또는 중대한 과실이 있는지는 그 취득 시기를 기준으로 결정하여야 하며, '악의'란 교부계약에 하자가 있다는 것을 알고 있었던 경우, 즉 종전 소지인이 무권리자 또는 무능력자라거나 대리권이 흠결되었다는 등의 사정을 알고 취득한 것을 말하고, 중대한 과실이란 거래에서 필요로 하는 주의의무를 현저히 결여한 것을 말한다. 그리고 주권 등을 취득하면서 통상적인 거래기준으로 판단하여 볼 때 양도인이 무권리자임을 의심할 만한 사정이 있음에도 불구하고 이에 대하여 상당하다고 인정될 만한 조사를 하지 아니한 채 만연히 주권 등을 양수한 경우에는 양수인에게 상법 제359조, 수표법 제21조 단서에서 말하는 '중대한 과실'이 있다고 보아야 한다(대판 2018.7.12. 2015다251812).

[**❺** ▶ ○]　주식의 양도는 이사회의 승인을 얻도록 규정되어 있는 회사의 정관에도 불구하고 이사회의 승인을 얻지 아니하고 주식을 양도한 경우에 그 주식의 양도는 회사에 대하여 효력이 없을 뿐, 주주 사이의 주식양도계약 자체가 무효라고 할 수는 없다(대판 2008.7.10. 2007다14193).

2019년 변호사시험 문 41.　☑확인 Check! ○ △ ✕

비상장회사인 A주식회사는 2018.5.1. 설립등기를 마쳤다. 甲은 A회사의 설립 시 발행된 주식 1,000주를 인수하고 주식대금을 납입하였으며 A회사 주주명부에 그 1,000주의 주주로 기재되었다. 2018.6.1. 甲은 A회사가 주권을 발행하지 않자 주식 1,000주를 乙에게 양도하는 합의를 하고 같은 날짜에 이러한 사실을 A회사의 대표이사에게 통지하였다. 이에 관한 설명 중 옳은 것은?(다툼이 있는 경우 판례에 의함)

① 乙로 명의개서가 이루어지지 않은 상태라도 乙이 A회사에게 2018.6.10. 자신에게 주권을 발행할 것을 청구한다면, A회사는 乙에게 주권을 발행해 주어야 한다.
② 乙이 2018.6.15. A회사에게 명의개서를 청구한다면, A회사는 이에 응하여야 한다.
③ 乙은 2018.6.20. A회사에게 자신이 아닌 甲에게 주권을 발행할 것을 대위 청구할 수 없다.
④ A회사가 2018.6.25. 임시주주총회를 개최하면서 주주명부상 주주인 甲에게 소집통지하고 의결권을 행사하도록 했다면, 乙에게 주식이 양도된 사실을 알면서도 甲에게 의결권을 행사하도록 한 것이므로 그 총회의 결의에 취소사유가 존재한다.
⑤ A회사가 주권을 계속하여 발행하고 있지 않다면, 그 상태에서 乙이 2018.12.10. 위 1,000주에 대한 명의개서를 A회사에게 청구할 경우, A회사는 이에 응하여야 한다.

　⑤ **정답**

[❶ ▸ ×] [❷ ▸ ×] [❸ ▸ ×] 비상장회사인 A회사의 주식을 주권발행 전에 양수한 乙은, A회사에 대하여 주권발행이나 명의개서도 청구하지 못한다. 다만, 당사자 간에는 채권적 효력이 있으므로, A회사에 대하여 甲에게 주권을 발행할 것을 대위청구할 수는 있다.

상법 제335조 제2항의 규정은 주권발행 전의 주식양도는 회사에 대하여 대항할 수 없을 뿐 아니라 회사도 이를 승인하지 못하여 대 회사관계에 있어서는 아무런 효력이 없다는 것이나 그렇다고 양도당사자 사이에 있어서까지 양도양수의 효력을 부정하는 취지라고 해석되지 않으므로 그 당사자 간에서는 유효하다 할 것이니 주권발행 전의 주식을 전전 양수한 원고가 회사에 대하여 원시 주주를 대위하여 직접 원고에게 주권의 발행교부를 청구할 수는 없다 할지라도 원시 주주들의 회사에 대한 주권발행 및 교부청구권을 대위행사하여 원시주주에의 주권발행 및 교부를 구할 수 있다(대판 1982.9.28. 82다카21).

[❹ ▸ ×] A회사가 乙에게 주식이 양도된 사실을 알고 있었다고 하더라도, 甲에게 소집통지를 하고 甲이 A회사의 주주총회에서 의결권을 행사하였다면, 그 의결권 행사는 적법하다고 보는 것이 타당하다.

특별한 사정이 없는 한, 주주명부에 적법하게 주주로 기재되어 있는 자는 회사에 대한 관계에서 주식에 관한 의결권 등 주주권을 행사할 수 있고, 회사 역시 주주명부상 주주 외에 실제 주식을 인수하거나 양수하고자 하였던 자가 따로 존재한다는 사실을 알았든 몰랐든 간에 주주명부상 주주의 주주권 행사를 부인할 수 없으며, 주주명부에 기재를 마치지 아니한 자의 주주권 행사를 인정할 수도 없다. 주주명부에 기재를 마치지 않고도 회사에 대한 관계에서 주주권을 행사할 수 있는 경우는 주주명부에의 기재 또는 명의개서청구가 부당하게 지연되거나 거절되었다는 등의 극히 예외적인 사정이 인정되는 경우에 한한다(대판 2017.3.23. 2015다248342 [전합]).

[❺ ▸ ○] 乙이 주권발행 전에 주식을 양수하였지만 A회사가 회사 성립 후 6월이 경과하도록 주권을 발행하지 아니하였다면, 양도의 하자는 치유되어 乙이 2018.12.10. 양수주식에 대한 명의개서를 A회사에게 청구할 경우, A회사는 이에 응하여야 한다.

주권발행 전에 한 주식의 양도는 회사에 대하여 효력이 없으나 회사 성립 후 또는 신주의 납입기일 후 6월이 경과한 때에는 회사에 대하여도 효력이 있다. 이 경우 주식의 양도는 지명채권의 양도에 관한 일반원칙에 따라 당사자의 의사표시만으로 효력이 발생하는 것이고, 나아가 주권발행 전에 한 주식의 양도가 회사 성립 후 또는 신주의 납입기일 후 6월이 경과하기 전에 이루어졌다고 하더라도 그 이후 6월이 경과하고 그때까지 회사가 주권을 발행하지 않았다면, 그 하자는 치유되어 회사에 대하여도 유효한 주식양도가 된다(대판 2012.2.9. 2011다62076).

비상장회사인 X주식회사는 이사회결의에 의하여 신주인수의 청약일을 2016.3.4. 주금납입기일을 2016.3.7. 자본금변경등 기일을 2016.3.18.로 하여 신주를 발행하였으나, 2017.1.13. 현재까지 주권을 발행하지 않고 있다. A는 위 신주발행에 참가하여 X회사로부터 100주의 신주를 배정받고 인수금액 전액을 금전으로 납입하였다. A는 2016.9.12. B에게 위 주식 100주 전부를 양도하고, 2016.10.4. C에게 이를 이중으로 양도하였다. 이에 관한 설명 중 옳지 않은 것은?(다툼이 있는 경우 판례에 의함)

① A의 B에 대한 주식양도는 신주의 효력발생 후 6개월이 경과하기 전에 주권 교부 없이 행해진 것이므로 효력이 없으나, 그 이후 6개월이 경과함으로써 그 하자가 치유되었다.

② B와 C 사이의 우열은 확정일자 있는 증서에 의한 양도의 통지가 X회사에 도달한 일시 또는 확정일자 있는 증서에 의한 X회사의 승낙 일시의 선후에 의하여 결정함이 원칙이다.

③ B는 자신이 A로부터 주식을 양수한 사실을 증명함으로써 X회사에 명의개서를 청구할 수 있다.

④ C가 A의 배임행위에 적극 가담한 경우라면 C에 대한 주식양도는 사회질서에 반하는 행위로 무효가 될 수 있다.

⑤ B와 C 모두가 확정일자 있는 증서에 의한 대항요건을 갖추지 못한 상태에서 C가 X회사에 명의개서를 청구하여 주주명 부에 주주로 기재됨으로써 B가 X회사에 대해 주주로서의 권리를 행사할 수 없게 된 경우라면 B는 A에게 민법상의 불법행위책임을 물을 수 있다.

[**❶ ▸ X**] 통상의 신주발행의 경우, 신주의 효력은 주금의 납입기일의 다음 날부터 효력을 발생한다. A의 B에 대한 주식양도가 신주의 납입기일의 다음 날인 2016.3.8.로부터 6개월이 경과한 2016.9.12.에 있었으므로, 주주 A는 주권 없이 신주를 양도할 수 있고 여기에 하자의 치유의 문제는 생각할 여지가 없다.

[**❷ ▸ ○**] [**❹ ▸ ○**] [1] 주주명부에 기재된 명의상의 주주는 회사에 대한 관계에 자신의 실질적 권리를 증명하지 않아도 주주의 권리를 행사할 수 있는 자격수여적 효력을 인정받을 뿐이지 주주명부의 기재에 의하여 창설적 효력을 인정받는 것은 아니므로, 실질상 주식을 취득하지 못한 사람이 명의개서를 받았다고 하여 주주의 권리를 행사할 수 있는 것이 아니다. 따라서 주권발행 전 주식의 이중양도가 문제되는 경우, 그 이중양수인 중 일부에 대하여 이미 명의개서가 경료되었는지 여부를 불문하고 누가 우선순위자로서 권리취득자인지를 가려야 하고, 이때 이중양수인 상호 간의 우열은 지명채권 이중양 도의 경우에 준하여 확정일자 있는 양도통지가 회사에 도달한 일시 또는 확정일자 있는 승낙의 일시의 선후에 의하여 결정하는 것이 원칙이다.
[2] 주권발행 전 주식의 양도는 당사자의 의사표시만으로 효력이 발생하고, 주권발행 전 주식을 양수한 사람은 특별한 사정이 없는 한 양도인의 협력을 받을 필요 없이 단독으로 자신이 주식을 양수한 사실을 증명함으로써 회사에 대하여 그 명의개서를 청구할 수 있지만, 회사 이외의 제3자에 대하여 양도 사실을 대항하기 위하여는 지명채권의 양도에 준하여 확정일자 있는 증서에 의한 양도통지 또는 승낙을 갖추어야 한다는 점을 고려할 때, 양도인은 회사에 그와 같은 양도통지를 함으로써 양수인으로 하여금 제3자에 대한 대항요건을 갖출 수 있도록 해 줄 의무를 부담한다. 따라서 양도인이 그러한 채권양도의 통지를 하기 전에 제3자에게 이중으로 양도하고 회사에게 확정일자 있는 양도통지를 하는 등 대항요건을 갖추어 줌으로써 양수인이 그 제3자에게 대항할 수 없게 되었고, 이러한 양도인의 배임행위에 제3자가 적극 가담한 경우라면, 제3자에 대한 양도행위는 사회질서에 반하는 법률행위로서 무효이다(대판 2006.9.14. 2005다45537).

[**❸ ▸ ○**] 주권발행 전 주식의 양도가 회사 성립 후 6월이 경과한 후에 이루어진 때에는 당사자의 의사표시만으로 회사에 대하여 효력이 있으므로, 주식양수인은 특별한 사정이 없는 한 양도인의 협력을 받을 필요 없이 단독으로 자신이 주식을 양수한 사실을 증명함으로써 회사에 대하여 명의개서를 청구할 수 있다(대판 2019.4.25. 2017다21176).

① **정답**

[**❺ ▶ ○**] 양도인이 제1양수인에 대하여 원인계약상의 의무를 위반하여 이미 자신에 속하지 아니하게 된 주식을 다시 제3자에게 양도하고 제2양수인이 주주명부상 명의개서를 받는 등으로 제1양수인이 회사에 대한 관계에서 주주로서의 권리를 제대로 행사할 수 없게 되었다면, 이는 그 한도에서 이미 제1양수인이 적법하게 취득한 주식에 관한 권리를 위법하게 침해하는 행위로서 양도인은 제1양수인에 대하여 그로 인한 불법행위책임을 진다고 할 것이다. 이러한 양도인의 책임은 주식이 이중으로 양도되어 주식의 귀속 등에 관하여 각 양수인이 서로 양립할 수 없는 이해관계를 가지게 됨으로써 이들 양수인이 이른바 대항관계에 있게 된 경우에 앞서 본 대로 그들 사이의 우열이 이 중 누가 제3자 대항요건을 시간적으로 우선하여 구비하였는가에 달려 있어서 그 여하에 따라 제1양수인이 제2양수인에 대하여 그 주식의 취득을 대항할 수 없게 될 수 있다는 것에 의하여 영향을 받지 아니한다(대판 2012.11.29. 2012다38780).

2018년 변호사시험 문 39.   ☑ 확인Check! ○ △ ✕

비상장회사 甲주식회사는 설립 즉시 발행주식의 주권을 발행하였다. 그 후 甲회사는 주식 2주를 1주로 병합하는 주식병합을 하였으나 병합 후 신주의 주권은 주식병합의 효력발생 후 6개월이 경과하도록 발행하지 않았다. 주식병합 전에 주주 A는 B와 주식에 관한 양도약정을 하였으나 그 주권은 교부하지 않았다. 당시 A는 주권을 P에게 보관해 두었고 P는 다시 Q에게 이를 보관해 두었다. 이에 관한 설명 중 옳은 것은?(다툼이 있는 경우 판례에 의함)

① 주식병합 전에는 B가 주권을 교부받지 못하여 주식양도의 효력이 발생하지 않았고, 주식병합 후에는 구주권이 실효되므로 A의 B에 대한 주식양도를 위하여는 주식병합 후 새로운 주식양도 합의가 필요하다.

② 주식병합의 효력발생 후 6개월이 경과한 후에는 신주의 주권 교부가 없더라도 A와 B 사이의 의사표시만으로 주식양도의 효력이 생긴다.

③ 주식병합 전 A가 주권을 P에게 보관해 두었으므로 주식병합 후 A의 B에 대한 주식양도의 효력이 발생하려면 그 주권의 교부가 필요하다.

④ A가 B에게 주식을 양도하면서 P에 대하여 그 양도약정사실 및 주권을 B에게 반환하라는 취지의 통지를 한 것만으로는 주식양도의 효력이 발생하지 않는다.

⑤ 목적물반환청구권의 양도 방식으로 주권을 교부하기 위하여는 A가 B에게 Q에 대한 반환청구권을 양도하고, 그 대항요건으로서 Q의 승낙 또는 Q에 대한 통지를 갖추어야 한다.

[**❶ ▶ ✕**][**❷ ▶ ○**][**❸ ▶ ✕**] 甲회사가 주식병합 후 6월을 경과하도록 신주권을 발행하지 아니하였다면, 그 하자는 치유되어 주식병합 전의 주주 A와 B 사이의 의사표시만으로 주식양도의 효력이 생기고, 주권의 교부나 별도의 새로운 합의는 필요하지 아니하다.

 판례 [1] 주식병합의 효력이 발생하면 구주권은 실효되고 회사는 신주권을 발행하여야 하며, 주주는 병합된 만큼 감소된 수의 신주권을 교부받게 되는데, 이에 따라 교환된 주권 역시 병합 전의 주식을 여전히 표창하면서 그와 동일성을 유지하는 것이다.
[2] 주식병합이 있어 구주권이 실효되었음에도 주식병합 후 6월이 경과할 때까지 회사가 신주권을 발행하지 않은 경우에는 주권의 교부가 없더라도 당사자의 의사표시만으로 주식양도의 효력이 생긴다고 볼 것이다. 그리고 이는 당사자 사이의 주식양도에 관한 의사표시가 주권의 발행 후 주식병합이 있기 전에 있었다고 하더라도 마찬가지로서, 주식병합으로 실효되기 전의 구주권의 교부가 없는 상태에서 주식병합이 이루어지고 그로부터 6월이 경과할 때까지 회사가 신주권을 발행하지 않았다면 주식병합 후 6월이 경과한 때에 주식병합 전의 당사자 사이의 의사표시만으로 주식양도의 효력이 생긴다고 보아야 할 것이다(대판 2012.2.9. 2011다62076).

[**④ ▸ ✕**] [**⑤ ▸ ✕**] 판례에 의하면 목적물반환청구권의 양도에 의한 주식의 양도도 가능하므로, A가 B에게 주식을 양도하면서 P에 대하여 그 양도약정사실 및 주권을 B에게 반환하라는 취지의 통지를 하였다면, 주식양도의 효력이 발생한다. 또한 사안과 같이 점유매개관계가 중첩된 경우에는, 간접점유자인 P의 승낙이나 P에 대한 통지를 하는 것으로 족하고, 직접점유자인 Q의 승낙 또는 Q에 대한 통지를 갖출 것을 요하지는 아니한다.

> **판례** 기명주식의 약식질에 관한 상법 제338조는 기명주식을 질권의 목적으로 하는 때에는 주권을 질권자에게 교부하여야 하고(제1항), 질권자는 계속하여 주권을 점유하지 아니하면 그 질권으로써 제3자에게 대항하지 못한다고(제2항) 규정하고 있다. 여기에서 주식의 질권설정에 필요한 요건인 주권의 점유를 이전하는 방법으로는 현실 인도(교부) 외에 간이인도나 반환청구권 양도도 허용되고, 주권을 제3자에게 보관시킨 경우 주권을 간접점유하고 있는 질권설정자가 반환청구권 양도에 의하여 주권의 점유를 이전하려면 질권자에게 자신의 점유매개자인 제3자에 대한 반환청구권을 양도하여야 하고, 이 경우 대항요건으로서 제3자의 승낙 또는 질권설정자의 제3자에 대한 통지를 갖추어야 한다. 그리고 이러한 법리는 제3자가 다시 타인에게 주권을 보관시킴으로써 점유매개관계가 중첩적으로 이루어진 경우에도 마찬가지로 적용되므로, 최상위 간접점유자인 질권설정자는 질권자에게 자신의 점유매개자인 제3자에 대한 반환청구권을 양도하고 대항요건으로서 제3자의 승낙 또는 제3자에 대한 통지를 갖추면 충분하며, 직접점유자인 타인의 승낙이나 그에 대한 질권설정자 또는 제3자의 통지까지 갖출 필요는 없다(대판 2012.8.23. 2012다34764).

2014년 변호사시험 문 52. ☑ 확인 Check! ○ △ ✕

비상장회사인 A주식회사는 2012.5.2. 설립등기를 하였으나 주권을 발행하지 않고 있다. A회사의 기명주주 甲은 2012.10.2. 자신이 소유한 A회사의 주식을 乙에게 양도하였다. 乙이 명의개서를 하지 않고 있는 사이에, 甲은 2012.12.5. 丙에게 그 주식을 다시 양도하였다. 丙은 이 주식에 대하여 A회사에 명의개서를 청구하여 丙의 명의로 명의개서가 이루어졌고, 2013.3.2. 개최된 정기주주총회에 참석하여 의결권을 행사하였다. 이에 관한 설명 중 옳지 않은 것은?(각 지문은 독립적이고, 다툼이 있는 경우에는 판례에 의함)

① 甲의 乙에 대한 2012.10.2. 주식의 양도는 A회사에 대하여 효력이 없으나, 만일 乙이 2012.12.4. A회사에 주식양수의 사실을 증명하여 명의개서를 청구하였다면 이러한 명의개서 청구는 적법하다.

② 甲의 주권불소지 신고에 기하여 A회사가 주권을 발행하지 않은 경우라면, 甲은 언제든지 주권의 교부에 갈음하여 지명채권 양도의 방법으로 주식을 양도할 수 있고, 그 양도는 A회사에 대하여 유효하다.

③ 甲이 乙에게 주식양도의 대항요건을 갖추어 주지 아니한 채 丙에게 주식을 이중양도함으로써 乙이 A회사에 대한 관계에서 주주로서의 권리를 제대로 행사할 수 없게 되었다면, 甲은 乙에 대해 불법행위책임을 질 수 있다.

④ 乙이 丙보다 먼저 지명채권 양도의 일반원칙에 따라 확정일자 있는 증서에 의한 주식양도의 통지방법으로 대항요건을 갖춘 경우라면, 乙은 주주명부상의 丙의 명의를 말소할 것을 A회사에 청구할 수 있다.

⑤ 丙이 실질적으로 주주가 될 수 없는 특별한 사정이 있었으며 A회사가 이를 알고 있었고 용이하게 증명할 수 있었는데도 丙에게 소집통지를 하고 의결권을 행사하게 하였다면, 乙은 이를 이유로 그 주주총회결의의 하자를 다툴 수 있다.

[**❶ ▸ ○**] 주권발행 후의 주식의 양도는 주권을 교부하여야 효력이 발생하고(상법 제336조 제1항), 이 경우 주권의 교부는 당사자 사이의 주식양도에 관한 의사표시와 함께 주식양도의 효력발생요건이 되지만, 주권의 교부가 없더라도 당사자 사이의 주식양도에 관한 의사표시만으로 주식양도를 목적으로 하는 양도계약은 유효하게 성립한다. 그리고 주권발행 전에 한 주식의 양도는 회사에 대하여 효력이 없으나 회사 성립 후 또는 신주의 납입기일 후 6월이 경과한 때에는 회사에

대하여도 효력이 있다[상법 제335조 제3항, 구 상법 제335조 제2항]. 이 경우 주식의 양도는 지명채권의 양도에 관한 일반원칙에 따라 당사자의 의사표시만으로 효력이 발생하는 것이고, 나아가 <u>주권발행 전에 한 주식의 양도가 회사 성립 후 또는 신주의 납입기일 후 6월이 경과하기 전에 이루어졌다고 하더라도 그 이후 6월이 경과하고 그때까지 회사가 주권을 발행하지 않았다면, 그 하자는 치유되어 회사에 대하여도 유효한 주식양도가 된다</u>[대판 2012.2.9. 2011다62076].

[**❷ ▸ ×**] 주권발행 전 주식양도는 주권이 없더라도 지명채권 양도의 방법으로 양도가 가능하나, 이미 주식이 발행되었다면, 주권의 불소지를 신고한 경우라고 하더라도 주권의 교부로만 주식의 양도가 가능함을 유의하여야 한다.

[**❸ ▸ ○**] 양도인이 제1양수인에 대하여 원인계약상의 의무를 위반하여 이미 자신에 속하지 아니하게 된 주식을 다시 제3자에게 양도하고 제2양수인이 주주명부상 명의개서를 받는 등으로 제1양수인이 회사에 대한 관계에서 주주로서의 권리를 제대로 행사할 수 없게 되었다면, 이는 그 한도에서 이미 제1양수인이 적법하게 취득한 주식에 관한 권리를 위법하게 침해하는 행위로서 양도인은 제1양수인에 대하여 그로 인한 불법행위책임을 진다고 할 것이다. 이러한 양도인의 책임은 주식이 이중으로 양도되어 주식의 귀속 등에 관하여 각 양수인이 서로 양립할 수 없는 이해관계를 가지게 됨으로써 이들 양수인이 이른바 대항관계에 있게 된 경우에 앞서 본 대로 그들 사이의 우열이 이 중 누가 제3자대항요건을 시간적으로 우선하여 구비하였는가에 달려 있어서 그 여하에 따라 제1양수인이 제2양수인에 대하여 그 주식의 취득을 대항할 수 없게 될 수 있다는 것에 의하여 영향을 받지 아니한다[대판 2012.11.29. 2012다38780].

[**❹ ▸ ○**] 주권발행 전의 주식양도도, 지명채권 양도의 일반원칙에 따라 A회사에 대하여 대항요건을 먼저 갖추는 자가 우선한다. 따라서 乙이 먼저 확정일자 있는 통지에 의한 대항요건을 구비하였다면 乙은 A회사에 대하여 자기가 주주임을 주장할 수 있으므로, A회사에 대하여 丙의 명의개서를 말소할 것을 청구할 수 있다.

판례 ▸ 상법 제335조 제3항 소정의 주권발행 전에 한 주식의 양도는 회사 성립 후 6월이 경과한 때에는 회사에 대하여 효력이 있는 것으로서 이러한 주권발행 전의 주식의 양도는 지명채권 양도의 일반원칙에 따르는 것이므로, 주권발행 전의 주식양도의 제3자에 대한 대항요건으로는 지명채권의 양도와 마찬가지로 확정일자 있는 증서에 의한 양도통지 또는 회사의 승낙이라고 보는 것이 상당하다[대판 2010.4.29. 2009다88631].

[**❺ ▸ ×**] 주주명부상의 주주가 실질주주가 아님을 회사가 알고 있었고 이를 용이하게 증명할 수 있었는데도, 형식주주에게 소집통지를 하고 의결권을 행사하게 하였다면, 그 주주총회결의를 취소할 수 있다는 것이 종래의 판례였으나[대판 1998.9.8. 96다45818], 변경된 전합판결은 위와 같은 사정이 있다고 하더라도, 주주명부상 주주에게 주주권 행사를 인정하는 것은 적법하다고 한다. 따라서 주주명부상 주주인 丙에게 소집통지를 하고 의결권을 행사하게 하였다면, 乙은 주주총회결의의 하자를 다툴 수 없다고 보는 것이 타당하다.

판례 ▸ 특별한 사정이 없는 한, 주주명부에 적법하게 주주로 기재되어 있는 자는 회사에 대한 관계에서 주식에 관한 의결권 등 주주권을 행사할 수 있고, 회사 역시 주주명부상 주주 외에 실제 주식을 인수하거나 양수하고자 하였던 자가 따로 존재한다는 사실을 알았든 몰랐든 간에 주주명부상 주주의 주주권 행사를 부인할 수 없으며, 주주명부에 기재를 마치지 아니한 자의 주주권 행사를 인정할 수도 없다. 주주명부에 기재를 마치지 않고도 회사에 대한 관계에서 주주권을 행사할 수 있는 경우는 주주명부에의 기재 또는 명의개서청구가 부당하게 지연되거나 거절되었다는 등의 극히 예외적인 사정이 인정되는 경우에 한한다[대판 2017.3.23. 2015다248342 [전합]].

비상장회사의 자기주식에 관한 설명 중 옳은 것을 모두 고른 것은?(다툼이 있는 경우 판례에 의함)

ㄱ. 회사는 자기주식을 가지고 의결권을 행사할 수 없다.
ㄴ. 회사는 발행주식 총수의 20분의 1을 초과하여 자기주식을 질권의 목적으로 받지 못하나, 회사가 권리를 실행함에
　　 있어서 그 목적을 달성하기 위하여 필요한 경우에는 그 한도를 초과하여 질권의 목적으로 할 수 있다.
ㄷ. 회사가 보유하는 자기주식을 처분하는 경우에 주식을 처분할 상대방 및 처분방법에 관하여 정관에 규정이 없는
　　 것은 이사회가 결정한다.
ㄹ. 단주를 처리하기 위하여 자기주식을 취득하는 때에도 배당가능한 이익의 존재를 요한다.

① ㄱ, ㄴ　　　　　　　② ㄴ, ㄷ　　　　　　　③ ㄱ, ㄴ, ㄷ
④ ㄱ, ㄷ, ㄹ　　　　　　⑤ ㄴ, ㄷ, ㄹ

[ㄱ ▸ ○] 회사가 가진 자기주식은 의결권이 없다(상법 제369조 제2항).

[ㄴ ▸ ○] 자기주식의 질취는 가능하지만, 발행주식 총수의 20분의 1을 초과하지 못한다는 제한이 있다. 다만, 일정한
경우에는 예외가 인정된다.

법령 ● 자기주식의 질취(상법 제341조의3) 　　회사는 발행주식 총수의 20분의 1을 초과하여 자기의 주식을 질권의
목적으로 받지 못한다. 다만, 제341조의2 제1호 및 제2호의 경우에는 그 한도를 초과하여 질권의 목적으로
할 수 있다.

특정 목적에 의한 자기주식의 취득(상법 제341조의2) 　　회사는 다음 각 호의 어느 하나에 해당하는 경우에는
제341조에도 불구하고 자기의 주식을 취득할 수 있다.
　　1. 회사의 합병 또는 다른 회사의 영업 전부의 양수로 인한 경우
　　2. 회사의 권리를 실행함에 있어 그 목적을 달성하기 위하여 필요한 경우

[ㄷ ▸ ○] 회사가 보유하는 자기의 주식을 처분하는 경우에 ㉠ 처분할 주식의 종류와 수, ㉡ 처분할 주식의 처분가액과
납입기일, ㉢ 주식을 처분할 상대방 및 처분방법 등의 사항으로서 정관에 규정이 없는 것은 이사회가 결정한다(상법 제342조).

[ㄹ ▸ X] 회사는 배당가능이익이 없는 경우라고 하더라도 ㉠ 회사의 합병 또는 다른 회사의 영업 전부의 양수로 인한
경우, ㉡ 회사의 권리를 실행함에 있어 그 목적을 달성하기 위하여 필요한 경우, ㉢ 단주(端株)의 처리를 위하여 필요한
경우, ㉣ 주주가 주식매수청구권을 행사한 경우 등에는 자기주식을 취득할 수 있다(상법 제341조의2).

비상장회사의 자기주식 취득과 처분에 관한 설명 중 옳은 것을 모두 고른 것은?(정관에 필요한 근거규정이 있다고 전제함)

ㄱ. 이익배당에 관한 승인권이 이사회에 부여되어 있는 회사는 상법 제341조에 의하여 배당가능이익을 재원으로 자기주식을 취득하는 경우 이사회의 결의로써 주주총회의 결의를 갈음할 수 있다.

ㄴ. 배당가능이익을 재원으로 하지 않고 상법 제341조의2에 의하여 다른 회사의 영업의 일부를 양수하는 경우 회사는 적법하게 자기주식을 취득할 수 있다.

ㄷ. 주식배당을 할 때 회사는 적법하게 보유한 자기주식으로 배당할 수 있다.

ㄹ. 회사는 주식매수선택권을 행사하는 자에게 자기주식을 교부할 수 있다.

ㅁ. 배당가능이익을 재원으로 자기주식을 적법하게 취득한 경우 회사는 이를 상당한 기간 내에 처분하여야 한다.

① ㄱ, ㄹ　　　　　　② ㄴ, ㄷ　　　　　　③ ㄱ, ㄷ, ㄹ
④ ㄱ, ㄹ, ㅁ　　　　　⑤ ㄴ, ㄷ, ㅁ

[ㄱ ▸ O] 자기주식을 취득하려는 회사는 미리 주주총회의 결의로 ㉠ 취득할 수 있는 주식의 종류 및 수, ㉡ 취득가액의 총액의 한도, ㉢ 1년을 초과하지 아니하는 범위에서 자기주식을 취득할 수 있는 기간 등의 사항을 결정하여야 한다. 다만, 이사회의 결의로 이익배당을 할 수 있다고 정관으로 정하고 있는 경우에는 이사회의 결의로써 주주총회의 결의를 갈음할 수 있다(상법 제341조 제2항).

[ㄴ ▸ X] 회사는 배당가능이익이 없는 경우라고 하더라도 ㉠ 회사의 합병 또는 다른 회사의 영업 전부의 양수로 인한 경우, ㉡ 회사의 권리를 실행함에 있어 그 목적을 달성하기 위하여 필요한 경우, ㉢ 단주(端株)의 처리를 위하여 필요한 경우, ㉣ 주주가 주식매수청구권을 행사한 경우 등에는 자기주식을 취득할 수 있다(상법 제341조의2). 따라서 회사가 다른 회사의 영업 일부를 양수하는 경우에는 자기주식을 취득할 수 없다.

[ㄷ ▸ X] 주식배당은 새로 발행하는 주식으로만 할 수 있다(상법 제462조의2 제1항). 구주로 배당하는 것은 주식배당이 아니라 현물배당에 해당한다.

[ㄹ ▸ O] 주식매수선택권을 부여하는 방법에는 ㉠ 행사가액에 신주를 발행하는 신주교부방식, ㉡ 회사가 보유하는 자기주식을 행사가액에 양도하는 자기주식교부방식, ㉢ 실질가액과 행사가액의 차액을 정산하여 주는 주가차액청산방식 등의 세 가지가 있다(상법 제340조의2 제1항).

[ㅁ ▸ X] 2011년 개정상법 제342조는 자기주식처분의무규정을 삭제함으로써 자기주식의 처분을 이사회의 결정에 위임하였다. 따라서 배당가능이익이 있어 자기주식을 취득한 경우뿐만 아니라, 배당가능이익이 없으나 자기주식을 취득한 경우에도 회사는 자기주식을 계속 보유할 수 있다.

2015년 변호사시험 문 47.

✓확인Check! ○ △ ✕

자기주식에 관한 설명 중 옳지 않은 것을 모두 고른 것은?

> ㄱ. 주식회사는 취득한 자기주식을 지체 없이 소각하여야 한다.
> ㄴ. 주주가 주식매수청구권을 행사한 경우에는 주식회사가 배당가능이익이 없더라도 자기주식을 취득할 수 있으나, 「상법」은 이를 지체 없이 처분하여야 한다고 규정하고 있다.
> ㄷ. 주식회사가 보유하는 자기주식을 처분하는 경우에 처분할 주식의 처분가액과 납입기일에 관한 사항으로서 정관에 규정이 없는 것은 이사회가 결정한다.
> ㄹ. 배당가능이익을 재원으로 하여 자기주식을 취득하려는 회사는 그 취득가액의 총액의 한도를 원칙적으로 주주총회의 결의로 미리 결정하여야 한다.

① ㄱ, ㄴ　　　　　② ㄱ, ㄷ　　　　　③ ㄴ, ㄹ
④ ㄷ, ㄹ　　　　　⑤ ㄱ, ㄴ, ㄹ

[ㄱ ▸ ✕] [ㄴ ▸ ✕]　2011년 개정상법 제342조는 자기주식처분의무규정을 삭제함으로써 자기주식의 처분을 이사회의 결정에 위임하였다. 따라서 <u>배당가능이익이 있어 자기주식을 취득한 경우뿐만 아니라, 배당가능이익이 없으나 자기주식을 취득한 경우에도 회사는 자기주식을 계속 보유할 수 있다.</u>

[ㄷ ▸ ○]　회사가 보유하는 자기의 주식을 처분하는 경우에 ㉠ 처분할 주식의 종류와 수, ㉡ 처분할 주식의 처분가액과 납입기일, ㉢ 주식을 처분할 상대방 및 처분방법 등의 사항으로서 정관에 규정이 없는 것은 이사회가 결정한다(상법 제342조).

[ㄹ ▸ ○]　자기주식을 취득하려는 회사는 미리 주주총회의 결의로 ㉠ 취득할 수 있는 주식의 종류 및 수, ㉡ <u>취득가액의 총액의 한도</u>, ㉢ 1년을 초과하지 아니하는 범위에서 자기주식을 취득할 수 있는 기간 등의 사항을 결정하여야 한다. 다만, 이사회의 결의로 이익배당을 할 수 있다고 정관으로 정하고 있는 경우에는 이사회의 결의로써 주주총회의 결의를 갈음할 수 있다(상법 제341조 제2항).

2012년 변호사시험 문 48.

✓확인Check! ○ △ ✕

주식의 양도에 관한 설명 중 옳지 않은 것은?

① 주식은 타인에게 양도할 수 있으나, 정관이 정하는 바에 따라 주식의 양도에 관하여 이사회의 승인을 얻도록 할 수 있다.
② 정관상 양도제한에 위반하여 이사회의 승인을 얻지 아니한 주식의 양도는 회사에 대하여 효력이 없다.
③ 정관상 양도제한이 있는 경우, 이사회의 양도승인거부의 통지를 받은 주주는 통지를 받은 날부터 20일 내에 회사에 대하여 양도의 상대방의 지정 또는 그 주식의 매수를 청구할 수 있다.
④ 정관상 양도제한이 있는 경우, 주주가 양도의 상대방을 지정하여 줄 것을 청구한 경우에는 이사회가 이를 지정하고, 상대방으로 지정된 자는 지정통지를 받은 날부터 10일 이내에 지정청구를 한 주주에 대하여 서면으로 그 주식을 자기에게 매도할 것을 청구할 수 있으며, 이 경우 그 주식의 매도가액은 이사회가 결정한다.
⑤ 주식의 양도에 관하여 이사회의 승인을 얻어야 하는 경우에 주식을 취득한 자는 회사에 대하여 그 주식의 종류와 수를 기재한 서면으로 그 취득의 승인을 청구할 수 있다.

484 변호사시험 | 민사법　　　　　　　　　　　　　　　　　　　　　　① / ④ **정답**

[❶ ▶ ○] [❷ ▶ ○] 주식은 타인에게 양도할 수 있다. 다만, 회사는 정관으로 정하는 바에 따라 그 발행하는 주식의 양도에 관하여 이사회의 승인을 받도록 할 수 있다_(상법 제335조 제1항). 제1항 단서의 규정에 위반하여 이사회의 승인을 얻지 아니한 주식의 양도는 회사에 대하여 <u>효력이 없다</u>_(동법 제335조 제2항).

[❸ ▶ ○] 주식의 양도승인 거부의 통지를 받은 주주는 통지를 받은 날부터 20일 내에 회사에 대하여 양도의 상대방의 지정 또는 그 주식의 매수를 청구할 수 있다_(상법 제335조의2 제4항).

[❹ ▶ ×] 상법은 정관상 양도제한이 있는 경우, 주주가 상대방지정청구권 또는 주식매수청구권 중 어느 권리를 행사하든, 매매가격은 매도인과 매수인의 협의에 의하여 결정하도록 규정하고 있다. 다만, <u>협의가 이루어지지 아니하는 경우에는 법원이 이를 결정하도록 하고 있다</u>_(상법 제335조의5, 제335조의6, 제374조의2 제4항·제5항).

[❺ ▶ ○] 주식의 양도에 관하여 이사회의 승인을 얻어야 하는 경우에 주식을 취득한 자는 회사에 대하여 그 주식의 종류와 수를 기재한 서면으로 그 취득의 승인을 청구할 수 있다_(상법 제335조의7 제1항).

2013년 변호사시험 문 48.   ☑ 확인Check! ○ △ ×

상법상 주식회사의 자기주식 취득에 관한 설명 중 옳지 않은 것은?

① 당해 회사의 주식이 거래소에서 시세가 있는 주식인 경우에는 그 회사는 상법 제462조 제1항에 따른 배당가능이익의 한도 내에서 주주총회의 결의를 거쳐 자기주식을 거래소에서 취득할 수 있다.
② 직전 결산기를 기준으로 상법 제462조 제1항에 따른 배당가능이익이 있더라도, 해당연도 결산기에 결손이 발생할 우려가 있는 경우에는 회사는 거래소에서 시세가 있는 자기주식을 거래소에서 취득하여서는 아니 된다.
③ 상법이 인정하는 특정목적에 의한 자기주식의 취득에 해당하지 아니하더라도, 회사가 타인의 명의로 자기의 계산으로 자기주식을 취득하는 경우에는 상법 제462조 제1항에 따른 배당가능이익의 한도 제한 없이 자기주식을 취득할 수 있다.
④ 주주가 주식매수청구권을 행사한 경우 회사는 상법 제462조 제1항에 따른 배당가능이익이 없더라도 자기주식을 취득할 수 있다.
⑤ 회사가 자기주식을 처분하는 경우에는 정관에 규정이 없으면 이사회의 결의로 그 처분할 주식의 종류와 수 및 처분방법을 결정할 수 있다.

[❶ ▶ ○] [❷ ▶ ○] 회사는 거래소에서 시세(時勢)가 있는 주식의 경우에는 거래소에서 취득하는 방법에 따라 자기의 명의와 계산으로 자기의 주식을 취득할 수 있다. 다만, 그 취득가액의 총액은 직전 결산기의 대차대조표상의 순자산액에서 제462조 제1항 각 호의 금액을 뺀 금액을 초과하지 못한다(①)_(상법 제341조 제1항). 회사는 해당 영업연도의 결산기에 대차대조표상의 순자산액이 제462조 제1항 각 호의 금액의 합계액에 미치지 못할 우려가 있는 경우에는 제1항에 따른 주식의 취득을 하여서는 아니 된다(②)_(동법 제341조 제3항).

[❸ ▶ ×] <u>회사 아닌 제3자의 명의로 회사의 주식을 취득하더라도 그 주식취득을 위한 자금이 회사의 출연에 의한 것이고 그 주식취득에 따른 손익이 회사에 귀속되는 경우라면</u>, 상법 기타의 법률에서 규정하는 예외사유에 해당하지 않는 한, 그러한 주식의 취득은 회사의 계산으로 이루어져 회사의 자본적 기초를 위태롭게 할 우려가 있는 것으로서 상법 제341조가 금지하는 자기주식의 취득에 해당한다_(대판 2003.5.16. 2001다44109).

[❹ ▶ ○] 회사는 배당가능이익이 없는 경우라고 하더라도 ㉠ 회사의 합병 또는 다른 회사의 영업 전부의 양수로 인한 경우, ㉡ 회사의 권리를 실행함에 있어 그 목적을 달성하기 위하여 필요한 경우, ㉢ 단주(端株)의 처리를 위하여 필요한 경우, ㉣ 주주가 주식매수청구권을 행사한 경우 등에는 자기주식을 취득할 수 있다_(상법 제341조의2).

[❺ ▶ ○] 회사가 보유하는 자기의 주식을 처분하는 경우에 ㉠ 처분할 주식의 종류와 수, ㉡ 처분할 주식의 처분가액과 납입기일, ㉢ 주식을 처분할 상대방 및 처분방법 등의 사항으로서 정관에 규정이 없는 것은 이사회가 결정한다_(상법 제342조).

2017년 변호사시험 문 39.   ☑ 확인 Check! ○ △ ✕

비상장회사인 X주식회사의 주주 A는 B로부터 자금을 차입하면서 그 담보로 B에게 자신이 소유하고 있는 X회사 주식에 질권을 설정하였다. 이에 관한 설명 중 옳지 않은 것은?(X회사는 적법하게 주권을 발행하여 주주에게 교부한 것으로 가정하고, 다툼이 있는 경우 판례에 의함)

① A가 B에게 간이인도 또는 목적물반환청구권양도의 방법으로도 주권의 점유를 이전하여 질권을 설정할 수 있다.

② X회사의 주주총회에서 의결권을 갖는 자는 A이나, 정관에 의결권대리행사에 관한 다른 정함이 없으면 A가 B에게 의결권의 대리행사를 위임할 수 있다.

③ B가 등록질권자로 주주명부에 기재되어 있다면 주권을 계속하여 점유하지 않더라도 제3자에게 질권자로서 대항할 수 있다.

④ X회사가 준비금을 자본금으로 전입함에 따라, A가 질권의 목적으로 된 주식에 대하여 신주를 받는 경우, B의 질권의 효력이 그 신주에 미친다.

⑤ B가 등록질권자라면 B는 X회사로부터 질권의 목적으로 된 주식에 대한 잔여재산의 분배에 따른 금전의 지급을 받아 다른 채권자에 우선하여 자기 채권의 변제에 충당할 수 있다.

[❶ ▶ O] 약식질과 등록질을 불문하고, 주권의 교부는 현실인도, 간이인도 및 목적물반환청구권 양도의 방법이 허용된다.

판례 기명주식의 약식질에 관한 상법 제338조는 기명주식을 질권의 목적으로 하는 때에는 주권을 질권자에게 교부하여야 하고(제1항), 질권자는 계속하여 주권을 점유하지 아니하면 그 질권으로써 제3자에게 대항하지 못한다고(제2항) 규정하고 있다. 여기에서 주식의 질권설정에 필요한 요건인 주권의 점유를 이전하는 방법으로는 현실인도(교부) 외에 간이인도나 반환청구권 양도도 허용된다(대판 2012.8.23. 2012다34764).

[❷ ▶ O] X회사의 주주 A가 B에게 주식질권을 설정하여 주었지만, X회사의 주주총회에서 의결권을 갖는 자는 질권설정자인 A라고 하여야 한다. 다만, 주주 A는 질권자 B에게 의결권의 대리행사를 위임할 수 있다(상법 제368조 제2항).

[❸ ▶ ✕] 등록질의 경우, 주주명부에의 기재가 회사에 대한 대항요건이라면, 제3자에 대한 대항요건은 약식질과 마찬가지로 주권의 점유이다. 따라서 등록질권자 B가 주권을 계속하여 점유하고 있지 아니하다면, 제3자에게 등록질권자로서 대항할 수 없다.

[❹ ▶ O] [❺ ▶ O] 약식질과 등록질을 불문하고, 준비금의 자본전입에 의한 주식(무상주)과 잔여재산분배청구권에 질권의 효력이 미친다. 다만, 약식질권자는 무상신주 발행에 의한 주권의 교부 전에 이를 압류하여야 하고, 잔여재산 분배에 따른 금전을 지급 또는 교부하기 전에 압류하여야 한다.

2013년 변호사시험 문 51.

☑ 확인Check! ○ △ ✕

정육점을 운영하는 甲은 2012.8.6. 스포츠용품점을 운영하는 乙에게 스포츠용품점 확장비용 1억원을 빌려주기로 하는 소비대차계약을 체결하였고, 甲은 2012.8.8. 乙에게 1억원을 지급하였다. 甲과 乙은 변제기를 2013.8.5.로 정하였으나, 이자에 관한 약정은 별도로 하지 않았다. 위 대여금채무를 담보하기 위하여, 乙은 甲에게 乙이 소유하고 있는 2011.3.2. 설립된 비상장 주식회사 A의 주식에 질권을 설정하여 주기로 약정하였다. 2012.8.8. 乙은 약정에 따라 甲에게 질권을 설정하여 주었다. 이와 관련한 설명 중 옳은 것은?(다툼이 있는 경우에는 판례에 의함)

① 乙은 2012.8.6.부터 변제기인 2013.8.5.까지 甲에게 차용금 1억원에 대하여 연 6%의 비율에 의한 이자를 지급하여야 한다.

② 甲과 乙은 주식질권 설정에 대한 합의를 하면서, 乙이 변제하지 않을 경우 甲은 대여금의 변제에 갈음하여 A사 주식의 소유권을 취득한다는 내용의 약정을 하였다면, 甲의 소유권 취득에 관한 약정은 유효하다.

③ 주식에 대한 질권을 설정하기 위해서는 주권의 교부가 있어야 하므로, 질권설정 시까지 A사의 주권이 발행되지 않은 경우 甲은 A사 주식에 대하여 질권을 설정할 수 없다.

④ A사의 주권이 발행된 경우, 乙은 점유개정에 의한 인도의 방법으로 甲에게 유효하게 질권을 설정할 수 있다.

⑤ 질권설정 시 甲이 乙로부터 A사의 주권을 교부받은 경우, A사가 乙의 청구에 따라 甲의 성명과 주소를 주주명부에 덧붙여 쓰고 그 성명을 주권에 적은 경우에만 甲은 질권이 설정된 주식의 소각으로 인하여 乙이 지급받을 금전에 대하여 종전의 주식을 목적으로 한 질권을 행사할 수 있다.

[❶▸✕] 정육점을 운영하는 甲이 스포츠용품점을 운영하는 乙에게 스포츠용품점확장비용 1억원을 빌려주기로 하는 소비대차계약을 체결한 경우, 상인인 乙이 영업을 위하여 1억원을 빌렸으므로 상법 제54조의 법정이율과 제64조의 상사시효가 적용된다. 다만, 乙의 이자지급의무는 소비대차계약을 체결한 날이 아닌, 실제로 금전을 지급받은 날인 2012.8.8. 부터 발생한다.

[❷▸○] 스포츠용품점을 운영하는 乙이 자신의 영업과 관련하여 甲으로부터 금전을 차용하였으므로, 민사질권(민법 제339조)의 경우와는 달리 상법 제59조에 의한 유질계약이 허용된다.

[❸▸✕] 주권발행 전의 주식에 대한 양도도 인정되고, 주권발행 전 주식의 담보제공을 금하는 법률규정도 없으므로 주권발행 전 주식에 대한 질권설정도 가능하다고 할 것이지만, 상법 제338조 제1항은 기명주식을 질권의 목적으로 하는 때에는 주권을 교부하여야 한다고 규정하고 있으나, 이는 주권이 발행된 기명주식의 경우에 해당하는 규정이라고 해석함이 상당하므로, 주권발행 전의 주식 입질에 관하여는 상법 제338조 제1항의 규정이 아니라 권리질권 설정의 일반원칙인 민법 제346조로 돌아가 그 권리의 양도방법에 의하여 질권을 설정할 수 있다고 보아야 한다(대결 2000.8.16. 99그1).

[❹▸✕] 주식질권의 설정에는 질권설정의 물권적 합의와 주권의 교부를 필요로 하는데, 이때 주권의 교부는 현실인도, 간이인도 및 목적물반환청구권 양도의 방법으로 가능하나, 점유개정에 의한 인도는 허용되지 아니한다는 것이 학설의 일반적인 태도이다.

[❺▸✕] 주식질권에 대한 물상대위는 민법의 일반규정(민법 제355조, 제342조)이 적용되고, 상법도 이에 대한 특별규정을 두어 규율(상법 제339조)하고 있다. 등록질의 경우 물상대위권을 행사하기 위하여 금전 또는 주권의 지급·교부 전에 미리 압류할 필요는 없으나, 약식질의 경우에는 민법상의 일반원칙으로 돌아가 회사가 신주 또는 금전을 지급하기 전에 질권자가 물상대위의 목적을 압류하여야 한다는 것이 학설과 판례(대판 2004.4.23. 2003다6781)이다.

주식회사의 자본금에 관한 설명 중 옳지 않은 것은?(다툼이 있는 경우 판례에 의함)

① 주식발행사항의 결정권이 이사회에 있는 회사가 무액면주식을 발행한 경우 그 회사의 자본금은 주식발행가액의 2분의 1 이상의 금액으로서 이사회가 자본금으로 계상하기로 한 금액의 총액이다.

② 액면주식을 무액면주식으로 전환하는 경우 자본금을 변경할 수 없다.

③ 자본금 감소의 무효는 자본금 감소로 인한 변경등기가 된 날부터 6개월 내에 소(訴)만으로 주장할 수 있고, 이 기간이 경과한 후에는 새로운 무효사유를 추가하여 주장할 수 없다.

④ 액면주식의 병합에 의하여 자본금을 감소하는 경우 자본금 감소는 「상법」 제440조의 주권제출기간이 만료한 때에 그 효력이 생기지만, 채권자이의절차가 종료되지 아니한 때에는 그 종료한 때에 자본금 감소의 효력이 발생한다.

⑤ 결손의 보전을 위하여 자본금을 감소시키려면 주주총회의 특별결의와 채권자이의절차를 거쳐야 한다.

[❶ ▶ ○] 회사가 무액면주식을 발행하는 경우 회사의 자본금은 주식발행가액의 2분의 1 이상의 금액으로서 이사회(제 416조 단서에서 정한 주식발행의 경우에는 주주총회를 말한다)에서 자본금으로 계상하기로 한 금액의 총액으로 한다. 이 경우 주식의 발행가액 중 자본금으로 계상하지 아니하는 금액은 자본준비금으로 계상하여야 한다(상법 제451조 제2항).

[❷ ▶ ○] 회사의 자본금은 액면주식을 무액면주식으로 전환하거나 무액면주식을 액면주식으로 전환함으로써 변경할 수 없다(상법 제451조 제3항).

[❸ ▶ ○] 상법 제445조는 "자본감소의 무효는 주주·이사·감사·청산인·파산관재인 또는 자본감소를 승인하지 아니 한 채권자에 한하여 자본감소로 인한 변경등기가 있는 날로부터 6월 내에 소만으로 주장할 수 있다"고 규정하고 있는바, 이는 자본감소에 수반되는 복잡한 법률관계를 조기에 확정하고자 하는 것이므로 새로운 무효사유를 출소기간의 경과 후에 도 주장할 수 있도록 하면 법률관계가 불안정하게 되어 위 규정의 취지가 몰각된다는 점에 비추어 위 규정은 무효사유의 주장시기도 제한하고 있는 것이라고 해석함이 상당하고 자본 감소로 인한 변경등기가 있는 날로부터 6월의 출소기간이 경과한 후에는 새로운 무효사유를 추가하여 주장할 수 없다(대판 2010.4.29. 2007다12012).

[❹ ▶ ○] 주식의 병합은 주권제출기간이 만료한 때에 그 효력이 생긴다. 그러나 제232조의 규정에 의한 절차[채권자이의 절차(註)]가 종료하지 아니한 때에는 그 종료한 때에 효력이 생긴다(상법 제441조).

[❺ ▶ ×] 통상의 감자를 위해서는 주주총회의 특별결의를 요하나, 결손의 보전을 위한 감자는 주주총회의 보통결의로 족하고, 채권자보호절차도 필요하지 아니하다(상법 제438조 제2항, 제439조 제2항).

2015년 변호사시험 문 46. ☑ 확인 Check! ○ △ ×

주식회사의 자본금 감소(감자)에 관한 설명 중 옳은 것은?(다툼이 있는 경우 판례에 의함)

① 감자는 주주의 이해관계에 중대한 영향을 미치므로 회사는 「상법」상 모든 감자에 대하여 채권자 보호절차를 거쳐야 한다.

② 취소 또는 무효의 하자가 있는 주주총회의 결의에 기초한 자본금 감소 절차가 실행되어 그 효력이 발생한 후, 주주가 자본금 감소의 효력을 다투고자 한다면, 주주는 주주총회결의 취소의 소나 무효확인의 소를 제기하는 방식으로도 다툴 수 있고, 감자무효의 소를 제기하는 방식으로도 다툴 수 있다.

③ 감자무효판결은 제3자에 대하여도 효력을 미치므로 소송을 제기하지 않은 자들에 대하여도 감자는 무효이다.

④ 자본금 감소규정에 따른 주식소각의 경우 그 효력은 채권자 보호절차가 마쳐지지 않은 때라도 공고된 주권제출기간이 만료한 때에 발생한다.

⑤ 결손의 보전을 위한 자본금 감소는 주주총회에서 출석한 주주의 의결권의 3분의 2 이상의 수와 발행주식 총수의 3분의 1 이상의 수로써 결의하여야 한다.

[**❶ ▸ ×**] [**❺ ▸ ×**] 통상의 감자를 위해서는 주주총회의 특별결의를 요하나, 결손의 보전을 위한 감자는 주주총회의 보통결의로 족하고, 채권자보호절차도 필요하지 아니하다(상법 제438조 제2항, 제439조 제2항). 주주총회의 보통결의는 출석한 주주의 의결권의 과반수와 발행주식 총수의 4분의 1 이상의 수로써 하여야 한다(상법 제368조 제1항).

[**❷ ▸ ×**] 상법 제445조는 자본 감소의 무효는 주주 등이 자본 감소로 인한 변경등기가 있은 날로부터 6월 내에 소만으로 주장할 수 있다고 규정하고 있으므로, 설령 주주총회의 자본감소결의에 취소 또는 무효의 하자가 있다고 하더라도 그 하자가 극히 중대하여 자본 감소가 존재하지 아니하는 정도에 이르는 등의 특별한 사정이 없는 한 자본 감소의 효력이 발생한 후에는 자본감소 무효의 소에 의해서만 다툴 수 있다(대판 2010.2.11. 2009다83599).

[**❸ ▸ ○**] 원고가 승소하여 감자무효판결이 확정되면 대세효와 소급효가 인정된다(상법 제446조, 제190조 본문). 그러나 원고 패소의 경우에는 대세효가 인정되지 아니한다(민소법 제218조).

[**❹ ▸ ×**] 자본금 감소에 의한 주식소각의 경우, 그 효력은 공고된 주권제출기간이 만료되고 채권자보호절차를 거쳐야 발생한다.

 법령 **주식의 소각(상법 제343조)**   ② 자본금 감소에 관한 규정에 따라 주식을 소각하는 경우에는 제440조 및 제441조를 준용한다.

주식병합의 절차(상법 제440조)   주식을 병합할 경우에는 회사는 1월 이상의 기간을 정하여 그 뜻과 그 기간 내에 주권을 회사에 제출할 것을 공고하고 주주명부에 기재된 주주와 질권자에 대하여는 각별로 그 통지를 하여야 한다.

동전(상법 제441조)   주식의 병합은 전조의 기간이 만료한 때에 그 효력이 생긴다. 그러나 제232조의 규정에 의한 절차가 종료하지 아니한 때에는 그 종료한 때에 효력이 생긴다.

CHAPTER 04

주식회사의 기관

상 법

◎ 각 문항별로 이해도를 체크해 보세요.

최근 5년간 회별 평균 **6.6문**

제1절 **주주총회** ★★★★★★★★★★★☆

2019년 변호사시험 문 45.

☑ 확인Check! ○ △ X

비상장주식회사의 주주총회에 관한 설명 중 옳지 않은 것은?(다툼이 있는 경우 판례에 의함)

① 이사와 회사 사이의 이익상반거래에 대한 승인은 주주 전원의 동의가 있다거나 그 승인이 정관에 주주총회의 권한사항으로 정해져 있다는 등의 특별한 사정이 없는 한 이사회의 전결사항이라 할 것이므로, 이사회의 승인을 받지 못한 이익상반거래에 대하여 아무런 승인 권한이 없는 주주총회에서 사후적으로 추인결의를 하였다 하여 그 거래가 유효하게 될 수는 없다.

② 법원이 총회의 소집기간을 구체적으로 정하지 않고 소수주주에게 총회의 소집을 허가한 경우, 소수주주가 총회의 소집허가결정일로부터 소집의 목적에 비추어 상당한 기간이 경과하도록 총회를 소집하지 않았다면, 소집허가결정에 따른 소집권한은 특별한 사정이 없는 한 소멸한다.

③ 정관에 의하여 주주총회의 성립에 관한 의사정족수를 규정하는 경우 그 정관규정은 효력이 없다.

④ 주주의 의결권 행사를 위한 대리인의 선임은 무제한적으로 허용되는 것은 아니고, 그 의결권의 대리행사로 말미암아 주주총회의 개최가 부당하게 저해되거나 회사의 이익이 부당하게 침해될 염려가 있는 등의 특별한 사정이 있는 경우에는 회사는 이를 거절할 수 있다.

⑤ 주주총회에서 여러 개의 안건이 상정되어 각기 결의가 행하여진 경우, 결의취소의 소의 제소기간을 준수하였는지는 각 안건에 대한 결의마다 별도로 판단하여야 한다.

[❶ ▸ ○] 이사와 회사 사이의 이익상반거래에 대한 승인은 주주 전원의 동의가 있다거나 그 승인이 정관에 주주총회의 권한사항으로 정해져 있다는 등의 특별한 사정이 없는 한 이사회의 전결사항이라 할 것이므로, 이사회의 승인을 받지 못한 이익상반거래에 대하여 아무런 승인권한이 없는 주주총회에서 사후적으로 추인결의를 하였다 하여 그 거래가 유효하게 될 수는 없다(대판 2007.5.10. 2005다4284).

[❷ ▸ ○] 법원은 상법 제366조 제2항에 따라 총회의 소집을 구하는 소수주주에게 회의의 목적사항을 정하여 이를 허가할 수 있다. 이때 법원이 총회의 소집기간을 구체적으로 정하지 않은 경우에도 소집허가를 받은 주주는 소집의 목적에 비추어 상당한 기간 내에 총회를 소집하여야 한다. 소수주주에게 총회의 소집권한이 부여되는 경우, 총회에서 결의할 사항은 이미 정해진 상태이고, 일정 기간이 경과하면 소집허가결정의 기초가 되었던 사정에 변경이 생길 수 있기 때문이다. 소수주주가 아무런 시간적 제약 없이 총회를 소집할 수 있다고 보는 것은, 이사회 이외에 소수주주가 총회의 소집권한을 가진다는 예외적인 사정이 장기간 계속되는 상태를 허용하는 것이 되고, 이사회는 소수주주가 소집청구를 한 경우 지체 없이 소집절차를 밟아야 하는 것에 비해 균형을 상실하는 것이 된다. 따라서 총회소집허가결정일로부터 상당한 기간이 경과하도록 총회가 소집되지 않았다면, 소집허가결정에 따른 소집권한은 특별한 사정이 없는 한 소멸한다(대판 2018.3.15. 2016다275679).

③ **정답**

[**❸ ▸ ✕**]　상법 제368조 제1항은 주주총회의 보통결의 요건에 관하여 "총회의 결의는 이 법 또는 정관에 다른 정함이 있는 경우를 제외하고는 출석한 주주의 의결권의 과반수와 발행주식 총수의 4분의 1 이상의 수로써 하여야 한다"라고 규정하여 주주총회의 성립에 관한 의사정족수를 따로 정하고 있지는 않지만, 보통결의 요건을 정관에서 달리 정할 수 있음을 허용하고 있으므로, 정관에 의하여 의사정족수를 규정하는 것은 가능하다(대판 2017.1.12. 2016다217741).

[**❹ ▸ ○**]　주주의 자유로운 의결권 행사를 보장하기 위하여 주주가 의결권의 행사를 대리인에게 위임하는 것이 보장되어야 한다고 하더라도 주주의 의결권 행사를 위한 대리인 선임이 무제한적으로 허용되는 것은 아니고, 그 의결권의 대리행사로 말미암아 주주총회의 개최가 부당하게 저해되거나 혹은 회사의 이익이 부당하게 침해될 염려가 있는 등의 특별한 사정이 있는 경우에는 회사가 이를 거절할 수 있다(대판 2009.4.23. 2005다22701).

[**❺ ▸ ○**]　주주총회결의 취소의 소는 상법 제376조 제1항에 따라 그 결의의 날로부터 2개월 내에 제기하여야 하고, 이 기간이 지난 후에 제기된 소는 부적법하다. 그리고 주주총회에서 여러 개의 안건이 상정되어 각기 결의가 행하여진 경우 위 제소기간의 준수 여부는 각 안건에 대한 결의마다 별도로 판단되어야 한다(대판 2010.3.11. 2007다51505).

2020년 변호사시험 문 47.　　　☑ 확인Check! ○ △ ✕

「상법」상 비상장주식회사 주주의 의결권에 관한 설명 중 옳은 것을 모두 고른 것은?(다툼이 있는 경우 판례에 의함)

ㄱ. 주주가 향후 7년간 주주권 및 경영권을 포기하고 주식의 매매와 양도 등을 하지 아니하며 타인에게 정관에 따라 주주로서의 의결권행사권한을 위임하기로 약정하였다면 주주로서의 의결권을 직접 행사할 수 없다.

ㄴ. 주식에 대해 질권이 설정되었다고 하더라도, 질권설정계약 등에 따라 질권자가 담보제공자인 주주로부터 의결권을 위임받아 직접 의결권을 행사하기로 약정하는 등의 특별한 약정이 있는 경우를 제외하고, 질권설정자인 주주는 여전히 주주로서의 지위를 가지고 의결권을 행사할 수 있다.

ㄷ. 「상법」은 1주 1의결권의 원칙을 규정하고 있는바, 이 규정은 강행규정이므로 법률에서 위 원칙에 대한 예외를 인정하는 경우를 제외하고, 정관의 규정이나 주주총회의 결의 등으로 위 원칙에 반하여 의결권을 제한하더라도 그 효력이 없다.

ㄹ. 의결권 없는 종류주식이 우선주인 경우, 우선배당을 받지 못하는 경우에 한하여 정관으로 정하는 바에 따라 의결권의 부활을 인정할 수 있다.

ㅁ. 주주의 대리인의 자격을 그 회사의 주주로 한정하는 정관규정은 주주총회가 주주 이외의 제3자에 의하여 교란되는 것을 방지하여 회사이익을 보호하는 취지에서 마련된 것으로서 합리적인 이유에 의한 상당한 정도의 제한이라고 볼 수 있다.

① ㄱ, ㄷ, ㄹ　　　　② ㄱ, ㄹ, ㅁ　　　　③ ㄴ, ㄷ, ㄹ
④ ㄴ, ㄷ, ㅁ　　　　⑤ ㄷ, ㄹ, ㅁ

[**ㄱ ▸ ✕**]　주주권은 주식의 양도나 소각 등 법률에 정하여진 사유에 의하여서만 상실되고 단순히 당사자 사이의 특약이나 주주권 포기의 의사표시만으로 상실되지 아니하며 다른 특별한 사정이 없는 한 그 행사가 제한되지도 아니한다. 이 사건에서 원용선이 1998.8.3. 향후 7년간 주주권 및 경영권을 포기하고 주식의 매매와 양도 등을 하지 아니하며 원고 유수현에게 정관에 따라 주주로서의 의결권행사권한을 위임하기로 약정하였고, 이에 따라 원고 유수현이 원용선의 주주로서의 의결권을 대리행사할 수 있게 되었지만, 이러한 사정만으로는 원용선이 주주로서의 의결권을 직접 행사할 수 없게 되었다고 볼 수 없다(대판 2002.12.24. 2002다54691).

[ㄴ ▶ ○] 주식에 대해 질권이 설정되었다고 하더라도 질권설정계약 등에 따라 질권자가 담보제공자인 주주로부터 의결권을 위임받아 직접 의결권을 행사하기로 약정하는 등의 특별한 약정이 있는 경우를 제외하고 질권설정자인 주주는 여전히 주주로서의 지위를 가지고 의결권을 행사할 수 있다(대판 2017.8.18. 2015다5569).

[ㄷ ▶ ○] 상법 제369조 제1항에서 주식회사의 주주는 1주마다 1개의 의결권을 가진다고 하는 1주 1의결권의 원칙을 규정하고 있는바, 위 규정은 강행규정이므로 법률에서 위 원칙에 대한 예외를 인정하는 경우를 제외하고, 정관의 규정이나 주주총회의 결의 등으로 위 원칙에 반하여 의결권을 제한하더라도 효력이 없다(대판 2009.11.26. 2009다51820).

[ㄹ ▶ X] 종래 구 상법 제370조는 우선주가 우선배당을 받지 못하는 경우 의결권이 부활하도록 규정하였으나, 개정상법 제344조의3 제1항에 의하면 정관으로 의결권의 부활에 관한 내용을 자유로이 정할 수 있으므로, 우선주가 우선배당을 받지 못한 경우에도 그 주주의 의결권이 부활하지 아니하도록 정할 수 있다.

[ㅁ ▶ ○] 상법 제368조 제3항의 규정은 주주의 대리인의 자격을 제한할 만한 합리적인 이유가 있는 경우 정관의 규정에 의하여 상당하다고 인정되는 정도의 제한을 가하는 것까지 금지하는 취지는 아니라고 해석되는바, 대리인의 자격을 주주로 한정하는 취지의 주식회사의 정관 규정은 주주총회가 주주 이외의 제3자에 의하여 교란되는 것을 방지하여 회사 이익을 보호하는 취지에서 마련된 것으로서 합리적인 이유에 의한 상당한 정도의 제한이라고 볼 수 있으므로 이를 무효라고 볼 수는 없다. 그런데 위와 같은 정관규정이 있다 하더라도 주주인 국가, 지방공공단체 또는 주식회사 등이 그 소속의 공무원, 직원 또는 피용자 등에게 의결권을 대리행사하도록 하는 때에는 특별한 사정이 없는 한 그들의 의결권 행사에는 주주 내부의 의사결정에 따른 대표자의 의사가 그대로 반영된다고 할 수 있고 이에 따라 주주총회가 교란되어 회사 이익이 침해되는 위험은 없는 반면에, 이들의 대리권 행사를 거부하게 되면 사실상 국가, 지방공공단체 또는 주식회사 등의 의결권 행사의 기회를 박탈하는 것과 같은 부당한 결과를 초래할 수 있으므로, 주주인 국가, 지방공공단체 또는 주식회사 소속의 공무원, 직원 또는 피용자 등이 그 주주를 위한 대리인으로서 의결권을 대리행사하는 것은 허용되어야 하고 이를 가리켜 정관규정에 위반한 무효의 의결권 대리행사라고 할 수는 없다(대판 2009.4.23. 2005다22701).

2015년 변호사시험 문 36.   ☑ 확인Check! ○ △ X

A주식회사와 B주식회사는 모두 비상장회사이고, 보통주만을 발행한 회사이다. A회사는 B회사의 주식을 현재 전혀 소유하고 있지 않지만 B회사는 A회사의 발행주식 총수의 2%를 소유하고, 명의개서를 마친 상태이다. A회사가 B회사의 주식을 A회사의 명의와 계산으로 취득하여 그 보유수량을 늘려가고자 하는 경우에 관한 설명 중 옳지 않은 것은?(각 지문은 독립적임)

① A회사가 B회사의 발행주식 총수의 11%를 취득한 경우, A회사는 그 사실을 지체 없이 B회사에 통지하여야 하지만, 통지하지 않았을 경우의 효과에 대해서는 「상법」상 명문의 규정이 없다.

② A회사가 B회사의 발행주식 총수의 11%를 취득한 후 이를 B회사에 통지하고 명의개서까지 한 경우, B회사의 주주총회에서 A회사는 B회사 주식 11%의 의결권을 행사할 수 있으나, A회사의 주주총회에서 B회사는 A회사 주식 2%의 의결권을 행사할 수 없다.

③ A회사가 B회사의 발행주식 총수의 51%를 취득한 상태에서 B회사가 C주식회사의 발행주식 총수의 11%를 취득한 후 이를 C회사에 통지하고 명의개서까지 하였다. 이때 C회사가 A회사 발행주식 총수의 5%를 가지고 있는 경우 C회사는 A회사 주식 5%의 의결권을 행사할 수 없다.

④ A회사가 B회사의 발행주식 총수의 90%를 취득한 상태에서, 주식의 포괄적 교환제도를 이용하여 A회사가 B회사를 완전자회사로 만들기 위하여 요구되는 B회사의 주주총회승인은 이사회승인으로 갈음할 수 있다.

⑤ A회사가 B회사의 발행주식 총수의 95%를 취득한 상태에서, A회사가 B회사의 다른 주주에게 주식의 매도청구를 하기 위해 요구되는 B회사의 주주총회승인은 이사회승인으로 갈음할 수 있다.

⑤ **정답**

[**①** ▸ **○**] 상법은 회사가 다른 회사의 발행주식 총수의 10분의 1을 초과하여 취득한 때에는, 그 다른 회사에 대하여 지체 없이 이 사실을 통지하여야 한다고 규정(상법 제342조의3)하고 있으나, 통지하지 아니하였을 경우의 효과에 대해서는 명문의 규정이 없다.

[**②** ▸ **○**] B회사가 A회사의 발행주식 총수의 2%를 소유하고 있는 중에 A회사가 B회사의 발행주식 총수의 11%를 취득하였다면, A회사는 참가회사로서의 지위를, B회사는 피참가회사로서의 지위를 취득하게 된다. 이때 A회사는 B회사에 대하여 의결권을 행사할 수 있지만, B회사는 A회사에 대하여 의결권을 행사할 수 없다.

의결권(상법 제369조)　　③ 회사, 모회사 및 자회사 또는 자회사가 다른 회사의 발행주식의 총수의 10분의 1을 초과하는 주식을 가지고 있는 경우 그 다른 회사가 가지고 있는 회사 또는 모회사의 주식은 의결권이 없다.

[**③** ▸ **○**] A회사가 B회사의 발행주식 총수의 51%를 취득한 경우, A회사와 B회사는 모자회사관계가 성립한다. 이때 자회사인 B회사가 C회사의 발행주식 총수의 10%를 초과하여 취득하였다면, C회사가 가지고 있는 B회사의 주식은 물론 C회사가 가지고 있는 A회사의 주식도 의결권이 없다.

[**④** ▸ **○**] A회사가 B회사의 발행주식 총수의 90%를 취득한 경우, 간이주식교환으로 B회사를 완전자회사로 만들 수 있는데, 이때 필요한 B회사의 주주총회승인은 이사회승인으로 갈음할 수 있다.

간이주식교환(상법 제360조의9)　　① 완전자회사가 되는 회사의 총주주의 동의가 있거나 그 회사의 발행주식 총수의 100분의 90 이상을 완전모회사가 되는 회사가 소유하고 있는 때에는 완전자회사가 되는 회사의 주주총회의 승인은 이를 이사회의 승인으로 갈음할 수 있다.

[**⑤** ▸ **✕**] 지배주주의 매도청구권(주식의 강제매수제도)은 주식양도의 자유에 대한 중대한 제한에 해당하므로, A회사가 B회사의 다른 주주에게 주식의 매도청구를 하기 위해서는 B회사의 주주총회승인을 얻어야 하고, 이를 이사회승인으로 갈음할 수 없다.

지배주주의 매도청구권(상법 제360조의24)　　① 회사의 발행주식 총수의 100분의 95 이상을 자기의 계산으로 보유하고 있는 주주(이하 이 관에서 "지배주주"라 한다)는 회사의 경영상 목적을 달성하기 위하여 필요한 경우에는 회사의 다른 주주(이하 이 관에서 "소수주주"라 한다)에게 그 보유하는 주식의 매도를 청구할 수 있다.
③ 제1항의 매도청구를 할 때에는 미리 주주총회의 승인을 받아야 한다.

비상장회사인 X주식회사가 발행한 주식은 모두 의결권이 있는 주식이다. X회사의 주주 중 일부로서 A주식회사(X회사는 A회사 발행주식 총수의 15%를 소유하고 있음), B(X회사의 이사), X회사가 있고, 이들은 주주명부에 주주로 기재되어 있다. X회사는 2015.11.13. 다음과 같은 안건으로 적법하게 주주총회를 개최하였다.

> – 제1호 안건 : 2015.3.13.에 개최된 정기주주총회에서 결의한 2014년 영업연도 재무제표의 승인과 관련하여 그 재무제표를 허위로 작성한 당시 대표이사였던 이사 B에 대한 책임추궁의 건

위 주주 중, 2015.11.13. 주주총회에서 의결권을 행사할 수 없는 자를 모두 고른 것은?(위에서 언급된 것 외에는 다른 사실관계는 없는 것으로 가정하고, 다툼이 있는 경우 판례에 의함)

① X회사
② A회사, B
③ A회사, X회사
④ B, X회사
⑤ A회사, B, X회사

---

1. 주주총회의 의결권의 제한

(1) 의결권이 없는 주식

① 무의결권주식(상법 제344조의3)

② 자기주식(상법 제369조 제2항)

③ 상호주(상법 제369조 제3항)

(2) 의결권의 일시적 제한

① 특별이해관계인의 의결권 제한(상법 제368조 제3항)

② 감사·감사위원회위원 선임·해임 시 의결권 제한(상법 제409조 제2항, 제542조의12 제3항)

③ 상장회사의 집중투표배제결의 시 의결권의 제한(상법 제542조의7 제3항)

2. 사안의 적용

(1) A회사

회사, 모회사 및 자회사 또는 자회사가 다른 회사의 발행주식의 총수의 10분의 1을 초과하는 주식을 가지고 있는 경우 그 다른 회사가 가지고 있는 회사 또는 모회사의 주식은 의결권이 없다(상법 제369조 제3항). 따라서 X회사는 참가회사로서 A회사에 주주권을 행사할 수 있지만, A회사는 피참가회사로서 X회사에 주주권을 행사할 수 없다.

(2) B(X회사의 이사)

총회의 결의에 관하여 특별한 이해관계가 있는 자는 의결권을 행사하지 못한다(상법 제368조 제3항). 재무제표의 승인과 관련하여 그 재무제표를 허위로 작성한 당시 X회사의 대표이사였던 이사 B에 대한 책임추궁의 건은, 특별이해관계에 해당하여 의결권을 행사하지 못한다.

(3) X회사

회사가 가진 자기주식은 의결권이 없다(상법 제369조 제2항). 따라서 X회사는 의결권을 행사하지 못한다.

⑤ 정답

2017년 변호사시험 문 43.　　　　　　　　　　　　☑ 확인Check! ○ △ ✕

비상장회사인 X주식회사가 발행한 주식의 액면가는 1만원이고, 발행주식 총수는 10,000주이며, 자본준비금으로 5,000만원이 적립되어 있다. A와 B는 X회사의 주주가 아니다. 이에 관한 설명 중 옳은 것을 모두 고른 것은?

ㄱ. X회사는 주주총회를 소집할 때에 주주총회일 1주 전에 서면 또는 각 주주의 동의를 받아 전자문서로 통지를 발송하여야 한다.

ㄴ. X회사는 정관에 "회사의 이사는 3인 이상 7인 이하로 한다"라는 내용의 규정을 둘 수 없다.

ㄷ. X회사의 이사가 A와 B 2인인 경우, A의 배우자 C가 X회사의 부동산을 취득하는 거래에 대해 B가 승인하더라도 효력이 없다.

ㄹ. X회사의 이사는 A와 B 2인이고 B가 정관에 따라 정한 대표이사인 경우, B가 X회사를 대표하여 제3자로부터 대규모 재산을 차입하려면 A의 동의가 있어야 한다.

ㅁ. X회사가 정관변경에 의하여 위 액면주식을 무액면주식으로 전환하는 경우, 그 전환에 의한 자본금은 1억원이어야 한다.

① ㄱ, ㄴ　　　　　　　② ㄴ, ㄹ　　　　　　　③ ㄷ, ㄹ
④ ㄷ, ㅁ　　　　　　　⑤ ㄹ, ㅁ

[ㄱ ▸ ✕] 주주총회를 소집할 때에는 주주총회일의 2주 전에 각 주주에게 서면으로 통지를 발송하거나 각 주주의 동의를 받아 전자문서로 통지를 발송하여야 한다. 다만, 그 통지가 주주명부상 주주의 주소에 계속 3년간 도달하지 아니한 경우에는 회사는 해당 주주에게 총회의 소집을 통지하지 아니할 수 있다(상법 제363조 제1항).

[ㄴ ▸ ✕] 이사는 3명 이상이어야 하나, 자본금 총액이 10억원 미만인 회사는 1명 또는 2명으로 할 수 있다(상법 제383조 제1항). X회사의 주주총회에서 선임할 수 있는 이사의 최대수에는 제한이 없으나, 정관으로 제한할 수 있다. 따라서 X회사는 정관에 "회사의 이사는 3인 이상 7인 이하로 한다"라는 내용의 규정을 둘 수도 있다.

[ㄷ ▸ ○] 자본금 총액이 10억원 미만인 회사(소규모 회사)에서 ㉠ 주식양도의 제한 시 양도승인(상법 제335조), ㉡ 주식매수선택권의 부여 취소(동법 제340조의3), ㉢ 이사의 경업금지(동법 제397조), ㉣ 사업기회유용금지의무 및 자기거래승인(동법 제397조의2, 제398조), ㉤ 신주발행사항의 결정(동법 제416조), ㉥ 준비금의 자본금 전입(동법 제461조), ㉦ 사채발행의 결정(동법 제469조) 등은 이사회가 아닌 주주총회가 이를 행한다. 따라서 X회사의 이사가 A와 B 2인인 경우, A의 배우자 C가 X회사의 부동산을 취득하는 거래는 이사의 자기거래에 해당하여 X회사의 주주총회승인을 얻어야 하므로, 주주총회승인이 없는 한 B가 승인하더라도 효력이 없다.

[ㄹ ▸ ✕] 자본금 총액이 10억원 미만인 회사(소규모 회사)에서 ㉠ 자기주식의 소각(상법 제343조), ㉡ 강제전환주식의 전환에 있어서 주주에 대한 통지(동법 제346조), ㉢ 주주총회소집결정(동법 제362조), ㉣ 주주제안에 대하여 주주총회의 목적사항으로 결정(상법 제363조의2), ㉤ 전자적 방법에 의한 의결권의 행사결의(동법 제368조의4), ㉥ 중요한 자산의 처분 및 양도, 대규모 재산의 차입, 지배인의 선임 또는 해임과 지점의 설치·이전 또는 폐지(동법 제393조), ㉦ 중간배당의 결의(동법 제462조의3) 등은 이사가 단독으로 결정한다. 따라서 X회사의 이사가 A와 B 2인이고, B가 정관에서 정한 대표이사인 경우, B가 X회사를 대표하여 제3자로부터 대규모 재산을 차입하는 것은, A의 동의 없이 B가 단독으로 결정할 수 있다.

[ㅁ ▸ ○] 회사의 자본금은 액면주식을 무액면주식으로 전환하거나 무액면주식을 액면주식으로 전환함으로써 변경할 수 없다(상법 제451조 제3항). 따라서 X회사가 정관변경에 의하여 액면주식을 무액면주식으로 전환하는 경우, 전환에 의한 자본금은 1억원이어야 한다.

상장회사 A의 주주 甲은 회사의 의결권 있는 주식의 0.5%인 1천 주를 보유하고 있다. A사의 정관에는 의결권의 대리행사에 관한 대리인의 자격을 제한하는 규정이 없다. 다음 중 옳은 것은?(각 지문은 독립적이고, 다툼이 있는 경우에는 판례에 의함)

① 甲으로부터 1천 주에 대한 의결권을 위임받은 乙이 위임장을 소지하고 주주총회에 입장하려고 하자, 회사의 주주총회 담당직원은 위임장이 원본임을 확인한 후 乙에게만 乙의 신분증과 甲의 인감증명서의 제시를 요구하면서 입장을 거부하였다. 이는 적법한 업무의 수행이다.

② 甲은 乙에게 1천 주에 대한 의결권을 위임하였다가 마음을 바꾸어 직접 주주총회에 참석하여 의결권을 행사하였다. 그러나 甲으로부터 그런 연락을 받지 못한 乙도 주주총회에 예정대로 참석하여 1천 주에 대한 의결권을 행사하였다면 甲의 의결권 행사는 무효이다.

③ 甲은 乙에게 1천 주에 대한 의결권을 위임하면서 이사 후보 X에 대해 반대의 투표를 하도록 하였으나 乙은 X에 대해 찬성의 투표를 하였다. 이 경우 乙의 의결권 행사는 무효이다.

④ 甲으로부터 의결권을 위임받은 乙은 주주총회에 참석할 수 없게 되자 丙에게 의결권을 위임하였고 丙은 A사의 주주총회에 참석하여 의결권을 행사하였다. 회사는 丙의 의결권 행사를 무효로 처리하였다. 이 경우 회사의 조치는 정당하다.

⑤ 甲은 乙을 포함한 용역업체 직원 900명에게 각각 1주씩에 대한 의결권을 위임하고 자신도 그 900명과 함께 주주총회에 참석하려고 하였으나, 회사는 乙을 포함한 900명의 주주총회 입장을 거부하였다. 이 경우 900명에게 의결권을 위임하여 주주총회에 참석하려고 한 목적이 주주총회결의를 실력으로 저지하려는 것이었다면, 회사의 조치는 정당하다.

[❶ ▸ ✕]　A회사의 주주총회 담당직원이 乙이 소지한 위임장이 원본임을 확인하였다면, 乙에게만 乙의 신분증과 甲의 인감증명서 제시를 요구하면서 입장을 거부한 것은 적법한 업무수행으로 볼 수 없다.

"주주는 대리인으로 하여금 그 의결권을 행사하게 할 수 있다. 이 경우에는 그 대리인은 대리권을 증명하는 서면을 총회에 제출해야 한다"고 규정한 상법 제368조 제3항은 주주의 의결권 행사를 될 수 있는 대로 용이하게 하기 위하여 그 대리행사의 가능성을 강행법적으로 확인한 것으로서 정관이나 기타 합의로써 그 요건을 강화하거나 가중할 수 없는 것이라 할 것이고, 한편 대리권의 증명은 서면으로써만 할 수 있을 뿐, 그 서면의 양식이나 첨부서류에 관하여는 아무런 추가적인 요건을 규정하고 있지 않으므로, 특별한 사정이 없는 한 대리인은 주주총회에 확인된 위임장 원본의 제시만으로 그 대리권 수여사실을 일응 증명하였다고 할 것이라고 전제한 다음, 원고 등이 다른 소액주주들로부터 이 사건 주주총회에서의 감자안건에 관한 의결권을 위임받았음을 증명하는 위임장들 중 신분증의 사본 등이 첨부되지 아니한 위임장(단 팩스로 출력된 위임장 제외)에 대하여 피고 회사가 그 위임장의 접수를 거부하는 것은 부당하다(대판 2004.4.27. 2003다29616).

[❷ ▸ ✕]　甲이 乙에게 의결권을 위임하였으나 직접 의결권을 행사한 경우, 乙의 의결권 행사는 무효라고 하여야 한다.

주주가 일정 기간 주주권을 포기하고 타인에게 주주로서의 의결권행사권한을 위임하기로 약정한 사정만으로는 그 주주가 주주로서의 의결권을 직접 행사할 수 없게 되었다고 볼 수 없다(대판 2002.12.24. 2002다54691).

[❸ ▸ ✕]　의결권의 대리행사에 있어서 대리인 乙이 비록 본인 甲의 위임의 취지에 반하는 대리행사를 하였더라도, 당해 주주총회결의의 효력에는 아무런 영향이 없다. 다만, 대리인은 내부관계에서 위임인에 대한 손해배상책임을 부담할 수 있다.

[**❹ ▸ ✕**] 대리의 목적인 법률행위의 성질상 대리인 자신에 의한 처리가 필요하지 아니한 경우에는 본인이 복대리금지의 의사를 명시하지 아니하는 한 복대리인의 선임에 관하여 묵시적인 승낙이 있는 것으로 보는 것이 타당하므로, <u>외국인 주주로부터 의결권 행사를 위임받은 상임대리인은 특별한 사정이 없는 한 그 의결권 행사의 취지에 따라 제3자에게 그 의결권의 대리행사를 재위임할 수 있다</u>(대판 2009.4.23. 2005다22701). 따라서 특별한 사정이 없는 한 乙은 丙에게 의결권의 대리행사를 재위임할 수 있으므로, A회사가 丙의 의결권 행사를 무효로 처리한 것은 부당하다.

[**❺ ▸ ○**] 주주의 자유로운 의결권 행사를 보장하기 위하여 주주가 의결권의 행사를 대리인에게 위임하는 것이 보장되어야 한다고 하더라도 <u>주주의 의결권 행사를 위한 대리인 선임이 무제한적으로 허용되는 것은 아니고, 그 의결권의 대리행사로 말미암아 주주총회의 개최가 부당하게 저해되거나 혹은 회사의 이익이 부당하게 침해될 염려가 있는 등의 특별한 사정이 있는 경우에는 회사는 이를 거절할 수 있다고 보아야 할 것이며</u>, 주주가 자신이 가진 복수의 의결권을 불통일행사하기 위하여는 회일의 3일 전에 회사에 대하여 서면으로 그 뜻과 이유를 통지하여야 할 뿐만 아니라, 회사는 주주가 주식의 신탁을 인수하였거나 기타 타인을 위하여 주식을 가지고 있는 경우 외에는 주주의 의결권 불통일행사를 거부할 수 있는 것이므로, <u>주주가 위와 같은 요건을 갖추지 못한 채 의결권 불통일행사를 위하여 수인의 대리인을 선임하고자 하는 경우에는 회사는 역시 이를 거절할 수 있다</u>(대판 2001.9.7. 2001도2917). 이러한 판례의 취지를 고려할 때, A회사의 조치는 정당하다고 판단된다.

2015년 변호사시험 문 44.

☑ 확인Check! ○ △ ✕

주주총회 의결권의 행사에 관한 설명 중 옳지 않은 것은?(다툼이 있는 경우 판례에 의함)

① 주식회사가 주주명부상의 주주가 형식주주에 불과하다는 것을 중대한 과실로 알지 못하였고 또한 이를 용이하게 증명하여 의결권 행사를 거절할 수 있었음에도 의결권 행사를 용인한 경우에는 그 의결권 행사는 위법하게 된다.

② 의결권 불통일행사의 통지가 「상법」 제368조의2 제1항에서 정한 주주총회일의 3일 전이라는 시한보다 늦게 도착하였다고 하더라도 회사가 스스로 총회운영에 지장이 없다고 판단하여 이를 받아들이기로 하고 이에 따라 의결권의 불통일행사가 이루어진 것이라면, 그것이 주주평등의 원칙을 위반하거나 의결권 행사의 결과를 조작하기 위하여 자의적으로 이루어진 것이라는 등의 특별한 사정이 없는 한 그와 같은 의결권의 불통일행사를 위법하다고 볼 수는 없다.

③ 대리인의 자격을 주주로 한정하는 정관 규정이 있다 하더라도, 주주인 국가, 지방자치단체 또는 주식회사 소속의 공무원, 직원 또는 피용자 등이 그 주주를 위한 대리인으로서 의결권을 대리행사하는 것은 허용되어야 하고 이를 가리켜 정관 규정에 위반한 무효의 의결권 대리행사라고 할 수는 없다.

④ 회사는 정관에 규정이 없더라도 이사회의 결의로 주주가 총회에 출석하지 아니하고 서면 또는 전자적 방법에 의하여 의결권을 행사할 수 있음을 정할 수 있다.

⑤ 「상법」 제368조 제2항이 규정하는 '대리권을 증명하는 서면'이라 함은 위임장을 일컫는 것으로서 회사가 위임장과 함께 인감증명서, 참석장 등을 제출하도록 요구하는 것은 대리인의 자격을 보다 확실하게 확인하기 위하여 요구하는 것일 뿐, 이러한 서류 등을 지참하지 아니하였다 하더라도 주주 또는 대리인이 다른 방법으로 위임장의 진정성 내지 위임의 사실을 증명할 수 있다면 회사는 그 대리권을 부정할 수 없다.

[**❶ ▸ ✕**] 특별한 사정이 없는 한, 주주명부에 적법하게 주주로 기재되어 있는 자는 회사에 대한 관계에서 주식에 관한 의결권 등 주주권을 행사할 수 있고, 회사 역시 주주명부상 주주 외에 실제 주식을 인수하거나 양수하고자 하였던 자가 따로 존재한다는 사실을 알았든 몰랐든 간에 주주명부상 주주의 주주권 행사를 부인할 수 없으며, 주주명부에 기재를 마치지 아니한 자의 주주권 행사를 인정할 수도 없다. 주주명부에 기재를 마치지 않고도 회사에 대한 관계에서 주주권을 행사할 수 있는 경우는 주주명부에의 기재 또는 명의개서청구가 부당하게 지연되거나 거절되었다는 등의 극히 예외적인 사정이 인정되는 경우에 한한다(대판 2017.3.23. 2015다248342 [전합]).

[❷ ▶ ○] 상법 제368조의2 제1항은 "주주가 2 이상의 의결권을 가지고 있는 때에는 이를 통일하지 아니하고 행사할 수 있다. 이 경우 회일의 3일 전에 회사에 대하여 서면으로 그 뜻과 이유를 통지하여야 한다"고 규정하고 있는바, 여기서 3일의 기간이라 함은 의결권의 불통일행사가 행하여지는 경우에 회사 측에 그 불통일행사를 거부할 것인가를 판단할 수 있는 시간적 여유를 주고, 회사의 총회 사무운영에 지장을 주지 아니하도록 하기 위하여 부여된 기간으로서, 그 불통일행사의 통지는 주주총회 회일의 3일 전에 회사에 도달할 것을 요한다. 다만, 위와 같은 3일의 기간이 부여된 취지에 비추어 보면, 비록 불통일행사의 통지가 주주총회 회일의 3일 전이라는 시한보다 늦게 도착하였다고 하더라도 회사가 스스로 총회운영에 지장이 없다고 판단하여 이를 받아들이기로 하고 이에 따라 의결권의 불통일행사가 이루어진 것이라면, 그것이 주주평등의 원칙을 위반하거나 의결권 행사의 결과를 조작하기 위하여 자의적으로 이루어진 것이라는 등의 <u>특별한 사정이 없는 한, 그와 같은 의결권의 불통일행사를 위법하다고 볼 수는 없다</u>(대판 2009.4.23. 2005다22701).

[❸ ▶ ○] 상법 제368조 제2항의 규정은 주주의 대리인의 자격을 제한할 만한 합리적인 이유가 있는 경우 정관의 규정에 의하여 상당하다고 인정되는 정도의 제한을 가하는 것까지 금지하는 취지는 아니라고 해석되는바, 대리인의 자격을 주주로 한정하는 취지의 주식회사의 정관 규정은 주주총회가 주주 이외의 제3자에 의하여 교란되는 것을 방지하여 회사 이익을 보호하는 취지에서 마련된 것으로서 <u>합리적인 이유에 의한 상당한 정도의 제한이라고 볼 수 있으므로 이를 무효라고 볼 수는 없다.</u> 그런데 위와 같은 정관규정이 있다 하더라도 주주인 국가, 지방공공단체 또는 주식회사 등이 그 소속의 공무원, 직원 또는 피용자 등에게 의결권을 대리행사하도록 하는 때에는 특별한 사정이 없는 한 그들의 의결권 행사에는 주주 내부의 의사결정에 따른 대표자의 의사가 그대로 반영된다고 할 수 있고 이에 따라 주주총회가 교란되어 회사 이익이 침해되는 위험은 없는 반면에, 이들의 대리권 행사를 거부하게 되면 사실상 국가, 지방공공단체 또는 주식회사 등의 의결권 행사의 기회를 박탈하는 것과 같은 부당한 결과를 초래할 수 있으므로, <u>주주인 국가, 지방공공단체 또는 주식회사 소속의 공무원, 직원 또는 피용자 등이 그 주주를 위한 대리인으로서 의결권을 대리행사하는 것은 허용되어야 하고 이를 가리켜 정관규정에 위반한 무효의 의결권대리행사라고 할 수는 없다</u>(대판 2009.4.23. 2005다22701).

[❹ ▶ ×] <u>주주는 정관이 정한 바에 따라 총회에 출석하지 아니하고 서면에 의하여 의결권을 행사할 수 있다</u>(상법 제368조의3 제1항). 회사는 이사회의 결의로 주주가 총회에 출석하지 아니하고 전자적 방법으로 의결권을 행사할 수 있음을 정할 수 있다(동법 제368조의4 제1항).

[❺ ▶ ○] 상법 제368조 제3항이 규정하는 '대리권을 증명하는 서면'이라 함은 위임장을 일컫는 것으로서 회사가 위임장과 함께 인감증명서, 참석장 등을 제출하도록 요구하는 것은 대리인의 자격을 보다 확실하게 확인하기 위하여 요구하는 것일 뿐, 이러한 서류 등을 지참하지 아니하였다 하더라도 주주 또는 대리인이 다른 방법으로 위임장의 진정성 내지 위임의 사실을 증명할 수 있다면 회사는 그 대리권을 부정할 수 없다. 한편, 회사가 주주 본인에 대하여 주주총회 참석장을 지참할 것을 요구하는 것 역시 주주 본인임을 보다 확실하게 확인하기 위한 방편에 불과하므로, <u>다른 방법으로 주주 본인임을 확인할 수 있는 경우에는 회사는 주주 본인의 의결권 행사를 거부할 수 없다</u>(대판 2009.4.23. 2005다22701).

2017년 변호사시험 문 44.　　　　　　　　　　☑확인 Check! ○ △ ✕

X주식회사의 주주총회승인결의를 거치지 않아도 되는 경우를 모두 고른 것은?(이하에서 언급된 것 외에는 다른 사실관계가 없는 것으로 가정하고, 다툼이 있는 경우 판례에 의함)

ㄱ. 숙박업을 하는 X회사가 회사의 자산에서 대부분의 비중을 차지하고 있는 호텔 부지를 제3자에게 양도하고, 이로 인하여 해당 영업이 폐지되는 경우

ㄴ. X회사가 영업의 일부를 분할하여 Y주식회사를 신설하고 그 Y회사의 주식 총수를 취득하는 형식으로 회사분할을 하는 경우

ㄷ. X회사의 발행주식 총수의 91%를 소유하고 있는 Y주식회사가 X회사를 흡수합병하는 경우

ㄹ. X회사가 교부금 지급 없이 자기주식과 신주를 합하여 발행주식 총수의 9%를 Y주식회사의 주주에게 배정하고 Y회사의 주주가 소유하고 있는 Y회사의 발행주식 총수를 X회사에 이전하는 주식의 포괄적 교환을, X회사 발행주식 총수의 90%를 소유하는 주주가 동의하는 경우

ㅁ. X회사의 발행주식 총수의 97%를 자기의 계산으로 보유하고 있는 주주 A가 회사의 경영상의 목적을 달성하기 위하여 X회사의 주주 B에게 「상법」 제360조의24에 의하여 그 보유주식의 매도를 청구하는 경우

① ㄱ, ㄴ　　　　　　　② ㄴ, ㄷ　　　　　　　③ ㄷ, ㄹ
④ ㄱ, ㄹ, ㅁ　　　　　⑤ ㄷ, ㄹ, ㅁ

[ㄱ ▶ **주주총회승인 필요**] 숙박업을 하는 X회사가 회사의 자산에서 대부분의 비중을 차지하고 있는 호텔 부지를 제3자에게 양도하고, 이로 인하여 해당 영업이 폐지되는 경우, 주주총회의 특별결의를 거쳐야 할 것으로 보인다.

판례　상법 제374조 제1호에 의하면 주식회사가 그 영업의 전부 또는 중요한 일부를 양도함에는 같은 법 제434조가 정하는 주주총회의 특별결의를 거치도록 규정하고 있고 여기서 말하는 영업의 양도란 같은 법 제1편 제7장의 영업양도를 가리키는 것이므로 영업용 재산의 양도에 있어서는 그 재산이 주식회사의 유일한 재산이거나 중요한 재산이라 하여 그 재산의 양도를 곧 영업의 양도라 할 수는 없겠지만 <u>주식회사 존속의 기초가 되는 중요한 재산의 양도는 영업의 폐지 또는 중단을 초래하는 행위이므로</u> 이는 영업의 전부 또는 일부 양도의 경우와 다를 바 없다고 봄이 상당하고 이러한 경우에는 <u>상법 제374조 제1호의 규정을 유추적용하여 주주총회의 특별결의를 거쳐야</u> 할 것이다(대판 1988.4.12. 87다카1662).

[ㄴ ▶ **주주총회승인 필요**] X회사가 영업의 일부를 분할하여 Y회사를 신설하고, Y회사의 주식 총수를 취득하는 형식으로 회사분할을 하는 경우(물적 분할), 분할회사인 X회사의 주주총회의 특별결의가 필요하다(상법 제530조의3 제2항).

[ㄷ ▶ **주주총회승인 불요**] <u>X회사의 발행주식 총수의 91%를 소유하고 있는 Y주식회사가 X회사를 흡수합병하는 경우(간이합병)</u>, X회사의 주주총회의 승인은 이사회의 승인으로 갈음할수 있다(상법 제527조의2 제1항).

[ㄹ ▶ **주주총회승인 불요**] <u>X회사가 교부금 지급 없이 자기주식과 신주를 합하여 발행주식 총수의 9%를 Y주식회사의 주주에게 배정하고 Y회사의 주주가 소유하고 있는 Y회사의 발행주식 총수를 X회사에 이전하는 주식의 포괄적 교환을, X회사 발행주식 총수의 90%를 소유하는 주주가 동의하는 경우</u>, 이는 소규모 주식교환에 해당하므로 X회사의 주주총회의 승인을 이사회의 승인으로 갈음할 수 있다(상법 제360조의10 제1항).

[ㅁ ▶ **주주총회승인 필요**] <u>X회사의 발행주식 총수의 97%를 자기의 계산으로 보유하고 있는 주주 A가, 회사의 경영상의 목적을 달성하기 위하여 X회사의 주주 B에게 상법 제360조의24에 의하여 그 보유주식의 매도를 청구하는 경우</u>, 미리 주주총회의 승인을 받아야 한다(상법 제360조의24 제3항).

정답 ③　　　　　　　　　　　　　　　　　　　　　　　　CHAPTER 04 주식회사의 기관　**499**

A주식회사(비상장회사)는 합병을 위하여 합병계약서를 작성하여 주주총회의 승인을 얻고자 한다. A주식회사의 주주 甲은 이에 반대하여 주식매수청구권을 행사하려고 한다. 이에 관한 설명 중 옳지 않은 것은?(다툼이 있는 경우 판례에 의함)

① 甲이 주식매수청구권을 행사하기 위해서는 합병 주주총회일 전에 A주식회사에 합병에 반대한다는 의사를 서면으로 통지하여야 한다.

② 甲이 주식매수청구권을 행사하기 위해서는 합병을 승인하는 주주총회의 결의일로부터 20일 이내에 주식의 종류와 수를 기재한 서면으로 A주식회사에 청구하여야 한다.

③ 甲이 주식매수청구권을 행사하는 경우 A주식회사가 주식매수청구를 받은 날로부터 2개월 이내에 주식매수가액이 확정되지 않았다면, 그 2개월이 경과한 후에도 A주식회사는 이행지체책임을 지지 않는다.

④ 주식의 매수가액은 A주식회사와 甲의 협의에 의하되, 만일 A주식회사가 주식매수청구를 받은 날부터 30일 이내에 협의가 이루어지지 아니하면, 甲 또는 A주식회사는 법원에 매수가액의 결정을 청구할 수 있다.

⑤ 법원이 주식의 매수가액을 결정하는 경우, 법원은 위 주식에 관하여 객관적 교환가치가 적정하게 반영된 정상적인 거래의 실례가 있으면 그 거래가격을 시가로 보아 주식의 매수가액을 정한다.

[**❶ ▸ ○**] [**❷ ▸ ○**] 제522조 제1항에 따른 결의사항에 관하여 이사회의 결의가 있는 때에 그 결의에 반대하는 주주(의결권이 없거나 제한되는 주주를 포함한다. 이하 이 조에서 같다)는 주주총회 전에 회사에 대하여 서면으로 그 결의에 반대하는 의사를 통지한 경우에는 그 총회의 결의일부터 20일 이내에 주식의 종류와 수를 기재한 서면으로 회사에 대하여 자기가 소유하고 있는 주식의 매수를 청구할 수 있다(상법 제522조의3 제1항).

[**❸ ▸ ✕**] 합병에 반대하는 주주(이하 '합병반대주주'라고 한다)의 주식매수청구권에 관하여 규율하고 있는 상법 제522조의3 제1항, 상법 제530조 제2항에 의하여 준용되는 상법 제374조의2 제2항 내지 제4항의 규정 취지에 비추어 보면, 합병반대주주의 주식매수청구권은 이른바 형성권으로서 그 행사로 회사의 승낙 여부와 관계없이 주식에 관한 매매계약이 성립하고, 상법 제374조의2 제2항의 '회사가 주식매수청구를 받은 날로부터 2월'은 주식매매대금지급의무의 이행기를 정한 것이라고 해석된다. 그리고 이러한 법리는 위 2월 이내에 주식의 매수가액이 확정되지 아니하였다고 하더라도 다르지 아니하다(대판 2011.4.28. 2009다72667).

[**❹ ▸ ✕**] 2015.12.1. 상법 제374조의2 제4항이 '매수청구를 받은 날부터 30일 이내'가 아닌 '매수청구기간이 종료하는 날부터 30일 이내'로 개정되었으므로, 틀린 지문으로 처리한다.

준용규정(상법 제530조)   ② 제234조, 제235조, 제237조 내지 제240조, 제329조의2, 제374조 제2항, 제374조의2 제2항 내지 제5항 및 제439조 제3항의 규정은 주식회사의 합병에 관하여 이를 준용한다.

반대주주의 주식매수청구권(상법 제374조의2)   ① 제374조에 따른 결의사항에 반대하는 주주(의결권이 없거나 제한되는 주주를 포함한다. 이하 이 조에서 같다)는 주주총회 전에 회사에 대하여 서면으로 그 결의에 반대하는 의사를 통지한 경우에는 그 총회의 결의일부터 20일 이내에 주식의 종류와 수를 기재한 서면으로 회사에 대하여 자기가 소유하고 있는 주식의 매수를 청구할 수 있다.

② 제1항의 청구를 받으면 해당 회사는 같은 항의 매수 청구 기간(이하 이 조에서 "매수청구기간"이라 한다)이 종료하는 날부터 2개월 이내에 그 주식을 매수하여야 한다.

③ 제2항의 규정에 의한 주식의 매수가액은 주주와 회사간의 협의에 의하여 결정한다.

④ 매수청구기간이 종료하는 날부터 30일 이내에 제3항의 규정에 의한 협의가 이루어지지 아니한 경우에는 회사 또는 주식의 매수를 청구한 주주는 법원에 대하여 매수가액의 결정을 청구할 수 있다.

③·④ **정답**

[❺ ▶ O] 회사의 합병 또는 영업양도 등에 반대하는 주주가 회사에 대하여 비상장 주식의 매수를 청구하는 경우, 그 주식에 관하여 객관적 교환가치가 적정하게 반영된 정상적인 거래의 실례가 있으면 그 거래가격을 시가로 보아 주식의 매수가액을 정하여야 하나, 그러한 거래사례가 없으면 비상장주식의 평가에 관하여 보편적으로 인정되는 시장가치방식, 순자산가치방식, 수익가치방식 등 여러 가지 평가방법을 활용하되, 비상장주식의 평가방법을 규정한 관련 법규들은 그 제정 목적에 따라 서로 상이한 기준을 적용하고 있으므로, 어느 한 가지 평가방법(예컨대, 증권거래법 시행령 제84조의7 제1항 제2호의 평가방법이나 상속세 및 증여세법 시행령 제54조의 평가방법)이 항상 적용되어야 한다고 단정할 수 없고, 당해 회사의 상황이나 업종의 특성 등을 종합적으로 고려하여 공정한 가액을 산정하여야 한다(대결 2006.11.24. 2004마1022).

2016년 변호사시험 문 41.

☑ 확인Check! O △ X

A주식회사는 아래와 같은 내용의 정관 규정을 두고 있다. 「상법」상 허용되는 것을 모두 고른 것은?

ㄱ. 법정준비금의 자본금 전입은 주주총회에서 결정한다.
ㄴ. 최대주주가 보유하고 있는 주식 1주에 대해서는 2개의 의결권을 부여한다.
ㄷ. 대표이사는 이사 전원의 과반수의 승인을 얻어 회사와 거래할 수 있다.
ㄹ. 이사의 임기는 3년 이내로 하고, 각 이사별 임기를 다르게 할 수 있다.
ㅁ. 회사경영에 공로가 지대한 대주주가 인수하는 주식에 대해서는 납입책임을 면제할 수 있다.

① ㄱ, ㄹ   ② ㄱ, ㅁ   ③ ㄴ, ㄷ
④ ㄴ, ㄹ   ⑤ ㄷ, ㅁ

[ㄱ ▶ O] 회사는 이사회의 결의에 의하여 준비금의 전부 또는 일부를 자본금에 전입할 수 있다. 그러나 정관으로 주주총회에서 결정하기로 정한 경우에는 그러하지 아니하다(상법 제461조 제1항).

[ㄴ ▶ X] 상법 제369조 제1항에서 주식회사의 주주는 1주마다 1개의 의결권을 가진다고 하는 1주 1의결권의 원칙을 규정하고 있는바, 위 규정은 강행규정이므로 법률에서 위 원칙에 대한 예외를 인정하는 경우를 제외하고, 정관의 규정이나 주주총회의 결의 등으로 위 원칙에 반하여 의결권을 제한하더라도 효력이 없다(대판 2009.11.26. 2009다51820).

[ㄷ ▶ X] 이사가 자기 또는 제3자의 계산으로 회사와 거래를 하기 위하여는 미리 이사회에서 해당 거래에 관한 중요사실을 밝히고 이사회의 승인을 받아야 한다. 이 경우 이사회의 승인은 이사 3분의 2 이상의 수로써 하여야 하고, 그 거래의 내용과 절차는 공정하여야 한다(상법 제398조 제1항).

[ㄹ ▶ O] 이사의 임기는 3년을 초과할 수 없다고 규정하고 있으므로(상법 제383조 제2항), 3년을 초과하지 아니하는 범위 내에서 정관으로 자유롭게 각 이사의 임기를 정할 수 있다.

[ㅁ ▶ X] 회사경영에 공로가 지대한 대주주가 인수하는 주식에 대하여 납입책임을 면제할 수 있도록 한 정관규정은, 자본충실의 원칙이나 주주평등의 원칙에 반하여 허용되지 아니한다.

상법상 주식매수청구권에 관한 설명 중 옳지 않은 것은?(각 지문은 독립적임)

① A주식회사가 영업의 중요한 일부를 양도하는 경우, 이에 반대하는 A회사의 주주 甲은 A회사에 자기가 소유하고 있는 주식의 매수를 청구할 수 있다.

② B주식회사가 정관변경에 의하여 종류주식의 내용을 변경하는 경우, 이에 반대하는 B회사의 주주 乙은 B회사에 자기가 소유하고 있는 주식의 매수를 청구할 수 있다.

③ C주식회사가 D주식회사와 합병(소규모 합병이 아님)을 하는 경우, 이에 반대하는 C회사의 주주 丙은 C회사에 자기가 소유하고 있는 주식의 매수를 청구할 수 있다.

④ E주식회사가 F주식회사를 흡수합병하는 경우에 소멸하는 F회사의 발행주식 총수의 90% 이상을 이미 E회사가 소유하고 있는 때에는 합병에 반대하는 F회사의 주주 丁은 F회사에 자기가 소유하고 있는 주식의 매수를 청구할 수 있다.

⑤ 주주총회 전에 회사에 대하여 서면으로 반대의 의사를 통지한 주주의 경우 주식매수청구권을 행사하기 위해 주주총회에 출석하여 반대할 필요가 없다.

[**❶** ▶ ○] 제374조에 따른 결의사항에 반대하는 주주(의결권이 없거나 제한되는 주주를 포함한다. 이하 이 조에서 같다)는 주주총회 전에 회사에 대하여 서면으로 그 결의에 반대하는 의사를 통지한 경우에는 그 총회의 결의일부터 20일 이내에 주식의 종류와 수를 기재한 서면으로 회사에 대하여 자기가 소유하고 있는 주식의 매수를 청구할 수 있다(상법 제374조의2 제1항).

⚖️ 참고 ● **결의반대주주의 주식매수청구권**

구 분	결의반대주주의 주식매수청구권
인정되는 경우	• 주식의 포괄적 교환 및 이전(상법 제360조의5, 제360조의22) • 영업의 전부 또는 중요한 일부의 양도(상법 374조의2) • 합병(상법 제522조의3) • 간이합병(상법 제527조의2) • 분할합병(상법 제530조의11)
부정되는 경우	• 소규모 (흡수)합병 • 소규모 분할(흡수)합병 • 소규모 주식교환

[**❷** ▶ ✕] 주주총회의 특별결의사항이더라도 정관 변경, 자본 감소, 해산 등의 경우에는 주식매수청구권이 인정되지 아니한다. 따라서 B회사의 주주 乙은 B회사에 자기가 소유하고 있는 주식의 매수를 청구할 수 없다.

[**❸** ▶ ○] 합병은 기업의 구조 변경으로 주주에게 미치는 영향이 크므로, 우리 상법은 합병반대주주의 주식매수청구권을 인정하고 있다(상법 제522조의3). 따라서 합병에 반대하는 C회사의 주주 丙은 C회사에 자기가 소유하고 있는 주식의 매수를 청구할 수 있다.

[**❹** ▶ ○] 상법은 소규모 합병의 경우 소멸회사의 주주에게 주식매수청구권을 인정하지 아니하나, 간이합병의 경우에는 소멸회사의 반대주주에게 주식매수청구권을 인정한다(상법 제527조의2). 지문은 간이합병에 해당하므로, 합병에 반대하는 소멸회사 F의 주주인 丁은 F회사에 주식의 매수를 청구할 수 있다.

[**❺** ▶ ○] 결의에 반대하는 주주는 주주총회 전에 회사에 대하여 서면으로 그 결의에 반대한다는 의사를 통지하여야 한다(상법 제374조의2 제1항). 반대의 통지를 한 이상, 주주는 주주총회에 출석하지 아니하더라도 주식매수청구권을 행사할 수 있다.

② **정답**

종류주주총회에 관한 설명 중 옳은 것을 모두 고른 것은?(다툼이 있는 경우 판례에 의함)

ㄱ. 어느 종류주주에게 손해를 미치는 내용으로 정관을 변경함에 있어서 종류주주총회의 결의는 출석한 주주의 의결권
   의 3분의 2 이상의 수와 그 종류의 발행주식 총수의 3분의 1 이상의 수로써 하여야 하나, 회사는 이 결의요건을
   정관으로 가중 또는 감경할 수 있다.

ㄴ. 어느 종류주주에게 손해를 미치는 내용으로 정관을 변경함에 있어서 그 정관변경에 관한 주주총회의 결의 외에
   추가로 요구되는 종류주주총회의 결의는 정관변경이라는 법률효과가 발생하기 위한 하나의 특별요건이다.

ㄷ. 정관 변경에 의한 종류주주의 손해 여부를 판단함에 있어서는 외견상 형식적으로는 평등한 것이라고 하더라도
   실질적으로는 불이익한 결과를 가져오는 경우도 포함되며, 어느 종류의 주주의 지위가 정관의 변경에 따라 유리한
   면과 불이익한 면을 함께 수반하는 경우도 포함된다.

ㄹ. 주식교환, 주식이전 및 회사의 합병으로 인하여 어느 종류의 주주에게 손해를 미치게 될 경우 종류주주총회의
   결의가 필요하다.

① ㄱ, ㄷ   ② ㄱ, ㄹ   ③ ㄴ, ㄷ
④ ㄴ, ㄹ   ⑤ ㄴ, ㄷ, ㄹ

[ㄱ ▶ ✕] 회사가 종류주식을 발행한 경우에 정관을 변경함으로써 어느 종류주식의 주주에게 손해를 미치게 될 때에는
주주총회의 결의 외에 그 종류주식의 주주의 총회의 결의가 있어야 한다(상법 제435조 제1항). 제1항의 결의는 출석한 주주의
의결권의 3분의 2 이상의 수와 그 종류의 발행주식 총수의 3분의 1 이상의 수로써 하여야 한다(동법 제435조 제2항). 이 요건은
가중하거나 감경하지 못한다는 것이 학설의 일반적인 태도이다.

[ㄴ ▶ ○] 어느 종류 주주에게 손해를 미치는 내용으로 정관을 변경함에 있어서 그 정관변경에 관한 주주총회의 결의
외에 추가로 요구되는 종류주주총회의 결의는 정관변경이라는 법률효과가 발생하기 위한 하나의 특별요건이라고 할
것이므로, 그와 같은 내용의 정관변경에 관하여 종류주주총회의 결의가 아직 이루어지지 않았다면 그러한 정관변경의
효력이 아직 발생하지 않는 데에 그칠 뿐이고, 그러한 정관변경을 결의한 주주총회결의 자체의 효력에는 아무런 하자가
없다(대판 2006.1.27, 2004다44575).

[ㄷ ▶ ○] 상법 제435조 제1항은 "회사가 수종의 주식을 발행한 경우에 정관을 변경함으로써 어느 종류의 주주에게
손해를 미치게 될 때에는 주주총회의 결의 외에 그 종류의 주주의 총회의 결의가 있어야 한다"고 규정하고 있는바, 위
규정의 취지는 주식회사가 보통주 이외의 수종의 주식을 발행하고 있는 경우에 보통주를 가진 다수의 주주들이 일방적으
로 어느 종류의 주식을 가진 소수주주들에게 손해를 미치는 내용으로 정관을 변경할 수 있게 할 경우에 그 종류의 주식을
가진 소수주주들이 부당한 불이익을 받게 되는 결과를 방지하기 위한 것이므로, 여기서의 '어느 종류의 주주에게 손해를
미치게 될 때'라 함에는, 어느 종류의 주주에게 직접적으로 불이익을 가져오는 경우는 물론이고, 외견상 형식적으로는
평등한 것이라고 하더라도 실질적으로는 불이익한 결과를 가져오는 경우도 포함되며, 나아가 어느 종류의 주주의 지위가
정관의 변경에 따라 유리한 면이 있으면서 불이익한 면을 수반하는 경우도 이에 해당된다(대판 2006.1.27, 2004다44575).

[ㄹ ▶ ○] 제344조 제3항에 따라 주식의 종류에 따라 특수하게 정하는 경우와 회사의 분할 또는 분할합병, 주식교환,
주식이전 및 회사의 합병으로 인하여 어느 종류의 주주에게 손해를 미치게 될 경우에는 종류주주총회가 필요하다(상법
제436조).

주식회사의 주주총회결의 부존재확인의 소에 관한 설명 중 옳지 않은 것은?(다툼이 있는 경우 판례에 의함)

① 총회의 소집절차 또는 결의방법에 총회결의가 존재한다고 볼 수 없을 정도의 중대한 하자가 있는 경우, 주주총회결의 부존재확인의 소의 청구원인이 된다.

② 이사가 사임하여 퇴임하였더라도 그 퇴임에 의하여 법률 또는 정관 소정의 이사의 인원수를 결하게 됨으로써 적법하게 선임된 이사가 취임할 때까지 여전히 이사로서의 권리의무를 보유하게 되는 경우, 이사로서 그 후임이사를 선임한 주주총회결의의 하자를 주장하여 부존재확인을 구할 법률상의 이익이 있다.

③ 乙을 甲주식회사의 이사로 선임한 주주총회결의에 대하여 부존재확인의 소가 제기되었다. 위 소송에서 원고가 甲회사와 乙을 공동피고로 삼은 경우, 법원은 乙에 대한 소를 각하하여야 한다.

④ 甲주식회사의 이사 乙이 제기한 주주총회결의 부존재확인 소송(전소)에서 乙의 청구를 기각한 판결이 확정된 경우, 甲회사의 다른 이사 丙이 전소와 동일한 내용의 부존재확인의 소(후소)를 제기하더라도 전소 확정판결의 기판력은 후소에 미치지 아니한다.

⑤ 甲주식회사의 주주총회는 2019.10.1. 乙과 丙을 새로이 이사로 선임하였고, 이어서 乙과 丙을 포함하여 새로이 구성된 甲회사의 이사회는 같은 달 8. 乙을 대표이사로 선임하였다. 위 주주총회결의에 대하여는 부존재확인의 소가 제기되어 현재 소송계속 중이다. 위 이사회에서 의결권을 행사한 乙과 丙을 제외하면 이사회의 의결정족수를 충족시키지 못할 경우에는, 위 주주총회결의 부존재를 확인하는 판결이 확정된 후에야 甲회사의 주주 丁은 甲회사를 상대로 위 이사회 결의 무효확인의 소를 제기하여 승소판결을 받을 수 있다.

[❶▶○] 제186조 내지 제188조, 제190조 본문, 제191조, 제377조와 제378조의 규정은 총회의 결의의 내용이 법령에 <u>위반한 것을 이유로 하여 결의무효의 확인을 청구하는 소와 총회의 소집절차 또는 결의방법에 총회결의가 존재한다고 볼 수 없을 정도의 중대한 하자가 있는 것을 이유로 하여 결의부존재의 확인을 청구하는 소에 이를 준용한다</u>(상법 제380조).

[❷▶○] 사임 등으로 퇴임한 이사는 그 퇴임 이후에 이루어진 주주총회나 이사회의 결의에 하자가 있다 하더라도 이를 다툴 법률상의 이익이 있다고 할 수 없으나, 상법 제386조 제1항의 규정에 의하면, 법률 또는 정관에 정한 이사의 원수를 결한 경우에는 임기의 만료 또는 사임으로 인하여 퇴임한 이사는 새로 선임된 이사가 취임할 때까지 이사의 권리의무가 있다고 규정하고 있고, 이 규정은 상법 제389조에 의하여 대표이사의 경우에도 준용되므로, <u>이사나 대표이사가 사임하여 퇴임하였다 하더라도 그 퇴임에 의하여 법률 또는 정관 소정의 이사의 원수를 결하게 됨으로써 적법하게 선임된 이사가 취임할 때까지 여전히 이사로서의 권리의무를 보유하는 경우에는 이사로서 그 후임이사를 선임한 주주총회결의나 이사회결의의 하자를 주장하여 부존재확인을 구할 법률상의 이익이 있다</u>(대판 1992.8.14, 91다45141).

[❸▶○] 주주총회결의 부존재확인의 소에서 원고가 甲회사와 乙을 공동피고로 삼은 경우, 법원은 乙에 대한 소를 당사자적격 흠결을 이유로 각하하여야 한다.

판례 주주총회결의 부존재확인의 소송은 일응 외형적으로는 존재하는 것같이 보이는 주주총회결의가 그 성립과정에 있어서의 흠결이 중대하고도 명백하기 때문에 그 결의 자체가 존재하는 것으로 볼 수 없을 때에 법률상 유효한 결의로서 존재하지 아니한다는 것의 확인을 소구하는 것으로서 주주총회결의 무효확인의 소송과는 주주총회결의가 법률상 유효한 결의로서는 존재하지 않는다는 것의 확정을 구하는 것을 목적으로 한다는 점에서 공통의 성질의 가진다 할 것이므로 <u>주주총회결의 부존재확인의 소송에는 그 결의무효확인의 소송에 관한 상법380조의 규정이 준용된다 할 것이므로 그 결의부존재확인판결의 효력은 제3자에게 미치고 그 부존재확인소송에 있어서 피고가 될 수 있는 자도 회사로 한정된다</u>(대판 1982.9.14, 80다2425 [전합]).

[❹▶○] 甲회사의 이사 乙이 제기한 주주총회결의 부존재확인의 소에서 乙의 청구를 기각한 판결이 확정된 경우, 甲회사의 다른 이사 丙이 제기한 후소는 당사자가 다르므로, 전소 확정판결의 기판력은 후소에 미치지 아니한다.

[**⑤** ▸ **✗**] 이사회결의 무효확인의 소에서 주주총회결의 부존재 여부가 선결문제로 된 경우에는, 당사자는 언제든지 당해 소송에서 주주총회결의 부존재 여부를 다툴 수 있다.

판례 주주총회결의효력이 회사 아닌 제3자 사이의 소송에서 선결문제로 된 경우에 당사자는 언제든지 당해 소송에서 주주총회결의가 처음부터 무효 또는 부존재한다고 주장하면서 다툴 수 있고, 반드시 먼저 회사를 상대로 주주총회의 효력을 직접 다투는 소송을 제기하여야 하는 것은 아니다(대판 2011.6.24. 2009다35033).

2019년 변호사시험 문 59.
☑ 확인 Check! ○ △ ✗

회사 관련 소송에 관한 설명 중 옳은 것은?(다툼이 있는 경우 판례에 의함)

① 유한회사 사원총회의 이사선임결의의 무효 또는 부존재확인을 구하는 소송에서, 현재 대표이사로 등기되어 그 직무를 행하는 자가 무효 또는 부존재확인청구의 대상이 된 결의에 의하여 선임된 이사라면 그 소송에서 회사를 대표할 수 없다.

② 주주총회결의 무효확인의 소가 결의의 날로부터 2월 내에 제기되어 있다면, 이와 동일한 하자를 원인으로 결의의 날로부터 2월이 경과한 후 주주총회결의취소소송으로 소를 변경하거나 추가한 경우에도 제소기간을 준수하였다고 보아야 한다.

③ 주식회사의 이사에 대한 해임의 소가 제기된 경우 법원은 직권으로 가처분으로써 이사의 직무 집행을 정지할 수 있다.

④ 「상법」상 비상장 주식회사의 경우 이사해임의 소를 제기할 수 있는 주주는 주식회사의 발행주식의 총수의 100분의 1 이상에 해당하는 주식을 가진 주주이다.

⑤ 주식회사의 이사회결의가 무효라는 확정판결의 효력은 「상법」 제190조가 준용되어 대세적 효력이 있다.

[**❶** ▸ **✗**] 회사의 이사선임결의가 무효 또는 부존재임을 주장하여 그 결의의 무효 또는 부존재확인을 구하는 소송에서 회사를 대표할 자는 현재 대표이사로 등기되어 그 직무를 행하는 자라고 할 것이고, 그 대표이사가 무효 또는 부존재확인청구의 대상이 된 결의에 의하여 선임된 이사라고 할지라도 그 소송에서 회사를 대표할수 있는 자임에는 변함이 없다(대판 1983.3.22. 82다카1810 [전합]).

[**❷** ▸ **○**] 주주총회결의 취소의 소는 상법 제376조에 따라 결의의 날로부터 2월 내에 제기하여야 하나, 동일한 결의에 관하여 무효확인의 소가 상법 제376조 소정의 제소기간 내에 제기되어 있다면, 동일한 하자를 원인으로 하여 결의의 날로부터 2월이 경과한 후 취소소송으로 소를 변경하거나 추가한 경우에도 무효확인의 소제기 시에 제기된 것과 동일하게 취급하여 제소기간을 준수하였다고 보아야 한다(대판 2007.9.6. 2007다40000).

[**❸** ▸ **✗**] 이사선임결의의 무효나 취소 또는 이사해임의 소가 제기된 경우에는 법원은 당사자의 신청에 의하여 가처분으로써 이사의 직무 집행을 정지할 수 있고 또는 직무대행자를 선임할 수 있다. 급박한 사정이 있는 때에는 본안소송의 제기 전에도 그 처분을 할 수 있다(상법 제407조 제1항).

[**❹** ▸ **✗**] 이사가 그 직무에 관하여 부정행위 또는 법령이나 정관에 위반한 중대한 사실이 있음에도 불구하고 주주총회에서 그 해임을 부결한 때에는 발행주식의 총수의 100분의 3 이상에 해당하는 주식을 가진 주주는 총회의 결의가 있은 날부터 1월 내에 그 이사의 해임을 법원에 청구할 수 있다(상법 제385조 제2항).

[**❺** ▸ **✗**] 이사회의 결의에 하자가 있는 경우에 관하여 상법은 아무런 규정을 두고 있지 아니하나 그 결의에 무효사유가 있는 경우에는 이해관계인은 언제든지 또 어떤 방법에 의하든지 그 무효를 주장할 수 있다고 할 것이지만 이와 같은 무효주장의 방법으로서 이사회결의무효확인소송이 제기되어 승소확정판결을 받은 경우, 그 판결의 효력에 관하여는 주주총회결의무효확인소송 등과는 달리 상법 제190조가 준용될 근거가 없으므로 대세적 효력은 없다(대판 1988.4.25. 87누399).

정답 ②

회사 관련 소송에 관한 설명 중 옳지 않은 것은?(다툼이 있는 경우 판례에 의함)

① 특별한 사정이 없는 한 주식회사의 이사회결의에 참여한 이사 개인을 상대로 그 이사회결의의 무효확인을 소구할 이익이 없다.

② 주주총회결의 취소의 소에서 원고패소판결이 확정된 경우, 그 판결은 대세적 효력을 가진다.

③ 비상장회사의 주주가 제기한 대표소송에 그 회사가 「상법」 제404조 제1항에 따라 참가하는 경우, 그 법적 성격은 공동소송참가이다.

④ 대표소송을 제기한 비상장회사 주주의 보유주식이 제소 시 발행주식 총수의 100분의 2에서 제소 후 발행주식 총수의 1,000분의 5로 감소한 경우에도 제소의 효력에는 영향이 없다.

⑤ 이사 선임의 주주총회결의에 대한 취소판결이 확정된 경우, 그 결의는 소급하여 무효가 된다.

[**❶ ▶ ○**]　주식회사의 이사회결의는 회사의 의사결정이고 회사는 그 결의의 효력에 관한 분쟁의 실질적인 주체라 할 것이므로 그 효력을 다투는 사람이 회사를 상대로 하여 그 결의의 무효확인을 소구할 수 있다 할 것이나 그 이사회결의에 참여한 이사들은 그 이사회의 구성원에 불과하므로 특별한 사정이 없는 한 이사개인을 상대로 하여 그 결의의 무효확인을 소구할 이익은 없다(대판 1982.9.14. 80다2425 [전합]).

[**❷ ▶ ✕**]　주주총회결의 취소의 소에서 원고승소판결이 확정된 경우 그 판결은 대세적 효력이 인정되나, 원고패소판결이 확정된 경우에는 대세적 효력이 인정되지 아니한다(상법 제376조 제2항, 제190조 본문).

[**❸ ▶ ○**]　주주의 대표소송에 있어서 원고 주주가 원고로서 제대로 소송수행을 하지 못하거나 혹은 상대방이 된 이사와 결탁함으로써 회사의 권리보호에 미흡하여 회사의 이익이 침해될 염려가 있는 경우 그 판결의 효력을 받는 권리귀속주체인 회사가 이를 막거나 자신의 권리를 보호하기 위하여 소송수행권한을 가진 정당한 당사자로서 그 소송에 참가할 필요가 있으며, 회사가 대표소송에 당사자로서 참가하는 경우 소송경제가 도모될 뿐만 아니라 판결의 모순·저촉을 유발할 가능성도 없다는 사정과, 상법 제404조 제1항에서 특별히 참가에 관한 규정을 두어 주주의 대표소송의 특성을 살려 회사의 권익을 보호하려한 입법 취지를 함께 고려할 때, 상법 제404조 제1항에서 규정하고 있는 회사의 참가는 공동소송참가를 의미하는 것으로 해석함이 타당하고, 나아가 이러한 해석이 중복제소를 금지하고 있는 민사소송법 제234조에 반하는 것도 아니다(대판 2002.3.15. 2000다9086).

[**❹ ▶ ○**]　주주가 제소 당시에 소수주주의 요건을 갖추었다면, 변론종결 시에 지분비율이 그 미만으로 감소하였다고 하더라도 제소의 효력에는 영향이 없다.

> **주주의 대표소송(상법 제403조)**　① 발행주식의 총수의 100분의 1 이상에 해당하는 주식을 가진 주주는 회사에 대하여 이사의 책임을 추궁할 소의 제기를 청구할 수 있다.
>
> ③ 회사가 전항의 청구를 받은 날로부터 30일 내에 소를 제기하지 아니한 때에는 제1항의 주주는 즉시 회사를 위하여 소를 제기할 수 있다.
>
> ④ 제3항의 기간의 경과로 인하여 회사에 회복할 수 없는 손해가 생길 염려가 있는 경우에는 전항의 규정에 불구하고 제1항의 주주는 즉시 소를 제기할 수 있다.
>
> ⑤ 제3항과 제4항의 소를 제기한 주주의 보유주식이 제소 후 발행주식 총수의 100분의 1 미만으로 감소한 경우(發行株式을 보유하지 아니하게 된 경우를 제외한다)에도 제소의 효력에는 영향이 없다.

[**❺ ▶ ○**]　이사 선임의 주주총회결의에 대한 취소판결이 확정된 경우, 상법 제376조 제2항이 제190조 본문을 준용하므로 대세효가 있고, 제190조 단서를 준용하지 아니하므로 소급효가 인정된다.

甲회사의 정관은 대표이사를 주주총회에서 선임하는 것으로 정하고 있다. 甲회사는 2014.3.1. 정기주주총회에서 B를 대표이사로 선임하였고, 2015.10.1. 다시 임시주주총회를 개최하여 A를 새로운 대표이사로 선임하였다. 이에 주주 乙은 A를 대표이사로 선임한 위 임시주주총회결의에 대하여 부존재확인의 소를 제기하였다. 이에 관한 설명 중 옳은 것을 모두 고른 것은?(다툼이 있는 경우 판례에 의함)

ㄱ. 위 소송에서 피고가 될 수 있는 자는 甲회사에 한정된다.

ㄴ. A를 대표이사로 선임한 위 임시주주총회결의에 대하여 부존재확인판결이 확정되면, 그 판결에는 소급효가 없으므로 장래를 향해서만 그 효력이 있다.

ㄷ. 위 부존재확인의 소가 A를 대표이사로 선임한 주주총회의 결의일로부터 2월 이내에 제기되었더라도, 그 결의일로부터 2월이 경과한 후에 乙이 위 소를 주주총회결의 취소의 소로 변경하였다면 그 취소의 소는 제소기간을 도과한 것으로 부적법하다.

ㄹ. 위 임시주주총회를 종전 대표이사 B가 소집하였는데, B를 대표이사로 선임하였던 2014.3.1. 정기주주총회결의가 부존재하는 것으로 확정되었다면 특별한 사정이 없는 한 위 임시주주총회에서 A를 대표이사로 선임한 결의는 부존재 사유에 해당한다.

① ㄱ, ㄴ   ② ㄱ, ㄷ   ③ ㄱ, ㄹ

④ ㄴ, ㄷ   ⑤ ㄴ, ㄹ

[ㄱ ▸ ○] 주주 乙이 제기한 주주총회결의 부존재확인의 소의 피고는 甲회사로 한정된다.

판례 주주총회결의 부존재확인의 소송은 일응 외형적으로는 존재하는 것같이 보이는 주주총회결의가 그 성립과정에 있어서의 흠결이 중대하고도 명백하기 때문에 그 결의 자체가 존재하는 것으로 볼 수 없을 때에 법률상 유효한 결의로서 존재하지 아니한다는 것의 확인을 소구하는 것으로서 주주총회결의 무효확인의 소송과는 주주총회결의가 법률상 유효한 결의로서는 존재하지 않는다는 것의 확정을 구하는 것을 목적으로 한다는 점에서 공통의 성질의 가진다 할 것이므로 <u>주주총회결의 부존재확인의 소송에는 그 결의무효확인의 소송에 관한 상법380조의 규정이 준용된다 할 것이므로 그 결의부존재확인판결의 효력은 제3자에게 미치고 그 부존재확인소송에 있어서 피고가 될 수 있는 자도 회사로 한정된다</u>(대판 1982.9.14. 80다2425 [전합]).

[ㄴ ▸ ✕] A를 대표이사로 선임한 임시주주총회결의 부존재확인의 소의 판결이 확정되면, 대세효와 소급효가 인정된다(상법 제380조, 제190조 본문).

[ㄷ ▸ ✕] 임시주주총회결의 부존재확인의 소가 주주총회결의 취소의 소의 제소기간 내에 제기되었다면, 乙이 주주총회결의 취소의 소로 소변경을 하였더라도 제소기간은 준수한 것으로 보아야 한다.

판례 주주총회결의 취소의 소는 상법 제376조에 따라 결의의 날로부터 2월 내에 제기하여야 할 것이나, <u>동일한 결의에 관하여 부존재확인의 소가 상법 제376조 소정의 제소기간 내에 제기되어 있다면, 동일한 하자를 원인으로 하여 결의의 날로부터 2월이 경과한 후 취소소송으로 소를 변경하거나 추가한 경우에도 부존재확인의 소제기 시에 제기된 것과 동일하게 취급하여 제소기간을 준수한 것으로 보아야</u> 한다(대판 2003.7.11. 2001다45584).

[ㄹ ▸ ○] 판례의 취지를 고려할 때, B를 대표이사로 선임한 2014.3.1. 정기주주총회결의가 부존재하는 것으로 확정되었다면, 종전 대표이사 B가 소집한 임시주주총회에서 A를 대표이사로 선임한 결의도 부존재사유에 해당한다고 보아야 한다.

판례 ▸ 제1 주주총회결의가 부존재로 된 이상 이에 기하여 대표이사로 선임된 자들은 적법한 주주총회의 소집권자가 될 수 없어 그들에 의하여 소집된 주주총회에서 이루어진 제2 주주총회결의 역시 법률상 결의 부존재라고 볼 것이다(대판 1993.10.12. 92다28235).

2017년 변호사시험 문 62.　　　　　　　　　　　　　　☑ 확인Check! ○ △ ✕

A주식회사의 주주 甲은 乙을 이사로 선임한 주주총회결의에 대하여 부존재확인의 소를 제기하였다. 이에 관한 설명 중 옳지 않은 것은?(다툼이 있는 경우 판례에 의함)

① 법률상 부존재인 주주총회결의에 대하여 결의무효확인을 청구하고 있다고 하여도 이는 부존재확인의 의미로 무효확인을 청구하는 취지라고 풀이할 수 있다.
② 甲은 부존재를 구할 확인의 이익이 있는 한 기간의 제한 없이 위 소를 제기할 수 있다
③ 위 소에서 청구의 인낙 또는 화해, 조정이 이루어졌다 하더라도 그 인낙조서나 화해, 조정조서는 효력이 없다.
④ 甲은 A주식회사와 乙을 공동피고로 하여야 한다.
⑤ 甲이 승소한 경우에 그 판결은 제3자에 대하여도 효력이 있고, 또한 소급효가 있다.

[❶ ▸ ○] 회사의 총회결의에 대한 부존재확인청구나 무효확인청구는 모두 법률상 유효한 결의의 효과가 현재 존재하지 아니함을 확인받고자 하는 점에서 동일한 것이므로 예컨대, 사원총회가 적법한 소집권자에 의하여 소집되지 않았을 뿐 아니라 정당한 사원 아닌 자들이 모여서 개최한 집회에 불과하여 법률상 부존재로 볼 수밖에 없는 총회결의에 대하여는 결의무효확인을 청구하고 있다고 하여도 이는 부존재확인의 의미로 무효확인을 청구하는 취지라고 풀이함이 타당하므로 적법하다고 할 것이다(대판 1983.3.22. 82다카1810 [전합]).

[❷ ▸ ○] 주주총회결의 부존재확인의 소는 제소기간의 제한을 두고 있지 아니하므로, 부존재를 구할 확인의 이익이 있는 한 기간의 제한 없이 소를 제기할 수 있다.

[❸ ▸ ○] 주주총회결의의 부존재·무효를 확인하거나 결의를 취소하는 판결이 확정되면 당사자 이외의 제3자에게도 그 효력이 미쳐 제3자도 이를 다툴 수 없게 되므로, 주주총회결의의 하자를 다투는 소에 있어서 청구의 인낙이나 그 결의의 부존재·무효를 확인하는 내용의 화해·조정은 할 수 없고, 가사 이러한 내용의 청구인낙 또는 화해·조정이 이루어졌다 하여도 그 인낙조서나 화해·조정조서는 효력이 없다(대판 2004.9.24. 2004다28047).

[❹ ▸ ✕] 주주총회결의 부존재확인의 소송은 일응 외형적으로는 존재하는 것같이 보이는 주주총회결의가 그 성립과정에 있어서의 흠결이 중대하고도 명백하기 때문에 그 결의 자체가 존재하는 것으로 볼 수 없을 때에 법률상 유효한 결의로서 존재하지 아니한다는 것의 확인을 소구하는 것으로서 주주총회결의 무효확인의 소송과는 주주총회결의가 법률상 유효한 결의로서는 존재하지 않는다는 것의 확정을 구하는 것을 목적으로 한다는 점에서 공통의 성질의 가진다 할 것이므로 주주총회결의 부존재확인의 소송에는 그 결의무효확인의 소송에 관한 상법380조의 규정이 준용된다 할 것이므로 그 결의부존재확인판결의 효력은 제3자에게 미치고 그 부존재확인소송에 있어서 피고가 될 수 있는 자도 회사로 한정된다(대판 1982.9.14. 80다2425 [전합]).

[❺ ▸ ○] 주주총회결의 부존재확인의 소의 승소판결이 확정된 경우, 상법 제380조가 제190조 본문을 준용하므로 대세효가 있고, 제190조 단서를 준용하지 아니하므로 소급효가 인정된다.

2012년 변호사시험 문 65.

☑ 확인Check! ○ △ ✕

乙주식회사는 2010.8.1. 임시주주총회를 소집하여, (1) 이사선임의 결의, (2) 영업양도의 결의를 하였는데, 乙주식회사의 주주인 甲은 위 주주총회결의의 효력을 다투려고 한다. 다음 설명 중 옳지 않은 것은?(각 지문은 독립적이고, 다툼이 있는 경우에는 판례에 의함)

① 甲이 2010.8.31. 이사선임결의의 부존재확인을 구하는 소를 제기하였다가 2010.10.5. 위 이사선임결의의 취소를 구하는 소로 청구를 변경한 경우, 변경된 청구는 제소기간을 준수한 것으로 취급된다.

② 甲이 이사선임결의의 무효확인을 구하는 소를 제기하였다가 영업양도결의의 무효확인을 구하는 소를 추가하는 것으로 청구를 변경하는 경우, 제소기간의 제한을 받지 않는다.

③ 甲은 자신 이외의 다른 주주에 대하여 소집통지가 누락되었음을 이유로 위 임시주주총회결의의 효력을 다툴 수 있다.

④ 甲이 다른 주주 丙과 공동으로 위 임시주주총회결의의 취소를 구하는 소를 제기하였는데, 그 후 위 소를 취하하고자 할 때에는 단독으로 취하할 수 없고 丙과 공동으로 하여야 한다.

⑤ 위 임시주주총회결의의 효력을 다투는 소송에서 피고적격자는 乙주식회사이지만, 甲이 이사직무집행정지가처분신청을 하는 경우에는 당해 이사가 피신청인으로서의 당사자적격을 갖는다.

[❶ ▸ ○] <u>甲이 이사선임결의 부존재확인의 소를 이사선임결의 취소의 소의 제소기간인 이사선임결의의 날로부터 2월 내에 제기하였으므로</u>(상법 제376조 제1항), <u>2개월이 경과한 2010.10.5.에 이사선임결의 취소의 소로 청구를 변경한 경우, 변경된 청구는 제소기간을 준수한 것으로 보아야</u> 한다.

[❷ ▸ ○] 주주총회결의 무효확인의 소는 제소기간의 제한을 받지 아니한다. 따라서 甲이 이사선임결의 무효확인의 소를 제기하였다가 영업양도결의 무효확인의 소를 추가함으로써 청구를 변경하는 것도, 제소기간의 제한을 받지 아니한다.

[❸ ▸ ○] 주주는 다른 주주에 대한 소집절차의 하자를 이유로 주주총회결의 취소의 소를 제기할 수 있으므로(대판 2003.7.11. 2001다45584), 甲은 다른 주주에 대하여 소집통지가 누락되었음을 이유로 임시주주총회결의의 효력을 다툴 수 있다.

[❹ ▸ ✕] 주주가 공동으로 주주총회결의 취소의 소를 제기한 경우에는 소송공동은 강제되지 아니하나, 합일확정의 필요가 있으므로 유사필수적 공동소송에 해당한다. <u>유사필수적 공동소송에서는 고유필수적 공동소송에서와 달리 일부각하, 일부취하 및 일부누락이 허용된다. 따라서 甲은 단독으로 임시주주총회결의 취소의 소를 일부취하할 수 있다.</u>

[❺ ▸ ○] <u>주주총회결의 취소의 소와 결의무효확인의 소의 판결은 대세효가 있으므로, 피고는 성질상 乙회사로 한정된다</u>(대판 1982.9.14. 80다2425 [전합]). 그러나 민사소송법 제714조 제2항 소정의 임시의 지위를 정하기 위한 <u>이사직무집행정지가처분에 있어서 피신청인이 될 수 있는 자는 그 성질상 당해 이사이고, 회사에게는 피신청인의 적격이 없다</u>(대판 1982.2.9. 80다2424).

주주총회결의의 하자를 다투는 소에 관한 설명 중 옳지 않은 것은?(다툼이 있는 경우에는 판례에 의함)

① 주주총회결의에 의하여 선임된 감사들이 모두 그 직에 취임하지 아니하거나 사임하고 그 후 새로운 주주총회에서 후임 감사가 선출되어 선임등기까지 마친 경우, 특별한 사정이 없는 한 설사 당초의 감사선임결의에 어떠한 하자가 있었다고 할지라도 그 결의의 부존재나 무효확인 또는 취소를 구할 소의 이익은 없다.

② 임시주주총회에서 이루어진 이사선임결의 및 정관변경결의 등 여러 안건에 대한 결의 중, 이사선임결의에 대하여 그 결의의 날부터 2개월 내에 주주총회결의 무효확인의 소가 제기되었다. 그 후 위 임시주주총회에서 이루어진 정관변경결의에 대하여 그 결의의 날부터 2개월이 지난 후 주주총회결의 무효확인의 소가 추가적으로 병합되었고 위 각 결의에 대한 주주총회결의 무효확인의 소가 주주총회결의 취소의 소로 변경되었다. 이 경우 위 정관변경결의의 취소에 관한 부분은 같은 주주총회에서 이루어진 이사선임결의에 대한 소가 제소기간 내에 제기된 이상 적법하다.

③ 주주는 다른 주주에 대한 소집절차상의 하자를 이유로 하여 회사를 상대로 주주총회결의 취소의 소를 제기할 수 있다.

④ 주주총회결의 취소판결과 무효확인판결은 대세적 효력이 있으므로 그와 같은 소송의 피고가 될 수 있는 자는 그 성질상 회사로 한정된다.

⑤ 주주총회결의 취소의 소와 무효확인의 소는 회사의 본점소재지의 지방법원의 전속관할에 속한다.

[**❶**▶○] 주주총회의 임원선임결의의 부존재나 무효확인 또는 그 결의의 취소를 구하는 소에 있어서 그 결의에 의하여 선임된 임원들이 모두 그 직에 취임하지 아니하거나 사임하고 그 후 새로운 주주총회결의에 의하여 후임 임원이 선출되어 그 선임등기까지 마쳐진 경우라면 그 새로운 주주총회의 결의가 무권리자에 의하여 소집된 총회라는 하자 이외의 다른 절차상, 내용상의 하자로 인하여 부존재 또는 무효임이 인정되거나 그 결의가 취소되는 등의 특별한 사정이 없는 한 설사 당초의 임원선임결의에 어떠한 하자가 있었다고 할지라도 그 결의의 부존재나 무효확인 또는 그 결의의 취소를 구할 소의 이익은 없는 것이라고 보아야 한다(대판 2008.8.11. 2008다33221).

[**❷**▶✕] 임시주주총회에서 이루어진 여러 안건에 대한 결의 중 이사선임결의에 대하여 그 결의의 날로부터 2개월 내에 주주총회결의 무효확인의 소를 제기한 뒤, 위 임시주주총회에서 이루어진 정관변경결의 및 감사선임결의에 대하여 그 결의의 날로부터 2개월이 지난 후 주주총회결의 무효확인의 소를 각각 추가적으로 병합한 후, 위 각 결의에 대한 주주총회결의 무효확인의 소를 주주총회결의 취소의 소로 변경한 경우, 위 정관변경결의 및 감사선임결의 취소에 관한 부분은 위 각 주주총회결의 무효확인의 소가 추가적으로 병합될 때에 주주총회결의 취소의 소가 제기된 것으로 볼 수 있으나, 위 추가적 병합 당시 이미 2개월의 제소기간이 도과되었으므로 부적법하다(대판 2010.3.11. 2007다51505).

[**❸**▶○] 주주는 다른 주주에 대한 소집절차의 하자를 이유로 주주총회결의 취소의 소를 제기할 수 있다(대판 2003.7.11. 2001다45584).

[**❹**▶○] 주주총회결의 취소의 소와 결의무효확인의 소의 판결은 대세효가 있으므로, 피고는 성질상 회사로 한정된다(대판 1982.9.14. 80다2425 [전합]).

[**❺**▶○] 주주총회결의에 대한 소는 회사의 본점 소재지의 지방법원의 전속관할에 속한다(상법 제376조 제2항, 제380조, 제186조).

② 정답

비상장주식회사의 경우 「상법」 제466조에 따른 주주의 회계장부 열람·등사 청구권에 관한 설명 중 옳은 것을 모두 고른 것은?(다툼이 있는 경우 판례에 의함)

ㄱ. 회사는 발행주식의 총수의 100분의 3 이상에 해당하는 주식을 가진 주주가 이유를 붙인 서면으로 회계의 장부와 서류의 열람 또는 등사를 청구하는 경우 그 청구가 부당함을 증명하지 아니하면 이를 거부하지 못한다.

ㄴ. 발행주식의 총수의 100분의 3 이상에 해당하는 주식을 가진 주주가 회계의 장부와 서류의 열람·등사 청구의 소를 제기하는 경우에는 소송이 계속되는 동안 위 주식 보유요건을 구비하고 있어야 소의 당사자적격을 상실하지 않는다.

ㄷ. 발행주식의 총수의 100분의 3 이상에 해당하는 주식을 가진 주주가 회사에 지나치게 불리한 시기를 택하여 회사의 회계의 장부와 서류의 열람 또는 등사 청구권을 행사하는 경우에는 정당한 목적을 결하여 부당한 것이라고 보아야 한다.

ㄹ. 주식매수청구권을 행사한 주주는 회사로부터 주식의 매매대금을 지급받지 아니하였더라도 주식매수청구권을 행사한 때에 주주로서의 지위를 잃게 되므로 회계의 장부와 서류의 열람 또는 등사 청구권을 행사할 수 없다.

① ㄱ, ㄴ　　　　　　　② ㄴ, ㄷ　　　　　　　③ ㄱ, ㄴ, ㄷ
④ ㄱ, ㄴ, ㄹ　　　　　　⑤ ㄱ, ㄷ, ㄹ

[ㄱ ▶ O] 발행주식의 총수의 100분의 3 이상에 해당하는 주식을 가진 주주는 이유를 붙인 서면으로 회계의 장부와 서류의 열람 또는 등사를 청구할 수 있다(상법 제466조 제1항). 회사는 제1항의 주주의 청구가 부당함을 증명하지 아니하면 이를 거부하지 못한다(동법 제466조 제2항).

[ㄴ ▶ O] 발행주식의 총수의 100분의 3 이상에 해당하는 주식을 가진 주주는 상법 제466조 제1항에 따라 이유를 붙인 서면으로 회계의 장부와 서류의 열람 또는 등사를 청구할 수 있다. 열람과 등사에 시간이 소요되는 경우에는 열람·등사를 청구한 주주가 전 기간을 통해 발행주식 총수의 100분의 3 이상의 주식을 보유하여야 하고, 회계장부의 열람·등사를 재판상 청구하는 경우에는 소송이 계속되는 동안 위 주식보유요건을 구비하여야 한다(대판 2017.11.9. 2015다252037).

[ㄷ ▶ O] [ㄹ ▶ X] 상법 제466조 제1항에서 규정하고 있는 주주의 회계장부와 서류 등에 대한 열람·등사청구가 있는 경우 회사는 청구가 부당함을 증명하여 이를 거부할 수 있고, 주주의 열람·등사권 행사가 부당한 것인지는 행사에 이르게 된 경위, 행사의 목적, 악의성 유무 등 제반 사정을 종합적으로 고려하여 판단하여야 한다. 특히 주주의 이와 같은 열람·등사권 행사가 회사업무의 운영 또는 주주 공동의 이익을 해치거나 주주가 회사의 경쟁자로서 취득한 정보를 경업에 이용할 우려가 있거나, 또는 회사에 지나치게 불리한 시기를 택하여 행사하는 경우 등에는 정당한 목적을 결하여 부당한 것이라고 보아야 한다(ㄷ). 한편 주식매수청구권을 행사한 주주도 회사로부터 주식의 매매대금을 지급받지 아니하고 있는 동안에는 주주로서의 지위를 여전히 가지고 있으므로 특별한 사정이 없는 한 주주로서의 권리를 행사하기 위하여 필요한 경우에는 위와 같은 회계장부열람·등사권을 가진다(ㄹ). 주주가 주식의 매수가액을 결정하기 위한 경우뿐만 아니라 회사의 이사에 대하여 대표소송을 통한 책임추궁이나 유지청구, 해임청구를 하는 등 주주로서의 권리를 행사하기 위하여 필요하다고 인정되는 경우에는 특별한 사정이 없는 한 그 청구는 회사의 경영을 감독하여 회사와 주주의 이익을 보호하기 위한 것이므로, 주식매수청구권을 행사하였다는 사정만으로 청구가 정당한 목적을 결하여 부당한 것이라고 볼 수 없다(대판 2018.2.28. 2017다270916).

> 甲은 비상장회사인 A회사의 주식을 3% 소유한 주주이다. 甲은 A회사의 회계장부를 열람 또는 등사하고자 한다. 이에 관한 설명 중 옳지 않은 것은?(다툼이 있는 경우에는 판례에 의함)
>
> ① 甲이 열람 또는 등사를 청구할 수 있는 회계장부에는 A회사가 보관하고 있고 A회사의 회계상황을 파악하기 위하여 필요한 A회사의 자회사의 회계장부가 포함될 수 있다.
> ② 甲이 회계장부의 열람 또는 등사를 청구하기 위해서는 이유를 붙인 서면으로 하여야 한다.
> ③ 甲이 회계장부의 열람 또는 등사를 청구하는 경우 이유를 구체적으로 특정하지 않고 개괄적으로 기재하여도 무방하다.
> ④ A회사는 甲의 회계장부의 열람 또는 등사 청구가 부당함을 증명하지 아니하면 이를 거부하지 못한다.
> ⑤ A회사는 경쟁관계에 있는 甲이 회계장부의 열람 또는 등사에 의하여 취득한 정보를 경업에 이용할 우려가 있음을 증명하여 열람 또는 등사 청구를 거부할 수 있다.

[❶ ▶ ○] 상법 제466조 제1항에서 정하고 있는 소수주주의 열람·등사청구의 대상이 되는 '회계의 장부 및 서류'에는 소수주주가 열람·등사를 구하는 이유와 실질적으로 관련이 있는 회계장부와 그 근거자료가 되는 회계서류를 가리키는 것으로서, 그것이 회계서류인 경우에는 그 작성명의인이 반드시 열람·등사제공의무를 부담하는 회사로 국한되어야 하거나, 원본에 국한되는 것은 아니며, 열람·등사제공의무를 부담하는 회사의 출자 또는 투자로 성립한 자회사의 회계장부라 할지라도 그것이 모자관계에 있는 모회사에 보관되어 있고, 또한 모회사의 회계상황을 파악하기 위한 근거자료로서 실질적으로 필요한 경우에는 모회사의 회계서류로서 모회사 소수주주의 열람·등사청구의 대상이 될 수 있다(대판 2001.10.26. 99다58051).

[❷ ▶ ○] [❹ ▶ ○] 발행주식의 총수의 100분의 3 이상에 해당하는 주식을 가진 주주는 이유를 붙인 서면으로 회계의 장부와 서류의 열람 또는 등사를 청구할 수 있다(상법 제466조 제1항). 회사는 제1항의 주주의 청구가 부당함을 증명하지 아니하면 이를 거부하지 못한다(동법 제466조 제2항).

[❸ ▶ ✕] 주식회사 소수주주가 상법 제466조 제1항의 규정에 따라 회사에 대하여 회계의 장부와 서류의 열람 또는 등사를 청구하기 위하여는 이유를 붙인 서면으로 하여야 하는바, 회계의 장부와 서류를 열람 또는 등사시키는 것은 회계운영상 중대한 일이므로 그 절차를 신중하게 함과 동시에 상대방인 회사에게 열람 및 등사에 응하여야 할 의무의 존부 또는 열람 및 등사를 허용하지 않으면 안 될 회계의 장부 및 서류의 범위 등의 판단을 손쉽게 하기 위하여 그 이유는 구체적으로 기재하여야 한다(대판 1999.12.21. 99다137).

[❺ ▶ ○] 주주인 甲이 회사의 경쟁자로서 취득한 정보를 경업에 이용할 우려가 있다면, 회계장부에 대한 열람·등사청구가 부당한 것이라고 보아야 하므로, A회사는 이를 증명하여 甲의 열람·등사청구를 거부할 수 있다.

> **판례**
> 상법 제466조 제1항에서 규정하고 있는 주주의 회계장부와 서류 등에 대한 열람·등사청구가 있는 경우 회사는 청구가 부당함을 증명하여 이를 거부할 수 있고, 주주의 열람·등사권 행사가 부당한 것인지는 행사에 이르게 된 경위, 행사의 목적, 악의성 유무 등 제반 사정을 종합적으로 고려하여 판단하여야 한다. 특히 주주의 이와 같은 열람·등사권 행사가 회사업무의 운영 또는 주주 공동의 이익을 해치거나 주주가 회사의 경쟁자로서 취득한 정보를 경업에 이용할 우려가 있거나, 또는 회사에 지나치게 불리한 시기를 택하여 행사하는 경우 등에는 정당한 목적을 결하여 부당한 것이라고 보아야 한다(대판 2018.2.28. 2017다270916).

③ 정답

2018년 변호사시험 문 41. ☑확인Check! ○ △ ✕

비상장회사 甲주식회사는 액면주식 3만 주를 발행하였고, 주주인 A가 대표이사, 주주인 B 및 C가 이사를 맡고 있다. A는 B, C와 공모하여 이사회결의를 거쳐 2만 주를 주주배정 방식으로 유상증자하면서 6,000주를 보유하고 있는 X에게 신주배정에 관한 통지를 하지 않은 채 다른 주주들에게만 신주를 배정하고, A, B, C는 각 주금을 차용금으로 납입하였다가 증자등기 직후 납입금을 인출하여 차용금을 변제하였다. X는 A, B, C에 대한 이사해임의 소를 제기하면서 A에 대한 대표이사 직무 집행 정지 및 직무대행자 선임과 B, C에 대한 이사 직무 집행 정지 및 직무대행자선임가처분을 각 신청하였다. 이에 관한 설명 중 옳지 않은 것은?(다툼이 있는 경우 판례에 의함)

① 타인으로부터 금원을 차용하여 주금을 납입하였다가 증자등기 직후 이를 인출하여 차용금을 변제한 A, B, C의 행위는 특별한 사정이 없는 한 이사해임사유에 해당한다.

② X는 이사해임의 소를 제기하는 것과는 별도로 신주를 발행한 날로부터 6월 내에 회사에 대하여 신주발행 무효의 소를 제기할 수 있다.

③ X는 급박한 사정이 있는 때에는 이사해임의 소를 제기하기 전에도 직무 집행 정지 및 직무대행자선임가처분을 신청할 수 있고 법원은 그 처분을 할 수 있다.

④ 가처분인용결정 전에 A가 대표이사 및 이사직을 사임하고 B가 대표이사로 취임하여 그 임원변경등기를 마친 경우, 가처분인용결정 이후에도 甲회사를 대표할 권한이 있는 자는 B이다.

⑤ 가처분인용결정은 당사자 사이뿐만 아니라 제3자에 대한 관계에서도 그 효력이 미치고, 그 결정은 상업등기사항이므로 등기를 하지 아니하면 선의의 제3자에게 대항하지 못한다.

[❶ ▶ ○] 타인으로부터 금원을 차용하여 주금을 납입하였다가 증자등기 직후 인출하여 차용금을 변제한 A, B, C의 행위는, 위장납입에 해당하므로 이사해임사유이다.

> 직무에 관한 부정행위 또는 법령이나 정관에 위반한 중대한 사실이 있어 해임되어야 할 이사가 대주주의 옹호로 그 지위에 그대로 머물게 되는 불합리를 시정함으로써 소수주주 등을 보호하기 위한 상법 제385조 제2항의 입법 취지 및 회사 자본의 충실을 기하려는 상법의 취지를 해치는 행위를 단속하기 위한 상법 제628조 제1항의 납입가장죄 등의 입법 취지를 비롯한 위 각 규정의 내용 및 형식 등을 종합하면, <u>상법 제628조 제1항에 의하여 처벌 대상이 되는 납입 또는 현물출자의 이행을 가장하는 행위는 특별한 다른 사정이 없는 한, 상법 제385조 제2항에 규정된 '그 직무에 관하여 부정행위 또는 법령에 위반한 중대한 사실'이 있는 경우에 해당한다고 보아야</u> 한다(대판 2010.9.30, 2010다35985).

[❷ ▶ ○] 신주 2만주를 주주배정의 방식으로 유상증자하면서 6,000주를 보유하고 있는 X에게 신주배정을 통지하지 아니한 이사 A, B, C의 행위는, X의 신주인수권을 직접 침해하였으므로 신주발생 무효의 사유가 된다. 따라서 X는 이사해임의 소를 제기하는 것과는 별도로, 신주발행 무효의 소(상법 제429조)를 제기할 수 있다.

[❸ ▶ ○] 이사선임결의의 무효나 취소 또는 이사해임의 소가 제기된 경우에는 법원은 당사자의 신청에 의하여 가처분으로써 이사의 직무 집행을 정지할 수 있고 또는 직무대행자를 선임할 수 있다. 급박한 사정이 있는 때에는 본안소송의 제기 전에도 그 처분을 할 수 있다(상법 제407조 제1항).

[**④** ▸ **×**] 하단 판례(대판 2014.3.27. 2013다39551)의 취지를 고려할 때, 가처분인용결정 전에 A가 대표이사 및 이사직을 사임하고 B가 대표이사로 취임하여 그 임원변경등기를 마친 경우, 가처분인용결정 이후에 甲회사를 대표할 권한이 있는 자는 법원의 가처분결정에 의하여 선임된 대표이사 직무대행자라고 하는 것이 타당하다.

[**⑤** ▸ **○**] 주식회사 이사의 직무집행을 정지하고 직무대행자를 선임하는 가처분은 성질상 당사자 사이뿐만 아니라 제3자에 대한 관계에서도 효력이 미치므로 가처분에 반하여 이루어진 행위는 제3자에 대한 관계에서도 무효이므로 가처분에 의하여 선임된 이사직무대행자의 권한은 법원의 취소결정이 있기까지 유효하게 존속한다. 또한 등기할 사항인 직무집행정지 및 직무대행자선임 가처분은 상법 제37조 제1항에 의하여 이를 등기하지 아니하면 위 가처분으로 선의의 제3자에게 대항하지 못하지만 악의의 제3자에게는 대항할 수 있고, 주식회사의 대표이사 및 이사에 대한 직무집행을 정지하고 직무대행자를 선임하는 법원의 가처분결정은 그 결정 이전에 직무집행이 정지된 주식회사 대표이사의 퇴임등기와 직무집행이 정지된 이사가 대표이사로 취임하는 등기가 경료되었다고 할지라도 직무집행이 정지된 이사에 대하여는 여전히 효력이 있으므로 가처분결정에 의하여 선임된 대표이사 및 이사 직무대행자의 권한은 유효하게 존속하고, 반면에 가처분결정 이전에 직무집행이 정지된 이사가 대표이사로 선임되었다고 할지라도 그 선임결의의 적법 여부에 관계없이 대표이사로서의 권한을 가지지 못한다(대판 2014.3.27. 2013다39551).

2016년 변호사시험 문 38.

☑ 확인Check! ○ △ ✕

A주식회사에서 甲은 2012.1.30. 주주총회의 결의에 의하여 감사로 선임됨과 동시에 취임을 승낙하였고, 乙은 2013.2.15. 주주총회의 결의에 의하여 임기를 2년으로 하여 이사로 선임됨과 동시에 취임을 승낙하였다. A주식회사의 정기주주총회는 2015.3.20. 개최되어 당일 종결되었다. A주식회사는 매년 12월 31일을 결산일로 하며, 정관에는 "이사의 임기는 그 임기 중 최종의 결산기에 관한 정기주주총회의 종결에 이르기까지 연장한다"라고 규정되어 있다. 甲과 乙은 연임된 바가 없다. 甲과 乙의 임기가 만료된 날짜는 언제인가?(다툼이 있는 경우 판례에 의함)

① 甲 : 2015.1.29., 乙 : 2015.2.14.
② 甲 : 2015.1.29., 乙 : 2015.3.20.
③ 甲 : 2015.3.20., 乙 : 2015.2.14.
④ 甲 : 2015.3.20., 乙 : 2015.3.20.
⑤ 甲 : 2015.1.29., 乙 : 2016.2.14.

감사 甲의 임기는 2012.1.30. 개시되어 취임 후 3년 내의 최종의 결산기(2014년)에 관한 정기주주총회의 종결일인 2015.3.20. 만료되고(상법 제410조), 이사 乙의 임기는 2013.2.15. 개시되어 2015.2.14. 만료되는데, A회사의 정관에는 "이사의 임기는 그 임기 중 최종의 결산기에 관한 정기주주총회의 종결에 이르기까지 연장한다"라고 규정되어 있으므로, 乙의 임기는 그 임기 중 최종의 결산기(2014년)에 관한 정기주주총회의 종결일인 2015.3.20.까지 연장된다(상법 제383조 제3항).

④ **정답**

「상법」상 비상장주식회사의 주식매수선택권에 관한 설명 중 옳지 않은 것은?(다툼이 있는 경우 판례에 의함)

① 회사는 정관으로 정하는 바에 따라 주주총회의 특별결의로 회사의 설립·경영 및 기술혁신 등에 기여하거나 기여할 수 있는 회사의 이사, 집행임원, 감사 또는 피용자에게 미리 정한 가액으로 신주를 인수하거나 자기의 주식을 매수할 수 있는 주식매수선택권을 부여할 수 있다.

② 특정인에 부여되는 주식매수선택권의 구체적인 내용은 일반적으로 회사와 체결하는 계약을 통해 정해지므로 주식매수선택권을 부여받은 자는 계약에서 주어진 조건에 따라 계약에서 정한 기간 내에 선택권을 행사할 수 있다.

③ 주식매수선택권은 이를 부여하기로 하는 주주총회결의일부터 2년 이상 재임 또는 재직하여야 행사할 수 있다.

④ 회사의 정관에 "주식매수선택권을 부여받은 자는 주식매수선택권 부여에 관한 주주총회특별결의일부터 2년 이상 재임 또는 재직한 날로부터 5년 내에 그 권리를 행사할 수 있다"라고 정할 수 있다.

⑤ 회사가 주식매수선택권을 부여받은 자와 맺은 계약 중 "주식매수선택권의 행사기간 종료 시까지 행사되지 않은 주식매수선택권은 소멸한 것으로 간주한다. 다만 경과기간 2년이 지난 후에 퇴직한 경우에는 퇴직일부터 3개월 이내에 행사하여야 한다"라는 내용의 조항을 둔 경우 이러한 조항은 주식매수선택권을 부여받은 자의 이익을 침해하는 것으로 무효이다.

[❶ ▶ ○]　회사는 정관으로 정하는 바에 따라 제434조의 주주총회의 결의로 회사의 설립·경영 및 기술혁신 등에 기여하거나 기여할 수 있는 회사의 이사, 집행임원, 감사 또는 피용자(被用者)에게 미리 정한 가액(이하 "주식매수선택권의 행사가액"이라 한다)으로 신주를 인수하거나 자기의 주식을 매수할 수 있는 권리(이하 "주식매수선택권"이라 한다)를 부여할 수 있다(상법 제340조의2 제1항).

[❷ ▶ ○] [❺ ▶ ✕]　[1] 주식매수선택권 부여에 관한 주주총회결의는 회사의 의사결정절차에 지나지 않고, 특정인에 대한 주식매수선택권의 구체적 내용은 일반적으로 회사가 체결하는 계약을 통해서 정해진다. 주식매수선택권을 부여받은 자는 계약에서 주어진 조건에 따라 계약에서 정한 기간 내에 선택권을 행사할 수 있다(②). 상법은 주식매수선택권을 부여하기로 한 주주총회결의일(상장회사에서 이사회결의로 부여하는 경우에는 이사회결의일)부터 2년 이상 재임 또는 재직하여야 주식매수선택권을 행사할 수 있다고 정하고 있다(상법 제340조의4 제1항, 제542조의3 제4항, 상법 시행령 제30조 제5항). 이와 같이 상법은 주식매수선택권을 행사할 수 있는 시기만을 제한하고 있을 뿐 언제까지 행사할 수 있는지에 관해서는 정하지 않고 회사의 자율적인 결정에 맡기고 있다. 따라서 회사는 주식매수선택권을 부여받은 자의 권리를 부당하게 제한하지 않고 정관의 기본 취지나 핵심 내용을 해치지 않는 범위에서 주주총회결의와 개별계약을 통해서 주식매수선택권을 부여받은 자가 언제까지 선택권을 행사할 수 있는지를 자유롭게 정할 수 있다고 보아야 한다. 나아가 주식매수선택권을 부여하는 주주총회결의에서 주식매수선택권의 부여 대상과 부여방법, 행사가액, 행사기간, 주식매수선택권의 행사로 발행하거나 양도할 주식의 종류와 수 등을 정하도록 한 것은 이해관계를 가지는 기존 주주들로 하여금 회사의 의사결정 단계에서 중요 내용을 정하도록 함으로써 주식매수선택권의 행사에 관한 예측가능성을 도모하기 위한 것이다. 그러나 주주총회결의 시 해당 사항의 세부적인 내용을 빠짐없이 정하도록 예정한 것으로 보기는 어렵다. 이후 회사가 주식매수선택권 부여에 관한 계약을 체결할 때 주식매수선택권의 행사기간 등을 일부 변경하거나 조정한 경우 그것이 주식매수선택권을 부여받은 자, 기존 주주 등 이해관계인들 사이의 균형을 해치지 않고 주주총회결의에서 정한 본질적인 내용을 훼손하는 것이 아니라면 유효하다고 보아야 한다.

[2] 이 사건 단서 조항(다만 경과기간 2년이 지난 후에 퇴직한 경우에는 퇴직일부터 3개월 이내에 행사하여야 한다)은 2년의 재직기간이 지난 뒤에도 계속 재직하는 경우와 달리 퇴직하는 경우에는 주식매수선택권의 행사기간을 퇴직일부터 3개월로 단축하는 규정으로 선택권자에게 불리한 것이지만, 기업과의 관계가 절연된 퇴직자에 대하여 보상 관점에서 기업 가치와의 연결을 합리적으로 차단하는 것으로서 위법하거나 부당하다고 볼 수 없다(⑤). 원고들도 주식매수선택권부여계약 당시 이 사건 단서 조항이 있다는 것을 알고 있었다. 이 사건 단서 조항이 원고들의 선택권 행사를 불가능하게 하거나 현저히 곤란하게 하는 것이라고 볼 수도 없다(대판 2018.7.26. 2016다237714).

[**❸ ▸ ○**] 제340조의2 제1항의 주식매수선택권은 제340조의3 제2항 각 호의 사항을 정하는 주주총회결의일부터 2년 이상 재임 또는 재직하여야 이를 행사할 수 있다(상법 제340조의4 제1항).

[**❹ ▸ ○**] 주식매수선택권에 관한 정관의 규정에는 주식매수선택권의 행사기간을 정할 수 있다(상법 제340조의3 제1항). 판례 (대판 2018.7.26. 2016다237714)도 유사한 사안에서 "주식매수선택권을 부여받은 자는 주식매수선택권 부여에 관한 주주총회특별 결의일부터 2년 이상 재임 또는 재직한 날로부터 5년 내에 그 권리를 행사할 수 있다"라고 정한 회사 정관의 유효성을 인정하고 있다.

2016년 변호사시험 문 44. ☑ 확인Check! ○ △ ✕

주식회사의 이사와 감사의 보수 등에 관한 설명 중 옳지 않은 것은?(다툼이 있는 경우 판례에 의함)

① 상장회사의 경우 이사와 감사의 보수액을 합하여 주주총회의 단일 의안으로 상정하여 의결할 수 있다.
② 감사의 재직 중 직무수행 대가로서의 퇴직금에 관하여 정관에 그 액을 정하지 아니한 때에는 주주총회의 결의로 이를 정한다.
③ 이사의 보수를 정한 주주총회의 의결에 대하여 주주총회결의 무효확인의 소가 제기되어 무효의 판결이 확정된 경우, 그 주주총회결의에 기한 보수청구권의 효력은 부인된다.
④ 임기의 정함이 있는 이사가 정당한 이유 없이 임기만료 전에 해임된 경우 회사에 대하여 해임으로 인한 손해배상을 청구하려면, 그 이사는 정당한 이유의 부존재에 관한 증명책임을 진다.
⑤ 1인 주주인 회사의 임원퇴직금규정에 관하여 주주총회의 결의가 없더라도 실질적으로 1인 주주의 결재·승인을 거쳐 관행적으로 퇴직금을 지급하여 왔다면, 위 규정에 대하여 주주총회의 결의가 있었던 것으로 볼 수 있다.

[**❶ ▸ ✕**] 상장회사가 주주총회의 목적사항으로 감사의 선임 또는 감사의 보수결정을 위한 의안을 상정하려는 경우에는 이사의 선임 또는 이사의 보수결정을 위한 의안과는 별도로 상정하여 의결하여야 한다(상법 제542조의12 제5항).

[**❷ ▸ ○**] 감사의 퇴직금에 관하여 정관에 그 액을 정하지 아니한 때에는 주주총회의 결의로 이를 정한다(상법 제415조, 제388조).

[**❸ ▸ ○**] 이사의 보수를 정한 주주총회결의에 대하여 주주총회결의 무효확인의 소가 제기되어 무효판결이 확정된 경우, 무효확인판결은 대세효와 소급효가 인정되므로(상법 제380조, 제190조 본문), 그 주주총회결의에 의한 보수청구권의 효력은 부인 된다.

[**❹ ▸ ○**] 주식회사 이사의 임기를 정한 경우에 주식회사가 정당한 이유 없이 임기만료 전에 이사를 해임한 때에는 그 이사는 회사에 대하여 해임으로 인한 손해의 배상을 청구할 수 있는데(상법 제385조 제1항 후문), 이러한 경우 '정당한 이유'의 존부에 관한 입증책임은 손해배상을 청구하는 이사가 부담한다(대판 2006.11.23. 2004다49570).

[**❺ ▸ ○**] 임원퇴직금지급규정에 관하여 주주총회결의가 있거나 주주총회의사록이 작성된 적은 없으나 위 규정에 따른 퇴직금이 사실상 1인 회사의 실질적 1인 주주의 결재·승인을 거쳐 관행적으로 지급되었다면 위 규정에 대하여 주주총회의 결의가 있었던 것으로 볼 수 있다(대판 2004.12.10. 2004다25123).

자동차부품 제조업을 하는 A 주식회사는 상장된 지 3년이 지난 회사로서 매년 높은 배당가능이익을 내고 있고, 최근 사업연도 말 현재 자산 총액은 5천억원이다. A회사에 관한 다음 설명 중 옳지 않은 것은?

① 이사 총수의 4분의 1 이상을 사외이사로 하여야 한다.
② 사외이사 후보를 추천하기 위한 사외이사 후보추천위원회를 이사회 내 위원회로 설치하여야 한다.
③ 명의를 불문하고 자기의 계산으로 의결권 있는 발행주식 총수의 100분의 10 이상의 주식을 소유한 자를 사외이사로 하여서는 아니 된다.
④ 사외이사를 대표로 하는 감사위원회를 반드시 두어야 하는 것은 아니다.
⑤ 이사 선임에 관한 사항을 목적으로 하는 주주총회를 소집통지하는 경우에는 이사 후보자의 성명, 약력, 추천인 등 후보자에 관한 사항을 통지하고, 이와 같이 통지한 후보자 중에서 이사를 선임하여야 한다.

[❶ ▶ ○] 상장회사는 자산 규모 등을 고려하여 대통령령으로 정하는 경우를 제외하고는 이사 총수의 4분의 1 이상을 사외이사로 하여야 한다. 다만, 자산 규모 등을 고려하여 대통령령으로 정하는 상장회사(최근 사업연도 말 현재의 자산 총액이 2조원 이상인 상장회사)의 사외이사는 3명 이상으로 하되, 이사 총수의 과반수가 되도록 하여야 한다(상법 제542조의8 제1항, 동법 시행령 제34조 제2항).

[❷ ▶ ✕] [❹ ▶ ○] A회사는 자산 총액이 5천억원인 일반상장회사에 불과하므로, 사외이사 후보추천위원회나 감사위원회를 설치할 의무가 없다.

 법령 사외이사의 선임(상법 제542조의8) ④ 대규모 상장회사는 사외이사 후보를 추천하기 위하여 제393조의2의 위원회(이하 이 조에서 "사외이사 후보추천위원회"라 한다)를 설치하여야 한다. 이 경우 사외이사 후보추천위원회는 사외이사가 총위원의 과반수가 되도록 구성하여야 한다.
　　감사위원회(상법 제542조의11) ① 대규모 상장회사는 감사위원회를 설치하여야 한다.

[❸ ▶ ○] 누구의 명의로 하든지 자기의 계산으로 의결권 없는 주식을 제외한 발행주식 총수의 100분의 10 이상의 주식을 소유하거나 이사·집행임원·감사의 선임과 해임 등 상장회사의 주요 경영사항에 대하여 사실상의 영향력을 행사하는 주주(이하 "주요주주"라 한다) 및 그의 배우자와 직계 존속·비속은 상장회사의 사회이사가 될 수 없다(상법 제542조의8 제2항 제6호).

[❺ ▶ ○] 상장회사가 이사·감사의 선임에 관한 사항을 목적으로 하는 주주총회를 소집통지 또는 공고하는 경우에는 이사·감사 후보자의 성명, 약력, 추천인, 그 밖에 대통령령으로 정하는 후보자에 관한 사항을 통지하거나 공고하여야 한다(상법 제542조의4 제2항). 상장회사가 주주총회에서 이사 또는 감사를 선임하려는 경우에는 제542조의4 제2항에 따라 통지하거나 공고한 후보자 중에서 선임하여야 한다(동법 제542조의5).

「상법」상 이사의 보수에 관한 설명으로 옳지 않은 것은?(다툼이 있는 경우 판례에 의함)

① 「상법」 제388조가 정하는 '이사의 보수'에는 월급·상여금 등 명칭을 불문하고 이사의 직무수행에 대한 보상으로 지급되는 대가가 모두 포함되고, 퇴직금 또는 퇴직위로금도 그 재직 중의 직무수행에 대한 대가로 지급되는 급여로서 「상법」 제388조의 '이사의 보수'에 해당한다.

② 「상법」이 정관 또는 주주총회의 결의로 이사의 보수를 정하도록 한 것은 이사들의 고용계약과 관련하여 사익 도모의 폐해를 방지함으로써 회사와 주주 및 회사채권자의 이익을 보호하기 위한 것이다.

③ 주식회사와 이사 사이에 체결된 고용계약에서 이사가 그 의사에 반하여 이사직에서 해임될 경우 퇴직위로금과는 별도로 일정한 금액의 해직보상금을 지급받기로 약정한 경우, 이러한 해직보상금에 대하여 이사의 보수에 관한 「상법」 제388조의 규정을 준용하거나 유추적용할 수 없다.

④ 이사가 회사와 체결한 약정에 따라 업무를 다른 이사 등에게 포괄적으로 위임하여 이사로서의 실질적인 업무를 수행하지 않고 소극적인 직무만을 수행한 경우라 하더라도, 보수지급 결의에 위배되는 배임적인 행위에 해당하는 등의 특별한 사정이 없다면, 그 이사로서의 자격을 부정하거나 주주총회결의에서 정한 보수청구권의 효력을 부정하기는 어렵다.

⑤ 유한회사에서 「상법」 제567조, 제388조에 따라 정관 또는 사원총회결의로 특정 이사의 보수액을 구체적으로 정한 경우 특별한 사정이 없는 한, 회사가 이사의 보수를 일방적으로 감액하거나 박탈할 수 없다. 따라서 유한회사의 사원총회에서 임용계약의 내용으로 이미 편입된 이사의 보수를 감액하거나 박탈하는 결의를 하더라도, 이러한 사원총회결의는 그 결의 자체의 효력과 관계없이 그 이사의 보수청구권에 아무런 영향을 미치지 못한다.

[❶ ▸ ○]　상법 제388조가 정하는 '이사의 보수'에는 월급·상여금 등 명칭을 불문하고 이사의 직무수행에 대한 보상으로 지급되는 대가가 모두 포함되고, 퇴직금 또는 퇴직위로금도 그 재직 중의 직무수행에 대한 대가로 지급되는 급여로서 상법 제388조의 '이사의 보수'에 해당한다. 주식회사의 이사, 대표이사(이하 '이사 등'이라고 한다)의 보수청구권(퇴직금 등의 청구권을 포함한다)은, 그 보수가 합리적인 수준을 벗어나서 현저히 균형을 잃을 정도로 과다하거나, 이를 행사하는 사람이 법적으로는 주식회사 이사 등의 지위에 있으나 이사 등으로서의 실질적인 직무를 수행하지 않는 이른바 명목상 이사 등에 해당한다는 등의 특별한 사정이 없는 이상 민사집행법 제246조 제1항 제4호 또는 제5호가 정하는 압류금지채권에 해당한다고 보아야 한다(대판 2018.5.30. 2015다51968).

[❷ ▸ ○]　상법 제388조는 이사의 보수는 정관에 그 액을 정하지 아니한 때에는 주주총회의 결의로 이를 정한다고 규정한다. 이는 이사가 자신의 보수와 관련하여 개인적 이익을 도모하는 폐해를 방지하여 회사와 주주 및 회사채권자의 이익을 보호하기 위한 강행규정이다(대판 2020.4.9. 2018다290436).

[❸ ▸ ✕]　주식회사와 이사 사이에 체결된 고용계약에서 이사가 그 의사에 반하여 이사직에서 해임될 경우 퇴직위로금과는 별도로 일정한 금액의 해직보상금을 지급받기로 약정한 경우, 그 해직보상금은 형식상으로는 보수에 해당하지 않는다 하여도 보수와 함께 같은 고용계약의 내용에 포함되어 그 고용계약과 관련하여 지급되는 것일 뿐 아니라, 의사에 반하여 해임된 이사에 대하여 정당한 이유의 유무와 관계없이 지급하도록 되어 있어 이사에게 유리하도록 회사에 추가적인 의무를 부과하는 것인바, 보수에 해당하지 않는다는 이유로 주주총회결의를 요하지 않는다고 한다면, 이사들이 고용계약을 체결하는 과정에서 개인적인 이득을 취할 목적으로 과다한 해직보상금을 약정하는 것을 막을 수 없게 되어, 이사들의 고용계약과 관련하여 그 사익 도모의 폐해를 방지하여 회사와 주주의 이익을 보호하고자 하는 상법 제388조의 입법취지가 잠탈되고, 나아가 해직보상금액이 특히 거액일 경우 회사의 자유로운 이사해임권 행사를 저해하는 기능을 하게 되어 이사선임기관인 주주총회의 권한을 사실상 제한함으로써 회사법이 규정하는 주주총회의 기능이 심히 왜곡되는 부당한 결과가 초래되므로, 이사의 보수에 관한 상법 제388조를 준용 내지 유추적용하여 이사는 해직보상금에 관하여도 정관에서 그 액을 정하지 않는 한 주주총회결의가 있어야만 회사에 대하여 이를 청구할 수 있다(대판 2006.11.23. 2004다49570).

③ 정답

[**④** ▶ **O**] 　주식회사의 주주총회에서 이사·감사로 선임된 사람이 주식회사와 계약을 맺고 이사·감사로 취임한 경우에, 상법 제388조, 제415조에 따라 정관 또는 주주총회결의에서 정한 금액·지급시기·지급방법에 의하여 보수를 받을 수 있다. 이에 비추어 보면, <u>주주총회에서 선임된 이사·감사가 회사와의 명시적 또는 묵시적 약정에 따라 업무를 다른 이사 등에게 포괄적으로 위임하고 이사·감사로서의 실질적인 업무를 수행하지 않는 경우라 하더라도 이사·감사로서 상법 제399조, 제401조, 제414조 등에서 정한 법적 책임을 지므로, 이사·감사를 선임하거나 보수를 정한 주주총회결의의 효력이 무효이거나 또는 소극적인 직무 수행이 주주총회에서 이사·감사를 선임하면서 예정하였던 직무 내용과 달라 주주총회에서 한 선임 결의 및 보수지급 결의에 위배되는 배임적인 행위에 해당하는 등의 특별한 사정이 없다면, 소극적인 직무 수행 사유만을 가지고 이사·감사로서의 자격을 부정하거나 주주총회결의에서 정한 보수청구권의 효력을 부정하기는 어렵 다</u>(대판 2015.9.10. 2015다213308).

[**⑤** ▶ **O**] 　<u>유한회사에서 상법 제567조, 제388조에 따라 정관 또는 사원총회결의로 특정 이사의 보수액을 구체적으로 정하였다면, 보수액은 임용계약의 내용이 되어 당사자인 회사와 이사 쌍방을 구속하므로, 이사가 보수의 변경에 대하여 명시적으로 동의하였거나, 적어도 직무의 내용에 따라 보수를 달리 지급하거나 무보수로 하는 보수체계에 관한 내부규정이나 관행이 존재함을 알면서 이사직에 취임한 경우와 같이 직무내용의 변동에 따른 보수의 변경을 감수한다는 묵시적 동의가 있었다고 볼 만한 특별한 사정이 없는 한, 유한회사가 이사의 보수를 일방적으로 감액하거나 박탈할 수 없다. 따라서 유한회사의 사원총회에서 임용계약의 내용으로 이미 편입된 이사의 보수를 감액하거나 박탈하는 결의를 하더라도, 이러한 사원총회결의는 결의 자체의 효력과 관계없이 이사의 보수청구권에 아무런 영향을 미치지 못한다</u>(대판 2017.3.30. 2016다21643).

2020년 변호사시험 문 41.
☑ 확인Check! O △ X

「상법」상 A주식회사는 자본금 20억원의 비상장회사이며, 그 지배주주이자 대표이사인 甲이 의결권 없는 주식을 제외한 발행주식 총수의 30%, 2대 주주인 乙이 15%에 해당하는 주식을 각 보유하고 있다. 甲은 업무를 집행하면서 고의로 「상법」 규정을 위반하여 그 결과 A회사에 막대한 손해를 입혔다. 이후 乙은 甲을 이사에서 해임하고 丙을 신임이사로 선임하고자 한다. 이에 관한 설명 중 옳지 않은 것은?(각 지문은 독립적이며, 다툼이 있는 경우 판례에 의함)

① 주주총회에서 丙을 이사로 선임하는 경우 그 주주총회의 선임결의와 피선임자인 丙의 승낙이 있다면, 丙은 대표이사 甲과 별도의 임용계약을 체결하지 않아도 이사의 지위를 취득한다.
② 乙이 주주총회일의 6주 전에 서면으로 이사 甲의 해임을 주주총회의 목적사항으로 할 것을 제안하는 경우, A회사 이사회가 그 해임안을 주주총회의 목적사항으로 하지 않더라도 이는 적법하다.
③ A회사가 甲을 이사직에서 해임하기 위해서는 주주총회특별결의에 의하여야 한다.
④ 乙의 소집청구대로 개최된 임시 주주총회에서 이사 甲의 해임건이 부결되는 경우, 乙은 그 총회의 결의가 있은 날부터 1월 내에 법원에 이사 甲의 해임을 청구할 수 있다.
⑤ 乙이 甲의 해임을 구하는 적법한 이사해임의 소를 제기하는 경우, 乙은 이사 甲의 직무 집행을 정지하고 직무대행자를 선임하는 가처분을 신청할 수 있다.

[**①** ▶ **O**] 　이사·감사의 지위가 주주총회의 선임결의와 별도로 대표이사와 사이에 임용계약이 체결되어야만 비로소 인정된다고 보는 것은, 이사·감사의 선임을 주주총회의 전속적 권한으로 규정하여 주주들의 단체적 의사결정 사항으로 정한 상법의 취지에 배치된다. 또한 상법상 대표이사는 회사를 대표하며, 회사의 영업에 관한 재판상 또는 재판 외의 모든 행위를 할 권한이 있으나(제389조 제3항, 제209조 제1항), 이사·감사의 선임이 여기에 속하지 아니함은 법문상 분명하다. 그러므로 <u>이사·감사의 지위는 주주총회의 선임결의가 있고 선임된 사람의 동의가 있으면 취득된다고 보는 것이 옳다. 결론적으로, 주주총회에서 이사나 감사를 선임하는 경우, 선임결의와 피선임자의 승낙만 있으면, 피선임자는 대표이사와 별도의 임용계약을 체결하였는지와 관계없이 이사나 감사의 지위를 취득한다</u>(대판 2017.3.23. 2016다251215 [전합]).

[❷▸✕] 이사는 주주제안이 있는 경우에는 이를 이사회에 보고하고, 이사회는 주주제안의 내용이 법령 또는 정관을 위반하는 경우와 그 밖에 대통령령으로 정하는 경우를 제외하고는 이를 주주총회의 목적사항으로 하여야 한다. 이 경우 주주제안을 한 자의 청구가 있는 때에는 주주총회에서 당해 의안을 설명할 기회를 주어야 한다(상법 제363조의2 제3항).

[❸▸○] [❹▸○] 이사는 언제든지 주주총회의 특별결의로 이를 해임할 수 있다(③). 그러나 이사의 임기를 정한 경우에 정당한 이유 없이 그 임기 만료 전에 이를 해임한 때에는 그 이사는 회사에 대하여 해임으로 인한 손해의 배상을 청구할 수 있다(상법 제385조 제1항). 이사가 그 직무에 관하여 부정행위 또는 법령이나 정관에 위반한 중대한 사실이 있음에도 불구하고 주주총회에서 그 해임을 부결한 때에는 발행주식의 총수의 100분의 3 이상에 해당하는 주식을 가진 주주는 총회의 결의가 있은 날부터 1월 내에 그 이사의 해임을 법원에 청구할 수 있다(④)(동법 제385조 제2항).

[❺▸○] 이사선임결의의 무효나 취소 또는 이사해임의 소가 제기된 경우에는 법원은 당사자의 신청에 의하여 가처분으로써 이사의 직무 집행을 정지할 수 있고 또는 직무대행자를 선임할 수 있다. 급박한 사정이 있는 때에는 본안소송의 제기 전에도 그 처분을 할 수 있다(상법 제407조 제1항).

2016년 변호사시험 문 67.

☑ 확인Check! ○ △ ✕

이사의 직무 집행 정지 및 직무대행자선임가처분에 관한 설명 중 옳은 것은?(다툼이 있는 경우 판례에 의함)

① 이사해임의 소를 본안의 소로 하는 이사의 직무집행정지가처분신청은 반드시 본안의 소를 제기하였음을 전제로 하는 것은 아니다.

② 이사를 선임한 주주총회결의에 대한 취소의 소를 제기한 주주는 이를 본안의 소로 하여 그 이사에 대한 직무집행정지가처분신청을 할 수 없다.

③ 이사직무집행정지가처분결정에는 대세적 효력이 있으므로 그 직무집행정지가처분신청의 피신청인은 당해 이사가 아닌 회사이다.

④ 대표이사와 이사의 직무 집행 정지 및 직무대행자를 선임하는 법원의 가처분결정이 있더라도, 그 이사가 위 결정 이전에 새로운 대표이사로 선임되었고 그 선임결의에 하자가 없다면 대표이사로서의 권한을 행사할 수 있다.

⑤ 이사직무 집행 정지 및 직무대행자선임가처분결정은 이를 등기하지 아니하면 위 결정으로 제3자의 선의·악의를 불문하고 그에게 대항하지 못한다.

[❶▸○] 상법 제385조 제2항에 의하면 이사가 그 직무에 관하여 부정행위 또는 법령이나 정관에 위반한 중대한 사실이 있음에도 불구하고 주주총회에서 그 해임을 부결한 때에는 발행주식 총수의 100분의 5 이상에 해당하는 주식을 가진 주주는 총회의 결의가 있은 날로부터 1월 내에 그 이사의 해임을 법원에 청구할 수 있고, 그와 같은 해임의 소를 피보전권리로 하는 이사의 직무집행정지신청은 본안의 소송이 제기된 경우뿐만 아니라 급박한 경우에는 본안소송의 제기 전에라도 할 수 있음은 같은 법 제407조에서 명문으로 인정하고 있을 뿐더러, 그와 같은 직무집행정지신청을 민사소송법 제714조 제2항 소정의 임시의 지위를 정하는 가처분과 달리 볼 것은 아니므로 반드시 본안소송을 제기하였음을 전제로 하지는 않는다(대결 1997.1.10. 95마837).

[❷▸✕] 이사선임결의의 무효나 취소 또는 이사해임의 소가 제기된 경우에는 법원은 당사자의 신청에 의하여 가처분으로써 이사의 직무 집행을 정지할 수 있고 또는 직무대행자를 선임할 수 있다. 급박한 사정이 있는 때에는 본안소송의 제기 전에도 그 처분을 할 수 있다(상법 제407조 제1항).

[❸▸✕] 민사소송법 제714조 제2항 소정의 임시의 지위를 정하기 위한 이사직무집행정지가처분에 있어서 피신청인이 될 수 있는 자는 그 성질상 당해 이사이고, 회사에게는 피신청인의 적격이 없다(대판 1982.2.9. 80다2424).

---

　　　　　　　　　　　　　　　　　　　　　　　　① **정답**

[**④ ▶ ✕**] [**⑤ ▶ ✕**] 주식회사 이사의 직무 집행을 정지하고 직무대행자를 선임하는 가처분은 성질상 당사자 사이뿐만 아니라 제3자에 대한 관계에서도 효력이 미치므로 가처분에 반하여 이루어진 행위는 제3자에 대한 관계에서도 무효이므로 가처분에 의하여 선임된 이사직무대행자의 권한은 법원의 취소결정이 있기까지 유효하게 존속한다. 또한 등기할 사항인 직무 집행 정지 및 직무대행자선임가처분은 상법 제37조 제1항에 의하여 이를 등기하지 아니하면 위 가처분으로 선의의 제3자에게 대항하지 못하지만 악의의 제3자에게는 대항할 수 있고(⑤), 주식회사의 대표이사 및 이사에 대한 직무 집행을 정지하고 직무대행자를 선임하는 법원의 가처분결정은 그 결정 이전에 직무 집행이 정지된 주식회사 대표이사의 퇴임등기와 직무 집행이 정지된 이사가 대표이사로 취임하는 등기가 경료되었다고 할지라도 직무 집행이 정지된 이사에 대하여는 여전히 효력이 있으므로 가처분결정에 의하여 선임된 대표이사 및 이사 직무대행자의 권한은 유효하게 존속하고, 반면에 가처분결정 이전에 직무 집행이 정지된 이사가 대표이사로 선임되었다고 할지라도 그 선임결의의 적법 여부에 관계없이 대표이사로서의 권한을 가지지 못한다(④)(대판 2014.3.27. 2013다39551).

2013년 변호사시험 문 42.

☑ 확인 Check! ○ △ ✕

상장회사 A(최근 사업연도 말 현재 자산 총액이 1,000억원임)의 주주 甲,乙은 각각 A사의 의결권 있는 주식의 20%, 3%를 보유하고 있다. A사의 의결권 있는 주식의 30%를 보유하는 丙은 대표이사로서 A사를 경영하고 있다. 2인의 이사 선임을 목적으로 하는 A사의 정기주주총회에서 회사는 X와 Y를 이사 후보로 추천할 것이라고 알려져 있다. 그런데 甲,乙은 자신이 원하는 K를 이사로 선임되게 하기 위하여 집중투표의 방법으로 이사를 선임할 것을 청구하였다. A사의 정관은 집중투표제에 관하여 아무런 조항을 두고 있지 않다. 다음 설명 중 옳지 않은 것은?

① 乙은 회사에 대해 집중투표의 방법으로 이사를 선임할 것을 직전 연도의 정기주주총회일에 해당하는 올해의 해당일 6주 전까지 서면 또는 전자문서로 청구할 수 있다.
② A사의 주주총회에서 이사선임 안건이 상정되자 특별결의 성립에 필요한 수에 해당하는 주주들이 집중투표의 방법에 의하지 않고 이사를 선임하자는 결의를 하였다면 집중투표에 의하지 않고 이사를 선임하여야 한다.
③ A사의 주주총회는 1개의 이사선임결의로 2인의 이사를 선임하여야 한다.
④ 丙은 회사가 추천한 이사 후보인 X와 Y에게 자신이 행사할 수 있는 의결권을 분산하여 투표할 수 있다.
⑤ 甲 또는 乙은 K를 이사 후보로 추천하는 주주제안을 乙의 집중투표 청구와는 별도로 회사에 제출하여야 한다.

[**❶ ▶ ○**] 상장회사에 대하여 제382조의2에 따라 집중투표의 방법으로 이사를 선임할 것을 청구하는 경우 주주총회일(정기주주총회의 경우에는 직전 연도의 정기주주총회일에 해당하는 그 해의 해당일. 이하 제542조의8 제5항에서 같다)의 6주 전까지 서면 또는 전자문서로 회사에 청구하여야 한다(상법 제542조의7 제1항).

[**❷ ▶ ✕**] 집중투표제는 다수결에서 소외되는 소수주주를 보호하기 위한 제도인데, 이를 다수결에 의하여 배제할 수 있다고 한다면 집중투표제를 인정하는 실익이 없으므로, 주주총회는 이를 배제하는 결의를 할 수 없다고 하여야 한다. 집중투표를 배제하기 위해서는 정관에 규정을 두어야 한다.

[**❸ ▶ ○**] 집중투표의 방법으로 복수의 이사를 선임하는 경우에는 투표의 최다수를 얻은 자부터 순차적으로 이사에 선임되는 것으로 한다(상법 제382조의2 제4항). 즉, 1개의 이사선임결의로 2인 이상의 이사를 선임할 수 있다.

[**❹ ▶ ○**] 집중투표청구가 있는 경우에 이사의 선임결의에 관하여 각 주주는 1주마다 선임할 이사의 수와 동일한 수의 의결권을 가지며, 그 의결권은 이사 후보자 1인 또는 수인에게 집중하여 투표하는 방법으로 행사할 수 있다(상법 제382조의2 제3항). 따라서 丙은 이사 후보인 X와 Y에게 의결권을 분산하여 투표할 수 있다.

[**❺ ▶ ○**] 의결권이 있는 발행주식 총수의 1천분의 5 이상의 지분을 보유한 甲 또는 乙은, 주주제안권(상법 제542조의6 제2항, 동법 시행령 제32조)의 행사를 통하여 K를 이사 후보로 추천하는 제안을 할 수 있다. 이는 집중투표청구와는 별도로 회사에 제출하여야 한다.

정답 ②

주식회사 대표이사 등의 직무 집행 정지 및 직무대행자선임가처분에 관한 설명 중 옳지 않은 것은?(다툼이 있는 경우 판례에 의함)

① 주식회사 이사의 직무 집행을 정지하고 그 대행자를 선임하는 가처분은 「민사집행법」 제300조 제2항에 의한 임시의 지위를 정하는 가처분의 성질을 가지는 것이다.

② 대표이사 직무 집행 정지 및 직무대행자선임가처분결정이 취소되지 않는 한 새로 선임된 대표이사는 대표이사로서의 권한을 가지지 못하고, 그 대표이사와 거래한 제3자는 선의인 경우에도 그 행위의 유효를 주장할 수 없다.

③ 직무집행정지가처분결정에 의해 회사를 대표할 권한이 정지된 대표이사가 그 정지기간 중에 체결한 계약은 절대적으로 무효이고, 그 후 가처분신청의 취하에 의하여 보전집행이 취소되었다고 하더라도 무효인 위 계약이 유효하게 되지는 않는다.

④ 청산인 직무 집행 정지 및 직무대행자선임가처분결정이 있은 후 적법하게 소집된 주주총회에서 이루어진 회사계속의 결의 및 새로운 이사선임의 결의에 의하여 위 가처분결정을 더 이상 유지할 필요가 없는 사정변경이 생겼다고 하더라도 위 가처분의 피신청인인 청산인으로서는 그 사정변경을 이유로 한 가처분취소신청을 할 수 없다.

⑤ 가처분에 의하여 대표이사 직무대행자로 선임된 자는 법원의 허가를 얻어 회사의 상무에 속하지 아니한 행위를 할 수 있다.

[❶ ▸ ○] 주식회사 이사의 직무 집행을 정지하고 그 대행자를 선임하는 가처분은 민집법 제300조 제2항에 의한 임시의 지위를 정하는 가처분으로, 상법 제407조의 요건과 함께 민집법상의 요건도 충족하여야 한다.

[❷ ▸ ○] [1] 대표이사의 직무 집행 정지 및 직무대행자 선임의 가처분이 이루어진 이상, 그 후 대표이사가 해임되고 새로운 대표이사가 선임되었다 하더라도 가처분결정이 취소되지 아니하는 한 직무대행자의 권한은 유효하게 존속하는 반면 새로이 선임된 대표이사는 그 선임결의의 적법 여부에 관계없이 대표이사로서의 권한을 가지지 못한다.
[2] 위 가처분은 그 성질상 당사자 사이에서뿐만 아니라 제3자에게도 효력이 미치므로, 새로이 선임된 대표이사가 위 가처분에 위반하여 회사 대표자의 자격에서 한 법률행위는 결국 제3자에 대한 관계에서도 무효이고 이때 위 가처분에 위반하여 대표권 없는 대표이사와 법률행위를 한 거래상대방은 자신이 선의였음을 들어 위 법률행위의 유효를 주장할 수는 없다(대판 1992.5.12. 92다5638).

[❸ ▸ ○] 법원의 직무집행정지가처분결정에 의해 회사를 대표할 권한이 정지된 대표이사가 그 정지기간 중에 체결한 계약은 절대적으로 무효이고, 그 후 가처분신청의 취하에 의하여 보전집행이 취소되었다 하더라도 집행의 효력은 장래를 향하여 소멸할 뿐 소급적으로 소멸하는 것은 아니라 할 것이므로, 가처분신청이 취하되었다 하여 무효인 계약이 유효하게 되지는 않는다(대판 2008.5.29. 2008다4537).

[❹ ▸ X] 청산인 직무 집행 정지 및 직무대행자 선임의 가처분결정이 있은 후 소집된 주주총회에서 회사를 계속하기로 하는 결의 및 새로운 이사들과 감사를 선임하는 결의가 있었다면, 특별한 사정이 없는 한 위 주주총회의 결의에 의하여 위 직무 집행 정지 및 직무대행자 선임의 가처분결정은 더 이상 유지할 필요가 없는 사정변경이 생겼다고 할 것이므로, 위 가처분에 의하여 직무 집행이 정지되었던 피신청인으로서는 그 사정변경을 이유로 가처분이의의 소를 제기하여 위 가처분의 취소를 구할 수 있다(대판 1997.9.9. 97다12167).

[❺ ▸ ○] 가처분에 의하여 선임된 직무대행자는 가처분명령에 다른 정함이 있는 경우 외에는 회사의 상무에 속하지 아니한 행위를 하지 못한다. 그러나 법원의 허가를 얻은 경우에는 그러하지 아니하다(상법 제408조 제1항).

「상법」상 주식회사의 이사회에 관한 설명 중 옳은 것은?(다툼이 있는 경우 판례에 의함)

① 중요한 자산의 처분에 해당하는 경우 이사회가 그에 관하여 직접 결의하지 아니한 채 대표이사에게 그 처분에 관한 사항을 일임할 수 있다.

② 이사회의 결의는 이사 과반수의 출석과 출석이사의 과반수로 하여야 한다. 그러나 정관으로 그 비율을 높게 정할 수는 없다.

③ 이사회결의요건을 충족하는지 여부는 이사회결의의 대상인 행위가 실제로 이루어진 날을 기준으로 판단하여야 한다.

④ 법률 또는 정관 등의 규정에 의하여 주주총회 또는 이사회의 결의를 필요로 하는 것으로 되어 있지 아니한 업무 중 이사회가 일반적·구체적으로 대표이사에게 위임하지 않은 업무로서 일상 업무에 속하지 아니한 중요한 업무에 대하여는 이사회에게 그 의사결정 권한이 있다.

⑤ 특별이해관계가 있는 이사는 이사회의 의사정족수 산정의 기초가 되는 이사의 수에 포함되지 않는다.

[❶▸✕] 상법 제393조 제1항은 주식회사의 중요한 자산의 처분 및 양도는 이사회의 결의로 한다고 규정하고 있다. 여기서 말하는 중요한 자산의 처분에 해당하는지 아닌지는 당해 재산의 가액, 총자산에서 차지하는 비율, 회사의 규모, 회사의 영업 또는 재산의 상황, 경영상태, 자산의 보유목적, 회사의 일상적 업무와 관련성, 당해 회사에서의 종래의 취급 등에 비추어 대표이사의 결정에 맡기는 것이 상당한지 여부에 따라 판단하여야 하고, <u>중요한 자산의 처분에 해당하는 경우에는 이사회가 그에 관하여 직접 결의하지 아니한 채 대표이사에게 그 처분에 관한 사항을 일임할 수 없으므로 이사회규정상 이사회 부의사항으로 정해져 있지 아니하더라도 반드시 이사회의 결의를 거쳐야 한다</u>(대판 2016.7.14. 2014다213684).

[❷▸✕] 이사회의 결의는 이사 과반수의 출석과 출석이사의 과반수로 하여야 한다. 그러나 정관으로 그 비율을 높게 정할 수 있다(상법 제391조 제1항).

[❸▸✕] 이사회결의요건을 충족하는지 여부는 이사회결의 당시를 기준으로 판단하여야 하고, 그 결의의 대상인 행위가 실제로 이루어진 날을 기준으로 판단할 것은 아니다(대판 2003.1.24. 2000다20670).

[❹▸○] [1] <u>법률 또는 정관 등의 규정에 의하여 주주총회 또는 이사회의 결의를 필요로 하는 것으로 되어 있지 아니한 업무 중 이사회가 일반적·구체적으로 대표이사에게 위임하지 않은 업무로서 일상 업무에 속하지 아니한 중요한 업무에 대하여는 이사회에게 그 의사결정권한이 있다.</u>
[2] 약정내용이 정관 등에 의하여 또는 대표이사의 일상 업무에 속하지 아니한 중요한 업무에 해당하여 <u>이사회의 결의를 거쳐야 할 사항인데 대표이사가 이를 거치지 아니하고 그와 같은 약정을 한 경우, 약정 당시 약정의 상대방이 이사회의 결의가 없었음을 알았거나 알 수 있었다면 그 약정은 회사에 대하여 효력이 없다</u>(대판 1997.6.13. 96다48282).

[❺▸✕] 특별이해관계에 있는 이사는 의사정족수에는 포함되나 의결정족수에는 산입되지 아니한다(상법 제391조 제3항, 제371조 제2항).

판례 특별이해관계가 있는 이사는 이사회에서 의결권을 행사할 수는 없으나 의사정족수 산정의 기초가 되는 이사의 수에는 포함되고 다만 결의 성립에 필요한 출석이사에는 산입되지 아니하는 것이므로 회사의 3명의 이사 중 대표이사와 특별이해관계 있는 이사 등 2명이 출석하여 의결을 하였다면 이사 3명중 2명이 출석하여 과반수 출석의 요건을 구비하였고 특별이해관계 있는 이사가 행사한 의결권을 제외하더라도 결의에 참여할 수 있는 유일한 출석이사인 대표이사의 찬성으로 과반수의 찬성이 있는 것으로 되어 그 결의는 적법하다(대판 1992.4.14. 90다카22698).

자본금 20억원인 비상장회사의 경우 주주총회 및 이사회의 소집과 결의에 관한 설명 중 옳지 않은 것은?(다툼이 있는 경우에는 판례에 의함)

① 이사회결의의 경우 의결권의 대리행사는 그 위임을 이사에게 하는 한 유효하고, 주주총회결의의 경우 주주 이외의 자에게도 의결권을 대리행사하게 할 수 있다.

② 이사회의 경우 원칙적으로 회일 1주 전에 각 이사 및 감사에 대하여 소집통지를 발송하여야 하고 구두에 의한 통지도 가능하며, 주주총회의 경우 회일 2주 전에 각 주주에게 서면으로 소집통지를 발송하거나 각 주주의 동의를 받아 전자문서로 통지를 발송하는 것이 원칙이다.

③ 주주총회의 소집통지서에는 원칙적으로 회의의 목적사항을 기재하여야 하나, 이사회의 소집통지는 특별한 사정이 없는 한 회의의 목적사항을 기재하지 않아도 된다.

④ 주주총회결의에 있어서 주주는 정관이 정한 바에 따라 총회에 출석하지 아니하고 서면에 의하여 의결권을 행사할 수 있지만, 이사회결의에 대해서는 서면에 의한 의결권 행사를 인정하는 규정을 상법에 두고 있지 않다.

⑤ 이사회는 원칙적으로 이사 과반수의 출석과 출석이사의 과반수로 결의하며, 주주총회는 원칙적으로 출석한 주주의 의결권의 과반수와 발행주식 총수의 4분의 1 이상의 수로써 결의한다.

[❶ ▸ ✕]　이사회는 주주총회의 경우와는 달리 원칙적으로 이사자신이 직접 출석하여 결의에 참가하여야 하며 대리인에 의한 출석은 인정되지 않고 따라서 이사가 타인에게 출석과 의결권을 위임할 수도 없는 것이니 이에 위배된 이사회의 결의는 무효이며 그 무효임을 주장하는 방법에는 아무런 제한이 없다(대판 1982.7.13. 80다2441). 반면, 주주총회의 경우에는 주주 이외의 자에게도 의결권을 대리행사하게 할 수 있다(상법 제368조 제2항).

[❷ ▸ ○]　이사회를 소집함에는 회일을 정하고 그 1주간 전에 각 이사 및 감사에 대하여 통지를 발송하여야 한다. 그러나 그 기간은 정관으로 단축할 수 있다(상법 제390조 제3항). 이사회의 경우에는 서면이 아니라 구두로 통지하여도 무방하다. 주주총회를 소집할 때에는 주주총회일의 2주 전에 각 주주에게 서면으로 통지를 발송하거나 각 주주의 동의를 받아 전자문서로 통지를 발송하여야 한다(동법 제363조 제1항).

[❸ ▸ ○]　이사회소집통지를 할 때에는, 회사의 정관에 이사들에게 회의의 목적사항을 함께 통지하도록 정하고 있거나 회의의 목적사항을 함께 통지하지 아니하면 이사회에서의 심의·의결에 현저한 지장을 초래하는 등의 특별한 사정이 없는 한, 주주총회소집통지의 경우와 달리 회의의 목적사항을 함께 통지할 필요는 없다(대판 2011.6.24. 2009다35033).

[❹ ▸ ○]　서면결의를 하면 의견 교환이 이루어질 수 없으므로, 이사회의 결의에서는 서면결의가 허용되지 아니한다. 그러나 주주총회의 결의에서는 주주는 정관이 정한 바에 따라, 총회에 출석하지 아니하고 서면에 의하여 의결권을 행사할 수 있다.

[❺ ▸ ○]　이사회의 결의는 이사 과반수의 출석과 출석이사의 과반수로 하여야 한다. 그러나 정관으로 그 비율을 높게 정할 수 있다(상법 제391조 제1항). 주주총회의 결의는 이 법 또는 정관에 다른 정함이 있는 경우를 제외하고는 출석한 주주의 의결권의 과반수와 발행주식 총수의 4분의 1 이상의 수로써 하여야 한다(동법 제368조 제1항).

2015년 변호사시험 문 50.

☑확인Check! ○ △ ✕

주식회사의 이사 및 이사회에 관한 설명 중 옳은 것을 모두 고른 것은?(다툼이 있는 경우 판례에 의함)

ㄱ. 이사가 경업 대상 회사의 지배주주가 되어 그 회사의 의사결정과 업무집행에 관여할 수 있게 되는 경우, 「상법」 제397조 제1항에 따라 자신이 속한 회사 이사회의 승인을 얻어야 한다.

ㄴ. 「상법」 제401조의2 제1항 제1호의 '회사에 대한 자신의 영향력을 이용하여 이사에게 업무집행을 지시한 자'에는 자연인뿐만 아니라 법인인 지배회사도 포함된다.

ㄷ. 이사가 이사회 회의장에 직접 출석할 수 없는 경우에는, 전화 회의의 방법으로 이사회결의에 참가할 수 있고, 대리인에 의한 출석이 허용되므로 타인에게 이사회 출석과 의결권 행사를 위임할 수 있다.

ㄹ. 대표소송을 제기한 주주 중 일부가 주식을 처분하는 등의 사유로 주식을 전혀 보유하지 아니하게 되어 주주의 지위를 상실하면, 특별한 사정이 없는 한 그 주주는 원고적격을 상실하여 그가 제기한 부분의 소는 부적법하게 된다.

① ㄱ, ㄴ   ② ㄴ, ㄹ   ③ ㄱ, ㄴ, ㄹ
④ ㄱ, ㄷ, ㄹ   ⑤ ㄴ, ㄷ, ㄹ

[ㄱ ▸ ○] 상법 제397조 제1항은 "이사는 이사회의 승인이 없으면 자기 또는 제3자의 계산으로 회사의 영업부류에 속한 거래를 하거나 동종영업을 목적으로 하는 다른 회사의 무한책임사원이나 이사가 되지 못한다"라고 규정하고 있다. 이 규정의 취지는, 이사가 그 지위를 이용하여 자신의 개인적 이익을 추구함으로써 회사의 이익을 침해할 우려가 큰 경업을 금지하여 이사로 하여금 선량한 관리자의 주의로써 회사를 유효적절하게 운영하여 그 직무를 충실하게 수행하여야 할 의무를 다하도록 하려는 데 있다. 따라서 이사는 경업 대상 회사의 이사, 대표이사가 되는 경우뿐만 아니라 그 회사의 지배주주가 되어 그 회사의 의사결정과 업무집행에 관여할 수 있게 되는 경우에도 자신이 속한 회사 이사회의 승인을 얻어야 한다(대판 2018.10.25. 2016다16191).

[ㄴ ▸ ○] 상법 제401조의2 제1항 제1호의 '회사에 대한 자신의 영향력을 이용하여 이사에게 업무집행을 지시한 자'에는 자연인뿐만 아니라 법인인 지배회사도 포함되나, 나아가 상법 제401조의 제3자에 대한 책임에서 요구되는 '고의 또는 중대한 과실로 인한 임무해태행위'는 회사의 기관으로서 인정되는 직무상 충실 및 선관의무 위반의 행위로서 위법한 사정이 있어야 하므로, 통상의 거래행위로 부담하는 회사의 채무를 이행할 능력이 있었음에도 단순히 그 이행을 지체하여 상대방에게 손해를 끼치는 사실만으로는 임무를 해태한 위법한 경우라고 할 수 없다(대판 2006.8.25. 2004다26119).

[ㄷ ▸ ✕] 이사회는 주주총회의 경우와는 달리 원칙적으로 이사자신이 직접 출석하여 결의에 참가하여야 하며 대리인에 의한 출석은 인정되지 않고 따라서 이사가 타인에게 출석과 의결권을 위임할 수도 없는 것이니 이에 위배된 이사회의 결의는 무효이며 그 무효임을 주장하는 방법에는 아무런 제한이 없다(대판 1982.7.13. 80다2441).

[ㄹ ▸ ○] 상법 제403조 제1항, 제2항, 제3항, 제5항, 구 은행법 제23조의5 제1항의 규정들을 종합하여 보면, 주주가 대표소송을 제기하기 위하여는 회사에 대하여 이사의 책임을 추궁할 소의 제기를 청구할 때와 회사를 위하여 그 소를 제기할 때 상법 또는 구 은행법이 정하는 주식보유요건을 갖추면 되고, 소제기 후에는 보유주식의 수가 그 요건에 미달하게 되어도 무방하다. 그러나 대표소송을 제기한 주주가 소송의 계속 중에 주식을 전혀 보유하지 아니하게 되어 주주의 지위를 상실하면, 특별한 사정이 없는 한 그 주주는 원고적격을 상실하여 그가 제기한 소는 부적법하게 되고(상법 제403조 제5항), 이는 그 주주가 자신의 의사에 반하여 주주의 지위를 상실하였다 하여 달리 볼 것은 아니다(대판 2018.11.29. 2017다35717).

주식회사의 이사회결의 하자에 관한 설명 중 옳지 않은 것은?(다툼이 있는 경우 판례에 의함)

① 주식회사의 대표이사가 이사회결의를 거쳐야 할 대외적 거래행위에 관하여 이를 거치지 아니하고 거래행위를 하였더라도 그 거래상대방이 이사회결의가 없었음을 알았거나 알 수 있었을 경우가 아니라면 그 거래행위는 유효하다.

② 이사 선임의 주주총회결의에 대한 취소판결이 확정된 경우, 그 결의로 선임된 이사들로 구성된 이사회에서 선정된 대표이사는 소급하여 그 자격을 상실하고, 그 대표이사가 이사 선임의 주주총회결의에 대한 취소판결이 확정되기 전에 한 행위는 대표권이 없는 자가 한 행위로서 무효가 된다.

③ 이사 선임의 주주총회결의에 대한 취소판결이 확정되어 그 결의가 무효로 된 경우에도, 취소된 주주총회결의에 의하여 이사로 선임된 대표이사가 마친 이사 선임 등기는 「상법」 제39조의 부실등기에 해당한다.

④ 이사회결의에 무효사유가 있는 경우, 이해관계인은 언제든지 그 무효를 주장할 수 있다.

⑤ 이사회결의 무효확인의 소에서 원고가 승소한 경우, 그 확정판결은 제3자에 대하여도 효력이 있다.

[❶ ▶ ○]   주식회사의 대표이사가 이사회의 결의를 거쳐야 할 대외적 거래행위에 관하여 이를 거치지 아니한 경우라도, 이와 같은 이사회결의사항은 회사의 내부적 의사결정에 불과하다 할 것이므로, 그 거래상대방이 그와 같은 이사회결의가 없었음을 알았거나 알 수 있었을 경우가 아니라면 그 거래행위는 유효하다 할 것이다. 이때 거래상대방이 이사회승인이 없음을 알았거나 알 수 있었던 사정 또는 이사회결의가 없음을 알았거나 알 수 있었던 사정은 이를 주장하는 회사가 주장·증명하여야 할 사항에 속하므로 특별한 사정이 없는 한 거래상대방으로서는 회사의 대표자가 거래에 필요한 회사의 내부절차는 마쳤을 것으로 신뢰하였다고 보는 것이 일반경험칙에 부합하는 해석이라 할 것이다(대판 2014.6.26. 2012다73530).

[❷ ▶ ○]   이사 선임의 주주총회결의에 대한 취소판결이 확정된 경우 그 결의에 의하여 이사로 선임된 이사들에 의하여 구성된 이사회에서 선정된 대표이사는 소급하여 그 자격을 상실하고, 그 대표이사가 이사 선임의 주주총회결의에 대한 취소판결이 확정되기 전에 한 행위는 대표권이 없는 자가 한 행위로서 무효가 된다(대판 2013.2.28. 2012다74298).

[❸ ▶ ○]   이사 선임의 주주총회결의에 대한 취소판결이 확정되어 그 결의가 소급하여 무효가 된다고 하더라도 그 선임결의가 취소되는 대표이사와 거래한 상대방은 상법 제39조의 적용 내지 유추적용에 의하여 보호될 수 있으며, 주식회사의 법인등기의 경우 회사는 대표자를 통하여 등기를 신청하지만 등기신청권자는 회사 자체이므로 취소되는 주주총회결의에 의하여 이사로 선임된 대표이사가 마친 이사선임등기는 상법 제39조의 부실등기에 해당된다(대판 2004.2.27. 2002다19797).

[❹ ▶ ○] [❺ ▶ ✕]   이사회의 결의에 하자가 있는 경우에 관하여 상법은 아무런 규정을 두고 있지 아니하나 그 결의에 무효사유가 있는 경우에는 이해관계인은 언제든지 또 어떤 방법에 의하든지 그 무효를 주장할 수 있다(④)고 할 것이지만 이와 같은 무효주장의 방법으로서 이사회결의무효확인소송이 제기되어 승소확정판결을 받은 경우, 그 판결의 효력에 관하여는 주주총회결의무효확인소송 등과는 달리 상법 제190조가 준용될 근거가 없으므로 대세적 효력은 없다(⑤)(대판 1988.4.25. 87누399).

⑤ 정답

2013년 변호사시험 문 67.

☑ 확인Check! ○ △ ✕

주식회사 이사회결의의 하자에 대한 설명 중 옳지 않은 것은?(다툼이 있는 경우에는 판례에 의함)

① 이사회결의로써 대표이사직에서 해임된 사람이 그 이사회결의가 있은 후에 개최된 유효한 주주총회결의에 의하여 이사직에서 해임된 경우, 특별한 사정이 없는 한 대표이사 해임에 관한 이사회결의에 어떠한 하자가 있다고 할지라도 그 결의의 부존재나 무효확인을 구하는 것은 과거의 권리관계 내지 법률관계의 확인을 구하는 것이므로 확인의 이익이 없어 부적법하다.

② 이사회결의 무효확인의 소에서 승소판결을 선고받고 확정되었다고 하더라도 그 판결의 대세적 효력은 인정되지 않는다.

③ 이사회결의가 존재한다고 볼 수 없을 정도의 중대한 하자가 있는 경우, 상법상의 결의부존재확인의 소로 다툴 수 있다.

④ 이사회의 경우는 이사 개인이 타인에게 출석과 의결권을 위임할 수 없으므로 이에 위배된 이사회결의는 원칙적으로 무효가 된다.

⑤ 정관에서 달리 정하지 아니하는 한 이사의 일부가 직접 회의에 출석하지 않고 모든 이사가 음성을 동시에 송수신하는 원격통신수단에 의하여 이사회결의를 할 수 있다.

[**❶** ▶ ○] 이사회의 결의로써 대표이사직에서 해임된 사람이 그 이사회결의가 있은 후에 개최된 유효한 주주총회결의에 의하여 이사직에서 해임된 경우, 그 주주총회가 무권리자에 의하여 소집된 총회라는 하자 이외의 다른 절차상, 내용상의 하자로 인하여 부존재 또는 무효임이 인정되거나 그 결의가 취소되는 등의 특별한 사정이 없는 한 대표이사 해임에 관한 이사회결의에 어떠한 하자가 있다고 할지라도, 그 결의의 부존재나 무효확인 또는 그 결의의 취소를 구하는 것은 과거의 법률관계 내지 권리관계의 확인을 구하는 것에 귀착되어 확인의 소로서 권리보호요건을 결여한 것으로 보아야 한다(대판 2009.5.28. 2008다85147).

[**❷** ▶ ○] 이사회의 결의에 하자가 있는 경우에 관하여 상법은 아무런 규정을 두고 있지 아니하나 그 결의에 무효사유가 있는 경우에는 이해관계인은 언제든지 또 어떤 방법에 의하든지 그 무효를 주장할 수 있다고 할 것이지만 이와 같은 무효주장의 방법으로서 이사회결의무효확인소송이 제기되어 승소확정판결을 받은 경우, 그 판결의 효력에 관하여는 주주총회결의무효확인소송 등과는 달리 상법 제190조가 준용될 근거가 없으므로 대세적 효력은 없다(대판 1988.4.25. 87누399).

[**❸** ▶ ✕] 이사회결의가 존재한다고 볼 수 없을 정도의 중대한 하자가 있는 경우에는, 절차상의 하자와 내용상의 하자를 불문하고 결의는 당연히 무효이고, 그 무효는 누구라도 소 또는 소 외의 방법으로 주장할 수 있을 뿐, 상법상 이사회결의 부존재확인의 소로 다툴 수는 없다.

[**❹** ▶ ○] 이사회는 주주총회의 경우와는 달리 원칙적으로 이사자신이 직접 출석하여 결의에 참가하여야 하며 대리인에 의한 출석은 인정되지 않고 따라서 이사가 타인에게 출석과 의결권을 위임할 수도 없는 것이니 이에 위배된 이사회의 결의는 무효이며 그 무효임을 주장하는 방법에는 아무런 제한이 없다(대판 1982.7.13. 80다2441).

[**❺** ▶ ○] 정관에서 달리 정하는 경우를 제외하고 이사회는 이사의 전부 또는 일부가 직접 회의에 출석하지 아니하고 모든 이사가 음성을 동시에 송수신하는 원격통신수단에 의하여 결의에 참가하는 것을 허용할 수 있다. 이 경우 당해 이사는 이사회에 직접 출석한 것으로 본다(상법 제391조 제2항).

대표이사에 관한 설명 중 옳지 않은 것은?(다툼이 있는 경우 판례에 의함)

① 회사가 전(前) 이사를 상대로 소송을 수행하는 경우 대표이사가 회사를 대표하지 아니하고 감사가 이를 대표한다.

② 회사가 공동대표이사 중 1인에게 대표이사라는 명칭의 사용을 용인 내지 방임한 경우에는 「상법」 제395조(표현대표이사의 행위와 회사의 책임)에 의한 표현책임을 질 수 있다.

③ 이사 선임의 주주총회결의에 대한 취소판결이 확정된 경우 그 결의에 따라 선임된 이사들로 구성된 이사회에서 선정된 대표이사는 소급하여 그 자격을 상실한다.

④ 대표이사의 직무 집행 정지 및 직무대행자 선임의 가처분이 이루어진 이상, 그 후 대표이사가 해임되고 새로운 대표이사가 선임되었다 하더라도 가처분결정이 취소되지 아니하는 한 직무대행자의 권한은 유효하게 존속하는 반면 새로이 선임된 대표이사는 그 선임결의의 적법 여부에 관계없이 대표이사로서의 권한을 가지지 못한다.

⑤ 회사의 대표이사가 그 업무집행 중 불법행위로 인하여 제3자에게 손해를 가한 때에는 대표이사는 회사와 연대하여 배상할 책임이 있고 그 불법행위는 고의는 물론 과실 있는 때에도 성립된다.

[❶ ▸ ✕] 회사의 이사로 등기되어 있던 사람이 회사를 상대로 사임을 주장하면서 이사직을 사임한 취지의 변경등기를 구하는 소에서 상법 제394조 제1항은 적용되지 아니하므로 그 소에 관하여 회사를 대표할 사람은 감사가 아니라 대표이사 라고 보아야 한다(대결 2013.9.9, 2013마1273).

[❷ ▸ ○] 회사가 공동으로만 회사를 대표할 수 있는 공동대표이사에게 대표이사라는 명칭의 사용을 용인 내지 방임한 경우에는 회사가 이사자격이 없는 자에게 표현대표이사의 명칭을 사용하게 한 경우이거나 이사자격 없이 그 명칭을 사용하는 것을 알고서도 용인상태에 둔 경우와 마찬가지로, 회사는 상법 제395조에 의한 표현책임을 면할 수 없다(대판 1991.11.12, 91다19111).

[❸ ▸ ○] 이사 선임의 주주총회결의에 대한 취소판결이 확정된 경우 그 결의에 의하여 선임된 이사들로 구성된 이사회에서 선정된 대표이사는 소급하여 그 자격을 상실한다(대판 2018.11.29, 2016도15089).

[❹ ▸ ○] [1] 대표이사의 직무 집행 정지 및 직무대행자 선임의 가처분이 이루어진 이상, 그 후 대표이사가 해임되고 새로운 대표이사가 선임되었다 하더라도 가처분결정이 취소되지 아니하는 한 직무대행자의 권한은 유효하게 존속하는 반면 새로이 선임된 대표이사는 그 선임결의의 적법 여부에 관계없이 대표이사로서의 권한을 가지지 못한다.
[2] 위 가처분은 그 성질상 당사자 사이에서뿐만 아니라 제3자에게도 효력이 미치므로, 새로이 선임된 대표이사가 위 가처분에 위반하여 회사 대표자의 자격에서 한 법률행위는 결국 제3자에 대한 관계에서도 무효이고 이때 위 가처분에 위반하여 대표권 없는 대표이사와 법률행위를 한 거래상대방은 자신이 선의였음을 들어 위 법률행위의 유효를 주장할 수는 없다(대판 1992.5.12, 92다5638).

[❺ ▸ ○] 회사의 대표이사가 그 업무 집행 중 불법행위로 인하여 제3자에게 손해를 가한 때에는 대표이사는 회사와 연대하여 배상할 책임이 있고 그 불법행위는 고의는 물론 과실 있는 때에도 성립된다(대판 1980.1.15, 79다1230).

2015년 변호사시험 문 38.

☑ 확인Check! ○ △ ✕

주식회사의 대표이사에 관한 설명 중 옳지 않은 것은?(다툼이 있는 경우 판례에 의함)

① 임기가 정해진 대표이사를 정당한 이유 없이 그 임기 만료 전에 이사회결의로 대표이사 직에서 해임하는 경우 그 이사는 「상법」 제385조 제1항의 유추적용에 의하여 회사에 대하여 대표이사 해임으로 인한 손해의 배상을 청구할 수 있다.

② 회사가 공동대표이사에게 단순한 대표이사라는 명칭을 사용하여 법률행위를 하는 것을 용인 내지 방임한 경우에도 회사는 「상법」 제395조에 의한 표현책임을 면할 수 없다.

③ 표현대표이사의 행위로 인정이 되는 경우라고 하더라도 만일 그 행위에 이사회의 결의가 필요하고 거래의 상대방인 제3자의 입장에서 이사회의 결의가 없었음을 알았거나 알 수 있었을 경우라면 회사로서는 그 행위에 대한 책임을 면한다.

④ 「상법」 제395조가 정한 표현대표이사의 행위에 의한 회사의 책임에 관한 규정은 표현대표이사가 자기의 명칭을 사용하여 법률행위를 한 경우는 물론이고 자기의 명칭을 사용하지 아니하고 다른 대표이사의 명칭을 사용하여 행위를 한 경우에도 적용된다.

⑤ 이사 또는 이사의 자격이 없는 자가 임의로 표현대표이사의 명칭을 사용하고 있는 것을 회사가 알면서도 이에 동조하거나 아무런 조치를 취하지 아니한 채 그대로 방치한 경우도 회사가 표현대표이사의 명칭사용을 묵시적으로 승인한 경우에 해당한다.

[**❶ ▸ ✕**] 상법 제385조 제1항은 주주총회의 특별결의에 의하여 언제든지 이사를 해임할 수 있게 하는 한편, 임기가 정하여진 이사가 그 임기 전에 정당한 이유 없이 해임당한 경우에는 회사에 대하여 손해배상을 청구할 수 있게 함으로써 주주의 회사에 대한 지배권 확보와 경영자 지위의 안정이라는 주주와 이사의 이익을 조화시키려는 규정이고, <u>이사의 보수청구권을 보장하는 것을 주된 목적으로 하는 규정이라 할 수 없으므로, 이를 이사회가 대표이사를 해임한 경우에도 유추적용할 것은 아니고, 대표이사가 그 지위의 해임으로 무보수, 비상근의 이사로 되었다고 하여 달리 볼 것도 아니다</u>(대판 2004.12.10. 2004다25123).

[**❷ ▸ ○**] 회사가 공동대표이사에게 단순한 대표이사라는 명칭을 사용하여 법률행위를 하는 것을 용인 내지 방임한 경우에도 회사는 상법 제395조에 의한 표현책임을 면할 수 없다(대판 1992.10.27. 92다19033).

[**❸ ▸ ○**] [**❹ ▸ ○**] [**❺ ▸ ○**] [1] 표현대표이사의 행위와 이사회의 결의를 거치지 아니한 대표이사의 행위는 모두 본래는 회사가 책임을 질 수 없는 행위들이지만 거래의 안전과 외관이론의 정신에 입각하여 그 행위를 신뢰한 제3자가 보호된다는 점에 공통되는 면이 있으나, 제3자의 신뢰의 대상이 전자에 있어서는 대표권의 존재인 반면, 후자에 있어서는 대표권의 범위이므로 제3자가 보호받기 위한 구체적인 요건이 반드시 서로 같다고 할 것은 아니고, 따라서 <u>표현대표이사의 행위로 인정이 되는 경우라고 하더라도 만일 그 행위에 이사회의 결의가 필요하고 거래의 상대방인 제3자의 입장에서 이사회의 결의가 없었음을 알았거나 알 수 있었을 경우라면 회사로서는 그 행위에 대한 책임을 면한다</u>(③).

[2] 상법 제395조는 <u>표현대표이사가 자기의 명칭을 사용하여 법률행위를 한 경우는 물론이고 자기의 명칭을 사용하지 아니하고 다른 대표이사의 명칭을 사용하여 행위를 한 경우에도 적용된다</u>(④).

[3] 상법 제395조가 회사를 대표할 권한이 있는 것으로 인정될 만한 명칭을 사용한 이사의 행위에 대한 회사의 책임을 규정한 것이어서, 표현대표이사가 이사의 자격을 갖출 것을 요건으로 하고 있으나, 이 규정은 표시에 의한 금반언의 법리나 외관이론에 따라 대표이사로서의 외관을 신뢰한 제3자를 보호하기 위하여 그와 같은 외관의 존재에 대하여 귀책사유가 있는 회사로 하여금 선의의 제3자에 대하여 그들의 행위에 관한 책임을 지도록 하려는 것이므로, <u>회사가 이사의 자격이 없는 자에게 표현대표이사의 명칭을 사용하게 허용한 경우는 물론, 이사의 자격이 없는 사람이 임의로 표현대표이사의 명칭을 사용하고 있는 것을 회사가 알면서도 아무런 조치를 취하지 아니한 채 그대로 방치하여 소극적으로 묵인한 경우에도 위 규정이 유추적용되는 것으로 해석함이 상당하다</u>(⑤)(대판 1998.3.27. 97다34709).

부동산개발업을 하는 A주식회사의 대표이사 甲은 동종업종의 B합자회사의 무한책임사원을 겸하게 되면서 A회사가 乙로부터 매입하기로 되어 있던 부동산에 대한 정보를 B회사에 제공하여 B회사의 업무집행사원 丙이 乙로부터 위 부동산을 매입하였다. 다음의 설명 중 옳지 않은 것은?(다툼이 있는 경우에는 판례에 의하고, 상법상의 소수주주로서의 요건은 충족한 것으로 함)

① B회사의 부동산 매입으로 인해 A회사에 손해가 발생하지 않은 경우에도 주주총회에서 甲의 해임을 부결한 때에는 A회사의 소수주주는 법원에 甲의 이사 해임을 청구할 수 있다.

② B회사가 아직 개업을 준비하는 단계에 있는 회사이어도 甲이 B회사의 무한책임사원을 겸하게 되면 이사의 겸직금지의무를 위반하게 된다.

③ A회사는 사전 및 사후의 이사회결의 없이 개입권을 행사하여 甲이 B회사로부터 얻었을 이득을 자신에게 양도하도록 청구할 수 있다.

④ A회사의 손해발생 시 대표이사 甲의 A회사에 대한 손해배상책임은 의결권 없는 주식을 포함한 총주주의 동의가 있어야 면제할 수 있으며, 이때의 동의는 묵시적으로도 가능하다.

⑤ B회사의 부동산 매입으로 A회사에 발생한 손해에 대하여 A회사가 소수주주로부터 이사의 책임을 추궁하는 소를 제기하라는 청구를 받고도 법정기간 내에 소를 제기하지 아니한 경우, 그 소수주주는 회사를 위하여 대표소송을 제기할 수 있다.

[❶ ▶ ○] 대표이사 甲의 겸직금지의무 위반(상법 제397조)이 있음에도 A회사의 주주총회에서 대표이사 甲에 대한 해임안이 부결된 경우에는, A회사의 소수주주는 겸직금지의무 위반으로 인하여 손해가 발생하지 아니하였더라도 법원에 甲의 이사 해임을 청구할 수 있다.

법령 해임(상법 제385조) ② 이사가 그 직무에 관하여 부정행위 또는 법령이나 정관에 위반한 중대한 사실이 있음에도 불구하고 주주총회에서 그 해임을 부결한 때에는 발행주식의 총수의 100분의 3 이상에 해당하는 주식을 가진 주주는 총회의 결의가 있은 날부터 1월 내에 그 이사의 해임을 법원에 청구할 수 있다.

[❷ ▶ ○] 이사의 경업금지의무를 규정한 상법 제397조 제1항의 규정취지는 이사가 그 지위를 이용하여 자신의 개인적 이익을 추구함으로써 회사의 이익을 침해할 우려가 큰 경업을 금지하여 이사로 하여금 선량한 관리자의 주의로써 회사를 유효적절하게 운영하여 그 직무를 충실하게 수행하여야 할 의무를 다하도록 하려는 데 있으므로, 경업의 대상이 되는 회사가 영업을 개시하지 못한 채 공장의 부지를 매수하는 등 영업의 준비작업을 추진하고 있는 단계에 있다 하여 위 규정에서 말하는 "동종영업을 목적으로 하는 다른 회사"가 아니라고 볼 수는 없다(대판 1993.4.9. 92다53583).

[❸ ▶ ✕] 이사가 경업금지의무를 위반한 경우, 회사는 이사회의 결의를 얻어 개입권을 행사할 수 있다(상법 제397조 제2항). 그러나 사안은 대표이사 甲의 겸직금지의무 위반이 문제되는 경우이므로, 개입권 행사 여부는 생각할 여지가 없다.

[❹ ▶ ○] 대표이사 甲의 A회사에 대한 손해배상책임은 주주 전원의 동의로 면제할 수 있다(상법 제400조 제1항). 이때 주주에는 의결권 없는 주식을 보유한 주주도 포함하고, 묵시적 동의로도 족하다.

[❺ ▶ ○] 발행주식의 총수의 100분의 1 이상에 해당하는 주식을 가진 주주는 회사에 대하여 이사의 책임을 추궁할 소의 제기를 청구할 수 있다(상법 제403조 제1항). 회사가 주주의 청구를 받은 날로부터 30일 내에 소를 제기하지 아니한 때에는 제1항의 주주는 즉시 회사를 위하여 소를 제기할 수 있다(동법 제403조 제3항).

자본금 20억원의 비상장회사인 A 주식회사의 이사 甲은 개인적 용도로 B 은행으로부터 1,000만원을 차입하였는데, 이때 A회사는 이사회의 결의를 거치지 않고 甲의 채무에 대해 연대보증을 하였다. 이후 甲이 변제하지 않자 B 은행은 연대보증인인 A회사에게 변제를 요구하였다. 다음 설명 중 옳은 것을 모두 고른 것은?(다툼이 있는 경우에는 판례에 의함)

ㄱ. A회사의 연대보증은 이사회의 사전승인 없이 한 것이므로 절대적 무효이다.
ㄴ. 이사회결의가 없었더라도 만약 A회사의 모든 주주가 사전에 동의했다면 A회사의 연대보증은 유효하다.
ㄷ. A회사가 이사회결의 없이 연대보증을 한 이후, 이사회가 사후승인을 하더라도 그 보증은 유효하지 않다.
ㄹ. A회사가 연대보증계약을 체결한 상대방은 B 은행이지만, 이는 상법 제398조에 규정된 이사와 회사 간의 거래에 해당한다.
ㅁ. 만약 이사회가 위 연대보증에 관하여 사전승인을 하였다면, 위 보증은 유효하게 되므로 이사 甲은 A회사에 대하여 책임을 지지 않는다.

① ㄱ, ㄴ   ② ㄴ, ㄷ   ③ ㄱ, ㄹ
④ ㄴ, ㄹ   ⑤ ㄹ, ㅁ

[ㄱ ▸ ✕] 회사의 대표이사가 이사회의 승인 없이 한 이른바 자기거래행위는 회사와 이사 간에서는 무효이지만, 회사가 위 거래가 이사회의 승인을 얻지 못하여 무효라는 것을 제3자에 대하여 주장하기 위해서는 거래의 안전과 선의의 제3자를 보호할 필요상 이사회의 승인을 얻지 못하였다는 것 외에 제3자가 이사회의 승인 없음을 알았다는 사실을 입증하여야 할 것이고, 비록 제3자가 선의였다 하더라도 이를 알지 못한 데 중대한 과실이 있음을 입증한 경우에는 악의인 경우와 마찬가지라고 할 것이며, 이 경우 중대한 과실이라 함은 제3자가 조금만 주의를 기울였더라면 그 거래가 이사와 회사간의 거래로서 이사회의 승인이 필요하다는 점과 이사회의 승인을 얻지 못하였다는 사정을 알 수 있었음에도 불구하고, 만연히 이사회의 승인을 얻은 것으로 믿는 등 거래통념상 요구되는 주의의무에 현저히 위반하는 것으로서 공평의 관점에서 제3자를 구태여 보호할 필요가 없다고 봄이 상당하다고 인정되는 상태를 말한다(대판 2004.3.25. 2003다64688).

[ㄴ ▸ ○] 구 상법 제398조는 "이사는 이사회의 승인이 있는 때에 한하여 자기 또는 제3자의 계산으로 회사와 거래를 할 수 있다. 이 경우에는 민법 제124조의 규정을 적용하지 아니한다"라고 정하고 있다. 그러나 회사의 채무부담행위가 구 상법 제398조에서 정한 이사의 자기거래에 해당하여 이사회의 승인이 필요하다고 할지라도, 위 규정의 취지가 회사와 주주에게 예기치 못한 손해를 끼치는 것을 방지함에 있으므로, 그 채무부담행위에 대하여 주주 전원이 이미 동의하였다면 회사는 이사회의 승인이 없었음을 이유로 그 책임을 회피할 수 없다(대판 2017.8.18. 2015다5569).

[ㄷ ▸ ✕] 구 상법 제398조와 관련하여 판례는, 이사회의 승인 없는 이사의 자기거래행위에 대하여 사후승인도 가능하다는 취지로 판시하였으나, 개정상법 제398조는 사전승인만 유효한 것으로 규정하고 있다. 구법하의 판례에 의하면, A회사가 이사회결의 없이 연대보증을 한 이후 이사회가 사후승인을 한 경우에는 그 연대보증은 유효하므로, ㄷ. 지문을 오답으로 처리한다.

판례 상법 제398조 전문이 이사와 회사 사이의 거래에 관하여 이사회의 승인을 얻도록 규정하고 있는 취지는, 이사가 그 지위를 이용하여 회사와 거래를 함으로써 자기 또는 제3자의 이익을 도모하고 회사 나아가 주주에게 불측의 손해를 입히는 것을 방지하고자 함에 있는바, 이사회의 승인을 얻은 경우 민법 제124조의 적용을 배제하도록 규정한 상법 제398조 후문의 반대해석상 이사회의 승인을 얻지 아니하고 회사와 거래를 한 이사의 행위는 일종의 무권대리인의 행위로 볼 수 있고 무권대리인의 행위에 대하여 추인이 가능한 점에 비추어 보면, 상법 제398조 전문이 이사와 회사 사이의 이익상반거래에 대하여 이사회의 사전승인만을 규정하고 사후승인을 배제하고 있다고 볼 수는 없다(대판 2007.5.10. 2005다4284).

정답 ④

[ㄹ ▸ ○] 이사와 회사의 직접거래뿐만 아니라 간접거래도 이사의 자기거래로서 이사회의 승인을 받아야 한다. A회사가 연대보증계약을 체결한 상대방은 B은행이지만, 이는 간접거래로서 상법 제398조에 규정된 이사와 회사 간의 거래에 해당한다.

[ㅁ ▸ ✕] 이사회의 승인이 있었다고 하더라도 이사의 책임이 면제되는 것은 아니므로, 거래가 불공정하여 회사에 손해가 발생하였다면 당사자인 이사 甲은 A회사에 대하여 책임을 진다(상법 제399조 제1항). 또한 그 승인결의에 찬성한 이사도 연대하여 손해배상책임을 진다(동법 제399조 제2항·제3항).

> 주식회사의 대표이사가 그의 개인적인 용도에 사용할 목적으로 회사 명의의 수표를 발행하거나 타인이 발행한 약속어음에 회사 명의의 배서를 해주어 회사가 그 지급책임을 부담 이행하여 손해를 입은 경우에는 당해 주식회사는 대표이사의 위와 같은 행위가 상법 제398조 소정의 이사와 회사 간의 이해상반하는 거래행위에 해당한다 하여 이사회의 승인 여부에 불구하고 같은 법 제399조 소정의 손해배상청구권을 행사할 수 있음은 물론이고 대표권의 남용에 따른 불법행위를 이유로 한 손해배상청구권도 행사할 수 있다(대판 1989.1.31, 87누760).

2015년 변호사시험 문 43.

☑ 확인Check! ○ △ ✕

이사 등과 회사 간의 거래에 관한 설명 중 옳지 않은 것을 모두 고른 것은?(甲과 乙은 자연인이며, A주식회사의 자본금 총액은 10억원 이상임. 각 지문은 독립적이고, 다툼이 있는 경우 판례에 의함)

ㄱ. A주식회사의 이사인 甲이 B주식회사의 의결권 있는 발행주식 총수의 50%를 가지고 있는 경우, B회사가 자기의 계산으로 A회사와 거래를 하기 위해서는 A회사 이사회의 승인을 받아야 한다.
ㄴ. A주식회사의 이사인 甲이 B주식회사의 의결권 있는 발행주식 총수의 60%를 가지고 있고, 甲과 B회사가 합하여 C주식회사의 의결권 있는 발행주식 총수의 60%를 가지고 있는 경우, C회사가 자기의 계산으로 A회사와 거래를 하기 위해서는 A회사 이사회의 승인을 받아야 한다.
ㄷ. A주식회사의 이사인 甲과 A회사 사이의 거래가 「상법」 제398조를 위반하였음을 이유로 무효를 주장할 수 있는 자는 A회사에 한정되고 특별한 사정이 없는 한 거래의 상대방이나 제3자는 그 무효를 주장할 이익이 없다.
ㄹ. A주식회사가 상장회사인 경우, 그 주주인 乙이 A회사의 의결권 없는 주식을 제외한 발행주식 총수의 10분의 1의 주식을 자기의 계산으로 소유하고 있으나 회사의 주요 경영사항에 대하여 아무런 영향력이 없다면, 乙은 A회사 이사회의 승인을 받을 필요 없이 A회사로부터 금전을 차용할 수 있다.

① ㄱ   ② ㄹ   ③ ㄴ, ㄷ
④ ㄷ, ㄹ   ⑤ ㄱ, ㄴ, ㄷ

[ㄱ ▸ ○] A회사의 이사인 甲이 B회사의 의결권 있는 발행주식 총수의 50%를 가지고 있는 경우, B회사와 A회사 사이의 거래는 상법 제398조 제4호의 자에 의한 자기거래에 해당하므로, B회사가 자기의 계산으로 A회사와 거래를 하기 위해서는 A회사 이사회의 승인을 받아야 한다.

[ㄴ ▸ ○] A회사의 이사인 甲이 B회사의 의결권 있는 발행주식 총수의 60%를 가지고 있고, 甲과 B회사가 합하여 C회사의 의결권 있는 발행주식 총수의 60%를 가지고 있는 경우, C회사와 A회사 사이의 거래는 상법 제398조 제5호의 자에 의한 자기거래에 해당하므로, C회사가 자기의 계산으로 A회사와 거래를 하기 위해서는 A회사 이사회의 승인을 받아야 한다.

② **정답**

[ㄷ ▸ ○]　상법 제398조가 이사와 회사 사이의 거래에 관하여 이사회의 승인을 얻도록 한 것은, 이사가 그 지위를 이용하여 회사와 직접 거래를 하거나 이사 자신의 이익을 위하여 회사와 제3자 사이의 거래를 함으로써 이사 자신의 이익을 도모하고 회사 및 주주에게 손해를 입히는 것을 방지하고자 하는 것이므로, 그 규정 취지에 비추어 <u>이사와 회사 사이의 거래가 상법 제398조를 위반하였음을 이유로 무효임을 주장할 수 있는 자는 회사에 한정되고 특별한 사정이 없는 한 거래의 상대방이나 제3자는 그 무효를 주장할 이익이 없다고 보아야 하므로</u>, 거래의 상대방인 당해 이사 스스로가 위 규정위반을 내세워 그 거래의 무효를 주장하는 것은 허용되지 않는다 할 것이다(대판 2012.12.27. 2011다67651).

[ㄹ ▸ ×]　A회사가 상장회사인 경우, 주주인 乙이 회사의 주요 경영사항에 대하여 아무런 영향력이 없더라도, A회사의 의결권 없는 주식을 제외한 발행주식 총수의 10분의 1의 주식을 자기의 계산으로 소유하고 있다면, 乙은 원칙적으로 A회사로부터 금전을 차용할 수 없다.

 법령　주요 주주 등 이해관계자와의 거래(상법 제542조의9)　① <u>상장회사는 다음 각 호의 어느 하나에 해당하는 자를 상대방으로 하거나 그를 위하여 신용공여(금전 등 경제적 가치가 있는 재산의 대여, 채무이행의 보증, 자금 지원적 성격의 증권 매입, 그 밖에 거래상의 신용위험이 따르는 직접적·간접적 거래로서 대통령령으로 정하는 거래를 말한다. 이하 이 조에서 같다)를 하여서는 아니 된다.</u>
　　1. <u>주요 주주 및 그의 특수관계인</u>
② 제1항에도 불구하고 다음 각 호의 어느 하나에 해당하는 경우에는 신용공여를 할 수 있다.

사외이사의 선임(상법 제542조의8)　② 상장회사의 사외이사는 제382조 제3항 각 호뿐만 아니라 다음 각 호의 어느 하나에 해당되지 아니하여야 하며, 이에 해당하게 된 경우에는 그 직을 상실한다.
　　6. <u>누구의 명의로 하든지 자기의 계산으로 의결권 없는 주식을 제외한 발행주식 총수의 100분의 10 이상의 주식을 소유하거나 이사·집행임원·감사의 선임과 해임 등 상장회사의 주요 경영사항에 대하여 사실상의 영향력을 행사하는 주주(이하 "주요주주"라 한다) 및 그의 배우자와 직계 존속·비속</u>

2019년 변호사시험 문 69.　　☑ 확인Check! ○ △ ×

다음 설명 중 옳은 것은?(다툼이 있는 경우 판례에 의함)

① 법원의 직무집행정지가처분결정에 의해 회사를 대표할 권한이 정지된 대표이사가 그 정지기간 중에 체결한 계약은 무효이지만, 그 후 가처분신청의 취하에 의하여 보전집행이 취소되었다면 무효인 계약은 유효하게 된다.
② 「상법」상 비상장 주식회사의 이사가 법령 또는 정관에 위반한 행위를 하여 이로 인하여 회사에 회복할 수 없는 손해가 생길 염려가 있는 경우에는 감사 또는 발행주식의 총수의 100분의 1 이상에 해당되는 주식을 가진 주주는 회사를 위하여 이사에 대하여 그 행위를 유지할 것을 청구할 수 있다.
③ 채권자가 대위권을 행사할 당시 이미 채무자가 권리를 재판상 행사하여 패소의 본안판결을 받았더라도 채권자는 채무자를 대위하여 채무자의 권리를 행사할 당사자적격이 있다.
④ 유언집행자가 있는 경우에도 상속인은 유언집행에 필요한 범위 내의 상속재산에 관하여 원고적격이 있다.
⑤ 주주는 다른 주주에 대한 소집절차의 하자를 이유로 하여 주주총회결의 취소의 소를 제기할 수 없다.

[❶ ▸ ×]　법원의 직무집행정지가처분결정에 의해 회사를 대표할 권한이 정지된 대표이사가 그 정지기간 중에 체결한 <u>계약은 절대적으로 무효이고, 그 후 가처분신청의 취하에 의하여 보전집행이 취소되었다 하더라도 집행의 효력은 장래를 향하여 소멸할 뿐 소급적으로 소멸하는 것은 아니라 할 것이므로, 가처분신청이 취하되었다 하여 무효인 계약이 유효하게 되지는 않는다</u>(대판 2008.5.29. 2008다4537).

[**❷ ▸ ○**] 이사가 법령 또는 정관에 위반한 행위를 하여 이로 인하여 회사에 회복할 수 없는 손해가 생길 염려가 있는 경우에는 감사 또는 발행주식의 총수의 100분의 1 이상에 해당하는 주식을 가진 주주는 회사를 위하여 이사에 대하여 그 행위를 유지할 것을 청구할 수 있다(상법 제402조).

[**❸ ▸ ✕**] 채권자대위권은 채무자가 제3채무자에 대한 권리를 행사하지 아니하는 경우에 한하여 채권자가 자기의 채권을 보전하기 위하여 행사할 수 있는 것이어서 채권자가 대위권을 행사할 당시는 이미 채무자가 권리를 재판상 행사하였을 때에는 설사 패소의 본안판결을 받았더라도 채권자는 채무자를 대위하여 채무자의 권리를 행사할 당사자적격이 없다(대판 1992.11.10. 92다30016).

[**❹ ▸ ✕**] 유언집행자는 유증의 목적인 재산의 관리 기타 유언의 집행에 필요한 모든 행위를 할 권리의무가 있으므로, 유증 목적물에 관하여 경료된, 유언의 집행에 방해가 되는 다른 등기의 말소를 구하는 소송에 있어서는 유언집행자가 이른바 법정소송담당으로서 원고적격을 가진다고 할 것이고, 유언집행자는 유언의 집행에 필요한 범위 내에서는 상속인과 이해상반되는 사항에 관하여도 중립적 입장에서 직무를 수행하여야 하므로, 유언집행자가 있는 경우 그의 유언집행에 필요한 한도에서 상속인의 상속재산에 대한 처분권은 제한되며 그 제한 범위 내에서 상속인은 원고적격이 없다고 할 것이다. 민법 제1103조 제1항은 "지정 또는 선임에 의한 유언집행자는 상속인의 대리인으로 본다"고 규정하고 있으나, 이 조항은 유언집행자의 행위의 효과가 상속인에게 귀속함을 규정한 것이지, 유언집행자의 소송수행권과 별도로 상속인 본인의 소송 수행권도 언제나 병존함을 규정한 것은 아니다(대판 2001.3.27. 2000다26920).

[**❺ ▸ ✕**] 주주는 다른 주주에 대한 소집절차의 하자를 이유로 주주총회결의 취소의 소를 제기할 수 있다(대판 2003.7.11. 2001다45584).

2013년 변호사시험 문 44.

☑ 확인Check! ○ △ ✕

상법상 비상장 주식회사(자본금이 10억원 이상임)의 이사의 의무와 책임에 관한 설명 중 옳은 것을 모두 고른 것은?

ㄱ. 이사는 이사회의 승인이 없으면 자기 또는 제3자의 계산으로 회사의 영업부류에 속하는 거래를 하지 못한다. 이 경우 이사회의 승인은 정관으로 그 비율을 높게 정하지 아니하는 한 이사 과반수의 출석과 출석이사 과반수로 하여야 한다.

ㄴ. 이사는 이사회의 승인 없이 현재 또는 장래에 회사의 이익이 될 수 있는 것으로서 이사가 직무를 수행하는 과정에서 알게 된 사업기회를 자기 또는 제3자의 이익을 위하여 이용하여서는 아니 된다. 이 경우 이사회의 승인은 이사 3분의 2 이상의 수로써 하여야 한다.

ㄷ. 이사는 이사회의 승인 없이 자기 또는 제3자의 계산으로 회사와 거래하여서는 아니 된다. 이 경우 이사회의 승인은 이사 3분의 2 이상의 수로써 하여야 한다.

ㄹ. 이사가 경업금지의무에 위반하여 자기의 계산으로 거래를 한 경우에 회사는 이를 회사의 계산으로 한 것으로 볼 수 있다.

ㅁ. 이사가 회사의 기회유용금지의무에 위반하여 자기의 이익을 위하여 회사의 영업부류에 속하지 않는 거래를 한 경우에 회사는 이를 회사의 계산으로 한 것으로 보거나 또는 이사가 얻은 이익의 반환을 청구할 수 있다.

① ㄱ, ㄷ   ② ㄴ, ㄹ, ㅁ   ③ ㄱ, ㄴ, ㄷ, ㄹ
④ ㄴ, ㄷ, ㄹ, ㅁ   ⑤ ㄱ, ㄴ, ㄷ, ㄹ, ㅁ

[**ㄱ ▸ ○**] 이사는 이사회의 승인이 없으면 자기 또는 제삼자의 계산으로 회사의 영업부류에 속한 거래를 하거나 동종영업을 목적으로 하는 다른 회사의 무한책임사원이나 이사가 되지 못한다(상법 제397조 제1항). 이사회의 결의는 이사 과반수의 출석과 출석이사의 과반수로 하여야 한다. 그러나 정관으로 그 비율을 높게 정할 수 있다(동법 제391조 제1항).

③ **정답**

[ㄴ ▶ O] [ㄹ ▶ O] 이사는 이사회의 승인 없이 현재 또는 장래에 회사의 이익이 될 수 있는 다음 각 호의 어느 하나에 해당하는 회사의 사업기회를 자기 또는 제3자의 이익을 위하여 이용하여서는 아니 된다. 이 경우 이사회의 승인은 이사 3분의 2 이상의 수로써 하여야 한다(ㄴ)(상법 제397조의2 제1항). 이사가 제1항의 규정에 위반하여 거래를 한 경우에 회사는 이사회의 결의로 그 이사의 거래가 자기의 계산으로 한 것인 때에는 이를 회사의 계산으로 한 것으로 볼 수 있고 제삼자의 계산으로 한 것인 때에는 그 이사에 대하여 이로 인한 이득의 양도를 청구할 수 있다(ㄹ)(동법 제397조의2 제2항).

[ㄷ ▶ O] 다음 각 호의 어느 하나에 해당하는 자가 자기 또는 제3자의 계산으로 회사와 거래를 하기 위하여는 미리 이사회에서 해당 거래에 관한 중요사실을 밝히고 이사회의 승인을 받아야 한다. 이 경우 이사회의 승인은 이사 3분의 2 이상의 수로써 하여야 하고, 그 거래의 내용과 절차는 공정하여야 한다(상법 제398조).

[ㅁ ▶ X] 이사가 사업기회유용금지의무를 위반한 경우에는, 경업금지의무를 위반한 경우와는 달리 개입권이 인정되지 아니한다. 다만, 당해 이사와 이를 승인한 이사는 연대하여 손해를 배상할 책임이 있을 뿐이다(상법 제397조의2 제2항).

2019년 변호사시험 문 67.　　　　　　　　　　　　☑ 확인Check! ○ △ ✕

다음 설명 중 옳은 것을 모두 고른 것은?(다툼이 있는 경우 판례에 의함)

ㄱ. 주주대표소송을 제기한 주주는 그 확정판결에 관하여 집행채권자가 될 수 있다.
ㄴ. 주식을 인수하거나 양수하려는 자가 타인의 명의를 빌려 회사의 주식을 인수하거나 양수하고 타인의 명의로 주주명부상 주주로 기재된 경우에도, 회사에 대한 관계에서는 원칙적으로 주주명부상 주주만이 주주로서 의결권 등 주주권을 적법하게 행사할 수 있다.
ㄷ. 「상법」 제404조 제1항에서 규정하고 있는 주주대표소송에서의 주식회사의 참가는 공동소송참가를 의미하며 이러한 공동소송참가는 항소심에서도 할 수 있다.
ㄹ. 주주대표소송에서 승소한 주주는 피고에 대하여만 소송비용을 청구할 수 있고 회사에 대하여는 소송비용을 청구할 수 없다.

① ㄱ, ㄴ　　　　　　　② ㄱ, ㄷ　　　　　　　③ ㄴ, ㄹ
④ ㄱ, ㄴ, ㄷ　　　　　⑤ ㄴ, ㄷ, ㄹ

[ㄱ ▶ O] 주주대표소송의 주주와 같이 다른 사람을 위하여 원고가 된 사람이 받은 확정판결의 집행력은 확정판결의 당사자인 원고가 된 사람과 다른 사람 모두에게 미치므로, 주주대표소송의 주주는 집행채권자가 될 수 있다(대결 2014.2.19. 2013마2316).

[ㄴ ▶ O] 주식을 양수하였으나 아직 주주명부에 명의개서를 하지 아니하여 주주명부에는 양도인이 주주로 기재되어 있는 경우뿐만 아니라, 주식을 인수하거나 양수하려는 자가 타인의 명의를 빌려 회사의 주식을 인수하거나 양수하고 타인의 명의로 주주명부에의 기재까지 마치는 경우에도, 회사에 대한 관계에서는 주주명부상 주주만이 주주로서 의결권 등 주주권을 적법하게 행사할 수 있다. 이는 주주명부에 주주로 기재되어 있는 자는 특별한 사정이 없는 한 회사에 대한 관계에서 주식에 관한 의결권 등 주주권을 적법하게 행사할 수 있고, 회사의 주식을 양수하였더라도 주주명부에 기재를 마치지 아니하면 주식의 양수를 회사에 대항할 수 없다는 법리에 비추어 볼 때 자연스러운 결과이다(대판 2017.3.23. 2015다248342 [전합]).

[ㄷ ▸ ○] [1] 주주의 대표소송에 있어서 원고 주주가 원고로서 제대로 소송수행을 하지 못하거나 혹은 상대방이 된 이사와 결탁함으로써 회사의 권리보호에 미흡하여 회사의 이익이 침해될 염려가 있는 경우 그 판결의 효력을 받는 권리귀속주체인 회사가 이를 막거나 자신의 권리를 보호하기 위하여 소송수행권한을 가진 정당한 당사자로서 그 소송에 참가할 필요가 있으며, 회사가 대표소송에 당사자로서 참가하는 경우 소송경제가 도모될 뿐만 아니라 판결의 모순·저촉을 유발할 가능성도 없다는 사정과, 상법 제404조 제1항에서 특별히 참가에 관한 규정을 두어 주주의 대표소송의 특성을 살려 회사의 권익을 보호하려한 입법 취지를 함께 고려할 때, 상법 제404조 제1항에서 규정하고 있는 회사의 참가는 공동소송참가를 의미하는 것으로 해석함이 타당하고, 나아가 이러한 해석이 중복제소를 금지하고 있는 민사소송법 제234조에 반하는 것도 아니다.

[2] 공동소송참가는 항소심에서도 할 수 있는 것이고, 항소심절차에서 공동소송참가가 이루어진 이후에 피참가소가 소송요건의 흠결로 각하된다고 할지라도 소송의 목적이 당사자 일방과 제3자에 대하여 합일적으로 확정될 경우에 한하여 인정되는 공동소송참가의 특성에 비추어 볼 때, 심급이익 박탈의 문제는 발생하지 않는다(대판 2002.3.15. 2000다9086).

[ㄹ ▸ ×] 주주대표소송을 제기한 주주가 승소한 때에는 그 주주는 회사에 대하여 소송비용 및 그 밖에 소송으로 인하여 지출한 비용 중 상당한 금액의 지급을 청구할 수 있다. 이 경우 소송비용을 지급한 회사는 이사 또는 감사에 대하여 구상권이 있다(상법 제405조 제1항).

2019년 변호사시험 문 49. ☑ 확인Check! ○ △ ✕

비상장회사인 A주식회사의 대표이사 乙은 회사 자금을 횡령하여 A회사에 손해를 끼쳤다. A회사 발행주식 총수의 100분의 2를 보유한 주주 甲은 대표소송을 제기하고자 한다. 이에 관한 설명 중 옳지 않은 것은?(다툼이 있는 경우 판례에 의함)

① 甲은 먼저 A회사에 대하여 그 이유를 기재한 서면으로 乙에 대해 책임을 추궁할 소의 제기를 청구하여야 하며, 만일 A회사가 이 청구를 받은 날로부터 30일 이내에 乙에 대하여 소를 제기하지 아니하는 때에는 甲은 즉시 대표소송을 제기할 수 있다.

② 甲은 乙을 피고로 하여 대표소송을 제기하여야 하고, 대표소송을 제기한 경우 지체 없이 A회사에 대하여 소송의 고지를 하여야 한다.

③ 만일 대표소송 제기 후 甲의 지분비율이 감소하였다 하더라도 사실심 변론종결 시까지 甲이 A회사의 주식을 단 1주라도 보유하고 있다면 제소의 효력에는 영향이 없다.

④ 甲이 대표소송을 제기한 후 이를 취하하고자 할 경우에는 A회사의 동의를 얻어야 하며, 법원의 허가를 받을 필요는 없다.

⑤ 甲은 대표소송에서 패소하더라도 악의인 경우 외에는 A회사에 대하여 손해를 배상할 책임이 없다.

[❶ ▸ ○] 발행주식의 총수의 100분의 1 이상에 해당하는 주식을 가진 주주는 회사에 대하여 이사의 책임을 추궁할 소의 제기를 그 이유를 기재한 서면으로 청구할 수 있다(상법 제403조 제1항·제2항). 회사가 주주의 청구를 받은 날로부터 30일 내에 소를 제기하지 아니한 때에는 주주는 즉시 회사를 위하여 소를 제기할 수 있다(동법 제403조 제3항).

[❷ ▸ ○] 대표소송을 제기한 주주는 소를 제기한 후 지체 없이 회사에 대하여 그 소송의 고지를 하여야 한다(상법 제404조 제2항).

[❸ ▸ ○] 상법 제403조 제1항, 제2항, 제3항, 제5항, 구 은행법 제23조의5 제1항의 규정들을 종합하여 보면, 주주가 대표소송을 제기하기 위하여는 회사에 대하여 이사의 책임을 추궁할 소의 제기를 청구할 때와 회사를 위하여 그 소를 제기할 때 상법 또는 구 은행법이 정하는 주식보유요건을 갖추면 되고, 소제기 후에는 보유주식의 수가 그 요건에 미달하게 되어도 무방하다. 그러나 대표소송을 제기한 주주가 소송의 계속 중에 주식을 전혀 보유하지 아니하게 되어 주주의 지위를

④ 정답

상실하면, 특별한 사정이 없는 한 그 주주는 원고적격을 상실하여 그가 제기한 소는 부적법하게 되고(상법 제403조 제5항), 이는 그 주주가 자신의 의사에 반하여 주주의 지위를 상실하였다 하여 달리 볼 것은 아니다(대판 2018.11.29. 2017다35717).

[❹ ▶ ✕] 회사가 주주의 청구에 따라 이사의 책임을 추궁하는 소를 제기하거나 주주가 대표소송을 제기한 경우 당사자는 법원의 허가를 얻지 아니하고는 소의 취하, 청구의 포기·인락·화해를 할 수 없다(상법 제403조 제6항).

[❺ ▶ ○] 대표소송을 제기한 주주가 승소한 때에는 그 주주는 회사에 대하여 소송비용 및 그 밖에 소송으로 인하여 지출한 비용 중 상당한 금액의 지급을 청구할 수 있다. 이 경우 소송비용을 지급한 회사는 이사 또는 감사에 대하여 구상권이 있다(상법 제405조 제1항). 소를 제기한 주주가 패소한 때에는 악의인 경우 외에는 회사에 대하여 손해를 배상할 책임이 없다(동법 제405조 제2항).

2013년 변호사시험 문 68.

☑ 확인 Check! ○ △ ✕

비상장 주식회사 A는 공장 건설을 위하여 외부에서 거액의 자금을 빌려 투자하였는데 그 자금이 단기차입금 위주로 구성되어 재무구조가 열악하였다. 한편, 비상장 주식회사 B의 대표이사 甲은 A회사가 위와 같이 상환능력이 미흡하다는 사정을 알면서도 단지 A회사의 대표이사가 고등학교 후배라는 이유로 이사로서의 선관주의의무 내지 충실의무를 위반하여 담보도 없이 A회사에 10억원의 자금을 빌려 주었다. 이후 甲은 B회사의 대표이사 및 이사직을 사임하고, 乙이 B회사의 새로운 대표이사로 선임되었다. 하지만 A회사는 결국 자금 사정 악화로 B회사에 대여금을 상환할 수 없게 되었고, 이로 인해 B회사에 손해가 발생하자 B회사의 주주 丙은 상법 제403조 대표소송의 요건을 갖추어 甲에 대하여 책임을 추궁하는 소를 제기하였다. 다음 설명 중 옳지 않은 것은?(다툼이 있는 경우에는 판례에 의함)

① 위 소송 중에 B회사에 대한 파산선고가 있으면 丙은 당사자적격을 상실한다.
② 비상장 주식회사 C는 B회사 주식의 70%를 소유하고 있는데, C회사의 주식 5%를 보유하고 있는 주주 丁은 B회사를 위하여 甲의 책임을 추궁하는 상법 제403조의 대표소송을 제기할 수 없다.
③ 丙은 B회사의 이익을 위하여 대표기관적 자격에서 소송을 수행하는 것이므로 법정소송담당에 해당하고, 법원의 허가가 있는 경우에만 위 소를 취하할 수 있다.
④ 위 소송의 제1심에서 丙이 상법 제403조 대표소송의 주주요건을 유지하지 못하게 되었더라도 소각하판결이 선고되기 전에 B회사가 공동소송참가를 신청하였다면, 그 참가는 적법하다.
⑤ 항소심에서 비로소 B회사의 공동소송참가가 이루어진 후 丙이 제기한 소가 소송요건의 흠결로 각하되면, B회사의 위 참가는 심급의 이익을 해할 우려가 있으므로 부적법하게 된다.

[❶ ▶ ○] 상법 제399조, 제414조에 따라 회사가 이사 또는 감사에 대하여 그들이 선량한 관리자의 주의의무를 다하지 못하였음을 이유로 손해배상책임을 구하는 소는 회사의 재산관계에 관한 소로서 회사에 대한 파산선고가 있으면 파산관재인이 당사자적격을 가진다고 할 것이고(파산법 제152조), 파산절차에 있어서 회사의 재산을 관리·처분하는 권리는 파산관재인에게 속하며(파산법 제7조), 파산관재인은 법원의 감독하에 선량한 관리자의 주의로써 그 직무를 수행할 책무를 부담하고 그러한 주의를 해태한 경우에는 이해관계인에 대하여 책임을 부담하게 되기 때문에(파산법 제154조) 이사 또는 감사에 대한 책임을 추궁하는 소에 있어서도 이를 제기할 것인지의 여부는 파산관재인의 판단에 위임되어 있다고 해석하여야 할 것이고, 따라서 회사가 이사 또는 감사에 대한 책임추궁을 게을리 할 것을 예상하여 마련된 주주의 대표소송의 제도는 파산절차가 진행 중인 경우에는 그 적용이 없고, 주주가 파산관재인에 대하여 이사 또는 감사에 대한 책임을 추궁할 것을 청구하였는데 파산관재인이 이를 거부하였다고 하더라도 주주가 상법 제403조, 제415조에 근거하여 대표소송으로서 이사 또는 감사의 책임을 추궁하는 소를 제기할 수 없다고 보아야 할 것이며, 이러한 이치는 주주가 회사에 대하여 책임추궁의 소의 제기를 청구하였지만 회사가 소를 제기하지 않고 있는 사이에 회사에 대하여 파산선고가 있은 경우에도 마찬가지이다 (대판 2002.7.12. 2001다2617).

[**❷ ▶ ○**] 어느 한 회사가 다른 회사의 주식의 전부 또는 대부분을 소유하여 양자간에 지배종속관계에 있고, 종속회사가 그 이사 등의 부정행위에 의하여 손해를 입었다고 하더라도, 지배회사와 종속회사는 상법상 별개의 법인격을 가진 회사이고, 대표소송의 제소자격은 책임추궁을 당하여야 하는 이사가 속한 당해 회사의 주주로 한정되어 있으므로, 종속회사의 주주가 아닌 지배회사의 주주는 상법 제403조, 제415조에 의하여 종속회사의 이사 등에 대하여 책임을 추궁하는 이른바 이중대표소송을 제기할 수 없다(대판 2004.9.23, 2003다49221).

[**❸ ▶ ○**] 주주 丙의 대표소송은 제3자의 법정소송담당에 해당하고, 주주 丙이 대표소송을 제기한 경우에는 법원의 허가를 얻지 아니하고는 소를 취하할 수 없다(상법 제403조 제6항).

[**❹ ▶ ○**] [**❺ ▶ ✕**] [1] 비록 원고 주주들이 주주대표소송의 사실심 변론종결 시까지 대표소송상의 원고 주주요건을 유지하지 못하여 종국적으로 소가 각하되는 운명에 있다고 할지라도 회사인 원고 공동소송참가인의 참가시점에서는 원고 주주들이 적법한 원고적격을 가지고 있었다고 할 것이어서 회사인 원고 공동소송참가인의 참가는 적법하다고 할 것(④)이고, 뿐만 아니라 원고 주주들의 주주대표소송이 확정적으로 각하되기 전에는 여전히 그 소송계속 상태가 유지되고 있는 것이어서, 그 각하판결 선고 이전에 회사가 원고 공동소송참가를 신청하였다면 그 참가 당시 피참가소송의 계속이 없다거나 그로 인하여 참가가 부적법하게 된다고 볼 수는 없다.
[2] 공동소송참가는 항소심에서도 할 수 있는 것이고, 항소심절차에서 공동소송참가가 이루어진 이후에 피참가소가 소송요건의 흠결로 각하된다고 할지라도 소송의 목적이 당사자 일방과 제3자에 대하여 합일적으로 확정될 경우에 한하여 인정되는 공동소송참가의 특성에 비추어 볼 때, 심급이익 박탈의 문제는 발생하지 않는다(⑤)(대판 2002.3.15, 2000다9086).

2017년 변호사시험 문 67.

☑ 확인Check! ○ △ ✕

비상장회사인 A주식회사의 주주 甲이 제기한 대표소송에 관한 설명 중 옳은 것을 모두 고른 것은?(다툼이 있는 경우 판례에 의함)

ㄱ. A주식회사가 위 대표소송에 참가할 경우에는 공동소송적 보조참가만을 할 수 있다.
ㄴ. A주식회사가 B주식회사의 주식 전부 또는 대부분을 소유하여 양자 간에 지배종속관계에 있고, B주식회사의 이사 등의 불법행위로 B주식회사가 손해를 입었더라도 甲은 B주식회사를 위해 대표소송을 제기할 수 없다.
ㄷ. 소제기 시 甲이 발행주식 총수의 100분의 1 이상을 보유하였더라도 소송 중에 보유주식 전부를 양도한 경우에는 당사자적격을 상실한다.
ㄹ. A주식회사에 파산이 선고된 경우에는 甲은 대표소송을 제기하지 못한다.

① ㄱ, ㄴ   ② ㄱ, ㄹ   ③ ㄴ, ㄷ
④ ㄱ, ㄷ, ㄹ   ⑤ ㄴ, ㄷ, ㄹ

[**ㄱ ▶ ✕**] 주주의 대표소송에 있어서 원고 주주가 원고로서 제대로 소송수행을 하지 못하거나 혹은 상대방이 된 이사와 결탁함으로써 회사의 권리보호에 미흡하여 회사의 이익이 침해될 염려가 있는 경우 그 판결의 효력을 받는 권리귀속주체인 회사가 이를 막거나 자신의 권리를 보호하기 위하여 소송수행권한을 가진 정당한 당사자로서 그 소송에 참가할 필요가 있으며, 회사가 대표소송에 당사자로서 참가하는 경우 소송경제가 도모될 뿐만 아니라 판결의 모순·저촉을 유발할 가능성도 없다는 사정과, 상법 제404조 제1항에서 특별히 참가에 관한 규정을 두어 주주의 대표소송의 특성을 살려 회사의 권익을 보호하려한 입법 취지를 함께 고려할 때, 상법 제404조 제1항에서 규정하고 있는 회사의 참가는 공동소송참가를 의미하는 것으로 해석함이 타당하고, 나아가 이러한 해석이 중복제소를 금지하고 있는 민사소송법 제234조에 반하는 것도 아니다(대판 2002.3.15, 2000다9086).

⑤ **정답**

[ㄴ▶○] 어느 한 회사가 다른 회사의 주식의 전부 또는 대부분을 소유하여 양자 간에 지배종속관계에 있고, 종속회사가 그 이사 등의 부정행위에 의하여 손해를 입었다고 하더라도, 지배회사와 종속회사는 상법상 별개의 법인격을 가진 회사이고, 대표소송의 제소자격은 책임추궁을 당하여야 하는 이사가 속한 당해 회사의 주주로 한정되어 있으므로, 종속회사의 주주가 아닌 지배회사의 주주는 상법 제403조, 제415조에 의하여 종속회사의 이사 등에 대하여 책임을 추궁하는 이른바 이중대표소송을 제기할 수 없다(대판 2004.9.23. 2003다49221).

[ㄷ▶○] 상법 제403조 제1항, 제2항, 제3항, 제5항, 구 은행법 제23조의5 제1항의 규정들을 종합하여 보면, 주주가 대표소송을 제기하기 위하여는 회사에 대하여 이사의 책임을 추궁할 소의 제기를 청구할 때와 회사를 위하여 그 소를 제기할 때 상법 또는 구 은행법이 정하는 주식보유요건을 갖추면 되고, 소제기 후에는 보유주식의 수가 그 요건에 미달하게 되어도 무방하다. 그러나 대표소송을 제기한 주주가 소송의 계속 중에 주식을 전혀 보유하지 아니하게 되어 주주의 지위를 상실하면, 특별한 사정이 없는 한 그 주주는 원고적격을 상실하여 그가 제기한 소는 부적법하게 되고(상법 제403조 제5항), 이는 그 주주가 자신의 의사에 반하여 주주의 지위를 상실하였다 하여 달리 볼 것은 아니다(대판 2018.11.29. 2017다35717).

[ㄹ▶○] 상법 제399조, 제414조에 따라 회사가 이사 또는 감사에 대하여 그들이 선량한 관리자의 주의의무를 다하지 못하였음을 이유로 손해배상책임을 구하는 소는 회사의 재산관계에 관한 소로서 회사에 대한 파산선고가 있으면 파산관재인이 당사자적격을 가진다고 할 것이고(파산법 제152조), 파산절차에 있어서 회사의 재산을 관리·처분하는 권리는 파산관재인에게 속하며(파산법 제7조), 파산관재인은 법원의 감독하에 선량한 관리자의 주의로써 그 직무를 수행할 책무를 부담하고 그러한 주의를 해태한 경우에는 이해관계인에 대하여 책임을 부담하게 되기 때문에(파산법 제154조) 이사 또는 감사에 대한 책임을 추궁하는 소에 있어서도 이를 제기할 것인지의 여부는 파산관재인의 판단에 위임되어 있다고 해석하여야 할 것이고, 따라서 회사가 이사 또는 감사에 대한 책임추궁을 게을리 할 것을 예상하여 마련된 주주의 대표소송의 제도는 파산절차가 진행 중인 경우에는 그 적용이 없고, 주주가 파산관재인에 대하여 이사 또는 감사에 대한 책임을 추궁할 것을 청구하였는데 파산관재인이 이를 거부하였다고 하더라도 주주가 상법 제403조, 제415조에 근거하여 대표소송으로서 이사 또는 감사의 책임을 추궁하는 소를 제기할 수 없다고 보아야 할 것이며, 이러한 이치는 주주가 회사에 대하여 책임추궁의 소의 제기를 청구하였지만 회사가 소를 제기하지 않고 있는 사이에 회사에 대하여 파산선고가 있은 경우에도 마찬가지이다(대판 2002.7.12. 2001다2617).

2012년 변호사시험 문 43.

☑ 확인Check! ○ △ ✕

자본 잠식 및 결손 상태에 있는 비상장회사인 A 주식회사의 대표이사 甲은 자신이 이사장으로 있는 재단법인 B에게 회사 자금으로 거액을 기부하기로 약정하였다. 한편, A회사의 발행주식 총수의 0.1%에 해당하는 주식을 가지고 있는 주주 乙은 신문기사를 통하여 이 사실을 알게 되었다. 이 경우 乙이 취할 수 있는 조치에 관한 설명 중 옳은 것은?

① 甲이 위 기부약정에 관하여 이사회의 승인을 받았다면 이는 적법한 거래이므로 이에 대하여 乙이 취할 수 있는 조치는 없다.

② A회사가 비영리단체인 재단법인에 기부하는 행위는 기업의 사회적 책임을 다하는 것으로서 이에 대하여 乙이 취할 수 있는 조치는 없다.

③ 이사회의 승인 없이 한 甲의 기부약정행위는 이사로서의 임무를 해태한 것으로 볼 수 없다.

④ 甲이 위 기부약정에 관하여 이사회의 승인을 받지 않았고 A회사가 위 기부약정을 이행하려고 하는 경우, 乙은 단독으로 회사를 위하여 甲에 대하여 그 행위를 유지(留止)할 것을 재판상 청구할 수 있다.

⑤ 甲의 행위가 A회사에 대한 선량한 관리자의 주의의무와 충실의무를 위반한 것이고 이로 인하여 A회사가 손해를 입었다면, 乙은 발행주식 총수의 0.9%에 해당하는 주식을 가진 丙과 함께 A회사에 대하여 甲의 책임을 추궁하는 소를 제기할 것을 청구할 수 있다.

정답 ⑤

[**❶ ▸ ✕**] 주주 乙은 대표이사 甲의 기부행위 이전에는 위법행위유지청구권(상법 제402조)을 생각할 수 있고, 기부행위 이후라면 주주대표소송을 제기할 수 있다(동법 제403조).

[**❷ ▸ ✕**] [**❸ ▸ ✕**] 회사 정관의 목적범위에 의한 권리능력의 제한에 관하여 판례는 그 목적범위를 넓게 인정하고 있으므로, 무제한설과 실질적인 차이가 없다. 따라서 자본잠식 및 결손상태에 있는 A회사가 거액을 기부하는 것은, 어느 견해를 취하든지 A회사의 목적범위 내의 행위라고 하여야 한다. 결국 주주 乙은 대표이사 甲의 선관주의의무 위반에 의한 임무해태를 이유로 손해배상책임을 추궁할 수 있다(상법 제382조의3, 제399조, 제401조).

[**❹ ▸ ✕**] 위법행위유지청구권을 행사할 수 있는 자는 감사와, 발행주식 총수의 100분의 1 이상에 해당하는 주식을 가진 주주이므로(상법 제402조), 주주 乙은 단독으로 대표이사 甲에 대하여 그 행위를 유지할 것을 재판상 청구할 수 없다.

[**❺ ▸ ○**] 비상장회사인 A회사를 위하여 대표소송을 제기하는 주주 乙은 단독으로는 대표소송을 제기할 요건을 충족하지 못하지만, 발행주식 총수의 0.9%에 해당하는 주식을 가진 丙과 합하면 발행주식 총수의 100분의 1 이상의 요건(상법 제403조 제1항)을 충족하므로, A회사에 대하여 대표이사 甲의 책임을 추궁하는 소를 제기할 것을 청구할 수 있다.

2014년 변호사시험 문 70.

☑ 확인Check! ○ △ ✕

주주대표소송에 관한 설명 중 옳지 않은 것은?(다툼이 있는 경우에는 판례에 의함)

① 주주의 대표소송에 있어서 주주가 원고로서 제대로 소송수행을 하지 못하거나 상대방이 된 이사와 결탁함으로써 회사의 이익이 침해될 염려가 있는 경우 그 판결의 효력을 받는 권리귀속주체인 회사는 이를 막거나 자신의 권리를 보호하기 위하여 소송수행권한을 가진 정당한 당사자로서 그 소송에 참가할 필요가 있으므로, 상법 제404조 제1항에 따른 회사의 참가는 공동소송참가를 의미한다.

② 주식을 인수하면서 타인의 승낙을 얻어 그 명의로 출자하여 주식대금을 납입한 경우, 실제로 주식을 인수하여 그 대금을 납입한 명의차용자만이 대표소송을 제기할 수 있는 주주에 해당한다.

③ 비상장 주식회사가 이사에 대한 책임추궁을 게을리하여 발행주식 총수의 100분의 1이상에 해당하는 주식을 가진 주주가 소를 제기한 후 주주의 보유주식이 발행주식 총수의 100분의 1미만으로 감소한 경우(발행주식을 보유하지 아니하게 된 경우를 제외)에도 제소의 효력에는 영향이 없다.

④ 회사에 대하여 파산선고가 있은 후 주주가 파산관재인에 대하여 이사에 대한 책임을 추궁할 것을 청구하였는데 파산관재인이 이를 거부하였다고 하더라도 주주는 대표소송으로써 이사의 책임을 추궁하는 소를 제기할 수 없다.

⑤ 주주대표소송이 제기된 경우에 원고와 피고의 공모로 인하여 소송의 목적인 회사의 권리를 사해할 목적으로써 판결을 하게 한 때에는 회사는 확정된 종국판결에 대하여 재심의 소를 제기할 수 있지만, 주주가 직접 재심의 소를 제기할 수는 없다.

[**❶ ▸ ○**] [1] 주주의 대표소송에 있어서 원고 주주가 원고로서 제대로 소송수행을 하지 못하거나 혹은 상대방이 된 이사와 결탁함으로써 회사의 권리보호에 미흡하여 회사의 이익이 침해될 염려가 있는 경우 그 판결의 효력을 받는 권리귀속주체인 회사가 이를 막거나 자신의 권리를 보호하기 위하여 소송수행권한을 가진 정당한 당사자로서 그 소송에 참가할 필요가 있으며, 회사가 대표소송에 당사자로서 참가하는 경우 소송경제가 도모될 뿐만 아니라 판결의 모순·저촉을 유발할 가능성도 없다는 사정과, 상법 제404조 제1항에서 특별히 참가에 관한 규정을 두어 주주의 대표소송의 특성을 살려 회사의 권익을 보호하려한 입법 취지를 함께 고려할 때, 상법 제404조 제1항에서 규정하고 있는 회사의 참가는 공동소송참가를 의미하는 것으로 해석함이 타당하고, 나아가 이러한 해석이 중복제소를 금지하고 있는 민사소송법 제234조에 반하는 것도 아니다. [2] 공동소송참가는 항소심에서도 할 수 있는 것이고, 항소심절차에서 공동소송참가가 이루어진 이후에 피참가소가 소송요건의 흠결로 각하된다고 할지라도 소송의 목적이 당사자 일방과 제3자에 대하여 합일적으로 확정될 경우에 한하여 인정되는 공동소송참가의 특성에 비추어 볼 때, 심급이익 박탈의 문제는 발생하지 않는다(대판 2002.3.15. 2000다9086).

②·⑤ **정답**

[❷ ▸ ×] 주식을 양수하였으나 아직 주주명부에 명의개서를 하지 아니하여 주주명부에는 양도인이 주주로 기재되어 있는 경우뿐만 아니라, 주식을 인수하거나 양수하려는 자가 타인의 명의를 빌려 회사의 주식을 인수하거나 양수하고 타인의 명의로 주주명부에의 기재까지 마치는 경우에도, 회사에 대한 관계에서는 주주명부상 주주만이 주주로서 의결권 등 주주권을 적법하게 행사할 수 있다. 이는 주주명부에 주주로 기재되어 있는 자는 특별한 사정이 없는 한 회사에 대한 관계에서 주식에 관한 의결권 등 주주권을 적법하게 행사할 수 있고, 회사의 주식을 양수하였더라도 주주명부에 기재를 마치지 아니하면 주식의 양수를 회사에 대항할 수 없다는 법리에 비추어 볼 때 자연스러운 결과이다(대판 2017.3.23. 2015다248342 [전합]).

[❸ ▸ ○] 주주대표소송을 제기한 주주의 보유주식이 제소 후 발행주식 총수의 100분의 1 미만으로 감소한 경우(發行株式을 보유하지 아니하게 된 경우를 제외한다)에도 제소의 효력에는 영향이 없다(상법 제403조 제5항).

[❹ ▸ ○] 회사가 이사 또는 감사에 대한 책임추궁을 게을리 할 것을 예상하여 마련된 주주의 대표소송의 제도는 파산절차가 진행 중인 경우에는 그 적용이 없고, 주주가 파산관재인에 대하여 이사 또는 감사에 대한 책임을 추궁할 것을 청구하였는데 파산관재인이 이를 거부하였다고 하더라도 주주가 상법 제403조, 제415조에 근거하여 대표소송으로서 이사 또는 감사의 책임을 추궁하는 소를 제기할 수 없다고 보아야 할 것이며, 이러한 이치는 주주가 회사에 대하여 책임추궁의 소의 제기를 청구하였지만 회사가 소를 제기하지 않고 있는 사이에 회사에 대하여 파산선고가 있는 경우에도 마찬가지이다(대판 2002.7.12. 2001다2617).

[❺ ▸ ×] 제403조의 소가 제기된 경우, 원고와 피고의 공모로 인하여 소송의 목적인 회사의 권리를 사해할 목적으로써 판결을 하게 한 때에는, 회사 또는 주주는 확정한 종국판결에 대하여 재심의 소를 제기할 수 있다(상법 제406조 제1항).

2013년 변호사시험 문 47.

☑ 확인Check! ○ △ ×

상법상 집행임원제도에 관한 설명 중 옳지 않은 것은?

① 상법은 당해 주식회사의 감사와 이사 간의 겸임금지를 규정하고 있지만 집행임원과 이사 간의 겸임금지를 규정하고 있지 않다.
② 집행임원의 권한에는 이사회의 결의에 의해 위임받은 업무집행에 관한 의사결정이 포함된다.
③ 집행임원의 선임·해임 권한은 주주총회에 있다.
④ 집행임원설치회사의 경우 대표집행임원이 회사의 영업에 관하여 재판상·재판외의 모든 행위를 할 권한이 있다.
⑤ 집행임원이 고의 또는 중대한 과실로 그 임무를 게을리한 경우에는 그 집행임원은 제3자에게 손해를 배상할 책임이 있다.

[❶ ▸ ○] 감사와 이사는 겸직하지 못하나(상법 제411조), 집행임원과 이사의 경우에는 겸임을 명시적으로 금지하고 있지 아니하므로, 집행임원과 이사의 겸임이 가능하다.

[❷ ▸ ○] 집행임원의 권한은 ㉠ 집행임원설치회사의 업무 집행, ㉡ 정관이나 이사회의 결의에 의하여 위임받은 업무집행에 관한 의사결정으로 한다(상법 제408조의4).

[❸ ▸ ×] 집행임원의 선임·해임권한은 집행임원설치회사의 이사회가 가진다(상법 제408조의2 제3항 제1호).

[❹ ▸ ○] 대표집행임원은 회사의 영업에 관하여 재판상·재판 외의 모든 행위를 할 권한이 있다(상법 제408조의5 제2항, 제389조 제3항, 제209조 제1항).

[❺ ▸ ○] 집행임원이 고의 또는 중대한 과실로 그 임무를 게을리한 경우에는, 그 집행임원은 제3자에게 손해를 배상할 책임이 있다(상법 제408조의8 제2항).

상법상 주주대표소송에 관한 설명 중 옳은 것을 모두 고른 것은?(다툼이 있는 경우 판례에 의함)

ㄱ. 주주가 대표소송을 제기할 수 있는 주식보유요건을 갖추고 적법하게 소를 제기하였다면 소송계속 중에 주식을 모두 양도하여 주주의 지위를 상실하였더라도 그가 제기한 소가 부적법하게 되는 것은 아니다.
ㄴ. 소를 제기한 주주가 패소한 때에는 악의인 경우 외에는 회사에 대하여 손해를 배상할 책임이 없다.
ㄷ. 주주대표소송에서 승소확정판결을 받은 주주는 위 확정판결을 집행권원으로 한 집행에 있어 집행채권자가 될 수 있다.
ㄹ. 원고적격요건을 갖추어 대표소송을 제기한 주주가 그 소송의 사실심 변론종결 시까지 원고적격요건을 유지하지 못하여 종국적으로 소가 각하되는 운명에 있다면, 사실심 변론종결 이전에 회사가 원고 측에 공동소송참가를 신청하더라도 그 참가는 부적법하다.

① ㄱ, ㄴ 　② ㄴ, ㄷ 　③ ㄷ, ㄹ
④ ㄴ, ㄷ, ㄹ 　⑤ ㄱ, ㄴ, ㄷ, ㄹ

[ㄱ ▸ ✕] 상법 제403조 제1항, 제2항, 제3항, 제5항, 구 은행법 제23조의5 제1항의 규정들을 종합하여 보면, 주주가 대표소송을 제기하기 위하여는 회사에 대하여 이사의 책임을 추궁할 소의 제기를 청구할 때와 회사를 위하여 그 소를 제기할 때 상법 또는 구 은행법이 정하는 주식보유요건을 갖추면 되고, 소제기 후에는 보유주식의 수가 그 요건에 미달하게 되어도 무방하다. 그러나 대표소송을 제기한 주주가 소송의 계속 중에 주식을 전혀 보유하지 아니하게 되어 주주의 지위를 상실하면, 특별한 사정이 없는 한 그 주주는 원고적격을 상실하여 그가 제기한 소는 부적법하게 되고(상법 제403조 제5항), 이는 그 주주가 자신의 의사에 반하여 주주의 지위를 상실하였다 하여 달리 볼 것은 아니다(대판 2018.11.29. 2017다35717).

[ㄴ ▸ ○] 대표소송을 제기한 주주가 승소한 때에는 그 주주는 회사에 대하여 소송비용 및 그 밖에 소송으로 인하여 지출한 비용 중 상당한 금액의 지급을 청구할 수 있다. 이 경우 소송비용을 지급한 회사는 이사 또는 감사에 대하여 구상권이 있다(상법 제405조 제1항). 소를 제기한 주주가 패소한 때에는 악의인 경우 외에는 회사에 대하여 손해를 배상할 책임이 없다(동법 제405조 제2항).

[ㄷ ▸ ○] 주주대표소송의 주주와 같이 다른 사람을 위하여 원고가 된 사람이 받은 확정판결의 집행력은 확정판결의 당사자인 원고가 된 사람과 다른 사람 모두에게 미치므로, 주주대표소송의 주주는 집행채권자가 될 수 있다(대결 2014.2.19. 2013마2316).

[ㄹ ▸ ✕] [1] 비록 원고 주주들이 주주대표소송의 사실심 변론종결 시까지 대표소송상의 원고 주주요건을 유지하지 못하여 종국적으로 소가 각하되는 운명에 있다고 할지라도 회사인 원고 공동소송참가인의 참가시점에서는 원고 주주들이 적법한 원고적격을 가지고 있었다고 할 것이어서 회사인 원고 공동소송참가인의 참가는 적법하다고 할 것이고, 뿐만 아니라 원고 주주들의 주주대표소송이 확정적으로 각하되기 전에는 여전히 그 소송계속 상태가 유지되고 있는 것이어서, 그 각하판결 선고 이전에 회사가 원고 공동소송참가를 신청하였다면 그 참가 당시 피참가소송의 계속이 없다거나 그로 인하여 참가가 부적법하게 된다고 볼 수는 없다.
[2] 공동소송참가는 항소심에서도 할 수 있는 것이고, 항소심절차에서 공동소송참가가 이루어진 이후에 피참가소가 소송요건의 흠결로 각하된다고 할지라도 소송의 목적이 당사자 일방과 제3자에 대하여 합일적으로 확정될 경우에 한하여 인정되는 공동소송참가의 특성에 비추어 볼 때, 심급이익 박탈의 문제는 발생하지 않는다(대판 2002.3.15. 2000다9086).

2012년 변호사시험 문 67.

☑ 확인 Check! ○ △ ×

비상장회사인 乙주식회사의 이사들은 재임기간 중 거액의 비자금을 조성하여 그중 일부는 횡령하고 나머지는 뇌물 공여에 사용하였는데, 乙주식회사의 새로운 임원진은 종전 이사들의 불법행위를 알면서도 이들에 대하여 손해배상청구를 하지 않고 있다. 이에 乙주식회사의 주주인 甲은 乙주식회사의 종전 이사들을 피고로 하여 주주대표소송을 제기하였다. 다음 설명 중 옳지 않은 것은?(다툼이 있는 경우에는 판례에 의함)

① 甲이 제소 당시에 발행주식 총수의 100분의 1 이상의 주식을 보유하고 있었다면 그 후 소송계속 중 주식의 일부를 양도하여 그의 보유주식이 100분의 1 미만으로 감소된 경우에도 당사자적격을 상실하지 않는다.

② 乙주식회사는 甲이 제기한 소송에 공동소송참가할 수 있고, 이 경우 乙주식회사를 대표할 자는 감사가 아닌 대표이사이다.

③ 甲이 乙주식회사의 본점 소재지를 관할하는 지방법원이 아닌 법원에 위 소를 제기하였는데, 피고들이 이의 없이 본안에 관하여 변론한 경우 그 법원에 변론관할이 생긴다.

④ 丙주식회사가 乙주식회사의 발행주식 총수의 과반수를 보유하고 있는 지배주주인 경우, 丙주식회사의 주주는 상법상의 소수주주로서의 요건을 갖추었더라도 乙주식회사의 종전 이사들을 상대로 대표소송을 제기할 당사자적격이 없다.

⑤ 甲은 법원의 허가를 받지 아니하고는 소의 취하, 청구의 포기·인낙, 화해를 할 수 없다.

[❶ ▸ ○] 주주대표소송을 제기한 주주의 보유주식이 제소 후 발행주식 총수의 100분의 1 미만으로 감소한 경우에도 제소의 효력에는 영향이 없다(상법 제403조 제5항). 그러나 주식을 전혀 보유하지 아니하게 된 경우에는 당사자적격을 상실하게 되므로, 소를 각하하여야 한다.

[❷ ▸ ○] [1] 주주의 대표소송에 있어서 원고 주주가 원고로서 제대로 소송수행을 하지 못하거나 혹은 상대방이 된 이사와 결탁함으로써 회사의 권리보호에 미흡하여 회사의 이익이 침해될 염려가 있는 경우 그 판결의 효력을 받는 권리귀속주체인 회사가 이를 막거나 자신의 권리를 보호하기 위하여 소송수행권한을 가진 정당한 당사자로서 그 소송에 참가할 필요가 있으며, 회사가 대표소송에 당사자로서 참가하는 경우 소송경제가 도모될 뿐만 아니라 판결의 모순·저촉을 유발할 가능성도 없다는 사정과, 상법 제404조 제1항에서 특별히 참가에 관한 규정을 두어 주주의 대표소송의 특성을 살려 회사의 권익을 보호하려한 입법 취지를 함께 고려할 때, 상법 제404조 제1항에서 규정하고 있는 회사의 참가는 공동소송참가를 의미하는 것으로 해석함이 타당하고, 나아가 이러한 해석이 중복제소를 금지하고 있는 민사소송법 제234조에 반하는 것도 아니다. [2] 전 이사들을 상대로 하는 주주대표소송에 회사가 참가하는 경우, 상법 제394조 제1항의 적용이 배제되어 회사를 대표하는 자는 감사가 아닌 대표이사라고 보아야 한다(대판 2002.3.15. 2000다9086).

[❸ ▸ ×] 주주대표소송은 본점 소재지의 지방법원의 관할에 전속한다(상법 제403조 제7항, 제186조). 이는 임의관할이 아니므로 변론관할이 발생하지 아니한다.

[❹ ▸ ○] 어느 한 회사가 다른 회사의 주식의 전부 또는 대부분을 소유하여 양자간에 지배종속관계에 있고, 종속회사가 그 이사 등의 부정행위에 의하여 손해를 입었다고 하더라도, 지배회사와 종속회사는 상법상 별개의 법인격을 가진 회사이고, 대표소송의 제소자격은 책임추궁을 당하여야 하는 이사가 속한 당해 회사의 주주로 한정되어 있으므로, 종속회사의 주주가 아닌 지배회사의 주주는 상법 제403조, 제415조에 의하여 종속회사의 이사 등에 대하여 책임을 추궁하는 이른바 이중대표소송을 제기할 수 없다(대판 2004.9.23. 2003다49221).

[❺ ▸ ○] 주주가 대표소송을 제기한 경우 당사자는 법원의 허가를 얻지 아니하고는 소의 취하, 청구의 포기·인낙·화해를 할 수 없다(상법 제403조 제6항).

비상장 주식회사의 이사, 이사회 또는 집행임원에 관한 설명 중 옳지 않은 것은?(다툼이 있는 경우 판례에 의함)

① 집행임원설치회사의 경우 집행임원과 집행임원설치회사와의 소송에서는 감사가 집행임원설치회사를 대표하여야 한다.

② 이사가 이사회의 승인이 없이 회사와 동종영업을 목적으로 하는 회사를 설립하고 그 회사의 이사 겸 대표이사가 되어 영업준비작업을 하고 있다면, 그 영업활동을 개시하기 전에 그 회사의 이사 및 대표이사직을 사임하더라도 이사의 경업금지의무를 위반한 행위에 해당한다.

③ 이사가 법령을 위반하여 그 임무를 수행함으로써 회사에 대하여 손해배상책임이 문제되는 경우, 경영판단의 원칙은 원칙적으로 적용되지 않는다.

④ 이사회 소집통지를 할 때에, 회사의 정관에 이사들에게 회의의 목적사항을 함께 통지하도록 정하고 있거나 회의의 목적사항을 함께 통지하지 않으면 이사회에서의 심의·의결에 현저한 지장을 초래하는 등의 특별한 사정이 없는 한, 회의의 목적사항을 함께 통지할 필요는 없다.

⑤ 정관으로 이사가 가질 주식의 수를 정한 경우에 다른 규정이 없는 때에는 이사는 그 수의 주권을 감사에게 공탁하여야 한다.

[**❶ ▶ ✕**] 집행임원설치회사의 이사회는 집행임원과 집행임원설치회사의 소송에서 집행임원설치회사를 대표할 자의 선임권한을 가지므로(상법 제408조의2 제3항 제3호), 집행임원과 집행임원설치회사와의 소송에서는 집행임원설치회사의 이사회가 회사를 대표할 자를 선임하여야 한다.

[**❷ ▶ ○**] 甲주식회사의 이사가 주주총회의 승인이 없이 그 회사와 동종 영업을 목적으로 하는 乙회사를 설립하고 乙회사의 이사 겸 대표이사가 되었다면 설령 乙회사가 영업활동을 개시하기 전에 乙회사의 이사 및 대표이사직을 사임하였다고 하더라도, 이는 분명히 상법 제397조 제1항 소정의 경업금지의무를 위반한 행위로서 특별한 다른 사정이 없는 한 이사의 해임에 관한 상법 제385조 제2항 소정의 "법령에 위반한 중대한 사실"이 있는 경우에 해당한다(대결 1990.11.2. 90마745).

[**❸ ▶ ○**] 상법 제399조는 이사가 법령에 위반한 행위를 한 경우에 회사에 대하여 손해배상책임을 지도록 규정하고 있는데, 이사가 임무를 수행함에 있어서 위와 같이 법령에 위반한 행위를 한 때에는 그 행위 자체가 회사에 대하여 채무불이행에 해당하므로, 그로 인하여 회사에 손해가 발생한 이상 특별한 사정이 없는 한 손해배상책임을 면할 수 없다. 한편, 이사가 임무를 수행함에 있어서 선량한 관리자의 주의의무를 위반하여 임무위반으로 인한 손해배상책임이 문제되는 경우에도, 통상의 합리적인 금융기관의 임원이 그 당시의 상황에서 적합한 절차에 따라 회사의 최대이익을 위하여 신의성실에 따라 직무를 수행하였고 그 의사결정과정 및 내용이 현저하게 불합리하지 않다면, 그 임원의 행위는 경영판단이 허용되는 재량범위 내에 있다고 할 것이나, 위와 같이 이사가 법령에 위반한 행위에 대하여는 원칙적으로 경영판단의 원칙이 적용되지 않는다(대판 2007.7.26. 2006다33609).

[**❹ ▶ ○**] 이사회소집통지를 할 때에는, 회사의 정관에 이사들에게 회의의 목적사항을 함께 통지하도록 정하고 있거나 회의의 목적사항을 함께 통지하지 아니하면 이사회에서의 심의·의결에 현저한 지장을 초래하는 등의 특별한 사정이 없는 한, 주주총회소집통지의 경우와 달리 회의의 목적사항을 함께 통지할 필요는 없다(대판 2011.6.24. 2009다35033).

[**❺ ▶ ○**] 정관으로 이사가 가질 주식의 수를 정한 경우에 다른 규정이 없는 때에는 이사는 그 수의 주권을 감사에게 공탁하여야 한다(상법 제387조).

2020년 변호사시험 문 44.　☑ 확인Check! ○ △ ✕

「상법」상 A주식회사는 자본금 100억원의 비상장회사로 감사위원회 설치회사이다. 甲은 A회사의 이사로서 감사위원회 위원(이하 '감사위원'이라 한다)이다. 이에 관한 설명 중 옳은 것을 모두 고른 것은?(다툼이 있는 경우 판례에 의함)

ㄱ. 감사위원회는 그 직무를 수행하기 위하여 필요한 때에는 자회사에 대하여 영업의 보고를 요구할 수 있으며 이 경우 자회사가 지체 없이 보고를 하지 아니하는 경우에는 자회사의 업무와 재산상태를 조사할 수 있다.
ㄴ. 감사위원회를 소집하기 위해서는 회일을 정하고 그 1주일 전에 각 위원에게 통지를 발송하여야 하는데, 감사위원 전원의 동의가 있으면 이러한 절차 없이 언제든지 회의할 수 있다.
ㄷ. A회사가 감사위원 甲에게 소를 제기하는 경우 감사위원회 또는 이사는 법원에 회사를 대표할 자를 선임하여 줄 것을 신청하여야 한다.
ㄹ. 감사위원 甲의 해임에 관한 이사회의 결의는 이사의 3분의 2 이상이 출석하고 그 출석이사 과반수의 찬성을 요한다.

① ㄱ, ㄴ　　② ㄱ, ㄷ　　③ ㄱ, ㄴ, ㄷ
④ ㄱ, ㄴ, ㄹ　　⑤ ㄴ, ㄷ, ㄹ

[ㄱ ▸ ○]　모회사의 감사위원는 그 직무를 수행하기 위하여 필요한 때에는 자회사에 대하여 영업의 보고를 요구할 수 있다. 모회사의 감사위원는 제1항의 경우에 자회사가 지체 없이 보고를 하지 아니할 때 또는 그 보고의 내용을 확인할 필요가 있는 때에는 자회사의 업무와 재산상태를 조사할 수 있다(상법 제415조의2 제7항, 제412조의5 제1항·제2항).

[ㄴ ▸ ○]　감사위원회를 소집함에는 회일을 정하고 그 1주간 전에 각 위원에 대하여 통지를 발송하여야 한다. 그러나 그 기간은 정관으로 단축할 수 있다. 감사위원회는 감사위원 전원의 동의가 있는 때에는 통지 없이 언제든지 회의할 수 있다(상법 제415조의2 제1항, 제393조의2 제1항·제5항, 제390조 제3항·제4항).

[ㄷ ▸ ○]　제415조의2의 규정에 의한 감사위원회의 위원이 소의 당사자인 경우에는 감사위원회 또는 이사는 법원에 회사를 대표할 자를 선임하여 줄 것을 신청하여야 한다(상법 제394조 제2항).

[ㄹ ▸ ✕]　감사위원회의 위원의 해임에 관한 이사회의 결의는 이사 총수의 3분의 2 이상의 결의로 하여야 한다(상법 제415조의2 제3항).

정답 ③

「상법」상 비상장주식회사의 감사에 관한 설명 중 옳지 않은 것은?(다툼이 있는 경우 판례에 의함)

① 주주총회에서 감사선임결의는 출석한 주주의 의결권의 과반수와 발행주식 총수의 4분의 1 이상의 수로써 하여야 하는데 이때 발행주식 총수에는 감사선임결의에서 의결권 행사가 제한되는 3% 초과 주식 수도 산입된다.

② 법적으로는 감사의 지위를 갖지만 회사와 명시적 또는 묵시적 약정에 따라 감사로서 실질적인 직무를 수행하지 않는 이른바 명목상 감사도 오로지 보수의 지급이라는 형식으로 회사자금을 개인에게 지급하기 위한 방편으로 감사로 선임한 것이라는 특별한 사정이 없는 한, 회사에 대하여 정관규정 또는 주주총회결의에 의하여 결정된 보수의 청구권을 가진다.

③ 감사가 실질적으로 그 직무를 수행할 의사가 전혀 없으면서 자신의 도장을 이사에게 맡기는 등의 방식으로 그 명의만을 빌려줌으로써 이사로 하여금 어떠한 간섭이나 감독도 받지 않고 재무제표 등에 허위사실을 기재한 다음 분식된 재무제표 등을 이용하여 제3자에게 손해를 입히도록 묵인하거나 방치한 경우 이는 악의 또는 중대한 과실로 인하여 임무를 해태한 때에 해당하여 감사는 그로 말미암아 제3자가 입은 손해를 배상할 책임이 있다.

④ 감사는 회계감사를 비롯하여 이사의 업무집행 전반을 감사할 권한을 가지므로 이사가 주주총회에 제출할 의안 및 서류를 조사하여 법령 또는 정관에 위반하거나 현저하게 부당한 사항이 있는지 여부에 관하여 주주총회에 그 의견을 진술하여야 한다.

⑤ 감사가 회사 또는 자회사의 이사·지배인 기타의 사용인에 선임되거나 반대로 회사 또는 자회사의 이사·지배인 기타의 사용인이 회사의 감사에 선임된 경우 그 선임행위는 각각의 선임 당시 현직을 사임하는 것을 조건으로 하여 효력을 가지고, 피선임자가 새로이 선임된 지위에 취임할 것을 승낙한 때에는 종전의 직을 사임하는 의사를 표시한 것으로 해석하여야 한다.

[**❶ ▶ X**] 주주총회에서 감사를 선임하려면 우선 '출석한 주주의 의결권의 과반수'라는 의결정족수를 충족하여야 하고, 나아가 의결정족수가 '발행주식 총수의 4분의 1 이상의 수'이어야 하는데, 상법 제371조는 제1항에서 '발행주식 총수에 산입하지 않는 주식'에 대하여 정하면서 상법 제409조 제2항의 의결권 없는 주식(이하 '3% 초과 주식'이라 한다)은 이에 포함시키지 않고 있고, 제2항에서 '출석한 주주의 의결권 수에 산입하지 않는 주식'에 대하여 정하면서는 3% 초과 주식을 이에 포함시키고 있다. 그런데 만약 3% 초과 주식이 상법 제368조 제1항에서 말하는 '발행주식 총수'에 산입된다고 보게 되면, 어느 한 주주가 발행주식 총수의 78%를 초과하여 소유하는 경우와 같이 3% 초과 주식의 수가 발행주식 총수의 75%를 넘는 경우에는 상법 제368조 제1항에서 말하는 '발행주식 총수의 4분의 1 이상의 수'라는 요건을 충족시키는 것이 원천적으로 불가능하게 되는데, 이러한 결과는 감사를 주식회사의 필요적 상설기관으로 규정하고 있는 상법의 기본입장과 모순된다. 따라서 감사의 선임에서 3% 초과 주식은 상법 제371조의 규정에도 불구하고 상법 제368조 제1항에서 말하는 '발행주식 총수'에 산입되지 않는다. 그리고 이는 자본금 총액이 10억원 미만이어서 감사를 반드시 선임하지 않아도 되는 주식회사라고 하여 달리 볼 것도 아니다(대판 2016.8.17. 2016다222996).

[**❷ ▶ ○**] 법적으로는 주식회사 이사·감사의 지위를 갖지만 회사와의 명시적 또는 묵시적 약정에 따라 이사·감사로서의 실질적인 직무를 수행하지 않는 이른바 명목상 이사·감사도 법인인 회사의 기관으로서 회사가 사회적 실체로서 성립하고 활동하는 데 필요한 기초를 제공함과 아울러 상법이 정한 권한과 의무를 갖고 의무위반에 따른 책임을 부담하는 것은 일반적인 이사·감사와 다를 바 없으므로, 과다한 보수에 대한 사법적 통제의 문제는 별론으로 하더라도, 오로지 보수의 지급이라는 형식으로 회사의 자금을 개인에게 지급하기 위한 방편으로 이사·감사로 선임한 것이라는 등의 특별한 사정이 없는 한, 회사에 대하여 상법 제388조, 제415조에 따라 정관의 규정 또는 주주총회의 결의에 의하여 결정된 보수의 청구권을 갖는다(대판 2015.7.23. 2014다236311).

[**❸ ▶ ○**] 주식회사의 감사가 실질적으로 감사로서의 직무를 수행할 의사가 전혀 없으면서도 자신의 도장을 이사에게 맡기는 등 방식으로 그 명의만을 빌려줌으로써 회사의 이사로 하여금 어떠한 간섭이나 감독도 받지 않고 재무제표 등에 허위의 사실을 기재한 다음 그와 같이 분식된 재무제표 등을 이용하여 거래상대방인 제3자에게 손해를 입히도록 묵인하거나

방치한 경우, 감사는 악의 또는 중대한 과실로 인하여 임무를 해태한 때에 해당하여 그로 말미암아 제3자가 입은 손해를 배상할 책임이 있다(대판 2008.2.14. 2006다82601).

[❹ ▸ ○] 주식회사의 감사는 이사의 직무 집행을 감사하고, 이사가 법령 또는 정관에 위반한 행위를 하거나 그 행위를 할 염려가 있는 때에는 이사회에 보고하여야 하며, 이사가 주주총회에 제출할 의안 및 서류를 조사하여 법령 또는 정관에 위반하거나 현저하게 부당한 사항이 있는지의 여부에 관하여 주주총회에 그 의견을 진술하여야 할 의무가 있다(대판 2008.9.11. 2007다31518).

[❺ ▸ ○] 감사가 회사 또는 자회사의 이사 또는 지배인 기타의 사용인에 선임되거나 반대로 회사 또는 자회사의 이사 또는 지배인 기타의 사용인이 회사의 감사에 선임된 경우에는 그 선임행위는 각각의 선임 당시에 있어 현직을 사임하는 것을 조건으로 하여 효력을 가지고, 피선임자가 새로이 선임된 지위에 취임할 것을 승낙한 때에는 종전의 직을 사임하는 의사를 표시한 것으로 해석하여야 한다(대판 2007.12.13. 2007다60080).

2019년 변호사시험 문 47.

☑ 확인Check! ○ △ ×

비상장주식회사의 감사에 관한 설명 중 옳지 않은 것은?(다툼이 있는 경우 판례에 의함)

① 감사는 회사 및 자회사의 이사 또는 지배인 기타의 사용인의 직무를 겸하지 못한다.
② 감사의 임기는 취임 후 3년 내의 최종의 결산기에 관한 정기총회의 종결 시까지로 한다.
③ 주주총회에서 감사를 선임하는 경우, 선임결의와 피선임자의 승낙만 있으면, 피선임자는 대표이사와 별도의 임용계약을 체결하였는지와 관계없이 감사의 지위를 취득한다.
④ 모회사의 감사는 자회사에 대하여 언제든지 업무와 재산상태를 조사할 수 있다.
⑤ 감사는 언제든지 이사에 대하여 영업에 관한 보고를 요구하거나 회사의 업무와 재산상태를 조사할 수 있다.

[❶ ▸ ○] 감사는 회사 및 자회사의 이사 또는 지배인 기타의 사용인의 직무를 겸하지 못한다(상법 제411조).

[❷ ▸ ○] 감사의 임기는 취임 후 3년 내의 최종의 결산기에 관한 정기총회의 종결 시까지로 한다(상법 제410조).

[❸ ▸ ○] 이사·감사의 지위가 주주총회의 선임결의와 별도로 대표이사와 사이에 임용계약이 체결되어야만 비로소 인정된다고 보는 것은, 이사·감사의 선임을 주주총회의 전속적 권한으로 규정하여 주주들의 단체적 의사결정 사항으로 정한 상법의 취지에 배치된다. 또한 상법상 대표이사는 회사를 대표하며, 회사의 영업에 관한 재판상 또는 재판 외의 모든 행위를 할 권한이 있으나(제389조 제3항, 제209조 제1항), 이사·감사의 선임이 여기에 속하지 아니함은 법문상 분명하다. 그러므로 이사·감사의 지위는 주주총회의 선임결의가 있고 선임된 사람의 동의가 있으면 취득된다고 보는 것이 옳다. 결론적으로, 주주총회에서 이사나 감사를 선임하는 경우, 선임결의와 피선임자의 승낙만 있으면, 피선임자는 대표이사와 별도의 임용계약을 체결하였는지와 관계없이 이사나 감사의 지위를 취득한다(대판 2017.3.23. 2016다251215 [전합]).

[❹ ▸ ✕] 모회사의 감사는 그 직무를 수행하기 위하여 필요한 때에는 자회사에 대하여 영업의 보고를 요구할 수 있다(상법 제412조의5 제1항). 모회사의 감사는 제1항의 경우에 자회사가 지체 없이 보고를 하지 아니할 때 또는 그 보고의 내용을 확인할 필요가 있는 때에는 자회사의 업무와 재산상태를 조사할 수 있다(동법 제412조의5 제2항).

[❺ ▸ ○] 감사는 언제든지 이사에 대하여 영업에 관한 보고를 요구하거나 회사의 업무와 재산상태를 조사할 수 있다(상법 제412조 제2항).

상장회사로서 자산이 500억원인 A회사의 정관에는 "감사의 선임에 관하여 의결권을 행사할 주주 본인과 그의 특수관계인 등이 소유하는 의결권 있는 주식의 합계가 의결권 있는 발행주식 총수의 100분의 3을 초과하는 경우, 그 주주는 그 초과하는 주식에 관하여는 의결권을 행사하지 못한다"라고 규정되어 있다. A회사의 최대주주 甲은 의결권 있는 발행주식 총수의 12%에 해당하는 주식을 단독으로 소유하고 있으며, 2대 주주 乙이 그의 특수관계인과 함께 소유한 주식은 의결권 있는 발행주식 총수의 10%에 해당한다. 다음 설명 중 옳은 것을 모두 고른 것은?(다툼이 있는 경우에는 판례에 의함)

ㄱ. "의결권은 1주마다 1개로 한다"라고 규정한 상법 제369조 제1항의 내용은 정관으로 달리 정할 수 있으므로 A회사의 위 정관조항은 유효하다.

ㄴ. 甲은 감사 선임을 위한 주주총회에서 자신이 소유한 주식 가운데 위 정관규정에 따라 3%를 초과하는 주식에 관하여 의결권을 제한받더라도 이를 이유로 결의의 하자를 주장할 수 없다.

ㄷ. 乙은 감사 선임을 위한 주주총회에서 자신과 그 특수관계인이 소유한 주식 가운데 위 정관규정에 따라 3%를 초과하는 주식에 관하여 의결권을 제한받더라도 이를 이유로 결의의 하자를 주장할 수 없다.

ㄹ. A회사가 주주총회의 목적사항으로 감사의 선임 또는 감사의 보수결정을 위한 의안을 상정하려는 경우에는 이사의 선임 또는 이사의 보수결정을 위한 의안과는 별도로 상정하여 의결하여야 한다.

① ㄱ, ㄴ　　　　　　② ㄱ, ㄷ　　　　　　③ ㄴ, ㄹ
④ ㄷ, ㄹ　　　　　　⑤ ㄴ, ㄷ, ㄹ

[ㄱ ▸ Ⅹ] [ㄷ ▸ Ⅹ]　상장회사인 A회사의 2대 주주 乙이 그의 특수관계인과 함께 소유한 주식이 의결권 있는 발행주식 총수의 10%에 해당하여, A회사의 정관에 의하여 의결권이 제한되는 것은 1주 1의결권의 원칙에 반하여 무효이고, 이러한 무효인 정관에 따라 의결권이 행사되었다면 결의방법의 하자로서 주주총회결의취소사유에 해당하므로, 乙은 결의의 하자를 주장할 수 있다.

[1] 상법 제369조 제1항에서 주식회사의 주주는 1주마다 1개의 의결권을 가진다고 하는 1주 1의결권의 원칙을 규정하고 있는바, 위 규정은 강행규정이므로 법률에서 위 원칙에 대한 예외를 인정하는 경우를 제외하고, 정관의 규정이나 주주총회의 결의 등으로 위 원칙에 반하여 의결권을 제한하더라도 효력이 없다.

[2] 상법 제409조 제2항·제3항은 '주주'가 일정 비율을 초과하여 소유하는 주식에 관하여 감사의 선임에 있어서 그 의결권을 제한하고 있고, 구 증권거래법 제191조의11은 '최대주주와 그 특수관계인 등'이 일정 비율을 초과하여 소유하는 주권상장법인의 주식에 관하여 감사의 선임 및 해임에 있어서 의결권을 제한하고 있을 뿐이므로, '최대주주가 아닌 주주와 그 특수관계인 등'에 대하여도 일정 비율을 초과하여 소유하는 주식에 관하여 감사의 선임 및 해임에 있어서 의결권을 제한하는 내용의 정관규정이나 주주총회결의 등은 무효이다(대판 2009.11.26. 2009다51820).

[ㄴ ▸ ○]　상장회사인 A회사의 최대주주 甲은 단독으로 의결권 있는 발행주식 총수의 12%에 해당하는 주식을 소유하고 있어 의결권이 제한되므로, 이를 이유로 결의의 하자를 주장할 수 없다.

법령 감사위원회의 구성 등(상법 제542조의12)　③ 최대주주, 최대주주의 특수관계인, 그 밖에 대통령령으로 정하는 자가 소유하는 상장회사의 의결권 있는 주식의 합계가 그 회사의 의결권 없는 주식을 제외한 발행주식 총수의 100분의 3을 초과하는 경우 그 주주는 그 초과하는 주식에 관하여 감사 또는 사외이사가 아닌 감사위원 회 위원을 선임하거나 해임할 때에는 의결권을 행사하지 못한다. 다만, 정관에서 이보다 낮은 주식보유비율을 정할 수 있다.

[ㄹ ▸ ○]　상장회사가 주주총회의 목적사항으로 감사의 선임 또는 감사의 보수결정을 위한 의안을 상정하려는 경우에는 이사의 선임 또는 이사의 보수결정을 위한 의안과는 별도로 상정하여 의결하여야 한다(상법 제542조의12 제5항).

2013년 변호사시험 문 41.　　　　　　　　　　　　　　☑확인Check! ○ △ ✕

상법상 주식회사에 관한 설명 중 옳은 것은?
① 감사위원회를 설치한 회사는 기업지배구조의 개선과 이사에 대한 감독을 강화할 필요가 있는 경우 감사도 둘 수 있다.
② 최근 사업연도 말 현재 자산 총액 2조 원 이상인 상장회사는 사외이사 후보추천위원회로 하여금 사외이사 후보를 추천하 도록 하여야 한다. 이 경우 사외이사 후보추천위원회는 회사의 이사가 아닌 외부인사가 총위원의 과반수가 되도록 구성 하여야 한다.
③ 비상장 주식회사의 감사위원회 위원을 선임하거나 해임하는 권한은 주주총회에 있다.
④ 이사회는 정관이 정한 바에 따라 이사회내 위원회를 설치할 수 있다. 이 경우 비상장 주식회사의 위원회는 감사위원회를 제외하고는 2인 이상의 이사로 구성하되 위원회의 위원은 사외이사가 아니어도 된다.
⑤ 이사회 내 위원회의 결의는 전체 이사회의 결의로 확정되지 않는 한 법적 효력을 인정받지 못한다.

[❶ ▸ ✕]　회사는 정관이 정한 바에 따라 감사에 갈음하여 제393조의2의 규정에 의한 위원회로서 감사위원회를 설치할 수 있다. 감사위원회를 설치한 경우에는 감사를 둘 수 없다(상법 제415조의2 제1항).

[❷ ▸ ✕]　최근 사업연도 말 현재 자산 총액 2조 원 이상인 상장회사는, 사외이사 후보를 추천하기 위하여 제393조의2의 위원회(이하 이 조에서 "사외이사 후보추천위원회"라 한다)를 설치하여야 한다. 이 경우 사외이사 후보추천위원회는 사외이 사가 총위원의 과반수가 되도록 구성하여야 한다(상법 제542조의8 제4항).

[❸ ▸ ✕]　비상장주식회사에서 감사위원회 위원을 선임하거나 해임하는 권한은 이사회에 있다(상법 제393조의2 제2항 제3호). 다만, 대규모 상장회사의 경우에는 주주총회의 권한으로 하고 있음에 주의를 요한다(동법 제542조의12 제1항).

[❹ ▸ ○]　이사회는 정관이 정한 바에 따라 위원회를 설치할 수 있고, 2인 이상의 이사로 구성되며, 반드시 사외이사로 구성될 것은 요하지 아니한다(상법 제393조의2 제1항·제3항). 그러나 감사위원회는 제393조의2 제3항에도 불구하고 3명 이상 의 이사로 구성한다. 다만, 사외이사가 위원의 3분의 2 이상이어야 한다(상법 제415조의2 제2항).

[❺ ▸ ✕]　위원회에 위임이 제한되는 사항을 제외하고, 위원회가 이사회로부터 위임받은 사항에 대하여 행한 결의는 이사회의 결의와 같은 효력이 있다. 따라서 이사회가 위원회의 결의를 변경하는 결의를 하지 아니하는 한, 위원회의 결의는 별도의 승인절차를 요하지 아니하고 바로 이사회의 결의로써 효력을 발생한다(상법 제393조의2).

주식회사의 감사기관

구 분	감사기관의 유형	감사기관의 선임 및 해임	감사기관의 구성
비상장회사	상근 또는 비상근감사(상법 제409조 제1항), 또는 감사위원회(상법 제415조의2 제1항), 다만, 자본금 총액이 10억 미만인 회사는 감사 선임이 임의적(상법 제409조 제3항)	• 감사선임은 보통결의(상법 제409조 제1항), 해임은 특별결의(상법 제415조) • 감사위원회 위원의 선임은 이사회의 결의(상법 제393조의2 제2항, 제391조 제1항), 해임은 이사 총수의 3분의 2 이상의 결의(상법 제415조의2 제3항)	감사는 1인 이상, 감사위원회는 3명 이상의 이사로 구성. 다만, 사외이사가 위원의 3분의 2 이상이어야 함(상법 제415조의2 제2항)
자산 1천억 미만 상장회사			
자산 1천억 이상 2조원 미만 상장회사	상근감사(상법 제542조의10 제1항), 또는 감사위원회(상법 제415조의2 제1항)	• 감사선임은 보통결의(상법 제409조 제1항), 해임은 특별결의(상법 제415조) • 감사위원회 위원의 선임·해임은 주주총회의 보통결의(상법 제542조의10 제1항, 제542조의12 제1항)	감사는 1인 이상, 감사위원회는 ㉠ 3명 이상의 이사로 구성. 다만, 사외이사가 위원의 3분의 2 이상이어야 함, ㉡ 위원 중 1명 이상은 회계 또는 재무전문가일 것, ㉢ 감사위원회의 대표는 사외이사일 것(상법 제542조의10 제1항, 제542조의11 제2항)
자산 2조원 이상 상장회사	의무적 감사위원회(상법 제542조의11 제1항)	감사위원회 위원의 선임·해임은 주주총회의 보통결의(상법 제542조의12 제1항)	감사위원회는 ㉠ 3명 이상의 이사로 구성. 다만, 사외이사가 위원의 3분의 2 이상이어야 함, ㉡ 위원 중 1명 이상은 회계 또는 재무전문가일 것, ㉢ 감사위원회의 대표는 사외이사일 것(상법 제542조의11 제2항)

2015년 변호사시험 문 45.

☑ 확인Check! ○ △ ✕

「상법」상 주식회사의 감사 및 감사위원회에 관한 설명 중 옳지 않은 것은?

① 최근 사업연도 말 현재 자산 총액 1,000억원 이상 2조 원 미만인 상장회사는 1인 이상의 상근감사를 두거나 감사위원회를 설치하여야 한다.

② 비상장회사의 경우 감사가 그 임무를 해태한 때에는 그 감사는 회사에 대하여 연대하여 손해를 배상할 책임이 있으며, 감사의 책임은 발행주식 총수의 100분의 1 이상에 해당하는 주식을 가진 주주가 대표소송으로 추궁할 수 있다.

③ 의결권 없는 주식을 제외한 발행주식 총수의 100분의 3을 초과하는 수의 주식을 가진 주주는 그 초과하는 주식에 관하여 감사의 선임 및 해임에 있어서 의결권을 행사하지 못한다.

④ 감사위원회는 3명 이상의 이사로 구성하고, 사외이사가 위원의 3분의 2 이상이어야 한다.

⑤ 감사위원회의 결의는 다른 이사회 내 위원회의 결의와는 달리 이사회에서 다시 결의할 수 없다.

[❶ ▶ ○]　최근 사업연도 말 현재의 자산 총액이 1천억원 이상인 상장회사는, 주주총회결의에 의하여 회사에 상근하면서 감사업무를 수행하는 감사(이하 "상근감사"라고 한다)를 1명 이상 두어야 한다. 다만, 이 절 및 다른 법률에 따라 감사위원회를 설치한 경우(감사위원회 설치 의무가 없는 상장회사가 이 절의 요건을 갖춘 감사위원회를 설치한 경우를 포함한다)에는 그러하지 아니하다(상법 제542조의10 제1항, 동법 시행령 제36조 제1항). 한편, 최근 사업연도 말 현재의 자산 총액이 2조원 이상인 상장회사의 경우에만 의무적으로 감사위원회를 설치하여야 한다(상법 제542조의11 제1항, 동법 시행령 제37조 제1항).

[❷ ▸ ○]   발행주식의 총수의 100분의 1 이상에 해당하는 주식을 가진 주주는 회사에 대하여 감사의 책임을 추궁할 소의 제기를 청구할 수 있다(상법 제415조, 제403조 제1항).

[❸ ▸ ✕]   의결권 없는 주식을 제외한 발행주식의 총수의 100분의 3을 초과하는 수의 주식을 가진 주주는 그 초과하는 주식에 관하여 제1항의 감사의 선임에 있어서는 의결권을 행사하지 못한다(상법 제409조 제2항). 감사의 해임에 관하여 의결권을 제한하는 규정은 없다.

[❹ ▸ ○]   감사위원회는 제393조의2 제3항에도 불구하고 3명 이상의 이사로 구성한다. 다만, 사외이사가 위원의 3분의 2 이상이어야 한다(상법 제415조의2 제2항).

[❺ ▸ ○]   감사위원회의 결의는 다른 이사회 내 위원회의 결의와는 달리 이사회에서 다시 결의할 수 없다(상법 제415조의2 제6항).

제1절 **신주발행** ★★★★

2018년 변호사시험 문 42. ☑ 확인Check! ○ △ ✕

비상장회사 甲주식회사는 주주배정 방식으로 10만 주의 신주를 발행하였다. 甲회사의 정관에 의하면 신주발행에는 이사회 결의가 필요하다. 그런데 甲회사는 정관, 이사회 또는 주주총회의 결의로 주주의 신주인수권을 양도할 수 있음을 정한 바 없으며, 실권주의 처리에 관하여 정관의 규정도 없다. 이에 관한 설명 중 옳지 않은 것은?(다툼이 있는 경우 판례에 의함)

① 신주인수권자의 청약에 대하여 甲회사는 신주를 배정할 의무가 있으며 이를 임의로 거절할 수 없다.
② 신주인수권자가 그 신주인수권을 양도한 경우 甲회사가 승낙하면 그 양도는 유효하다.
③ 신주인수인은 甲회사의 동의가 있으면 그 납입채무와 甲회사에 대한 채권을 상계할 수 있다.
④ 실권주가 발생한 경우 甲회사는 이를 이사회결의로 제3자에게 처분할 수 없다.
⑤ 甲회사의 대표이사가 그 권한에 의하여 신주를 발행한 경우 신주발행에 관한 이사회결의가 없더라도 신주발행의 효력에 는 영향이 없다.

[❶ ▸ ○] 신주발행 시에는 회사 설립 시의 배정자유원칙은 배제되므로, 신주인수권자의 청약에 대하여 각 청약자가 가진 신주인수권에 비례하여 신주를 배정하여야 하고, 이를 임의로 거절할 수 없다.

[❷ ▸ ○] 상법 제416조 제5호에 의하면, 회사의 정관 또는 이사회의 결의로 주주가 가지는 신주인수권을 양도할 수 있는 것에 관한 사항을 결정하도록 되어 있는바, 신주인수권의 양도성을 제한할 필요성은 주로 회사 측의 신주발행사무의 편의를 위한 것에서 비롯된 것으로 볼 수 있고, 또 상법이 주권발행 전 주식의 양도는 회사에 대하여 효력이 없다고 엄격하게 규정한 것과는 달리 신주인수권의 양도에 대하여는 정관이나 이사회의 결의를 통하여 자유롭게 결정할 수 있도록 한 점에 비추어 보면, 회사가 정관이나 이사회의 결의로 신주인수권의 양도에 관한 사항을 결정하지 아니하였다 하여 신주인수권의 양도가 전혀 허용되지 아니하는 것은 아니고, 회사가 그와 같은 양도를 승낙한 경우에는 회사에 대하여도 그 효력이 있다(대판 1995.5.23. 94다36421).

[❸ ▸ ○] 이사는 신주의 인수인으로 하여금 그 배정한 주수(株數)에 따라 납입기일에 그 인수한 주식에 대한 인수가액의 전액을 납입시켜야 한다(상법 제421조 제1항). 신주의 인수인은 회사의 동의 없이 제1항의 납입채무와 주식회사에 대한 채권을 상계할 수 없다(동법 제421조 제2항). 따라서 신주인수인은 甲회사의 동의가 있으면, 그 납입채무와 甲회사에 대한 채권을 상계할 수 있다. 이는 2011년 개정상법에서 반영한 부분으로, 신주발행에서 출자의 전환을 인정한 것이다.

[❹ ▸ ✕] 회사가 주주배정방식에 의하여 신주를 발행하려는데 주주가 인수를 포기하거나 청약을 하지 아니함으로써 그 인수권을 잃은 때에는(상법 제419조 제3항) 회사는 이사회결의로 인수가 없는 부분에 대하여 자유로이 이를 제3자에게 처분할 수 있고, 이 경우 실권된 신주를 제3자에게 발행하는 것에 관하여 정관에 반드시 근거규정이 있어야 하는 것은 아니다(대판 2012.11.15. 2010다49380).

④ 정답

[**❺** ▸ **O**] 주식회사의 신주발행은 주식회사의 업무집행에 준하는 것으로서 대표이사가 그 권한에 기하여 신주를 발행한 이상 신주발행은 유효하고, 설령 신주발행에 관한 이사회의 결의가 없거나 이사회의 결의에 하자가 있더라도 이사회의 결의는 회사의 내부적 의사결정에 불과하므로 신주발행의 효력에는 영향이 없다고 할 것인바, 비록 원심의 이유설시가 적절하다고 할 수는 없지만 원심이 피고(반소원고, 이하 '피고'라고만 한다) 회사가 감사 및 이사인 원고들에게 이사회 소집통지를 하지 아니하고 이사회를 개최하여 신주발행에 관한 결의를 하였다고 하더라도 피고 회사의 2001.2.28.자 신주 발행의 효력을 부인할 수 없다고 판단한 것은 결론에 있어서 정당하고 거기에 상고이유에서 주장하는 바와 같은 채증법칙 위반, 신주발행의 효력에 관한 법리오해 등의 위법이 없다(대판 2007.2.22. 2005다77060).

2019년 변호사시험 문 37.
☑ 확인 Check! ○ △ ✕

비상장회사인 A주식회사는 추가적인 자금조달을 위하여 주주배정방식으로 유상증자를 하기로 하고 아래와 같은 일정으로 실시하였다. 이에 관한 설명 중 옳지 않은 것은?(다툼이 있는 경우 판례에 의함)

    2018.10.10. 이사회에서 신주발행사항결의 및 공고
    2018.10.29. 신주배정일
    2018.10.30. 신주인수권자에게 통지
    2018.11.14.~11.15. 신주인수의 청약기일
    2018.11.19.~11.21. 납입기일
    2018.11.23. 변경등기
    2018.11.28. 주권 교부

① 정관에 규정이 없으면 2018.10.10. 이사회에서 신주의 종류와 수를 결정하여야 한다.
② 신주인수인이 2018.11.21.까지 납입을 하지 않을 때에는 그 권리를 잃는다.
③ 신주인수의 청약은 구두로 할 수 없고, 주식청약서에 의하여야 한다.
④ A회사가 신주인수권증서를 발행하지 아니한 경우 신주인수권자로 통지받은 주주 甲이 2018.11.10. 乙에게 신주인수권 을 양도하려면 제3자에 대한 대항요건으로 확정일자 있는 증서에 의한 양도통지 또는 회사의 승낙을 요한다.
⑤ 신주의 효력이 발생하는 시점은 2018. 11. 28.이다.

[**❶** ▸ **O**] 회사가 그 성립 후에 주식을 발행하는 경우에는 ㉠ 신주의 종류와 수, ㉡ 신주의 발행가액과 납입기일 등의 사항으로서 정관에 규정이 없는 것은 이사회가 결정한다. 다만, 이 법에 다른 규정이 있거나 정관으로 주주총회에서 결정하 기로 정한 경우에는 그러하지 아니하다(상법 제416조).

[**❷** ▸ **O**] 신주의 인수인이 납입기일에 납입 또는 현물출자의 이행을 하지 아니한 때에는 그 권리를 잃는다(상법 제423조 제2항). 이러한 주식을 실권주라고 한다.

[**❸** ▸ **O**] 신주인수의 청약을 하고자 하는 자는 주식청약서 2통에 인수할 주식의 종류 및 수와 주소를 기재하고 기명날인 또는 서명하여야 한다(상법 제425조 제1항, 제302조 제1항).

[**❹** ▸ **O**] 주권발행 전의 주식의 양도는 지명채권 양도의 일반원칙에 따르고, 신주인수권증서가 발행되지 아니한 신주인 수권의 양도 또한 주권발행 전의 주식양도에 준하여 지명채권 양도의 일반원칙에 따른다고 보아야 하므로, 주권발행 전의 주식양도나 신주인수권증서가 발행되지 아니한 신주인수권 양도의 제3자에 대한 대항요건으로는 지명채권의 양도와 마찬 가지로 확정일자 있는 증서에 의한 양도통지 또는 회사의 승낙이라고 보는 것이 상당하고, 주주명부상의 명의개서는 주식 또는 신주인수권의 양수인들 상호 간의 대항요건이 아니라 적법한 양수인이 회사에 대한 관계에서 주주의 권리를 행사하기 위한 대항요건에 지나지 아니한다(대판 1995.5.23. 94다36421).

[**⑤** ▶ ✕] 신주의 인수인은 납입 또는 현물출자의 이행을 한 때에는 납입기일의 다음 날로부터 주주의 권리의무가 있다. 이 경우 제350조 제3항 후단의 규정을 준용한다(상법 제423조 제1항). 따라서 신주의 효력은 주권교부일인 2018.11.28. 이 아니라, 납입기일의 다음 날인 2018.11.22.에 발생한다.

☑ 확인 Check! ○ △ ✕

주식회사에 대해 상법 제402조가 정한 위법행위유지청구권과 상법 제424조가 정한 신주발행유지청구권을 비교한 설명 중 옳지 않은 것은?

① 위법행위유지청구권과 신주발행유지청구권은 모두 회사에 회복할 수 없는 손해가 생길 염려가 있는 경우에 회사의 손해를 방지하기 위하여 마련된 사전구제제도라는 점에서 같다.

② 위법행위유지청구권은 소수주주권임에 반해 신주발행유지청구권은 단독주주권이다.

③ 감사는 위법행위유지청구권을 행사할 수 있지만 신주발행유지청구권은 행사할 수 없다.

④ 위법행위유지청구의 상대방은 법령 또는 정관에 위배된 행위를 하는 이사인 반면에 신주발행유지청구의 상대방은 회사가 된다.

⑤ 위법행위유지청구권은 법령 또는 정관에 위배된 행위가 그 대상이나, 신주발행유지청구권은 법령 또는 정관에 위배되거나 현저하게 불공정한 방법으로 주식을 발행한 경우에 행사할 수 있다.

[**❶** ▶ ✕] [**❷** ▶ ○] [**❸** ▶ ○] [**❹** ▶ ○] [**❺** ▶ ○] 신주발행유지청구권은 회사에 회복할 수 없는 손해가 생길 염려를 그 행사요건으로 하지 아니한다.

법령

유지청구권(상법 제402조) 이사가 법령 또는 정관에 위반한 행위를 하여 이로 인하여 회사에 회복할 수 없는 손해가 생길 염려가 있는 경우에는 감사 또는 발행주식의 총수의 100분의 1 이상에 해당하는 주식을 가진 주주는 회사를 위하여 이사에 대하여 그 행위를 유지할 것을 청구할 수 있다.

유지청구권(상법 제424조) 회사가 법령 또는 정관에 위반하거나 현저하게 불공정한 방법에 의하여 주식을 발행함으로써 주주가 불이익을 받을 염려가 있는 경우에는 그 주주는 회사에 대하여 그 발행을 유지할 것을 청구할 수 있다.

① **정답**

신주발행에 관한 설명 중 옳은 것은?(다툼이 있는 경우 판례에 의함)

① 주식회사가 신주를 발행함에 있어 신기술의 도입, 재무구조의 개선 등 회사의 경영상 목적을 달성하기 위하여 필요한 범위 안에서 정관이 정한 사유가 없더라도, 회사의 경영권 분쟁이 현실화된 상황에서 경영진의 경영권이나 지배권 방어라는 목적을 달성하기 위하여 제3자에게 신주를 배정하는 것이라면, 그러한 신주발행은 「상법」 제418조 제2항을 위반하여 주주의 신주인수권을 침해하는 것이라 할 수 없다.

② 신주 등의 발행에서 주주배정방식과 제3자배정방식을 구별하는 기준은 회사가 신주 등을 발행할 때에 신주 등의 인수권을 부여받은 주주들이 실제로 인수권을 행사함으로써 신주 등을 배정받았는지 여부에 좌우되는 것이지, 주주들에게 그들의 지분비율에 따라 신주 등을 우선적으로 인수할 기회를 부여하였는지 여부에 따라 객관적으로 결정되는 성질의 것은 아니다.

③ 신주의 인수인은 회사가 동의하더라도 그 인수한 주식에 대한 인수가액의 납입채무와 주식회사에 대한 채권을 상계할 수 없다.

④ 주주배정방식으로 신주를 발행함에 있어 기존 주주가 신주인수를 포기함에 따라 발생한 실권주를 제3자에게 배정한 경우, 발행가액이 시가보다 현저하게 낮아 기존 주식의 가치가 희석되었다면 이사가 회사에 대한 관계에서 임무를 위배하여 회사에 손해를 끼친 것으로 볼 수 있다.

⑤ 회사가 정관이나 이사회의 결의로 신주인수권의 양도에 관한 사항을 결정하지 아니하였다 하여 신주인수권의 양도가 전혀 허용되지 않는 것은 아니고, 회사가 그와 같은 양도를 승낙한 경우에는 회사에 대하여도 그 효력이 있다.

[❶▸✕] 상법 제418조 제1항, 제2항의 규정은 주식회사가 신주를 발행하면서 주주 아닌 제3자에게 신주를 배정할 경우 기존 주주에게 보유 주식의 가치 하락이나 회사에 대한 지배권 상실 등 불이익을 끼칠 우려가 있다는 점을 감안하여, 신주를 발행할 경우 원칙적으로 기존 주주에게 이를 배정하고 제3자에 대한 신주배정은 정관이 정한 바에 따라서만 가능하도록 하면서, 그 사유도 신기술의 도입이나 재무구조 개선 등 기업 경영의 필요상 부득이한 예외적인 경우로 제한함으로써 기존 주주의 신주인수권에 대한 보호를 강화하고자 하는 데 그 취지가 있다. 따라서 <u>주식회사가 신주를 발행함에 있어 신기술의 도입, 재무구조의 개선 등 회사의 경영상 목적을 달성하기 위하여 필요한 범위 안에서 정관이 정한 사유가 없는데도, 회사의 경영권 분쟁이 현실화된 상황에서 경영진의 경영권이나 지배권 방어라는 목적을 달성하기 위하여 제3자에게 신주를 배정하는 것은 상법 제418조 제2항을 위반하여 주주의 신주인수권을 침해하는 것이다</u>(대판 2009.1.30. 2008다50776).

[❷▸✕] [❹▸✕] [1] <u>신주 등의 발행에서 주주 배정방식과 제3자 배정방식을 구별하는 기준은 회사가 신주 등을 발행하는 때에 주주들에게 그들의 지분비율에 따라 신주 등을 우선적으로 인수할 기회를 부여하였는지 여부에 따라 객관적으로 결정되어야 할 성질의 것이지</u>, 신주 등의 인수권을 부여받은 주주들이 실제로 인수권을 행사함으로써 신주 등을 배정받았는지 여부에 좌우되는 것은 아니다(②).

[2] 회사가 기존 주주들에게 지분비율대로 신주 등을 인수할 기회를 부여하였는데도 주주들이 그 인수를 포기함에 따라 발생한 실권주 등을 제3자에게 배정한 결과 회사 지분비율에 변화가 생기고, 이 경우 신주 등의 발행가액이 시가보다 현저하게 낮아 그 인수권을 행사하지 아니한 주주들이 보유한 주식의 가치가 희석되어 기존 주주들의 부(富)가 새로이 주주가 된 사람들에게 이전되는 효과가 발생하더라도, 그로 인한 불이익은 기존 주주들 자신의 선택에 의한 것일 뿐이다. 또한, 회사의 입장에서 보더라도 기존 주주들이 신주 등을 인수하여 이를 제3자에게 양도한 경우와 이사회가 기존 주주들이 인수하지 아니한 신주 등을 제3자에게 배정한 경우를 비교하여 보면 회사에 유입되는 자금의 규모에 아무런 차이가 없을 것이므로, <u>이사가 회사에 대한 관계에서 어떠한 임무에 위배하여 손해를 끼쳤다고 볼 수는 없다</u>(④)(대판 2009.5.29. 2007도4949 [전합]).

[❸▸✕] 신주의 인수인은 회사의 동의가 있다면 인수가액의 납입채무와 주식회사에 대한 채권을 상계할 수 있다(상법 제421조 제2항).

정답 ⑤　　　　　　　　　　　　　　　　　　　　　　CHAPTER 05 기업재무　**555**

[**❺ ▸ ○**] 상법 제416조 제5호에 의하면, 회사의 정관 또는 이사회의 결의로 주주가 가지는 신주인수권을 양도할 수 있는 것에 관한 사항을 결정하도록 되어 있는바, 신주인수권의 양도성을 제한할 필요성은 주로 회사 측의 신주발행사무의 편의를 위한 것에서 비롯된 것으로 볼 수 있고, 또 상법이 주권발행 전 주식의 양도는 회사에 대하여 효력이 없다고 엄격하게 규정한 것과는 달리 신주인수권의 양도에 대하여는 정관이나 이사회의 결의를 통하여 자유롭게 결정할수 있도록 한 점에 비추어 보면, 회사가 정관이나 이사회의 결의로 신주인수권의 양도에 관한 사항을 결정하지 아니하였다 하여 신주인수권의 양도가 전혀 허용되지 아니하는 것은 아니고, 회사가 그와 같은 양도를 승낙한 경우에는 회사에 대하여도 그 효력이 있다(대판 1995.5.23. 94다36421).

2012년 변호사시험 문 63.   ☑ 확인 Check! ○ △ ✕

주식회사의 신주발행과 그 하자를 다투는 소송에 관한 설명 중 옳지 않은 것은?(다툼이 있는 경우에는 판례에 의함)

① 대표이사가 이사회의 결의를 거치지 아니하고 신주를 발행한 경우, 그 신주를 인수한 자가 이사회결의가 없음을 알았거나 알 수 있었다면 신주발행은 효력이 없다.

② 신주발행의 무효는 제소기간을 준수하여 소로써만 이를 주장할 수 있다고 상법이 규정하고 있는바, 위 규정의 취지에 비추어 제소기간을 경과한 후에는 새로운 무효사유를 추가하여 주장할 수 없다.

③ 신주발행무효소송의 계속 중 그 원고적격의 근거가 되는 주식이 양도된 경우, 양수인이 법률상의 제소기간 도과 후 위 소송에 참가하였더라도 양도인의 소제기 시 제소기간요건이 충족되었다면, 양수인은 소송을 적법하게 승계할 수 있다.

④ 주식의 양수인이 명의개서절차를 거치지 않은 채 신주발행 무효의 소에 승계참가를 신청하여 소송절차가 진행되었더라도, 변론종결 이전에 주주명부에 명의개서를 마친 후 명의개서 이전의 소송행위를 추인할 수 있다.

⑤ 혼인하지 않은 미성년자인 주주가 변호사를 소송대리인으로 선임하여 신주발행 무효의 소를 제기한 경우, 위 변호사선임에 있어서 부모의 동의를 얻었더라도 그 소는 부적법하다.

[**❶ ▸ ✕**] 주식회사의 신주발행은 주식회사의 업무집행에 준하는 것으로서 대표이사가 그 권한에 기하여 신주를 발행한 이상 신주발행은 유효하고, 설령 신주발행에 관한 이사회의 결의가 없거나 이사회의 결의에 하자가 있더라도 이사회의 결의는 회사의 내부적 의사결정에 불과하므로 신주발행의 효력에는 영향이 없다고 할 것인바, 비록 원심의 이유설시가 적절하다고 할 수는 없지만 원심이 피고(반소원고, 이하 '피고'라고만 한다) 회사가 감사 및 이사인 원고들에게 이사회 소집통지를 하지 아니하고 이사회를 개최하여 신주발행에 관한 결의를 하였다고 하더라도 피고 회사의 2001.2.28.자 신주발행의 효력을 부인할 수 없다고 판단한 것은 결론에 있어서 정당하고 거기에 상고이유에서 주장하는 바와 같은 채증법칙 위반, 신주발행의 효력에 관한 법리오해 등의 위법이 없다(대판 2007.2.22. 2005다77060).

[**❷ ▸ ○**] 상법 제429조는 신주발행의 무효는 주주·이사 또는 감사에 한하여 신주를 발행한 날부터 6월 내에 소만으로 주장할 수 있다고 규정하고 있는데, 이는 신주발행에 수반되는 복잡한 법률관계를 조기에 확정하고자 하는 것으로서, 새로운 무효사유를 출소기간 경과 후에도 주장할 수 있도록 하면 법률관계가 불안정하게 되어 위 규정의 취지가 몰각된다는 점에 비추어, 위 규정은 무효사유의 주장시기도 제한하고 있는 것이라고 해석함이 타당하므로, 신주발행 무효의 소에서 신주를 발행한 날부터 6월의 출소기간이 경과한 후에는 새로운 무효사유를 추가하여 주장할 수 없다(대판 2012.11.15. 2010다49380).

[**❸ ▸ ○**] [**❹ ▸ ○**] [1] 구 민사소송법 제74조에서 규정하고 있는 소송의 목적물인 권리관계의 승계라 함은 소송물인 권리관계의 양도뿐만 아니라 당사자적격 이전의 원인이 되는 실체법상의 권리 이전을 널리 포함하는 것이므로, 신주발행 무효의 소계속 중 그 원고적격의 근거가 되는 주식이 양도된 경우에 그 양수인은 제소기간 등의 요건이 충족된다면 새로운

① **정답**

주주의 지위에서 신소를 제기할 수 있을 뿐만 아니라, 양도인이 이미 제기한 기존의 위 소송을 적법하게 승계할 수도 있다. 승계참가가 인정되는 경우에는 그 참가시기에 불구하고 소가 제기된 당초에 소급하여 법률상의 기간 준수의 효력이 발생하는 것이므로, 신주발행 무효의 소에 승계참가하는 경우에 그 제소기간의 준수 여부는 승계참가 시가 아닌 원래의 소제기 시를 기준으로 판단하여야 한다(③).

[2] 주식의 양수인이 이미 제기된 신주발행 무효의 소에 승계참가하는 것을 피고 회사에 대항하기 위하여는 주주명부에 주주로서 명의개서를 하여야 하는바, 주식 양수인이 명의개서절차를 거치지 않은 채 승계참가를 신청하여 피고 회사에 대항할 수 없는 상태로 소송절차가 진행되었다고 할지라도, 승계참가가 허용되는 사실심 변론종결 이전에 주주명부에 명의개서를 마친 후 소송관계를 표명하고 증거조사의 결과에 대하여 변론을 함으로써 그 이전에 행하여진 승계참가상의 소송절차를 그대로 유지하고 있다면 명의개서 이전의 소송행위를 추인한 것으로 봄이 상당하여 그 이전에 행하여진 소송절차상의 하자는 모두 치유되었다고 보아야 한다(대판 2003.2.26, 2000다42786).

[❺ ▶ ○] 혼인하지 아니한 미성년자인 주주가 법정대리인인 부모의 동의를 얻어 변호사를 소송대리인으로 선임하여 신주발행 무효의 소를 제기한 경우, 이러한 소송무능력자의 소송행위는 부적법하고 무효이므로, 부모의 대리에 의하여 소송대리인을 선임하여 소송행위를 하여야 한다.

2016년 변호사시험 문 66.   ☑ 확인Check! ○ △ ✕

신주발행 무효의 소에 관한 설명 중 옳지 않은 것을 모두 고른 것은?(다툼이 있는 경우 판례에 의함)

ㄱ. 회사의 감사가 제기한 신주발행 무효의 소가 신주발행일로부터 2개월이 지나 제기된 것이라면 그 소는 부적법하다.
ㄴ. 신주발행 무효의 소가 제기된 경우, 회사는 지체 없이 소가 제기되었음을 공고하여야 한다.
ㄷ. 신주의 질권자는 신주발행무효판결 확정으로 인하여 신주의 주주가 회사로부터 반환받을 납입금액에 대하여 물상대위할 수 있다.
ㄹ. 신주발행 무효의 판결이 확정되면 그 신주는 소급하여 효력을 잃으며, 그 효력은 제3자에게도 미친다.

① ㄱ, ㄴ   ② ㄱ, ㄷ   ③ ㄱ, ㄹ
④ ㄴ, ㄷ   ⑤ ㄴ, ㄹ

[ㄱ ▶ ✕] 신주발행의 무효는 주주·이사 또는 감사에 한하여 신주를 발행한 날로부터 6월 내에 소만으로 이를 주장할 수 있다(상법 제429조). 따라서 회사의 감사가 제기한 신주발행 무효의 소가 신주발행일로부터 2개월이 지나 제기된 것이라면, 그 소는 적법하다.

[ㄴ ▶ ○] 신주발행 무효의 소가 제기된 때에는 회사는 지체 없이 공고하여야 한다(상법 제430조, 제187조).

[ㄷ ▶ ○] 신주의 질권자는 신주발행무효판결 확정으로 인하여 신주의 주주가 회사로부터 반환받을 납입금액에 대하여 물상대위할 수 있다(상법 제432조 제3항, 제339조).

[ㄹ ▶ ✕] 신주발행 무효의 판결이 확정된 때에는 신주는 장래에 대하여 그 효력을 잃는다(상법 제431조 제1항).

甲은 주식회사 乙을 상대로 "피고가 2014.6.10.에 한 액면 금 5,000원의 보통주식 10,000주의 신주발행을 무효로 한다"라는 취지의 소를 2014.11.10. 제기하였다. 다음 설명 중 옳지 않은 것은?(다툼이 있는 경우 판례에 의함)

① 甲은 주주·이사 또는 감사에 한한다.
② 법령이나 정관의 중대한 위반 또는 현저한 불공정이 있어 그것이 주식회사의 본질이나 회사법의 기본원칙에 반하거나 기존 주주들의 이익과 회사의 경영권 내지 지배권에 중대한 영향을 미치는 경우로서 신주와 관련된 거래의 안전, 주주 기타 이해관계인의 이익 등을 고려하더라도 도저히 묵과할 수 없는 정도라고 평가되는 경우에 한하여 신주의 발행을 무효로 할 수 있다.
③ 甲은 위 소송의 계속 중 2015.1.8.에 이르러 새로운 무효사유를 추가하여 주장할 수 없다.
④ 위 소송의 계속 중 주주인 甲의 주식이 丙에게 양도되고, 丙이 명의개서절차를 거쳐 승계참가하는 경우에 그 제소기간의 준수 여부는 승계참가 시를 기준으로 판단하여야 한다.
⑤ 신주발행에 관한 이사회의 결의가 없거나 이사회의 결의에 하자가 있더라도 대표이사가 그 권한에 의하여 신주를 발행한 이상 신주발행의 효력에는 영향이 없다.

[❶ ▶ ○] 신주발행의 무효는 주주·이사 또는 감사에 한하여 신주를 발행한 날로부터 6월 내에 소만으로 이를 주장할 수 있다(상법 제429조).

[❷ ▶ ○] 신주발행 무효의 소를 규정하는 상법 제429조에는 그 무효원인이 따로 규정되어 있지 않으므로 신주발행유지청구의 요건으로 상법 제424조에서 규정하는 '법령이나 정관의 위반 또는 현저하게 불공정한 방법에 의한 주식의 발행'을 신주발행의 무효원인으로 일응 고려할 수 있다고 하겠으나 다른 한편, 신주가 일단 발행되면 그 인수인의 이익을 고려할 필요가 있고 또 발행된 주식은 유가증권으로서 유통되는 것이므로 거래의 안전을 보호하여야 할 필요가 크다고 할 것인데, 신주발행유지청구권은 위법한 발행에 대한 사전구제수단임에 반하여 신주발행 무효의 소는 사후에 이를 무효로 함으로써 거래의 안전과 법적 안정성을 해칠 위험이 큰 점을 고려할 때, 그 무효원인은 가급적 엄격하게 해석하여야 하고, 따라서 법령이나 정관의 중대한 위반 또는 현저한 불공정이 있어 그것이 주식회사의 본질이나 회사법의 기본원칙에 반하거나 기존 주주들의 이익과 회사의 경영권 내지 지배권에 중대한 영향을 미치는 경우로서 신주와 관련된 거래의 안전, 주주 기타 이해관계인의 이익 등을 고려하더라도 도저히 묵과할 수 없는 정도라고 평가되는 경우에 한하여 신주의 발행을 무효로 할 수 있을 것이다(대판 2010.4.29. 2008다65860).

[❸ ▶ ○] 상법 제429조는 신주발행의 무효는 주주·이사 또는 감사에 한하여 신주를 발행한 날부터 6월 내에 소만으로 주장할 수 있다고 규정하고 있는데, 이는 신주발행에 수반되는 복잡한 법률관계를 조기에 확정하고자 하는 것으로서, 새로운 무효사유를 출소기간 경과 후에도 주장할 수 있도록 하면 법률관계가 불안정하게 되어 위 규정의 취지가 몰각된다는 점에 비추어, 위 규정은 무효사유의 주장시기도 제한하고 있는 것이라고 해석함이 타당하므로, 신주발행 무효의 소에서 신주를 발행한 날부터 6월의 출소기간이 경과한 후에는 새로운 무효사유를 추가하여 주장할 수 없다(대판 2012.11.15. 2010다49380).

[❹ ▶ ✕] 구 민사소송법 제74조에서 규정하고 있는 소송의 목적물인 권리관계의 승계라 함은 소송물인 권리관계의 양도뿐만 아니라 당사자적격 이전의 원인이 되는 실체법상의 권리 이전을 널리 포함하는 것이므로, 신주발행 무효의 소계속 중 그 원고 적격의 근거가 되는 주식이 양도된 경우에 그 양수인은 제소기간 등의 요건이 충족된다면 새로운 주주의 지위에서 신소를 제기할 수 있을 뿐만 아니라, 양도인이 이미 제기한 기존의 위 소송을 적법하게 승계할 수도 있다. 승계참가가 인정되는 경우에는 그 참가시기에 불구하고 소가 제기된 당초에 소급하여 법률상의 기간 준수의 효력이 발생하는 것이므로, 신주발행 무효의 소에 승계참가하는 경우에 그 제소기간의 준수 여부는 승계참가 시가 아닌 원래의 소제기 시를 기준으로 판단하여야 한다(대판 2003.2.26. 2000다42786).

④ 정답

[❺ ▸ ○] 주식회사의 신주발행은 주식회사의 업무집행에 준하는 것으로서 <u>대표이사가 그 권한에 기하여 신주를 발행한 이상 신주발행은 유효하고, 설령 신주발행에 관한 이사회의 결의가 없거나 이사회의 결의에 하자가 있더라도 이사회의 결의는 회사의 내부적 의사결정에 불과하므로 신주발행의 효력에는 영향이 없다</u>고 할 것인바, 비록 원심의 이유설시가 적절하다고 할 수는 없지만 원심이 피고(반소원고, 이하 '피고'라고만 한다) 회사가 감사 및 이사인 원고들에게 이사회 소집통지를 하지 아니하고 이사회를 개최하여 신주발행에 관한 결의를 하였다고 하더라도 피고 회사의 2001.2.28.자 신주 발행의 효력을 부인할 수 없다고 판단한 것은 결론에 있어서 정당하고 거기에 상고이유에서 주장하는 바와 같은 채증법칙 위반, 신주발행의 효력에 관한 법리오해 등의 위법이 없다(대판 2007.2.22. 2005다77060).

2012년 변호사시험 문 41.

☑ 확인 Check! ○ △ ×

A 주식회사는 최대주주 X가 경영하고 있는데, X와 2대주주 Y가 경영권 분쟁을 벌이고 있다. 정기주주총회를 앞두고 A회사의 이사회는 Y의 경영권 위협에 대응하기 위하여 A회사의 주주가 아닌 甲에게 신주를, 주주가 아닌 乙에게 전환사채를 각각 발행하기로 결의하였다. A회사의 이사회는 신주와 전환사채의 발행목적을 신규사업에 필요한 자금의 조달이라고 공시하였으나 A회사는 추진 중이거나 계획한 신규사업이 없다. 다음 설명 중 옳지 않은 것은?(다툼이 있는 경우에는 판례에 의함)

① A회사가 정관의 규정에 따라 甲에게 신주를 배정하기 위해서는 신기술의 도입, 재무구조의 개선 등 회사의 경영상 목적을 달성하기 위하여 필요한 범위 안에서 하여야 한다.

② X와 Y 간에 경영권 분쟁이 현실화 된 상황에서 정관에 정한 사유가 없는데도 X의 A회사에 대한 지배권 방어라는 목적을 달성하기 위해 甲에게 신주를 발행하는 것은 Y의 신주인수권을 침해하는 것이다.

③ ②의 경우에 신주발행 전이라면, 甲에 대한 신주발행으로 Y가 불이익을 받을 염려가 있는 때에는 Y는 A회사에 대하여 신주발행유지청구를 할 수 있다.

④ 신주발행 무효의 사유가 있다면, Y는 신주가 발행된 날로부터 6월 내에 A회사를 상대로 신주발행 무효의 소를 제기할 수 있다.

⑤ 정관에 주주 외의 자에 대하여 전환사채를 발행할 수 있다는 규정이 있는 경우, 그 발행할 수 있는 전환사채의 액, 전환의 조건 등에 관한 사항은 정관의 규정이 없으면 주주총회의 보통결의로 이를 정하여야 한다.

[❶ ▸ ○] 회사는 제1항의 규정에 불구하고 정관에 정하는 바에 따라 주주 외의 자에게 신주를 배정할 수 있다. 다만, 이 경우에는 신기술의 도입, 재무구조의 개선 등 회사의 경영상 목적을 달성하기 위하여 필요한 경우에 한한다(상법 제418조 제2항).

[❷ ▸ ○] 상법 제418조 제1항, 제2항은 회사가 신주를 발행하는 경우 원칙적으로 기존 주주에게 배정하고 정관에 정한 경우에만 제3자에게 신주배정을 할 수 있게 하면서 사유도 신기술의 도입이나 재무구조의 개선 등 경영상 목적을 달성하기 위하여 필요한 경우에 한정함으로써 기존 주주의 신주인수권을 보호하고 있다. 따라서 <u>회사가 위와 같은 사유가 없음에도 경영권 분쟁이 현실화된 상황에서 경영진의 경영권이나 지배권 방어라는 목적을 달성하기 위하여 제3자에게 신주를 배정하는 것은 상법 제418조 제2항을 위반하여 주주의 신주인수권을 침해하는 것이다. 그리고 이러한 법리는 신주인수권부 사채를 제3자에게 발행하는 경우에도 마찬가지로 적용된다</u>(상법 제516조의2 제4항 후문, 제418조 제2항 단서)(대판 2015.12.10. 2015다202919).

[❸ ▸ ○] 회사가 법령 또는 정관에 위반하거나 현저하게 불공정한 방법에 의하여 주식을 발행함으로써 주주가 불이익을 받을 염려가 있는 경우에는 그 주주는 회사에 대하여 그 발행을 유지할 것을 청구할 수 있다(상법 제424조).

[❹ ▸ ○] 신주발행의 무효는 주주·이사 또는 감사에 한하여 신주를 발행한 날로부터 6월 내에 소만으로 이를 주장할 수 있다(상법 제429조).

[**⑤** ▸ **×**] 주주 외의 자에 대하여 전환사채를 발행하는 경우에 그 발행할 수 있는 전환사채의 액, 전환의 조건, 전환으로 인하여 발행할 주식의 내용과 전환을 청구할 수 있는 기간에 관하여 정관에 규정이 없으면 제434조의 결의로써 이를 정하여야 한다. 이 경우 제418조 제2항 단서의 규정을 준용한다(상법 제513조 제3항).

제2절 사 채

제3절 회사의 회계 ★☆

2018년 변호사시험 문 46. ☑ 확인 Check! ○ △ ×

「상법」상 주식회사의 회계에 관한 설명 중 옳지 않은 것은?

① 회사는 그 자본금의 2분의 1이 될 때까지 매 결산기 이익배당액의 10분의 1 이상을 이익준비금으로 적립하여야 한다.
② 회사의 주식배당은 이익배당 총액의 2분의 1에 상당하는 금액을 초과하지 못한다.
③ 주식으로 배당을 받은 주주는 배당받은 주식의 주권이 발행된 날로부터 신주의 주주가 된다.
④ 회사는 적립된 자본준비금 및 이익준비금의 총액이 자본금의 1.5배를 초과하는 경우에 주주총회의 결의에 따라 그 초과한 금액 범위에서 자본준비금과 이익준비금을 감액할 수 있다.
⑤ 이익준비금 및 자본준비금은 자본금의 결손 보전에 충당하는 경우 외에는 처분하지 못한다.

[**❶** ▸ **○**] 회사는 그 자본금의 2분의 1이 될 때까지 매 결산기 이익배당액의 10분의 1 이상을 이익준비금으로 적립하여야 한다. 다만, 주식배당의 경우에는 그러하지 아니하다(상법 제458조).

[**❷** ▸ **○**] [**❸** ▸ **×**] 회사는 주주총회의 결의에 의하여 이익의 배당을 새로이 발행하는 주식으로써 할 수 있다. 그러나 주식에 의한 배당은 이익배당 총액의 2분의 1에 상당하는 금액을 초과하지 못한다(②)(상법 제462조의2 제1항). 주식으로 배당을 받은 주주는 제1항의 결의가 있는 주주총회가 종결한 때부터 신주의 주주가 된다(③). 이 경우 제350조 제3항 후단의 규정을 준용한다(동법 제462조의2 제4항).

[**❹** ▸ **○**] 회사는 적립된 자본준비금 및 이익준비금의 총액이 자본금의 1.5배를 초과하는 경우에 주주총회의 결의에 따라 그 초과한 금액범위에서 자본준비금과 이익준비금을 감액할 수 있다(상법 제461조의2).

[**❺** ▸ **○**] 제458조 및 제459조의 준비금은 자본금의 결손 보전에 충당하는 경우 외에는 처분하지 못한다(상법 제460조).

2018년 변호사시험 문 36.

☑ 확인Check! ○ △ ✕

비상장회사 甲주식회사의 발행주식 총수 8%를 소유한 주주 乙은 2017.6.16. 개최 예정인 주주총회에 상정할 안건으로 이익배당 시 현물배당이 가능하도록 정관 개정을 제안하면서 그 제안서를 2017.5.15. 甲회사의 대표이사에게 전달하였다. 이에 甲회사는 현물배당을 할 수 있다는 정관 변경안을 주주총회에서 의결하였다. 이에 관한 설명 중 옳은 것을 모두 고른 것은?

ㄱ. 乙의 주주제안은 법정요건을 모두 갖춘 것이므로 적법하다.
ㄴ. 정관에 현물배당이 가능하다는 근거규정이 없더라도 주주총회 또는 이사회의 결의만으로 현물배당이 가능하다.
ㄷ. 현물배당 대신 금전배당을 요구할 수 있는 주주의 권리를 인정하는 정관변경은 「상법」상 허용된다.
ㄹ. 일정 수 미만의 주식을 보유한 주주에게 현물 대신 금전을 지급하기로 한 경우, 회사는 그 일정 수 및 금액을 정할 수 있다.

① ㄱ
② ㄱ, ㄴ
③ ㄷ, ㄹ
④ ㄱ, ㄷ, ㄹ
⑤ ㄴ, ㄷ, ㄹ

[ㄱ ▸ ✕] 의결권 없는 주식을 제외한 발행주식 총수의 100분의 3 이상에 해당하는 주식을 가진 주주는 이사에게 주주총회일(정기주주총회의 경우 직전 연도의 정기주주총회일에 해당하는 그 해의 해당일. 이하 이 조에서 같다)의 6주 전에 서면 또는 전자문서로 일정한 사항을 주주총회의 목적사항으로 할 것을 제안(이하 '株主提案'이라 한다)할 수 있다(상법 제363조의2 제1항). 사안의 경우 주주총회가 2017.6.16. 개최될 예정이라면, 주주 乙은 그 6주 전에 서면 또는 전자문서로 정관 개정건을 제안하였어야 하나 2017.5.15.에 제안하였으므로, 乙의 주주제안은 부적법하다.

[ㄴ ▸ ✕] 현물배당은 정관에 금전 이외의 재산으로 이익배당을 할 수 있음을 규정한 경우에만 가능하다(상법 제462조의4 제1항).

[ㄷ ▸ ○] [ㄹ ▸ ○] 정관에 현물배당을 규정하였더라도, 일정한 경우에는 현금으로 지급할 수 있다.

 법령

현물배당(상법 제462조의4)   ① 회사는 정관으로 금전 외의 재산으로 배당을 할 수 있음을 정할 수 있다.
② 제1항에 따라 배당을 결정한 회사는 다음 사항을 정할 수 있다.
  1. 주주가 배당되는 금전 외의 재산 대신 금전의 지급을 회사에 청구할 수 있도록 한 경우에는 그 금액 및 청구할 수 있는 기간(ㄷ)
  2. 일정 수 미만의 주식을 보유한 주주에게 금전 외의 재산 대신 금전을 지급하기로 한 경우에는 그 일정 수 및 금액(ㄹ)

상법상 비상장 주식회사의 배당에 관한 설명 중 옳은 것을 모두 고른 것은?(다툼이 있는 경우에는 판례에 의함)

ㄱ. 회사가 상법 제462조 제1항에 따른 배당가능이익을 초과하여 이익배당을 한 경우, 회사채권자는 배당한 이익을 자신에게 반환할 것을 청구할 수 있다.

ㄴ. 연 1회의 결산기를 정한 회사의 경우 정관에 정함에 따라 영업연도 중 1회에 한하여 이사회결의로 중간배당을 할 수 있다.

ㄷ. 회사는 주주총회결의에 의하여 이익배당 총액의 3분의 2의 범위 안에서 새로이 발행하는 주식으로써 이익의 배당을 할 수 있다.

ㄹ. 회사의 정관으로 금전 외의 재산으로 배당을 할 수 있도록 정한 경우에 회사는 현물로 배당을 할 수 있다.

ㅁ. 상법 제462조 제1항에 따른 배당가능이익이 발생하였음에도 주주총회 또는 이사회가 배당을 결의하지 않은 경우 주주는 이익배당청구권에 의하여 회사에 대하여 배당의 결의를 청구할 수 있다.

① ㄴ, ㄷ　　　　　　　　② ㄴ, ㄹ　　　　　　　　③ ㄱ, ㄴ, ㅁ
④ ㄱ, ㄷ, ㄹ　　　　　　⑤ ㄴ, ㄹ, ㅁ

[ㄱ ▶ ✕]　회사가 배당가능이익을 초과하여 이익배당을 한 경우, 회사채권자는 그 배당이익을 자기가 아니라 회사에 반환할 것을 청구할 수 있다(상법 제462조 제3항).

[ㄴ ▶ ○]　년 1회의 결산기를 정한 회사는 영업년도 중 1회에 한하여 이사회의 결의로 일정한 날을 정하여 그 날의 주주에 대하여 이익을 배당할 수 있음을 정관으로 정할 수 있다(상법 제462조의3 제1항).

[ㄷ ▶ ✕]　회사는 주주총회의 결의에 의하여 이익의 배당을 새로이 발행하는 주식으로써 할 수 있다. 그러나 주식에 의한 배당은 이익배당 총액의 2분의 1에 상당하는 금액을 초과하지 못한다(상법 제462조의2 제1항). 다만, 주권상장법인의 경우에는 이러한 제한을 받지 아니하므로, 이익배당 전액을 주식배당으로 할 수 있다(자본시장법 제165조의13 제1항).

[ㄹ ▶ ○]　회사는 정관으로 금전 외의 재산으로 배당을 할 수 있음을 정할 수 있다(상법 제462조의4 제1항).

[ㅁ ▶ ✕]　상법 제462조 제1항에 따른 배당가능이익이 발생하였음에도 주주총회 또는 이사회가 배당을 결의하지 아니한 경우, 이익배당 여부나 그 정도는 주주총회 또는 이사회에서 결정할 문제이므로, 현행법상 소수주주가 이를 직접 다툴 수 있는 방법은 없다.

CHAPTER 06

기업구조조정

상 법

✓ 각 문항별로 이해도를 체크해 보세요.

최근 5년간 회별 평균 **1.2문**

제1절 기업인수 ★★★

2019년 변호사시험 문 70. ☑ 확인Check! ○ △ ✕

「상법」상 비상장 주식회사의 합병무효의 소에 관한 설명 중 옳지 않은 것은?(다툼이 있는 경우 판례에 의함)

① 주주가 회사를 상대로 하여 주주총회결의의 부존재를 이유로 분할합병 무효의 소를 제기한 경우에 주주총회결의 자체가 있었다는 점에 관해서는 회사가 증명책임을 부담하고 그 결의에 이를 부존재로 볼 만한 중대한 하자가 있다는 점에 관해서는 주주가 증명책임을 부담한다.

② 법원이 분할합병 무효의 소를 재량기각하기 위해서는 원칙적으로 그 소제기 전이나 그 심리 중에 원인이 된 하자가 보완되어야 할 것이나, 그 하자가 추후 보완될 수 없는 성질의 것인 경우에는 그 하자가 보완되지 아니하였다고 하더라도 회사의 현황 등 제반 사정을 참작하여 분할합병 무효의 소를 재량기각할 수 있다.

③ 합병무효의 소에서 피고가 한 청구인낙은 효력이 있다.

④ 합병등기에 의하여 합병의 효력이 발생한 후에는 합병결의 무효확인의 소만을 독립된 소로서 제기할 수 없다.

⑤ 합병무효의 확정판결의 효력은 「상법」 제190조가 준용되어 대세적 효력이 있다.

[❶ ▶ ○] 주주가 회사를 상대로 제기한 분할합병 무효의 소에서 당사자 사이에 분할합병계약을 승인한 주주총회결의 자체가 있었는지 및 그 결의에 이를 부존재로 볼 만한 중대한 하자가 있는지 등 <u>주주총회결의의 존부에 관하여 다툼이 있는 경우 주주총회결의 자체가 있었다는 점에 관해서는 회사가 증명책임을 부담하고 그 결의에 이를 부존재로 볼 만한 중대한 하자가 있다는 점에 관해서는 주주가 증명책임을 부담하는</u> 것이 타당하다(대판 2010.7.22. 2008다37193).

[❷ ▶ ○] 상법 제530조의11 제1항 및 제240조는 분할합병 무효의 소에 관하여 상법 제189조를 준용하고 있고 상법 제189조는 "설립무효의 소 또는 설립취소의 소가 그 심리 중에 원인이 된 하자가 보완되고 회사의 현황과 제반 사정을 참작하여 설립을 무효 또는 취소하는 것이 부적당하다고 인정한 때에는 법원은 그 청구를 기각할 수 있다"고 규정하고 있으므로, 법원이 분할합병 무효의 소를 재량기각하기 위해서는 원칙적으로 그 소제기 전이나 그 심리 중에 원인이 된 하자가 보완되어야 할 것이나, 그 하자가 추후 보완될 수 없는 성질의 것인 경우에는 그 하자가 보완되지 아니하였다고 하더라도 회사의 현황 등 제반 사정을 참작하여 분할합병 무효의 소를 재량기각할 수 있다(대판 2010.7.22. 2008다37193).

[❸ ▶ ✕][❹ ▶ ○] [1] <u>청구인낙은</u> 당사자의 자유로운 처분이 허용되는 권리에 관하여만 허용되는 것으로서 회사법상 주주총회결의의 하자를 다투는 소나 회사합병 무효의 소 등에 있어서는 인정되지 아니하므로 법률상 인정되지 아니하는 권리관계를 대상으로 하는 청구인낙은 효력이 없다(③).
[2] 회사합병에 있어서 합병등기에 의하여 합병의 효력이 발생한 후에는 합병무효의 소를 제기하는 외에 합병결의무효확인청구만을 독립된 소로서 구할 수 없다(④)(대판 1993.5.27. 92누14908).

[❺ ▶ ○] 합병무효확정판결의 효력은 상법 제190조가 준용되어 대세적 효력과 비소급효를 가진다(상법 제530조 제2항, 제240조, 제190조).

정답 ③

「상법」상 각각 비상장주식회사인 A회사와 B회사는 A회사가 가지고 있는 투자 부분을 분할하여 B회사에 합병시키는 내용의 분할합병계약을 2019.9.10. 체결하고, A회사는 2019.10.10. 10:00경 임시주주총회를 개최하였다. A회사는 발행주식 총수의 9.22%를 보유한 주주 甲에게 위 임시주주총회 소집통지를 하지 아니하여 주주 甲은 위 임시주주총회에 출석하지 못하였는데, A회사 발행주식 총수의 45%를 보유한 주주 乙과 발행주식 총수의 45.78%를 보유한 주주 丙이 위 임시주주총회에 출석하여 전원 찬성으로 분할합병계약의 승인 결의를 하였다. 이후 A회사는 2019.12.16. 분할합병의 등기를 마쳤다. 이에 관한 설명 중 옳지 않은 것은?(각 지문은 독립적이며, 다툼이 있는 경우 판례에 의함)

① 만일 A회사가 2019.9.20. 주주 甲에게 주식매수청구권의 내용 및 행사방법을 명시하지 아니한 채 임시주주총회 소집통지를 하였다고 가정할 때, 주주 甲은 임시주주총회 소집통지를 받은 이상 주주총회 전에 서면으로 위 분할합병 결의에 반대하는 의사의 통지를 미리 하지 아니하면 주식매수청구권을 행사할 수 없다.

② 주주 甲이 2019.12.20. A회사를 상대로 분할합병 무효의 소를 제기한 경우에 법원이 이를 재량기각하기 위해서는 원칙적으로 그 소제기 전이나 그 심리 중에 소의 원인이 된 하자가 보완되어야 할 것이나, 그 하자가 추후 보완될 수 없는 성질의 것인 경우에는 그 하자가 보완되지 아니하였다고 하더라도 회사의 현황 등 제반 사정을 참작하여 분할합병 무효의 소를 재량기각할 수 있다.

③ 주주 甲이 2019.12.20. A회사를 상대로 분할합병 무효의 소를 제기하고 그 소송에서 분할합병계약을 승인한 주주총회 결의 자체가 있었는지 및 그 결의에 이를 부존재로 볼 만한 중대한 하자가 있는지 등 주주총회결의의 존부에 관하여 다툼이 있는 경우, 주주총회결의 자체가 있었다는 점에 관해서는 A회사가 증명책임을 부담하고 그 결의에 이를 부존재로 볼 만한 중대한 하자가 있다는 점에 관해서는 주주 甲이 증명책임을 부담한다.

④ 주주 甲이 A회사와 경쟁관계에 있고 분쟁 중에 있으며 A회사의 경영에 간섭할 목적을 가지고 있는 C주식회사에게 자신이 보유한 A회사 발행 주식 전부를 양도하였다고 하여 이를 반사회질서 법률행위라고 할 수 없다.

⑤ 주주 甲이 C주식회사에게 자신이 보유한 A회사 발행 주식 전부를 양도한 경우 분할합병 무효의 소를 제기할 원고적격이 없다.

[**❶** ▸ ✕] 회사가 합병승인을 위한 임시주주총회 소집통지서를 발송하면서 합병반대주주의 주식매수청구권에 관한 내용과 그 행사방법을 명시하지 않은 경우, 합병승인 주주총회 전에 서면으로 합병에 반대하는 의사를 통지하지 않은 주주라고 하더라도 주식매수청구권을 행사할 수 있다(대결 2012.3.30. 2012마11).

[**❷** ▸ ○] 상법 제530조의11 제1항 및 제240조는 분할합병 무효의 소에 관하여 상법 제189조를 준용하고 있고 상법 제189조는 "설립무효의 소 또는 설립취소의 소가 그 심리 중에 원인이 된 하자가 보완되고 회사의 현황과 제반 사정을 참작하여 설립을 무효 또는 취소하는 것이 부적당하다고 인정한 때에는 법원은 그 청구를 기각할 수 있다"고 규정하고 있으므로, 법원이 분할합병 무효의 소를 재량기각하기 위해서는 원칙적으로 그 소제기 전이나 그 심리 중에 원인이 된 하자가 보완되어야 할 것이나, 그 하자가 추후 보완될 수 없는 성질의 것인 경우에는 그 하자가 보완되지 아니하였다고 하더라도 회사의 현황 등 제반 사정을 참작하여 분할합병 무효의 소를 재량기각할 수 있다(대판 2010.7.22. 2008다37193).

[**❸** ▸ ○] 주주가 회사를 상대로 제기한 분할합병 무효의 소에서 당사자 사이에 분할합병계약을 승인한 주주총회결의 자체가 있었는지 및 그 결의에 이를 부존재로 볼 만한 중대한 하자가 있는지 등 주주총회결의의 존부에 관하여 다툼이 있는 경우 주주총회결의 자체가 있었다는 점에 관해서는 회사가 증명책임을 부담하고 그 결의에 이를 부존재로 볼 만한 중대한 하자가 있다는 점에 관해서는 주주가 증명책임을 부담하는 것이 타당하다(대판 2010.7.22. 2008다37193).

[**❹** ▸ ○] 상법 제335조 제1항 본문은 "주식은 타인에게 이를 양도할 수 있다"고 하여 주식양도의 자유를 보장하고 있으므로 회사와 경쟁관계에 있거나 분쟁 중에 있어 그 회사의 경영에 간섭할 목적을 가지고 있는 자에게 주식을 양도하였다고 하여 그러한 사정만으로 이를 반사회질서 법률행위라고 할 수 없다(대판 2010.7.22. 2008다37193).

① 정답

[**❺ ▶ ○**] [1] 상법 제530조의11 제1항에 의하여 분할합병 무효의 소에 준용되는 상법 제529조는 "합병무효는 각 회사의 주주·이사·감사·청산인·파산관재인 또는 합병을 승인하지 아니한 채권자에 한하여 소만으로 이를 주장할 수 있다"고 규정하고 있으므로 주주가 아닌 자는 분할합병 무효의 소를 제기할 원고적격이 없다.

[2] 그렇다면 원심이 원고 1이 원고 세이브존에 이 사건 주식을 양도하여 더 이상 피고 이랜드의 주주가 아니므로 이 사건 분할합병 무효의 소를 제기할 원고적격이 없다고 판단한 것은 정당하고, 이 사건 분할합병이 무효라는 본안에 관한 주장으로 일관하고 있는 원고 1의 상고이유는 나아가 판단할 필요 없이 이유 없다(대판 2010.7.22. 2008다37193).

2020년 변호사시험 문 43.

☑ 확인Check! ○ △ ✕

「상법」상 주식의 포괄적 교환(이하 '주식교환'이라 한다)에 관한 설명 중 옳은 것은?

① 완전모회사가 되는 회사가 주식교환을 위하여 발행하는 신주 및 이전하는 자기주식의 총수가 그 회사의 발행주식 총수의 100분의 10을 초과하지 아니하는 경우에도 주주총회에서 주식교환계약서의 승인을 얻어야 한다.

② 회사의 채권자 또는 회사에 중대한 이해관계가 있는 자는 주식교환의 날부터 6월 내에 소만으로 주식교환의 무효를 주장할 수 있다.

③ 주식교환에 의하여 완전자회사가 되는 회사의 주주는 완전모회사가 되는 회사가 주식교환을 위하여 발행하는 신주의 배정을 받거나 그 회사의 자기주식을 이전받음으로써 완전모회사의 주주가 된다.

④ 주식교환에 의하여 완전모회사가 되는 회사의 이사로서 주식교환 이전에 취임한 자는 주식교환계약서에 다른 정함이 있는 경우를 제외하고는 주식교환이 이루어진 영업연도가 종료된 때 퇴임한다.

⑤ 완전자회사가 되는 회사의 발행주식 총수의 100분의 90 이상을 완전모회사가 되는 회사가 소유하고 있는 때에는 완전자회사가 되는 회사의 주주총회의 승인은 이를 이사회승인으로 갈음할 수 없다.

[**❶ ▶ ✕**] 완전모회사가 되는 회사가 주식교환을 위하여 발행하는 신주 및 이전하는 자기주식의 총수가 그 회사의 발행주식 총수의 100분의 10을 초과하지 아니하는 경우에는 그 회사에서의 제360조의3 제1항의 규정에 의한 주주총회의 승인은 이를 이사회의 승인으로 갈음할 수 있다(상법 제360조의10 제1항 본문).

[**❷ ▶ ✕**] 주식교환의 무효는 각 회사의 주주·이사·감사·감사위원회의 위원 또는 청산인에 한하여 주식교환의 날부터 6월 내에 소만으로 이를 주장할 수 있다(상법 제360조의14 제1항).

[**❸ ▶ ○**] 주식의 포괄적 교환(이하 이 관에서 "주식교환"이라 한다)에 의하여 완전자회사가 되는 회사의 주주가 가지는 그 회사의 주식은 주식을 교환하는 날에 주식교환에 의하여 완전모회사가 되는 회사에 이전하고, 그 완전자회사가 되는 회사의 주주는 그 완전모회사가 되는 회사가 주식교환을 위하여 발행하는 신주의 배정을 받거나 그 회사 자기주식의 이전을 받음으로써 그 회사의 주주가 된다(상법 제360조의2 제2항).

[**❹ ▶ ✕**] 주식교환에 의하여 완전모회사가 되는 회사의 이사 및 감사로서 주식교환전에 취임한 자는 주식교환계약서에 다른 정함이 있는 경우를 제외하고는 주식교환 후 최초로 도래하는 결산기에 관한 정기총회가 종료하는 때에 퇴임한다(상법 제360조의13).

[**❺ ▶ ✕**] 완전자회사가 되는 회사의 총주주의 동의가 있거나 그 회사의 발행주식 총수의 100분의 90 이상을 완전모회사가 되는 회사가 소유하고 있는 때에는 완전자회사가 되는 회사의 주주총회의 승인은 이를 이사회의 승인으로 갈음할 수 있다(상법 제360조의9 제1항).

「상법」상 채권자보호절차가 필요하지 아니한 경우를 모두 고른 것은?

ㄱ. 甲합명회사와 乙합명회사가 합병하는 경우
ㄴ. A주식회사가 A회사의 완전자회사인 B주식회사를 흡수합병하는 경우
ㄷ. C주식회사의 모든 주주가 동의하며 C회사 주주가 자신이 소유하는 회사 주식의 전부를 완전모회사가 되는 D주식회사에 이전하고 D회사가 발행하는 신주를 배정받는 주식의 포괄적 교환의 경우
ㄹ. E주식회사가 E회사의 완전모회사가 되는 F주식회사를 설립하면서 E회사 주주가 소유하는 그 회사 주식은 F회사에 이전하고 F회사가 그 주식이전을 위해 발행하는 주식을 E회사의 주주가 배정받는 주식의 포괄적 이전의 경우
ㅁ. X주식회사가 분할하여 Y주식회사를 설립하면서 분할회사인 X회사와 단순분할신설회사인 Y회사가 분할 전의 X회사 채무에 관하여 연대책임을 부담하는 분할의 경우

① ㄱ, ㄴ　　　　　　　　　② ㄷ, ㄹ　　　　　　　　　③ ㄱ, ㄴ, ㅁ
④ ㄷ, ㄹ, ㅁ　　　　　　　⑤ ㄴ, ㄷ, ㄹ, ㅁ

1. 채권자보호절차 필요 여부

   (1) 필요한 경우

   ① 합명회사, 유한책임회사, 주식회사, 유한회사의 합병(상법 제232조, 제287조의41, 제527조의5 제3항, 제603조)

   ② 분할합병(상법 제530조의11 제2항)

   ③ 연대책임을 배제하는 단순분할(상법 제530조의9 제4항)

   ④ 유한책임회사, 주식회사의 자본금 감소(상법 제287조의36 제2항, 제439조 제2항)

   ⑤ 유한책임회사, 유한회사의 조직 변경(상법 제287조의44, 제608조)

   ⑥ 합명회사의 임의청산(상법 제247조 제3항)

   ⑦ 유한책임회사의 지분 환급(상법 제287조의30 제2항)

   ⑧ 주식의 병합·소각·전환(상법 제441조, 제343조 제2항, 제329조 제5항)

   (2) 필요 없는 경우

   주식의 포괄적 교환·이전

2. 사안의 적용

   [ㄱ ▸ ✕] [ㄴ ▸ ✕] [ㄷ ▸ ○] [ㄹ ▸ ○] [ㅁ ▸ ○]　합명회사의 합병이나 주식회사의 흡수합병의 경우 채권자보호절차를 거쳐야 하나, 주식의 포괄적 교환이나 이전의 경우에는 회사채권자를 해할 우려가 없으므로 채권자보호절차를 요하지 아니한다. 단순분할의 경우에도 연대책임을 배제하지 아니한다면, 채권자의 입장에서는 책임재산의 변동이 없고 책임주체의 실질적인 변동도 없으므로, 채권자보호절차를 요하지 아니한다.

2016년 변호사시험 문 40.

☑ 확인Check! ○ △ ×

A주식회사는 B주식회사의 의결권 있는 발행주식 총수의 92%를 소유하고 있는데, B주식회사를 흡수합병하고자 한다. 이에 의하여 A주식회사가 B주식회사의 주주에게 발행하는 신주는 A주식회사 발행주식 총수의 12%이다. 이 경우에 「상법」상 생략할 수 있는 절차는?

① A주식회사의 채권자이의절차　　　　② A주식회사의 주주총회특별결의
③ B주식회사의 채권자이의절차　　　　④ B주식회사의 주주총회특별결의
⑤ 생략할 수 있는 절차 없음

사안의 경우 존속법인 A회사가 소멸회사 B회사의 주주에게 발행하는 신주의 규모가 10%를 초과하고 있으므로, A회사는 소규모 합병을 할 수 없으나, 존속법인 A회사가 소멸회사 B회사의 주식 92%를 소유하고 있어 간이합병의 요건을 충족하므로, B주식회사의 주주총회특별결의는 이사회결의로 갈음할 수 있다(상법 제527조의2 제1항).

2012년 변호사시험 문 47.

☑ 확인Check! ○ △ ×

비상장회사인 A회사와 B회사는, A회사를 존속회사로 하고 B회사를 소멸회사로 하는 합병을 하였다. A회사는 B회사가 발행한 주식 90%를 보유하고 있다. B회사는 甲에 대하여 채권을 가지고 있는데, 甲은 A회사가 발행한 주식 5%를 가지고 있는 외에는 별다른 재산이 없다. 다음 설명 중 옳지 않은 것은?(위 합병은 소규모 합병에 해당하지 않는다고 상정하고, 다툼이 있는 경우에는 판례에 의함)

① B회사는 위 합병에 대하여 주주총회결의 없이 이사회결의만으로 승인할 수 있다.
② A회사는 위 합병에 대하여 주주총회의 특별결의를 거쳐야 한다.
③ B회사의 주주 乙은 법정기간 내에 위 합병에 반대하는 서면통지를 한 경우에도 B회사에 대하여 주식매수청구권을 행사할 수 없다.
④ A회사의 주주인 丙이 A회사에 대하여 주식매수청구권을 행사하기 위해서는 법정기간 내에 위 합병에 반대하는 서면통지를 하여야 한다.
⑤ 합병 이후 A회사가 甲에 대한 채권의 대물변제로서 자신이 발행한 위 주식 5%를 甲으로부터 취득하더라도 이는 적법하다.

[❶ ▸ ○] 합병할 회사의 일방이 합병 후 존속하는 경우에 합병으로 인하여 소멸하는 회사의 총주주의 동의가 있거나 그 회사의 발행주식 총수의 100분의 90이상을 합병 후 존속하는 회사가 소유하고 있는 때에는 합병으로 인하여 소멸하는 회사의 주주총회의 승인은 이를 이사회의 승인으로 갈음할 수 있다(상법 제527조의2 제1항). A회사는 B회사가 발행한 주식 90%를 보유하고 있어 간이합병의 요건을 충족하므로, 소멸회사인 B회사의 주주총회의 결의는 이사회의 결의로 갈음할 수 있다.

[❷ ▸ ○] 사안에서 소규모 합병이 아님을 전제로 하고 있으므로, A회사는 합병에 대하여 주주총회의 특별결의를 거쳐야 한다(상법 제522조 제1항).

[❸ ▸ ×] [❹ ▸ ○] 간이합병의 경우, 소멸회사의 주주 乙과 존속회사의 주주 丙은 법정기간 내에 합병에 반대하는 서면통지를 하여 주식매수청구권을 행사할 수 있다.

법령 합병반대주주의 주식매수청구권(상법 제522조의3) ① 제522조 제1항에 따른 결의사항에 관하여 이사회의 결의가 있는 때에 그 결의에 반대하는 주주(의결권이 없거나 제한되는 주주를 포함한다. 이하 이 조에서 같다)는 주주총회 전에 회사에 대하여 서면으로 그 결의에 반대하는 의사를 통지한 경우에는 그 총회의 결의일부터 20일 이내에 주식의 종류와 수를 기재한 서면으로 회사에 대하여 자기가 소유하고 있는 주식의 매수를 청구할 수 있다(④).

② 제527조의2 제2항의 공고 또는 통지를 한 날부터 2주내에 회사에 대하여 서면으로 합병에 반대하는 의사를 통지한 주주는 그 기간이 경과한 날부터 20일 이내에 주식의 종류와 수를 기재한 서면으로 회사에 대하여 자기가 소유하고 있는 주식의 매수를 청구할 수 있다(③).

[**❺** ▶ ○] A회사는 권리를 실행함에 있어 그 목적을 달성하기 위하여 필요한 경우 자기주식을 취득할 수 있으므로(상법 제341조의2 제2호), 합병 이후 甲에 대한 채권의 대물변제로써 자신이 발행한 주식을 甲으로부터 취득하더라도 적법하다.

판례 주식회사가 자기주식을 취득할 수 있는 경우로서 상법 제341조의2 제2호가 규정하고 있는 '회사의 권리를 실행함에 있어 그 목적을 달성하기 위하여 필요한 때'라 함은 회사가 그 권리를 실행하기 위하여 강제집행, 담보권의 실행 등을 함에 있어 채무자에게 회사의 주식 이외에 재산이 없을 때 회사가 자기주식을 경락 또는 대물변제로 취득하는 경우 등을 말한다(대판 2006.10.12. 2005다75729).

제2절 회사분할 ★

2019년 변호사시험 문 46. ☑ 확인Check! ○ △ ✕

유아용품 제작과 판매를 목적으로 하는 A주식회사는 유아용품 제작 부분을 분할하여 단순분할신설회사 B주식회사를 설립하기로 하였다. A회사는 분할 전 유아용품 제작과 관련한 채무를 甲에게 부담하고 있었다. A회사는 유아용품 제작과 관련한 채무만을 B회사에게 승계하기로 정하였으나, 분할계약서에는 이에 관하여 기재하지 않았다. 이후 주주총회의 특별결의로 분할계약서가 승인되었고, 적법한 절차를 밟아 분할등기가 경료되었으며, B회사와 甲 사이에는 아무런 거래가 없었다. 이에 관한 설명 중 옳은 것은?(다툼이 있는 경우 판례에 의함)

① A회사의 주주가 B회사의 주식의 총수를 취득한다면, 이를 물적 분할이라 한다.
② A회사는 유아용품 제작과 관련한 채무를 더 이상 부담하지 않는다.
③ B회사가 甲에 대하여 변제할 책임을 부담하는 채무의 소멸시효는 분할등기시점으로부터 기산한다.
④ A회사의 분할로 인하여 분할에 관련되는 A회사의 주주의 부담이 가중되는 경우에는 위 주주총회의 승인 외에 그 주주 전원의 동의가 있어야 한다.
⑤ 만일 「상법」 제344조의3(의결권의 배제·제한에 관한 종류주식) 제1항에 따라 의결권이 배제되는 주주가 있다면, 그 주주는 A회사의 위 주주총회결의에 관하여 의결권을 행사할 수 없다.

[**❶** ▶ ✕] 회사분할은 분할 후 회사가 회사분할로 인하여 발행하는 신주를 분할회사의 주주에게 교부하는 인적 분할과, 분할회사 스스로 이를 취득하는 물적 분할로 구분할 수 있다. 사안에서 A회사의 주주가 B회사의 주식 총수를 취득한다면, 이는 인적 분할에 해당한다.

④ 정답

[**❷ ▸ ✕**] 분할회사 A회사가 유아용품 제작과 관련한 채무만을 B회사에 승계하기로 정하였으나, 분할계획서에는 이에 관하여 기재하지 아니하였으므로, 유아용품 제작과 관련한 채무만 B회사에 인수되지 아니한다.

> 분할합병으로 인하여 설립되는 회사 또는 존속하는 회사(이하 '분할당사회사'라고 한다)가 상법 제530조의9 제1항에 의한 연대책임을 면하고 각자 분할합병계약서에 본래 부담하기로 정한 채무에 대한 변제책임만을 지는 분할채무관계를 형성하기 위해서는, 분할합병에 따른 출자를 받는 존립 중의 회사가 분할되는 회사의 채무 중에서 출자한 재산에 관한 채무만을 부담한다는 취지가 기재된 분할합병계약서를 작성하여 이에 대한 주주총회의 승인을 얻어야 하고(상법 제530조의9 제3항, 제2항 후단, 상법 제530조의3 제1항, 제2항), 이러한 요건이 충족되었다는 점에 관한 주장·증명책임은 분할당사회사가 연대책임관계가 아닌 분할채무관계에 있음을 주장하는 측에게 있다. 단순히 분할합병계약서에 상법 제530조의6 제1항 제6호가 규정하는 '분할되는 회사가 분할합병의 상대방 회사에 이전할 재산과 그 가액'의 사항 등을 기재하여 주주총회의 승인을 얻었다는 사정만으로는 위와 같이 분할책임관계를 형성하기 위한 요건이 충족되었다고 할 수 없으므로, 분할당사회사는 각자 분할합병계약서에 본래 부담하기로 정한 채무 이외의 채무에 대하여 연대책임을 면할 수 없다(대판 2010.8.26. 2009다95769).

[**❸ ▸ ✕**] 구 상법에서 제530조의9 제1항에 따라 채권자가 연대책임을 물을 수 있는 기간이나 금액에 대해서 아무런 제한규정을 두고 있지 않지만 채권자를 분할 또는 분할합병 이전의 상태보다 더욱 두텁게 보호할 필요는 없다. 분할 또는 분할합병으로 인하여 설립되는 회사 또는 존속하는 회사(이하 '수혜회사'라 한다)가 채권자에게 연대하여 변제할 책임을 부담하는 채무는 분할 또는 분할합병 전의 회사가 채권자에게 부담하는 채무와 동일한 채무이다. 따라서 수혜회사가 채권자에게 부담하는 연대채무의 소멸시효기간과 기산점은 분할 또는 분할합병 전의 회사가 채권자에게 부담하는 채무와 동일한 것으로 봄이 타당하다. 결국, 채권자는 해당 채권의 시효기간 내에서 분할로 인하여 승계되는 재산의 가액과 무관하게 연대책임을 물을 수 있다(대판 2017.5.30. 2016다34687).

[**❹ ▸ ○**] 회사가 분할 또는 분할합병을 하는 때에는 분할계획서 또는 분할합병계약서를 작성하여 주주총회의 승인을 얻어야 한다(상법 530조의3 제1항). 회사의 분할 또는 분할합병으로 인하여 분할 또는 분할합병에 관련되는 각 회사의 주주의 부담이 가중되는 경우에는 제1항 및 제436조의 결의 외에 그 주주 전원의 동의가 있어야 한다(동법 530조의3 제6항).

[**❺ ▸ ✕**] 회사가 분할 또는 분할합병을 하는 때에는 분할계획서 또는 분할합병계약서를 작성하여 주주총회의 특별결의에 의한 승인을 얻어야 한다(상법 530조의3 제1항·제2항). 주주총회의 특별결의에 관하여는 제344조의3 제1항에 따라 의결권이 배제되는 주주도 의결권이 있다(동법 530조의3 제3항).

전자제품을 생산·판매하는 주식회사 A는 전자제품의 생산부문과 판매부문을 별개의 법인으로 분리하기 위해서, 전자제품의 생산부문에 관한 재산을 출자하여 신설회사를 설립하고 A사는 나머지 판매부문을 가지고 존속하는 형태의 분할을 하고자 한다. 이에 관한 설명 중 옳지 않은 것은?

① A사가 물적 분할을 하는 경우 신설회사의 주식은 A사에게 귀속되나, 소위 인적 분할을 하는 경우 신설회사의 주식은 A사의 주주에게 귀속된다.

② A사가 회사분할을 하기 위해서는 주주총회의 특별결의에 의한 승인을 얻어야 하는데, 이 경우 의결권이 배제되는 종류주식을 보유한 주주도 의결권이 있다.

③ 분할 전의 A사의 채무 중에서 신설회사가 생산부문과 관련하여 출자받은 재산에 관한 채무만을 부담하도록 그 책임을 제한하고자 하는 경우에는 상법상 채권자보호절차를 거쳐야 한다.

④ 분할의 공고 또는 통지를 한 날로부터 2주 내에 A사에 대하여 서면으로 반대하는 의사를 통지한 주주는 A사에 대하여 자기가 소유하고 있는 주식의 매수를 청구할 수 있다.

⑤ A사의 분할절차에 하자가 있다고 하더라도 분할등기일로부터 6개월이 경과한 경우, A사의 주주는 분할무효의 소를 제기할 수 없다.

[❶▸O] 회사분할은 분할 후 회사가 회사분할로 인하여 발행하는 신주를 분할회사의 주주에게 교부하는 인적 분할과, 분할회사 스스로 이를 취득하는 물적 분할로 구분할 수 있다. 사안에서 A회사가 물적 분할을 하는 경우 신설회사의 주식은 A회사에 귀속되나, 인적 분할을 하는 경우에는 신설회사의 주식은 A회사의 주주에게 귀속된다.

[❷▸O] 회사가 분할 또는 분할합병을 하는 때에는 분할계획서 또는 분할합병계약서를 작성하여 주주총회의 특별결의에 의한 승인을 얻어야 한다(상법 530조의3 제1항·제2항). 주주총회의 특별결의에 관하여는 제344조의3 제1항에 따라 의결권이 배제되는 주주도 의결권이 있다(동법 530조의3 제3항).

[❸▸O] 분할 전 A회사가 주주총회의 특별결의를 통하여 분할 후 신설회사가 생산부문과 관련하여 출자받은 재산에 관한 채무만을 부담하도록 그 책임을 제한하고자 하는 경우에는, 상법상 채권자보호절차를 거쳐야 한다.

분할 및 분할합병 후의 회사의 책임(상법 제530조의9) ① 분할회사, 단순분할신설회사, 분할승계회사 또는 분할합병신설회사는 분할 또는 분할합병 전의 분할회사 채무에 관하여 연대하여 변제할 책임이 있다.
② 제1항에도 불구하고 분할회사가 제530조의3 제2항에 따른 결의로 분할에 의하여 회사를 설립하는 경우에는 단순분할신설회사는 분할회사의 채무 중에서 분할계획서에 승계하기로 정한 채무에 대한 책임만을 부담하는 것으로 정할 수 있다. 이 경우 분할회사가 분할 후에 존속하는 경우에는 단순분할신설회사가 부담하지 아니하는 채무에 대한 책임만을 부담한다.
④ 제2항의 경우에는 제439조 제3항 및 제527조의5를 준용한다.

[❹▸✕] 단순분할의 경우, 주주의 권리는 분할 후 회사에 그대로 미치게 되어 그 권리에 구조적인 변화가 생기는 것은 아니므로, 별도의 채권자보호절차는 필요하지 아니하다.

[❺▸O] A회사의 분할절차에 하자가 있는 경우, A회사의 주주·이사·감사·청산인·파산관재인 또는 합병을 승인하지 아니한 채권자는, 분할등기가 있은 날로부터 6개월 내에 소만으로 분할의 무효를 주장할 수 있다(상법 제530조의11 제1항, 제529조).

CHAPTER 07

주식회사 외의 회사

상 법

✓ 각 문항별로 이해도를 체크해 보세요.

최근 5년간 회별 평균 **0.4문**

제1절　합명회사　☆

> **2019년 변호사시험 문 40.**　☑ 확인 Check! ○ △ ✕
>
> **회사에 있어 사원의 지분 등에 관한 설명 중 옳지 않은 것은?**
>
> ① 합자회사의 무한책임사원이 지분의 일부를 타인에게 양도하는 경우에는 다른 사원 전원의 동의가 필요하다.
> ② 업무를 집행하는 사원이 있는 유한책임회사에 있어서 업무를 집행하지 아니한 사원의 지분양도에는 사원 전원의 동의를 얻어야 한다.
> ③ 합명회사의 사원이 사망한 경우 그 지분은 원칙적으로 상속인에게 상속되지 않고 그 사원은 퇴사된다.
> ④ 유한회사 사원의 지분은 질권의 목적으로 할 수 있다.
> ⑤ 주식회사에 있어서 주식의 인수로 인한 권리의 양도는 회사에 대하여 효력이 없다.

[❶ ▶ ○] 합자회사의 무한책임사원은 다른 사원 전원의 동의를 얻지 아니하면 그 지분의 전부 또는 일부를 타인에게 양도하지 못한다(상법 제269조, 제197조). 그러나 <u>유한책임사원은 무한책임사원 전원의 동의가 있으면 그 지분의 전부 또는 일부를 타인에게 양도할 수 있다</u>. 지분의 양도에 따라 정관을 변경하여야 할 경우에도 같다(동법 제276조).

[❷ ▶ ✕] 사원은 다른 사원의 동의를 받지 아니하면 그 지분의 전부 또는 일부를 타인에게 양도하지 못한다(상법 제287조의8 제1항). 제1항에도 불구하고 <u>업무를 집행하지 아니한 사원은 업무를 집행하는 사원 전원의 동의가 있으면 지분의 전부 또는 일부를 타인에게 양도할 수 있다. 다만, 업무를 집행하는 사원이 없는 경우에는 사원 전원의 동의를 받아야 한다</u>(동법 제287조의8 제2항).

[❸ ▶ ○] 합명회사는 사원의 인적 동일성이 중요하므로, 사원의 사망은 퇴사원인에 해당함에 그친다(상법 제218조 제3호). 다만, 정관으로 지분의 상속을 인정하는 경우에는 상속인의 의사에 따라 지분의 상속이 가능하다(동법 제219조).

[❹ ▶ ○] 유한회사 사원의 지분은 질권의 목적으로 할 수 있다(상법 제559조 제1항).

[❺ ▶ ○] 주식의 인수로 인한 권리의 양도는 회사에 대하여 효력이 없다(상법 제319조).

제2절　합자회사

제3절　유한회사

정답 ②

2018년 변호사시험 문 49.　　☑ 확인Check! ○ △ ✕

유한책임회사의 업무집행자에 관한 설명 중 옳지 않은 것은?

① 회사를 대표하는 업무집행자가 그 업무집행으로 타인에게 손해를 입힌 경우 회사가 배상책임을 지며, 업무집행자가 사원인 경우 회사는 그 출자금액 한도 내에서만 그에게 구상권을 행사할 수 있다.

② 법인이 업무집행자인 경우 그 법인은 해당 업무집행자의 직무를 행할 자를 선임하고, 그 자의 성명과 주소를 다른 사원에게 통지하여야 한다.

③ 업무집행자는 사원 전원의 동의를 받지 아니하고는 자기 또는 제3자의 계산으로 회사의 영업부류에 속한 거래를 하지 못한다.

④ 업무집행자가 업무를 집행함에 현저하게 부적임하거나 중대한 의무에 위반한 행위가 있는 때에는 법원은 사원의 청구에 의하여 업무집행권한의 상실을 선고할 수 있다.

⑤ 업무집행자가 둘 이상인 경우 정관 또는 총사원의 동의로 유한책임회사를 대표할 업무집행자를 정할 수 있다.

[**❶** ▸ ✕] 　유한책임회사의 사원은 회사채권자에 대하여 간접 · 유한책임을 부담한다(상법 제287조의7). 이는 출자의무에 대하여 그러하다는 것을 의미하고, <u>유한책임회사를 대표하는 업무집행자의 불법행위책임은 여기에 포함되지 아니하므로, 업무집행자가 사원인 경우에는 회사의 구상권은 그의 출자금액한도로 제한되지 아니한다.</u>

[**❷** ▸ ○] 　법인이 업무집행자인 경우에는 그 법인은 해당 업무집행자의 직무를 행할 자를 선임하고, 그 자의 성명과 주소를 다른 사원에게 통지하여야 한다(상법 제287조의15 제1항).

[**❸** ▸ ○] 　업무집행자는 사원 전원의 동의를 받지 아니하고는 자기 또는 제3자의 계산으로 회사의 영업부류(營業部類)에 속한 거래를 하지 못하며, 같은 종류의 영업을 목적으로 하는 다른 회사의 업무집행자 · 이사 또는 집행임원이 되지 못한다 (상법 제287조의10 제1항).

[**❹** ▸ ○] 　사원이 업무를 집행함에 현저하게 부적임하거나 중대한 의무에 위반한 행위가 있는 때에는 법원은 사원의 청구에 의하여 업무집행권한의 상실을 선고할 수 있다(상법 제287조의17 제1항, 제205조 제1항).

[**❺** ▸ ○] 　업무집행자가 둘 이상인 경우 정관 또는 총사원의 동의로 유한책임회사를 대표할 업무집행자를 정할 수 있다(상법 제287조의19 제2항).

PART 04 어음 · 수표법

CHAPTER 01

어음·수표법 서설

상 법

제1절 어음·수표법 개관

MEMO

✅ 각 문항별로 이해도를 체크해 보세요.

최근 5년간 회별 평균 **0.4문**

제1절 **어음·수표행위의 의의** ☆

2014년 변호사시험 문 38. ☑ 확인Check! ○ △ ✕

어음행위의 성립요건에 관한 설명 중 옳은 것은?(다툼이 있는 경우에는 판례에 의함)

① 기명날인 또는 서명은 반드시 자필로 하여야 하므로 기명날인의 대행은 허용되지 않는다.
② 기명의 명의와 날인의 명의가 일치하지 않으면 그 기명날인은 무효이다.
③ 본인 여부를 더욱 확실하게 알 수 있는 기명무인(記名拇印)도 유효한 어음행위가 된다.
④ 약속어음의 발행에 있어 발행인의 기명이 반드시 그 본명과 일치하여야 하는 것은 아니다.
⑤ 조합의 어음행위는 조합의 성질상 조합원 전원이 기명날인 또는 서명을 하여야 하며, 대표조합원이 그 대표자격을 밝히고 조합원 전원을 대리하여 서명한 경우라도 조합원 전원에 대한 유효한 어음행위가 될 수 없다.

[❶▸✕] 기명날인은 반드시 자필로 할 필요는 없고, 타인이 사자로서 대행하는 것도 가능하다. 그러나 서명은 자필로 자신의 성명을 기재하는 것을 말하므로, 대행은 허용되지 아니한다.

[❷▸✕] 어음의 법정요건의 구비 여부는 그 어음면의 문면 자체에 의하여 외관적으로 이를 판단하면 족하고, 어음면의 기재가 어떤 객관적인 사실과 일치하지 않더라도 어음으로서의 효력에는 아무런 소장이 없다고 하는 것이 본원의 판례이고, 또 어음법상의 기명날인이라는 것은 기명된 자와 여기에 압날된 인영이 반드시 합치됨을 요구한다고 볼 근거는 없는 것이므로 본건에서 원심이 인정한 바와 같이 위 약속어음에 피고 황택임의 기명이 되고 거기에 어떤 인장이 압날되어 있는 이상 그 인영이 서상길로 되어 있어 비록 그 기명과 일치되지 않는다 할지라도 이 약속어음의 문면상으로는 기명과 날인이 있는 것이 되어 외관상 날인이 전연 없는 경우와는 구별이 되어야 할 것이다(대판 1978.2.28. 77다2489).

[❸▸✕] 배서날인에는 기명무인은 포함되지 않으므로 기명무인으로서 한 어음행위는 무효라 할 것이어서 약속어음에 수차 배서가 될 경우에 시초에만 배서가 기명무인이 되었다면 그 어음에는 본조가 규정한 배서의 연속이 없고 위 무효인 배서 이후의 어음취득자는 배서의 연속에 의하여 그 권리를 증명한 자라 할 수 없다(대판 1962.11.1. 62다604).

[❹▸○] 약속어음의 발행에 있어서 발행인의 기명날인이 필요요건으로 되어 있으나 그 기명에 있어서는 반드시 공부상의 명의가 동일함을 필요로 하지 아니한다(대판 1969.7.22. 69다742).

[❺▸✕] 조합의 어음행위는 전조합원의 어음상의 서명에 의한 것은 물론 대표조합원이 그 대표자격을 밝히고 조합원 전원을 대리하여 서명하였을 경우에도 유효하다(대판 1970.8.31. 70다1360).

PART 04

어음·수표법

2020년 변호사시험 문 45. ☑ 확인Check! ○ △ ✕

대리에 관한 설명 중 옳지 않은 것은?(다툼이 있는 경우 판례에 의함)

① 어음행위의 대리의 방식에 있어서 어음의 문면으로 보아 본인을 위하여 어음행위를 한다는 취지를 인식할 수 있을 정도의 표시가 있으면 대리관계의 표시로 보아야 할 것이므로, "A주식회사 대구영업소장 甲"이라는 표시는 대리관계의 표시로서 적법하다.

② 다른 사람이 본인을 위하여 한다는 대리문구를 어음상에 기재하지 않고 직접 본인 명의로 기명날인을 하여 어음행위를 하는 이른바 기관 방식 또는 서명대리 방식의 어음행위가 권한 없는 자에 의하여 행하여졌다면 이는 어음행위의 무권대리에 해당한다.

③ 표현대리 제도는 대리권이 있는 것과 같은 외관이 생긴 데 대해 본인이 「민법」 제125조, 제126조 및 제129조 소정의 원인을 주고 있는 경우에 그러한 외관을 신뢰한 선의·무과실의 제3자를 보호하기 위하여 그 무권대리 행위에 대하여 본인이 책임을 지게 하려는 것이고 이와 같은 문제는 무권대리인과 본인과의 관계, 무권대리인의 행위 당시의 여러 가지 사정 등에 따라 결정되어야 할 것이므로, 당사자가 표현대리를 주장함에는 무권대리인과 표현대리에 해당하는 무권대리 행위를 특정하여 주장하여야 한다 할 것이고 따라서 당사자의 표현대리의 항변은 그 항변에 의하여 특정된 무권대리인의 행위에만 미치고 그 밖의 무권대리인이나 무권대리 행위에는 미치지 아니한다.

④ 보증 부분이 위조된 약속어음을 배서양도받은 제3취득자는 그 어음보증행위가 「민법」 제126조 소정의 표현대리행위로서 보증인에게 그 효력이 미친다고 주장할 수 있는 제3자에 해당하지 않는다.

⑤ 어음위조의 경우에도 제3자가 어음행위를 실제로 한 자에게 그와 같은 어음행위를 할 수 있는 권한이 있다고 믿을 만한 사유가 있고, 본인에게 책임을 질 만한 사유가 있는 때에는 대리방식에 의한 어음행위의 경우와 마찬가지로 「민법」상의 표현대리 규정을 유추적용하여 본인에게 그 책임을 물을 수 있다.

[❶▶○] 이 사건 어음은 그 수취인이 박경자 개인이지만 보험료지급을 위하여 피고 보험주식회사의 대구영업소장인 동인에게 발행된 것이고, 위 박경자가 위 어음을 소외인에게 배서할 때 "피고 회사 대구영업소장 박경자"라고 기재하여 배서한 이상, 내심의 의사와 무관하게 배서양수인인 원고에 대한 관계에 있어서는 피고회사 대구영업소장 자격으로 배서한 것으로 봄이 어음의 문언증권성에 비추어 타당하다고 할 것이고, 또 <u>어음행위의 대리의 방식에 있어서도 어음의 문면으로 보아 본인을 위하여 어음행위를 한다는 취지를 인식할 수 있을 정도의 표시가 있으면 대리관계의 표시로 보아야 할 것인바,</u> "해동화재해상보험 주식회사 대구영업소장 박경자"란 표시는 피고회사의 대리관계표시로서 적법하다고 볼 것이다(대판 1984.4.10, 83다카316).

[❷▶✕] [❺▶○] 다른 사람이 본인을 위하여 한다는 대리문구를 어음 상에 기재하지 않고 직접 본인 명의로 기명날인을 하여 어음행위를 하는 이른바 기관 방식 또는 서명대리 방식의 어음행위가 권한 없는 자에 의하여 행하여졌다면 <u>이는 어음행위의 무권대리가 아니라 어음의 위조에 해당하는 것(②)</u>이기는 하나, 그 경우에도 제3자가 어음행위를 실제로 한 자에게 그와 같은 어음행위를 할 수 있는 권한이 있다고 믿을 만한 사유가 있고, 본인에게 책임을 질 만한 사유가 있는 때에는 대리방식에 의한 어음행위의 경우와 마찬가지로 민법상의 표현대리 규정을 유추적용하여 본인에게 그 책임을 물을 수 있다(⑤)(대판 2000.3.23, 99다50385).

② 정답

[**❸** ▶ **O**]   표현대리 제도는 대리권이 있는 것 같은 외관이 생긴데 대해 본인이 민법 제125조, 제126조 및 제129조 소정의 원인을 주고 있는 경우에 그러한 외관을 신뢰한 선의 무과실의 제3자를 보호하기 위하여 그 무권대리행위에 대하여 본인이 책임을 지게 하려는 것이고 이와 같은 문제는 무권대리인과 본인과의 관계, 무권대리인의 행위 당시의 여러가지 사정 등에 따라 결정되어야 할 것이므로 당사자가 표현대리를 주장함에는 무권대리인과 표현대리에 해당하는 무권대리 행위를 특정하여 주장하여야 한다 할 것이고 따라서 당사자의 표현대리의 항변은 특정된 무권대리인의 행위에만 미치고 그 밖의 무권대리인이나 무권대리 행위에는 미치지 아니한다(대판 1984.7.24. 83다카1819).

[**❹** ▶ **O**]   표현대리에 관한 민법 제126조의 규정에서 제3자라 함은 당해 표현대리행위의 직접 상대방이 된 자만을 지칭하는 것이고, 약속어음의 보증은 발행인을 위하여 그 어음금채무를 담보할 목적으로 하는 보증인의 단독행위이므로 그 행위의 구체적, 실질적인 상대방은 어음의 제3취득자가 아니라 발행인이라 할 것이어서 약속어음의 보증 부분이 위조된 경우, 동 약속어음을 배서, 양도받는 제3취득자는 위 보증행위가 민법 제126조 소정의 표현대리행위로서 보증인에게 그 효력이 미친다고 주장할 수 있는 제3자에 해당하지 않는다(대판 2002.12.10. 2001다58443).

제4절   어음·수표의 위조와 변조   ★☆

2016년 변호사시험 문 52.   ☑ 확인Check! ○ △ ✕

어음의 위조와 변조에 관한 설명 중 옳은 것은?(다툼이 있는 경우 판례에 의함)
① 위조된 배서를 진정한 것으로 믿고 어음을 유상취득한 경우의 손해액은 그 어음을 취득하기 위하여 지급한 금원이 아니라 해당 어음액면 상당액이다.
② 어음상의 피위조자는 귀책사유를 불문하고 선의의 어음소지인에게 어음상의 책임을 진다.
③ 어음상의 피위조자는 위조 사실을 증명하지 못하면 어음상의 책임을 면하지 못한다.
④ 어음이 위조된 후 그 어음을 취득하여 배서양도한 자는 위조된 문언대로 어음상의 책임을 진다.
⑤ 변조 후에 그 어음에 기명날인하여 어음행위를 한 자는 원칙적으로 원래 문구에 따라 어음상의 책임을 진다.

[**❶** ▶ **✕**]   위조된 약속어음을 취득함으로써 입은 손해는 다른 특별한 사정이 없는 한 이를 취득하기 위하여 현실적으로 출연한 할인금 상당액일 뿐, 그 어음이 진정한 것이었다면 어음소지인이 지급받았을 것이라고 인정되는 그 어음액면 상당액이라고는 할 수 없고, 이러한 법리는 정당한 작성자에 의하여 남발된 약속어음을 할인의 방법으로 취득함으로써 입은 손해의 경우에도 동일하다(대판 2003.1.10. 2001다37071).

[**❷** ▶ **✕**]   피위조자는 어음이 위조되었다는 물적항변으로써 어음소지자에게 대항할 수 있다. 다만, 귀책사유가 있는 경우에는 표현책임을 부담할 수 있다.

[**❸** ▶ **✕**]   어음에 어음채무자로 기재되어 있는 사람이 자신의 기명날인이 위조된 것이라고 주장하는 경우에는 그 사람에 대하여 어음채무의 이행을 청구하는 어음의 소지인이 그 기명날인이 진정한 것임을 증명하지 않으면 안 된다(대판 1993.8.24. 93다4151 [전합]).

[**❹** ▶ **O**]   선행 어음행위가 위조되었다고 하더라도 어음에 형식적인 하자가 없는 이상 위조어음에 기명날인 또는 서명을 한 자는 어음행위독립의 원칙상 어음소지인에 대하여 어음채무를 부담한다(어음법 제7조).

[**❺** ▶ **✕**]   환어음의 문구가 변조된 경우에는 그 변조 후에 기명날인하거나 서명한 자는 변조된 문구에 따라 책임을 지고 변조 전에 기명날인하거나 서명한 자는 원래 문구에 따라 책임을 진다(어음법 제69조).

정답 ④

甲은 乙에게 약속어음을 발행하였는데, 乙의 종업원 丙이 乙의 승낙을 받지 않고 이 약속어음에 乙 명의의 배서를 하여 丁에게 교부하였다. 丁은 이 약속어음을 戊에게 배서양도하여 현재 어음은 戊가 소지하고 있다. 丁과 戊는 丙이 乙의 승낙을 받지 않고 위 배서를 하였다는 사실을 알지 못하였고 이에 대하여 중대한 과실도 없다. 약속어음 문면상으로는 戊까지의 배서가 모두 연속되어 있는 상황에서, 법률관계에 관한 다음 설명 중 옳은 것은?(다툼이 있는 경우에는 판례에 의함)

① 乙로부터 丁으로의 실질적 권리이전이 없었기 때문에 戊는 어음의 적법한 권리자로 추정되지 않는다.

② 甲은 戊가 어음금을 청구하더라도 乙의 배서가 위조되었다는 이유를 들어 戊의 청구를 거절할 수 있다.

③ 甲이 어음금의 지급을 거절하여 戊가 乙에게 어음금의 상환청구를 하는 경우, 배서의 위조사실에 대한 증명책임은 乙에게 있다.

④ 戊가 甲에게 적법한 지급제시를 하지 아니하여 상환청구권 보전절차를 밟지 않았다고 하더라도 이는 戊가 丙의 사용자 乙에 대하여 민법 제756조의 불법행위책임을 묻는 데 있어 장애가 되지 않는다.

⑤ 丁은 어음이 위조된 이후에 배서하였으므로 戊에 대하여 상환의무를 부담하지 않는다.

[❶ ▸ ✕] 약속어음의 배서가 위조된 경우에도 배서의 연속이 흠결된 것이라고 할 수 없으므로 피배서인은 배서가 위조되었는지의 여부에 관계없이 배서의 연속이 있는 약속어음의 적법한 소지인으로 추정되며 다만 발행인은 소지인이 악의 또는 중대한 과실로 취득한 사실을 주장입증하여 발행인으로서의 어음채무를 면할 수 있을 뿐이다(대판 1974.9.24. 74다902).

[❷ ▸ ✕] 어음소지인 丁은 배서의 연속이 인정되고, 배서 위조에 대하여 선의·무중과실이므로 어음상 권리를 선의취득 하였으며, 戊는 丁으로부터 어음상 권리를 승계취득하였다. 어음채무자 甲은 약속어음의 주채무자로서 무조건적·일차적 책임을 지게 되므로, 어음상 권리를 취득한 戊의 어음금청구에 대하여 乙의 배서가 위조되었다는 이유를 들어 戊의 청구를 거절할 수 없다.

[❸ ▸ ✕] 어음에 어음채무자로 기재되어 있는 사람이 자신의 기명날인이 위조된 것이라고 주장하는 경우에는 그 사람에 대하여 어음채무의 이행을 청구하는 어음의 소지인이 그 기명날인이 진정한 것임을 증명하지 않으면 안 된다(대판 1993.8.24. 93다4151 [전합]).

[❹ ▸ ○] 어음이 위조된 경우에 피위조자는 민법상 표현대리에 관한 규정이 유추적용될 수 있다는 등의 특별한 경우를 제외하고는 원칙적으로 어음상의 책임을 지지 아니하나, 피용자가 어음위조로 인한 불법행위에 관여한 경우에 그것이 사용자의 업무집행과 관련한 위법한 행위로 인하여 이루어졌으면 그 사용자는 민법 제756조에 의한 손해배상책임을 지는 경우가 있고, 이 경우에 사용자가 지는 책임은 어음상의 책임이 아니라 민법상의 불법행위책임이므로 그 책임의 요건과 범위가 어음상의 그것과 일치하는 것이 아니다. 따라서 민법 제756조 소정의 사용자 책임을 논함에 있어서는 어음소지인이 어음법상 소구권을 가지고 있느냐는 등 어음법상의 권리 유무를 따질 필요가 없으므로, 어음소지인이 현실적으로 지급제시를 하여 지급거절을 당하였는지의 여부가 어음배서의 위조로 인한 손해배상책임을 묻기 위하여 필요한 요건이라고 할 수 없고, 어음소지인이 적법한 지급제시기간 내에 지급제시를 하지 아니하여 소구권 보전의 절차를 밟지 않았다고 하더라도 이는 어음소지인이 이미 발생한 위조자의 사용자에 대한 불법행위책임을 묻는 것에 장애가 되는 사유라고 할 수 없다(대판 1994.11.8. 93다21514 [전합]).

[❺ ▸ ✕] 어음의 소지인은 최초의 발행행위가 위조되었다 하더라도 어음행위독립의 원칙상 그 뒤에 유효하게 배서한 배서인에 대하여는 소구권을 행사할 수 있다(대판 1977.12.13. 77다1753).

어음의 변조에 관한 설명으로 옳은 것은?(다툼이 있는 경우에는 판례에 의함)

① 어음발행인이 그의 어음보증인의 동의를 얻지 않고 수취인 명의를 변경기재하였더라도, 이는 어음보증인에 대해서는 변조에 해당하지 않는다.

② 어음발행 후에 발행인의 상호가 변경되어 어음소지인이 발행인란의 기명 부분 중 발행인의 구 상호를 지우고 신 상호를 기재한 경우에는 변조에 해당하지 않는다.

③ 어음소지인이 변조를 한 후에 이에 기명날인하여 타인에게 양도한 경우, 변조자는 변조 전의 원래 문구에 따라 어음상의 책임을 부담하면 된다.

④ 변조 여부에 관한 증명책임은 언제나 어음소지인이 부담한다.

⑤ 변조의 방법은 어음의 기재사항을 바꾸어 기재하는 행위에 한하므로, 권한 없는 제3자가 약속어음에 기재된 지시금지의 문구 위에 고의로 인지를 붙인 경우에는 변조에 해당하지 아니한다.

[**❶ ▸ ✕**] 甲이 乙을 수취인으로 기재하여 작성한 약속어음에 피고로부터 발행인을 위한 어음보증을 받은 다음, 피고의 동의 없이 멋대로 수취인란의 기재를 삭제하고 원고에게 이를 교부하여 원고가 그 수취인란에 자신의 이름을 써 넣었다면 이와 같은 약속어음의 수취인란 기재변경은 피고에 대한 관계에 있어서 어음의 변조에 해당하고, 위 어음보증의 주된 채무는 발행인 甲의 수취인 乙에 대한 채무이며, 원고에 대한 채무가 아니므로 변조된 수취인인 원고에 대하여서까지 어음보증의 책임을 지는 것이 아니다(대판 1981.10.13. 81다726).

[**❷ ▸ ○**] 회사의 상호변경 후 백지수표의 발행인란의 기명 부분을 변경한 것은 수표의 위·변조에 해당하지 아니한다는 판례의 법리는, 어음의 경우에도 동일하게 적용될 것으로 보인다.

판례 ● 무권리자가 수표 발행인 회사의 상호가 변경된 후에 임의로 그 회사가 상호변경 전에 적법하게 발행하였던 백지수표의 발행인란의 기명 부분만을 사선으로 지우고 그 밑에 변경 후의 상호를 써넣은 경우, 그 변경 전후의 기명은 모두 동일한 회사를 가리키는 것이어서 객관적으로 볼 때 그 백지수표의 발행인란의 기명날인은 그 동일성이 유지되어 있고 그 백지수표의 다른 기재 사항에는 아무런 변경도 없으므로 그와 같은 발행인란의 기명의 변경에 의하여 수표면에 부진정한 기명날인이 나타나게 되었다거나 새로운 수표행위가 있은 것과 같은 외관이 작출되었다고 볼 수는 없으므로 이를 수표법상 수표의 위조에 해당한다고 할 수는 없고, 또한 그 백지수표의 발행인란의 기명을 그와 같이 변경함으로 말미암아 그 백지수표의 효력이나 그 수표 관계자의 권리의무의 내용에 영향을 미친 것은 아니므로 이를 수표법상 수표의 변조에 해당한다고 할 수도 없다(대판 1996.10.11. 94다55163).

[**❸ ▸ ✕**] 환어음의 문구가 변조된 경우에는 그 변조 후에 기명날인하거나 서명한 자는 변조된 문구에 따라 책임을 지고 변조 전에 기명날인하거나 서명한 자는 원래 문구에 따라 책임을 진다(어음법 제69조).

[**❹ ▸ ✕**] 판례는 어음변조사실이 어음의 외관상 명백한 경우에는 어음소지인이 변조되지 아니하였음을 입증하여야 하나(대판 1987.3.24. 86다카37), 변조사실이 명백하지 아니한 경우에는 변조되었음을 정확하게 입증하지 못한 데 대하여 어음채무자에게 어음문언에 따른 책임을 인정하는 태도(대판 1990.2.9. 89다카14165)를 취하고 있다.

[**❺ ▸ ✕**] 제3자가 고의로 인지를 약속어음에 기재된 지시금지의 문구위에 첨부한 경우에는 이는 어음의 기재내용을 일부변조한 것이므로, 어음발행인은 변조전의 문구에 따라서만 책임을 부담한다(대판 1980.3.25. 80다202).

CHAPTER 03

어음·수표상의 권리의무의 발생

상 법

✅ 각 문항별로 이해도를 체크해 보세요.

최근 5년간 회별 평균   0.8문

제1절   어음·수표의 발행   ☆

> ### 2015년 변호사시험 문 51.
>
> ☑ 확인Check! ○ △ ×
>
> **어음과 수표에 관한 설명 중 옳지 않은 것을 모두 고른 것은?(다툼이 있는 경우 판례에 의함)**
>
> ㄱ. 어음은 수취인이 필요적 기재사항이나 수표는 수취인을 기재하지 않아도 수표로서 유효하다.
>
> ㄴ. 어음과 달리 수표는 일람출급으로만 발행될 수 있으나, 수표의 발행일을 현실의 발행일보다 후일의 일자로 기재한 선일자수표의 경우에는 그 발행일까지 지급제시를 할 수 없다.
>
> ㄷ. 어음은 공정증서로써 지급거절을 증명하여야 하나, 수표의 경우에는 지급인 또는 어음교환소의 선언으로도 이를 증명할 수 있다.
>
> ㄹ. 제시기간 내에 지급제시된 수표에 대하여 그 지급인은 주채무자로서 소지인에 대하여 지급의무를 진다.
>
> ㅁ. 「어음법」과 달리 「수표법」에서는 횡선제도가 있으며, 일반횡선수표의 지급인은 은행 또는 지급인의 거래처에만 지급할 수 있다.
>
> ① ㄱ, ㄴ   ② ㄴ, ㄷ   ③ ㄴ, ㄹ
>
> ④ ㄷ, ㅁ   ⑤ ㄹ, ㅁ

[ㄱ ▸ ○]   어음의 수취인은 필요적 기재사항이나, 수표에 있어서 수취인은 유익적 기재사항에 불과하다(수표법 제5조 제1항).

[ㄴ ▸ ×]   선일자수표는 수표면에 발행일자를 현실의 발행일보다 뒤의 날짜로 기재한 수표를 말한다. 수표법은 선일자수표의 유효성을 전제로 발행일자 전의 지급제시의 유효성도 인정하고 있다(수표법 제28조 제2항).

[ㄷ ▸ ○]   어음의 인수 또는 지급의 거절은 공정증서(인수거절증서 또는 지급거절증서)로 증명하여야 한다(어음법 제44조 제1항, 제77조 제1항 제4호). 반면, 수표의 경우에는 ㉠ 공정증서(거절증서), ㉡ 수표에 제시된 날을 적고 날짜를 부기한 지급인(제31조 제2항의 경우에는 지급인의 위임을 받은 제시은행)의 선언, ㉢ 적법한 시기에 수표를 제시하였으나 지급받지 못하였음을 증명하고 날짜를 부기한 어음교환소의 선언 등으로 지급거절을 증명할 수 있다(수표법 제39조).

[ㄹ ▸ ×]   수표의 지급인은 인수하지 못하도록 규정(수표법 제4조)하여 수표가 신용증권화되는 것을 방지하고 있다. 따라서 수표에는 주채무자가 존재하지 아니하므로 지급인을 주채무자라고 할 수 없다. 한편, 지급인이 지급보증을 하였다고 하더라도, 이는 지급제시기간 내에 적법한 지급제시가 있는 것을 조건으로 지급채무를 부담할 뿐, 무조건적·1차적·최종적 책임을 지는 주채무자로 볼 수는 없다.

[ㅁ ▸ ○]   수표를 분실하거나 도난당하면 부정한 취득자에게 수표금액이 지급될 우려가 있어 수표법은 횡선수표제도를 도입하였는데, 일반횡선수표의 경우 지급인은 은행 또는 지급인의 거래처에서만 지급할 수 있고(수표법 제38조 제1항), 특정횡선수표의 경우에는 지급인은 기재된 은행에서만 지급할 수 있다(동법 제38조 제2항).

③ **정답**

2019년 변호사시험 문 48. ☑ 확인 Check! ○ △ ✕

甲은 乙에게 금액란만을 백지로 한 약속어음을 발행하면서 1억원의 범위 내에서 금액을 보충할 수 있는 권한을 부여하였다. 乙은 丙에게 위 약속어음을 배서교부하면서 보충권의 범위가 2억원이라고 말하였다. 이에 관한 설명 중 옳은 것은?(다툼이 있는 경우 판례에 의함)

① 丙이 위 약속어음의 금액란을 보충하지 않은 채 甲을 피고로 어음금지급청구의 소를 제기한 경우 어음금채권의 소멸시효는 중단되지 않는다.

② 丙이 甲을 피고로 어음금지급청구의 소를 제기하였으나 사실심 변론종결일까지 백지 부분을 보충하지 않아 패소판결을 받고 그 판결이 확정된 경우, 丙은 특별한 사정이 없는 한 백지보충권을 행사하여 완성한 어음에 기하여 甲을 상대로 동일한 어음금을 청구할 수 없다.

③ 甲은 丙이 악의로 어음을 취득한 경우에만 丙에게 부당보충을 이유로 대항할 수 있다.

④ 丙이 乙의 말을 믿고 금액란에 2억원을 보충하여 甲을 피고로 어음금지급청구의 소를 제기한 경우, 법원은 丙의 청구를 전부 기각하여야 한다.

⑤ 丙이 甲에게 어음금을 청구하기 위하여는 만기로부터 1년 이내에 백지보충권을 행사하여야 한다.

[❶ ▶ ✕] 만기는 기재되어 있으나 지급지, 지급을 받을 자 등과 같은 어음요건이 백지인 약속어음의 소지인이 그 백지 부분을 보충하지 않은 상태에서 어음금을 청구하는 것은 어음상의 청구권에 관하여 잠자는 자가 아님을 객관적으로 표명한 것이고 그 청구로써 어음상의 청구권에 관한 소멸시효는 중단된다. 이 경우 백지에 대한 보충권은 그 행사에 의하여 어음상의 청구권을 완성시키는 것에 불과하여 그 보충권이 어음상의 청구권과 별개로 독립하여 시효에 의하여 소멸한다고 볼 것은 아니므로 어음상의 청구권이 시효중단에 의하여 소멸하지 않고 존속하고 있는 한 이를 행사할 수 있다(대판 2010.5.20. 2009다48312 [전합]).

[❷ ▶ ○] 약속어음의 소지인이 어음요건의 일부를 흠결한 이른바 백지어음에 기하여 어음금 청구소송(이하 '전소'라고 한다)을 제기하였다가 위 어음요건의 흠결을 이유로 청구기각의 판결을 받고 위 판결이 확정된 후 위 백지 부분을 보충하여 완성한 어음에 기하여 다시 전소의 피고에 대하여 어음금 청구소송(이하 '후소'라고 한다)을 제기한 경우에는, 원고가 전소에서 어음요건의 일부를 오해하거나 그 흠결을 알지 못했다고 하더라도, 전소와 후소는 동일한 권리 또는 법률관계의 존부를 목적으로 하는 것이어서 그 소송물은 동일한 것이라고 보아야 한다. 그리고 확정판결의 기판력은 동일한 당사자 사이의 소송에 있어서 변론종결 전에 당사자가 주장하였거나 주장할 수 있었던 모든 공격 및 방어방법에 미치는 것이므로, 약속어음의 소지인이 전소의 사실심 변론종결일까지 백지보충권을 행사하여 어음금의 지급을 청구할 수 있었음에도 위 변론종결일까지 백지 부분을 보충하지 않아 이를 이유로 패소판결을 받고 그 판결이 확정된 후에 백지보충권을 행사하여 어음이 완성된 것을 이유로 전소 피고를 상대로 다시 동일한 어음금을 청구하는 경우에는, 위 백지보충권 행사의 주장은 특별한 사정이 없는 한 전소판결의 기판력에 의하여 차단되어 허용되지 않는다(대판 2008.11.27. 2008다59230).

[❸ ▶ ✕] 보충권을 수여받은 자로부터 백지어음을 양수받은 자가 보충권의 범위에 대하여 기망당하여 백지어음을 양수한 후 보충권을 행사한 경우에도, 어음법 제10조가 적용되는지 견해가 대립하고 있으나, 판례(대판 1978.3.14. 77다2020)는 악의·중과실이 없는 이상 취득자는 어음법 제10조에 의하여 보호받는다고 한다. 따라서 甲은 丙이 악의뿐만 아니라 중과실로 어음을 취득한 경우에도, 丙에게 백지어음의 부당보충을 이유로 대항할 수 있다.

[❹ ▶ ✕] 어음금액이 백지인 어음을 취득하면서 보충권한을 부여받은 자의 지시에 의하여 어음금액란을 보충하는 경우 보충권의 내용에 관하여 어음의 기명날인자에게 직접 조회하지 않았다면 특별한 사정이 없는 한 취득자에게 중대한 과실이

있다(대판 1978.3.14. 77다2020). 사안의 경우 어음소지인 丙이 甲에게 금액을 조회하지 아니한 중과실이 있다고 하더라도, 甲은 자신이 유효하게 보충권을 수여한 1억원의 범위 내에서는 어음상의 책임을 부담하므로, 법원은 丙의 청구를 전부기각할 수 없다.

[**❺** ▸ ✕] 백지약속어음의 보충권 행사에 의하여 생기는 채권은 어음금 채권이고, 어음법 제77조 제1항 제8호, 제70조 제1항, 제78조 제1항에 의하면 약속어음의 발행인에 대한 어음금 채권은 만기의 날로부터 3년간 행사하지 아니하면 소멸시효가 완성되는 점 등을 고려하면, 발행일을 백지로 하여 발행된 약속어음의 백지보충권의 소멸시효기간은 백지보충권을 행사할 수 있는 때로부터 3년으로 봄이 상당하다(대판 2002.2.22. 2001다71507). 즉, 이때의 보충기간은 어음상 권리의 시효기간인 만기로부터 3년이 된다.

2018년 변호사시험 문 52.

☑ 확인Check! ○ △ ✕

甲이 乙에게 백지어음을 발행, 교부한 경우 그 어음에 관한 설명 중 옳지 않은 것은?(다툼이 있는 경우 판례에 의함)

① 어음의 만기를 적지 않은 경우 乙에게 그에 관한 백지보충권이 수여되었다면 보충권의 소멸시효기간은 특별한 약정이 없는 한 보충권을 행사할 수 있는 때로부터 3년이다.

② 어음의 지급지를 적지 않은 경우 乙에게 그에 관한 백지보충권이 수여되지 않았다면 그 어음은 당연히 무효이다.

③ 어음의 금액을 적지 않은 경우 乙에게 그에 관한 백지보충권이 수여되었다면 그 어음은 금액을 보충함으로써 어음상 효력이 발생한다.

④ 乙이 수여된 보충권의 범위를 초과하여 금액을 보충한 경우 甲은 부당보충된 어음을 악의 또는 중과실 없이 양수한 소지인에게 보충권의 남용을 이유로 다투지 못한다.

⑤ 소지인이 부당보충된 어음을 악의 또는 중과실로 취득한 경우에도 甲은 보충권을 수여한 범위 내에서는 당연히 어음상의 책임을 부담한다.

[**❶** ▸ ○] 만기를 백지로 한 약속어음을 발행한 경우, 그 보충권의 소멸시효는 다른 특별한 사정이 없는 한 그 어음발행의 원인관계에 비추어 어음상의 권리를 행사하는 것이 법률적으로 가능하게 된 때부터 진행하고, 백지약속어음의 보충권 행사에 의하여 생기는 채권은 어음금 채권이며 어음법 제77조 제1항 제8호, 제70조 제1항, 제78조 제1항에 의하면 약속어음의 발행인에 대한 어음금 채권은 만기의 날로부터 3년간 행사하지 아니하면 소멸시효가 완성되는 점 등을 고려하면, 만기를 백지로 하여 발행된 약속어음의 백지보충권의 소멸시효기간은 백지보충권을 행사할 수 있는 때로부터 3년으로 보아야 한다(대판 2003.5.30. 2003다16214).

[**❷** ▸ ✕] 약속어음의 지급지가 적혀 있지 아니한 경우에는 발행지를 지급지 및 발행인의 주소지로 본다(어음법 제76조 제2호).

[**❸** ▸ ○] 백지보충의 효력발생시기에 대하여 견해의 대립이 있으나, 판례(대판 1970.3.10. 69다2184)는 백지어음을 백지의 보충 없이 제시한 경우에는 채무자는 이행지체의 책임을 지지 않는다고 하여 불소급설의 입장이다. 따라서 乙이 백지보충권을 행사하여 어음금액을 보충하였을 때에 어음상의 효력이 발생한다.

[**❹** ▸ ○] 미완성으로 발행한 약속어음에 미리 합의한 사항과 다른 내용을 보충한 경우에는 그 합의의 위반을 이유로 소지인에게 대항하지 못한다. 그러나 소지인이 악의 또는 중대한 과실로 인하여 약속어음을 취득한 경우에는 그러하지 아니하다(어음법 제77조 제2항, 제10조). 따라서 甲은 乙에 의하여 부당보충된 어음을 소지인이 악의·중과실 없이 양수하였다면, 소지인에게 부당보충의 항변을 할 수 없다.

[**❺** ▸ ○] 소지인이 악의 또는 중과실로 부당보충된 어음을 취득한 경우에도 발행인은 자신이 유효하게 보충권을 수여한 범위 안에서는 당연히 어음상의 책임을 진다(대판 1999.2.9. 98다37736).

② **정답**

백지어음에 관한 설명 중 옳지 않은 것은?(다툼이 있는 경우 판례에 의함)

① 백지어음이 아니고 불완전 어음으로서 무효라는 점에 대하여 발행인이 증명하여야 한다.

② 발행일이 백지인 약속어음을 발행일란을 보충하지 않고 지급제시한 경우 적법한 지급제시가 되지 못한다.

③ 만기는 기재되어 있으나 다른 어음요건이 백지인 약속어음의 소지인이 그 백지 부분을 보충하지 않은 상태에서 어음금을 재판상 청구하는 경우, 그 청구로써 어음상의 청구권에 관한 소멸시효 중단의 효과는 발생하지 않는다.

④ 수취인을 백지로 하여 발행된 어음은 인도에 의하여 유효하게 양도될 수 있다.

⑤ 어음금액만을 백지로 발행한 어음의 경우 주채무자에 대하여 그 백지보충권을 행사할 수 있는 시기는 다른 특별한 사정이 없는 한 만기를 기준으로 한다.

[**❶ ▶ ○**] 백지약속어음의 경우 발행인이 수취인 또는 그 소지인으로 하여금 백지 부분을 보충케 하려는 보충권을 줄 의사로서 발행하였는지의 여부에 관하여는 발행인에게 보충권을 줄 의사로 발행한 것이 아니라는 점, 즉 백지어음이 아니고 불완전어음으로서 무효라는 점에 관한 입증책임이 있다(대판 2001.4.24. 2001다6718).

[**❷ ▶ ○**] 어음법 제75조 소정의 법정기재사항인 약속어음발행일란의 보충 없이 지급제시한 경우는 적법한 지급제시가 되지 못하여 소구권을 상실한다(대판 1993.11.23. 93다27765).

[**❸ ▶ ✕**] 만기는 기재되어 있으나 지급지, 지급을 받을 자 등과 같은 어음요건이 백지인 약속어음의 소지인이 그 백지 부분을 보충하지 않은 상태에서 어음금을 청구하는 것은 어음상의 청구권에 관하여 잠자는 자가 아님을 객관적으로 표명한 것이고 그 청구로써 어음상의 청구권에 관한 소멸시효는 중단된다. 이 경우 백지에 대한 보충권은 그 행사에 의하여 어음상의 청구권을 완성시키는 것에 불과하여 그 보충권이 어음상의 청구권과 별개로 독립하여 시효에 의하여 소멸한다고 볼 것은 아니므로 어음상의 청구권이 시효중단에 의하여 소멸하지 않고 존속하고 있는 한 이를 행사할 수 있다(대판 2010.5.20. 2009다48312 [전합]).

[**❹ ▶ ○**] 수취인이 백지인 채로 발행된 어음은 인도에 의하여 어음법적으로 유효하게 양도될 수 있다(대판 1994.11.18. 94다23098).

[**❺ ▶ ○**] [1] 만기를 백지로 한 약속어음을 발행한 경우, 그 보충권의 소멸시효는 다른 특별한 사정이 없는 한 그 어음발행의 원인관계에 비추어 어음상의 권리를 행사하는 것이 법률적으로 가능하게 된 때부터 진행하고, 백지약속어음의 보충권 행사에 의하여 생기는 채권은 어음금 채권이며 어음법 제77조 제1항 제8호, 제70조 제1항, 제78조 제1항에 의하면 약속어음의 발행인에 대한 어음금 채권은 만기의 날로부터 3년간 행사하지 아니하면 소멸시효가 완성되는 점 등을 고려하면, 만기를 백지로 하여 발행된 약속어음의 백지보충권의 소멸시효기간은 백지보충권을 행사할 수 있는 때로부터 3년으로 보아야 한다.

[2] 만기 이외의 어음요건이 백지인 경우 그 백지보충권을 행사할 수 있는 시기는 다른 특별한 사정이 없는 한 만기를 기준으로 한다(대판 2003.5.30. 2003다16214).

백지어음에 관한 설명으로 옳지 않은 것은?(다툼이 있는 경우에는 판례에 의함)

① 발행일이 보충되지 아니한 백지어음을 지급제시하면, 이는 적법한 지급제시가 아니므로 어음소지인은 상환청구권을 보전할 수 없다.

② 만기는 기재되어 있으나 지급지와 지급을 받을 자 부분이 백지인 어음의 경우, 그 백지를 보충하지 않은 상태에서 어음금을 재판상 청구하면 어음상의 청구권에 관한 소멸시효가 중단되는 효과가 있다.

③ 만기가 2011.5.31.인 금액 백지의 약속어음을 2011.5.1. 배서한 경우, 그 금액의 보충이 2011.6.15.에서야 이루어졌다면 그 배서는 기한후배서에 해당한다.

④ 보충권의 남용에 대하여 어음 취득 당시에 어음소지인에게 악의 또는 중과실이 있더라도, 발행인은 자신이 원래 수여한 보충권의 범위 안에서는 책임을 진다.

⑤ 금액이 백지인 약속어음에서 양도인으로부터 보충할 수 있는 금액의 범위를 전해 듣고 어음소지인이 직접 금액을 보충하는 경우, 어음소지인이 발행인에게 보충권의 내용에 관하여 조회하지 않았다면, 특별한 사정이 없는 한, 소지인에게 중과실이 있다.

[❶ ▸ ○]　어음법 제75조 소정의 법정기재사항인 약속어음발행일란의 보충 없이 지급제시한 경우는 적법한 지급제시가 되지 못하여 소구권을 상실한다(대판 1993.11.23. 93다27765).

[❷ ▸ ○]　만기는 기재되어 있으나 지급지, 지급을 받을 자 등과 같은 어음요건이 백지인 약속어음의 소지인이 그 백지 부분을 보충하지 않은 상태에서 어음금을 청구하는 것은 어음상의 청구권에 관하여 잠자는 자가 아님을 객관적으로 표명한 것이고 그 청구로써 어음상의 청구권에 관한 소멸시효는 중단된다. 이 경우 백지에 대한 보충권은 그 행사에 의하여 어음상의 청구권을 완성시키는 것에 불과하여 그 보충권이 어음상의 청구권과 별개로 독립하여 시효에 의하여 소멸한다고 볼 것은 아니므로 어음상의 청구권이 시효중단에 의하여 소멸하지 않고 존속하고 있는 한 이를 행사할 수 있다(대판 2010.5.20. 2009다48312 [전합]).

[❸ ▸ ✕]　금액백지어음의 금액보충이 2011.6.15. 이루어졌지만, 배서는 2011.5.1. 하였고, 어음행위의 성립시기는 어음행위 자체의 성립시기로 결정하여야 할 것이므로, 그 배서는 기한전배서라고 하여야 한다.

판례 ● 백지어음에 있어서 백지의 보충 시와 어음행위 자체의 성립시기와는 엄격히 구별하여야 할 문제로서 백지의 보충 없이는 어음상의 권리를 행사할 수 없으나 어음행위의 성립시기를 곧 백지의 보충시기로 의제할 수는 없는 것이며 그 성립시기는 그 어음행위 자체의 성립시기로 결정하여야 할 것이므로 백지어음에 만기 전에 한 배서는 만기 후에 백지가 보충된 때에도 기한후배서로 볼 것이 아니다(대판 1971.8.31. 68다1176 [전합]).

[❹ ▸ ○]　소지인이 악의 또는 중과실로 부당보충된 어음을 취득한 경우에도 발행인은 자신이 유효하게 보충권을 수여한 범위 안에서는 당연히 어음상의 책임을 진다(대판 1999.2.9. 98다37736).

[❺ ▸ ○]　어음금액이 백지인 어음을 취득하면서 보충권한을 부여받은 자의 지시에 의하여 어음금액란을 보충하는 경우 보충권의 내용에 관하여 어음의 기명날인자에게 직접 조회하지 않았다면 특별한 사정이 없는 한 취득자에게 중대한 과실이 있다(대판 1978.3.14. 77다2020).

제4절 어음·수표의 보증 ☆

2020년 변호사시험 문 42. ☑확인Check! ○ △ X

甲은 乙로부터 매수한 토지의 매매잔금채무의 담보를 위하여 2019.11.25. 위 채무금액을 액면금액으로 하는 약속어음을 乙에게 발행하였다. 이때 丙이 위 약속어음의 앞면에 "아래 지급기일까지 보증인에게 지급제시하여야 어음금액의 지급을 보증함"이라는 문구를 적고 기명날인하였다. 乙은 이를 丁으로부터 공급받은 컴퓨터 100대의 대금채무의 담보를 위하여 2019.12.10. 丁에게 배서양도하였다. 이에 관한 설명 중 옳지 않은 것은?(다툼이 있는 경우 판례에 의함)

① 丙은 甲의 어음상 채무에 대하여 어음보증한 것이고, 乙과의 원인관계상 채무까지 보증한 것은 아니다.
② 丁은 甲에게 지급을 위한 제시를 하지 아니하여도 甲에게 지급청구를 할 수 있다.
③ 丁은 위 어음을 지급기일까지 보증인 丙에게 지급제시하지 않으면, 丙은 보증책임을 지지 않는다.
④ 丙은 누구를 위하여 어음보증을 한 것인지 표시하지 않았으므로 甲을 위하여 보증한 것으로 본다.
⑤ 丁은 甲에게 먼저 지급청구를 한 후에야 丙에게 보증채무의 이행을 청구할 수 있다.

[**❶ ▶ ○**] 다른 사람이 발행하는 약속어음에 명시적으로 어음보증을 하는 사람은 그 어음보증으로 인한 어음상의 채무만을 부담하는 것이 원칙이고, 특별히 채권자에 대하여 자기가 그 약속어음 발행의 원인이 된 채무까지 보증하겠다는 뜻으로 어음보증을 한 경우에 한하여 그 원인채무에 대한 보증책임을 부담하게 되므로, 타인이 물품공급계약을 맺은 공급자에게 물품대금 채무의 담보를 위하여 발행·교부하는 약속어음에 어음보증을 한 경우에도 달리 민사상의 원인채무까지 보증하는 의미로 어음보증을 하였다고 볼 특별한 사정이 없는 한, 단지 어음보증인으로서 어음상의 채무를 부담하는 것에 의하여 신용을 부여하려는 데에 지나지 아니하는 것이고, 어음보증 당시 그 어음이 물품대금 채무의 담보를 위하여 발행·교부되는 것을 알고 있었다 하여 이와 달리 볼 수는 없다(대판 2005.10.13. 2005다33176).

[**❷ ▶ ○**] 약속어음의 발행인은 어음금을 절대적으로 지급할 의무를 부담하는 것이므로 어음소지인이 발행인에 대하여 지급을 위한 제시를 하지 아니하였다 해도 발행인에게 어음금액을 청구할 수 있는 것이며 발행인을 위한 어음보증인은 보증된 자와 동일한 책임을 지는 것이므로 이러한 어음보증인에게도 소지인은 지급을 위한 제시 없이도 어음금청구권을 행사할 수 있다(대판 1988.8.9. 86다카1858).

[**❸ ▶ ○**] 조건부 어음보증이 유효한지 여부에 대하여 견해가 대립하고 있으나, 보증에 조건을 붙이더라도 어음의 유통성을 해하지 아니한다는 유익적 기재사항설이 판례와 학설의 일반적인 태도이다. 따라서 이 견해에 의할 때, 어음소지인 丁이 어음을 지급기일까지 보증인 丙에게 지급제시하지 아니하면, 丙은 보증책임을 지지 아니한다.

[**❹ ▶ ○**] 약속어음의 보증에서 누구를 위하여 보증한 것임을 표시하지 아니하였으면, 약속어음의 발행인을 위하여 보증한 것으로 본다(어음법 제77조 제3항).

[**❺ ▶ X**] 어음보증인은 피보증인과 동일한 책임을 부담하므로(어음법 제77조 제3항, 제32조 제1항), 민사보증과 같은 최고·검색의 항변권이 없다.

CHAPTER 04

어음·수표상의 권리의 이전

상 법

✓ 각 문항별로 이해도를 체크해 보세요.

최근 5년간 회별 평균 **0.8문**

제1절 어음·수표항변 ★☆

> **2017년 변호사시험 문 51.** ☑ 확인 Check! ○ △ ✕
>
> **어음에 관한 설명 중 옳지 않은 것은?(다툼이 있는 경우 판례에 의함)**
>
> ① 융통어음의 발행인은 피융통자에 대하여 그 어음이 융통어음이므로 어음상의 책임을 부담하지 아니한다고 항변할 수 있고, 융통어음이라는 점에 대한 증명책임은 발행인이 부담한다.
>
> ② 융통어음의 발행인은 피융통자로부터 기한후배서에 의하여 그 어음을 양수한 제3자에 대하여 대가 없이 발행된 융통어음이라는 항변으로 대항할 수 있다.
>
> ③ 원인관계에 있는 채권의 지급을 담보하기 위하여 어음이 발행된 경우, 그 어음상의 권리가 소멸한 후에 원인관계에 있는 채권이 소멸되었다면 이득상환청구권이 생길 수 없다.
>
> ④ 어음에 있어서 형식상 배서의 연속이 끊어진 경우에 다른 방법으로 그 중단된 부분에 관하여 실질적 관계가 있음을 증명한 소지인은 어음상 권리를 행사할 수 있다.
>
> ⑤ 어음할인의 원인채권에 관하여 소를 제기한 것만으로는 그 할인된 어음상의 채권 그 자체를 행사한 것으로 볼 수 없어 이는 어음채권에 관한 소멸시효중단사유인 재판상 청구에 해당하지 않는다.

[**❶ ▸ ○**] 융통어음의 발행자는 피융통자로부터 그 어음을 양수한 제3자에 대하여는 선의이거나 악의이거나, 또한 그 취득이 기한후배서에 의한 것이라 하더라도 대가 없이 발행된 융통어음이라는 항변으로 대항할 수 없으나, 피융통자에 대하여는 어음상의 책임을 부담하지 아니한다 할 것이고, 약속어음금청구에 있어 어음의 발행인이 그 어음이 융통어음이므로 피융통자에 대하여 어음상의 책임을 부담하지 아니한다고 항변하는 경우 융통어음이라는 점에 대한 입증책임은 어음의 발행자가 부담한다(대판 2001.8.24. 2001다28176).

[**❷ ▸ ✕**] 융통어음은 타인으로 하여금 어음에 의하여 제3자로부터 금융을 얻게 할 목적으로 수수되는 어음을 말한다. 융통어음의 발행자는 피융통자로부터 그 어음을 양수한 제3자에 대하여는 선의이거나 악의이거나, 또한 그 취득이 기한후배서에 의한 것이라 하더라도 대가 없이 발행된 융통어음이라는 항변으로 대항할 수 없으나, 피융통자에 대하여는 어음상의 책임을 부담하지 아니한다. 그리고 어떠한 어음이 융통어음에 해당하는지는 당사자의 주장만에 의할 것은 아니고 구체적 사실관계에 따라 판단하여야 한다. 한편 어음의 발행인 또는 배서인이 어음할인을 의뢰하면서 어음을 교부한 것이라면 이는 원인관계 없이 교부된 어음에 불과할 뿐 이를 악의의 항변에 의한 대항을 인정하지 아니하는 이른바 융통어음이라고는 할 수 없다(대판 2012.11.15. 2012다60015).

[**❸ ▸ ○**] 원인관계상의 채무를 담보하기 위하여 어음이 발행되거나 배서된 경우에는 어음채권이 시효로 소멸되었다고 하여도 발행인 또는 배서인에 대하여 이득상환청구권은 발생하지 않는다고 할 것인바, 이러한 이치는 그 원인관계상의 채권 또한 시효 등의 원인으로 소멸되고 그 시기가 어음채무의 소멸시기 이전이든지 이후이든지 관계없이 마찬가지이다(대판 2000.5.26. 2000다10376).

② **정답**

[❹ ▸ ○] 어음에 있어서의 배서의 연속은 형식상 존재함으로써 족하고 또 형식상 존재함을 요한다 할 것이나, <u>형식상 배서의 연속이 끊어진 경우에 딴 방법으로 그 중단된 부분에 관하여 실질적 관계가 있음을 증명한 소지인이 한 어음상의 권리행사는 적법하다</u>(대판 1995.9.15. 95다7024).

[❺ ▸ ○] [1] 어음할인의 과정에서 할인의뢰인 아닌 제3자가 어음에 배서하였다는 사정만으로 그 제3자가 할인금을 차용하였다고 단정할 수는 없고, 또 일반적으로 다른 사람이 발행한 약속어음에 배서를 한 배서인은 배서행위로 인한 어음상의 채무만을 부담하는 것이 원칙이며, 다만 어음이 차용증서에 갈음하여 발행된 것으로서 배서인이 그러한 사정을 알고 민사상의 원인채무를 보증하는 의미로 배서한 경우와 같은 특별한 사정이 있는 경우에 한하여 원인채무에 대한 보증책임을 부담하는 것이다.
[2] <u>어음할인의 원인채권에 관하여 소를 제기한 것만으로는 그 할인된 어음상의 채권 그 자체를 행사한 것으로 볼 수 없어 이는 어음채권에 관한 소멸시효중단사유인 재판상 청구에 해당하지 않는다</u>(대판 1994.12.2. 93다59922).

2014년 변호사시험 문 39.

☑ 확인 Check! ○ △ ✕

어음항변에 관한 설명 중 옳지 않은 것을 모두 고른 것은?(각 지문은 독립적이고, 다툼이 있는 경우에는 판례에 의함)

ㄱ. 甲이 무단으로 생면부지인 乙 명의의 약속어음을 발행한 경우 乙이 이를 추인하지 않는 한 乙은 수취인뿐만 아니라 그 후의 취득자에 대하여도 어음채무를 부담하지 않는다.

ㄴ. 甲이 물품매매대금 지급을 위해 乙에게 약속어음을 발행하였으나 그 매매계약이 적법하게 해제되었음에도 乙이 丙에게 그 어음을 배서양도한 경우 丙이 그 계약해제 사실을 중대한 과실로 알지 못한 때에는 甲은 이를 이유로 丙에 대하여도 대항할 수 있다.

ㄷ. 甲회사가 수취하여 보관하던 약속어음을 그 직원이 권한 없이 대리인으로서 양도배서하여 乙로부터 할인받은 경우 乙이 그 무권대리에 관하여 선의이고 중대한 과실이 없는 때에는 乙은 그 어음을 선의취득할 수 있다.

ㄹ. 甲이 어음소지인 乙로부터 금액란이 백지인 약속어음을 교부·양도 받으면서 발행인 丙에게 아무런 확인을 하지 않은 채 乙의 지시에 따라 금액란을 보충하고 할인하여 준 경우 발행인 丙은 그가 수여한 보충권한을 넘는 부분에 대하여는 甲에 대하여 어음채무를 부담하지 않는다.

ㅁ. 약속어음의 소지인 乙이 만기에 이르러 발행인 甲에게 어음금을 청구하였으나 원인관계상의 사유로 지급을 거절당하자 그로부터 1개월이 경과한 후 丙에게 배서 양도하여 丙이 어음금 지급을 청구하는 경우 甲은 그 원인관계상의 사유로 대항할 수 없다.

① ㄱ, ㄹ
② ㄴ, ㅁ
③ ㄱ, ㄷ, ㄹ
④ ㄴ, ㄷ, ㅁ
⑤ ㄴ, ㄹ, ㅁ

[ㄱ ▸ ○] 甲이 무단으로 乙 명의의 약속어음을 발행한 경우 이는 위조에 해당하고, 피위조자인 乙이 추인하거나 乙에게 표현책임 또는 사용자책임(민법 제756조)이 성립한다는 사정은 보이지 아니하므로, 乙은 위조의 물적항변을 제출하여 수취인뿐만 아니라 그 후의 취득자에 대하여도 어음채무의 이행을 거절할 수 있다.

[ㄴ ▸ ✕] <u>어음소지인이 어음채무자를 해할 것을 알고 어음을 취득한 경우 어음채무자는 어음소지인에게 대항할 수 있는데 이를 악의의 항변이라고 한다. 여기서 해의는 항변사유의 존재를 인식하는 것만으로는 부족하고, 자기가 어음을 취득함으로써 항변이 절단되고 채무자가 해를 입는다는 사실까지도 알아야 한다는 것이 학설과 판례의 일반적인 태도이</u>다. 지문에서 어음소지인 丙이 매매계약해제사실을 중과실로 알지 못하였다면 丙의 해의가 인정되지 아니하므로, 甲은 乙에 대한 항변사유로 어음소지인 丙에게 대항할 수 없다.

PART 04

어음 · 수표법

[ㄷ ▶ ○] 어음의 선의취득으로 인하여 치유되는 하자의 범위, 즉 양도인의 범위는 양도인이 무권리자인 경우뿐만 아니라, 대리권의 흠결이나 하자 등의 경우도 포함된다고 하는 것이 판례이다(대판 1995.2.10. 94다55217). 따라서 지문에서 甲회사의 직원이 무권대리인으로서 乙에게 배서양도한 경우, 乙이 무권대리에 관하여 선의이고 중대한 과실이 없는 때에는 乙은 어음을 선의취득할 수 있다.

[ㄹ ▶ ○] 甲이 발행인 丙에게 아무런 확인을 하지 아니한 것에 대하여는 중과실이 인정되므로, 丙은 자신이 수여한 보충권의 범위 내에서는 책임을 지나, 보충권을 넘는 부분에 대하여는 甲에게 어음채무를 부담하지 아니한다.

판례

> 백지어음의 백지 부분을 두 가지 유형으로 나누어 보면 하나는 어음금액이 백지로 된 경우와 같이 가장 중요한 사항인 어음금액에 관하여 또 그 범위가 한정되는 것이 통상적인 사항이 백지로 된 경우이고, 또 하나는 그다지 중요하지 아니한 사항으로서 한정되지 않는 것이 통상적인 그밖의 사항 특히 수취인이 백지로된 경우등인바, 어음금액이 백지로 된 전자의 백지어음을 본건의 경우처럼 원고가 그를 취득할 당시에 위 김경열의 지시에 의하여 원고자신이 본건 어음금액란을 보충한 경우에 있어서 원고가 보충권의 내용에 관하여 본건 어음의 기명날인자(피고)에게 직접 조회하지 않았다면 특별한 사정이 없는한 취득자인 원고에게 중대한 과실이 있는 것이라고 보아야 한다(대판 1978.3.14. 77다2020).

[ㅁ ▶ ×] 기한후배서는 지명채권 양도의 효력만 있어 인적항변이 절단되지 아니하므로, 양도인에게 대항할 수 있는 사유로써 양수인에게 대항할 수 있다(민법 제451조 제2항). 지문에서 소지인 乙의 배서는 지급거절증서작성기간 경과 후의 배서이므로, 기한후배서에 해당한다. 따라서 발행인 甲은 기한후배서의 배서인 乙에게 대항할 수 있는 사유로써 피배서인 丙에게 대항할 수 있다.

2015년 변호사시험 문 68.

☑ 확인Check! ○ △ ✕

甲은 乙이 발행한 액면 금 1억원, 발행일 2014.6.20., 지급기일 2014.10.20., 지급장소 주식회사 丙은행, 발행지 서울특별시, 지급지 및 수취인 각 백지, 제1배서인 丁, 제2배서인 戊로 된 약속어음 1장을 소지하고 있다. 甲은 지급지란에는 서울특별시, 수취인란에는 丁으로 보충한 후 2014.10.20. 위 지급장소에서 적법한 지급제시를 하였으나 예금 부족을 이유로 지급거절되었다. 다음 설명 중 옳은 것은?(다툼이 있는 경우 판례에 의함)

① 예금 부족을 이유로 지급거절되었기 때문에 甲은 丁과 戊를 상대로만 상환청구권을 행사할 수 있고, 乙을 상대로는 어음금 청구를 할 수 없다.
② 甲이 乙을 상대로 어음금 지급을 구하는 소를 제기한 경우, 乙은 丁의 사기에 의해 어음을 발행하였고, 甲이 중대한 과실로 그러한 사실을 알지 못하였다면 乙은 이를 이유로 甲에게 대항할 수 있다.
③ 만약 甲이 위 각 백지 부분을 보충하지 않고 乙에게 소를 제기하였다면 그 소제기는 시효중단의 효력이 없다.
④ 배서인들의 어음금채무는 합동책임이므로 甲이 丁, 戊를 상대로 위 어음금 지급을 구하는 소를 제기할 경우 고유필수적 공동소송에 해당한다.
⑤ 戊가 甲에게 어음금을 적법하게 지급하고 그 어음을 환수한 경우 戊가 환수한 날부터 6개월간 丁을 상대로 재상환청구권을 행사하지 아니하면 소멸시효가 완성된다.

[❶ ▶ ×] 어음소지인 甲은 적법하게 지급제시를 하였으므로, 자신의 전자인 丁, 戊에 대하여 상환청구권을 행사할 수 있을 뿐만 아니라, 약속어음의 발행인인 주채무자 乙에게 어음시효의 완성 전까지 어음금을 청구할 수 있다.

[❷ ▶ ×] 어음행위에 의사표시의 하자가 있다는 사정은 인적항변에 불과하므로, 어음소지인 甲에게 중대한 과실이 인정되는 것에 불과하다면, 어음채무자 乙은 甲에게 대항할 수 없다.

⑤ **정답**

어음행위에 착오·사기·강박 등 의사표시의 하자가 있다는 항변은 어음행위 상대방에 대한 인적항변에 불과한 것이므로, <u>어음채무자는 소지인이 채무자를 해할 것을 알고 어음을 취득한 경우가 아닌 한, 소지인이 중대한 과실로 그러한 사실을 몰랐다고 하더라도 종전 소지인에 대한 인적항변으로써 소지인에게 대항할 수 없다</u>(대판 1997.5.16. 96다49513).

[❸▸✕] 만기는 기재되어 있으나 지급지, 지급을 받을 자 등과 같은 어음요건이 백지인 약속어음의 소지인이 그 백지 부분을 보충하지 않은 상태에서 어음금을 청구하는 것은 어음상의 청구권에 관하여 잠자는 자가 아님을 객관적으로 표명한 것이고 그 청구로써 어음상의 청구권에 관한 소멸시효는 중단된다. 이 경우 백지에 대한 보충권은 그 행사에 의하여 어음상의 청구권을 완성시키는 것에 불과하여 그 보충권이 어음상의 청구권과 별개로 독립하여 시효에 의하여 소멸한다고 볼 것은 아니므로 어음상의 청구권이 시효중단에 의하여 소멸하지 않고 존속하고 있는 한 이를 행사할 수 있다(대판 2010.5.20. 2009다48312 [전합]).

[❹▸✕] 배서인 丁, 戊의 어음금채무는 합동책임(어음법 제77조 제1항 제4호, 제47조 제1항, 제2항)이나, 소송공동이 강제되지 아니하고 합일확정의 필요 또한 인정되지 아니하므로, 어음소지인 甲이 배서인 丁, 戊를 상대로 어음금 지급을 구하는 소는 통상공동소송에 해당한다.

[❺▸○] 배서인의 다른 배서인과 발행인에 대한 청구권은 그 배서인이 어음을 환수한 날 또는 그 자가 제소된 날부터 6개월간 행사하지 아니하면 소멸시효가 완성된다(어음법 제77조 제1항 제8호, 제70조 제3항).

제2절   배 서   ★

2019년 변호사시험 문 51.

A는 B에게 약속어음을 발행하고, B는 C에게, C는 D에게, D는 E에게 위 어음을 각각 배서양도하여 현재 E가 그 어음을 소지하고 있다. 이에 관한 설명 중 옳지 않은 것은?(다툼이 있는 경우 판례에 의함)

① E에게 배서의 연속에 의한 자격수여적 효력이 인정되려면 배서의 연속이 형식상 존재함으로써 족하고 또한 형식상 존재함을 요한다.
② C의 배서가 위조되었거나 D가 존재하지 않는 허무인인 경우에는 배서의 연속이 흠결되므로 E에게 자격수여적 효력이 인정되지 않는다.
③ C와 D 사이의 형식상 배서의 연속이 끊어진 경우, E가 그 중단된 부분에 관하여 실질적 관계가 있음을 증명하면 적법한 권리행사를 할 수 있다.
④ E는 위 어음을 F에게 지명채권 양도의 방식으로 이전할 수 있다.
⑤ D의 배서가 백지식 또는 소지인출급식으로 된 경우, E는 그 어음에 배서하지 않고 단순히 교부함으로써 F에게 양도할 수 있다.

[❶▸○] <u>어음의 배서연속은 형식상 존재함으로써 족하고 또 형식상 존재함을 요한다 할 것이므로, 그 배서가 배서의 요건을 모두 갖춘 유효한 배서이어야만 그 어음상의 권리는 적법하게 이전되는 것이며, 그 배서가 배서의 요건을 갖추지 못한 경우에는 그 어음상의 권리는 적법하게 이전될 수 없다</u>(대판 1999.3.9. 97다7745).

[❷ ▸ ✕] 약속어음의 배서가 위조된 경우에도 배서의 연속이 흠결된 것이라고 할 수 없으므로 피배서인은 배서가 위조되었는지의 여부에 관계없이 배서의 연속이 있는 약속어음의 적법한 소지인으로 추정되며 다만 발행인은 소지인이 악의 또는 중대한 과실로 취득한 사실을 주장입증하여 발행인으로서의 어음채무를 면할 수 있을 뿐이다(대판 1974.9.24. 74다902). 연속된 배서의 중간에 허무인 명의의 배서가 있거나 제한능력자의 배서가 있는 경우에도, 문면상 연속되어 있다면 배서연속에 의하여 자격수여적 효력이 인정된다.

[❸ ▸ ○] 어음에 있어서의 배서의 연속은 형식상 존재함으로써 족하고 또 형식상 존재함을 요한다 할 것이나, 형식상 배서의 연속이 끊어진 경우에 딴 방법으로 그 중단된 부분에 관하여 실질적 관계가 있음을 증명한 소지인이 한 어음상의 권리행사는 적법하다(대판 1995.9.15. 95다7024).

[❹ ▸ ○] 원심의 취지를 이 사건 어음이 지명채권양도방식에 의하여 양도되었다고 인정한 것으로 이해한다 하더라도 약속어음상의 권리를 지명채권양도방식에 따라 양도함에 있어서는 민법 제450조 제1항 소정의 대항요건을 갖추지 아니하면 어음채무자에게 대항할 수 없는 것 인바, 만약 이를 요하지 아니한다고 하면 결국 어음의 교부만에 의한 권리 양도를 인정하는 결과가 되어 어음의 간이양도에 관한 어음법의 명문 규정에도 반할 뿐더러 이 사건에서 수취인 김정호의 배서가 날인이 없어 무효라고 본 원래의 취지는 전혀 몰각되어 간이양도 방법으로서의 배서제도가 최소한으로 갖출 것을 요구하는 형식적 요건도 갖추지 못한 자에 대하여 오히려 그보다 더 간편한 방법으로의 이전을 용인하게 되는 결과가 되고 말 것이다 (대판 1996.4.26. 94다9764).

[❺ ▸ ○] 원심의 취지가 어음의 단순 교부만으로 어음상의 권리 양도가 이루어졌다는 뜻이라면, 이는 교부(인도)만으로써 어음상의 권리를 이전할 수 있는 경우를 수취인란이 백지로 된 어음과 기명식 혹은 지시식으로 발행되었으나, 최후의 배서가 소지인출급식 또는 백지식으로 배서된 어음에 한정하고 있는 어음법의 규정에 반하여, 수취인이 기명식으로 되어 있는 어음까지도 단지 교부만으로 양도할 수 있다고 인정하는 것이어서 부당하다(대판 1997.7.22. 96다12757).

2016년 변호사시험 문 48.
☑ 확인Check! ○ △ ✕

「어음법」및「수표법」상 어음·수표행위에 관한 설명 중 옳은 것은?(다툼이 있는 경우 판례에 의함)

① 어음발행인란에 수인이 공동으로 기명날인 또는 서명을 한 경우, 어음상의 권리자는 공동발행인 전원뿐만 아니라 공동 발행인 각자에게도 어음금 전액을 청구할 수 있다.
② 어음에서의 기한후배서는 지명채권 양도의 효력을 가지므로 「민법」상 지명채권 양도의 대항요건을 구비하여야 한다.
③ 어음에 대한 일부의 배서는 그 부분에 한하여 유효하다.
④ 어음에 있어서 배서의 연속은 어음 기재상 형식적으로 연속되어 있어야 할 뿐만 아니라 실질적으로도 연속되어 있을 것을 요한다.
⑤ 수표에 기재되어야 할 수표행위자의 명칭은 반드시 수표행위자의 본명에 한한다.

[❶ ▸ ○] 약속어음을 발행한 자는 소지인에 대하여 합동으로 책임을 진다(어음법 제77조 제1항 제4호, 제47조 제1항). 따라서 어음상의 권리자는 공동발행인 전원뿐만 아니라, 공동발행인 각자에게도 어음금 전액을 청구할 수 있다.

[❷ ▸ ✕] 어음법 제20조 제1항은 "만기 후의 배서는 만기 전의 배서와 같은 효력이 있다. 그러나 지급거절증서가 작성된 후에 한 배서 또는 지급거절증서작성기간이 지난 후에 한 배서는 지명채권 양도의 효력만 있다"고 규정하고 있다. 여기서 어음법 제20조 제1항 후문의 지명채권 양도의 효력만 있다는 규정은 단지 그 효력이 지명채권 양도의 그것과 같다는 취지일 뿐이므로, 민법상 지명채권의 양도·양수절차인 채권양도인의 통지 또는 채무자의 승낙을 필요로 하는 것은 아니다(대판 2012.3.29. 2010다106290).

① 정답

[**❸** ▸ ✕] 어음에 대한 일부배서는 배서 자체가 무효이다(어음법 제12조 제2항).

[**❹** ▸ ✕] 어음의 배서연속은 형식상 존재함으로써 족하고 또 형식상 존재함을 요한다 할 것이므로, 그 배서가 배서의 요건을 모두 갖춘 유효한 배서이어야만 그 어음상의 권리는 적법하게 이전되는 것이며, 그 배서가 배서의 요건을 갖추지 못한 경우에는 그 어음상의 권리는 적법하게 이전될 수 없다(대판 1999.3.9. 97다7745).

[**❺** ▸ ✕] 수표에 기재되어야 할 수표행위자의 명칭은 반드시 수표행위자의 본명에 한하는 것은 아니고 상호, 별명 그 밖의 거래상 본인을 가리키는 것으로 인식되는 칭호라면 어느 것이나 다 가능하다고 볼 것이므로, 비록 그 칭호가 본명이 아니라 하더라도 통상 그 명칭을 자기를 표시하는 것으로 거래상 사용하여 그것이 그 행위자를 지칭하는 것으로 인식되어 온 경우에는 그것을 수표상으로도 자기를 표시하는 칭호로 사용할 수 있다(대판 1996.5.10. 96도527).

제3절 | 특수한 배서 ★

2014년 변호사시험 문 45. ☑ 확인Check! ○ △ ✕

약속어음의 기한후배서에 관한 설명 중 옳은 것을 모두 고른 것은?(지급거절증서작성면제의 문언이 없다고 전제하고, 다툼이 있는 경우에는 판례에 의함)

ㄱ. 만기 후이지만 지급거절증서가 작성되지 않은 상태에서 지급거절증서작성기간이 경과하기 전에 행해진 배서는 일반배서와 동일한 효력이 있다.

ㄴ. 지급거절증서가 작성되지 않은 상태에서 지급거절증서작성기간이 경과하기 전에 백지식배서에 의해 어음을 취득한 자가 그 기간이 경과한 후에 백지를 보충한 경우 이는 기한후배서로 본다.

ㄷ. 기한후배서는 지명채권 양도의 효력이 있는바, 지명채권 양도의 방식을 따라야 하므로 어음채무자에 대한 통지·승낙 등 대항요건을 갖추어야 한다.

ㄹ. 기한후배서를 한 경우 약속어음의 발행인은 기한후배서 당시까지 배서인에게 대항할 수 있었던 인적항변으로 피배서인에게 대항할 수 있다.

① ㄱ, ㄴ   ② ㄱ, ㄷ   ③ ㄱ, ㄹ

④ ㄴ, ㄷ   ⑤ ㄴ, ㄹ

[ㄱ ▸ ○] 만기 후의 배서는 만기 전의 배서와 같은 효력이 있다. 그러나 지급거절증서가 작성된 후에 한 배서 또는 지급거절증서작성기간이 지난 후에 한 배서는 지명채권 양도의 효력만 있다(어음법 제77조 제1항 제1호, 제20조 제1항).

[ㄴ ▸ ✕] 백지식으로 배서가 된 약속어음의 소지인이 지급거절증서작성기간이 경과되기 전에 배서일이 백지로 된 채 배서에 의하여 그 약속어음을 양도받은 것이라면, 지급거절증서작성기간이 경과된 후에 배서일을 지급거절증서작성기간 경과 전으로, 피배서인을 자신으로 각 보충을 하였다고 하더라도, 기한후배서로 볼 수는 없다(대판 1994.2.8. 93다54927).

[ㄷ ▸ ✕] 어음법 제20조 제1항은 "만기 후의 배서는 만기 전의 배서와 같은 효력이 있다. 그러나 지급거절증서가 작성된 후에 한 배서 또는 지급거절증서작성기간이 지난 후에 한 배서는 지명채권 양도의 효력만 있다"고 규정하고 있다. 여기서 어음법 제20조 제1항 후문의 지명채권 양도의 효력만 있다는 규정은 단지 그 효력이 지명채권 양도의 그것과 같다는 취지일 뿐이므로, 민법상 지명채권의 양도·양수절차인 채권양도인의 통지 또는 채무자의 승낙을 필요로 하는 것은 아니다(대판 2012.3.29. 2010다106290).

[ㄹ ▸ O] 기한후배서는 보통의 배서와는 달리 지명채권 양도의 효력밖에 없어 그것에 의하여 이전되는 권리는 배서인이 배서 당시 가지고 있던 범위의 권리라 할 것이므로 어음채무자는 그 배서 당시 이미 발생한 배서인에 대한 항변사실을 피배서인에 대하여도 대항할 수 있으나 그 배서 후 비로소 발생한 배서인에 대한 사유는 피배서인에 대하여 주장할 수 없다(대판 1994.1.25. 93다50543).

2018년 변호사시험 문 47.   ☑ 확인Check! O △ X

甲은 만기가 2017.5.29.이고 수취인란이 백지인 약속어음을 발행하여 乙에게 교부하였으며, 乙은 배서를 하지 않고 이를 丙에게 교부하였다. 丙은 2017.5.30. 수취인란에 자신의 이름을 기재하고 즉시 그 어음을 丁에게 배서·양도하였으며, 丁은 2017.7.1. 이를 戊에게 배서·양도하였다. 이에 관한 설명 중 옳은 것을 모두 고른 것은?(다툼이 있는 경우 판례에 의함)

> ㄱ. 丁에게 어음상의 권리가 적법하게 양도되었으나 이는 지명채권 양도의 효력만 있다.
> ㄴ. 戊가 甲에 대하여 어음상의 권리를 행사하기 위해서는 丁의 통지 또는 甲의 승낙이 있어야 한다.
> ㄷ. 甲은 丁에 대한 인적항변으로 戊에게 대항할 수 있다.
> ㄹ. 丁이 戊로부터 어음을 회수하더라도 乙에 대한 상환청구권은 발생하지 않는다.
> ㅁ. 戊로부터 어음을 회수한 丙의 어음금청구를 받은 甲은 丙이 甲을 해할 것을 알고 어음을 취득한 경우에도 乙에 대한 인적항변으로 대항할 수 없다.

① ㄱ, ㄴ   ② ㄱ, ㄷ   ③ ㄴ, ㄹ
④ ㄷ, ㄹ   ⑤ ㄹ, ㅁ

[ㄱ ▸ X] 기한후배서는 지급거절증서 작성 후 또는 지급거절증서작성기간 경과(지급을 할 날 이후의 2거래일 내) 후의 배서를 의미한다. 丁에 대한 배서는 만기(2017.5.29.)로부터 1일이 경과한 날에 이루어졌으므로, 기한후배서가 아닌 만기후배서에 해당한다. 만기후배서는 일반배서와 동일한 효력이 있다.

[ㄴ ▸ X] 기한후배서의 방식은 통상의 배서와 동일하므로, 별도로 丁의 배서에 丁의 통지나 甲의 승낙은 필요 없다. 따라서 기한후배서의 피배서인인 戊는 丁의 통지 또는 甲의 승낙이 없더라도, 甲에 대하여 어음상의 권리를 행사할 수 있다.

판례 어음법 제20조 제1항은 "만기 후의 배서는 만기 전의 배서와 같은 효력이 있다. 그러나 지급거절증서가 작성된 후에 한 배서 또는 지급거절증서작성기간이 지난 후에 한 배서는 지명채권 양도의 효력만 있다"고 규정하고 있다. 여기서 어음법 제20조 제1항 후문의 지명채권 양도의 효력만 있다는 규정은 단지 그 효력이 지명채권 양도의 그것과 같다는 취지일 뿐이므로, 민법상 지명채권의 양도·양수절차인 채권양도인의 통지 또는 채무자의 승낙을 필요로 하는 것은 아니다(대판 2012.3.29. 2010다106290).

[ㄷ ▸ O] 기한후배서에서는 인적항변이 절단되지 아니하므로, 어음채무자 甲은 기한후배서의 배서인 丁에 대한 인적항변으로써 피배서인 戊에게 대항할 수 있다.

[ㄹ ▸ O] 수취인란이 백지로 된 어음의 경우에는 어음소지인은 배서 없이 단순한 교부로 어음을 양도할 수 있다. 어음법적 유통방법으로서의 교부에는 양도인의 기명날인이 어음면상에 나타나지 아니하므로, 어음상 책임을 지지 아니한다. 즉, 사안의 경우 乙은 배서를 하지 아니하고 丙에게 교부하였으므로, 乙은 丁에게 담보책임을 지지 아니한다.

④ 정답

[□ ▸ ✗] 약속어음에 의하여 청구를 받은 자는 발행인 또는 종전의 소지인에 대한 인적 관계로 인한 항변(抗辯)으로써 소지인에게 대항하지 못한다. 그러나 소지인이 그 채무자를 해할 것을 알고 어음을 취득한 경우에는 그러하지 아니하다(어음법 제17조). 사안의 경우 丙이 어음채무자 甲이 乙에 대하여 인적항변사유가 있다는 것을 알면서 취득한 사실과 해의까지 인정된다면, 甲은 乙에 대한 항변사유로써 丙의 청구에 대하여 대항할 수 있다.

제4절 어음·수표상의 권리의 선의취득

CHAPTER 05

어음 · 수표상의 권리의 소멸

제1절	어음 · 수표의 권리의 소멸원인

제2절	지 급

제3절	상환청구

제4절	어음 · 수표의 말소 · 훼손 · 상실

제5절	이득상환청구권

• MEMO

제1절 어음 · 수표의 실질관계 ★★

2020년 변호사시험 문 48. ☑ 확인 Check! ○ △ ×

甲은 乙로부터 물품을 구입하면서 그 대금의 지급을 담보하기 위하여 약속어음을 발행하여 乙에게 교부하였다. 이에 관한 설명 중 옳은 것은?(다툼이 있는 경우 판례에 의함)

① 乙이 甲을 상대로 제기한 물품대금청구의 소는 위 어음채권의 소멸시효중단사유인 재판상 청구에 해당한다.
② 乙이 甲을 상대로 제기한 어음금청구의 소는 위 물품대금채권의 소멸시효중단사유인 재판상 청구에 해당하지 않는다.
③ 어음의 만기를 적지 않은 경우 乙에게 그에 관한 백지보충권이 수여되었다면 그 백지보충권의 소멸시효기간은 특별한 약정이 없는 한 백지보충권을 행사할 수 있는 때로부터 1년이다.
④ 乙이 甲을 상대로 위 어음채권을 청구채권으로 하여 甲의 재산을 압류한 경우 위 물품대금채권의 소멸시효는 중단되지 않는다.
⑤ 乙의 甲에 대한 약속어음금 청구권의 소멸시효기간은 만기일로부터 3년이다.

[❶ ▸ ✕] [❷ ▸ ✕] [1] 원인채권의 지급을 확보하기 위한 방법으로 어음이 수수된 경우에 원인채권과 어음채권은 별개로서 채권자는 그 선택에 따라 권리를 행사할 수 있고, 원인채권에 기하여 청구를 한 것만으로는 어음채권 그 자체를 행사한 것으로 볼 수 없어 어음채권의 소멸시효를 중단시키지 못한다(①).
[2] 원인채권의 지급을 확보하기 위한 방법으로 어음이 수수된 경우, 이러한 어음은 경제적으로 동일한 급부를 위하여 원인채권의 지급수단으로 수수된 것으로서 그 어음채권의 행사는 원인채권을 실현하기 위한 것일 뿐만 아니라, 원인채권의 소멸시효는 어음금 청구소송에 있어서 채무자의 인적항변사유에 해당하는 관계로 채권자가 어음채권의 소멸시효를 중단하여 두어도 채무자의 인적항변에 따라 그 권리를 실현할 수 없게 되는 불합리한 결과가 발생하게 되므로, 채권자가 원인채권에 기하여 청구를 한 것이 아니라 어음채권에 기하여 청구를 하는 반대의 경우에는 원인채권의 소멸시효를 중단시키는 효력이 있다고 봄이 상당하고(②), 이러한 법리는 채권자가 어음채권을 피보전권리로 하여 채무자의 재산을 가압류함으로써 그 권리를 행사한 경우에도 마찬가지로 적용된다(대판 1999.6.11. 99다16378).

[❸ ▸ ✕] [1] 만기를 백지로 한 약속어음을 발행한 경우, 그 보충권의 소멸시효는 다른 특별한 사정이 없는 한 그 어음발행의 원인관계에 비추어 어음상의 권리를 행사하는 것이 법률적으로 가능하게 된 때부터 진행하고, 백지약속어음의 보충권 행사에 의하여 생기는 채권은 어음금 채권이며 어음법 제77조 제1항 제8호, 제70조 제1항, 제78조 제1항에 의하면 약속어음의 발행인에 대한 어음금 채권은 만기의 날로부터 3년간 행사하지 아니하면 소멸시효가 완성되는 점 등을 고려하면, 만기를 백지로 하여 발행된 약속어음의 백지보충권의 소멸시효기간은 백지보충권을 행사할 수 있는 때로부터 3년으로 보아야 한다.
[2] 만기 이외의 어음요건이 백지인 경우 그 백지보충권을 행사할 수 있는 시기는 다른 특별한 사정이 없는 한 만기를 기준으로 한다(대판 2003.5.30. 2003다16214).

[❹ ▸ ✕] 원인채권의 지급을 확보하기 위하여 어음이 수수된 당사자 사이에서 채권자가 어음채권을 청구채권으로 하여 채무자의 재산을 압류함으로써 그 권리를 행사한 경우에는 그 원인채권의 소멸시효를 중단시키는 효력이 있다. 그러나 이미 어음채권의 소멸시효가 완성된 후에는 그 채권이 소멸되고 시효중단을 인정할 여지가 없으므로, 시효로 소멸된 어음채권을 청구채권으로 하여 채무자의 재산을 압류한다 하더라도 이를 어음채권 내지는 원인채권을 실현하기 위한 적법한 권리행사로 볼 수 없어, 그 압류에 의하여 그 원인채권의 소멸시효가 중단된다고 볼 수 없다(대판 2010.5.13. 2010다6345).

[❺ ▸ ○] 약속어음 발행인에 대한 어음상의 청구권은 만기일부터 3년간 행사하지 아니하면 소멸시효가 완성된다(어음법 제77조 제1항 제8호, 제70조 제1항, 제78조 제1항).

2020년 변호사시험 문 36.
☑ 확인Check! ○ △ ✕

어음의 원인관계에 관한 설명 중 옳은 것은?(다툼이 있는 경우 판례에 의함)

① 어음소지인이 자기에 대한 배서의 원인관계가 흠결됨으로써 그 어음을 소지할 정당한 권원이 없어지고 어음금의 지급을 구할 경제적 이익이 없게 된 경우에는 인적항변 절단의 이익을 향유할 지위에 있지 아니하다.

② 채무자가 채권자에게 기존채무의 이행에 관하여 어음을 교부함에 있어서 당사자 사이에 특별한 의사표시가 없으면 이는 '지급에 갈음하여' 교부된 것으로 추정한다.

③ 기존채무의 '지급을 위하여' 어음이 발행된 경우 어음의 반환 없이 채권자가 원인채권을 행사하여 만족을 얻으면 어음채무는 소멸한다.

④ 기존채무의 '지급을 위하여' 어음이 발행된 경우 당사자 사이에 특약이 없다면 원인채권을 먼저 행사하여야 한다.

⑤ 채권자가 기존채무의 '지급을 위하여' 그 채무의 변제기보다 후의 일자가 만기로 된 어음을 교부받은 경우 특별한 사정이 없는 한 기존채무의 지급을 유예하는 의사가 있었다고 볼 수 없다.

[❶ ▸ ○] 어음에 의하여 청구를 받은 자는 종전의 소지인에 대한 인적 관계로 인한 항변으로써 소지인에게 대항하지 못하는 것이 원칙이지만, 이와 같이 인적항변을 제한하는 법의 취지는 어음거래의 안전을 위하여 어음취득자의 이익을 보호하기 위한 것이므로 자기에 대한 배서의 원인관계가 흠결됨으로써 어음소지인이 그 어음을 소지할 정당한 권원이 없어지고 어음의 지급을 구할 경제적 이익이 없게 된 경우에는 인적항변 절단의 이익을 향유할 지위에 있지 아니하다고 보아야 한다(대판 2012.11.15. 2012다60015).

[❷ ▸ ✕] 기존채무의 이행에 관하여 채무자가 채권자에게 어음을 교부할 때의 당사자의 의사는 기존 원인채무의 '지급에 갈음하여', 즉 기존 원인채무를 소멸시키고 새로운 어음채무만을 존속시키려고 하는 경우와, 기존 원인채무를 존속시키면서 그에 대한 지급방법으로서 이른바 '지급을 위하여' 교부하는 경우 및 단지 기존 채무의 지급 담보의 목적으로 이루어지는 이른바 '담보를 위하여' 교부하는 경우로 나누어 볼 수 있는데, 당사자 사이에 특별한 의사표시가 없으면 어음의 교부가 있다고 하더라도 이는 기존 원인채무는 여전히 존속하고 단지 그 '지급을 위하여' 또는 그 '담보를 위하여' 교부된 것으로 추정할 것이며, 따라서 특별한 사정이 없는 한 기존의 원인채무는 소멸하지 아니하고 어음상의 채무와 병존한다고 보아야 할 것이고, 이 경우 어음상의 주채무자가 원인관계상의 채무자와 동일하지 아니한 때에는 제3자인 어음상의 주채무자에 의한 지급이 예정되고 있으므로 이는 '지급을 위하여' 교부된 것으로 추정하여야 한다(대판 1996.11.8. 95다25060).

[❸ ▸ ✕] 기존채무의 '지급을 위하여' 어음이 발행된 경우, 어음의 반환 없이 채권자가 원인채권을 행사하여 만족을 얻더라도 어음채무는 소멸하지 아니한다. 채권자가 어음채권을 행사하고자 한다면, 채무자는 원인채무의 소멸을 인적항변으로 주장할 수 있을 뿐이다. 그러나 어음이 제3자에게 양도된 경우에는 인적항변이 절단되므로, 채무자는 이중지급의 위험을 부담하게 된다.

---

① **정답**

[❹▸✕] 어음이 '지급을 위하여' 교부된 경우에는 채권자는 어음채권과 원인채권 중 어음채권을 먼저 행사하여 만족을 얻을 것을 당사자가 예정하였다고 할 것이므로 채권자로서는 어음채권을 우선 행사하고, 그에 의하여서는 만족을 얻을 수 없을 때 비로소 채무자에 대하여 기존의 원인채권을 행사할 수 있다고 하여야 하며, 나아가 이러한 목적으로 어음을 배서양도받은 채권자는 특별한 사정이 없는 한 채무자에 대하여 원인채권을 행사하기 위하여는 어음을 채무자에게 반환하여야 하므로, 채권자가 채무자에 대하여 자기의 원인채권을 행사하기 위한 전제로서 지급기일에 어음을 적법히 제시하여 소구권보전절차를 취할 의무가 있다고 보는 것이 양자 사이의 형평에 맞는다(대판 1996.11.8. 95다25060).

[❺▸✕] 채무자가 채권자에게 기존채무의 이행에 관하여 어음이나 수표를 교부하는 경우 당사자의 의사는 별도의 약정이 있는 때에는 그에 따르되, 약정이 없는 경우에는 구체적 사안에 따라 '지급을 위하여' 또는 '지급확보를 위하여' 교부된 것으로 추정함이 상당한바, 채무자가 채권자에게 교부한 어음이 이른바 '은행도 어음'으로서 당사자 사이에 이를 단순히 보관하는 데 그치지 아니하고 어음할인 등의 방법으로 타에 유통시킬 수도 있는 경우라면 '지급을 위하여' 교부된 것으로 추정함이 상당하고, 어음이 '지급을 위하여' 교부된 것으로 추정되는 경우에는 채권자는 어음채권과 원인채권 중 어음채권을 먼저 행사하여 그로부터 만족을 얻을 것을 당사자가 예정하였다고 할 것이어서 채권자로서는 어음채권을 우선 행사하고 그에 의하여 만족을 얻을 수 없는 때 비로소 채무자에 대하여 기존의 원인채권을 행사할 수 있는 것이므로, 채권자가 기존채무의 변제기보다 후의 일자가 만기로 된 어음을 교부받은 때에는 특별한 사정이 없는 한 기존채무의 지급을 유예하는 의사가 있었다고 보아야 할 것이다(대판 2001.7.13. 2000다57771).

2015년 변호사시험 문 42.
☑ 확인Check! ○ △ ✕

甲은 乙로부터 물품을 구입하면서 그 대금지급을 목적으로 약속어음 1매를 乙에게 교부하였다. 다음 중 옳지 않은 것은?(각 지문은 독립적이고, 다툼이 있는 경우 판례에 의함)

① 甲이 교부한 어음에 발행지가 기재되지 않았다 하더라도, 어음면의 기재 자체로 보아 국내어음으로 인정되는 경우에 있어서는 이를 무효의 어음으로 볼 수는 없다.

② 甲이 교부한 어음의 발행인이 丙으로 되어 있는데, 어음소지인 乙의 丙에 대한 어음금청구에 대하여 丙이 자신의 기명날인이 위조되었다고 주장하면서 어음금지급채무의 존재 여부를 다투는 경우, 丙은 자신의 기명날인이 위조되었다는 점에 대한 증명책임을 부담한다.

③ 甲이 교부한 어음이 백지약속어음인 경우 발행인 丙이 수취인 또는 그 소지인으로 하여금 백지 부분을 보충케 하려는 보충권을 줄 의사로서 발행하였는지의 여부에 관하여는 보충권을 줄 의사로 발행한 것이 아니라는 점, 즉 백지어음이 아니고 불완전어음으로서 무효라는 점에 관한 증명책임이 丙에게 있다.

④ 甲이 물품대금의 '지급을 위하여' 乙에게 어음을 교부한 때에는 乙로서는 어음채권을 우선 행사하고, 그에 의하여 만족을 얻을 수 없을 때 비로소 甲에 대하여 기존의 원인채권을 행사할 수 있다.

⑤ 甲이 물품대금의 '지급을 담보하기 위하여' 乙에게 어음을 교부한 때에는 원인채무와 어음채무는 병존하므로 乙은 어음상 권리와 원인채권 중 어느 것이나 먼저 행사할 수 있다.

[❶▸○] 어음에 있어서 발행지의 기재는 발행지와 지급지가 국토를 달리하거나 세력(歲曆)을 달리하는 어음 기타 국제어음에 있어서는 어음행위의 중요한 해석 기준이 되는 것이지만 국내에서 발행되고 지급되는 이른바 국내어음에 있어서는 별다른 의미를 가지지 못하고, 또한 일반의 어음거래에 있어서 발행지가 기재되지 아니한 국내어음도 어음요건을 갖춘 완전한 어음과 마찬가지로 당사자 간에 발행·양도 등의 유통이 널리 이루어지고 있으며, 어음교환소와 은행 등을 통한 결제 과정에서도 발행지의 기재가 없다는 이유로 지급거절됨이 없이 발행지가 기재된 어음과 마찬가지로 취급되고 있음은 관행에 이른 정도인 점에 비추어 볼 때, 발행지의 기재가 없는 어음의 유통에 관여한 당사자들은 완전한 어음에 의한 것과 같은 유효한 어음행위를 하려고 하였던 것으로 봄이 상당하므로, 어음면의 기재 자체로 보아 국내어음으로 인정되는 경우에 있어서는 그 어음면상 발행지의 기재가 없는 경우라고 할지라도 이를 무효의 어음으로 볼 수는 없다(대판 1998.4.23. 95다36466 [전합]).

[**❷ ▸ ✕**] 어음에 어음채무자로 기재되어 있는 사람이 자신의 기명날인이 위조된 것이라고 주장하는 경우에는 그 사람에 대하여 어음채무의 이행을 청구하는 어음의 소지인이 그 기명날인이 진정한 것임을 증명하지 않으면 안 된다(대판 1993.8.24. 93다4151 [전합]).

[**❸ ▸ ○**] 백지약속어음의 경우 발행인이 수취인 또는 그 소지인으로 하여금 백지 부분을 보충케 하려는 보충권을 줄 의사로서 발행하였는지의 여부에 관하여는 발행인에게 보충권을 줄 의사로 발행한 것이 아니라는 점, 즉 백지어음이 아니고 불완전어음으로서 무효라는 점에 관한 입증책임이 있다(대판 2001.4.24. 2001다6718).

[**❹ ▸ ○**] 어음이 '지급을 위하여' 교부된 경우에는 채권자는 어음채권과 원인채권 중 어음채권을 먼저 행사하여 만족을 얻을 것을 당사자가 예정하였다고 할 것이므로 채권자로서는 어음채권을 우선 행사하고, 그에 의하여서는 만족을 얻을 수 없을 때 비로소 채무자에 대하여 기존의 원인채권을 행사할 수 있다고 하여야 하며, 나아가 이러한 목적으로 어음을 배서양도받은 채권자는 특별한 사정이 없는 한 채무자에 대하여 원인채권을 행사하기 위하여는 어음을 채무자에게 반환하여야 하므로, 채권자가 채무자에 대하여 자기의 원인채권을 행사하기 위한 전제로서 지급기일에 어음을 적법히 제시하여 소구권보전절차를 취할 의무가 있다고 보는 것이 양자 사이의 형평에 맞는다(대판 1996.11.8. 95다25060).

[**❺ ▸ ○**] 원인채권의 지급을 확보하기 위한 방법으로 어음이 수수된 경우에 원인채권과 어음채권은 별개로서 채권자는 그 선택에 따라 권리를 행사할 수 있고, 원인채권에 기하여 청구를 한 것만으로는 어음채권 그 자체를 행사한 것으로 볼 수 없어 어음채권의 소멸시효를 중단시키지 못한다(대판 1999.6.11. 99다16378).

2013년 변호사시험 문 49.

☑ 확인Check! ○ △ ✕

甲은 2012.3.2. 乙로부터 물품을 공급받고 그 대금은 2012.4.30. 지급하기로 하였다. 그 후 甲은 2012.4.1. 乙의 요청에 따라 그 대금의 지급을 위하여 만기가 2012.5.31.이고 어음금액이 2,000만원인 약속어음 1매를 발행하여 주었다. 이와 관련한 설명 중 옳은 것을 모두 고른 것은?(다툼이 있는 경우에는 판례에 의함)

ㄱ. 乙은 甲에 대하여 물품대금채권과 어음채권 중 어느 것이나 먼저 행사할 수 있고, 그 변제로 나머지 채권은 소멸한다.
ㄴ. 이중지급의 위험이 있는 경우 乙이 甲에게 어음을 반환하지 않으면 甲은 어음채무는 물론 물품대금채무의 이행도 거절할 수 있다.
ㄷ. 乙이 甲에 대하여 어음금청구의 소를 제기하여도 물품대금채권의 소멸시효는 중단되지 않는다.
ㄹ. 물품대금채권은 특별한 사정이 없는 한 약속어음의 만기일까지 이행기가 연기된 것으로 볼 수 있다.
ㅁ. 乙이 약속어음을 제3자에게 배서하여 양도한 경우에는 甲에 대한 물품대금채권은 소멸한다.

① ㄱ, ㄷ   ② ㄱ, ㅁ   ③ ㄴ, ㄷ
④ ㄴ, ㄹ   ⑤ ㄹ, ㅁ

[**ㄱ ▸ ✕**] 약속어음의 교부로 원인관계가 소멸하는가는 교부목적에 따라 달라지게 되는데, 당사자의 의사는 ⑦ 지급에 갈음하여, ⑥ 지급을 위하여, ⑥ 지급을 담보하기 위하여로 구분된다. 사안의 경우는 甲이 발행인이자 유일한 채무자로서 어음관계상의 채무자가 어음상 유일한 채무자인 단명어음이므로, 지급을 담보하기 위하여 약속어음이 교부된 것으로 보아야 한다. 이때에는 원인채권과 어음채권이 병존하고, 어음채권자는 양자를 선택하여 행사할 수 있다. 어음채권자가 원인채권을 행사해도 어음채권은 소멸하지 아니하나, 어음채권을 먼저 행사하여 이행되는 경우에는 원인채권도 소멸한다.

[**ㄴ ▸ ○**] 채무의 이행확보를 위하여 약속어음이 교부되었을 경우에는 그 약속어음의 반환을 받지 않는 한 그 채무이행을 거절할 수 있다(대판 1970.10.23. 70다2042).

④ **정답**

[ㄷ ▸ X] 원인채권의 지급을 확보하기 위한 방법으로 어음이 수수된 경우, 이러한 어음은 경제적으로 동일한 급부를 위하여 원인채권의 지급수단으로 수수된 것으로서 그 어음채권의 행사는 원인채권을 실현하기 위한 것일 뿐만 아니라, 원인채권의 소멸시효는 어음금 청구소송에 있어서 채무자의 인적항변 사유에 해당하는 관계로 채권자가 어음채권의 소멸시효를 중단하여 두어도 채무자의 인적항변에 따라 그 권리를 실현할 수 없게 되는 불합리한 결과가 발생하게 되므로, 채권자가 원인채권에 기하여 청구를 한 것이 아니라 어음채권에 기하여 청구를 하는 반대의 경우에는 원인채권의 소멸시효를 중단시키는 효력이 있다고 봄이 상당하고, 이러한 법리는 채권자가 어음채권을 피보전권리로 하여 채무자의 재산을 가압류함으로써 그 권리를 행사한 경우에도 마찬가지로 적용된다(대판 1999.6.11. 99다16378).

[ㄹ ▸ O] 채권자가 기존채무의 지급을 위하여 그 채무의 변제기보다 후의 일자가 만기로 된 어음의 교부를 받은 때에는 묵시적으로 기존채무의 지급을 유예하는 의사가 있었다고 보는 것이 상당하므로 기존채무의 변제기는 어음에 기재된 만기일로 변경된다고 볼 것이다(대판 1999.8.24. 99다24508).

[ㅁ ▸ X] 어음채권과 원인채권은 별개의 채권이므로, 乙이 약속어음을 제3자에게 배서하여 양도한 경우라도, 甲에 대한 물품대금채권은 소멸하지 아니한다.

제2절	어음할인

제3절	복본과 등본

제4절	특수한 수표

PART 05 보험법

보험과 보험법

제1절 보험의 의의

제2절 보험계약법

● MEMO

보험계약

상 법

제1절 **보험계약의 성립** ★

2019년 변호사시험 문 36. ☑ 확인Check! ○ △ ✕

보험약관의 교부·설명 의무에 관한 설명 중 옳지 않은 것은?(다툼이 있는 경우 판례에 의함)

① 보험계약의 중요사항은 반드시 보험약관에 규정된 것에 한정된다고 할 수 없으므로, 보험약관만으로 보험계약의 중요사항을 설명하기 어려운 경우에는 적절한 추가자료를 활용하는 등의 방법을 통하여 보험계약의 중요사항을 고객이 이해할 수 있도록 설명하여야 한다.

② 보험자가 보험계약을 체결할 때에 보험계약자에게 보험약관을 교부하고 그 약관의 중요한 내용을 설명할 의무를 위반한 경우, 보험계약자는 보험계약이 성립한 날부터 3개월 이내에 보험계약을 취소할 수 있다.

③ 보험자의 책임은 당사자 간에 다른 약정이 없으면 최초의 보험료의 지급을 받은 때로부터 개시한다고 규정하고 있는 「상법」의 일반조항과 다른 내용으로 보험자의 책임개시시기를 정한 경우, 그 약관 내용은 보험자가 구체적이고 상세한 명시·설명 의무를 지는 보험계약의 중요한 내용이라 할 수 없다.

④ 통신판매 방식으로 체결된 상해보험계약에서 보험자가 약관 내용의 개요를 소개한 것이라는 내용과 면책사고에 해당하는 경우를 확인하라는 내용이 기재된 안내문과 청약서를 보험계약자에게 우송한 것만으로는 보험자의 면책약관에 관한 설명의무를 다한 것으로 볼 수 없다.

⑤ 보험약관의 중요한 내용에 해당하는 사항이라 하더라도 보험계약자가 그 내용을 충분히 잘 알고 있는 경우에는 해당 약관이 바로 계약 내용이 되어 당사자에 대하여 구속력을 가지므로 보험자로서는 보험계약자에게 약관의 내용을 따로 설명할 필요가 없다.

[**❶ ▸ ○**] 보험계약의 중요사항은 반드시 보험약관에 규정된 것에 한정된다고 할 수 없으므로, 보험약관만으로 보험계약의 중요사항을 설명하기 어려운 경우에는 보험회사 또는 보험모집종사자는 상품설명서 등 적절한 추가자료를 활용하는 등의 방법을 통하여 개별보험상품의 특성과 위험성에 관한 보험계약의 중요사항을 고객이 이해할 수 있도록 설명하여야 한다(대판 2018.4.12, 2017다229536).

[**❷ ▸ ○**] 보험자는 보험계약을 체결할 때에 보험계약자에게 보험약관을 교부하고 그 약관의 중요한 내용을 설명하여야 한다(상법 제638조의3 제1항). 보험자가 제1항을 위반한 경우 보험계약자는 보험계약이 성립한 날부터 3개월 이내에 그 계약을 취소할 수 있다(동법 제638조의3 제2항).

[**❸ ▸ ✕**] 보험자의 책임은 당사자 간에 다른 약정이 없으면 최초의 보험료의 지급을 받은 때로부터 개시한다고 규정하고 있는 상법의 일반조항과 다른 내용으로 보험자의 책임개시시기를 정한 경우, 그 약관 내용은 보험자가 구체적이고 상세한 명시·설명의무를 지는 보험계약의 중요한 내용이라 할 것이고, 그 약관의 내용이 거래상 일반적이고 공통된 것이어서 보험계약자가 별도의 설명 없이도 충분히 예상할 수 있었던 내용이라 할 수 없다(대판 2005.12.9, 2004다26164).

정답 ③

안심Touch

[**④** ▸ ○] 통신판매 방식으로 체결된 상해보험계약에서 보험자가 약관 내용의 개요를 소개한 것이라는 내용과 면책사고에 해당하는 경우를 확인하라는 내용이 기재된 안내문과 청약서를 보험계약자에게 우송한 것만으로는 보험자의 면책약관에 관한 설명의무를 다한 것으로 볼 수 없다(대판 1999.3.9. 98다43342).

[**⑤** ▸ ○] 상법 제638조의3 제1항 및 약관의 규제에 관한 법률 제3조의 규정에 의하여 보험자는 보험계약을 체결할 때에 보험계약자에게 보험약관에 기재되어 있는 보험상품의 내용, 보험료율의 체계, 보험청약서상 기재 사항의 변동 및 보험자의 면책사유 등 보험계약의 중요한 내용에 대하여 구체적이고 상세한 명시·설명의무를 지고 있다고 할 것이어서, 만일 보험자가 이러한 보험약관의 명시·설명의무에 위반하여 보험계약을 체결한 때에는 그 약관의 내용을 보험계약의 내용으로 주장할 수 없고, 다만 보험약관의 중요한 내용에 해당하는 사항이라 하더라도 거래상 일반적이고 공통된 것이어서 보험계약자가 별도의 설명 없이도 충분히 예상할 수 있었던 사항이거나 보험계약자나 그 대리인이 그 내용을 충분히 잘 알고 있는 경우에는 그 약관이 바로 계약 내용이 되어 당사자에 대하여 구속력을 가지므로 보험자로서는 보험계약자 또는 그 대리인에게 약관의 내용을 따로 설명할 필요가 없다(대판 2005.12.9. 2004다26164).

2012년 변호사시험 문 40.　　　　　　　　　　　　　　☑ 확인Check! ○ △ ✕

보험계약에 관한 다음 설명 중 옳지 않은 것은?(다툼이 있는 경우에는 판례에 의함)

① 대리인에 의하여 보험계약을 체결한 경우에 대리인이 안 사유는 그 본인이 안 것과 동일한 것으로 한다.

② 보험사고의 발생으로 보험자가 보험금액을 지급한 때에도 보험금액이 감액되지 아니하는 보험의 경우에는 보험계약자는 그 사고발생 후에는 보험계약을 해지할 수 없다.

③ 보험계약자 또는 피보험자나 보험수익자가 보험사고 발생의 통지의무를 해태함으로 인하여 손해가 증가된 때에는 보험자가 그 증가된 손해를 보상할 책임이 없다.

④ 보험계약이 체결되기 전에 보험사고가 이미 발생하였을 경우, 보험계약의 당사자 쌍방 및 피보험자가 이를 알지 못한 경우를 제외하고는 그 보험계약을 무효로 한다는 상법 제644조의 규정은 강행규정이므로, 당사자 사이의 합의에 의해 이 규정에 반하는 보험계약을 체결하더라도 그 계약은 무효임을 면할 수 없다.

⑤ 보험자가 보험계약자로부터 보험계약의 청약과 함께 보험료 상당액의 전부 또는 일부를 받은 경우에 그 청약을 승낙하기 전에 보험계약에서 정한 보험사고가 생긴 때에는 청약을 거절할 사유가 없는 한 보험자는 보험계약상의 책임을 지지만, 인보험계약의 피보험자가 신체검사를 받아야 하는 경우에 그 검사를 받지 아니한 때에는 그러하지 아니하다.

[**①** ▸ ○] 대리인에 의하여 보험계약을 체결한 경우에 대리인이 안 사유는 그 본인이 안 것과 동일한 것으로 한다(상법 제646조).

[**②** ▸ ✕] 보험사고의 발생으로 보험자가 보험금액을 지급한 때에도 보험금액이 감액되지 아니하는 보험의 경우에는 보험계약자는 그 사고발생 후에도 보험계약을 해지할 수 있다(상법 제649조 제2항).

[**③** ▸ ○] 보험계약자 또는 피보험자나 보험수익자가 보험자에 대하여 보험사고 발생의 통지의무를 해태함으로 인하여 손해가 증가된 때에는 보험자는 그 증가된 손해를 보상할 책임이 없다(상법 제657조 제2항).

[**④** ▸ ○] 보험계약이 체결되기 전에 보험사고가 이미 발생하였을 경우, 보험계약의 당사자 쌍방 및 피보험자가 이를 알지 못한 경우를 제외하고는 그 보험계약을 무효로 한다는 상법 제644조의 규정은, 보험사고는 불확정한 것이어야 한다는 보험의 본질에 따른 강행규정으로, 당사자 사이의 합의에 의해 이 규정에 반하는 보험계약을 체결하더라도 그 계약은 무효임을 면할 수 없다(대판 2002.6.28. 2001다59064).

[**❺** ▸ ○] 보험자가 보험계약자로부터 보험계약의 청약과 함께 보험료 상당액의 전부 또는 일부를 받은 경우에 그 청약을 승낙하기 전에 보험계약에서 정한 보험사고가 생긴 때에는 그 청약을 거절할 사유가 없는 한 보험자는 보험계약상의 책임을 진다. 그러나 인보험계약의 피보험자가 신체검사를 받아야 하는 경우에 그 검사를 받지 아니한 때에는 그러하지 아니하다(상법 제638조의2 제3항).

제2절 고지의무 ★

보험계약 체결 시 상법상 고지의무에 대한 설명 중 옳지 않은 것은?(다툼이 있는 경우에는 판례에 의함)

① 보험청약서에 일정한 사항에 관하여 답변을 구하는 취지가 포함되어 있다면 그 사항은 상법 제651조에서 말하는 '중요한 사항'으로 추정된다.

② 보험설계사는 보험자를 대리하여 보험계약을 체결할 권한뿐만 아니라 보험계약자 또는 피보험자로부터 고지를 수령할 권한도 없다.

③ 생명보험계약에 있어서 고지의무위반을 이유로 보험계약을 해지하는 경우 보험계약자뿐만 아니라 보험수익자에 대하여도 해지의 의사표시를 하여야 그 효력이 있다.

④ 고지의무위반사실과 보험사고 발생 사이의 인과관계 없는 고지의무위반의 경우 보험자는 보험금의 지급 여부와 상관없이 장래를 향하여 상법 제651조에 따라 계약해지를 할 수 있다.

⑤ 고지의무위반을 이유로 보험계약을 해지하기 위해서는 고지의무 위반이 보험계약자 또는 피보험자의 고의 또는 중대한 과실에 의한 것임이 증명되어야 하는데 그 증명책임은 보험자에게 있다.

[**❶** ▸ ○] 보험계약자나 피보험자가 보험계약 당시에 보험자에게 고지할 의무를 지는 상법 제651조에서 정한 '중요한 사항'이란 보험자가 보험사고의 발생과 그로 인한 책임부담의 개연율을 측정하여 보험계약의 체결 여부 또는 보험료나 특별한 면책조항의 부가와 같은 보험계약의 내용을 결정하기 위한 표준이 되는 사항으로서 객관적으로 보험자가 그 사실을 안다면 그 계약을 체결하지 아니하든가 또는 적어도 동일한 조건으로는 계약을 체결하지 아니하리라고 생각되는 사항을 말하고, 어떠한 사실이 이에 해당하는가는 보험의 종류에 따라 달라질 수밖에 없는 사실인정의 문제로서 보험의 기술에 비추어 객관적으로 관찰하여 판단되어야 하는 것이나, 보험자가 서면으로 질문한 사항은 보험계약에 있어서 중요한 사항에 해당하는 것으로 추정되고(상법 제651조의2), 여기의 서면에는 보험청약서도 포함될 수 있으므로, 보험청약서에 일정한 사항에 관하여 답변을 구하는 취지가 포함되어 있다면 그 사항은 상법 제651조에서 말하는 '중요한 사항'으로 추정된다(대판 2014.3.13. 2013다91405).

[**❷** ▸ ○] 구 보험업법상의 보험모집인은 특정 보험자를 위하여 보험계약의 체결을 중개하는 자일 뿐 보험자를 대리하여 보험계약을 체결할 권한이 없고 보험계약자 또는 피보험자가 보험자에 대하여 하는 고지나 통지를 수령할 권한도 없으므로, 보험모집인이 통지의무의 대상인 '보험사고 발생의 위험이 현저하게 변경 또는 증가된 사실'을 알았다고 하더라도 이로써 곧 보험자가 위와 같은 사실을 알았다고 볼 수는 없다(대판 2006.6.30. 2006다19672).

[**❸** ▸ ✕] 생명보험계약에 있어서 고지의무 위반을 이유로 한 해지의 경우에는 계약의 상대방당사자인 보험계약자나 그의 상속인(또는 그들의 대리인)에 대하여 해지의 의사표시를 하여야 하고, 타인을 위한 보험에 있어서도 보험금 수익자에게 해지의 의사표시를 하는 것은 특별한 사정(보험약관상의 별도기재 등)이 없는 한 효력이 없다(대판 1989.2.14. 87다카2973).

[**④** ▸ **O**]　보험자는 고지의무를 위반한 사실과 보험사고의 발생 사이의 인과관계를 불문하고 상법 제651조에 의하여 고지의무 위반을 이유로 계약을 해지할 수 있다. 그러나 보험금액청구권에 관해서는 보험사고 발생 후에 고지의무 위반을 이유로 보험계약을 해지한 때에는 고지의무에 위반한 사실과 보험사고 발생 사이의 인과관계에 따라 보험금액지급책임이 달라지고, 그 범위 내에서 계약해지의 효력이 제한될 수 있다(대판 2010.7.22. 2010다25353).

[**⑤** ▸ **O**]　보험계약 당시에 보험계약자 또는 피보험자가 고의 또는 중대한 과실로 인하여 중요한 사항을 고지하지 아니하거나 부실의 고지를 한 때에는 보험자는 일정 기간 안에 그 계약을 해지할 수 있다(상법 제651조). 여기서 중대한 과실이란 현저한 부주의로 중요한 사항의 존재를 몰랐거나 중요성 판단을 잘못하여 그 사실이 고지하여야 할 중요한 사항임을 알지 못한 것을 의미하고, 그와 같은 과실이 있는지는 보험계약의 내용, 고지하여야 할 사실의 중요도, 보험계약의 체결에 이르게 된 경위, 보험자와 피보험자 사이의 관계 등 제반 사정을 참작하여 사회통념에 비추어 개별적·구체적으로 판단하여야 하고, 그에 관한 증명책임은 고지의무 위반을 이유로 보험계약을 해지하고자 하는 보험자에게 있다(대판 2013.6.13. 2011다54631).

　비교　보험계약을 체결함에 있어 중요한 사항의 고지의무를 위반한 경우 고지의무위반사실이 보험사고의 발생에 영향을 미치지 아니하였다는 점, 즉 보험사고의 발생이 보험계약자가 불고지하였거나 불실고지한 사실에 의한 것이 아니라는 점이 증명된 때에는 상법 제655조 단서의 규정에 의하여 보험자는 위 불실고지를 이유로 보험계약을 해지할 수 없을 것이나, 위와 같은 고지의무위반사실과 보험사고 발생과의 인과관계가 부존재한다는 점에 관한 입증책임은 보험계약자 측에 있다 할 것이므로, 만일 그 인과관계의 존재를 조금이라도 규지할 수 있는 여지가 있으면 위 단서는 적용되어서는 안 될 것이다(대판 2014.3.13. 2013다91405).

2016년 변호사시험 문 49.　　　　　　　　　　　　　　☑ 확인Check! O △ X

보험계약의 체결에 있어서 고지의무에 관한 설명 중 옳지 않은 것은?(다툼이 있는 경우 판례에 의함)

① 보험계약 당시에 보험계약자 또는 피보험자가 고의 또는 중대한 과실로 중요한 사항에 대하여 고지하지 않거나 부실의 고지를 하는 경우 고지의무 위반이 된다.

② 냉동창고에 대한 화재보험계약 체결 시에 보험의 목적인 냉동창고 건물이 완성되지 않아 완성된 냉동창고에 비하여 현저히 높은 화재위험에 노출되어 있었던 경우에 잔여공사를 계속하여야 한다는 사정은 고지의무의 대상이 된다.

③ 생명보험계약에 있어서 고지의무 위반이 있는 경우 보험자는 그 위반사실을 증명하여 보험계약자나 그의 상속인(또는 그들의 대리인)에 대하여 해지의 의사표시를 할 수 있다.

④ 고지의무 위반 시 보험자는 보험사고 발생 후라도 그 위반사실을 안 날로부터 1월 내에, 보험계약 체결 시로부터 3년 내에 한하여 보험계약을 해지할 수 있다.

⑤ 고지의무를 위반한 사실이 보험사고 발생에 영향을 미치지 아니하였음이 증명된 경우라 하더라도 보험자는 보험계약을 해지할 수 있을 뿐만 아니라 보험금지급책임도 면한다.

[**❶** ▸ **O**]　보험계약 당시에 보험계약자 또는 피보험자가 고의 또는 중대한 과실로 인하여 중요한 사항을 고지하지 아니하거나 부실의 고지를 한 때에는 보험자는 그 사실을 안 날로부터 1월 내에, 계약을 체결한 날로부터 3년 내에 한하여 계약을 해지할 수 있다. 그러나 보험자가 계약 당시에 그 사실을 알았거나 중대한 과실로 인하여 알지 못한 때에는 그러하지 아니하다(상법 제651조).

[**❷** ▸ **O**]　甲이 손해보험업을 영위하는 乙주식회사와 냉동창고건물에 관한 보험계약을 체결하였는데, 체결 당시 보험의 목적인 건물이 완성되지 않아 잔여공사를 계속하여야 한다는 사정을 乙회사에 고지하지 않은 경우, 위 냉동창고건물은 형식적 사용승인에도 불구하고 냉동설비공사 등 주요 공사가 완료되지 아니하여 잔여공사를 계속하여야 할 상황이었고,

이러한 공사로 인하여 완성된 냉동창고건물에 비하여 현저히 높은 화재 위험에 노출되어 있었으며, <u>위험의 정도나 중요성에 비추어 甲은 보험계약을 체결할 때 이러한 사정을 고지하여야 함을 충분히 알고 있었거나 적어도 현저한 부주의로 인하여 이를 알지 못하였다고 봄이 타당하다</u>(대판 2012.11.29. 2010다38663).

[❸ ▶ O] 생명보험계약에 있어서 고지의무 위반을 이유로 한 해지의 경우에는 계약의 상대방당사자인 보험계약자나 <u>그의 상속인(또는 그들의 대리인)에 대하여 해지의 의사표시를 하여야 하고, 타인을 위한 보험에 있어서도 보험금수익자에게 해지의 의사표시를 하는 것은 특별한 사정(보험약관상의 별도기재 등)이 없는 한 효력이 없다</u>(대판 1989.2.14. 87다카2973).

[❹ ▶ O] 고지의무 위반 시 보험자는 보험사고 발생 후라도 그 위반사실을 안 날로부터 1월 내에, 보험계약 체결 시로부터 3년 내에 한하여 보험계약을 해지할 수 있다.

고지의무 위반으로 인한 계약해지(상법 제651조) 보험계약 당시에 보험계약자 또는 피보험자가 고의 또는 중대한 과실로 인하여 중요한 사항을 고지하지 아니하거나 부실의 고지를 한 때에는 보험자는 그 사실을 안 날로부터 1월 내에, 계약을 체결한 날로부터 3년 내에 한하여 계약을 해지할 수 있다. 그러나 보험자가 계약 당시에 그 사실을 알았거나 중대한 과실로 인하여 알지 못한 때에는 그러하지 아니하다.

계약해지와 보험금청구권(상법 제655조) 보험사고가 발생한 후라도 보험자가 제650조, 제651조, 제652조 및 제653조에 따라 계약을 해지하였을 때에는 보험금을 지급할 책임이 없고 이미 지급한 보험금의 반환을 청구할 수 있다. 다만, 고지의무(告知義務)를 위반한 사실 또는 위험이 현저하게 변경되거나 증가된 사실이 보험사고 발생에 영향을 미치지 아니하였음이 증명된 경우에는 보험금을 지급할 책임이 있다.

[❺ ▶ ×] 보험자는 인과관계의 유무에 관계없이 고지의무 위반을 이유로 보험계약을 해지할 수 있다. 그러나 고지의무 위반과 보험사고 간에 인과관계가 부정되는 경우에는 보험금지급의무를 부담한다(상법 제655조 단서).

보험자는 고지의무를 위반한 사실과 보험사고의 발생 사이의 인과관계를 불문하고 상법 제651조에 의하여 고지의무 위반을 이유로 계약을 해지할 수 있다. 그러나 보험금액청구권에 관해서는 보험사고 발생 후에 고지 의무 위반을 이유로 보험계약을 해지한 때에는 고지의무에 위반한 사실과 보험사고 발생 사이의 인과관계에 따라 보험금액지급책임이 달라지고, 그 범위 내에서 계약해지의 효력이 제한될 수 있다(대판 2010.7.22. 2010다25353).

제3절 보험계약의 효과

「상법」상 보험료지급의무에 관한 설명 중 옳지 않은 것은?(다른 약관이나 당사자 간에 다른 약정은 없는 것으로 가정하고, 다툼이 있는 경우 판례에 의함)

① 보험계약자가 계약체결 후 보험료의 전부 또는 제1회 보험료를 지급하지 아니한 경우, 다른 약정이 없는 한 계약성립 후 2개월이 경과하면 그 계약은 해제된 것으로 본다.

② 보험자가 보험계약의 청약에 대하여 승낙을 하지 아니한 동안에 보험계약의 청약인으로부터 제1회 보험료로 선일자수표를 발행받은 경우 보험자가 그 선일자수표를 받은 날로부터 보험자의 책임이 개시된다.

③ 계속보험료가 약정한 시기에 지급되지 아니하였음을 이유로 상당한 기간을 정하여 보험계약자에게 최고하지 않고 곧바로 보험계약이 해지되거나 실효됨을 규정한 보험약관은 「상법」 규정에 위배되어 무효이다.

④ 특정한 타인을 위한 보험의 경우에 보험계약자가 보험료의 지급을 지체한 때에는 보험자는 그 타인에게도 상당한 기간을 정하여 보험료의 지급을 최고한 후가 아니면 그 보험계약을 해제 또는 해지하지 못한다.

⑤ 계속보험료의 지급 지체로 보험계약이 적법하게 해지되고 해지환급금이 지급되지 아니한 경우에 보험계약자는 일정한 기간 내에 연체보험료에 약정이자를 붙여 보험자에게 지급하고 그 계약의 부활을 청구할 수 있다.

[❶ ▶ ○] 보험계약자는 계약체결 후 지체 없이 보험료의 전부 또는 제1회 보험료를 지급하여야 하며, 보험계약자가 이를 지급하지 아니하는 경우에는 다른 약정이 없는 한 계약성립 후 2월이 경과하면 그 계약은 해제된 것으로 본다(상법 제650조 제1항).

[❷ ▶ ✕] 선일자수표는 대부분의 경우 당해 발행일자 이후의 제시기간 내의 제시에 따라 결제되는 것이라고 보아야 하므로 선일자수표가 발행 교부된 날에 액면금의 지급효과가 발생된다고 볼 수 없으니, 보험약관상 보험자가 제1회 보험료를 받은 후 보험청약에 대한 승낙이 있기 전에 보험사고가 발생한 때에는 제1회 보험료를 받은 때에 소급하여 그때부터 보험자의 보험금 지급책임이 생긴다고 되어 있는 경우에 있어서 보험모집인이 청약의 의사표시를 한 보험계약자로부터 제1회 보험료로서 선일자수표를 발행받고 보험료가수증을 해주었더라도 그가 선일자수표를 받은 날을 보험자의 책임발생 시점이 되는 제1회 보험료의 수령일로 보아서는 안 된다(대판 1989.11.28. 88다카33367).

[❸ ▶ ○] 상법 제650조는 "계속보험료가 약정한 시기에 지급되지 아니한 때에는 보험자는 상당한 기간을 정하여 보험계약자에게 최고하고 그 기간 내에 지급하지 아니한 때에는 계약을 해지할 수 있다"고 규정하고 있고, 상법 제663조는 "위 제650조는 보험당사자 간의 특약으로 보험계약자 또는 피보험자나 보험수익자의 불이익으로 변경하지 못한다"고 규정하고 있으므로, 분납보험료가 소정의 시기에 납입되지 아니하였음을 이유로 그와 같은 절차를 거치지 아니하고 곧바로 보험계약이 해지되거나 실효되고 보험자의 보험금지급책임을 면하도록 규정한 보험약관은 위 상법의 규정에 위배되어 무효이다(대판 1996.12.10. 96다37848).

[❹ ▶ ○] 특정한 타인을 위한 보험의 경우에 보험계약자가 보험료의 지급을 지체한 때에는 보험자는 그 타인에게도 상당한 기간을 정하여 보험료의 지급을 최고한 후가 아니면 그 계약을 해제 또는 해지하지 못한다(상법 제650조 제3항).

[❺ ▶ ○] 제650조 제2항에 따라 보험계약이 해지되고 해지환급금이 지급되지 아니한 경우에 보험계약자는 일정한 기간 내에 연체보험료에 약정이자를 붙여 보험자에게 지급하고 그 계약의 부활을 청구할 수 있다. 제638조의2의 규정은 이 경우에 준용한다(상법 제650조의2).

보험에 관한 각종 권리에 대한 설명 중 옳지 않은 것은?(다툼이 있는 경우에는 판례에 의함)

① 상법 제724조 제2항에 의하여 피해자가 보험자에게 갖는 직접청구권은 민법 제766조 제1항에 따라 피해자 또는 그 법정대리인이 그 손해 및 가해자를 안 날로부터 3년간 이를 행사하지 아니하면 시효로 인하여 소멸한다.

② 보험금청구권의 소멸시효는 다른 특별한 사정이 없는 한 원칙적으로 보험사고가 발생한 때로부터 진행한다.

③ 객관적으로 보아 보험사고가 발생한 사실을 보험금청구권자가 확인할 수 없는 사정이 있는 경우에는 보험금청구권자가 보험사고의 발생을 알았거나 알 수 있었던 때로부터 보험금청구권의 소멸시효가 진행한다.

④ 보험료를 분납하는 생명보험계약이 무효인 경우 보험료반환청구권의 소멸시효는 각 보험료를 납부한 때로부터 각 보험료에 대하여 진행하는 것이 아니라, 보험료를 마지막으로 납부한 때로부터 보험료 전체에 대하여 진행한다.

⑤ 보험금청구권을 3년간 행사하지 아니하면 소멸시효가 완성한다는 상법 제662조는 달리 특별한 규정이 없는 한 손해보험에도 적용된다.

[❶ ▸ ○] 상법 제724조 제2항에 의하여 피해자가 보험자에게 갖는 직접청구권은 보험자가 피보험자의 피해자에 대한 손해배상채무를 병존적으로 인수한 것으로서 피해자가 보험자에 대하여 가지는 손해배상청구권이므로 민법 제766조 제1항에 따라 피해자 또는 그 법정대리인이 그 손해 및 가해자를 안 날로부터 3년간 이를 행사하지 아니하면 시효로 인하여 소멸한다(대판 2005.10.7. 2003다6774).

[❷ ▸ ○] [❸ ▸ ○] 보험금청구권은 보험사고가 발생하기 전에는 추상적인 권리에 지나지 아니할 뿐 보험사고의 발생으로 인하여 구체적인 권리로 확정되어 그때부터 그 권리를 행사할 수 있게 되므로, 특별한 다른 사정이 없는 한 원칙적으로 보험금청구권의 소멸시효는 보험사고가 발생한 때로부터 진행한다고 해석해야 한다(②). 다만 보험사고가 발생한 것인지 여부가 객관적으로 분명하지 아니하여 보험금청구권자가 과실 없이 보험사고의 발생을 알 수 없었던 경우에도 보험사고가 발생한 때로부터 보험금청구권의 소멸시효가 진행한다고 해석하면 보험금청구권자에게 너무 가혹하여 사회정의와 형평의 이념에 반할 뿐만 아니라 소멸시효제도의 존재이유에 부합된다고 볼 수도 없으므로, 이와 같이 객관적으로 보아 보험사고가 발생한 사실을 확인할 수 없는 사정이 있는 경우에는 보험금청구권자가 보험사고의 발생을 알았거나 알 수 있었던 때부터 보험금청구권의 소멸시효가 진행한다고 해석할 것이다(③)(대판 2012.9.27. 2010다101776).

[❹ ▸ ✕] 상법은 보험료반환청구권에 대하여 3년간 행사하지 아니하면 소멸시효가 완성한다는 취지를 규정할 뿐(제662조) 소멸시효의 기산점에 관하여는 아무것도 규정하지 아니하므로, 소멸시효는 민법 일반법리에 따라 객관적으로 권리가 발생하고 그 권리를 행사할 수 있는 때로부터 진행한다. 그런데 상법 제731조 제1항을 위반하여 무효인 보험계약에 따라 납부한 보험료에 대한 반환청구권은 특별한 사정이 없는 한 보험료를 납부한 때에 발생하여 행사할 수 있다고 할 것이므로, 위 보험료반환청구권의 소멸시효는 특별한 사정이 없는 한 각 보험료를 납부한 때부터 진행한다(대판 2011.3.24. 2010다92612).

[❺ ▸ ○] 보험금액의 청구권 등의 소멸시효기간에 관하여 규정한 상법 제662조는 달리 특별한 규정이 없는 한 모든 손해보험과 인보험에 적용되는 규정이고, 무보험자동차에 의한 상해담보특약에 의한 보험이 실질적으로 피보험자가 무보험자동차에 의한 사고로 사망 또는 상해의 손해를 입게 됨으로써 전보되지 못하는 실손해를 보상하는 것이라고 하더라도 그 보험금청구권은 상법 제662조에 의한 보험금액의 청구권에 다름 아니어서 이를 3년간 행사하지 아니하면 소멸시효가 완성된다고 할 것이고, 보험금청구권은 보험사고의 발생으로 인하여 구체적으로 확정되어 그때부터 그 권리를 행사할 수 있게 되는 것이므로 그 소멸시효는 달리 특별한 사정이 없는 한 민법 제166조 제1항의 규정에 의하여 보험사고가 발생한 때로부터 진행한다(대판 2000.3.23. 99다66878).

2012년 변호사시험 문 66. ☑ 확인Check! ○ △ ✕

甲은 乙 소유의 물건을 운송하기로 하면서 A 손해보험회사와의 사이에 乙을 피보험자로 하여 그 물건에 대한 손해보험계약을 체결하였다. 상법 보험편에 따른 법률관계와 상법 보험편이 존재하지 않아서 단순히 민법이 적용된다고 가정한 경우의 법률관계를 비교한 다음 설명 중 옳은 것은?(다툼이 있는 경우에는 판례에 의함)

① 乙은 위 보험계약으로 인하여 이익을 얻고 있을 뿐이므로, 甲은 乙의 동의가 없더라도 보험계약을 해지할 수 있으며, 이는 민법과 상법이 동일하다.

② 甲은 위 보험계약으로 특별히 이익을 얻고 있지 않으므로, A 보험회사에 대하여 보험료 지급의무를 비롯하여 아무런 의무를 부담하지 않으며, 이는 민법과 상법이 동일하다.

③ 민법에 따르면 乙은 A 보험회사에 대하여 수익의 의사표시를 해야만 보험사고 발생 시 보험금을 청구할 수 있으나, 상법에 따르면 수익의 의사표시를 하지 않은 경우에도 보험금을 청구할 수 있다.

④ 민법에 따르면 甲이 乙로부터 보험계약의 체결을 위임받지 않았더라도 계약이 유효하게 성립하지만, 상법에 따르면 이러한 위임을 받지 않은 경우 甲이 위임이 없었다는 취지를 A 보험회사에게 고지하지 않으면 보험계약이 무효가 된다.

⑤ 甲이 최초 보험료를 지급하지 않은 경우, 민법에 의하면 이러한 사유는 乙이 A 보험회사에 대하여 가지는 보험금청구권에 영향을 미치지만, 상법에 의하면 보험금청구권에 영향을 미치지 않는다.

[❶ ▸ ✕] 甲과 A회사 간의 보험계약은 타인을 위한 보험계약인 제3자를 위한 계약으로 이해된다. ㉠ 먼저 민법상 제3자를 위한 계약으로 보면, 수익자 乙의 권리가 생기기 전에는 당사자가 이를 변경 또는 소멸시키는 것이 가능하나, 수익자 乙의 권리가 생긴 후에는 미리 약정한 경우에만 가능하다. ㉡ 상법에 따른 법률관계로 보면, 甲은 보험사고가 발생하기 전에 乙의 동의를 얻어 보험계약을 임의해지할 수 있다(상법 제649조 제1항 단서).

[❷ ▸ ✕] ㉠ 민법상 제3자를 위한 계약으로 보면, 甲은 요약자로서 낙약자에게 기본관계에 따른 채무를 이행하여야 한다. ㉡ 상법상 타인을 위한 보험계약으로 보면, 甲은 보험계약자로서 일반보험과 같이 보험료지급의무뿐만 아니라 통지의무, 위험유지의무 등을 부담한다.

[❸ ▸ ○] ㉠ 민법상 제3자를 위한 계약으로 보면, 乙은 수익자로서 수익의 의사표시를 하여야 보험사고 발생 시 보험금을 청구할 수 있다. ㉡ 상법상 타인을 위한 보험계약으로 보면, 乙은 별도로 수익의 의사표시를 하지 아니한 경우에도 보험금을 청구할 수 있다.

[❹ ▸ ✕] 민법상의 제3자를 위한 보험계약으로 보든, 상법상의 타인을 위한 보험계약으로 보든 제3자 또는 타인의 위임을 요하지 아니한다. 손해보험계약의 경우에 그 타인의 위임이 없는 때에는 보험계약자는 이를 보험자에게 고지하여야 하고, 그 고지가 없는 때에는 타인이 그 보험계약이 체결된 사실을 알지 못하였다는 사유로 보험자에게 대항하지 못한다(상법 제639조 제1항).

[❺ ▸ ✕] ㉠ 甲이 최초보험료를 지급하지 아니한 경우, 민법상 제3자를 위한 계약으로 보면, 이는 채무불이행사유로서 최고 후 상당한 기간 내에 지급하지 아니하면 해제사유가 된다(민법 제544조). ㉡ 상법에 따른 법률관계로 보면, 보험계약자는 계약체결 후 지체 없이 보험료의 전부 또는 제1회 보험료를 지급하여야 하며, 보험계약자가 이를 지급하지 아니하는 경우에는 다른 약정이 없는 한 계약성립 후 2월이 경과하면 그 계약은 해제된 것으로 본다(상법 제650조 제1항). 따라서 민법상 법률관계로 보든, 상법상 법률관계로 보든 보험금청구권에 영향을 미치게 된다.

③ 정답

각 문항별로 이해도를 체크해 보세요.

최근 5년간 회별 평균 **0.6문**

제1절 손해보험 총론 ★☆

「상법」상 보험자대위에 관한 설명 중 옳은 것을 모두 고른 것은?(다툼이 있는 경우 판례에 의함)

ㄱ. 제3자에 대한 보험자대위에 관한「상법」제682조 소정의 제3자의 행위란 피보험이익에 대하여 손해를 일으키는 행위를 뜻하는 것으로서 고의 또는 과실에 의한 행위만이 이에 해당하는 것은 아니다.

ㄴ. 타인을 위한 손해보험에서 보험계약자가 보험사고를 일으킨 경우 보험계약자는 제3자에 대한 보험자대위에 관한 「상법」제682조 소정의 제3자의 범주에서 제외된다.

ㄷ. 타인을 위한 손해보험에서 손해가 보험계약자나 피보험자와 생계를 같이 하는 가족이 고의로 일으킨 사고로 발생한 경우 보험금을 전부 지급한 보험자는 그 지급한 금액의 한도에서 그 가족에 대한 보험계약자 또는 피보험자의 권리를 취득한다.

ㄹ. 상해보험계약의 경우 당사자 사이의 약정에 의하여 보험자는 피보험자의 권리를 해하지 아니하는 범위 안에서 보험사고로 인하여 생긴 보험계약자 또는 보험수익자의 제3자에 대한 권리를 대위하여 행사할 수 있다.

① ㄱ, ㄴ   ② ㄱ, ㄹ   ③ ㄴ, ㄷ
④ ㄱ, ㄷ, ㄹ   ⑤ ㄴ, ㄷ, ㄹ

[ㄱ▸○] 보험사고에 의하여 손해가 발생하고 피보험자가 그 손해에 관하여 제3자에게 손해배상 청구권을 갖게 되면 보험금을 지급한 보험자는 제3자에게 귀책사유가 있음을 입증할 필요가 없이 법률의 규정에 의하여 당연히 그 손해배상 청구권을 취득하게 된다고 할 것이므로, <u>상법 제682조 소정의 '제3자의 행위'란 '피보험이익에 대하여 손해를 일으키는 행위'를 뜻하는 것으로서 고의 또는 과실에 의한 행위만이 이에 해당하는 것은 아니다</u>(대판 1995,11,14, 95다33092).

[ㄴ▸✕] 타인을 위한 손해보험계약은 타인의 이익을 위한 계약으로서 그 타인(피보험계약자)의 이익이 보험의 목적이 되는 것이지 여기에 당연히(특약 없이) 보험계약자의 보험이익이 포함되거나 예정되어 있는 것은 아니라 할 것이므로 피보험이익의 주체가 아닌 보험계약자는 비록 보험자와의 사이에서는 계약당사자이고 약정된 보험료를 지급할 의무자이지만 그 지위의 성격과 보험자대위규정의 취지에 비추어 보면 <u>보험자대위에 있어서 보험계약자와 보험계약자 아닌 제3자와를 구별하여 취급하여야 할 법률상의 이유는 없는 것이며 따라서 타인을 위한 손해보험계약자가 당연히 제3자의 범주에서 제외되는 것은 아니다</u>(대판 1990,2,9, 89다카21965).

[ㄷ▸○] 손해가 제3자의 행위로 인하여 발생한 경우에 보험금을 지급한 보험자는 그 지급한 금액의 한도에서 그 제3자에 대한 보험계약자 또는 피보험자의 권리를 취득한다. 다만, 보험자가 보상할 보험금의 일부를 지급한 경우에는 피보험자의 권리를 침해하지 아니하는 범위에서 그 권리를 행사할 수 있다(상법 제682조 제1항). <u>보험계약자나 피보험자의 제1항에 따른 권리가 그와 생계를 같이 하는 가족에 대한 것인 경우 보험자는 그 권리를 취득하지 못한다. 다만, 손해가 그 가족의 고의로 인하여 발생한 경우에는 그러하지 아니하다</u>(동법 제682조 제2항).

정답 ④

[ㄹ ▸ ○] 보험자는 보험사고로 인하여 생긴 보험계약자 또는 보험수익자의 제3자에 대한 권리를 대위하여 행사하지 못한다. 그러나 상해보험계약의 경우에 당사자 간에 다른 약정이 있는 때에는 보험자는 피보험자의 권리를 해하지 아니하는 범위 안에서 그 권리를 대위하여 행사할 수 있다(상법 제729조).

「상법」제680조에 의한 손해방지비용과 「상법」제720조에 의한 방어비용에 관한 설명 중 옳지 않은 것은?(다툼이 있는 경우 판례에 의함)

① 보험사고 발생 시 또는 보험사고가 발생한 것과 같게 볼 수 있는 경우에 피보험자의 법률상 책임 여부가 판명되지 않은 상태에서 피보험자가 손해확대방지를 위한 긴급한 행위를 하였다면, 이로 인하여 발생한 필요 또는 유익한 비용도 손해확대방지를 위한 비용으로서 보험자가 부담하는 것으로 해석하여야 한다.
② 손해의 방지와 경감을 위하여 필요 또는 유익하였던 비용과 보상액은 보험금액을 한도로 하여 보험자가 이를 부담한다.
③ 피보험자가 제3자의 청구를 방어하기 위하여 지출한 재판상 또는 재판외의 필요비용은 보험의 목적에 포함된 것으로 한다.
④ 손해방지비용과 방어비용은 서로 구별되는 것이므로 보험계약에 적용되는 보통약관에 손해방지비용과 관련한 별도의 규정을 두고 있다고 하더라도 그 규정이 당연히 방어비용에 대하여도 적용된다고 할 수는 없다.
⑤ 피보험자는 보험자에 대하여 방어비용의 선급을 청구할 수 있다.

[❶ ▸ ○] 보험사고 발생 시 또는 보험사고가 발생한 것과 같게 볼 수 있는 경우에 피보험자의 법률상 책임 여부가 판명되지 아니한 상태에서 피보험자가 손해확대방지를 위한 긴급한 행위를 하였다면 이로 인하여 발생한 필요·유익한 비용도 상법 제680조 제1항의 규정에 따라 보험자가 부담하여야 한다(대판 2003.6.27. 2003다6958).

[❷ ▸ ×] 손해방지비용이 보험금액을 초과한 경우라도 보험자가 이를 부담한다(상법 제680조 제1항). 그러나 방어비용이 보험금액을 초과한 때에는 보험자의 지시에 의한 경우에만 보험자가 이를 부담한다(동법 제720조 제3항).

[❸ ▸ ○] [❺ ▸ ○] 피보험자가 제3자의 청구를 방어하기 위하여 지출한 재판상 또는 재판외의 필요비용은 보험의 목적에 포함된 것으로 한다. 피보험자는 보험자에 대하여 그 비용의 선급을 청구할 수 있다(상법 제720조 제1항).

[❹ ▸ ○] 상법 제680조 제1항에 규정된 '손해방지비용'은 보험자가 담보하고 있는 보험사고가 발생한 경우에 보험사고로 인한 손해의 발생을 방지하거나 손해의 확대를 방지함은 물론 손해를 경감할 목적으로 행하는 행위에 필요하거나 유익하였던 비용을 말하는 것이고, 같은 법 제720조 제1항에 규정된 '방어비용'은 피해자가 보험사고로 인적·물적 손해를 입고 피보험자를 상대로 손해배상청구를 한 경우에 그 방어를 위하여 지출한 재판상 또는 재판 외의 필요비용을 말하는 것으로서, 위 두 비용은 서로 구별되는 것이므로, 보험계약에 적용되는 보통약관에 손해방지비용과 관련한 별도의 규정을 두고 있다고 하더라도, 그 규정이 당연히 방어비용에 대하여도 적용된다고 할 수는 없다(대판 2006.6.30. 2005다21531).

② **정답**

甲은 A보험회사와 자신을 피보험자로 하여 자신의 자동차에 대한 차량보험계약을 체결하고 그 자동차로 도로를 운행하던 중, 무단으로 중앙선을 침범하여 운전한 乙의 자동차에 의해 甲의 자동차가 크게 파손되는 사고를 당하여 A보험회사에 보험금청구권을 갖게 되었다. 이에 관한 설명 중 옳지 않은 것은?(아래 각 지문은 독립적이며, 다툼이 있는 경우 판례에 의함)

① A보험회사가 甲에 대해 차량보험금을 전액 지급하였다면, A보험회사는 그 지급한 금액의 한도에서 甲의 乙에 대한 손해배상청구권을 대위할 수 있다.

② 甲이 보험금을 지급받은 후 乙에 대한 손해배상청구권을 포기한 경우라 하더라도 A보험회사는 여전히 甲의 乙에 대한 손해배상청구권을 대위할 수 있다.

③ 甲에게 보험금을 지급한 A보험회사가 乙에 대해 대위할 수 있는 손해배상청구권은 甲의 A보험회사에 대한 보험금청구권과 같이 위 사고발생일로부터 3년의 시효로 소멸한다.

④ 甲이 A보험회사로부터 보험금을 지급받은 후, 乙이 A보험회사의 대위권 취득의 사실을 모르고 과실 없이 甲에게 손해배상금을 지급한 때에는 A보험회사는 乙에 대해 대위권을 행사할 수 없다.

⑤ 乙이 생계를 같이하는 甲의 배우자인 경우 A보험회사는 甲의 손해배상청구권을 대위할 수 없지만, 만일 乙이 고의로 위 사고를 일으켰다면 A보험회사는 乙에 대해 대위할 수 있다.

[❶ ▶ ○] 손해가 제3자의 행위로 인하여 발생한 경우에 보험금을 지급한 보험자는 그 지급한 금액의 한도에서 그 제3자에 대한 보험계약자 또는 피보험자의 권리를 취득한다. 다만, 보험자가 보상할 보험금의 일부를 지급한 경우에는 피보험자의 권리를 침해하지 아니하는 범위에서 그 권리를 행사할 수 있다(상법 제682조 제1항). 따라서 A보험회사가 차량보험금을 전액 지급하였다면, 그 지급한 금액의 한도에서 甲의 乙에 대한 손해배상청구권을 대위할 수 있다.

[❷ ▶ ○] 甲이 乙에 대한 손해배상청구권을 포기하였더라도, 이는 무권한자의 처분행위로서 효력이 없어 A보험회사는 甲에게 부당이득반환청구권을 행사할 수 없고, 여전히 甲의 乙에 대한 손해배상청구권을 대위할 수 있다.

판례

> 화재보험의 피보험자가 보험금을 지급받은 후 화재에 대한 책임 있는 자로부터 손해배상을 받으면서 나머지 손해배상청구권을 포기하였다 하더라도, 피보험자의 화재에 대한 책임 있는 자에 대한 손해배상청구권은 피보험자가 보험자로부터 보험금을 지급받음과 동시에 그 보험금액의 범위 내에서 보험자에게 당연히 이전되므로, 이미 이전된 보험금 상당 부분에 관한 손해배상청구권의 포기는 무권한자의 처분행위로서 효력이 없고, 따라서 보험자가 이로 인하여 손해를 입었다고 볼 수 없다(대판 1997.11.11. 97다37609).

[❸ ▶ ✕] A보험회사가 불법행위에 의한 손해배상청구권을 대위취득한 경우, 그 손해배상청구권은 甲이 손해 및 가해자를 안 날로부터 3년, 불법행위가 있은 날로부터 10년을 경과하면 시효로 소멸한다(민법 제766조).

판례

> 상법 제682조는 손해가 제3자의 행위로 인하여 생긴 경우에 보험금액을 지급한 보험자는 그 지급한 금액의 한도에서 그 제3자에 대한 보험계약자 또는 피보험자의 권리를 취득한다고 규정하고 있다. 이러한 보험자대위에 의하여 피보험자 등의 제3자에 대한 권리는 동일성을 잃지 않고 그대로 보험자에게 이전되므로, 이때 보험자가 취득하는 채권의 소멸시효기간과 그 기산점 또한 피보험자 등이 제3자에 대하여 가지는 채권 자체를 기준으로 판단하여야 한다(대판 2011.1.13. 2010다67500).

[**④** ▸ O] 乙이 A보험회사의 대위권취득사실을 모르고 과실 없이 甲에게 손해배상금을 지급한 경우, 이는 채권의 준점유자에 대한 변제(민법 제470조)로써 유효하다. 따라서 A보험회사는 乙에게 대위권을 행사할 수 없고, 피보험자 甲에 대하여 부당이득반환청구권이나 불법행위에 기한 손해배상청구권을 행사할 수 있을 뿐이다.

[**⑤** ▸ O] 甲의 배우자인 乙이 고의로 사고를 일으킨 경우에 한하여 A보험회사는 乙에 대하여 대위할 수 있다.

법령 제3자에 대한 보험대위(상법 제682조)　① 손해가 제3자의 행위로 인하여 발생한 경우에 보험금을 지급한 보험자는 그 지급한 금액의 한도에서 그 제3자에 대한 보험계약자 또는 피보험자의 권리를 취득한다. 다만, 보험자가 보상할 보험금의 일부를 지급한 경우에는 피보험자의 권리를 침해하지 아니하는 범위에서 그 권리를 행사할 수 있다.
② 보험계약자나 피보험자의 제1항에 따른 권리가 그와 생계를 같이 하는 가족에 대한 것인 경우 보험자는 그 권리를 취득하지 못한다. 다만, 손해가 그 가족의 고의로 인하여 발생한 경우에는 그러하지 아니하다.

제2절　각종 손해보험 ☆

2018년 변호사시험 문 51.
☑ 확인Check! O △ X

「상법」상 책임보험에 관한 설명 중 옳지 않은 것은?(다툼이 있는 경우 판례에 의함)

① 동일한 보험계약의 목적과 동일한 사고에 관하여 수개의 책임보험계약이 동시 또는 순차로 체결되어 보험금액의 총액이 피보험자의 제3자에 대한 손해배상액을 초과하는 경우 보험자는 각자의 보험금액을 한도로 하여 각자의 보험금액의 비율에 따라 연대책임을 부담한다.
② 피보험자가 보험자의 동의 없이 제3자에 대하여 변제, 승인 또는 화해를 한 경우에는 보험자가 그 책임을 면하게 되는 합의가 있는 때에도 그 행위가 현저하게 부당한 것이 아니면 여전히 보험자는 계약에 따른 보상책임을 부담한다.
③ 보험사고 발생 시 피보험자의 법률상 책임 여부가 판명되지 않은 상태에서 피보험자가 손해확대방지를 위한 긴급한 행위를 한 경우 이로 인하여 발생한 비용은 손해방지비용에 포함되지 않는다.
④ 피보험자가 책임질 사고로 손해를 입은 제3자가 보험금액의 한도 내에서 보험자에게 행사할 수 있는 직접청구권의 법적 성질은 보험자에 대한 보험금청구권이 아니라 손해배상청구권이다.
⑤ 피보험자가 보험자에 대하여 가지는 보험금청구권과 제3자가 보험자에 대하여 가지는 직접청구권이 경합하는 경우에는 제3자의 직접청구권이 우선한다.

[**❶** ▸ O] 피보험자가 동일한 사고로 제3자에게 배상책임을 짐으로써 입은 손해를 보상하는 수개의 책임보험계약이 동시 또는 순차로 체결된 경우에 그 보험금액의 총액이 피보험자의 제3자에 대한 손해배상액을 초과하는 때에는 제672조와 제673조의 규정을 준용한다(상법 제725조의2).

[**❷** ▸ O] 피보험자가 보험자의 동의 없이 제3자에 대하여 변제, 승인 또는 화해를 한 경우에는 보험자가 그 책임을 면하게 되는 합의가 있는 때에도 그 행위가 현저하게 부당한 것이 아니면 보험자는 보상할 책임을 면하지 못한다(상법 제723조 제3항).

③ 정답

[**❸** ▸ ✕] 보험사고 발생 시 또는 보험사고가 발생한 것과 같게 볼 수 있는 경우에 피보험자의 법률상 책임 여부가 판명되지 아니한 상태에서 피보험자가 손해확대방지를 위한 긴급한 행위를 하였다면 이로 인하여 발생한 필요·유익한 비용도 상법 제680조 제1항의 규정에 따라 보험자가 부담하여야 한다(대판 2003.6.27. 2003다6958).

[**❹** ▸ ○] 상법 제724조 제2항에 의하여 피해자에게 인정되는 직접청구권의 법적 성질은 보험자가 피보험자의 피해자에 대한 손해배상채무를 병존적으로 인수한 것으로서 피해자가 보험자에 대하여 가지는 손해배상청구권이고, 피보험자의 보험자에 대한 보험금청구권의 변형 내지는 이에 준하는 권리가 아니다. 그러나 이러한 피해자의 직접청구권에 따라 보험자가 부담하는 손해배상채무는 보험계약을 전제로 하는 것으로서 보험계약에 따른 보험자의 책임한도액의 범위 내에서 인정되어야 한다(대판 2017.5.18. 2012다86895 [전합]).

[**❺** ▸ ○] 상법 제724조 제1항은, 피보험자가 상법 제723조 제1항, 제2항의 규정에 의하여 보험자에 대하여 갖는 보험금청구권과 제3자가 상법 제724조 제2항의 규정에 의하여 보험자에 대하여 갖는 직접청구권의 관계에 관하여, 제3자의 직접청구권이 피보험자의 보험금청구권에 우선한다는 것을 선언하는 규정이므로, 보험자로서는 제3자가 피보험자로부터 배상을 받기 전에는 피보험자에 대한 보험금 지급으로 직접청구권을 갖는 피해자에게 대항할 수 없다. 그런데 피보험자가 보험계약에 따라 보험자에 대하여 가지는 보험금청구권에 관한 가압류 등의 경합을 이유로 한 집행공탁은 피보험자에 대한 변제공탁의 성질을 가질 뿐이므로, 이러한 집행공탁에 의하여 상법 제724조 제2항에 따른 제3자의 보험자에 대한 직접청구권이 소멸된다고 볼 수는 없으며, 따라서 집행공탁으로써 상법 제724조 제1항에 의하여 직접청구권을 가지는 제3자에게 대항할 수 없다(대판 2014.9.25. 2014다207672).

● MEMO

PART
06
해상 · 항공운송법

CHAPTER 01 해상 · 항공운송법

해상 · 항공운송법

제1절 　해상 · 항공운송법

● MEMO

민사소송법

● 최근 5개년 출제경향

	구 분	2020	2019	2018	2017	2016	계	출제 비율	회별 출제
	PART 01 총 설								
	CHAPTER 01 민사소송	–	–	–	–	–	–	–	–
	CHAPTER 02 민사소송법	–	–	–	–	–	–	–	–
	PART 02 소송의 주체								
0.9%	CHAPTER 01 법 원	–	–	1	–	2	3	0.9%	0.6
2%	CHAPTER 02 당사자	2	1	2	2	–	7	2%	1.4
	PART 03 제1심 소송절차								
2.6%	CHAPTER 01 소송의 개시와 심리의 대상	3	2	2	2	–	9	2.6%	1.8
4.3%	CHAPTER 02 변 론	–	5	4	2	4	15	4.3%	3
2.3%	CHAPTER 03 증 거	1	1	2	3	1	8	2.3%	1.6
	PART 04 소송의 종료								
	CHAPTER 01 서 설	–	–	–	–	–	–	–	–
0.9%	CHAPTER 02 당사자의 행위에 의한 소송종료	2	–	1	–	–	3	0.9%	0.6
1.7%	CHAPTER 03 종국판결에 의한 소송종료	3	1	–	1	1	6	1.7%	1.2
	PART 05 병합소송								
0.6%	CHAPTER 01 복수청구소송	–	–	–	1	1	2	0.6%	0.4
2%	CHAPTER 02 다수당사자소송	1	1	1	3	1	7	2%	1.4
	PART 06 상소심절차								
0.6%	CHAPTER 01 서 설	–	1	1	–	–	2	0.6%	0.4
	CHAPTER 02 항 소	–	–	–	–	–	–	–	–
0.3%	CHAPTER 03 상 고	–	1	–	–	–	1	0.3%	0.2
	CHAPTER 04 항 고	–	–	–	–	–	–	–	–
	PART 07 재심절차								
0.3%	CHAPTER 01 적법요건	–	–	1	–	–	1	0.3%	0.2
	PART 08 민사집행법 관련 문제								
1.7%	CHAPTER 01 민사집행법 관련 문제	3	–	–	1	2	6	1.7%	1.2

PART 01 총 설

제1절	민사소송의 의의

제2절	민사소송의 이상

제3절	이념 실현의 수단으로서의 신의성실의 원칙

• MEMO

PART 01

소송

● MEMO

안심Touch

PART 02 소송의 주체

법 원

민사소송법

⊘ 각 문항별로 이해도를 체크해 보세요.　　　　　　　　　　最近 5년간 회별 평균 **0.6문**

제1절　민사재판권

제2절　민사법원

제3절　법관의 제척 · 기피 · 회피　　　　　　　　　　　　　☆

2015년 변호사시험 문 53.　　　　　　　　　　　　　　　　☑ 확인Check! ○ △ ✕

甲이 乙을 상대로 제기한 X토지의 소유권이전등기말소청구의 소의 항소심 법원은 甲에게 소유권이 인정되지 않는다는 이유로 甲이 승소한 제1심 판결을 취소하고 甲의 청구를 기각하는 판결을 선고하였다. 이에 대하여 甲이 상고를 제기하였는데, 상고심 법원은 항소심 판결을 파기하고 항소심 법원에 환송하는 판결을 선고하였다. 다음 설명 중 옳은 것은?(각 지문은 독립적이며, 다툼이 있는 경우 판례에 의함)

① 항소심에서 판결 작성에 관여한 A판사가 상고심 재판에 관여한 경우, 乙은 법률상 재판에 관여할 수 없는 법관이 관여하였음을 이유로 위 파기환송판결에 대하여 재심의 소를 제기할 수 있다.

② 환송 후 항소심의 판결정본이 환송 전 항소심의 甲의 대리인인 변호사 B에게 송달되면 송달로서의 효력이 생기지 않는다.

③ 환송 전과 환송 후의 항소심은 동일한 심급이므로 환송 전의 항소심 판결에 관여한 C판사는 환송 후의 항소심재판에 관여할 수 있다.

④ 이 사건 제1심 법원의 촉탁에 의해 다른 법원의 D판사가 증거조사를 실시한 경우 D판사는 환송 후 항소심의 직무집행에서 제척된다.

⑤ 환송 후의 항소심 판결에 대하여 乙이 적법하게 상고를 제기한 경우 환송 전의 상고심에서 乙을 대리하였던 변호사 E의 소송대리권은 환송 후의 상고심에서 부활하지 않는다.

[**❶** ▸ **✕**] 파기환송판결은 실질적으로 확정된 종국판결이라고 할 수 없으므로, 乙은 위 파기환송판결에 대하여 재심의 소를 제기할 수 없다.

판례　재심제도의 본래의 목적에 비추어 볼 때 재심의 대상이 되는 "확정된 종국판결"이란 당해 사건에 대한 소송절차를 최종적으로 종결시켜 그것에 하자가 있다고 하더라도 다시 통상의 절차로는 더 이상 다툴 수 없는 기판력이나 형성력, 집행력을 갖는 판결을 뜻하는 것이라고 이해하여야 할 것이다. 대법원의 환송판결은 형식적으로 보면 "확정된 종국판결"에 해당하지만, 여기서 종국판결이라고 하는 의미는 당해 심급의 심리를 완결하여 사건을 당해 심급에서 이탈시킨다는 것을 의미하는 것일 뿐이고 실제로는 환송받은 하급심에서 다시 심리를 계속하게 되므로 소송절차를 최종적으로 종료시키는 판결은 아니며, 또한 환송판결도 동일 절차 내에서는 철회, 취소될 수 없다는 의미에서 기속력이 인정됨은 물론 법원조직법 제8조, 민사소송법 제406조 제2항 후문의 규정에 의하여 하급심에 대한 특수한 기속력은 인정되지만 소송물에 관하여 직접적으로 재판하지 아니하고 원심의 재판을 파기하여 다시 심리판단하여 보라는 종국적 판단을 유보한 재판의 성질상 직접적으로 기판력이나 실체법상 형성력, 집행력이 생기지 아니한다고 하겠으므로 이는 중간판결의 특성을 갖는 판결로서 "실질적으로 확정된 종국판결"이라 할 수 없다. 종국판결은 당해 심급의 심리를 완결하여 심급을 이탈시킨다는 측면에서 상소의 대상이 되는 판결인지 여부를 결정하는 기준이 됨은 분명하지만 종국판결에 해당하는 모든 판결이 바로 재심의 대상이 된다고 이해할 아무런 이유가 없다. 통상의 불복방법인 상소제도와 비상의 불복방법인 재심제도의 본래의 목적상의 차이에 비추어 보더라도 당연하다. 따라서 환송판결은 재심의 대상을 규정한 민사소송법 제422조 제1항 소정의 "확정된 종국판결"에는 해당하지 아니하는 것으로 보아야 할 것이어서, 환송판결을 대상으로 하여 제기한 이 사건 재심의 소는 부적법하므로 이를 각하하여야 한다(대판 1995.2.14. 93재다27 [전합]).

[❷ ▶ ✕] 소송대리인(갑)이 대법원의 파기환송 전 항고심의 소송대리인이었고, 대법원의 파기환송판결에 의하여 사건이 동 항고심에 다시 계속하게 되었다면, 위(갑)에게 한 특허청장 명의의 환송번호 및 심판관지정통지서의 송달은 적법하다(대판 1985.5.28. 84후102). 이러한 판례의 취지를 고려할 때, 항소심의 판결 정본이 환송 전 항소심의 甲의 대리인인 변호사 B에게 송달되었다면, 송달로서의 효력이 생긴다.

[❸ ▶ ✕] 민소법 제436조 제3항에 의하면, 원심판결에 관여한 판사 C는 환송 후의 항소심재판에 관여할 수 없다.

 법령

파기환송, 이송(민소법 제436조)　① 상고법원은 상고에 정당한 이유가 있다고 인정할 때에는 원심판결을 파기하고 사건을 원심법원에 환송하거나, 동등한 다른 법원에 이송하여야 한다.
② 사건을 환송받거나 이송받은 법원은 다시 변론을 거쳐 재판하여야 한다. 이 경우에는 상고법원이 파기의 이유로 삼은 사실상 및 법률상 판단에 기속된다.
③ 원심판결에 관여한 판사는 제2항의 재판에 관여하지 못한다.

[❹ ▶ ✕] 법관의 제척원인이 되는 전심관여라 함은 최종변론과 판결의 합의에 관여함을 말하는 것이고 그 전의 변론이나 증거조사에 관여한 경우는 포함되지 아니한다(대판 1994.8.12. 92다23537).

[❺ ▶ ○] 새로운 상고심은 환송 전의 상고심과는 별개의 심급으로 보아야 하므로, 환송 전 상고심에서 乙을 대리하였던 변호사 E의 소송대리권은, 환송 후의 상고심에서 부활하지 아니한다.

 판례

소송대리권의 범위는 특별한 사정이 없는 한 당해 심급에 한정되므로, 상고심에서 항소심으로 파기환송된 사건이 다시 상고되었을 경우에는 항소심에서의 소송대리인은 그 소송대리권을 상실하게 되고, 이때 환송 전의 상고심에서의 소송대리인의 대리권이 그 사건이 다시 상고심에 계속되면서 부활하게 되는 것은 아니라고 할 것이어서, 새로운 상고심은 변호사보수의 소송비용 산입에 관한 규칙의 적용에 있어서는 환송 전의 상고심과는 별개의 심급으로 보아야 한다(대결 1996.4.4. 96마148).

2018년 변호사시험 문 53. ☑ 확인 Check! ○ △ ✕

소송의 이송에 관한 설명 중 옳은 것을 모두 고른 것은?(다툼이 있는 경우 판례에 의함)

ㄱ. 동일한 지방법원 내에서 합의부와 단독판사의 구별은 사무분담 문제에 불과하므로, 동일한 지방법원 내의 합의부
　와 단독판사 사이에서는 이송의 여지가 없다.

ㄴ. 관할위반을 이유로 한 당사자의 이송신청은 단지 법원의 직권발동을 촉구하는 의미밖에 없으므로 이송신청 기각결
　정에 대하여는 즉시항고가 허용되지 않으나, 법원이 이송신청에 대하여 재판하지 않은 경우에는 재판에 영향을
　미친 헌법위반이 있음을 이유로 한 특별항고가 허용된다.

ㄷ. 당사자가 즉시항고를 하지 아니하여 이송결정이 확정된 경우, 전속관할의 규정을 위반한 이송결정이라고 하더라도
　원칙적으로 기속력이 인정된다.

ㄹ. 심급관할을 위반한 이송결정의 기속력은 이송받은 동일 심급의 법원과 하급심 법원에는 미치지만 상급심 법원에는
　미치지 않는다.

ㅁ. 이송결정이 확정되면 이송결정을 한 법원은 수소법원으로서의 자격을 상실하므로 어떠한 처분도 할 수 없다.

① ㄱ, ㅁ　　　　　　　　② ㄷ, ㄹ　　　　　　　　③ ㄱ, ㄴ, ㄹ
④ ㄱ, ㄷ, ㅁ　　　　　　⑤ ㄴ, ㄷ, ㄹ

[ㄱ ▸ ✕]　지방법원 단독판사는 소송에 대하여 관할권이 있는 경우라도 상당하다고 인정하면 직권 또는 당사자의 신청에 따른 결정으로 소송의 전부 또는 일부를 같은 지방법원 합의부에 이송할 수 있다(민소법 제34조 제2항).

[ㄴ ▸ ✕]　민사소송법 제31조 제1항의 관할위반에 기한 이송은 원래 법원의 직권조사사항으로서 같은 법 제31조 제2항, 제32조 소정의 이송의 경우와는 달리 당사자에게 이송신청권이 있는 것이 아니므로 당사자가 그 이송신청을 한 경우에도 단지 법원의 직권발동을 촉구하는 의미밖에 없는 것이므로, 그 이송신청에 대한 재판을 할 필요가 없는데도 원심이 그 이송신청을 기각하는 결정을 하였다면, 그 결정은 그 결정에 대한 특별항고인에게 아무런 불이익을 주는 것이 아니며 그 결정에 대하여 특별항고를 할 어떤 이익도 없는 것이 분명하므로 그 특별항고는 부적법하다(대결 1996.1.12. 95그59).

[ㄷ ▸ ○]　이송결정의 기속력은 당사자에게 이송결정에 대한 불복방법으로 즉시항고가 마련되어 있는 점이나 이송의 반복에 의한 소송지연을 피하여야 할 공익적 요청은 전속관할을 위배하여 이송한 경우라고 하여도 예외일 수 없는 점에 비추어 볼 때, 당사자가 이송결정에 대하여 즉시항고를 하지 아니하여 확정된 이상 원칙적으로 전속관할의 규정을 위배하여 이송한 경우에도 미친다(대결 1995.5.15. 94마1059).

[ㄹ ▸ ○]　심급관할을 위배하여 이송한 경우에 이송결정의 기속력이 이송받은 상급심 법원에도 미친다고 한다면 당사자의 심급의 이익을 박탈하여 부당할 뿐만 아니라, 이송을 받은 법원이 법률심인 대법원인 경우에는 직권조사 사항을 제외하고는 새로운 소송자료의 수집과 사실확정이 불가능한 관계로 당사자의 사실에 관한 주장, 입증의 기회가 박탈되는 불합리가 생기므로, 심급관할을 위배한 이송결정의 기속력은 이송받은 상급심 법원에는 미치지 않는다고 보아야 하나, 한편 그 기속력이 이송받은 하급심 법원에도 미치지 않는다고 한다면 사건이 하급심과 상급심 법원 간에 반복하여 전전이 송되는 불합리한 결과를 초래하게 될 가능성이 있어 이송결정의 기속력을 인정한 취지에 반하는 것일 뿐더러 민사소송의 심급의 구조상 상급심의 이송결정은 특별한 사정이 없는 한 하급심을 구속하게 되는바 이와 같은 법리에도 반하게 되므로, 심급관할을 위배한 이송결정의 기속력은 이송받은 하급심 법원에는 미친다고 보아야 한다(대결 1995.5.15. 94마1059).

② 정답

[▢ ▸ ×] 법원은 소송의 이송결정이 확정된 뒤라도 급박한 사정이 있는 때에는 직권으로 또는 당사자의 신청에 따라 필요한 처분을 할 수 있다. 다만, 기록을 보낸 뒤에는 그러하지 아니하다(민소법 제37조).

2016년 변호사시험 문 53.
☑ 확인Check! ○ △ ×

소송목적의 값에 관한 설명 중 옳지 않은 것은?(다툼이 있는 경우 판례에 의함)

① 제소 당시 「소액사건심판법」의 적용대상인 소액사건이 그 후 병합심리로 인하여 그 소송목적의 값의 합산액이 2,000만원을 초과할 경우, 소액사건에 해당하지 아니한다.

② 「법원조직법」에서 소송목적의 값에 따라 관할을 정하는 경우 그 값은 소로 주장하는 이익을 기준으로 계산하여 정한다.

③ 특정부동산에 설정된 근저당권등기의 말소를 구하는 소에 있어서 소송목적의 값은 일응 그 피담보채권액에 의할 것이나, 그 근저당권이 설정된 당해 부동산의 가격이 피담보채권액보다 적을 때에는 부동산의 가격에 의한다.

④ 해고무효확인청구와 그 해고가 무효임을 전제로 한 임금지급청구가 1개의 소로 제기되는 경우 그중 다액인 소송목적의 값에 의한 인지만을 소장에 붙이면 된다.

⑤ 과실(果實)·손해배상·위약금(違約金) 또는 비용의 청구가 소송의 부대목적이 되는 경우에는 그 값은 소송목적의 값에 넣지 아니한다.

[❶ ▸ ×] 병합심리로 소가의 합산액이 소액사건의 소가를 초과하였다고 하더라도, 여전히 소액사건에 해당한다. 현재는 소가 3,000만원을 초과하지 아니하는 제1심의 민사사건이 소액사건에 해당한다(소액사건심판규칙 제1조의2).

판례 소액사건심판법의 적용대상인 소액사건에 해당하는지 여부는 제소 당시를 기준으로 정하여지는 것이므로, 병합심리로 그 소가의 합산액이 소액사건의 소가를 초과하였다고 하여도 소액사건임에는 변함이 없다(대판 1992.7.24. 91다43176).

[❷ ▸ ○] 법원조직법에서 소송목적의 값에 따라 관할을 정하는 경우 그 값은 소로 주장하는 이익을 기준으로 계산하여 정한다(민소법 제26조 제1항).

[❸ ▸ ○] 특정 부동산에 설정된 근저당권등기의 말소를 구하는 소송에 있어서의 소가는 일응 그 피담보채권액에 의할 것이나 그 근저당권이 설정된 당해 부동산의 가격이 피담보채권액 보다 적을 때는 부동산의 가격이 소가산정의 기준이 되는 것이다(대판 1976.9.28. 75다2064).

[❹ ▸ ○] 1개의 소로써 주장하는 수개의 청구의 경제적 이익이 동일하거나 중복되는 때에는 중복되는 범위 내에서 흡수되고, 그중 가장 다액인 청구의 가액을 소가로 한다(민사소송등인지규칙 제20조).

[❺ ▸ ○] 과실·손해배상·위약금 또는 비용의 청구가 소송의 부대목적(附帶目的)이 되는 경우에는 그 값은 소송목적의 값에 넣지 아니한다(민소법 제27조 제2항).

관할 및 소송의 이송에 관한 설명 중 옳지 않은 것은?(다툼이 있는 경우 판례에 의함)

① 당사자가 관할위반을 이유로 한 이송신청을 한 경우 이는 단지 법원의 직권발동을 촉구하는 것에 불과하고, 법원은 이 이송신청에 대하여 재판을 할 필요가 없다.

② 심급관할을 위반한 이송결정의 효력(기속력)은 상급심 법원에는 미치지 않는다.

③ 대한민국 법원의 관할을 배제하고 외국의 법원을 관할법원으로 하는 전속적인 국제관할의 합의가 현저하게 불합리하고 불공정하여 공서양속에 반하는 법률행위에 해당하는 경우에는 무효이다.

④ 관할의 원인이 동시에 본안의 내용과 관련이 있는 경우, 법원은 원고가 주장하는 청구원인사실을 기초로 하여 관할권의 유무를 판단할 것이지, 본안의 심리를 한 후에 관할의 유무를 결정할 것은 아니다.

⑤ 부동산 양수인이 근저당권이 설정된 부동산의 소유권을 취득한 특정승계인에 해당할 경우, 근저당권설정자와 근저당권자 사이에 이루어진 관할합의의 효력은 그 부동산 양수인에게도 미친다.

[❶ ▸ ○] 당사자가 관할위반을 이유로 하여 이송신청한 경우에도 이는 단지 법원의 직권발동을 촉구하는 의미밖에 없으므로, 법원은 피고의 이 사건 이송신청을 기각하는 재판을 따로 할 필요가 없다(대결 2009.11.13. 2009마1482).

[❷ ▸ ○] 심급관할을 위반한 이송결정의 기속력은 이송받은 상급심 법원에는 미치지 않는다(대결 2012.3.15. 2011그224).

[❸ ▸ ○] 대한민국 법원의 관할을 배제하고 외국의 법원을 관할법원으로 하는 전속적인 국제관할의 합의가 유효하기 위하여는, 당해 사건이 대한민국 법원의 전속관할에 속하지 아니하고, 지정된 외국법원이 그 외국법상 당해 사건에 대하여 관할권을 가져야 하는 외에, 당해 사건이 그 외국법원에 대하여 합리적인 관련성을 가질 것이 요구된다고 할 것이고, 한편 전속적인 관할 합의가 현저하게 불합리하고 불공정한 경우에는 그 관할 합의는 공서양속에 반하는 법률행위에 해당하는 점에서도 무효이다(대판 2004.3.25. 2001다53349).

[❹ ▸ ○] 관할권은 법원이 사건에 관하여 재판권을 행사할 권한으로서 청구의 당부에 관하여 본안판결을 할 수 있는 전제요건을 이루는 것이므로 법원은 우선 사건에 관하여 관할권의 유무를 확인한 후에 본안심리에 들어가야 하는 것이고, 관할의 원인이 동시에 본안의 내용과 관련이 있는 때에는 원고의 청구원인사실을 기초로 하여 관할권의 유무를 판단할 것이지, 본안의 심리를 한 후에 관할의 유무를 결정할 것은 아니다(대결 2004.7.14. 2004무20).

[❺ ▸ ✕] 관할의 합의의 효력은 부동산에 관한 물권의 특정승계인에게는 미치지 않는다고 새겨야 할 것인바, 부동산 양수인이 근저당권 부담부의 소유권을 취득한 특정승계인에 불과하다면(근저당권 부담부의 부동산의 취득자가 그 근저당권의 채무자 또는 근저당권설정자의 지위를 당연히 승계한다고 볼 수는 없다), 근저당권설정자와 근저당권자 사이에 이루어진 관할합의의 효력은 부동산 양수인에게 미치지 않는다(대결 1994.5.26. 94마536).

각 괄호 안에 들어갈 용어로서 옳은 것은?

ㄱ. 소송의 이송이라 함은 일단 소송계속된 사건을 법원의 (A)에 의해 다른 법원으로 이송하는 것을 말한다.
ㄴ. 법원의 관할은 (B)를 표준으로 정한다.
ㄷ. 소제기에 따른 시효중단은 (C)에 그 효력이 생긴다.
ㄹ. 항소는 항소장을 (D) 법원에 제출함으로써 한다.

	A	B	C	D
①	판결	제소 시	제소 시	항소심
②	결정	제소 시	제소 시	제1심
③	결정	제소 시	소장 부본 송달 시	제1심
④	판결	변론종결 시	소장 부본 송달 시	항소심
⑤	결정	변론종결 시	소장 부본 송달 시	제1심

[ㄱ ▸ 결정]　법원은 소송의 전부 또는 일부에 대하여 관할권이 없다고 인정하는 경우에는 <u>결정</u>으로 이를 관할법원에 이송한다(민소법 제34조 제1항).

[ㄴ ▸ 제소 시]　법원의 관할은 <u>소를 제기한 때</u>를 표준으로 정한다(민소법 제33조).

[ㄷ ▸ 제소 시]　<u>시효의 중단</u> 또는 법률상 기간을 지킴에 필요한 재판상 청구는 <u>소를 제기한 때</u> 또는 제260조 제2항·제262조 제2항 또는 제264조 제2항의 규정에 따라 서면을 법원에 제출한 때에 그 효력이 생긴다(민소법 제265조).

[ㄹ ▸ 제1심]　항소는 항소장을 <u>제1심</u> 법원에 제출함으로써 한다(민소법 제397조 제1항).

CHAPTER 02

당사자

✅ 각 문항별로 이해도를 체크해 보세요.

최근 5년간 회별 평균 **1.4문**

제1절 **의 의**

제2절 **당사자의 확정** ★★

2017년 변호사시험 문 54. ☑ 확인 Check! ○ △ ✕

甲은 乙을 상대로 불법행위에 기한 손해배상청구의 소를 제기하였다. 이에 관한 설명 중 옳은 것을 모두 고른 것은?(다툼이 있는 경우 판례에 의함)

ㄱ. 乙이 소제기 전에 이미 사망하였음에도 법원이 이를 간과하고 본안판결을 선고하였다면 이 판결은 당연무효이다.
ㄴ. 乙이 소송계속 후 변론종결 전에 사망하여 소송절차 중단사유가 발생하였음에도 이를 간과하고 선고한 판결은 당연무효는 아니다.
ㄷ. 乙이 변론종결 후에 사망한 때에도 판결의 선고는 가능하다.
ㄹ. 乙이 소송계속 중 사망하더라도 乙을 위한 소송대리인 丙이 있다면 소송절차는 중단되지 않으며 상속인이 수계절차를 밟지 않더라도 丙은 상속인의 소송대리인이 된다.
ㅁ. 甲이 소송대리인 丙에게 소송위임을 한 다음 소제기 전 사망하였음에도 丙이 이를 모르고 甲을 원고로 표시하여 소를 제기한 경우, 이 소는 부적법하므로 각하되어야 한다.

① ㄱ, ㄴ, ㄷ
② ㄱ, ㄴ, ㅁ
③ ㄴ, ㄹ, ㅁ
④ ㄱ, ㄴ, ㄷ, ㄹ
⑤ ㄱ, ㄷ, ㄹ, ㅁ

[ㄱ ▸ ○] 사망자를 피고로 하는 소제기는 원고와 피고의 대립당사자 구조를 요구하는 민사소송법상의 기본원칙이 무시된 부적법한 것으로서 실질적 소송관계가 이루어질 수 없으므로, 그와 같은 상태에서 제1심 판결이 선고되었다 할지라도 판결은 당연무효이며, 판결에 대한 사망자인 피고의 상속인들에 의한 항소나 소송수계신청은 부적법하다. 이러한 법리는 소제기 후 소장부본이 송달되기 전에 피고가 사망한 경우에도 마찬가지로 적용된다(대판 2015.1.29. 2014다34041).

[ㄴ ▸ ○] 소송계속 중 어느 일방당사자의 사망에 의한 소송절차 중단을 간과하고 변론이 종결되어 판결이 선고된 경우에는 그 판결은 소송에 관여할 수 있는 적법한 수계인의 권한을 배제한 결과가 되는 절차상 위법은 있지만 그 판결이 당연무효라 할 수는 없고, 다만 그 판결은 대리인에 의하여 적법하게 대리되지 않았던 경우와 마찬가지로 보아 대리권흠결을 이유로 상소 또는 재심에 의하여 그 취소를 구할 수 있을 뿐이므로, 판결이 선고된 후 적법한 상속인들이 수계신청을 하여 판결을 송달받아 상고하거나 또는 사실상 송달을 받아 상고장을 제출하고 상고심에서 수계절차를 밟은 경우에도 그 수계와 상고는 적법한 것이라고 보아야 하고, 그 상고를 판결이 없는 상태에서 이루어진 상고로 보아 부적법한 것이라고 각하해야 할 것은 아니다(대판 1995.5.23. 94다28444 [전합]).

④ 정답

[ㄷ ▸ ○] 이 사건의 청구인이던 갑이 원심의 변론종결 후에 사망하였음에도 원심이 소송수계절차 없이 판결을 선고하였다고 하더라도 위법이라 할 수 없다(대판 1989.9.26, 87므13).

[ㄹ ▸ ○] 민사소송법 제95조 제1호, 제238조에 따라 소송대리인이 있는 경우에는 당사자가 사망하더라도 소송절차가 중단되지 않고 소송대리인의 소송대리권도 소멸하지 아니하는바, 이때 망인의 소송대리인은 당사자 지위의 당연승계로 인하여 상속인으로부터 새로이 수권을 받을 필요 없이 법률상 당연히 상속인의 소송대리인으로 취급되어 상속인들 모두를 위하여 소송을 수행하게 되는 것이고, 당사자가 사망하였으나 그를 위한 소송대리인이 있어 소송절차가 중단되지 않는 경우에 비록 상속인으로 당사자의 표시를 정정하지 아니한 채 망인을 그대로 당사자로 표시하여 판결하였다고 하더라도 그 판결의 효력은 망인의 소송상 지위를 당연승계한 상속인들 모두에게 미치는 것이므로, 망인의 공동상속 중 소송수계절차를 밟은 일부만을 당사자로 표시한 판결 역시 수계하지 아니한 나머지 공동상속인들에게도 그 효력이 미친다(대판 2010.12.23, 2007다22859).

[ㅁ ▸ ×] 당사자가 사망하더라도 소송대리인의 소송대리권은 소멸하지 아니하므로(민사소송법 제95조 제1호), 당사자가 소송대리인에게 소송위임을 한 다음 소제기 전에 사망하였는데 소송대리인이 당사자가 사망한 것을 모르고 당사자를 원고로 표시하여 소를 제기하였다면 소의 제기는 적법하고, 시효중단 등 소제기의 효력은 상속인들에게 귀속된다. 이 경우 민사소송법 제233조 제1항이 유추적용되어 사망한 사람의 상속인들은 소송절차를 수계하여야 한다(대판 2016.4.29, 2014다210449).

2020년 변호사시험 문 66. ☑ 확인Check! ○ △ ✕

甲은 乙을 상대로 매매를 원인으로 한 소유권이전등기청구의 소를 제기하기 위하여 변호사 A를 소송대리인으로 선임하였는데, A가 법원에 소장을 제출하기 전에 甲이 사망하였고, A는 그러한 사실을 모르고 소장에 甲을 원고로 기재하여 위 소를 제기하였다. 甲에게는 상속인으로 丙, 丁이 있다. 제1심 법원은 원고의 청구를 기각하는 판결을 선고하였다. 이에 관한 설명 중 옳지 않은 것은?(다툼이 있는 경우 판례에 의함)

① 제1심 법원이 판결서에 甲을 원고로 기재한 경우에도 위 판결의 효력이 丙과 丁에게 미친다.
② 甲이 A에게 상소를 제기할 권한을 수여한 경우 丙과 丁이 직접 항소하지 않고 A도 항소하지 않은 때에는, A가 제1심 판결 정본을 송달받은 날부터 2주가 경과하면 위 판결이 확정된다.
③ 甲이 A에게 상소를 제기할 권한을 수여한 경우 A가 丙만이 甲의 상속인인 줄 알고 丙에 대해서만 소송수계절차를 밟고 丙만을 항소인으로 표시하여 제1심 판결 전부에 대하여 항소를 제기한 때에는 丁에 대해서도 항소제기의 효력이 미치므로, 丁은 항소심에서 소송수계를 하지 않더라도 항소인으로서 소송을 수행할 수 있다.
④ 甲이 A에게 제1심에 한하여 소송대리권을 수여한 경우 A에게 제1심 판결 정본이 송달된 때에 소송절차가 중단되지만, 丙과 丁의 소송수계에 의하여 소송절차가 다시 진행되면 그때부터 항소기간이 진행된다.
⑤ 甲이 A에게 제1심에 한하여 소송대리권을 수여한 경우 A에게 제1심 판결 정본이 송달된 후 丙과 丁이 소송수계절차를 밟지 않고 변호사 B에게 항소심에 대한 소송대리권을 수여하여 B가 甲 명의로 항소장을 제출한 때에는, 丙과 丁은 항소심에서 수계신청을 하고 B가 한 소송행위를 추인할 수 있다.

[❶ ▸ ○] 당사자가 사망하더라도 소송대리인의 소송대리권은 소멸하지 아니하므로(민사소송법 제95조 제1호), 당사자가 소송대리인에게 소송위임을 한 다음 소제기 전에 사망하였는데 소송대리인이 당사자가 사망한 것을 모르고 당사자를 원고로 표시하여 소를 제기하였다면 소의 제기는 적법하고, 시효중단 등 소제기의 효력은 상속인들에게 귀속된다. 이 경우 민사소송법 제233조 제1항이 유추적용되어 사망한 사람의 상속인들은 소송절차를 수계하여야 한다(대판 2016.4.29, 2014다210449). 따라서 제1심 법원이 판결서에 피상속인 甲을 원고로 기재한 경우에도, 판결의 효력은 공동상속 丙과 丁에게 미친다.

정답 ③

[❷ ▸ ○] 소송대리인 A에게 상소제기에 관한 특별수권이 부여되어 있는 경우, 소송절차가 중단되지 아니하고 항소기간이 진행하므로, 공동상속인 丙과 丁뿐만 아니라 소송대리인 A도 항소하지 아니한 경우에는, A가 제1심 판결 정본을 송달받은 날부터 2주가 경과하면 판결이 확정된다.

> 망인의 소송대리인에게 상소제기에 관한 특별수권이 부여되어 있는 경우에는, 그에게 판결이 송달되더라도 소송절차가 중단되지 아니하고 상소기간은 진행하는 것이므로 상소제기 없이 상소기간이 지나가면 그 판결은 확정되는 것이지만, 한편 망인의 소송대리인이나 상속인 또는 상대방당사자에 의하여 적법하게 상소가 제기되면 그 판결이 확정되지 않는 것 또한 당연하다. 그런데 당사자 표시가 잘못되었음에도 망인의 소송상 지위를 당연승계한 정당한 상속인들 모두에게 효력이 미치는 판결에 대하여 그 잘못된 당사자 표시를 신뢰한 망인의 소송대리인이나 상대방당사자가 그 잘못 기재된 당사자 모두를 상소인 또는 피상소인으로 표시하여 상소를 제기한 경우에는, 상소를 제기한 자의 합리적 의사에 비추어 특별한 사정이 없는 한 정당한 상속인들 모두에게 효력이 미치는 위 판결 전부에 대하여 상소가 제기된 것으로 보는 것이 타당하다(대판 2010,12,23, 2007다22859).

[❸ ▸ ✕] [❹ ▸ ○] 공동상속인 丁이 항소인으로서 소송을 수행하기 위해서는 항소심에서 소송수계절차를 거쳐야 하므로, 소송수계절차를 밟기 전까지는 소송대리인 A에게 제1심 판결 정본이 송달된 때에 소송절차가 중단된다. 다만, 丙과 丁의 소송수계가 있으면 소송절차가 다시 진행되고, 그때부터 항소기간이 진행된다.

> 당사자가 사망하였으나 소송대리인이 있는 경우에는 소송절차가 중단되지 아니하고(민사소송법 제238조, 제233조 제1항), 소송대리인은 상속인들 전원을 위하여 소송을 수행하게 되며, 판결은 상속인들 전원에 대하여 효력이 있다. 이 경우 심급대리의 원칙상 판결정본이 소송대리인에게 송달되면 소송절차가 중단되므로 항소는 소송수계절차를 밟은 다음에 제기하는 것이 원칙이다. 다만 제1심 소송대리인이 상소제기에 관한 특별수권이 있어 상소를 제기하였다면 상소제기 시부터 소송절차가 중단되므로 항소심에서 소송수계절차를 거치면 된다
> (대판 2016,4,29, 2014다210449).

[❺ ▸ ○] 공동상속인 丙과 丁이 소송대리인 B에게 항소심에 대한 소송대리권을 수여하여 B가 甲 명의로 항소장을 제출한 경우, 丙과 丁이 소송수계절차를 밟지 아니하였다고 하더라도, 丙과 丁은 항소심에서 수계신청을 하고 소송대리인 B가 한 소송행위를 추인할 수 있다.

> 소송절차 중단 중에 제기된 상소는 부적법하지만 상소심 법원에 수계신청을 하여 하자를 치유시킬 수 있으므로, 상속인들에게서 항소심 소송을 위임받은 소송대리인이 소송수계절차를 취하지 아니한 채 사망한 당사자 명의로 항소장 및 항소이유서를 제출하였더라도, 상속인들이 항소심에서 수계신청을 하고 소송대리인의 소송행위를 적법한 것으로 추인하면 하자는 치유되고, 추인은 묵시적으로도 가능하다(대판 2016,4,29, 2014다210449).

2019년 변호사시험 문 66.

☑ 확인Check! ○ △ X

당사자표시정정에 관한 설명 중 옳은 것을 모두 고른 것은?(다툼이 있는 경우 판례에 의함)

ㄱ. 피고로 표시된 자가 이미 사망한 사실을 모른 원고가 그를 피고로 표시하여 제소한 경우, 사망자의 상속인으로 당사자표시정정이 허용되고, 상고심에 이르러서도 당사자표시정정의 방법으로 위와 같은 흠결을 보정할 수 있다.

ㄴ. 피고로 표시된 자가 이미 사망한 사실을 모른 원고가 그를 피고로 표시하여 제소한 경우, 사망자의 제순위 상속인이 상속을 포기하였다고 하더라도 제1순위 상속인으로 당사자표시정정이 허용된다.

ㄷ. 甲주식회사의 대표이사 乙이 개인 명의로 소를 제기하였다면 乙로부터 甲주식회사로 원고의 표시를 변경하는 당사자표시정정은 허용되지 아니한다.

ㄹ. 소장의 당사자표시가 착오로 잘못 기재되고 이와 같이 잘못 기재된 당사자를 표시한 본안판결이 선고되어 확정되었다면, 그 확정판결의 효력은 잘못 기재된 당사자와 동일성이 인정되는 범위 내에서 적법하게 확정된 당사자에 대하여 미친다.

① ㄱ, ㄴ　　　　② ㄴ, ㄷ　　　　③ ㄷ, ㄹ
④ ㄱ, ㄷ, ㄹ　　　⑤ ㄴ, ㄷ, ㄹ

[ㄱ ▸ X] 민사소송에서 소송당사자의 존재나 당사자능력은 소송요건에 해당하고, 이미 사망한 자를 상대로 한 소의 제기는 소송요건을 갖추지 않은 것으로서 부적법하며, 상고심에 이르러서는 당사자표시정정의 방법으로 그 흠결을 보정할 수 없다(대판 2012.6.14, 2010다105310).

[ㄴ ▸ X] 원고가 피고의 사망 사실을 모르고 사망자를 피고로 표시하여 소를 제기한 경우에, 청구의 내용과 원인사실, 당해 소송을 통하여 분쟁을 실질적으로 해결하려는 원고의 소제기 목적 내지는 사망 사실을 안 이후 원고의 피고표시정정신청 등 여러 사정을 종합하여 볼 때에, 실질적인 피고는 당사자능력이 없어 소송당사자가 될 수 없는 사망자가 아니라 처음부터 사망자의 상속자이고 다만 그 표시에 잘못이 있는 것에 지나지 않는다고 인정되면 사망자의 상속인으로 피고의 표시를 정정할 수 있다 할 것인바, 상속개시 이후 상속의 포기를 통한 상속채무의 순차적 승계 및 그에 따른 상속채무자 확정의 곤란성 등 상속제도의 특성에 비추어 위의 법리는 채권자가 채무자의 사망 이후 그 1순위 상속인의 상속포기 사실을 알지 못하고 1순위 상속인을 상대로 소를 제기한 경우에도 채권자가 의도한 실질적 피고의 동일성에 관한 위 전제요건이 충족되는 한 마찬가지로 적용이 된다(대판 2009.10.15, 2009다49964).

[ㄷ ▸ ○] 당사자표시정정은 원칙적으로 당사자의 동일성이 인정되는 범위에서만 허용되는 것이므로 회사의 대표이사였던 사람이 개인 명의로 제기한 소송에서 그 개인을 회사로 당사자표시정정을 하는 것은 부적법하다(대판 2008.6.12, 2008다11276).

[ㄹ ▸ ○] 소송당사자가 누구인가는 소장에 기재된 표시 및 청구의 내용과 원인사실 등 소장의 전 취지를 합리적으로 해석하여 확정하여야 하고, 비록 소장의 당사자 표시가 착오로 잘못 기재되었음에도 소송계속 중 당사자표시정정이 이루어지지 않아 잘못 기재된 당사자를 표시한 본안판결이 선고·확정된 경우라 하더라도 그 확정판결을 당연무효라고 볼 수 없을뿐더러, 그 확정판결의 효력은 잘못 기재된 당사자와 동일성이 인정되는 범위 내에서 위와 같이 적법하게 확정된 당사자에 대하여 미친다고 보아야 한다(대판 2011.1.27, 2008다27615).

당사자의 사망에 관한 설명 중 옳지 않은 것은?(다툼이 있는 경우 판례에 의함)

① 소제기 당시 이미 사망한 사실을 모르고 원고가 사망한 자를 피고로 표시하여 소를 제기한 경우, 실질적인 피고가 사망자의 상속인이고 다만 그 표시에 잘못이 있는 것에 지나지 않는다고 인정되면, 상고심에서도 사망자의 상속인으로 피고표시정정을 할 수 있다.

② 甲이 소송대리인에게 소송위임을 한 다음 소제기 전에 사망하였는데, 소송대리인이 甲이 사망한 것을 모르고 甲을 원고로 표시하여 소를 제기하였다면, 소제기는 적법하고 시효중단 등 소제기의 효력은 甲의 상속인들에게 귀속된다.

③ 신청 당시 이미 사망한 자를 채무자로 한 처분금지가처분 인용결정이 있어 그 가처분등기가 마쳐진 경우, 채무자의 상속인은 위 가처분등기를 말소하기 위하여 위 결정에 대한 이의신청을 할 수 있으나, 부동산소유권이전등기청구권 보전을 위한 위 가처분의 본안소송에서 승소한 채권자가 그 확정판결에 기하여 소유권이전등기를 마치면 특별한 사정이 없는 한 위 결정에 대한 이의신청을 할 수 없다.

④ 소송계속 중 어느 일방당사자의 사망에 의한 소송절차의 중단을 간과하고 변론이 종결되어 제1심 판결이 선고된 경우, 위 판결은 당연무효가 아니고 항소의 대상이 된다.

⑤ 신청 당시 이미 사망한 자를 채무자로 한 처분금지가처분 결정은 당연무효이므로 그 효력이 상속인에게 미치지 아니한다.

[**❶ ▸ ✕**] 민사소송에서 소송당사자의 존재나 당사자능력은 소송요건에 해당하고, 이미 사망한 자를 상대로 한 소의 제기는 소송요건을 갖추지 않은 것으로서 부적법하며, 상고심에 이르러서는 당사자표시정정의 방법으로 그 흠결을 보정할 수 없다(대판 2012.6.14. 2010다105310).

[**❷ ▸ ○**] 당사자가 사망하더라도 소송대리인의 소송대리권은 소멸하지 아니하므로(민사소송법 제95조 제1호), 당사자가 소송대리인에게 소송위임을 한 다음 소제기 전에 사망하였는데 소송대리인이 당사자가 사망한 것을 모르고 당사자를 원고로 표시하여 소를 제기하였다면 소의 제기는 적법하고, 시효중단 등 소제기의 효력은 상속인들에게 귀속된다. 이 경우 민사소송법 제233조 제1항이 유추적용되어 사망한 사람의 상속인들은 소송절차를 수계하여야 한다(대판 2016.4.29. 2014다210449).

[**❸ ▸ ○**] [**❺ ▸ ○**] [1] 이미 사망한 자를 채무자로 한 처분금지가처분신청은 부적법하고 그 신청에 따른 처분금지가처분결정이 있었다고 하여도 그 결정은 당연무효로서 그 효력이 상속인에게 미치지 않는다고 할 것이므로, 채무자의 상속인은 일반승계인으로서 무효인 그 가처분결정에 의하여 생긴 외관을 제거하기 위한 방편으로 가처분결정에 대한 이의신청으로써 그 취소를 구할 수 있다.
[2] 부동산소유권이전등기청구권 보전을 위한 가처분의 본안소송에서 승소한 채권자가 그 확정판결에 기하여 소유권이전등기를 경료하게 되면 가처분의 목적이 달성되어 그 가처분은 이해관계인의 신청에 따라 집행법원의 촉탁으로 말소될 운명에 있는 것이므로, 특별한 사정이 없는 한 가처분에 대한 이의로 그 결정의 취소를 구할 이익이 없다(대판 2002.4.26. 2000다30578).

[**❹ ▸ ○**] 소송계속 중 어느 일방당사자의 사망에 의한 소송절차 중단을 간과하고 판결이 선고된 경우에는 그 판결은 소송에 관여할 수 있는 적법한 수계인의 권한을 배제한 결과가 되는 절차상 위법은 있지만 그 판결이 당연무효라 할 수는 없고, 다만 그 판결은 대리인에 의하여 적법하게 대리되지 않았던 경우와 마찬가지로 보아 대리권흠결을 이유로 상소 또는 재심에 의하여 그 취소를 구할 수 있을 뿐이다(대판 2013.4.11. 2012재두497).

제3절 | 당사자의 자격 ★★★

법인 아닌 사단에 관한 설명 중 옳지 않은 것은?(다툼이 있는 경우 판례에 의함)

① 법인 아닌 사단의 적법한 대표자 자격이 없는 甲이 한 소송행위는 후에 甲이 적법한 대표자 자격을 취득하여 추인을 하더라도 그 행위 시에 소급하여 효력을 가지는 것은 아니다.

② 법인 아닌 사단이 당사자인 사건에 있어서 대표자에게 적법한 대표권이 있는지 여부는 법원의 직권조사사항이다.

③ 법인 아닌 사단이 당사자능력이 있는지 여부는 사실심 변론종결시를 기준으로 판단한다.

④ 법인 아닌 사단의 대표자 乙이 특별한 사정이 없음에도 사원총회의 결의 없이 총유물의 처분에 관한 소송행위를 하였다면, 이는 소송행위를 함에 필요한 특별수권을 받지 않은 경우로서 재심사유에 해당한다.

⑤ 법인 아닌 사단이 타인 간의 금전채무를 보증하는 행위는 총유물의 관리·처분행위라고 볼 수 없다.

[**❶ ▶ ×**] 적법한 대표자 자격이 없는 甲이 비법인 사단을 대표하여 소를 제기하였다가 항소심에서 그 대표권에 대한 의문이 제기되자 민사소송법 제64조에 의해 준용되는 같은 법 제62조에 따라 특별대리인으로 선임되었는데, 상고심에서 甲이 선임한 소송대리인이 甲이 수행한 기왕의 모든 소송행위를 추인한 경우, 甲이 비법인 사단을 대표하여 한 모든 소송행위는 그 행위시에 소급하여 효력을 갖게 된다(대판 2010.6.10. 2010다5373).

[**❷ ▶ ○**] 종중이 당사자인 사건에 있어서 그 종중의 대표자에게 적법한 대표권이 있는지 여부는 소송요건에 관한 것으로서 법원의 직권조사사항이다. 따라서 법원으로서는 그 판단의 기초자료인 사실과 증거를 직권으로 탐지할 의무까지는 없다 하더라도, 이미 제출된 자료들에 의하여 그 대표권의 적법성에 의심이 갈 만한 사정이 엿보인다면 상대방이 이를 구체적으로 지적하여 다투지 않더라도 이에 관하여 심리·조사할 의무가 있다(대판 2009.2.26. 2008다8898).

[**❸ ▶ ○**] 고유의 의미의 종중이란 공동선조의 후손들에 의하여 그 선조의 분묘수호 및 봉제사와 후손 상호 간의 친목을 목적으로 형성되는 자연발생적인 종족단체로서 특별한 조직행위가 없더라도 그 선조의 사망과 동시에 그 후손에 의하여 성립한다. 다만 비법인사단이 민사소송에서 당사자능력을 가지려면 일정한 정도로 조직을 갖추고 지속적인 활동을 하는 단체성이 있어야 하고 또한 그 대표자가 있어야 하므로(민사소송법 제52조), 자연발생적으로 성립하는 고유한 의미의 종중이라도 그와 같은 비법인사단의 요건을 갖추어야 당사자능력이 인정된다 할 것이고 이는 소송요건에 관한 것으로서 사실심의 변론종결 시를 기준으로 판단하여야 한다(대판 2013.1.10. 2011다64607).

[**❹ ▶ ○**] 비법인사단의 대표자가 총유물의 처분에 관한 소송행위를 하려면 특별한 사정이 없는 한 민법 제276조 제1항에 의하여 사원총회의 결의가 있어야 하는 것이지만, 그 결의 없이 소송행위를 하였다고 하더라도 이는 소송행위를 함에 필요한 특별수권을 받지 아니한 경우로서, 민사소송법 제422조 제1항 제3호(현행 민소법 제451조 제1항 제3호) 소정의 재심사유에 해당하되, 전연 대리권을 갖지 아니한 자가 소송행위를 한 대리권 흠결의 경우와 달라서 같은 법 제427조(현행 민소법 제456조)는 적용되지 아니한다(대판 1999.10.22. 98다46600).

[**❺ ▶ ○**] 민법 제275조, 제276조 제1항에서 말하는 총유물의 관리 및 처분이라 함은 총유물 그 자체에 관한 이용·개량행위나 법률적·사실적 처분행위를 의미하는 것이므로, 비법인사단이 타인 간의 금전채무를 보증하는 행위는 총유물 그 자체의 관리·처분이 따르지 아니하는 단순한 채무부담행위에 불과하여 이를 총유물의 관리·처분행위라고 볼 수는 없다(대판 2007.4.19. 2004다60072 [전합]).

당사자의 자격에 관한 설명 중 옳지 않은 것은?(다툼이 있는 경우 판례에 의함)

① 어떤 단체가 소제기 당시에는 법인 아닌 사단으로서의 실체를 갖추지 못하였으나 사실심 변론종결 시 법인 아닌 사단으로서의 실체를 갖추었다면 그 소는 적법하다.

② 어떤 사단법인의 하부조직이 스스로 법인 아닌 사단으로서의 실체를 갖추고 독자적인 활동을 하고 있다면, 그 하부조직은 그 사단법인과는 별개의 독립된 법인 아닌 사단으로서의 당사자능력을 가진다.

③ 청산종결등기가 이루어졌다 하더라도 청산사무가 종료되지 않았다면 청산법인은 당사자능력을 가진다.

④ 법인 아닌 사단의 대표자 자격에 관하여 상대방당사자가 자백하더라도 이는 법원을 구속하지 않는다.

⑤ 실종자를 당사자로 한 판결이 특별한 조건 없이 선고되어 확정된 후에 실종선고가 확정되고 그로 인한 사망간주의 시점이 소제기 전으로 소급하는 경우, 위 판결은 당사자능력이 없는 사망한 사람에 대한 것이므로 무효이다.

[❶ ▸ ○] 고유의 의미의 종중이란 공동선조의 후손들에 의하여 그 선조의 분묘수호 및 봉제사와 후손 상호 간의 친목을 목적으로 형성되는 자연발생적인 종족단체로서 특별한 조직행위가 없더라도 그 선조의 사망과 동시에 그 후손에 의하여 성립한다. 다만 비법인사단이 민사소송에서 당사자능력을 가지려면 일정한 정도로 조직을 갖추고 지속적인 활동을 하는 단체성이 있어야 하고 또한 그 대표자가 있어야 하므로(민사소송법 제52조), 자연발생적으로 성립하는 <u>고유한 의미의 종중이라도 그와 같은 비법인사단의 요건을 갖추어야 당사자능력이 인정된다 할 것이고 이는 소송요건에 관한 것으로서 사실심의 변론종결 시를 기준으로 판단하여야</u> 한다(대판 2013.1.10. 2011다64607).

[❷ ▸ ○] 사단법인의 하부조직이라 하더라도, 이와 같은 사단의 실질을 갖추고 독자적인 활동을 하고 있다면, 그 사단법인과는 별개의 독립된 법인 아닌 사단으로 볼 수 있다(대판 2016.2.19. 2012다96120 [전합]).

[❸ ▸ ○] 법인에 관하여 청산종결등기가 경료된 경우에도 청산사무가 종료되었다고 할 수 없는 경우에는 청산법인으로서 당사자능력이 있다(대판 1997.4.22. 97다3408).

[❹ ▸ ○] <u>법인 아닌 사단 또는 재단의 존재 여부 그 대표자 자격에 관한 사항은 소송당사자 능력 또는 소송능력에 관한 사항이고, 소송당사자의 자백에 구속되지 아니할 사항</u>이다(대판 1971.2.23. 70다44).

[❺ ▸ ✕] 실종선고의 효력이 발생하기 전에는 실종기간이 만료된 실종자라 하여도 소송상 당사자능력을 상실하는 것은 아니므로 실종선고 확정 전에는 실종기간이 만료된 실종자를 상대로 하여 제기된 소도 적법하고 실종자를 당사자로 하여 선고된 판결도 유효하며 그 판결이 확정되면 기판력도 발생한다고 할것이고, 이처럼 판결이 유효하게 확정되어 기판력이 발생한 경우에는 그 판결이 해제조건부로 선고되었다는 등의 특별한 사정이 없는 한 그 효력이 유지되어 당사자로서는 그 판결이 재심이나 추완항소 등에 의하여 취소되지 않는 한 그 기판력에 반하는 주장을 할 수 없는 것이 원칙이라 할 것이며, 비록 <u>실종자를 당사자로 한 판결이 확정된 후에 실종선고가 확정되어 그 사망간주의 시점이 소제기 전으로 소급하는 경우에도 위 판결 자체가 소급하여 당사자능력이 없는 사망한 사람을 상대로 한 판결로서 무효가 된다고는 볼 수 없다</u>(대판 1992.7.14. 92다2455).

2018년 변호사시험 문 69.

☑ 확인Check! ○ △ ✕

제3자의 소송담당에 관한 설명 중 옳은 것은?(다툼이 있는 경우 판례에 의함)

① 주한미군 군인의 공무집행 중 불법행위로 인하여 대한민국 국민에게 손해가 발생한 경우, 그 손해배상청구소송에서 대한민국은 피고인 미군 측을 위하여 소송을 수행할 수 있으나 피고가 될 수 없다.

② 채권추심명령을 받은 압류채권자는 채무자가 피압류채권에 관하여 제기한 이행의 소계속 중 추심의 소를 별도로 제기할 수 없다.

③ 공유자는 각자 보존행위를 할 수 있으나, 보존행위가 소송행위인 경우에는 특별한 사정이 없는 한 단독으로 할 수 없다.

④ 비상장회사의 발행주식 총수의 100분의 1 이상에 해당하는 주식을 가진 주주가 회사에 회복할 수 없는 손해가 생길 염려가 없음에도 불구하고, 회사에 대하여 이사의 책임을 추궁할 소의 제기를 청구하지 않고 즉시 회사를 위하여 소를 제기한 경우, 그 소는 부적법하다.

⑤ 사해행위의 수익자 또는 전득자에 대하여 회생절차가 개시된 경우에 채권자는 관리인을 상대로 사해행위의 취소 및 그에 따른 원물반환을 구하는 소를 제기할 수 없다.

[❶ ▸ ✕] 주한미군 군인의 공무집행 중 불법행위로 인하여 대한민국 국민에게 손해가 발생한 경우, <u>대한민국은 한미행정협정 제23조 제5항에 의하여 피고인 미군 측을 위하여 소송을 수행할 수 있고, 피고가 될 수 있다.</u>

[❷ ▸ ✕] <u>채무자가 제3채무자를 상대로 제기한 이행의 소가 법원에 계속되어 있는 경우에도 압류채권자는 제3채무자를 상대로 압류된 채권의 이행을 청구하는 추심의 소를 제기할 수 있고, 제3채무자를 상대로 압류채권자가 제기한 추심의 소는 채무자가 제기한 이행의 소에 대한 관계에서 민사소송법 제259조가 금지하는 중복된 소제기에 해당하지 않는다고 봄이 타당하다</u>(대판 2013.12.18. 2013다202120 [전합]).

[❸ ▸ ✕] 공유자는 공유물의 멸실·훼손을 방지하고 공유물의 현상을 유지하기 위하여, 단독으로 공유물의 보존행위로서의 소송행위를 할 수 있다.

> 민법 제265조는 "공유물의 관리에 관한 사항은 공유자의 지분의 과반수로써 결정한다. 그러나 보존행위는 각자가 할 수 있다"라고 정하고 있다. 여기에서 보존행위는 공유물의 멸실·훼손을 방지하고 그 현상을 유지하기 위하여 하는 사실적, 법률적 행위를 뜻한다. 이러한 <u>보존행위를 공유자가 다른 공유자와 협의하지 않고 단독으로 할 수 있도록 한 취지는 보존행위가 긴급을 요하는 경우가 많고 다른 공유자에게도 이익이 되는 것이 보통이기 때문이다</u>(대판 2020.5.21. 2018다287522 [전합]).

[❹ ▸ ○] <u>발행주식 총수의 100분의 1 이상에 해당하는 주식을 가진 주주가 회사에 회복할 수 없는 손해가 생길 염려가 없음에도 불구하고 회사에 대하여 이사의 책임을 추궁할 소의 제기를 청구하지 않고 즉시 회사를 위하여 소를 제기한 경우, 그 소는 적법하지 아니하다</u>(대판 2010.4.15. 2009다98058).

[❺ ▸ ✕] <u>사해행위의 수익자 또는 전득자에 대하여 회생절차가 개시되는 경우 채무자의 채권자가 사해행위의 취소와 함께 회생채무자로부터 사해행위의 목적인 재산 그 자체의 반환을 청구하는 것은 채무자 회생 및 파산에 관한 법률(이하 '채무자회생법'이라고 한다) 제70조에 따른 환취권의 행사에 해당하여 회생절차개시의 영향을 받지 아니하므로, 채무자의 채권자는 수익자 또는 전득자의 관리인을 상대로 사해행위의 취소 및 그에 따른 원물반환을 구하는 사해행위취소의 소를 제기할 수 있다</u>(대판 2019.4.11. 2018다203715).

당사자적격에 관한 설명 중 옳지 않은 것은?(다툼이 있는 경우 판례에 의함)

① 丙이 甲의 乙에 대한 채권에 관하여 압류 및 추심명령을 받은 경우, 甲은 위 채권에 대한 이행의 소를 제기할 당사자적격을 상실한다.

② 甲이 乙, 丙, 丁을 상대로 제기한 소송에서 乙이 선정당사자로 선정되어 소송을 수행하던 중 甲이 乙에 대한 소를 취하하면 乙은 선정당사자의 지위를 상실한다.

③ 甲이 乙, 丙의 합유로 소유권이전등기가 마쳐진 부동산에 관하여 명의신탁 해지를 원인으로 한 소유권이전등기절차의 이행을 구할 경우, 乙과 丙 모두를 피고로 하여야 한다.

④ 원인무효의 근저당권설정등기에 터 잡아 근저당권 이전의 부기등기가 마쳐진 경우, 근저당권의 양수인을 상대로 근저당권설정등기의 말소청구를 하여야 한다.

⑤ A주식회사의 정관에 따라 甲을 대표이사로 선출한 주주총회결의의 효력을 다투는 본안소송과 관련하여 甲에 대한 직무집행정지 및 직무대행자선임의 가처분신청을 할 때에는 A주식회사를 피신청인으로 하여야 한다.

[**❶ ▶ ○**] 채권에 대한 압류 및 추심명령이 있으면 제3채무자에 대한 이행의 소는 추심채권자만이 제기할 수 있고 채무자는 피압류채권에 대한 이행소송을 제기할 당사자적격을 상실한다(대판 2010.8.19. 2009다70067).

[**❷ ▶ ○**] 선정당사자는 공동의 이해관계를 가진 여러 사람 중에서 선정되어야 하므로, 선정당사자 본인에 대한 부분의 소가 취하되거나 판결이 확정되는 경우 등으로 공동의 이해관계가 소멸하는 경우에는 선정당사자는 선정당사자의 자격을 당연히 상실한다(대판 2018.10.12. 2018다231871).

[**❸ ▶ ○**] 합유로 소유권이전등기가 된 부동산에 관하여 명의신탁 해지를 원인으로 한 소유권이전등기절차의 이행을 구하는 소송은 조합재산인 합유물의 처분에 관한 소송으로서 합유자 전원을 피고로 하여야 할 뿐 아니라 합유자 전원에 대하여 합일적으로 확정되어야 하는 고유필수적 공동소송에 해당하며, 그 명의신탁 해지를 구하는 당사자가 합유자 중의 1인이라는 사유만으로 달리 볼 것은 아니다(대판 2015.9.10. 2014다73794).

[**❹ ▶ ○**] 근저당권 이전의 부기등기는 기존의 주등기인 근저당권설정등기에 종속되어 주등기와 일체를 이루는 것이어서, 피담보채무가 소멸된 경우 또는 근저당권설정등기가 당초 원인무효인 경우 주등기인 근저당권설정등기의 말소만 구하면 되고 그 부기등기는 별도로 말소를 구하지 않더라도 주등기의 말소에 따라 직권으로 말소되는 것이며, 근저당권 양도의 부기등기는 기존의 근저당권설정등기에 의한 권리의 승계를 등기부상 명시하는 것뿐으로, 그 등기에 의하여 새로운 권리가 생기는 것이 아닌 만큼 근저당권설정등기의 말소등기청구는 양수인만을 상대로 하면 족하고 양도인은 그 말소등기청구에 있어서 피고 적격이 없으며, 근저당권의 이전이 전부명령 확정에 따라 이루어졌다고 하여 이와 달리 보아야 하는 것은 아니다(대판 2000.4.11. 2000다5640).

[**❺ ▶ ✕**] 민사소송법 제714조 제2항 소정의 임시의 지위를 정하기 위한 이사직무집행정지가처분에 있어서 피신청인이 될 수 있는 자는 그 성질상 당해 이사이고, 회사에게는 피신청인의 적격이 없다(대판 1982.2.9. 80다2424).

2015년 변호사시험 문 54.

☑ 확인 Check! ○ △ ✕

甲은 乙을 상대로 대여금 청구의 소를 제기하였다(이하에서 丙은 甲의 채권자이다). 다음 설명 중 옳지 않은 것은?(각 지문은 독립적이며, 다툼이 있는 경우 판례에 의함)

① 甲이 乙에게 소구하고 있는 채권을 丙이 가압류한 경우 법원은 甲의 소를 각하하여야 한다.
② 甲이 乙에게 소구하고 있는 채권에 대하여 丙이 압류 및 전부명령을 받고 그 전부명령이 확정된 경우 법원은 甲의 청구를 기각하여야 한다.
③ 丙이 甲을 상대로 신청한 파산절차가 개시되어 파산관재인이 선임된 후, 甲의 파산선고 전에 성립한 위 대여금 채권에 기하여 甲이 위 소를 제기한 경우, 법원은 甲의 소를 각하하여야 한다.
④ 丙이 甲을 대위하여 乙을 상대로 위 대여금의 지급을 구하는 소를 제기하고 甲에게 소송고지한 후 그 소송에서 패소판결이 확정된 경우, 법원은 그 후에 제소된 甲의 乙에 대한 위 대여금 청구를 기각하여야 한다.
⑤ 甲의 乙에 대한 대여금채권에 대해 丙이 압류 및 추심명령을 받아 그 명령이 甲과 乙에게 송달된 후, 甲이 위와 같이 제소하였다면 법원은 甲의 소를 각하하여야 한다.

[❶ ▸ ✕] 일반적으로 채권에 대한 가압류가 있더라도 이는 채무자가 제3채무자로부터 현실로 급부를 추심하는 것만을 금지하는 것일 뿐 채무자는 제3채무자를 상대로 그 이행을 구하는 소송을 제기할 수 있고 법원은 가압류가 되어 있음을 이유로 이를 배척할 수는 없는 것이 원칙이다. 왜냐하면 채무자로서는 제3채무자에 대한 그의 채권이 가압류되어 있다 하더라도 채무명의를 취득할 필요가 있고 또는 시효를 중단할 필요도 있는 경우도 있을 것이며 또한 소송계속 중에 가압류가 행하여진 경우에 이를 이유로 청구가 배척된다면 장차 가압류가 취소된 후 다시 소를 제기하여야 하는 불편함이 있는 데 반하여 제3채무자로서는 이행을 명하는 판결이 있더라도 집행단계에서 이를 저지하면 될 것이기 때문이다(대판 2002.4.26. 2001다59033).

[❷ ▸ ○] 금전채권에 대한 압류 및 전부명령이 있는 때에는 압류된 채권은 동일성을 유지한 채로 압류채무자로부터 압류채권자에게 이전되므로(대판 2010.3.25. 2007다35152), 압류채권자 丙이 압류 및 전부명령을 받고 그 전부명령이 확정된 경우, 법원은 채무자 甲의 청구를 이유 없다고 기각하여야 한다.

[❸ ▸ ○] 丙이 甲을 상대로 신청한 파산절차가 개시되어 파산관재인이 선임된 경우, 파산재단에 관한 소송에서는 파산관재인이 당사자(법정소송담당 중 갈음형)가 된다(채무자회생법 제359조). 따라서 甲이 乙을 상대로 대여금청구의 소를 제기하였다면, 법원은 甲의 소를 각하하여야 한다.

[❹ ▸ ○] 어떠한 사유로 인하였던 적어도 채권자대위권에 의한 소송이 제기된 사실을 채무자가 알았을 때에는 그 채권자대위소송의 확정판결의 기판력은 채무자에게 미친다고 보아야 한다(대판 2014.1.23. 2011다108095). 또한 판례가 취하는 모순금지설에 의하면, 甲이 패소확정판결과 동일한 후소를 제기한 경우 법원은 청구를 기각하여야 한다.

[❺ ▸ ○] 채권에 대한 압류 및 추심명령이 있으면 제3채무자에 대한 이행의 소는 추심채권자만이 제기할 수 있고 채무자는 피압류채권에 대한 이행소송을 제기할 당사자적격을 상실한다(대판 2010.8.19. 2009다70067).

甲과 乙이 골재채취업을 동업하다가 2005.3.20. 甲이 위 동업관계에서 탈퇴하게 되자 乙은 甲에게 정산금으로 3,000만원을 지급하기로 하되 같은 날 이를 甲으로부터 차용한 것으로 하고 변제기를 2005.6.20.로 약정하였다('이 사건 약정'). 그 후 甲은 2011.9.27. 乙을 상대로 (1) 위 3,000만원의 지급을 구하는 대여금청구의 소를 제기하면서, (2) 이 사건 약정당시 위 3,000만원에 대하여 연 10%의 이자도 정하였다고 주장하며 위 3,000만원에 대한 약정이자 및 지연손해금으로이 사건 약정일인 2005.3.20.부터 다 갚는 날까지 연 10%의 비율에 의한 금원의 지급도 아울러 청구하였다. 이에 대하여乙은, 甲의 청구원인사실 중 (1) 이 사건 약정의 존재에 관하여는 다투지 아니하나 (2) 이자지급 약정의 존재에 관하여는부인하는 주장을 함과 아울러, 이 사건 약정에 의하여 발생한 甲의 채권은 상사채권으로서 위 소제기시 이미 변제기로부터5년의 상사시효가 경과하여 소멸하였다고 항변하였다. 한편 甲은 그 주장하는 바와 같은 이자지급 약정의 존재를 증명하지못하였다. 이 경우 법원이 내려야 할 판단에 관한 설명 중 옳은 것을 모두 고른 것은?(다툼이 있는 경우에는 판례에 의함)

ㄱ. 이 사건 약정을 경개 또는 준소비대차 중 어느 것으로 볼 것인가는 일차적으로 당사자의 의사에 따라 결정되고, 만약 당사자의 의사가 명백하지 않을 때에는 특별한 사정이 없는 한 준소비대차로 보아야 한다.

ㄴ. 이 사건 약정과 같은 동업자 사이의 계산은 상행위라 하더라도 계산상 부담할 채무를 현실로 수수함이 없이 소비대차로 전환한 것인 이상 민사행위가 되어 위 차용금채무에 대하여는 일반민사채권의 시효기간인 10년이 적용되므로, 乙의 소멸시효 항변은 배척되어야 한다.

ㄷ. 甲이 주장하는 이자지급 약정이 인정되지 않는 이상, 법원은 甲의 이자 및 지연손해금 청구를 모두 배척할 수밖에 없다.

ㄹ. 甲이 주장하는 이자지급 약정이 인정되지 않는다 하더라도 법원은 乙에게 3,000만원의 지급을 명하는 판결을 선고하면서 위 3,000만원에 대하여 판결 선고 다음 날부터는 소송촉진 등에 관한 특례법이 정한 연 20%의 비율에 의한 지연손해금의 지급도 아울러 명하여야 한다.

ㅁ. 만약 甲이 위 소를 제기하기 전에 甲의 채권자 丙의 신청에 의하여 이 사건 약정에 기한 채권 중 1,000만원 부분에 대한 압류 및 전부명령이 확정되었다면, 甲의 소 중 1,000만원의 지급을 구하는 부분은 원고적격의 흠결을 이유로 각하되어야 한다.

① ㄱ
② ㄱ, ㅁ
③ ㄱ, ㄴ, ㅁ
④ ㄱ, ㄷ, ㄹ
⑤ ㄴ, ㄷ, ㄹ

[ㄱ ▶ ○] 기존 채권·채무의 당사자가 그 목적물을 소비대차의 목적으로 할 것을 약정한 경우 그 약정을 경개로 볼 것인가 또는 준소비대차로 볼 것인가는 일차적으로 당사자의 의사에 의하여 결정되고, 당사자의 의사가 명백하지 않을 때에는 의사해석의 문제로서, 기존 채무와 신 채무가 동일성을 상실함으로써 채권자가 담보를 잃고 채무자가 항변권을 잃게 되는 것과 같이 스스로 불이익을 초래하는 의사를 표시하였다고는 볼 수 없으므로 일반적으로 준소비대차로 보아야 하지만, 신 채무의 성질이 소비대차가 아니거나 기존 채무와 동일성이 없는 경우에는 준소비대차로 볼 수 없다(대판 2006.12.22. 2004다37669).

[ㄴ ▶ ✕] 甲과 乙이 골재채취업을 동업하다가 甲이 탈퇴하고 乙이 甲에게 지급할 정산금을 소비대차의 목적으로 하기로 약정한 경우 乙은 골재채취를 영업으로 하는 자이어서 상인이고 이 준소비대차계약은 상인인 乙이 그 영업을 위하여 한 상행위로 추정함이 상당하므로(이 점은 위 약정을 경개라고 하더라도 마찬가지이다), 이에 의하여 새로이 발생한 채권은 상사채권으로서 5년의 상사시효의 적용을 받는다(대판 1989.6.27. 89다카2957).

[ㄷ ▶ ✕] 대여금에 대한 약정이자의 지급 청구에는 상법 소정의 법정이자의 지급을 구하는 취지도 포함되어 있다고 보아야 하므로, 법원으로서는 이자 지급약정이 인정되지 않는다 하더라도 곧바로 위 청구를 배척할 것이 아니라 법정이자 청구에 대하여도 판단하여야 한다(대판 2007.3.15. 2006다73072).

① 정답

[ㄹ▸✕] 소송촉진 등에 관한 특례법 제3조 제1항과 동법 제3조 제1항 본문의 법정이율에 관한 규정에 의하면, 법원은 원금 3000만원에 더하여 소장 부본이 채무자 乙에게 송달된 다음 날부터 연 12%의 지연손해금의 지급도 아울러 명하여야 한다.

 법령

법정이율(소촉법 제3조)   ① 금전채무의 전부 또는 일부의 이행을 명하는 판결(심판을 포함한다. 이하 같다)을 선고할 경우, <u>금전채무 불이행으로 인한 손해배상액 산정의 기준이 되는 법정이율은 그 금전채무의 이행을 구하는 소장(訴狀) 또는 이에 준하는 서면(書面)이 채무자에게 송달된 날의 다음 날부터는 연 100분의 40</u> 이내의 범위에서 은행법에 따른 은행이 적용하는 연체금리 등 경제 여건을 고려하여 대통령령으로 정하는 이율에 따른다. 다만, 민사소송법 제251조에 규정된 소(訴)에 해당하는 경우에는 그러하지 아니하다.

소송촉진 등에 관한 특례법 제3조 제1항 본문의 법정이율에 관한 규정   소송촉진 등에 관한 특례법 제3조 제1항 본문에서 "대통령령으로 정하는 이율"이란 <u>연 100분의 12</u>를 말한다.

[ㅁ▸✕] 채권에 대한 압류 및 추심명령이 있으면 제3채무자에 대한 이행의 소는 추심채권자만이 제기할 수 있고 채무자는 피압류채권에 대한 이행소송을 제기할 당사자적격을 상실한다는 것이 판례이나(대판 2010.8.19. 2009다70067), <u>전부명령이 확정된 때에는 압류된 채권은 지급에 갈음하여 압류채권자(丙)에게 이전되므로</u>(민집법 229조 제3항·제7항), 채무자 甲에게 당사자적격을 인정할 수 있는지 여부에는 이행의 소에서의 당사자적격 인정 여부에 대한 법리가 그대로 적용된다. 따라서 채무자 甲이 제3채무자 乙을 상대로 3,000만원의 지급을 구하는 대여금청구의 소를 제기한 경우, <u>주장 자체로 甲에게 원고적격이 인정된다.</u>

제4절 소송상의 대리인 ★★

2013년 변호사시험 문 64.
☑ 확인Check! ○ △ ✕

미성년자인 甲 명의의 소유권이전등기가 마쳐진 X토지에 관하여 매매를 원인으로 하여 乙 명의로 소유권이전등기가 마쳐졌다. 甲이 乙을 상대로 X토지에 관한 乙 명의의 소유권이전등기말소등기절차의 이행을 구하는 소를 제기하였다. 다음 설명 중 옳지 않은 것은?(각 지문은 독립적이고, 다툼이 있는 경우에는 판례에 의함)

① 甲의 법정대리인이 없는 경우, 이해관계인은 소송절차가 지연됨으로써 손해를 볼 염려가 있음을 소명하여 수소법원에 특별대리인의 선임을 신청할 수 있다.
② 전(前) 등기명의인인 甲이 미성년자이기는 하나 일단 乙 명의로 소유권이전등기가 마쳐진 이상, 그 이전등기에 관하여 필요한 절차를 적법하게 거친 것으로 추정된다.
③ 법원은 기간을 정하여 甲의 소송능력을 보정하도록 명하여야 하며, 설령 보정하는 것이 지연됨으로써 손해가 생길 염려가 있는 경우에도 甲에게 소송행위를 하게 할 수 없다.
④ 甲이 직접 소송대리인을 선임하여 제1심의 소송수행을 하게 하였으나 항소심에서 甲의 친권자인 丙이 다른 소송대리인을 선임하여 소송행위를 하면서 아무런 이의를 제기한 바 없이 제1심의 소송결과를 진술한 경우에는 무권대리에 의한 소송행위를 묵시적으로 추인한 것으로 보아야 한다.
⑤ 친권자 丙이 甲을 대리하여 제기한 소송 중에 甲이 성년에 도달하더라도 그 사실을 乙에게 통지하지 아니하면 甲은 丙의 대리권 소멸의 효력을 乙에게 주장하지 못한다.

정답 ③

[**❶ ▶ ○**] 미성년자·피한정후견인 또는 피성년후견인이 당사자인 경우, 그 친족, 이해관계인(미성년자·피한정후견인 또는 피성년후견인을 상대로 소송행위를 하려는 사람을 포함한다), 대리권 없는 성년후견인, 대리권 없는 한정후견인, 지방자치단체의 장 또는 검사는 법정대리인이 없거나 법정대리인에게 소송에 관한 대리권이 없는 경우에 소송절차가 지연됨으로써 손해를 볼 염려가 있다는 것을 소명하여 수소법원(受訴法院)에 특별대리인을 선임하여 주도록 신청할 수 있다(민소법 제62조 제1항 제1호).

[**❷ ▶ ○**] 전 등기명의인이 미성년자이고 당해 부동산을 친권자에게 증여하는 행위가 이해상반행위라 하더라도 일단 친권자에게 이전등기가 경료된 이상, 특별한 사정이 없는 한, 그 이전등기에 관하여 필요한 절차를 적법하게 거친 것으로 추정된다(대판 2002.2.5. 2001다72029). 이러한 판례의 취지를 고려할 때, 전(前) 등기명의인인 甲으로부터 乙 명의로 소유권이전등기가 경료된 이상 필요한 절차를 적법하게 거친 것으로 추정된다.

[**❸ ▶ ✕**] 소송능력·법정대리권 또는 소송행위에 필요한 권한의 수여에 흠이 있는 경우에는 법원은 기간을 정하여 이를 보정(補正)하도록 명하여야 하며, 만일 보정하는 것이 지연됨으로써 손해가 생길 염려가 있는 경우에는 법원은 보정하기 전의 당사자 또는 법정대리인으로 하여금 일시적으로 소송행위를 하게 할 수 있다(민소법 제59조).

[**❹ ▶ ○**] 미성년자가 직접 변호인을 선임하여 제1심의 소송수행을 하게 하였으나 제2심에 이르러서는 미성년자의 친권자인 법정대리인이 소송대리인을 선임하여 소송행위를 하면서 아무런 이의를 제기한 바 없이 제1심의 소송결과를 진술한 경우에는 무권대리에 의한 소송행위를 묵시적으로 추인된 것으로 보아야 한다(대판 1980.4.22. 80다308).

[**❺ ▶ ○**] 소송절차가 진행되는 중에 법정대리권이 소멸한 경우에는 본인 또는 대리인이 상대방에게 소멸된 사실을 통지하지 아니하면 소멸의 효력을 주장하지 못한다. 다만, 법원에 법정대리권의 소멸사실이 알려진 뒤에는 그 법정대리인은 제56조 제2항의 소송행위를 하지 못한다(민소법 제63조 제1항).

2012년 변호사시험 문 55.

☑ 확인 Check! ○ △ ✕

소송대리인에 관한 설명 중 옳지 않은 것을 모두 고른 것은?(다툼이 있는 경우에는 판례에 의함)

ㄱ. 병원을 운영하는 의료법인이 5,000만원의 진료비를 청구하는 소송의 항소심에서, 변호사 자격이 없는 위 법인 소속 원무과 담당 직원은 법원의 허가를 얻어 위 법인을 대리하여 소송행위를 할 수 있다.

ㄴ. 당사자에게 소송대리인이 선임되어 있는 경우, 그 당사자가 사망하면 소송대리권은 소멸되어 소송절차가 중단된다.

ㄷ. 항소심 법원이 원고 소송대리인의 대리권 흠결을 이유로 소 각하 판결을 선고하자, 원고 소송대리인이 상고를 제기한 다음 상고심에서 원고로부터 대리권을 수여받아 자신이 종전에 한 소송행위를 모두 추인하였다면, 대법원은 항소심 판결을 파기하여야 한다.

ㄹ. 무권대리인이 소송행위를 한 사건에 관하여 판결이 확정된 경우, 그 소송에서의 상대방이 이를 재심사유로 삼기 위하여는 그러한 사유를 주장함으로써 이익을 받을 수 있는 경우에 한한다.

ㅁ. 원고의 소송복대리인으로 변론기일에 출석하여 변론을 하였던 변호사가 같은 사건의 다른 변론기일에 피고의 소송복대리인으로 출석하여 변론한 경우, 원고가 이에 대하여 이의를 제기하지 않았다면 피고의 소송복대리인으로서 한 위 변론은 유효하다.

① ㄱ, ㄴ   ② ㄱ, ㄷ   ③ ㄴ, ㄹ

④ ㄷ, ㅁ   ⑤ ㄹ, ㅁ

① **정답**

[ㄱ ▸ ×] 민소법 제88조 제1항, 민소규칙 제15조 제1항에 의하면 단독사건의 일정한 경우에 비변호사의 소송대리가 인정되나, 지문의 경우처럼 단독사건이라도 항소심은 합의사건이 되므로, 항소심에서는 비변호사의 소송대리가 허용되지 아니한다.

[ㄴ ▸ ×] 당사자에게 소송대리인이 선임되어 있는 경우, 그 당사자가 사망하더라도 소송대리권은 소멸되지 아니하므로 소송절차는 중단되지 아니한다(민소법 제95조 제1호, 제233조 제1항, 제238조).

[ㄷ ▸ ○] 추인은 상고심에서도 할 수 있으므로, 상고심에서 원고로부터 대리권을 수여받아 자신이 종전에 한 소송행위를 모두 추인하였다면, 대법원은 항소심 판결을 파기하여야 한다.

판례
적법한 대표자 자격이 없는 비법인 사단의 대표자가 한 소송행위는 후에 대표자 자격을 적법하게 취득한 대표자가 그 소송행위를 추인하면 행위 시에 소급하여 효력을 갖게 되고, 이러한 추인은 상고심에서도 할 수 있다(대판 2012.4.13. 2011다70169).

[ㄹ ▸ ○] 민사소송법에서 법정대리권 등의 흠결을 재심사유로 규정한 취지는 원래 그러한 대표권의 흠결이 있는 당사자 측을 보호하려는 데에 있으므로, 그 상대방이 이를 재심사유로 삼기 위하여는 그러한 사유를 주장함으로써 이익을 받을 수 있는 경우에 한하고, 여기서 이익을 받을 수 있는 경우란 위와 같은 대표권 흠결 이외의 사유로도 종전의 판결이 종국적으로 상대방의 이익으로 변경될 수 있는 경우를 가리킨다(대판 2000.12.22. 2000재다513).

[ㅁ ▸ ○] 원고 소송복대리인으로서 변론기일에 출석하여 소송행위를 하였던 변호사가 피고 소송복대리인으로도 출석하여 변론한 경우라도, 당사자가 그에 대하여 아무런 이의를 제기하지 않았다면 그 소송행위는 소송법상 완전한 효력이 생긴다(대판 1995.7.28. 94다44903).

2014년 변호사시험 문 56.
☑ 확인 Check! ○ △ ×

피고의 대표이사이던 甲은 대표이사선임결의 무효확인소송의 제1심이 진행 중 대표이사의 직무집행이 정지되었음에도 원고가 제기한 항소심에 이르러 피고를 대표하여 변호사 乙을 피고 소송대리인으로 선임하면서 그에게 상고제기 권한까지 위임하였다. 이에 乙은 항소심에서 피고를 대리하여 모든 소송행위를 하였고 피고 패소의 항소심 판결이 선고된 후 상고를 제기하였다. 다음 설명 중 옳지 않은 것은?(다툼이 있는 경우에는 판례에 의함)

① 항소법원은 乙이 소송대리인으로 선임된 후 乙에게 소송대리권의 흠을 보정하도록 명함에 있어, 보정이 지연됨으로써 손해가 생길 염려가 있는 경우에는 乙에게 일시적으로 소송행위를 하게 할 수 있다.
② 위 상고의 제기는 피고를 대리할 권한이 없는 자에 의하여 제기된 것으로서 부적법하다.
③ 위 상고가 각하된다면, 乙이 그 소송수임에 관하여 중대한 과실이 없는 경우 상고비용은 甲이 부담해야 한다.
④ 상고심에서 피고의 적법한 직무대행자 丁에 의하여 선임된 피고 소송대리인 丙이 항소심에서 乙이 한 소송행위 중 상고제기 행위만을 추인하고 그 밖의 소송행위는 추인하지 아니하는 것은 허용되지 않는다.
⑤ 위 ④ 이후, 丙은 항소심에서 乙이 한 소송행위 중 이전에 추인하지 아니하였던 소송행위를 다시 추인할 수 있다.

[❶ ▸ ○] 소송능력·법정대리권 또는 소송행위에 필요한 권한의 수여에 흠이 있는 경우에는 법원은 기간을 정하여 이를 보정(補正)하도록 명하여야 하며, 만일 보정하는 것이 지연됨으로써 손해가 생길 염려가 있는 경우에는 법원은 보정하기 전의 당사자 또는 법정대리인으로 하여금 일시적으로 소송행위를 하게 할 수 있다(민소법 제59조).

[❷▸○] [❸▸○] [❹▸○] [❺▸✕] 기록에 의하면, 피고의 대표이사이던 소외 1은 이 사건 제1심이 진행중이던 2006.2.16. 전주지방법원 군산지원 2005카합480 결정으로 대표이사의 직무집행이 정지되었음에도 원심에 이르러 피고를 대표하여 변호사 유경재를 피고 소송대리인으로 선임하면서 그에게 상고제기 권한까지 위임하였고, 이에 위 변호사는 원심에서 피고를 대리하여 모든 소송행위를 하였을 뿐 아니라 피고 패소의 원심판결이 선고된 후에는 피고의 소송대리인 자격으로 이 사건 상고를 제기하기까지 한 사실을 알 수 있는바, 위와 같이 직무집행이 정지된 대표이사 소외 1에 의하여 선임된 위 변호사에게는 원심에서 피고를 적법하게 대리할 권한이 있었다고 할 수 없으므로, 이 사건 상고는 피고를 대리할 권한이 없는 자에 의하여 제기된 것으로서 부적법하다고 할 것(②)이다. 피고의 직무대행자에 의하여 적법히 선임된 상고심에서의 피고 소송대리인은 상고이유서와 석명사항에 대한 의견서(2008.5.13.자)를 통하여 원심에서 소송대리인이 한 소송행위 중 상고제기 행위만을 추인하고 그 밖의 소송행위는 추인하지 아니한다는 의사를 개진하고 있는바, 무권대리인이 행한 소송행위의 추인은, 특별한 사정이 없는 한, 소송행위의 전체를 대상으로 하여야 하는 것이고 그중 일부의 소송행위만을 추인하는 것은 허용되지 아니한다고 할 것인데 이 사건에서 위 상고행위만의 추인을 허용할 만한 특별한 사정이 있다고 보기 어려우므로 피고 소송대리인의 위 일부 추인으로 인하여 이 사건 상고제기가 유효하게 되었다고 볼 수 없다(④). 또한, 피고 소송대리인은 2008.7.22.자 상고이유 철회서에 의해 무권대리인인 변호사 유경재의 항소심에서 한 소송행위를 모두 추인하고 소송대리권의 수여에 흠이 있다는 요지의 상고이유 제1점을 철회한다는 의사를 개진하고 있으나, 일단 추인거절의 의사표시가 있은 이상 그 무권대리행위는 확정적으로 무효로 귀착되므로 그 후에 다시 이를 추인할 수는 없다 할 것(⑤)이다. 따라서 상고를 각하하고, 상고비용의 부담에 관하여는 민사소송법 제108조, 제107조 제2항을 적용하여 피고에 대한 대표권이 없는 소외 1이 부담(③)하기로 한다(대판 2008.8.21. 2007다79480).

2013년 변호사시험 문 54.

☑ 확인Check! ○ △ ✕

다음 설명 중 옳지 않은 것은?(다툼이 있는 경우에는 판례에 의함)

① 피고 경정의 경우에는 경정신청서의 제출 시에 시효중단의 효과가 생기지만, 피고 표시정정의 경우에는 소제기 시에 시효중단의 효과가 생긴다.

② 전속적 관할의 합의가 유효하더라도 합의한 법원이 아닌 다른 법원에 변론관할이 생길 수 있고, 법원은 사건을 다른 법정관할법원으로 이송할 수 있다.

③ 실효의 원칙은 항소권과 같은 소송법상의 권리에 대하여도 적용될 수 있지만, 법원은 구체적으로 권리불행사 기간의 장단·당사자 쌍방의 사정·객관적으로 존재한 사정 등을 모두 고려하여 사회통념에 따라 위 원칙의 적용 여부를 합리적으로 판단하여야 한다.

④ 업무에 관한 포괄적 대리권을 가진 상법상 지배인은 법률상 인정된 임의대리인이며, 소액사건의 경우 당사자의 배우자는 법원의 허가를 받아 소송대리인이 될 수 있다.

⑤ 소 또는 상소를 제기한 사람이 진술금지의 명령과 함께 변호사선임명령을 받고 새 기일까지 변호사를 선임하지 않은 때에는 법원은 결정으로 소 또는 상소를 각하할 수 있다.

[❶▸○] 피고의 경정은 신소제기의 실질이 있으므로, 피고경정신청서를 법원에 제출한 때에 시효중단의 효력이 발생하나(민소법 제265조), 피고 표시 정정은 당사자의 동일성이 유지되므로, 소제기 시에 시효중단의 효력이 발생한다.

[❷▸○] 전속적 합의관할은 임의관할이므로, 피고의 응소로 변론관할이 인정될 수 있다(민소법 제30조). 또한 법원은 소송에 대하여 관할권이 있는 경우라도 현저한 손해 또는 지연을 피하기 위하여 필요하면, 직권 또는 당사자의 신청에 따른 결정으로 소송의 전부 또는 일부를 다른 관할법원에 이송할 수 있다(동법 제35조).

④ 정답

[❸ ▸ O] 실효의 원칙이라 함은 권리자가 장기간에 걸쳐 그 권리를 행사하지 아니함에 따라 그 의무자인 상대방이 더 이상 권리자가 권리를 행사하지 아니할 것으로 신뢰할 만한 정당한 기대를 가지게 된 경우에 새삼스럽게 권리자가 그 권리를 행사하는 것은 법질서 전체를 지배하는 신의성실의 원칙에 위반되어 허용되지 아니한다는 것을 의미하고, <u>항소권과 같은 소송법상의 권리에 대하여도 이러한 원칙은 적용될 수 있다</u>고 할 것이다. 그런데 <u>실효의 원칙이 적용되기 위하여 필요한 요건으로서의 실효기간(권리를 행사하지 아니한 기간)의 길이와 의무자인 상대방이 권리가 행사되지 아니하리라고 신뢰할 만한 정당한 사유가 있었는지의 여부는 일률적으로 판단할 수 있는 것이 아니라 <u>구체적인 경우마다 권리를 행사하지 아니한 기간의 장단과 함께 권리자 측과 상대방 측 쌍방의 사정 및 객관적으로 존재한 사정 등을 모두 고려하여 사회통념에 따라 합리적으로 판단하여야</u> 한다(대판 2006.10.27. 2004다63408).

[❹ ▸ ✕] 법률상 소송대리인이란 법률에 따라 본인을 위해 재판상 모든 행위를 할 수 있는 자를 말하며 소송위임에 의한 소송대리인과 함께 임의대리인에 속한다. 이에는 상법상 지배인(상법 제11조), 선장(동법 제749조), 선박관리인(동법 제765조) 등이 있다. 한편, <u>소액사건의 경우 당사자의 배우자는 법원의 허가 없이 소송대리인이 될 수 있다</u>(소액사건심판법 제8조 제1항).

[❺ ▸ O] 소 또는 상소를 제기한 사람이 진술금지명령과 함께 변호사선임명령을 받고 새 기일까지 변호사를 선임하지 않은 때에는, 법원은 결정으로 소 또는 상소를 각하할 수 있다.

변론능력이 없는 사람에 대한 조치(민소법 제144조) ① 법원은 소송관계를 분명하게 하기 위하여 필요한 진술을 할 수 없는 당사자 또는 대리인의 진술을 금지하고, 변론을 계속할 새 기일을 정할 수 있다.
② 제1항의 규정에 따라 진술을 금지하는 경우에 필요하다고 인정하면 법원은 변호사를 선임하도록 명할 수 있다.
③ 제1항 또는 제2항의 규정에 따라 대리인에게 진술을 금지하거나 변호사를 선임하도록 명하였을 때에는 본인에게 그 취지를 통지하여야 한다.
④ <u>소 또는 상소를 제기한 사람이 제2항의 규정에 따른 명령을 받고도 제1항의 새 기일까지 변호사를 선임하지 아니한 때에는 법원은 결정으로 소 또는 상소를 각하할 수 있다.</u>

제5절 **조합의 당사자능력과 소송수행방안**

PART 03 제1심 소송절차

CHAPTER 01 소송의 개시와 심리의 대상

CHAPTER 02 변 론

CHAPTER 03 증 거

제1절	소송의 개시	☆

2018년 변호사시험 문 63. ☑ 확인 Check! ○ △ ✕

공유물분할청구의 소에 관한 설명 중 옳지 않은 것은?(다툼이 있는 경우 판례에 의함)

① 구분소유적 공유관계에 있는 토지의 특정 부분을 구분소유하는 자는 그 부분에 대하여 신탁적으로 지분등기를 가지고 있는 자를 상대로 그 부분에 대한 명의신탁해지를 원인으로 한 지분이전등기절차의 이행을 구할 수 있으나, 그 토지 전체에 대한 공유물분할청구의 소를 제기하는 것은 허용되지 않는다.

② 공유부동산을 처분하여 그 대금을 분배하기로 한 재판상 화해조항의 실현을 위하여 그 부동산을 경매에 부쳐 경매대금에서 경매비용 등을 공제한 나머지 대금의 분배를 구하는 소는 허용되지 않는다.

③ 공동상속인은 상속재산의 분할에 관하여 공동상속인 사이에 협의가 성립되지 아니하거나 협의할 수 없는 경우, 「가사소송법」이 정하는 바에 따라 가정법원에 상속재산분할심판을 청구할 수 있을 뿐, 상속재산에 속하는 개별재산에 관하여 「민법」 제268조에 따라 공유물분할청구의 소를 제기하는 것은 허용되지 않는다.

④ 공유물분할판결이 확정된 후 10년이 경과하면 그 판결로 확정된 공유물분할청구권은 시효완성으로 소멸한다.

⑤ 공유물분할청구의 소가 적법하게 제기되어 계속 중 사실심 변론종결 전에 공유자 중 1인인 甲의 공유지분이 공유자 아닌 乙에게 양도되었다면, 乙은 사실심 변론종결 시까지 「민사소송법」상 승계참가나 소송인수 등의 방식으로 소송의 당사자가 되어야 하며, 만일 그렇게 되지 않은 경우에 위 소는 부적법한 것이 된다.

[❶▸○] 상호명의신탁관계 내지 구분소유적 공유관계에서 건물의 특정 부분을 구분소유하는 자는 그 부분에 대하여 신탁적으로 지분등기를 가지고 있는 자를 상대로 하여 그 특정 부분에 대한 명의신탁 해지를 원인으로 한 지분이전등기절차의 이행을 구할 수 있을 뿐 그 건물 전체에 대한 공유물분할을 구할 수는 없다(대판 2010.5.27. 2006다84171).

[❷▸○] [1] 기존 법률관계의 변동 형성의 효과를 발생함을 목적으로 하는 형성의 소는 법률에 명문의 규정이 있는 경우에 한하여 인정되는 것이고 법률상의 근거가 없는 경우에는 허용될 수 없다.

[2] 화해조항의 실현을 위하여 부동산을 경매에 붙여 그 경매대금에서 경매비용 등을 공제한 나머지 대금을 원고들 및 피고들에게 배당할 것을 구하는 소는 그 청구의 성질상 형성의 소라 할 것인데 재판상 화해의 실현을 위하여 부동산을 경매에 붙여 대금의 분배를 구하는 소를 제기할 수 있다는 아무런 법률상의 근거가 없으므로 위와 같은 소는 허용될 수 없다(대판 1993.9.14. 92다35462).

[❸▸○] 공동상속인은 상속재산의 분할에 관하여 공동상속인 사이에 협의가 성립되지 아니하거나 협의할 수 없는 경우에 가사소송법이 정하는 바에 따라 가정법원에 상속재산분할심판을 청구할 수 있을 뿐이고, 상속재산에 속하는 개별재산에 관하여 민법 제268조의 규정에 따라 공유물분할청구의 소를 제기하는 것은 허용되지 않는다(대판 2015.8.13. 2015다18367).

[④ ▸ ×]　공유물분할청구권은 공유관계에서 수반되는 형성권이므로 공유관계가 존속하는 한 그 분할청구권만이 독립하여 시효소멸될 수 없다. 민법 제165조의 규정은 단기의 소멸시효에 걸리는 것이라도 확정판결을 받은 권리의 소멸시효는 10년으로 한다는 뜻일 뿐 10년보다 장기의 소멸시효를 10년으로 단축한다는 의미도 아니고 본래 소멸시효의 대상이 아닌 권리가 확정판결을 받음으로써 10년의 소멸시효에 걸린다는 뜻도 아니다(대판 1981.3.24. 80다1888).

[⑤ ▸ ○]　[1] 공유물분할청구의 소는 분할을 청구하는 공유자가 원고가 되어 다른 공유자 전부를 공동피고로 하여야 하는 고유필수적 공동소송이다.

[2] 공유물분할에 관한 소송계속 중 변론종결일 전에 공유자 중 1인인 甲의 공유지분의 일부가 乙 및 丙주식회사 등에게 이전된 경우, 변론종결 시까지 민사소송법 제81조에서 정한 승계참가나 민사소송법 제82조에서 정한 소송인수 등의 방식으로 일부 지분권을 이전받은 자가 소송의 당사자가 되었어야 함에도 그렇지 못하였다면 위 소송 전부가 부적법하게 된다(대판 2014.1.29. 2013다78556).

제2절　소송요건　★★★★

2017년 변호사시험 문 56.　　　　　　　　　　　　　　　☑ 확인Check! ○ △ ×

甲종중(대표자 乙)은 종중원 丙을 상대로 A토지에 관하여 명의신탁 해지를 원인으로 한 소유권이전등기청구의 소를 제기하였다. 이 소송에서 乙의 대표권에 관한 설명 중 옳지 않은 것은?(다툼이 있는 경우 판례에 의함)

① 乙의 대표권의 유무는 소송요건에 해당하여 법원이 직권으로 조사할 사항이다.

② 乙의 대표권의 유무에 관한 사실은 자백의 대상이 될 수 있다.

③ 丙이 乙의 대표권의 유무에 관하여 주장하지 않더라도 법원으로서는 이미 제출된 자료에 의하여 그 대표권의 유무에 의심이 갈 만한 사정이 엿보인다면 그에 관하여 심리하여야 한다.

④ 丙이 답변서를 제출하지 않았더라도 乙의 대표권의 유무에 의심이 갈 만한 사정이 엿보인다면 법원은 무변론 원고승소 판결을 선고할 수 없다.

⑤ 乙의 대표권의 유무에 관하여 그 사실의 존부가 불분명한 경우에는 甲종중이 증명책임을 부담한다.

[❶ ▸ ○] [❷ ▸ ×]　[1] 종중이 당사자인 사건에 있어서 그 종중의 대표자에게 적법한 대표권이 있는지의 여부는 소송요건에 관한 것으로서 법원의 직권조사사항이다.

[2] 직권조사사항은 자백의 대상이 될 수 없다(대판 2002.5.14. 2000다42908).

[❸ ▸ ○]　비법인사단이 당사자인 사건에서 대표자에게 적법한 대표권이 있는지 여부는 소송요건에 관한 것으로서 법원의 직권조사사항이므로, 법원에 판단의 기초자료인 사실과 증거를 직권으로 탐지할 의무까지는 없다 하더라도 이미 제출된 자료에 의하여 대표권의 적법성에 의심이 갈만한 사정이 엿보인다면 그에 관하여 심리·조사할 의무가 있다(대판 2011.7.28. 2010다97044).

[❹ ▸ ○]　법원은 피고가 제256조 제1항의 답변서를 제출하지 아니한 때에는 청구의 원인이 된 사실을 자백한 것으로 보고 변론 없이 판결할 수 있다. 다만, 직권으로 조사할 사항이 있거나 판결이 선고되기까지 피고가 원고의 청구를 다투는 취지의 답변서를 제출한 경우에는 그러하지 아니하다(민소법 제257조 제1항).

[**❺** ▸ **○**]   제소단계에서의 소송대리인의 대리권 존부는 소송요건으로서 법원의 직권조사사항이고, 이와 같은 직권조사사항에 관하여도 그 사실의 존부가 불명한 경우에는 입증책임의 원칙이 적용되어야 할 것인바, 본안판결을 받는다는 것 자체가 원고에게 유리하다는 점에 비추어 직권조사사항인 소송요건에 대한 입증책임은 원고에게 있다 할 것이다(대판 1997.7.25. 96다39301).

2020년 변호사시험 문 54.

☑ 확인Check! ○ △ ✕

다음 설명 중 옳지 않은 것은?(다툼이 있는 경우 판례에 의함)

① 변제공탁의 피공탁자 또는 그 승계인이 아닌 제3자는 피공탁자를 상대로 공탁물출급청구권 확인의 소를 제기하여 전부 인용판결을 받은 다음, 이를 근거로 직접 법원에 공탁물출급청구를 할 수 있다.

② 甲의 채권자 丙이 甲의 乙에 대한 소유권이전등기청구권에 대하여 신청한 가압류결정이 乙에게 송달된 후 甲이 乙을 상대로 제기한 소유권이전등기청구 소송에서, 법원은 위 가압류의 해제를 조건으로 하지 아니하는 한 甲의 청구를 인용해서는 아니 된다.

③ 근저당권의 피담보채무에 관한 부존재확인의 소는 근저당권이 적법하게 말소되면 특별한 사정이 없는 한 확인의 이익이 없다.

④ 확인의 소는 당사자 사이의 법률관계에 한하지 않고 당사자의 일방과 제3자 또는 제3자 상호 간의 법률관계도 그 대상이 될 수 있다.

⑤ 소로써 확인을 구하는 서면의 진부가 확정되어도 서면이 증명하려는 권리관계 또는 법률적 지위의 불안이 제거될 수 없고, 그 법적 불안을 제거하기 위하여 당해 권리 또는 법률관계 자체의 확인을 구하여야 할 필요가 있는 경우에 해당하면 그 증서진부확인의 소는 부적법하다.

[**❶** ▸ **✕**]   변제공탁의 공탁물출급청구권자는 피공탁자 또는 그 승계인이고 피공탁자는 공탁서의 기재에 의하여 형식적으로 결정되므로, 실체법상의 채권자라고 하더라도 피공탁자로 지정되어 있지 않으면 공탁물출급청구권을 행사할 수 없다. 따라서 피공탁자 아닌 제3자가 피공탁자를 상대로 하여 공탁물출급청구권 확인판결을 받았더라도 그 확인판결을 받은 제3자가 직접 공탁물출급청구를 할 수는 없고, 수인을 공탁금에 대하여 균등한 지분을 갖는 피공탁자로 하여 공탁한 경우 피공탁자 각자는 공탁서의 기재에 따른 지분에 해당하는 공탁금을 출급청구할 수 있을 뿐이며, 비록 피공탁자들 내부의 실질적인 지분비율이 공탁서상의 지분비율과 다르다고 하더라도 이는 피공탁자 내부 간에 별도로 해결해야 할 문제이다(대판 2006.8.25. 2005다67476).

[**❷** ▸ **○**]   소유권이전등기청구권에 대한 압류나 가압류는 채권에 대한 것이지 등기청구권의 목적물인 부동산에 대한 것이 아니고, 채무자와 제3채무자에게 그 결정을 송달하는 외에 현행법상 등기부에 이를 공시하는 방법이 없는 것으로서, 당해 채권자와 채무자 및 제3채무자 사이에만 효력이 있을 뿐 압류나 가압류와 관계가 없는 제3자에 대하여는 압류나 가압류의 처분금지적 효력을 주장할 수 없게 되므로, 소유권이전등기청구권의 압류나 가압류는 청구권의 목적물인 부동산 자체의 처분을 금지하는 대물적 효력은 없고, 또한 채권에 대한 가압류가 있더라도 이는 채무자가 제3채무자로부터 현실로 급부를 추심하는 것만을 금지하는 것이므로 채무자는 제3채무자를 상대로 그 이행을 구하는 소송을 제기할 수 있고 법원은 가압류가 되어 있음을 이유로 이를 배척할 수는 없는 것이지만, 소유권이전등기를 명하는 판결은 의사의 진술을 명하는 판결로서 이것이 확정되면 채무자는 일방적으로 이전등기를 신청할 수 있고 제3채무자는 이를 저지할 방법이 없게 되므로 위와 같이 볼 수는 없고 이와 같은 경우에는 가압류의 해제를 조건으로 하지 않는 한 법원은 이를 인용하여서는 안 되는 것이며, 가처분이 있는 경우도 이와 마찬가지로 그 가처분의 해제를 조건으로 하여야만 소유권이전등기절차의 이행을 명할 수 있다(대판 1999.2.9. 98다42615).

① **정답**

[**❸ ▸ ○**] 확인의 소에서 확인의 대상은 현재의 권리 또는 법률관계일 것을 요하므로 특별한 사정이 없는 한 과거의 권리 또는 법률관계의 존부확인은 인정되지 아니하는바, 근저당권의 피담보채무에 관한 부존재확인의 소는 근저당권이 말소되면 과거의 권리 또는 법률관계의 존부에 관한 것으로서 확인의 이익이 없게 된다(대판 2013.8.23. 2012다17585).

[**❹ ▸ ○**] 확인의 소는 반드시 원고·피고 간의 법률관계에 한하지 아니하고, 원고·피고의 일방과 제3자 또는 제3자 상호 간의 법률관계도 그 대상이 될 수 있는 것이나, 그러한 법률관계의 확인은 그 법률관계에 따라 원고의 권리 또는 법적 지위에 현존하는 위험·불안이 야기되어 이를 제거하기 위하여 그 법률관계를 확인의 대상으로 삼아 원고·피고 간의 확인판결에 의하여 즉시 확정할 필요가 있고, 또한 그것이 가장 유효적절한 수단이 되어야 확인의 이익이 있다(대판 1995.5.26. 94다59257).

[**❺ ▸ ○**] 어느 서면에 의하여 증명되어야 할 법률관계를 둘러싸고 이미 소가 제기되어 있는 경우에는 그 소송에서 분쟁을 해결하면 되므로 그와 별도로 그 서면에 대한 진정 여부를 확인하는 소를 제기하는 것은 특별한 사정이 없는 한 확인의 이익이 없다. 또한 소로써 확인을 구하는 서면의 진부가 확정되어도 서면이 증명하려는 권리관계 내지 법률적 지위의 불안이 제거될 수 없고, 그 법적 불안을 제거하기 위하여서는 당해 권리 또는 법률관계 자체의 확인을 구하여야 할 필요가 있는 경우에는 증서의 진정 여부를 확인하는 소는 즉시확정의 이익이 없어 부적법하다(대판 2014.11.13. 2009다3494).

2013년 변호사시험 문 63.

☑ 확인 Check! ○ △ ✕

甲은 乙에 대한 대여금 채무를 담보하기 위하여 甲 소유의 X토지에 관하여 근저당권설정등기를 마쳐주었다. 甲은 대여금 채무가 모두 변제되어 소멸되었다고 주장하며 근저당권설정등기말소등기절차의 이행을 구하는 소를 제기하였다. 다음 설명 중 옳은 것은?(각 지문은 독립적이고, 다툼이 있는 경우에는 판례에 의함)

① 甲의 소제기에 앞서 위 대여금 채권이 양도되어 丙 앞으로 근저당권 이전의 부기등기가 마쳐진 경우에도, 위 소송에서 피고적격을 갖는 자는 근저당권설정등기의 전(前) 등기명의인이었던 乙이다.

② 乙의 신청으로 X토지에 관하여 담보권 실행을 위한 경매절차가 개시된 경우, 甲이 공탁원인이 있어 공탁에 의하여 채무를 면하고자 한다면 특별한 사정이 없는 한 피담보채권액이 근저당권의 채권최고액을 초과하더라도 채권최고액과 집행비용을 공탁하면 된다.

③ 위 소송에서 변제액수에 관한 다툼이 있어 심리한 결과 대여금 채무가 남아 있는 것으로 밝혀지면, 법원은 특별한 사정이 없는 한 甲의 청구를 기각하여서는 아니 되고, 잔존채무의 변제를 조건으로 甲의 청구를 일부 인용하는 판결을 선고하여야 한다.

④ 위 소송 중에 위 근저당권설정등기가 경매절차에서의 매각을 원인으로 하여 말소된 경우에는 더 이상 근저당권설정등기의 말소를 구할 법률상 이익이 없게 되어 법원은 甲의 청구를 기각하여야 한다.

⑤ 甲이 乙을 상대로 한 위 소송에서 甲의 승소판결이 확정되었고, 이에 甲이 丁에게 근저당권설정등기를 마쳐주고 이어 乙 명의의 근저당권설정등기말소등기를 마쳤는데, 乙이 甲을 상대로 위 판결에 대한 재심의 소를 제기하여 "재심대상판결을 취소한다"라는 취지의 조정이 성립한 경우, 丁은 乙에 대하여 乙 명의의 근저당권설정등기의 회복등기절차에 대하여 승낙할 의무를 부담한다.

[**❶ ▸ ✕**] 근저당권 이전의 부기등기는 기존의 주등기인 근저당권설정등기에 종속되어 주등기와 일체를 이루는 것이어서, 피담보채무가 소멸된 경우 또는 근저당권설정등기가 당초 원인무효인 경우 주등기인 근저당권설정등기의 말소만 구하면 되고 그 부기등기는 별도로 말소를 구하지 않더라도 주등기의 말소에 따라 직권으로 말소되는 것이며, 근저당권 양도의 부기등기는 기존의 근저당권설정등기에 의한 권리의 승계를 등기부상 명시하는 것뿐으로, 그 등기에 의하여 새로운 권리가 생기는 것이 아닌 만큼 근저당권설정등기의 말소등기청구는 양수인만을 상대로 하면 족하고 양도인은 그 말소등기청구에 있어서 피고 적격이 없으며, 근저당권의 이전이 전부명령 확정에 따라 이루어졌다고 하여 이와 달리 보아야 하는 것은 아니다(대판 2000.4.11. 2000다5640).

[❷ ▸ ✕] 채무자이자 근저당권설정자인 甲이 채무를 면하려면, 피담보채권액 전액과 집행비용을 공탁하여야 한다.

> 원래 저당권은 원본, 이자, 위약금, 채무불이행으로 인한 손해배상 및 저당권의 실행비용을 담보하는 것이며,
> 채권최고액의 정함이 있는 근저당권에 있어서 이러한 채권의 총액이 그 채권최고액을 초과하는 경우, 적어도
> 근저당권자와 채무자 겸 근저당권설정자와의 관계에 있어서는 위 채권 전액의 변제가 있을 때까지 근저당권의
> 효력은 채권최고액과는 관계없이 잔존채무에 여전히 미친다(대판 2001.10.12. 2000다59081).

[❸ ▸ ○] 미리 청구할 필요가 인정되므로, 법원은 장래이행판결로써 잔존채무의 변제를 조건으로 甲의 청구를 일부
인용하는 판결을 선고하여야 한다.

> 채무자가 피담보채무 전액을 변제하였다고 하거나, 피담보채무의 일부가 남아 있음을 시인하면서 그 변제와
> 상환으로 담보목적으로 경료된 소유권이전등기의 회복을 구함에 대하여 채권자는 그 소유권이전등기가 담보
> 목적으로 경료된 것임을 다투고 있는 경우, 채무자의 청구 중에는 만약 그 소유권이전등기가 담보목적으로
> 경료된 것이라면 소송 과정에서 밝혀진 잔존 피담보채무의 지급을 조건으로 그 소유권이전등기의 회복을
> 구한다는 취지까지 포함되어 있는 것으로 해석하여야 하고, 그러한 경우에는 장래이행의 소로서 미리 청구할
> 필요도 있다(대판 1996.11.12. 96다33938).

[❹ ▸ ✕] 근저당권설정등기의 말소등기절차의 이행을 구하는 소송 도중에 그 근저당권설정등기가 경락을 원인으로 하여
말소된 경우에는 더 이상 근저당권설정등기의 말소를 구할 법률상 이익이 없다(대판 2013.4.26. 2011다37001). 따라서 법원은
甲의 청구를 각하하여야 한다.

[❺ ▸ ✕] [1] 조정이나 재판상 화해의 대상인 권리관계는 사적 이익에 관한 것으로서, 당사자가 자유롭게 처분할 수
있는 것이어야 하므로, 성질상 당사자가 임의로 처분할 수 없는 사항을 대상으로 한 조정이나 재판상 화해는 허용될 수
없고, 설령 그에 관하여 조정이나 재판상 화해가 성립하였더라도 효력이 없어 당연무효이다.
[2] 甲이 乙주식회사에 마쳐 준 근저당권설정등기의 말소를 구하는 소송을 제기하여 승소판결을 받고 이에 대한 乙회사의
항소 및 상고(이하 '재심대상판결'이라 한다)가 모두 기각되어 제1심 판결이 그대로 확정되었고, 이에 甲이 丙 신용협동조합
에 근저당권 및 지상권 설정등기를 마쳐 주고 이어 乙회사 명의의 근저당권설정등기말소등기를 마쳤는데, 乙회사가 甲을
상대로 위 판결에 대한 재심의 소를 제기하여 "1. 재심대상판결 및 제1심 판결을 각 취소한다. 2. 甲은 이 사건 청구를
포기한다. 3. 甲은 乙회사에 근저당설정등기의 회복등기절차를 이행한다"는 취지의 조정이 성립하였고, 이에 乙회사가
丙 조합을 상대로 말소등기의 회복에 관하여 승낙을 구하는 소를 제기한 경우, '재심대상판결 및 제1심 판결을 각 취소한다'
는 조정조항은 법원의 형성재판 대상으로서 甲과 乙회사가 자유롭게 처분할 수 있는 권리에 관한 것이 아니어서 당연무효이
고, 확정된 재심대상판결과 제1심 판결이 당연무효인 위 조정조항에 의하여 취소되었다고 할 수 없으며, 나머지 조정조항들
에 의하여 판결들의 효력이 당연히 상실되는 것도 아니므로, 위 판결들에 기한 근저당권설정등기의 말소등기는 원인무효인
등기가 아니고 따라서 丙 조합은 근저당권설정등기의 말소회복에 승낙을 하여야 할 실체법상 의무를 부담하지 아니한다(대판
2012.9.13. 2010다97846). 따라서 이러한 판례의 취지를 고려할 때, 丁은 乙에 대하여 乙 명의의 근저당권설정등기의 회복등기절
차에 대하여 승낙할 의무를 부담하지 아니한다.

근저당권에 관한 설명 중 옳지 않은 것은?(다툼이 있는 경우 판례에 의함)

① 근저당권설정등기의 말소등기절차의 이행을 구하는 소송 도중 그 근저당권설정등기가 경락을 원인으로 하여 말소된 경우에는 해당 소를 각하하여야 한다.

② 소유권에 기한 방해배제청구권의 행사로서 근저당권설정등기의 말소등기청구를 한 전소의 확정판결의 기판력은 계약해제에 따른 원상회복으로 근저당권설정등기의 말소등기청구를 하는 후소에 미친다.

③ 채무자가 피담보채무 전액을 변제하였다고 주장하면서 근저당권설정등기의 말소등기절차의 이행을 청구하였으나 피담보채무의 잔존채무가 있는 것으로 밝혀진 경우, 채무자의 청구 중에는 확정된 잔존채무를 변제하고 그 다음에 위 등기의 말소를 구한다는 취지까지 포함되어 있는 것으로 해석함이 상당하며, 이는 장래이행의 소로서 미리 청구할 이익도 있다.

④ 피담보채권의 양도를 원인으로 한 근저당권 이전의 부기등기가 있는 경우에 근저당권설정등기의 말소등기청구는 양수인을 상대로 제기하여야 하고, 근저당권 이전의 부기등기가 전부명령 확정에 따라 이루어지는 경우에도 동일하다.

⑤ 선순위 근저당권자는 저당부동산에 대하여 경매신청을 하지 아니하였는데 후순위 근저당권자가 저당부동산에 대하여 경매신청을 한 경우 선순위 근저당권의 피담보채권은 경락인이 경락대금을 완납한 때에 확정된다.

[❶ ▶ ○] 근저당권설정등기의 말소등기절차의 이행을 구하는 소송 도중에 그 근저당권설정등기가 경락을 원인으로 하여 말소된 경우에는 더 이상 근저당권설정등기의 말소를 구할 법률상 이익이 없다(대판 2013.4.26. 2011다37001).

[❷ ▶ X] 소유권에 기한 방해배제청구권의 행사로서 말소등기청구를 한 전소의 확정판결의 기판력이 계약해제에 따른 원상회복으로 말소등기청구를 하는 후소에 미치지 않는다(대판 1993.9.14. 92다1353).

[❸ ▶ ○] 채무자가 피담보채무 전액을 변제하였다고 주장하면서 근저당권설정등기에 대한 말소등기절차의 이행을 청구하였으나 피담보채무의 범위나 그 시효소멸 여부 등에 관한 다툼으로 그 변제한 금액이 채무 전액을 소멸시키는 데 미치지 못하고 잔존채무가 있는 것으로 밝혀진 경우에는, 채무자의 청구 중에는 확정된 잔존채무를 변제하고 그 다음에 위 등기의 말소를 구한다는 취지까지 포함되어 있는 것으로 해석함이 상당하며, 이는 장래이행의 소로서 미리 청구할 이익도 있다(대판 1995.7.28. 95다19829).

[❹ ▶ ○] 근저당권 이전의 부기등기는 기존의 주등기인 근저당권설정등기에 종속되어 주등기와 일체를 이루는 것이어서, 피담보채무가 소멸된 경우 또는 근저당권설정등기가 당초 원인무효인 경우 주등기인 근저당권설정등기의 말소만 구하면 되고 그 부기등기는 별도로 말소를 구하지 않더라도 주등기의 말소에 따라 직권으로 말소되는 것이며, 근저당권 양도의 부기등기는 기존의 근저당권설정등기에 의한 권리의 승계를 등기부상 명시하는 것뿐으로, 그 등기에 의하여 새로운 권리가 생기는 것이 아닌 만큼 근저당권설정등기의 말소등기청구는 양수인만을 상대로 하면 족하고 양도인은 그 말소등기청구에 있어서 피고 적격이 없으며, 근저당권의 이전이 전부명령 확정에 따라 이루어졌다고 하여 이와 달리 보아야 하는 것은 아니다(대판 2000.4.11. 2000다5640).

[❺ ▶ ○] 담보권 실행을 위한 경매절차가 개시되었음을 선순위 근저당권자가 안 때 이후의 어떤 시점에 선순위 근저당권의 피담보채무액이 증가하더라도 그와 같이 증가한 피담보채무액이 선순위 근저당권의 채권최고액 한도 안에 있다면 경매를 신청한 후순위 근저당권자가 예측하지 못한 손해를 입게 된다고 볼 수 없는 반면, 선순위 근저당권자는 자신이 경매신청을 하지 아니하였으면서도 경락으로 인하여 근저당권을 상실하게 되는 처지에 있으므로 거래의 안전을 해치지 아니하는 한도 안에서 선순위 근저당권자가 파악한 담보가치를 최대한 활용할 수 있도록 함이 타당하다는 관점에서 보면, 후순위 근저당권자가 경매를 신청한 경우 선순위 근저당권의 피담보채권은 그 근저당권이 소멸하는 시기, 즉 경락인이 경락대금을 완납한 때에 확정된다고 보아야 한다(대판 1999.9.21. 99다26085).

다음 사례 중 소의 이익이 인정되지 않는 것은?(다툼이 있는 경우 판례에 의함)

① 경매절차에서 가장임차인의 배당요구에 따라 배당표가 확정된 후, 후순위 진정채권자가 그 배당금지급청구권을 가압류하고 가장임차인을 상대로 배당금지급청구권 부존재의 확인을 구하는 소를 제기한 경우

② 부동산담보권 실행을 위한 경매의 배당절차에서 근저당권자의 채권에 대하여 배당이의를 하며 다투는 물상보증인을 상대로 근저당권자가 피담보채권 존재의 확인을 구하는 소를 제기한 경우

③ 협의이혼으로 혼인관계가 해소되었지만 현재의 법률상태에 영향을 미치고 있어 그 이혼당사자의 한 쪽이 다른 쪽을 상대로 과거의 혼인관계 무효확인을 구하는 소를 제기한 경우

④ 사해행위인 근저당권설정계약에 기한 근저당권설정등기가 경매절차상 매각으로 인하여 말소된 후, 그 등기로 인하여 해를 입게 되는 채권자가 근저당권설정계약의 취소를 구하는 소를 제기한 경우

⑤ 채무자의 채무초과가 임박한 상태에서 채권자가 이미 채무자 소유의 목적물에 저당권이 설정되어 있음을 알면서 자기 채권의 우선적 만족을 위하여 채무자와 통모하여 유치권을 성립시킨 후, 저당권자가 경매절차에서 그 유치권을 배제하기 위하여 유치권자를 상대로 그 부존재의 확인을 구하는 소를 제기한 경우

[❶ ▶ ✕] 가장 임차인의 배당요구가 받아 들여져 제1순위로 허위의 임차보증금에 대한 배당이 이루어졌으나 이해관계인들의 배당이의가 없어 그대로 배당표가 확정된 후 그 사실을 알게 된 후순위 진정 채권자에 의해 그 배당금지급청구권이 가압류되어 가장 임차인이 현실적으로 배당금을 추심하지 못한 경우, 배당을 받지 못한 후순위 진정 채권자로서는 배당금지급청구권을 부당이득한 가장 임차인을 상대로 그 부당이득 채권의 반환을 구하는 것이 손실자로서의 권리 또는 지위의 불안·위험을 근본적으로 해소할 수 있는 유효·적절한 방법이므로, 후순위 진정 채권자가 가장 임차인을 상대로 배당금지급청구권 부존재확인을 구하는 것은 확인의 이익이 없다(대판 1996.11.22. 96다34009).

[❷ ▶ ○] 근저당권자가 근저당권의 피담보채무의 확정을 위하여 스스로 물상보증인을 상대로 확인의 소를 제기하는 것이 부적법하다고 볼 것은 아니며, 물상보증인이 근저당권자의 채권에 대하여 다투고 있을 경우 그 분쟁을 종국적으로 종식시키는 유일한 방법은 근저당권의 피담보채권의 존부에 관한 확인의 소라고 할 것이므로, 근저당권자가 물상보증인을 상대로 제기한 확인의 소는 확인의 이익이 있어 적법하다(대판 2004.3.25. 2002다20742).

[❸ ▶ ○] 협의이혼으로 혼인관계가 해소된 경우에도 과거의 혼인관계의 무효확인을 구할 정당한 법률상의 이익이 있다. 혼인당사자 중 일방이 사망하면 그 혼인관계는 해소되고 따라서 기왕의 혼인관계는 과거의 관계로 된다고 볼 수 있는데 이러한 경우에도 검사를 상대방으로 하여 그 과거의 혼인관계의 무효확인을 구할 수 있도록 규정한 인사소송법 제27조 1항 내지 3항을 둔 근거도 바로 위와 같은 점에 있다고 생각되는데 다 같은 과거의 혼인관계의 무효확인을 구하는 소의 이익문제에 있어서 그 혼인관계가 당사자 일방이 사망함으로써 해소된 경우와 당사자의 협의이혼으로 인하여 해소된 경우와를 구별하여 취급할 합리적 이유를 찾아볼 수 없다(대판 1978.7.11. 78므7).

[❹ ▶ ○] 채무자와 수익자 사이의 근저당권설정계약이 사해행위인 이상 그 근저당권 실행에 따른 경매절차에서 타인이 소유권을 취득함으로써 근저당권설정등기가 말소되었다고 하더라도 수익자로 하여금 근저당권자로서 배당을 받게 하는 것은 민법 제406조 제1항의 취지에 반하므로, 수익자에게 그와 같은 부당한 이득을 보유시키지 않기 위하여 그 근저당권설정등기로 말미암아 해를 입게 되는 채권자는 근저당권설정계약의 취소를 구할 이익이 있다. 한편 채무자가 사해행위로 인한 근저당권 실행으로 경매절차가 진행 중인 부동산을 매각하고, 그 대금으로 근저당권자인 수익자에게 피담보채무를 변제함으로써 그 근저당권설정등기가 말소된 경우에 위와 같은 변제는 특별한 사정이 없는 한 근저당권의 우선변제권 이행으로 일반채권자에 우선하여 된 것이라고 봄이 타당하므로, 근저당권이 실행되어 경매절차에서 근저당권설정등기가 말소된 경우와 마찬가지로 수익자로 하여금 근저당권 말소를 위한 변제 이익을 보유하게 하는 것은 부당하다. 따라서 이 경우에도 근저당권설정등기로 말미암아 해를 입게 되는 채권자는 원상회복을 위하여 사해행위인 근저당권설정계약의 취소를 구할 이익이 있다(대판 2012.11.15. 2012다65058).

[**❺ ▸ ○**] 채무자가 채무초과의 상태에 이미 빠졌거나 그러한 상태가 임박함으로써 채권자가 원래라면 자기 채권의 충분한 만족을 얻을 가능성이 현저히 낮아진 상태에서 이미 채무자 소유의 목적물에 저당권 기타 담보물권이 설정되어 있어서 유치권의 성립에 의하여 저당권자 등이 그 채권 만족상의 불이익을 입을 것을 잘 알면서 자기 채권의 우선적 만족을 위하여 위와 같이 취약한 재정적 지위에 있는 채무자와의 사이에 의도적으로 유치권의 성립요건을 충족하는 내용의 거래를 일으키고 그에 기하여 목적물을 점유하게 됨으로써 유치권이 성립하였다면, 유치권자가 그 유치권을 저당권자 등에 대하여 주장하는 것은 다른 특별한 사정이 없는 한 신의칙에 반하는 권리행사 또는 권리남용으로서 허용되지 아니한다. 그리고 저당권자 등은 경매절차 기타 채권실행절차에서 위와 같은 유치권을 배제하기 위하여 그 부존재의 확인 등을 소로써 청구할 수 있다고 할 것이다(대판 2011.12.22. 2011다84298).

2015년 변호사시험 문 66.
☑ 확인Check! ○ △ ×

丙은 甲보험회사(이하 甲이라 한다)와 자동차종합보험계약이 체결된 자신의 승용차를 운행하던 중 乙의 차량을 추돌하여 乙에게 10주의 치료가 필요한 상해를 입게 하였다. 乙은 甲에게 1억원을 직접 청구하였으나, 甲은 乙의 일방적 과실로 인한 사고라고 주장하며 그 지급을 거부하면서 乙을 상대로 위 교통사고로 인한 채무부존재확인의 소를 제기하였고, 乙은 이에 대한 반소로서 교통사고로 입은 손해 1억원의 배상을 청구하는 소를 제기하였다. 변론의 진행결과 丙의 과실로 인한 乙의 손해를 최종적으로 법원이 4,000만원으로 인정하였다면, 다음 설명 중 옳은 것은?(다툼이 있는 경우 판례에 의함)

① 甲의 본소는 확인의 소의 보충성의 원칙상 소의 이익이 없어 각하될 것이다.
② 甲의 본소를 취하하는 것에 乙이 동의한 경우 반소의 소송계속도 소멸한다.
③ 甲은 丙이 乙에 대하여 부담하는 채무를 병존적으로 인수한 것으로 볼 수 있다.
④ 乙이 甲에 대하여 가지는 권리는 손해배상청구권이 아니라 피보험자 丙이 甲에 대해 가지는 보험금청구권의 변형 내지 이에 준하는 권리이다.
⑤ 乙은 甲을 상대로 반소를 제기하였기 때문에 丙을 상대로는 별도로 소를 제기할 수 없고, 丙을 상대로 소를 제기할 경우 소가 각하된다.

[**❶ ▸ ×**] 소송요건을 구비하여 적법하게 제기된 본소가 그 후에 상대방이 제기한 반소로 인하여 소송요건에 흠결이 생겨 다시 부적법하게 되는 것은 아니므로, 원고가 피고에 대하여 손해배상채무의 부존재확인을 구할 이익이 있어 본소로 그 확인을 구하였다면, 피고가 그 후에 그 손해배상채무의 이행을 구하는 반소를 제기하였다 하더라도 그러한 사정만으로 본소청구에 대한 확인의 이익이 소멸하여 본소가 부적법하게 된다고 볼 수는 없다. 민사소송법 제271조는 본소가 취하된 때에는 피고는 원고의 동의 없이 반소를 취하할 수 있다고 규정하고 있고, 이에 따라 원고가 반소가 제기되었다는 이유로 본소를 취하한 경우 피고가 일방적으로 반소를 취하함으로써 원고가 당초 추구한 기판력을 취득할 수 없는 사태가 발생할 수 있는 점을 고려하면, 위 법리와 같이 반소가 제기되었다는 사정만으로 본소청구에 대한 확인의 이익이 소멸한다고는 볼 수 없다(대판 2010.7.15. 2010다2428).

[**❷ ▸ ×**] 피고 乙의 동의에 의하여 본소가 취하된다고 하더라도, 반소의 소송계속도 마찬가지로 소멸하는 것은 아니다. 다만, 피고 乙은 원고 甲의 동의 없이 반소를 취하할 수 있을 뿐이다(민소법 제271조).

[**❸ ▸ ○**] [**❹ ▸ ×**] 상법 제724조 제2항에 의하여 피해자에게 인정되는 직접청구권의 법적 성질은 보험자가 피보험자의 피해자에 대한 손해배상채무를 중첩적으로 인수한 결과 피해자가 보험자에 대하여 가지게 된 손해배상청구권이고, 중첩적 채무인수에서 인수인이 채무자의 부탁으로 인수한 경우 채무자와 인수인은 주관적 공동관계가 있는 연대채무관계에 있다 할 것인바, 보험자의 채무인수는 피보험자의 부탁(보험계약이나 공제계약)에 따라 이루어지는 것이므로 보험자의 손해배상채무와 피보험자의 손해배상채무는 연대채무관계에 있다고 할 것이다(대판 2010.10.28. 2010다53754).

[**❺ ▸ ×**] 乙의 甲에 대한 반소와 丙에 대한 별소는 당사자가 달라 중복소제기금지의 원칙(민소법 제259조)에 반하지 아니하므로 적법하다.

소송의 제기에 관한 설명 중 옳지 않은 것은?(다툼이 있는 경우 판례에 의함)

① 당사자들이 부제소합의를 쟁점으로 소의 적법을 다투지 아니함에도 법원이 직권으로 부제소합의에 위배되었다는 이유로 소가 부적법하다고 판단하기 위해서는 당사자에게 그와 같은 법률적 관점에 대하여 의견을 진술할 기회를 주어야 하고, 부제소합의를 하게 된 동기 및 경위, 당사자의 진정한 의사 등에 관하여도 충분히 심리를 하여야 하므로 법원이 그와 같이 하지 아니하고 소 각하 판결을 선고하였다면 석명의무를 위반하고 심리미진의 위법을 범한 것이다.

② 감독청의 허가 없이 학교법인이 학교법인의 기본재산인 부동산을 매도하는 계약을 체결한 후 그 부동산에서 운영하던 학교를 감독청의 허가를 받아 신축교사로 이전하고 준공검사까지 마친 경우, 매수인은 미리 청구할 필요가 있다고 하더라도 감독청의 허가를 조건으로 그 부동산에 관한 소유권이전등기절차의 이행을 청구할 수 없다.

③ 혼인무효의 소송 도중 협의이혼으로 혼인관계가 해소되었더라도 혼인무효의 효과가 현재의 법률상태에 직접적이고 중대한 영향을 미치는 경우 혼인무효의 소는 소의 이익이 있다.

④ 공시송달요건에 해당한다고 볼 여지가 충분한데도 공시송달 신청에 대한 허부 재판을 도외시한 채 주소보정 흠결을 이유로 소장각하명령을 하는 것은 위법하다.

⑤ 원고의 소제기에 대하여 피고가 소장부본을 송달받은 날로부터 30일 이내에 답변서를 제출하지 아니한 경우 피고가 판결선고기일까지 원고의 청구를 다투는 취지의 답변서를 제출하였다면 법원은 변론 없이 판결을 선고할 수 없다.

[❶ ▶ ○] 당사자들이 부제소 합의의 효력이나 그 범위에 관하여 쟁점으로 삼아 소의 적법 여부를 다투지 아니하는데도 법원이 직권으로 부제소 합의에 위배되었다는 이유로 소가 부적법하다고 판단하기 위해서는 그와 같은 법률적 관점에 대하여 당사자에게 의견을 진술할 기회를 주어야 하고, 부제소 합의를 하게 된 동기 및 경위, 그 합의에 의하여 달성하려는 목적, 당사자의 진정한 의사 등에 관하여도 충분히 심리할 필요가 있다. 법원이 그와 같이 하지 않고 직권으로 부제소 합의를 인정하여 소를 각하하는 것은 예상외의 재판으로 당사자 일방에게 불의의 타격을 가하는 것으로서 석명의무를 위반하여 필요한 심리를 제대로 하지 아니하는 것이다(대판 2013.11.28. 2011다80449).

[❷ ▶ ✕] 학교법인이 감독청의 허가 없이 기본재산인 부동산에 관한 매매계약을 체결하는 한편 그 부동산에서 운영하던 학교를 당국의 인가를 받아 신축교사로 이전하고 준공검사까지 마친 경우, 위 매매계약이 감독청의 허가 없이 체결되어 아직은 효력이 없다고 하더라도 위 매매계약에 기한 소유권이전등기절차이행청구권의 기초가 되는 법률관계는 이미 존재한다고 볼 수 있고 장차 감독청의 허가에 따라 그 청구권이 발생할 개연성 또한 충분하므로, 매수인으로서는 미리 그 청구를 할 필요가 있는 한, 감독청의 허가를 조건으로 그 부동산에 관한 소유권이전등기절차의 이행을 청구할 수 있다(대판 1998.7.24. 96다27988).

[❸ ▶ ○] 협의이혼으로 혼인관계가 해소된 경우에도 과거의 혼인관계의 무효확인을 구할 정당한 법률상의 이익이 있다. 혼인당사자 중 일방이 사망하면 그 혼인관계는 해소되고 따라서 기왕의 혼인관계는 과거의 관계로 된다고 볼 수 있는데 이러한 경우에도 검사를 상대방으로 하여 그 과거의 혼인관계의 무효확인을 구할 수 있도록 규정한 인사소송법 제27조 1항 내지 3항을 둔 근거도 바로 위와 같은 점에 있다고 생각되는데 다 같은 과거의 혼인관계의 무효확인을 구하는 소의 이익문제에 있어서 그 혼인관계가 당사자 일방이 사망함으로써 해소된 경우와 당사자의 협의이혼으로 인하여 해소된 경우와를 구별하여 취급할 합리적 이유를 찾아볼 수 없다(대판 1978.7.11. 78므7).

[❹ ▶ ○] 제1심에서 원고가 공시송달신청을 하면서 제출한 소명자료와 그 동안의 송달 결과, 특히 법정경위 작성의 송달불능보고서의 내용을 종합하면 민사소송법 제194조가 규정하는 공시송달의 요건인 '당사자의 주소 등 또는 근무장소를 알 수 없는 경우'에 해당한다고 볼 여지가 충분함에도 위 공시송달 신청에 대하여는 아무런 결정을 하지 아니한 채 주소보정 흠결을 이유로 소장각하명령을 한 경우, 항고심으로서는 소장 부본 송달상의 흠결 보정에 관하여 선결문제가 되는 공시송달 신청의 허부에 대하여도 함께 판단하여 제1심 재판장의 소장 각하명령의 당부를 판단하였어야 함에도 불구하고 이에 이르지

아니한 채 원고가 최종의 주소보정명령에 따른 주소보정조치를 취하지 아니한 이상 제1심 재판장의 소장각하명령에 위법이 있다고 할 수 없다는 이유 설시만으로 항고를 배척한 것은 위법하다(대결 2003.12.12. 2003마1694).

[**⑤ ▸ ○**] 법원은 피고가 제256조 제1항의 답변서를 제출하지 아니한 때에는 청구의 원인이 된 사실을 자백한 것으로 보고 변론 없이 판결할 수 있다. 다만, 직권으로 조사할 사항이 있거나 판결이 선고되기까지 피고가 원고의 청구를 다투는 취지의 답변서를 제출한 경우에는 그러하지 아니하다(민소법 제257조 제1항).

2018년 변호사시험 문 54.

☑ 확인Check! ○ △ ✕

장래이행의 소에 관한 설명 중 옳은 것(○)과 옳지 않은 것(✕)을 올바르게 조합한 것은?(다툼이 있는 경우 판례에 의함)

ㄱ. 채무자가 피담보채무 전액을 변제하였음을 이유로 저당권설정등기의 말소등기절차이행을 청구하였지만 피담보채무의 범위에 관한 견해 차이로 피담보채무가 남아 있는 경우, 채무자의 청구 중에는 확정된 잔존채무의 변제를 조건으로 그 등기의 말소를 구한다는 취지까지 포함되어 있는 것으로 해석할 여지가 있으나 저당권설정등기의 말소를 미리 청구할 필요가 있다고까지 볼 수는 없다.

ㄴ. 장래의 이행을 명하는 판결을 하기 위해서는 채무의 이행기가 장래에 도래하여야 할 뿐만 아니라 의무불이행사유가 그때까지 존속한다는 것을 소제기 시에 확정적으로 예정할 수 있어야 하고, 이러한 책임기간이 불확실하여 소제기 시에 확정적으로 예정할 수 없는 경우에는 장래의 이행을 명하는 판결을 할 수 없다.

ㄷ. 이행보증보험계약에서 구상금채권 발생의 기초가 되는 법률상·사실상 관계가 사실심 변론종결 시까지 존재하고 있고 그러한 상태가 앞으로도 계속될 것으로 예상되며 보험자가 피보험자에게 보험금을 지급하더라도 보험계약자 등의 채무이행을 기대할 수 없음이 명백한 경우, 장래이행보증보험금 지급을 조건으로 미리 구상금 지급을 구하는 장래이행의 소는 적법하다.

ㄹ. 양도인이 매매계약의 무효를 주장하면서 양수인에게서 받은 매매대금을 변제공탁하였다면, 양도인이 양도부동산에 관한 소유권이전의무의 존재를 다투고 있는 것이므로 양수인으로서는 소유권이전의무의 이행기 도래 전에도 그 이행을 미리 청구할 필요가 있다.

① ㄱ(○) ㄴ(○) ㄷ(✕) ㄹ(✕) 　　② ㄱ(○) ㄴ(✕) ㄷ(○) ㄹ(✕)
③ ㄱ(✕) ㄴ(✕) ㄷ(○) ㄹ(○) 　　④ ㄱ(✕) ㄴ(○) ㄷ(✕) ㄹ(○)
⑤ ㄱ(✕) ㄴ(✕) ㄷ(○) ㄹ(✕)

[**ㄱ ▸ ✕**] 채무자가 피담보채무 전액을 변제하였다고 하거나 피담보채무의 일부가 남아 있음을 시인하면서 그 변제를 조건으로 저당권설정등기의 말소등기절차 이행을 청구하였지만 피담보채무의 범위에 관한 견해 차이로 그 채무 전액을 소멸시키지 못하였거나 변제하겠다는 금액만으로는 소멸시키기에 부족한 경우에, 그 청구 중에는 확정된 잔존채무의 변제를 조건으로 그 등기의 말소를 구한다는 취지까지 포함되어 있는 것으로 해석하여야 하고, 이러한 경우에는 장래이행의 소로서 그 저당권설정등기의 말소를 미리 청구할 필요가 있다고 보아야 한다(대판 1996.2.23. 95다9310).

[**ㄴ ▸ ✕**] 장래의 이행을 명하는 판결을 하기 위하여는 채무의 이행기가 장래에 도래하는 것뿐만 아니라 의무불이행사유가 그때까지 존속한다는 것을 변론종결 당시에 확정적으로 예정할 수 있는 것이어야 하며 이러한 책임기간이 불확실하여 변론종결 당시에 확정적으로 예정할 수 없는 경우에는 장래의 이행을 명하는 판결을 할 수 없다(대판 2002.6.14. 2000다37517).

[**ㄷ ▸ ○**] 이행보증보험계약에 있어서 구상금채권의 발생의 기초가 되는 법률상·사실상 관계가 변론종결 당시까지 존재하고 있고, 그러한 상태가 앞으로도 계속될 것으로 예상되며, 구상금채권의 존부에 대하여 다툼이 있어 보험자가 피보험자에게 보험금을 지급하더라도 보험계약자와 구상금채무의 연대보증인들의 채무이행을 기대할 수 없음이 명백한 경우, 장래이행보증보험금지급을 조건으로 미리 구상금지급을 구하는 장래이행의 소는 적법하다(대판 2004.1.15. 2002다3891).

[ㄹ ▸ ○] 일반적으로 채무자가 채무의 이행기 도래 전부터 채무의 존재를 다투기 때문에 이행기가 도래하거나 조건이 성취되었을 때에 임의의 이행을 기대할 수 없는 경우에는 장래이행의 소로써 미리 청구할 필요가 인정되는데, <u>양도인 측이 계약이 무효가 되었다고 주장하여 양수인으로부터 받은 매매대금을 변제공탁하였다면 양도인 측이 양도 부동산에 관한 소유권이전의무의 존재를 다투고 있는 것이므로 양수인으로서는 위 의무의 이행기 도래 전에도 그 의무의 이행을 미리 청구할 필요가 있다고 보아야 한다</u>(대판 1993.11.9. 92다43128).

제3절 소송물 ☆

2017년 변호사시험 문 59. ☑ 확인Check! ○ △ ✕

일부청구에 관한 설명 중 옳지 않은 것은?(다툼이 있는 경우 판례에 의함)

① 특정채권 중 일부만을 청구한 경우에도 그 취지로 보아 채권 전부에 관하여 판결을 구하는 것으로 해석되는 경우에는 그 채권의 동일성의 범위 내에서 전부에 관하여 시효중단의 효력이 발생한다.

② 불법행위의 피해자가 일부청구임을 명시하여 그 손해의 일부만을 청구한 전소가 상고심에 계속 중인 경우, 나머지 치료비를 구하는 손해배상청구의 소는 중복제소에 해당하지 않는다.

③ 불법행위의 피해자가 일부청구임을 명시하여 그 손해의 일부만을 청구한 경우, 그 일부청구에 대한 판결의 기판력은 청구의 인용 여부에 관계없이 그 청구의 범위에 한하여 미친다.

④ 일부청구임을 명시하는 방법으로는 일부청구하는 채권의 범위를 잔부청구와 구별하여 심리의 범위를 특정할 수 있는 정도의 표시를 하여 전체 채권의 일부로서 우선 청구하고 있는 것임을 밝히는 것으로 충분하다.

⑤ 가분채권에 대한 이행의 소를 제기하면서 그것이 나머지 부분을 유보하고 일부만 청구하는 것이라는 취지를 명시하지 아니한 경우, 일부 청구에 관하여 전부승소한 채권자는 나머지 부분에 관하여 청구를 확장하기 위한 항소를 제기할 수 없다.

[❶ ▸ ○] 청구의 대상으로 삼은 채권 중 일부만을 청구한 경우에도 그 취지로 보아 채권 전부에 관하여 판결을 구하는 것으로 해석되는 경우에는 그 동일성의 범위 내에서 그 전부에 관하여 시효중단의 효력이 발생한다(대판 2006.1.26. 2005다60017).

[❷ ▸ ○] 전 소송에서 불법행위를 원인으로 치료비청구를 하면서 일부만을 특정하여 청구하고 그 이외의 부분은 별도소송으로 청구하겠다는 취지를 명시적으로 유보한 때에는 그 전소송의 소송물은 그 청구한 일부의 치료비에 한정되는 것이고 전 소송에서 한 판결의 기판력은 유보한 나머지 부분의 치료비에까지는 미치지 아니한다 할 것이므로 <u>전 소송의 계속 중에 동일한 불법행위를 원인으로 유보한 나머지 치료비청구를 별도소송으로 제기하였다 하더라도 중복제소에 해당하지 아니한다</u>(대판 1985.4.9. 84다552).

[❸ ▸ ○] 불법행위의 피해자가 일부청구임을 명시하여 그 손해의 일부만을 청구한 경우 그 일부청구에 대한 판결의 기판력은 청구의 인용 여부에 관계없이 그 청구의 범위에 한하여 미치는 것이고, <u>잔액 부분 청구에는 미치지 아니한다</u>(대판 2008.12.24. 2008다51649).

[❹ ▸ ○] 가분채권의 일부에 대한 이행청구의 소를 제기하면서 나머지를 유보하고 일부만을 청구한다는 취지를 명시하지 아니한 이상 확정판결의 기판력은 청구하고 남은 잔부청구에까지 미치는 것이므로, 나머지 부분을 별도로 다시 청구할 수는 없다. 그러나 일부청구임을 명시한 경우에는 일부청구에 대한 확정판결의 기판력은 잔부청구에 미치지 아니하고, <u>이 경우 일부청구임을 명시하는 방법으로는</u> 반드시 전체 채권액을 특정하여 그중 일부만을 청구하고 나머지에 대한 청구를

유보하는 취지임을 밝혀야 할 필요는 없으며, 일부청구하는 채권의 범위를 잔부청구와 구별하여 심리의 범위를 특정할 수 있는 정도의 표시를 하여 전체 채권의 일부로서 우선 청구하고 있는 것임을 밝히는 것으로 충분하다. 그리고 일부청구임을 명시하였는지 판단할 때에는 소장, 준비서면 등의 기재뿐만 아니라 소송의 경과 등도 함께 살펴보아야 한다(대판 2016.7.27. 2013다96165).

[❺ ▸ ✕] 상소는 자기에게 불이익한 재판에 대하여 유리하게 취소 변경을 구하는 것이므로 전부 승소한 판결에 대하여는 항소를 허용하지 아니하는 것이 원칙이고, 재판이 항소인에게 불이익한 것인지 여부는 원칙적으로 재판의 주문을 표준으로 하여 판단해야 하며, 다만 가분채권에 대한 이행청구의 소를 제기하면서 그것이 나머지 부분을 유보하고 일부만 청구하는 것이라는 취지를 명시하지 아니한 경우에는 그 확정판결의 기판력은 나머지 부분에까지 미치는 것이어서 별소로써 나머지 부분에 관하여 다시 청구할 수는 없는 것이므로, 일부 청구에 관하여 전부 승소한 채권자는 나머지 부분에 관하여 청구를 확장하기 위한 항소가 허용되지 아니한다면 나머지 부분을 소구할 기회를 상실하는 불이익을 입게 된다 할 것이고, 따라서 이러한 경우에는 예외적으로 전부 승소한 판결에 대해서도 나머지 부분에 관하여 청구를 확장하기 위한 항소의 이익을 인정함이 상당하다고 할 것이다(대판 2010.11.11. 2010두14534).

<table>
<tr><td>제4절</td><td>소의 제기</td></tr>
</table>

<table>
<tr><td>제5절</td><td>재판장의 소장심사와 그 후의 조치</td></tr>
</table>

<table>
<tr><td>제6절</td><td>소제기의 효과</td><td>★★★☆</td></tr>
</table>

2014년 변호사시험 문 57.   ☑ 확인Check! ○ △ ✕

중복된 소제기의 금지에 관한 설명 중 옳지 않은 것은?(다툼이 있는 경우에는 판례에 의함)

① 중복된 소제기임을 법원이 간과하고 본안판결을 하였을 때에는 상소로 다툴 수 있고, 판결이 확정되었다면 당연무효의 판결이라고 할 수 없다.

② 전소와 후소의 판결이 모두 확정되었으나 그 내용이 서로 모순저촉되는 때에는 어느 것이 먼저 제소되었는가에 관계없이 먼저 확정된 종국판결에 대하여 재심의 소를 제기할 수 있다.

③ 전 소송에서 피해자 甲이 가해자 乙에게 불법행위를 원인으로 치료비를 청구하면서 일부만을 특정하여 청구하고 그이외의 부분은 별도소송으로 청구하겠다는 취지를 명시적으로 유보한 경우, 甲이 전 소송의 계속 중 동일 불법행위를 원인으로 나머지 치료비 청구를 별도소송으로 제기하였다 하더라도 중복된 소제기에 해당하지 않는다.

④ 상계의 항변을 제출할 당시 이미 자동채권과 동일한 채권에 기한 소를 별도로 제기하여 계속 중인 경우, 특별한 사정이 없는 한 별소로 계속 중인 채권을 자동채권으로 하는 소송상 상계의 주장이 허용된다.

⑤ 채권자 丙이 채무자 甲과 수익자 乙 사이의 법률행위의 취소를 구하는 채권자취소소송이 계속 중 甲의 다른 채권자 丁이 甲과 乙 사이의 동일한 법률행위의 취소를 구하는 채권자취소소송을 제기한 경우, 후소는 중복된 소제기가 아니다.

[❶ ▸ ○] 중복된 소제기임을 법원이 간과하고 본안판결을 하였을 경우에는 상소로써 취소할 수 있고(민소법 제423조), 판결이 확정되었다고 하더라도 당연무효의 판결이라고 할 수 없다.

[**❷** ▸ **×**] 전소와 후소의 판결이 모두 확정되었으나 그 내용이 서로 모순·저촉되는 때에는, 어느 것이 먼저 소송계속되었는지 불문하고, 먼저 확정된 판결이 효력이 있고 뒤에 확정된 판결이 재심의 소의 대상이 된다(민소법 제451조 제1항 제10호).

 판례 민사소송법 제451조 제1항 제10호 소정의 재심을 제기할 판결이 전에 선고한 확정판결과 저촉하는 때라 함은 재심대상이 된 확정판결의 기판력이 그보다 전에 선고한 확정판결의 기판력과 서로 저촉하는 경우를 말하므로 재심을 제기할 판결이 그보다 늦게 선고 확정된 판결과 저촉되는 경우는 이에 해당하지 아니한다(대판 1981.7.28. 80다2668).

[**❸** ▸ **○**] 전 소송에서 불법행위를 원인으로 치료비청구를 하면서 일부만을 특정하여 청구하고 그 이외의 부분은 별도소송으로 청구하겠다는 취지를 명시적으로 유보한 때에는 그 전소송의 소송물은 그 청구한 일부의 치료비에 한정되는 것이고 전 소송에서 한 판결의 기판력은 유보한 나머지 부분의 치료비에까지는 미치지 아니한다 할 것이므로 전 소송의 계속 중에 동일한 불법행위를 원인으로 유보한 나머지 치료비청구를 별도소송으로 제기하였다 하더라도 중복제소에 해당하지 아니한다(대판 1985.4.9. 84다552).

[**❹** ▸ **○**] 상계의 항변을 제출할 당시 이미 자동채권과 동일한 채권에 기한 소송을 별도로 제기하여 계속 중인 경우, 사실심의 담당재판부로서는 전소와 후소를 같은 기회에 심리·판단하기 위하여 이부, 이송 또는 변론병합 등을 시도함으로써 기판력의 저촉·모순을 방지함과 아울러 소송경제를 도모함이 바람직하였다고 할 것이나, 그렇다고 하여 특별한 사정이 없는 한 별소로 계속 중인 채권을 자동채권으로 하는 소송상 상계의 주장이 허용되지 않는다고 볼 수는 없다(대판 2001.4.27. 2000다4050).

[**❺** ▸ **○**] 기판력은 당사자 간에 한하여 생기고, 제3자에게는 미치지 않는 것이 원칙이며, 한편 채권자취소권의 요건을 갖춘 각 채권자는 고유의 권리로서 채무자의 재산처분행위를 취소하고 그 원상회복을 구할 수 있는 것이므로 각 채권자가 동시 또는 이시에 사해행위의 취소 및 원상회복을 구하는 소송을 제기하였다 하여도 그중 어느 소송에서 승소판결이 선고·확정되고 그에 기하여 재산이나 가액의 회복을 마치기 전에는 각 소송이 중복제소에 해당한다거나 권리보호의 이익이 없게 되는 것은 아니다(대판 2013.4.26. 2011다37001).

2020년 변호사시험 문 57. ☑ 확인Check! ○ △ ✕

소멸시효에 관한 설명 중 옳지 않은 것은?(다툼이 있는 경우 판례에 의함)

① 소멸시효의 이익을 받는 자가 소멸시효 완성의 항변을 하지 않은 경우 법원은 이에 대하여 판단할 수 없다.

② 물상보증인이 그 저당권의 피담보채무의 부존재 또는 소멸을 이유로 제기한 저당권설정등기말소청구 소송에서, 채권자 겸 저당권자가 청구기각의 판결을 구하고 피담보채권의 존재를 주장하더라도 이로써 피담보채권의 소멸시효가 중단되지 아니한다.

③ 채권양도 후 대항요건이 구비되기 전의 양도인이 채무자를 상대로 제기한 소송 중에 채무자가 채권양도의 효력을 인정하는 등의 사정으로 인하여 양도인의 청구가 기각되고 양수인이 그로부터 6월 내에 채무자를 상대로 양수금청구의 소를 제기한 경우, 양도인의 최초의 소제기 시에 위 채권의 소멸시효가 중단된다.

④ 가압류로 인한 소멸시효 중단의 효력은 가압류결정이 제3채무자에게 송달된 때에 발생하고 가압류신청 시로 소급하지 아니한다.

⑤ 소송 당사자가 「민법」에 따른 소멸시효기간을 주장한 경우에도 법원은 직권으로 「상법」에 따른 소멸시효기간을 적용할 수 있다.

④ **정답**

[❶▸○][❺▸○] 민사소송절차에서 변론주의 원칙은 권리의 발생·변경·소멸이라는 법률효과 판단의 요건이 되는 주요사실에 관한 주장·증명에 적용된다. 따라서 권리를 소멸시키는 소멸시효 항변은 변론주의 원칙에 따라 당사자의 주장이 있어야만 법원의 판단대상이 된다. 그러나 이 경우 어떤 시효기간이 적용되는지에 관한 주장은 권리의 소멸이라는 법률효과를 발생시키는 요건을 구성하는 사실에 관한 주장이 아니라 단순히 법률의 해석이나 적용에 관한 의견을 표명한 것이다. 이러한 주장에는 변론주의가 적용되지 않으므로 법원이 당사자의 주장에 구속되지 않고 직권으로 판단할 수 있다. 당사자가 민법에 따른 소멸시효기간을 주장한 경우에도 법원은 직권으로 상법에 따른 소멸시효기간을 적용할 수 있다(대판 2017.3.22. 2016다258124).

[❷▸○] 타인의 채무를 담보하기 위하여 자기의 물건에 담보권을 설정한 물상보증인은 채권자에 대하여 물적 유한책임을 지고 있어 그 피담보채권의 소멸에 의하여 직접 이익을 받는 관계에 있으므로 소멸시효의 완성을 주장할 수 있는 것이지만, 채권자에 대하여는 아무런 채무도 부담하고 있지 아니하므로, 물상보증인이 그 피담보채무의 부존재 또는 소멸을 이유로 제기한 저당권설정등기말소등기절차이행청구소송에서 채권자 겸 저당권자가 청구기각의 판결을 구하고 피담보채권의 존재를 주장하였다고 하더라도 이로써 직접 채무자에 대하여 재판상 청구를 한 것으로 볼 수는 없는 것이므로 피담보채권의 소멸시효에 관하여 규정한 민법 제168조 제1호 소정의 '청구'에 해당하지 아니한다(대판 2004.1.16. 2003다30890).

[❸▸○] 채권양도 후 대항요건이 구비되기 전의 양도인은 채무자에 대한 관계에서는 여전히 채권자의 지위에 있으므로 채무자를 상대로 시효중단의 효력이 있는 재판상의 청구를 할 수 있고, 이 경우 양도인이 제기한 소송 중에 채무자가 채권양도의 효력을 인정하는 등의 사정으로 인하여 양도인의 청구가 기각됨으로써 민법 제170조 제1항에 의하여 시효중단의 효과가 소멸된다고 하더라도, 양도인의 청구가 당초부터 무권리자에 의한 청구로 되는 것은 아니므로, 양수인이 그로부터 6월 내에 채무자를 상대로 재판상의 청구 등을 하였다면, 민법 제169조 및 제170조 제2항에 의하여 양도인의 최초의 재판상 청구로 인하여 시효가 중단된다(대판 2009.2.12. 2008두20109).

[❹▸✕] 민법 제168조 제2호에서 가압류를 시효중단사유로 정하고 있지만, 가압류로 인한 시효중단의 효력이 언제 발생하는지에 관해서는 명시적으로 규정되어 있지 않다. 민사소송법 제265조에 의하면, 시효중단사유 중 하나인 '재판상의 청구'(민법 제168조 제1호, 제170조)는 소를 제기한 때 시효중단의 효력이 발생한다. 이는 소장 송달 등으로 채무자가 소제기사실을 알기 전에 시효중단의 효력을 인정한 것이다. 가압류에 관해서도 위 민사소송법 규정을 유추적용하여 '재판상의 청구'와 유사하게 가압류를 신청한 때 시효중단의 효력이 생긴다고 보아야 한다. '가압류'는 법원의 가압류명령을 얻기 위한 재판절차와 가압류명령의 집행절차를 포함하는데, 가압류도 재판상의 청구와 마찬가지로 법원에 신청을 함으로써 이루어지고(민사집행법 제279조), 가압류명령에 따른 집행이나 가압류명령의 송달을 통해서 채무자에게 고지가 이루어지기 때문이다. 가압류를 시효중단사유로 규정한 이유는 가압류에 의하여 채권자가 권리를 행사하였다는 점에 있고 가압류채권자의 권리행사는 가압류를 신청한 때에 시작되므로, 이 점에서도 가압류에 의한 시효중단의 효력은 가압류신청을 한 때에 소급한다(대판 2017.4.7. 2016다35451).

소제기에 의한 소멸시효 중단의 효과에 관한 설명 중 옳은 것은?(다툼이 있는 경우 판례에 의함)

① 甲은 乙이 사망한 사실을 모르고 乙을 피고로 표시하여 제기한 대여금청구 소송에서 승소하였는데, 乙의 단독상속인 丙이 이러한 사실을 알고 위 판결에 대하여 항소한 경우에는 甲이 소를 제기한 때에 위 대여금채권의 소멸시효가 중단된 것으로 보아야 한다.

② 甲이 그 소유의 A차량을 운전하던 중에 乙이 운전하던 B차량과 충돌하여 상해를 입자, A차량의 보험회사인 丙회사가 甲에게 보험금을 지급한 후 乙을 상대로 구상금청구의 소를 제기하였는데, 甲이 丙회사 측에 보조참가하여 乙의 과실 존부 등에 관하여 다툰 경우에는 甲의 보조참가로 인해 甲의 乙에 대한 손해배상채권의 소멸시효가 중단된 것으로 볼 수 없다.

③ 甲이 乙을 대위하여 丙을 상대로 부당이득 반환을 원인으로 A토지에 관한 소유권이전등기청구의 소를 제기하였는데, 甲의 乙에 대한 피보전채권이 인정되지 않음을 이유로 한 소각하 판결이 2019.3.15. 확정되었고, 乙의 다른 채권자 丁이 2019.6.14. 乙을 대위하여 丙을 상대로 위와 같은 내용의 소를 제기한 경우에는 乙의 丙에 대한 위 소유권이전등기청구권의 소멸시효는 甲이 채권자대위소송을 제기한 때에 중단된 것으로 보아야 한다.

④ 대여금채무자 겸 근저당권설정자 甲이 대여금채권자 겸 근저당권자 乙을 상대로 그 대여금채무의 소멸을 원인으로 한 근저당권설정등기말소청구의 소를 제기한 경우, 乙이 응소하여 자신의 甲에 대한 대여금채권이 존재한다고 적극적으로 주장함으로써 위 대여금채권의 소멸시효 중단의 효력을 발생시키기 위해서는 乙은 자신의 응소행위로 위 대여금채권의 소멸시효가 중단되었음을 주장하여야 하는데, 그 시효중단의 주장은 답변서 제출 시에 하여야 한다.

⑤ 乙에 대한 대여금채권자 甲이 2019.7.9. 乙을 상대로 지급명령을 신청하였고, 법원의 지급명령에 대하여 乙이 2019.9.10. 이의신청을 함으로써 사건이 소송으로 이행된 경우에는 위 지급명령에 의한 소멸시효 중단의 효력이 2019.9.10. 발생한다.

[**❶ ▸ ✕**] 이미 사망한 자를 피고로 하는 소는 부적법하고, 이를 간과한 판결은 당연무효로서 처음부터 시효중단의 효력이 인정되지 아니하므로, 甲이 乙을 상대로 소를 제기한 때에 대여금채권의 소멸시효가 중단된 것으로 볼 수는 없다.

> **판례** 이미 사망한 자를 피고로 하여 제기된 소는 부적법하여 이를 간과한 채 본안 판단에 나아간 판결은 당연무효로서 그 효력이 상속인에게 미치지 않고, 채권자의 이러한 제소는 권리자의 의무자에 대한 권리행사에 해당하지 않으므로, 상속인을 피고로 하는 당사자표시정정이 이루어진 경우와 같은 특별한 사정이 없는 한, 거기에는 애초부터 시효중단 효력이 없어 민법 제170조 제2항이 적용되지 않는다고 봄이 타당하고, 법원이 이를 간과하여 본안에 나아가 판결을 내린 경우에도 마찬가지라고 보아야 한다(대판 2014.2.27. 2013다94312).

[**❷ ▸ ✕**] 甲이 자신의 차량을 운전하던 중 乙주식회사 소유의 차량을 충돌하여 상해를 입었는데, 甲 차량의 보험자인 丙주식회사가 甲에게 보험금을 지급한 후 乙회사를 상대로 구상금청구의 소를 제기하였고 甲이 丙회사 측 보조참가인으로 참가하여 乙회사의 과실 존부 등에 관하여 적극적으로 다툰 경우, 甲의 손해배상청구권의 소멸시효는 위 보조참가로 중단된다(대판 2014.4.24. 2012다105314).

[**❸ ▸ ○**] 채권자 甲이 채무자 乙을 대위하여 丙을 상대로 부동산에 관하여 부당이득 반환을 원인으로 한 소유권이전등기절차 이행을 구하는 소를 제기하였다가 피보전권리가 인정되지 않는다는 이유로 소각하판결을 선고받아 확정되었고, 그로부터 3개월 남짓 경과한 후에 다른 채권자 丁이 乙을 대위하여 丙을 상대로 같은 내용의 소를 제기하였다가 丙과 사이에 피보전권리가 존재하지 않는다는 취지의 조정이 성립되었는데, 또 다른 채권자인 戊가 조정 성립일로부터 10여일이 경과한 후에 乙을 대위하여 丙을 상대로 같은 내용의 소를 다시 제기한 경우, 채무자 乙의 丙에 대한 위 부동산에 관한 부당이득 반환을 원인으로 한 소유권이전등기청구권의 소멸시효는 甲, 丁, 戊의 순차적인 채권자대위소송에 따라 최초의 재판상 청구인 甲의 채권자대위소송 제기로 중단된다(대판 2011.10.13. 2010다80930).

[**❹ ▸ ✕**] 응소행위에 대하여 소멸시효중단의 효력을 인정하는 것은 그것이 권리 위에 잠자는 것이 아님을 표명한 것에 다름 아닐 뿐만 아니라 계속된 사실상태와 상용할 수 없는 다른 사정이 발생한 때로 보아야 한다는 것에 기인한 것이므로, 채무자가 반드시 소멸시효완성을 원인으로 한 소송을 제기한 경우이거나 당해 소송이 아닌 전 소송 또는 다른 소송에서 그와 같은 권리주장을 한 경우이어야 할 필요는 없고, 나아가 <u>변론주의 원칙상 피고가 응소행위를 하였다고 하여 바로 시효중단의 효과가 발생하는 것은 아니고 시효중단의 주장을 하여야 그 효력이 생기는 것이지만, 시효중단의 주장은 반드시 응소시에 할 필요는 없고 소멸시효기간이 만료된 후라도 사실심 변론종결 전에는 언제든지 할 수 있다</u>(대판 2010.8.26. 2008다42416).

[**❺ ▸ ✕**] 민사소송법 제472조 제2항은 "채무자가 지급명령에 대하여 적법한 이의신청을 한 경우에는 지급명령을 신청한 때에 이의신청된 청구목적의 값에 관하여 소가 제기된 것으로 본다"라고 규정하고 있는바, <u>지급명령 사건이 채무자의 이의신청으로 소송으로 이행되는 경우에 지급명령에 의한 시효중단의 효과는 소송으로 이행된 때가 아니라 지급명령을 신청한 때에 발생한다</u>(대판 2015.2.12. 2014다228440).

2013년 변호사시험 문 53.

☑ 확인 Check! ○ △ ✕

중복된 소제기의 금지에 관한 설명 중 옳고 그름의 표시(○, ✕)가 옳게 조합된 것은?(다툼이 있는 경우에는 판례에 의함)

ㄱ. 채권자가 채무자를 대위하여 제3채무자를 상대로 제기한 채권자대위소송이 계속 중 채무자가 제3채무자를 상대로 채권자대위소송과 소송물이 같은 소를 제기하여 소송이 계속된 경우, 후소는 중복된 소제기에 해당한다.

ㄴ. A소가 제기되어 그 소송계속 중 A소와 당사자 및 소송물이 동일한 B소가 제기되고 양 소에 대한 판결이 선고되어 확정된 경우, 양 판결의 내용이 서로 모순·저촉될 때에는 뒤에 확정된 판결은 무효가 된다.

ㄷ. A가 B의 폭행으로 상해를 입고 B를 상대로 이로 인한 손해배상으로 치료비를 청구하는 소송계속 중에 B를 상대로 동일한 상해에 기한 일실임금을 청구하는 별소를 제기한 경우, 후소는 중복된 소제기에 해당하지 않는다.

ㄹ. A소의 소장 제출일은 2012.11.5.이고 소장 부본 송달일은 2012.12.26.이며, B소의 소장 제출일은 2012.11.7.이고 소장 부본 송달일은 2012.12.24.인 경우 중복된 소제기에 해당하는 소는 B소이다(단, A소와 B소는 당사자 및 소송물이 동일함).

ㅁ. 동일한 사건에 관하여 전소가 소송계속 중이라면 설령 그 전소가 소송요건을 흠결하여 부적법하다고 할지라도 후소의 변론종결 시까지 취하·각하 등에 의하여 그 소송계속이 소멸되지 아니하는 한 후소는 중복된 소제기에 해당한다.

① ㄱ(○) ㄴ(✕) ㄷ(○) ㄹ(✕) ㅁ(○) ② ㄱ(○) ㄴ(✕) ㄷ(✕) ㄹ(✕) ㅁ(○)

③ ㄱ(✕) ㄴ(○) ㄷ(✕) ㄹ(✕) ㅁ(○) ④ ㄱ(✕) ㄴ(○) ㄷ(✕) ㄹ(○) ㅁ(✕)

⑤ ㄱ(○) ㄴ(✕) ㄷ(○) ㄹ(○) ㅁ(✕)

[**ㄱ ▸ ○**] 채권자가 채무자를 대위하여 제3채무자를 상대로 제기한 채권자대위소송이 법원에 계속 중 채무자와 제3채무자 사이에 채권자대위소송과 소송물을 같이하는 내용의 소송이 제기된 경우, 양 소송은 동일소송이므로 후소는 중복제소금지원칙에 위배되어 제기된 부적법한 소송이라 할 것이나, 이 경우 전소, 후소의 판별기준은 소송계속의 발생시기의 선후에 의할 것이다(대판 1992.5.22. 91다41187).

[**ㄴ ▸ ✕**] <u>전소와 후소의 판결이 모두 확정되었으나 그 내용이 서로 모순·저촉되는 때에는, 어느 것이 먼저 소송계속 되었는지 불문하고, 먼저 확정된 판결이 효력이 있고 뒤에 확정된 판결은 당연무효라고 할 수는 없으나, 재심의 소의 대상이 된다</u>(민소법 제451조 제1항 제10호).

[ㄷ ▸ O] A가 B를 상대로 동일한 상해에 기한 일실임금을 청구하는 별소를 제기한 경우, 후소는 소송물을 달리하므로 중복된 소제기에 해당하지 아니한다.

> **판례** 생명 또는 신체에 대한 불법행위로 인하여 입게 된 적극적 손해와 소극적 손해 및 정신적 손해는 서로 소송물을 달리하므로 그 손해배상의무의 존부나 범위에 관하여 항쟁함이 상당한지의 여부는 각 손해마다 따로 판단하여야 한다(대판 2002.9.10. 2002다34581).

[ㄹ ▸ X] B소의 소장 부본 송달일은 2012.12.24.로, A소의 소장 부본 송달일인 2012.12.26.보다 우선하므로, A소가 중복제소에 해당한다.

> **판례** 당사자 및 소송물이 동일한 소가 시간을 달리하여 제기된 경우 시간적으로 나중에 제기된 소는 중복제소금지의 원칙에 위배되어 부적법하다. 그리고 이 경우 전소와 후소의 판별기준은 소송계속의 발생시기, 즉 소장이나 소변경신청서 등이 피고에게 송달된 때의 선후에 의할 것이다(대판 2012.11.29. 2010두7796).

[ㅁ ▸ O] 중복제소 금지는 소송계속으로 인하여 당연히 발생하는 소송요건의 하나로서, 이미 동일한 사건에 관하여 전소가 제기되었다면 설령 그 전소가 소송요건을 흠결하여 부적법하다고 할지라도 후소의 변론종결시까지 취하·각하 등에 의하여 소송계속이 소멸되지 아니하는 한 후소는 중복제소금지에 위배하여 각하를 면치 못하게 되는바, 이와 같은 법리는 어느 채권자가 채무자를 대위하여 제3채무자를 상대로 제기한 채권자대위소송이 법원에 계속 중 다른 채권자가 같은 채무자를 대위하여 제3채무자를 피고로 하여 동일한 소송물에 관하여 소송을 제기한 경우에도 적용된다(대판 1998.2.27. 97다45532).

2014년 변호사시험 문 66.   ☑ 확인Check! O △ X

소송계속 중 소멸시효의 중단에 관한 설명 중 옳지 않은 것은?(다툼이 있는 경우에는 판례에 의함)

① 청구의 대상으로 삼은 채권 중 일부만을 청구한 경우에도 그 취지로 보아 채권 전부에 관하여 판결을 구하는 것으로 해석되는 경우에는 그 동일성의 범위 내에서 그 전부에 관하여 시효중단의 효력이 발생하지만, 이러한 법리는 특정 불법행위로 인한 손해배상채권에 대한 지연손해금청구의 경우에는 적용되지 않는다.

② 甲이 乙을 상대로 채권자대위에 기하여 대여금청구를 하다가 당해 피대위채권 자체를 양수하여 양수금청구로 소를 교환적으로 변경하였다 하더라도 당초 채권자대위소송으로 인한 시효중단의 효력은 소멸하지 않는다.

③ 乙은 丙에 대한 대여금채권을 담보하기 위하여 丙 소유 부동산에 관하여 乙 명의의 가등기를 마쳤다. 이후 위 부동산을 취득한 甲이 乙을 상대로 그 가등기가 허위의 매매계약에 기하여 마쳐진 것이라는 주장을 하면서 가등기의 말소를 구하는 소를 제기하였다. 이에 乙이 丙에 대한 대여금채권의 존재를 주장하면서 응소하였다 하더라도 시효중단의 효력 있는 응소행위라고 볼 수 없다.

④ 채무자 甲이 채권자 겸 근저당권자인 乙을 상대로 피담보채권인 대여금채권이 부존재함을 이유로 근저당권설정등기말소청구의 소를 제기하였다. 이에 乙은 청구기각 판결을 구하면서 위 대여금채권이 유효하게 성립된 것이어서 이를 피담보채권으로 하는 위 근저당권설정등기는 유효하다는 답변을 하였고 위 주장이 받아들여졌다면 위 대여금채권에 대한 소멸시효의 진행은 중단된다.

⑤ 채권양도의 대항요건을 갖추기 전에 양도인 甲이 채무자 乙을 상대로 제기한 재판상 청구가 소송 중에 乙이 채권양도의 효력을 인정함으로써 기각되고 그 후 6월 내에 양수인 丙이 재판상 청구를 한 경우, 甲의 최초의 재판상 청구로 인하여 시효가 중단된다.

① **정답**

[**❶ ▸ ✕**] 청구의 대상으로 삼은 채권 중 일부만을 청구한 경우에도 그 취지로 보아 채권 전부에 관하여 판결을 구하는 것으로 해석되는 경우에는 그 <u>동일성의 범위 내에서 그 전부에 관하여 시효중단의 효력이 발생하고, 이러한 법리는 특정 불법행위로 인한 손해배상채권에 대한 지연손해금청구의 경우에도 마찬가지로 적용된다</u>(대판 2001.9.28, 99다72521).

[**❷ ▸ ◯**] 원고가 채권자대위권에 기해 청구를 하다가 당해 피대위채권 자체를 양수하여 양수금청구로 소를 변경한 경우, 이는 청구원인의 교환적 변경으로서 채권자대위권에 기한 구 청구는 취하된 것으로 보아야 하나, 그 채권자대위소송의 소송물은 채무자의 제3채무자에 대한 계약금반환청구권인데 위 양수금청구는 원고가 위 계약금반환청구권 자체를 양수하였다는 것이어서 양 청구는 동일한 소송물에 관한 권리의무의 특정승계가 있을 뿐 그 소송물은 동일한 점, 시효중단의 효력은 특정승계인에게도 미치는 점, 계속 중인 소송에 소송목적인 권리 또는 의무의 전부나 일부를 승계한 특정승계인이 소송참가하거나 소송인수한 경우에는 소송이 법원에 처음 계속된 때에 소급하여 시효중단의 효력이 생기는 점, 원고는 위 계약금반환채권을 채권자대위권에 기해 행사하다 다시 이를 양수받아 직접 행사한 것이어서 위 계약금반환채권과 관련하여 원고를 '권리 위에 잠자는 자'로 볼 수 없는 점 등에 비추어 볼 때, <u>당초의 채권자대위소송으로 인한 시효중단의 효력이 소멸하지 않는다</u>(대판 2010.6.24, 2010다17284).

[**❸ ▸ ◯**] 시효를 주장하는 자의 소제기에 대한 응소행위가 민법상 시효중단사유로서의 재판상 청구에 준하는 행위로 인정되려면 의무 있는 자가 제기한 소송에서 권리자가 의무 있는 자를 상대로 응소하여야 할 것이므로, <u>담보가등기가 설정된 후에 그 목적 부동산의 소유권을 취득한 제3취득자나 물상보증인 등 시효를 원용할 수 있는 지위에 있으나 직접 의무를 부담하지 아니하는 자가 제기한 소송에서의 응소행위는 권리자의 의무자에 대한 재판상 청구에 준하는 행위에 해당한다고 볼 수 없다</u>(대판 2007.1.11, 2006다33364).

[**❹ ▸ ◯**] 채무자 겸 저당권설정자가 피담보채무의 부존재 또는 소멸을 이유로 하여 제기한 저당권설정등기말소등기절차 이행청구소송에서 채권자 겸 저당권자가 청구기각의 판결을 구하면서 피담보채권의 존재를 주장하는 경우에는 그와 같은 주장은 재판상 청구에 준하는 것으로서 <u>피담보채권에 관하여 소멸시효중단의 효력이 생긴다</u>(대판 2004.1.16, 2003다30890).

[**❺ ▸ ◯**] 채권양도 후 대항요건이 구비되기 전의 양도인은 채무자에 대한 관계에서는 여전히 채권자의 지위에 있으므로 채무자를 상대로 시효중단의 효력이 있는 재판상의 청구를 할 수 있고, 이 경우 <u>양도인이 제기한 소송 중에 채무자가 채권양도의 효력을 인정하는 등의 사정으로 인하여 양도인의 청구가 기각됨으로써 민법 제170조 제1항에 의하여 시효중단의 효과가 소멸된다고 하더라도, 양도인의 청구가 당초부터 무권리자에 의한 청구로 되는 것은 아니므로, 양수인이 그로부터 6월 내에 채무자를 상대로 재판상의 청구 등을 하였다면, 민법 제169조 및 제170조 제2항에 의하여 양도인의 최초의 재판상 청구로 인하여 시효가 중단된다</u>(대판 2009.2.12, 2008두20109).

2015년 변호사시험 문 69.

☑ 확인 Check! ◯ △ ✕

중복된 소제기의 금지에 관한 설명 중 옳지 않은 것은?(다툼이 있는 경우 판례에 의함)

① 치료비의 일부만 특정하여 그 지급을 청구한 경우에 명시적으로 유보한 나머지 치료비 지급청구를 별도 소송으로 제기하더라도 중복된 소제기에 해당하지 아니한다.

② 법원에 계속되어 있는 전소가 부적법하더라도 동일한 후소의 변론종결시까지 취하·각하 등에 의하여 소송계속이 소멸되지 아니하는 한 그 후소는 중복된 소제기의 금지에 저촉되는 부적법한 소로서 각하를 면할 수 없다.

③ 중복된 소제기에 해당하지 않는다는 것은 소극적 소송요건으로 중복된 소제기에 해당하면 법원은 피고의 항변을 기다릴 필요 없이 후소를 부적법 각하하여야 한다.

④ 계속 중인 전소의 소구채권으로 그 소의 상대방이 청구하는 후소에서 하는 상계항변은 허용된다.

⑤ 중복된 소제기임을 법원이 간과하고 본안판결을 한 후 그 판결이 확정되었다 하더라도 무효이다.

[**❶ ▸ O**] 전 소송에서 불법행위를 원인으로 치료비청구를 하면서 일부만을 특정하여 청구하고 그 이외의 부분은 별도소송으로 청구하겠다는 취지를 명시적으로 유보한 때에는 그 전소송의 소송물은 그 청구한 일부의 치료비에 한정되는 것이고 전 소송에서 한 판결의 기판력은 유보한 나머지 부분의 치료비에까지는 미치지 아니한다 할 것이므로 전 소송의 계속 중에 동일한 불법행위를 원인으로 유보한 나머지 치료비청구를 별도소송으로 제기하였다 하더라도 중복제소에 해당하지 아니한다(대판 1985.4.9. 84다552).

[**❷ ▸ O**] 중복제소금지는 소송계속으로 인하여 당연히 발생하는 소송요건의 하나로서, 이미 동일한 사건에 관하여 전소가 제기되었다면 설령 그 전소가 소송요건을 흠결하여 부적법하다고 할지라도 후소의 변론종결시까지 취하·각하 등에 의하여 소송계속이 소멸되지 아니하는 한 후소는 중복제소금지에 위배하여 각하를 면치 못하게 되는바, 이와 같은 법리는 어느 채권자가 채무자를 대위하여 제3채무자를 상대로 제기한 채권자대위소송이 법원에 계속 중 다른 채권자가 같은 채무자를 대위하여 제3채무자를 피고로 하여 동일한 소송물에 관하여 소송을 제기한 경우에도 적용된다(대판 1998.2.27. 97다45532).

[**❸ ▸ O**] 소가 중복제소에 해당하지 아니한다는 것은 소극적 소송요건으로서 법원의 직권조사 사항이므로 이에 관한 당사자의 주장은 직권발동을 촉구하는 의미 밖에 없어 위 주장에 대하여 판단하지 아니하였다 하더라도 판단유탈의 상고이유로 삼을 수 있는 흠이 될 수 없다(대판 1990.4.27. 88다카25274). 따라서 법원은 중복된 소제기에 해당하면, 피고의 항변을 기다릴 필요 없이 소송요건 흠결을 이유로 후소를 각하하여야 한다.

[**❹ ▸ O**] 상계의 항변을 제출할 당시 이미 자동채권과 동일한 채권에 기한 소송을 별도로 제기하여 계속 중인 경우, 사실심의 담당재판부로서는 전소와 후소를 같은 기회에 심리·판단하기 위하여 이부, 이송 또는 변론병합 등을 시도함으로써 기판력의 저촉·모순을 방지함과 아울러 소송경제를 도모함이 바람직하였다고 할 것이나, 그렇다고 하여 특별한 사정이 없는 한 별소로 계속 중인 채권을 자동채권으로 하는 소송상 상계의 주장이 허용되지 않는다고 볼 수는 없다(대판 2001.4.27. 2000다4050).

[**❺ ▸ ✕**] 중복된 소제기임을 법원이 간과하여 본안판결을 한 후 그 판결이 확정된 경우에는 당연무효의 판결이 아니고, 다만 민소법 제451조 제1항 제10호의 재심사유가 있는 경우에 한하여 재심이 인정될 수 있을 뿐이다.

2012년 변호사시험 문 57.   ☑ 확인Check! ○ △ ✕

甲은 乙에게 과실로 인한 손해배상으로 3,000만원을 청구하는 이 사건 소를 제기하였고, 이에 대해 乙은 甲에 대하여 가지는 5,000만원의 대여금채권으로 상계한다는 항변을 하였다. 다음 설명 중 옳지 않은 것은?(다툼이 있는 경우에는 판례에 의함)

① 乙이 이 사건에서 위 상계항변을 제출할 당시 이미 甲을 상대로 위 대여금 5,000만원의 지급을 구하는 별소를 제기한 경우, 위 상계항변은 중복제소에 해당한다는 이유로는 배척되지 않는다.

② 이 사건 소송에서 乙의 상계항변이 인정되어 甲의 전부패소판결이 선고된 경우, 乙은 甲의 3,000만원의 손해배상채권이 원래부터 부존재함을 이유로 항소할 수 있다.

③ 만약 乙의 위 대여금채권 성립 전에 甲의 채권자 丙에 의하여 甲의 위 손해배상채권이 가압류되고 그 가압류결정이 乙에게 송달되었다면, 乙은 丙에게 위와 같은 상계로 대항할 수 없다.

④ 만약 이 사건 소송에서 乙의 상계항변 없이 甲의 승소판결이 확정된 경우, 그 후 乙의 상계권 행사를 허용한다면 甲이 위 확정판결에 기하여 강제집행할 수 있는 지위가 무너지게 되어 부당하므로, 乙은 상계권을 행사하여 甲의 집행을 저지할 수 없다.

⑤ 만약 법원이 이 사건 소송의 심리결과 수동채권인 甲의 손해배상채권액은 5,000만원, 자동채권인 乙의 대여금채권액은 1,000만원이라는 심증을 형성하였다면, 이 사건 청구에 대하여 3,000만원 전부를 인용하는 판결을 하게 된다.

④ [정답]

[**❶ ▸ ○**] 상계의 항변을 제출할 당시 이미 자동채권과 동일한 채권에 기한 소송을 별도로 제기하여 계속 중인 경우, 사실심의 담당재판부로서는 전소와 후소를 같은 기회에 심리·판단하기 위하여 이부, 이송 또는 변론병합 등을 시도함으로 써 기판력의 저촉·모순을 방지함과 아울러 소송경제를 도모함이 바람직하였다고 할 것이나, 그렇다고 하여 특별한 사정이 없는 한 별소로 계속 중인 채권을 자동채권으로 하는 소송상 상계의 주장이 허용되지 않는다고 볼 수는 없다(대판 2001.4.27. 2000다4050).

[**❷ ▸ ○**] 승소한 피고 乙은 원칙적으로 상소의 이익이 없으나, 예비적 상계항변의 경우에는 원고 甲의 소구채권 부존재 를 이유로 승소한 경우보다 피고 乙에게 불리하므로, 예외적으로 상소의 이익이 인정된다.

[**❸ ▸ ○**] 지급을 금지하는 명령을 받은 제삼채무자는 그 후에 취득한 채권에 의한 상계로 그 명령을 신청한 채권자에게 대항하지 못한다(민법 제498조).

[**❹ ▸ ✕**] 당사자 쌍방의 채무가 서로 상계적상에 있다 하더라도 그 자체만으로 상계로 인한 채무소멸의 효력이 생기는 것은 아니고, 상계의 의사표시를 기다려 비로소 상계로 인한 채무소멸의 효력이 생기는 것이므로, 채무자가 채무명의인 확정판결의 변론종결 전에 상대방에 대하여 상계적상에 있는 채권을 가지고 있었다 하더라도 채무명의인 확정판결의 변론종결 후에 이르러 비로소 상계의 의사표시를 한 때에는 구 민사소송법 제505조 제2항이 규정하는 '이의원인이 변론종 결 후에 생긴 때'에 해당하는 것으로서, 당사자가 채무명의인 확정판결의 변론종결 전에 자동채권의 존재를 알았는가 몰랐는가에 관계없이 적법한 청구이의 사유로 된다(대판 2005.11.10. 2005다41443).

[**❺ ▸ ○**] 금전채권에 대하여 피고의 반대채권으로 상계하는 경우, 판례가 취하는 외측설에 의하면, 상계 후의 잔액이 청구액을 초과하지 아니하는 때에는 잔액을 인용하고, 잔액이 청구액을 초과하는 때에는 청구액을 인용하는데, 지문에서의 잔액은 4,000만원으로서 청구액인 3,000만원을 초과하므로, 청구액인 3,000만원 전액을 인용하는 판결을 하여야 한다.

판례 원고가 피고에게 합계금 5,151,900원의 금전채권 중 그 일부인 금 3,500,000원을 소송상 청구하는 경우에 이를 피고의 반대채권으로써 상계함에 있어서는 위 금전채권 전액에서 상계를 하고 그 잔액이 청구액을 초과하 지 아니할 경우에는 그 잔액을 인용할 것이고 그 잔액이 청구액을 초과할 경우에는 청구의 전액을 인용하는 것으로 해석하는 것이 일부 청구를 하는 당사자의 통상적인 의사이고 원고의 청구액을 기초로 하여 피고의 반대채권으로 상계하여 그 잔액만을 인용한 원심판결은 상계에 관한 법리를 오해한 위법이 있다 할 것이다(대판 1984.3.27. 83다323).

제7절 **채권자대위소송에 관한 제 논점**

제1절   **의 의**

제2절   **이념 달성을 위한 여러 심리원칙**   ★★★★★★

2019년 변호사시험 문 58.   ☑ 확인Check! ○ △ ✕

甲은 乙회사(이하 '乙'이라 함)의 영업을 위하여 2005.1.1. 乙에게 변제기를 2009.5.5.로 하여 1억 5,000만원을 대여해 주었음에도 乙이 이를 변제하지 않는다며 乙에 대하여 2014.7.1. 대여금청구소송을 제기하였다. 이에 대하여 乙은 대여사실을 인정하면서 위 채권은 2014.5.5. 시효로 소멸되었다고 주장하였다. 이에 관한 설명 중 옳은 것을 모두 고른 것은?(다툼이 있는 경우 판례에 의함)

ㄱ. 甲의 대여사실에 대하여는 자백이 성립한 것이므로 법원은 별도의 증거조사 없이 甲의 대여사실을 인정하여야 한다.

ㄴ. 본래의 소멸시효 기산일과 당사자가 주장하는 기산일이 서로 다른 경우에 법원은 당사자가 주장하는 기산일을 기준으로 소멸시효를 계산하여야 한다.

ㄷ. 위 사건을 심리한 결과 甲의 대여금은 乙의 영업을 위한 것이 아닌 개인적인 대여금이라고 법원이 판단하였을 경우에도 그 소멸시효기간을 乙의 주장과 달리 판단할 수 없다.

ㄹ. 乙이 소멸시효완성주장을 하지 않은 경우에 법원이 증거조사결과 甲의 채권이 소멸시효 완성으로 인하여 소멸하였다는 심증을 형성하더라도 이를 이유로 청구기각의 판결을 선고할 수 없다.

① ㄱ, ㄴ   ② ㄱ, ㄹ   ③ ㄴ, ㄹ
④ ㄱ, ㄴ, ㄹ   ⑤ ㄱ, ㄷ, ㄹ

[ㄱ ▸ ○] 乙이 대여사실을 인정하면서 대여금채권이 시효로 소멸되었다고 주장하는 것은 제한부 자백으로, 대여사실을 인정한 부분은 자백이고, 시효주장은 항변이다. 따라서 甲의 대여사실에 대하여 법원은 별도의 증거조사 없이 사실을 인정하여야 한다.

판례 재판상의 자백은 변론기일 또는 변론준비기일에 행한 상대방당사자의 주장과 일치하는 자기에게 불리한 사실의 진술로서, 일단 재판상의 자백이 성립하면 그것이 적법하게 취소되지 않는 한 법원도 이에 기속되는 것이므로, 법원은 당사자 사이에 다툼이 없는 사실에 관하여 성립된 자백과 배치되는 사실을 증거에 의하여 인정할 수 없다(대판 2013.6.27. 2012다86048).

[ㄴ▸○] 소멸시효의 기산일은 채무의 소멸이라고 하는 법률효과 발생의 요건에 해당하는 소멸시효 기간 계산의 시발점으로서 소멸시효 항변의 법률요건을 구성하는 구체적인 사실에 해당하므로 이는 변론주의의 적용 대상이고, 따라서 본래의 소멸시효 기산일과 당사자가 주장하는 기산일이 서로 다른 경우에는 변론주의의 원칙상 법원은 당사자가 주장하는 기산일을 기준으로 소멸시효를 계산하여야 하는데, 이는 당사자가 본래의 기산일보다 뒤의 날짜를 기산일로 하여 주장하는 경우는 물론이고 특별한 사정이 없는 한 그 반대의 경우에 있어서도 마찬가지이다(대판 1995.8.25, 94다35886).

[ㄷ▸✕] 소멸시효기간은 변론주의가 적용되지 아니하므로, 법원은 甲의 대여금을 개인적인 대여금, 즉 민사채권으로 보아 민법에 따른 소멸시효기간을 적용할 수 있다.

판례 민사소송절차에서 변론주의 원칙은 권리의 발생·변경·소멸이라는 법률효과 판단의 요건이 되는 주요사실에 관한 주장·증명에 적용된다. 따라서 권리를 소멸시키는 소멸시효 항변은 변론주의 원칙에 따라 당사자의 주장이 있어야만 법원의 판단대상이 된다. 그러나 이 경우 어떤 시효기간이 적용되는지에 관한 주장은 권리의 소멸이라는 법률효과를 발생시키는 요건을 구성하는 사실에 관한 주장이 아니라 단순히 법률의 해석이나 적용에 관한 의견을 표명한 것이다. 이러한 주장에는 변론주의가 적용되지 않으므로 법원이 당사자의 주장에 구속되지 않고 직권으로 판단할 수 있다. 당사자가 민법에 따른 소멸시효기간을 주장한 경우에도 법원은 직권으로 상법에 따른 소멸시효기간을 적용할 수 있다(대판 2017.3.22, 2016다258124).

[ㄹ▸○] 소멸시효완성주장은 주요 사실로서 변론주의가 적용되므로, 乙이 주장하지 아니하는 경우 법원은 甲의 대여금청구소송에 대하여 승소판결을 선고하여야 한다.

판례 소멸시효기간 만료에 인한 권리소멸에 관한 것은 소멸시효의 이익을 받은 자가 소멸시효완성의 항변을 하지 않으면, 그 의사에 반하여 재판할 수 없다(대판 1980.1.29, 79다1863).

2019년 변호사시험 문 54.
☑ 확인 Check! ○ △ ✕

유치권에 관한 설명 중 옳지 않은 것은?(다툼이 있는 경우 판례에 의함)

① 점유물에 대한 필요비와 유익비 상환청구권에 기초한 유치권 주장을 배척하는 경우 점유가 불법행위로 인하여 개시되었다는 사실에 대한 주장·증명은 유치권 주장의 배척을 구하는 상대방당사자가 하여야 한다.

② 부동산에 가압류등기가 경료되어 있을 뿐 현실적인 매각절차가 이루어지지 않고 있는 상황에서 적법·유효한 법률행위에 따른 채무자의 점유 이전으로 인하여 제3자가 유치권을 취득하게 될 경우 이를 가압류 채권자에게 대항할 수 없는 처분행위로 볼 수 있다.

③ 유치권부존재확인소송에서 유치권의 요건사실인 유치권의 목적물과 견련관계에 있는 채권의 존재에 대해서는 피고가 주장·증명하여야 한다.

④ 근저당권자는 경매절차에서 유치권 신고를 한 사람을 상대로 그 사람이 경매절차에서 유치권을 내세워 대항할 수 있는 범위를 초과하는 유치권의 부존재확인을 구할 법률상 이익이 있다.

⑤ 채무자 소유의 부동산에 관하여 이미 선행저당권이 설정되어 있는 상태에서 채권자의 상사유치권이 성립한 경우, 상사유치권자는 선행저당권에 기한 임의경매절차에서 부동산을 취득한 매수인에 대한 관계에서는 그 상사유치권으로 대항할 수 없다.

[**❶ ▶ ○**] 물건의 점유자는 소유의 의사로 선의, 평온 및 공연하게 점유한 것으로 추정되고 점유자가 점유물에 대하여 행사하는 권리는 적법하게 보유하는 것으로 추정된다(민법 제197조 제1항, 제200조). 따라서 점유물에 대한 필요비와 유익비 상환청구권을 기초로 하는 유치권 주장을 배척하려면 적어도 점유가 불법행위로 인하여 개시되었거나 점유자가 필요비와 유익비를 지출할 당시 점유권원이 없음을 알았거나 중대한 과실로 알지 못하였다고 인정할 만한 사유에 대한 상대방당사자의 주장·증명이 있어야 한다(대판 2011.12.13, 2009다5162).

[**❷ ▶ ✕**] 부동산에 가압류등기가 경료되면 채무자가 당해 부동산에 관한 처분행위를 하더라도 이로써 가압류채권자에게 대항할 수 없게 되는데, 여기서 처분행위란 당해 부동산을 양도하거나 이에 대해 용익물권, 담보물권 등을 설정하는 행위를 말하고 특별한 사정이 없는 한 점유의 이전과 같은 사실행위는 이에 해당하지 않는다. 따라서 이와 달리 부동산에 가압류등기가 경료되어 있을 뿐 현실적인 매각절차가 이루어지지 않고 있는 상황하에서는 채무자의 점유이전으로 인하여 제3자가 유치권을 취득하게 된다고 하더라도 이를 처분행위로 볼 수는 없다(대판 2011.11.14, 2009다19246).

[**❸ ▶ ○**] [**❹ ▶ ○**] [1] 소극적 확인소송에서는 원고가 먼저 청구를 특정하여 채무발생원인 사실을 부정하는 주장을 하면 채권자인 피고는 권리관계의 요건사실에 관하여 주장·증명책임을 부담하므로, 유치권 부존재 확인소송에서 유치권의 요건사실인 유치권의 목적물과 견련관계 있는 채권의 존재에 대해서는 피고가 주장·증명하여야 한다.
[2] 민사집행법 제268조에 의하여 담보권의 실행을 위한 경매절차에 준용되는 같은 법 제91조 제5항에 의하면 유치권자는 경락인에 대하여 피담보채권의 변제를 청구할 수는 없지만 자신의 피담보채권이 변제될 때까지 유치목적물인 부동산의 인도를 거절할 수 있어 경매절차의 입찰인들은 낙찰 후 유치권자로부터 경매목적물을 쉽게 인도받을 수 없다는 점을 고려하여 입찰하게 되고 그에 따라 경매목적 부동산이 그만큼 낮은 가격에 낙찰될 우려가 있다. 이와 같이 저가낙찰로 인해 경매를 신청한 근저당권자의 배당액이 줄어들거나 경매목적물 가액과 비교하여 거액의 유치권 신고로 매각 자체가 불가능하게 될 위험은 경매절차에서 근저당권자의 법률상 지위를 불안정하게 하는 것이므로 위 불안을 제거하는 근저당권자의 이익을 단순한 사실상·경제상의 이익이라고 볼 수는 없다. 따라서 근저당권자는 유치권 신고를 한 사람을 상대로 유치권 전부의 부존재뿐만 아니라 경매절차에서 유치권을 내세워 대항할 수 있는 범위를 초과하는 유치권의 부존재 확인을 구할 법률상 이익이 있고, 심리 결과 유치권 신고를 한 사람이 유치권의 피담보채권으로 주장하는 금액의 일부만이 경매절차에서 유치권으로 대항할 수 있는 것으로 인정되는 경우에는 법원은 특별한 사정이 없는 한 그 유치권 부분에 대하여 일부패소의 판결을 하여야 한다(대판 2016.3.10, 2013다99409).

[**❺ ▶ ○**] 상사유치권이 채무자 소유의 물건에 대해서만 성립한다는 것은, 상사유치권은 성립 당시 채무자가 목적물에 대하여 보유하고 있는 담보가치만을 대상으로 하는 제한물권이라는 의미를 담고 있다 할 것이고, 따라서 유치권 성립 당시에 이미 목적물에 대하여 제3자가 권리자인 제한물권이 설정되어 있다면, 상사유치권은 그와 같이 제한된 채무자의 소유권에 기초하여 성립할 뿐이고, 기존의 제한물권이 확보하고 있는 담보가치를 사후적으로 침탈하지는 못한다고 보아야 한다. 그러므로 채무자 소유의 부동산에 관하여 이미 선행(先行)저당권이 설정되어 있는 상태에서 채권자의 상사유치권이 성립한 경우, 상사유치권자는 채무자 및 그 이후 채무자로부터 부동산을 양수하거나 제한물권을 설정받는 자에 대해서는 대항할 수 있지만, 선행저당권자 또는 선행저당권에 기한 임의경매절차에서 부동산을 취득한 매수인에 대한 관계에서는 상사유치권으로 대항할 수 없다(대판 2013.2.28, 2010다57350).

2019년 변호사시험 문 61.

☑ 확인Check! ○ △ ✕

임대차에 관한 설명 중 옳지 않은 것은?(다툼이 있는 경우 판례에 의함)

① 임대차계약상의 차임채권이 양도된 경우, 임대차계약 당사자 사이에 별도의 특약이 없는 한 임차인은 임대차계약이 종료되어 목적물을 반환할 때까지 연체된 차임상당액을 보증금에서 공제할 것을 주장할 수 없다.

② 「주택임대차보호법」 제3조 제1항의 대항요건을 갖춘 임차인의 임대차보증금반환채권에 대한 압류 및 전부명령이 확정되어 임차인의 임대차보증금반환채권이 집행채권자에게 이전된 후 소유자인 임대인이 당해 주택을 제3자에게 매도한 경우 임대인은 전부금 지급의무를 부담하지 않는다.

③ 「주택임대차보호법」 제3조 제1항의 대항요건과 임대차계약증서상의 확정일자를 갖춘 임차인은 「민사집행법」에 따른 경매를 할 때 임차주택의 환가대금에서 후순위권리자나 그 밖의 채권자보다 우선하여 보증금을 변제받을 권리가 있다.

④ 건물의 소유를 목적으로 하는 토지임대차계약에서 지상물매수청구권의 행사로 인하여 임대인과 임차인 사이에 지상물에 관한 매매가 성립하게 되며, 임대인은 그 매수를 거절하지 못한다.

⑤ 건물의 소유를 목적으로 하는 토지임대차계약 종료 시 토지 임대인이 토지 임차인을 상대로 하여 토지 임차인이 그의 비용으로 그 토지 지상에 신축한 건물 철거와 그 부지 인도 청구를 하고, 이에 대하여 토지 임차인은 지상물매수청구권을 행사하는 경우에는 토지 임대인의 청구에 해당 건물 매수대금 지급과 동시에 건물명도를 구하는 청구가 포함되어 있다고 볼 수 없다.

[❶ ▶ ✕] 부동산 임대차에서 수수된 보증금은 차임채무, 목적물의 멸실·훼손 등으로 인한 손해배상채무 등 임대차에 따른 임차인의 모든 채무를 담보하는 것으로서 <u>피담보채무 상당액은 임대차관계의 종료 후 목적물이 반환될 때에 특별한 사정이 없는 한 별도의 의사표시 없이 보증금에서 당연히 공제되므로, 보증금이 수수된 임대차계약에서 차임채권이 양도되었다고 하더라도, 임차인은 임대차계약이 종료되어 목적물을 반환할 때까지 연체한 차임 상당액을 보증금에서 공제할 것을 주장할 수 있다</u>(대판 2015.3.26. 2013다77225).

[❷ ▶ ○] <u>주택임대차보호법 제3조 제1항의 대항요건을 갖춘 임차인의 임대차보증금반환채권에 대한 압류 및 전부명령이 확정되어 임차인의 임대차보증금반환채권이 집행채권자에게 이전된 경우</u> 제3채무자인 임대인으로서는 임차인에 대하여 부담하고 있던 채무를 집행채권자에 대하여 부담하게 될 뿐 그가 임대차목적물인 주택의 소유자로서 이를 제3자에게 매도할 권능은 그대로 보유하는 것이며, 위와 같이 <u>소유자인 임대인이 당해 주택을 매도한 경우 주택임대차보호법 제3조 제2항에 따라 전부채권자에 대한 보증금지급의무를 면하게 되므로, 결국 임대인은 전부금지급의무를 부담하지 않는다</u>(대판 2005.9.9. 2005다23773).

[❸ ▶ ○] <u>제3조 제1항·제2항 또는 제3항의 대항요건과 임대차계약증서(제3조 제2항 및 제3항의 경우에는 법인과 임대인 사이의 임대차계약증서를 말한다)상의 확정일자를 갖춘 임차인은 민사집행법에 따른 경매 또는 국세징수법에 따른 공매를 할 때에 임차주택(대지를 포함한다)의 환가대금에서 <u>후순위권리자나 그 밖의 채권자보다 우선하여 보증금을 변제받을 권리가 있다</u></u>(주택임대차법 제3조의2 제2항).

[❹ ▶ ○] <u>지상물매수청구권은 이른바 형성권으로서</u> 그 행사로 임대인·임차인 사이에 지상물에 관한 매매가 성립하게 되며, 임차인이 <u>지상물의 매수청구권을 행사한 경우에는 임대인은 그 매수를 거절하지 못하고, 이 규정은 강행규정이므로</u> 이에 위반하는 것으로서 임차인에게 불리한 약정은 그 효력이 없다(대판 1995.7.11. 94다34265 [전합]).

[❺ ▶ ○] <u>토지임대차 종료시 임대인의 건물철거와 그 부지인도 청구에는 건물매수대금 지급과 동시에 건물명도를 구하는 청구가 포함되어 있다고 볼 수 없다.</u> 이 경우에 법원으로서는 임대인이 종전의 청구를 계속 유지할 것인지, 아니면 대금지급과 상환으로 지상물의 명도를 청구할 의사가 있는 것인지(예비적으로라도)를 석명하고 임대인이 그 석명에 응하여 소를 변경한 때에는 지상물명도의 판결을 함으로써 분쟁의 1회적 해결을 꾀하여야 한다고 봄이 상당하다(대판 1995.7.11. 94다34265 [전합]).

석명권과 관련된 설명 중 옳지 않은 것은?(다툼이 있는 경우에는 판례에 의함)

① 원고가 피고에 대하여 부당이득금반환을 구한다는 청구를 하다가, 제3자로부터 그 부당이득반환채권을 양수하였으므로 그 양수금의 지급을 구한다고 주장하여 청구원인을 변경하는 경우, 법원은 청구의 교환적 변경인지 추가적 변경인지를 석명으로 밝혀볼 의무가 있다.

② 사해행위 취소소송에서 그 소의 제척기간의 경과 여부가 당사자 사이에 쟁점이 된 바가 없음에도 당사자에게 의견진술의 기회를 부여하거나 석명권을 행사하지 않고 제척기간의 경과를 이유로 사해행위 취소의 소를 각하한 것은 법원이 석명의무를 위반한 것이다.

③ 지적의무를 게을리한 채 판결을 한 경우에는 소송절차의 위반으로 절대적 상고이유가 된다.

④ 증거로 제출된 차용증에 피고는 보증인, 채무자는 제3자로 기재되어 있고, 원고는 피고에 대하여 보증채무의 이행이 아니라 주채무의 이행을 구하고 있는 경우, 이는 당사자의 주장과 그 제출증거 사이에 모순이 있는 경우에 해당하므로 법원이 석명권을 행사하여 이를 밝혀보지 아니하고 원고의 주장사실을 인정하였다면 석명권 불행사로 인한 심리미진의 위법이 있다.

⑤ 당사자가 전혀 주장하지 아니하는 공격방어방법, 특히 독립한 항변사유를 당사자에게 시사하여 그 제출을 권유하는 것과 같은 행위는 변론주의의 원칙에 위배되는 것이어서 석명권의 한계를 일탈한 것이다.

[❶ ▸ O]　소의 변경이 교환적인가 또는 추가적인가의 여부는 기본적으로 당사자의 의사해석에 의할 것이므로 당사자가 구청구를 취하한다는 명백한 의사표시 없이 새로운 청구원인을 주장하는 등으로 그 변경 형태가 불명할 경우에는 사실심 법원으로서는 과연 청구변경의 취지가 무엇인가 즉, 교환적인가 또는 추가적인가의 점에 대하여 석명으로 이를 밝혀 볼 의무가 있다(대판 1995.5.12, 94다6802).

[❷ ▸ O]　[1] 당사자가 부주의 또는 오해로 인하여 증명하지 아니한 것이 분명하거나 쟁점으로 될 사항에 관하여 당사자 사이에 명시적인 다툼이 없는 경우에는 법원은 석명을 구하고 증명을 촉구하여야 하고, 만일 당사자가 전혀 의식하지 못하거나 예상하지 못하였던 법률적 관점을 이유로 법원이 청구의 당부를 판단하려는 경우에는 그 법률적 관점에 대하여 당사자에게 의견진술의 기회를 주어야 하며, 그와 같이 하지 않고 예상외의 재판으로 당사자 일방에게 불의의 타격을 가하는 것은 석명의무를 다하지 아니하여 심리를 제대로 하지 아니한 위법을 범한 것이 된다.

[2] 원심이 당사자 사이에 쟁점이 되지 아니하였던 제척기간 도과를 이유로 이 사건 사해행위 취소의 소를 각하하고 만 것은, 당사자가 전혀 예상하지 못하였던 법률적인 관점에 기한 예상외의 재판으로 원고에게 불의의 타격을 가하였을 뿐만 아니라, 위 약정서 작성 당시 소외 2의 이 사건 부동산 처분이 원고 등 채권자에 대한 관계에서 사해행위에 해당하는지를 원고가 알고 있었는지 여부에 관하여 심리를 다하지 아니하여 판결에 영향을 미친 위법이 있다고 할 것이다(대판 2006.1.26, 2005다37185).

[❸ ▸ ✕]　지적의무를 게을리한 채 판결을 한 경우는 소송절차의 위반으로 판결에 영향을 미친 헌법·법률·명령 또는 규칙의 위반이 있다는 것을 이유로 하는 일반적 상고이유(민소법 제423조)에 해당한다.

[❹ ▸ O]　처분문서인 차용증에 피고는 보증인으로 기재되어 있을 뿐이고 제3자가 차용인으로 기재되어 있는 한편, 원고는 피고에 대하여 보증채무의 이행을 구하지 아니하고 주채무의 이행을 구하고 있는 경우, 이는 당사자의 주장과 그 제출증거 사이에 모순이 있는 경우에 해당한다 할 것이므로, 법원이 석명권의 행사를 통하여 이를 밝혀 보지 아니하고 원고의 주장사실을 인정하였다면 석명권 불행사로 인한 심리미진의 위법이 있다(대판 1994.9.30, 94다16700).

[❺ ▸ O]　법원의 석명권 행사는 당사자의 주장에 모순된 점이 있거나 불완전·불명료한 점이 있을 때에 이를 지적하여 정정·보충할 기회를 주고, 계쟁 사실에 대한 증거의 제출을 촉구하는 것을 그 내용으로 하는 것으로, 당사자가 주장하지도 아니한 법률효과에 관한 요건사실이나 독립된 공격방어방법을 시사하여 그 제출을 권유하는 행위를 하는 것은 변론주의의 원칙에 위배되는 것으로 석명권 행사의 한계를 일탈하는 것이 된다(대판 2013.2.15, 2012다48855).

2018년 변호사시험 문 58.　　　　　　　　　☑ 확인Check! ○ △ ✕

변론주의에 관한 설명 중 옳은 것을 모두 고른 것은?(다툼이 있는 경우 판례에 의함)

ㄱ. 주요사실에 대하여 당사자가 주장하지 않은 사실을 인정하여 판단하는 것은 변론주의에 위배되지만, 변론을 전체적으로 관찰하여 당사자가 간접적으로 주장한 것으로 볼 수 있는 경우에는 주요사실의 주장이 있는 것으로 보아야 한다.

ㄴ. 민사집행절차에 관하여「민사집행법」에 특별한 규정이 없으면「민사소송법」의 규정이 준용되므로, 강제경매개시결정에 대한 이의의 재판절차에도「민사소송법」상 재판상 자백이나 자백간주에 관한 규정이 준용된다.

ㄷ. 국가배상책임에 관한 소송에서 피고 대한민국이「민법」상 10년의 소멸시효완성을 주장하였음에도 법원이「국가재정법」상 5년의 소멸시효를 적용하는 것은 변론주의에 위배되지 않는다.

ㄹ. 본래의 소멸시효 기산일과 당사자가 주장하는 소멸시효 기산일이 서로 다른 경우, 법원은 당사자가 주장하는 기산일에 구속되지 아니하고 본래의 기산일을 기준으로 소멸시효를 계산할 수 있다.

ㅁ. 부동산의 시효취득에서 점유기간의 산정기준이 되는 점유개시의 시기는 간접사실에 불과하므로 이에 대한 자백은 법원이나 당사자를 구속하지 않는다.

① ㄱ, ㄴ, ㅁ　　　　　　② ㄱ, ㄷ, ㄹ　　　　　　③ ㄱ, ㄷ, ㅁ

④ ㄴ, ㄷ, ㄹ　　　　　　⑤ ㄴ, ㄹ, ㅁ

[ㄱ ▸ O] 법률상의 요건사실에 해당하는 주요사실에 대하여 당사자가 주장하지도 아니한 사실을 인정하여 판단하는 것은 변론주의에 위배된다고 할 것이나, 당사자의 주요사실에 대한 주장은 직접적으로 명백한 경우뿐만 아니라 당사자가 법원에 서증을 제출하며 그 입증 취지를 진술함으로써 서증에 기재된 사실을 주장하거나 당사자의 변론을 전체적으로 관찰하여 간접적으로 주장한 것으로 볼 수 있는 경우에도 주요사실의 주장이 있는 것으로 보아야 한다(대판 2006.6.30. 2005다21531).

[ㄴ ▸ ✕] 민사집행법 제23조 제1항은 민사집행절차에 관하여 민사집행법에 특별한 규정이 없으면 성질에 반하지 않는 범위 내에서 민사소송법의 규정을 준용한다는 취지라 할 것인데, 집행절차상 즉시항고 재판에 관하여 변론주의의 적용이 제한됨을 규정한 민사집행법 제15조 제7항 단서 등과 같이 직권주의가 강화되어 있는 민사집행법하에서 민사집행법 제16조의 집행에 관한 이의의 성질을 가지는 강제경매 개시결정에 대한 이의의 재판절차에 있어서는 민사소송법상 재판상 자백이나 의제자백에 관한 규정은 준용되지 아니한다고 할 것이고, 이는 민사집행법 제268조에 의하여 담보권실행을 위한 경매절차에도 준용되므로 경매개시결정에 대한 형식적인 절차상의 하자를 이유로 한 임의경매 개시결정에 대한 이의의 재판절차에서도 민사소송법상 재판상 자백이나 의제자백에 관한 규정은 준용되지 아니한다고 할 것이다(대결 2015.9.14. 2015마813).

[ㄷ ▸ O] 어떤 권리의 소멸시효기간이 얼마나 되는지에 관한 주장은 단순한 법률상의 주장에 불과하므로 변론주의의 적용대상이 되지 않고 법원이 직권으로 판단할 수 있다 할 것이다. 이 점에 관하여 원고가 민법에 의한 10년의 소멸시효완성을 주장하였는데 원심이 구 예산회계법에 의한 5년의 소멸시효를 적용한 것이 변론주의를 위반한 것이라는 피고 1의 상고이유 주장은 받아들일 수 없다(대판 2008.3.27. 2006다70929).

[ㄹ ▸ ✕] 소멸시효의 기산일은 채무의 소멸이라고 하는 법률효과 발생의 요건에 해당하는 소멸시효 기간 계산의 시발점으로서 소멸시효 항변의 법률요건을 구성하는 구체적인 사실에 해당하므로 이는 변론주의의 적용 대상이고, 따라서 본래의 소멸시효 기산일과 당사자가 주장하는 기산일이 서로 다른 경우에는 변론주의의 원칙상 법원은 당사자가 주장하는 기산일을 기준으로 소멸시효를 계산하여야 하는데, 이는 당사자가 본래의 기산일보다 뒤의 날짜를 기산일로 하여 주장하는 경우는 물론이고 특별한 사정이 없는 한 그 반대의 경우에 있어서도 마찬가지이다(대판 1995.8.25. 94다35886).

[ㅁ ▸ ㅇ] 부동산의 시효취득에 있어서 점유기간의 산정기준이 되는 점유개시의 시기는 취득시효의 요건사실인 점유기간을 판단하는 데 간접적이고 수단적인 구실을 하는 간접사실에 불과하므로 이에 대한 자백은 법원이나 당사자를 구속하지 않는 것이다(대판 1994.11.4, 94다37868).

2016년 변호사시험 문 64.
☑ 확인 Check! ○ △ ✕

甲은 2015.10.7. 乙에 대한 3,000만원의 차용금채무를 피담보채무로 하여 乙에게 甲 소유의 X 부동산을 목적물로 하는 근저당권설정등기를 해주었다. 그 후 甲은 乙에게 2,000만원을 변제하여 잔존채무가 1,000만원이라고 주장하고 있는데, 乙은 甲의 잔존채무가 2,000만원이라고 하면서 다투고 있다. 甲은 乙을 상대로 잔존채무가 1,000만원임을 주장하며 채무부존재확인의 소를 제기하였다. 이에 관한 설명 중 옳은 것을 모두 고른 것은?(다툼이 있는 경우 판례에 의함)

ㄱ. 甲의 乙에 대한 잔존채무가 乙의 주장대로 2,000만원임이 인정되는 경우, 법원은 "원고의 피고에 대한 2015.10.7. 차용금채무는 2,000만원을 초과하여서는 존재하지 아니함을 확인한다. 원고의 나머지 청구를 기각한다"라고 판결하여야 한다.

ㄴ. 甲의 乙에 대한 잔존채무가 500만원임이 인정되는 경우, 법원은 "원고의 피고에 대한 2015.10.7. 차용금채무는 1,000만원을 초과하여서는 존재하지 아니함을 확인한다"라고 판결하여야 한다.

ㄷ. 만일 乙이 위 소송계속 중에 잔존채무 2,000만원의 지급을 구하는 반소를 제기한다면, 甲이 제기한 채무부존재확인의 본소는 확인의 이익이 소멸하여 부적법하게 된다.

ㄹ. 위 설문과 달리, 甲이 1,000만원의 잔존채무 변제를 조건으로 X 부동산에 관한 근저당권말소등기청구의 소를 제기하였지만 잔존채무가 2,000만원이라는 乙의 주장이 받아들여지는 경우, 법원은 특별한 사정이 없는 한 甲의 청구 중 일부를 기각하고 그 확정된 2,000만원 채무의 변제를 조건으로 그 등기의 말소절차이행을 인용하는 판결을 하여야 한다.

① ㄱ, ㄴ   ② ㄱ, ㄷ   ③ ㄱ, ㄴ, ㄹ
④ ㄴ, ㄷ, ㄹ   ⑤ ㄱ, ㄴ, ㄷ, ㄹ

[ㄱ ▸ ㅇ] 원고가 상한을 표시하지 않고 일정액을 초과하는 채무의 부존재의 확인을 청구하는 사건에 있어서 일정액을 초과하는 채무의 존재가 인정되는 경우에는, 특단의 사정이 없는 한, 법원은 그 청구의 전부를 기각할 것이 아니라 존재하는 채무 부분에 대하여 일부패소의 판결을 하여야 한다(대판 1994.1.25, 93다9422).

[ㄴ ▸ ㅇ] 처분권주의의 원칙상 원고가 한 청구의 상한을 초과하는 인용은 할 수 없으므로, 법원은 "甲의 차용금채무는 1,000만원을 초과하여서는 존재하지 아니함을 확인한다"라고 판결하여야 한다.

[ㄷ ▸ ✕] 소송요건을 구비하여 적법하게 제기된 본소가 그 후에 상대방이 제기한 반소로 인하여 소송요건에 흠결이 생겨 다시 부적법하게 되는 것은 아니므로, 원고가 피고에 대하여 손해배상채무의 부존재확인을 구할 이익이 있어 본소로 그 확인을 구하였다면, 피고가 그 후에 그 손해배상채무의 이행을 구하는 반소를 제기하였다 하더라도 그러한 사정만으로 본소청구에 대한 확인의 이익이 소멸하여 본소가 부적법하게 된다고 볼 수는 없다. 민사소송법 제271조는 본소가 취하된 때에는 피고는 원고의 동의 없이 반소를 취하할 수 있다고 규정하고 있고, 이에 따라 원고가 반소가 제기되었다는 이유로 본소를 취하한 경우 피고가 일방적으로 반소를 취하함으로써 원고가 당초 추구한 기판력을 취득할 수 없는 사태가 발생할 수 있는 점을 고려하면, 위 법리와 같이 반소가 제기되었다는 사정만으로 본소청구에 대한 확인의 이익이 소멸한다고는 볼 수 없다(대판 2010.7.15, 2010다2428).

     ③ 정답

[ㄹ▸O] 조건 성취의 개연성이 크므로 청구적이 인정되고, 피고 乙이 피담보채무액에 대하여 다투고 있으므로 미리 청구할 필요도 인정되어, 甲이 제기한 X부동산에 관한 근저당권말소등기청구의 소는 장래이행의 소로서 적법하다. 따라서 법원은 원고 甲의 청구 중 일부를 기각하고, 2,000만원 채무의 변제를 조건으로 등기말소절차를 이행하라는 양적 일부인용판결을 하여야 한다.

> **판례** : 채무자가 피담보채무 전액을 변제하였다고 하거나, 피담보채무의 일부가 남아 있음을 시인하면서 그 변제와 상환으로 담보목적으로 경료된 소유권이전등기의 회복을 구함에 대하여 채권자는 그 소유권이전등기가 담보목적으로 경료된 것임을 다투고 있는 경우, 채무자의 청구 중에는 만약 그 소유권이전등기가 담보목적으로 경료된 것이라면 소송 과정에서 밝혀진 잔존 피담보채무의 지급을 조건으로 그 소유권이전등기의 회복을 구한다는 취지까지 포함되어 있는 것으로 해석하여야 하고, 그러한 경우에는 장래이행의 소로서 미리 청구할 필요도 있다(대판 1996.11.12, 96다33938).

2015년 변호사시험 문 59.

☑ 확인 Check! ○ △ ✕

변론주의에 관한 설명 중 옳지 않은 것은?(다툼이 있는 경우 판례에 의함)

① 소멸시효에 대하여 당사자가 본래의 기산일보다 뒤의 날짜를 기산일로 하여 주장할 경우 변론주의의 원칙상 법원은 당사자가 주장하는 기산일을 기준으로 소멸시효를 계산하여야 한다.

② 부동산의 시효취득에 관하여 자주점유인지 여부를 가리는 기준이 되는 점유의 권원은 간접사실에 불과하므로 법원으로서는 이에 관한 당사자의 주장에 구속되지 아니하고 소송자료에 의하여 판단할 수 있다.

③ 채무불이행으로 인한 손해배상청구권에 대한 소멸시효항변이 불법행위로 인한 손해배상청구권에 대한 소멸시효항변을 포함한 것으로 볼 수는 없다.

④ 법원은 당사자가 시효를 원용하지 않는 경우, 당사자에게 시효를 원용할 의사의 유무를 묻거나 그 원용을 촉구할 의무가 없다.

⑤ 원고가 청구원인을 대여금 청구라고 밝히면서 그에 대한 증거로 약속어음을 제출한 데 대하여 피고가 소멸시효항변을 하면서 「어음법」상 3년의 소멸시효가 적용된다고 주장한 경우, 법원은 직권으로 「민법」 등이 정하는 소멸시효 기간을 살펴 소멸시효 완성 여부를 판단할 수 없다.

[❶▸O] 소멸시효의 기산일은 채무의 소멸이라고 하는 법률효과 발생의 요건에 해당하는 소멸시효 기간 계산의 시발점으로서 소멸시효 항변의 법률요건을 구성하는 구체적인 사실에 해당하므로 이는 변론주의의 적용 대상이고, 따라서 본래의 소멸시효 기산일과 당사자가 주장하는 기산일이 서로 다른 경우에는 변론주의의 원칙상 법원은 당사자가 주장하는 기산일을 기준으로 소멸시효를 계산하여야 하는데, 이는 당사자가 본래의 기산일보다 뒤의 날짜를 기산일로 하여 주장하는 경우는 물론이고 특별한 사정이 없는 한 그 반대의 경우에 있어서도 마찬가지이다(대판 1995.8.25, 94다35886).

[❷▸O] 부동산의 시효취득에 있어서 그 점유가 자주점유인지의 여부를 가리는 기준이 되는 점유의 권원은 간접사실에 지나지 아니하는 것이므로, 법원은 당사자의 주장에 구애됨이 없이 소송자료에 의하여 인정되는 바에 따라 진정한 점유의 권원을 심리하여 취득시효의 완성 여부를 판단할 수 있다(대판 1997.2.28, 96다53789).

[❸▸O] 채무불이행으로 인한 손해배상청구권에 대한 소멸시효 항변이 불법행위로 인한 손해배상청구권에 대한 소멸시효 항변을 포함한 것으로 볼 수는 없다(대판 1998.5.29, 96다51110).

[❹ ▸ O] 석명권은 당사자의 진술에 모순, 흠결이 있거나 애매하여 그 진술의 취지를 알 수 없을 때 또는 입증책임 있는 당사자에게 입증을 촉구하기 위하여 행사하는 것이지, 당사자가 주장하지 아니하는 공격방어방법 특히 독립한 항변사유를 시사하여 그 제출을 권유함과 같은 행위는 변론주의의 원칙에 위배되는 것이어서 석명권의 한계를 일탈하는 것이라 할 것인바, 기록에 비추어 보아도 피고 소송대리인이 이 사건 토지를 정당하게 매수하여 유효히 소유권을 취득하였다는 주장 이외에 소론과 같은 취득시효에 관한 요건 사실의 주장을 하고 또 그에 의한 이익을 받을 의사도 표시하였다고 보이지 아니하므로 원심이 취득시효에 관하여 심리 판단하지 아니하였거나 취득시효에 관한 주장을 하는 것인지의 여부를 석명하지 아니하였다 하여 피고가 주장한 사실에 대하여 판단을 유탈하였거나 석명권 불행사로 인한 심리미진의 위법이 있다고 할 수 없다(대판 1981.7.14, 80다2360).

[❺ ▸ ✕] [1] 어떤 권리의 소멸시효기간이 얼마나 되는지에 관한 주장은 단순한 법률상의 주장에 불과하므로 변론주의의 적용대상이 되지 않고 법원이 직권으로 판단할 수 있다.
[2] 피고는 대여금채권임이 명백한 이 사건 ④ 내지 ⑦ 채권에 대하여 소멸시효 완성의 항변을 하면서 다만 소멸시효기간에 대한 법률상 주장으로서 어음법상 3년의 소멸시효를 주장하였을 뿐인 것으로 봄이 타당하므로, 원심으로서는 이 사건 ④ 내지 ⑦ 대여금채권에 대하여 소멸시효 완성의 항변이 있다고 보고 직권으로 적법한 소멸시효기간을 살펴 소멸시효 완성 여부를 판단하였어야 했다. 그런데도 원심은 이와 달리, 청구원인이 대여금인 이 사건 청구에 대하여 피고가 어음법상 3년의 소멸시효기간을 주장하였다는 이유만으로 이 사건 ④ 내지 ⑦ 대여금채권에 대한 소멸시효 완성 여부를 가려 보지도 아니한 채 어음금 청구임을 전제로 한 어음시효 항변은 이유 없다는 이유로 피고의 항변을 배척하고 말았으므로, 이러한 원심의 판단에는, 앞에서 본 소멸시효 항변의 대상 및 소멸시효기간 판단에 관한 법리를 오해하여 필요한 심리를 다하지 아니함으로써 판결 결과에 영향을 미친 위법이 있다(대판 2013.2.15, 2012다68217).

2019년 변호사시험 문 60. ☑ 확인Check! ○ △ ✕

甲은 乙을 상대로 X부동산에 관하여 매매계약을 원인으로 한 소유권이전등기청구소송을 제기하였다. 이에 관한 설명 중 옳은 것을 모두 고른 것은?(다툼이 있는 경우 판례에 의함)

ㄱ. 법원이 위 소송에서 소송자료를 통하여 X부동산에 관한 甲의 매매계약에 기한 소유권이전등기청구권은 인정되지 않으나 甲의 양도담보약정에 기한 소유권이전등기청구권이 인정된다는 심증을 형성한 경우에 甲의 청구를 인용할 수 있다.

ㄴ. 乙이 甲의 주장사실 중 매매계약 체결사실을 인정하는 내용의 답변서를 제출하고 제1회 변론기일에 불출석하여 위 답변서를 진술한 것으로 보는 경우, 매매계약 체결사실에 대하여 자백한 것으로 간주된다.

ㄷ. 위 1심 진행 중에 甲의 채권자인 丙이 甲의 위 소유권이전등기청구권을 가압류한 경우 법원이 甲의 청구를 인용할 때 위 가압류의 해제를 조건으로 하여야 한다.

ㄹ. 甲이 승소한 1심 판결에 대하여 乙이 항소한 항소심에서 양 당사자가 변론기일에 2회 불출석하고 새로 지정된 변론기일에도 불출석한 경우에는 소가 취하된 것으로 간주된다.

① ㄷ 　　　　② ㄱ, ㄴ 　　　　③ ㄴ, ㄷ
④ ㄴ, ㄹ 　　　　⑤ ㄷ, ㄹ

[ㄱ ▸ ✕] 원고가 매매를 원인으로 한 소유권이전등기를 청구한 데 대하여 원심이 양도담보약정을 원인으로 한 소유권이전등기를 명하였다면 판결주문상으로는 원고가 전부 승소한 것으로 보이기는 하나, 매매를 원인으로 한 소유권이전등기청구와 양도담보약정을 원인으로 한 소유권이전등기청구와는 청구원인사실이 달라 동일한 청구라 할 수 없음에 비추어, 원심은 원고가 주장하지도 아니한 양도담보약정을 원인으로 한 소유권이전등기청구에 관하여 심판하였을 뿐, 정작 원고가

주장한 매매를 원인으로 한 소유권이전등기청구에 관하여는 심판을 한 것으로 볼 수 없어 결국 원고의 청구는 실질적으로 인용한 것이 아니어서 판결의 결과가 불이익하게 되었으므로 <u>원심판결에 처분권주의를 위반한 위법이 있고 따라서 그에 대한 원고의 상소의 이익이 인정된다</u>(대판 1992.3.27. 91다40696).

[ㄴ ▸ ✕] 乙이 답변서를 제출하고 불출석함으로써 민소법 제148조 제1항에 의하여 진술간주되었으므로, 매매계약체결 사실에 대하여 재판상 자백이 성립한다.

> **판례** 민사소송법 제288조의 규정에 의하여 구속력을 갖는 자백은 재판상의 자백에 한하는 것이고, 재판상 자백이란 변론기일 또는 변론준비기일에서 당사자가 하는 상대방의 주장과 일치하는 자기에게 불리한 사실의 진술을 말하는 것으로서, 법원에 제출되어 상대방에게 송달된 답변서나 준비서면에 자백에 해당하는 내용이 기재되어 <u>있는 경우라도 그것이 변론기일이나 변론준비기일에서 진술 또는 진술간주되어야 재판상 자백이 성립한다</u>(대판 2015.2.12. 2014다229870).

[ㄷ ▸ ○] 소유권이전등기청구권에 대한 압류나 가압류는 채권에 대한 것이지 등기청구권의 목적물인 부동산에 대한 것이 아니고, 채무자와 제3채무자에게 그 결정을 송달하는 외에 현행법상 등기부에 이를 공시하는 방법이 없는 것으로서, 당해 채권자와 채무자 및 제3채무자 사이에만 효력이 있을 뿐 압류나 가압류와 관계가 없는 제3자에 대하여는 압류나 가압류의 처분금지적 효력을 주장할 수 없게 되므로, 소유권이전등기청구권의 압류나 가압류는 청구권의 목적물인 부동산 자체의 처분을 금지하는 대물적 효력은 없고, 또한 채권에 대한 가압류가 있더라도 이는 채무자가 제3채무자로부터 현실로 급부를 추심하는 것만을 금지하는 것이므로 채무자는 제3채무자를 상대로 그 이행을 구하는 소송을 제기할 수 있고 법원은 가압류가 되어 있음을 이유로 이를 배척할 수는 없는 것이지만, <u>소유권이전등기를 명하는 판결은 의사의 진술을 명하는 판결로서 이것이 확정되면 채무자는 일방적으로 이전등기를 신청할 수 있고 제3채무자는 이를 저지할 방법이 없게 되므로 위와 같이 볼 수는 없고 이와 같은 경우에는 가압류의 해제를 조건으로 하지 않는 한 법원은 이를 인용하여서는 안 되는 것이며</u>, 가처분이 있는 경우도 이와 마찬가지로 그 가처분의 해제를 조건으로 하여야만 소유권이전등기절차의 이행을 명할 수 있다(대판 1999.2.9. 98다42615).

[ㄹ ▸ ✕] 乙이 항소한 항소심에서 양 당사자가 변론기일에 2회 불출석하고 새로 지정된 변론기일에도 불출석한 경우에는 항소가 취하된 것으로 간주된다(민소법 제268조 제4항).

2016년 변호사시험 문 58.   ☑ 확인Check! ○ △ ✕

임대차 및 법원의 석명의무 등에 관한 설명 중 옳지 않은 것은?(다툼이 있는 경우 판례에 의함)

① 토지에 대한 임대차계약 종료 시 임대인이 임차인을 상대로 지상물(건물) 철거 및 그 부지의 인도를 청구한 데 대하여 임차인이 지상물매수청구권을 행사하여 그 청구권이 인정되는 경우, 임대인의 위 청구에는 건물매수대금 지급과 동시에 건물인도를 구하는 청구가 포함되어 있다고 볼 수 없다.

② 임대차보증금반환채권에 대한 압류 및 추심명령이 있더라도, 임대인은 임차인에 대하여 가지는 동시이행 항변권을 상실하지 않는다.

③ 원고가 소유권에 기한 목적물 반환청구만을 하고 있음이 명백한 경우, 법원이 원고에게 점유권에 기한 반환청구도 구하고 있는지 여부를 석명할 의무가 있는 것은 아니다.

④ 임대할 권한이 없는 자로부터 타인 소유의 건물을 임차하여 점유·사용하고 이로 말미암아 그 건물소유자에게 손해를 입힌 임차인은 비록 그가 선의의 점유자라 하더라도 그 점유·사용으로 인한 이득을 반환할 의무가 있다.

⑤ 부속된 물건이 오로지 임차인의 특수목적에 사용하기 위하여 부속된 것일 때에는 「민법」 제646조가 규정하는 부속물매수청구의 대상이 되는 부속물에 해당하지 않는다.

[**❶ ▸ O**] 토지임대차 종료시 임대인의 건물철거와 그 부지인도 청구에는 건물매수대금 지급과 동시에 건물명도를 구하는 청구가 포함되어 있다고 볼 수 없다. 이 경우에 법원으로서는 임대인이 종전의 청구를 계속 유지할 것인지, 아니면 대금지급과 상환으로 지상물의 명도를 청구할 의사가 있는 것인지(예비적으로라도)를 석명하고 임대인이 그 석명에 응하여 소를 변경한 때에는 지상물명도의 판결을 함으로써 분쟁의 1회적 해결을 꾀하여야 한다고 봄이 상당하다(대판 1995.7.11, 94다34265 [전합]).

[**❷ ▸ O**] 금전채권에 대한 압류 및 추심명령이 있는 경우, 이는 강제집행절차에서 추심채권자에게 채무자의 제3채무자에 대한 채권을 추심할 권능만을 부여하는 것이므로, 이로 인하여 채무자가 제3채무자에 대하여 가지는 채권이 추심채권자에게 이전되거나 귀속되는 것은 아니므로, 추심채무자로서는 제3채무자에 대하여 피압류채권에 기하여 그 동시이행을 구하는 항변권을 상실하지 않는다(대판 2001.3.9, 2000다73490).

[**❸ ▸ O**] 소유권에 기하여 미등기 무허가건물의 반환을 구하는 청구취지 속에는 점유권에 기한 반환청구권을 행사한다는 취지가 당연히 포함되어 있다고 볼 수는 없고, 소유권에 기한 반환청구만을 하고 있음이 명백한 이상 법원에 점유권에 기한 반환청구도 구하는지의 여부를 석명할 의무가 있는 것은 아니다(대판 1996.6.14, 94다53006).

[**❹ ▸ X**] 민법 제201조 제1항에 의하면 선의의 점유자는 점유물의 과실을 취득한다고 규정하고 있는바, 건물을 사용함으로써 얻는 이득은 그 건물의 과실에 준하는 것이므로, 선의의 점유자는 비록 법률상 원인 없이 타인의 건물을 점유·사용하고 이로 말미암아 그에게 손해를 입혔다고 하더라도 그 점유·사용으로 인한 이득을 반환할 의무는 없다(대판 1996.1.26, 95다44290).

[**❺ ▸ O**] 민법 제646조가 규정하는 건물임차인의 매수청구권의 대상이 되는 부속물이라 함은 건물에 부속된 물건으로 임차인의 소유에 속하고, 건물의 구성 부분이 되지 아니한 것으로서 건물의 사용에 객관적인 편익을 가져오게 하는 물건이라 할 것이므로, 부속된 물건이 오로지 임차인의 특수목적에 사용하기 위하여 부속된 것일 때는 이를 부속물매수청구권의 대상이 되는 물건이라 할 수 없을 것이나, 이 경우 당해 건물의 객관적인 사용목적은 건물 자체의 구조와 임대차계약 당시 당사자 사이에 합의된 사용목적, 기타 건물의 위치, 주변의 환경 등 제반 사정을 참작하여 정하여 지는 것이라 할 것이다(대판 1993.2.26, 92다41627).

2012년 변호사시험 문 52. ☑ 확인Check! O △ X

변론주의에 관한 기술 중 옳지 않은 것은?(다툼이 있는 경우에는 판례에 의함)

① 원고가 X토지를 피고로부터 매수하였다고 주장하였으나, 증인신문을 신청하여 제3자가 원고를 대리하여 피고로부터 위 토지를 매수한 사실을 입증하고 있다면, 원고가 대리행위에 관한 명백한 진술을 하지 않았더라도 법원이 대리행위에 관한 간접적인 진술이 있었다고 보는 것은 변론주의에 위배되지 않는다.

② 불법행위로 인한 손해배상책임이 인정되는 경우, 법원은 손해액에 관한 아무런 입증이 없다고 하여 바로 청구기각을 할 것이 아니라 적극적으로 석명권을 발동하여 입증을 촉구할 의무가 있다.

③ 증여를 원인으로 한 부동산소유권이전등기청구에 대하여 피고가 시효취득을 주장하였다고 하여도 그 주장 속에 원고의 위 이전등기청구권이 시효소멸하였다는 주장까지 포함되었다고 할 수 없다.

④ 부동산의 시효취득에 있어서 그 점유가 자주점유인지의 여부를 가리는 기준이 되는 점유의 권원은 주요사실이므로 법원은 당사자의 주장과 달리 증거에 의하여 진정한 점유의 권원을 심리하여 취득시효의 완성 여부를 판단할 수 없다.

⑤ 대여금 채권자가 주채무자와 그 보증인을 공동피고로 하여 대여금청구의 소를 제기하였는데 보증인인 피고가 항변을 전혀 하지 않았다면, 설사 위 채무가 변제되었고 주채무자인 피고가 변제항변을 하였더라도 보증인인 피고에게는 변제항변의 효과가 미치지 않는다.

④ **정답**

[❶▸○] 甲이 소장에서 토지를 乙로부터 매수하였다고 주장하고 있으나 甲이 위 매매 당시 불과 10세 남짓한 미성년이었고 증인신문을 신청하여 甲의 조부인 丙이 甲을 대리하여 위 토지를 매수한 사실을 입증하고 있다면 甲이 그 변론에서 위 대리행위에 관한 명백한 진술을 한 흔적은 없다 하더라도 위 증인신청으로서 위 대리행위에 관한 간접적인 진술은 있었다고 보아야 할 것이므로 원심이 위 토지를 甲의 대리인이 매수한 것으로 인정하였다 하여 이를 변론주의에 반하는 것이라고는 할 수 없다(대판 1987.9.8. 87다카982).

[❷▸○] 불법행위로 인하여 손해가 발생한 사실이 인정되는 경우 법원은 손해액에 관한 당사자의 주장과 증명이 미흡하더라도 적극적으로 석명권을 행사하여 증명을 촉구하여야 하고, 경우에 따라서는 직권으로라도 손해액을 심리·판단하여야 한다. 위와 같은 법리는 법원이 독점규제 및 공정거래에 관한 법률 제57조를 적용하여 손해액을 인정하는 경우에도 마찬가지로 적용된다(대판 2016.11.24. 2014다81511).

[❸▸○] 증여를 원인으로 한 부동산소유권이전등기청구에 대하여 피고가 시효취득을 주장하였다고 하여도 그 주장 속에 원고의 위 이전등기청구권이 시효소멸하였다는 주장까지 포함되었다고 할 수 없다(대판 1982.2.9. 81다534).

[❹▸✕] 부동산의 시효취득에 있어서 점유기간의 산정기준이 되는 점유개시의 시기나 권원 등은 점유기간이나 자주점유를 추정하는 간접사실인 것이므로 법원은 당사자의 주장에 구애됨이 없이 소송자료에 의하여 인정되는 바에 따라 진정한 점유의 시기와 권원을 심리하여 취득시효의 완성 여부를 판단할 수 있다(대판 1992.12.8. 92다41955).

[❺▸○] 민사소송법 제62조의 명문의 규정과 우리 민사소송법이 취하고 있는 변론주의 소송구조 등에 비추어 볼 때, 통상의 공동소송에 있어서 이른바 주장공통의 원칙은 적용되지 아니하므로(대판 1994.5.10. 93다47196), 주채무자인 피고가 변제항변을 하였더라도, 보증인인 피고에게는 변제항변의 효과가 미치지 아니한다.

2014년 변호사시험 문 59.
☑ 확인Check! ○ △ ✕

처분권주의와 변론주의에 관한 설명 중 옳지 않은 것은?(다툼이 있는 경우에는 판례에 의함)

① 유권대리에 관한 주장 가운데 무권대리에 속하는 표현대리의 주장이 포함되어 있다고 볼 수 없고, 별도로 표현대리에 관한 주장이 있어야 법원은 표현대리의 성립 여부를 심리판단할 수 있다.

② 건물의 소유를 목적으로 한 토지임대차에서 임대인이 임차인을 상대로 기간만료를 이유로 그 토지에 현존하는 건물철거 및 토지인도청구의 소를 제기하였다. 위 소송에서 피고가 건물매수청구권을 적법하게 행사하여 원고가 건물에 관한 소유권이전등기절차의 이행 및 건물인도를 구하는 내용으로 청구취지변경을 하였더라도, 법원은 피고가 동시이행항변을 하지 않는 한 건물매매대금을 지급받음과 상환으로 소유권이전등기절차의 이행 및 건물인도를 명하는 판결을 내릴 수 없다.

③ 국가 명의로 소유권보존등기가 경료된 토지에 관하여 甲 명의의 소유권이전등기가 경료되었는데, 위 토지를 사정받은 乙이 국가와 甲을 상대로 등기말소를 구하는 소를 제기하여, 국가는 乙에게 원인무효인 소유권보존등기의 말소등기절차를 이행할 의무가 있고 甲 명의의 소유권이전등기는 등기부 취득시효 완성을 이유로 유효하다는 취지의 판결이 확정되었다. 그 후 乙이 국가를 상대로 국가의 불법행위를 이유로 토지의 소유권 상실로 인한 손해배상을 구한 사안에서, 법원은 국가에 대하여 소유권보존등기말소등기절차이행의무의 이행불능으로 인한 손해배상책임을 인정할 수 있다.

④ 저당권이 설정되어 있는 부동산을 채무자가 사해행위로 수익자에게 매도한 후 수익자의 변제로 위 저당권설정등기가 말소된 경우, 채권자가 위 매매계약의 취소와 부동산 자체의 반환을 청구하였더라도 법원은 원고의 청구취지변경 없이 가액반환을 명할 수 있다.

⑤ 원고가 피담보채무 전액을 변제하였다고 주장하면서 근저당권설정등기말소등기절차의 이행을 구하는 소를 제기하였으나 잔존채무가 있는 것으로 밝혀진 경우, 법원은 원고의 반대 의사표시가 없는 한 잔존채무의 지급을 조건으로 근저당권설정등기의 말소를 명하여야 한다.

[**❶ ▶ ○**] 대리권이 있다는 것과 표현대리가 성립한다는 것은 그 요건사실이 다르므로 유권대리의 주장이 있으면 표현대리의 주장이 당연히 포함되는 것은 아니고 이 경우 법원이 표현대리의 성립 여부까지 판단해야 하는 것은 아니다(대판 1990.3.27. 88다카181).

[**❷ ▶ ○**] 동시이행의 항변권은 당사자가 이를 원용하여야 그 인정 여부에 대하여 심리할 수 있으므로(대판 2006.2.23. 2005다 53187), 법원은 피고가 동시이행항변을 하지 아니하는 한 상환이행판결을 선고할 수 없다.

[**❸ ▶ ✕**] [1] 소유자가 자신의 소유권에 기하여 실체관계에 부합하지 아니하는 등기의 명의인을 상대로 그 등기말소나 진정명의회복 등을 청구하는 경우에, 그 권리는 물권적 청구권으로서의 방해배제청구권(민법 제214조)의 성질을 가진다. 그러므로 소유자가 그 후에 소유권을 상실함으로써 이제 등기말소 등을 청구할 수 없게 되었다면, 이를 위와 같은 청구권의 실현이 객관적으로 불능이 되었다고 파악하여 등기말소 등 의무자에 대하여 그 권리의 이행불능을 이유로 민법 제390조상의 손해배상청구권을 가진다고 말할 수 없다. 위 법규정에서 정하는 채무불이행을 이유로 하는 손해배상청구권은 계약 또는 법률에 기하여 이미 성립하여 있는 채권관계에서 본래의 채권이 동일성을 유지하면서 그 내용이 확장되거나 변경된 것으로서 발생한다. 그러나 위와 같은 등기말소청구권 등의 물권적 청구권은 그 권리자인 소유자가 소유권을 상실하면 이제 그 발생의 기반이 아예 없게 되어 더 이상 그 존재 자체가 인정되지 아니하는 것이다. 이러한 법리는 선행소송에서 소유권보존등기의 말소등기청구가 확정되었다고 하더라도 그 청구권의 법적 성질이 채권적 청구권으로 바뀌지 아니하므로 마찬가지이다.
[2] 국가 명의로 소유권보존등기가 경료된 토지의 일부 지분에 관하여 甲 등 명의의 소유권이전등기가 경료되었는데, 乙이 등기말소를 구하는 소를 제기하여 국가는 乙에게 원인무효인 등기의 말소등기절차를 이행할 의무가 있고 甲 등 명의의 소유권이전등기는 등기부 취득시효 완성을 이유로 유효하다는 취지의 판결이 확정되자, 乙이 국가를 상대로 손해배상을 구한 경우, 甲 등의 등기부 취득시효 완성으로 토지에 관한 소유권을 상실한 乙이 불법행위를 이유로 소유권 상실로 인한 손해배상을 청구할 수 있음은 별론으로 하고, 애초 국가의 등기말소의무 이행불능으로 인한 채무불이행책임을 논할 여지는 없고, 또한 토지의 소유권 상실로 인한 손해배상을 구하는 乙의 청구에 대하여 당사자가 주장하지 아니한 소유권보존등기말소등기절차이행의무의 이행불능으로 인한 손해배상책임을 인정할 수 없음에도, 이와 달리 손해배상책임을 인정한 원심판결에 법리오해와 처분권주의 위반의 위법이 있다(대판 2012.5.17. 2010다28604 [전합]).

[**❹ ▶ ○**] 저당권이 설정되어 있는 부동산이 사해행위로 이전된 경우에 그 사해행위는 부동산의 가액에서 저당권의 피담보채권액을 공제한 잔액의 범위 내에서만 성립한다고 보아야 하므로, 사해행위 후 변제 등에 의하여 저당권설정등기가 말소된 경우 그 부동산의 가액에서 저당권의 피담보채무액을 공제한 잔액의 한도에서 사해행위를 취소하고 그 가액의 배상을 구할 수 있을 뿐이고, 특별한 사정이 없는 한 변제자가 누구인지에 따라 그 방법을 달리한다고 볼 수는 없는 것이며, 사해행위인 계약 전부의 취소와 부동산 자체의 반환을 구하는 청구취지 속에는 위와 같이 일부취소를 하여야 할 경우 그 일부취소와 가액배상을 구하는 취지도 포함되어 있다고 볼 수 있으므로 청구취지의 변경이 없더라도 바로 가액반환을 명할 수 있다(대판 2001.6.12. 99다20612).

[**❺ ▶ ○**] 원고가 피담보채무 전액을 변제하였다고 주장하면서 근저당권설정등기에 대한 말소등기절차의 이행을 청구하였으나 그 원리금의 계산 등에 관한 다툼 등으로 인하여 변제액이 채무 전액을 소멸시키는 데 미치지 못하고 잔존채무가 있는 것으로 밝혀진 경우에는 특별한 사정이 없는 한 원고의 청구 중에는 확정된 잔존채무를 변제하고 그 다음에 위 등기의 말소를 구한다는 취지도 포함되어 있는 것으로 해석함이 상당하고, 이는 장래이행의 소로서 미리 청구할 이익도 인정된다고 할 것이다. 따라서 원심으로서는 이 사건 근저당권설정등기의 피담보채무 중 잔존원금 및 지연손해금의 액수를 심리 · 확정한 다음, 그 변제를 조건으로 이 사건 근저당권설정등기의 말소를 명하였어야 한다고 할 것이다(대판 2008.4.10. 2007다83694).

2013년 변호사시험 문 65.

☑ 확인 Check! ○ △ ✕

척추 이상으로 허리 통증이 있던 甲은 의료법인 A병원에서 2008.4.3. 입원진료계약을 체결하고, 같은 달 30.에 수술을 받았다. 척추수술 직후, 甲에게 하반신마비 장애가 발생하였다. 다음 설명 중 옳지 않은 것은?(각 지문은 독립적이고, 다툼이 있는 경우에는 판례에 의함)

① A병원의 치료비 채권은 특약이 없는 한 개개의 진료가 종료될 때마다 각각의 진료에 필요한 비용의 이행기가 도래하여 그에 대한 소멸시효가 진행된다.

② 甲이 A병원을 상대로 제기한 손해배상청구소송에서 일실이익의 현가산정방식에 관한 甲의 주장은 기초사실에 관한 주장에 속하므로, 법원이 甲의 주장과 다른 산정방식을 채용하는 것은 변론주의에 반한다.

③ 甲이 A병원을 상대로 불법행위를 원인으로 한 손해배상청구의 소를 제기하였는데, 법원이 진료계약상의 의무불이행을 원인으로 한 손해배상금을 지급하도록 판결한 것은 처분권주의에 반한다.

④ A병원이 진료기록을 변조할 가능성이 있는 경우, 甲은 소제기 전이나 후에 증거보전절차를 신청할 수 있으며, 예외적으로 소송계속 중에는 법원이 증거보전을 직권으로도 결정할 수 있다.

⑤ A병원이 진료기록을 사후에 변조한 것으로 밝혀진 경우라고 하더라도 곧바로 A병원에 의료상의 과실이 있다는 甲의 주장사실이 증명된 것으로 볼 수는 없다.

[❶▸○] 민법 제163조 제2호 소정의 '의사의 치료에 관한 채권'에 있어서는, 특약이 없는 한 그 개개의 진료가 종료될 때마다 각각의 당해 진료에 필요한 비용의 이행기가 도래하여 그에 대한 소멸시효가 진행된다고 해석함이 상당하고, 장기간 입원 치료를 받는 경우라 하더라도 다른 특약이 없는 한 입원 치료 중에 환자에 대하여 치료비를 청구함에 아무런 장애가 없으므로 퇴원시부터 소멸시효가 진행된다고 볼 수는 없다(대판 2001.11.9, 2001다52568).

[❷▸✕] 불법행위로 인한 장래 얻을 수 있는 일실수익의 현가를 산정함에 있어 중간이자 공제방법으로서 호프만식 계산법에 의하지 아니하고 라이프니쯔식 계산법에 의하여 그 일실수익의 현가를 산정하였다 하여 이를 판례위반의 위법이라 할 수 없다(대판 1983.6.28, 83다191).

[❸▸○] 불법행위로 인한 손해배상청구와 진료계약상의 채무불이행으로 인한 손해배상청구는 소송물이 다르므로, 甲의 청구와 달리 법원이 진료계약상의 채무불이행을 이유로 손해배상금을 지급하도록 한 판결은 처분권주의에 반한다.

[❹▸○] 증거보전의 신청은 소를 제기한 뒤에는 그 증거를 사용할 심급의 법원에 하여야 한다. 소를 제기하기 전에는 신문을 받을 사람이나 문서를 가진 사람의 거소 또는 검증하고자 하는 목적물이 있는 곳을 관할하는 지방법원에 하여야 한다(민소법 제376조 제1항). 급박한 경우에는 소를 제기한 뒤에도 제1항 후단에 규정된 지방법원에 증거보전의 신청을 할 수 있다(동법 제376조 제2항). 법원은 필요하다고 인정한 때에는 소송이 계속된 중에 직권으로 증거보전을 결정할 수 있다(동법 제379조).

[❺▸○] 의료분쟁에 있어서 의사 측이 가지고 있는 진료기록 등의 기재가 사실인정이나 법적 판단을 함에 있어 중요한 역할을 차지하고 있는 점을 고려하여 볼 때, 의사 측이 진료기록을 변조한 행위는 그 변조이유에 대하여 상당하고도 합리적인 이유를 제시하지 못하는 한, 당사자 간의 공평의 원칙 또는 신의칙에 어긋나는 입증방해행위에 해당한다 할 것이고, 법원으로서는 이를 하나의 자료로 하여 자유로운 심증에 따라 의사 측에게 불리한 평가를 할 수 있다고 할 것이다(대판 2014.11.27, 2012다11389).

2013년 변호사시험 문 58.

☑ 확인Check! ○ △ X

甲은 乙을 상대로 3억원의 지급을 구하는 대여금청구의 소를 제기하였다. 다음 설명 중 옳은 것을 모두 고른 것은?

ㄱ. 법원은 乙이 소장 부본을 송달받은 날부터 30일 이내에 답변서를 제출하지 아니한 때에는 직권으로 조사할 사항이 있더라도 청구의 원인이 된 사실을 자백한 것으로 보고 변론 없이 판결할 수 있다.

ㄴ. 乙이 소장 부본을 송달받은 날부터 30일이 지난 뒤라도 판결이 선고되기까지 甲의 청구를 다투는 취지의 답변서를 제출하면 법원은 더 이상 무변론 판결을 할 수 없다.

ㄷ. 乙이 청구의 원인이 된 사실을 모두 자백하는 취지의 답변서를 제출하고 따로 항변을 하지 아니한 때에도 특별한 사정이 없는 한 법원은 무변론 판결을 할 수 있다.

ㄹ. 甲이 출석하지 아니한 변론기일에 乙은 자신의 준비서면에 적지 않았다고 하더라도 상계항변을 할 수 있다.

ㅁ. 乙이 준비서면을 제출한 후 변론기일에 불출석하여도 법원은 乙이 그 준비서면에 적혀 있는 사항을 진술한 것으로 보고 출석한 甲에게 변론을 명할 수 있다.

① ㄱ, ㄷ   　　　② ㄴ, ㅁ   　　　③ ㄷ, ㄹ
④ ㄱ, ㄴ, ㄹ   　　　⑤ ㄴ, ㄷ, ㅁ

[ㄱ ▸ X] [ㄴ ▸ O] [ㄷ ▸ O] 법원은 피고가 제256조 제1항의 답변서를 제출하지 아니한 때에는 청구의 원인이 된 사실을 자백한 것으로 보고 변론 없이 판결할 수 있다(ㄱ). <u>다만, 직권으로 조사할 사항이 있거나 판결이 선고되기까지 피고가 원고의 청구를 다투는 취지의 답변서를 제출한 경우에는 그러하지 아니하다(ㄴ)</u>(민소법 제257조 제1항). <u>피고가 청구의 원인이 된 사실을 모두 자백하는 취지의 답변서를 제출하고 따로 항변을 하지 아니한 때에는 제1항의 규정을 준용한다(ㄷ)</u> (동법 제257조 제2항).

[ㄹ ▸ X] 민소법 제276조 본문에 의하여 주장이 금지되는 사실은 주요사실이나 간접사실로, 법률상의 진술이나 상대방의 주장에 대한 부인·부지의 진술은 이에 포함되지 아니한다. 다만, 항변은 상대방의 절차권 침해의 우려가 있어 동조 본문에 의하여 주장이 금지된다고 보는 것이 타당하다. 따라서 甲이 출석하지 아니한 변론기일에 乙이 자신의 준비서면에 상계항변에 대하여 적지 아니하였다면, 상계항변을 할 수 없다.

법령 ● 준비서면에 적지 아니한 효과(민소법 제276조) 준비서면에 적지 아니한 사실은 상대방이 출석하지 아니한 때에는 변론에서 주장하지 못한다. 다만, 제272조 제2항 본문의 규정에 따라 준비서면을 필요로 하지 아니하는 경우에는 그러하지 아니하다.

[ㅁ ▸ O] 원고 또는 피고가 변론기일에 출석하지 아니하거나, 출석하고서도 본안에 관하여 변론하지 아니한 때에는 그가 제출한 소장·답변서, 그 밖의 준비서면에 적혀 있는 사항을 진술한 것으로 보고 출석한 상대방에게 변론을 명할 수 있다(민소법 제148조 제1항).

⑤ 정답

제4절 변 론 ★

2017년 변호사시험 문 66.
☑ 확인Check! ○ △ ✕

상계항변과 시효항변에 관한 설명 중 옳지 않은 것은?(다툼이 있는 경우 판례에 의함)

① 채무자가 소멸시효 완성의 항변을 하기 전에 상계항변을 먼저 한 경우, 채무자는 시효완성으로 인한 법적 이익을 받지 않겠다는 의사를 표시한 것으로 보아야 한다.

② 어떤 권리의 소멸시효기간이 얼마나 되는지는 법원이 직권으로 판단할 수 있다.

③ 피고의 소송상 상계항변에 대하여 원고가 소송상 상계의 재항변을 할 경우, 법원은 피고의 소송상 상계항변의 인용 여부와 관계없이 원고의 소송상 상계의 재항변에 관하여 판단할 필요가 없으므로 원고의 위 재항변은 다른 특별한 사정이 없는 한 허용되지 않는다.

④ 채권자가 동일한 목적을 달성하기 위하여 복수의 채권을 가지고 있더라도 선택에 따라 어느 하나의 채권만을 행사하는 것이 명백한 경우, 채무자의 소멸시효 완성의 항변은 그 채권에 대한 것으로 보아야 한다.

⑤ 소송상 상계항변은 피고의 금전지급의무가 인정되면 자동채권으로 상계하겠다는 예비적 항변의 성격을 갖는다.

[❶ ▶ ✕] [❺ ▶ ○]   소송에서의 상계항변은 일반적으로 소송상의 공격방어방법으로 피고의 금전지급의무가 인정되는 경우 자동채권으로 상계를 한다는 예비적 항변의 성격을 갖는다. 따라서 상계항변이 먼저 이루어지고 그 후 대여금채권의 소멸을 주장하는 소멸시효항변이 있었던 경우에, 상계항변 당시 채무자인 피고에게 수동채권인 대여금채권의 시효이익을 포기하려는 효과의사가 있었다고 단정할 수 없다. 그리고 항소심 재판이 속심적 구조인 점을 고려하면 제1심에서 공격방어방법으로 상계항변이 먼저 이루어지고 그 후 항소심에서 소멸시효항변이 이루어진 경우를 달리 볼 것은 아니다(대판 2013.2.28. 2011다21556).

[❷ ▶ ○]   어떤 권리의 소멸시효기간이 얼마나 되는지에 관한 주장은 단순한 법률상의 주장에 불과하므로 변론주의의 적용대상이 되지 않고 법원이 직권으로 판단할 수 있다(대판 2013.2.15. 2012다68217).

[❸ ▶ ○]   피고의 소송상 상계항변에 대하여 원고가 다시 피고의 자동채권을 소멸시키기 위하여 소송상 상계의 재항변을 하는 경우, 법원이 원고의 소송상 상계의 재항변과 무관한 사유로 피고의 소송상 상계항변을 배척하는 경우에는 소송상 상계의 재항변을 판단할 필요가 없고, 피고의 소송상 상계항변이 이유 있다고 판단하는 경우에는 원고의 청구채권인 수동채권과 피고의 자동채권이 상계적상 당시에 대등액에서 소멸한 것으로 보게 될 것이므로 원고가 소송상 상계의 재항변으로써 상계할 대상인 피고의 자동채권이 그 범위에서 존재하지 아니하는 것이 되어 이때에도 역시 원고의 소송상 상계의 재항변에 관하여 판단할 필요가 없게 된다. 또한, 원고가 소송물인 청구채권 외에 피고에 대하여 다른 채권을 가지고 있다면 소의 추가적 변경에 의하여 그 채권을 당해 소송에서 청구하거나 별소를 제기할 수 있다. 그렇다면 원고의 소송상 상계의 재항변은 일반적으로 이를 허용할 이익이 없다. 따라서 피고의 소송상 상계항변에 대하여 원고가 소송상 상계의 재항변을 하는 것은 다른 특별한 사정이 없는 한 허용되지 않는다고 보는 것이 타당하다(대판 2014.6.12. 2013다95964).

[❹ ▶ ○]   채권자가 동일한 목적을 달성하기 위하여 복수의 채권을 가지고 이를 행사하는 경우 각 채권이 발생시기와 발생원인 등을 달리하는 별개의 채권인 이상 별개의 소송물에 해당하므로, 이에 대하여 채무자가 소멸시효 완성의 항변을 하는 경우에 그 항변에 의하여 어떠한 채권을 다투는 것인지 특정하여야 하고 그와 같이 특정된 항변에는 특별한 사정이 없는 한 청구원인을 달리하는 채권에 대한 소멸시효 완성의 항변까지 포함된 것으로 볼 수는 없다. 그러나 채권자가 동일한 목적을 달성하기 위하여 복수의 채권을 가지고 있더라도 선택에 따라 어느 하나의 채권만을 행사하는 것이 명백한 경우라면 채무자의 소멸시효 완성의 항변은 채권자가 행사하는 당해 채권에 대한 항변으로 봄이 타당하다(대판 2013.2.15. 2012다68217).

소송상 상계 항변에 관한 설명 중 옳지 않은 것은?(다툼이 있는 경우 판례에 의함)

① 소송상 상계 항변은 상대방의 동의 없이 이를 철회할 수 있고, 그 경우 법원은 이에 대하여 심판할 수 없다.

② 소송상 상계 항변이 제출되었으나 소송절차 진행 중 조정이 성립됨으로써 수동채권의 존재에 관한 법원의 실질적인 판단이 이루어지지 않은 경우, 상계 항변의 사법상 효과는 발생하지 않는다.

③ 甲이 乙을 피고로 3,000만원의 손해배상청구의 소를 제기하여 제1심에서 승소판결을 받았으나 乙의 항소제기로 그 항소심 계속 중에 乙이 甲을 피고로 하여 대여금반환청구의 소를 제기한 경우, 甲은 그 소송에서 위 3,000만원의 손해배상채권을 자동채권으로 하는 소송상 상계 항변을 할 수 있다.

④ 피고의 소송상 상계 항변에 대하여 원고가 다시 피고의 자동채권을 소멸시키기 위하여 소송상 상계 재항변을 하는 것은 특별한 사정이 없는 한 허용되지 않는다.

⑤ 피고가 소송상 상계항변과 소멸시효완성항변을 함께 주장한 경우, 법원은 상계 항변을 먼저 판단할 수 있다.

[❶ ▸ ○] 소송상 방어방법으로서의 상계항변은 그 수동채권의 존재가 확정되는 것을 전제로 하여 행하여지는 일종의 예비적 항변으로서 상대방의 동의 없이 이를 철회할 수 있고, 그 경우 법원은 처분권주의의 원칙상 이에 대하여 심판할 수 없다(대판 2011.7.14. 2011다23323).

[❷ ▸ ○] 소송상 방어방법으로서의 상계항변은 수동채권의 존재가 확정되는 것을 전제로 하여 행하여지는 일종의 예비적 항변으로서 당사자가 소송상 상계항변으로 달성하려는 목적, 상호양해에 의한 자주적 분쟁해결수단인 조정의 성격 등에 비추어 볼 때, 당해 소송절차 진행 중 당사자 사이에 조정이 성립됨으로써 수동채권의 존재에 관한 법원의 실질적인 판단이 이루어지지 아니한 경우에는 그 소송절차에서 행하여진 소송상 상계항변의 사법상 효과도 발생하지 않는다고 봄이 타당하다(대판 2013.3.28. 2011다3329).

[❸ ▸ ○] 상계의 항변을 제출할 당시 이미 자동채권과 동일한 채권에 기한 소송을 별도로 제기하여 계속 중인 경우, 사실심의 담당재판부로서는 전소와 후소를 같은 기회에 심리·판단하기 위하여 이부, 이송 또는 변론병합 등을 시도함으로써 기판력의 저촉·모순을 방지함과 아울러 소송경제를 도모함이 바람직하였다고 할 것이나, 그렇다고 하여 특별한 사정이 없는 한 별소로 계속 중인 채권을 자동채권으로 하는 소송상 상계의 주장이 허용되지 않는다고 볼 수는 없다(대판 2001.4.27. 2000다4050).

[❹ ▸ ○] 소송상 방어방법으로서의 상계항변은 통상 수동채권의 존재가 확정되는 것을 전제로 하여 행하여지는 일종의 예비적 항변으로서 소송상 상계의 의사표시에 의해 확정적으로 효과가 발생하는 것이 아니라 당해 소송에서 수동채권의 존재 등 상계에 관한 법원의 실질적 판단이 이루어지는 경우에 비로소 실체법상 상계의 효과가 발생한다. 이러한 피고의 소송상 상계항변에 대하여 원고가 다시 피고의 자동채권을 소멸시키기 위하여 소송상 상계의 재항변을 하는 경우, 법원이 원고의 소송상 상계의 재항변과 무관한 사유로 피고의 소송상 상계항변을 배척하는 경우에는 소송상 상계의 재항변을 판단할 필요가 없고, 피고의 소송상 상계항변이 이유 있다고 판단하는 경우에는 원고의 청구채권인 수동채권과 피고의 자동채권이 상계적상 당시에 대등액에서 소멸한 것으로 보게 될 것이므로 원고가 소송상 상계의 재항변으로써 상계할 대상인 피고의 자동채권이 그 범위에서 존재하지 아니하는 것이 되어 이때에도 역시 원고의 소송상 상계의 재항변에 관하여 판단할 필요가 없게 된다. 또한, 원고가 소송물인 청구채권 외에 피고에 대하여 다른 채권을 가지고 있다면 소의 추가적 변경에 의하여 그 채권을 당해 소송에서 청구하거나 별소를 제기할 수 있다. 그렇다면 원고의 소송상 상계의 재항변은 일반적으로 이를 허용할 이익이 없다. 따라서 피고의 소송상 상계항변에 대하여 원고가 소송상 상계의 재항변을 하는 것은 다른 특별한 사정이 없는 한 허용되지 않는다고 보는 것이 타당하다(대판 2014.6.12. 2013다95964).

[❺ ▸ ✕] 피고가 소송상 상계항변과 소멸시효완성항변을 함께 주장한 경우, 상계항변이 예비적 항변으로서의 성질을 가지고 있으므로, 법원은 상계항변을 최후에 판단하여야 한다.

| 제5절 | 변론의 실시 |

| 제6절 | 변론기일에서의 당사자의 결석 | ★ |

2016년 변호사시험 문 70. ☑확인 Check! ○ △ ✕

당사자가 변론기일에 출석하지 아니한 경우에 관한 설명 중 옳은 것은?(다툼이 있는 경우 판례에 의함)

① 원고와 피고가 제2회 변론기일에 모두 출석하지 아니하였지만 제3회 변론기일에는 모두 출석한 다음 제4회 변론기일에는 피고만이 출석하였으나 변론을 하지 아니한 경우, 당사자의 기일지정신청이 없는데도 재판장이 직권으로 다시 기일을 지정하였다면, 그 기일지정은 무효이다.

② 당사자의 불출석 효과가 발생하는 변론기일에는 법정 외에서 실시하는 증거조사기일도 포함된다.

③ 변론기일에 원고만이 출석하여 변론하고 피고는 답변서를 제출하였으나 출석하지 아니하여 위 답변서에 적혀 있는 사항이 진술간주된 경우, 변론관할이 발생한다.

④ 원고와 피고가 변론기일에 출석하지 아니하였지만 재판장이 기일을 변경하지 아니한 채 지정된 변론기일에서 사건과 당사자를 호명하였다면, 변론조서에 '연기'라고 기재하여도 당사자 불출석의 효과가 발생한다.

⑤ 변론기일에 한 쪽 당사자가 불출석한 경우 법원은 출석한 당사자만으로 변론을 진행하여야 하고, 불출석한 당사자가 그때까지 제출한 소장·답변서, 그 밖의 준비서면에 적혀 있는 사항을 진술한 것으로 보아야 한다.

[**❶** ▶ ✕] 구 민사소송법 제241조 제2항의 규정에 의하면, 당사자 쌍방이 2회에 걸쳐 변론기일에 출석하지 아니한 때에는 당사자의 기일지정신청에 의하여 기일을 지정하여야 할 것이나, 법원이 직권으로 신기일을 지정한 때에는 당사자의 기일지정신청에 의한 기일지정이 있는 경우와 마찬가지로 보아야 할 것이고, 그와 같이 직권으로 정한 기일 또는 그 후의 기일에 당사자 쌍방이 출석하지 아니하거나 출석하더라도 변론하지 아니한 때에는 소의 취하가 있는 것으로 보아야 한다(대판 2002.7.26. 2001다60491).

[**❷** ▶ ✕] 변론기일에 실시하는 증거조사에 대하여 법정 외에서 한다는 특별한 사정이 없는 한, 증거조사기일은 변론기일에 포함되지 아니한다.

[**❸** ▶ ✕] 민사소송법 제30조 소정의 응소관할이 생기려면 피고의 본안에 관한 변론이나 준비절차에서의 진술은 현실적인 것이어야 하므로 피고의 불출석에 의하여 답변서 등이 법률상 진술간주되는 경우는 이에 포함되지 아니한다(대판 1980.9.26. 80마403).

[**❹** ▶ ○] 변론조서에 연기라는 기재가 있다 하더라도 그 기재는 기일을 실시할 수 없는 당사자의 관계에서만 기일을 연기한다는 것일 뿐, 기일을 해태한 당사자들에 대한 관계에 있어서는 사건 호명으로 불출석의 효과가 발생하는 것이고 연기의 기재는 무의미한 것이다. 속행기일에 당사자가 기일변경신청을 하고 출석하지 않은 경우 재판장이 기일을 변경하지 아니한 채 지정된 변론기일에서 사건과 당사자를 호명하였다면 불출석의 효과가 발생한다(대판 1982.6.22. 81다791).

[**❺** ▶ ✕] 민사소송법 제148조 제1항에 의하면, 변론기일에 한쪽 당사자가 불출석한 경우에 변론을 진행하느냐 기일을 연기하느냐는 법원의 재량에 속한다고 할 것이나, 출석한 당사자만으로 변론을 진행할 때에는 반드시 불출석한 당사자가 그때까지 제출한 소장·답변서, 그 밖의 준비서면에 적혀 있는 사항을 진술한 것으로 보아야 한다(대판 2008.5.8. 2008다2890).

변론에서 당사자의 불출석에 관한 설명 중 옳지 않은 것은?(변호사를 선임하지 않고 당사자 본인이 소송을 수행하는 것으로 가정함)

① 당사자가 민사소송법 제144조에 의해 진술을 금지당한 경우, 변론속행을 위하여 정한 새 기일에 그 당사자가 출석하더라도 그 기일에 불출석한 것으로 취급될 수 있다.

② 변론기일에 한쪽 당사자가 결석한 경우, 변론을 진행할지 기일을 연기할지는 법원의 재량에 속한다.

③ 공시송달의 방법으로 기일통지서를 송달받은 당사자가 당해 변론기일에 출석하지 아니하고 아무런 준비서면도 제출하지 않은 경우, 법원은 그 당사자가 상대방의 주장을 자백한 것으로 본다.

④ 원고가 청구포기의 의사표시가 적혀 있는 준비서면에 공증사무소의 인증을 받아 이를 제출하고 변론기일에 결석한 경우, 변론이 진행되었다면 청구의 포기가 성립된 것으로 본다.

⑤ 제1심에서 당사자 쌍방이 변론기일에 결석하여 법원이 새로운 기일을 정하고 그것을 당사자 쌍방에게 통지하였지만 그 새로운 기일에도 쌍방 모두 결석한 후 1월 이내에 당사자의 기일지정신청이 없으면, 소를 취하한 것으로 본다.

[**①** ▸ ○] 당사자가 진술금지의 재판을 받은 경우 변론능력이 없어 기일불출석의 불이익을 받는다. 따라서 변론속행을 위하여 정한 새 기일에 당사자가 출석하더라도 불출석한 것으로 취급될 수 있다(민소법 제150조 제3항 본문).

[**②** ▸ ○] 민사소송법 제148조 제1항에 의하면, 변론기일에 한쪽 당사자가 불출석한 경우에 변론을 진행하느냐 기일을 연기하느냐는 법원의 재량에 속한다고 할 것이나, 출석한 당사자만으로 변론을 진행할 때에는 반드시 불출석한 당사자가 그때까지 제출한 소장·답변서, 그 밖의 준비서면에 적혀 있는 사항을 진술한 것으로 보아야 한다(대판 2008.5.8. 2008다2890).

[**❸** ▸ ✕] 당사자가 변론에서 상대방이 주장하는 사실을 명백히 다투지 아니한 때에는 그 사실을 자백한 것으로 본다. 다만, 변론 전체의 취지로 보아 그 사실에 대하여 다툰 것으로 인정되는 경우에는 그러하지 아니하다(민소법 제150조 제1항). 당사자가 변론기일에 출석하지 아니하는 경우에는 제1항의 규정을 준용한다. 다만, 공시송달의 방법으로 기일통지서를 송달받은 당사자가 출석하지 아니한 경우에는 그러하지 아니하다(동법 제150조 제3항).

[**④** ▸ ○] 제1항의 규정에 따라 당사자가 진술한 것으로 보는 답변서, 그 밖의 준비서면에 청구의 포기 또는 인낙의 의사표시가 적혀 있고 공증사무소의 인증을 받은 때에는 그 취지에 따라 청구의 포기 또는 인낙이 성립된 것으로 본다(민소법 제148조 제2항).

[**⑤** ▸ ○] 양쪽 당사자가 변론기일에 출석하지 아니하거나 출석하였다 하더라도 변론하지 아니한 때에는 재판장은 다시 변론기일을 정하여 양쪽 당사자에게 통지하여야 한다(민소법 제268조 제1항). 제1항의 새 변론기일 또는 그 뒤에 열린 변론기일에 양쪽 당사자가 출석하지 아니하거나 출석하였다 하더라도 변론하지 아니한 때에는 1월 이내에 기일지정신청을 하지 아니하면 소를 취하한 것으로 본다(동법 제268조 제2항).

제7절 | 기일·기간 및 송달 ★★★☆

2019년 변호사시험 문 68. ☑ 확인 Check! ○ △ ✕

공시송달에 관한 설명 중 옳지 않은 것은?(다툼이 있는 경우 판례에 의함)

① 소장부본이 피고에게 적법하게 송달되어 소송이 진행되던 도중 피고에게 소송서류의 송달이 불능하게 된 결과 부득이 공시송달의 방법에 의하게 된 경우 피고는 소송의 진행상황을 조사할 의무가 있다.

② 법인의 대표자가 사망하고 달리 법인을 대표할 자도 정하여지지 아니하였기 때문에 법인에 대하여 송달을 할 수 없는 경우 공시송달도 할 수 없다.

③ 원고가 피고의 주소 또는 근무장소를 알 수 없어서 공시송달을 신청하는 경우 원고는 피고의 주소 또는 근무장소를 알 수 없다는 사유를 증명해야 한다.

④ 공시송달의 방법으로 기일통지서를 송달받은 당사자가 변론기일에 출석하지 아니한 경우 상대방이 주장하는 사실에 대하여 자백간주의 효력이 발생하지 아니한다.

⑤ 공시송달의 방법으로 소장을 송달받은 피고가 송달의 효력이 발생한 날로부터 30일 이내에 원고의 청구를 다투는 취지의 답변서를 제출하지 않았더라도, 법원은 바로 선고기일을 지정할 수는 없고 반드시 변론기일을 지정하여야 한다.

[❶ ▸ ○] 소장부본과 변론기일소환장 등이 적법히 송달되어 소장이 진행도중 소송서류의 송달이 불능하게 된 결과 부득이 공시송달의 방법에 의한 경우에는 최초의 소장부본의 송달부터 공시송달의 방법에 의한 경우와는 달라서 피고는 소송이 제기된 것을 알고 있었으므로 소송의 진행상태를 조사할 의무가 있다 할 것이며, 따라서 특별한 사정이 없는 한 피고가 패소판결이 선고된 사실을 몰랐다고 하더라도 여기에는 과실이 있다고 보는 것이 상당하다(대판 1987.3.10. 86다카2224).

[❷ ▸ ○] 민사소송법 제179조 소정의 공시송달의 요건이 갖추어지지 아니하였다고 하더라도, 재판장의 명에 의하여 공시송달이 된 이상 원칙적으로 공시송달의 효력에는 영향이 없는 것이나, 법인에 대한 송달은 같은 법 제60조 및 제166조에 따라서 그 대표자에게 하여야 되는 것이므로 법인의 대표자가 사망하여 버리고 달리 법인을 대표할 자도 정하여지지 아니하였기 때문에 법인에 대하여 송달을 할 수 없는 때에는 공시송달도 할 여지가 없는 것이라고 보아야 할 것이다(대판 1991.10.22. 91다9985).

[❸ ▸ ✕] 당사자의 주소등 또는 근무장소를 알 수 없는 경우 또는 외국에서 하여야 할 송달에 관하여 제191조의 규정에 따를 수 없거나 이에 따라도 효력이 없을 것으로 인정되는 경우에는 법원사무관등은 직권으로 또는 당사자의 신청에 따라 공시송달을 할 수 있다(민소법 제194조 제1항). 제1항의 신청에는 그 사유를 소명하여야 한다(동법 제194조 제2항). 여기서 소명이란 증명에 비하여 낮은 개연성, 즉 법관이 일응 확실할 것이라는 추측을 얻은 상태, 또는 그와 같은 상태에 이르도록 증거를 제출하는 당사자의 노력을 의미한다.

[❹ ▸ ○] 당사자가 변론에서 상대방이 주장하는 사실을 명백히 다투지 아니한 때에는 그 사실을 자백한 것으로 본다. 다만, 변론 전체의 취지로 보아 그 사실에 대하여 다툰 것으로 인정되는 경우에는 그러하지 아니하다(민소법 제150조 제1항). 당사자가 변론기일에 출석하지 아니하는 경우에는 제1항의 규정을 준용한다. 다만, 공시송달의 방법으로 기일통지서를 송달받은 당사자가 출석하지 아니한 경우에는 그러하지 아니하다(동법 제150조 제3항).

[❺ ▸ ○] 공시송달에 의하여 소송절차가 진행되는 경우, 민소법 제257조의 무변론판결규정이 적용되지 아니하므로, 법원은 바로 선고기일을 지정할 수 없고 변론기일을 지정하여야 한다.

추후보완항소에 관한 설명 중 옳은 것을 모두 고른 것은?(다툼이 있는 경우 판례에 의함)

ㄱ. 원고가 피고의 주소를 허위로 기재하여 피고가 아닌 원고에게 소장부본이 송달되어 자백간주에 의한 원고승소판결이 선고되고 판결정본 역시 위와 같은 방법으로 송달된 것으로 처리되었다면, 판결정본은 피고에게 적법하게 송달되었다고 할 수 없으므로 그 판결은 형식적으로 확정되었다고 할 수 없어 소송행위의 추후보완 문제는 발생하지 않는다.

ㄴ. 판결정본이 공시송달의 방법으로 송달된 경우 추후보완항소제기기간의 기산점인「민사소송법」제173조 제1항의 '그 사유가 없어진 날'은 당사자나 소송대리인이 단순히 판결이 있었던 사실만을 안 때가 아니고, 나아가 그 판결이 공시송달의 방법으로 송달된 사실을 안 때를 의미한다.

ㄷ. 추후보완항소를 한 경우에는 확정판결에 의한 집행력이 정지되므로 별도로 집행정지결정을 받을 필요가 없다.

ㄹ. 소장부본이 적법하게 송달되어 소송이 진행되던 중 통상의 방법으로 소송서류를 송달할 수 없게 되어 판결정본을 공시송달의 방법으로 송달한 경우에 당사자가 소송의 진행상황을 조사하지 않아 항소기간이 경과하였다면 항소의 추후보완사유가 되지 않는다.

① ㄱ, ㄴ   ② ㄱ, ㄷ   ③ ㄴ, ㄷ
④ ㄱ, ㄴ, ㄹ   ⑤ ㄴ, ㄷ, ㄹ

[ㄱ ▸ ○] 원고가 피고의 주소를 허위로 기재하여 이 사건 소를 제기함으로써 그 허위주소로 소송서류가 송달되어 피고 아닌 사람이 그 서류를 받아 의제자백의 형식으로 원고승소의 제1심 판결이 선고되고 그 판결정본 역시 허위의 주소로 보내어져 송달된 것으로 처리되었다면, 그 제1심 판결정본은 피고에게 적법하게 송달되었다고 할 수 없으므로 그 판결에 대한 항소기간은 진행을 개시할 수 없어 그 판결은 형식적으로 확정되었다고 할 수 없고, 따라서 소송행위의 추후보완의 문제는 나올 수 없고, 피고는 여전히 그 제1심 판결정본을 송달받지 않은 상태에 있으므로 이에 대하여 상소를 제기할 수 있다(대판 2011.12.22. 2011다78910).

[ㄴ ▸ ○] 소장부본과 판결정본 등이 공시송달의 방법에 의하여 송달되었다면 특별한 사정이 없는 한 피고는 과실 없이 그 판결의 송달을 알지 못한 것이고, 이러한 경우 피고는 그 책임을 질 수 없는 사유로 인하여 불변기간을 준수할 수 없었던 때에 해당하여 그 사유가 없어진 후 2주일(그 사유가 없어질 당시 외국에 있었던 경우에는 30일) 내에 추완항소를 할 수 있는데, 여기에서 '사유가 없어진 후'라 함은 당사자나 소송대리인이 단순히 판결이 있었던 사실을 안 때가 아니고 나아가 그 판결이 공시송달의 방법으로 송달된 사실을 안 때를 가리키는 것으로서, 다른 특별한 사정이 없는 한 통상의 경우에는 당사자나 소송대리인이 그 사건기록을 열람하거나 또는 새로이 판결정본을 영수한 때에 비로소 그 판결이 공시송달의 방법으로 송달된 사실을 알게 되었다고 보아야 한다(대판 2013.10.17. 2013다41318).

[ㄷ ▸ ✕] 추후보완신청으로 확정판결의 집행력이 배제되지 아니하므로, 상소기간의 도과로 확정된 판결의 집행력을 배제하려면 민소법 제500조에 의하여 집행정지결정을 받아야 한다.

[ㄹ ▸ ○] 소송의 진행 도중 통상의 방법으로 소송서류를 송달할 수 없게 되어 공시송달의 방법으로 송달한 경우에는 처음 소장부본의 송달부터 공시송달의 방법으로 소송이 진행된 경우와 달라서 당사자에게 소송의 진행상황을 조사할 의무가 있으므로, 당사자가 이러한 소송의 진행상황을 조사하지 않아 불변기간을 지키지 못하였다면 이를 당사자가 책임질 수 없는 사유로 말미암은 것이라고 할 수 없고, 판결의 선고 및 송달 사실을 알지 못하여 상소기간을 지키지 못한 데 과실이 없다는 사정은 상소를 추후보완하고자 하는 당사자 측에서 주장·입증하여야 한다(대판 2013.4.25. 2012다98423).

2018년 변호사시험 문 55.

☑ 확인Check! ○ △ ✕

송달에 관한 설명 중 옳지 않은 것은?(다툼이 있는 경우 판례에 의함)

① 다른 주된 직업을 가지고 있으면서 A주식회사의 비상근이사, 비상근감사 또는 사외이사의 직을 가지고 있는 사람에 대해서는 A주식회사의 본점이 「민사소송법」 제183조 제2항의 '근무장소'에 해당한다고 할 수 없다.

② 소송서류를 송달받을 본인과 당해 소송에 관하여 이해의 대립 내지 상반된 이해관계가 있는 수령대행인에 대하여는 보충송달을 할 수 없다.

③ 보충송달에서 수령대행인이 될 수 있는 사무원이란 반드시 송달받을 사람과 고용관계가 있어야 하는 것은 아니고, 평소 본인을 위하여 사무 등을 보조하는 자이면 충분하다.

④ 「환경분쟁 조정법」에 의한 재정의 경우, 재정문서는 재판상 화해와 동일한 효력을 가질 수도 있는 점 등에 비추어 재정문서의 송달은 공시송달의 방법으로 할 수 없다.

⑤ 「민사소송법」 제187조에 정한 우편송달은 같은 법 제186조에 따른 보충송달, 유치송달 등이 불가능할 것을 요건으로 하는바, 일단 위 요건이 구비되어 우편송달이 이루어진 이상 그 이후에 송달할 서류는 위 요건의 구비 여부를 불문하고 위 조문에 정한 우편송달을 할 수 있다.

[**❶ ▸ ○**] A주식회사는 다른 주된 직업을 가지고 있으면서 A주식회사의 비상근이사, 사외이사 또는 비상근감사의 직에 있는 피고 2 등에게 지속적인 근무장소라고 할 수 없으므로 민사소송법 제183조 제2항에 정한 '근무장소'에 해당한다고 볼 수 없고, 위 소외 1이 피고 2 등에 대한 소장 부본을 A주식회사의 본점 소재지에서 수령한 것을 민사소송법 제186조 제2항의 보충송달로서 효력이 있다고 볼 수도 없다(대판 2015.12.10. 2012다16063).

[**❷ ▸ ○**] 보충송달제도는 본인 아닌 그의 사무원, 피용자 또는 동거인, 즉 수령대행인이 서류를 수령하여도 그의 지능과 객관적인 지위, 본인과의 관계 등에 비추어 사회통념상 본인에게 서류를 전달할 것이라는 합리적인 기대를 전제로 한다. 그런데 본인과 수령대행인 사이에 당해 소송에 관하여 이해의 대립 내지 상반된 이해관계가 있는 때에는 수령대행인이 소송서류를 본인에게 전달할 것이라고 합리적으로 기대하기 어렵고, 이해가 대립하는 수령대행인이 본인을 대신하여 소송서류를 송달받는 것은 쌍방대리금지의 원칙에도 반하므로, 본인과 당해 소송에 관하여 이해의 대립 내지 상반된 이해관계가 있는 수령대행인에 대하여는 보충송달을 할 수 없다(대판 2016.11.10. 2014다54366).

[**❸ ▸ ○**] 민사소송법 제186조 제1항에서 규정한 보충송달에서 수령대행인이 될 수 있는 사무원이란 반드시 송달받을 사람과 고용관계가 있어야 하는 것은 아니고, 평소 본인을 위하여 사무 등을 보조하는 자이면 충분하다(대판 2010.10.14. 2010다48455).

[**❹ ▸ ○**] 환경분쟁 조정법 제40조 제3항, 제42조 제2항, 제64조 및 민사소송법 제231조, 제225조 제2항의 내용과 재정문서의 정본을 송달받고도 당사자가 60일 이내에 재정의 대상인 환경피해를 원인으로 하는 소송을 제기하지 아니하는 등의 경우 재정문서가 재판상 화해와 동일한 효력이 있으므로 재정의 대상인 환경피해를 원인으로 한 분쟁에서 당사자의 재판청구권을 보장할 필요가 있는 점 등을 종합하면, 환경분쟁 조정법에 의한 재정의 경우 재정문서의 송달은 공시송달의 방법으로는 할 수 없다(대판 2016.4.15. 2015다201510).

[**❺ ▸ ✕**] 민사소송법 제173조에 의한 우편송달은 당해 서류에 관하여 교부 또는 보충, 유치송달 등이 불가능한 것임을 요건으로 하는 것이므로 당해 서류의 송달에 한하여 할 수 있는 것이지 그에 이은 별개의 서류 등의 송달에 관하여는 위 요건이 따로 구비되지 않는 한 당연히 우편송달을 할 수 있는 것은 아니라고 보아야 할 것이다(대결 1990.1.25. 89마939).

공시송달에 관한 설명 중 옳은 것은?(다툼이 있는 경우 판례에 의함)

① 피고가 변론종결 후에 사망한 상태에서 판결이 선고된 경우, 망인인 피고에 대한 판결정본의 공시송달은 무효이다.

② 당사자의 주소등 또는 근무장소를 알 수 없는 경우 또는 외국에서 하여야 할 송달에 관하여 「민사소송법」 제191조(외국에서 하는 송달의 방법)의 규정에 따를 수 없거나 이에 따라도 효력이 없을 것으로 인정되는 경우에는 법원사무관등은 당사자의 신청에 의해서만 공시송달을 할 수 있다.

③ 첫 공시송달은 「민사소송법」 제195조(공시송달의 방법)의 규정에 따라 실시한 날부터 4주가 지나야 효력이 생긴다. 다만, 같은 당사자에게 하는 그 뒤의 공시송달은 실시한 다음 날부터 효력이 생긴다.

④ 재판장은 직권으로 법원사무관등의 공시송달처분을 취소할 수 없다.

⑤ 원고가 피고의 주소나 거소를 알고 있었음에도 소장에 소재불명 또는 허위의 주소나 거소를 기재하여 소를 제기한 탓으로 공시송달의 방법에 의하여 판결정본이 송달된 경우, 피고는 소송행위 추후보완에 의한 상소를 할 수 없다.

[**❶ ▶ ○**] 원고가 망인을 상대로 제기한 소송은 위 망인의 사망으로 중단되었고, 다만 판결의 선고는 소송절차가 중단된 중에도 할 수 있으므로 위 법원이 이 사건 재심대상판결을 선고한 것은 적법하다고 할 것이나, 그 소송절차는 그 판결선고와 동시에 중단되었으므로 위 망인에 대하여 판결정본을 공시송달한 것은 효력이 없고, 위 망인의 상속인이 그 소송절차를 수계하여 위 판결의 정본을 송달받기 전까지는 그에 대한 항소제기기간이 진행될 수도 없으며, 이는 위 망인의 상속인들인 피고들이 위 판결의 존재를 알고 있었다거나 위 소송에 대한 수계신청을 하였다는 등의 사정이 있다고 하여 달리 볼 것은 아니라고 할 것이다(대판 2007.12.14. 2007다52997).

[**❷ ▶ ✕**] 당사자의 주소등 또는 근무장소를 알 수 없는 경우 또는 외국에서 하여야 할 송달에 관하여 제191조의 규정에 따를 수 없거나 이에 따라도 효력이 없을 것으로 인정되는 경우에는 법원사무관등은 직권으로 또는 당사자의 신청에 따라 공시송달을 할 수 있다(민소법 제194조 제1항).

[**❸ ▶ ✕**] 첫 공시송달은 제195조의 규정에 따라 실시한 날부터 2주가 지나야 효력이 생긴다. 다만, 같은 당사자에게 하는 그 뒤의 공시송달은 실시한 다음 날부터 효력이 생긴다(민소법 제196조 제1항).

[**❹ ▶ ✕**] 재판장은 직권으로 또는 신청에 따라 법원사무관등의 공시송달처분을 취소할 수 있다(민소법 제194조 제4항).

[**❺ ▶ ✕**] [1] 제1심 판결 정본이 공시송달의 방법에 의하여 피고에게 송달되었다면 비록 피고의 주소가 허위이거나 그 요건에 미비가 있다 할지라도 그 송달은 유효한 것이므로 항소기간의 도과로 그 판결은 형식적으로 확정되어 기판력이 발생한다.

[2] 피고로서는 항소기간 내에 항소를 제기할 수 없었던 것이 자신이 책임질 수 없었던 사유로 인한 것임을 주장하여 그 사유가 없어진 후로부터 2주일(피고가 외국에 있을 때는 30일) 내에 추완항소를 제기할 수 있으며, 여기서 그 사유가 없어진 때라 함은 피고가 당해 사건기록의 열람을 하는 등의 방법으로 제1심 판결 정본이 공시송달의 방법으로 송달된 사실을 안 때를 의미한다(대판 1994.10.21. 94다27922).

2015년 변호사시험 문 62. ☑ 확인 Check! ○ △ ✕

甲은 乙의 주소를 알고 있었음에도 소재불명으로 속여 乙에 대해 대여금 청구의 소를 제기하였다. 乙에 대한 공시송달에 의한 재판진행 결과 甲 일부 승소의 제1심 판결이 공시송달로 확정되었다. 그 후 乙은 위 사건기록 열람과 판결정본의 수령으로 위와 같이 공시송달에 의해 재판이 진행된 것을 알게 되었다. 다음 설명 중 옳지 않은 것은?(다툼이 있는 경우 판례에 의함)

① 乙은 위 사실을 알게 된 날부터 30일 이내에 재심을 제기할 수 있다.
② 乙이 추후보완항소제기기간을 도과하였을 경우에는 재심청구 제기기간 내에 있더라도 재심을 제기할 수 없다.
③ 乙의 추후보완항소가 적법하게 계속될 경우 甲은 부대항소를 제기할 수 있다.
④ 乙이 재심을 제기할 경우 법원은 재심의 소가 적법한지 여부와 재심사유가 있는지 여부에 관한 심리 및 재판을 본안에 관한 심리 및 재판과 분리하여 먼저 시행할 수 있다.
⑤ 乙이 추후보완항소를 제기할 경우 판결의 선고 및 송달 사실을 알지 못하여 항소기간을 지키지 못한 데 과실이 없다는 사정은 乙이 주장·증명하여야 한다.

[❶ ▶ O] 판결정본이 공시송달된 경우 공시송달의 요건에 흠이 있더라도 그 송달은 유효한 것이므로 판결이 확정된 뒤 乙은 재심(민소법 제451조 제1항 제11호)이나 추후보완항소(동법 제173조)로 구제받을 수 있다. 재심은 乙이 재심사유를 안 날부터 30일 이내에 제기하여야 한다(동법 제456조 제1항).

[❷ ▶ ✕] 민사소송법 제451조 제1항 단서에 의하면 당사자가 상소에 의하여 재심사유를 주장하였거나 이를 알고 주장하지 아니한 때에는 재심의 소를 제기할 수 없는 것으로 규정되어 있는데, 여기에서 '이를 알고도 주장하지 아니한 때'란 재심사유가 있는 것을 알았음에도 상소를 제기하고도 상소심에서 그 사유를 주장하지 아니한 경우뿐만 아니라, 상소를 제기하지 아니하여 판결이 그대로 확정된 경우까지도 포함하는 것이라고 해석하여야 할 것이다. 그런데 위 단서 조항은 재심의 보충성에 관한 규정으로서, 당사자가 상소를 제기할 수 있는 시기에 재심사유의 존재를 안 경우에는 상소에 의하여 이를 주장하게 하고 상소로 주장할 수 없었던 경우에 한하여 재심의 소에 의한 비상구제를 인정하려는 취지인 점, 추완상소와 재심의 소는 독립된 별개의 제도이므로 추완상소의 방법을 택하는 경우에는 추완상소의 기간 내에, 재심의 방법을 택하는 경우에는 재심기간 내에 이를 제기하여야 하는 것으로 보이는 점을 고려하면, 공시송달에 의하여 판결이 선고되고 판결정본이 송달되어 확정된 이후에 추완항소의 방법이 아닌 재심의 방법을 택한 경우에는 추완상소기간이 도과하였다 하더라도 재심기간 내에 재심의 소를 제기할 수 있다고 보아야 한다(대판 2011.12.22. 2011다73540).

[❸ ▶ O] 추후보완항소가 적법하게 항소심에 계속된 경우, 그 항소심은 다른 일반적인 항소심과 다를 바 없으므로, 甲은 부대항소를 제기할 수 있다.

[❹ ▶ O] 법원은 재심의 소가 적법한지 여부와 재심사유가 있는지 여부에 관한 심리 및 재판을 본안에 관한 심리 및 재판과 분리하여 먼저 시행할 수 있다(민소법 제454조 제1항).

[❺ ▶ O] 추후보완항소를 제기하고자 하는 乙은 항소기간을 지키지 못한 데 과실이 없다는 사정을 주장·증명하여야 한다.

판례 민사소송법 제186조 제1항에 의하면 근무장소 외의 송달할 장소에서 송달받을 사람을 만나지 못한 때에는 동거인 등으로서 사리를 분별할 지능이 있는 사람에게 서류를 교부하는 방법으로 송달할 수 있고, 여기에서 말하는 '송달할 장소'가 반드시 송달을 받을 사람의 주민등록상의 주소지에 한정되는 것은 아니며, '동거인' 역시 송달을 받을 사람과 사실상 동일한 세대에 속하여 생활을 같이 하는 사람이기만 하면 되는데, 판결의 선고 및 송달 사실을 알지 못하여 상소기간을 지키지 못한 데 과실이 없다는 사정은 상소를 추후보완하고자 하는 당사자 측에서 주장·입증하여야 한다(대판 2012.10.11. 2012다44730).

송달에 관한 설명 중 옳지 않은 것은?(다툼이 있는 경우에는 판례에 의함)

① 원칙적으로 송달담당기관과 송달실시기관은 다르다.

② 소송서류는 특별한 규정이 없는 한 원본으로 송달하여야 하며, 소송대리인이 있는 경우에도 당사자 본인에게 한 송달은 유효하다.

③ 송달의 방법은 교부송달이 원칙이고, 우편송달의 경우 발송 시에 송달된 것으로 본다.

④ 공시송달은 직권 또는 당사자의 신청에 따라 재판장의 명령으로 한다.

⑤ 공시송달에 의한 판결편취의 경우, 이로 인해 패소한 당사자는 추후보완상소 또는 재심의 소를 통해 구제받을 수 있다.

[**❶ ▸ O**]　송달사무담당기관은 법원사무관이고(민소법 제175조), 송달실시기관은 원칙적으로 집행관과 우편집배원이다(동법 제176조).

[**❷ ▸ X**]　<u>소송서류는 등본송달이 원칙이다</u>(민소법 제178조 제1항). <u>소송대리인이 있는 경우에는 소송대리인에게 송달하여야 하나, 당사자 본인에게 송달한 경우에도 유효하다는 것이 판례이다</u>(대결 1970.6.5. 70마325).

[**❸ ▸ O**]　송달은 특별한 규정이 없으면 송달받을 사람에게 서류의 등본 또는 부본을 교부하여야 한다(민소법 제178조 제1항). 우편송달은 서류를 발송한 때에 송달된 것으로 본다(동법 제189조).

[**❹ ▸ X**]　구 민소법 제194조 제1항은 재판장이 직권으로 또는 당사자의 신청에 따라 공시송달을 명할 수 있다고 규정하고 있었으나, <u>개정법 제194조 제1항은 법원사무관등이 직권으로 또는 당사자의 신청에 따라 공시송달처분을 할 수 있다고 규정하고 있어 틀린 지문으로 처리한다.</u>

[**❺ ▸ O**]　당사자가 상대방의 주소 또는 거소를 알고 있었음에도 소재불명 또는 허위의 주소나 거소로 하여 소를 제기한 탓으로 <u>공시송달의 방법에 의하여 판결(심판)정본이 송달된 때에는 민사소송법 제451조 제1항 제11호에 의하여 재심을 제기할 수 있음은 물론이나 또한 같은 법 제173조에 의한 소송행위 추완에 의하여도 상소를 제기할 수도 있다</u>(대판 2011.12.22. 2011다73540).

송달에 관한 설명 중 옳지 않은 것은?(다툼이 있는 경우에는 판례에 의함)

① 송달받을 사람의 주소·거소·영업소 또는 사무소를 알지 못하거나 그 장소에서 송달할 수 없는 때에는 송달받을 사람이 고용·위임 그 밖에 법률상 행위로 취업하고 있는 다른 사람의 주소·거소·영업소 또는 사무소에서 송달할 수 있다.

② 우체국 창구에서 송달받을 자의 동거자에게 송달서류를 교부한 것은 위 동거자가 송달받기를 거부하지 아니한다 하더라도 보충송달의 방법으로서 부적법하다.

③ 송달받을 사람 본인이 장기출타로 부재중인 경우에는, 동거인에게 보충송달 또는 유치송달을 하거나 바로 우편송달을 할 수도 있다.

④ 당사자·법정대리인 또는 소송대리인이 송달받을 장소를 바꾸고도 그러한 취지의 신고를 하지 아니하고 달리 송달할 장소를 알 수 없는 경우, 그 사람에게 송달할 서류는 종전에 송달받던 장소에 등기우편으로 발송할 수 있다.

⑤ 여러 사람이 공동으로 대리권을 행사하는 경우의 송달은 그 가운데 한 사람에게 하면 된다.

[**❶ ▶ O**] 송달은 받을 사람의 주소·거소·영업소 또는 사무소에서 한다. 다만, 법정대리인에게 할 송달은 본인의 영업소나 사무소에서도 할 수 있다(민소법 제183조 제1항). 제1항의 장소를 알지 못하거나 그 장소에서 송달할 수 없는 때에는 송달받을 사람이 고용·위임 그 밖에 법률상 행위로 취업하고 있는 다른 사람의 주소등(이하 "근무장소")에서 송달할 수 있다(동법 제183조 제2항).

[**❷ ▶ O**] 송달은 원칙적으로 민사소송법 제170조 제1항에서 정하는 송달을 받을 자의 주소, 거소, 영업소 또는 사무실 등의 '송달장소'에서 하여야 하는바, 송달장소에서 송달받을 자를 만나지 못할 때에는 그 사무원, 고용인 또는 동거자로서 사리를 변식할 지능이 있는 자에게 서류를 교부하는 보충송달의 방법에 의하여 송달할 수는 있지만, 이러하나 보충송달은 위 법 조항에서 정하는 '송달장소'에서 하는 경우에만 허용되고 송달장소가 아닌 곳에서 사무원, 고용인 또는 동거자를 만난 경우에는 그 사무원 등이 송달받기를 거부하지 아니한다 하더라도 그곳에서 그 사무원 등에게 서류를 교부하는 것은 보충송달의 방법으로서 부적법하다(대결 2001.8.31, 2001마3790).

[**❸ ▶ X**] 보충송달이나 유치송달이 가능하다면 우편송달은 인정되지 아니한다(민소법 제187조).

[**❹ ▶ O**] 당사자·법정대리인 또는 소송대리인이 송달받을 장소를 바꿀 때에는 바로 그 취지를 법원에 신고하여야 한다(민소법 제185조 제1항). 제1항의 신고를 하지 아니한 사람에게 송달할 서류는 달리 송달할 장소를 알 수 없는 경우 종전에 송달받던 장소에 대법원규칙이 정하는 방법으로 발송할 수 있다(동법 제185조 제2항).

[**❺ ▶ O**] 여러 사람이 공동으로 대리권을 행사하는 경우의 송달은 그 가운데 한 사람에게 하면 된다(민소법 제180조).

제8절 소송절차의 정지 ★

2018년 변호사시험 문 56.
☑ 확인Check! O △ X

甲은 乙을 상대로 대여금청구의 소를 제기하기 위하여 변호사 X를 소송대리인으로 선임하면서 상소제기의 권한도 부여하였다. 그 후 甲은 사망하였고 甲의 상속인으로는 A, B, C가 있다. 이에 관한 설명 중 옳은 것을 모두 고른 것은?(다툼이 있는 경우 판례에 의함)

ㄱ. 甲이 소제기 전에 사망하였는데 X가 그 사실을 모른 채 甲 명의로 소를 제기한 경우, 위 소는 부적법하다.
ㄴ. 甲이 소송계속 중 사망한 경우, 소송절차는 중단되지 않고 X가 A, B, C 모두를 위한 소송대리인이 된다.
ㄷ. 甲이 소송계속 중 사망하였는데 A와 B만이 상속인인 줄 알았던 X가 A와 B 명의로만 소송수계신청을 하여 A와 B만을 당사자로 표시한 제1심 판결이 선고되고 그 당사자 표시를 신뢰한 X가 A와 B만을 당사자로 표시하여 항소한 경우, A, B, C 모두에게 효력이 미치는 제1심 판결 전부에 대하여 항소가 제기된 것으로 보아야 한다.
ㄹ. 위 ㄷ.에서 X는 항소하지 않고 A와 B만이 직접 항소한 경우에도 A, B, C 모두에게 효력이 미치는 제1심 판결 전부에 대하여 항소가 제기된 것으로 보아야 한다.
ㅁ. 만일 X에게 상소제기의 권한이 부여되지 않았다면 심급대리의 원칙상 제1심 판결이 선고될 때 소송절차가 중단된다.

① ㄱ, ㅁ   ② ㄴ, ㄷ   ③ ㄴ, ㄹ
④ ㄱ, ㄴ, ㄷ   ⑤ ㄱ, ㄹ, ㅁ

정답 ②

[ㄱ ▸ X] 당사자가 사망하더라도 소송대리인의 소송대리권은 소멸하지 아니하므로(민사소송법 제95조 제1호), 당사자가 소송대리인에게 소송위임을 한 다음 소제기 전에 사망하였는데 소송대리인이 당사자가 사망한 것을 모르고 당사자를 원고로 표시하여 소를 제기하였다면 소의 제기는 적법하고, 시효중단 등 소제기의 효력은 상속인들에게 귀속된다. 이 경우 민사소송법 제233조 제1항이 유추적용되어 사망한 사람의 상속인들은 소송절차를 수계하여야 한다(대판 2016.4.29. 2014다210449).

[ㄴ ▸ O] [ㄹ ▸ X] [1] 당사자가 사망하였으나 그를 위한 소송대리인이 있어 소송절차가 중단되지 아니한 경우에는 원칙적으로 수송수계라는 문제가 발생하지 아니하고 그 소송대리인은 상속인들 전원을 위하여 소송을 수행하게 되는 것이며 그 사건의 판결은 상속인들 전원에 대하여 효력이 있는 것이라 할 것이다. 이 경우에 상속인이 밝혀진 경우에는 상속인을 소송승계인으로 하여 신당사자로 표시할 것이지만, 상속인이 누구인지 모를 때에는 망인을 그대로 당사자로 표시하여도 무방한 것이며 가령 신당사자를 잘못 표시하였다 하더라도 그 표시가 망인의 상속인, 소송승계인, 소송수계인 등 망인의 상속인임을 나타내는 문구로 되어 있으면 그 잘못 표시된 당사자에 대하여는 판결의 효력이 미치지 아니하고 여전히 정당한 상속인에 대하여 판결의 효력이 미치는 것으로 볼 것이다.
[2] 이 사건 제1심 판결의 효력은 당사자표시에서 누락되었음에도 불구하고 위 망 남기열의 정당한 상속인인 위 남국현, 남주현에게도 그들의 상속지분만큼 미치는 것이고 통상의 경우라면 심급대리의 원칙상 이 판결의 정본이 소송대리인에게 송달된 때에 소송절차는 중단되는 것이며, 소송수계를 하지 아니한 남국현과 남주현에 관하여는 현재까지도 중단상태에 있다고 할 것이나, 기록에 의하면 이 사건의 경우 망 남기열의 소송대리인이었던 임종선변호사는 상소제기의 특별수권을 부여받고 있었으므로(소송대리위임장에 부동문자로 특별수권이 부여되어 있다)항소제기기간은 진행된다고 하지 않을 수 없어 제1심 판결 중 위 남국현, 남주현의 상속지분에 해당하는 부분은 그들이나 소송대리인이 항소를 제기하지 아니한 채 항소제기기간이 도과하여 이미 그 판결이 확정되었다고 하지 않을 수 없다(대결 1992.11.5. 91마342).

[ㄷ ▸ O] 망인의 소송대리인에게 상소제기에 관한 특별수권이 부여되어 있는 경우에는, 그에게 판결이 송달되더라도 소송절차가 중단되지 아니하고 상소기간은 진행하는 것이므로 상소제기 없이 상소기간이 지나가면 그 판결은 확정되는 것이지만, 한편 망인의 소송대리인이나 상속인 또는 상대방당사자에 의하여 적법하게 상소가 제기되면 그 판결이 확정되지 않는 것 또한 당연하다. 그런데 당사자 표시가 잘못되었음에도 망인의 소송상 지위를 당연승계한 정당한 상속인들 모두에게 효력이 미치는 판결에 대하여 그 잘못된 당사자 표시를 신뢰한 망인의 소송대리인이나 상대방당사자가 그 잘못 기재된 당사자 모두를 상소인 또는 피상소인으로 표시하여 상소를 제기한 경우에는, 상소를 제기한 자의 합리적 의사에 비추어 특별한 사정이 없는 한 정당한 상속인들 모두에게 효력이 미치는 위 판결 전부에 대하여 상소가 제기된 것으로 보는 것이 타당하다(대판 2010.12.23. 2007다22859).

[ㅁ ▸ X] 당사자가 사망하였으나 그를 위한 소송대리인이 있는 경우에는 소송절차가 중단되지 아니하고, 그 소송대리인은 상속인들 전원을 위하여 소송을 수행하게 되어 그 사건의 판결은 상속인들 전원에 대하여 효력이 있다고 할 것이며, 다만 심급대리의 원칙상 그 판결정본이 소송대리인에게 송달된 때에는 소송절차가 중단된다(대판 1996.2.9. 94마61649).

乙은 자동차 사고에 대비하여 丁 보험주식회사와 책임보험계약을 체결하였다. 그 후 甲은 乙이 운전하는 차량에 부딪혀 중상을 입자 변호사 丙을 소송대리인으로 선임하여 乙을 상대로 불법행위를 원인으로 하는 손해배상청구소송을 제기하였다. 甲은 제1심 소송계속 중 사망하였고 상속인으로 A, B 및 가족과 연락을 끊고 미국에 사는 C가 있었으나, 丙은 A, B만 상속인으로 알고 A, B에 대해서만 수계절차를 밟았다. 위 사건에 관하여 제1심 법원은 청구기각판결을 하였고 상소제기의 특별수권을 받았던 丙은 A, B만을 항소인으로 표시하여 항소를 제기하였다. 다음 설명 중 옳지 않은 것은?(다툼이 있는 경우에는 판례에 의함)

① 甲이 사망하였으므로 소송절차가 중단되는 것이 원칙이나, 소송대리인 丙이 있으므로 소송절차는 중단되지 않는다.
② 甲의 사망 후 원고는 상속인인 A, B, C가 되고 甲에 의해 선임된 소송대리인 丙은 상속인들 모두의 대리인이 된다.
③ 위 손해배상청구소송은 통상공동소송이다.
④ 비록 丙이 A, B만 상속인으로 알고 C를 위하여 항소를 하지 않았다고 하여도, C는 상속이 되었다는 사실을 알기 힘들고 대리인 丙도 마찬가지이므로 당사자가 책임질 수 없는 사유에 의해 항소를 하지 못한 경우에 해당하여 추후보완항소를 할 수 있다.
⑤ 甲의 상속인들은 乙이 책임을 질 사고로 입은 손해에 대하여 보험금액의 한도 내에서 丁에게 직접 보상을 청구할 수 있다.

[❶ ▸ ○] [❷ ▸ ○] 민사소송법 제95조 제1호, 제238조에 따라 소송대리인이 있는 경우에는 당사자가 사망하더라도 소송절차가 중단되지 않고 소송대리인의 소송대리권도 소멸하지 아니하는바, 이때 망인의 소송대리인은 당사자 지위의 당연승계로 인하여 상속인으로부터 새로이 수권을 받을 필요 없이 법률상 당연히 상속인의 소송대리인으로 취급되어 상속인들 모두를 위하여 소송을 수행하게 되는 것이고, 당사자가 사망하였으나 그를 위한 소송대리인이 있어 소송절차가 중단되지 않는 경우에 비록 상속인으로 당사자의 표시를 정정하지 아니한 채 망인을 그대로 당사자로 표시하여 판결하였다고 하더라도 그 판결의 효력은 망인의 소송상 지위를 당연승계한 상속인들 모두에게 미치는 것이므로, 망인의 공동상속인 중 소송수계절차를 밟은 일부만을 당사자로 표시한 판결 역시 수계하지 아니한 나머지 공동상속인들에게도 그 효력이 미친다(대판 2010.12.23. 2007다22859).

[❸ ▸ ○] 소송계속 중 원고인 피상속인 甲이 사망한 경우, 공동상속재산인 乙에 대한 손해배상청구권은 상속인들의 공유이므로, 위 손해배상청구소송은 통상공동소송이다.

[❹ ▸ X] 소송대리인 丙의 항소로 제1심 판결 전부에 대하여 확정이 차단되고 항소심절차가 개시되었으므로, C의 청구 부분도 항소심으로 이심된다고 보는 것이 타당하다. 따라서 별도의 추후보완항소는 불필요하다.

판례 ▸ 망인의 소송대리인에게 상소제기에 관한 특별수권이 부여되어 있는 경우에는, 그에게 판결이 송달되더라도 소송절차가 중단되지 아니하고 상소기간은 진행하는 것이므로 상소제기 없이 상소기간이 지나가면 그 판결은 확정되는 것이지만, 한편 망인의 소송대리인이나 상속인 또는 상대방당사자에 의하여 적법하게 상소가 제기되면 그 판결이 확정되지 않는 것 또한 당연하다. 그런데 당사자 표시가 잘못되었음에도 망인의 소송상 지위를 당연승계한 정당한 상속인들 모두에게 효력이 미치는 판결에 대하여 그 잘못된 당사자 표시를 신뢰한 망인의 소송대리인이나 상대방당사자가 그 잘못 기재된 당사자 모두를 상소인 또는 피상소인으로 표시하여 상소를 제기한 경우에는, 상소를 제기한 자의 합리적 의사에 비추어 특별한 사정이 없는 한 정당한 상속인들 모두에게 효력이 미치는 위 판결 전부에 대하여 상소가 제기된 것으로 보는 것이 타당하다(대판 2010.12.23. 2007다22859).

[❺ ▸ ○] 제3자는 피보험자가 책임을 질 사고로 입은 손해에 대하여 보험금액의 한도내에서 보험자에게 직접 보상을 청구할 수 있다. 그러나 보험자는 피보험자가 그 사고에 관하여 가지는 항변으로써 제3자에게 대항할 수 있다(상법 제724조 제2항).

제1절 ┃ 서 설

제2절 ┃ 증명의 대상(요증사실)

제3절 ┃ 불요증사실 ★★

2017년 변호사시험 문 57. ☑ 확인 Check! ○ △ ✕

재판상 자백에 관한 설명 중 옳지 않은 것은?(다툼이 있는 경우 판례에 의함)

① 당사자가 변론에서 상대방이 주장하기도 전에 스스로 자신에게 불이익한 사실을 진술하였더라도, 상대방이 이를 명시적으로 원용하거나 그 진술과 일치되는 진술을 하게 되면 재판상 자백이 성립된다.

② 문서에 찍힌 인영의 진정함을 인정하였더라도 당사자는 자유롭게 이를 철회할 수 있다.

③ 부동산의 시효취득에서 점유기간의 산정기준이 되는 점유개시의 시기에 관한 자백은 법원이나 당사자를 구속하지 않는다.

④ 상대방에게 송달된 준비서면에 자백에 해당하는 내용이 기재되어 있는 경우, 그것이 변론기일에서 진술 또는 진술간주되어야 재판상 자백이 성립한다.

⑤ 재판상 자백이 성립하면 법원이 증거조사의 결과 반대의 심증을 얻었다 하여도 자백과 배치되는 사실을 인정할 수 없다.

[**❶ ▸ ○**] 당사자가 변론에서 상대방이 주장하기도 전에 스스로 자신에게 불이익한 사실을 진술하는 경우, 상대방이 이를 명시적으로 원용하거나 그 진술과 일치되는 진술을 하게 되면 재판상 자백이 성립되는 것이어서, 법원도 그 자백에 구속되어 그 자백에 저촉되는 사실을 인정할 수 없다(대판 2005.11.25. 2002다59528).

[**❷ ▸ ✕**] 문서의 성립에 관한 자백은 보조사실에 관한 자백이기는 하나 그 취소에 관하여는 다른 간접사실에 관한 자백취소와는 달리 주요사실의 자백취소와 동일하게 처리하여야 할 것이므로 문서의 진정성립을 인정한 당사자는 자유롭게 이를 철회할 수 없다고 할 것이고, 이는 문서에 찍힌 인영의 진정함을 인정하였다가 나중에 이를 철회하는 경우에도 마찬가지이다(대판 2001.4.24. 2001다5654).

[**❸ ▸ ○**] 변론주의에서 일컫는 사실이라 함은, 권리의 발생소멸이라는 법률효과의 판단에 직접 필요한 주요사실만을 가리키는 것이고 그 존부를 확인하는 데 있어 도움이 됨에 그치는 간접사실은 포함하지 않는 것이다. 부동산의 시효취득에 있어서 점유기간의 산정기준이 되는 점유개시의 시기는 취득시효의 요건사실인 점유기간을 판단하는 데 간접적이고 수단적인 구실을 하는 간접사실에 불과하므로 이에 대한 자백은 법원이나 당사자를 구속하지 않는 것이다(대판 1994.11.4. 94다37868).

[❹ ▸ O] 민사소송법 제288조의 규정에 의하여 구속력을 갖는 자백은 재판상의 자백에 한하는 것이고, 재판상 자백이란 변론기일 또는 변론준비기일에서 당사자가 하는 상대방의 주장과 일치하는 자기에게 불리한 사실의 진술을 말하는 것으로서, 법원에 제출되어 상대방에게 송달된 답변서나 준비서면에 자백에 해당하는 내용이 기재되어 있는 경우라도 그것이 변론기일이나 변론준비기일에서 진술 또는 진술간주되어야 재판상 자백이 성립한다(대판 2015.2.12. 2014다229870).

[❺ ▸ O] 일단 재판상 자백이 성립하면 그것이 적법하게 취소되지 않는 한 법원도 이에 구속되므로, 법원은 당사자 사이에 다툼이 없는 사실에 관하여 성립된 자백과 배치되는 사실을 증거에 의하여 인정할 수 없다(대판 2018.10.4. 2016다41869).

2012년 변호사시험 문 58. ☑ 확인 Check! ○ △ ✕

불요증사실에 관한 기술 중 옳은 것을 모두 고른 것은?(다툼이 있는 경우에는 판례에 의함)

ㄱ. 불요증사실로서 법원에 현저한 사실은 판결을 하여야 할 법원의 법관이 직무상 경험으로 그 사실의 존재에 관하여 명확한 기억을 하고 있는 사실뿐만 아니라, 기록 등을 조사하여 곧바로 그 내용을 알 수 있는 사실도 포함한다.

ㄴ. 피해자의 장래수입상실액을 인정하는 데 이용되는 고용형태별근로(직종별임금)실태조사보고서와 한국직업사전의 각 존재 및 그 기재 내용을 법원에 현저한 사실로 보아, 법원은 그것을 기초로 피해자의 일실수입을 산정할 수 있다.

ㄷ. 원고가 주장한 사실에 대해서 자백간주가 되었다면, 피고는 그 뒤 변론종결시까지 그 사실을 다투더라도 자백간주 의 효과를 번복할 수 없다.

ㄹ. 자백의 취소에 있어 그 자백이 진실에 부합하지 않는 것임이 증명된 경우라도 나머지 요건인 그 자백이 착오로 인한 것이라는 점은 변론 전체의 취지만에 의하여 인정할 수 없다.

ㅁ. 당사자가 주장하지 않았음에도, 법원이 당해 법원의 다른 판결에서 인정한 사실관계를 법원에 현저한 사실로 인정 한 것은 변론주의를 위반한 것이다.

① ㄴ, ㅁ   ② ㄹ, ㅁ   ③ ㄱ, ㄴ, ㄷ
④ ㄱ, ㄴ, ㅁ   ⑤ ㄱ, ㄷ, ㄹ

[ㄱ ▸ O] [ㄴ ▸ O] [1] 민사소송법 제261조 소정의 '법원에 현저한 사실'이라 함은 법관이 직무상 경험으로 알고 있는 사실로서 그 사실의 존재에 관하여 명확한 기억을 하고 있거나 또는 기록 등을 조사하여 곧바로 그 내용을 알 수 있는 사실을 말한다.
[2] 피해자의 장래수입상실액을 인정하는 데 이용되는 직종별임금실태조사보고서와 한국직업사전의 각 존재 및 그 기재 내용을 법원에 현저한 사실로 보아, 그를 기초로 피해자의 일실수입을 산정한 조치는, 객관적이고 합리적인 방법에 의한 것이라고 보여지므로 옳다(대판 1996.7.18. 94다20051 [전합]).

[ㄷ ▸ ✕] 제1심에서 의제자백이 있었다고 하더라도 항소심에서 변론종결시까지 이를 다투었다면 자백의 의제는 할 수 없다(대판 1987.12.8. 87다368).

[ㄹ ▸ ✕] 자백이 진실에 반한다는 증명이 있다고 하여 그 자백이 착오로 인한 것이라고 추정되는 것은 아니지만 그 자백이 진실과 부합되지 않는 사실이 증명된 경우라면 변론의 전취지에 의하여 그 자백이 착오로 인한 것이라는 점을 인정할 수 있다(대판 2004.6.11. 2004다13533).

[ㅁ ▸ O] 변론주의하에서는 아무리 법원에 현저한 사실이라 할지라도 당사자가 그 사실에 대한 진술을 하지 아니하는 한 법원은 그것을 사실인정의 자료로 할 수 없다(대판 1965.3.2. 64다1761).

재판상 자백에 관한 설명 중 옳지 않은 것은?(다툼이 있는 경우 판례에 의함)

① 일단 자기에게 불리한 사실을 진술한 당사자도 그 후 상대방의 원용이 있기 전에는 그 진술을 철회하고 이와 모순되는 진술을 자유로이 할 수 있으며, 이 경우 앞의 자인사실은 소송자료에서 제거된다.

② 재판상 자백을 취소하려면 당사자는 그 자백이 진실에 어긋난다는 것 외에 착오로 말미암은 것임을 아울러 증명하여야 하며, 진실에 어긋나는 것임이 증명되었다고 하여 착오로 말미암은 것으로 추정되지는 않는다.

③ 재판상 자백을 취소하는 경우, 진실에 어긋난다는 사실에 대한 증명은 그 반대되는 사실을 직접증거로 증명함으로써 할 수 있지만 자백사실이 진실에 어긋남을 추인할 수 있는 간접사실의 증명으로도 가능하다.

④ 타인의 불법행위로 인하여 피해자가 상해를 입거나 사망한 경우, 그 손해배상을 구하는 소에서 피해자의 사고 당시 수입은 재판상 자백의 대상이 된다.

⑤ 「민사소송법」 제150조 제3항 본문의 요건이 구비되어 자백간주의 효과가 발생하였다 하더라도 그 이후의 변론기일에 대한 소환장이 공시송달의 방법으로 송달되었다면 위 조항의 단서에 따라 자백간주의 효과가 상실된다.

[**❶ ▶ ○**] 재판상 자백의 일종인 이른바 선행자백은 당사자 일방이 자진하여 자기에게 불리한 사실상의 진술을 한 후 상대방이 이를 원용함으로써 사실에 관하여 당사자 쌍방의 주장이 일치함을 요하므로 일치가 있기 전에는 전자의 진술을 선행자백이라 할 수 없고, 따라서 <u>일단 자기에게 불리한 사실을 진술한 당사자도 그 후 상대방의 원용이 있기 전에는 자인한 진술을 철회하고 이와 모순되는 진술을 자유로이 할 수 있으며 이 경우 앞의 자인사실은 소송자료에서 제거된다</u>(대판 2016.6.9. 2014다64752).

[**❷ ▶ ○**] 자백을 취소하는 당사자는 그 자백이 진실에 반한다는 것 외에 착오로 인한 것임을 아울러 증명하여야 하고, <u>진실에 반하는 것임이 증명되었다고 하여 착오로 인한 자백으로 추정되는 것은 아니다</u>(대판 2010.2.11. 2009다84288).

[**❸ ▶ ○**] 재판상의 자백에 대하여 상대방의 동의가 없는 경우에는 자백을 한 당사자가 그 자백이 진실에 부합되지 않는다는 것과 자백이 착오에 기인한다는 사실을 증명한 경우에 이를 취소할 수 있는바, 이때 진실에 부합하지 않는다는 사실에 대한 증명은 그 반대되는 사실을 직접증거에 의하여 증명함으로써 할 수 있지만, <u>자백사실이 진실에 부합하지 않음을 추인할 수 있는 간접사실의 증명에 의하여도 가능하다고 할 것이고</u>, 또 자백이 진실에 반한다는 증명이 있다고 하여 그 자백이 착오로 인한 것이라고 추정되는 것은 아니지만 그 자백이 진실과 부합되지 않는 사실이 증명된 경우라면 변론의 전취지에 의하여 그 자백이 착오로 인한 것이라는 점을 인정할 수 있다(대판 2000.9.8. 2000다23013).

[**❹ ▶ ○**] 타인의 불법행위로 인하여 피해자가 상해를 입게 되거나 사망하게 된 경우, 피해자가 입게 된 소극적 손해인 일실수입은 피해자의 사고 당시 수입을 기초로 하여 산정하게 되므로 피해자의 사고 당시 수입은 자백의 대상이 된다(대판 1998.5.15. 96다24668).

[**❺ ▶ ✕**] 민사소송법 제139조 소정의 <u>의제자백의 요건이 구비되어 일단 의제자백으로서의 효과가 발생한 때에는 그 이후의 기일에 대한 소환장이 송달불능으로 되어 공시송달하게 되었다고 하더라도 이미 발생한 의제자백의 효과가 상실되는 것은 아니라고 할 것이므로</u> 위 규정에 의하여 자백한 것으로 간주하여야 할 사실을 증거판단하여 의제자백에 배치되는 사실인정을 하는 것은 위법이라고 할 것이다(대판 1988.2.23. 87다카961).

2015년 변호사시험 문 64. ☑ 확인Check! ○ △ ✕

甲은 乙에게 매매계약에 기한 매매대금 청구의 소를 제기하면서 매매계약서를 그 증거로 제출하였다. 乙은 제1회 변론기일에서 甲이 주장하는 매매계약 체결사실과 매매계약서의 진정성립을 인정하였다. 그 후 乙은 매매계약 체결사실을 다투고자 한다. 이 사안에 관한 설명 중 옳지 않은 것은?(다툼이 있는 경우 판례에 의함)

① 乙이 위 자백을 취소하려면 그 자백이 진실에 어긋나는 것 외에 착오로 인한 것임을 아울러 증명하여야 하고, 진실에 어긋나는 것임이 증명되었다고 하여 착오로 인한 자백으로 추정되지는 않는다.

② 乙의 자백 취소에 대하여 甲이 동의하면 진실에 어긋나는지 여부나 착오 여부와는 상관없이 자백의 취소는 인정된다.

③ 乙의 위 자백이 진실에 어긋난다는 사실이 증명된 경우라면 변론 전체의 취지에 의하여 그 자백이 착오로 인한 것이라는 점을 법원이 인정할 수 있다.

④ 乙이 매매계약서의 진정성립에 관하여 한 자백은 보조사실에 관한 자백이어서 이를 자유롭게 취소할 수 있다.

⑤ 乙의 위 자백이 진실에 어긋난다는 사실의 증명은 간접사실의 증명에 의하여도 가능하다.

[❶ ▸ ○] 자백을 취소하는 당사자는 그 자백이 진실에 반한다는 것 외에 착오로 인한 것임을 아울러 증명하여야 하고, 진실에 반하는 것임이 증명되었다고 하여 착오로 인한 자백으로 추정되는 것은 아니다(대판 2010.2.11. 2009다84288).

[❷ ▸ ○] 자백은 사적 자치의 원칙에 따라 당사자의 처분이 허용되는 사항에 관하여 그 효력이 발생하는 것이므로, 일단 자백이 성립되었다고 하여도 그 후 그 자백을 한 당사자가 위 자백을 취소하고 이에 대하여 상대방이 이의를 제기함이 없이 동의하면 반진실, 착오의 요건은 고려할 필요 없이 자백의 취소를 인정하여야 할 것이나, 위 자백의 취소에 대하여 상대방이 아무런 이의를 제기하고 있지 않다는 점만으로는 그 취소에 동의하였다고 볼 수는 없다(대판 1994.9.27. 94다22897).

[❸ ▸ ○] 자백이 진실에 반한다는 증명이 있다고 하여 그 자백이 착오로 인한 것이라고 추정되는 것은 아니지만 그 자백이 진실과 부합되지 않는 사실이 증명된 경우라면 변론의 전취지에 의하여 그 자백이 착오로 인한 것이라는 점을 인정할 수 있다(대판 2004.6.11. 2004다13533).

[❹ ▸ ✕] 문서의 성립에 관한 자백은 보조사실에 관한 자백이기는 하나 그 취소에 관하여는 다른 간접사실에 관한 자백취소와는 달리 주요사실의 자백취소와 동일하게 처리하여야 할 것이므로 문서의 진정성립을 인정한 당사자는 자유롭게 이를 철회할 수 없다고 할 것이고, 이는 문서에 찍힌 인영의 진정함을 인정하였다가 나중에 이를 철회하는 경우에도 마찬가지이다(대판 2001.4.24. 2001다5654).

[❺ ▸ ○] 재판상의 자백에 대하여 상대방의 동의가 없는 경우에는 자백을 한 당사자가 그 자백이 진실에 부합되지 않는다는 것과 자백이 착오에 기인한다는 사실을 증명한 경우에 이를 취소할 수 있는바, 이때 진실에 부합하지 않는다는 사실에 대한 증명은 그 반대되는 사실을 직접증거에 의하여 증명함으로써 할 수 있지만, 자백사실이 진실에 부합하지 않음을 추인할 수 있는 간접사실의 증명에 의하여도 가능하다고 할 것이고, 또 자백이 진실에 반한다는 증명이 있다고 하여 그 자백이 착오로 인한 것이라고 추정되는 것은 아니지만 그 자백이 진실과 부합되지 않는 사실이 증명된 경우라면 변론의 전취지에 의하여 그 자백이 착오로 인한 것이라는 점을 인정할 수 있다(대판 2000.9.8. 2000다23013).

2020년 변호사시험 문 68. ☑ 확인Check! O △ X

서증에 관한 설명 중 옳지 않은 것은?(다툼이 있는 경우 판례에 의함)

① 「민법」상 사단법인 총회 등의 결의에 관한 의사정족수나 의결정족수의 충족 여부가 다투어져 총회결의의 성립 여부가 문제되는 경우, 특별한 사정이 없는 한 의사정족수 등 절차적 요건의 충족 여부는 제출된 의사록 등의 기재에 의하여 판단하여야 하고, 그 의사록 등의 증명력을 부인할 만한 특별한 사정은 결의의 효력을 다투는 측에서 구체적으로 주장·증명하여야 한다.

② 서증을 신청한 당사자가 문서의 사본을 서증으로 제출한 경우 문서 원본의 제출이 불가능한 상황에서는 원본의 제출이 요구되는 것은 아니지만, 이러한 때에는 해당 서증의 신청 당사자가 원본 부제출을 정당화할 수 있는 구체적 사유를 주장·증명하여야 한다.

③ 甲과 乙 사이의 계약서에 乙의 인장을 날인한 사람이 乙이 아니라 丙이라는 점에 대해서는 甲과 乙 사이에 다툼이 없는데, 乙은 자신이 丙에게 위 계약을 체결할 권한을 수여한 사실이 없다고 주장할 경우 위 계약서를 서증으로 제출한 甲은 丙이 乙로부터 권한을 위임받아 그 정당한 권원에 의해 乙의 인장을 날인하였음을 증명하여야 한다.

④ 甲 명의의 날인만 되어 있고 그 내용이 백지로 되어 있는 문서를 교부받아 甲이 아닌 사람이 그 백지 부분을 보충한 것으로 인정되는 경우, 그 문서를 서증으로 제출한 당사자는 그 보충 기재된 내용이 甲으로부터 위임받은 정당한 권원에 의한 것이라는 점을 증명하여야 한다.

⑤ 甲은 乙에게 1억원을 빌려 주었고 丙이 위 대여금채무를 연대보증하였다고 주장하면서 乙과 丙을 상대로 1억원의 지급을 구하는 소를 제기하고 법원에 차용금증서를 서증으로 제출하였는데, 위 차용금증서에는 채권자가 '丁'으로, 채무자가 '戊'로, 연대보증인이 '丙'으로 기재되어 있고, 증인 A에 대한 증인신문 결과 甲과 乙 사이에 1억원의 금전소비대차계약이 체결된 사실이 인정된 경우, 법원의 심리 결과 丙이 위 차용금증서의 실제 채무자는 乙이라는 사실과 그 실제 채권자는 甲이라는 사실을 알고 있었다는 점이 인정되더라도, 법원은 丙이 乙의 甲에 대한 위 대여금채무를 연대보증한 사실을 인정하여 甲의 丙에 대한 청구를 인용할 수 없다.

[❶ ▶ ○] 민법상 사단법인 총회 등의 결의와 관련하여 당사자 사이에 의사정족수나 의결정족수 충족 여부가 다투어져 결의의 성립 여부나 절차상 흠의 유무가 문제되는 경우로서 사단법인 측에서 의사의 경과, 요령 및 결과 등을 기재한 의사록을 제출하거나 이러한 의사의 경과 등을 담은 녹음·녹화자료 또는 녹취서 등을 제출한 때에는, 그러한 의사록 등이 사실과 다른 내용으로 작성되었다거나 부당하게 편집, 왜곡되어 증명력을 인정할 수 없다고 볼 만한 특별한 사정이 없는 한 의사정족수 등 절차적 요건의 충족 여부는 의사록 등의 기재에 의하여 판단하여야 한다. 그리고 위와 같은 의사록 등의 증명력을 부인할 만한 특별한 사정에 관하여는 결의의 효력을 다투는 측에서 구체적으로 주장·증명하여야 한다(대판 2011.10.27, 2010다88682).

[❷ ▶ ○] 문서의 제출은 원본으로 하여야 하는 것이고, 원본이 아니고 단순한 사본만에 의한 증거의 제출은 정확성의 보증이 없어 원칙적으로 부적법하므로, 원본의 존재 및 원본의 성립의 진정에 관하여 다툼이 있고 사본을 원본의 대용으로 하는 것에 대하여 상대방으로부터 이의가 있는 경우에는 사본으로써 원본을 대신할 수 없으며, 반면에 사본을 원본으로서 제출하는 경우에는 그 사본이 독립한 서증이 되는 것이나 그 대신 이에 의하여 원본이 제출된 것으로 되지는 아니하고, 이때에는 증거에 의하여 사본과 같은 원본이 존재하고 또 그 원본이 진정하게 성립하였음이 인정되지 않는 한 그와 같은 내용의 사본이 존재한다는 것 이상의 증거가치는 없다. 다만, 서증사본의 신청 당사자가 문서 원본을 분실하였다든가, 선의로 이를 훼손한 경우, 또는 문서제출명령에 응할 의무가 없는 제3자가 해당 문서의 원본을 소지하고 있는 경우, 원본이 방대한 양의 문서인 경우 등 원본 문서의 제출이 불가능하거나 비실제적인 상황에서는 원본의 제출이 요구되지 아니한다고 할 것이지만, 그와 같은 경우라면 해당 서증의 신청당사자가 원본 부제출에 대한 정당성이 되는 구체적 사유를 주장·입증하여야 할 것이다(대판 2010.2.25, 2009다96403).

⑤ **정답**

[**❸** ▸ ○] 문서에 날인된 작성명의인의 인영이 그의 인장에 의하여 현출된 것이라면 특별한 사정이 없는 한 그 인영의 진정성립, 즉 날인행위가 작성명의인의 의사에 기한 것임이 사실상 추정되고, 일단 인영의 진정성립이 추정되면 그 문서 전체의 진정성립이 추정되나, 위와 같은 사실상 추정은 날인행위가 작성명의인 이외의 자에 의하여 이루어진 것임이 밝혀진 경우에는 깨어지는 것이므로, 문서제출자는 그 날인행위가 작성명의인으로부터 위임받은 정당한 권원에 의한 것이라는 사실까지 증명할 책임이 있다(대판 2009.9.24. 2009다37831).

[**❹** ▸ ○] 문서에 날인된 작성명의인의 인영이 작성명의인의 인장에 의하여 현출된 것임이 인정되는 경우에는 특단의 사정이 없는 한 그 인영의 진정성립 및 그 문서 전체의 진정성립까지 추정되는 것이기는 하나, 이는 어디까지나 먼저 내용기재가 이루어진 뒤에 인영이 압날된 경우에만 그러한 것이며 작성명의인의 날인만 되어 있고 그 내용이 백지로 된 문서를 교부받아 후일 그 백지 부분을 작성명의자가 아닌 자가 보충한 문서의 경우에 있어서는 문서제출자는 그 기재 내용이 작성명의인으로부터 위임받은 정당한 권원에 의한 것이라는 사실을 입증할 책임이 있으며, 이와 같은 법리는 그 문서가 처분문서라고 하여 달라질 것은 아니다(대판 2000.6.9. 99다37009).

[**❺** ▸ ×] 법원의 심리결과, 丙이 위 차용금증서의 실제 채무자는 乙이라는 사실과 그 실제 채권자는 甲이라는 사실을 알고 있었다는 점이 인정된다면, 아래 판례의 취지상 법원은 甲의 丙에 대한 청구를 인용할 수 있을 것으로 보인다.

> [1] 처분문서라 할지라도 그 기재 내용과 다른 명시적, 묵시적 약정이 있는 사실이 인정될 경우에는 그 기재 내용과 다른 사실을 인정할 수는 있으나, 그와 같은 경우에도 주채무에 관한 계약과 연대보증계약은 별개의 법률행위이므로 처분문서의 기재 내용과 다른 명시적, 묵시적 약정이 있는지 여부는 주채무자와 연대보증인에 대하여 개별적으로 판단하여야 한다.
> [2] 처분문서인 차용금증서에 채권자가 '丁'으로, 채무자가 '戊'로, 연대 보증인이 '丙'으로 기재되어 있는 경우, 甲이 乙에게 금원을 대여하는 내용의 소비대차약정이 체결되었다고 볼 수 있을지라도, 주채무에 대한 계약과 연대보증계약은 엄연히 별개의 법률행위이므로 위와 같은 내용의 소비대차약정에 대하여 丙이 연대보증을 한 것이라고 볼 수 있으려면 丙이 위 차용금증서의 실제 채무자는 戊가 아니라 乙이라는 사실과 그 실제 채권자는 丁이 아니라 甲이라는 사실을 알고 있었다는 점이 전제되어야 하는데, 丙이 그와 같은 사실을 알고 있었다고 단정하기 어려운데도 丙이 乙의 甲에 대한 채무를 연대 보증하였다고 판단한 원심판결에는 처분문서의 증명력과 계약당사자 확정에 관한 법리를 오해한 위법이 있다(대판 2011.1.27. 2010다81957).

2018년 변호사시험 문 57.   ☑확인Check! ○ △ ✕

증인신문에 관한 설명 중 옳은 것을 모두 고른 것은?(다툼이 있는 경우 판례에 의함)

ㄱ. 법원은 효율적인 증인신문을 위하여 필요하다고 인정하는 때에는 증인에게 증인진술서를 제출하게 할 수 있다.
ㄴ. 법원이 증언거부권이나 선서거부권을 고지하지 않았다고 하여도 위법은 아니다.
ㄷ. 만 14세인 학생을 증인으로 신문할 때에는 선서를 시키지 못한다.
ㄹ. 증인이 자신의 직업의 비밀에 속하는 사항에 대하여 신문을 받을 때에는 해당 사항에 대한 비밀을 지킬 의무가 면제된 경우에도 증언거부권을 가진다.
ㅁ. 당사자나 법정대리인을 증인으로 신문하였다고 하더라도 지체 없이 이의권을 행사하지 않으면 그 흠이 치유된다.

① ㄱ, ㄹ   ② ㄴ, ㅁ   ③ ㄱ, ㄴ, ㄷ
④ ㄱ, ㄷ, ㄹ   ⑤ ㄴ, ㄷ, ㅁ

[ㄱ ▸ ✕] 법원은 효율적인 증인신문을 위하여 필요하다고 인정하는 때에는 증인이 아니라 당사자에게 증인진술서를 제출하게 할 수 있다(민소규칙 제79조 제1항).

[ㄴ ▸ ○] 법원이 증언거부권(대판 2011.7.28, 2009도14928)이나 선서거부권(대판 1971.4.30, 71다452)을 고지하지 않았다고 하더라도, 절차상의 위법은 없다는 것이 판례이다.

[ㄷ ▸ ○] 16세 미만인 사람을 증인으로 신문할 때에는 선서를 시키지 못한다(민소법 제322조 제1호).

[ㄹ ▸ ✕] 증인이 기술 또는 직업의 비밀에 속하는 사항에 대하여 신문을 받을 때 비밀을 지킬 의무가 면제된 경우에는 증언거부권이 인정되지 아니한다(민소법 제315조).

[ㅁ ▸ ○] 당사자본인으로 신문해야 함에도 증인으로 신문하였다 하더라도 상대방이 이를 지체 없이 이의하지 아니하면 책문권 포기, 상실로 인하여 그 하자가 치유된다(대판 1992.10.27, 92다32463).

2013년 변호사시험 문 60.

☑ 확인 Check! ○ △ ✕

증거조사에 관한 설명 중 옳은 것은?(다툼이 있는 경우에는 판례에 의함)

① 문서의 일부를 제출하여 서증을 신청하고자 할 때에는 원칙적으로 그 일부의 원본, 정본 또는 인증이 있는 등본을 제출하여야 한다.

② 당사자 또는 제3자가 문서제출명령에 따르지 아니한 때에는 법원은 그 문서의 성질, 내용, 성립의 진정 등에 관한 상대방의 주장을 진실한 것으로 인정할 수 있다.

③ 증인의 신문은 증인신문신청을 한 당사자의 신문, 상대방의 신문, 증인신문신청을 한 당사자의 재신문, 상대방의 재신문의 순서로 하고, 그 신문이 끝난 후에는 당사자는 재판장의 허가를 받은 때에만 다시 신문할 수 있다.

④ 법인이 당사자인 소송에서 법인의 대표자에 대하여 당사자본인신문의 방식에 의하여 증거조사를 하여야 하나, 증인신문 방식에 의하여 증거조사를 하였다고 하더라도 상대방이 이에 대하여 지체 없이 이의하지 아니하면 이의권 포기·상실로 인하여 그 하자가 치유된다.

⑤ 자백이 진실에 반하는 것임이 증명되면 그 자백은 착오로 인한 것이라고 추정된다.

[❶ ▸ ✕] 문서의 일부를 제출하여 서증을 신청하고자 할 때에는 원칙적으로 문서 전부의 원본, 정본 또는 인증이 있는 등본을 제출하여야 한다(민소법 제355조 제1항, 민소규칙 제105조 제4항).

[❷ ▸ ✕] 제3자가 문서제출명령에 따르지 아니한 때에는 과태료 제재가 규정(민소법 제351조)되어 있을 뿐, 당사자의 주장사실을 진실한 것으로 인정할 수는 없다.

[❸ ▸ ✕] 증인의 신문은 ㉠ 증인신문신청을 한 당사자의 신문(주신문), ㉡ 상대방의 신문(반대신문), ㉢ 증인신문신청을 한 당사자의 재신문(재주신문)의 순서를 따른다. 다만, 재판장은 주신문에 앞서 증인으로 하여금 그 사건과의 관계와 쟁점에 관하여 알고 있는 사실을 개략적으로 진술하게 할 수 있다(민소규칙 제89조 제1항). 제1항의 순서에 따른 신문이 끝난 후에는 당사자는 재판장의 허가를 받은 때에만 다시 신문할 수 있다(동규칙 제89조 제2항).

[❹ ▸ ○] 당사자본인으로 신문해야 함에도 증인으로 신문하였다 하더라도 상대방이 이를 지체 없이 이의하지 아니하면 책문권 포기, 상실로 인하여 그 하자가 치유된다(대판 1992.10.27, 92다32463).

[❺ ▸ ✕] 자백을 취소하는 당사자는 그 자백이 진실에 반한다는 것 외에 착오로 인한 것임을 아울러 증명하여야 하고, 진실에 반하는 것임이 증명되었다고 하여 착오로 인한 자백으로 추정되는 것은 아니다(대판 2010.2.11, 2009다84288).

④ 정답

2017년 변호사시험 문 58.

☑ 확인Check! ○ △ ✕

甲은 乙을 상대로 대여금반환청구의 소를 제기하고 乙 명의의 차용증을 증거로 제출하였다. 이에 관한 설명 중 옳지 않은 것은?(다툼이 있는 경우 판례에 의함)

① 甲이 차용증 원본에 갈음하여 그 사본을 제출하였는데 차용증의 존재 및 원본의 성립의 진정에 관하여 다툼이 있고 사본을 원본에 갈음하는 데 대하여 乙로부터 이의가 있다면 사본으로써 원본에 갈음할 수 없다.

② 차용증의 진정성립은 제출자인 甲이 증명하여야 한다.

③ 乙의 날인만 되어 있고 내용이 백지로 된 차용증의 백지 부분을 제3자인 丙이 후일 보충하였더라도 그 인영이 乙의 인장에 의한 것이라는 사실이 인정된다면 차용증의 진정성립은 추정된다.

④ 제3자인 丙이 乙의 인장으로 차용증에 날인하였는데 丙에게 乙을 대리할 권한이 있었는지에 관하여 다툼이 있는 경우, 甲은 丙의 날인행위가 정당한 권원에 의한 것이라는 사실을 증명할 책임이 있다.

⑤ 법원은 차용증의 기재내용과 다른 명시적, 묵시적 약정사실이 인정될 경우에 그 기재내용과 다른 사실을 인정할 수 있다.

[❶ ▸ ○] 민사소송법 제326조 제1항에 의하여 문서는 원본·정본 또는 인증 있는 등본을 제출하는 것이 원칙이나, 상대방이 원본의 존재나 성립을 인정하고 사본으로서 원본에 갈음하는 것에 대하여 이의가 없는 경우에는 사본을 원본에 갈음하여 제출할 수 있고 그 경우에는 그 원본이 제출된 경우와 동일한 효과가 생긴다. 반면에 사본을 원본으로서 제출하는 경우에는 그 사본이 독립한 서증이 되지만 그 대신 이에 의해서 원본이 제출된 것으로 되지는 아니하고, 이때에는 증거에 의하여 사본과 같은 원본이 존재하고 또 그 원본이 진정하게 성립하였음이 인정되어야 한다(대판 1996.9.20. 96다23092).

[❷ ▸ ○] 사문서인 차용증의 진정성립에 대하여는 거증자 측이 그 진정성립을 증명해야 한다(민소법 제357조).

[❸ ▸ ✕] 문서에 날인된 작성명의인의 인영이 작성명의인의 인장에 의하여 현출된 것임이 인정되는 경우에는 특단의 사정이 없는 한 그 인영의 진정성립 및 그 문서 전체의 진정성립까지 추정되는 것이기는 하나, 이는 어디까지나 먼저 내용기재가 이루어진 뒤에 인영이 압날된 경우에만 그러한 것이며 작성명의인의 날인만 되어 있고 그 내용이 백지로 된 문서를 교부받아 후일 그 백지 부분을 작성명의자가 아닌 자가 보충한 문서의 경우에 있어서는 문서제출자는 그 기재 내용이 작성명의인으로부터 위임받은 정당한 권원에 의한 것이라는 사실을 입증할 책임이 있으며, 이와 같은 법리는 그 문서가 처분문서라고 하여 달라질 것은 아니다(대판 2000.6.9. 99다37009).

[❹ ▸ ○] 문서에 날인된 작성명의인의 인영이 그의 인장에 의하여 현출된 것이라면 특별한 사정이 없는 한 그 인영의 진정성립, 즉 날인행위가 작성명의인의 의사에 기한 것임이 사실상 추정되고, 일단 인영의 진정성립이 추정되면 그 문서 전체의 진정성립이 추정되나, 위와 같은 사실상 추정은 날인행위가 작성명의인 이외의 자에 의하여 이루어진 것임이 밝혀진 경우에는 깨어지는 것이므로, 문서제출자는 그 날인행위가 작성명의인으로부터 위임받은 정당한 권원에 의한 것이라는 사실까지 증명할 책임이 있다(대판 2009.9.24. 2009다37831).

[❺ ▸ ○] 처분문서의 진정성립이 인정되는 이상 법원은 반증이 없는 한 그 문서의 기재 내용에 따른 의사표시의 존재 및 내용을 인정하여야 하고, 합리적인 이유설시도 없이 이를 배척하여서는 아니 되나, 처분문서라 할지라도 그 기재 내용과 다른 명시적·묵시적 약정이 있는 사실이 인정될 경우에는 그 기재 내용과 다른 사실을 인정할 수 있고, 작성자의 법률행위를 해석함에 있어서도 경험법칙과 논리법칙에 어긋나지 않는 범위 내에서 자유로운 심증으로 판단할 수 있다(대판 2013.6.27. 2013다11959).

甲은 乙에게 대여금반환청구의 소를 제기하면서 乙명의의 차용증서를 증거로 제출하였다. 다음 설명 중 옳지 않은 것은? (다툼이 있는 경우에는 판례에 의함)

① 차용증서에 날인된 乙의 인영이 그의 인장에 의하여 현출된 것이라면 특단의 사정이 없는 한 그 인영의 진정성립, 즉 날인행위가 乙의 의사에 기한 것임이 추정되고, 일단 인영의 진정성립이 추정되면 민사소송법 제358조에 의하여 차용증서 전체의 진정성립이 추정된다.

② 위 ①의 경우, 乙이 반증을 들어 인영의 진정성립에 관하여 법원으로 하여금 의심을 품게 할 수 있는 사정을 증명하면 그 진정성립의 추정은 깨어진다.

③ 만약 乙이 백지로 된 문서에 날인만 하여 甲에게 교부하였다고 주장한다면, 문서를 백지에 날인만을 하여 교부하여 준다는 것은 이례에 속하는 것이므로 乙이 차용증서의 진정성립의 추정력을 뒤집으려면 그럴 만한 합리적인 이유와 이를 뒷받침할 간접반증 등의 증거가 필요하다.

④ 甲이 제출한 차용증서가 乙이 백지로 된 문서에 날인한 후 乙이 아닌 자에 의하여 백지 부분이 보충되었음이 밝혀진 경우에는, 그것이 권한 없는 자에 의하여 이루어진 것이라는 점에 관하여 乙에게 증명책임이 있다.

⑤ 만약 차용증서의 진정성립이 인정되면 법원은 그 기재내용을 부인할 만한 분명하고도 수긍할 수 있는 반증이 없는 한 그 차용증서에 기재되어 있는 문언대로의 의사표시의 존재와 내용을 인정하여야 한다.

[❶ ▶ ○] [❷ ▶ ○] 사문서에 날인된 작성 명의인의 인영이 그의 인장에 의하여 현출된 것이라면 특별한 사정이 없는 한 그 인영의 진정성립이 추정되고, 일단 인영의 진정성립이 추정되면 민사소송법 제358조에 따라 그 문서 전체의 진정성립이 추정되나, 그와 같은 인영의 진정성립, 즉 날인행위가 작성 명의인의 의사에 따른 것이라는 추정은 사실상의 추정이므로, 인영의 진정성립을 다투는 자가 반증을 들어 날인행위가 작성 명의인의 의사에 따른 것임에 관하여 법원으로 하여금 의심을 품게 할 수 있는 사정을 증명하면 그 진정성립의 추정은 깨진다(대판 2013.8.22. 2012다94728).

[❸ ▶ ○] 사문서는 본인 또는 대리인의 서명이나 날인 또는 무인(拇印)이 있는 때에는 진정한 것으로 추정되므로(민사소송법 제358조), 사문서의 작성명의인이 당해 문서에 서명·날인·무인하였음을 인정하는 경우, 즉 인영 부분 등의 성립을 인정하는 경우에는 반증으로 그러한 추정이 번복되는 등의 다른 특별한 사정이 없는 한 그 문서 전체에 관한 진정성립이 추정된다고 할 것이고, 인영 부분 등의 진정성립이 인정된다면 다른 특별한 사정이 없는 한 당해 문서는 그 전체가 완성되어 있는 상태에서 작성명의인이 그러한 서명·날인·무인을 하였다고 추정할 수 있을 것이며, 그 당시 그 문서의 전부 또는 일부가 미완성된 상태에서 서명날인만을 먼저 하였다는 등의 사정은 이례에 속한다고 볼 것이므로 완성문서로서의 진정성립의 추정력을 뒤집으려면 그럴 만한 합리적인 이유와 이를 뒷받침할 간접반증 등의 증거가 필요하다고 할 것이다(대판 2008.1.10. 2006다41204).

[❹ ▶ ✕] 문서제출자인 甲은 차용증서의 기재내용이 작성명의인인 乙로부터 위임받은 정당한 권원에 의한 것이라는 사실을 증명할 책임이 있다.

판례 문서에 날인된 작성명의인의 인영이 작성명의인의 인장에 의하여 현출된 것임이 인정되는 경우에는 특단의 사정이 없는 한 그 인영의 진정성립 및 그 문서 전체의 진정성립까지 추정되는 것이기는 하나, 이는 어디까지나 먼저 내용기재가 이루어진 뒤에 인영이 압날된 경우에만 그러한 것이며 작성명의인의 날인만 되어 있고 그 내용이 백지로 된 문서를 교부받아 후일 그 백지 부분을 작성명의자가 아닌 자가 보충한 문서의 경우에 있어서는 문서제출자는 그 기재 내용이 작성명의인으로부터 위임받은 정당한 권원에 의한 것이라는 사실을 입증할 책임이 있으며, 이와 같은 법리는 그 문서가 처분문서라고 하여 달라질 것은 아니다(대판 2000.6.9. 99다37009).

[**❺** ▸ ○]   처분문서는 진정성립이 인정되는 이상 법원은 그 기재내용을 부정할 만한 분명하고도 수긍할 수 있는 반증이 없는 한 그 기재내용에 의하여 그 의사표시의 존재 및 내용을 인정하여야 할 것이다(대판 1990.6.26. 88다카22169).

2016년 변호사시험 문 68.   ☑ 확인 Check! ○ △ ✕

문서의 증거력에 관한 설명 중 옳지 않은 것은?(다툼이 있는 경우 판례에 의함)

① 사문서는 그것이 진정한 것임을 증명하여야 한다.

② 원고가 증거로 제출한 사문서에 대하여 피고가 그 진정성립을 다투는 경우, 법원은 변론 전체의 취지만을 참작하여 그 문서가 진정하다고 인정할 수 없다.

③ 당사자 또는 그 대리인이 고의나 중대한 과실로 진실에 어긋나게 문서의 진정을 다툰 때에는 법원은 결정으로 과태료에 처한다.

④ 공증인이 작성한 사서증서인증서가 증거로 제출된 경우, 공증 부분의 진정성립이 인정되면 특별한 사정이 없는 한 공증인이 인증한 사문서 부분의 진정성립도 사실상 추정된다.

⑤ 매매계약서의 계약조항에 "매도인은 어떠한 경우에도 책임을 지지 않고 매수인에게만 모든 책임이 있다"라는 내용이 부동문자로 인쇄되어 있다고 할지라도, 법원은 그 조항에 대하여 구체적인 사안에 따라 계약당사자의 의사를 고려하여 예문에 지나지 않는 것인지 여부를 판단하여야 한다.

[**❶** ▸ ○]   사문서는 그것이 진정한 것임을 증명하여야 한다(민소법 제357조).

[**❷** ▸ ✕]   사문서는 진정성립이 증명되어야만 증거로 삼을 수 있으나, 그 증명방법에 관하여 특별한 제한은 없으며, 당사자가 '부지'라고 다투는 서증에 대하여 거증자가 그 성립을 증명하지 아니한 경우라 할지라도, 법원은 다른 증거에 의하지 아니하고 변론 전체의 취지를 참작하여 자유심증으로 그 성립을 인정할 수 있다(대판 2016.12.29. 2015두2895).

[**❸** ▸ ○]   당사자 또는 그 대리인이 고의나 중대한 과실로 진실에 어긋나게 문서의 진정을 다툰 때에는 법원은 결정으로 200만원 이하의 과태료에 처한다(민소법 제363조 제1항).

[**❹** ▸ ○]   공증인법에 규정된 사서증서에 대한 인증제도는 당사자로 하여금 공증인의 면전에서 사서증서에 서명 또는 날인하게 하거나 사서증서의 서명 또는 날인을 본인이나 그 대리인으로 하여금 확인하게 한 후 그 사실을 공증인이 증서에 기재하는 것이다(공증인법 제57조 제1항). 공증인이 사서증서의 인증을 함에 있어서는 공증인법에 따라 반드시 촉탁인의 확인(제27조)이나 대리촉탁인의 확인(제30조) 및 그 대리권의 증명(제31조) 등의 절차를 미리 거치도록 규정되어 있으므로, 공증인이 사서증서를 인증함에 있어서 그와 같은 절차를 제대로 거치지 않았다는 등의 사실이 주장·입증되는 등 특별한 사정이 없는 한, 공증인이 인증한 사서증서의 진정성립은 추정된다(대결 2009.1.16. 2008스119).

[**❺** ▸ ○]   부동문자로 인쇄된 매매계약서의 계약조항이 매도인은 어떠한 경우에도 책임을 지지 않고 매수인에게만 모든 책임을 지우도록 되어 있다고 하여 그 계약조항의 내용을 일률적으로 예문이라고 단정할 수는 없고 구체적인 사안에 따라 계약당사자의 의사를 고려하여 그 계약 내용의 의미를 파악하고 이것이 예문에 지나지 않는 것인지 여부를 판단하여야 한다(대판 1989.8.8. 89다카5628).

증거조사에 관한 설명 중 옳지 않은 것은?

① 감정증인은 특별한 학식과 경험을 통하여 얻은 과거의 구체적 사실을 보고하는 사람을 말하는데, 경험을 보고하는 이상 증인이므로 법원은 증인과 마찬가지의 절차로 조사한다.

② 감정사항에 관한 진술이 있기 전부터 감정인이 성실하게 감정할 수 없는 사정이 있다는 것을 당사자가 알았다면, 그 당사자는 감정사항에 관한 진술이 이루어진 뒤에는 감정인을 기피할 수 없다.

③ 주신문에서는 특별한 경우가 아닌 한 유도신문이 금지되지만, 반대신문에서는 필요한 경우 유도신문이 허용된다.

④ 증인진술서가 제출되었으나 그 작성자가 증인으로 출석하지 않고, 당사자가 반대신문권을 포기하여 그 증인진술서의 진정성립을 다투지 않는 경우, 법원은 이를 서증으로 채택할 수 있으나, 그 증인진술서의 내용이 허위라고 하더라도 그 작성자에 대하여 위증죄의 책임을 물을 수 없다.

⑤ 법원은 다른 증거방법에 의하여 심증을 얻지 못한 경우에 한하여 직권 또는 당사자의 신청에 따라 당사자 본인을 신문할 수 있다.

[**❶ ▸ ○**]　감정증인도 증인이므로 증인신문에 관한 규정에 따라 조사한다(민소법 제340조).

[**❷ ▸ ○**]　감정인이 성실하게 감정할 수 없는 사정이 있는 때에 당사자는 그를 기피할 수 있다. 다만, 당사자는 감정인이 감정사항에 관한 진술을 하기 전부터 기피할 이유가 있다는 것을 알고 있었던 때에는 감정사항에 관한 진술이 이루어진 뒤에 그를 기피하지 못한다(민소법 제336조).

[**❸ ▸ ○**]　주신문에서는 원칙적으로 유도신문을 하여서는 아니되나, 반대신문에서는 유도신문이 허용된다(민소규칙 제91조 제2항, 제92조 제2항).

[**❹ ▸ ○**]　형법 제152조 제1항의 위증죄는 법률에 의하여 선서한 증인이 허위의 진술을 한 때에 성립하는 것이므로 위증의 경고를 수반하는 법률에 의한 선서절차를 거친 법정에서 구체적으로 이루어진 진술을 그 대상으로 하는바, 민사소송규칙 제79조 제1항은 "법원은 효율적인 증인신문을 위하여 필요하다고 인정하는 때에는 증인을 신청한 당사자에게 증인진술서를 제출하게 할 수 있다"라고 규정함으로써 증인진술서제도를 채택하고 있는데 이러한 증인진술서는 그 자체로는 서증에 불과하여 그 기재내용이 법정에서 진술되지 아니하는 한 여전히 서증으로 남게 되는 점, 민사소송법 제331조가 원칙적으로 증인으로 하여금 서류에 의하여 진술을 하지 못하도록 규정하고 있는 점, 민사소송규칙 제95조 제1항이 증인신문의 방법에 관하여 개별적이고 구체적으로 하여야 한다고 규정하고 있는 점 등의 사정에 비추어 볼 때, 증인이 법정에서 선서 후 증인진술서에 기재된 구체적인 내용에 관하여 진술함이 없이 단지 그 증인진술서에 기재된 내용이 사실대로라는 취지의 진술만을 한 경우에는 그것이 증인진술서에 기재된 내용 중 특정 사항을 구체적으로 진술한 것과 같이 볼 수 있는 등의 특별한 사정이 없는 한 증인이 그 증인진술서에 기재된 구체적인 내용을 기억하여 반복 진술한 것으로는 볼 수 없으므로, 가사 거기에 기재된 내용에 허위가 있다 하더라도 그 부분에 관하여 법정에서 증언한 것으로 보아 위증죄로 처벌할 수는 없다고 할 것이다(대판 2010.5.13. 2007도1397).

[**❺ ▸ ✕**]　2002년 민소법 제367조의 개정으로 당사자본인신문의 증거방법으로서의 보충성이 폐지되었고, 이에 따라 판례가 취하여 왔던 증거력으로서의 보충성도 더 이상 유지될 수 없게 되었으므로, 이제 당사자본인신문은 다른 증거와 종합하지 아니하고도 독립적인 사실 인정의 자료가 될 수 있게 된 것이다.

제5절 자유심증주의

제6절 증명책임 ★★☆

2019년 변호사시험 문 65.

증거에 관한 설명 중 옳은 것은?(다툼이 있는 경우 판례에 의함)

① 「민법」 제30조에 의하면 2인 이상이 동일한 위난으로 사망한 경우에는 동시에 사망한 것으로 추정하도록 규정하고 있는바, 이 추정을 번복하기 위하여는 동시에 사망하였다는 점에 대하여 법원의 확신을 흔들리게 하는 반증을 제출해야 한다.

② 점유자가 스스로 매매 등과 같은 자주점유의 권원을 주장하였지만 그것이 인정되지 않는다면 자주점유의 추정이 번복된다.

③ 가압류의 집행 후에 집행채권자가 본안소송에서 패소 확정되었다고 하더라도, 그 가압류의 집행으로 인한 채무자의 손해에 대하여 집행채권자에게 고의 또는 과실이 있다고 사실상 추정되지 아니한다.

④ 소유권이전등기의 원인이 전 등기명의인의 직접적인 처분행위에 의한 것이 아니라 제3자가 그 처분행위에 개입되어 무효라는 이유로 전 등기명의인이 말소등기청구를 한 경우, 현 등기명의인은 그 제3자에게 전 등기명의인을 대리할 권한이 있었다는 등의 사실에 대한 증명책임을 진다.

⑤ 준거법으로서의 외국법은 법률이어서 법원이 직권으로 그 내용을 조사하여야 하고, 법원이 합리적이라고 판단하는 방법에 의하여 조사하면 충분하다.

[**❶ ▸ ✕**] 민법 제30조에 의하면, 2인 이상이 동일한 위난으로 사망한 경우에는 동시에 사망한 것으로 추정하도록 규정하고 있는바, <u>이 추정은 법률상 추정으로서 이를 번복하기 위하여는 동일한 위난으로 사망하였다는 전제사실에 대하여 법원의 확신을 흔들리게 하는 반증을 제출하거나 또는 각자 다른 시각에 사망하였다는 점에 대하여 법원에 확신을 줄 수 있는 본증을 제출하여야 하는데</u>, 이 경우 사망의 선후에 의하여 관계인들의 법적 지위에 중대한 영향을 미치는 점을 감안할 때 충분하고도 명백한 입증이 없는 한 위 추정은 깨어지지 아니한다고 보아야 한다(대판 1998.8.21. 98다8974).

[**❷ ▸ ✕**] 점유자가 스스로 매매 등과 같은 자주점유의 권원을 주장하였으나 이것이 인정되지 않는 경우에도 자주점유의 추정이 번복된다거나 또는 점유권원의 성질상 타주점유로 볼 수 없다(대판 1994.11.8. 94다36438).

[**❸ ▸ ✕**] 가압류나 가처분 등 보전처분은 법원의 재판에 의하여 집행되는 것이기는 하나, 그 실체상 청구권이 있는지 여부는 본안소송에 맡기고 단지 소명에 의하여 채권자의 책임 아래 하는 것이므로, 그 집행 후에 집행채권자가 본안소송에서 패소 확정되었다면 그 보전처분의 집행으로 인하여 채무자가 입은 손해에 대하여는 특별한 반증이 없는 한 집행채권자에게 고의 또는 과실이 있다고 추정되고, 따라서 그 부당한 집행으로 인한 손해에 대하여 이를 배상할 책임이 있다고 할 것이나, 토지에 대한 부당한 가압류의 집행으로 그 지상에 건물을 신축하는 내용의 공사도급계약이 해제됨으로 인한 손해는 특별손해이므로, 가압류채권자가 토지에 대한 가압류집행이 그 지상 건물 공사도급계약의 해제사유가 된다는 특별한 사정을 알았거나 알 수 있었을 때에 한하여 배상의 책임이 있다(대판 2008.6.26. 2006다84874).

[**❹ ▸ ✕**] 전등기명의인의 직접적인 처분행위에 의한 것이 아니라 제3자가 그 처분행위에 개입된 경우 현등기명의인이 그 제3자가 전등기명의인의 대리인이라고 주장하더라도 현등기명의인의 등기가 적법히 이루어진 것으로 추정되므로 <u>그 등기가 원인무효임을 이유로 말소를 청구하는 전등기명의인으로서는 그 반대사실 즉, 그 제3자에게 전등기명의인을 대리할 권한이 없었다든지, 또는 그 제3자가 전등기명의인의 등기서류를 위조하였다는 등의 무효사실에 대한 입증책임을 진다</u>(대판 1993.10.12. 93다18914).

우리나라 법률상으로는 준거법으로서의 외국법의 적용 및 조사에 관하여 특별한 규정을 두고 있지 아니하나 외국법은 법률이어서 법원이 권한으로 그 내용을 조사하여야 하고, 그 방법에 있어서 법원이 합리적이라고 판단하는 방법에 의하여 조사하면 충분하고, 반드시 감정인의 감정이나 전문가의 증언 또는 국내외 공무소, 학교등에 감정을 촉탁하거나 사실조회를 하는 등의 방법만에 의하여야 할 필요는 없다(대판 1990.4.10, 89다카20252).

2013년 변호사시험 문 61.

☑ 확인Check! ○ △ ✕

증명책임의 소재에 관한 설명 중 옳은 것을 모두 고른 것은?(다툼이 있는 경우에는 판례에 의함)

ㄱ. 甲이 乙을 상대로 확정된 지급명령에 대한 청구이의의 소를 제기한 경우, 甲이 乙의 채권이 성립하지 아니하였음을 주장하면 乙은 채권의 발생원인 사실을 증명하여야 한다.

ㄴ. 甲이 채권자 乙로부터 채무자 丙에 대한 채권을 양수할 당시 그 채권에 관한 양도금지 특약의 존재를 알고 있거나 그 특약의 존재를 알지 못함에 중대한 과실이 있다면 丙은 甲에 대하여 그 특약으로써 대항할 수 있고, 甲의 악의 내지 중과실은 채권양도금지의 특약으로 甲에게 대항하려는 丙이 증명하여야 한다.

ㄷ. 甲이 乙을 상대로 피담보채권이 성립되지 아니하였음을 원인으로 하여 X토지에 관하여 乙 명의로 마쳐진 근저당권 설정등기의 말소를 구하는 경우, 근저당권의 성립 당시 근저당권의 피담보채권을 성립시키는 법률행위가 없었다는 사실은 근저당권설정등기의 말소를 구하는 甲이 증명하여야 한다.

ㄹ. 상대방과 통정한 허위의 의사표시는 무효이나, 그 의사표시의 무효는 선의의 제3자에게 대항하지 못하는데, 제3자가 선의라는 사실은 그 허위표시의 유효를 주장하는 자가 증명하여야 한다.

ㅁ. 임대인 甲이 임차인 乙을 상대로 임차건물이 화재로 소실되어 목적물 반환의무가 이행불능이 되었음을 원인으로 한 손해배상을 구하는 소를 제기한 경우, 甲은 乙의 귀책사유로 위 목적물 반환의무가 이행불능이 되었음을 증명하여야 한다.

① ㄱ
② ㄱ, ㄴ
③ ㄱ, ㄴ, ㄷ
④ ㄴ, ㄷ, ㄹ
⑤ ㄴ, ㄷ, ㄹ, ㅁ

[ㄱ ▸ ○] 확정된 지급명령의 경우 그 지급명령의 청구원인이 된 청구권에 관하여 지급명령 발령 전에 생긴 불성립이나 무효 등의 사유를 그 지급명령에 관한 이의의 소에서 주장할 수 있고, 이러한 청구이의의 소에서 청구이의 사유에 관한 증명책임도 일반민사소송에서의 증명책임 분배의 원칙에 따라야 한다. 따라서 확정된 지급명령에 대한 청구이의 소송에서 원고가 피고의 채권이 성립하지 아니하였음을 주장하는 경우에는 피고에게 채권의 발생원인 사실을 증명할 책임이 있고, 원고가 그 채권이 통정허위표시로서 무효라거나 변제에 의하여 소멸되었다는 등 권리발생의 장애 또는 소멸사유에 해당하는 사실을 주장하는 경우에는 원고에게 그 사실을 증명할 책임이 있다(대판 2010.6.24, 2010다12852).

[ㄴ ▸ ○] 채무자는 제3자가 채권자로부터 채권을 양수한 경우 채권양도금지 특약의 존재를 알고 있는 양수인이나 그 특약의 존재를 알지 못함에 중대한 과실이 있는 양수인에게 그 특약으로써 대항할 수 있다. 여기서 말하는 중과실이란 통상인에게 요구되는 정도의 상당한 주의를 하지 않더라도 약간의 주의를 한다면 손쉽게 그 특약의 존재를 알 수 있는데도 그러한 주의조차 기울이지 아니하여 특약의 존재를 알지 못한 것을 말한다. 제3자의 악의 내지 중과실은 채권양도금지의 특약으로 양수인에게 대항하려는 자가 주장·입증하여야 한다(대판 2014.1.23, 2011다102066).

[ㄷ ▸ ✕] 근저당권은 그 담보할 채무의 최고액만을 정하고, 채무의 확정을 장래에 보류하여 설정하는 저당권으로서(민법 제357조 제1항), 계속적인 거래관계로부터 발생하는 다수의 불특정채권을 장래의 결산기에서 일정한 한도까지 담보하기 위한 목적으로 설정되는 담보권이므로, 근저당권설정행위와는 별도로 근저당권의 피담보채권을 성립시키는 법률행위가

② 정답

있어야 하고, 근저당권의 성립 당시 근저당권의 피담보채권을 성립시키는 법률행위가 있었는지 여부에 대한 입증책임은 그 존재를 주장하는 측에 있다(대판 2011,7,28, 2011다26254).

[ㄹ ▸ X] 민법 제108조 제1항에서 상대방과 통정한 허위의 의사표시를 무효로 규정하고, 제2항에서 그 의사표시의 무효는 선의의 제3자에게 대항하지 못한다고 규정하고 있는데, 여기에서 제3자는 특별한 사정이 없는 한 선의로 추정할 것이므로, 제3자가 악의라는 사실에 관한 주장·입증책임은 그 허위표시의 무효를 주장하는 자에게 있다(대판 2006,3,10, 2002다1321).

[ㅁ ▸ X] 임차인은 임차건물의 보존에 관하여 선량한 관리자의 주의의무를 다하여야 하고, 임차인의 임차물반환채무가 이행불능이 된 경우, 임차인이 그 이행불능으로 인한 손해배상책임을 면하려면 그 이행불능이 임차인의 귀책사유로 말미암은 것이 아님을 입증할 책임이 있다(대판 2006,1,13, 2005다51013).

PART 03

2012년 변호사시험 문 64.

☑ 확인Check! ○ △ X

甲은 자신의 소유인 X 부동산에 관하여 乙 명의로 소유권이전등기가 되어 있는 것을 발견하고, 소유권에 기하여 乙을 상대로 소유권이전등기말소등기청구의 소를 제기하였다. 다음 설명 중 옳지 않은 것은?(각 지문은 독립적이고, 다툼이 있는 경우에는 판례에 의함)

① 乙이 甲의 대리인인 丙으로부터 X 부동산을 매수하여 그 이전등기를 마친 것이라고 주장하는 경우, 甲이 丙의 대리권 없음을 증명하여야 한다.

② 甲이 乙의 등기원인을 증명하는 서면인 매매계약서가 위조된 사실을 증명한 경우, 乙은 다른 적법한 등기원인의 존재를 주장·증명하여야 한다.

③ 甲이 변론을 통해 자신이 소유자라는 주장을 하자 乙이 이를 인정하는 진술을 한 경우, 그 진술을 甲의 소유권의 내용을 이루는 사실에 대한 것으로 보아 자백의 구속력을 인정할 수 있다.

④ 甲으로부터 丁을 거쳐 乙 명의로 순차 소유권이전등기가 경료되었다면 甲은 丁과 乙 전원을 피고로 삼아야 하고, 그렇지 않을 경우에는 소의 이익을 인정할 수 없어 부적법한 소송이 된다.

⑤ 甲이 말소등기청구소송에서 패소 확정판결을 받은 후, 乙을 상대로 진정명의회복을 원인으로 하는 소유권이전등기청구의 소를 제기하는 경우, 청구취지가 다르더라도 그 소송물은 실질상 동일하므로 기판력에 저촉된다.

[❶ ▸ ○] 현등기명의인의 직접적인 처분행위에 의한 것이 아니라 제3자가 그 처분행위에 개입된 경우 현등기명의인이 그 제3자가 전등기명의인의 대리인이라고 주장하더라도 현등기명의인의 등기가 적법히 이루어진 것으로 추정되므로 그 등기가 원인무효임을 이유로 말소를 청구하는 전등기명의인으로서는 그 반대사실 즉, 그 제3자에게 전등기명의인을 대리할 권한이 없었다든지, 또는 그 제3자가 전등기명의인의 등기서류를 위조하였다는 등의 무효사실에 대한 입증책임을 진다(대판 1993,10,12, 93다18914).

[❷ ▸ ○] 소유권이전등기의 원인으로 주장된 계약서가 진정하지 않은 것으로 증명된 이상 그 등기의 적법추정은 복멸되는 것이고 계속 다른 적법한 등기원인이 있을 것으로 추정할 수는 없다(대판 1998,9,22, 98다29568).

[❸ ▸ ○] 소유권에 기한 이전등기말소청구소송에 있어서 피고가 원고 주장의 소유권을 인정하는 진술은 그 소 전제가 되는 소유권의 내용을 이루는 사실에 대한 진술로 볼 수 있으므로 이는 재판상 자백이다(대판 1989,5,9, 87다카749).

[❹ ▸ X] 원인 없이 경료된 최초의 소유권이전등기와 이에 기하여 순차로 경료된 일련의 소유권이전등기의 각 말소를 구하는 소송은 필요적 공동소송이 아니므로 그 말소를 청구할 권리가 있는 사람은 각 등기의무자에 대하여 이를 각각 청구할 수 있는 것이어서 위 일련의 소유권이전등기 중 최후의 등기명의자만을 상대로 그 등기의 말소를 구하고 있다 하더라도 그 승소의 판결이 집행불능의 판결이 된다거나 종국적인 권리의 실현을 가져다 줄 수 없게 되어 소의 이익이 없는 것으로 된다고는 할 수 없다(대판 1987,10,13, 87다카1093).

[**❺ ▸ ○**] 진정한 등기명의의 회복을 위한 소유권이전등기청구는 이미 자기 앞으로 소유권을 표상하는 등기가 되어 있었거나 법률에 의하여 소유권을 취득한 자가 진정한 등기명의를 회복하기 위한 방법으로 현재의 등기명의인을 상대로 그 등기의 말소를 구하는 것에 갈음하여 허용되는 것인데, 말소등기에 갈음하여 허용되는 진정명의회복을 원인으로 한 소유권이전등기청구권과 무효등기의 말소청구권은 어느 것이나 진정한 소유자의 등기명의를 회복하기 위한 것으로서 실질적으로 그 목적이 동일하고, 두 청구권 모두 소유권에 기한 방해배제청구권으로서 그 법적 근거와 성질이 동일하므로, 비록 전자는 이전등기, 후자는 말소등기의 형식을 취하고 있다고 하더라도 그 소송물은 실질상 동일한 것으로 보아야 하고, 따라서 소유권이전등기의 말소등기청구소송에서 패소확정판결을 받았다면 그 기판력은 그 후 제기된 진정명의회복을 원인으로 한 소유권이전등기청구소송에도 미친다(대판 2009.1.15. 2007다51703).

2014년 변호사시험 문 58.

☑ 확인Check! ○ △ ✕

증명책임에 관한 설명 중 옳지 않은 것은?(다툼이 있는 경우에는 판례에 의함)

① 채무불이행으로 인한 손해배상액이 예정되어 있는 경우 채권자는 채무불이행 사실만 증명하면 손해의 발생 및 그 액수를 증명하지 아니하고 예정배상액을 청구할 수 있고, 채무자는 자신의 과실 없음을 항변하지 못한다.

② 점유자가 점유취득시효를 주장하는 경우 스스로 소유의 의사를 증명할 책임은 없고, 점유자의 점유가 소유의 의사가 없는 점유임을 주장하여 취득시효 성립을 부정하는 자에게 증명책임이 있다.

③ 피해자가 가해자를 상대로 대기오염이나 수질오염에 의한 공해로 인한 손해배상을 청구하는 소송에 있어서 가해자가 어떠한 유해한 원인물질을 배출하고 그것이 피해물건에 도달하여 손해가 발생하였음을 피해자가 증명하였다면, 가해자가 그것이 무해하다는 것을 증명하여야 한다.

④ 채무부존재확인소송에서 채무자가 먼저 청구를 특정하여 채무발생원인사실을 부정하는 주장을 하면, 채권자는 권리관계의 요건사실에 관하여 주장·증명책임을 부담한다.

⑤ 사해행위취소소송에서 사해행위의 취소를 구하는 채권자가 채무자의 수익자에 대한 금원지급행위를 증여라고 주장함에 대하여, 수익자는 이를 기존 채무에 대한 변제로서 받은 것이라고 다투고 있는 경우 그 금원지급행위가 증여에 해당한다는 사실은 취소를 구하는 채권자가 증명하여야 한다.

[**❶ ▸ ✕**] 채무불이행으로 인한 손해배상액이 예정되어 있는 경우 채권자는 채무불이행 사실만 증명하면 손해의 발생 및 그 액수를 증명하지 아니하고 예정배상액을 청구할 수 있으나, 반면 채무자는 채권자와 채무불이행에 있어 채무자의 귀책사유를 묻지 아니한다는 약정을 하지 아니한 이상 자신의 귀책사유가 없음을 주장·증명함으로써 위 예정배상액의 지급책임을 면할 수 있다(대판 2010.2.25. 2009다83797).

[**❷ ▸ ○**] 민법 제197조 제1항에 의하면 물건의 점유자는 소유의 의사로 점유한 것으로 추정되므로 점유자가 취득시효를 주장하는 경우에 있어서 스스로 소유의 의사를 입증할 책임은 없고, 오히려 그 점유자의 점유가 소유의 의사가 없는 점유임을 주장하여 점유자의 취득시효의 성립을 부정하는 자에게 그 입증책임이 있다(대판 2011.2.10. 2010다84246).

[**❸ ▸ ○**] 공해로 인한 손해배상청구소송에 있어서는 가해행위와 손해발생 사이의 인과관계의 고리를 모두 자연과학적으로 증명하는 것은 곤란 내지 불가능한 경우가 대부분이고, 가해기업은 기술적·경제적으로 피해자보다 원인조사가 용이할 뿐 아니라 자신이 배출하는 물질이 유해하지 않다는 것을 입증할 사회적 의무를 부담한다고 할 것이므로, 가해기업이 배출한 어떤 물질이 피해 물건에 도달하여 손해가 발생하였다면 가해자 측에서 그 무해함을 입증하지 못하는 한 책임을 면할 수 없다고 봄이 사회 형평의 관념에 적합하다(대판 2004.11.26. 2003다2123).

[**❹ ▸ ○**] 금전채무부존재확인소송에 있어서는 채무자인 원고가 먼저 청구를 특정하여 채무발생 원인사실을 부정하는 주장을 하면 채권자인 피고가 그 권리관계의 요건사실에 관하여 입증할 책임이 있다(대판 2008.10.23. 2008다41574).

① **정답**

[❺ ▸ ○] 사해행위의 취소를 구하는 채권자가 채무자의 수익자에 대한 금원지급행위를 증여라고 주장함에 대하여, 수익자는 이를 기존 채무에 대한 변제로서 받은 것이라고 다투고 있는 경우, 이는 채권자의 주장사실에 대한 부인에 해당할 뿐 아니라, 위 법리에서 보는 바와 같이 채무자의 금원지급행위가 증여인지, 변제인지에 따라 채권자가 주장·입증하여야 할 내용이 크게 달라지게 되므로, 결국 <u>위 금원지급행위가 사해행위로 인정되기 위하여는 그 금전지급행위가 증여에 해당한다는 사실이 입증되거나 변제에 해당하지만 채권자를 해할 의사 등 앞서 본 특별한 사정이 있음이 입증되어야 할 것이고, 그에 대한 입증책임은 사해행위를 주장하는 측에 있다고 할 것이다</u>(대판 2007.5.31. 2005다28686).

2017년 변호사시험 문 55.　　　　　　　　　　　　　　　　　　☑ 확인 Check! ○ △ ✕

甲이 A법원에 乙을 상대로 제기한 대여금반환청구의 제1심 소송절차에 관한 설명 중 옳은 것을 모두 고른 것은?(다툼이 있는 경우 판례에 의함)

> ㄱ. 乙이 이 사건에 관하여 B법원에서만 재판을 받기로 甲과 합의하였음에도 변론기일에 출석하여 이를 주장하지 않으면서 변제 주장을 하였다면 A법원은 관할권을 가진다.
> ㄴ. 甲과 乙 사이에 금원의 수수가 있다는 사실에 관하여 다툼이 없다고 하여도 대여 사실에 관한 증명책임은 甲에게 있다.
> ㄷ. 乙이 위 채무의 변제조로 금원을 지급한 사실을 주장함에 대하여 甲이 이를 수령한 사실을 인정하고서 다만 다른 채무의 변제에 충당하였다고 주장하는 경우, 甲은 다른 채권이 존재하는 사실과 다른 채권에 대한 변제충당의 합의가 있었거나 다른 채권이 법정충당의 우선순위에 있다는 사실을 주장, 증명하여야 한다.
> ㄹ. 乙의 변제 주장이 인정되지 아니하는 경우, 법원이 판결 이유에서 변제 주장을 배척하는 판단을 하지 않는다면 그 판결은 판단누락의 위법이 있다.

① ㄱ, ㄷ　　　　　　② ㄷ, ㄹ　　　　　　③ ㄱ, ㄴ, ㄹ
④ ㄴ, ㄷ, ㄹ　　　　⑤ ㄱ, ㄴ, ㄷ, ㄹ

[ㄱ ▸ ○] 甲과 乙이 이 사건에 관하여 B법원에서만 재판을 받기로 합의하여 전속적 합의관할이 발생하였으나, <u>전속적 합의관할은 임의관할이므로, 甲이 A법원에 乙을 상대로 제기한 대여금반환청구의 소에 乙이 출석하여 변제주장을 하였다면, A법원에 변론관할</u>(민소법 제30조)이 발생한다.

[ㄴ ▸ ○] <u>당사자 사이에 금전을 주고받았다는 사실에 관하여 다툼이 없다고 하더라도 이를 대여하였다는 원고의 주장에 대하여 피고가 다투는 때에는 대여사실에 대하여 이를 주장하는 원고에게 증명책임이 있다</u>(대판 2018.1.24. 2017다37324).

[ㄷ ▸ ○] 채무자가 특정한 채무의 변제조로 금원 등을 지급한 사실을 주장함에 대하여, 채권자가 이를 수령한 사실을 인정하고서 다만 타 채무의 변제에 충당하였다고 주장하는 경우에는, <u>채권자는 타 채권이 존재하는 사실과 타 채권에 대한 변제충당의 합의가 있었거나 타 채권이 법정충당의 우선순위에 있다는 사실을 주장·증명하여야 한다</u>(대판 2014.1.23. 2011다108095).

[ㄹ ▸ ○] 乙의 변제항변은 원고 甲의 주장사실과 양립 가능한 별개의 사실주장이므로, 법원은 판결이유의 설시에서 이를 배척하는 설시를 하여야 하고, 이를 판결이유에서 설시하지 아니하면 판단 누락의 위법이 있게 된다.

제7절　주장책임

정답 ⑤

제1절	소송종료사유

제2절	소송종료선언	☆

2014년 변호사시험 문 63.   ☑ 확인Check! ○ △ ✕

소송의 종료에 관한 설명 중 옳지 않은 것은?(다툼이 있는 경우에는 판례에 의함)

① 변론기일에 불출석한 원고 또는 피고가 진술한 것으로 보는 답변서, 그 밖의 준비서면에 청구의 포기 또는 인낙의 의사표시가 적혀 있고 공증사무소의 인증을 받은 경우, 상대방당사자가 변론기일에 출석하여 그 청구의 포기 또는 인낙의 의사표시를 받아들여야만 그 취지에 따라 청구의 포기 또는 인낙이 성립된 것으로 본다.

② 소송이 종료되었음에도 이를 간과하고 심리를 계속 진행한 사실이 발견된 경우 법원은 직권으로 소송종료선언을 하여야 한다.

③ 당사자는 법원의 화해권고결정에 대하여 그 조서 또는 결정서의 정본을 송달받은 날부터 2주 이내에 이의를 신청할 수 있고, 그 정본이 송달되기 전에도 이의를 신청할 수 있다.

④ 상고인이 상고장에 상고이유를 적지 아니하였음에도 소송기록 접수통지를 받은 날부터 20일 이내에 상고이유서를 제출하지 아니한 경우, 상고법원은 직권으로 조사하여야 할 사유가 있는 때를 제외하고는 변론 없이 판결로 상고를 기각하여야 한다.

⑤ 제1심에서 피고가 주위적으로 소각하판결을, 예비적으로 청구기각판결을 구한 경우 원고가 소를 취하함에 있어 피고의 동의가 필요 없다.

[❶ ▶ ✕] 청구의 포기·인낙에는 상대방당사자의 의사표시가 별도로 요구되지 아니한다.

법령   **한쪽 당사자가 출석하지 아니한 경우(민소법 제148조)**   ① 원고 또는 피고가 변론기일에 출석하지 아니하거나, 출석하고서도 본안에 관하여 변론하지 아니한 때에는 그가 제출한 소장·답변서, 그 밖의 준비서면에 적혀 있는 사항을 진술한 것으로 보고 출석한 상대방에게 변론을 명할 수 있다.

② 제1항의 규정에 따라 당사자가 진술한 것으로 보는 답변서, 그 밖의 준비서면에 <u>청구의 포기 또는 인낙의 의사표시가 적혀 있고 공증사무소의 인증을 받은 때에는 그 취지에 따라 청구의 포기 또는 인낙이 성립된 것으로 본다.</u>

[❷ ▶ ○] 소송이 종료되었음에도 이를 간과하고 심리를 계속 진행한 사실이 발견된 경우 법원은 직권으로 소송종료선언을 하여야 한다(대판 2011.4.28. 2010다103048).

[❸▸O] 당사자는 제225조의 결정에 대하여 그 조서 또는 결정서의 정본을 송달받은 날부터 2주 이내에 이의를 신청할 수 있다. 다만, 그 정본이 송달되기 전에도 이의를 신청할 수 있다(민소법 제226조 제1항).

[❹▸O] 상고인이 제427조의 규정을 어기어 상고이유서를 제출하지 아니한 때에는 상고법원은 변론 없이 판결로 상고를 기각하여야 한다. 다만, 직권으로 조사하여야 할 사유가 있는 때에는 그러하지 아니하다(민소법 제429조).

[❺▸O] <u>피고가 주위적으로 소각하판결을, 예비적으로 청구기각판결을 구한 경우, 이는 본안 전 항변이 이유 없을 때를 대비하여 예비적으로 구하는 것이므로 원고가 소를 취하함에 있어 피고의 동의는 필요 없다는 것이 판례이다</u>(대판 2010.7.22. 2009므1861).

제1절	소의 취하	★☆

2020년 변호사시험 문 64.   ☑ 확인 Check! ○ △ ✕

소취하에 관한 설명 중 옳은 것은?(다툼이 있는 경우 판례에 의함)

① 본안에 대한 변론이 진행된 후 원고 甲이 법원에 소취하서를 제출하자 피고 乙은 甲의 소취하에 대한 동의를 거절하였다가 소취하 동의 거절의사를 철회하고 다시 동의를 한 경우, 甲의 소취하의 효력은 乙이 다시 동의한 때에 발생한다.

② 甲이 乙을 상대로 매매를 원인으로 A건물의 인도를 청구하였으나 패소한 후 항소심에서 이미 지급한 매매대금반환을 구하는 것으로 청구를 교환적으로 변경하였다가 다시 위 매매를 원인으로 A건물의 인도를 구하는 것으로 청구를 변경하는 것은 적법하다.

③ 甲으로부터 대여금채권을 상속한 乙과 丙은 변호사 B를 소송대리인으로 선임하여 채무자 丁을 상대로 대여금청구의 소를 제기하였는데, 소송대리권을 수여할 당시 B에게 소취하에 대한 권한도 수여하였다. 소송계속 중에 丙은 B에게 자신의 소를 취하할 것을 의뢰하였고, B는 그의 사무원 C에게 丙의 소취하서만을 제출할 것을 지시하였는데, C의 착오로 B의 의사에 반하여 乙과 丙의 소를 모두 취하하는 내용의 소취하서를 법원에 제출한 경우 乙은 자신의 소취하를 철회할 수 있다.

④ 甲이 乙을 상대로 제기한 청구이의 소송에서 甲의 청구를 기각한 판결이 확정된 후 丙이 공동소송적 보조참가의 요건을 구비하여 甲 측에 대한 참가신청을 하면서 재심의 소를 제기한 경우, 甲이 丙의 동의 없이 재심의 소를 취하하더라도 그 효력이 없다.

⑤ 甲은 乙이 사망한 사실을 모르고 乙을 피고로 표시하여 매매를 원인으로 한 소유권이전등기청구의 소를 제기하여 승소하였는데, 乙의 단독상속인 丙이 이러한 사실을 알고 항소를 제기하였고 甲이 항소심에서 丙의 동의를 얻어 소를 취하한 경우에는, 甲은 丙을 상대로 위 매매를 원인으로 한 소유권이전등기청구의 소를 제기할 수 없다.

[❶ ▸ ✕]   소취하에 대하여 피고가 이의하여 동의를 거절하면 소취하효력을 발생할 수 없고 후에 동의하더라도 취하의 효력이 없다(대판 1969.5.27. 69다130).

[❷ ▸ ✕]   소의 교환적 변경은 신청구의 추가적 병합과 구청구의 취하의 결합형태로 볼 것이므로 본안에 대한 종국판결이 있은 후 구청구를 신청구로 교환적 변경을 한 다음 다시 본래의 구청구로 교환적 변경을 한 경우에는 종국판결이 있은 후 소를 취하하였다가 동일한 소를 다시 제기한 경우에 해당하여 부적법하다(대판 1987.11.10. 87다카1405).

[❸ ▸ ✕]   소의 취하는 원고가 제기한 소를 철회하여 소송계속을 소멸시키는 원고의 법원에 대한 소송행위이고 소송행위는 일반사법상의 행위와는 달리 내심의 의사보다 그 표시를 기준으로 하여 효력 유무를 판정할 수밖에 없는 것인바, 원고 소송대리인으로부터 소송대리인 사임신고서 제출을 지시받은 사무원은 원고 소송대리인의 표시기관에 해당되어 그의 착오는 원고 소송대리인의 착오라고 보아야 하므로, 사무원의 착오로 원고 소송대리인의 의사에 반하여 소를 취하하였다고 하여도 이를 무효라고 볼 수는 없다(대판 1997.10.24. 95다11740).

[**④** ▸ ○] 재심의 소를 취하하는 것은 통상의 소를 취하하는 것과는 달리 확정된 종국판결에 대한 불복의 기회를 상실하게 하여 더 이상 확정판결의 효력을 배제할 수 없게 하는 행위이므로, 이는 재판의 효력과 직접적인 관련이 있는 소송행위로서 확정판결의 효력이 미치는 공동소송적 보조참가인에 대하여는 불리한 행위이다. 따라서 재심의 소에 공동소송적 보조참가인이 참가한 후에는 피참가인이 재심의 소를 취하하더라도 공동소송적 보조참가인의 동의가 없는 한 효력이 없다(대판 2015.10.29. 2014다13044).

[**⑤** ▸ ×] 사망자를 상대로 한 판결에 대하여 그 망인의 상속인인 피고가 항소를 제기하여 원고가 항소심 변론에서 그 소를 취하하였다 하더라도 위 판결은 당연무효의 판결이므로 원고는 재소금지의 제한을 받지 않는다(대판 1968.1.23. 67다2494).

다음 설명 중 옳은 것은?(다툼이 있는 경우 판례에 의함)

① 소송 외에서 소송당사자가 소취하합의를 한 경우 바로 소취하의 효력이 발생한다.
② 소송 진행 중에 원고가 청구금액을 감축하였으나 그 의사가 분명하지 않은 경우 법원은 이를 청구의 일부포기로 보아야 한다.
③ 소취하의 특별수권이 있는 원고의 소송대리인인 변호사로부터 소송대리인 사임신고서 제출을 지시받은 사무원이 착오로 소취하서를 법원에 제출한 후 원고가 소취하의 효력을 다투면서 기일지정신청을 한 경우, 법원은 변론기일을 열어 소송종료선언을 하여야 한다.
④ 변론준비기일에서의 소취하는 변론기일이 아니므로 말로 할 수 없다.
⑤ 본안에 대한 종국판결 후 소를 취하한 경우 다시 전소의 원고가 동일한 소를 제기하였다 하더라도 전소의 피고가 재소금지항변을 하지 않으면 법원이 직권으로 재소 여부를 조사하여 소를 각하할 수는 없다.

[**①** ▸ ×] 소송 외에서 소를 취하하기로 합의한 경우라도, 그 자체는 소송행위인 소취하가 아니므로 소송은 당연히 종료되지 아니한다.

[**②** ▸ ×] 청구의 일부포기가 아니라 일부취하로 보는 것이 원고에게 더 유리하기 때문이다.

판례 수량적으로 가분인 동일 청구권에 기한 청구금액의 감축은 소의 일부 취하로 해석되고, 소의 취하는 원고가 제기한 소를 철회하여 소송계속을 소멸시키는 원고의 법원에 대한 소송행위이며, 소송행위는 일반사법상의 행위와 달리 내심의 의사보다 그 표시를 기준으로 하여 그 효력 유무를 판정할 수밖에 없는 것이므로 원고가 착오로 소의 일부를 취하하였다 하더라도 이를 무효라고 볼 수는 없다(대판 2004.7.9. 2003다46758).

[**③** ▸ ○] 의사표시의 하자를 고려하지 아니하는 판례의 태도로 판단할 때, 사무원이 착오로 소취하서를 법원에 제출하였더라도 소취하는 유효하며, 원고의 기일지정신청에 대하여 법원은 소송종료선언을 하여야 한다.

판례 소의 취하는 원고가 제기한 소를 철회하여 소송계속을 소멸시키는 원고의 법원에 대한 소송행위이고 소송행위는 일반사법상의 행위와는 달리 내심의 의사보다 그 표시를 기준으로 하여 효력 유무를 판정할 수밖에 없는 것인바, 원고 소송대리인으로부터 소송대리인 사임신고서 제출을 지시받은 사무원은 원고 소송대리인의 표시기관에 해당되어 그의 착오는 원고 소송대리인의 착오라고 보아야 하므로, 사무원의 착오로 원고 소송대리인의 의사에 반하여 소를 취하하였다고 하여도 이를 무효라고 볼 수는 없다(대판 1997.10.24. 95다11740).

[**④** ▸ ✕] 소의 취하는 서면으로 하여야 한다. 다만, 변론 또는 변론준비기일에서 말로 할 수 있다(민소법 제266조 제3항).

[**⑤** ▸ ✕] 재소금지의 원칙은 소송요건으로서 법원의 직권조사사항이므로, 피고의 항변 유무에 관계없이 재소임이 발견되면 판결로써 소를 각하하여야 한다.

2018년 변호사시험 문 67.

☑ 확인Check! ○ △ ✕

甲은 乙에게 1억원을 대여하면서 그 담보로 약속어음을 받았다. 乙이 변제기에 대여금을 반환하지 않자 甲은 乙을 상대로 1억원의 대여금청구의 소를 제기하였는데, 제1심 법원이 乙에게 5,000만원의 지급을 명하는 판결을 하자 甲이 이 판결에 대하여 항소하였다. 甲과 乙은 항소심 계속 중 소송 외에서 '乙이 甲에게 3개월 내에 8,000만원을 지급하면 甲은 소를 취하하기로 한다'는 내용의 화해를 하였다. 이에 관한 설명 중 옳지 않은 것은?(다툼이 있는 경우 판례에 의함)

① 위 화해만으로는 위 소가 당연히 종료되지 않는다.

② 甲이 乙로부터 3개월 내에 8,000만원을 지급받았음에도 소를 취하하지 않은 경우, 乙이 변론기일에 출석하여 위 화해사실 및 이에 따른 8,000만원 지급사실을 주장·증명하면 법원은 甲의 청구를 기각하여야 한다.

③ 乙이 甲에게 3개월 내에 8,000만원을 지급하지 않은 경우, 위 소송을 계속 유지할 甲의 법률상의 이익을 부정할 수 없다.

④ 위 화해는 甲과 乙 사이의 묵시적 합의로 해제될 수 있다.

⑤ 위 화해에 따른 소취하 후 甲이 다시 乙을 상대로 위 어음금의 지급을 구하는 소를 제기하더라도 재소금지의 원칙에 위배되지 않는다.

[**❶** ▸ ○] 소송 외에서 소를 취하하기로 합의한 경우라도, 그 자체는 소송행위인 소취하가 아니므로 소송은 당연히 종료되지 아니한다.

[**❷** ▸ ✕] [**❸** ▸ ○] 당사자 사이에 그 소를 취하하기로 하는 합의가 이루어졌다면 특별한 사정이 없는 한 소송을 계속 유지할 법률상의 이익이 없어 그 소는 각하되어야 하는 것이지만, 조건부 소취하의 합의를 한 경우에는 조건의 성취사실이 인정되지 않는 한 그 소송을 계속 유지할 법률상의 이익을 부정할 수 없다(대판 2013.7.12. 2013다19571).

[**❹** ▸ ○] 심결취소소송을 제기한 이후에 당사자 사이에 소를 취하하기로 하는 합의가 이루어졌다면 특별한 사정이 없는 한 소송을 계속 유지할 법률상의 이익이 소멸되어 당해 소는 각하되어야 하는 것이지만, 소취하 계약도 당사자 사이의 합의에 의하여 해제할 수 있음은 물론이고 계약의 합의해제는 명시적으로 이루어진 경우뿐만 아니라 묵시적으로 이루어질 수도 있는 것으로, 계약의 성립 후에 당사자 쌍방의 계약실현의사의 결여 또는 포기로 인하여 쌍방 모두 이행의 제공이나 최고에 이름이 없이 장기간 이를 방치하였다면, 그 계약은 당사자 쌍방이 계약을 실현하지 아니할 의사가 일치됨으로써 묵시적으로 합의해제되었다고 해석함이 상당하다(대판 2007.5.11. 2005후1202).

[**❺** ▸ ○] 판례가 취하는 구소송물이론에 의하면, 대여금청구의 소의 소송물과 어음금지급청구의 소의 소송물은 별개의 것이므로, 소취하 후 甲이 다시 어음금지급청구의 소를 제기하더라도 재소금지의 원칙에 저촉되지 아니한다(민소법 제267조 제2항).

판례 이미 존재하는 금전대차등 채권채무에 관하여 그 채무자가 발행한 약속어음은 특별한 사정이 없는 한 그 채무의 확보 또는 그 지급을 위하여 발행한 것이라 할 수 있고 그 경우 채권자는 수표상의 권리와 일반채권의 그 어느 것이나 행사할 수 있는 것이라 할 것인바 수표상의 권리가 시효 따위로 인하여 소멸하였다 하여 다른 일반채권도 당연히 소멸하는 것이 아니다(대판 1976.11.23. 76다1391).

② 정답

제3절 | 재판상 화해 ☆

2020년 변호사시험 문 58. ☑ 확인Check! ○ △ ✕

甲주식회사는 법령에 위반한 이사 乙의 행위로 甲회사가 손해를 입었음을 이유로 乙을 상대로 손해배상청구의 소를 제기하였다. 이에 관한 설명 중 옳지 않은 것은?(다툼이 있는 경우 판례에 의함)

① 乙이 甲회사의 업무를 집행하면서 회사 자금으로 뇌물을 공여한 경우, 이는 「상법」 제399조에서 정한 법령에 위반한 행위에 해당한다.

② 위 소송에서 甲회사의 청구를 인용한 판결에 대하여 乙이 항소하였으나 이후 변심하여 바로 법원에 항소취하서를 제출한 경우, 아직 항소기간이 지나지 아니하였더라도 乙은 다시 항소할 수 없다.

③ 위 소송에서 법원은 사건의 공평한 해결을 위하여 당사자의 신청이 없어도 직권으로 화해권고결정을 할 수 있다.

④ 위 소송이 화해권고결정으로 종료된 경우, 화해권고결정의 기판력은 그 결정의 확정시를 기준으로 발생한다.

⑤ 위 사건에서 甲회사의 항소에 의한 항소심 소송계속 중 甲회사와 乙 사이에 항소취하의 합의가 있었음에도 甲회사가 항소취하서를 제출하지 아니한 경우, 乙은 이를 항변으로 주장할 수 있다.

[❶ ▸ ○] 회사가 기업활동을 함에 있어서 형법상의 범죄를 수단으로 하여서는 안 되므로 뇌물 공여를 금지하는 형법규정은 회사가 기업활동을 함에 있어서 준수하여야 할 것으로서 이사가 회사의 업무를 집행하면서 회사의 자금으로서 뇌물을 공여하였다면 이는 상법 제399조에서 규정하고 있는 법령에 위반된 행위에 해당된다고 할 것이고 이로 인하여 회사가 입은 뇌물액 상당의 손해를 배상할 책임이 있다(대판 2005.10.28. 2003다69638).

[❷ ▸ ✕] 항소의 취하가 있으면 소송은 처음부터 항소심에 계속되지 아니한 것으로 보게 되나(민사소송법 제393조 제2항, 제267조 제1항), 항소취하는 소의 취하나 항소권의 포기와 달리 제1심 종국판결이 유효하게 존재하므로, 항소기간 경과 후에 항소취하가 있는 경우에는 항소기간 만료 시로 소급하여 제1심 판결이 확정되나, 항소기간 경과 전에 항소취하가 있는 경우에는 판결은 확정되지 아니하고 항소기간 내라면 항소인은 다시 항소의 제기가 가능하다(대판 2016.1.14. 2015므3455).

[❸ ▸ ○] 법원 · 수명법관 또는 수탁판사는 소송에 계속 중인 사건에 대하여 직권으로 당사자의 이익, 그 밖의 모든 사정을 참작하여 청구의 취지에 어긋나지 아니하는 범위 안에서 사건의 공평한 해결을 위한 화해권고결정(和解勸告決定)을 할 수 있다(민소법 제225조 제1항).

[❹ ▸ ○] 민사소송법 제231조는 "화해권고결정은 결정에 대한 이의신청 기간 이내에 이의신청이 없는 때, 이의신청에 대한 각하결정이 확정된 때, 당사자가 이의신청을 취하하거나 이의신청권을 포기한 때에 재판상 화해와 같은 효력을 가진다"라고 정하고 있으므로, 확정된 화해권고결정은 당사자 사이에 기판력을 가진다. 그리고 화해권고결정에 대한 이의신청이 적법한 때에는 소송은 화해권고결정 이전의 상태로 돌아가므로(민사소송법 제232조 제1항), 당사자는 화해권고결정이 송달된 후에 생긴 사유에 대하여도 이의신청을 하여 새로운 주장을 할 수 있고, 화해권고결정이 송달된 후의 승계인도 이의신청과 동시에 승계참가신청을 할 수 있다고 할 것이다. 이러한 점 등에 비추어 보면, 화해권고결정의 기판력은 그 확정시를 기준으로 하여 발생한다고 해석함이 상당하다(대판 2012.5.10. 2010다2558).

[❺ ▸ ○] 당사자 사이에 항소취하의 합의가 있는데도 항소취하서가 제출되지 않는 경우 상대방은 이를 항변으로 주장할 수 있고, 이 경우 항소심 법원은 항소의 이익이 없다고 보아 그 항소를 각하함이 원칙이다(대판 2018.5.30. 2017다21411).

CHAPTER 03

종국판결에 의한 소송종료

민사소송법

☑ 각 문항별로 이해도를 체크해 보세요.

최근 5년간 회별 평균 **1.2문**

제1절   재판 일반

제2절   판 결   ★★★★★★★★★

2020년 변호사시험 문 65.   ☑ 확인Check! ○ △ X

기판력에 관한 설명 중 옳지 않은 것은?(다툼이 있는 경우 판례에 의함)

① 제소전화해의 내용이 채권자는 대여금채권의 원본 및 이자의 지급과 상환으로 채무자에게 부동산에 관한 가등기의 말소등기절차를 이행하고, 채무자는 그가 채권자에게 변제기까지 위 대여원리금을 지급하지 않을 경우 「가등기담보 등에 관한 법률」 소정의 청산금 지급과 상환으로 채권자에게 가등기에 기한 소유권이전의 본등기절차를 이행함과 아울러 부동산을 인도하기로 되어 있는 경우, 상환이행의 대상인 반대채권의 존부나 그 수액에 대하여는 기판력이 미치지 아니한다.

② 甲의 乙에 대한 1억원의 대여금청구 소송에서 乙이 甲에 대한 5,000만원의 손해배상채권으로 상계항변을 하였고, 乙의 항변이 받아들여져 甲의 청구 중 5,000만원 부분이 인용되어 그 판결이 확정된 후에 乙이 甲을 상대로 위 상계항변에 제공된 손해배상금의 지급을 구하는 소를 제기한 경우 법원은 乙의 소를 각하하여야 한다.

③ 甲이 乙로부터 토지거래허가구역 내에 있는 A토지를 매수하는 계약을 체결한 후에 乙을 상대로 토지거래허가신청절차의 이행(제1청구)과 매매를 원인으로 한 소유권이전등기절차의 이행(제2청구)을 구하는 소(전소)를 제기하였고, 법원은 제1청구를 인용하고 제2청구를 기각하는 판결을 선고하여 그대로 확정되었는데, 위 소송의 변론종결 전에 A토지가 토지거래허가구역에서 해제되었음에도 甲이 이를 알지 못해 주장하지 아니한 경우, 甲이 A토지가 토지거래허가구역에서 해제되었음을 이유로 乙을 상대로 위 매매를 원인으로 한 소유권이전등기청구의 소(후소)를 제기한 때에는 제2청구에 관한 전소 판결의 기판력이 후소에 미친다.

④ 甲이 乙을 상대로 제기한 어음금청구 소송의 제1심 변론종결 전에 백지보충권을 행사할 수 있었음에도 행사하지 아니하여 이를 이유로 패소하였고, 그 판결이 확정된 후에 백지보충권을 행사한 다음 어음이 완성되었음을 이유로 乙을 상대로 위 어음금의 지급을 구하는 소를 제기한 때에는 특별한 사정이 없는 한 전소 판결의 기판력이 후소에 미친다.

⑤ 甲이 乙을 상대로 피담보채무인 대여금채무가 허위의 채무로서 존재하지 아니함을 이유로 양도담보계약의 해지를 원인으로 한 소유권이전등기의 회복을 구하는 소를 제기하였는데, 법원이 甲의 청구를 기각하는 판결을 하였고 그 판결이 확정된 후에 甲이 乙을 상대로 위 대여금채무 중 잔존채무의 변제를 조건으로 위 소유권이전등기의 회복을 구하는 소를 제기한 때에는 전소 판결의 기판력이 후소에 미친다.

[**❶** ▶ ○]   제소전화해의 내용이 채권자 등은 대여금 채권의 원본 및 이자의 지급과 상환으로 채무자에게 부동산에 관한 가등기의 말소등기절차를 이행할 것을 명하고, 채무자는 가등기담보등에관한법률 소정의 청산금 지급과 상환으로 채권자 등에게 가등기에 기한 소유권이전의 본등기절차를 이행할 것과 그 부동산의 인도를 명하고 있는 경우, 그 제소전화해는 가등기말소절차 이행이나 소유권이전의 본등기절차 이행을 대여금 또는 청산금의 지급을 그 조건으로 하고 있는 데 불과하여

---

⑤ **정답**

그 기판력은 가등기말소나 소유권이전의 본등기절차 이행을 명한 화해내용이 대여금 또는 청산금 지급의 상환이 조건으로 붙어 있다는 점에 미치는 데 불과하고, 상환이행을 명한 반대채권의 존부나 그 수액에 기판력이 미치는 것이 아니다(대판 1996.7.12, 96다19017).

[❷ ▸ ○] 상계항변이 인용된 경우, 자동채권을 후소로 다시 청구하면 소각하판결을 하여야 한다는 것이 판례이므로, 乙의 상계항변이 일부 받아들여져 판결이 확정된 후 乙이 甲을 상대로 상계항변에 제공된 손해배상금의 지급청구의 소를 제기한 경우에는, 법원은 乙의 소를 각하하여야 한다.

판례 민사소송법 제216조는, 제1항에서 확정판결은 주문에 포함된 것에 한하여 기판력을 가진다고 규정함으로써 판결이유 중의 판단에는 원칙적으로 기판력이 미치지 않는다고 하는 한편, 그 유일한 예외로서 제2항에서 상계를 주장한 청구가 성립되는지 아닌지의 판단은 상계하고자 대항한 액수에 한하여 기판력을 가진다고 규정하고 있다. 위와 같이 판결이유 중의 판단임에도 불구하고 상계 주장에 관한 법원의 판단에 기판력을 인정한 취지는, 만일 이에 대하여 기판력을 인정하지 않는다면, 원고의 청구권의 존부에 대한 분쟁이 나중에 다른 소송으로 제기되는 반대채권(또는 자동채권, 이하 '반대채권'이라고만 한다)의 존부에 대한 분쟁으로 변형됨으로써 상계 주장의 상대방은 상계를 주장한 자가 반대채권을 이중으로 행사하는 것에 의하여 불이익을 입을 수 있게 될 뿐만 아니라, 상계 주장에 대한 판단을 전제로 이루어진 원고의 청구권의 존부에 대한 전소의 판결이 결과적으로 무의미하게 될 우려가 있게 되므로, 이를 막기 위함이다(대판 2018.8.30, 2016다46338).

[❸ ▸ ○] 이 사건 전소는 이 사건 토지가 토지거래허가구역 내에 위치하고 있음을 전제로 하는 장래이행 청구인 반면 이 사건 소는 이 사건 토지에 대한 토지거래허가구역 지정이 해제되었음을 전제로 하는 청구라고 하더라도 이 사건 소의 소송물과 이 사건 전소 중 소유권이전등기청구의 소송물은 모두 이 사건 매매계약을 원인으로 하는 소유권이전등기청구권으로서 동일하다고 할 것이다. 또한 이 사건 토지가 토지거래허가구역에서 해제되어 이 사건 매매계약이 확정적으로 유효하게 되었다는 사정은 이 사건 전소의 변론종결 전에 존재하던 사유이므로, 원고가 그러한 사정을 알지 못하여 이 사건 전소에서 주장하지 못하였다고 하더라도 이를 이 사건 소에서 새로이 주장하여 이 사건 전소에서의 법률관계의 존부에 관한 판단, 즉 이 사건 매매계약에 기한 원고의 피고에 대한 소유권이전등기청구권의 존부에 대한 판단과 모순되는 판단을 구하는 것은 이 사건 전소 확정판결의 기판력에 반한다(대판 2014.3.27, 2011다79968).

[❹ ▸ ○] 약속어음의 소지인이 어음요건의 일부를 흠결한 이른바 백지어음에 기하여 어음금 청구소송(이하 '전소'라고 한다)을 제기하였다가 위 어음요건의 흠결을 이유로 청구기각의 판결을 받고 위 판결이 확정된 후 위 백지 부분을 보충하여 완성한 어음에 기하여 다시 전소의 피고에 대하여 어음금 청구소송(이하 '후소'라고 한다)을 제기한 경우에는, 원고가 전소에서 어음요건의 일부를 오해하거나 그 흠결을 알지 못했다고 하더라도, 전소와 후소는 동일한 권리 또는 법률관계의 존부를 목적으로 하는 것이어서 그 소송물은 동일한 것이라고 보아야 한다. 그리고 확정판결의 기판력은 동일한 당사자 사이의 소송에 있어서 변론종결 전에 당사자가 주장하였거나 주장할 수 있었던 모든 공격 및 방어방법에 미치는 것이므로, 약속어음의 소지인이 전소의 사실심 변론종결일까지 백지보충권을 행사하여 어음금의 지급을 청구할 수 있었음에도 위 변론종결일까지 백지 부분을 보충하지 않아 이를 이유로 패소판결을 받고 그 판결이 확정된 후에 백지보충권을 행사하여 어음이 완성된 것을 이유로 전소 피고를 상대로 다시 동일한 어음금을 청구하는 경우에는, 위 백지보충권 행사의 주장은 특별한 사정이 없는 한 전소판결의 기판력에 의하여 차단되어 허용되지 않는다(대판 2008.11.27, 2008다59230).

[❺ ▸ ✕] 일반적으로 판결이 확정되면 법원이나 당사자는 확정판결에 반하는 판단이나 주장을 할 수 없는 것이나, 이러한 확정판결의 효력은 그 표준시인 사실심 변론종결 시를 기준으로 하여 발생하는 것이므로, 그 이후에 새로운 사유가 발생한 경우까지 전소의 확정판결의 기판력이 미치는 것은 아니다. 따라서 전소에서 피담보채무의 변제로 양도담보권이 소멸하였음을 원인으로 한 소유권이전등기의 회복 청구가 기각되었다고 하더라도, 장래 잔존 피담보채무의 변제를 조건으로 소유권이전등기의 회복을 청구하는 것은 전소의 확정판결의 기판력에 저촉되지 아니한다(대판 2014.1.23, 2013다64793).

甲은 乙에 대하여 매매대금의 지급을 구하는 소를 제기하였다(이를 '제1소송'이라 함). 이 소송 도중에 乙은 甲에게 대여금의 반환을 구하는 별소를 제기하였다(이를 '제2소송'이라 함). 이후 제1소송의 기일에서 乙은 주위적으로 소멸시효가 완성되었다고 항변하면서, 예비적으로 제2소송의 대여금채권을 자동채권으로 하는 상계항변을 하였다. 이에 관한 설명 중 옳지 않은 것은?(다툼이 있는 경우 판례에 의함)

① 乙이 주위적 항변으로 주장한 사실 또는 예비적 항변으로 주장한 사실은 乙에게 증명책임이 있다.

② 제1소송에서 예비적 항변이 받아들여져 청구기각의 판결이 선고된 경우에 甲에게는 항소의 이익이 있지만 乙에게는 항소의 이익이 없다.

③ 상계를 주장한 청구가 성립되는지 아닌지의 판단은 상계하자고 대항한 액수에 한하여 기판력을 가진다.

④ 상계적상 시점 이전에 수동채권의 변제기가 이미 도래한 경우, 법원은 상계적상의 시점 및 수동채권의 지연손해금 기산일과 이율 등을 구체적으로 특정해 줌으로써 자동채권에 대하여 어느 범위에서 상계의 기판력이 미치는지 판결이유에서 분명히 밝혀야 한다.

⑤ 乙이 계속 중인 제2소송에서 청구한 대여금채권을 제1소송에서 자동채권으로 하여 소송상 상계의 주장을 하는 것은 허용된다.

[**❶ ▸ ○**] 항변사실은 항변제출자에게 증명책임이 있는데, 지문에서 乙이 주위적으로는 소멸시효 완성을, 예비적으로는 상계를 주장하고 있으므로, 이는 乙에게 유리한 사실로서 乙에게 증명책임 있다.

[**❷ ▸ ✕**] 피고 乙이 예비적 상계항변으로 승소한 경우, 소구채권의 부존재로 승소한 경우보다 결과적으로 피고 乙에게 더 불리하므로, 항소의 이익이 있다.

[**❸ ▸ ○**] 상계를 주장한 청구가 성립되는지 아닌지의 판단은 상계하자고 대항한 액수에 한하여 기판력을 가진다(민소법 제216조 제2항).

[**❹ ▸ ○**] 상계의 의사표시가 있는 경우, 채무는 상계적상 시에 소급하여 대등액에서 소멸한 것으로 보게 되므로, 상계에 의한 양 채권의 차액 계산 또는 상계충당은 상계적상의 시점을 기준으로 하게 된다. 따라서 그 시점 이전에 수동채권의 변제기가 이미 도래하여 지체가 발생한 경우에는 상계적상 시점까지의 수동채권의 지연손해금을 계산한 다음 자동채권으로 그 지연손해금을 먼저 소각하고 잔액을 가지고 원본을 소각하여야 한다. 그리고 상계를 주장하면 그것이 받아들여지든 아니하든 상계하자고 대항한 액수에 대하여 기판력이 생기므로(민사소송법 제216조 제2항), 상계의 항변이 이유 있고 일견하여 자동채권의 수액이 수동채권의 수액을 초과한 것이 명백해 보이는 경우라도, 상계적상의 시점 이전에 수동채권의 변제기가 이미 도래하여 지체가 발생한 상태라고 인정된다면, 법원으로서는 상계에 의하여 소멸되는 채권의 금액을 일일이 계산할 것까지는 없다고 하더라도, 최소한 상계적상의 시점 및 수동채권의 지연손해금 기산일과 이율 등을 구체적으로 특정해 줌으로써 자동채권에 대하여 어느 범위에서 상계의 기판력이 미치는지 판결 이유 자체로 당사자가 분명하게 알 수 있을 정도까지는 밝혀 주어야 한다(대판 2013.11.14. 2013다46023).

[**❺ ▸ ○**] 상계의 항변을 제출할 당시 이미 자동채권과 동일한 채권에 기한 소송을 별도로 제기하여 계속 중인 경우, 사실심의 담당재판부로서는 전소와 후소를 같은 기회에 심리·판단하기 위하여 이부, 이송 또는 변론병합 등을 시도함으로써 기판력의 저촉·모순을 방지함과 아울러 소송경제를 도모함이 바람직하였다고 할 것이나, 그렇다고 하여 특별한 사정이 없는 한 별소로 계속 중인 채권을 자동채권으로 하는 소송상 상계의 주장이 허용되지 않는다고 볼 수는 없다(대판 2001.4.27. 2000다4050).

소송물과 기판력에 관한 설명 중 옳지 않은 것은?(다툼이 있는 경우 판례에 의함)

① 원인무효를 이유로 소유권이전등기의 말소를 구하는 전소에서 패소확정판결을 받은 원고는 전소의 사실심 변론종결 전에 주장할 수 있었던 등기원인의 무효사유를 당사자와 청구취지가 동일한 후소에서 주장할 수 없다.

② 소유권확인을 구하는 전소에서 패소확정판결을 받은 원고는 전소의 사실심 변론종결 전에 주장할 수 있었던 소유권 귀속의 원인이 되는 다른 사유를 당사자와 청구취지가 동일한 후소에서 주장할 수 없다.

③ 채권자가 채무자를 대위하여 제3채무자를 상대로 소를 제기하였으나 피보전채권이 존재하지 않는다는 이유로 소각하 판결을 받아 확정된 경우, 그 판결의 기판력은 채권자가 채무자를 상대로 피보전채권의 이행을 구하는 후소에 미친다.

④ 매매를 원인으로 한 소유권이전등기를 구하는 전소에서 원고가 패소확정판결을 받았더라도 동일한 당사자 사이에 후소로 취득시효 완성을 원인으로 한 소유권이전등기청구를 할 수 있다.

⑤ 원인무효를 이유로 소유권이전등기의 말소를 구하는 전소에서 원고가 패소확정판결을 받았더라도 동일한 당사자 사이에 후소로 소유권확인청구를 할 수 있다.

[❶ ▸ ○]　말소등기청구사건의 소송물은 당해 등기의 말소등기청구권이고 그 동일성 식별의 표준이 되는 청구원인, 즉 말소등기청구권의 발생원인은 당해 등기원인의 무효라 할 것으로서 등기원인의 무효를 뒷받침하는 개개의 사유는 독립된 공격방어방법에 불과하여 별개의 청구원인을 구성하는 것이 아니라 할 것이므로 전소에서 원고가 주장한 사유나 후소에서 주장하는 사유들은 모두 등기의 원인무효를 뒷받침하는 공격방법에 불과할 것일 뿐 그 주장들이 자체로서 별개의 청구원인을 구성한다고 볼 수 없고 모두 전소의 변론종결 전에 발생한 사유라면 전소와 후소는 그 소송물이 동일하여 후소에서의 주장사유들은 전소의 확정판결의 기판력에 저촉되어 허용될 수 없는 것이다(대판 1993.6.29. 93다11050).

[❷ ▸ ○]　특정토지에 대한 소유권확인의 본안판결이 확정되면 그에 대한 권리 또는 법률관계가 그대로 확정되는 것이므로 변론종결 전에 그 확인원인이 되는 다른 사실이 있었다 하더라도 그 확정판결의 기판력은 거기까지도 미치는 것이다(대판 1987.3.10. 84다카2132).

[❸ ▸ ✕]　**채권자가 채권자대위권을 행사하는 방법으로 제3채무자를 상대로 소송을 제기하였다가 채무자를 대위할 피보전채권이 인정되지 않는다는 이유로 소각하 판결을 받아 확정된 경우 그 판결의 기판력이 채권자가 채무자를 상대로 피보전채권의 이행을 구하는 소송에 미치는 것은 아니다**(대판 2014.1.23. 2011다108095).

[❹ ▸ ○]　매매를 원인으로 한 소유권이전등기청구소송과 취득시효완성을 원인으로 한 소유권이전등기 청구소송은 이전등기청구권의 발생원인을 달리하는 별개의 소송물이므로 전소의 기판력은 후소에 미치지 아니한다(대판 1981.1.13. 80다204).

[❺ ▸ ○]　확정판결의 기판력은 소송물로 주장된 법률관계의 존부에 관한 판단의 결론에만 미치고 그 전제가 되는 법률관계의 존부에까지 미치는 것은 아니므로, 계쟁 부동산에 관한 피고 명의의 소유권이전등기가 원인무효라는 이유로 원고가 피고를 상대로 그 등기의 말소를 구하는 소송을 제기하였다가 청구기각의 판결을 선고받아 확정되었다고 하더라도, 그 확정판결의 기판력은 소송물로 주장된 말소등기청구권이나 이전등기청구권의 존부에만 미치는 것이지 그 기본이 된 소유권 자체의 존부에는 미치지 아니하고, 따라서 원고가 비록 위 확정판결의 기판력으로 인하여 계쟁 부동산에 관한 등기부상의 소유 명의를 회복할 방법은 없게 되었다고 하더라도 그 소유권이 원고에게 없음이 확정된 것은 아닐 뿐만 아니라, 등기부상 소유자로 등기되어 있지 않다고 하여 소유권을 행사하는 것이 전혀 불가능한 것도 아닌 이상, 원고로서는 그의 소유권을 부인하는 피고에 대하여 계쟁 부동산이 원고의 소유라는 확인을 구할 법률상 이익이 있으며, 이러한 법률상의 이익이 있는 이상에는 특별한 사정이 없는 한 소유권확인 청구의 소제기 자체가 신의칙에 반하는 것이라고 단정할 수 없는 것이다(대판 2002.9.24. 2002다11847).

매수인 甲과 매도인 乙이 2015.10.10. X 부동산에 대해 매매계약을 체결한 후, 甲은 乙을 상대로 위 매매계약에 기하여 X 부동산에 관한 소유권이전등기청구의 소를 제기하였다. 이 소송에서 乙은 동시이행 항변으로 甲으로부터 5,000만원의 지급을 받으면 이전등기를 하겠다고 주장하였지만, 법원은 "乙은 甲으로부터 3,000만원을 지급받음과 동시에 甲에게 X 부동산에 관하여 2015.10.10. 매매를 원인으로 한 소유권이전등기절차를 이행하라"는 판결을 선고하였다. 이에 관한 설명 중 옳은 것은?(다툼이 있는 경우 판례에 의함)

① 위 판결 확정 후 乙이 丙에게 X 부동산을 매도하고 丙 앞으로 소유권이전등기를 마쳐 주었다면, 위 판결의 기판력은 丙에게도 미친다.

② 위 판결 확정 후 기판력이 발생하는 부분은 위 동시이행의 조건이 붙은 소유권이전등기절차의 이행을 명한 부분이고, 甲이 乙에게 3,000만원을 지급하는 부분에 대해서는 기판력이 발생하지 않는다.

③ 위 판결 확정 후 甲이 다시 乙을 상대로 X 부동산에 관하여 2015.5.10. 대물변제약정을 원인으로 한 소유권이전등기청구의 소를 제기하였다면, 그 청구는 위 판결의 기판력에 저촉된다.

④ 위 소송에서 甲은 乙에 대한 2,000만원의 대여금채권을 자동채권으로 하여 乙이 동시이행 항변으로 주장한 채권에 대해 상계 재항변을 하였고, 법원이 판결이유 중에 상계 재항변을 받아들여 동시이행 항변을 배척하는 판단을 하였다면, 2,000만원의 대여금채권이 존재한다는 판단에도 기판력이 발생한다.

⑤ 위 판결 선고 후 甲만이 항소를 제기한 경우, 항소심 법원은 乙의 동시이행 항변을 모두 받아들여 "乙은 甲으로부터 5,000만원을 지급받음과 동시에 甲에게 X 부동산에 관하여 2015.10.10. 매매를 원인으로 한 소유권이전등기절차를 이행하라"는 판결을 할 수 있다.

[❶ ▸ ✕] 판례는 기판력의 주관적 범위와 관련하여, 원고의 청구권이 물권적 청구권인 경우에는 피고로부터 계쟁물을 승계한 자는 승계인에 포함되지만(대판 1979.2.13. 78다2290), 채권적 청구권인 경우에는 승계인에 포함되지 아니한다(대판 2003.5.13. 2002다64148)고 한다. 따라서 甲은 乙을 상대로 위 매매계약에 기하여 X부동산에 관한 소유권이전등기청구의 소를 제기하였으므로, 판결의 기판력은 丙에게 미치지 아니한다.

[❷ ▸ ○] 제소전화해의 내용이 채권자 등은 대여금 채권의 원본 및 이자의 지급과 상환으로 채무자에게 부동산에 관한 가등기의 말소등기절차를 이행할 것을 명하고, 채무자는 가등기담보등에관한법률 소정의 청산금 지급과 상환으로 채권자 등에게 가등기에 기한 소유권이전의 본등기절차를 이행할 것과 그 부동산의 인도를 명하고 있는 경우, 그 제소전화해는 가등기말소절차 이행이나 소유권이전의 본등기절차 이행을 대여금 또는 청산금의 지급을 그 조건으로 하고 있는 데 불과하여 그 기판력은 가등기말소나 소유권이전의 본등기절차 이행을 명한 화해내용이 대여금 또는 청산금 지급의 상환이 조건으로 붙어 있다는 점에 미치는 데 불과하고, 상환이행을 명한 반대채권의 존부나 그 수액에 기판력이 미치는 것이 아니다(대판 1996.7.12. 96다19017).

[❸ ▸ ✕] 판례의 태도인 구 소송물이론에 의하면, 대물변제예약에 기한 소유권이전등기청구권과 매매계약에 기한 소유권이전등기청구권은 그 소송물이 서로 다르므로(대판 1997.4.25. 96다32133), 甲이 다시 乙을 상대로 대물변제약정을 원인으로 한 소유권이전등기청구의 소를 제기하였다고 하더라도, 기판력이 미치지 아니한다.

[❹ ▸ ✕] 상계 주장에 관한 판단에 기판력이 인정되는 경우는, 상계 주장의 대상이 된 수동채권이 소송물로서 심판되는 소구채권이거나 그와 실질적으로 동일하다고 보이는 경우(가령 원고가 상계를 주장하면서 청구이의의 소송을 제기하는 경우 등)로서 상계를 주장한 반대채권과 그 수동채권을 기판력의 관점에서 동일하게 취급하여야 할 필요성이 인정되는 경우를 말한다고 봄이 상당하므로 만일 상계 주장의 대상이 된 수동채권이 동시이행항변에 행사된 채권일 경우에는 그러한 상계 주장에 대한 판단에는 기판력이 발생하지 않는다고 보아야 할 것인바, 위와 같이 해석하지 않을 경우 동시이행항변이 상대방의 상계의 재항변에 의하여 배척된 경우에 그 동시이행항변에 행사된 채권을 나중에 소송상 행사할 수 없게 되어

민사소송법 제216조가 예정하고 있는 것과 달리 동시이행항변에 행사된 채권의 존부나 범위에 관한 판결 이유 중의 판단에 기판력이 미치는 결과에 이르기 때문이다(대판 2005.7.22. 2004다17207).

[❺ ▸ ×] 항소심은 당사자의 불복신청범위 내에서 제1심 판결의 당부를 판단할 수 있을 뿐이므로, 설사 제1심 판결이 부당하다고 인정되는 경우라 하더라도 그 판결을 불복당사자의 불이익으로 변경하는 것은 당사자가 신청한 불복의 한도를 넘어 제1심 판결의 당부를 판단하는 것이 되어 허용될 수 없다 할 것인바, 원고만이 항소한 경우에 항소심으로서는 제1심보다 원고에게 불리한 판결을 할 수는 없고, 한편 불이익하게 변경된 것인지 여부는 기판력의 범위를 기준으로 하나 공동소송의 경우 원·피고별로 각각 판단하여야 하고, 동시이행의 판결에 있어서는 원고가 그 반대급부를 제공하지 아니하고는 판결에 따른 집행을 할 수 없어 비록 피고의 반대급부이행청구에 관하여 기판력이 생기지 아니하더라도 반대급부의 내용이 원고에게 불리하게 변경된 경우에는 불이익변경금지 원칙에 반하게 된다(대판 2005.8.19. 2004다8197).

2020년 변호사시험 문 69. ☑ 확인Check! ○ △ ×

甲은 乙을 상대로 1억원의 매매대금청구의 소를 제기하였는데, 乙은 매매계약이 무효임을 이유로 매매대금채권의 부존재를 주장하는 한편, 甲에 대한 1억 5,000만원의 대여금채권을 반대채권으로 하여 상계항변을 하였다. 이에 관한 설명 중 옳지 않은 것은?(다툼이 있는 경우 판례에 의함)

① 위 소송에서 법원이 甲의 주장 및 乙의 상계항변을 모두 받아들여 甲의 청구를 기각한 경우, 위 판결에 대하여 乙은 항소이익이 있다.
② 위 소송에서 법원이 甲의 주장 및 乙의 상계항변을 모두 받아들여 甲의 청구를 기각하였다. 위 판결에 대하여 甲만이 항소하고 乙은 부대항소도 하지 아니한 경우, 항소심 법원이 甲의 매매대금채권이 부존재한다고 판단하였다면, 乙의 대여금채권 존부와 관계없이 항소심 법원은 위 판결을 취소하고 원고의 청구를 기각하여야 한다.
③ 위 소송에서 법원이 甲의 소를 각하하였고 위 판결에 대하여 甲만이 항소한 경우, 항소심 법원이 甲의 매매대금청구의 소는 적법하나 매매계약이 무효여서 매매대금채권이 존재하지 아니한다고 판단하였다면, 항소심 법원은 甲의 항소를 기각하여야 한다.
④ 위 소송에서 법원이 甲의 주장 및 乙의 상계항변을 모두 받아들여 甲의 청구를 기각하였고 위 판결이 그대로 확정된 경우, 위 확정판결의 기판력은 乙의 甲에 대한 5,000만원(상계로 대등액에서 소멸되고 남은 금액)의 대여금 지급을 구하는 후소에 미치지 아니한다.
⑤ 위 소송에서 법원이 甲의 주장은 받아들였으나 乙의 상계항변은 대여금채권 전액 부존재를 이유로 배척하여 甲의 청구를 전부 인용하였고 위 판결이 그대로 확정된 경우, 위 확정판결의 기판력은 乙의 甲에 대한 5,000만원(대여금채권의 존재가 인정되었다면 상계로 대등액에서 소멸되고 남았을 금액)의 대여금 지급을 구하는 후소에 미치지 아니한다.

[❶ ▸ ○] 피고 乙이 상계항변으로 승소한 경우에도, 원고 甲의 매매대금채권의 부존재로 승소하는 것이 더 이익이 되므로, 乙은 항소의 이익이 있다.

판례 소송상 방어방법으로서의 상계항변은 통상 수동채권의 존재가 확정되는 것을 전제로 하여 행하여지는 일종의 예비적 항변으로서, 소송상 상계의 의사표시에 의해 확정적으로 그 효과가 발생하는 것이 아니라 당해 소송에서 수동채권의 존재 등 상계에 관한 법원의 실질적 판단이 이루어지는 경우에 비로소 실체법상 상계의 효과가 발생한다. 따라서 원고의 소구채권 자체가 인정되지 않는 경우 더 나아가 피고의 상계항변의 당부를 따져볼 필요도 없이 원고 청구가 배척될 것이므로, '원고의 소구채권 그 자체를 부정하여 원고의 청구를 기각한 판결'과 '소구채권의 존재를 인정하면서도 상계항변을 받아들인 결과 원고의 청구를 기각한 판결'은 민사소송법 제216조에 따라 기판력의 범위를 서로 달리하고, 후자의 판결에 대하여 피고는 상소의 이익이 있다(대판 2018.8.30. 2016다46338).

PART 04

소송의 종료

[**❷** ▸ ✕] 항소심 법원이 甲의 항소를 인용하여 청구기각판결을 하거나, 소구채권의 부존재를 이유로 항소기각판결을 하는 것은 불이익변경금지의 원칙에 반하므로, 제1심 판결과 같은 이유로 항소기각판결을 하여야 한다.

> 항소심은 당사자의 불복신청범위 내에서 제1심 판결의 당부를 판단할 수 있을 뿐이므로, 설령 제1심 판결이 부당하다고 인정되는 경우라 하더라도 그 판결을 불복당사자의 불이익으로 변경하는 것은 당사자가 신청한 불복의 한도를 넘어 제1심 판결의 당부를 판단하는 것이 되어 허용될 수 없다. 따라서 제1심 판결이 원고가 청구한 채권의 발생을 인정한 후 피고가 한 상계항변을 받아들여 원고 청구의 전부 또는 일부를 기각하고 이에 대하여 원고만이 항소한 경우에 항소심이 제1심과는 다르게 원고가 청구한 채권의 발생이 인정되지 않는다는 이유로 원고의 청구를 기각하는 것은 항소심의 심판범위를 벗어나 항소인인 원고에게 불이익하게 제1심 판결을 변경하는 것이어서 허용되지 않는다(대판 2011.10.13. 2011다51205).

[**❸** ▸ ○] 아래 판례와 같은 취지에서 항소심 법원은 甲의 항소이유가 없다고 판단한 경우, 甲의 항소를 기각하여야 한다.

> 항소심이 청구기각 판결을 하여야 할 사건에 대하여 소각하판결을 하였으나 원고만이 상고한 경우, 소를 각하한 항소심 판결을 파기하여 원고에게 더 불리한 청구기각의 판결을 할 수는 없으므로, 항소심 판결을 그대로 유지하지 않을 수 없다(대판 1999.6.8. 99다17401).

[**❹** ▸ ○] 乙의 상계항변이 받아들여진 경우, 수동채권과 자동채권이 함께 존재하였다가 상계에 의하여 모두 소멸하였다는 점에 기판력이 발생하므로, 상계로 소멸하고 남은 잔액채권인 乙의 5천만원에 대하여는 기판력이 발생하지 아니한다. 따라서 乙의 甲에 대한 5,000만원의 대여금 지급을 구하는 후소에 전소의 기판력은 미치지 아니한다.

[**❺** ▸ ○] 반대채권에 의하여 상계로 대항한 1억원의 대여금채권의 부존재에 대하여 기판력이 발생한다. 따라서 乙의 甲에 대한 5,000만원의 대여금 지급을 구하는 후소에 전소의 기판력은 미치지 아니한다.

> 확정된 판결의 이유 부분의 논리구조상 법원이 당해 소송의 소송물인 수동채권의 전부 또는 일부의 존재를 인정하는 판단을 한 다음 피고의 상계항변에 대한 판단으로 나아가 피고가 주장한 반대채권(또는 자동채권, 이하 '반대채권'이라고만 한다)의 존재를 인정하지 않고 상계항변을 배척하는 판단을 한 경우에, 그와 같이 반대채권이 부존재한다는 판결이유 중의 판단의 기판력은 특별한 사정이 없는 한 '법원이 반대채권의 존재를 인정하였더라면 상계에 관한 실질적 판단으로 나아가 수동채권의 상계적상일까지의 원리금과 대등액에서 소멸하는 것으로 판단할 수 있었던 반대채권의 원리금 액수'의 범위에서 발생한다고 보아야 한다. 그리고 이러한 법리는 피고가 상계항변으로 주장하는 반대채권의 액수가 소송물로서 심판되는 소구채권의 액수보다 더 큰 경우에도 마찬가지로 적용된다(대판 2018.8.30. 2016다46338).

2015년 변호사시험 문 65.

☑ 확인Check! ○ △ ✕

기판력에 관한 설명 중 옳지 않은 것은?(다툼이 있는 경우 판례에 의함)

① 소송에서 다투어지고 있는 권리 또는 법률관계의 존부에 관하여 동일한 당사자 사이에 전소에서 확정된 화해권고결정이 있는 경우, 그 당사자는 이에 반하는 주장을 할 수 없고 법원도 이에 저촉되는 판단을 할 수 없다.

② 채권자가 채권자대위권을 행사하는 방법으로 제3채무자를 상대로 소송을 제기하였다가 채무자를 대위할 피보전채권이 인정되지 않는다는 이유로 소 각하 판결을 받아 확정된 경우, 그 판결의 기판력이 채권자가 채무자를 상대로 위 피보전채권의 이행을 구하는 소송에 미치지 않는다.

③ 원인무효의 소유권이전등기에 대한 말소청구소송의 확정판결의 기판력은 동일한 당사자 사이의 후소인 진정명의회복을 원인으로 한 소유권이전등기청구소송에 미친다.

④ 소송판결의 기판력은 그 판결에서 확정한 소송요건의 흠결에 관하여 미치는 것이므로, 비록 당사자가 그러한 소송요건의 흠결을 보완하여 다시 소를 제기한 경우에도 그 기판력에 의한 제한을 받게 된다.

⑤ 소유권이전등기말소를 구하는 전소에서 한 사기에 의한 매매의 취소 주장과, 동일한 당사자를 상대로 동일한 후소에서 한 매매의 부존재 또는 불성립의 주장은 다 같이 청구원인인 등기원인의 무효를 뒷받침하는 독립된 공격방어방법에 불과하므로 전소 확정판결의 기판력은 후소에 미친다.

[❶ ▶ ○] 화해권고결정에 대하여 소정의 기간 내에 이의신청이 없으면 화해권고결정은 재판상 화해와 같은 효력을 가지며(민사소송법 제231조), 한편 재판상 화해는 확정판결과 동일한 효력이 있고 창설적 효력을 가지는 것이어서 화해가 이루어지면 종전의 법률관계를 바탕으로 한 권리·의무관계는 소멸함과 동시에 재판상 화해에 따른 새로운 법률관계가 유효하게 형성된다. 그리고 소송에서 다투어지고 있는 권리 또는 법률관계의 존부에 관하여 동일한 당사자 사이의 전소에서 확정된 화해권고결정이 있는 경우 당사자는 이에 반하는 주장을 할 수 없고 법원도 이에 저촉되는 판단을 할 수 없다(대판 2014.4.10. 2012다29557).

[❷ ▶ ○] 채권자가 채권자대위권을 행사하는 방법으로 제3채무자를 상대로 소송을 제기하였다가 채무자를 대위할 피보전채권이 인정되지 않는다는 이유로 소각하 판결을 받아 확정된 경우 그 판결의 기판력이 채권자가 채무자를 상대로 피보전채권의 이행을 구하는 소송에 미치는 것은 아니다(대판 2014.1.23. 2011다108095).

[❸ ▶ ○] 진정한 등기명의의 회복을 위한 소유권이전등기청구는 이미 자기 앞으로 소유권을 표상하는 등기가 되어 있었거나 법률에 의하여 소유권을 취득한 자가 진정한 등기명의를 회복하기 위한 방법으로 현재의 등기명의인을 상대로 그 등기의 말소를 구하는 것에 갈음하여 허용되는 것인데, 말소등기에 갈음하여 허용되는 진정명의회복을 원인으로 한 소유권이전등기청구권과 무효등기의 말소청구권은 어느 것이나 진정한 소유자의 등기명의를 회복하기 위한 것으로서 실질적으로 그 목적이 동일하고, 두 청구권 모두 소유권에 기한 방해배제청구권으로서 그 법적 근거와 성질이 동일하므로, 비록 전자는 이전등기, 후자는 말소등기의 형식을 취하고 있다고 하더라도 그 소송물은 실질상 동일한 것으로 보아야 하고, 따라서 소유권이전등기말소청구소송에서 패소확정판결을 받았다면 그 기판력은 그 후 제기된 진정명의회복을 원인으로 한 소유권이전등기청구소송에도 미친다(대판 2001.9.20. 99다37894 [전합]).

[❹ ▶ ✕] 소송판결의 기판력은 그 판결에서 확정한 소송요건의 흠결에 관하여 미치는 것이지만, 당사자가 그러한 소송요건의 흠결을 보완하여 다시 소를 제기한 경우에는 그 기판력의 제한을 받지 않는다(대판 2020.5.21. 2018다879 [전합]).

[❺ ▶ ○] 말소등기청구사건의 소송물은 당해 등기의 말소등기청구권이고, 그 동일성 식별의 표준이 되는 청구원인, 즉 말소등기청구권의 발생원인은 당해 "등기원인의 무효"에 국한되므로, 전소에서 한 사기에 의한 매매의 취소 주장과 후소에서 한 매매의 부존재 또는 불성립의 주장은 다같이 청구원인인 등기원인의 무효를 뒷받침하는, 독립된 공격방어방법에 불과하고, 후소에서의 주장사실은 전소의 변론종결 이전에 발생한 사유이므로 전소와 후소의 소송물은 동일하다(대판 1981.12.22. 80다1548).

甲은 乙로부터 그 소유의 X토지를 임차한 후 그 토지상에 Y건물을 신축하였다. 다음 설명 중 옳지 않은 것은?(각 지문은 독립적이고, 다툼이 있는 경우에는 판례에 의함)

① 乙이 甲을 상대로 X토지의 인도 및 Y건물의 철거를 청구할 수 있는 경우에, 丙이 Y건물에 대한 대항력 있는 임차인이라도 乙은 소유권에 기한 방해배제로서 丙에 대하여 Y건물로부터의 퇴거를 청구할 수 있다.

② 乙이 甲을 상대로 X토지의 인도 및 Y건물의 철거를 청구한 데 대하여 甲이 적법하게 건물매수청구권을 행사한 경우, 법원은 乙이 종전 청구를 유지할 것인지 아니면 대금지급과 상환으로 건물인도를 청구할 의사가 있는지를 석명하여야 한다.

③ 乙이 甲을 상대로 X토지의 인도 및 Y건물의 철거를 청구한 데 대하여 甲이 건물매수청구권을 제1심에서 행사하였다가 철회한 후에도 항소심에서 다시 행사할 수 있다.

④ 乙이 甲을 상대로 먼저 X토지의 인도를 구하는 소를 제기하여 승소판결이 확정되었다. 이후 다시 乙이 甲을 상대로 Y건물의 철거를 구하는 소를 제기하였는데, 이때 甲이 'Y건물의 소유를 위하여 X토지를 임차하였으므로 Y건물에 관하여 건물매수청구권을 행사한다'고 주장하는 경우, 甲 주장의 임차권은 위 토지인도청구소송의 변론종결일 전부터 존재하던 사유로서 위 확정판결의 기판력에 저촉되는 것이다.

⑤ 乙이 甲을 상대로 제기한 X토지의 인도 및 Y건물의 철거청구소송에 승소하여 그 승소판결이 확정되었다고 하더라도, 그 확정판결에 의하여 건물철거가 집행되지 아니한 이상 甲은 건물매수청구권을 행사하여 별소로써 乙에 대하여 건물매매대금의 지급을 구할 수 있다.

[❶ ▶ ○] 건물이 그 존립을 위한 토지사용권을 갖추지 못하여 토지의 소유자가 건물의 소유자에 대하여 당해 건물의 철거 및 그 대지의 인도를 청구할 수 있는 경우에라도 건물소유자가 아닌 사람이 건물을 점유하고 있다면 토지소유자는 그 건물 점유를 제거하지 아니하는 한 위의 건물 철거 등을 실행할 수 없다. 따라서 그때 토지소유권은 위와 같은 점유에 의하여 그 원만한 실현을 방해당하고 있다고 할 것이므로, 토지소유자는 자신의 소유권에 기한 방해배제로서 건물점유자에 대하여 건물로부터의 퇴출을 청구할 수 있다. 그리고 이는 건물점유자가 건물소유자로부터의 임차인으로서 그 건물임차권이 이른바 대항력을 가진다고 해서 달라지지 아니한다. 건물임차권의 대항력은 기본적으로 건물에 관한 것이고 토지를 목적으로 하는 것이 아니므로 이로써 토지소유권을 제약할 수 없고, 토지에 있는 건물에 대하여 대항력 있는 임차권이 존재한다고 하여도 이를 토지소유자에 대하여 대항할 수 있는 토지사용권이라고 할 수는 없다. 바꾸어 말하면, 건물에 관한 임차권이 대항력을 갖춘 후에 그 대지의 소유권을 취득한 사람은 민법 제622조 제1항이나 주택임대차보호법 제3조 제1항 등에서 그 임차권의 대항을 받는 것으로 정하여진 '제3자'에 해당한다고 할 수 없다(대판 2010.8.19. 2010다43801).

[❷ ▶ ○] 토지임대인이 그 임차인에 대하여 지상물철거 및 그 부지의 인도를 청구한 데 대하여 임차인이 적법한 지상물매수청구권을 행사하게 되면 임대인과 임차인 사이에는 그 지상물에 관한 매매가 성립하게 되므로 임대인의 청구는 이를 그대로 받아들일 수 없게 된다. 이 경우에 법원으로서는 임대인이 종전의 청구를 계속 유지할 것인지, 아니면 대금지급과 상환으로 지상물의 명도를 청구할 의사가 있는 것인지(예비적으로라도)를 석명하고 임대인이 그 석명에 응하여 소를 변경한 때에는 지상물명도의 판결을 함으로써 분쟁의 1회적 해결을 꾀하여야 한다고 봄이 상당하다. 왜냐하면 이처럼 제소 당시에는 임대인의 청구가 이유 있는 것이었으나 제소 후에 임차인의 매수청구권 행사라는 사정변화가 생겨 임대인의 청구가 받아들여질 수 없게 된 경우에는 임대인으로서는 통상 지상물철거 등의 청구에서 전부 패소하는 것보다는 대금지급과 상환으로 지상물명도를 명하는 판결이라도 받겠다는 의사를 가질 수도 있다고 봄이 합리적이라 할 것이고, 또 임차인의 처지에서도 이러한 법원의 석명은 임차인의 항변에 기초한 것으로서 그에 의하여 논리상 예기되는 범위 내에 있는 것이므로 그러한 법원의 석명에 의하여 임차인이 특별히 불리하게 되는 것도 아니고, 오히려 법원의 석명에 의하여 지상물명도와 상환으로 대금지급의 판결을 받게 되는 것이 매수청구권을 행사한 임차인의 진의에도 부합한다고 할 수 있기 때문이다(대판 1995.7.11. 94다34265 [전합]).

　　　　　　　　　　　　　　④ **정답**

[**❸ ▸ ○**] 건물의 소유를 목적으로 한 토지 임대차가 종료한 경우에 임차인이 그 지상의 현존하는 건물에 대하여 가지는 매수청구권은 그 행사에 특정의 방식을 요하지 않는 것으로서 재판상으로뿐만 아니라 재판 외에서도 행사할 수 있는 것이고 그 행사의 시기에 대하여도 제한이 없는 것이므로 임차인이 자신의 건물매수청구권을 제1심에서 행사하였다가 철회한 후 항소심에서 다시 행사하였다고 하여 그 매수청구권의 행사가 허용되지 아니할 이유는 없다(대판 2002.5.31, 2001다42080).

[**❹ ▸ ✕**] 원심은 피고가 원고로부터 건물의 소유를 목적으로 토지를 임차하였으므로 건물에 대하여 건물매수청구권을 행사한다는 피고의 항변에 대하여, 원고가 건물철거를 구하는 본소를 제기하기에 앞서 피고를 상대로 토지의 인도를 구하는 전소를 제기하여 승소판결을 받아 그 판결이 확정되었고, 전소 확정판결의 기판력은 전소 변론종결일 당시의 원고인의 피고에 대한 토지인도청구권의 존재에 미치며, 피고 주장의 임차권은 위 변론종결일 전부터 존재하던 것으로서 위 토지인도청구권을 다투는 방법에 불과하므로, 피고가 지금에 와서 임차권을 주장하는 것은 전소 확정판결의 기판력에 저촉되어 허용되지 않는다고 판단하였으나, 전소 확정판결의 기판력은 전소에서의 소송물인 토지인도청구권의 존부에 대한 판단에 대하여만 발생하는 것이고 토지의 임차권의 존부에 대하여까지 미친다고 할 수는 없으므로 원심판결에는 기판력에 관한 법리를 오해하고 심리를 다하지 아니한 위법이 있다(대판 1994.9.23, 93다37267).

[**❺ ▸ ○**] 건물의 소유를 목적으로 하는 토지 임대차에 있어서, 임대차가 종료함에 따라 토지의 임차인이 임대인에 대하여 건물매수청구권을 행사할 수 있음에도 불구하고 이를 행사하지 아니한 채, 토지의 임대인이 임차인에 대하여 제기한 토지인도 및 건물철거청구 소송에서 패소하여 그 패소판결이 확정되었다고 하더라도, 그 확정판결에 의하여 건물철거가 집행되지 아니한 이상 토지의 임차인으로서는 건물매수청구권을 행사하여 별소로써 임대인에 대하여 건물매매대금의 지급을 구할 수 있다(대판 1995.12.26, 95다42195).

2012년 변호사시험 문 61.

☑ 확인 Check! ○ △ ✕

甲은 乙에 대하여 대여금 반환채권을 갖고 있다. 그런데 乙이 사망하였고, 유일한 상속인 丙은 상속포기기간 내에 상속을 포기하였다. 다음 설명 중 옳지 않은 것을 모두 고른 것은?(다툼이 있는 경우에는 판례에 의함)

ㄱ. 상속을 포기한 丙은 처음부터 상속인이 아니었던 것이 되는데, 상속의 포기는 丙의 채권자의 입장에서 그의 기대를 저버리는 측면이 있더라도 상속인의 재산을 현재의 상태보다 악화시키지 않으므로 사해행위취소의 대상이 되지 않는다.

ㄴ. 만약 丙이 한정승인을 하고 상속재산에 대하여 상속을 원인으로 한 소유권이전등기를 마친 뒤 B에게 근저당권을 설정하여 준 경우, 상속채권자 A는 상속재산에 관하여 丙으로부터 담보권을 취득한 B에게 우선적 지위를 주장할 수 있다.

ㄷ. 丙이 상속포기를 하였으나, 甲이 丙을 상대로 제기한 대여금청구소송에서 사실심 변론종결시까지 丙이 이를 주장하지 않고 甲의 승소판결이 확정된 경우, 위 상속포기는 적법한 청구이의의 사유가 되지 못한다.

ㄹ. 甲이 乙의 사망사실을 모르고 乙을 피고로 하여 대여금청구의 소를 제기하였다가, 乙의 사망사실을 알고 피고의 표시를 상속인 丙으로 정정하였는데 丙의 상속포기사실을 알게 된 경우, 甲이 의도한 실질적 피고의 동일성이 충족되는 상황이라도 이제는 2순위 상속인인 丁으로 피고의 표시를 정정할 수 없고, 피고의 경정을 하여야 한다.

① ㄱ, ㄴ

② ㄱ, ㄹ

③ ㄴ, ㄷ

④ ㄴ, ㄹ

⑤ ㄱ, ㄷ, ㄹ

[ㄱ ▸ ○] 상속은 피상속인이 사망 당시에 가지던 모든 재산적 권리 및 의무·부담을 포함하는 총체재산이 한꺼번에 포괄적으로 승계되는 것으로서 다수의 관련자가 이해관계를 가지는데, 위와 같이 상속인으로서의 자격 자체를 좌우하는 상속포기의 의사표시에 사해행위에 해당하는 법률행위에 대하여 채권자 자신과 수익자 또는 전득자 사이에서만 상대적으로 그 효력이 없는 것으로 하는 채권자취소권의 적용이 있다고 하면, 상속을 둘러싼 법률관계는 그 법적 처리의 출발점이 되는 상속인 확정의 단계에서부터 복잡하게 얽히게 되는 것을 면할 수 없다. 또한 상속인의 채권자의 입장에서는 상속의 포기가 그의 기대를 저버리는 측면이 있다고 하더라도 채무자인 상속인의 재산을 현재의 상태보다 악화시키지 아니한다. 이러한 점들을 종합적으로 고려하여 보면, 상속의 포기는 민법 제406조 제1항에서 정하는 "재산권에 관한 법률행위"에 해당하지 아니하여 사해행위취소의 대상이 되지 못한다(대판 2011.6.9. 2011다29307).

[ㄴ ▸ ✕] 법원이 한정승인신고를 수리하게 되면 피상속인의 채무에 대한 상속인의 책임은 상속재산으로 한정되고, 그 결과 상속채권자는 특별한 사정이 없는 한 상속인의 고유재산에 대하여 강제집행을 할 수 없다. 그런데 민법은 한정승인을 한 상속인(이하 '한정승인자'라 한다)에 관하여 그가 상속재산을 은닉하거나 부정소비한 경우 단순승인을 한 것으로 간주하는 것(제1026조 제3호) 외에는 상속재산의 처분행위 자체를 직접적으로 제한하는 규정을 두고 있지 않기 때문에, 한정승인으로 발생하는 위와 같은 책임제한 효과로 인하여 한정승인자의 상속재산 처분행위가 당연히 제한된다고 할 수는 없다. 또한 민법은 한정승인자가 상속재산으로 상속채권자 등에게 변제하는 절차는 규정하고 있으나(제1032조 이하), 한정승인만으로 상속채권자에게 상속재산에 관하여 한정승인자로부터 물권을 취득한 제3자에 대하여 우선적 지위를 부여하는 규정은 두고 있지 않으며, 민법 제1045조 이하의 재산분리 제도와 달리 한정승인이 이루어진 상속재산임을 등기하여 제3자에 대항할 수 있게 하는 규정도 마련하고 있지 않다. 따라서 한정승인자로부터 상속재산에 관하여 저당권 등의 담보권을 취득한 사람과 상속채권자 사이의 우열관계는 민법상의 일반원칙에 따라야 하고, 상속채권자가 한정승인의 사유만으로 우선적 지위를 주장할 수는 없다. 그리고 이러한 이치는 한정승인자가 그 저당권 등의 피담보채무를 상속개시 전부터 부담하고 있었다고 하여 달리 볼 것이 아니다(대판 2010.3.18. 2007다77781 [전합]).

[ㄷ ▸ ○] 채무자가 한정승인을 하였으나 채권자가 제기한 소송의 사실심 변론종결시까지 이를 주장하지 아니하는 바람에 책임의 범위에 관하여 아무런 유보 없는 판결이 선고·확정된 경우라 하더라도 채무자가 그 후 위 한정승인 사실을 내세워 청구에 관한 이의의 소를 제기하는 것이 허용되는 것은, 한정승인에 의한 책임의 제한은 상속채무의 존재 및 범위의 확정과는 관계없이 다만 판결의 집행 대상을 상속재산의 한도로 한정함으로써 판결의 집행력을 제한할 뿐으로, 채권자가 피상속인의 금전채무를 상속한 상속인을 상대로 그 상속채무의 이행을 구하여 제기한 소송에서 채무자가 한정승인 사실을 주장하지 않으면 책임의 범위는 현실적인 심판대상으로 등장하지 아니하여 주문에서는 물론 이유에서도 판단되지 않는 관계로 그에 관하여는 기판력이 미치지 않기 때문이다. 위와 같은 기판력에 의한 실권효 제한의 법리는 채무의 상속에 따른 책임의 제한 여부만이 문제되는 한정승인과 달리 상속에 의한 채무의 존재 자체가 문제되어 그에 관한 확정판결의 주문에 당연히 기판력이 미치게 되는 상속포기의 경우에는 적용될 수 없다(대판 2009.5.28. 2008다79876).

[ㄹ ▸ ✕] 원고가 피고의 사망 사실을 모르고 사망자를 피고로 표시하여 소를 제기한 경우에, 청구의 내용과 원인사실, 당해 소송을 통하여 분쟁을 실질적으로 해결하려는 원고의 소제기 목적 내지는 사망 사실을 안 이후 원고의 피고표시정정 신청 등 여러 사정을 종합하여 볼 때에, 실질적인 피고는 당사자능력이 없어 소송당사자가 될 수 없는 사망자가 아니라 처음부터 사망자의 상속자이고 다만 그 표시에 잘못이 있는 것에 지나지 않는다고 인정되면 사망자의 상속인으로 피고의 표시를 정정할 수 있다 할 것인바, 상속개시 이후 상속의 포기를 통한 상속채무의 순차적 승계 및 그에 따른 상속채무자 확정의 곤란성 등 상속제도의 특성에 비추어 위의 법리는 채권자가 채무자의 사망 이후 그 1순위 상속인의 상속포기 사실을 알지 못하고 1순위 상속인을 상대로 소를 제기한 경우에도 채권자가 의도한 실질적 피고의 동일성에 관한 위 전제요건이 충족되는 한 마찬가지로 적용이 된다(대판 2009.10.15. 2009다49964).

제1심 판결 선고에 따른 가집행 및 강제집행정지에 관한 설명 중 옳지 않은 것은?(다툼이 있는 경우 판례에 의함)

① 피고가 원고에게 제1심 판결 선고 후 위 판결 주문 중 인용 부분에 따라 지급한 돈이 제1심 판결 주문 중 가집행선고로 인한 지급물임에도 불구하고, 항소심이 이를 피고가 원고에게 임의로 변제한 것으로 보아 제1심 판결을 취소하고 원고의 청구를 기각해서는 아니 된다.

② 가집행선고 있는 제1심 판결에 기하여 피고가 원고에게 금원을 지급하였다가 다시 항소심 판결의 선고로 제1심 판결 선고가 실효됨으로 인하여 원고가 피고에게 부담하는 가지급물 반환의무는 부당이득 반환채무이므로, 피고가 가지급물 반환 신청 시「소송촉진 등에 관한 특례법」소정의 지연손해금을 청구하더라도 그 가지급물의 반환을 명하는 항소심 판결 주문 중 지연손해금에 대하여는 같은 법 제3조 제1항 소정의 법정이율이 적용되지 아니한다.

③ 가집행선고 있는 제1심 판결에 대한 강제집행정지를 위한 담보는 채권자가 그 강제집행정지로 인하여 입게 될 손해배상 채권을 확보하기 위한 것이다.

④ 제1심 판결에 붙은 가집행선고는 그 본안판결을 변경한 항소심 판결에 의하여 변경되는 한도에서 효력을 잃게 되지만 그 실효는 변경된 그 본안판결의 확정을 해제조건으로 하는 것이다.

⑤ 금전 지급을 명하는 제1심 판결 주문에 가집행 주문이 있는 경우, 항소심 법원이 제1심 판결을 취소하고 원고의 청구를 전부 기각하는 판결을 선고한 후 상고심 법원이 그 항소심 판결을 전부 파기 환송하는 판결을 선고하면, 제1심 판결 주문상 가집행선고의 효력은 다시 회복된다.

[**❶** ▸ ○] 가집행으로 인한 변제의 효력은 확정적인 것이 아니고 어디까지나 상소심에서 그 가집행의 선고 또는 본안판결이 취소되는 것을 해제조건으로 하여 발생하는 것에 지나지 않으므로, 제1심 가집행선고부 판결에 기하여 그 가집행선고 금액을 지급받았다 하더라도 항소심 법원으로서는 이를 참작함이 없이 당해 청구의 당부를 판단하여야 한다(대판 2000.7.6, 2000다560).

[**❷** ▸ ✕] 제1심의 가집행선고부 판결에 기하여 금원을 지급하였다가 다시 상소심 판결의 선고로 그 선고가 실효됨으로 인하여 그 금원의 수령자가 부담하게 되는 가지급물의 반환의무는 성질상 부당이득의 반환채무라 할 것이므로 그 가지급 물의 반환을 명하는 판결은 특별한 사정이 없는 한 구 소송촉진등에관한특례법 소정의 '금전채무의 전부 또는 일부의 이행을 명하는 판결'에 해당하므로 위 법률의 적용을 받는다(대판 2005.1.14, 2001다81320).

[**❸** ▸ ○] [**❹** ▸ ○] [**❺** ▸ ○] [1] 가집행선고 있는 판결에 대한 강제집행정지를 위한 담보는 채권자가 그 강제집행정 지로 인하여 입게 될 손해의 배상채권을 확보하기 위한 것이다(③).

[2] 제1심 판결에 붙은 가집행선고는 그 본안판결을 변경한 항소심 판결에 의하여 변경의 한도에서 효력을 잃게 되지만 그 실효는 변경된 그 본안판결의 확정을 해제조건으로 하는 것(④)이어서 그 항소심 판결을 파기하는 상고심 판결이 선고되 면 가집행선고의 효력은 다시 회복되기에(⑤), 그 항소심 판결이 확정되지 아니한 상태에서는 가집행선고부 제1심 판결에 기한 가집행이 정지됨으로 인하여 입은 손해의 배상을 상대방에게 청구할 수 있는 가능성이 여전히 남아 있다고 할 것이므로 가집행선고부 제1심 판결이 항소심 판결에 의하여 취소되었다 하더라도 그 항소심 판결이 미확정인 상태에서는 가집행선고 부 제1심 판결에 대한 강제집행정지를 위한 담보는 그 사유가 소멸되었다고 볼 수 없다(대결 1999.12.3, 99마2078 [전합]).

상계에 관한 설명 중 옳지 않은 것을 모두 고른 것은?(다툼이 있는 경우 판례에 의함)

ㄱ. 채권자가 직접 채무자에게 금전을 대여하여 생긴 대여금채권에 대해 소멸시효가 완성되었다 하더라도 그 완성 전에 상계할 수 있었던 것이면, 그 채권자는 상계할 수 있다.

ㄴ. 채권압류 및 전부명령 송달 이전에 채무자에 대하여 상계적상에 있었던 반대채권을 가진 제3채무자는 그 명령이 송달된 이후에도 상계로 전부채권자에게 대항할 수 있다.

ㄷ. 상계적상 시점 이전에 수동채권의 변제기가 이미 도래하여 지체가 발생하였더라도 법원은 상계에 대하여 판단할 때 상계적상 시점까지의 수동채권의 지연손해금을 고려할 필요가 없다.

ㄹ. 동시이행항변으로 행사된 채권을 수동채권으로 한 상계항변에 대한 판단은 주문에 기재되지 않더라도 기판력이 생긴다.

ㅁ. 채권의 일부 양도가 이루어지면 특별한 사정이 없는 한 각 분할된 부분에 대하여 독립한 분할채권이 성립하므로 그 채권에 대하여 양도인에 대한 반대채권으로 상계하고자 하는 채무자로서는 양도인을 비롯한 각 분할채권자 중 어느 누구도 상계의 상대방으로 지정하여 상계할 수 있다.

① ㄱ, ㄴ   ② ㄱ, ㄷ   ③ ㄴ, ㅁ
④ ㄷ, ㄹ   ⑤ ㄹ, ㅁ

[ㄱ ▶ ○] 소멸시효가 완성된 채권이 그 완성 전에 상계할 수 있었던 것이면 그 채권자는 상계할 수 있다(민법 제495조).

[ㄴ ▶ ○] 채권압류명령을 받은 제3채무자가 압류채무자에 대한 반대채권을 가지고 있는 경우에 상계로써 압류채권자에게 대항하기 위하여는, 압류의 효력발생 당시에 대립하는 양 채권이 상계적상에 있거나, 그 당시 반대채권(자동채권)의 변제기가 도래하지 아니한 경우에는 그것이 피압류채권(수동채권)의 변제기와 동시에 또는 그보다 먼저 도래하여야 한다(대판 2019.2.14. 2017다274703).

[ㄷ ▶ ✕] 상계의 의사표시가 있는 경우, 채무는 상계적상 시에 소급하여 대등액에서 소멸한 것으로 보게 되므로, 상계에 의한 양 채권의 차액 계산 또는 상계충당은 상계적상의 시점을 기준으로 하게 된다. 따라서 그 시점 이전에 수동채권의 변제기가 이미 도래하여 지체가 발생한 경우에는 상계적상 시점까지의 수동채권의 약정이자 및 지연손해금을 계산한 다음 자동채권으로 그 약정이자 및 지연손해금을 먼저 소각하고 잔액을 가지고 원본을 소각하여야 한다(대판 2013.2.28. 2012다94155).

[ㄹ ▶ ✕] 상계 주장에 관한 판단에 기판력이 인정되는 경우는, 상계 주장의 대상이 된 수동채권이 소송물로서 심판되는 소구채권이거나 그와 실질적으로 동일하다고 보이는 경우(가령 원고가 상계를 주장하면서 청구이의의 소송을 제기하는 경우 등)로서 상계를 주장한 반대채권과 그 수동채권을 기판력의 관점에서 동일하게 취급하여야 할 필요성이 인정되는 경우를 말한다고 봄이 상당하므로 만일 상계 주장의 대상이 된 수동채권이 동시이행항변에 행사된 채권일 경우에는 그러한 상계 주장에 대한 판단에는 기판력이 발생하지 않는다고 보아야 할 것인바, 위와 같이 해석하지 않을 경우 동시이행항변이 상대방의 상계의 재항변에 의하여 배척된 경우에 그 동시이행항변에 행사된 채권을 나중에 소송상 행사할 수 없게 되어 민사소송법 제216조가 예정하고 있는 것과 달리 동시이행항변에 행사된 채권의 존부나 범위에 관한 판결이유 중의 판단에 기판력이 미치는 결과에 이르기 때문이다(대판 2005.7.22. 2004다17207).

④ **정답**

[ㅁ ▸ ○]　채권의 일부 양도가 이루어지면 특별한 사정이 없는 한 각 분할된 부분에 대하여 독립한 분할채권이 성립하므로 그 채권에 대하여 양도인에 대한 반대채권으로 상계하고자 하는 채무자로서는 양도인을 비롯한 각 분할채권자 중 어느 누구도 상계의 상대방으로 지정하여 상계할 수 있고, 그러한 채무자의 상계 의사표시를 수령한 분할채권자는 제3자에 대한 대항요건을 갖춘 양수인이라 하더라도 양도인 또는 다른 양수인에 귀속된 부분에 대하여 먼저 상계되어야 한다거나 각 분할채권액의 채권 총액에 대한 비율에 따라 상계되어야 한다는 이의를 할 수 없다(대판 2002.2.8. 2000다50596).

채권자취소소송에 관한 설명 중 옳지 않은 것은?(다툼이 있는 경우에는 판례에 의함)

① 채권자취소권은 법원에 소를 제기하는 방법으로 행사하여야 하고, 피고가 소송에서 항변으로 행사할 수는 없다.

② 채권자취소소송은 사해행위로 인하여 이익을 받은 자나 그로부터 전득한 자를 피고로 하여야 하고, 채무자는 피고적격이 없다.

③ 사해행위취소판결의 기판력은 그 취소권을 행사한 채권자와 그 상대방인 수익자 또는 전득자에게 미치고, 채무자에게는 그가 소송계속 사실을 알았을 경우라도 미치지 않는다.

④ 채권자가 사해행위의 취소 및 원상회복을 구함에 대하여 법원이 원상회복으로 원물반환이 아닌 가액배상을 명하고자 할 경우, 청구취지의 변경 없이 곧바로 가액배상을 명하는 것은 처분권주의에 반한다.

⑤ 채무자 乙의 사해행위에 대하여 채권자 甲이 제기한 채권자취소소송의 계속 중, 다른 채권자 丙이 제기한 채권자취소소송은 중복소송에 해당하거나 권리보호의 이익이 없는 것으로 볼 수 없다.

[❶ ▸ ○]　사해행위의 취소는 법원에 소를 제기하는 방법으로 청구할 수 있을 뿐 소송상의 공격방어방법으로 주장할 수는 없다(대판 1998.3.13. 95다48599).

[❷ ▸ ○]　채권자가 채권자취소권을 행사하려면 사해행위로 인하여 이익을 받은 자나 전득한 자를 상대로 그 법률행위의 취소를 청구하는 소송을 제기하여야 되는 것으로서 채무자를 상대로 그 소송을 제기할 수는 없다(대판 2004.8.30. 2004다21923).

[❸ ▸ ○]　사해행위취소판결의 기판력은 그 취소권을 행사한 채권자와 그 상대방인 수익자 또는 전득자와의 상대적인 관계에서만 미칠 뿐 그 소송에 참가하지 아니한 채무자 또는 채무자와 수익자 사이의 법률관계에는 미치지 아니한다(대판 1988.2.23. 87다카1989).

[❹ ▸ ✕]　사해행위를 전부 취소하고 원상회복을 구하는 채권자의 주장 속에는 사해행위를 일부 취소하고 가액의 배상을 구하는 취지도 포함되어 있으므로, 채권자가 원상회복만을 구하는 경우에도 법원은 가액의 배상을 명할 수 있다(대판 2001.9.4. 2000다66416).

[❺ ▸ ○]　채권자취소권의 요건을 갖춘 각 채권자는 고유의 권리로서 채무자의 재산처분 행위를 취소하고 그 원상회복을 구할 수 있는 것이므로 여러 명의 채권자가 동시에 또는 시기를 달리하여 사해행위취소 및 원상회복청구의 소를 제기한 경우 이들 소가 중복제소에 해당하지 아니할 뿐만 아니라, 어느 한 채권자가 동일한 사해행위에 관하여 사해행위취소 및 원상회복청구를 하여 승소판결을 받아 그 판결이 확정되었다는 것만으로는 그 후에 제기된 다른 채권자의 동일한 청구가 권리보호의 이익이 없게 되는 것은 아니다. 그러나 확정된 판결에 기하여 재산이나 가액의 회복을 마친 경우에는 다른 채권자의 사해행위취소 및 원상회복청구는 그와 중첩되는 범위 내에서 권리보호의 이익이 없게 된다(대판 2014.8.20. 2014다28114).

기판력에 관한 설명 중 옳지 않은 것을 모두 고른 것은?(다툼이 있는 경우에는 판례에 의함)

ㄱ. 甲이 乙을 상대로 X토지의 소유권에 기한 방해배제로써 X토지에 관하여 乙 명의로 마쳐진 소유권이전등기의 말소를 구하는 소송 중에 甲과 乙 사이에 "乙은 甲에게 X토지에 관하여 진정명의회복을 원인으로 한 소유권이전등기절차를 이행한다"라는 내용의 화해권고결정이 확정되었다. 그 후 乙이 丙에게 X토지에 관한 소유권이전등기를 마쳐준 경우, 위 화해권고결정의 기판력은 丙에 대하여 미치지 아니한다.

ㄴ. 甲이 乙을 상대로 X토지에 관한 매매계약의 무효를 원인으로 하여 매매대금의 반환을 구하는 소송에서 乙이 甲의 청구를 인낙하는 내용의 인낙조서가 작성된 경우, 위 인낙조서의 기판력은 乙이 甲을 상대로 위 매매계약을 원인으로 한 소유권이전등기절차의 이행을 구하는 소에 미친다.

ㄷ. 甲이 乙에게 X토지에 관하여 신탁해지를 원인으로 한 소유권이전등기절차를 이행하기로 한 제소전 화해에 기하여 X토지에 관하여 乙 명의의 소유권이전등기가 마쳐진 경우, 위 제소전 화해의 기판력은 甲이 乙을 상대로 위 소유권이전등기가 원인무효라고 주장하며 그 말소등기절차의 이행을 구하는 소에 미친다.

ㄹ. 甲이 乙을 대위하여 丙을 상대로 제기한 취득시효 완성을 원인으로 한 소유권이전등기절차의 이행을 구하는 소송에서 乙을 대위할 피보전채권의 부존재를 이유로 한 소각하판결이 확정된 후, 丙이 甲을 상대로 제기한 토지인도청구소송에서 甲이 다시 乙에 대한 위 피보전채권의 존재를 항변사유로 주장하는 것은 위 확정판결의 기판력에 저촉되어 허용될 수 없다.

ㅁ. 甲이 乙을 상대로 X토지에 관한 임대차계약이 기간만료로 종료되었음을 원인으로 하여 제기한 임대차보증금반환청구소송에서 임대차보증금의 지급을 명하는 판결이 확정된 경우, 위 확정판결의 기판력은 乙이 甲을 상대로 위 임대차계약에 기한 차임의 지급을 구하는 소에 미친다.

① ㄱ, ㄷ, ㄹ　　　　　　　　② ㄴ, ㄷ, ㄹ　　　　　　　　③ ㄱ, ㄹ, ㅁ
④ ㄱ, ㄴ, ㅁ　　　　　　　　⑤ ㄴ, ㄷ, ㅁ

[ㄱ ▸ ✕] 판례는 기판력의 주관적 범위와 관련하여, 원고의 청구권이 물권적 청구권인 경우에는 피고로부터 계쟁물을 승계한 자는 승계인에 포함되지만(대판 1979.2.13, 78다2290), 채권적 청구권인 경우에는 승계인에 포함되지 아니한다(대판 2003.5.13, 2002다64148)고 한다. 이러한 판례의 태도를 고려할 때, <u>원고 甲의 청구권은 물권적 청구권이므로, 丙은 변론종결 뒤의 승계인에 해당하여 丙에게 화해권고결정의 기판력이 미치게 된다.</u>

[ㄴ ▸ ✕] <u>매매계약의 무효 또는 해제를 원인으로 한 매매대금반환청구에 대한 인낙조서의 기판력은 그 매매대금반환청구권의 존부에 관하여만 발생할 뿐, 그 전제가 되는 선결적 법률관계인 매매계약의 무효 또는 해제에까지 발생하는 것은 아니므로 소유권이전등기청구권의 존부를 소송물로 하는 후소는 전소에서 확정된 법률관계와 정반대의 모순되는 사항을 소송물로 하는 것이라 할 수 없으며, 기판력이 발생하지 않는 전소와 후소의 소송물의 각 전제가 되는 법률관계가 매매계약의 유효 또는 무효로 서로 모순된다고 하여 전소에서의 인낙조서의 기판력이 후소에 미친다고 할 수 없다</u>(대판 2005.12.23, 2004다55698).

[ㄷ ▸ ○] 제소 전 화해조서는 확정판결과 같은 효력이 있어 당사자 사이에 기판력이 생기는 것이므로, 원고가 피고에게 토지에 관하여 신탁해지를 원인으로 한 소유권이전등기절차를 이행하기로 한 제소 전 화해가 준재심에 의하여 취소되지 않은 이상, 그 제소 전 화해에 기하여 마쳐진 소유권이전등기가 원인무효라고 주장하며 말소등기절차의 이행을 청구하는 <u>것은 제소 전 화해에 의하여 확정된 소유권이전등기청구권을 부인하는 것이어서 그 기판력에 저촉된다</u>(대판 2002.12.6, 2002다 44014).

[ㄹ▸○] [1] 기판력이라 함은 기판력 있는 전소판결의 소송물과 동일한 후소를 허용하지 않는 것임은 물론, 후소의 소송물이 전소의 소송물과 동일하지 않다고 하더라도 전소의 소송물에 관한 판단이 후소의 선결문제가 되거나 모순관계에 있을 때에는 후소에서 전소판결의 판단과 다른 주장을 하는 것을 허용하지 않는 작용을 하는 것이다.
[2] 甲이 乙을 대위하여 丙을 상대로 취득시효 완성을 원인으로 한 소유권이전등기 소송을 제기하였다가 乙을 대위할 피보전채권의 부존재를 이유로 소각하 판결을 선고받고 확정된 후 丙이 제기한 토지인도 소송에서 甲이 다시 위와 같은 권리가 있음을 항변사유로서 주장하는 것은 기판력에 저촉되어 허용될 수 없다(대판 2001.1.16. 2000다41349).

[ㅁ▸✕] 확정판결은 주문에 포함한 것에 한하여 기판력이 있는 것이므로, 확정판결의 기판력은 소송물로 주장된 법률관계의 존부에 관한 판단의 결론 자체에만 미치고 그 전제가 되는 법률관계의 존부에까지 미치는 것은 아니라고 할 것인바, 임대차보증금은 임대차 종료 후에 임차인이 임차목적물을 임대인에게 반환할 때 연체차임 등 모든 피담보채무를 공제한 잔액이 있을 것을 조건으로 하여 그 잔액에 대하여서만 임차인의 반환청구권이 발생하고, 또 임대차보증금의 지급을 명하는 판결이 확정되면 변론종결 전의 사유를 들어 당사자 사이에 수수된 임대차보증금의 수액 자체를 다투는 것은 허용되지 아니한다 하더라도, 임대차보증금반환청구권 행사의 전제가 되는 연체차임 등 피담보채무의 부존재에 대하여 기판력이 작용하는 것은 아니다(대판 2001.2.9. 2000다61398).

2013년 변호사시험 문 69.

☑ 확인Check! ○ △ ✕

다음 중 변론종결 후의 승계인에 해당하는 것을 모두 고른 것은?(다툼이 있는 경우에는 판례에 의함)

ㄱ. 확정판결의 변론종결 후 그 확정판결상의 채무자로부터 채무인수 여부에 관한 약정 없이 영업을 양수하여 양도인의 상호를 계속 사용하는 영업양수인
ㄴ. 확정판결의 변론종결 후 그 확정판결상의 채무자인 회사를 흡수합병한 존속회사
ㄷ. 확정판결의 변론종결 후 그 확정판결상의 채무자인 회사가 신설합병되어 설립된 회사
ㄹ. 확정판결의 변론종결 후 그 확정판결상의 채무자로서 금전지급채무만을 부담하고 있는 회사가 그 채무를 면탈할 목적으로 기업의 형태·내용을 실질적으로 동일하게 하여 설립한 신설회사

① ㄷ   ② ㄱ, ㄴ   ③ ㄴ, ㄷ
④ ㄴ, ㄹ   ⑤ ㄷ, ㄹ

[ㄱ▸✕] 확정판결의 변론종결 후 동 확정판결상의 채무자로부터 영업을 양수하여 양도인의 상호를 계속 사용하는 영업양수인은 상법 제42조 제1항에 의하여 그 양도인의 영업으로 인한 채무를 변제할 책임이 있다 하여도, 그 확정판결상의 채무에 관하여 이를 면책적으로 인수하는 등 특별사정이 없는 한, 그 영업양수인을 곧 민사소송법 제218조의 변론종결 후의 승계인에 해당된다고 할 수 없다(대판 1979.3.13. 78다2330).

[ㄴ▸○][ㄷ▸○] 변론종결 뒤의 승계인에는 소송물인 권리의무 자체를 승계한 자, 계쟁물에 관한 당사자적격을 승계한 자 및 계쟁물을 승계한 자(판례에 의하면, 원고의 청구권이 물권적 청구권인 경우에 한한다) 등이 포함되는데, 변론종결 후 그 확정판결상의 채무자인 회사를 흡수합병한 존속회사나 신설합병되어 설립한 신설회사는, 소송물인 권리의무 자체를 승계한 자에 해당한다.

[ㄹ▸✕] 갑 회사와 을 회사가 기업의 형태·내용이 실질적으로 동일하고, 갑 회사는 을 회사의 채무를 면탈할 목적으로 설립된 것으로서 갑 회사가 을 회사의 채권자에 대하여 을 회사와는 별개의 법인격을 가지는 회사라는 주장을 하는 것이 신의성실의 원칙에 반하거나 법인격을 남용하는 것으로 인정되는 경우에도, 권리관계의 공권적인 확정 및 그 신속·확실한 실현을 도모하기 위하여 절차의 명확·안정을 중시하는 소송절차 및 강제집행절차에 있어서는 그 절차의 성격상 을 회사에 대한 판결의 기판력 및 집행력의 범위를 갑 회사에까지 확장하는 것은 허용되지 아니한다(대판 1995.5.12. 93다44531).

소송비용에 관한 설명 중 옳지 않은 것은?(다툼이 있는 경우에는 판례에 의함)

① 소송비용에 대한 담보제공이 필요하다고 판단되는 경우에 법원은 피고의 신청이 있으면 원고에게 소송비용에 대한 담보를 제공하도록 명하여야 하고, 직권으로 담보제공을 명할 수도 있다.

② 법원은 사정에 따라 승소한 당사자로 하여금 그 권리를 늘리거나 지키는 데 필요하지 아니한 행위로 말미암은 소송비용 또는 상대방의 권리를 늘리거나 지키는 데 필요한 행위로 말미암은 소송비용의 전부나 일부를 부담하게 할 수 있다.

③ 일부패소의 경우에 당사자들이 부담할 소송비용은 법원이 정하며, 사정에 따라 한쪽 당사자에게 소송비용의 전부를 부담하게 할 수 있다.

④ 소가 취하되면 소송이 재판에 의하지 아니하고 끝난 경우로서 소가 처음부터 계속되지 아니한 것으로 보므로 소송비용의 부담과 수액을 정하는 문제는 발생하지 않는다.

⑤ 공동소송인은 소송비용을 균등하게 부담하는 것이 원칙이나, 법원은 사정에 따라 공동소송인에게 소송비용을 연대하여 부담하게 하거나 다른 방법으로 부담하게 할 수 있다.

[❶ ▸ ○]　원고가 대한민국에 주소·사무소와 영업소를 두지 아니한 때 또는 소장·준비서면, 그 밖의 소송기록에 의하여 청구가 이유 없음이 명백한 때 등 소송비용에 대한 담보제공이 필요하다고 판단되는 경우에 피고의 신청이 있으면 법원은 원고에게 소송비용에 대한 담보를 제공하도록 명하여야 한다. 담보가 부족한 경우에도 또한 같다(민소법 제117조 제1항). 제1항의 경우에 법원은 직권으로 원고에게 소송비용에 대한 담보를 제공하도록 명할 수 있다(동법 제117조 제2항).

[❷ ▸ ○]　법원은 사정에 따라 승소한 당사자로 하여금 그 권리를 늘리거나 지키는 데 필요하지 아니한 행위로 말미암은 소송비용 또는 상대방의 권리를 늘리거나 지키는 데 필요한 행위로 말미암은 소송비용의 전부나 일부를 부담하게 할 수 있다(민소법 제99조).

[❸ ▸ ○]　일부패소의 경우에 당사자들이 부담할 소송비용은 법원이 정한다. 다만, 사정에 따라 한 쪽 당사자에게 소송비용의 전부를 부담하게 할 수 있다(민소법 제101조).

[❹ ▸ ✕]　제113조의 경우 외에 소송이 재판에 의하지 아니하고 끝나거나 참가 또는 이에 대한 이의신청이 취하된 경우에는 법원은 당사자의 신청에 따라 결정으로 소송비용의 액수를 정하고, 이를 부담하도록 명하여야 한다(민소법 제114조 제1항).

[❺ ▸ ○]　공동소송인은 소송비용을 균등하게 부담한다. 다만, 법원은 사정에 따라 공동소송인에게 소송비용을 연대하여 부담하게 하거나 다른 방법으로 부담하게 할 수 있다(민소법 제102조 제1항).

④ **정답**

| 제1절 | **청구의 병합(소의 객관적 병합)** | ★ |

2013년 변호사시험 문 56. ☑ 확인Check! ○ △ ✕

청구의 객관적 병합에 관한 설명 중 옳지 않은 것은?(다툼이 있는 경우에는 판례에 의함)

① 소송목적의 값의 산정은 단순병합의 경우에는 원칙적으로 병합된 청구의 값을 합산하나, 선택적·예비적 병합의 경우에는 병합된 청구의 값 중 다액을 기준으로 한다.

② 甲이 乙에 대한 확정판결에 기하여 X토지에 관한 소유권이전등기를 마친 경우, 乙이 甲을 상대로 위 확정판결에 대한 재심의 소를 제기하면서 위 소유권이전등기의 말소청구를 병합하는 것은 허용되지 아니한다.

③ 수 개의 청구가 제1심에서 선택적으로 병합되고 그중 어느 하나의 청구에 대한 인용판결이 선고되어 피고가 항소를 제기한 경우, 항소심에서는 선택적으로 병합된 위 수 개의 청구 중 어느 하나를 임의로 선택하여 인용할 수 있다.

④ 제1심에서 이미 충분히 심리된 쟁점과 관련한 반소를 항소심에서 제기하는 것은 상대방의 심급의 이익을 해할 우려가 없는 경우에 해당되므로 허용된다.

⑤ 선택적 병합에서 원고 패소판결을 하면서 병합된 청구 중 어느 하나를 판단하지 않은 경우, 판단되지 않은 청구 부분은 재판의 누락으로서 제1심 법원에 그대로 계속되어 있다고 볼 것이다.

[❶ ▸ ○] 단순병합의 경우에는 소가합산의 원칙에 의하고, 예비적·선택적 병합의 경우에는 중복청구 흡수의 법리에 의하여 병합된 청구의 값 중 다액을 기준으로 소가를 산정한다.

[❷ ▸ ○] 피고들이 재심대상판결의 취소와 그 본소청구의 기각을 구하는 외에, 원고와 승계인을 상대로 재심대상판결에 의하여 경료된 원고 명의의 소유권이전등기와 그 후 승계인의 명의로 경료된 소유권이전등기의 각 말소를 구하는 청구를 병합하여 제기하고 있으나, 그와 같은 청구들은 별소로 제기하여야 할 것이고 재심의 소에 병합하여 제기할 수 없다(대판 1997.5.28. 96다41649).

[❸ ▸ ○] 수개의 청구가 제1심에서 처음부터 선택적으로 병합되고 그중 어느 한 개의 청구에 대한 인용판결이 선고되어 피고가 항소를 제기한 경우는 물론, 원고의 청구를 인용한 판결에 대하여 피고가 항소를 제기하여 항소심에 이심된 후 청구가 선택적으로 병합된 경우에 있어서도 항소심은 제1심에서 인용된 청구를 먼저 심리하여 판단할 필요는 없고, 원심이 한 것처럼 선택적으로 병합된 수개의 청구 중 제1심에서 심판되지 아니한 청구를 임의로 선택하여 심판할 수 있다고 할 것이나, 심리한 결과 그 청구가 이유 있다고 인정되고 그 결론이 제1심 판결의 주문과 동일한 경우에도 피고의 항소를 기각하여서는 안 되며 제1심 판결을 취소한 다음 새로이 청구를 인용하는 주문을 선고하여야 한다(대판 2006.4.27. 2006다7587).

[❹ ▸ ○] 반소는 상대방의 심급의 이익을 해할 우려가 없는 경우 또는 상대방의 동의를 받은 경우에 제기할 수 있다(민소법 제412조 제1항). 상대방이 이의를 제기하지 아니하고 반소의 본안에 관하여 변론을 한 때에는 반소제기에 동의한 것으로 본다(동법 제412조 제2항). 이때 상대방 심급의 이익을 해할 우려가 없는 경우란 ㉠ 중간확인의 반소, ㉡ 본소와 청구원인을 같이 하는 반소, ㉢ 제1심에서 충분히 심리한 쟁점과 관련된 반소 및 ㉣ 항소심에서 추가된 예비적 반소 등을 의미한다.

[**❺ ▸ ✕**] [1] 청구의 선택적 병합이란 양립할 수 있는 수개의 경합적 청구권에 기하여 동일 취지의 급부를 구하거나 양립할 수 있는 수개의 형성권에 기하여 동일한 형성적 효과를 구하는 경우에 그 어느 한 청구가 인용될 것을 해제조건으로 하여 수개의 청구에 관한 심판을 구하는 병합 형태로서, 이와 같은 선택적 병합의 경우에는 수개의 청구가 하나의 소송절차에 불가분적으로 결합되어 있기 때문에 선택적 청구 중 하나만을 기각하는 일부판결은 선택적 병합의 성질에 반하는 것으로서 법률상 허용되지 않는다.

[2] 제1심 법원이 원고의 선택적 청구 중 하나만을 판단하여 기각하고 나머지 청구에 대하여는 아무런 판단을 하지 아니한 조치는 위법한 것이고, 원고가 이와 같이 위법한 제1심 판결에 대하여 항소한 이상 원고의 선택적 청구 전부가 항소심으로 이심되었다고 할 것이므로, 선택적 청구 중 판단되지 않은 청구 부분이 재판의 탈루로서 제1심 법원에 그대로 계속되어 있다고 볼 것은 아니다(대판 1998.7.24, 96다99).

2016년 변호사시험 문 59.

☑ 확인Check! ○ △ ✕

매수인인 甲은 매도인인 乙을 상대로 하여 주위적으로 매매계약이 유효하다고 주장하면서 매매를 원인으로 한 소유권이전등기절차의 이행을, 예비적으로 위 매매계약이 무효인 경우 이미 지급한 매매대금의 반환을 구하는 소를 제기하였다. 이에 관한 설명 중 옳지 않은 것은?(다툼이 있는 경우 판례에 의함)

① 甲의 매매대금반환청구는 예비적 청구이므로, 제1심 법원은 소유권이전등기청구의 인용을 해제조건으로 하여 이를 심판하여야 한다.

② 제1심 법원이 甲의 소유권이전등기청구를 인용하였고, 乙이 그 패소 부분에 대하여 항소하자 항소심 법원이 乙의 항소를 받아들여 위 소유권이전등기청구를 전부 배척하는 경우, 항소심 법원은 제1심 법원이 판단하지 않았던 매매대금반환청구에 관하여 반드시 심판을 하여야 한다.

③ 제1심 법원이 소유권이전등기청구를 기각하면서 매매대금반환청구에 대하여 판단하지 아니하는 판결을 한 경우, 甲이 그 판결에 대하여 항소하더라도 매매대금반환청구는 항소심으로 이심(移審)되지 않고 제1심 법원에 계속된다.

④ 제1심 법원이 소유권이전등기청구를 기각하고 매매대금반환청구를 인용하자 乙만이 그 패소 부분에 대하여 항소한 경우, 항소심 법원의 심판범위는 매매대금반환청구를 인용한 제1심 판결의 당부에 그치고 甲의 부대항소가 없는 한 소유권이전등기청구는 심판대상이 될 수 없다.

⑤ 제1심 법원이 소유권이전등기청구를 기각하고 매매대금반환청구를 인용하자 乙만이 그 패소 부분에 대하여 항소한 후 乙이 항소심에서 소유권이전등기청구를 인낙한 경우, 매매대금반환청구는 심판 없이 종결된다.

[**❶ ▸ ○**] [**❷ ▸ ○**] 청구의 예비적 병합이란 병합된 수개의 청구 중 주위적 청구(제1차 청구)가 인용되지 않을 것에 대비하여 그 인용을 해제조건으로 예비적 청구(제2차 청구)에 관하여 심판을 구하는 병합형태로서, 이와 같은 예비적 병합의 경우에는 원고가 붙인 순위에 따라 심판하여야 하며 주위적 청구를 배척할 때에는 예비적 청구에 대하여 심판하여야 하나 주위적 청구를 인용할 때에는 다음 순위인 예비적 청구에 대하여 심판할 필요가 없는 것이므로, 주위적 청구를 인용하는 판결은 전부판결로서 이러한 판결에 대하여 피고가 항소하면 제1심에서 심판을 받지 않은 다음 순위의 예비적 청구도 모두 이심되고 항소심이 제1심에서 인용되었던 주위적 청구를 배척할 때에는 다음 순위의 예비적 청구에 관하여 심판을 하여야 하는 것이다(대판 2000.11.16, 98다22253 [전합]).

[**❸ ▸ ✕**] 예비적 병합의 경우에는 수개의 청구가 하나의 소송절차에 불가분적으로 결합되어 있기 때문에 주위적 청구를 먼저 판단하지 않고 예비적 청구만을 인용하거나 주위적 청구만을 배척하고 예비적 청구에 대하여 판단하지 않는 등의 일부판결은 예비적 병합의 성질에 반하는 것으로서 법률상 허용되지 아니하며, 그럼에도 불구하고 주위적 청구를 배척하면서 예비적 청구에 대하여 판단하지 아니하는 판결을 한 경우에는 그 판결에 대한 상소가 제기되면 판단이 누락된 예비적 청구 부분도 상소심으로 이심이 되고 그 부분이 재판의 탈루에 해당하여 원심에 계속 중이라고 볼 것은 아니다(대판 2000.11.16, 98다22253 [전합]).

[❹ ▶ O] 제1심 법원이 주위적 청구인 입양무효확인청구와 예비적 청구인 파양 및 위자료청구를 병합심리한 끝에 <u>주위적 청구는 기각하고 예비적 청구만을 인용하는 판결을 선고한 데 대하여 피고만이 항소한 경우</u>, 항소제기에 의한 이심의 효력은 당연히 사건 전체에 미쳐 주위적 청구에 관한 부분도 항소심에 이심되지만, <u>항소심의 심판범위는 피고가 불복신청한 범위, 즉 예비적 청구를 인용한 제1심 판결의 당부에 한정되는 것이므로, 원고의 부대항소가 없는 한 주위적 청구는 심판대 상이 될 수 없고, 그 판결에 대한 상고심의 심판대상도 예비적 청구 부분에 한정된다</u>(대판 2002.12.26, 2002므852).

[❺ ▶ O] 제1심 법원이 원고의 주위적 청구와 예비적 청구를 병합심리한 끝에 주위적 청구는 기각하고 예비적 청구만을 인용하는 판결을 선고한 데 대하여 피고만 항소를 하더라도, 항소의 제기에 의한 이심의 효력은 피고의 불복신청의 범위와 는 관계없이 사건 전부에 미쳐 주위적 청구에 관한 부분도 항소심에 이심되는 것이므로, <u>피고가 항소심의 변론에서 원고의 주위적 청구를 인낙하여 그 인낙이 조서에 기재되면 그 조서는 확정판결과 동일한 효력이 있는 것이고, 따라서 그 인낙으로 인하여 주위적 청구의 인용을 해제조건으로 병합심판을 구한 예비적 청구에 관하여는 심판할 필요가 없어 사건이 그대로 종결되는 것이다</u>(대판 1992.6.9, 92다12032).

제2절 청구의 변경 ☆

2017년 변호사시험 문 60. ☑ 확인Check! O △ X

소의 변경에 관한 설명 중 옳은 것을 모두 고른 것은?(다툼이 있는 경우 판례에 의함)

ㄱ. 사해행위의 취소를 구하면서 피보전채권을 추가하거나 교환하는 것은 소의 변경에 해당한다.
ㄴ. 청구취지변경을 불허한 결정에 대하여는 독립하여 항고할 수 없고 종국판결에 대한 상소로써만 다툴 수 있다.
ㄷ. 항소심에서 청구가 교환적으로 변경된 경우, 항소심 법원은 구청구가 취하된 것으로 보아 교환된 신청구에 대하여 만 사실상 제1심으로 재판한다.
ㄹ. 제1심에서 원고가 전부승소하고 피고만 항소한 경우, 피항소인인 원고는 항소심에서 청구취지를 확장할 수 없다.
ㅁ. 소장에서 심판을 구하는 대상이 불분명한 경우 이를 명확하게 하기 위하여 청구취지를 보충, 정정하는 것은 청구의 변경에 해당하지 않는다.

① ㄱ, ㄹ 　　　② ㄱ, ㄷ, ㅁ 　　　③ ㄴ, ㄷ, ㄹ
④ ㄴ, ㄷ, ㅁ 　　　⑤ ㄴ, ㄹ, ㅁ

[ㄱ ▶ X] <u>채권자가 사해행위취소 및 원상회복청구를 하면서 보전하고자 하는 채권을 추가하거나 교환하는 것은 사해행 위취소권과 원상회복청구권을 이유 있게 하는 공격방법에 관한 주장을 변경하는 것일 뿐이지 소송물 또는 청구 자체를 변경하는 것이 아니므로, 채권자가 보전하고자 하는 채권을 달리하여 동일한 법률행위의 취소 및 원상회복을 구하는 채권자 취소의 소를 이중으로 제기하는 경우 전소와 후소는 소송물이 동일하다고 보아야 하고</u>, 이는 전소나 후소 중 어느 하나가 승계참가신청에 의하여 이루어진 경우에도 마찬가지이다(대판 2012.7.5, 2010다80503).

[ㄴ ▶ O] <u>청구취지변경을 불허한 결정에 대하여는 독립하여 항고할 수 없고 종국판결에 대한 상소로써만 다툴 수 있다</u>(대판 1992.9.25, 92누5096).

[ㄷ ▸ ○] 항소심에서 청구의 교환적 변경 신청이 있는 경우 그 시점에 항소취하서가 법원에 제출되지 않은 이상 법원은 특별한 사정이 없는 한 민사소송법 제262조에서 정한 청구변경의 요건을 갖추었는지에 따라 허가 여부를 결정하면 된다. 항소심에서 청구의 교환적 변경이 적법하게 이루어지면, 청구의 교환적 변경에 따라 항소심의 심판대상이었던 제1심 판결이 실효되고 항소심의 심판대상은 새로운 청구로 바뀐다. 이러한 경우 항소심은 제1심 판결이 있음을 전제로 한 항소각하 판결을 할 수 없고, 사실상 제1심으로서 새로운 청구의 당부를 판단하여야 한다(대판 2018.5.30. 2017다21411).

[ㄹ ▸ ×] 제1심에서 전부 승소한 원고도 항소심 계속 중 그 청구취지를 확장·변경할 수 있고, 그것이 피고에게 불리하게 하는 한도 내에서는 부대항소를 한 취지로도 볼 수 있다(대판 1995.6.30. 94다58261).

[ㅁ ▸ ○] 소장에서 심판을 구하는 대상이 불분명한 경우 이를 명확하게 하기 위하여 청구취지를 보충·정정하는 것은 민사소송법 제262조가 정하는 청구의 변경에 해당하지 아니한다(대판 2008.2.1. 2005다74863).

제3절 반 소 ☆

2015년 변호사시험 문 55.   ☑ 확인 Check! ○ △ ×

각 괄호 안에 들어갈 용어로서 옳은 것은?(다툼이 있는 경우 판례에 의함)

ㄱ. 혼인 외의 자(子)에 대하여 출생신고를 하지 않은 생부를 상대로 그 자(子)가 법률상의 친자관계를 인정받으려고 하는 경우에 (A)를 제기하여야 한다.

ㄴ. 이혼원인 중 '기타 혼인을 계속하기 어려운 중대한 사유'는 다른 일방이 이를 안 날부터 6월, 그 사유가 있는 날부터 (B)년을 경과하면 이혼을 청구하지 못한다.

ㄷ. 처가 가출하여 부(夫)와 별거한지 약 2년 2개월 후에 출산한 혼인 중의 출생자에 대해 부(父)가 자신의 친생자가 아니라는 사실을 안 날부터 3년이 지나 친자관계를 부인하는 경우 (C)를 제기하여야 한다.

ㄹ. 본소 이혼청구를 기각하고 반소 이혼청구를 인용하는 경우, 본소 이혼청구에 병합된 재산분할청구는 원고의 반대 의사표시 등 특별한 사정이 없는 한, 피고의 반소청구에 대한 (D)의 실질을 가지게 되므로 원고의 재산분할청구에 대한 심리에 들어가 액수와 방법을 정해주어야 한다.

	A	B	C	D
①	친생자관계 존재확인의 소	3	친생자관계 부존재확인의 소	재반소
②	인지청구의 소	2	친생자관계 부존재확인의 소	재반소
③	친생자관계 존재확인의 소	1	친생부인의 소	예비적 반소
④	인지청구의 소	3	친생부인의 소	재반소
⑤	친생자관계 존재확인의 소	2	친생자관계 부존재확인의 소	예비적 반소

[ㄱ ▸ 인지청구의 소] 생부가 그 혼인 외의 출생자를 인지하지 않는 경우에는 그 자(子), 직계비속 또는 법정대리인은 생부가 살아 있을 때에는 생부를 상대로, 생부가 사망한 때에는 사망사실을 안 날로부터 2년 이내에 검사를 상대로 하여 법원에 인지청구의 소를 제기할 수 있다(민법 제863조, 제864조).

[ㄴ ▸ 2년] 제840조 제6호의 사유는 다른 일방이 이를 안 날로부터 6월, 그 사유 있는 날로부터 2년을 경과하면 이혼을 청구하지 못한다(민법 제842조).

[ㄷ ▸ 친생자관계 부존재확인의 소] 민법 제844조는 부부가 동거하여 처가 부의 자를 포태할 수 있는 상태에서 자를 포태한 경우에 적용되는 것이고 부부의 한쪽이 장기간에 걸쳐 해외에 나가 있거나 사실상의 이혼으로 부부가 별거하고 있는 경우등 동서의 결여로 처가 부의 자를 포태할 수 없는 것이 외관상 명백한 사정이 있는 경우에는 그 추정이 미치지 아니하므로 이 사건에 있어서 처가 가출하여 부와 별거한지 약 2년 2개월 후에 자를 출산하였다면 이에는 동조의 추정이 미치지 아니하여 부는 친생부인의 소에 의하지 않고 친자관계부존재확인소송을 제기할 수 있다(대판 1983.7.12. 82므59 [전합]).

[ㄹ ▸ 재반소] 원고가 본소의 이혼청구에 병합하여 재산분할청구를 제기한 후 피고가 반소로서 이혼청구를 한 경우, 원고가 반대의 의사를 표시하였다는 등의 특별한 사정이 없는 한, 원고의 재산분할청구 중에는 본소의 이혼청구가 받아들여지지 않고 피고의 반소청구에 의하여 이혼이 명하여지는 경우에도 재산을 분할해 달라는 취지의 청구가 포함된 것으로 봄이 상당하다고 할 것이므로(이때 원고의 재산분할청구는 피고의 반소청구에 대한 재반소로서의 실질을 가지게 된다), 이러한 경우 사실심으로서는 원고의 본소 이혼청구를 기각하고 피고의 반소청구를 받아들여 원·피고의 이혼을 명하게 되었다고 하더라도, 마땅히 원고의 재산분할청구에 대한 심리에 들어가 원·피고가 협력하여 이룩한 재산의 액수와 당사자 쌍방이 그 재산의 형성에 기여한 정도 등 일체의 사정을 참작하여 원고에게 재산분할을 할 액수와 방법을 정하여야 한다(대판 2001.6.15. 2001므626).

| 제4절 | 중간확인의 소 |

CHAPTER 02

다수당사자소송(당사자의 복수) 민사소송법

✓ 각 문항별로 이해도를 체크해 보세요. 최근 5년간 회별 평균 **1.4문**

제1절 공동소송 ★★★★

2015년 변호사시험 문 61. ☑확인 Check! ○ △ ✕

공동소송에 관한 설명 중 옳지 않은 것을 모두 고른 것은?(각 지문은 독립적이며, 다툼이 있는 경우 판례에 의함)

ㄱ. 통상공동소송에서 피고 공동소송인 乙, 丙 사이의 주장이 일치하지 아니하면 법원은 석명의무가 있다.

ㄴ. 유사필수적 공동소송관계에 있는 공동소송인 甲, 乙의 청구를 모두 기각하는 판결이 선고되었고, 이에 대해 乙만이 항소를 제기하였더라도 甲, 乙 모두에 대해 사건이 항소심에 이심된다.

ㄷ. 통상공동소송에서 공동소송인 乙, 丙, 丁 중 乙이 자백을 하였다면 법원은 원칙상 乙에 대해서는 증거에 의한 심증이 자백한 내용과 다르더라도 자백한 대로 사실을 인정하여야 하며, 丙과 丁에 대해서는 이를 변론 전체의 취지로 참작할 수 있다.

ㄹ. 통상공동소송의 피고 乙, 丙, 丁 중 乙, 丙만이 상고를 제기하고 상고기간이 경과한 상태라면 원고 甲은 丁을 상대로 부대상고를 제기할 수 있다.

① ㄱ, ㄴ   ② ㄱ, ㄷ   ③ ㄱ, ㄹ
④ ㄴ, ㄷ   ⑤ ㄴ, ㄹ

[ㄱ ▸ ✕] 공동소송인독립의 원칙상 피고 공동소송인 乙과 丙 사이의 주장이 일치하지 아니하더라도, 법원은 석명의무가 없다.

 판례 석명권은 당사자의 진술이 모순, 흠결이 있거나 애매하여 그 진술취지를 알 수 없을 때 이를 명백히 하기 위하여 하는 것이지, 피고 중 (甲), (乙)이 소송형태상 피고이나 실질상으로는 원고와 이해관계를 같이 하고 있는 경우에 있어서 공동피고 상호 간에 그 주장이 일치하지 아니하고 다른 입장을 취하고 있다 하여 재판장이 당사자에게 그에 대한 발문을 하고 진상을 규명하여야 할 의무는 없다 할 것이다(대판 1982.11.23, 81다39).

[ㄴ ▸ ○] 제1심에서 유사필요적 공동소송관계에 있는 다수의 채권자들의 청구가 모두 기각되고, 그중 1인만이 항소한 경우 민사소송법 제63조 제1항은 필요적 공동소송에 있어서 공동소송인 중 1인의 소송행위는 공동소송인 전원의 이익을 위하여서만 효력이 있다고 규정하고 있으므로 공동소송인 중 일부의 상소제기는 전원의 이익에 해당된다고 할 것이어서 다른 공동소송인에 대하여도 그 효력이 미칠 것이며, 사건은 필요적 공동소송인 전원에 대하여 확정이 차단되고 상소심에 이심된다고 할 것이다(대판 1991.12.27, 91다23486).

[ㄷ ▸ ○] 자백한 공동소송인에 대하여는 증거조사결과 얻은 심증에도 불구하고 자백한 대로 사실확정을 해야 하며 1인의 자백은 다른 공동소송인에 대하여 변론 전체의 취지로 평가될 수 있을 뿐이다(대판 1976.8.24, 75다2152).

[ㄹ ▸ X] 통상의 공동소송에 있어 공동당사자 일부만이 상고를 제기한 때에는 피상고인은 상고인인 공동소송인 이외의 다른 공동소송인을 상대방으로 하거나 상대방으로 보태어 부대상고를 제기할 수는 없다(대판 1994.12.23, 94다40734).

2017년 변호사시험 문 64.
☑ 확인 Check! ○ △ X

甲, 乙, 丙은 A토지를 1/3 지분으로 공유하고 있다. 이에 관한 설명 중 옳은 것을 모두 고른 것은?(다툼이 있는 경우 판례에 의함)

ㄱ. 丁 명의로 A토지에 원인무효의 소유권이전등기가 마쳐진 경우, 甲은 丁을 상대로 甲, 乙, 丙에게 각 1/3 지분에 관하여 진정명의회복을 원인으로 한 소유권이전등기청구의 소를 단독으로 제기할 수 있다.

ㄴ. 乙이 甲과 丙의 동의 없이 丁에게 A토지 전부를 매도하여 丁 명의로 소유권이전등기가 마쳐진 경우, 甲은 공유물의 보존행위로서 丁 명의의 등기 전부의 말소를 단독으로 청구할 수 있다.

ㄷ. 甲은 공유자 전원의 지분을 부인하는 丁에 대하여 특별한 사정이 없는 한 공유물의 보존행위로서 A토지 전부에 관한 소유권확인의 소를 단독으로 제기할 수 없다.

ㄹ. 甲은 A토지에 인접한 B토지의 소유자인 丁을 상대로 A토지와 B토지의 경계확정을 구하는 소를 단독으로 제기할 수 있다.

ㅁ. 甲이 A토지에 관하여 공유물분할의 소를 제기하려면, 乙과 丙을 공동피고로 하여야 한다.

① ㄱ, ㅁ   ② ㄱ, ㄴ, ㄹ   ③ ㄱ, ㄷ, ㅁ
④ ㄷ, ㄹ, ㅁ   ⑤ ㄴ, ㄷ, ㄹ, ㅁ

[ㄱ ▸ O] 부동산의 공유자 중 한 사람은 공유물에 대한 보존행위로서 그 공유물에 관한 원인무효의 등기 전부의 말소를 구할 수 있고, 진정명의회복을 원인으로 한 소유권이전등기청구권과 무효등기의 말소청구권은 어느 것이나 진정한 소유자의 등기명의를 회복하기 위한 것으로서 실질적으로 그 목적이 동일하고 두 청구권 모두 소유권에 기한 방해배제청구권으로서 그 법적 근거와 성질이 동일하므로, 공유자 중 한 사람은 공유물에 경료된 원인무효의 등기에 관하여 각 공유자에게 해당 지분별로 진정명의회복을 원인으로 한 소유권이전등기를 이행할 것을 단독으로 청구할 수 있다(대판 2005.9.29, 2003다40651).

[ㄴ ▸ X] 공유자 중 1인이 다른 공유자의 동의 없이 그 공유 토지를 매도하여 타인 명의로 소유권이전등기가 마쳐졌다면, 그 매도 토지에 관한 소유권이전등기는 처분공유자의 공유지분 범위 내에서는 실체관계에 부합하는 유효한 등기라고 보아야 한다(대판 2008.4.24, 2008다5073). 따라서 丁 명의의 소유권이전등기 중 乙의 지분을 제외한 2/3 지분의 범위 내에서 말소를 청구할 수 있다.

[ㄷ ▸ O] 공유자의 지분은 다른 공유자의 지분에 의하여 일정한 비율로 제한을 받는 것을 제외하고는 독립한 소유권과 같은 것으로 공유자는 그 지분을 부인하는 제3자에 대하여 각자 그 지분권을 주장하여 지분의 확인을 소구하여야 하는 것이고, 공유자 일부가 제3자를 상대로 다른 공유자의 지분의 확인을 구하는 것은 타인의 권리관계의 확인을 구하는 소에 해당한다고 보아야 할 것이므로 그 타인 간의 권리관계가 자기의 권리관계에 영향을 미치는 경우에 한하여 확인의 이익이 있다고 할 것이며, 공유물 전체에 대한 소유관계 확인도 이를 다투는 제3자를 상대로 공유자 전원이 하여야 하는 것이지 공유자 일부만이 그 관계를 대외적으로 주장할 수 있는 것이 아니므로, 아무런 특별한 사정이 없이 다른 공유자의 지분의 확인을 구하는 것은 확인의 이익이 없다(대판 1994.11.11, 94다35008).

③ 정답

[ㄹ ▸ X] 토지의 경계는 토지소유권의 범위와 한계를 정하는 중요한 사항으로서, 그 경계와 관련되는 인접 토지의 소유자 전원 사이에서 합일적으로 확정될 필요가 있으므로, 인접하는 토지의 한편 또는 양편이 여러 사람의 공유에 속하는 경우에, 그 경계의 확정을 구하는 소송은, 관련된 공유자 전원이 공동하여서만 제소하고 상대방도 관련된 공유자 전원이 공동으로서만 제소될 것을 요건으로 하는 고유필요적 공동소송이라고 해석함이 상당하다(대판 2001.6.26. 2000다24207).

[ㅁ ▸ O] 공유물분할청구의 소는 분할을 청구하는 공유자가 원고가 되어 다른 공유자 전부를 공동피고로 하여야 하는 고유필수적 공동소송이고, 공동소송인과 상대방 사이에 판결의 합일확정을 필요로 하는 고유필수적 공동소송에 있어서는 공동소송인 중 일부가 제기한 상소는 다른 공동소송인에게도 그 효력이 미치는 것이므로 공동소송인 전원에 대한 관계에서 판결의 확정이 차단되고 그 소송은 전체로서 상소심에 이심되며, 상소심 판결의 효력은 상소를 하지 아니한 공동소송인에게 미치므로 상소심으로서는 공동소송인 전원에 대하여 심리·판단하여야 한다(대판 2003.12.12. 2003다44615).

2014년 변호사시험 문 62.

☑ 확인 Check! ○ △ ✕

X토지의 공유자인 甲·乙·丙 사이에 X토지의 분할에 관한 협의가 이루어지지 않자, 甲이 乙과 丙을 상대로 법원에 X토지의 분할을 청구하였다. 다음 설명 중 옳은 것을 모두 고른 것은?(다툼이 있는 경우에는 판례에 의함)

ㄱ. 甲이 현물분할을 청구하였으나 현물로 분할할 수 없는 때에는, 법원은 청구취지의 변경 없이도 경매에 의한 분할을 명할 수 있다.
ㄴ. 법원은 甲 지분의 일부에 대하여만 공유물분할을 명하고 일부 지분에 대해서는 이를 분할하지 아니한 채 공유관계를 유지하도록 할 수 있다.
ㄷ. 제1심 판결에 대하여 乙만 항소하였더라도 丙에 대한 제1심 판결은 확정되지 않는다.
ㄹ. 위 소송계속 중 丁도 X토지의 공유자임이 밝혀졌을 경우, 甲은 丁을 추가하기 위해 소의 주관적 추가적 병합을 할 수 있다.
ㅁ. 위 ㄹ의 경우, 丁은 甲이 제기한 소송에서 乙과 丙 측에 공동소송참가할 수 있으며, 이는 상고심에서도 할 수 있다.

① ㄱ, ㄴ, ㅁ ② ㄱ, ㄷ, ㄹ ③ ㄱ, ㄷ, ㅁ
④ ㄴ, ㄷ, ㄹ ⑤ ㄴ, ㄹ, ㅁ

[ㄱ ▸ O] 공유물의 분할은 공유자 간에 협의가 이루어지는 경우에는 그 방법을 임의로 선택할 수 있으나 협의가 이루어지지 아니하여 재판에 의하여 공유물을 분할하는 경우에는 법원은 현물로 분할하는 것이 원칙이고, 현물로 분할할 수 없거나 현물로 분할을 하게 되면 현저히 그 가액이 감손될 염려가 있는 때에 비로소 물건의 경매를 명하여 대금분할을 할 수 있는 것이므로, 위와 같은 사정이 없는 한 법원은 각 공유자의 지분 비율에 따라 공유물을 현물 그대로 수 개의 물건으로 분할하고 분할된 물건에 대하여 각 공유자의 단독소유권을 인정하는 판결을 하여야 하는 것이며, 그 분할의 방법은 당사자가 구하는 방법에 구애받지 아니하고 법원의 재량에 따라 공유관계나 그 객체인 물건의 제반 상황에 따라 공유자의 지분 비율에 따른 합리적인 분할을 하면 된다(대판 2004.7.22. 2004다10183).

[ㄴ ▸ X] 공유물분할청구의 소는 형성의 소로서 법원은 공유물분할을 청구하는 원고가 구하는 방법에 구애받지 않고 재량에 따라 합리적 방법으로 분할을 명할 수 있으므로, 여러 사람이 공유하는 물건을 현물분할하는 경우에는 분할청구자의 지분 한도 안에서 현물분할을 하고 분할을 원하지 않는 나머지 공유자는 공유로 남게 하는 방법도 허용되지만, 그렇다고 하더라도 공유물분할을 청구한 공유자의 지분한도 안에서는 공유물을 현물 또는 경매·분할함으로써 공유관계를 해소하고 단독소유권을 인정하여야지, 그 분할청구자 지분의 일부에 대하여만 공유물 분할을 명하고 일부 지분에 대하여는 이를 분할하지 아니하거나, 공유물의 지분비율만을 조정하는 등의 방법으로 공유관계를 유지하도록 하는 것은 허용될 수 없다(대판 2011.3.10. 2010다92506).

[ㄷ ▸ ○] <u>공유물분할청구의 소는 분할을 청구하는 공유자가 원고가 되어 다른 공유자 전부를 공동피고로 하여야 하는 고유필수적 공동소송이고, 공동소송인과 상대방 사이에 판결의 합일확정을 필요로 하는 고유필수적 공동소송에서는 공동소송인 중 일부가 제기한 상소는 다른 공동소송인에게도 효력이 미치므로 공동소송인 전원에 대한 관계에서 판결의 확정이 차단되고 소송은 전체로서 상소심에 이심된다. 따라서 공유물분할 판결은 공유자 전원에 대하여 상소기간이 만료되기 전에는 확정되지 않고, 일부 공유자에 대하여 상소기간이 만료되었다고 하더라도 그 공유자에 대한 판결 부분이 분리·확정되는 것은 아니다</u>(대판 2017.9.21. 2017다233931).

[ㄹ ▸ ○] 법원은 제67조 제1항의 규정에 따른 공동소송인 가운데 일부가 누락된 경우에는 제1심의 변론을 종결할 때까지 원고의 신청에 따라 결정으로 원고 또는 피고를 추가하도록 허가할 수 있다. 다만, 원고의 추가는 추가될 사람의 동의를 받은 경우에만 허가할 수 있다(민소법 제68조 제1항).

[ㅁ ▸ ×] <u>공동소송참가는 신소제기의 실질을 가지고 있으므로 법률심인 상고심에서는 참가할 수 없다</u>(대판 1961.5.4. 4292민상853).

2013년 변호사시험 문 70. ☑ 확인 Check! ○ △ ×

다음 주식회사 관련 소송 중 고유필수적 공동소송이 될 수 있는 것은?(다툼이 있는 경우에는 판례에 의함)

① 상법상 소수주주의 요건을 갖춘 주주 甲이 청산인과 회사를 상대로 제기하는 청산인해임의 소
② 대표이사가 이사회결의 없이 주주총회를 소집한 하자를 이유로 주주 甲이 대표이사와 회사를 상대로 제기하는 주주총회 결의취소의 소
③ 상법상 소수주주의 요건을 갖춘 주주 甲·乙이 제기하는 주주대표소송
④ 주주 甲·乙이 제기하는 회사합병무효의 소
⑤ 주주 甲·乙이 제기하는 회사설립무효의 소

[❶ ▸ ○] <u>청산인 해임의 소는 회사와 청산인을 공동피고로 하는 고유필수적 공동소송임을 유의하여야 한다.</u>

판례 ● <u>상법 539조 2항, 3항 규정의 청산인의 해임은 상대방 회사의 본점 소재지 법원에 그 회사와 청산인들을 상대로 하는 소에 의하여서만 이를 청구할 수 있을 뿐이고 다만 위 소가 사정이 있는 때에는 이러한 본안 소송의 제기전에 같은 법 542조 407조에 의하여 가처분으로서 이들 청산인의 직무집행의 정지와 직무대행자의 선임 신청을 할 수 있는 것이므로 소의 방법에 의하지 아니하고 신청으로서 바로 청산인의 해임과 그 해임이 인용될 것을 전제로 하여 새로운 청산인의 선인을 각각 구하는 것은 법률상 근거가 없어 부적법하므로 각하하여야 한다</u>(대결 1976.2.11. 75마533).

[❷ ▸ ×] 주주총회결의 취소의 소의 피고는 회사에 한정된다는 것이 판례이다(대판 1982.9.14. 80다2425 [전합]).

[❸ ▸ ×] [❹ ▸ ×] [❺ ▸ ×] <u>주주대표소송, 회사합병 무효의 소 및 회사설립 무효의 소는 소송공동이 강제되지는 아니하나, 합일확정의 필요가 있는 유사필수적 공동소송에 해당한다.</u>

2017년 변호사시험 문 61.

☑ 확인Check! ○ △ ✕

통상공동소송에 관한 설명 중 옳지 않은 것은?(다툼이 있는 경우 판례에 의함)

① 소유권이전등기가 차례로 경료된 경우 최종 명의인을 상대로 그 말소를 구하는 소송과 그 직전 명의인을 상대로 소유권 이전등기를 구하는 소송은 통상공동소송이다.

② 통상공동소송에서 이른바 주장공통의 원칙은 적용되지 아니한다.

③ 통상공동소송에서 상소로 인한 확정차단의 효력은 상소인과 그 상대방에 대하여만 생기고, 다른 공동소송인에게는 영향을 미치지 아니한다.

④ 예비적 공동소송에서 주위적 피고에 대한 예비적 청구와 예비적 피고에 대한 청구가 서로 법률상 양립할 수 있는 관계에 있으면 양 청구를 병합하여 통상공동소송으로 보아 심리, 판단할 수 있다.

⑤ 통상공동소송에서 공동당사자 일부만이 항소를 제기한 경우, 피항소인은 항소인인 공동소송인 이외의 다른 공동소송인을 상대로 부대항소를 제기할 수 있다.

[**❶ ▶ ○**] 소유권이전등기가 차례로 경료된 경우 최종 명의인을 상대로 그 말소를 구하는 소송과 그 직전 명의인을 상대로 소유권이전등기를 구하는 소송은 권리관계의 합일적인 확정을 필요로 하는 필수적 공동소송이 아니라 통상 공동소송이며, 이와 같은 통상 공동소송에서는 공동당사자들 상호 간의 공격방어방법의 차이에 따라 모순되는 결론이 발생할 수 있으므로, 통상 공동소송에서 상소로 인한 확정차단의 효력은 상소인과 그 상대방에 대해서만 생기고, 다른 공동소송인에 대한 청구에 대하여는 미치지 아니한다(대판 2011.9.29. 2009다7076).

[**❷ ▶ ○**] 민사소송법 제66조의 명문의 규정과 우리 민사소송법이 취하고 있는 변론주의 소송구조 등에 비추어 볼 때, 통상의 공동소송에 있어서 공동소송인 가운데 한 사람에 대한 상대방의 주장 사실은 다른 공동소송인에게 영향을 미치지 아니하는 것이다(대판 2009.4.23. 2009다1313).

[**❸ ▶ ○**] 통상 공동소송에서 상소로 인한 확정차단의 효력은 상소인과 그 상대방에 대해서만 생기고, 다른 공동소송인에 대한 청구에 대하여는 미치지 아니한다(대판 2011.9.29. 2009다7076).

[**❹ ▶ ○**] 민사소송법 제70조 제1항 본문이 규정하는 '공동소송인 가운데 일부에 대한 청구'를 반드시 '공동소송인 가운데 일부에 대한 모든 청구'라고 해석할 근거는 없으므로, 주위적 피고에 대한 주위적·예비적 청구 중 주위적 청구 부분이 받아들여지지 아니할 경우 그와 법률상 양립할 수 없는 관계에 있는 예비적 피고에 대한 청구를 받아들여 달라는 취지로 주위적 피고에 대한 주위적·예비적 청구와 예비적 피고에 대한 청구를 결합하여 소를 제기하는 것도 가능하고, 처음에는 주위적 피고에 대한 주위적·예비적 청구만을 하였다가 청구 중 주위적 청구 부분이 받아들여지지 아니할 경우 그와 법률상 양립할 수 없는 관계에 있는 예비적 피고에 대한 청구를 받아들여 달라는 취지로 예비적 피고에 대한 청구를 결합하기 위하여 예비적 피고를 추가하는 것도 민사소송법 제70조 제1항 본문에 의하여 준용되는 민사소송법 제68조 제1항에 의하여 가능하다. 이 경우 주위적 피고에 대한 예비적 청구와 예비적 피고에 대한 청구가 서로 법률상 양립할 수 있는 관계에 있으면 양 청구를 병합하여 통상의 공동소송으로 보아 심리·판단할 수 있다. 그리고 이러한 법리는 원고가 주위적 피고에 대하여 실질적으로 선택적 병합 관계에 있는 두 청구를 주위적·예비적으로 순위를 붙여 청구한 경우에도 그대로 적용된다(대판 2015.6.11. 2014다232913).

[**❺ ▶ ✕**] 통상의 공동소송에 있어 공동당사자 일부만이 항소를 제기한 때에는 피항소인은 항소인인 공동소송인 이외의 다른 공동소송인을 상대방으로 하거나 상대방으로 보태어 부대항소를 제기할 수는 없다(대판 2015.4.23. 2014다89287).

甲과 乙은 상호출자하여 공동으로 나대지를 매수하여 주차장 운영사업을 하기로 약정하고 丙으로부터 X토지를 10억원에 매수하는 내용의 매매계약을 체결하였다. 다음 설명 중 옳지 않은 것은?(각 지문은 독립적이며, 다툼이 있는 경우 판례에 의함)

① 甲이 丙을 상대로 매매계약에 기한 소유권이전등기절차의 이행을 구하는 소를 단독으로 제기하는 것은 적법하지 않다.

② 甲의 조합원 지분을 압류한 채권자 丁은 甲이 속한 조합에 존속기간이 정하여져 있다거나 기타 甲의 조합탈퇴가 허용되지 아니하는 것과 같은 특별한 사유가 있지 않는 한, 채권자대위권에 의하여 甲의 조합탈퇴의 의사표시를 대위행사할 수 있다.

③ 乙의 채권자 戊는 특별한 사정이 없는 한 乙에 대한 채권으로써 乙을 집행채무자로 하여 위 계약에 기한 소유권이전등기청구권에 대하여 강제집행을 할 수 없다.

④ 甲과 乙의 丙을 상대로 한 매매계약에 기한 소유권이전등기청구 소송계속 중 甲만이 소취하를 한 경우, 특별한 사정이 없는 한 丙이 위 소취하에 동의하더라도 소취하의 효력은 발생하지 않는다.

⑤ 乙이 약정한 5억원의 출자의무를 불이행하여 하는 수 없이 甲이 10억원 전액을 출자하여 X토지를 매입한 경우, 甲은 연체이자 외에 손해가 발생하더라도 乙에게 손해배상을 청구할 수 없다.

[❶ ▶ ○] 동업약정에 따라 동업자 공동으로 토지를 매수하였다면 그 토지는 동업자들을 조합원으로 하는 동업체에서 토지를 매수한 것이므로 그 동업자들은 토지에 대한 소유권이전등기청구권을 준합유하는 관계에 있고, 합유재산에 관한 소는 이른바 고유필요적 공동소송이라 할 것이므로 그 매매계약에 기하여 소유권이전등기의 이행을 구하는 소를 제기하려면 동업자들이 공동으로 하지 않으면 안 된다(대판 1994.10.25. 93다54064).

[❷ ▶ ○] 민법상 조합원은 조합의 존속기간이 정해져 있는 경우 등을 제외하고는 원칙적으로 언제든지 조합에서 탈퇴할 수 있고(민법 제716조 참조), 조합원이 탈퇴하면 그 당시의 조합재산상태에 따라 다른 조합원과 사이에 지분의 계산을 하여 지분환급청구권을 가지게 되는바(민법 제719조 참조), 조합원이 조합을 탈퇴할 권리는 그 성질상 조합계약의 해지권으로서 그의 일반재산을 구성하는 재산권의 일종이라 할 것이고 채권자대위가 허용되지 않는 일신전속적 권리라고는 할 수 없다. 따라서 채무자의 재산인 조합원 지분을 압류한 채권자는, 당해 채무자가 속한 조합에 존속기간이 정하여져 있다거나 기타 채무자 본인의 조합탈퇴가 허용되지 아니하는 것과 같은 특별한 사유가 있지 않은 한, 채권자대위권에 의하여 채무자의 조합 탈퇴의 의사표시를 대위행사할 수 있다 할 것이고, 일반적으로 조합원이 조합을 탈퇴하면 조합목적의 수행에 지장을 초래할 것이라는 사정만으로는 이를 불허할 사유가 되지 아니한다(대결 2007.11.30. 2005마1130).

[❸ ▶ ○] 공동이행방식의 공동수급체는 기본적으로 민법상의 조합의 성질을 가지는 것으로서 공동수급체가 공사를 시행함으로써 도급인에 대하여 가지는 채권은 원칙적으로 공동수급체의 구성원에게 합유적으로 귀속하므로, 특별한 사정이 없는 한 그 구성원 중 1인이 단독으로 도급인에 대하여 출자지분의 비율에 따른 급부를 청구할 수 없고, 구성원 중 1인에 대한 채권으로써 그 구성원 개인을 집행채무자로 하여 공동수급체의 도급인에 대한 채권에 대하여 강제집행을 할 수 없다(대판 2012.6.28. 2010두5219).

[❹ ▶ ○] 합유로 소유권이전등기가 된 부동산에 관하여 명의신탁해지를 원인으로 한 소유권이전등기절차의 이행을 구하는 소송은 합유물에 관한 소송으로서 고유필요적 공동소송에 해당하여 합유자 전원을 피고로 하여야 할 뿐 아니라 합유자 전원에 대하여 합일적으로 확정되어야 하므로, 합유자 중 일부의 청구인낙이나 합유자 중 일부에 대한 소의 취하는 허용되지 않는다(대판 1996.12.10. 96다23238).

[❺ ▶ ✕] 금전을 출자의 목적으로 한 조합원이 출자시기를 지체한 때에는 연체이자를 지급하는 외에 손해를 배상하여야 한다(민법 제705조).

甲, 乙, 丙, 丁은 X토지에 관하여 각 지분별로 등기를 마친 공유자이다. 다음 설명 중 옳은 것은?(다툼이 있는 경우에는 판례에 의함)

① 甲이 乙, 丙만을 상대로 공유물분할청구의 소를 제기한 경우, 甲은 丁을 상대로 별도의 공유물분할청구의 소를 제기하여 乙, 丙을 상대로 이미 제기한 공유물분할청구소송에 변론병합을 신청할 수 있으나, 乙, 丙을 상대로 이미 제기한 위 소송에 丁을 피고로 추가할 수는 없다.

② 제3자는 X토지에 대한 소유권확인 청구의 소를 제기함에 있어 甲, 乙, 丙, 丁 전원을 피고로 하지 않으면 그 소는 부적법하다.

③ 제3자가 X토지를 불법으로 점유하는 경우, 甲은 단독으로 제3자를 상대로 X토지에 대한 인도청구의 소를 제기할 수 없다.

④ 甲, 乙, 丙, 丁이 X토지를 戊에게 매도하고 소유권이전등기를 마쳐준 후에도 여전히 X토지를 공동점유하고 있는 경우, 공동점유자 각자는 그 점유물의 일부분씩만을 반환할 수 없기 때문에 戊는 甲, 乙, 丙, 丁 전원을 피고로 하여 토지인도청구의 소를 제기하여야 한다.

⑤ X토지에 대해서 甲, 乙, 丙, 丁으로부터 제3자 앞으로 원인무효의 등기가 마쳐진 경우, 甲은 그 제3자에 대하여 원인무효인 등기 전부의 말소를 구할 수 있을 뿐만 아니라, 각 공유자 앞으로 해당 지분별로 진정명의회복을 원인으로 한 소유권이전등기절차이행을 단독으로 청구할 수 있다.

[**❶** ▸ **×**] 공유물분할청구의 소는 고유필수적 공동소송이므로, 민소법 제68조 제1항에 의하여 이미 제기한 공유물분할청구소송에 丁을 피고로 추가할 수 있다.

 법령 　**필수적 공동소송인의 추가(민소법 제68조)** 　① 법원은 제67조 제1항의 규정에 따른 공동소송인 가운데 일부가 누락된 경우에는 제1심의 변론을 종결할 때까지 원고의 신청에 따라 결정으로 원고 또는 피고를 추가하도록 허가할 수 있다. 다만, 원고의 추가는 추가될 사람의 동의를 받은 경우에만 허가할 수 있다.

[**❷** ▸ **×**] 부동산의 공유자인 공동상속인들을 상대로 한 소유권보존등기말소 및 소유권확인소송은 권리관계가 합일 확정되어야 하는 필수적 공동소송이 아니다(대판 1972.6.27, 72다555).

[**❸** ▸ **×**] 토지의 공유자는 단독으로 그 토지의 불법점유자에 대하여 명도를 구할 수 있다(대판 1969.3.4, 69다21).

[**❹** ▸ **×**] 공동점유물의 인도를 청구하는 경우 상반된 판결이 나는 때에는 사실상 인도청구의 목적을 달성할 수 없을 때가 있을 수 있으나 그와 같은 사실상 필요가 있다는 것만으로 그것을 필요적 공동소송이라고는 할 수 없는 것이다(대판 1966.3.15, 65다2455).

[**❺** ▸ **○**] 부동산의 공유자 중 한 사람은 공유물에 대한 보존행위로서 그 공유물에 관한 원인무효의 등기 전부의 말소를 구할 수 있고, 진정명의회복을 원인으로 한 소유권이전등기청구권과 무효등기의 말소청구권은 어느 것이나 진정한 소유자의 등기명의를 회복하기 위한 것으로서 실질적으로 그 목적이 동일하고 두 청구권 모두 소유권에 기한 방해배제청구권으로서 그 법적 근거와 성질이 동일하므로, 공유자 중 한 사람은 공유물에 경료된 원인무효의 등기에 관하여 각 공유자에게 해당 지분별로 진정명의회복을 원인으로 한 소유권이전등기를 이행할 것을 단독으로 청구할 수 있다(대판 2005.9.29, 2003다40651).

다음 설명 중 옳지 않은 것을 모두 고른 것은?(다툼이 있는 경우에는 판례에 의함)

　ㄱ. A아파트 입주자대표회의의 대표자를 피고로 삼아 제기한 대표자 지위부존재확인의 제1심 소송 중에 위 아파트 입주자대표회의에 대하여 같은 내용의 확인을 구하기 위하여 위 아파트 입주자대표회의를 예비적 피고로 추가하는 신청은 적법하다.

　ㄴ. 甲이 주위적으로 B보험회사가 한 공탁이 무효임을 전제로 B보험회사에 대하여 보험금의 지급을 구하고, 예비적으로 위 공탁이 유효임을 전제로 乙에 대하여 공탁금의 출급청구에 관한 승낙의 의사표시와 대한민국에 대한 통지를 구하는 소를 제기한 경우, B보험회사에 대한 판결을 먼저 한 다음 나중에 乙에 대하여 추가판결을 할 수 있다.

　ㄷ. 甲, 乙, 丙의 합유로 소유권이전등기가 된 X토지에 관하여 丁이 甲, 乙, 丙을 피고로 명의신탁해지를 원인으로 한 소유권이전등기절차의 이행을 구하는 소를 제기한 경우, 甲만이 변론기일에 출석하더라도 乙과 丙은 기일해태의 불이익을 받지 않는다.

　ㄹ. 공동상속인 甲, 乙, 丙 중 甲과 乙 사이에 X토지가 상속재산에 속하는지 여부에 관하여 다툼이 있어, 甲이 乙을 피고로 하여 X토지가 상속재산임의 확인을 구하는 제1심 소송 중에 丙을 피고로 추가하는 신청은 부적법하다.

　ㅁ. 甲, 乙, 丙의 공유인 X토지에 관하여 甲이 乙, 丙을 피고로 삼아 제기한 공유물분할청구의 소송 중에 丙에 대한 소를 취하하는 것은 허용되지 아니한다.

① ㄱ, ㄴ　　　　　② ㄴ, ㄹ　　　　　③ ㄴ, ㄷ, ㄹ
④ ㄱ, ㅁ　　　　　⑤ ㄴ, ㄹ, ㅁ

[ㄱ ▸ ○] [1] 법인 또는 비법인 등 당사자능력이 있는 단체의 대표자 또는 구성원의 지위에 관한 확인소송에서 그 대표자 또는 구성원 개인뿐 아니라 그가 소속된 단체를 공동피고로 하여 소가 제기된 경우에 있어서는, 누가 피고적격을 가지는지에 관한 법률적 평가에 따라 어느 한 쪽에 대한 청구는 부적법하고 다른 쪽의 청구만이 적법하게 될 수 있으므로 이는 민사소송법 제70조 제1항 소정의 예비적·선택적 공동소송의 요건인 각 청구가 서로 법률상 양립할 수 없는 관계에 해당한다.

[2] 아파트 입주자대표회의 구성원 개인을 피고로 삼아 제기한 동대표 지위 부존재확인의 소의 계속 중에 아파트 입주자대표회의를 피고로 추가하는 주관적·예비적 추가가 허용된다(대결 2007.6.26. 2007마515).

[ㄴ ▸ ✕] [1] 주관적·예비적 공동소송은 동일한 법률관계에 관하여 모든 공동소송인이 서로 간의 다툼을 하나의 소송절차로 한꺼번에 모순 없이 해결하는 소송형태로서 모든 공동소송인에 대한 청구에 관하여 판결을 하여야 하고(민사소송법 제70조 제2항), 그중 일부 공동소송인에 대하여만 판결을 하거나 남겨진 자를 위하여 추가판결을 하는 것은 허용되지 않는다. 그리고 주관적·예비적 공동소송에서 주위적 공동소송인과 예비적 공동소송인 중 어느 한 사람이 상소를 제기하면 다른 공동소송인에 관한 청구 부분도 확정이 차단되고 상소심에 이심되어 심판대상이 되고, 이러한 경우 상소심의 심판대상은 주위적·예비적 공동소송인들 및 상대방당사자 간 결론의 합일확정 필요성을 고려하여 판단하여야 한다.

[2] 공탁이 무효임을 전제로 한 피고 甲에 대한 주위적 청구와 공탁이 유효임을 전제로 한 피고 乙 및 제1심 공동피고들에 대한 예비적 청구가 공탁의 효력 유무에 따라 두 청구가 모두 인용될 수 없는 관계에 있거나 한쪽 청구에 대한 판단 이유가 다른 쪽 청구에 대한 판단 이유에 영향을 주어 각 청구에 대한 판단 과정이 필연적으로 상호 결합되어 있는 주관적·예비적 공동소송의 관계에서 모든 당사자들 사이에 결론의 합일확정을 기할 필요가 인정되므로, 피고 乙만이 제1심 판결에 대하여 적법한 항소를 제기하였다고 하더라도 피고 甲에 대한 주위적 청구 부분과 제1심 공동피고들에 대한 예비적 청구 부분도 함께 확정이 차단되고 원심에 이심되어 심판대상이 되었다고 보아야 한다(대판 2011.2.24. 2009다43355).

[ㄷ ▸ O] 고유필수적 공동소송인 가운에 한 사람의 소송행위는 모두의 이익을 위하여만 효력이 있으므로(민소법 제67조 제1항), 공동소송인 중 한 사람인 甲이 변론기일에 출석하였다면, 乙과 丙은 기일해태의 불이익을 받지 아니한다.

판례
> 합유로 소유권이전등기가 된 부동산에 관하여 명의신탁 해지를 원인으로 한 소유권이전등기절차의 이행을 구하는 소송은 조합재산인 합유물의 처분에 관한 소송으로서 합유자 전원을 피고로 하여야 할 뿐 아니라 합유자 전원에 대하여 합일적으로 확정되어야 하는 고유필수적 공동소송에 해당하며 그 명의신탁 해지를 구하는 당사자가 합유자 중의 1인이라는 사유만으로 달리 볼 것은 아니다(대판 2015.9.10. 2014다73794).

[ㄹ ▸ X] 공동상속인이 다른 공동상속인을 상대로 어떤 재산이 상속재산임의 확인을 구하는 소는 고유필수적 공동소송 이라는 판례(대판 2007.8.24. 2006다40980)에 의할 때, 甲은 민소법 제68조에 의하여 누락된 공동소송인인 丙을 추가할 수 있다.

[ㅁ ▸ O] 공유물분할청구의 소는 고유필수적 공동소송이고, 이 경우 다른 공동소송인에게 불리한 소송행위는 전원이 함께 하지 아니하면 그 효력이 없으므로, 甲이 丙에 대한 소를 일부취하하는 것은 허용되지 아니한다.

2016년 변호사시험 문 61. ☑확인Check! O △ X

甲, 乙, 丙, 丁은 甲이 운전하는 자동차를 함께 타고 가다가 A가 중앙선을 침범하여 자동차를 운행한 과실에 의해 발생한 사고로 인하여 A에 대하여 각 1억원의 손해배상채권을 가지게 되었다. 이에 甲, 乙, 丙, 丁은 A를 상대로 손해배상청구의 소를 제기하면서 甲과 乙을 선정당사자로 선정하였다. 이에 관한 설명 중 옳지 않은 것은?(다툼이 있는 경우 판례에 의함)

① 甲과 乙은 丙과 丁으로부터 특별한 권한을 받을 필요 없이 청구를 포기할 수 있다.
② 甲과 乙이 선정당사자로 선정되었다는 것은 서면으로 증명하여야 하고, 이를 소송기록에 붙여야 한다.
③ 별도의 소송대리인이 없으면, 甲이 사망한 경우 선정자들이 다시 새로운 선정당사자를 선정할 때까지 소송절차는 중단된다.
④ 별도의 약정 등이 없는 한 선정의 효력은 소송의 종료 시까지 유지되므로 甲과 乙의 소송수행권은 제1심에 한정되지 않는다.
⑤ 甲과 乙이 자신들의 청구 부분에 대하여 소를 전부 취하하고 A가 이에 동의한 경우, 甲과 乙은 선정당사자 자격을 상실한다.

[❶ ▸ O] 선정당사자 甲과 乙은 소송대리인이 아니므로, 민소법 제90조 제2항과 같은 특별수권이 없더라도 소취하와 같은 소송행위를 할 수 있다.

[❷ ▸ O] 법정대리권이 있는 사실 또는 소송행위를 위한 권한을 받은 사실은 서면으로 증명하여야 한다. 제53조의 규정 에 따라서 당사자를 선정하고 바꾸는 경우에도 또한 같다(민소법 제58조 제1항). 제1항의 서면은 소송기록에 붙여야 한다(동법 제58조 제2항).

[❸ ▸ X] 제53조의 규정에 따라 선정된 여러 당사자 가운데 죽거나 그 자격을 잃은 사람이 있는 경우에는 다른 당사자 가 모두를 위하여 소송행위를 한다(민소법 제54조). 따라서 甲이 사망하였더라도, 선정당사자 乙이 있어 소송절차는 중단되 지 아니한다.

[**❹ ▸ ○**] 공동의 이해관계가 있는 다수자가 당사자를 선정한 경우에는 선정된 당사자는 당해 소송의 종결에 이르기까지 총원을 위하여 소송을 수행할 수 있고, 상소와 같은 것도 역시 이러한 당사자로부터 제기되어야 하는 것이지만, 당사자 선정은 총원의 합의로써 장래를 향하여 이를 취소, 변경할 수 있는 만큼 당초부터 특히 어떠한 심급을 한정하여 당사자인 자격을 보유하게끔 할 목적으로 선정을 하는 것도 역시 허용된다고 할 것이나, <u>선정당사자의 선정행위시 심급의 제한에 관한 약정 등이 없는 한 선정의 효력은 소송이 종료에 이르기까지 계속되는 것이다</u>(대판 2003.11.14. 2003다34038).

[**❺ ▸ ○**] 선정당사자는 공동의 이해관계를 가진 여러 사람 중에서 선정되어야 하므로, <u>선정당사자 본인에 대한 부분의 소가 취하되거나 판결이 확정되는 경우 등으로 공동의 이해관계가 소멸하는 경우에는 선정당사자는 선정당사자의 자격을 당연히 상실한다</u>(대판 2018.10.12. 2018다231871).

2012년 변호사시험 문 53.

☑ 확인Check! ○ △ ✕

원고 측의 선정당사자에 관한 아래 설명 중 옳은 것을 모두 고른 것은?(다툼이 있는 경우에는 판례에 의함)

ㄱ. 선정당사자에 대하여는 소송대리인에 관한 규정이 준용되므로, 선정당사자가 소를 취하하려면 선정자들로부터 특별수권을 받아야 한다.

ㄴ. 선정당사자와 선정자들 사이에는 공동의 이해관계가 있어야 하는바, 선정자가 공동의 이해관계가 없는 자를 선정당사자로 선정한 경우, 이는 재심사유에 해당한다.

ㄷ. 선정당사자가 변경된 때 그 변경사실을 상대방에게 통지하지 않았더라도 그 사실이 법원에 알려진 경우, 종전의 선정당사자는 상대방의 동의를 얻었더라도 소를 취하하지 못한다.

ㄹ. 심급을 한정하여 선정을 할 수 없는 것은 아니나, 선정당사자의 지위는 제1심에 한하지 않고 소송이 종결될 때까지 유지되는 것이 원칙이다.

ㅁ. 선정은 소송계속 전·후를 불문하고 할 수 있고, 소송계속 후 선정을 하면 선정자는 당연히 소송에서 탈퇴한 것으로 본다.

① ㄴ, ㄷ   ② ㄹ, ㅁ   ③ ㄱ, ㄷ, ㅁ

④ ㄱ, ㄹ, ㅁ   ⑤ ㄷ, ㄹ, ㅁ

[**ㄱ ▸ ✕**] <u>선정당사자는 선정자들로부터 소송수행을 위한 포괄적인 수권을 받은 것으로서 일체의 소송행위는 물론 소송수행에 필요한 사법상의 행위도 할 수 있는 것이고 개개의 소송행위를 함에 있어서 선정자의 개별적인 동의가 필요한 것은 아니다</u>(대판 2003.5.30. 2001다10748).

[**ㄴ ▸ ✕**] 다수자 사이에 공동소송인이 될 관계에 있기는 하지만 주요한 공격방어방법을 공통으로 하는 것이 아니어서 공동의 이해관계가 없는 자가 선정당사자로 선정되었음에도 법원이 그러한 선정당사자 자격의 흠을 간과하여 그를 당사자로 한 판결이 확정된 경우, 선정자가 스스로 당해 소송의 공동소송인 중 1인인 선정당사자에게 소송수행권을 수여하는 선정행위를 하였다면 그 선정자로서는 실질적인 소송행위를 할 기회 또는 적법하게 당해 소송에 관여할 기회를 박탈당한 것이 아니므로, 비록 그 선정당사자와의 사이에 공동의 이해관계가 없었다고 하더라도 <u>그러한 사정은 민사소송법 제451조 제1항 제3호가 정하는 재심사유에 해당하지 않는 것으로 봄이 상당하고, 이러한 법리는 그 선정당사자에 대한 판결이 확정된 경우뿐만 아니라 그 선정당사자가 청구를 인낙하여 인낙조서가 확정된 경우에도 마찬가지라 할 것이다</u>(대판 2007.7.12. 2005다10470).

[**ㄷ ▸ ○**] <u>선정 취소에 의한 선정당사자의 자격 상실을 상대방에게 통지하지 아니하면 선정 취소의 효과를 주장할 수 없고, 구 선정당사자가 행한 소송행위는 무효로 되지 아니한다. 다만, 법원에 선정 취소의 사실이 알려진 경우에는, 구 선정당사자가 소취하 등의 처분행위는 하지 못한다고 이해된다.</u>

⑤ **정답**

법령 **법정대리권의 소멸통지(민소법 제63조)** ① 소송절차가 진행되는 중에 법정대리권이 소멸한 경우에는 본인 또는 대리인이 상대방에게 소멸된 사실을 통지하지 아니하면 소멸의 효력을 주장하지 못한다. 다만, 법원에 법정대리권의 소멸사실이 알려진 뒤에는 그 법정대리인은 제56조 제2항의 소송행위를 하지 못한다.
② 제53조의 규정에 따라 당사자를 바꾸는 경우에는 제1항의 규정을 준용한다.
법정대리인의 소송행위에 관한 특별규정(민소법 제56조) ② 제1항의 법정대리인이 소의 취하, 화해, 청구의 포기·인낙(認諾) 또는 제80조에 따른 탈퇴를 하기 위해서는 후견감독인으로부터 특별한 권한을 받아야한다. 다만, 후견감독인이 없는 경우에는 가정법원으로부터 특별한 권한을 받아야 한다.

[ㄹ ▸ O] 공동의 이해관계가 있는 다수자가 당사자를 선정한 경우에는 선정된 당사자는 당해 소송의 종결에 이르기까지 총원을 위하여 소송을 수행할 수 있고, 상소와 같은 것도 역시 이러한 당사자로부터 제기되어야 하는 것이지만, 당사자선정은 총원의 합의로써 장래를 향하여 이를 취소, 변경할 수 있는 만큼 당초부터 특히 어떠한 심급을 한정하여 당사자인 자격을 보유하게끔 할 목적으로 선정을 하는 것도 역시 허용된다고 할 것이나, 선정당사자의 선정행위시 심급의 제한에 관한 약정 등이 없는 한 선정의 효력은 소송이 종료에 이르기까지 계속되는 것이다(대판 2003.11.14. 2003다34038).

[ㅁ ▸ O] 선정의 시기는 소송계속의 전후를 불문한다. 다만, 소송계속 후 선정한 때에는, 선정자는 당연히 소송에서 탈퇴하게 되고(민소법 제53조 제2항), 선정당사자가 그 지위를 수계하게 된다.

제3절 집단소송

제4절 제3자의 소송참가 ★★★

2020년 변호사시험 문 61. ☑ 확인 Check! O △ X

乙은 甲에 대한 대여금채무자이고, 丙은 乙의 甲에 대한 위 대여금채무의 보증인이다. 甲은 丙을 상대로 보증채무의 이행을 구하는 소를 제기하였고, 위 소송계속 중 乙이 丙 측에 보조참가하여 자신의 甲에 대한 채무가 존재하지 아니한다고 주장하였다. 이에 관한 설명 중 옳지 않은 것은?(다툼이 있는 경우 판례에 의함)

① 위 소송에서 법원은 丙과는 별도로 乙에게도 소송서류를 송달하여야 한다.
② 위 소송에서 丙이 甲의 주장 사실을 명백히 다투지 아니함으로써 「민사소송법」 제150조 제1항에 의하여 그 사실을 자백한 것으로 보게 되는 경우에도 乙은 그 사실에 대하여 다툴 수 있다.
③ 위 소송에서 패소한 丙을 위하여 乙이 항소한 경우에도 丙은 乙의 위 항소를 취하할 수 있다.
④ 위 소송 결과 법원의 판결이 확정되어 참가적 효력이 인정되는 경우에도 참가적 효력은 乙과 丙 사이에서만 발생한다.
⑤ 위 소송이 화해권고결정으로 종료된 경우에도 확정판결에서와 같은 참가적 효력이 발생한다.

[❶ ▸ O] 보조참가인의 소송수행권능은 피참가인으로부터 유래된 것이 아니라 독립의 권능이라고 할 것이므로 피참가인과는 별도로 보조참가인에 대하여도 기일의 통지, 소송서류의 송달 등을 행하여야 하고, 보조참가인에게 기일통지서 또는 출석요구서를 송달하지 아니함으로써 변론의 기회를 부여하지 아니한 채 행하여진 기일의 진행은 적법한 것으로 볼 수없다(대판 2007.2.22. 2006다75641).

[**❷ ▸ ○**] 민사소송법 제76조 제2항이 정하는 "참가인의 소송행위가 피참가인의 소송행위에 어긋나는 경우"라고 함은 참가인의 소송행위가 피참가인의 행위와 명백하게 적극적으로 배치되는 경우를 말하고, 소극적으로만 피참가인의 행위와 불일치하는 때에는 이에 해당하지 아니한다. 그리하여 피참가인인 피고가 원고가 주장하는 사실을 명백히 다투지 아니하여 민사소송법 제150조에 의하여 그 사실을 자백한 것으로 보게 되는 경우에라도 참가인이 보조참가를 신청하면서 그 사실에 대하여 다투는 것은 피참가인의 행위와 명백히 적극적으로 배치되는 경우라고 할 수 없으므로, 그 소송행위의 효력이 부인되지 아니한다(대판 2011.1.13, 2010다18638).

[**❸ ▸ ○**] 민사소송법 제76조 제2항은 참가인의 소송행위가 피참가인의 소송행위에 어긋나는 경우에는 참가인의 소송행위는 효력을 가지지 아니한다고 규정하고 있는데, 그 규정의 취지는 피참가인들의 소송행위와 보조참가인들의 소송행위가 서로 어긋나는 경우에는 피참가인의 의사가 우선하는 것을 뜻하므로 피참가인은 참가인의 행위에 어긋나는 행위를 할 수 있고, 따라서 보조참가인들이 제기한 항소를 포기 또는 취하할 수도 있다(대판 2010.10.14, 2010다38168).

[**❹ ▸ ○**] 보조참가인이 피참가인을 보조하여 공동으로 소송을 수행하였으나 피참가인이 그 소송에서 패소한 경우에는 형평의 원칙상 보조참가인이 피참가인에게 그 패소판결이 부당하다고 주장할 수 없도록 구속력을 미치게 하는 이른바 참가적 효력이 있음에 불과하므로 피참가인과 그 소송상대방 간의 판결의 기판력이 참가인과 피참가인의 상대방과의 사이에까지는 미치지 아니한다(대판 1988.12.13, 86다카2289).

[**❺ ▸ ✕**] 보조참가인이 피참가인을 보조하여 공동으로 소송을 수행하였으나 피참가인이 소송에서 패소한 경우에는 형평의 원칙상 보조참가인이 피참가인에게 패소판결이 부당하다고 주장할 수 없도록 구속력을 미치게 하는 이른바 참가적 효력이 인정되지만, 전소 확정판결의 참가적 효력은 전소 확정판결의 결론의 기초가 된 사실상 및 법률상의 판단으로서 보조참가인이 피참가인과 공동이익으로 주장하거나 다툴 수 있었던 사항에 한하여 미친다. 이러한 법리에 비추어 보면 전소가 확정판결이 아닌 화해권고결정에 의하여 종료된 경우에는 확정판결에서와 같은 법원의 사실상 및 법률상의 판단이 이루어졌다고 할 수 없으므로 참가적 효력이 인정되지 아니한다(대판 2015.5.28, 2012다78184).

2019년 변호사시험 문 53.   ☑ 확인Check! ○ △ ✕

보조참가에 관한 설명 중 옳지 않은 것은?(다툼이 있는 경우 판례에 의함)

① 특정 소송사건에서 당사자의 일방을 보조하기 위하여 보조참가를 하려면 당해 소송의 결과에 대하여 이해관계가 있어야 하고, 여기에서 말하는 이해관계라 함은 사실상, 경제상 이해관계가 아니라 법률상 이해관계를 의미한다.

② 불법행위로 인한 손해배상채권을 가지는 甲이 공동불법행위자 乙 및 丙을 상대로 제기한 손해배상청구소송의 2심에서, 甲의 乙에 대한 손해배상청구는 인용된 반면 甲의 丙에 대한 손해배상청구는 전부 기각되는 판결이 선고된 경우, 위 2심 판결 중 甲의 丙에 대한 청구 전부 기각 부분에 대하여 甲이 상고기간 내에 상고하지 않더라도 甲의 상고기간 내라면 乙이 甲을 위하여 보조참가를 함과 동시에 상고를 제기할 수 있다.

③ 서울특별시장과 같은 행정청은 「민사소송법」상의 보조참가를 할 수 없다.

④ 당사자가 보조참가에 대하여 이의를 신청한 때에는, 법원이 참가 허가 여부를 결정하여야 하고, 이를 결정으로만 하여야 하며 종국판결로 하면 위법하다.

⑤ 피참가인과는 별도로 보조참가인에 대하여도 기일의 통지를 하여야 하나, 기일통지서를 송달받지 못한 보조참가인이 변론기일에 직접 출석하여 변론할 기회를 가졌고 위 변론기일 당시 기일통지서를 송달받지 못한 점에 관하여 이의를 하지 아니하였다면, 기일통지를 하지 않은 절차상 흠이 치유된다.

[**❶ ▸ ○**][**❷ ▸ ○**] 공동불법행위자 乙은 甲이 乙 및 丙을 상대로 제기한 손해배상청구소송에 법률상의 이해관계를 가지고 있으므로, 甲의 상고기간 내에 甲의 丙에 대한 청구기각 부분에 대하여 보조참가를 함과 동시에 상고를 제기할 수 있다.

④ **정답**

[1] 특정 소송사건에서 당사자의 일방을 보조하기 위하여 보조참가를 하려면 당해 소송의 결과에 대하여 이해관계가 있어야 하고, 여기에서 말하는 이해관계라 함은 사실상, 경제상 또는 감정상의 이해관계가 아니라 법률상의 이해관계를 가리킨다.

[2] 불법행위로 인한 손해배상책임을 지는 자는 피해자가 다른 공동불법행위자들을 상대로 제기한 손해배상청구소송의 결과에 대하여 법률상의 이해관계를 갖는다고 할 것이므로, 위 소송에 원고를 위하여 보조참가를 할 수가 있고, 피해자인 원고가 패소판결에 대하여 상소를 하지 않더라도 원고의 상소기간 내라면 보조참가와 동시에 상소를 제기할 수도 있다(대판 1999.7.9. 99다12796).

[③ ▸ ○] 당사자능력 및 소송능력이 없는 행정청에 불과한 서울특별시장의 보조참가신청은 부적법하다.

타인 사이의 항고소송에서 소송의 결과에 관하여 이해관계가 있다고 주장하면서 민사소송법 제71조에 의한 보조참가를 할 수 있는 제3자는 민사소송법상의 당사자능력 및 소송능력을 갖춘 자이어야 하므로 그러한 당사자능력 및 소송능력이 없는 행정청으로서는 민사소송법상의 보조참가를 할 수는 없고 다만 행정소송법 제17조 제1항에 의한 소송참가를 할 수 있을 뿐이다(대판 2002.9.24. 99두1519).

[④ ▸ ×] 당사자가 보조참가에 대하여 이의를 신청한 때에는 법원은 참가를 허가할 것인지 아닌지를 결정하여야 하고 (민사소송법 제73조 제1항), 다만 이를 결정이 아닌 종국판결로써 심판하였더라도 위법한 것은 아니며, 이는 재판의 효력이 미치는 제3자가 공동소송적 보조참가를 한 경우에 그 참가에 대하여 당사자가 이의를 신청한 때도 같다(대판 2015.10.29. 2014다13044).

[⑤ ▸ ○] 보조참가인의 소송수행권능은 피참가인으로부터 유래된 것이 아니라 독립의 권능이라고 할 것이므로 피참가인과는 별도로 보조참가인에 대하여도 기일의 통지, 소송서류의 송달 등을 행하여야 하고, 보조참가인에게 기일통지서 또는 출석요구서를 송달하지 아니함으로써 변론의 기회를 부여하지 아니한 채 행하여진 기일의 진행은 적법한 것으로 볼 수 없다. 기일통지서를 송달받지 못한 보조참가인이 변론기일에 직접 출석하여 변론할 기회를 가졌고, 위 변론 당시 기일통지서를 송달받지 못한 점에 관하여 이의를 하지 아니하였다면, 기일통지를 하지 않은 절차진행상의 흠이 치유된다(대판 2007.2.22. 2006다75641).

2017년 변호사시험 문 63.

☑ 확인 Check! ○ △ ✕

甲이 乙을 상대로 매매를 원인으로 한 소유권이전등기청구의 소를 제기하여 제1심 계속 중 丙이 이 소송에 독립당사자참가를 신청하였다. 이에 관한 설명 중 옳지 않은 것은?(다툼이 있는 경우 판례에 의함)

① 丙이 자신이 진정한 매수인이라고 주장하면서 乙에 대하여 소유권이전등기절차의 이행을 구함과 동시에 甲에 대하여는 甲이 매매당사자가 아님을 이유로 소유권이전등기청구권의 부존재확인을 구하는 것은 적법하다.

② 제1심 법원이 본안판결을 할 때에는 甲, 乙, 丙 3인을 당사자로 하는 하나의 종국판결을 하여야 한다.

③ 제1심 법원이 甲, 乙, 丙 3인에 대하여 화해권고결정을 하였는데 이에 대하여 丙만이 이의신청을 한 경우, 위 화해권고결정은 세 당사자 사이에서 효력이 발생하지 않는다.

④ 제1심 법원이 甲 승소판결을 하여 이에 대하여 丙만이 항소를 제기한 경우, 항소심 법원은 항소 또는 부대항소를 제기하지 않은 乙에게 결과적으로 제1심 판결보다 유리한 내용으로 판결을 변경할 수 없다.

⑤ 제1심 법원이 丙의 독립당사자참가신청을 각하하고 甲의 청구를 기각하였는데 丙은 항소를 제기하지 아니하였고 甲만이 항소한 경우, 위 독립당사자참가신청을 각하한 부분은 별도로 확정된다.

[**❶ ▸ O**]   甲(원고)은 乙(피고)과의 사이에 체결된 매매계약의 매수당사자가 甲이라고 주장하면서 그 소유권이전등기절차이행을 구하고 있고 이에 대하여 丙(참가인)은 자기가 그 매수당사자라고 주장하는 경우라면 丙은 甲에 의하여 자기의 권리 또는 법률상의 지위를 부인당하고 있는 한편 그 불안을 제거하기 위하여서는 매수인으로서의 권리의무가 丙에 있다는 확인의 소를 제기하는 것이 유효적절한 수단이라고 보여지므로 결국 丙이 乙에 대하여 그 소유권이전등기절차의 이행을 구함과 동시에 甲에 대하여 소유권이전등기청구권 등 부존재확인의 소를 구하는 것은 확인의 이익이 있는 적법한 것이라고 할 것이다(대판 1988.3.8. 86다148).

[**❷ ▸ O**]   민사소송법 제79조 제1항에 따라 원·피고, 독립당사자참가인 간의 소송에 대하여 본안판결을 할 때에는 위 3당사자를 판결의 명의인으로 하는 하나의 종국판결만을 내려야 하는 것이지 위 당사자의 일부에 관해서만 판결을 하는 것은 허용되지 않고, 같은 조 제2항에 의하여 제67조가 준용되는 결과 독립당사자참가소송에서 원고승소의 판결이 내려지자 이에 대하여 참가인만이 상소를 한 경우에도 판결 전체의 확정이 차단되고 사건 전부에 관하여 이심의 효력이 생긴다(대판 2007.12.14. 2007다37776).

[**❸ ▸ O**]   [1] 민사소송법 제79조에 의한 소송은 동일한 권리관계에 관하여 원고, 피고 및 참가인 상호 간의 다툼을 하나의 소송절차로 한꺼번에 모순 없이 해결하려는 소송형태로서 두 당사자 사이의 소송행위는 나머지 1인에게 불이익이 되는 한 두 당사자 간에도 효력이 발생하지 않는다고 할 것이므로, 원·피고 사이에만 재판상 화해를 하는 것은 3자 간의 합일확정의 목적에 반하기 때문에 허용되지 않는다.
[2] 독립당사자참가인이 화해권고결정에 대하여 이의한 경우, 이의의 효력이 원·피고 사이에도 미친다(대판 2005.5.26. 2004다25901).

[**❹ ▸ ✕**]   민사소송법 제79조에 의한 독립당사자참가소송은 동일한 권리관계에 관하여 원고, 피고, 참가인이 서로 간의 다툼을 하나의 소송절차로 한꺼번에 모순 없이 해결하는 소송형태로서, 독립당사자참가가 적법하다고 인정되어 원고, 피고, 참가인 간의 소송에 대하여 본안판결을 할 때에는 위 세 당사자를 판결의 명의인으로 하는 하나의 종국판결을 선고함으로써 위 세 당사자들 사이에서 합일확정적인 결론을 내려야 하고, 이러한 본안판결에 대하여 일방이 항소한 경우에는 제1심 판결 전체의 확정이 차단되고 사건 전부에 관하여 이심(移審)의 효력이 생긴다. 그리고 이러한 경우 항소심의 심판대상은 실제 항소를 제기한 자의 항소 취지에 나타난 불복범위에 한정하되 위 세 당사자 사이의 결론의 합일확정의 필요성을 고려하여 그 심판의 범위를 판단하여야 하고, 이에 따라 항소심에서 심리·판단을 거쳐 결론을 내림에 있어 위 세 당사자 사이의 결론의 합일확정을 위하여 필요한 경우에는 그 한도 내에서 항소 또는 부대항소를 제기한 바 없는 당사자에게 결과적으로 제1심 판결보다 유리한 내용으로 판결이 변경되는 것도 배제할 수는 없다(대판 2007.10.26. 2006다86573).

[**❺ ▸ O**]   제1심 판결에서 참가인의 독립당사자참가신청을 각하하고 원고의 청구를 기각한 데 대하여 참가인은 항소기간 내에 항소를 제기하지 아니하였고, 원고만이 항소한 경우 위 독립당사자참가신청을 각하한 부분은 원고의 항소에도 불구하고 피고에 대한 본소청구와는 별도로 이미 확정되었다 할 것이다(대판 1992.5.26. 91다4669).

제3자의 소송참가에 관한 설명 중 옳지 않은 것은?(다툼이 있는 경우에는 판례에 의함)

① 채권자 甲이 연대보증인 丙을 상대로 연대보증채무의 이행을 구하는 소송에서 주채무자 乙이 丙을 위하여 보조참가하여 주채무의 부존재를 주장하였으나 丙이 패소하였다. 그 후 甲이 乙을 상대로 주채무의 이행을 청구한 경우 乙은 전소의 판결이 부당하다고 주장하며 주채무의 존재를 다툴 수 있다.

② 甲이 乙을 상대로 제기한 소송에서 乙을 위하여 보조참가한 丙은 乙의 상소기간이 도과하지 않은 한 상소를 제기할 수 있다.

③ 甲이 乙을 상대로 제기한 소송에서 丙이 독립당사자참가를 한 경우에 甲과 乙만이 재판상 화해를 하는 것은 허용되지 않는다.

④ 甲이 乙을 상대로 근저당권설정등기의 불법말소를 이유로 그 회복등기를 구하는 소를 제기한 경우에 후순위 근저당권자인 丙은 甲과 乙이 당해 소송을 통하여 자신을 해할 의사, 즉 사해의사를 갖고 있다고 객관적으로 인정되고 그 소송의 결과 자신의 권리 또는 법률상의 지위가 침해될 염려가 있다고 인정되면 甲·乙을 상대로 근저당권부존재확인을 구하는 독립당사자참가를 할 수 있다.

⑤ 교통사고 피해자인 甲이 보험회사 丙을 상대로 제기한 손해배상청구의 소에서 소송계속 중, 甲은 교통사고 가해자인 乙을 상대로 丙이 부담하는 책임보험의 한도액을 초과하는 손해에 대하여 이를 청구할 권리가 있다는 취지의 소송고지 신청을 하였고 그 소송고지서가 乙에게 송달되었다. 이와 같은 소송고지는 민법 제174조에서 정한 시효중단사유로서의 최고의 효력이 있고, 위 조항에 규정된 6월의 기간은 소송고지된 때부터 기산하여야 한다.

[**❶** ▸ ○] 甲과 乙 사이에는 기판력뿐만 아니라 참가적 효력도 인정되지 아니하므로, 甲이 乙을 상대로 주채무의 이행을 청구한 경우에는, 乙은 주채무의 존재를 다툴 수 있다.

> 보조참가인이 피참가인을 보조하여 공동으로 소송을 수행하였으나 피참가인이 그 소송에서 패소한 경우에는 형평의 원칙상 보조참가인이 피참가인에게 그 패소판결이 부당하다고 주장할 수 없도록 구속력을 미치게 하는 이른바 참가적 효력이 있음에 불과하므로 피참가인과 그 소송상대방 간의 판결의 기판력이 참가인과 피참가인의 상대방과의 사이에까지는 미치지 아니한다(대판 1988.12.13. 86다카2289).

[**❷** ▸ ○] [1] 특정 소송사건에서 당사자의 일방을 보조하기 위하여 보조참가를 하려면 당해 소송의 결과에 대하여 이해관계가 있어야 하고, 여기에서 말하는 이해관계라 함은 사실상, 경제상 또는 감정상의 이해관계가 아니라 법률상의 이해관계를 가리킨다.

[2] 불법행위로 인한 손해배상책임을 지는 자는 피해자가 다른 공동불법행위자들을 상대로 제기한 손해배상 청구소송의 결과에 대하여 법률상의 이해관계를 갖는다고 할 것이므로, 위 소송에 원고를 위하여 보조참가를 할 수가 있고, 피해자인 원고가 패소판결에 대하여 상소를 하지 않더라도 원고의 상소기간 내라면 보조참가와 동시에 상소를 제기할 수도 있다(대판 1999.7.9. 99다12796).

[**❸** ▸ ○] [1] 민사소송법 제79조에 의한 소송은 동일한 권리관계에 관하여 원고, 피고 및 참가인 상호 간의 다툼을 하나의 소송절차로 한꺼번에 모순 없이 해결하려는 소송형태로서 두 당사자 사이의 소송행위는 나머지 1인에게 불이익이 되는 한 두 당사자 간에도 효력이 발생하지 않는다고 할 것이므로, 원·피고 사이에만 재판상 화해를 하는 것은 3자 간의 합일확정의 목적에 반하기 때문에 허용되지 않는다.

[2] 독립당사자참가인이 화해권고결정에 대하여 이의한 경우, 이의의 효력이 원·피고 사이에도 미친다(대판 2005.5.26. 2004다25901).

[**④ ▶ ○**] 근저당권설정등기의 불법말소를 이유로 그 회복등기를 구하는 본안소송에서 원고가 승소판결을 받는다고 하더라도 그 후순위 근저당권자가 있는 경우에는 바로 회복등기를 할 수 있는 것은 아니고 부동산등기법 제75조에 의하여 이해관계 있는 제3자인 후순위 근저당권자의 승낙서 또는 이에 대항할 수 있는 재판의 등본을 첨부하여야 하므로 원고로서는 후순위 근저당권자를 상대로 승낙을 구하는 소송을 별도로 제기하여 승소판결을 받아야 하고, 따라서 본안소송에서 원고가 승소판결을 받는다고 하더라도 그 기판력은 회복등기에 대한 승낙을 구하는 소송에는 미치지 아니하므로 후순위 근저당권자는 그 소송에서 위 근저당권이 불법으로 말소되었는지의 여부를 다툴 수 있는 것이기는 하지만, 말소회복등기소송에서의 사실인정관계가 승낙의사표시 청구소송에서도 유지되어 후순위 근저당권자는 선순위 근저당권을 수인하여야 할 것이기에 본안소송의 결과는 당연히 후순위 근저당권자를 상대로 승낙을 구하는 소에 사실상 영향을 미치게 됨으로써 후순위 근저당권자의 권리의 실현 또는 법률상의 지위가 침해될 염려가 있다 할 것이다. 따라서 후순위 근저당권자에게는 원·피고들에 대한 근저당권부존재확인청구라는 참가소송을 통하여 후일 발생하게 될 이러한 불안 내지 염려를 사전에 차단할 필요가 있는 것이고, 이러한 참가소송은 사해판결로 인하여 초래될 이러한 장애를 방지하기 위한 유효적절한 수단이 된다고 할 것이다(대판 2001.8.24. 2000다12785).

[**⑤ ▶ ✕**] 소송고지의 요건이 갖추어진 경우에 그 소송고지서에 고지자가 피고지자에 대하여 채무의 이행을 청구하는 의사가 표명되어 있으면 민법 제174조에 정한 시효중단사유로서의 최고의 효력이 인정된다. 시효중단제도는 그 제도의 취지에 비추어 볼 때 이에 관한 기산점이나 만료점은 원권리자를 위하여 너그럽게 해석하는 것이 상당한데, 소송고지로 인한 최고의 경우 보통의 최고와는 달리 법원의 행위를 통하여 이루어지는 것으로서, 그 소송에 참가할 수 있는 제3자를 상대로 소송고지를 한 경우에 그 피고지자는 그가 실제로 그 소송에 참가하였는지 여부와 관계없이 후일 고지자와의 소송에서 전소 확정판결에서의 결론의 기초가 된 사실상·법률상의 판단에 반하는 것을 주장할 수 없어 그 소송의 결과에 따라서는 피고지자에 대한 참가적 효력이라는 일정한 소송법상의 효력까지 발생함에 비추어 볼 때, 고지자로서는 소송고지를 통하여 당해 소송의 결과에 따라 피고지자에게 권리를 행사하겠다는 취지의 의사를 표명한 것으로 볼 것이므로, 당해 소송이 계속 중인 동안은 최고에 의하여 권리를 행사하고 있는 상태가 지속되는 것으로 보아 민법 제174조에 규정된 6월의 기간은 당해 소송이 종료된 때로부터 기산되는 것으로 해석하여야 함(대판 2009.7.9. 2009다14340).

2018년 변호사시험 문 64.

☑ 확인Check! ○ △ ✕

소송승계에 관한 설명 중 옳지 않은 것은?(다툼이 있는 경우 판례에 의함)

① 청구이의의 소가 제기되기 전에 그 소의 대상이 된 집행권원에 표시된 청구권을 양수하고 대항요건을 갖춘 자가 그 청구이의의 소에 승계참가신청을 하는 것은 특별한 사정이 없는 한 부적법하다.

② 매매를 원인으로 한 부동산소유권이전등기청구의 소계속 중 제3자가 그 소송목적인 등기절차이행의무 자체를 승계한 것이 아니라 단순히 그 부동산에 대하여 자신의 명의로 소유권이전등기를 마친 경우, 그 제3자에 대하여 등기말소를 구하기 위한 소송의 인수는 허용된다.

③ 甲의 乙에 대한 손해배상청구의 소계속 중 甲이 丙에게 위 손해배상채권을 양도하고 乙에게 채권양도의 통지를 한 다음 丙이 승계참가신청을 하자 탈퇴를 신청하였으나 乙의 부동의로 탈퇴하지 못한 경우, 甲의 청구와 丙의 청구는 통상의 공동소송으로서 모두 유효하게 존속한다.

④ 신주발행무효의 소계속 중 원고적격의 근거가 되는 주식이 전부 양도된 경우에 그 양수인은 제소기간 등의 요건이 충족된다면 새로운 주주의 지위에서 신소를 제기할 수도 있고, 양도인이 이미 제기한 위 소송을 적법하게 승계할 수도 있다.

⑤ 당사자인 법인이 합병에 의하여 소멸된 때에는 합병에 의하여 설립된 법인 또는 합병한 뒤의 존속법인이 소송절차를 수계하여야 한다.

②·③ **정답**

[**❶ ▶ O**] [1] 민사소송법 제74조의 권리승계참가는 소송의 목적이 된 권리를 승계한 경우뿐만 아니라 채무를 승계한 경우에도 이를 할 수 있다. 청구이의의 소의 계속 중 그 소송에서 집행력 배제를 구하고 있는 채무명의에 표시된 청구권을 양수한 자는 소송의 목적이 된 채무를 승계한 것이므로 승계집행문을 부여받은 여부에 관계없이 위 청구이의의 소에 민사소송법 제74조에 의한 승계참가를 할 수 있다.
[2] 청구이의의 소가 제기되기 전에 그 채무명의에 표시된 청구권을 양수한 자의 권리승계 참가신청은 부적법한 것이다(대판 1983.9.27. 83다카1027).

[**❷ ▶ ✕**] 피고 회사에 대한 채권적 청구권에 기한 이건 부동산 소유권이전등기청구의 소송계속 중 그 소송목적이 된 피고 회사의 위 부동산에 대한 이전등기이행 채무 자체를 승계함이 없이 단순히 위 부동산에 대한 소유권이전등기(또는 근저당설정등기)가 피고 회사로부터 상대방들 앞으로 경료되었다 하여 이를 가지고 민사소송법 제75조 제1항 소정의 그 소송의 목적이 된 채무를 승계한 때에 해당한다고 할 수 없고 이와 같은 상대방들에 대하여 <u>위 경료된 상대방들 명의의 각 등기의 말소를 구하기 위한 소송의 인수는 허용되지 않는다</u>(대결 1983.3.22. 80마283).

[**❸ ▶ ✕**] 승계참가에 관한 민사소송법 규정과 2002년 민사소송법 개정에 따른 다른 다수당사자 소송제도와의 정합성, 원고 승계참가인(이하 '승계참가인'이라 한다)과 피참가인인 원고의 중첩된 청구를 모순 없이 합일적으로 확정할 필요성 등을 종합적으로 고려하면, 소송이 법원에 계속되어 있는 동안에 제3자가 소송목적인 권리의 전부나 일부를 승계하였다고 주장하며 민사소송법 제81조에 따라 소송에 참가한 경우, 원고가 승계참가인의 승계 여부에 대해 다투지 않으면서도 소송탈퇴, 소취하 등을 하지 않거나 이에 대하여 피고가 부동의하여 원고가 소송에 남아 있다면 승계로 인해 중첩된 원고와 승계참가인의 청구 사이에는 <u>필수적 공동소송에 관한 민사소송법 제67조가 적용된다</u>(대판 2019.10.23. 2012다46170 [전합]).

[**❹ ▶ O**] 구 민사소송법 제74조에서 규정하고 있는 소송의 목적물인 권리관계의 승계라 함은 소송물인 권리관계의 양도뿐만 아니라 당사자적격 이전의 원인이 되는 실체법상의 권리 이전을 널리 포함하는 것이므로, <u>신주발행무효의 소계속 중 그 원고 적격의 근거가 되는 주식이 양도된 경우에 그 양수인은 제소기간 등의 요건이 충족된다면 새로운 주주의 지위에서 신소를 제기할 수 있을 뿐만 아니라, 양도인이 이미 제기한 기존의 위 소송을 적법하게 승계할 수도 있다</u>(대판 2003.2.26. 2000다42786).

[**❺ ▶ O**] 당사자인 법인이 합병에 의하여 소멸된 때에 소송절차는 중단된다. 이 경우 합병에 의하여 설립된 법인 또는 합병한 뒤의 존속법인이 소송절차를 수계하여야 한다(민소법 제234조).

甲은 친구 소유의 화물차(丙보험회사의 업무용 자동차 책임보험에 가입되어 있음)의 조수석에 동승하여 가다가 위 화물차의 추돌사고로 상해를 입게 되었다. 한편 甲은 위 사고 이전에 자신 소유의 승용차에 대하여 乙보험회사와 사이에, 위와 같은 책임보험만으로는 보상되지 않는 손해를 보상하는 내용의 상해담보특약을 포함하는 자동차 종합보험계약을 체결하였다. 이에 기해 甲은 위 사고를 이유로 乙보험회사를 상대로 보험금('이 사건 보험금')을 청구하고자 한다. 다음 설명 중 밑줄 친 부분이 옳지 않은 것을 모두 고른 것은?(각 지문은 독립적이고, 다툼이 있는 경우에는 판례에 의함)

ㄱ. 甲은 乙보험회사에 대한 이 사건 보험금 청구에 앞서 위 화물차의 책임보험자인 丙보험회사를 상대로 위 사고로 인한 손해배상청구의 소를 제기하였는데, 丙보험회사가 부담하여야 할 책임보험금의 한도액에 따라 乙보험회사의 보험금 지급책임의 범위가 정해지므로 甲은 丙보험회사를 상대로 한 <u>위 손해배상청구소송 도중 그 소송결과에 이해관계가 있는 乙보험회사에게 소송고지를 할 수 있다.</u>

ㄴ. 가령 위 ㄱ.에서 甲의 소송고지가 적법하다면, 그 소송고지가 이 사건 보험금청구권의 소멸시효 완성 전에 행하여졌고, 그 고지서에 피고지자에 대한 채무이행청구의 의사가 나타나 있는 경우, <u>그 소송고지는</u> 이 사건 보험금청구권에 대한 민법 제174조의 <u>시효중단사유로서의 최고의 효력이 인정된다.</u>

ㄷ. 이 사건 보험금청구권은 책임보험만으로는 전보되지 못하는 손해를 보상하는 것이라고 하더라도 그 소멸시효기간을 <u>일반불법행위로 인한 손해배상청구권의 경우와 같이 그 손해 및 가해자를 안 날로부터 3년간이라고 볼 것은 아니고,</u> 상법 제662조에서 정한 <u>보험금액의 청구권과 같이 2년간 행사하지 않으면 소멸시효가 완성된다고 보아야 한다.</u>

ㄹ. 만약 乙보험회사가 이미 甲을 상대로 이 사건 보험금채무부존재확인청구의 소를 제기하여 계속 중, 이에 대해 甲이 乙보험회사를 상대로 이 사건 보험금청구의 반소를 제기한 경우, <u>반소가 제기되었다는 사정만으로 위 본소청구에 대한 확인의 이익이 소멸한다고는 볼 수 없다.</u>

① 없음　　　　　② ㄴ　　　　　③ ㄷ
④ ㄱ, ㄷ　　　　　⑤ ㄷ, ㄹ

[ㄱ ▸ ○] 甲의 丙보험회사에 대한 손해배상청구의 소의 결과에 의하여, 乙보험회사는 보험금지급책임의 범위가 결정되는 법률상 이해관계를 가지고 있으므로, 甲은 乙보험회사에게 참가적 효력을 미치게 하기 위한 소송 고지를 할 수 있다.

[ㄴ ▸ ○] [ㄷ ▸ ○]　[1] 소송고지의 요건이 갖추어진 경우에 그 소송고지서에 고지자가 피고지자에 대하여 채무의 이행을 청구하는 의사가 표명되어 있으면 민법 제174조에 정한 시효중단사유로서의 최고의 효력이 인정된다. 시효중단제도는 그 제도의 취지에 비추어 볼 때 이에 관한 기산점이나 만료점은 원권리자를 위하여 너그럽게 해석하는 것이 상당한데, 소송고지로 인한 최고의 경우 보통의 최고와는 달리 법원의 행위를 통하여 이루어지는 것으로서, 그 소송에 참가할 수 있는 제3자를 상대로 소송고지를 한 경우에 그 피고지자는 그가 실제로 그 소송에 참가하였는지 여부와 관계없이 후일 고지자와의 소송에서 전소 확정판결에서의 결론의 기초가 된 사실상·법률상의 판단에 반하는 것을 주장할 수 없어 그 소송의 결과에 따라서는 피고지자에 대한 참가적 효력이라는 일정한 소송법상의 효력까지 발생함에 비추어 볼 때, 고지자로서는 소송고지를 통하여 당해 소송의 결과에 따라 피고지자에게 권리를 행사하겠다는 취지의 의사를 표명한 것으로 볼 것이므로, 당해 소송이 계속 중인 동안은 최고에 의하여 권리를 행사하고 있는 상태가 지속되는 것으로 보아 민법 제174조에 규정된 6월의 기간은 당해 소송이 종료된 때로부터 기산되는 것으로 해석하여야 한다.

[2] 보험금액의 청구권 등의 소멸시효기간에 관하여 규정한 상법 제662조는 달리 특별한 규정이 없는 한 손해보험과 인보험 모두에 적용되는 규정이고, 무보험자동차에 의한 상해담보특약에 기한 보험이 실질적으로 피보험자가 무보험자동차에 의한 사고로 사망 또는 상해의 손해를 입게 됨으로써 전보되지 못하는 실손해를 보상하는 것이라고 하더라도 그 보험금청구 권은 상법 제662조에 의한 보험금액의 청구권에 다름 아니어서 이를 3년간 행사하지 아니하면 소멸시효가 완성된다고 할 것이며, 보험금청구권은 보험사고의 발생으로 인하여 구체적으로 확정되어 그때부터 그 권리를 행사할 수 있게 되는 것이므로 그 소멸시효는 달리 특별한 사정이 없는 한 민법 제166조 제1항의 규정에 의하여 보험사고가 발생한 때로부터 진행한다(대판 2009.7.9. 2009다14340).

[ㄹ ▶ ㅇ] 소송요건을 구비하여 적법하게 제기된 본소가 그 후에 상대방이 제기한 반소로 인하여 소송요건에 흠결이 생겨 다시 부적법하게 되는 것은 아니므로, 원고가 피고에 대하여 손해배상채무의 부존재확인을 구할 이익이 있어 본소로 그 확인을 구하였다면, 피고가 그 후에 그 손해배상채무의 이행을 구하는 반소를 제기하였다 하더라도 그러한 사정만으로 본소청구에 대한 확인의 이익이 소멸하여 본소가 부적법하게 된다고 볼 수는 없다. 민사소송법 제271조는 본소가 취하된 때에는 피고는 원고의 동의 없이 반소를 취하할 수 있다고 규정하고 있고, 이에 따라 원고가 반소가 제기되었다는 이유로 본소를 취하한 경우 피고가 일방적으로 반소를 취하함으로써 원고가 당초 추구한 기판력을 취득할 수 없는 사태가 발생할 수 있는 점을 고려하면, 위 법리와 같이 반소가 제기되었다는 사정만으로 본소청구에 대한 확인의 이익이 소멸한다고는 볼 수 없다(대판 2010.7.15. 2010다2428).

제5절 | 당사자의 변경

| 제1절 | 서 설 | ★★☆ |

건물 임대인 甲은 임대차계약기간 만료일인 2015.5.2.이 경과되었음에도 불구하고 건물 임차인인 乙이 건물을 인도하지 않으므로 乙을 상대로 아래 청구취지로 소를 제기하여 1심에서 아래 주문과 같은 판결을 선고받았다(임대차보증금 1억원). 이에 관한 설명 중 옳은 것을 모두 고른 것은?(다툼이 있는 경우 판례에 의함)

〈청구취지〉
1. 피고는 원고에게 별지 목록 기재 건물을 인도하라.
2. 피고는 원고에게 2015.5.3.부터 별지 목록 기재 건물의 인도 완료일까지 매월 1,000,000원의 비율로 계산한 돈을 지급하라.
3. 소송비용은 피고가 부담한다.
4. 제1, 2항은 가집행할 수 있다.

〈주문〉
1. 피고는 원고로부터 100,000,000원을 지급받음과 동시에 원고에게 별지 목록 기재 건물을 인도하라.
2. 피고는 원고에게 2015. 5. 3.부터 별지 목록 기재 건물의 인도 완료일까지 매월 1,000,000원의 비율로 계산한 돈을 지급하라.
3. 원고의 나머지 청구를 기각한다.
4. 소송비용 중 1/3은 원고가, 나머지는 피고가 각 부담한다.
5. 제1, 2항은 가집행할 수 있다.

ㄱ. 甲에게는 위 판결에 대한 항소이익이 있다.
ㄴ. 법원이 주문 제2항의 판결을 선고하려면 甲의 청구에 미리 청구할 필요가 인정되어야 한다.
ㄷ. 위 청구취지와 달리 甲의 청구가 없다면 법원은 주문 제5항을 직권으로 선고하지 못한다.
ㄹ. 소송 진행 도중에 甲의 채권자 丙이 甲의 乙에 대한 차임채권에 대하여 압류 및 추심명령을 받더라도 임대차계약이 종료되어 목적물이 반환될 때에는 그때까지 추심되지 아니한 채 잔존하는 차임채권 상당액도 임대차보증금에서 당연히 공제된다.

① ㄴ   ② ㄱ, ㄴ   ③ ㄷ, ㄹ
④ ㄱ, ㄴ, ㄹ   ⑤ ㄱ, ㄴ, ㄷ, ㄹ

[ㄱ ▶ ○] 원고 甲의 단순이행청구에 제1심 법원이 상환이행판결을 한 경우로서 판결주문이 신청보다 원고에게 불리하므로, 甲에게 항소의 이익이 인정된다.

[ㄴ▸O] 청구취지 제2항에서 원고 甲이 피고 乙에 대하여 건물 인도 완료 시까지 차임 상당액의 부당이득반환청구를 한 경우, 장래이행의 소로서 적법하여 법원이 주문 제2항의 장래이행판결을 선고하려면, 원고 甲의 청구에 미리 청구할 필요가 있어야 한다.

[ㄷ▸X] 가집행선고는 당사자의 신청 유무에 관계없이 법원이 직권으로 판단할 사항으로 처분권주의를 근거로 하는 민사소송법 제385조의 적용을 받지 아니하므로, 가집행선고가 붙지 아니한 제1심 판결에 대하여 피고만이 항소한 항소심에서 항소를 기각하면서 가집행선고를 붙였어도 불이익변경금지의 원칙에 위배되지 아니한다(대판 1998.11.10. 98다42141).

[ㄹ▸O] 부동산 임대차에 있어서 수수된 보증금은 차임채무, 목적물의 멸실·훼손 등으로 인한 손해배상채무 등 임대차에 따른 임차인의 모든 채무를 담보하는 것으로서 그 피담보채무 상당액은 임대차관계의 종료 후 목적물이 반환될 때에 특별한 사정이 없는 한 별도의 의사표시 없이 보증금에서 당연히 공제되는 것이므로, 임대보증금이 수수된 임대차계약에서 차임채권에 관하여 압류 및 추심명령이 있었다 하더라도, 당해 임대차계약이 종료되어 목적물이 반환될 때에는 그때까지 추심되지 아니한 채 잔존하는 차임채권 상당액도 임대보증금에서 당연히 공제된다(대판 2004.12.23. 2004다56554).

2012년 변호사시험 문 59.　　　　　　　　　　　　☑확인Check! O △ X

甲은 乙을 상대로 불법행위를 원인으로 한 손해배상금 1억원의 지급을 구함과 동시에 X토지에 관하여 매매를 원인으로 한 소유권이전등기절차의 이행을 구하는 소를 제기하였다. 제1심 법원은 乙로 하여금 불법행위로 인한 손해배상금 1,000만원을 甲에게 지급할 것을 명하고, 甲의 나머지 청구는 모두 기각하는 판결을 선고하였다. 甲은 제1심 판결정본을 송달받은 후 항소에 따른 인지대 납부에 부담을 느껴, 기각된 불법행위로 인한 손해배상금 청구(9,000만원 청구 부분) 중 2,000만원 부분에 대해서만 항소기간 내에 항소를 제기하였다. 이후 항소심 소송계속 중 甲이 적법하게 할 수 있는 것으로 옳은 것을 모두 고른 것은?

ㄱ. 甲은 제1심에서 기각된 9,000만원의 손해배상금 청구 부분 전부에 대하여 다투는 것으로 항소취지를 변경(확장)할 수 있다.
ㄴ. 甲은 제1심에서 기각된 9,000만원 부분뿐만 아니라 동일한 불법행위로 인한 손해배상으로 그 청구액을 2억원으로 변경(확장)할 수 있다.
ㄷ. 불복하지 않은 청구도 항소심에 함께 이심된다는 입장에 따르면, 甲은 제1심에서 기각된 소유권이전등기청구 부분에 대하여 다투는 것으로 항소취지를 변경(확장)할 수 있다.

① 없음　　　　　　　　　② ㄱ　　　　　　　　　③ ㄱ, ㄷ
④ ㄴ, ㄷ　　　　　　　　⑤ ㄱ, ㄴ, ㄷ

[ㄱ▸O] [ㄴ▸O] 하나의 전부판결에 대한 일부항소의 경우, 상소불가분의 원칙상 전부이심되고 청구기초의 동일성이 인정되므로, 제1심에서 기각된 9,000만원의 손해배상금청구 부분 전부뿐만 아니라, 불법행위로 인한 손해배상으로 그 청구액을 2억원으로 확장할 수 있다.

[ㄷ▸O] 청구 변경의 요건을 갖추면, 항소심 변론종결 시까지 소유권이전등기청구 부분에 대하여 다투는 것으로 항소취지를 확장할 수 있다.

☑ 확인Check! ○ △ X

재판의 누락 또는 판단의 누락에 관한 설명 중 옳지 않은 것은?(다툼이 있는 경우 판례에 의함)

① 예비적·선택적 공동소송에서는 모든 공동소송인에 관한 청구에 대하여 판결을 하여야 하지만, 일부 공동소송인에 관한 청구에 대하여만 판결을 한 경우라도 누락된 공동소송인에게 그 판결이 불리하다고 할 수 없으므로 누락된 공동소송인의 상소는 허용되지 않는다.

② 판결이유에 청구가 이유 없다고 설시되어 있더라도 판결주문에 그 설시가 없으면 특별한 사정이 없는 한 재판이 누락되었다고 보아야 한다.

③ X토지의 인도청구에 소유권이전등기말소청구가 단순병합된 소에서 X토지의 인도청구에 대하여만 판단하고 소유권이전등기말소청구에 대한 재판을 누락한 판결이 확정된 경우, 소유권이전등기말소청구 부분에 대한 상소는 허용되지 않는다.

④ 소송비용의 재판을 누락한 경우에 법원은 직권으로 또는 당사자의 신청에 따라 그 소송비용에 대한 재판을 한다.

⑤ 당사자가 주장한 사항에 대한 구체적·직접적인 판단이 판결에 표시되어 있지 않더라도 판결이유의 전반적인 취지에 비추어 그 주장을 인용하였거나 배척하였음을 알 수 있는 정도라면 판단누락이라고 할 수 없다.

[❶ ▶ X] 민사소송법 제70조 제2항은 같은 조 제1항의 <u>예비적·선택적 공동소송에서는 모든 공동소송인에 관한 청구에 대하여 판결을 하도록 규정하고 있으므로, 이러한 공동소송에서 일부 공동소송인에 관한 청구에 대하여만 판결을 하는 경우 이는 일부판결이 아닌 흠이 있는 전부판결에 해당하여 상소로써 이를 다투어야 하고, 그 판결에서 누락된 공동소송인은 이러한 판단유탈을 시정하기 위하여 상소를 제기할 이익이 있다</u>(대판 2008.3.27. 2005다49430).

[❷ ▶ O] 판결에는 법원의 판단을 분명하게 하기 위하여 결론을 주문에 기재하도록 되어 있으므로 재판의 누락이 있는지 여부는 우선 주문의 기재에 의하여 판정하여야 하고, <u>판결이유에서 청구가 이유 없다고 설시하고 있더라도 주문에서 설시가 없으면 특별한 사정이 없는 한 재판의 누락이 있다고 보아야 하며</u>, 재판의 누락이 있는 경우 그 부분 소송은 아직 원심에 계속 중이라고 보아야 할 것이어서 적법한 상고의 대상이 되지 아니하므로 그 부분에 대한 상고는 부적법하다(대판 2009.11.26. 2009다58692).

[❸ ▶ O] 단순병합된 소유권이전등기말소청구에 대한 재판을 누락한 경우, 이 부분 소송은 원심에 계속되어 추가판결의 대상이 되고, 상소기간이 도과하면 분리확정되어 상소는 허용되지 아니한다.

[❹ ▶ O] 소송비용의 재판을 누락한 경우에는 법원은 직권으로 또는 당사자의 신청에 따라 그 소송비용에 대한 재판을 한다. 이 경우 제114조의 규정을 준용한다(민소법 제212조 제2항).

[❺ ▶ O] 판결서의 이유에는 주문이 정당하다는 것을 인정할 수 있을 정도로 당사자의 주장, 그 밖의 공격·방어방법에 관한 판단을 표시하면 되고 당사자의 모든 주장이나 공격·방어방법에 관하여 판단할 필요가 없다. 따라서 <u>법원의 판결에 당사자가 주장한 사항에 대한 구체적·직접적인 판단이 표시되어 있지 않더라도 판결 이유의 전반적인 취지에 비추어 그 주장을 받아들이거나 배척하였음을 알 수 있는 정도라면 판단누락이라고 할 수 없다</u>(대판 2019.5.10. 2017다239311).

① **정답**

다음 설명 중 옳지 않은 것은?(다툼이 있는 경우에는 판례에 의함)

① 원고가 건물인도청구 및 손해배상청구의 소를 제기하여 건물인도청구 인용·손해배상청구 기각의 판결을 받은 후 패소한 손해배상 부분에 대하여 항소한 경우, 승소한 건물인도 부분도 확정이 차단되고 항소심으로 이심된다.

② 소가 부적법하다는 이유로 각하를 한 제1심 판결에 대하여 원고만이 항소하고 피고는 부대항소를 하지 않은 경우, 항소심이 소 자체는 적법하지만 청구기각할 사안이라고 판단할 때에는 항소기각 판결을 해야 한다.

③ 손해배상청구소송에서 원고가 재산상 손해에 대해서는 전부승소, 위자료에 대해서는 일부패소하였다. 이에 원고가 위자료 패소 부분에 대하여 항소한 경우, 전부승소한 재산상 손해에 대한 청구의 확장도 허용된다.

④ 甲이 주채무자 乙과 보증인 丙을 공동피고로 삼아 제기한 소송에서 甲이 전부 승소하자 乙만이 항소한 경우, 丙에 대한 판결은 그대로 확정된다.

⑤ 소송요건과 참가요건을 모두 갖춘 독립당사자참가소송에서 원고 甲 승소, 피고 乙 패소, 참가인 丙 패소의 경우, 丙만이 항소하여 항소심에서 심리한 결과 乙이 권리자로 판단되더라도 불이익변경금지의 원칙상 乙 승소판결을 할 수 없다.

[**❶** ▸ ○] 　원고가 건물인도청구와 손해배상청구를 단순병합하여 제기한 소에 대하여 하나의 전부판결이 있을 경우, 상소불가분의 원칙상 패소한 손해배상 부분에 대한 항소로써 손해배상 부분뿐만 아니라 건물인도청구 부분도 포함하여 항소심으로 전부 이심되나, 불이익변경금지의 원칙상 항소한 손해배상 부분만 심판의 대상이 된다.

[**❷** ▸ ○] 　소의 이익이 있는데도 불구하고 그 이익이 없다고 한 원심판단은 잘못이라 할 것이나, 확정된 사실에 의하면 그 청구가 이유 없는 경우라고 한다면, 원고만이 불복상소한 이 사건에 있어서 원심의 소각하판결을 파기하여 청구를 기각함은 원고에게 불이익한 결과가 되므로 원심판결을 유지하여야 할 것이다(대판 1983.12.27, 82누491). 따라서 판례에 의하면, 청구기각할 사안이라고 판단될 때에 항소기각판결을 하여야 한다.

[**❸** ▸ ○] 　상소는 자기에게 불이익한 재판에 대하여 유리하게 취소변경을 구하기 위하여 하는 것이므로 전부 승소한 판결에 대하여는 항소가 허용되지 않는 것이 원칙이나, 하나의 소송물에 관하여 형식상 전부 승소한 당사자의 상소이익의 부정은 절대적인 것이라고 할 수도 없는바, 원고가 재산상 손해(소극적 손해)에 대하여는 형식상 전부 승소하였으나 위자료에 대하여는 일부 패소하였고, 이에 대하여 원고가 원고 패소 부분에 불복하는 형식으로 항소를 제기하여 사건 전부가 확정이 차단되고 소송물 전부가 항소심에 계속되게 된 경우에는, 더욱이 불법행위로 인한 손해배상에 있어 재산상 손해나 위자료는 단일한 원인에 근거한 것인데 편의상 이를 별개의 소송물로 분류하고 있는 것에 지나지 아니한 것이므로 이를 실질적으로 파악하여, 항소심에서 위자료는 물론이고 재산상 손해(소극적 손해)에 관하여도 청구의 확장을 허용하는 것이 상당하다(대판 1994.6.28, 94다3063).

[**❹** ▸ ○] 　甲이 주채무자 乙과 보증인 丙을 공동피고로 삼아 제기한 통상공동소송에서는 공동소송인독립의 원칙(민소법 제66조)이 적용되므로, 乙만 항소한 경우에는 항소를 하지 아니한 丙에 대한 판결은 그대로 확정된다.

[**❺** ▸ ✕] 　민사소송법 제79조에 의한 독립당사자참가소송은 동일한 권리관계에 관하여 원고, 피고, 참가인이 서로 간의 다툼을 하나의 소송절차로 한꺼번에 모순 없이 해결하는 소송형태로서, 독립당사자참가가 적법하다고 인정되어 원고, 피고, 참가인 간의 소송에 대하여 본안판결을 할 때에는 위 세 당사자를 판결의 명의인으로 하는 하나의 종국판결을 선고함으로써 위 세 당사자들 사이에서 합일확정적인 결론을 내려야 하고, 이러한 본안판결에 대하여 일방이 항소한 경우에는 제1심 판결 전체의 확정이 차단되고 사건 전부에 관하여 이심(移審)의 효력이 생긴다. 그리고 이러한 경우 항소심의 심판대상은 실제 항소를 제기한 자의 항소 취지에 나타난 불복범위에 한정하되 위 세 당사자 사이의 결론의 합일확정의 필요성을 고려하여 그 심판의 범위를 판단하여야 하고, 이에 따라 항소심에서 심리·판단을 거쳐 결론을 내림에 있어 위 세 당사자 사이의 결론의 합일확정을 위하여 필요한 경우에는 그 한도 내에서 항소 또는 부대항소를 제기한 바 없는 당사자에게 결과적으로 제1심 판결보다 유리한 내용으로 판결이 변경되는 것도 배제할 수는 없다(대판 2007.10.26, 2006다86573).

PART 06

상소심절차

청구의 변경에 따른 항소심에서의 판단에 관한 설명 중 옳지 않은 것은?(다툼이 있는 경우에는 판례에 의함)

① 피고만이 항소한 항소심에서 원고가 청구취지를 확장한 경우에는 그에 의하여 피고에게 불리하게 되는 한도 내에서 부대항소를 한 취지로 보아 항소법원이 제1심 판결의 인용금액을 초과하여 원고의 청구를 인용하더라도 불이익변경금지의 원칙에 반하는 것은 아니다.

② 항소심에서 청구가 교환적으로 변경된 경우 항소법원은 구청구에 대해서는 판단을 해서는 아니 되며, 신청구에 대해서만 사실상 제1심으로서 판단한다.

③ 제1심 법원에서 교환적 변경을 간과하여 신청구에 대하여는 아무런 판단도 하지 아니한 채 구청구만을 판단한 경우, 이는 취하되어 재판의 대상이 아닌 것에 대하여 판단한 것이어서 항소법원은 제1심 판결을 취소하고 구청구에 대하여는 소송종료선언을 하여야 하며, 신청구는 판단누락으로 항소심으로 이심되기에 항소심은 신청구에 대하여 판단하여야 한다.

④ 제1심 법원에서 청구를 추가하여 단순병합으로 구하였음에도 그중 일부의 청구에 대하여만 판단한 경우, 나머지 청구는 재판 누락으로 제1심에 계속 중이므로 추가판결의 대상이 될 뿐이고 항소심은 이심된 부분에 대하여만 판단한다.

⑤ 제1심 법원에서 청구를 추가하여 선택적 병합으로 구하였음에도 원고 패소판결을 하면서 병합된 청구 중 어느 하나를 판단하지 않은 경우, 이는 판단누락으로서 원고가 그 판결에 대하여 항소하였다면 누락된 부분까지 선택적 청구 전부가 항소심으로 이심된다.

[❶ ▶ ○] 원고의 청구가 모두 인용된 제1심 판결에 대하여 피고가 지연손해금 부분에 대하여만 항소를 제기하고, 원금 부분에 대하여는 항소를 제기하지 아니하였다고 하더라도 제1심에서 전부 승소한 원고가 항소심 계속 중 부대항소로서 청구취지를 확장할 수 있는 것이므로, 항소심이 원고의 부대항소를 받아들여 제1심 판결의 인용금액을 초과하여 원고 청구를 인용하였더라도 거기에 불이익변경금지의 원칙이나 항소심의 심판범위에 관한 법리오해의 위법이 없다(대판 2003.9.26. 2001다68914).

[❷ ▶ ○] 우리나라 민사항소심은 속심제로서 항소심에서도 소의 교환적 변경이 가능하며 이 경우에는 구 청구의 취하의 효력이 발생할 때에 그 소송계속은 소멸되는 것이므로 항소심에서는 구 청구에 대한 제1심 판결을 취소할 필요 없이 신청구에 대하여만 제1심으로서 판결을 하게 된다(대판 1989.3.28. 87다카2372).

[❸ ▶ ✕] 항소심에서 청구가 교환적으로 변경된 경우에는 구청구는 취하되고 신청구가 심판의 대상이 되는 것이므로, 원고들의 소의 교환적 변경으로 구청구인 손해배상청구는 취하되고 신청구인 정리채권확정청구가 심판의 대상이 되었음에도 원심이 신청구에 대하여는 아무런 판단도 하지 아니한 채(신청구에 대하여는 재판의 탈루에 해당되어 원심에 그대로 계속되어 있다.) 구청구에 대하여 심리·판단한 것은 소의 변경의 효력에 관한 법리를 오해한 위법이 있다 할 것이다. 그러므로 원고들의 상고이유를 나아가 살펴볼 필요도 없이 원심판결을 파기하고, 원고들의 피고에 대한 손해배상청구소송은 원고들의 소의 변경으로 종료되었음을 선언한다(대판 2003.1.24. 2002다56987).

[❹ ▶ ○] 법원이 단순병합된 청구 전부에 대하여 재판할 의사로 재판을 하였으나 모르고 일부판결을 한 경우에는, 나머지 청구는 재판 누락으로 제1심에 계속 중이므로 추가판결로 정리하여야 한다.

[❺ ▶ ○] 제1심 법원이 원고의 선택적 청구 중 하나만을 판단하여 기각하고 나머지 청구에 대하여는 아무런 판단을 하지 아니한 조치는 위법한 것이고, 원고가 이와 같이 위법한 제1심 판결에 대하여 항소한 이상 원고의 선택적 청구 전부가 항소심으로 이심되었다고 할 것이므로, 선택적 청구 중 판단되지 않은 청구 부분이 재판의 탈루로서 제1심 법원에 그대로 계속되어 있다고 볼 것은 아니다(대판 1998.7.24. 96다99).

③ 정답

항 소

민사소송법

• MEMO

PART 06

항소심절차

안심Touch

CHAPTER 03

상 고

✓ 각 문항별로 이해도를 체크해 보세요.

최근 5년간 회별 평균 | 0.2문

2019년 변호사시험 문 57. ☑ 확인 Check! ○ △ ✕

파기환송심을 포함한 상소심에 관한 설명 중 옳지 않은 것은?(다툼이 있는 경우 판례에 의함)

① 판결이 상고인에게 불이익한 것인지는 원칙적으로 판결의 주문과 이유를 모두 표준으로 하여 판단하여야 한다.

② 상고인이 적법한 상고이유서 제출기간 경과 후에 매매예약완결권이 제척기간 도과로 인하여 소멸되었다고 주장하였다고 할지라도 상고법원은 이를 판단하여야 한다.

③ 대법원의 파기환송 판결의 환송 후 2심(당해 사건에 대하여)은 파기의 이유가 된 잘못된 견해만 피하면 당사자가 새로 주장·증명한 바에 따른 다른 가능한 견해에 의하여 환송 전 2심 판결(당해 사건에 대하여)과 동일한 결론을 가져 온다고 하여도 대법원의 파기환송 판결의 기속력에 반하지 아니한다.

④ 상고심에서 항소심으로 파기환송된 사건이 다시 상고되었을 경우 환송 전 상고심에서의 소송대리인의 대리권은 그 사건이 다시 상고심에 계속되면서 부활하지 아니한다.

⑤ 상고이유서에 상고이유를 특정하여 원심판결의 어떤 점이 법령에 어떻게 위반되었는지에 관한 구체적이고도 명시적인 이유의 설시가 없는 때에는 상고이유서를 제출하지 않은 것으로 취급한다.

[❶ ▸ ✕] 상소인은 자기에게 불이익한 재판에 대해서만 상소를 제기할 수 있는 것이고 <u>재판이 상소인에게 불이익한 것인지의 여부는 재판의 주문을 표준으로 하여 결정되는 것</u>이므로 원고들 승소의 제1심 판결을 취소하여 원고들의 청구를 기각한 원심판결에 대하여 피고는 상고를 제기할 이익이 없다(대판 1982.10.12. 82다498).

① 정답

[**❷** ▸ O] 매매예약완결권의 제척기간이 도과하였는지 여부는 소위 직권조사 사항으로서 이에 대한 당사자의 주장이 없더라도 법원이 당연히 직권으로 조사하여 재판에 고려하여야 하므로, 상고법원은 매매예약완결권이 제척기간 도과로 인하여 소멸되었다는 주장이 적법한 상고이유서 제출기간 경과 후에 주장되었다 할지라도 이를 판단하여야 한다(대판 2000.10.13. 99다18725).

[**❸** ▸ O] 대법원의 환송판결의 파기이유는 "등록된 기본의장과 유사의장 및 (가)호 의장을 함께 대비해 보면 전체적으로 유사함에도 환송 전 원심결이 유사의장과 (가)호 의장은 대비하지 아니하고 기본의장과 (가)호 의장만을 대비하여 서로 유사하지 않다고 판단하였음은 채증법칙위배, 심리미진의 위법을 저질렀다"는 것이고, 환송 후 원심결 이유는 "등록의장(기본의장)과 유사의장 및 (가)호 의장을 함께 대비해 보면 전체적으로 유사하나, (가)호 의장은 등록의장보다 선등록된 청구인의 의장에 유사하므로 결국 등록의장의 권리범위는 (가)호 의장에 미칠 수 없다"고 함에 있다면, 환송 후 원심결의 판단은 환송판결 파기이유에 따르되, 환송 전 원심결이나 환송판결에서 판단되지 아니한 청구인의 주장을 받아들여 환송 전의 원심결과 동일한 결론을 내린 것이므로 환송판결의 기속력에 관한 법리를 오해한 위법이 없다(대판 1991.6.28. 90후1123).

[**❹** ▸ O] 소송대리권의 범위는 특별한 사정이 없는 한 당해 심급에 한정되므로, 상고심에서 항소심으로 파기환송된 사건이 다시 상고되었을 경우에는 항소심에서의 소송대리인은 그 소송대리권을 상실하게 되고, 이때 환송 전의 상고심에서의 소송대리인의 대리권이 그 사건이 다시 상고심에 계속되면서 부활하게 되는 것은 아니라고 할 것이어서, 새로운 상고심은 변호사보수의 소송비용 산입에 관한 규칙의 적용에 있어서는 환송 전의 상고심과는 별개의 심급으로 보아야 한다(대결 1996.4.4. 96마148).

[**❺** ▸ O] 상고심 법원은 상고이유에 따라 불복신청의 한도 안에서 심리한다(민사소송법 제431조). 상고이유서에는 상고이유를 특정하여 원심판결의 어떤 점이 법령에 어떻게 위반되었는지를 구체적이고도 명시적인 이유로 기재하여야 하고, 상고인이 제출한 상고이유서에 위와 같은 구체적이고도 명시적인 이유를 기재하지 않은 때에는 상고이유서를 제출하지 않은 것으로 취급하여야 한다(대판 2019.9.10. 2018다237473).

● MEMO

PART 07 재심절차

제1절 적법요건 ☆

2018년 변호사시험 문 62. ☑ 확인Check! ○ △ ✕

재심에 관한 설명 중 옳은 것은?(다툼이 있는 경우 판례에 의함)

① 확정되지 아니한 판결에 대한 재심의 소는 부적법하지만, 판결 확정 전에 제기된 재심의 소가 각하되지 아니하고 있는 동안에 그 판결이 확정되었다면 재심의 소는 적법한 것이 된다.

② 확정된 재심판결에 재심사유가 있더라도 그 재심판결에 대하여 다시 재심의 소를 제기할 수 없다.

③ 재심사유와 추후보완항소사유가 동시에 존재하는 경우 추후보완항소기간이 경과하였다 하더라도 재심제기의 기간이 경과하지 않았다면 재심청구를 할 수 있다.

④ 재심사유 중 「민사소송법」 제451조 제1항 제3호의 대리권의 흠은 무권대리인이 실질적인 대리행위를 한 경우만을 말하고, 당사자 본인이나 그의 대리인이 실질적인 소송행위를 하지 못한 경우는 포함하지 않는다.

⑤ 채권을 보전하기 위하여 필요한 경우에는 실체법상 권리뿐만 아니라 소송법상 권리에 대하여도 대위가 허용되기 때문에 채무자와 제3채무자 사이의 소송이 계속된 이후의 그 소송과 관련한 재심의 소제기는 채권자대위권의 목적이 될 수 있다.

[**❶** ▸ ✕] 재심은 확정된 종국판결에 대하여 제기할 수 있는 것이므로, 확정되지 아니한 판결에 대한 재심의 소는 부적법하고, 판결 확정 전에 제기한 재심의 소가 부적법하다는 이유로 각하되지 아니하고 있는 동안에 판결이 확정되었더라도, 재심의 소는 적법한 것으로 되는 것이 아니다(대판 2016.12.27. 2016다35123).

[**❷** ▸ ✕] 민사소송법 제451조 제1항은 '확정된 종국판결'에 대하여 재심의 소를 제기할 수 있다고 규정하고 있는데, 재심의 소에서 확정된 종국판결도 위 조항에서 말하는 '확정된 종국판결'에 해당하므로 확정된 재심판결에 위 조항에서 정한 재심사유가 있을 때에는 확정된 재심판결에 대하여 재심의 소를 제기할 수 있다(대판 2015.12.23. 2013다17124).

[**❸** ▸ ○] 민사소송법 제451조 제1항 단서에 의하면 당사자가 상소에 의하여 재심사유를 주장하였거나 이를 알고 주장하지 아니한 때에는 재심의 소를 제기할 수 없는 것으로 규정되어 있는데, 여기에서 '이를 알고도 주장하지 아니한 때'란 재심사유가 있는 것을 알았음에도 상소를 제기하고도 상소심에서 그 사유를 주장하지 아니한 경우뿐만 아니라, 상소를 제기하지 아니하여 판결이 그대로 확정된 경우까지도 포함하는 것이라고 해석하여야 할 것이다. 그런데 위 단서 조항은 재심의 보충성에 관한 규정으로서, 당사자가 상소를 제기할 수 있는 시기에 재심사유의 존재를 안 경우에는 상소에 의하여 이를 주장하게 하고 상소로 주장할 수 없었던 경우에 한하여 재심의 소에 의한 비상구제를 인정하려는 취지인 점, 추완상소와 재심의 소는 독립된 별개의 제도이므로 추완상소의 방법을 택하는 경우에는 추완상소의 기간 내에, 재심의 방법을 택하는 경우에는 재심기간 내에 이를 제기하여야 하는 것으로 보이는 점을 고려하면, 공시송달에 의하여 판결이 선고되고 판결정본이 송달되어 확정된 이후에 추완항소의 방법이 아닌 재심의 방법을 택한 경우에는 추완상소기간이 도과하였다 하더라도 재심기간 내에 재심의 소를 제기할 수 있다고 보아야 한다(대판 2011.12.22. 2011다73540).

[**④** ▸ **✕**] 민사소송법 제422조 제1항 제3호 소정의 소송대리권 또는 대리인이 소송행위를 함에 필요한 수권의 흠결을 재심사유로 주장하려면 무권대리인이 소송대리인으로서 본인을 위하여 실질적인 소송행위를 하였거나 소송대리권의 흠결로 인하여 본인이나 그의 소송대리인이 실질적인 소송행위를 할 수 없었던 경우가 아니면 안 된다고 봄이 상당하므로, 본인에게 송달되어야 할 소송서류 등이 본인이나 그의 소송대리인에게 송달되지 아니하고 무권대리인에게 송달된 채 판결이 확정되었다 하더라도 그로 말미암아 본인이나 그의 소송대리인이 그에 대응하여 공격 또는 방어방법을 제출하는 등의 실질적인 소송행위를 할 기회가 박탈되지 아니하였다면 그 사유를 재심사유로 주장할 수 없다(대판 1992.12.22. 92재다259).

[**⑤** ▸ **✕**] 채권을 보전하기 위하여 대위행사가 필요한 경우는 실체법상 권리뿐만 아니라 소송법상 권리에 대하여서도 대위가 허용되나, 채무자와 제3채무자 사이의 소송이 계속된 이후의 소송수행과 관련한 개개의 소송상 행위는 그 권리의 행사를 소송당사자인 채무자의 의사에 맡기는 것이 타당하므로 채권자대위가 허용될 수 없다. 같은 취지에서 볼 때 상소의 제기와 마찬가지로 종전 재심대상판결에 대하여 불복하여 종전 소송절차의 재개, 속행 및 재심판을 구하는 재심의 소제기는 채권자대위권의 목적이 될 수 없다(대판 2012.12.27. 2012다75239).

제1절 **민사집행법 관련 문제** ★★★☆

2020년 변호사시험 문 62. ☑ 확인 Check! ○ △ ✕

가압류, 압류명령, 전부명령에 관한 설명 중 옳지 않은 것은?(다툼이 있는 경우 판례에 의함)

① 당사자 사이에 양도금지의 특약이 있는 채권에 대하여 집행채권자가 양도금지의 특약이 있는 사실을 알면서 전부명령을 받은 경우 위 전부명령은 무효이다.

② 적법한 집행권원에 의한 압류 및 전부명령에 기하여 채권자가 제3채무자를 상대로 전부금청구의 소를 제기한 경우, 법원은 특별한 사정이 없는 한 그 집행채권(채권자가 채무자에 대하여 가지는 채권)의 소멸에 대하여 심리·판단할 필요가 없다.

③ 임대차보증금반환채권이 전부된 후 임대차계약이 해지된 경우, 임대인이 위 전부채권자에게 잔존임대차보증금반환채 무를 현실적으로 이행하거나 그 채무이행을 제공하였음에도 임차인이 목적물을 인도하지 않았다는 점에 대하여 임대인 이 주장·증명하지 않았다면, 임차인의 목적물에 대한 점유는 불법점유라고 볼 수 없다.

④ 채무자와 제3채무자가 아무런 합리적 이유 없이 채권의 소멸만을 목적으로 계약관계를 합의해제한다는 등의 특별한 경우를 제외하고는, 제3채무자는 채권에 대한 가압류가 있은 후에도 채권의 발생원인인 법률관계를 합의해제하고 이로 인하여 가압류채권이 소멸되었다는 사유를 들어 가압류채권자에게 대항할 수 있다.

⑤ 甲이 乙의 丙에 대한 금전채권을 압류하여 그 압류명령이 丙에게 송달된 후 丙이 乙에게 채무를 일부 변제하고 그 후에 乙의 다른 채권자인 丁이 위 금전채권을 압류하여 그 압류명령이 丙에게 송달된 경우, 丙의 乙에 대한 위 채무변제 는 丁에 대해서는 유효하다.

[**❶** ▸ ✕] 당사자 사이에 양도금지의 특약이 있는 채권이더라도 전부명령에 의하여 전부되는 데에는 지장이 없고, 양도금지의 특약이 있는 사실에 관하여 집행채권자가 선의인가 악의인가는 전부명령의 효력에 영향을 미치지 못하는 것인바, 이와 같이 양도금지특약부 채권에 대한 전부명령이 유효한 이상, 그 전부채권자로부터 다시 그 채권을 양수한 자가 그 특약의 존재를 알았거나 중대한 과실로 알지 못하였다고 하더라도 채무자는 위 특약을 근거로 삼아 채권양도의 무효를 주장할 수 없다(대판 2003.12.11. 2001다3771).

[**❷** ▸ ○] 집행력 있는 채무명의에 기하여 채권의 압류 및 전부명령이 적법하게 이루어진 이상 피압류채권은 집행채권의 범위내에서 당연히 집행채권자에게 이전하는 것이어서 그 집행채권이 이미 소멸하였거나 소멸할 가능성이 있다고 하더라도 위 채권의 압류 및 전부명령의 효력에는 아무런 영향이 없다 할 것이므로 전부금 청구사건에 있어서는 특단의 사정이 없는 한 그 집행채권의 소멸 또는 소멸가능성에 대하여 심리판단이 필요 없다(대판 1976.5.25. 76다626).

[**❸** ▸ ○] 임차인의 임차보증금반환청구채권이 전부된 경우에도 채권의 동일성은 그대로 유지되는 것이어서 동시이행관 계도 당연히 그대로 존속한다고 해석할 것이므로 임대차계약이 해지된 후에 임대인이 잔존임차보증금반환청구 채권을 전부받은 자에게 그 채무를 현실적으로 이행하였거나 그 채무이행을 제공하였음에도 불구하고 임차인이 목적물을 명도하지 않음으로써 임차목적물반환채무가 이행지체에 빠지는 등의 사유로 동시이행의 항변권을 상실하게 되었다는 점에 관하여

임대인이 주장, 입증을 하지 않은 이상, 임차인의 목적물에 대한 점유는 동시이행의 항변권에 기한 것이어서 불법점유라고 볼 수 없다(대판 1989.10.27, 89다카4298).

[❹ ▶ ○]　채권에 대한 가압류는 제3채무자에 대하여 채무자에게의 지급금지를 명하는 것이므로 채권을 소멸 또는 감소시키는 등의 행위는 할 수 없고 그와 같은 행위로 채권자에게 대항할 수 없는 것이지만, 채권의 발생원인인 법률관계에 대한 채무자의 처분까지도 구속하는 효력은 없다 할 것이므로 채무자와 제3채무자가 아무런 합리적 이유 없이 채권의 소멸만을 목적으로 계약관계를 합의해제한다는 등의 특별한 경우를 제외하고는, 제3채무자는 채권에 대한 가압류가 있은 후라고 하더라도 채권의 발생원인인 법률관계를 합의해제하고 이로 인하여 가압류채권이 소멸되었다는 사유를 들어 가압류채권자에 대항할 수 있다(대판 2001.6.1, 98다17930).

[❺ ▶ ○]　압류의 처분금지 효력은 절대적인 것이 아니고, 채무자의 처분행위 또는 제3채무자의 변제로써 처분 또는 변제 전에 집행절차에 참가한 압류채권자나 배당요구채권자에게 대항하지 못한다는 의미에서의 상대적 효력만을 가지는 것이어서, 압류의 효력발생 전에 채무자가 처분하였거나 제3채무자가 변제한 경우에는, 그 보다 먼저 압류한 채권자가 있어 그 채권자에게는 대항할 수 없는 사정이 있더라도, 그 처분이나 변제 후에 압류명령을 얻은 채권자에 대하여는 유효한 처분 또는 변제가 된다(대판 2003.5.30, 2001다10748).

2020년 변호사시험 문 63.

☑ 확인Check! ○ △ ✕

채권압류 및 추심명령에 관한 설명 중 옳지 않은 것은?(다툼이 있는 경우 판례에 의함)

① 임대차보증금반환채권이 양도된 후에 양수인의 채권자가 임대차보증금반환채권에 대하여 채권압류 및 추심명령을 받은 경우 위 채권양도계약이 통정허위표시로서 무효인 때에는, 양수인의 채권자는 이로 인해 외형상 형성된 법률관계를 기초로 실질적으로 새로운 이해관계를 맺은 「민법」 제108조 제2항 소정의 제3자에 해당한다.

② 채권압류 및 추심명령의 제3채무자가 압류채권자에게 압류된 채권액 상당에 관하여 지체책임을 지는 것은 집행법원으로부터 추심명령을 송달받은 때가 아니라 추심명령이 발령된 후 압류채권자로부터 추심금청구를 받은 다음 날부터이다.

③ 채권압류 및 추심명령의 제3채무자는 위 명령을 송달받은 후 압류채무자에게 채무를 이행하더라도 압류채권자에게 대항할 수 없어 추심명령을 받은 압류채권자에게 채무를 이행하여야 할 의무를 부담하게 된다.

④ 채권자가 채권압류 및 추심명령을 신청하면서 채무자와 제3채무자 사이의 소송의 판결결과에 따라 제3채무자가 채무자에게 지급하여야 하는 금액을 피압류채권으로 표시한 경우에는, 채권자가 받은 채권압류 및 추심명령의 효력은 위 소송결과에 따라 제3채무자가 채무자에게 실제 지급하여야 하는 판결금채권에 한하여 미치는 것으로 보아야 한다.

⑤ 채권압류명령을 받은 제3채무자가 압류채무자에 대한 반대채권을 가지고 있는 경우 상계로써 압류채권자에게 대항할 수 있기 위해서는, 압류의 효력이 발생할 당시에 대립하는 양 채권이 상계적상에 있거나 그 당시 반대채권의 변제기가 도래하지 아니한 때에는 그것이 피압류채권의 변제기와 동시에 또는 그보다 먼저 도래하여야 한다.

[❶ ▶ ○]　임대차보증금반환채권이 양도된 후 양수인의 채권자가 임대차보증금반환채권에 대하여 채권압류 및 추심명령을 받았는데 임대차보증금반환채권양도계약이 허위표시로서 무효인 경우 채권자는 그로 인해 외형상 형성된 법률관계를 기초로 실질적으로 새로운 법률상 이해관계를 맺은 제3자에 해당한다(대판 2014.4.10, 2013다59753).

[❷ ▶ ○]　추심명령은 압류채권자에게 채무자의 제3채무자에 대한 채권을 추심할 권능을 수여함에 그치고, 제3채무자로 하여금 압류채권자에게 압류된 채권액 상당을 지급할 것을 명하거나 그 지급 기한을 정하는 것이 아니므로, 제3채무자가 압류채권자에게 압류된 채권액 상당에 관하여 지체책임을 지는 것은 집행법원으로부터 추심명령을 송달받은 때부터가 아니라 추심명령이 발령된 후 압류채권자로부터 추심금 청구를 받은 다음 날부터라고 하여야 한다(대판 2012.10.25, 2010다47117).

[**❸ ▸ ○**] 채권압류명령이 제3채무자에게 송달되면 압류의 효력이 발생하여(민집법 제227조 제3항) 제3채무자는 압류채무자에 대한 지급이 금지된다. 따라서 제3채무자가 압류채무자에게 채무를 이행하더라도, 압류채권자에게 대항할 수 없어 추심명령을 받은 압류채권자에게 다시 이행하여야 할 의무를 부담한다.

[**❹ ▸ ✕**] [1] 판결 결과에 따라 제3채무자가 채무자에게 지급하여야 하는 금액을 피압류채권으로 표시한 경우 해당 소송의 소송물인 실체법상의 채권이 채권압류 및 추심명령의 대상이 된다고 볼 수밖에 없고, 결국 채권자가 받은 채권압류 및 추심명령의 효력은 거기에서 지시하는 소송의 소송물인 청구원인 채권에 미친다고 보아야 한다.
[2] 이 사건 부당이득반환소송에서 제1심과 항소심은 원고가 무안석재의 소외 1에 대한 차임 상당 부당이득반환채권에 관하여 적법한 채권압류 및 추심명령을 받았음을 전제로 부당이득반환채권의 지급을 구하는 부분을 각하하여 그 판결이 그대로 확정되었다. 그 후 원고는 각하된 위 부당이득반환채권에 관한 추심권자의 지위에서 소외 1을 상대로 추심금소송을 제기하여 승소 확정되었고, 기록에 의하면 위 추심금소송의 청구원인 채권과 소외 2가 무안석재로부터 양수하였다는 부당이득반환채권은 사실상 동일한 채권임을 알 수 있다. 이러한 사실관계를 앞서 본 법리에 비추어 살펴볼 때, 원고가 이 사건 채권압류 및 추심명령을 통하여 압류한 채권은 이 사건 부당이득반환소송의 소송물인 무안석재의 소외 1에 대한 차임 상당 부당이득반환채권으로 해석함이 타당하다. 원고가 '압류 및 추심할 채권의 표시'에 위 부당이득반환소송의 사건번호를 기재하였다고 하더라도 이는 피압류채권을 그 소송에서의 청구원인 채권으로 특정하기 위한 것이지 그 범위를 단순히 그 소송의 결과에 따라 소외 1이 실제 지급하여야 하는 판결금채권만으로 한정하고자 하는 의미로 볼 수는 없다(대판 2018.6.28. 2016다203056).

[**❺ ▸ ○**] 민법 제498조는 "지급을 금지하는 명령을 받은 제3채무자는 그 후에 취득한 채권에 의한 상계로 그 명령을 신청한 채권자에게 대항하지 못한다"라고 규정하고 있다. 위 규정의 취지, 상계제도의 목적 및 기능, 채무자의 채권이 압류된 경우 관련 당사자들의 이익상황 등에 비추어 보면, 채권압류명령 또는 채권가압류명령(이하 채권압류명령의 경우만을 두고 논의하기로 한다)을 받은 제3채무자가 압류채무자에 대한 반대채권을 가지고 있는 경우에 상계로써 압류채권자에게 대항하기 위하여는, 압류의 효력발생 당시에 대립하는 양 채권이 상계적상에 있거나, 그 당시 반대채권(자동채권)의 변제기가 도래하지 아니한 경우에는 그것이 피압류채권(수동채권)의 변제기와 동시에 또는 그보다 먼저 도래하여야 한다(대판 2012.2.16. 2011다45521 [전합]).

2017년 변호사시험 문 65.

☑ 확인 Check! ○ △ ✕

채권양도 및 채권가압류에 관한 설명 중 옳지 않은 것은?(다툼이 있는 경우 판례에 의함)

① 채권자가 채무자의 제3채무자에 대한 채권을 가압류한 후에도 채무자는 제3채무자를 상대로 그 이행의 소를 제기할 수 있다.

② 채권가압류결정의 채권자가 본안소송에서 승소하는 등으로 집행권원을 취득하는 경우에도 가압류의 대상인 채권을 양수받은 양수인에 대한 채권양도의 효력에는 영향이 없다.

③ 채권가압류결정이 제3채무자에게 송달된 후 가압류의 대상인 채권을 양수받은 양수인은 제3채무자를 상대로 그 이행의 소를 제기할 수 있다.

④ 양도금지특약이 붙은 채권이 양도된 경우에 채무자로서는 양수인의 선의 등 여부를 알 수 없다면 특별한 사정이 없는 한 채권자 불확지를 원인으로 하여 변제공탁을 할 수 있다.

⑤ 동일한 채권에 대하여 채권가압류명령과 채권양도통지가 동시에 제3채무자에게 송달된 경우, 제3채무자는 자기의 책임과 판단에 따라 채권자 불확지 변제공탁, 집행공탁, 혼합공탁을 선택하여 할 수 있다.

② **정답**

[**❶ ▸ O**] [**❷ ▸ ×**] [1] 일반적으로 채권에 대한 가압류가 있더라도 이는 채무자가 제3채무자로부터 현실로 급부를 추심하는 것만을 금지하는 것일 뿐 채무자는 제3채무자를 상대로 그 이행을 구하는 소송을 제기할 수 있고 법원은 가압류가 되어 있음을 이유로 이를 배척할 수는 없는 것이 원칙이다. 왜냐하면 채무자로서는 제3채무자에 대한 그의 채권이 가압류되어 있다 하더라도 채무명의를 취득할 필요가 있고 또는 시효를 중단할 필요도 있는 경우도 있을 것이며 또한 소송계속 중에 가압류가 행하여진 경우에 이를 이유로 청구가 배척된다면 장차 가압류가 취소된 후 다시 소를 제기하여야 하는 불편함이 있는 데 반하여 제3채무자로서는 이행을 명하는 판결이 있더라도 집행단계에서 이를 저지하면 될 것이기 때문이다.
[2] 채권가압류의 처분금지의 효력은 본안소송에서 가압류채권자가 승소하여 채무명의를 얻는 등으로 피보전권리의 존재가 확정되는 것을 조건으로 하여 발생하는 것이므로 채권가압류결정의 채권자가 본안소송에서 승소하는 등으로 채무명의를 취득하는 경우에는 가압류에 의하여 권리가 제한된 상태의 채권을 양수받는 양수인에 대한 채권양도는 무효가 된다(대판 2002.4.26. 2001다59033).

[**❸ ▸ O**] 채권양도에 의하여 채권은 그 동일성을 잃지 아니한 채 양도인으로부터 양수인에게 이전되므로, 채권가압류결정이 제3채무자에게 송달된 후에 채권을 양도받은 양수인은 제3채무자를 상대로 이행의 소를 제기할 수 있다.

> [1] 일반적으로 채권에 대한 가압류가 있더라도 이는 가압류채무자가 제3채무자로부터 현실로 급부를 추심하는 것만을 금지하는 것이므로 가압류채무자는 제3채무자를 상대로 그 이행을 구하는 소송을 제기할 수 있고, 법원은 가압류가 되어 있음을 이유로 이를 배척할 수 없는 것이며, 채권양도는 구 채권자인 양도인과 신 채권자인 양수인 사이에 채권을 그 동일성을 유지하면서 전자로부터 후자에게로 이전시킬 것을 목적으로 하는 계약을 말한다 할 것이고, 채권양도에 의하여 채권은 그 동일성을 잃지 않고 양도인으로부터 양수인에게 이전된다 할 것이며, 가압류된 채권도 이를 양도하는 데 아무런 제한이 없으나, 다만 가압류된 채권을 양수받은 양수인은 그러한 가압류에 의하여 권리가 제한된 상태의 채권을 양수받는다고 보아야 할 것이다.
> [2] 채권에 대한 압류 및 추심명령이 있으면 제3채무자에 대한 이행의 소는 추심채권자만이 제기할 수 있고 채무자는 피압류채권에 대한 이행소송을 제기할 당사자적격을 상실한다(대판 2000.4.11. 99다23888).

[**❹ ▸ O**] 채권양도금지특약에 반하여 채권양도가 이루어진 경우, 그 양수인이 양도금지특약이 있음을 알았거나 중대한 과실로 알지 못하였던 경우에는 채권양도는 효력이 없게 되고, 반대로 양수인이 중대한 과실 없이 양도금지특약의 존재를 알지 못하였다면 채권양도는 유효하게 되어 채무자로서는 양수인에게 양도금지특약을 가지고 그 채무이행을 거절할 수 없게 되어 양수인의 선의, 악의 등에 따라 양수채권의 채권자가 결정되는바, 이와 같이 양도금지의 특약이 붙은 채권이 양도된 경우에 양수인의 악의 또는 중과실에 관한 입증책임은 채무자가 부담하지만, 그러한 경우에도 채무자로서는 양수인의 선의 등의 여부를 알 수 없어 과연 채권이 적법하게 양도된 것인지에 관하여 의문이 제기될 여지가 충분히 있으므로 특별한 사정이 없는 한 민법 제487조 후단의 채권자 불확지를 원인으로 하여 변제공탁을 할 수 있다(대판 2000.12.22. 2000다55904).

[**❺ ▸ O**] 채권가압류명령과 채권양도통지가 동시에 제3채무자에게 송달된 경우, 제3채무자는 송달의 선후가 불명한 경우에 준하여 채권자를 알 수 없다는 이유로 변제공탁을 할 수도 있고, 또한 민사집행법 제291조, 제248조 제1항에 의하여 가압류에 관련된 금전채권에 대한 집행공탁을 할 수도 있으며, 위와 같은 사유를 들어 채권자 불확지 변제공탁과 집행공탁을 합한 혼합공탁을 할 수도 있다. 한편 공탁자는 자기의 책임과 판단하에 변제공탁이나 집행공탁 또는 혼합공탁을 선택하여 할 수 있으므로, 제3채무자가 그중 어느 공탁을 한 것인지는 피공탁자의 지정 여부, 공탁의 근거조문, 공탁사유, 공탁사유신고 등을 종합적 · 합리적으로 고려하여 판단할 것이다(대판 2013.4.26. 2009다89436).

채권의 압류 및 추심명령, 채권양도에 관한 설명 중 옳지 않은 것은?(다툼이 있는 경우 판례에 의함)

① 제3채무자가 압류채권자에게 압류된 채권액 상당에 관하여 지체책임을 지는 것은 추심명령이 발령된 후 압류채권자로부터 추심금청구를 받은 다음 날부터이다.

② 임대인이 임차인으로부터 임대차보증금반환채권의 양도통지를 받은 후에 임대인과 임차인 사이에 임대차 계약기간 연장에 관하여 합의가 있을 경우 그 합의의 효과는 그 채권의 양수인에 대하여도 미친다.

③ 채권양도통지와 채권가압류결정 정본이 같은 날 도달되었는데 그 선후관계에 대하여 달리 증명이 없으면 동시에 도달된 것으로 추정한다.

④ 채권에 대한 압류 후에 피압류채권이 제3자에게 양도된 경우 그 채권양도는 압류채무자에 대한 다른 채권자와의 관계에서 유효하다.

⑤ 금전채권에 대한 가압류가 있더라도 가압류채무자는 제3채무자를 상대로 그 이행을 구하는 소를 제기할 수 있고, 법원은 가압류가 되어 있음을 이유로 그 청구를 배척할 수 없다.

[❶▸○]　추심명령은 압류채권자에게 채무자의 제3채무자에 대한 채권을 추심할 권능을 수여함에 그치고, 제3채무자로 하여금 압류채권자에게 압류된 채권액 상당을 지급할 것을 명하거나 그 지급 기한을 정하는 것이 아니므로, 제3채무자가 압류채권자에게 압류된 채권액 상당에 관하여 지체책임을 지는 것은 집행법원으로부터 추심명령을 송달받은 때부터가 아니라 추심명령이 발령된 후 압류채권자로부터 추심금 청구를 받은 다음 날부터라고 하여야 한다(대판 2012.10.25. 2010다47117).

[❷▸✕]　임대인이 임대차보증금반환청구채권의 양도통지를 받은 후에는 임대인과 임차인 사이에 임대차계약의 갱신이나 계약기간 연장에 관하여 명시적 또는 묵시적 합의가 있더라도 그 합의의 효과는 보증금반환채권의 양수인에 대하여는 미칠 수 없다(대판 1989.4.25. 88다카4253).

[❸▸○]　채권양도 통지와 채권가압류결정 정본이 같은 날 도달되었는데 그 선후관계에 대하여 달리 입증이 없으면 동시에 도달된 것으로 추정한다(대판 1994.4.26. 93다24223 [전합]).

[❹▸○]　채권에 대한 압류의 처분금지의 효력은 절대적인 것이 아니고, 이에 저촉되는 채무자의 처분행위가 있어도 압류의 효력이 미치는 범위에서 압류채권자에게 대항할 수 없는 상대적 효력을 가지는 데 그치므로, 압류 후에 피압류채권이 제3자에게 양도된 경우 채권양도는 압류채무자의 다른 채권자 등에 대한 관계에서는 유효하다. 그리고 채권양도 행위가 사해행위로 인정되어 취소 판결이 확정된 경우에도 취소의 효과는 사해행위 이전에 이미 채권을 압류한 다른 채권자에게는 미치지 아니한다(대판 2015.5.14. 2014다12072).

[❺▸○]　일반적으로 채권에 대한 가압류가 있더라도 이는 채무자가 제3채무자로부터 현실로 급부를 추심하는 것만을 금지하는 것일 뿐 채무자는 제3채무자를 상대로 그 이행을 구하는 소송을 제기할 수 있고 법원은 가압류가 되어 있음을 이유로 이를 배척할 수는 없는 것이 원칙이다. 왜냐하면 채무자로서는 제3채무자에 대한 그의 채권이 가압류되어 있다 하더라도 채무명의를 취득할 필요가 있고 또는 시효를 중단할 필요도 있는 경우도 있을 것이며 또한 소송계속 중에 가압류가 행하여진 경우에 이를 이유로 청구가 배척된다면 장차 가압류가 취소된 후 다시 소를 제기하여야 하는 불편함이 있는 데 반하여 제3채무자로서는 이행을 명하는 판결이 있더라도 집행단계에서 이를 저지하면 될 것이기 때문이다(대판 2002.4.26. 2001다59033).

압류채권자가 제기하는 추심의 소에 관한 설명 중 옳지 않은 것을 모두 고른 것은?(다툼이 있는 경우 판례에 의함)

ㄱ. 추심명령을 받은 압류채권자는 채무자가 제3채무자를 상대로 제기하여 계속 중인 소에 「민사소송법」 제81조(승계인의 소송참가), 제79조(독립당사자참가)에 따라 언제든지 참가할 수 있다.

ㄴ. 추심의 소에서 피압류채권의 존재는 채권자인 원고가 증명하여야 한다.

ㄷ. 추심의 소에서 제3채무자인 피고는 집행채권의 부존재나 소멸을 항변으로 주장하여 집행채무의 변제를 거절할 수 없다.

ㄹ. 채무자가 제3채무자를 상대로 제기한 이행의 소가 법원에 계속되어 있는 경우, 추심명령을 얻은 압류채권자가 제3채무자를 상대로 제기한 추심의 소는 채무자가 제기한 이행의 소에 대한 관계에서 「민사소송법」 제259조가 금지하는 중복된 소제기에 해당하지 않는다.

① ㄱ　　　　　　　　　② ㄱ, ㄷ　　　　　　　　　③ ㄴ, ㄹ
④ ㄱ, ㄷ, ㄹ　　　　　⑤ ㄴ, ㄷ, ㄹ

[ㄱ▸✕][ㄹ▸○] [1] 채무자가 제3채무자를 상대로 제기한 이행의 소가 이미 법원에 계속되어 있는 상태에서 압류채권자가 제3채무자를 상대로 제기한 추심의 소의 본안에 관하여 심리·판단한다고 하여, 제3채무자에게 불합리하게 과도한 이중 응소의 부담을 지우고 본안 심리가 중복되어 당사자와 법원의 소송경제에 반한다거나 판결의 모순·저촉의 위험이 크다고 볼 수 없다. 압류채권자는 채무자가 제3채무자를 상대로 제기한 이행의 소에 민사소송법 제81조, 제79조에 따라 참가할 수도 있으나, 채무자의 이행의 소가 상고심에 계속 중인 경우에는 승계인의 소송참가가 허용되지 아니하므로 압류채권자의 소송참가가 언제나 가능하지는 않으며, 압류채권자가 채무자가 제기한 이행의 소에 참가할 의무가 있는 것도 아니다.
[2] 채무자가 제3채무자를 상대로 제기한 이행의 소가 법원에 계속되어 있는 경우에도 압류채권자는 제3채무자를 상대로 압류된 채권의 이행을 청구하는 추심의 소를 제기할 수 있고, 제3채무자를 상대로 압류채권자가 제기한 추심의 소는 채무자가 제기한 이행의 소에 대한 관계에서 민사소송법 제259조가 금지하는 중복된 소제기에 해당하지 않는다고 봄이 타당하다(대판 2013.12.18, 2013다202120 [전합]).

[ㄴ▸○] 채권압류 및 추심명령에 기한 추심의 소에서 피압류채권의 존재는 채권자가 증명하여야 하는 점, 민사집행법 제195조 제3호, 제246조 제1항 제8호, 민사집행법 시행령 제7조의 취지와 형식 등을 종합적으로 고려하여 보면, 채권자가 채권압류 및 추심명령에 기하여 채무자의 제3채무자에 대한 예금채권의 추심을 구하는 소를 제기한 경우 추심 대상 채권이 압류금지채권에 해당하지 않는다는 점, 즉 채무자의 개인별 예금 잔액과 민사집행법 제195조 제3호에 의하여 압류하지 못한 금전의 합계액이 150만원을 초과한다는 사실은 채권자가 증명하여야 한다(대판 2015.6.11, 2013다40476).

[ㄷ▸○] 집행채권의 부존재나 소멸은 집행채무자가 청구이의의 소에서 주장할 사유이지 추심의 소에서 제3채무자인 피고가 이를 항변으로 주장하여 채무의 변제를 거절할 수 없다(대판 2017.5.30, 2015다25570).

PART 08

민사집행법 관련 문제

甲 소유의 X 부동산이 甲→乙→丙→丁 순으로 순차 매도되었으나 甲이 소유권이전등기절차를 이행하지 않자 丁이 丙과 乙을 순차 대위하여 甲을 상대로 X 부동산에 관한 처분금지가처분결정을 받아 그 등기가 마쳐졌다. 다음 설명 중 옳은 것(○)과 옳지 않은 것(✕)을 올바르게 조합한 것은?(다툼이 있는 경우에는 판례에 의함)

ㄱ. 위 처분금지가처분의 피보전권리는 오직 乙의 甲에 대한 소유권이전등기청구권이고, 丙의 乙에 대한 소유권이전 등기청구권이나 丁의 丙에 대한 소유권이전등기청구권까지 포함하는 것은 아니다.

ㄴ. 위 처분금지가처분은 丁이 자신의 丙에 대한 소유권이전등기청구권 보전을 위하여 甲이 乙 이외의 사람에게 처분행위를 못하게 하는 데에 그 목적이 있는 것으로서 위 처분금지가처분 이후에 乙이 甲으로부터 소유권이전등기를 넘겨받는 것은 위 처분금지가처분의 효력에 위배되는 것이 아니다.

ㄷ. 위 처분금지가처분 이후에 乙이 甲으로부터 소유권이전등기를 넘겨받아 丙이 아닌 戊에게 소유권이전등기를 마쳐주더라도 戊 명의의 소유권이전등기는 유효한 등기이다.

ㄹ. 위 처분금지가처분 이후에 甲으로부터 직접 丙 앞으로 경료된 소유권이전등기는 丁에 대하여 소유권이전등기의무를 부담하고 있는 자인 丙에게로의 처분이므로 위 처분금지가처분의 효력에 위배되는 것이 아니다.

ㅁ. 丙이 乙을 상대로 乙의 甲에 대한 소유권이전등기청구권의 처분금지가처분결정을 받았다면, 甲이 乙에게 소유권이전등기를 마쳐주더라도 乙명의의 소유권이전등기는 무효인 등기이다.

① ㄱ(✕) ㄴ(○) ㄷ(✕) ㄹ(○) ㅁ(○)
② ㄱ(✕) ㄴ(✕) ㄷ(✕) ㄹ(○) ㅁ(○)
③ ㄱ(○) ㄴ(○) ㄷ(○) ㄹ(✕) ㅁ(✕)
④ ㄱ(○) ㄴ(✕) ㄷ(○) ㄹ(○) ㅁ(✕)
⑤ ㄱ(○) ㄴ(○) ㄷ(✕) ㄹ(✕) ㅁ(✕)

[ㄱ ▸ ○] [ㄹ ▸ ✕] 甲으로부터 乙, 丙을 거쳐 부동산을 전득한 丁이 그의 丙에 대한 소유권이전등기청구권을 보전하기 위하여 乙 및 丙을 순차 대위하여 甲을 상대로 처분금지가처분을 한 경우, 그 처분금지가처분은 丁의 丙에 대한 소유권이전등기청구권을 보전하기 위하여 丙 및 乙을 순차 대위하여 甲이 乙 이외의 자에게 그 소유권의 이전 등 처분행위를 못하게 하는 데 그 목적이 있는 것으로서, 그 피보전권리는 실질적 가처분채권자인 乙의 甲에 대한 소유권이전등기청구권이고 丙의 乙에 대한 소유권이전등기청구권이나 丁의 丙에 대한 소유권이전등기청구권까지 포함하는 것은 아니므로(ㄱ), 위 처분금지가처분 이후에 가처분채무자인 甲으로부터 丙 앞으로 경료된 소유권이전등기는 비록 그 등기가 가처분채권자인 丁에 대하여 소유권이전등기의무를 부담하고 있는 자에게로의 처분이라 하여도 위 처분금지가처분의 효력에 위배되어 가처분채권자인 丁에게 대항할 수 없고(ㄹ), 따라서 丁의 말소신청에 따라 처분금지가처분의 본안에 관한 확정판결에 기하여 丙 명의의 소유권이전등기를 말소한 것은 적법하다(대판 1998.2.13. 97다47897).

[ㄴ ▸ ○] [ㄷ ▸ ○] [ㅁ ▸ ✕] 부동산의 전득자(채권자)가 양수인 겸 전매인(채무자)에 대한 소유권이전등기청구권을 보전하기 위하여 양수인을 대위하여 양도인(제3채무자)을 상대로 처분금지가처분결정을 받아 그 등기를 마친 경우 그 가처분은 전득자가 자신의 양수인에 대한 소유권이전등기청구권을 보전하기 위하여 양도인이 양수인 이외의 자에게 그 소유권의 이전 등 처분행위를 못하게 하는 데에 그 목적이 있는 것으로서 그 피보전권리는 양수인의 양도인에 대한 소유권이전등기청구권이고, 전득자의 양수인에 대한 소유권이전등기청구권까지 포함되는 것은 아닐 뿐만 아니라 그 가처분결정에서 제3자에 대한 처분을 금지하였다고 하여도 그 제3자 중에는 양수인은 포함되지 아니하며 따라서 그 가처분 이후에 양수인이 양도인으로부터 소유권이전등기를 넘겨받았고 이에 터 잡아 다른 등기가 경료되었다고 하여도 그 각 등기는 위 가처분의 효력에 위배되는 것이 아니다(대판 1994.3.8. 93다42665).

③ 정답

가압류에 관한 설명 중 옳지 않은 것은?(다툼이 있는 경우 판례에 의함)

① 甲은 乙에 대하여 1억원의 대여금채권을 가지고 있다. 甲에 대한 1억원의 매매대금채권자 丙은 위 대여금채권에 대하여 2019.10.1. 법원에 압류 및 전부명령을 신청하였고, 법원은 같은 달 4. 위 신청에 따른 명령을 발령하였으며, 위 명령은 같은 달 7. 乙에게, 같은 달 8. 甲에게 각 송달된 후 확정되었다. 한편, 甲에 대한 1억원의 매매대금채권자 丁은 2019.9.26. 법원에 위 대여금채권에 대한 가압류신청을 하였고, 법원은 같은 달 30. 위 신청에 따른 가압류결정을 하였으며, 위 가압류결정이 같은 해 10.8. 乙에게 송달되었다면, 위 가압류결정은 효력이 없다.

② 「주택임대차보호법」상 대항요건을 갖춘 임차인의 임대차보증금반환채권이 가압류된 상태에서 임대주택이 양도되면 양수인이 채권가압류의 제3채무자 지위를 승계하지만, 가압류채권자는 임대주택의 양도인과 양수인 모두에 대하여 위 가압류의 효력을 주장할 수 있다.

③ A토지에 대하여 2019.7.1. 임의경매가 개시되었고, A토지 지상 B건물에 대하여 같은 해 8.1. 가압류등기가 마쳐진 후 같은 해 11.1. 강제경매가 개시되었다. 甲은 같은 해 10.1. 乙로부터 B건물의 점유를 이전받아 위 건물에 관한 공사대금채권을 피담보채권으로 하는 유치권을 취득하였다. 丙이 위 각 경매절차에서 A토지와 B건물에 관한 매각허가결정을 받아 매각대금을 지급한 경우, 특별한 사정이 없는 한 甲은 丙에게 B건물에 대한 유치권을 주장할 수 있다.

④ 甲은 乙에게 대여금채권을 가지고 있다. 甲은 丙에게 위 대여금채권을 양도하고 乙에게 확정일자 있는 채권양도통지를 하였으며, 甲의 채권자 丁은 甲에 대한 매매대금채권을 피보전권리로 하여 甲의 乙에 대한 위 대여금채권에 대하여 가압류결정을 받았다. 乙에 대한 위 채권양도통지의 도달일과 위 가압류결정의 송달일이 같은 날이지만 그 선후를 알 수 없는 경우, 乙은 법원에 변제공탁을 함으로써 丙과 丁에 대한 책임을 면할 수 있다.

⑤ 동일한 채권에 대하여 확정일자 있는 채권양도통지의 도달과 채권가압류결정의 송달이 같은 날 위 채권의 채무자에게 이루어졌는데, 그 선후관계에 대하여 달리 증명이 없으면 동시에 도달·송달된 것으로 추정한다.

[❶ ▸ ○]   매매대금채권자 丙이 압류 및 전부명령을 신청하여 그 명령이 제3채무자 乙에게 2019.10.7. 송달되어 채무자 甲의 채권이 채권양도와 마찬가지로 전부채권자 丙에게 이전되어 소멸되었으므로(민집법 제231조), 이미 변제로 소멸하여 존재하지 아니하는 甲의 乙에 대한 대여금채권에 대하여 다른 채권자 丁의 가압류는 효력이 없다.

[❷ ▸ X]   주택임대차보호법 제3조 제3항은 같은 조 제1항이 정한 대항요건을 갖춘 임대차의 목적이 된 임대주택(이하 '임대주택'은 주택임대차보호법의 적용대상인 임대주택을 가리킨다)의 양수인은 임대인의 지위를 승계한 것으로 본다고 규정하고 있는바, 이는 법률상의 당연승계 규정으로 보아야 하므로, 임대주택이 양도된 경우에 양수인은 주택의 소유권과 결합하여 임대인의 임대차 계약상의 권리·의무 일체를 그대로 승계하며, 그 결과 양수인이 임대차보증금반환채무를 면책적으로 인수하고, 양도인은 임대차관계에서 탈퇴하여 임차인에 대한 임대차보증금반환채무를 면하게 된다. 나아가 임차인에 대하여 임대차보증금반환채무를 부담하는 임대인임을 당연한 전제로 하여 임대차보증금반환채무의 지급금지를 명령받은 제3채무자의 지위는 임대인의 지위와 분리될 수 있는 것이 아니므로, 임대주택의 양도로 임대인의 지위가 일체로 양수인에게 이전된다면 채권가압류의 제3채무자의 지위도 임대인의 지위와 함께 이전된다고 볼 수밖에 없다. 한편 주택임대차보호법상 임대주택의 양도에 양수인의 임대차보증금반환채무의 면책적 인수를 인정하는 이유는 임대주택에 관한 임대인의 의무 대부분이 그 주택의 소유자이기만 하면 이행가능하고 임차인이 같은 법에서 규정하는 대항요건을 구비하면 임대주택의 매각대금에서 임대차보증금을 우선변제받을 수 있기 때문인데, 임대주택이 양도되었음에도 양수인이 채권가압류의 제3채무자의 지위를 승계하지 않는다면 가압류권자는 장차 본집행절차에서 주택의 매각대금으로부터 우선변제를 받을 수 있는 권리를 상실하는 중대한 불이익을 입게 된다. 이러한 사정들을 고려하면, 임차인의 임대차보증금반환채권이 가압류된 상태에서 임대주택이 양도되면 양수인이 채권가압류의 제3채무자의 지위도 승계하고, 가압류권자 또한 임대주택의 양도인이 아니라 양수인에 대하여만 위 가압류의 효력을 주장할 수 있다고 보아야 한다(대판 2013.1.17. 2011다49523 [전합]).

[❸ ▶ ○]   A토지에 대한 임의경매 개시 후 지상 B건물에 가압류등기가 경료되어 있을 뿐 현실적인 매각절차가 이루어지지 아니하고 있던 중, 甲이 채무자인 乙에게서 건물 점유를 이전받아 건물에 관한 공사대금채권을 피담보채권으로 한 유치권을 취득한 경우, 甲은 토지와 건물을 낙찰받은 丙에게 건물에 대한 유치권을 주장할 수 있다.

판례 부동산에 가압류등기가 경료되면 채무자가 당해 부동산에 관한 처분행위를 하더라도 이로써 가압류채권자에게 대항할 수 없게 되는데, 여기서 처분행위란 당해 부동산을 양도하거나 이에 대해 용익물권, 담보물권 등을 설정하는 행위를 말하고 특별한 사정이 없는 한 점유의 이전과 같은 사실행위는 이에 해당하지 않는다. 다만 부동산에 경매개시결정의 기입등기가 경료되어 압류의 효력이 발생한 후에 채무자가 제3자에게 당해 부동산의 점유를 이전함으로써 그로 하여금 유치권을 취득하게 하는 경우 그와 같은 점유의 이전은 처분행위에 해당한다는 것이 당원의 판례이나, 이는 어디까지나 경매개시결정의 기입등기가 경료되어 압류의 효력이 발생한 후에 채무자가 당해 부동산의 점유를 이전함으로써 제3자가 취득한 유치권으로 압류채권자에게 대항할 수 있다고 한다면 경매절차에서의 매수인이 매수가격 결정의 기초로 삼은 현황조사보고서나 매각물건명세서 등에서 드러나지 않는 유치권의 부담을 그대로 인수하게 되어 경매절차의 공정성과 신뢰를 현저히 훼손하게 될 뿐만 아니라, 유치권신고 등을 통해 매수신청인이 위와 같은 유치권의 존재를 알게 되는 경우에는 매수가격의 즉각적인 하락이 초래되어 책임재산을 신속하고 적정하게 환가하여 채권자의 만족을 얻게 하려는 민사집행제도의 운영에 심각한 지장을 줄 수 있으므로, 위와 같은 상황하에서는 채무자의 제3자에 대한 점유이전을 압류의 처분금지효에 저촉되는 처분행위로 봄이 타당하다는 취지이다. 따라서 이와 달리 부동산에 가압류등기가 경료되어 있을 뿐 현실적인 매각절차가 이루어지지 않고 있는 상황하에서는 채무자의 점유이전으로 인하여 제3자가 유치권을 취득하게 된다고 하더라도 이를 처분행위로 볼 수는 없다(대판 2011.11.24, 2009다19246).

[❹ ▶ ○] [❺ ▶ ○]   채권양도의 통지와 가압류 또는 압류명령이 제3채무자에게 동시에 송달되었다고 인정되어 채무자가 채권양수인 및 추심명령이나 전부명령을 얻은 가압류 또는 압류채권자 중 한 사람이 제기한 급부소송에서 전액 패소한 이후에도 다른 채권자가 그 송달의 선후에 관하여 다시 문제를 제기하는 경우 기판력의 이론상 제3채무자는 이중지급의 위험이 있을 수 있으므로, 동시에 송달된 경우에도 제3채무자는 송달의 선후가 불명한 경우에 준하여 채권자를 알 수 없다는 이유로 변제공탁을 함으로써 법률관계의 불안으로부터 벗어날 수 있다. 채권양도 통지와 채권가압류결정 정본이 같은 날 도달되었는데 그 선후관계에 대하여 달리 입증이 없으면 동시에 도달된 것으로 추정한다(대판 1994. 4. 26, 93다24223 [전합]).

참고문헌

[민 법]
- 고상룡, 민법총칙, 법문사, 2003
- 송덕수, 신민법강의, 박영사, 2020
- 지원림, 민법강의, 홍문사, 2019
- 김준호, 민법강의, 법문사, 2020
- 권순한, 민법요해1, 피데스, 2015
- 권순한, 민법요해2, 피데스, 2015
- 박기현, 핵심정리 민법, 메티스, 2016
- 박승수, 민법정리, 에듀비, 2019
- 윤동환, 민법의 맥, 우리아카데미, 2019

[상 법]
- 정찬형, 상법강의(상), 박영사, 2020
- 정찬형, 상법강의(하), 박영사, 2020
- 송옥렬, 상법강의, 홍문사, 2020
- 장덕조, 상법강의, 법문사, 2019
- 이철송, 회사법강의, 박영사, 2020
- 이철송, 어음 수표법, 박영사, 2017
- 장덕조, 보험법, 법문사, 2020

[민사소송법]
- 이시윤, 신민사소송법, 박영사, 2020
- 김홍엽, 민사소송법, 박영사, 2020
- 정동윤·유병현·김경욱, 민사소송법, 법문사, 2020
- 이창한, 2020 통합 민사소송법, 헬리오스 미디어, 2019
- 박승수, 2020 민사소송법정리, 에듀비, 2020

좋은 책을 만드는 길
독자님과 함께하겠습니다.

도서나 동영상에 궁금한 점, 아쉬운 점, 만족스러운 점이
있으시다면 어떤 의견이라도 말씀해 주세요.
시대고시기획은 독자님의 의견을 모아 더 좋은 책으로 보답하겠습니다.

www.sidaegosi.com

2021 변호사시험 9개년 선택형 기출문제해설 민사법 (민법 + 상법 + 민사소송법)

초 판 발 행	2020년 11월 30일(인쇄 2020년 11월 19일)
발 행 인	박영일
책 임 편 집	이해욱
저 자	시대법학연구소
편 집 진 행	안효상 · 김성열 · 김경수
표지디자인	이미애
편집디자인	표미영 · 장성복
발 행 처	(주)시대고시기획
출 판 등 록	제10-1521호
주 소	서울시 마포구 큰우물로 75 [도화동 538 성지 B/D] 9F
전 화	1600-3600
팩 스	02-701-8823
홈 페 이 지	www.sidaegosi.com
I S B N	979-11-254-8508-7 (13360)
정 가	28,000원